本郷中学校

〈収録内容〉

■問題は実物大で収録しています。

2024年度 ……………………… 第1回（算・理・社・国）
第2回（算・理・社・国）
第3回（算・理・社・国）

2023年度 ……………………… 第1回（算・理・社・国）
第2回（算・理・社・国）
第3回（算・理・社・国）

2022年度 ……………………… 第1回（算・理・社・国）
第2回（算・理・社・国）
第3回（算・理・社・国）

DL 2021年度 ……………………… 第1回（算・理・社・国）
第2回（算・理・社・国）

DL 2020年度 ……………………… 第1回（算・理・社・国）
第2回（算・理・社・国）

DL 2019年度 ……………………… 第1回（算・理・社・国）
第2回（算・理・社・国）

DL 2018年度 ……………………… 第1回（算・理・社・国）
第2回（算・理・社・国）

JN078998

便利なDLコンテンツは右のQRコードか

解答用紙

過去年度

国語の問題は
紙面に掲載

⇒

※データのダウンロードは2025年3月末日まで。
※データへのアクセスには、右記のパスワードの入力が必要となります。 ⇒ 231260
※解答用紙はfamima PRINTにも対応。
famima PRINTホームページから「学校名」で検索してください。

〈合格最低点〉

	第1回	第2回	第3回
2024年度	215点	237点	257点
2023年度	239点	217点	260点
2022年度	217点	222点	267点
2021年度	233点	221点	251点
2020年度	195点	227点	245点
2019年度	223点	219点	240点

本書の特長

実戦力がつく入試過去問題集

- ▶ 問題 …………… 実際の入試問題を見やすく再編集。
- ▶ 解答用紙 …… 実戦対応仕様で収録。
- ▶ 解答解説 …… 詳しくわかりやすい解説には、難易度の目安がわかる「基本・重要・やや難」の分類マークつき（下記参照）。各科末尾には合格へと導く「ワンポイントアドバイス」を配置。採点に便利な配点つき。

入試に役立つ分類マーク

基本 確実な得点源！
受験生の 90％以上が正解できるような基礎的、かつ平易な問題。
何度もくり返して学習し、ケアレスミスも防げるようにしておこう。

重要 受験生なら何としても正解したい！
入試では典型的な問題で、長年にわたり、多くの学校でよく出題される問題。
各単元の内容理解を深めるのにも役立てよう。

やや難 これが解ければ合格に近づく！
受験生にとっては、かなり手ごたえのある問題。
合格者の正解率が低い場合もあるので、あきらめずにじっくりと取り組んでみよう。

合格への対策、実力錬成のための内容が充実

- ▶ 各科目の出題傾向の分析、合否を分けた問題の確認で、入試対策を強化！
- ▶ その他、学校紹介、過去問の効果的な使い方など、学習意欲を高める要素が満載！

解答用紙ダウンロード	解答用紙はプリントアウトしてご利用いただけます。弊社ＨＰの商品詳細ページよりダウンロードしてください。トビラのＱＲコードからアクセス可。
famima PRINT	原本とほぼ同じサイズの解答用紙は、全国のファミリーマートに設置しているマルチコピー機のファミマプリントで購入いただけます。※一部の店舗で取り扱いがない場合がございます。詳細はファミマプリント（http://fp.famima.com/）をご確認ください。
UD FONT	見やすく読みまちがえにくいユニバーサルデザインフォントを採用しています。

本郷中学校

生徒数　884名
〒170-0003
東京都豊島区駒込4-11-1
☎03-3917-1456
山手線・都営三田線巣鴨駅　徒歩3分
山手線・南北線駒込駅　徒歩7分

それぞれの受験ニーズに合わせた密度の高い高校の進路指導充実した施設でクラブ活動も活発

URL	https://www.hongo.ed.jp/

プロフィール　21世紀をリードする有為な人材を育成

1922（大正11）年創立で、2022年に100周年を迎えた。「個性を尊重した教育を通して、国家有為の人材を育成する」という建学の精神のもと、「強健・厳正・勤勉」を教育目標に掲げ、「文武両道」、「自学自習」、「生活習慣の確立」の3つを実践することで、確かな知識と粘り強い意志力・体力を養い、国際社会および国家社会の発展に貢献できる立派な男子の育成を目指している。

環境　広いキャンパスに充実の施設

緑に囲まれた広い人工芝のグラウンドを持つキャンパスに、6つの校舎が建ち並んでいる。1号館には中学のHR教室、2号館と3号館には高校のHR教室が入っており、この他に理科実験室（4教室）や理科講義室（3教室）、コンピュータ室（2教室）、調理実習室、柔剣道場、多目的ホール、約1,000人が収容できる講堂などがある。

また、中学高校には珍しいラーニングコモンズが図書室と並んで新設され、広い自習室とともに自主的に学ぶ環境整備にも力を入れている。

ラーニング・コモンズでの授業風景

カリキュラム　6年間一貫教育で高水準の学力養成

中学では中高一貫のメリットを生かし、6年分を5年間で終わらせるため、国数英を中心に先取り授業を行う。クラス替えはあるが、均等のクラス編成。1年次では複数担任制を導入し、きめ細かな指導を行う。中1から高1まで、英会話の授業は1クラスを2分割し、ネイティブにより実施され、さらに中3でオンライン英会話を週1コマ実施している。数学は高1（進学コース一貫生）、高3（進学コース理系）で習熟度別授業を行い、個々のレベルアップを図る。

高校は、東大、京大、東工大、一橋大など最難関国立大学を目指す**特進コース**と、国公立、私立大を目指す**進学コース**に分かれる。2年次からはいずれのコースも文科と理科に分かれる。3年次には国公立型受験と私立型受験のそれぞれに直結する選択科目を設定し、自分の目指す大学の受験科目に絞り込んだ選択履修ができるようになっている。また、学校独自の検定試験として数学の実力テストがあり、友達と切磋琢磨しながら高め合う雰囲気がある。

学校生活　ラグビー部は全国レベルで活躍

楽しさの中にも厳しさのある学校行事は、校外授業、競技大会、マラソン大会、スキー教室、合唱コンクールなど目白押しだ。また、部活動も盛んで、特に全国大会準優勝の実績を持つラグビー部をはじめ、サッカー部、剣道部、フェンシング部などの活躍が目覚ましく、少人数だが文化部も科学部、地学部、社会部、料理研究部、鉄道研究部などが活発に活動している。

“文武両道”を目指す

進路　適切な指導により難関大合格者多数

全員が進学希望で、計画的に行われる補習や進学講習をはじめ、夏期の講習（生徒が自主的に必要な教科・単元・分野を選択できるように学年枠を越えた講座制を導入）、外部模試など、進路実現に向けた適切な進学指導を実施している。

2023年度は、東京大、東京工業大、一橋大、大阪大、京都大、北海道大、筑波大、東北大などの国公立大に101名、慶應義塾大、早稲田大、上智大、中央大、明治大、立教大、青山学院大、東京理科大、学習院大、法政大などの私立大に1,188名が合格し、進路決定状況は67.5%だった。

2024年度入試結果

試験日　第1回2/1　第2回2/2
　　　　第3回2/5
試験科目　国・算・理・社

2024年度	募集定員	受験者数	合格者数	競争率
第1回	100	461	164	2.8
第2回	140	1238	538	2.3
第3回	40	536	41	13.1

2025年度入試要項

試験日　第1回2/1（土）　100名（予定）
　　　　第2回2/2（日）　140名（予定）
　　　　第3回2/5（水）　40名（予定）
試験科目　国100点　算100点　社75点
　　　　理75点

過去問の効果的な使い方

① **はじめに**　ここでは，受験生のみなさんが，ご家庭で過去問を利用される場合の，一般的な活用法を説明していきます。もし，塾に通われていたり，家庭教師の指導のもとで学習されていたりする場合は，その先生方の指示にしたがって，過去問を活用してください。その理由は，通常，塾のカリキュラムや家庭教師の指導計画の中に過去問学習が含まれており，どの時期から，どのように過去問を活用するのか，という具体的な方法がそれぞれの場合で異なるからです。

② **目的**　言うまでもなく，志望校の入学試験に合格することが，過去問学習の第一の目的です。そのためには，それぞれの志望校の入試問題について，どのようなレベルのどのような分野の問題が何問，出題されているのかを確認し，近年の出題傾向を探り，合格点を得るための試行錯誤をして，各校の入学試験について自分なりの感触を得ることが必要になります。過去問学習は，このための重要な過程であり，合格に向けて，新たに実力を養成していく機会なのです。

③ **開始時期**　過去問との取り組みは，通常，全分野の学習が一通り終了した時期，すなわち6年生の7月から8月にかけて始まります。しかし，各分野の基本が身についていない場合や，反対に短期間で過去問学習をこなせるだけの実力がある場合は，9月以降が過去問学習の開始時期になります。

④ **活用法**　各年度の入試問題を全問マスターしよう，と思う必要はありません。完璧を目標にすると挫折しやすいものです。できるかぎり多くの問題を解けるにこしたことはありませんが，それよりも重要なのは，現実に各志望校に合格するために，どの問題が解けなければいけないか，どの問題は解けなくてもよいか，という眼力を養うことです。

算数

どの問題を解き，どの問題は解けなくてもよいのかを見極めるには相当の実力が必要になりますし，この段階にいきなり到達するのは容易ではないので，この前段階の一般的な過去問学習法，活用法を2つの場合に分けて説明します。

☆偏差値がほぼ55以上ある場合

掲載順の通り，新しい年度から順に年度ごとに3年度分以上，解いていきます。

ポイント1…問題集に直接書き込んで解くのではなく，各問題の計算法や解き方を，明快にわかるように意識してノートに書き記す。

ポイント2…答えの正誤を点検し，解けなかった問題に印をつける。特に，解説の 基本 重要 がついている問題で解けなかった問題をよく復習する。

ポイント3…1回目にできなかった問題を解き直す。同様に，2回目，3回目，…と解けなければいけない問題を解き直す。

ポイント4…難問を解く必要はなく，基本をおろそかにしないこと。

☆偏差値が50前後かそれ以下の場合

ポイント1～4以外に，志望校の出題内容で「計算問題・一行問題」の比重が大きい場合，これらの問題をまず優先してマスターするとか，例えば，大問2までをマスターしてしまうとよいでしょう。

理科

理科は[1]から順番に解くことにほとんど意味はありません。理科は，性格の違う4つの分野が合わさった科目です。また，同じ分野でも単なる知識問題なのか，あるいは実験や観察の考察問題なのかによってもかかる時間がずいぶんちがいます。記述，計算，描図など，出題形式もさまざまです。ですから，解く順番の上手，下手で，10点以上の差がつくこともあります。

過去問を解き始める時も，はじめに1回分の試験問題の全体を見通して，解く順番を決めましょう。得意分野から解くのもよいでしょう。短時間で解けそうな問題を見つけて手をつけるのも効果的です。くれぐれも，難問に時間を取られすぎないように，わからない問題はスキップして，早めに全体を解き終えることを意識しましょう。

社会

社会は[1]から順番に解いていってかまいません。ただし，時間のかかりそうな，「地形図の読み取り」，「統計の読み取り」，「計算が必要な問題」，「字数の多い論述問題」などは後回しにするのが賢明です。また，3分野（地理・歴史・政治）の中で極端に得意，不得意がある受験生は，得意分野から手をつけるべきです。

過去問を解くときは，試験時間を有効に活用できるよう，時間は常に意識しなければなりません。ただし，時間に追われて雑にならないようにする注意が必要です。“誤っているもの” を選ぶ設問なのに “正しいもの” を選んでしまった，“すべて選びなさい” という設問なのに一つしか選ばなかったなどが致命的なミスになってしまいます。問題文の “正しいもの”，“誤っているもの”，“一つ選び”，“すべて選び” などに下線を引いて，一つ一つ確認しながら問題を解くとよいでしょう。

過去問を解き終わったら，自己採点し，受験生自身でふり返りをしましょう。できなかった問題については，なぜできなかったのかについての分析が必要です。例えば，「知識が必要な問題」ができなかったのか，「問題文や資料から判断する問題」ができなかったのかで，これから取り組むべきことも大きく異なってくるはずです。また，正解できた問題も，「勘で解いた」，「確信が持てない」といったときはふり返りが必要です。問題集の解説を読んでも納得がいかないときは，塾の先生などに質問をして，理解するようにしましょう。

国語

過去問に取り組む一番の目的は，志望校の傾向をつかみ，本番でどのように入試問題と向かい合うべきか考えることです。素材文の傾向，設問の傾向，問題数の傾向など，十分に研究していきましょう。

取り組む際は，まず解答用紙を確認しましょう。漢字や語句問題の量，記述問題の種類や量などが，解答用紙を見て，わかります。次に，ページをめくり，問題用紙全体を確認しましょう。どのような問題配列になっているのか，問題の難度はどの程度か，などを確認して，どの問題から取り組むべきかを判断するとよいでしょう。

一般的に「漢字」→「語句問題」→「読解問題」という形で取り組むと，効率よく時間を使うことができます。

また，解答用紙は，必ず，実際の大きさのものを使用しましょう。字数指定のない記述問題などは，解答欄の大きさから，書く量を考えていきましょう。

算数　出題傾向の分析と合格への対策

●出題傾向と内容

近年の出題数は大問5～6題，小問数20問弱というケースがほとんどであり，[3]までで全体の50～70％の配点になっている。

出題内容は計算問題を含めていわゆる基本問題がほとんどなく，レベルの高い問題が並んでいる。特に，「立体図形」の重なりの問題，「場合の数」の問題に難しい問題が見られ，あるいは，思考の盲点をつくような練られた問題も見られるので，注意が必要である。

さらに，「グラフ」の読み取りに関連する問題が，「図形」・「体積」・「速さ」と組み合わせてよく出題される。

学習のポイント

基本をふまえた応用力が試される。やや難しい問題に挑戦する，という気概をもって日々の練習に取り組もう。

●2025年度の予想と対策

出題率が高いのは「統計・表とグラフ」・「平面図形」・「立体図形」・「割合と比」・「速さの三公式」である。

特に，「立体図形」の重なりに関する問題は注意する必要があり，本校を第一志望にする受験生は，過去問を利用して各問題の出題レベルを把握し，自分なりの感触をつかむことが第一である。

ただし，難問にこだわる必要はなく，まず[1]と[2]を，0～1問ミスでクリアできるだけの実力をつけることを，当面の目標にするとよい。

解ける問題と難しい問題とを見極められる力を，養っておきたい。

▼年度別出題内容分類表

※　よく出ている順に☆，◎，○の３段階で示してあります。

出題内容			2022年		2023年		2024年	
			1回	2回	1回	2回	1回	2回
数と計算		四則計算	○	○	○	○	○	○
		概数・単位の換算					○	
		数の性質		○	☆	◎	☆	☆
		演算記号				○		
図形		平面図形	○	☆	☆	☆	☆	☆
		立体図形	☆	☆	☆	☆	☆	☆
		面積	○	○	○	○		◎
		体積と容積	☆	○	◎	◎	☆	
		縮図と拡大図			☆	◎		○
		図形や点の移動	○		○	◎		
速さ		三公式と比	☆	○	☆		○	◎
	文章題	旅人算	◎		○		☆	
		流水算						
		通過算・時計算						
割合		割合と比	☆	☆	☆	☆	☆	☆
	文章題	相当算・還元算			○			
		倍数算						
		分配算						
		仕事算・ニュートン算					◎	○
文字と式								
2量の関係（比例・反比例）								
統計・表とグラフ			☆	☆	☆	☆	☆	◎
場合の数・確からしさ			◎	○		☆		
数列・規則性					○		☆	◎
論理・推理・集合			☆					
その他の文章題		和差・平均算			○			○
		つるかめ・過不足・差集め算						○
		消去・年令算		◎	○	○	○	○
		植木・方陣算				○		○

本郷中学校

算数 ——グラフで見る最近３ヶ年の傾向——

最近３ヶ年に出題されたすべての問題を内容別に分類・集計し，全体に対して何パーセントくらいの割合になっているかを示しました。

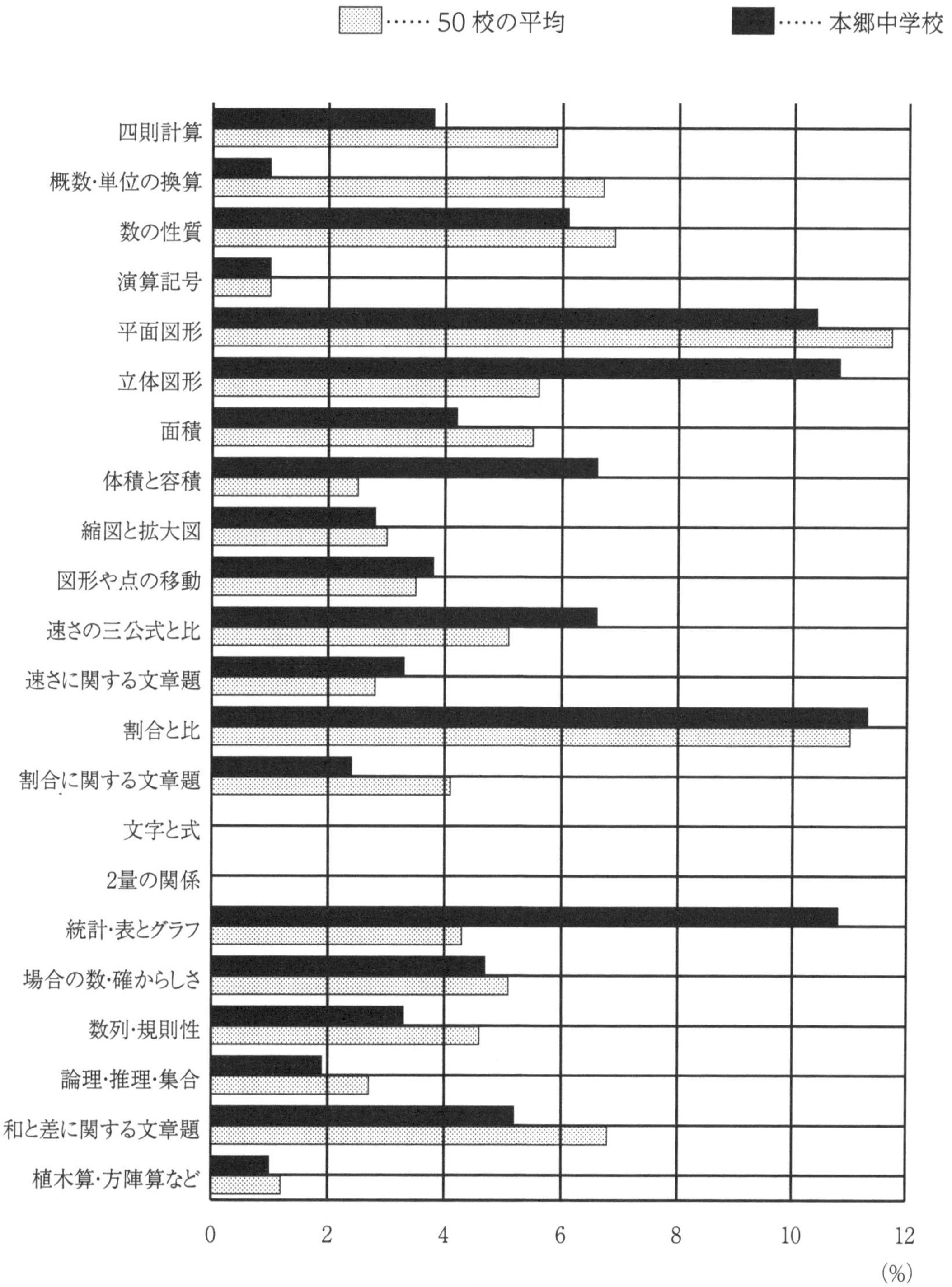

理科 出題傾向の分析と合格への対策

●出題傾向と内容

問題は大問が4題であり，時間は40分。レベルは比較的高い。

実験に基づいて思考させる問題が多く，単なる知識では対応できない。実験器具の扱い方などが問われることも多い。

また，問題文が長く，問題文の要点を確実に読み取り，何をたずねられているのか把握する読解力が鍵となる。今回も地学分野の問題の問題文の分量が大変多く，読んで理解するのが大変であったと思われる。

難易度の高い問題での高得点は難しいところであるが，基本的な内容の問題でしっかりと得点したい。

✔学習のポイント

内容の難しい問題文が出題されるが，要点を見極める力が大切である。

●2025年度の予想と対策

総合的な知識を要する問題が多く，小学校のレベルにとどまらず，さらに深い知識や理解が必要である。そのためには，難関中学対策用の問題集を演習することなど，必要な対策をしっかりと取っておきたい。

特に物理分野の計算などは難問が多く，いろいろなタイプの演習問題を解いておくようにしたい。

また，実験や観察を題材にした出題が多く，データからどのようなことがわかるのか考える力を身につけたい。

問題文の分量が多く，要点を読み取る読解力が必要である。また，時間内にすべての問題を解答することは難しくても，解けそうな問題を確実に正解することを目指したい。

▼年度別出題内容分類表

※　よく出ている順に☆，◎，○の３段階で示してあります。

出題内容		2022年		2023年		2024年	
		1回	2回	1回	2回	1回	2回
生物	植物		☆	☆			
	動物	☆				○	◎
	人体		◎		☆	☆	
	生物総合						
天体・気象・地形	星と星座			◎			☆
	地球と太陽・月	☆		☆			○
	気象		☆		☆		
	流水・地層・岩石					☆	
	天体・気象・地形の総合						
物質と変化	水溶液の性質・物質との反応					◎	☆
	気体の発生・性質				☆	☆	
	ものの溶け方						◎
	燃焼						
	金属の性質			○			
	物質の状態変化	☆				○	
	物質と変化の総合			☆			
熱・光・音	熱の伝わり方			☆		☆	
	光の性質				☆		
	音の性質		☆				
	熱・光・音の総合						
力のはたらき	ばね						
	てこ・てんびん・滑車・輪軸						
	物体の運動						☆
	浮力と密度・圧力	☆			○		
	力のはたらきの総合						
電流	回路と電流						
	電流のはたらき・電磁石						○
	電流の総合						
実験・観察		◎	☆	☆	☆	☆	☆
環境と時事／その他			○				

本郷中学校

理科 ——グラフで見る最近3ヶ年の傾向——

最近3ヶ年に出題されたすべての問題を内容別に分類・集計し，全体に対して何パーセントくらいの割合になっているかを示しました。

□……50校の平均　■……本郷中学校

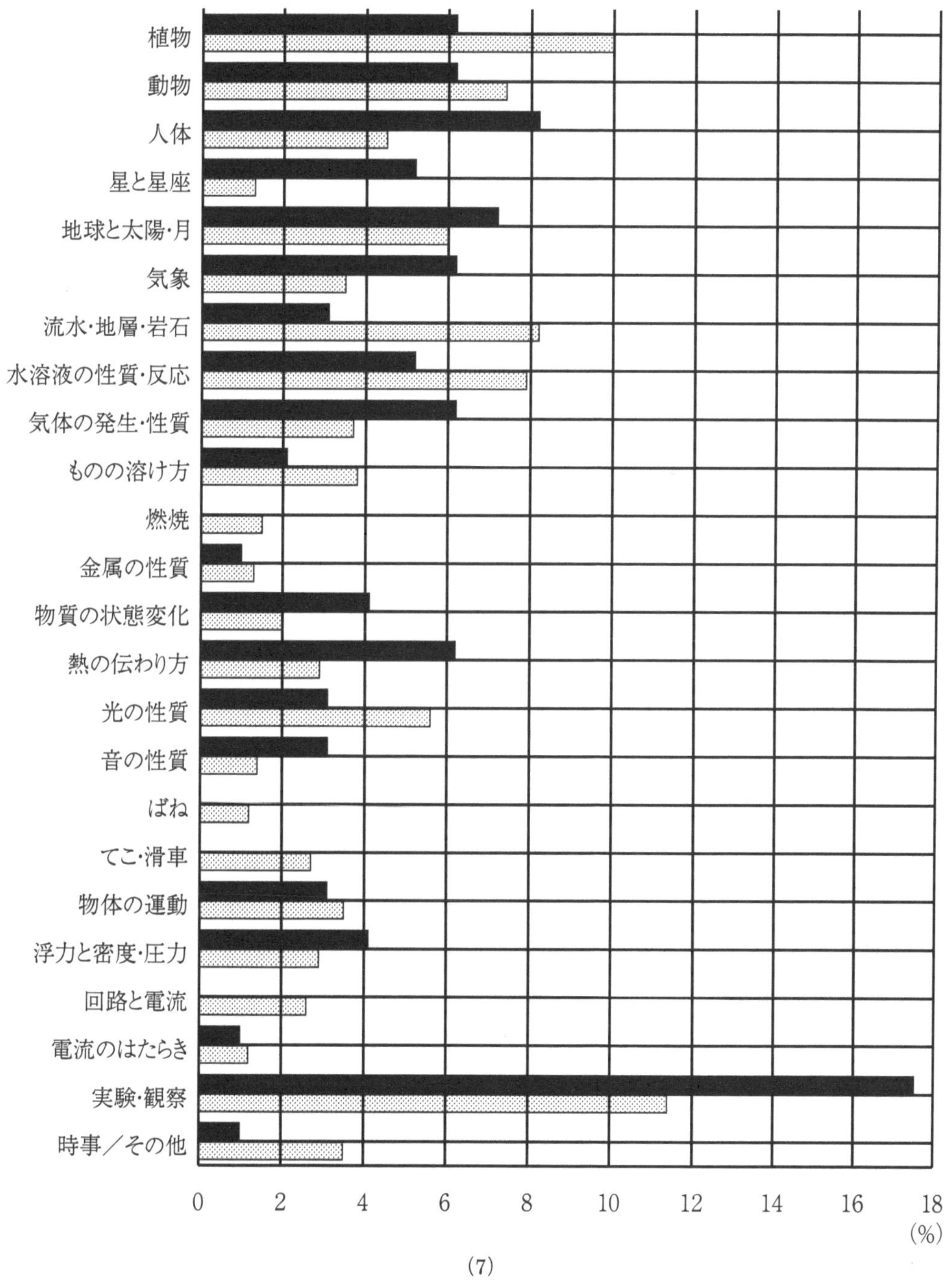

社会 出題傾向の分析と合格への対策

●出題傾向と内容

本年度も各分野から1題ずつの大問3題で小問数は50問程度と大きな変化はない。解答形式は記号選択が6割で残りが語句記入，記述形式はみられないなど例年通りの内容といえる。

地理は第1回が三重県の地形図，第2回は様々な環境の中で多様な文化を生み出した人々の生活を題材に，いずれも国土と自然や産業を中心としたもの。歴史は第1回が戸籍など個人を把握する制度，第2回は卒業論文で訪れた千葉の取材旅行を題材にした古代からの通史となっている。政治は第1回が戦う経済学者・宇沢弘文の生涯と功績について，第2回が人権を守るための三権分立からの出題である。

✓学習のポイント

地理：各地の地勢や産業を調べてみよう。
歴史：分野ごとの重要事項をまとめてみよう。
政治：時代のテーマには十分注意しよう。

●2025年度の予想と対策

基本的な内容が中心ではあるが単なる社会科の知識では解けないものも見られる。一般常識も含めた幅広い知識の獲得に努めよう。

地理分野は自然や産業を中心にある程度細かな点まで確認しておきたい。地方や都道府県ごとに特徴をまとめ，地図帳を上手に利用して理解を深めよう。

歴史分野はテーマ史がポイント。一通り大きな流れがつかめたら分野をより深く理解したい。用語や人名を正確に書くことも大切である。

政治分野は何といっても時事問題との絡み。憲法や政治のしくみはもちろんだが，国際政治などの分野も手を抜いてはいけない。

▼年度別出題内容分類表

※　よく出ている順に☆，◎，○の３段階で示してあります。

出題内容			2022年		2023年		2024年	
			1回	2回	1回	2回	1回	2回
地理	日本の地理	地図の見方	◎		○		○	
		日本の国土と自然	○	◎	◎	◎	○	◎
		人口・土地利用・資源	○	○	○	○	○	○
		農業	○	◎		○	○	○
		水産業	○	○				○
		工業	○	○		○	○	○
		運輸・通信・貿易		○		○		○
		商業・経済一般	○					
	公害・環境問題		◎				○	○
	世界の地理						○	
日本の歴史	時代別	原始から平安時代	○	◎	○	◎	◎	○
		鎌倉・室町時代	○	○	○	◎	○	○
		安土桃山・江戸時代	◎	◎	◎	◎	◎	◎
		明治時代から現代	◎	○	◎	◎	◎	◎
	テーマ別	政治・法律	◎	◎	◎	◎	◎	◎
		経済・社会・技術	◎	◎	○	◎	◎	◎
		文化・宗教・教育	◎	◎	◎	○	◎	○
		外交	○	◎	○	◎	○	○
政治	憲法の原理・基本的人権			○	◎	○	○	○
	政治のしくみと働き		○	◎		◎	○	◎
	地方自治			○				
	国民生活と福祉			○			○	○
	国際社会と平和		○		◎		○	
時事問題			○	○	○	◎	○	○
その他					○			○

本郷中学校

社会 ——グラフで見る最近３ヶ年の傾向——

最近３ヶ年に出題されたすべての問題を内容別に分類・集計し，全体に対して何パーセントくらいの割合になっているかを示しました。

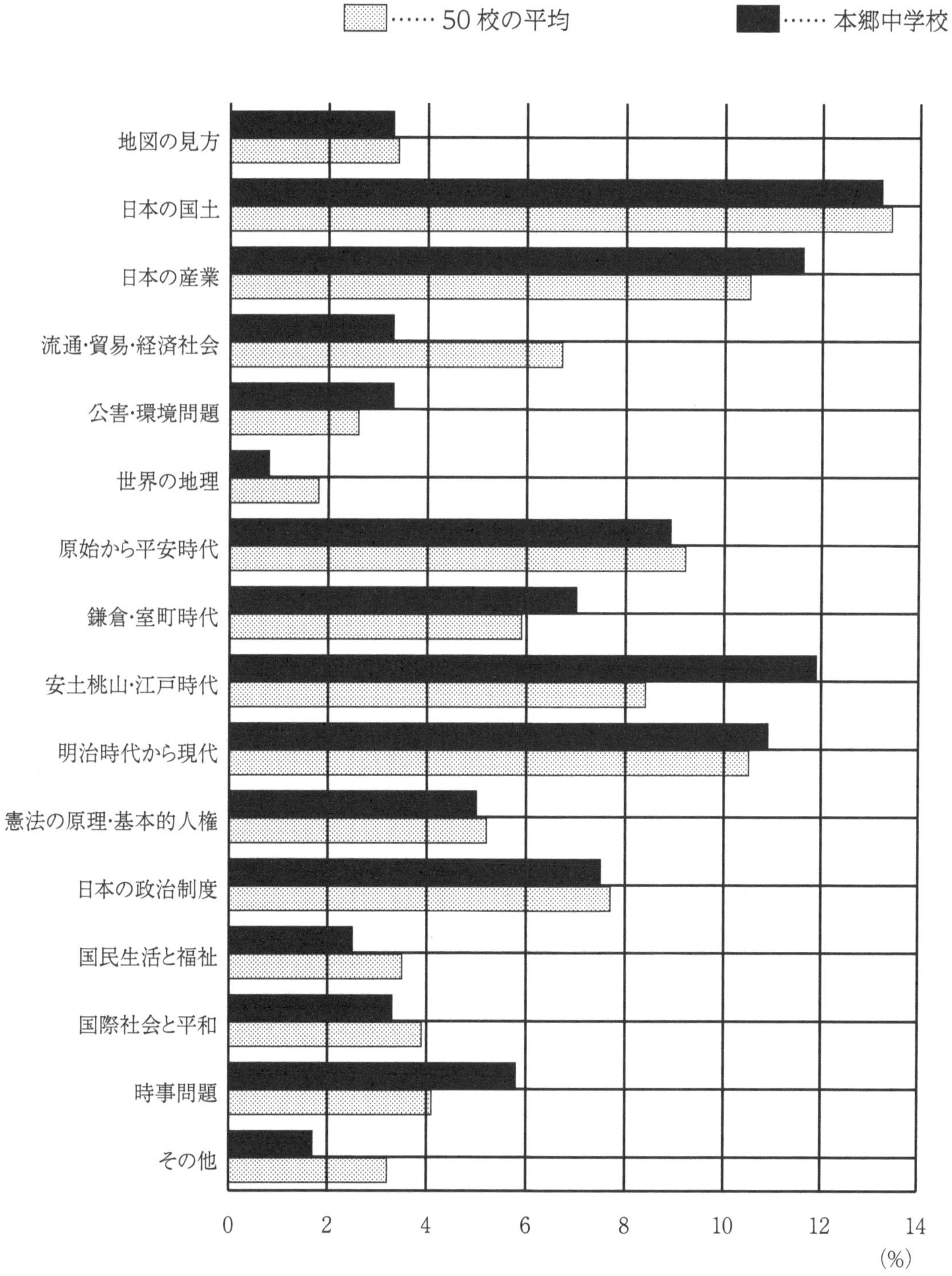

国語

出題傾向の分析と
合格への対策

●出題傾向と内容

漢字の読み書き，説明的文章，文学的文章の大問3題構成が定着している。

長文2題はいずれも現代的課題を意識した内容のものが多く，制限時間に対して分量(文章の長さなど)はやや多めであり，すばやく主題を把握する必要がある。設問は記述式・選択式・抜き出し式がバランスよく配されている。記述は50～70字程度のものが各回とも2題に減ったが，難易度は，高くなった。本文中から解答の根拠を的確に探すことがポイントになる。本文との内容合致を問う設問が多く出されるのも特徴である。漢字の読み書きは訓読みの書き取りが多く出される。

学習のポイント

- 記述問題に強くなろう。
- 過去問を数多く解いて問題パターンに慣れておこう。

●2025年度の予想と対策

漢字の読み書き・説明的文章・文学的文章の大問3題構成は今後も継続するものと考えられる。長文問題は，全体の話題とテーマをできるだけすばやく読み取る練習を重ねること。また設問はパターン化されているので，過去問練習を重ねて，それぞれの設問タイプごとの解答手順や方法に慣れておくことが大切。もちろん現代的テーマをあつかった説明・論説文や最新の物語などは進んで読んでおきたい。その他，語句の意味，四字熟語，慣用句などにも日ごろから注意をはらっておくとよい。

▼年度別出題内容分類表

※ よく出ている順に☆，◎，○の３段階で示してあります。

出題内容			2022年		2023年		2024年		
			1回	2回	1回	2回	1回	2回	3回
内容の分類	読解	主題・表題の読み取り							
		要旨・大意の読み取り		○	○		○	○	○
		心情・情景の読み取り	☆	☆	☆	☆	☆	☆	☆
		論理展開・段落構成の読み取り	○	○					
		文章の細部の読み取り	☆	☆	☆	☆	☆	☆	☆
		指示語の問題							
		接続語の問題		○	○				
		空欄補充の問題	◎				○	○	
	知識	ことばの意味		○	○	○	○	○	○
		同類語・反対語							
		ことわざ・慣用句・四字熟語	○				○		
		漢字の読み書き	○	○	○	○	○	○	○
		筆順・画数・部首							
		文と文節							
		ことばの用法・品詞	○			○			○
		かなづかい							
		表現技法		○					
		文学作品と作者							
		敬語							
	表現	短文作成							
		記述力・表現力	◎	◎	◎	◎	◎	◎	◎
文の種類		論説文・説明文	○	○	○	○	○	○	○
		記録文・報告文							
		物語・小説・伝記	○	○	○	○	○	○	○
		随筆・紀行文・日記							
		詩(その解説も含む)							
		短歌・俳句(その解説も含む)							
		その他							

本郷中学校

国語 ――グラフで見る最近３ヶ年の傾向――

最近３ヶ年に出題されたすべての問題を内容別に分類・集計し，全体に対して何パーセントくらいの割合になっているかを示しました。

……50校の平均　　　……本郷中学校

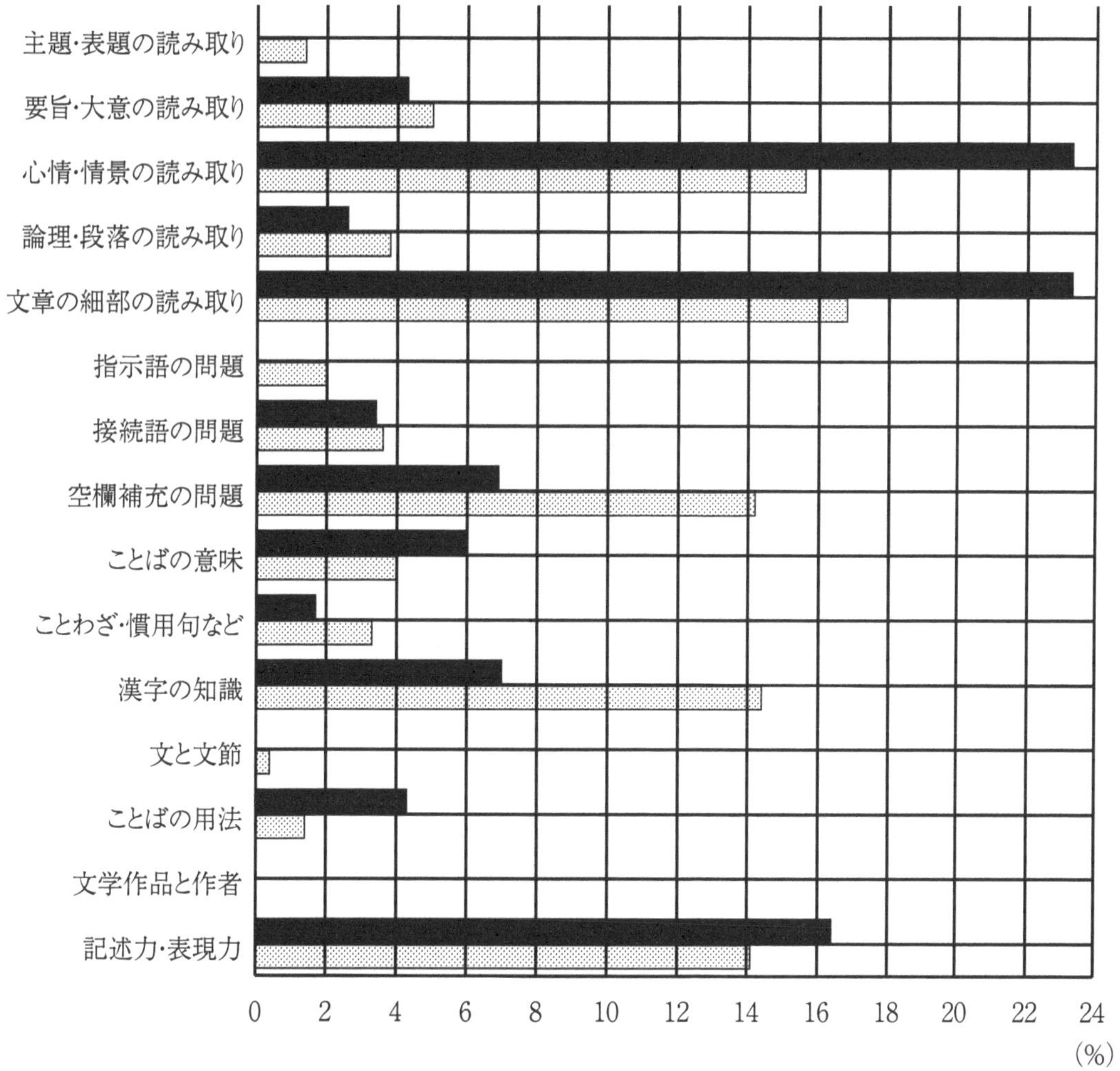

	論　説　文 説　明　文	物語・小説 伝　　　記	随筆・紀行 文・日記	詩 （その解説）	短歌・俳句 （その解説）
本郷中学校	50.0%	50.0%	0.0%	0.0%	0.0%
50校の平均	47.0%	45.0%	8.0%	0.0%	0.0%

2024年度　合否の鍵はこの問題だ!!

（第1回）

算　数　2　(5)

「上り・下り」の問題で，消去算として解けるが，計算自体が簡単ではないので挑戦してみよう。
単位の換算にも注意が要る。

【問題】

右図のようにA地点からC地点までは上りでC地点からB地点までは下りになっている。A地点からB地点まで行くのに5時間30分，B地点からA地点まで行くのに5時間45分かかる。BC間の距離は何kmか。ただし，上るときは時速4km，下るときは時速6kmで進む。

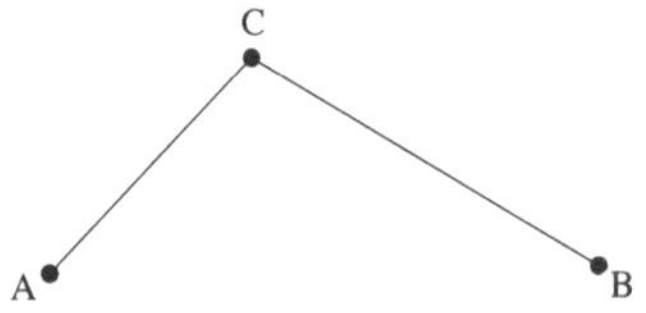

【考え方】

AからBまでの時間…右図より，$\frac{ア}{4}+\frac{イ}{6}=\frac{11}{2}$(時間)－①

BからAまで…$\frac{ア}{6}+\frac{イ}{4}=\frac{23}{4}$(時間)－②

②×$\frac{3}{2}$…$\frac{ア}{4}+イ\times\frac{3}{8}=\frac{69}{8}$(時間)－③ ← $\frac{1}{4}\div\frac{1}{6}=\frac{3}{2}$

③－①…$イ=\left(\frac{69}{8}-\frac{11}{2}\right)\div\left(\frac{3}{8}-\frac{1}{6}\right)=\frac{25}{8}\div\frac{5}{24}=15$(km)

したがって，BC間は15km

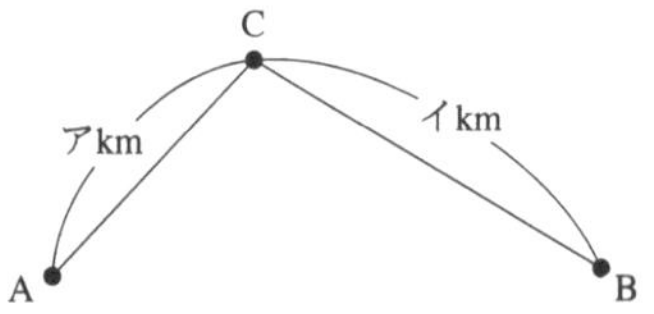

理　科　2　(7)

大問4題で各分野から1題ずつ出題されている。問題文が長く，理科に関する総合的な知識と文章の読解力が求められる。問題の難易度は基本問題からやや難のレベルまでさまざまで，比較的やさしい問題を見極めて時間内にいかに多くの正解をするかがカギとなる。特に地学分野の問題は，問題文の分量が多い。要点を見極める力が必要である。また，実験に基づいて結論を導く思考力が求められている。

今回，鍵となる問題として第1回の2(7)を取り上げる。

①　図1より，0.1gのアルミニウムとちょうど反応する塩酸の体積が30cm^{3}とわかる。0.2gのアルミニウムをすべて反応させるには60cm^{3}の塩酸が必要であるが，加えた塩酸は50cm^{3}なので，塩酸はすべて反応するがアルミニウムは一部溶け残る。30cm^{3}の塩酸から120cm^{3}の水素が発生するので，50cm^{3}の塩酸からは30：120＝50：□　□＝200cm^{3}の水素が発生する。

②　図②より，0.1gのマグネシウムと20cm^{3}の塩酸がちょうど反応する。このとき90cm^{3}の水素が発生する。発生した水素が225cm^{3}なので，反応したマグネシウムは0.1：□＝90：225　□＝0.25gである。また，最低限必要な塩酸は0.1：20＝0.25：□　□＝50cm^{3}である。

③　アルミニウムの重さを□gとすると，マグネシウムは(0.5－□)gと表せる。アルミニウム1gから発生する水素は1200cm^3，マグネシウムでは900cm^{3}になるので，1200×□＋900×(0.5－□)＝500より，300×□＝50　□＝0.166≒0.17gになる。

第1回から第3回までの問題の難易度はいくぶん違う。中には計算問題でやや難しい問題もある。共通するのは，出題される問題が実験や観察をもとに考えさせる形式のものが多く，表やグラフからデータを読み取ったり，データの規則性に気づいてそこから答えを求める力が必要なことである。問題集などで類題の演習を数多くこなして力をつけてほしい。また，今回も地学分野で問題文がかなりの分量であった。問われている内容は標準的なものが多いが，試験時間内でこれだけの分量を読んで理解し解答するのはかなり困難である。できる問題から解答し時間配分に気を使うことも大切である。

社 会 ２ 問2

設問は「天皇中心の中央集権体制が確立されるまでに起こった4つの出来事を，古い順に並べたときに2番目となるものを選べ」というもの。受験生が苦手とする歴史的事象の並び替えである。本校の問題ではこの設問以外にも同様なものがみられるほか，並び替えではないものの，時代を特定してその当時の状況を説明したものを選択肢の中から選ぶという形式のものが多い。そういった意味でも合否を決定した問題としてこの設問を取り上げてみよう。

アは「第1回の遣唐使を派遣した」というもの。遣隋使や遣唐使の派遣された時代はおおよそ見当がつくものの，第1回と限定されると判断に苦しむ。遣隋使を派遣して中国との対等外交を模索したのはもちろん聖徳太子である。「日出処の天子…」という文言が煬帝の激怒をかったという話は多くの受験生が知っていることと思う。煬帝は父を殺害して即位した2代皇帝である。高句麗遠征などで民衆の支持を失い隋はわずか30年余りで唐によって滅ぼされた。その唐に使者を送ったのは聖徳太子の子・山背大兄皇子と皇位継承を争った舒明天皇である。イは「白村江で敗れた」というもの。白村江の戦いは日本が唐・新羅の連合軍に大敗して朝鮮半島から撤退した大事件である。この百済救援軍を率いたのは母・斉明天皇を補佐していた中大兄皇子である。その後，彼は国内の防備を強化し近江国・大津京に遷都して天智天皇として即位した。ウは「藤原京に遷都した」というもの。藤原京は中国に倣った最初の都で，7世紀末に建設され，持統・文武・元明の3代にわたって栄えたが16年で廃墟となった都である。持統天皇は中大兄皇子の娘で，夫である天武天皇の死後その遺志を継いで皇位についた女帝である。エは「富本銭の鋳造」というもの。富本銭は和同開珎に先行する最古の貨幣といわれる。奈良県飛鳥池遺跡の発掘調査で多数の鋳型などが出土，これが日本書紀の天武12(683)年条にある「以後銅銭を用いよ」の銅銭に当たると考えられている。古代最大の内乱といわれる壬申の乱(天智天皇死後の大友皇子と大海人皇子の皇位継承争い)に勝利した天皇は，律令の制定や国史の編纂にも着手，彼の時代に日本という国名や天皇という称号が初めて用いられるなど天皇専制支配体制が確立したといわれている。

国 語 【一】 問五,【二】 問七

【一】 問五

【こう書くと失敗する】

デフォルトとは初期設定のことなので，反対の人でも現状に留まるように設定されている質問の上に，よくわからないから拒絶フレームに○をつけないと現状に留まるから。(78字)

【なぜ失敗なのか】

必須語が指定されている場合によく陥ってしまうのは，その指定語を説明しようとしてしまう失敗だ。この失敗例でも，それぞれの必須語の説明としては誤ってはいない。が，設問は「～同意したことになる理由」を必須語を利用して書くということが求められている。したがって，それぞれの必須語がどのようなものなのかを理解して組み立てなければならない。

デフォルトは初期設定だから，このデフォルトの内容に何となく導かれるような設定ということになるので，この場合は「同意する」ということに導かれてしまうという理解だ。次に，拒絶フレームは，「反対なのか」という，あいまいな考えしか持てない人にあえてデフォルトとは反対の言葉を使った質問形式にすると，明確な意思を持っていない場合は「特に反対というわけでもないし」という態度を明らかにしたということでデフォルトに留まるという流れだ。

【二】 問七

【このような書き方もできる】

真面目に練習する部に変革することを急ぐ自分は部長として嫌われ孤立していたが，思いもよらず三熊が賛同してくれたことで投票の結果部長を下ろされても三熊と協力して良い吹奏楽部にする決意ができた。(94字)

文章の出だしが印象的なので，設問の「ここに至る気持ち」の解答として切り捨ててしまうことができず，「部長としてうまくいかないでいる」ことも書き加えた解答例だ。そのため，後半部分の内容が薄くなってしまう欠点があるが，必要最低限の内容は入っているので加点はされるだろうと思われる。ただ，このように「変化」を問われた場合は，よほど二転三転している内容ではない限り，「変化後」と相対する内容をしっかり書いたほうがすっきりした解答になる場合が多い。

2024年度

★★★★★★★★★★★★★★★★★★★★★★★★

入　試　問　題

令和６年度 本郷中学校
第１回 入学試験問題

算 数

（50分　満点：100点）

注　意

1．**問題の解答は解答用紙にはっきりと記入しなさい。**

2．**コンパス、分度器、定規、三角定規、計算機の使用は禁止します。かばんの中にしまってください。**

3．指示があるまで開いてはいけません。

4．答えはすべて解答用紙に記入しなさい。

5．用具の貸し借りは禁止します。

6．指示があるまで席をはなれてはいけません。

7．質問があれば、だまって手をあげて監督者を呼びなさい。

8．試験が終わったら、解答用紙だけ提出しなさい。問題は持ち帰ってもかまいません。

1 次の $\square$ に当てはまる数を求めなさい。

(1) $7-4\div\square-3\div\left\{8-\dfrac{2}{3}\times(1-0.25)\right\}=1$

(2) $\left(\dfrac{6}{253}+\dfrac{5}{11}-\dfrac{10}{23}+\dfrac{1}{8}\right)\times2024\div\left(6.25\times6\dfrac{1}{5}-7.75\right)=\square$

2 次の問いに答えなさい。

(1) ある仕事をするとＢさんはＡさんの1.5倍、ＣさんはＡさんの２倍の時間がかかります。３人いっしょにこの仕事をすると６時間かかります。Ａさん１人だけでこの仕事をすると何時間かかりますか。

(2) Ａさん、Ｂさん、Ｃさんは最初３人合わせて4539円持っていました。３人は同じ値段の本を１冊ずつ買ったところ、Ａさん、Ｂさん、Ｃさんの持っているお金はそれぞれが最初に持っていた金額の$\frac{2}{3}$，$\frac{1}{4}$，$\frac{3}{8}$になりました。この本１冊の値段は何円ですか。

(3) あるきまりにしたがって下のように分数を並べました。

$\frac{1}{3}, \frac{4}{7}, \frac{7}{11}, \frac{10}{15}, \frac{13}{19}, \frac{16}{23}, \frac{19}{27}, \cdots$

このとき、分子と分母の差が101になる分数はいくつですか。

(4) ある製品を毎分20個ずつの割合で作る工場があります。工場の中で作られた製品は、ベルトコンベアで工場の外へ運び出されます。いま、この工場の中には360個の製品が保管されています。ここで、さらに製品を作り始めたと同時に５台のベルトコンベアを使って運び出すと18分ですべての製品を工場の外へ運び出すことができます。このとき、製品を作り始めたと同時に７台のベルトコンベアを使って運び出すと何分ですべての製品を工場の外へ運び出すことができますか。

(5) 図のようにA地点からC地点までは上りで、C地点からB地点までは下りになっています。A地点からB地点に行くのに5時間30分、B地点からA地点に行くのに5時間45分かかります。このとき、BC間の距離《きょり》は何kmですか。ただし、上るときは時速4km、下るときは時速6kmの速さで進むものとします。

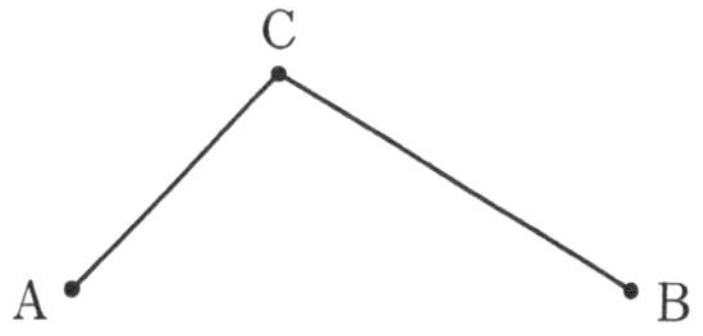

(6) 下の［図Ⅰ］のような形を底面とする柱状の容器が［図Ⅱ］のように水平な地面につくように置かれています。この容器に水を入れたら［図Ⅲ］のようになりました。入れた水の体積は何cm^3ですか。ただし、容器の厚みは考えないものとし、円周率は3.14とします。

［図Ⅰ］

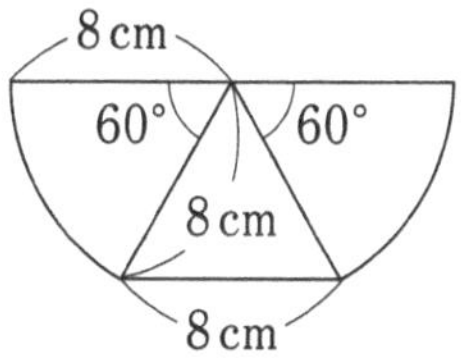

おうぎ形2つと正三角形1つを組み合わせた形

［図Ⅱ］

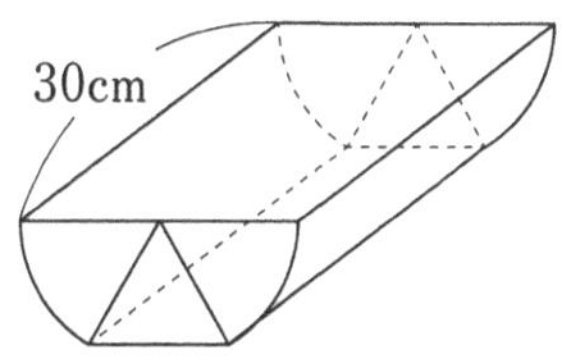

［図Ⅲ］

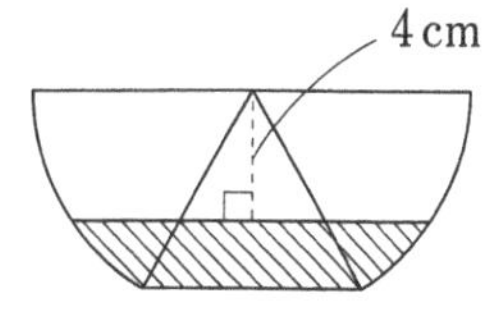

3 バスの停留所Ｐから駅までは2400mあります。この2400mを三等分する地点に２つ停留所があります。バスは停留所でそれぞれ１分間停車します。ＡさんとＢさんは停留所Ｐに集合し、Ａさんは自転車で、Ｂさんはバスで駅に向かいます。Ａさんが出発して３分後にバスはＢさんを乗せて停留所Ｐを出発しました。Ａさんの自転車は一定の速さで駅まで向かい、バスも停留所に停車する以外は一定の速さで走ります。しかし、駅の近くで渋滞《じゅうたい》が発生し、バスだけ速さが遅くなったため、２人同時に駅に着きました。下のグラフは、Ａさんが停留所Ｐを出発してから駅に着くまでの時間とＢさんとの距離《きょり》の差の関係を表したものです。このとき、次の問いに答えなさい。

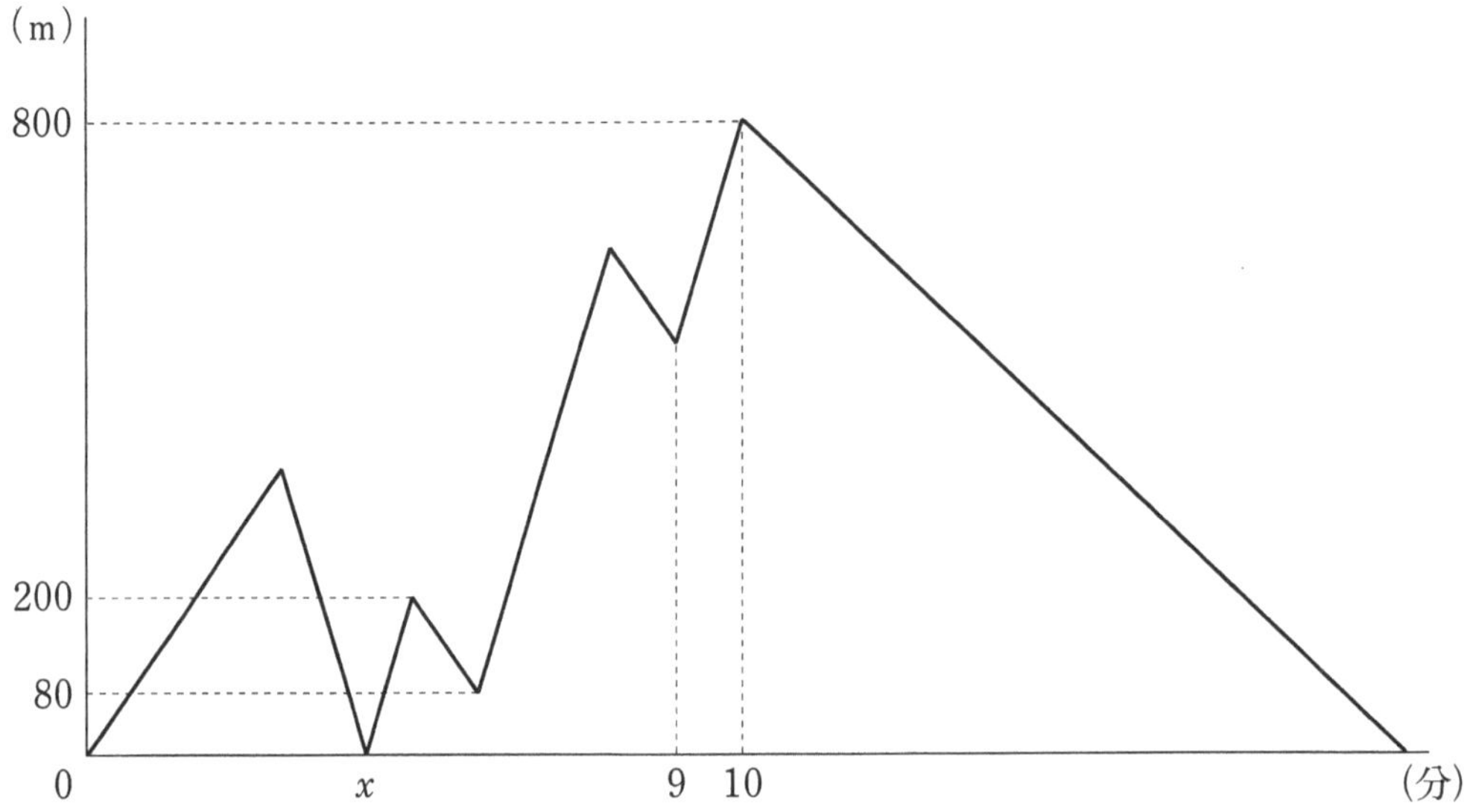

⑴ Ａさんは毎分何mの速さで自転車に乗っていましたか。

⑵ 渋滞時のバスの速さは毎分何mですか。

⑶ グラフの x の値はいくつですか。

4 右の［図Ⅰ］は、奇数をある規則によって書き並べた表の一部です。例えば第３行，第２列の数は15、第１行，第５列の数は29となります。

Ａ，Ｂ，Ｃの３人は、この表の様々な規則に注目し、問題を出し合うことにしました。

以下の□は、そのときのＡ，Ｂ，Ｃ３人の会話です。

［図Ⅰ］

	第1列	第2列	第3列	第4列	第5列
第１行	1	5	11	19	29
第２行	3	9	17	27	
第３行	7	15	25		
第４行	13	23			
第５行	21				

Ａ：「最初は私から問題を出すわよ。第29行，第１列の数はいくつでしょうか」
Ｂ：「ねぇ、ヒントちょうだいよ」
Ａ：「じゃあ、［図Ⅱ］みたいに、左端の列から、右斜め上に向かって①，②，③，…のようにグループを考えてみて」
Ｃ：「そうか。グループにすると規則が分かるね」
Ｂ：「ねぇ、もっとヒントちょうだいよ」
Ａ：「しょうがないわね。第28行，第１列の数は757よ」
Ｂ：「分かった！　第29行，第１列の数は x だね」
Ａ：「正解よ」

［図Ⅱ］

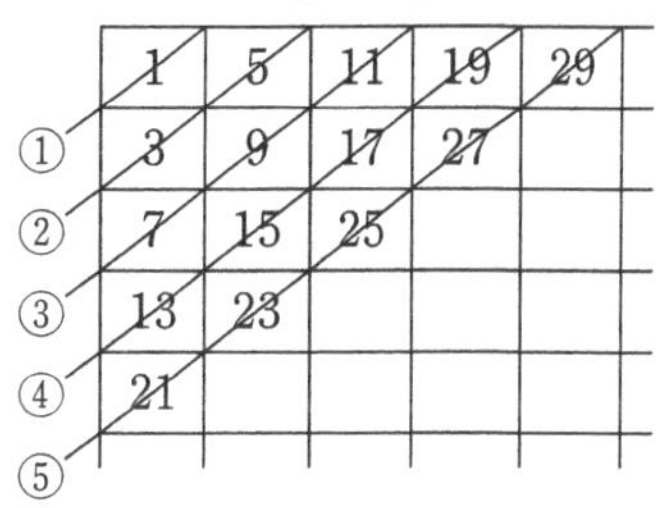

(1)　x の値はいくつですか。

Ａ：「次は、誰が問題を出してくれるの？」
Ｂ：「僕が出すよ。少し難しいかもよ。［図Ⅲ］は、この表の一部なんだけど、斜線部分に書かれている数の和はいくつでしょうか」
Ｃ：「ちょっと待って。分かったかも」
Ｂ：「えっ、本当？　気付くの早いなぁ」
Ｃ：「あぁ、やっぱり。どこを調べても同じ規則だよ」
Ａ：「どういうこと？『どこを調べても』って…」
Ｃ：「［図Ⅲ］だけでなくて、この配置に並んでいる４つの数については、ある

［図Ⅲ］

規則が成り立っているんだよ」

A：「あっ、本当だ。斜線部分とそうでない部分について、それぞれの和に注目すればよいのね」

B：「で、答え分かった？」

C：「［図Ⅲ］の斜線部分に書かれている数の和は y だよ」

B：「正解。ヒントがなくてよく分かったね」

(2)　y の値はいくつですか。

［図Ⅳ］

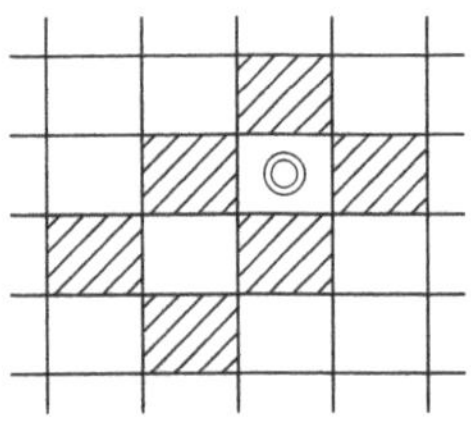

C：「最後の問題は僕が出すよ。［図Ⅳ］も、この表の一部なんだけど、斜線部分に書かれている数の和が1722のとき、◎印のところに書かれている数はいくつでしょうか」

B：「僕が出した問題に似ているけど…ヒント、ちょうだい」

C：「AさんやBさんが出した問題を解く過程でみつけた規則を思い出してみよう」

B：「どういうこと？」

C：「まず、斜めに並んでいる３つの斜線部分は、Aさんが出した問題のように数字が並んでいるから、その和はある部分の数の何倍かになっているよ」

A：「あぁ、なるほど。そうすると、さっきBさんが出した問題を解く過程でみつけた規則が上手く使えるね」

C：「さすがAさんだね。少し時間を取って計算してみて」

・

・

・

A：「分かったわ。［図Ⅳ］の◎印のところに書かれている数は z よ」

C：「正解だよ。上手に考えることができたね。Bさんはどうだった？」

B：「もうちょっと、時間があればできそうだよ」

(3)　z の値はいくつですか。

5 図のような１辺の長さが６cmの立方体があります。
辺ＡＢ，ＤＣ，ＥＦ，ＨＧ上にそれぞれ点Ｉ，Ｊ，Ｋ，Ｌをとります。
ＡＩ：ＩＢ＝ＤＪ：ＪＣ＝４：５、
ＥＫ：ＫＦ＝ＨＬ：ＬＧ＝２：１です。
このとき、次の問いに答えなさい。

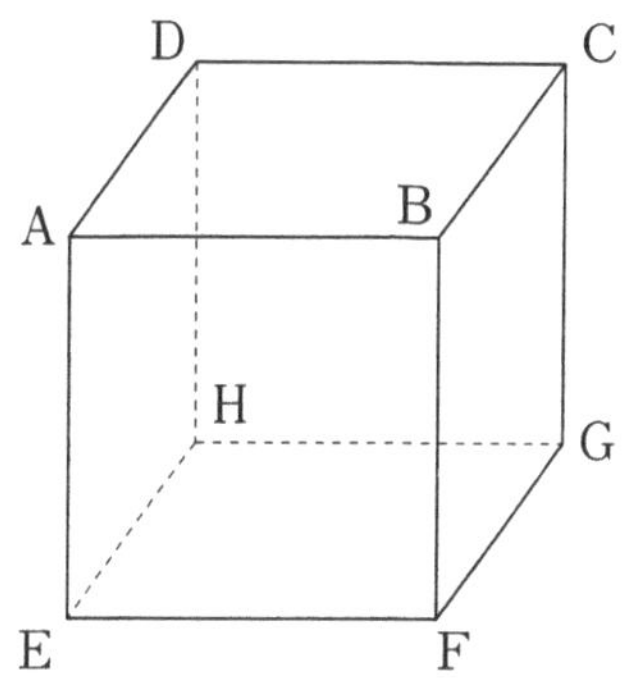

(1) この立方体を３点Ｉ，Ｋ，Ｌを通る平面で切ったとき、点Ａを含む立体Ｐの体積は何cm^{3}ですか。

(2) 立体Ｐについて、辺ＥＫ，ＨＬ上にそれぞれＥＲ：ＲＫ＝ＨＳ：ＳＬ＝２：１となるように点Ｒ，Ｓをとります。このとき５点Ｉ，Ｒ，Ｋ，Ｌ，Ｓを頂点とする立体の体積は何cm^{3}ですか。

(3) 辺ＡＤ上にＡＭ：ＭＤ＝１：１となるように点Ｍをとります。立体Ｐを３点Ｍ，Ｈ，Ｌを通る平面で切ったとき、点Ａを含む立体の体積は何cm^{3}ですか。

令和６年度 本郷中学校
第１回 入学試験問題

理　科

（40分　満点：75点）

注　意

1．問題の解答は解答用紙にはっきりと記入しなさい。
2．机上に定規を出し、試験中に必要であれば使用しなさい。
3．指示があるまで開いてはいけません。
4．答えはすべて解答用紙に記入しなさい。
5．用具の貸し借りは禁止します。
6．指示があるまで席をはなれてはいけません。
7．質問があれば、だまって手をあげて監督者を呼びなさい。
8．試験が終わったら、解答用紙だけ提出しなさい。問題は持ち帰ってもかまいません。

1 温度や熱について調べたところ、次のことがわかりました。

「もの(水、空気、氷など)は、分子とよばれる小さな粒子《りゅうし》でできている。」
「同じ体積の液体と気体を比べると、液体の方が分子の数は多い。」
「分子は目には見えないが、不規則《ふきそく》な運動をしている。この運動が激《はげ》しいほど温度が高い。」
「運動の激しさが違う(温度が違う)分子がぶつかることで、温度が高いものから温度が低いものに熱が伝わる。」

これを参考に、以下の問に答えなさい。

図１のように、透明《とうめい》なプラスチック製のコップを３つ用意しました。何も入っていないコップをコップA、部屋の温度とほぼ同じ温度の水を50 g入れたコップをコップB、部屋の温度とほぼ同じ温度の水を100 g入れたコップをコップCとします。

これらのコップA、B、Cに、同じ温度の20 gの氷を１つずつ入れました。コップB、Cに入れた氷はコップの底にふれることなく、水に浮かびました。コップA、B、Cに入れた氷が完全にとけきるまでの時間を調べたところ、結果は表１のようになりました。

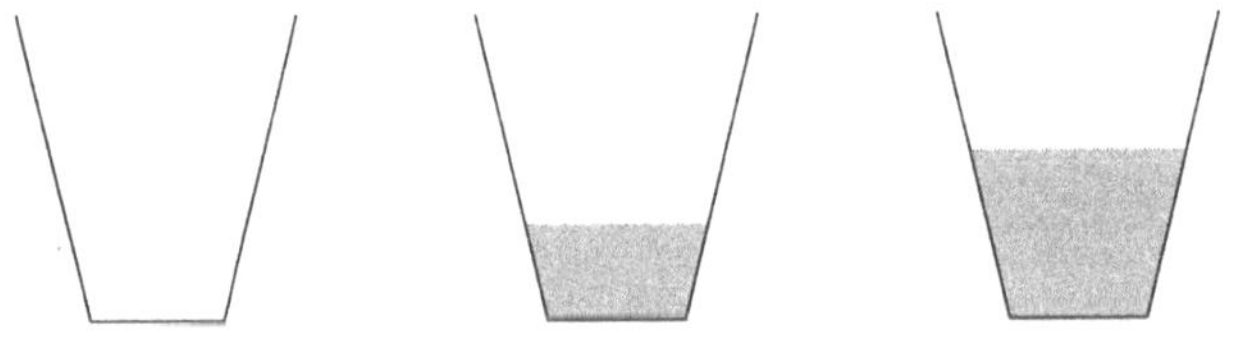

図１

表１

	A	B	C
氷がとけきるまでの時間	およそ80分	およそ32分	およそ16分

(1) コップＢに入れた氷がとけきったとき、コップＢの中に入っている水の重さは何ｇですか。

(2) コップＢ、Ｃの氷が完全にとけきったとき、それぞれのコップの水面の高さは、氷を入れた直後の氷が水に浮かんでいたときと比べてどうなりますか。次の**ア**～**ウ**から１つずつ選び、記号で答えなさい。

ア．高くなる　　**イ**．低くなる　　**ウ**．変わらない

(3) コップＣの氷が水に浮いた理由として最も正しいものを、次の**ア**～**オ**から１つ選び、記号で答えなさい。

ア．水100ｇに対して、氷は20ｇと氷の方が軽いから。

イ．水100ｇと氷20ｇでは水の方が体積は大きいから。

ウ．水と氷を同じ体積で比べたとき、水の方が重いから。

エ．水と氷を同じ重さで比べたとき、水の方が体積は大きいから。

オ．水と氷では氷の方が温度は低いから。

(4) 氷がとけきった直後にコップの中の水の温度をコップＡ、Ｂ、Ｃについてはかると、それぞれの温度はどのようになっていると考えられますか。次の**ア**～**オ**から１つ選び、記号で答えなさい。

ア．温度の高い順にＡ、Ｂ、Ｃになる。

イ．温度の高い順にＣ、Ｂ、Ａになる。

ウ．ＢとＣが同じ温度で、Ａの温度だけが高い。

エ．ＢとＣが同じ温度で、Ａの温度だけが低い。

オ．Ａ、Ｂ、Ｃともに同じ温度になる。

(5) 表１の結果からわかることとして正しいものを、次の**ア**～**オ**からすべて選び、記号で答えなさい。

ア．氷のまわりに水がある方が、氷はとけやすい。

イ．氷のまわりに水がある方が、氷はとけにくい。

ウ．氷のまわりに水があるかないかは、氷のとけやすさには関係がない。

エ．水は空気よりも熱を伝えやすい。

オ．空気は水よりも熱を伝えやすい。

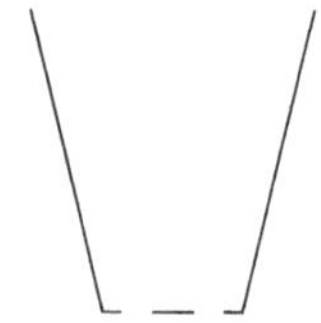

D

図２

次に図２のように、透明なプラスチック製のコップＤを用意しました。コップＤには底に氷が落ちない程度の小さな穴がいくつかあいています。コップＤに水をいれても、水は小さな穴から流れてコップＤに水をためることはできませんでした。

部屋の温度と同じになったコップＤに氷を１つ入れました。この氷はコップＡ、Ｂ、Ｃに入れた氷と同じ温度、同じ重さです。

(6) コップＡのときと部屋の温度、氷の温度を同じにして、コップＤに入れた氷が完全にとけきるまでの時間を調べました。その結果とその理由を示したのが以下の文です。科学的に正しいものとなるように［ 1 ］～［ 4 ］にあてはまる語句を、下の**ア**～**コ**から１つずつ選び、記号で答えなさい。

結果：ＡとＤでは、氷がとけきるまでの時間は［ 1 ］。

理由：最初はＡとＤはどちらも氷のまわりは空気だけだが、氷がとけるとＡは水がたまり、Ｄは水がたまらない。空気よりもとけてすぐの水の方が温度は低いので、分子の運動の激しさは［ 2 ］。しかし、空気よりも水の方が分子の数が非常に［ 3 ］ので、空気に比べて水の方が、氷に熱を伝え［ 4 ］。

ア．Ａの方が長い　　**イ**．Ｄの方が長い　　**ウ**．変わらない

エ．水の方が激しい　　**オ**．空気の方が激しい　　**カ**．空気も水も変わらない

キ．多い　　**ク**．少ない　　**ケ**．やすい　　**コ**．にくい

(7) 90℃のお湯の中に手をいれたら、すぐにやけどをしてしまうが、90℃のサウナに入っても、すぐにやけどをすることはありません。その理由はいくつかありますが、理由の１つが次の文です。これが科学的に正しいものとなるように［ 1 ］～［ 3 ］にあてはまる語句を答えなさい。

お湯とサウナの中の空気が同じ温度の場合、分子の運動の激しさは［ 1 ］ですが、分子の数は、お湯に比べて空気の方が［ 2 ］ので、お湯よりもサウナの中の空気の方が人の身体に熱を伝え［ 3 ］。

そのため、90℃のお湯の中に手をいれたら、すぐにやけどをしてしまうが、90℃のサウナに入っても、すぐにやけどをすることはありません。

2 次の文を読んで以下の問に答えなさい。

物質を構成する基本的な成分である元素は、およそ100種類が確認されています。宇宙が誕生して最初に生まれた元素は水素であり、全宇宙の元素のおよそ90％をしめています。水素は「水」の「素《もと》」と表記されるように、酸素と反応し水になる元素です。英語ではHydrogenと表記されますが、「水を生むもの」という意味を持つ言葉が語源です。

(1) 地球にも水素が存在していますが、その多くが水として存在しており、気体として存在する水素はほとんどありません。この理由について以下の［ 1 ］には［ **軽** ・ **重** ］のどちらが入りますか。また、［ 2 ］に入る文を、下の**ア**～**エ**から１つ選び、記号で答えなさい。

理由１　気体の水素は大気中の酸素と反応しやすく水に変化してしまうため。
理由２　気体の水素は重さが非常に［ 1 ］く、［ 2 ］ため。

ア. 河川や海水にとけこんでしまう
イ. 大気中を動き回り、森林などに吸収される
ウ. 地球の重力では、大気中に留まらない
エ. 大気中を上昇《じょうしょう》し、冷やされて液体となる

(2) 人の体の中にも水素は水、タンパク質、脂肪《しぼう》などになって存在していて、その中にふくまれる水素は人間の体重の10％をしめています。人間の体内の水は体重の60％であり、水の重さの11％が水素の重さであるとすると、50kgの人間の体内に水以外のタンパク質や脂肪などとして存在している水素は何kgですか。答えが割り切れない場合は、小数第２位を四捨五入して小数第１位で答えなさい。

(3) 気体の水素は自動車を動かすエネルギー源としても使われています。気体の水素と酸素を反応させ電気を発電し、得られた電気でモーターを動かし自動車を走らせます。この電気を発電する装置は何電池というか答えなさい。

(4) 気体の水素をエネルギー源として使う方法に燃焼させる方法もあります。例えば水素エンジン自動車やロケットは水素を燃焼させ動力を得ています。ロケットの動力として水素を用いるときには、水素と酸素を液体にしてロケットに搭載《とうさい》され動力として使われています。

① 水素や酸素は通常気体として存在しますが、ロケットに搭載されるときは液体にします。気体から液体になる状態変化の名まえを答えなさい。

② ロケットの動力として水素や酸素を搭載するときに気体から液体に状態を変化させる理由を答えなさい。

(5) 化学反応によって気体の水素が発生するものを、次の**ア**～**カ**からすべて選び、記号で答えなさい。

ア．銅にうすい塩酸を加える。

イ．うすい過酸化水素水に二酸化マンガンを加える。

ウ．鉄にうすい硫酸《りゅうさん》を加える。

エ．貝がらにうすい塩酸を加える。

オ．木炭を空気中で燃焼させる。

カ．亜鉛《あえん》にうすい水酸化ナトリウム水よう液を加える。

(6) 気体の水素の特徴《とくちょう》を表しているものを、次の**ア**～**カ**からすべて選び、記号で答えなさい。

ア．水でぬれた赤色リトマス紙を近づけると、リトマス紙が青色に変わる。

イ．水でぬれた青色リトマス紙を近づけると、リトマス紙が赤色に変わる。

ウ．水でぬれた赤色リトマス紙や青色リトマス紙を近づけても、リトマス紙の色は変わらない。

エ．石灰水に通すと、石灰水が白くにごる。

オ．試験管に集めてマッチの火を近づけ反応させると、ポンと音をたてる。

カ．においをかぐと、鼻をつくようなにおいがする。

(7) 0.1 gのアルミニウムもしくは0.1 gのマグネシウムにある濃さのうすい塩酸を反応させて、水素を発生させました。反応させる塩酸の体積を変えながら発生する水素の発生量を測定したところ、図１および図２のグラフのようになりました。

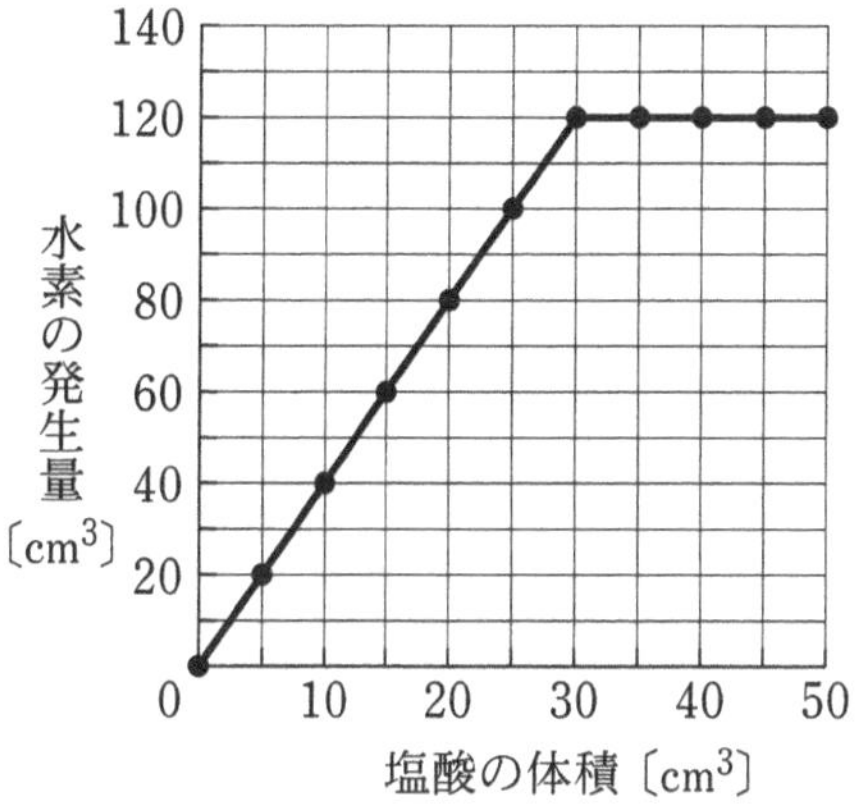

図１　アルミニウムと塩酸の反応

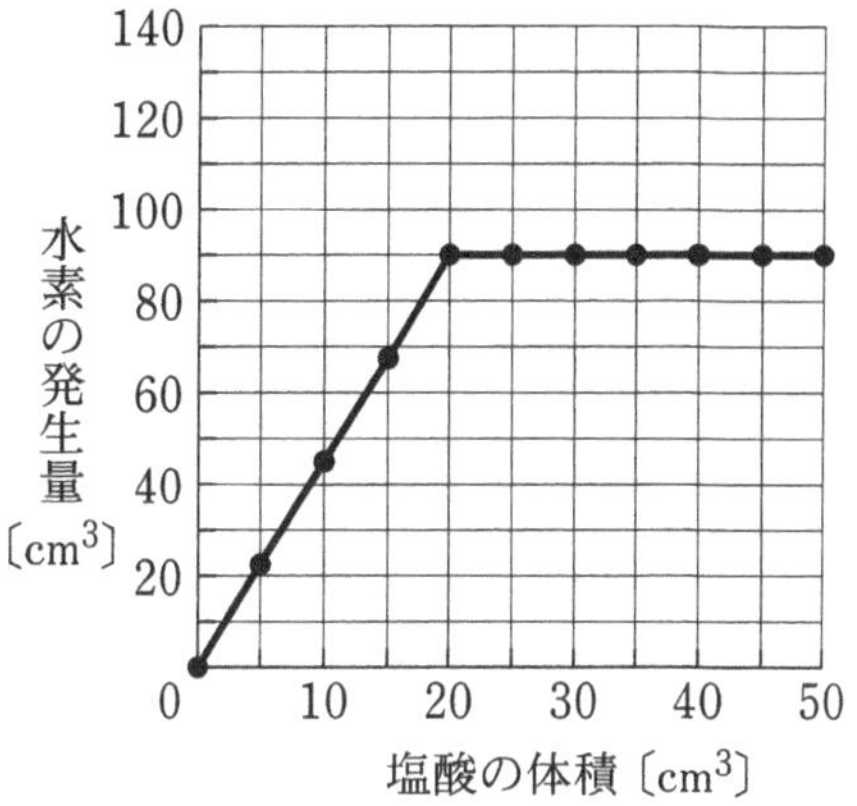

図２　マグネシウムと塩酸の反応

① 実験で用いた塩酸50 cm^3と0.2 gのアルミニウムを反応させたときに発生する水素の体積は何cm^3ですか。答えが割り切れない場合は、小数第３位を四捨五入して小数第２位で答えなさい。

② マグネシウムと実験で用いた塩酸を反応させると225 cm^3の水素が発生しました。反応したマグネシウムの重さは何gですか。また、このときに最低限必要な塩酸の体積は何cm^3ですか。答えが割り切れない場合は、小数第３位を四捨五入して小数第２位で答えなさい。

③ アルミニウムとマグネシウムを混ぜ合わせたものが0.5 gありました。実験で用いた塩酸をじゅうぶんに用意し反応させると500 cm^3の水素が発生しました。この中のアルミニウムの重さは何gですか。答えが割り切れない場合は、小数第３位を四捨五入して小数第２位で答えなさい。

3 図1は、ヒトの血液循環《じゅんかん》の様子を簡単に表したものです。なお、図中の□は、それぞれ肝《かん》臓、じん臓、小腸、肺、脳のいずれかの器官を表しています。また、図中の矢印→は血液が流れる方向を表しています。以下の問に答えなさい。

(1) 図1の①～⑩は、ヒトの血管または心臓の各部屋を表しています。①、②、④、⑩の名称《しょう》を、次の**ア**～**ス**から1つずつ選び、それぞれ記号で答えなさい。

ア．右心室　　**イ**．左心室
ウ．右心房　　**エ**．左心房
オ．大動脈　　**カ**．大静脈
キ．肺動脈　　**ク**．肺静脈
ケ．じん動脈　　**コ**．じん静脈
サ．肝動脈　　**シ**．肝静脈
ス．肝門脈

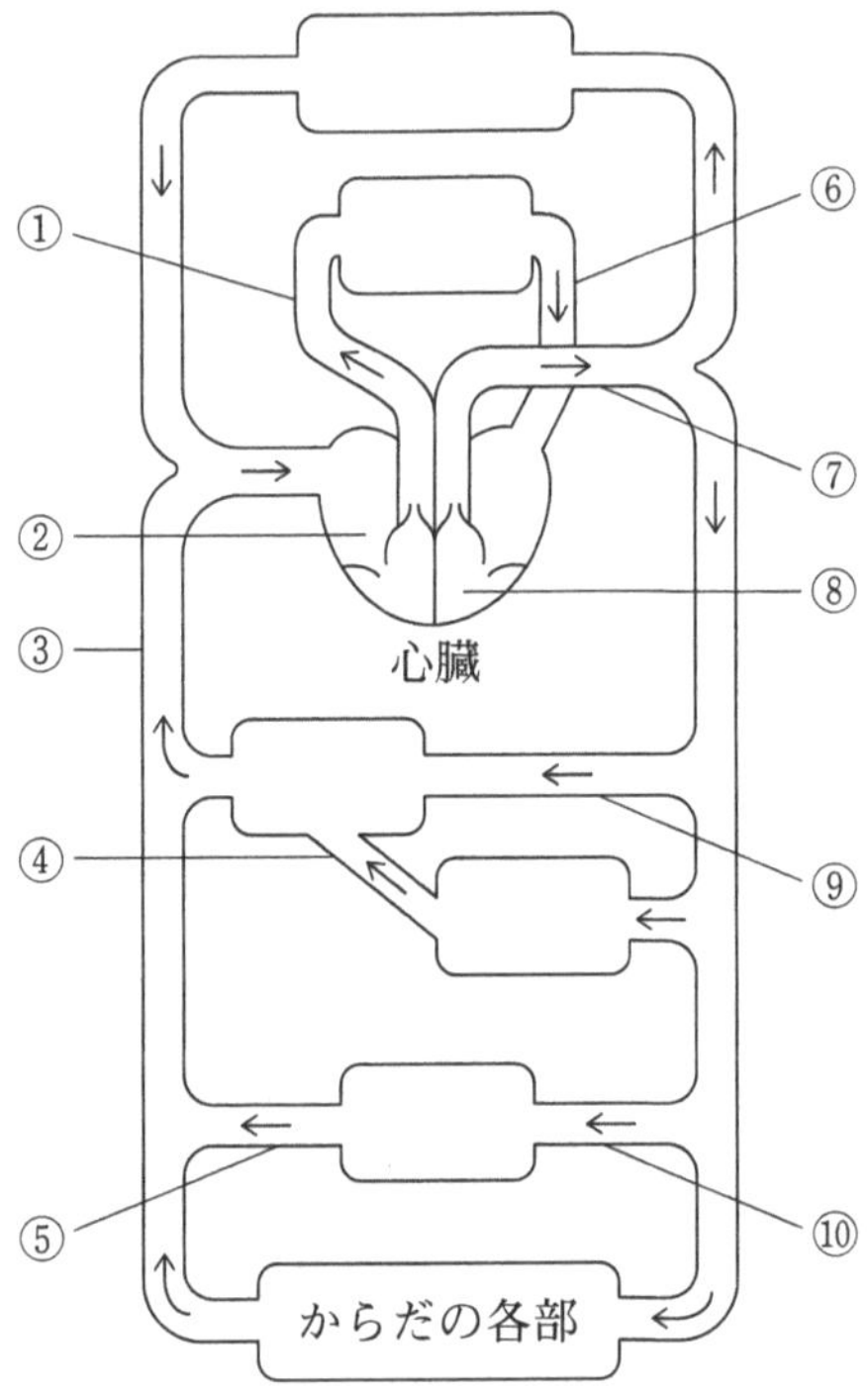

図1

(2) 流れている血液が「動脈血」であるものを、①～⑩からすべて選び、記号で答えなさい。

(3) 次のA～Dにあてはまる「血管」はどれですか。①～⑩から1つずつ選び、それぞれ記号で答えなさい。

A．酸素を最も多くふくむ血液が流れている血管
B．食後、最も栄養分がふくまれている血液が流れている血管
C．二酸化炭素以外の不要物が最も少ない血液が流れている血管
D．血圧が最も高い血管

(4) 次の各列はメダカとカエルの血液循環の様子を表しています。図中のＡ～Ｌの各部の名称を、次の**ア**～**シ**から選び、記号で答えなさい。ただし、同じ記号を何度選んでもかまいません。

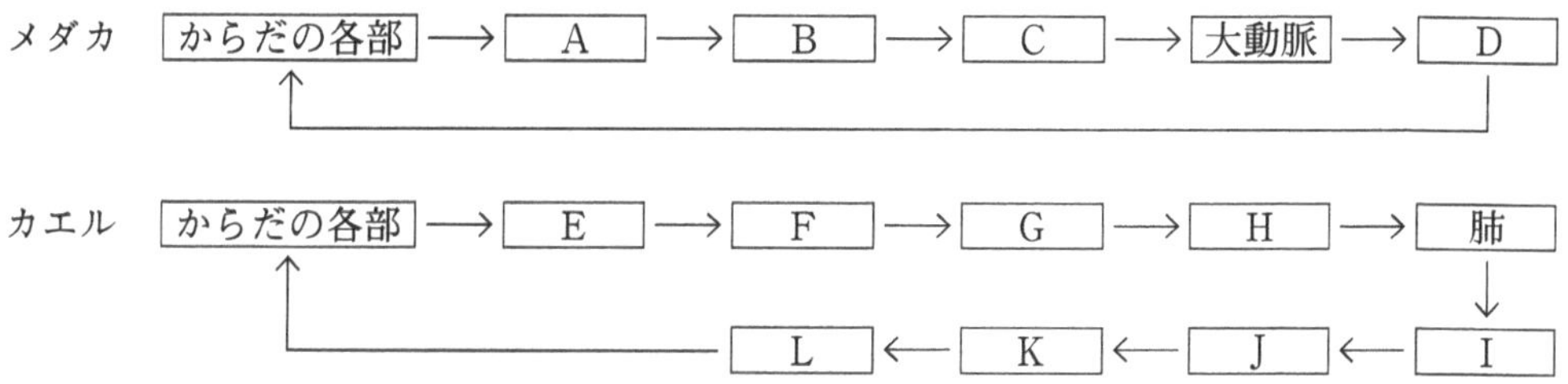

ア．心室　　**イ**．心房　　**ウ**．左心室　　**エ**．右心室
オ．左心房　　**カ**．右心房　　**キ**．肺動脈　　**ク**．肺静脈
ケ．大動脈　　**コ**．大静脈　　**サ**．えら　　**シ**．肺

(5) ヒトの血液量は体重の８％です。いま体重60kgの男性がいて、睡眠《すいみん》時（安静時）の心拍《ぱく》数が１分間あたり70回でした。この男性が８時間の睡眠をとっていたとすると、その間に血液は全身を何回循環することになりますか。答えが割り切れない場合は、小数第１位を四捨五入して整数で答えなさい。ただし、この男性は心臓の１回の拍動につき70 gの血液を全身に押し出していることとします。

(6) 図２はヒトの器官の一部を表しています。この部分は体内でどのようなはたらきをおこなっていますか。次の**ア**～**オ**から１つ選び、記号で答えなさい。

ア．血液をからだの中に送り出す。
イ．空気中の酸素を体内に取り入れる。
ウ．食べたものを細かく消化する。
エ．食べたものを体内に吸収する。
オ．からだを動かす。

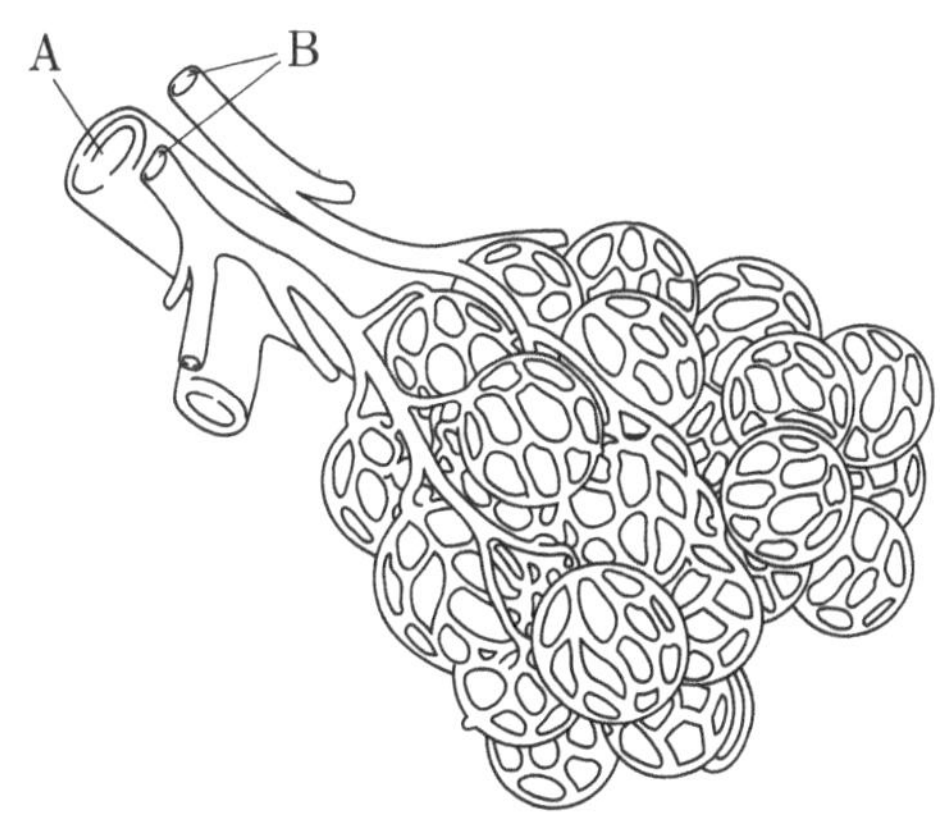

図２

(7) 図２のＡとＢは、それぞれからだのどの部分とつながっていますか。次の**ア**～**オ**から１つずつ選び、それぞれ記号で答えなさい。

ア．口　　**イ**．骨　　**ウ**．胃　　**エ**．心臓　　**オ**．小腸

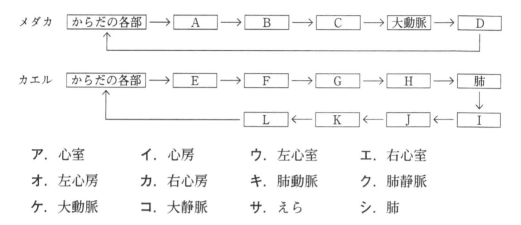

4 次の文を読んで以下の問に答えなさい。

本郷君の所属している地学クラブでは毎年、夏合宿で[1]のあるところに訪れています。2022年は新潟県糸魚川市の糸魚川[1]、2023年は群馬県下仁田町の下仁田[1]を訪れました。糸魚川[1]では「糸魚川－[2]構造線」の断層、下仁田[1]では[3]構造線の断層がみられることで知られています。図１は糸魚川市と下仁田町の位置と日本列島を東西に分ける構造線と日本列島を東西に横切る構造線を示しています。

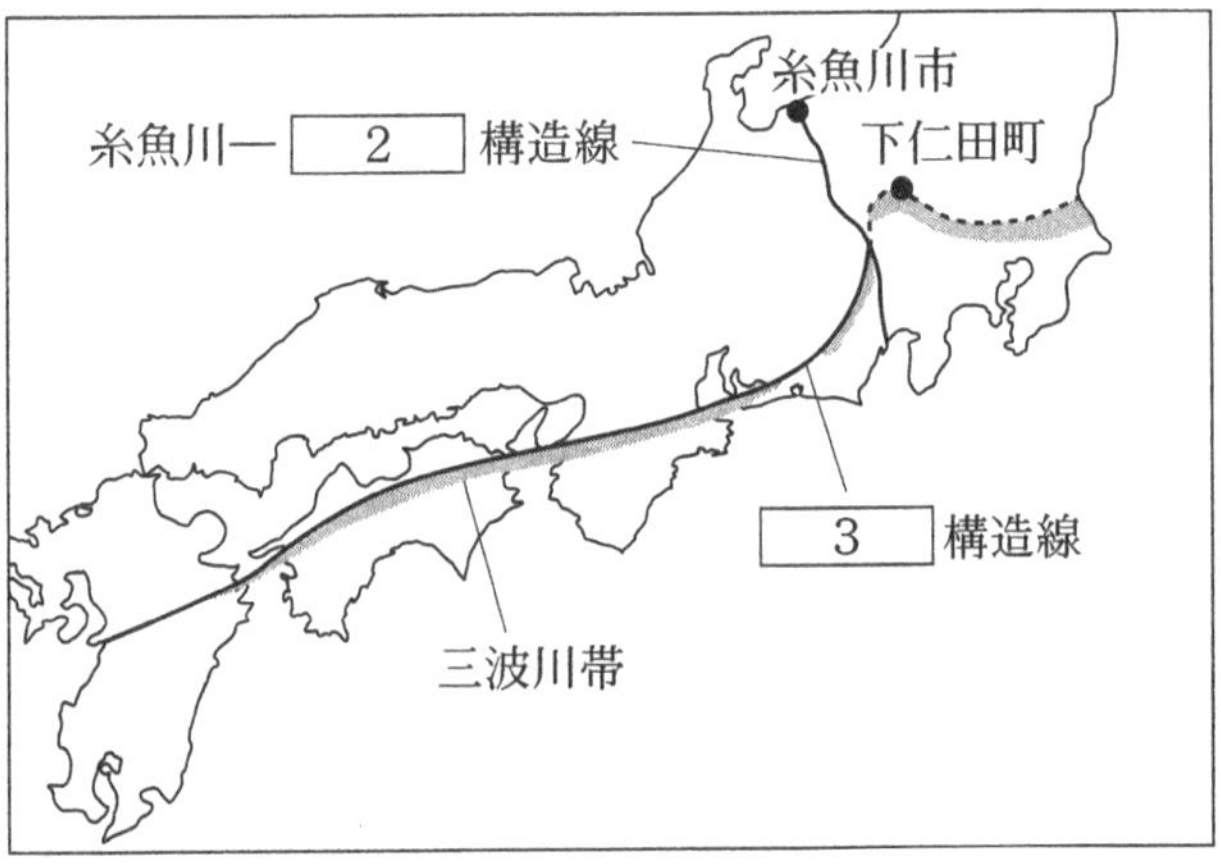

図１　糸魚川市、下仁田町の位置と日本の構造線

本郷君は糸魚川[1]のフォッサマグナパークで、「糸魚川－[2]構造線」の断層を観察しました（写真１）。断層を境に「西南日本」、「東北日本」の両方の地質を体験できました。また、フォッサマグナミュージアムの展示と説明からも両方の地質を確認することが出来ました。西南日本の展示では、古生代・中生代の岩石があり、５億年前のヒスイ、３億年前の石灰岩やその中の化石を観察しました。実際にミュージアム付近で採掘《さいくつ》された石灰岩の化石発掘体験にも参加し、クラブの１人が三葉虫を採取しました。東北日本側（フォッサマグナ地域）の展示では、フォッサマグナの海にたまった新生代の岩石や化石を観察し、フォッサマグナを埋《う》めた火山活動について学習しました。本郷君たちは、日本海へ向かい、青海海岸というヒスイのとれる海岸を訪れ、石を拾い、ヒスイ探しをしました。

写真１
フォッサマグナパークの大断層（白破線が断層面）

下仁田［　1　］では根なし山や川井の断層、大桑《くわ》原の［　4　］の野外観察を行いました。

根なし山とは図２の破線の上側にそそり立つ山々で、破線の下側にある岩石の上に水平に近い断層を境にしてのっています。これらの山々の岩石は下仁田から遠く離《はな》れた別の場所でつくられたものが、大地の運動によって運ばれてきて、その後、岩石がけずられ、現在のような孤立《こりつ》した山となったと考えられています。なお、今回訪れた、地点①～④を図３（２万５千分の１地形図「下仁田」を拡大）に示しました。

図２　下仁田の中心街から南方に見た根なし山と青岩公園

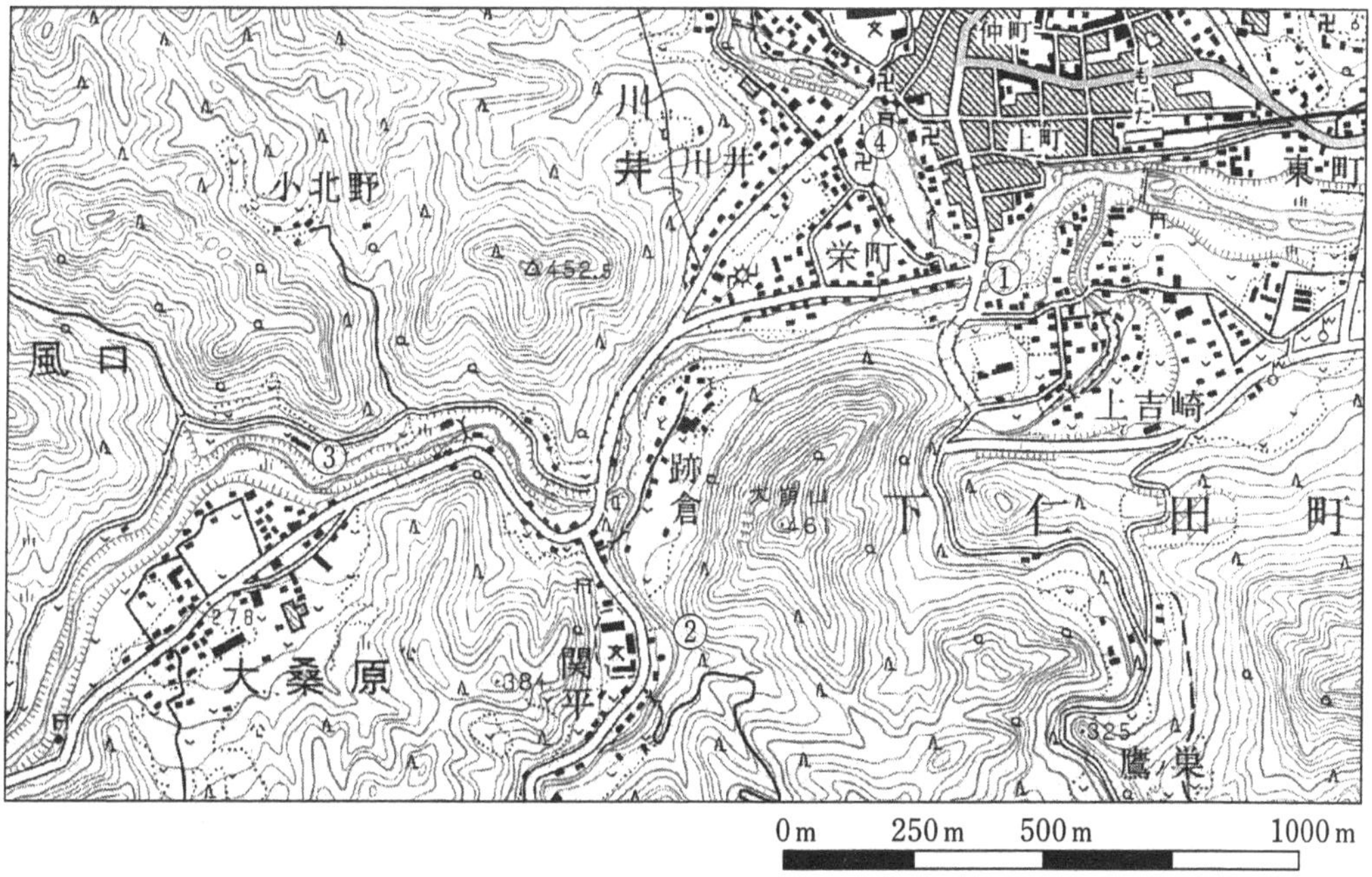

図３　２万５千分の１地形図「下仁田」を拡大　国土地理院提供

①青岩公園　②根なし山のすべり面　③大桑原の［　4　］　④川井の断層

本郷君たちは①青岩公園に行きました。ここでは根なし山が川にけずられ、根なし山の下にある青緑色の緑色岩がむき出しになり平らに広がっていました（写真２）。青岩公園の青岩とは、この岩石のことです。この岩石は九州から四国、紀伊半島を通り関東まで続く大きな断層である[3]構造線の南側に沿って帯状に分布する三波川帯の岩石と考えられています。この岩石は海底火山から噴《ふ》き出した溶岩《ようがん》などが6500万年前に地下深くに押しこまれ、熱や力が加わり変化してできたもので、一定方向に割れやすい特徴《とくちょう》があります。先生が河原にある３ｍ近くある大きなチャートの礫《れき》に見られる「衝撃痕《しょうげきこん》」（写真３）と青岩に作られた「ポットホール」（写真４）を探し、見せてくれました。

写真２　根なし山と青岩

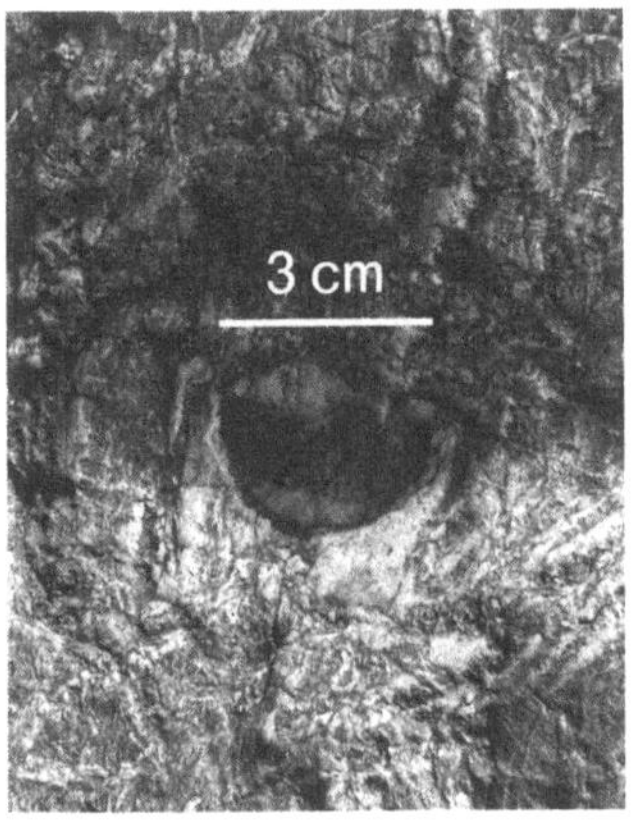

写真３　衝撃痕

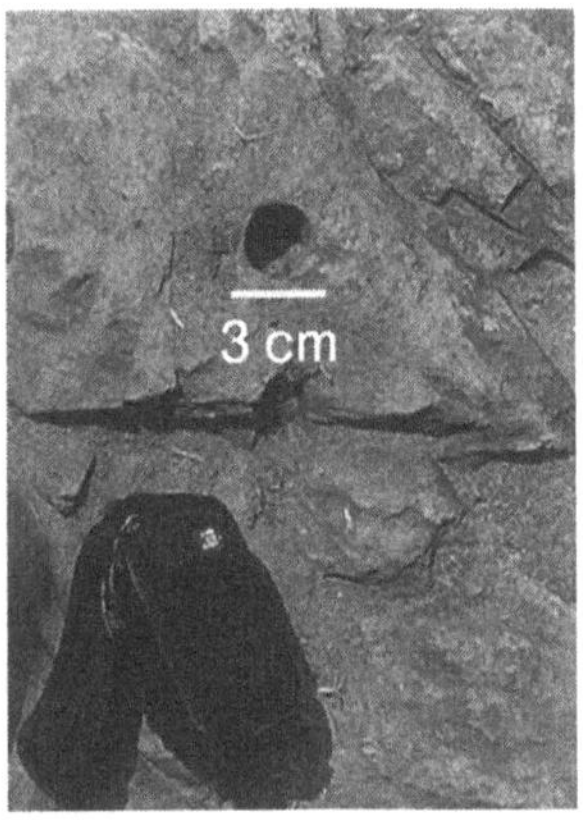

写真４　ポットホール

次に本郷君たちは②根なし山のすべり面（写真５）を観察しました。断層面の下が青岩で、断層面の上が約１億3000万年前の海にたまった砂岩などからなる跡《あと》倉層です。さらに本郷君たちは③大桑原の[4]（写真６）を観察しました。根なし山をつくる跡倉層が移動の運動により、Ｖ字型に大きく折れ曲がった激しい[4]の様子が確認できました。

写真５　根なし山のすべり面
（白破線が断層面）

写真６　大桑原の[4]

最後に本郷君たちは④川井の断層(写真7)で[3]構造線の断層を観察しました。断層面の下が青岩で、上が下仁田層(約2000万年前の海底にたまった地層)です。対岸に渡り、下仁田層に含まれる[5](写真8)を観察しました。

写真7　川井の断層
(白破線が断層面)

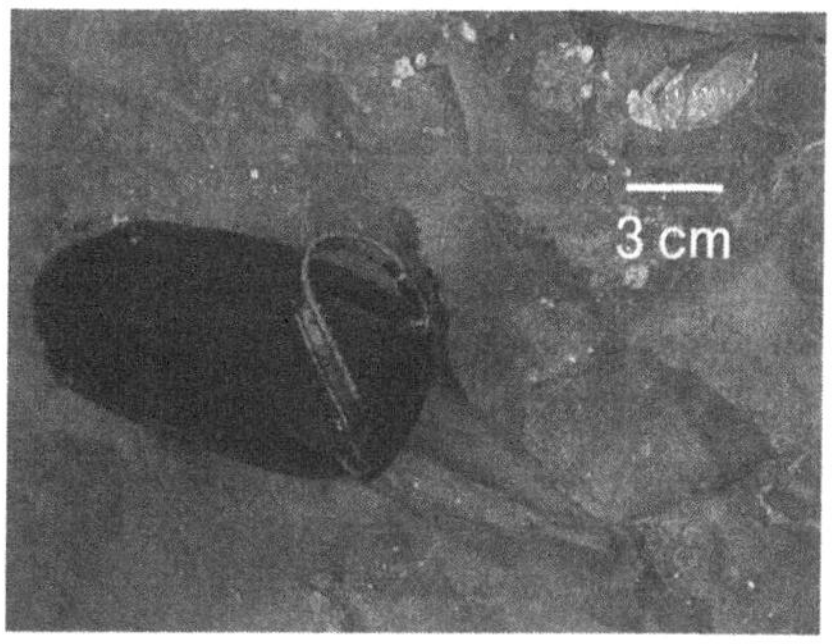

写真8　下仁田層の[5]

(1)　[1]にあてはまる語句を、次の**ア**～**ケ**から1つ選び、記号で答えなさい。ただし、[1]とは大地の公園とも呼ばれ、その地域特有の地形や地層から、大地の歴史や人との関わりを知ることができる自然公園のことです。

ア．エコパーク　　**イ**．ジオパーク　　**ウ**．ネオパーク
エ．ＪＹパーク　　**オ**．ＳＧ公園　　**カ**．国定公園
キ．国立公園　　**ク**．県立公園　　**ケ**．世界遺産

(2)　[2]にあてはまる地名を答えなさい。

(3)　[3]にあてはまる語句を、次の**ア**～**ケ**から1つ選び、記号で答えなさい。

ア．ナウマン　　**イ**．プレート　　**ウ**．フォッサマグナ
エ．ユーラシア　　**オ**．下仁田　　**カ**．大規模
キ．中央　　**ク**．東西　　**ケ**．南北

(4)　[4]と[5]にあてはまる語句の組み合わせとして適当なものを、次の**ア**～**カ**から1つ選び、記号で答えなさい。

	ア	イ	ウ	エ	オ	カ
4	V字谷	V字谷	しゅう曲	しゅう曲	活断層	活断層
5	貝化石	カイコ	貝化石	カイコ	貝化石	カイコ

(5) 本郷君たちは青海海岸で探したヒスイと思われる石をヒスイかどうか確かめる実験をしました。青海海岸でとれるヒスイは緑色のものはほとんどなく、多くは白色です。白色で似たような石には流紋《りゅうもん》岩、石英斑《はん》岩、曹《そう》長岩、チャートがあります。しかし、「ヒスイは他の石より重たい」という特徴があることから、単位体積($1\,cm^3$)あたりの重さ(g)を調べることでヒスイとヒスイに似たような石を区別することができます(重さは厳密には質量といいます)。この単位体積当たりの質量を密度といい、〔g/cm^3〕という単位で表します。ヒスイの密度は3.0〔g/cm^3〕以上ありますが、似たような石の密度は2.6～2.8〔g/cm^3〕です。密度はアルキメデスの原理を使い以下のように求めます。

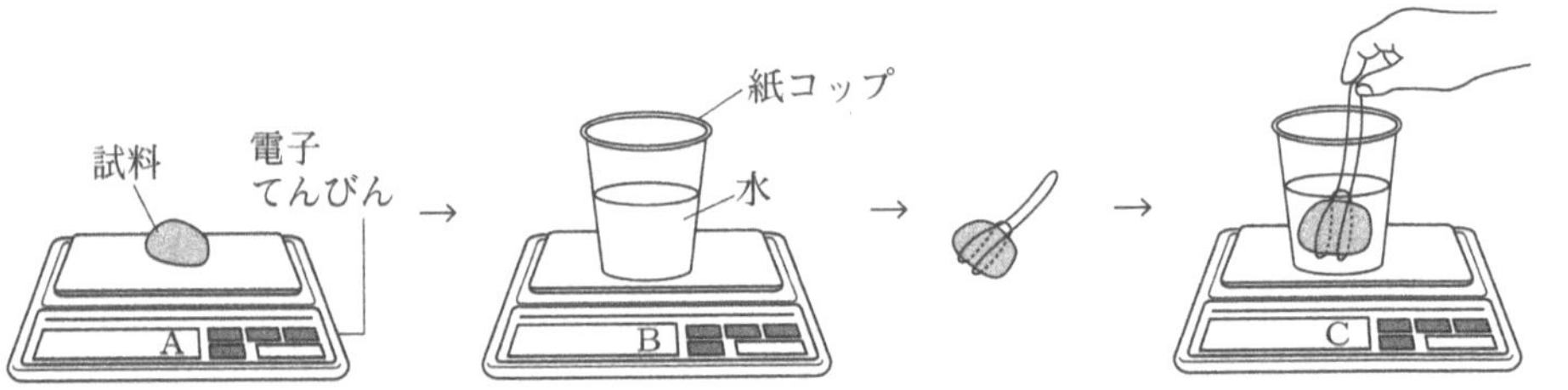

電子てんびんで試料の質量Aをはかります。紙コップに試料が十分につかる程度の水を入れ、水と紙コップの質量Bをはかります。試料を糸で結んでつるし、ゆっくり紙コップの水に沈《しず》め、全体の質量Cをはかります(この時、試料が紙コップの壁《かべ》や底に触《ふ》れないように注意します)。増えた質量(C－B)を求めます。

アルキメデスの原理より(C－B)は試料が押《お》しのけた水の質量に等しく、また、水の密度は$1.0\,g/cm^3$なので、水に沈めた試料の体積にあたります。したがって、A÷(C－B)で密度を求めることができます。

本郷君はヒスイと思われる石の５つを試料**ア**～**オ**として、密度の測定を行い、下の表にまとめました。ただし、表の右側にはまだ数値が入っていません。

試料	A〔g〕	B〔g〕	C〔g〕	C－B〔g〕	密度〔g/cm^3〕
ア	44.8	117.4	134.5		
イ	11.5	116.9	120.4		
ウ	16.5	112.9	118.8		
エ	5.0	107.9	109.4		
オ	2.8	103.6	104.6		

ヒスイと思われる試料はどれですか。**ア**～**オ**からすべて選び、記号で答えなさい。

(6)「衝撃痕」と「ポットホール」に関して説明した以下の文の[6]～[8]にあてはまる語句の組み合わせとして適当なものを、下の**ア**～**カ**から1つ選び、記号で答えなさい。

衝撃痕のある巨大なチャートの礫はもともと青岩公園にはありませんでしたが、洪《こう》水の時に上流から[6]されて現在の位置に[7]しました。巨大なチャートの礫が[6]中、または[7]後に、硬い石が巨大なチャートの礫に衝突し出来たへこみと考えられています。

青岩にできたポットホールは、川の水位が高い時、川底となった青岩の小さなくぼみに硬《かた》い石がはいりこみ、石が水流の力でぐるぐる回り、[8]されて出来た穴と考えられています。

	ア	イ	ウ	エ	オ	カ
6	しん食	しん食	運ぱん	運ぱん	たい積	たい積
7	運ぱん	たい積	たい積	しん食	しん食	運ぱん
8	たい積	運ぱん	しん食	たい積	運ぱん	しん食

(7) 下の図を参考にして一般的な山と根なし山のちがいを示した下の文の[9]、[10]にあてはまる対義語を答えなさい。

一般的な大地の隆起で出来た山　　一般的な火山で出来た山　　根なし山

一般的な山では山頂とふもとの地層が[9]時代に形成されたが、根なし山では山頂とふもとの地層が[10]時代に形成された。

(8) 本郷君は学校で学習した断層の図（図4）と糸魚川と下仁田で見た構造線やすべり面の断層にちがいがあることに気が付きました。それはどのようなことかを答えなさい。ただし、「図4は断層面を境に…」という書き出しに続くように答えなさい。

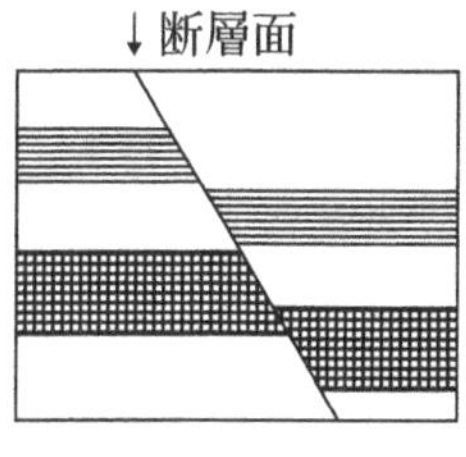

図4　正断層

令和6年度 本郷中学校
第1回 入学試験問題

社 会

（40分　満点：75点）

注　意

1．問題の解答は解答用紙にはっきりと記入しなさい。
2．指示があるまで開いてはいけません。
3．答えはすべて解答用紙に記入しなさい。
4．解答に際して、用語・人物名・地名・国名などについて漢字で書くべき所は漢字で答えなさい。なお、国名の表記は通称でかまいません。
5．用具の貸し借りは禁止します。
6．指示があるまで席をはなれてはいけません。
7．質問があれば、だまって手をあげて監督者を呼びなさい。
8．試験が終わったら、解答用紙だけ提出しなさい。問題は持ち帰ってもかまいません。

1 次の地形図(縮尺は１：50000)をみて、下の問いに答えなさい。

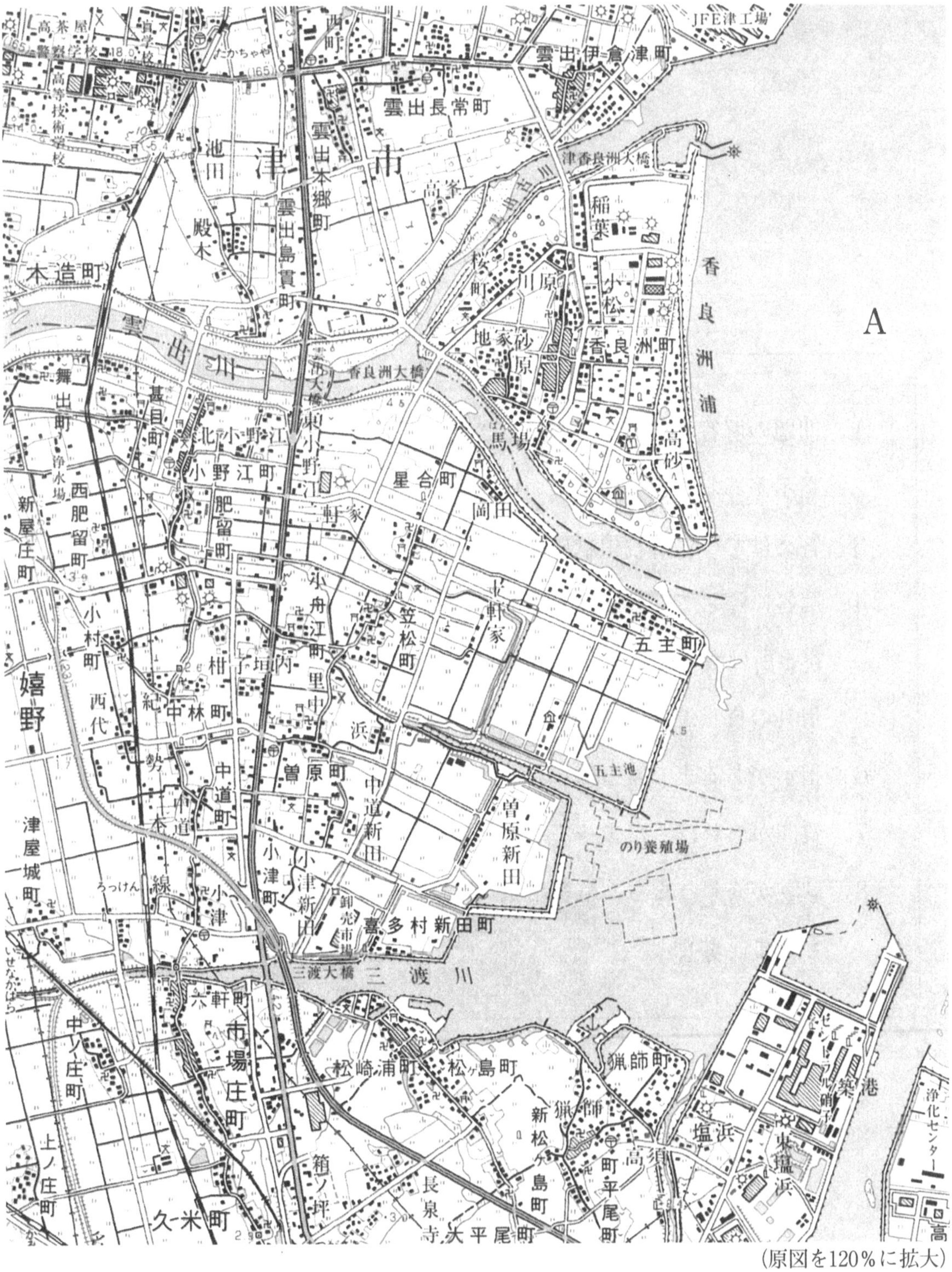

(原図を120％に拡大)

問１　この図から読み取れる内容を説明した次の各文について、内容が正しければ○を、誤っていれば×を答えなさい。

ア　海岸部には、広範囲にわたって針葉樹の防砂林がみられる。
イ　雲出川の本流は、東から西に向かって流れ、海に注いでいる。
ウ　雲出川の流域には、田の分布がみられる。
エ　図中の最高地点の標高は、およそ５ｍである。
オ　図中のＪＲ線は、単線の路線である。

問２　図中にみられる地形の名称を次の中から１つ選び、記号で答えなさい。

ア　三角州　　イ　海岸段丘　　ウ　河岸段丘　　エ　扇状地

問３　図中のＡの水域の名称を次の中から１つ選び、記号で答えなさい。

ア　駿河湾　　イ　若狭湾　　ウ　中海　　エ　伊勢湾

問４　図中の雲出川流域にみられる２か所の「老人ホーム」の直線距離は、図面上（原図）では３cmです。実際の距離を解答欄に合うように答えなさい。

問５　図中の「紀勢本線」は、おもに沿岸部を通って、図中の地域が属する県の亀山市と、隣接する県の県庁所在地を結んでいます。その県庁所在地名を次の中から１つ選び、記号で答えなさい。

ア　大津市　　イ　和歌山市　　ウ　名古屋市　　エ　神戸市

問６　図中の地域が属する県について述べた次の文の中から、誤りを含むものを１つ選び、記号で答えなさい。

ア　松阪市を中心とした地域で銘柄牛の飼育が行われ、品質の高い牛肉が生産されている。
イ　江戸時代から林業の町として栄えてきた尾鷲市は、国内でも非常に降水量の多い地域である。
ウ　県庁所在地に次いで人口の多い四日市市では、古くから海運業が栄え、大規模な製油所も建設されている。
エ　リアス海岸が発達した志摩半島の沿岸部では水産業が盛んで、真珠・かき・のりなどの養殖が行われている。

問７　図中の「津市」とほぼ同緯度に位置する都市を次の中から１つ選び、記号で答えなさい。

ア　さいたま市　　イ　金沢市　　ウ　岡山市　　エ　大分市

問８　次の表は、図中の地域が属する県と、その県が隣接する６府県に関する統計です。表中の①～⑦にあてはまる府県名をそれぞれ答えなさい。

府県	人口（万人）2019年	面積（km²）2019年	府県庁所在地人口（万人）2019年	林野率（%）2020年	農業産出額総額（億円）2018年	工業生産（出荷額）総額（億円）2017年	65歳以上人口割合（%）2019年
①	204	10,621	40.9	79.2	1,104	57,062	29.2
②	756	5,173	229.4	42.1	3,115	472,303	24.5
③	182	5,774	27.9	64.3	1,113	105,552	28.8
④	142	4,017	34.2	50.9	641	78,229	25.4
⑤	255	4,612	141.2	74.2	704	58,219	28.7
⑥	136	3,691	35.7	76.9	407	21,181	30.3
⑦	96	4,725	36.8	76.2	1,158	26,913	31.9

出典：帝国書院『中学校社会科地図』（2023年）
矢野恒太記念会『データでみる県勢 2023』（2022年）

2 次の文章を読み、下の問いに答えなさい。

国家が徴税や徴兵のために、個人を把握する制度を設けることがあります。現行の制度でいえば戸籍であり、また最近、多くの問題点が指摘されているマイナンバーカードもそうです。

最も古い「戸籍」に近いものとして『日本書紀』に記録されているのは、「名籍《なのふだ》」です。A6世紀中頃に渡来人らを対象に記録したものでした。

国家が個人を把握するために最初に作成した戸籍が、670年の庚午年籍《こうごねんじゃく》でした。従来の豪族による個別支配を廃止し、B大王(天皇)中心の中央集権体制を築くためにさまざまな改革を進めていく中で、作成されたものです。この戸籍は現存しないものの、律令の規定で「永久保存」とされました。この戸籍の威力を見せつけたのが、①「古代最大の内乱」ともいわれる事件でした。この内乱では双方が戸籍を活用して徴兵したために、それまでになかった規模の軍勢が戦場に集結することになりました。次いで、690年に持統天皇により作成されたのが庚寅《こういん》年籍です。これは前年に施行された令の規定に基づいて　②　を行うためのものであり、家族構成や身分などまで記載されていました。こうした律令の規定に基づく戸籍は奈良時代にも作成されており、その一部は　③　に現存しています。

しかし、④律令に基づく税が重すぎることが一因となり、次第に戸籍が偽造されるようになり、徴税は困難になっていきました。それでも徴税などは必要なので、C鎌倉時代から戦国時代にかけては、D土地調査の帳簿が国ごとに作成されていました。ただ、個人を把握する帳簿は作成されなくなりました。ようやくE豊臣秀吉が全国規模で土地や収穫量などの調査を行い、⑤その帳簿に多くの個人が登録されるようになりました。

江戸時代になると、特にF宗教統制の面から人々の宗派を調査し、⑥その帳簿を作成するようになりました。この帳簿が、江戸時代には現在の戸籍と同じような役割を果たしました。なお、将軍がG徳川吉宗であった時期の1726年からは、この信仰調査と同時に人口調査も行うようになりました。また、大名や家臣の名前や役職などを記した武士の名簿である「分限帳《ぶげんちょう》」も作成されています。

明治時代になると、Hさまざまな近代化政策が実施されました。そのなかで、中央集権化の大前提の一つとされたのが、戸籍の作成でした。1869年の　⑦　の際に3つの族籍が新たに設定され、職業別の封建的な身分制度はなくなりました。その上で1871年に戸籍法が制定され、翌年に最初の近代的戸籍が完成しました。この戸籍は儒教的順序で記載する、⑧族籍を明記するなどを特徴としていましたが、北海道のアイヌの人々、沖縄の人々、小笠原諸島に先住していた欧米系の人々に、日本人と同じような氏名を強制して登録するなど、問題点もありました。また、この戸籍制度によって個人は「家」を単位に把握されるようになり、その「家」のあり方は民法によって定められました。

一方、近代国家が個人の帰属を定める制度としては国籍制度があり、日本では1899年に国籍法が成立しました。ちょうどこの年に領事裁判権が撤廃されるとともに居留地が廃止され、外国人の内地雑居が実施されることになっていたからです。また、この頃から植民地として日本の領土に編入されていった台湾や南樺太、朝鮮でも戸籍は作成されました。しかし、国籍上は同じ「日本人」とされた植民地住民は、「外地」戸籍に登録され、本土など「内地」出身の日本人とは明確に区別されていました。

こうした状況は、日本の敗戦によって大きく変わることになります。1947年に民法が改正され、「家」制度が廃止されました。1952年にⅠサンフランシスコ平和条約が発効して植民地が日本から正式に切り離されると、「外地」戸籍に登録された住民には国籍選択の自由が与えられず、一方的に日本国籍を剥奪されることになりました。また、戸籍の所在地(本籍)と現住所が一致するとは限らないので、戸籍を補完するものとして、個人を単位として住民票が作成され、世帯ごとに編成して住民基本台帳が作成されるようになりました。1999年の住民基本台帳法改正により一人一人に住民票コードが割り振られ、住民票に記載された本人確認情報がコンピュータ・ネットワークにより一元的に管理されることになりました。このシステムは2003年から本格的に稼働し、それに対応して同年には個人情報保護法が制定されています。2012年からは外国籍の住民も住民基本台帳制度の対象となり、住民票が作成されています。さらに、2013年には「マイナンバー法」が成立し、所得や社会保障、納税などに関する個人情報を一元的に管理する共通番号(「マイナンバー」)制度が導入されたのです。こうして、国家が個人を把握する方法は、新たな段階に入ったといえるでしょう。

問１　下線部Ａについて、この頃の状況の説明として誤っているものを次の中から１つ選び、記号で答えなさい。

ア　この頃までには、儒教や仏教などの思想が日本列島に伝わっていた。
イ　この頃に造成された古墳の多くは、巨大な前方後円墳であった。
ウ　この頃、「倭」国は中国の王朝と外交関係を結んでいなかった。
エ　この頃、蘇我氏は大王家と姻戚関係を結んでいった。

問２　下線部Ｂについて、こうした試みは長い時間を必要としました。その間に起こった次の４つの出来事を、古い順に並べたときに２番目となるものを選び、記号で答えなさい。

ア　第１回の遣唐使を派遣した。
イ　白村江の戦いで「倭」国が敗れた。
ウ　藤原京に遷都した。
エ　富本銭が造られた。

問３　下線部Ｃについて、この時期に関する次の４つの出来事を、古い順に並べたときに２番目となるものを選び、記号で答えなさい。

ア　応仁の乱が起こった。
イ　承久の乱が起こった。
ウ　御成敗式目が制定された。
エ　南北朝が合一された。

問４　下線部Ｄについて、こうした帳簿を主に作成していた役職名を、次の中から１つ選び、記号で答えなさい。

ア　郡司　　イ　国司　　ウ　守護　　エ　地頭

問５　下線部Ｅについて、この人物に関する記述として誤っているものを次の中から１つ選び、記号で答えなさい。

ア　朝廷の権威を利用するため、摂政や関白に就任した。
イ　百姓から刀や鉄砲などの武器を取り上げて一揆を防ごうとした。
ウ　座や関所を廃止し、道路を整備するなど商工業の発展を図った。
エ　中国征服のための協力を拒否した朝鮮に２度、出兵した。

問６　下線部Ｆについて、ここで禁止とされた主な宗教はキリスト教でした。この頃までに日本に伝わったキリスト教に関する記述として誤っているものを次の中から１つ選び、記号で答えなさい。

ア　ザビエルが鹿児島に来てキリスト教を日本に伝えた。
イ　九州のキリシタン大名が、４名の少年をローマ教皇のもとに派遣した。
ウ　京都や山口などに、キリスト教会にあたる南蛮寺が建立された。
エ　豊臣秀吉が一貫してキリスト教を保護し続けたので、日本国内の信者が激増した。

問７　下線部Ｇについて、この人物が行った幕政改革に関する記述として誤っているものを次の中から１つ選び、記号で答えなさい。

ア　米価が高すぎると打ちこわしが発生するので、米価を引き下げさせた。
イ　財政支出を削減するためにも倹約を守らせ、鷹狩や武芸を奨励した。
ウ　目安箱を設け、自ら投書を読んで政治の参考にした。
エ　裁判の公正を図るために公事方御定書をつくらせた。

問８　下線部Ｈについて、これに関する説明として誤っているものを次の中から１つ選び、記号で答えなさい。

ア　財政収入の安定を図るため、地価の３％を地租として現金で納めさせることにした。
イ　西洋の進んだ機械や技術を国費で摂り入れるため、官営工場などを設立した。
ウ　全国に小学校を設立し、６歳以上の男女に義務教育を行うようにした。
エ　ヨーロッパの制度にならって満18歳以上の男子を徴兵し、近代的な軍隊制度を整えた。

問９　下線部Ｉについて、この条約の内容に関する説明として誤っているものを次の中から１つ選び、記号で答えなさい。

ア　この条約の発効と同時に、日本は国際連合への加盟が認められた。
イ　日本は主権を回復したが、沖縄や小笠原などはアメリカの施政権下に置かれた。
ウ　占領軍は日本から撤退することになったが、別に協定を結べば外国軍隊が日本に駐留することはできた。
エ　日本は朝鮮の独立を承認し、台湾や千島列島・南樺太などを放棄した。

問10　下線部①について、この事件の名称を４字で答えなさい。

問11　文中の[　②　]には、６歳以上の男女に口分田を班給する制度の名称があてはまります。その語句を答えなさい。

問12　文中の[　③　]には、聖武天皇の遺品などを収めている建築物の名称があてはまります。その語句を答えなさい。

問13　下線部④について、このうち、地方の特産物を都に納めた税の名称を答えなさい。

問14　下線部⑤について、この帳簿の名称を３字で答えなさい。

問15　下線部⑥について、この帳簿の名称を答えさない。

問16　文中の［　⑦　］には、薩摩・長州・土佐・肥前の４藩主が土地（領地）と戸籍（領民）を朝廷に返還・献上したことで始まった出来事の名称があてはまります。その語句を答えなさい。

問17　下線部⑧について、それまで牛馬の死体処理などの関係で「ケガレ」ているとして不当な差別を受けていた人々がいました。彼らは租税がほぼ免除で、皮革生産を独占できました。ところが、このときからは「職業選択の自由」が認められ、〔　　　〕並みに徴税・徴兵されることになりました。この戸籍を見ると、族籍の欄には「新〔　　　〕」と記載されており、後々まで差別が続いていくことにもなりました。この〔　　　〕にあてはまる族籍の名称を答えなさい。

3 次の文章を読み、下の問いに答えなさい。

今からちょうど①10年前、日本を代表する経済学者の宇《う》沢《ざわ》弘《ひろ》文《ふみ》が亡くなりました。そこで、「闘う経済学者」とも言われた宇沢の生涯と業績を見てみましょう。

宇沢は1928年に②鳥取県米子市で生まれました。父は学校の先生をしていたようですが、宇沢が小さいころに退職し、一家は東京の田端に転居しました。空襲を受けるなど大変なこともたくさんあったものの、熱心に勉強に励み、東京大学理学部数学科に入学しました。卒業後は特別研究生になるほど数学ができる優秀な学生でしたが、③戦後の貧困に苦しむ日本を良くしたいという思いで経済学に転じました。数学科の恩師から止められた時、宇沢は「日本の社会がこれだけ混乱しているときに、ひとり数学を勉強しているのは苦痛です」と言い放ったというエピソードが残っています。

経済学に転じた後、④アメリカに送った論文が認められたことがきっかけで、留学のチャンスをつかみます。アメリカでの約12年の研究教育活動を通じて教授のポストを得るなど、宇沢は日本を代表する経済学者になっていきました。

そして1968年に日本に戻った時、[　A　]に直面する日本の現状に衝撃を覚え、それまでの経済学に批判的な立場をとるようになります。その批判は自らが研究してきた経済学を根本から否定する、非常に過激なものでした。

ただ宇沢がすぐれていたのは、批判するだけではなく、新たな形を提唱したことにあります。それは社会的共通資本と言われますが、重要な点は、費用を適切に計測しようとしたことにあります。

「費用を適切に計測する」と言われても、ピンとこないかもしれません。そこで宇沢の名前が一般的によく知られるようになった、⑤自動車の費用の計測について考えてみましょう。

自動車を見ない日はないほど、私たちの生活に自動車は定着しています。今日、本郷中学に来るときもバスやタクシーを利用した人もいるかもしれません。このように便利であることは間違いないですが、一方で、交通事故や⑥排気ガス、騒音など、自動車は社会に大きな負担を与えているのも確かです。

では自動車はどれだけ社会に負担をかけているのでしょうか。1970年代当時の⑦運輸省は、一般的な経済学の手法を使って、事故などによって失われた価値を費用として計測しようとしました。具体的には、例えば400万円の生産をしていた人が、事故によって生産が300万円に減ってしまった場合、100万円を費用として考えていました。死亡した場合であれば、費用は400万円となります。

この方法が持つ問題は、人の生命や健康を、お金に換算してしまうという点にあります。これを宇沢は非人道的であるとして、厳しく批判しました。そして別の方法を提唱します。それはまず、歩道と車道が分かれており、かつ歩行者が優先される、交通事故が起こらない理想的な道路を設計します。そして日本のすべての道路をそのように変えるための費用を算出し、それを全自動車数で割ると、自動車１台あたりの費用を出すことができます。このようにすれば、人命をお金に換算するという非人間的な問題を回避して、自動車の費用を計測することができます。

宇沢は計算や理論だけにこだわり人間性を見失ってしまうような学問にたいして、強い危機感を覚えていました。そして理論的な正しさだけではなく、正義や倫理を大切にしていました。宇沢の弟子であり自身も日本を代表するゲーム理論学者である松島《まつしま》斉《ひとし》東京大学経済学部教授は、

> 私は、宇沢先生が、「アメリカ政府の要請で、多くの経済学者が、［　Ｂ　］人を殺すのに必要な費用便益を計算していた」というお話を（留学している時を回想して）された時の「ものすごい形相」を、一生忘れません。

と宇沢の哲学がよくわかるエピソードを紹介しています。

宇沢の奮闘にもかかわらず、近年においても、ある評論家が⑧社会保障改革の一つとして高齢者の⑨集団自決を提案し、それが大きな話題となってしまうという現象がありました。SNS時代では、アマチュアによる学問的な裏付けのない過激な意見や⑩根拠のない誤った情報が広まりやすいようです。

今こそ宇沢のような本物の学者の思想や業績を振り返り、人類が蓄えてきた確かな知見を意識して見つめ直す必要があるのかもしれません。

問１　下線部①について、この時の日本の内閣総理大臣として適切な人物を次の中から１つ選び、記号で答えなさい。なおこの年の４月には消費税が８%となり、７月には当時の内閣が憲法の解釈を変更し、集団的自衛権の行使を認める閣議決定を行いました。

ア　麻生太郎　　イ　野田佳彦　　ウ　安倍晋三　　エ　菅義偉

問２　下線部②について、現在の鳥取県は、参議院議員選挙においてある県と合区（合同選挙区）となっています。その県として適切なものを次の中から１つ選び、記号で答えなさい。

ア　岡山県　　イ　島根県　　ウ　広島県　　エ　香川県

問３　下線部③について、日本は高度経済成長を経て豊かな国になっていきますが、そのきっかけとして適切ではないものを次の中から１つ選び、記号で答えなさい。

ア　朝鮮戦争による特需
イ　国民所得倍増計画の策定
ウ　東京オリンピックの開催
エ　関西国際空港の開港

問４　下線部④の政治・経済・地理・文化についての文章として適切ではないものを次の中から１つ選び、記号で答えなさい。

ア　今年、行政の長としての大統領を選ぶ選挙が実施される。
イ　世界一の経済大国であり、IT産業や航空機・宇宙産業が盛んである。
ウ　世界的に有名な大都市をいくつも抱えており、例えば東海岸のロサンゼルス、西海岸のニューヨークなどがある。
エ　ハリウッドの映画や、ブロードウェイのミュージカルなど、様々な文化の本場となっている。

問５ [A]にあてはまる文章として適切なものを次の中から１つ選び、記号で答えなさい。

ア　水俣病などをはじめとした公害問題
イ　第五福竜丸事件による被ばく問題
ウ　ロッキード事件をきっかけとした政治問題
エ　消費税を導入したことによる経済問題

問６　下線部⑤について、日本では自動車を輸入するときに税金がかかりませんが、このような税金の名称として適切なものを次の中から１つ選び、記号で答えなさい。

ア　節税　　イ　関税　　ウ　印税　　エ　重量税

問７　下線部⑥について、いわゆる四大公害訴訟の１つで、工場から出る煙が原因となって生じた公害の名称を７字で答えなさい。

問８　下線部⑦について、これは中央省庁再編によって2001年から名称が変更されていますが、その変更後の名称として適切なものを次の中から１つ選び、記号で答えなさい。

ア　国土交通省　　イ　環境省　　ウ　内務省　　エ　経済産業省

問９ [B]に入る国名を、本文の内容をヒントにして答えなさい。

問10　下線部⑧について、日本国憲法は第25条で規定しています。以下の文章は第25条１項ですが、これが保障している人権を何と言いますか。３字で答えなさい。

すべて国民は、健康で文化的な最低限度の生活を営む権利を有する。

問11　下線部⑨について、下の文章は、太平洋戦争下において起こった集団自決に関する証言です。この証言が生まれたのはどこの県ですか。適切なものを次の中から１つ選び、記号で答えなさい。

【国民学校５年生だった女性の証言】
「忠魂碑前に着くと、戦闘帽をかぶりゲートル※を巻いた兵隊一人を中心に、住民が円を描くように立っていた。兵隊は左手で手りゅう弾を抱え、右手で住民に差し出していた」　※すねを保護するもの。主に軍隊で普及していた。

ア　福島県　　イ　兵庫県　　ウ　福岡県　　エ　沖縄県

問12　下線部⑩について、これをあらわす語句として適切なものを次の中から１つ選び、記号で答えなさい。

ア　グローバルスタンダード
イ　フェイクニュース
ウ　コーポレートガバナンス
エ　マイクロファイナンス

問七 ――線５「新たな決意を胸に、おれは投票が終わるのを待った」とありますが、ここに至るまで高城の気持ちはどのように変化したと考えられますか。「新たな決意」に至るまでの過程とその内容を明らかにしながら、八十字以上百字以内で説明しなさい。

問五 ――線3「三熊のことが～かもしれない」とありますが、高城が三熊の本当の思いを知ったうえで三熊のことを頼もしく思っていることが感じられる表現があります。その部分を問題文中から五字で抜き出し、答えなさい。

問六 ――線4「おれは残りわずかな～大切に味わった」とありますが、このときの高城について説明したものとして最も適当なものを次のア～エの中から一つ選び、記号で答えなさい。

ア 吹奏楽部の件もあり、自分の不注意で給食のクリームシチューをこぼしてしまった失敗を素直に認めることができず、片付けを手伝おうとしたクラスメイトの厚意を踏みにじってしまったが、三熊がうまく取りなしてくれたことにより大きな問題にならずに済んでほっとするとともに、三熊に感謝している。

イ 自分の怒りが一因となりクリームシチューをこぼした上、片付けを手伝おうとしたクラスメイトに当たり散らしてしまったにもかかわらず、自分のことを気づかってくれた三熊のやさしさをうれしく思うとともに、自分の思いに賛同してくれる同志の存在に気づき、そのありがたさをかみしめている。

ウ 吹奏楽部の改革に協力的ではなかった三熊に対していらだちを感じていたため、自分がこぼしたクリームシチューを片付けようとした三熊に対してはじめは反発してしまったが、後になって素直に謝ることができ、また感謝の気持ちも伝えられたため、今後は三熊と仲良くやれそうだと有頂天になっている。

エ いやがらせをされた小学校のときとは違って、今回は自分に非があるにもかかわらず、クラスメイトが片付けを手伝おうとしてくれたり、三熊や大久保が率先して片付けを手伝ってくれたりした上に、クリームシチューまでよそっておいてくれたので、友達の大切さをあらためて実感している。

問四 ――線２「三能が驚いた顔で〜うろたえていた」とありますが、このときの三能と高城について説明したものとして最も適当なものを次のア〜エの中から一つ選び、記号で答えなさい。

ア 三能は、真面目に練習したいという高城の考えに協力していこうと思っている自分の本心に高城が気づき、副部長として認めてくれていたことを知り、ありがたく感じている。高城は、優柔不断なところはあるものの周りに気がつかえる三能のことを副部長として認めてはいたが、その胸に秘めていた思いをクラスメイトが周りにいる中でつい口にしてしまったため、弱音をはいたと思われるのではないかと感じ、恥ずかしくなっている。

イ 三能は、部員がうち解け仲良くなることを優先して吹奏楽部の改革に協力してこなかったことに、高城が怒っていると思っていたが、実は高城から評価されていたと知り、驚いている。高城は、真剣に練習することよりも仲良く楽しく練習することに重きを置く三能の考えは間違っていると思っていたのに、実は三能の考えが正しかったと認めるような発言をしてしまった自分に驚き、困惑している。

ウ 三能は、クリームシチューを片付けながらも高城から怒られるのではないかと内心ひやひやしていたが、高城から怒られるどころか自分のことを認める発言をされ、うれしくなっている。高城は、自分がこぼしたクリームシチューを部員に声をかけながら勝手に片付けている三能をいまいましく思う一方で、不意に三能のやさしさや協調性を認める発言をしてしまい、あわてふためいている。

エ 三能は、演奏の実力もあり自分にない強さを持っていて一目置いている高城が弱音をもらしただけでなく、その高城から自分のようになりたいと言われたことに驚きを感じている。高城は、副部長なのに周りのことを気にして何もしてくれない三能に対して不満に思っていたはずなのに、実は自分にはない優しさや協調性を持つ三能をうらやましく思っていたことに気づき、驚きとまどっている。

問一 [A]～[C]にあてはまる言葉として最も適当なものを次のア～クの中から一つずつ選び、記号で答えなさい。なお、同じ記号は一度しか使えません。

ア のそのそ　イ わいわい　ウ おろおろ　エ むざむざ　オ じりじり
カ おずおず　キ そわそわ　ク じわじわ

問二 [　　]にあてはまる言葉を、次の（語群）の中の漢字を組み合わせ、二字で答えなさい。

（語群） 様・態・失・気・乱・狂・心・悪・子・憎

問三 ――線１「吉野先生は～ぎこちなくうなずいた」とありますが、このときの吉野先生の心境を説明したものとして最も適当なものを次のア～エの中から一つ選び、記号で答えなさい。

ア 吹奏楽部の顧問であるのに普段から部活動に顔を出していないため、そもそも部長の高城に会うのが気まずい上に、高城のせいで部活動にやってこない牧田たちの話をしないといけないので気後れしている。

イ 牧田たちを吹奏楽部に戻すために提案して了解を得た「部長の信任投票」について、これから高城に話さなければならないが、余計なことをするなと高城に非難されそうで、話すことにためらいを感じている。

ウ 部活に来ていない牧田たちから直接聞いてきた話について、自分が説明する前に高城がその内容を言い当てたことを思いがけなく感じるとともに、高城の言ったとおりだと認めづらいため、ばつが悪くなっている。

エ 自分の話を途中でさえぎり話しかけてきた高城の態度に対して驚きを感じるとともに、高城がショックを受けないようにしようとせっかく遠回しに伝えていたのに、その意味も無くなってしまいむなしくなっている。

「そんな話、初耳だよ。もっと早く教えてくれたらよかったのに」

三熊のほうを見ないまま、おれは「すまん」と短くこたえた。すると三熊が「ぼくもちょっといいかな」と部員たちに向かって手を挙げて、緊張《きんちょう》気味に話しだした。

「これまでいいだせなかったけど、ほんとうはぼくも、もうちょっとしっかり練習をしたいなって思ってたんだ。いまのたのしいふんいきも好きなんだけど、もっとたくさん練習をして、いい演奏がしたいな、って。だから、ぼくはまだ、高城に部長を続けてほしいと思ってます」

思いがけない三熊の言葉におれは驚いていた。まわりとぶつかるのは苦手だといっていたのに、反感を買うのがわかっていながら、おれを支持することを表明してくれるなんて。照れくさそうな顔でこちらを向いた三熊に、おれは心の中で感謝した。

部員たちによる投票が始まった。数分後には部長でなくなっている可能性が高いのに、おれは不思議と落ちついていた。結果がどうなろうと、おれがすべきことは変わらない。

5 新たな決意を胸に、おれは投票が終わるのを待った。

※問題作成の都合上、文章を一部省略しています。また、一部表記をあらためたところがあります。

注1　小学校時代のこと……当時児童会長をしていた高城は、児童会の仕事をしない副会長の女子児童を注意したが、そのことに腹を立てた女子児童が高城の悪口を言いふらしたことにより、クラスメイトからいやがらせを受けていた時期があった。

注2　浅見……高城のクラスメイト。部活の悩みを相談してアドバイスをもらったことがあった。

はにかむ三熊にぎこちなく笑《え》みをかえして、4おれは残りわずかなクリームシチューを大切に味わった。

　放課後の音楽室には、ひさしぶりに吹奏楽部の部員が全員そろっていた。牧田たちもきているのは、吉野先生が提案した部長の信任投票がこれから行われるからだ。

「それじゃあ、いま配ったメモ用紙に、高城が部長を続けてもいいなら○を、そうじゃないなら×を書いてこの箱に入れてください。なまえは書かなくていいから。高城はなにかつけくわえたいことある？」

　三熊に尋ねられて、首を横に振ろうとしたところで、おれは浅見《あさみ》[注2]との会話を思いだした。もしも無駄だったら、あとで文句のひとつもいってやろう。おれはそう決めると、思いきって口を開いた。

「おれは、小六のときに聴いた高校の吹奏楽部のコンサートがきっかけで、吹奏楽をやりたいと思うようになった。そのとき聴いた演奏はほんとうに素晴らしくて、心の底から感動して、おれも中学に入ったら、吹奏楽部でこんな演奏がしたいって、ずっとそう考えていた」

　いきなり話しはじめたおれに、部員たちはぽかんとしていた。こんなことを明かしても、やっぱり意味なんてないんじゃないか。そう疑いながらも、おれはさらに話を続けた。

「だけど、うちの吹奏楽部は練習熱心じゃなくて、去年のアンサンブルコンテストでも夏のコンクールでも、満足な演奏ができなくてくやしかった。だからなんとかしてみんなの意識を変えて、もっと真剣に練習に取り組めるように、この部を改革したかったんだ。そのせいでなごやかだった部活の空気を壊してしまって、迷惑をかけてすまなかった」

　これまでおれは、部内に味方はひとりもいないと思っていた。けれど三熊は、おれとおなじ思いを抱いてくれていた。もしほかにもそういうやつがいるのなら、そいつにはおれがどうして改革を進めようとしたのか、その理由をわかってもらいたかった。

　話を終えたとき、部員の大半はまだ戸惑ったままだった。おれが恥ずかしくなって顔を背《そむ》けると、三熊のうれしそうな声が聞こえた。

ちょっと真面目に練習がしたいとは思ってたんだ。夏のコンクールの結果もくやしかったし、単純にもっといい演奏ができるようになりたいから。ほかのみんなの反応が心配で、高城に協力するどころか、邪魔ばっかりしちゃってたけど……」

「おまえが、おれとおなじ気持ちだったっていうのか？」

耳を疑っているおれに、三熊が［C］とうなずいてみせた。そしてまっすぐおれを見つめて言葉を続ける。

「すこしずつ、変えていこうよ。すぐには無理だと思うけど、これからはぼくもちゃんと協力するから」

三熊の眼差しから、強い意志が伝わってくるのを感じた。今朝、小宮山に言葉をかけられたときのように、鼻で笑うことはできなかった。目頭が急に熱くなって、おれはゆがんだ顔を三熊に見られないようにうつむいた。

三熊が「これでもう平気かな」といって立ちあがった。途中からほとんど三熊ひとりに掃除をさせてしまっていた。三熊のあとについて教室にもどる途中、おれはその大きな背中に、「三熊」と声をかけた。

「悪かった。ありがとう」

三熊が目を丸くして振りかえり、おおらかな笑顔を見せた。

教室にもどると、おれの席にはすでに給食が運んであった。量が減ったのはおれのせいだから、責任を取ってクリームシチューは遠慮《えんりょ》するつもりだったのに、その器もしっかりトレイに載《の》っていた。器に入っているクリームシチューの量は、普段《ふだん》の半分もなかった。

食事が始まったあと、おれはそのクリームシチューを食べながら、小学校時代[注1]のことを思いだしていた。いやがらせでほんのわずかしかよそってもらえなかったクリームシチューは、怒りで味がわからなかった。けれどきょうのクリームシチューの味は、いつもよりやけにあまく、そして温かく感じられた。

給食の器から顔を上げると、となりの班の三熊と目が合った。すこしずつ、変えていこうよ。三熊の声が頭の中で響《ひび》いた。

おそらくおれが部長を続けることはできないだろう。それでも三熊と協力して、すこしずつ頑張ってみよう。あのときおれが感動したような素晴らしい演奏を、吹奏楽部のみんなといっしょにできるように。

ほうを振りかえっていった。

「慎吾《しんご》、この保温食缶、教室に持っていって配りはじめてくれる？」

教室から顔を出してこちらの様子をうかがっていた大久保が、「わかった！」とこたえて保温食缶を取りにきた。大久保はおれをはげますように笑いかけて、保温食缶を運んでいく。

おれが手を止めているあいだも、三熊はせっせと掃除を続けていた。そんな三熊の姿をながめているうちに、おれは無意識につぶやいていた。

「……どうしておれは、おまえみたいになれないんだろうな」

2 三熊が驚いた顔でこっちを見た。おれも思いがけない自分の言葉にうろたえていた。

けれどその言葉は、嘘偽《うそいつわ》りのないおれの本心なのかもしれない。おれが三熊のように親切でやさしく、協調性のある人間だったら、いまみたいに部長の責務を放りだして、吹奏楽部を去るようなことにはなっていなかった。きっと理想的な部長として仲間たちに慕われ、目標に向かっていっしょに頑張ることができていた。

木管パートの練習風景を見て、妙《みょう》に胸がざわついたのは、3 三熊のことがうらやましかったせいなのかもしれない。三熊のようにはなれないことがくやしかったのかもしれない。

ひそかにうらやんでいたことが恥《は》ずかしくて、おれが廊下を見つめたままでいると、三熊が静かに口を開いた。

「ぼくだって、高城みたいにはなれないよ。ぼくには実力も、みんなを引っ張っていく力もないしさ。それに高城みたいに強くもないから、だれかとぶつかったりするのは苦手なんだ。だから高城の味方をしたくても、みんなに反発されるってわかってると、なかなか勇気が出せなくて、そのせいで高城につらい思いをさせちゃってごめん」

「おれの味方なんて無理にすることないだろ。おまえはおれの方針に反対なんだから」

視線をそらしてこたえると、すぐに三熊が「そうじゃないよ！」といいかえしてきた。

「たしかに、高城はいっきに部の改革を進めようとするから、それには反対したけど、ぼくも吹奏楽部の空気を変えて、もう

牧田は給食の配膳《はいぜん》が始まるのを待ちながら、おなじ班のやつと笑顔で話していた。憎悪《ぞうお》をこめた眼差しで牧田をにらみつけながら、おれがとなりの教室の前を通りすぎた、そのときだった。廊下が急に滑《すべ》って、おれは前のめりに倒《たお》れてしまった。

廊下に落ちた保温食缶が耳障《みみざわ》りな音を立てた。落ちたはずみで蓋《ふた》がはずれ、中身のクリームシチューが大量に床に広がる。その惨状《さんじょう》を呆然《ぼうぜん》と見つめ、それから足もとに視線を移すと、だれかの落としたプリントがひらひらと揺れていた。

「くそっ！」

おれは□をついて保温食缶を殴りつけた。殴った拳がひどく痛んで顔をしかめる。けれど怒りはまったくおさまらなかった。もっと何度も殴りつけてやりたかった。

雑巾《ぞうきん》を手に駆《か》けつけたクラスメイトに、おれは「触《さわ》るな！」と声を荒《あら》げた。そしておびえて動きを止めた相手から雑巾を奪《うば》い取り、押《お》し殺した声で告げる。

「おれのミスだ。おれひとりで片づける」

廊下にこぼれたクリームシチューを、おれは乱暴にぬぐいはじめた。手伝いに出てきた連中が、ひとりまたひとりと教室に帰っていった。

ほかのクラスの給食当番が、大きくおれのまわりを避《さ》けて通りすぎていった。廊下にはいつくばって掃除《そうじ》を続けていると、おれはひどくみじめな気分になった。くそ、どうしてこんなことになるんだ。どいつもこいつもどうしておれの邪魔ばかりするんだ。おれの邪魔をするな！

おれは再び「くそっ！」と怒鳴《どな》って、力いっぱい廊下をこすった。そのときふいに現れたべつの手が、こぼれたクリームシチューを雑巾でぬぐいだした。はっとして顔を上げると、そこにいたのは三熊だった。

「手を出すなっていってるだろ」

「出すよ。ひとりじゃ時間かかっちゃうでしょ。それに、吹奏楽部の仲間なんだからさ」

気まずそうな笑顔でそういわれて、おれは言葉をなくしてしまった。おれがぽかんとその顔を見つめていると、三熊が教室の

（中　略）

翌朝、おれはトランペットを持たずに登校した。怒りといらだちはおさまるどころか、時間がたつにつれてますます強く激しくなっていた。

教室につくとすぐに、大久保《おおくぼ》が話しかけてきた。

「部長、昨日は、あのさ……」

おれはじろりと大久保の顔をにらみつけた。大久保がはっとしたように言葉を止める。

その反応に満足してカバンの中身を机に移しはじめると、すぐに「そういう態度ってないと思う！」と怒った声が投げつけられた。声の主は大久保とおなじ打楽器パートの小宮山《こみやま》だった。いつもおとなしいやつだから、そんな声も出せるのかとすこし驚《おどろ》いた。

「大久保くんは、高城くんのことを心配してたんだから。それに、わたしも……」

おれはふん、と鼻で笑った。心配していたなんてどうせ口だけだ。信用できるわけがない。ほんとうはおれがいなくなってせいせいしていたんじゃないのか？

大久保と小宮山はおれと話すのをあきらめて自分の席にもどった。まもなく三熊も教室に入ってきたが、おれが無視して教科書をにらんでいると、なにもいわずに自分の席に座《すわ》った。

午前の授業が終わり、おれは給食当番の仕事で給食を取りにいった。給食室で目についた保温食缶を持ちあげ、大股で教室に帰る。

おれのいらだちは限界を越《こ》えそうになっていた。なんでもいいから思いきり殴《なぐ》りつけて壊《こわ》してしまいたい。そんな凶暴《きょうぼう》な衝動《しょうどう》をこらえながら保温食缶を運んでいると、となりのクラスの牧田の姿が目に入った。

吉野先生が「えっ？」とつぶやいて笑顔を消した。そして[B]と言葉を取り繕《つくろ》う。

「わたしは、高城《たかぎ》くんは吹奏楽部のために頑張《がんば》ってくれてるから、みんなも高城くんを支持してくれると信じてるけど、もし、もしもね、投票の結果が残念なことになっちゃったら、そのときは副部長の三熊くんとかに部長を譲《ゆず》るしかないんじゃないかな。だって牧田さんたちがもどってきてくれないと、金管パートは練習もできないんでしょう？」

おれは失望が顔に表れないように努めた。吉野先生はおれのことをわかってくれている。味方でいてくれている。そう考えていたのは、どうやら間違いだったようだ。

この状況で信任投票を拒絶《きょぜつ》することはできないだろう。そうなればおれは確実に部長を辞めることになる。吹奏楽部を変えることはできなくなる。

おれは廊下から音楽室の中を見わたした。おれと目が合った一年の部員が、おびえたように視線をそらした。

もっと早いうちに見切りをつけるべきだったのかもしれない。ここにはおれの味方なんてひとりもいない。そんな場所でおれひとりがいくら頑張ったところで、あのときおれが感動したような演奏をできるようになるわけがない。どうしていままでそれに気づかなかったんだろう。

「失礼します」

おれは吉野先生に会釈《えしゃく》をして音楽室の中にもどった。そして乱暴に荷物をまとめて帰ろうとすると、そこで三熊がおれのことを止めた。

「高城、どこに行くのさ」

「部長はおまえがやればいいだろう」

三熊の顔を見ずにそれだけ言葉をしぼりだすと、おれは大股《おおまた》で音楽室を出た。吉野先生が慌ててなにかいったのが聞こえたけど、返事をせずに立ち去った。

おれのことを追いかけてくるやつはひとりとしていなかった。

【三】 次の文章は、如月《きさらぎ》かずさの小説『給食アンサンブル２』の一節です。これを読んで、後の問いに答えなさい。

中間テストが終わっても、牧田《まきた》たちが部活にもどってくる気配はなかった。

公民館の文化祭はもう来週末に迫《せま》っている。練習開始前の音楽室で、おれが［Ａ］していると、顧問の吉野《よしの》先生がひさびさに部活に顔を見せた。ところが音楽室の中には入ってこようとはせずに、廊下からおれのことを手招きしてくる。

おれが廊下に出ると、吉野先生は声をひそめて話しかけてきた。

「練習前に邪魔《じゃま》しちゃってごめんね。三熊《みくま》くんに教えてもらったんだけど、金管パートの牧田さんと、それから一年生の子も何人か、最近ずっと部活に出てきてないんだって？」

思ったとおり牧田たちの話だった。すぐに解決するつもりだったから、吉野先生にはまだ報告はしていなかった。それなのに余計なことをと、おれは胸の中で三熊を非難した。

「それでね、わたし、牧田さんたちに話を聞いてみたんだけど……」

「牧田はまだ、おれが部長を辞めないかぎり部活にはもどらないといってるんですか？」

長々その話をしたくなくて尋ねると、1吉野先生は虚《きょ》をつかれたような顔でぎこちなくうなずいた。しかしすぐに明るい表情になって続ける。

「けどね、そのことについて牧田さんたちとよく話しあってね、部長の信任投票をすることにしたらどうかって提案してみたの。そうしたら、牧田さんたちもその条件ならまた部活にきてもいいっていってくれてね」

「信任投票？」

要はおれが部長を続けていいか、部員による投票で決めようということだ。吉野先生は「名案でしょう？」とでもいいたげな顔をしている。おれはその顔を冷ややかに見つめかえした。

「信任投票をして、おれが部長を続けられると思ってるんですか？」

問七　次に示すのは、この問題文を読んだ四人の生徒が、══線「メデタシメデタシ」を話題にしている場面です。問題文の言おうとしていることに最も近い発言を次のア～エの中から一つ選び、記号で答えなさい。

教師――「メデタシメデタシ」という表現の特徴について、気づいたことや考えたことを話し合ってください。

ア　生徒Ａ――「メデタシメデタシ」がカタカナ表記になっていますね。そうすることで、この表現に読者の注意を向けているのでしょう。この状況が、誰の選択の自由も侵していないよい決着だ、と筆者は訴えているのだと思います。

イ　生徒Ｂ――「メデタシメデタシ」という表現は、「メデタシ」が繰り返されている点が重要です。国内での臓器移植手術の拡大が可能となったことと、誰の選択の自由も侵していないことが、共によい決着だということを「メデタシ」を重ねることで表現しているのでしょう。

ウ　生徒Ｃ――なるほど。誰の選択の自由も侵害せず国内の臓器移植手術が拡大したことに注目すべきという点には賛成です。ただ、このカタカナ表記は、表面上はよい決着のように見えるけど、実際はそうではないと考える筆者の批判意識のあらわれではないでしょうか。

エ　生徒Ｄ――いやいや。そうではなく、文章に軽快さを出すためだと思います。「目《め》出《で》度《た》し目《め》出《で》度《た》し」よりも「メデタシメデタシ」の方が読者に軽やかな印象を与えることができます。文章にリズムが生まれ、テンポよく読むことができます。

問六 ――線５「本当にその誘導の仕方が倫理的に正しいかは議論の余地があるだろう」とありますが、なぜ筆者はそう考えるのですか。その説明として最も適当なものを次のア～エの中から一つ選び、記号で答えなさい。

ア 臓器提供希望者数の増加という社会全体の利益のために、個人の選択権を一部制限することは、個人の自由を最大限尊重することを目的としたリバタリアン・パターナリズムに反しているから。

イ 脳死と判定された場合、身体の処置にかかわる疑問や悩みを無視したまま、一律に臓器の摘出を強要してしまうことには、個人の尊厳よりも社会全体の利益を優先する危うさがあるから。

ウ 脳死状態になったら臓器の摘出を認めるように個人の選択を誘導するオプトアウト方式が導入されたが、脳死状態が人の死か否かに関する倫理的な議論がまだ十分になされてはいないから。

エ 臓器移植に関して一見個人の自由な選択権を認めているようだが、実際は個人に責任を負わせつつ社会の利益に沿うような選択をさせているため、個人の自由を侵害しているおそれがあるから。

問三 ——線２「臓器移植法の改正」とありますが、その目的はどのようなものですか。適当な部分を問題文中から十八字で抜き出し、最初の五字で答えなさい。

問四 ——線３「オプトアウト（opt-out）」とありますが、これはどのようなものですか。その事例として最も適当なものを次のア～エの中から一つ選び、記号で答えなさい。

ア ウェブ上で「この広告の表示を停止する」をクリックしないでいると、広告を配信しつづけることを了承していると判断されること。

イ 個人としては賛成していなくとも、多数決で決まったことを根拠として、文化祭のクラスの企画への参加を強制されること。

ウ 電話での商品の売り込みに、「要《い》りません」ではなく「結構です」と返答したら、購入に同意したとみなされてしまうこと。

エ 契約者が未成年の場合、本人ではなく保護者のサインがあれば、本人とのアパートの賃貸契約が成立したと考えられてしまうこと。

問五 ——線４「臓器移植に同意したことになる」とありますが、なぜ「同意したことになる」のですか。八十字以内で説明しなさい。ただし、「デフォルト」と「拒絶フレーム」という言葉を用いること。

問一　問題文中の二つの空らんには同じ言葉が入ります。その言葉として最も適当なものを次のア～エの中から一つ選び、記号で答えなさい。

ア　天にものぼる　　イ　後ろ髪《がみ》を引かれる　　ウ　藁《わら》にもすがる　　エ　身の縮む

問二　――線１「どの立場からそれを眺めるかによって見え方が変わってくる」とありますが、ここではどういうことですか。その説明として最も適当なものを次のア～エの中から一つ選び、記号で答えなさい。

ア　海外で臓器移植するという患者にとっては生きるための倫理的な行為が、貧しいために渡航手術を受けられず、国内で臓器移植を待つ患者からすれば、国内の貧富の差の問題から目をそむけた独りよがりな行いに見えるということ。

イ　移植のための渡航という国外の富裕層にとっては生きるための当然の行いが、彼らを受け入れる国の移植希望者からすれば、自分たちに配分されるはずの臓器を横取りし、生きる可能性をせばめる非道徳的ふるまいに見えるということ。

ウ　海外で移植手術を受けるという患者にとっては生きのびるための自然な行為が、彼らを受けいれる国の政府にとっては、海外渡航による臓器の提供を禁じるＷＨＯの指針に反するため、解消すべきめんどうな問題に見えるということ。

エ　渡航して貧困層から臓器を移植するという富裕層にとっては生きのびるためにさけられない行為が、彼らを受け入れる国民からすれば、国家間の経済格差につけ込む許しがたい行いであり、政府が法改正により対応すべき課題に見えるということ。

注１　レシピエント……（臓器を）移植される者のこと。
注２　任意加入の保険……契約するかしないかが本人に任されている保険のこと。
注３　医療ツーリズム……外国に行き治療を受けること。
注４　だからとって……ここでは、「だからといって」のことだと思われる。
注５　サポーター……支援者のこと。
注６　脳死……脳の機能が停止すること。現代医療では治療のしようがなく、やがて心臓が停止する。
注７　功利主義……ここでは、できるだけ多くの人びとに最大の幸福をもたらすことが善であると考える立場のこと。
注８　認知心理学……知覚、記憶、思考などの人間の心の活動を情報処理の観点から研究する学問のこと。
注９　リスクがあるようかもしれないような状況……ここでは、「リスクがあるかもしれないような状況」のことだと思われる。
注10　全体主義……個人の自由や社会集団の自律性を認めず、個人の権利や利益を国家全体の利害と一致するように統制を行う思想または政治体制のこと。

なくあくまで本人自身に選択の余地、すなわち本質的価値であるところの「自由」を保障しつつその選択を当人に委《ゆだ》ねるという点で、**リバタリアン・パターナリズム**と呼ばれるやり方である。自由を侵害することなく、しかし、人びとや社会を良い方向へと導こうとすることで、人びとを自由な行為主体として尊重しながら、社会全体をより良い方向へ変えていこうとするもので、これは功利主義の洗練バージョンともいえるであろう。

しかし、こうしたやり方が「禁煙」や「過度な飲酒の制限」であればともかく、臓器提供のケースで人びとを「良い方向」へ導くとき、それは導かれるその個人にとって「良い」、ではなく、社会にとっての「良い」という印象を受ける。「脳死状態になったらもはや人格ではないのだから、他人のために臓器を摘出してもらい、それで他人を救う意思を示すよう導くことは善いのだ！」とリバタリアン・パターナリズムが主張したとしても、そもそも、「脳死のとき、自分は死んでいるのか」が分からない人も多いわけで、「もしかしたら生きているかもしれない自分から臓器が摘出されるとき、本当にそれは自分にとって善いのだろうか」という疑問を持っていて当然である。「死んでいるか生きているか分からない人から臓器を摘出することは善いのだろうか……」という疑問や悩みを軽く扱い、「君にとってはともかく、他人にとっては善いし、社会全体にとっても善いし、君は同意したくないわけじゃないんだからいいじゃないか」というのであれば、それは個人軽視の全体主義[注10]でしかない。しかも、その責任は、自由に選べる形で「脳死後の移植に同意したことになる」という点で、個人に押しつけられるわけである。つまり、脳死状態になったとき、「この人は、拒絶の意思を示さなかったのだから、臓器摘出するのは構わないし、それはこの人の責任だね」とならざるをえないよう誘導されているのだが、5本当にその誘導の仕方が倫理的に正しいかは議論の余地があるだろう。

（中村隆文《なかむらたかふみ》『「正しさ」の理由――「なぜそうすべきなのか？」を考えるための倫理学入門――』）

※問題作成の都合上、小見出しを省略したり、問題文の表記を一部改めたりした箇所があります。

[注8]認知心理学には「**デフォルト効果**」というものがある。これは、最初に何をデフォルト（初期設定）とするかによって、人びとの選択がそれに左右されるというものである。通常、われわれは、[注9]リスクがあるようかもしれないような状況や、明確な答えを持たない曖昧《あいまい》な状態において、積極的にそこへ飛び込もうとはしない。こうしたとき、「もし、この現状を否定し、別の選択肢を望む人は○をつけてください」といっても、なかなか○をつけることはできない。すると、初期設定である現状に同意していることになってしまう。さらにここでは、「移植に賛同しますか？」ではなく「移植に反対なのですか？」という質問フレームのもと人びとへ問いかけ、デフォルトに留まるよう誘導しているともいえる。これは「**フレーミング効果**」というもので、論理的にもしくは意味的に等しいものであっても、選択肢の表現の仕方や枠組みの違いが選好や選択へ影響を与えるというものである。

そう考えると、臓器移植法改正後に臓器提供者数が増えるであろうことも理解しやすくなる。デフォルトを「臓器提供に同意する」としたうえで、「〈提供しません〉に○をつければ〈臓器移植に同意しない〉ということになりますが、○をつけますか？」とすれば、そこでは人はどう判断するだろうか。そもそも、脳死が生きているかどうかは未解決問題であるし、脳死状態が延々と続くことへの不安や疑問、そして臓器移植の効用などを考慮した結果、唯一無二の解答を出せる人などはほとんどいないように思われる。そこに「〈臓器移植に同意しない〉ということになりますが、どうしますか？」という問い方をすること、すなわち「拒絶しますか？」と問いかけるような拒絶フレームを用いることで、「よく分からない問題だしなあ。別に臓器移植に積極的に反対したり拒絶したいわけじゃないし……」となり、判断保留のまま、〈提供しません〉に○をつけることなく、結果、4臓器移植に同意したことになる人が増え、国内での臓器移植手術の拡大が可能となり、しかも、誰の選択の自由も侵害していないのでメデタシメデタシ、ということになるわけである。実際、文化的に似通ったお隣同士の国でも、こうした方式による違いから同意率への極端な差が生じている（二〇〇三年の調査によれば、オーストリアは同意率が一〇〇％近いのに対し、隣国ドイツではわずか一二％にすぎないなど）。

これは、パターナリズム（父権的介入主義）のように、或る正しい（と思われる）選択を推奨《すいしょう》しながらも、押しつけること

実は、このA国の立場には旧来の日本も含まれている。実際、多くの国において臓器提供者（ドナー）はそれを希望する人たちに対して不足気味であり、二〇〇八年の国際移植学会では「移植が必要な患者の命は自国で救える努力をすること」という主旨のイスタンブール宣言が出された。これは、海外渡航移植に頼っていた日本にも該当するハナシであり、[2]臓器移植法の改正の背景ともいえるものである。日本ではそもそも一九九七年に臓器移植法が施行されたが、その時点においては、脳死後の臓器提供には本人の書面による意思表示が必須《ひっす》であった（その後、家族の承諾《しょうだく》も必要であるが）。しかし、それではなかなか提供可能な臓器数が増えなかったこと、そして前述のイスタンブール宣言や、二〇一〇年のＷＨＯ（世界保健機関）の総会において、海外に渡航して臓器の提供を受けることを自粛するよう各国に求める新たな指針が承認されたこともあり、日本国内での臓器提供者数の確保はいまなおわれわれに突きつけられた課題ともいえる。こうした背景のもと、臓器移植のハードルを下げるような臓器移植法の改正が二〇〇九年に成立し、二〇一〇年七月に全面施行となった。改正後の臓器移植法では、①本人の意思が不明な場合でも家族の承諾があれば脳死状態の患者から臓器摘出が可能となり、②一五歳未満の脳死患者からの臓器摘出も可能となった（もちろん保護者の同意が不可欠であるが）。さらに、③運転免許証における意思表示の仕方にオプトアウト方式が導入されるなど、これらの改正によってより多くの臓器が国内で確保されることが今後見込まれる。しかし、こうしたやり方は国際的協調関係や功利主義[注7]という観点から正当化できても、「個人の生」という点で本当にそれでいいのかという懸念がつきまとう。

[3]上記③のオプトアウト（opt-out）とは、オプトイン（opt in）の対義語である。後者は或る選択肢を積極的に選ぶことで参加を表明するもので、それは明確な同意を表わすのに対し、前者は、或る選択肢を選ばないことを表明することで、そこから脱退する意志を表明するものである。よって、臓器移植におけるオプトアウトでは、「私は、臓器を提供しません」という選択肢に○をつけない限りは、「脳死後の臓器提供に反対の立場をとっていません」という意思表示をしていることになる。つまり、明確な（拒絶の）意思表示をしていなければ、それは推定上の同意とみなされるわけなので、脳死もしくは心臓停止後に臓器が摘出されることを妨《さまた》げないのだ（もちろん、その後は書面による家族の承諾が必要とされるが）。しかし、そうした意志表示の方法へと変化させた理由は、もちろん「臓器提供に同意していることになる人」を増やすためである。

【二】 次の文章を読んで、後の問いに答えなさい。

臓器移植にまつわる状況そのものは何らかの形で「よりよいもの」になるに越したことはないし、実際そうした努力がなされているのであるが、それを理解するために、臓器移植独自の問題を見てゆこう。二一世紀現在、臓器移植にまつわる問題は世界的にも注目されている。なぜならそれは、豊かな人びとと貧しい人びととの間の格差問題や、国家を超えた公平性の問題という側面を持つからである。たとえば、アメリカでは臓器のレシピエント[注1]として登録されるためにはお金がかかるし、任意加入の保険[注2]についても、臓器移植が適用外のものも少なくない。そうしたなか、貧困層の人は臓器不全を患《わずら》っていても、なかなか臓器移植をしてもらえず、貧しい境遇に生まれたせいで他人よりもすぐに死にゆく人もいる。二〇〇二年に公開された映画『ジョンQ――最後の決断』（原題：*John Q*）はそうした社会状況をフィクションとして映画化したものであり、富裕層と貧困層との間に横たわる健康格差、そして、生きのびる機会の不平等の問題が世に知られるところとなった。しかし、こうした問題は一国内だけにとどまるものではない。先進国の豊かな人たちが他国へ渡り、臓器移植を受けるための医療ツーリズム[注3]も問題視されている。

これは、病人やその家族といった当事者たちからすれば、［　　］気持ちでそのチャンスに飛びついているわけだし、なかには「親が幼い我が子に臓器移植を受けさせるために財を投じて海を渡る」といった美談もある。もちろん、それは生命を救うという意味で倫理的ではあるのだが、1どの立場からそれを眺めるかによって見え方が変わってくる。そして立場を変えれば、それは反倫理的な面が姿を見せているかもしれないのだ。海外への臓器移植目的の渡航とは、簡単にいってしまえば、或《あ》る国Aの国民が大金をもって別の国Bで臓器を買うようなものであり、臓器移植を求めるB国の人たちが並んでいる行列に、マネーをひっさげたA国の人が割り込むようなものである。もちろん、だからとって[注4]［　　］思いでB国まで出かけて一財を投じるA国出身の病人やそのサポーター[注5]が間違っているとはいえない。つまり、誰も間違っていないのだが、より改善すべき方策があればそうするに越したことはない。では、どうしたほうがよいかといえば、それはA国において「脳死後にドナー[注6]として臓器を提供します」という意志を持った人が増えることである。

【二】 次の①～⑤の――線部について、カタカナの部分は漢字に直し、漢字の部分はその読みをひらがなで答えなさい。なお、答えはていねいに書くこと。

① 新しいチームが台頭してきた。

② 彼とはあいさつをよくカわす仲だ。

③ 成長とともにニュウシが生えてきた。

④ とてもイサギヨい決断だ。

⑤ 実力のある彼にシラハの矢が立った。

令和6年度 本郷中学校
第1回 入学試験問題

国語

（五〇分　満点：一〇〇点）

注意

一、問題の解答は解答用紙にはっきりと記入しなさい。
二、指示があるまで問題冊子を開いてはいけません。
三、答えはすべて解答用紙に記入しなさい。
四、字数指定のある問題は、特別の指示がない限り、句読点、記号なども字数に含みます。
五、用具の貸し借りは禁止します。
六、指示があるまで席をはなれてはいけません。
七、質問があれば、だまって手をあげて監督者を呼びなさい。
八、試験が終わったら、解答用紙だけ提出しなさい。問題は持ち帰ってもかまいません。

令和6年度 本郷中学校
第2回 入学試験問題

算 数

（50分　満点：100点）

注　意

1. **問題の解答は解答用紙にはっきりと記入しなさい。**
2. **コンパス、分度器、定規、三角定規、計算機の使用は禁止します。かばんの中にしまってください。**
3. 指示があるまで開いてはいけません。
4. 答えはすべて解答用紙に記入しなさい。
5. 用具の貸し借りは禁止します。
6. 指示があるまで席をはなれてはいけません。
7. 質問があれば、だまって手をあげて監督者を呼びなさい。
8. 試験が終わったら、解答用紙だけ提出しなさい。問題は持ち帰ってもかまいません。

1 次の□に当てはまる数を求めなさい。

(1) $4.5+4\frac{2}{3}\times\left(3\frac{1}{3}\div1.4-1.5\right)\div3\frac{1}{9}-2.25=\square$

(2) $1.8\times\square-38\times\left\{\frac{1}{4}\div\left(2\frac{2}{3}+\frac{1}{2}\right)\right\}=2\frac{2}{5}$

2 次の問いに答えなさい。

(1) １本90円のえんぴつと、１本150円のシャープペンシルを合わせて300本買う予定でしたが、買う本数を逆にしてしまったため、予定より2400円高くなってしまいました。はじめに買う予定だったシャープペンシルの本数は何本でしたか。

(2) ＡＤ＝４cm、ＢＣ＝６cmであり、辺ＡＤと辺ＢＣが平行な台形ＡＢＣＤがあります。対角線ＡＣと対角線ＢＤは点Ｅで交わります。辺ＡＢ上に、点Ｆを直線ＦＥが辺ＢＣと平行となるようにとるとき、辺ＦＥは何cmですか。

⑶ 図は、たてが２cm、横が18cmの長方形の中に、半径２cmの半円３個をつなげてかいたものです。（A）の部分の面積が、斜線部分の面積の$\frac{1}{3}$であるとき、（A）の部分の面積は何cm^{2}ですか。ただし、円周率は3.14とします。

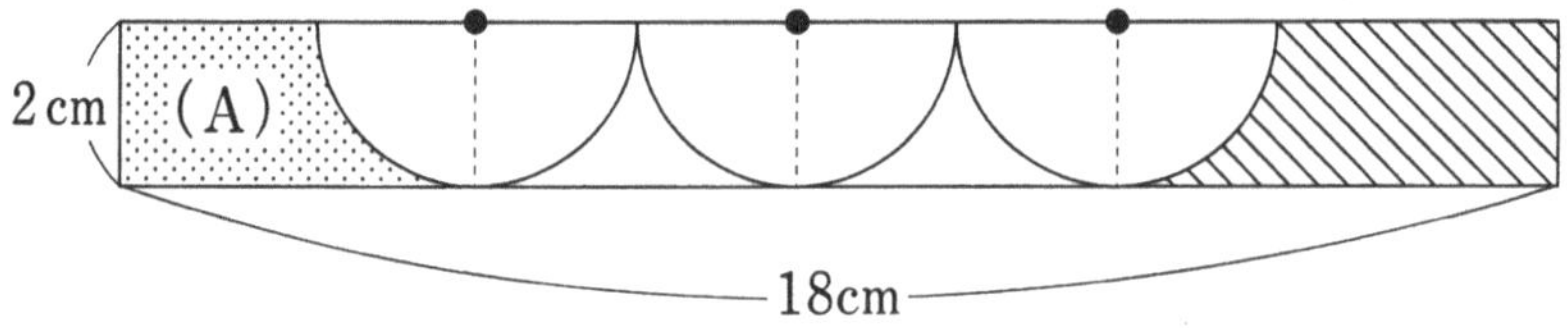

⑷ ある牧場に草が生えています。草は一定の割合で生えてきます。牛が９頭ならば、120日で牧場の草を食べつくします。牛が15頭ならば、48日で牧場の草を食べつくします。牛が29頭のとき、何日で牧場の草を食べつくしますか。

(5) 41の倍数と53の倍数を、小さい方から順に

41, 53, 82, 106, ・・・

のように並べたとき、46番目の数はいくつですか。

(6) 図のように、３つの内角が30°, 60°, 90°である合同な三角形６つを使って正六角形ＡＢＣＤＥＦを作ったところ、この正六角形の面積は81cm^{2}でした。

この三角形１つの面積は何cm^{2}ですか。

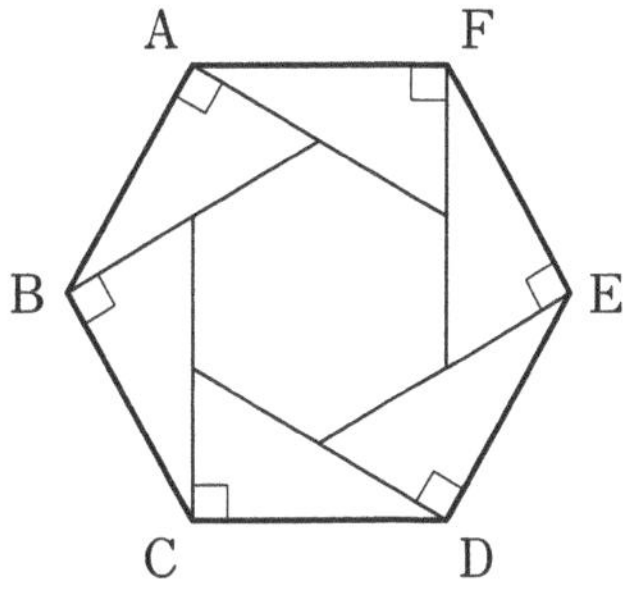

3 Ａ君は、家から自転車でＰ市まで行き、Ｐ市で用事をすませてから、家に帰る予定でした。ところが、途中のＱ市で自転車がパンクしたため、３分後にそこからバスに乗ってＰ市まで行き、すぐにバスに乗って家まで帰ってきました。そのときのＡ君の動きが下のグラフのようになりました。自転車の速さとバスの速さの比が４：９であるとき、次の問いに答えなさい。ただし、自転車とバスはそれぞれ一定の速さで進むものとします。

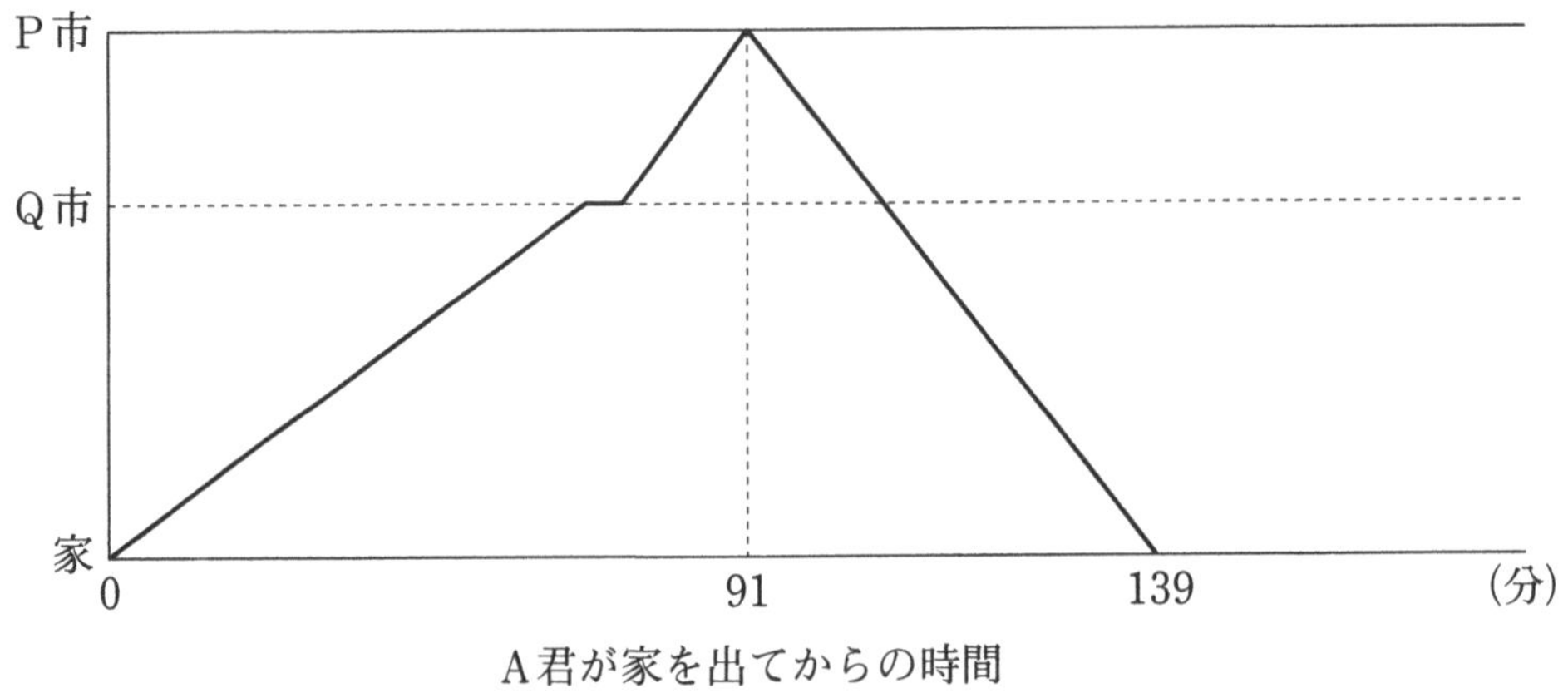

(1) もし、Ａ君の自転車が途中でパンクしなかったとき、Ａ君がＰ市に着くのは、Ａ君が家を出てから何分後ですか。

(2) Ｐ市からＱ市まで12km離れていたとすると、家からＰ市までの道のりは何kmですか。

4 図のように、たてに(あ)～(か)の６本、横に①～⑦の７本の線を同じ間かくで引きます。このとき、たてと横の交わったところの点の位置は例えば、点Qは〈う，２〉のように表します。

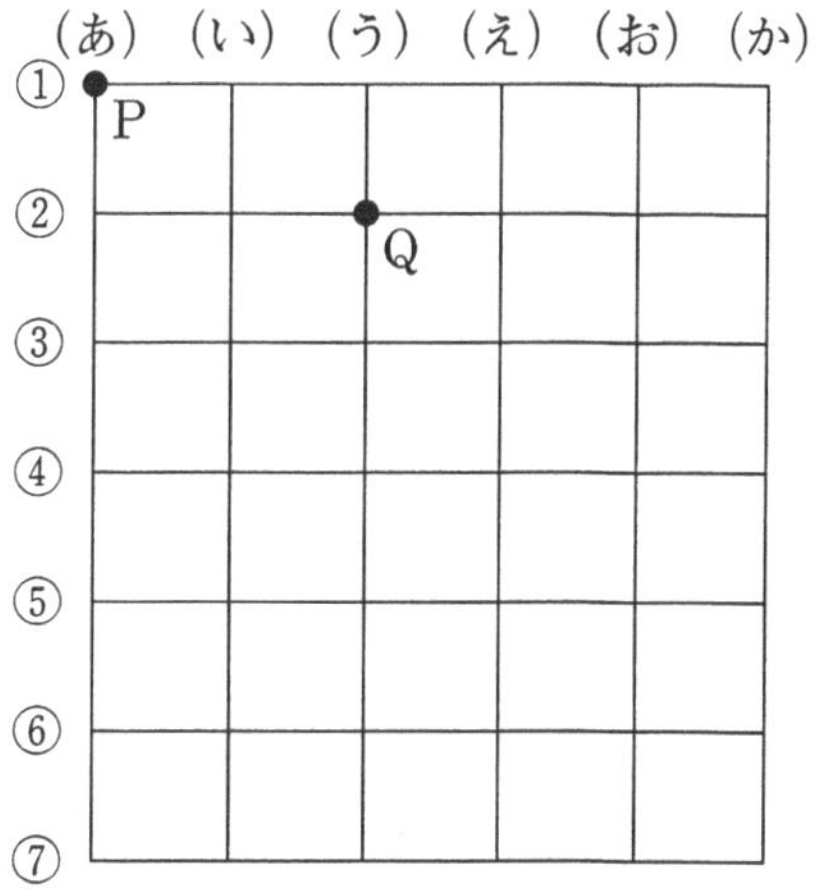

点Pを〈あ，１〉に置き、暗号Aをもとに、ルールB～Dにしたがって点Pを動かします。

暗号A：「1 0 0 1 0 1 0 0」

ルールB：最初は暗号Aの数字により、1のときは右にひとつ、0のときは下にひとつ点Pを動かします。

ルールC：点Pがたての線(か)まで到達したあとは、暗号Aの1のときは点Pを左にひとつ動かし、たての線(あ)まで到達したあとは、暗号Aの1のときは点Pを右にひとつ動かします。
以降はこれをくり返します。

ルールD：点Pが横の線⑦まで到達したあとは、暗号Aの0のときは点Pを上にひとつ動かし、横の線①まで到達したあとは、暗号Aの0のときは点Pを下にひとつ動かします。
以降はこれをくり返します。

例えば、暗号Aを１回使ったあとの点Pの位置は〈え，６〉、暗号Aを２回使ったあとの点Pの位置は〈お，３〉です。このとき、次の問いに答えなさい。

(1) 暗号Aを５回使ったあとの点Pの位置を答えなさい。

(2) 暗号Aを2024回使ったあとの点Pの位置を答えなさい。

5 底面が正方形の直方体の容器に水が入っていて、水平な面に置かれています。ここへ１辺が2.2cmの立方体の氷を浮かべます。なお、水はこの氷が浮く程度は入っていて、水はこおると元の体積と比べて、1.1倍の大きさとなります。また、氷を浮かべたとき大きくなった体積の分は水面より上に必ず飛び出し、氷の正方形の面が容器の底面と平行となる状態で安定するものとします。このとき、次の問いに答えなさい。ただし、容器の厚みは考えず、氷はとけないものとします。

(1) 氷が水面から飛び出した部分の高さは何cmですか。

(2) 氷を取り除いたところ水面が$\frac{2}{9}$cm下がりました。容器の底面の１辺の長さは何cmですか。

6 Ｈ君とＲ君は本郷中学校の生徒です。

次の【問題】をふたりで協力して解こうとしています。

【問題】

整数Ａは以下の性質を持つ最小の整数です。

＜性質＞

① Ａは２の倍数

② Ｂ＝Ａ＋１である整数Ｂは３の倍数

③ Ｃ＝Ｂ＋１である整数Ｃは５の倍数

④ Ｄ＝Ｂ＋２である整数Ｄは７の倍数

⑤ Ｅ＝Ｂ＋３である整数Ｅは11の倍数

このとき、整数Ａを求めなさい。

Ｈ君：むずかしそうだね。何が手掛かりになるのかな？

Ｒ君：そうだねぇ、まず①, ②, ⑤だけをみるとＥは必ず[ア]の倍数になるね。

(1) [ア]に適する整数のうち、最も大きい整数を下の選択肢から選びなさい。

選択肢	2, 3, 5, 11, 15, 22, 23, 30, 33, 45, 66, 80, 98

Ｈ君：そうか、確かに！ そうすると③もあわせるとＥの一の位の数字は[イ]に限定されるよね。

Ｒ君：つまりＥの候補は[ア]に一の位が[ウ]か[エ]である整数をかけたものになるのか。

(2) [イ]、[ウ]、[エ]に最も適する整数を求めなさい。

ただし、[ウ]より[エ]の方が大きい整数とします。

H君：そうしたら、[ア]に一の位が[ウ]や[エ]である整数を順番にかけてＥの候補を作って、そこから１だけ引けばＤの候補ができるから、その数が７の倍数かどうか調べていこう。

・・・・・

Ｒ君：あっ、Ｄの候補が７の倍数になった。④もみたされたよ。このＥの候補は①、②、③、⑤を元々みたしているから、すべての＜性質＞をみたすね。だから求めるＡはこれだ！

H君：そうだね！　やったね！！

(3)　整数Ａを答えなさい。

令和6年度 本郷中学校
第2回 入学試験問題

理　科

（40分　満点：75点）

注　意

1．問題の解答は解答用紙にはっきりと記入しなさい。

2．机上に定規を出し、試験中に必要であれば使用しなさい。

3．指示があるまで開いてはいけません。

4．答えはすべて解答用紙に記入しなさい。

5．用具の貸し借りは禁止します。

6．指示があるまで席をはなれてはいけません。

7．質問があれば、だまって手をあげて監督者を呼びなさい。

8．試験が終わったら、解答用紙だけ提出しなさい。問題は持ち帰ってもかまいません。

1 次の文を読んで以下の問に答えなさい。

細くて軽い糸の端《はし》に、直径4.0 cmのおもりをつけ、図１のようにふりこをつくりました。ふりこの長さ、おもりの材質、おもりの重さ、ふれはばを変えて、20往復する時間をはかりました。次の表はその結果です。

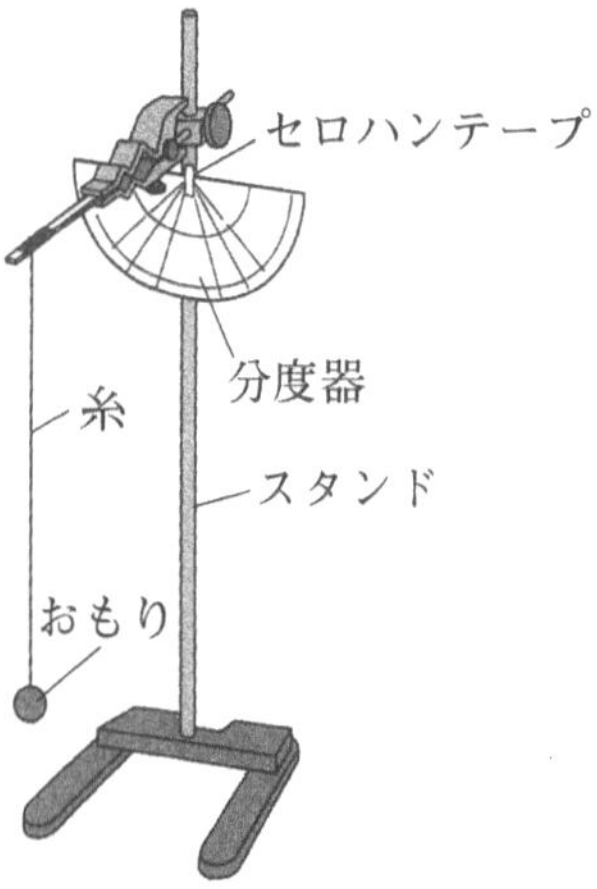

図１

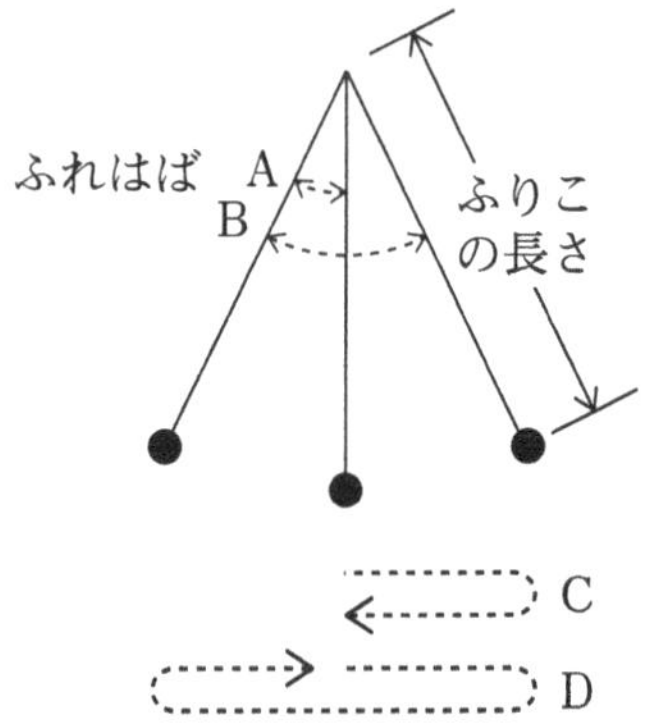

図２

ふりこの長さ〔cm〕	15	15	60	60	100	100	15	15	25	60	100
おもりの材質	ガラス	ガラス	ガラス	ガラス	ガラス	ガラス	鉄	鉄	鉄	鉄	鉄
おもりの重さ〔g〕	28	110	28	28	28	28	110	110	110	110	110
ふれはば〔度〕	20	40	20	20	40	20	20	40	20	20	20
時間〔秒〕	15.4	15.6	30.9	31.1	40.2	40.3	15.5	15.6	20.1	31.0	40.1

(1) 図２について次の①と②の答えの組み合わせとして正しいものを、次の**ア**～**エ**から１つ選び、記号で答えなさい。

① ふりこのふれはばはA、Bのどちらですか。

② １往復の時間は、おもりがCを移動する時間、Dを移動する時間のどちらですか。

	①	②
ア	A	C
イ	A	D
ウ	B	C
エ	B	D

(2) 重さが28gのガラスのおもりでふりこの長さが240cm、ふれはばが40度のとき、20往復する時間は何秒になりますか。答えは小数第１位を四捨五入して整数で答えなさい。

(3) おもりが鉄で重さが110gのとき、ふれはばを２倍にして、20往復する時間を３倍にするには、ふりこの長さを何倍にすればよいですか。答えが割り切れない場合は、小数第２位を四捨五入して、小数第１位まで答えなさい。

(4) ふりこの長さが60cmで重さが110gのガラスのおもりの下側に、図３のように同じおもりを貼り付けて重さを２倍にしました。ふれはばが40度のとき、20往復する時間はおもりをつける前に比べて短くなりますか、長くなりますか。その理由も含めて最も適当なものを、次の**ア**～**エ**から１つ選び、記号で答えなさい。

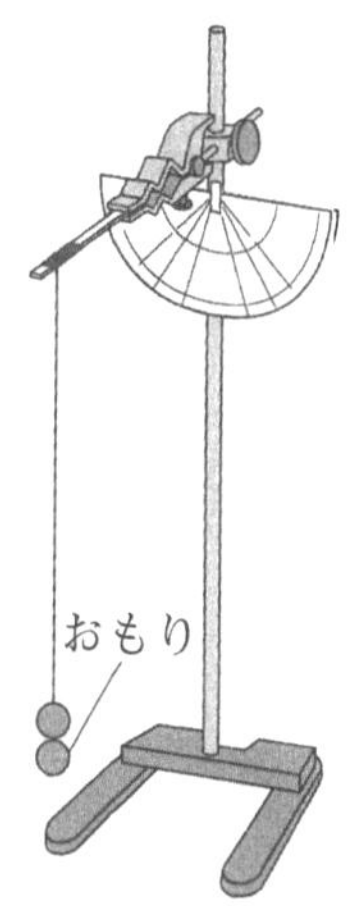

図３

ア．１往復する時間はふりこの長さだけで決まるから、変わらない。

イ．おもりが重くなるとおもりは速く動くから、短くなる。

ウ．おもりが重くなるとおもりの速さは遅くなるから、長くなる。

エ．２つのおもりの中心が下に移動するのでふりこの長さは60cmより長くなるから、長くなる。

(5) ふりこはやがて止まります。なぜ止まってしまうと考えられますか。文章で答えなさい。

(6) ふれはばが20度でふりこの長さが60cmの鉄のおもりでふりこを動かすときに、ふりこが止まるのを防ぐために図４のように電磁石を置きました。そして、おもりが図４のＡ点を矢印の向きに通過するとき電磁石に電流を短い時間流し、ふれはばが変わらないように電流の強さと流す時間を調節しました。

① 電流は何秒ごとに流せばよいですか。答えが割り切れない場合は、小数第２位を四捨五入して、小数第１位まで答えなさい。

② 電磁石の向きを逆にしたときに電流を流すのは、Ａ点をおもりが(**ア**. 矢印の向きに通過したとき **イ**. 矢印と逆向きに通過したとき)ですか。適当な答えを**ア**または**イ**から１つ選び、記号で答えなさい。

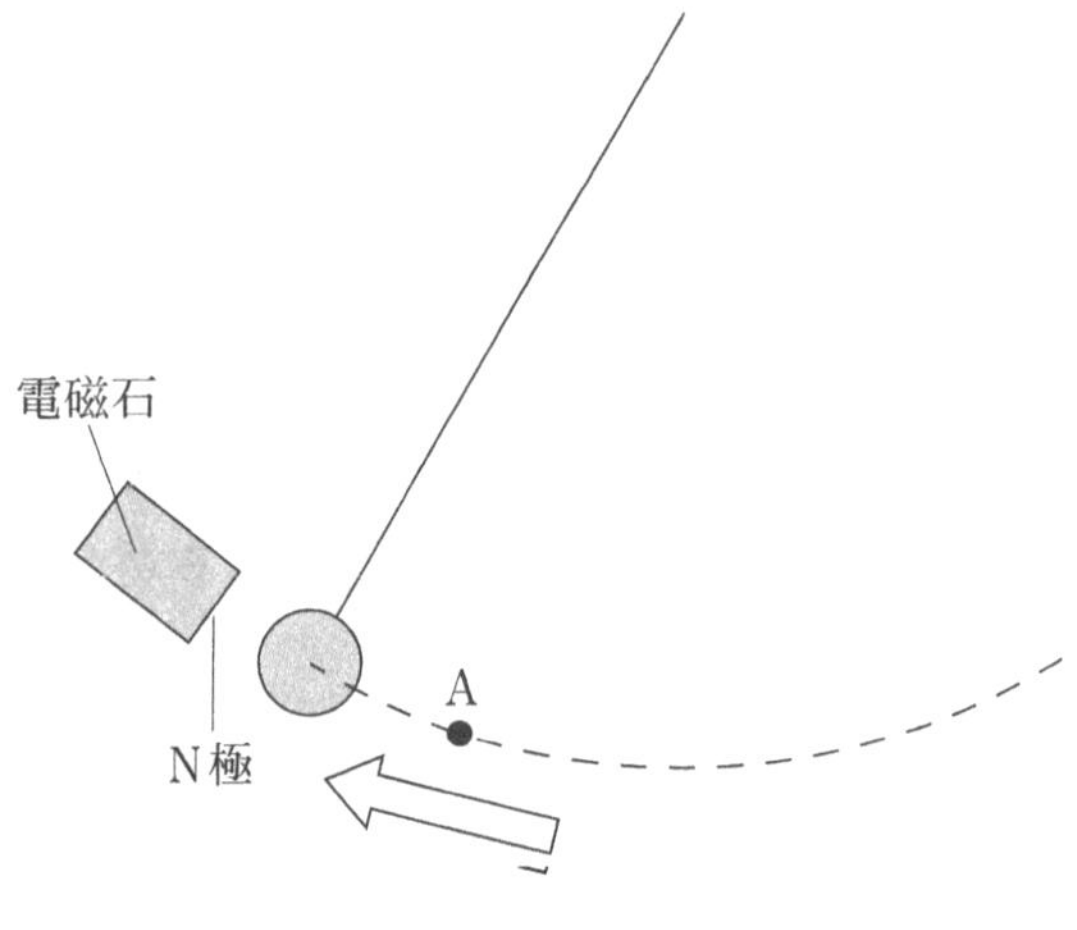

図４

2 以下の問に答えなさい。

ナメクジに食塩をかけるとナメクジがとける、と言われますが、実際にはナメクジはとけていません。食塩をかけた後に食塩を取り除いてみると、小さくしぼんだナメクジが見つかります。このような現象が起こる理由を考えてみましょう。

生物の体は、細胞《さいぼう》からできています。細胞とは、顕微鏡《けんびきょう》を用いないと観察できず、細胞膜《まく》という非常にうすい膜で包まれた小さな部屋状のものです。この細胞を包む細胞膜が、ナメクジに食塩をかけるとナメクジがしぼむ現象にも大きく関わっています。ナメクジやその体をつくる細胞のモデルを作成し、以下の実験を行いました。なお、細胞膜と似た性質を示す膜として、セロハン膜を用いました。また、食塩や砂糖は、水と混ざり合って均一の濃度になろうとする性質があります。

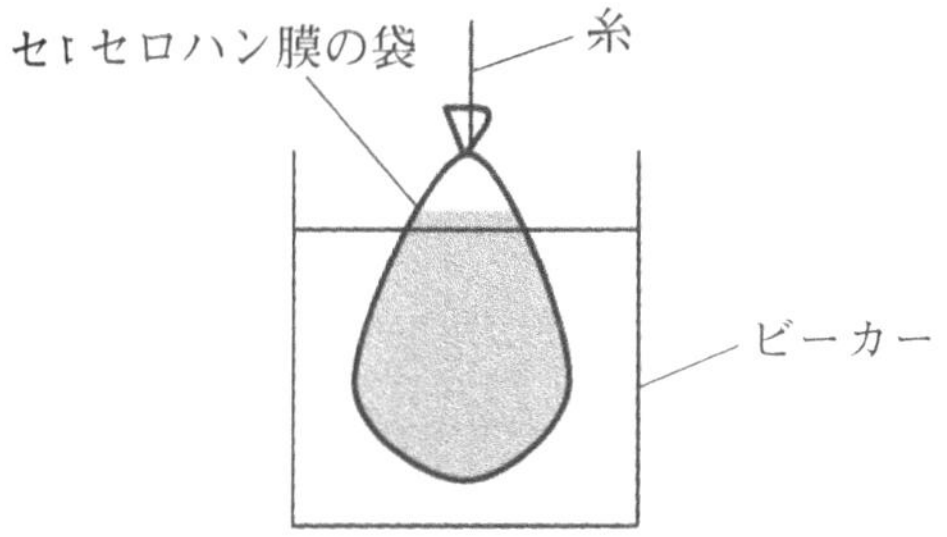

図1

【実験1】

ビーカーに水または25％食塩水を入れ、水または25％食塩水を入れたセロハン膜の袋《ふくろ》(以下、セロハン袋)を図1のようにビーカー内に糸でつるし、その変化を観察した。

ビーカーに入れた液体	セロハン袋内の液体	結果	
		セロハン袋の変化	セロハン袋内の濃度《のうど》
水	水	変化なし	0％
水	25％食塩水	ふくらむ	25％よりうすくなった
25％食塩水	水	しぼむ	0％
25％食塩水	25％食塩水	変化なし	25％

(1) 実験１から得られる結論として正しいものを、次の**ア**～**エ**からすべて選び、記号で答えなさい。

ア．水はセロハン膜を、通り抜《ぬ》ける。

イ．水はセロハン膜を、通り抜けない。

ウ．食塩はセロハン膜を、通り抜ける。

エ．食塩はセロハン膜を、通り抜けない。

【実験２】

ビーカーに25％食塩水または15％食塩水を入れ、25％食塩水または15％食塩水を入れたセロハン袋を図１のようにビーカー内に糸でつるし、その変化を観察した。

ビーカーに入れた液体	セロハン袋内の液体	結果	
		セロハン袋の変化	セロハン袋内の濃度
25％食塩水	25％食塩水	変化なし	25％
25％食塩水	15％食塩水	しぼむ	15％より濃《こ》くなった
15％食塩水	25％食塩水	ふくらむ	25％よりうすくなった
15％食塩水	15％食塩水	変化なし	15％

(2) 実験１と実験２から得られる結論として正しいものを、次の**ア**～**カ**からすべて選び、記号で答えなさい。

ア．水はセロハン膜を、濃度の濃い方からうすい方へと通り抜ける。

イ．水はセロハン膜を、濃度のうすい方から濃い方へと通り抜ける。

ウ．水はセロハン膜を、通り抜けない。

エ．食塩はセロハン膜を、濃度の濃い方からうすい方へと通り抜ける。

オ．食塩はセロハン膜を、濃度のうすい方から濃い方へと通り抜ける。

カ．食塩はセロハン膜を、通り抜けない。

【実験3】

ビーカーに水または50％砂糖水を入れ、水または50％砂糖水を入れたセロハン袋を図1のようにビーカー内に糸でつるし、その変化を観察した。

ビーカーに入れた液体	セロハン袋内の液体	結果	
		セロハン袋の変化	セロハン袋内の濃度
水	水	変化なし	0％
水	50％砂糖水	ふくらむ	50％よりうすくなった
50％砂糖水	水	しぼむ	0％
50％砂糖水	50％砂糖水	変化なし	50％

(3) 実験1～3の結果を踏《ふ》まえ、ナメクジに関する現象として正しいものを、次の**ア**～**カ**からすべて選び、記号で答えなさい。

ア．ナメクジに食塩をかけると、食塩はナメクジの体内に入り込《こ》む。

イ．ナメクジに食塩をかけると、ナメクジの体内にとけている物質は体外に奪《うば》われる。

ウ．ナメクジに食塩をかけると、ナメクジの体内の水は体外に奪われる。

エ．ナメクジに砂糖をかけると、ナメクジは膨《ふく》らむ。

オ．ナメクジに砂糖をかけると、ナメクジはしぼむ。

カ．ナメクジに砂糖をかけても、ナメクジは変化しない。

(4) ナメクジは軟《なん》体動物というグループのなかまです。次の**ア**～**カ**の中から、軟体動物をすべて選び、記号で答えなさい。

ア．ハマグリ　**イ**．クラゲ　**ウ**．タコ　**エ**．ミミズ

オ．ウニ　**カ**．カニ

生物は、陸上はもちろん、海水中や淡《たん》水中など、様々な環《かん》境で生活をしています。海で生活する海水魚と、淡水で生活する淡水魚について、実験１～３の結果を踏まえて、体液の濃度を調節するしくみを考えます。

なお、海水魚と淡水魚の体液はともに約１％、海水は3.5％、淡水は０％に近い塩分濃度であるものとします。

(5) 海で生活する海水魚と、淡水で生活する淡水魚の体液の濃度調節に関する記述として正しいものを、次の**ア**～**キ**からすべて選び、記号で答えなさい。

ア．海水魚は、体内に水が入り込んでくるので、積極的に水を体外へ追い出すしくみを発達させている。

イ．海水魚は、体内から水が奪われるので、積極的に水を体内に残すためのしくみを発達させている。

ウ．淡水魚は、体内に水が入り込んでくるので、積極的に水を体外へ追い出すしくみを発達させている。

エ．淡水魚は、体内から水が奪われるので、積極的に水を体内に残すためのしくみを発達させている。

オ．海水魚も淡水魚も、それぞれ生活する水中の塩分を積極的に取り込んでいる。

カ．海水魚は、水中の塩分を積極的に取り込むが、淡水魚は水中の塩分を積極的には取り込まない。

キ．海水魚は、水中の塩分を積極的には取り込まないが、淡水魚は水中の塩分を積極的に取り込む。

海でのみ生活できる魚、川でのみ生活できる魚、海と川を行き来できる魚について、外液の塩分濃度の変化に対し、体液の塩分濃度がどのように変化するかを調べ、図２にまとめました。なお、いずれの魚も、体液の濃度が実線の範《はん》囲からはずれると、生きていけません。また、図２中の点線上では、体液の塩分濃度と外液の塩分濃度が同じであることを表しています。

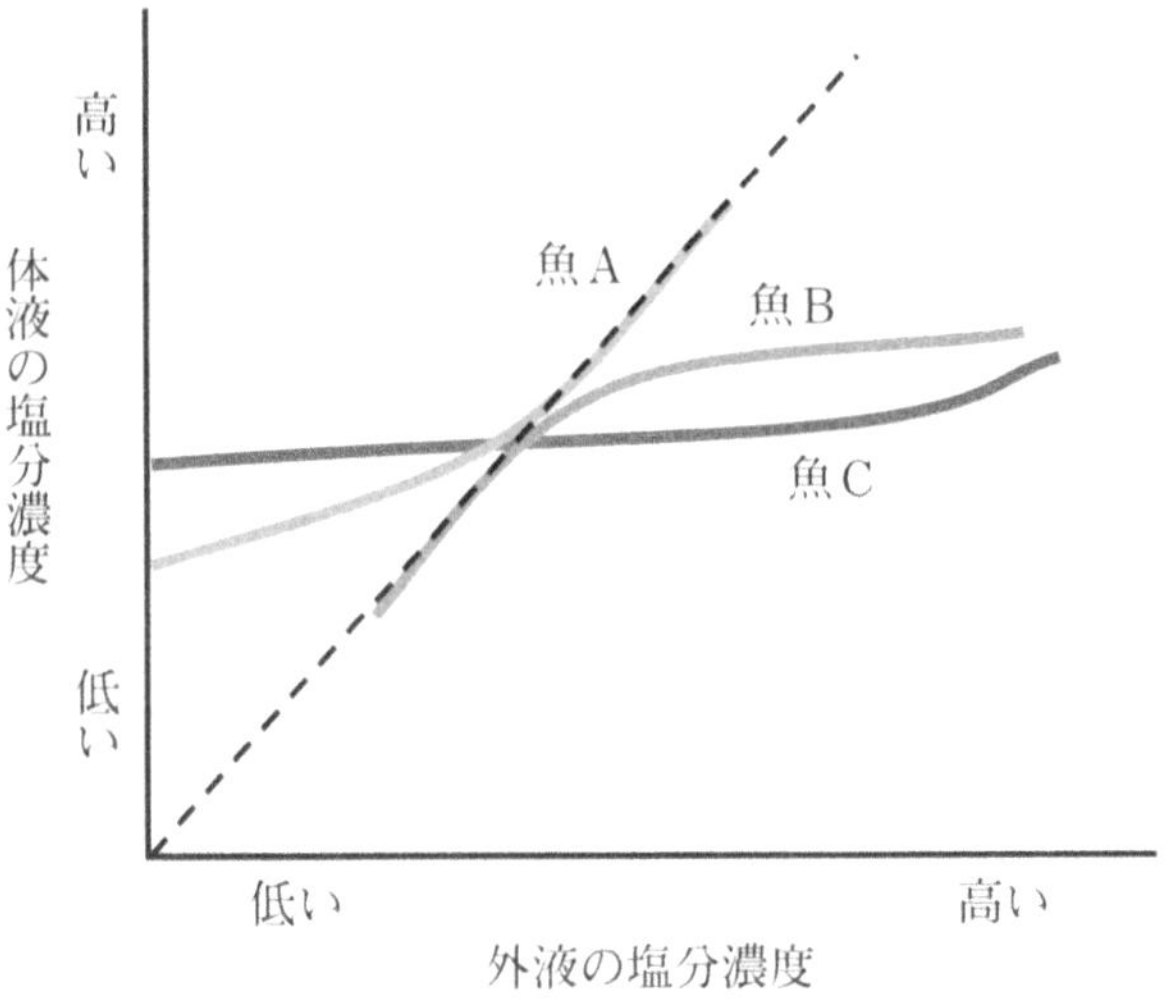

図２

(6) 図２中の魚Ａ～Ｃが体液の塩分濃度を調節するしくみについて、最も適当なものを、それぞれ次の**ア**～**エ**から１つずつ選び、記号で答えなさい。

ア．外液の塩分濃度が広い範囲にわたって変化しても、体液の塩分濃度を調節するしくみがある。

イ．外液の塩分濃度が低いときには、体液の塩分濃度を調節するしくみがあるが、外液の塩分濃度が高いときには、調節するしくみがない。

ウ．外液の塩分濃度が低いときには、体液の塩分濃度を調節するしくみがないが、外液の塩分濃度が高いときには、調節するしくみがある。

エ．外液の塩分濃度にかかわらず、体液の塩分濃度を調節するしくみがない。

(7) 図２中の魚Ａと魚Ｃの具体例として適当なものを、それぞれ次の**ア**～**オ**からすべて選び、記号で答えなさい。

ア．イワシ　　**イ**．サケ　　**ウ**．コイ　　**エ**．ウナギ　　**オ**．イワナ

3 次の文を読んで以下の問に答えなさい。ただし、答えが割り切れない場合は、小数第2位を四捨五入して、小数第1位まで答えなさい。

物質が水に溶《と》けると、水溶《よう》液になります。水に溶かす物質の量を増やしていくと、やがてそれ以上溶けなくなります。この溶液を[1]溶液といいます。水に溶かすことができる物質の量は物質の種類ごとに異なります。A温度が高い[1]溶液を冷やしたり、水を蒸発させると、結晶《しょう》が出ることがあります。

日本の夏は非常に暑く、汗《あせ》を大量にかきますが、汗は色々な塩のなかま(塩類)が水に溶けた水溶液と考えることができます。H君は中学生で運動部に所属しています。熱中症《しょう》対策として、自分が運動する際にどのくらい水を飲めばよいのかを考えてみることにしました。調べてみると、運動中にかいた汗の量の1.5倍の水を飲む必要があることが分かりました。

8月8日、運動前に体重をはかると60 kgでした。運動中に1 Lの水を飲み、運動後に体重をはかると、59 kgでした。このことから、この日と同じ運動をする場合に必要な水の量は[2] Lと考えました。また、汗には塩分が含《ふく》まれているので、塩分も同時にとる必要があります。調べてみるとヒトの汗の塩分の濃度《のうど》は0.3〜0.4 %でした。自分の汗の塩分の濃度が0.3 %だとすると、8月8日の運動で体内から失われた塩分は[3] gであると考えました。同じ量の塩分を[2] Lの飲料からとる場合、塩分の濃度は[4] %にすればよいということが分かりました。この濃度は市販《しはん》のスポーツ飲料の塩分の濃度に近い値になりました。

(1) [1]にあてはまる語句を答えなさい。

(2) [2]にあてはまる数値を答えなさい。ただし、体重の減少の原因は汗をかくことのみと考えるものとします。また、1 Lの水の重さは1 kgとします。

(3) [3]にあてはまる数値を答えなさい。ただし、1 Lの汗の重さは1 kgとします。

(4) [4]にあてはまる数値を答えなさい。ただし、1 Lの飲料の重さは1 kgとします。

(5) 下線部Ａについて、次の①・②に答えなさい。

① 40℃の水100 gに物質Xは40 gまで溶けます。80℃の水50 gに物質Xを溶かせるだけ溶かし、40℃に冷やすと5.5 gの結晶が出ました。80℃の水100 gに物質Xは何gまで溶けますか。

② 水を蒸発させたときに結晶が出るものを、次の**ア**～**オ**からすべて選び、記号で答えなさい。

ア．ミョウバン水溶液　**イ**．炭酸水　**ウ**．食塩水
エ．塩酸　**オ**．エタノール水溶液

(6) 塩のなかまは酸性の水溶液とアルカリ性の水溶液を混ぜたときにできます。酸性およびアルカリ性に関する文章として正しいものを、次の**ア**～**オ**からすべて選び、記号で答えなさい。

ア．うすい塩酸はＢＴＢ液の色を青色にする。
イ．うすい水酸化ナトリウム水溶液はフェノールフタレインを赤色にする。
ウ．うすい塩酸に溶ける金属はすべてうすい水酸化ナトリウム水溶液でも溶かすことができる。
エ．うすい酸性の水溶液に金属を溶かすと、多くの場合酸素が発生する。
オ．うすい塩酸を赤色のリトマス試験紙につけても、色は変わらない。

4 次の文を読んで以下の問に答えなさい。

A三大流星群の一つであるペルセウス座流星群が、2023年の８月13日17時頃《ごろ》に最も活動的となりました。この時間帯は日本の夕方にあたり日本では観測できませんでしたが、この前後の観測に適した時間帯には、それなりに多くの流星が見られました。最も多く流星が見られたのは、14日の夜明け近く（東京では午前３時台）で、このときに空の暗い場所で観測した場合の流星数は、１時間あたり30個程度となりました。この前日の13日の夜明け近くにも多めの流星が観測され、空の暗い場所で１時間あたり25個程の流星が見えました。なお、B各夜とも夜半過ぎから明け方の時間帯に月が昇ってきましたが、月明かりの影響《えいきょう》はそれほど気にせず観測することができました。

ペルセウス座流星群の流星は、ペルセウス座の付近にあるC放射点を中心とするように放射状に出現しました。ただし、流星は放射点付近だけでなく、空全体に現れます。いつどこに出現するかも分かりませんので、なるべく空の広い範囲《はんい》を見渡《みわた》すようにするのが良いとされています。

(1) 下線部Aの三大流星群とは、毎年安定して多くの流星が出現する３つの流星群を指すものです。ペルセウス座流星群以外の三大流星群として正しいものを、次の**ア～カ**から**２つ選び**、記号で答えなさい。

ア．しぶんぎ座流星群　**イ**．こと座流星群　**ウ**．おうし座流星群
エ．オリオン座流星群　**オ**．しし座流星群　**カ**．ふたご座流星群

(2) 図１は地球、地球の周りを公転する月、太陽の位置関係を表した図です。下線部Ｂの時刻に昇《のぼ》ってくる月が見えるのは、月が図１の**ア**～**ク**のどの位置にあるときですか。正しいものを図１の**ア**～**ク**から１つ選び、記号で答えなさい。

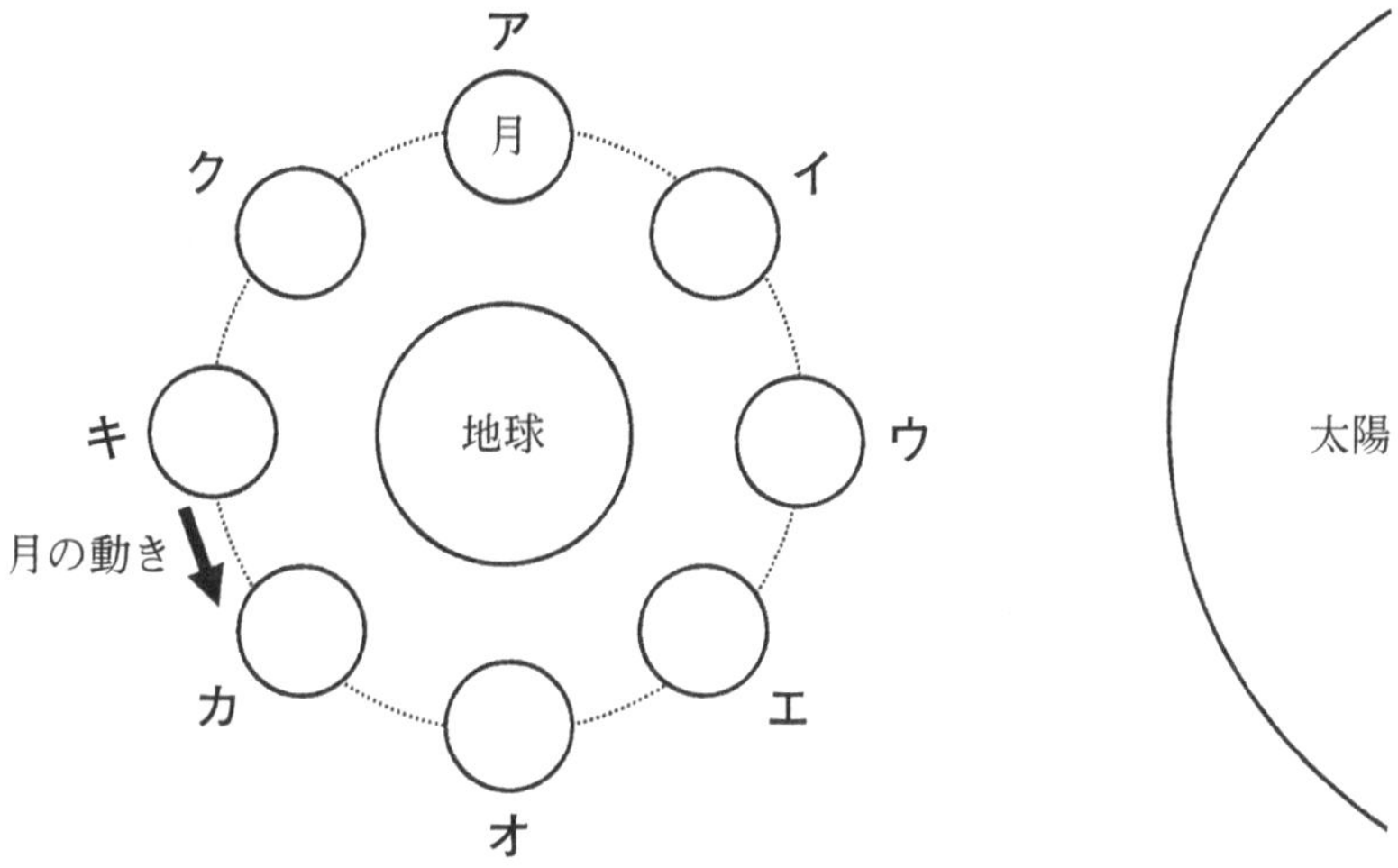

図１　地球、地球の周りを公転する月、太陽を北極星側から見た位置関係

(3) 図２は地球から見た月面の様子です。地球から見た月は常に同じ面を地球に向けており、裏側を見ることはできません。次の［　　　］は、月が常に同じ面を地球に向けている理由について説明した文です。文中の［　1　］、［　2　］に当てはまる語句を答えなさい。

> 地球の衛星である月は、地球の周りを［　1　］すると同時に自身も［　2　］している。その周期が［　1　］、［　2　］共に約27.3日と同じであるため、常に地球に対し同じ面を向け続けている。

図２　地球から見た月面の様子

(4) 下線部Ｃの放射点とは、流星群の流星が天球上で放射状に出現するように見える点です。流星は放射点から離《はな》れた位置で光り始め、放射点とは反対の方向に尾《お》を引きながら移動して消えます。図３は、地表の観測者が放射点の方を向いて流星を観測している様子を表したものです。図の流星**ア**～**エ**の中で、尾が最も長く見えるものはどれですか。**ア**～**エ**から１つ選び、記号で答えなさい。

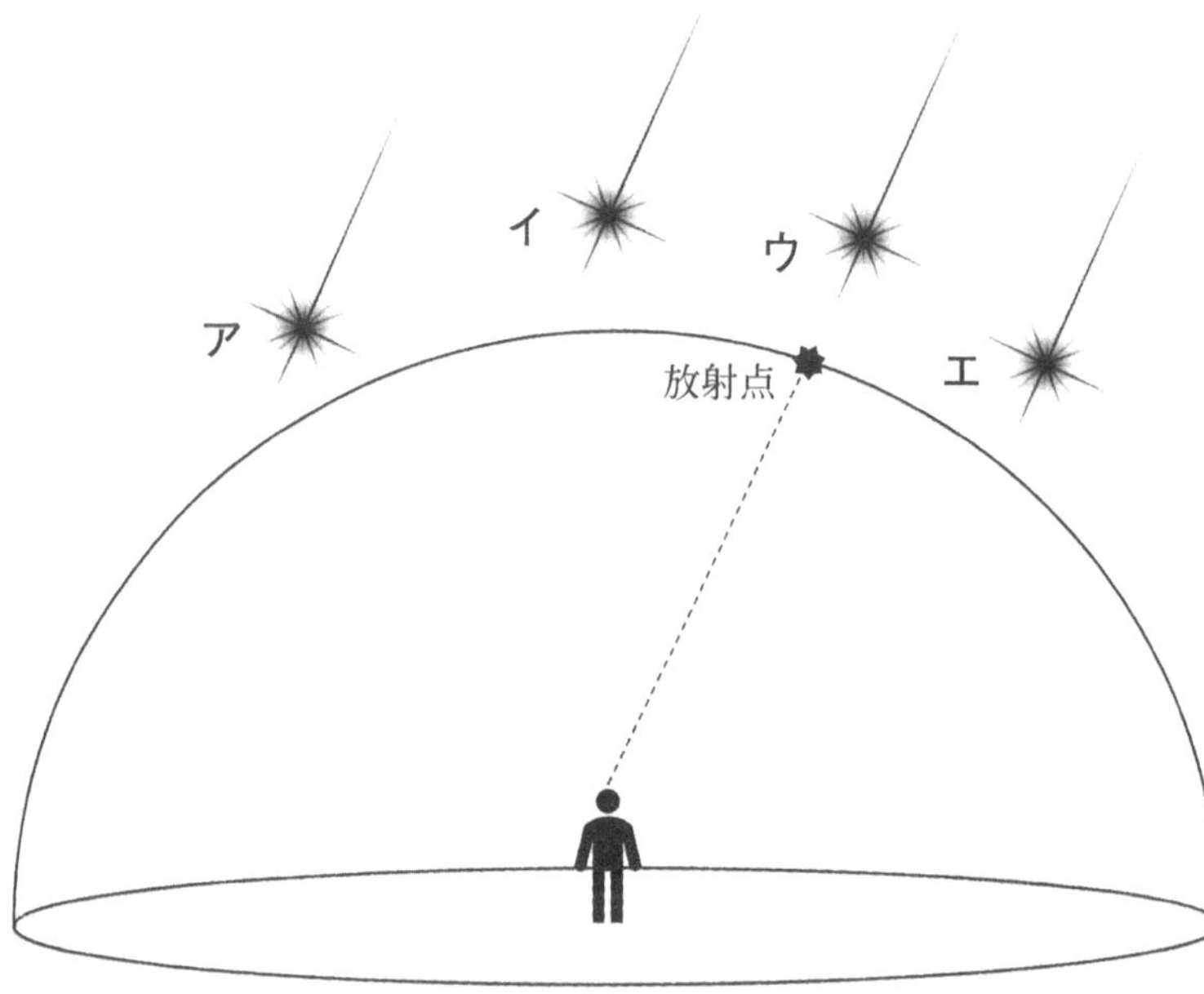

図３　流星を観測している様子

(5) 図4は8月13日午前3時頃《ごろ》の北の空を表した図で、ペルセウス座流星群の放射点とその周囲に見える主な星座が描《えが》かれています。おおぐま座の腰《こし》から尻尾《しっぽ》を構成する北斗七星《ほくとしちせい》の見え方として正しいものは、図の**ア**～**ウ**のどれですか。**ア**～**ウ**から1つ選び、記号で答えなさい。なお、**ア**～**ウ**のいずれも正しくないと判断した場合は、解答欄《らん》に**エ**と答えなさい。

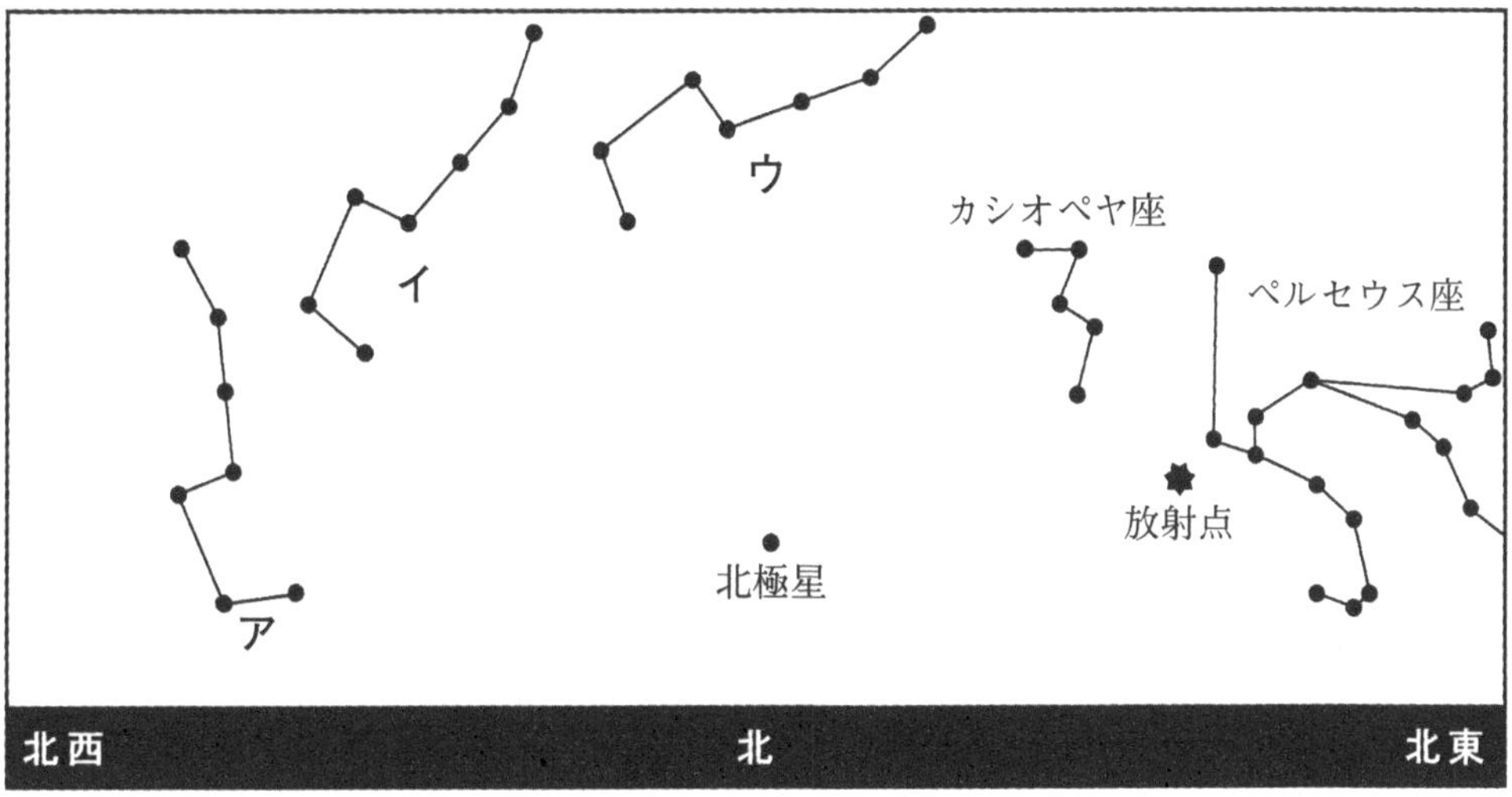

図4　8月13日午前3時頃の北の空

(6) 太陽の周りを公転する「すい星」は、氷やちり(岩石の破片)などからできていて、汚《よご》れた雪だるまによく例えられます。太陽に接近すると、中心にある「核」の外側にガス状の領域である「コマ」が形成されます。また、すい星は別名「ほうきぼし」と呼ばれているように、太陽に接近した際に「尾」を引きます(図5)。毎年決まった時期に観測される流星群も、すい星によって生み出されることが分かっています。すい星の構造のうち、流星群を生み出す要因となるものを答えなさい。

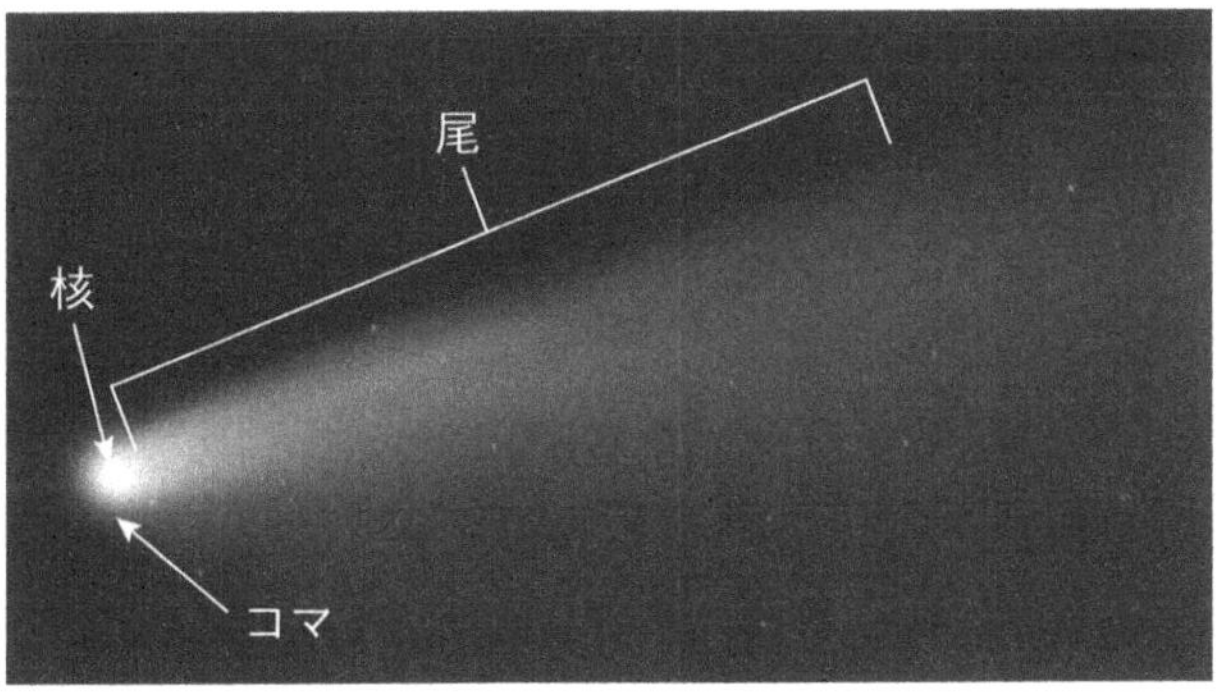

図5　すい星の構造

(7) 太陽の周りを公転するすい星の中でも、公転周期が短いすい星の中にエンケすい星があります。エンケすい星はおうし座流星群を生み出すすい星であり、最近では2023年2月2日に地球との距離《きょり》が最も近くなりました。これは太陽・地球・エンケすい星が図6のような直線状に並んだためです。次のページの［　　　］は、地球とエンケすい星の位置関係の変化について説明した文です。文中の［ 1 ］、［ 2 ］、［ 3 ］に当てはまる数字を答えなさい。ただし、［ 1 ］、［ 2 ］は分数で、［ 3 ］は小数点以下を四捨五入した整数値で答えなさい。また、地球の公転周期を365日、エンケすい星の公転周期を1205日とします。

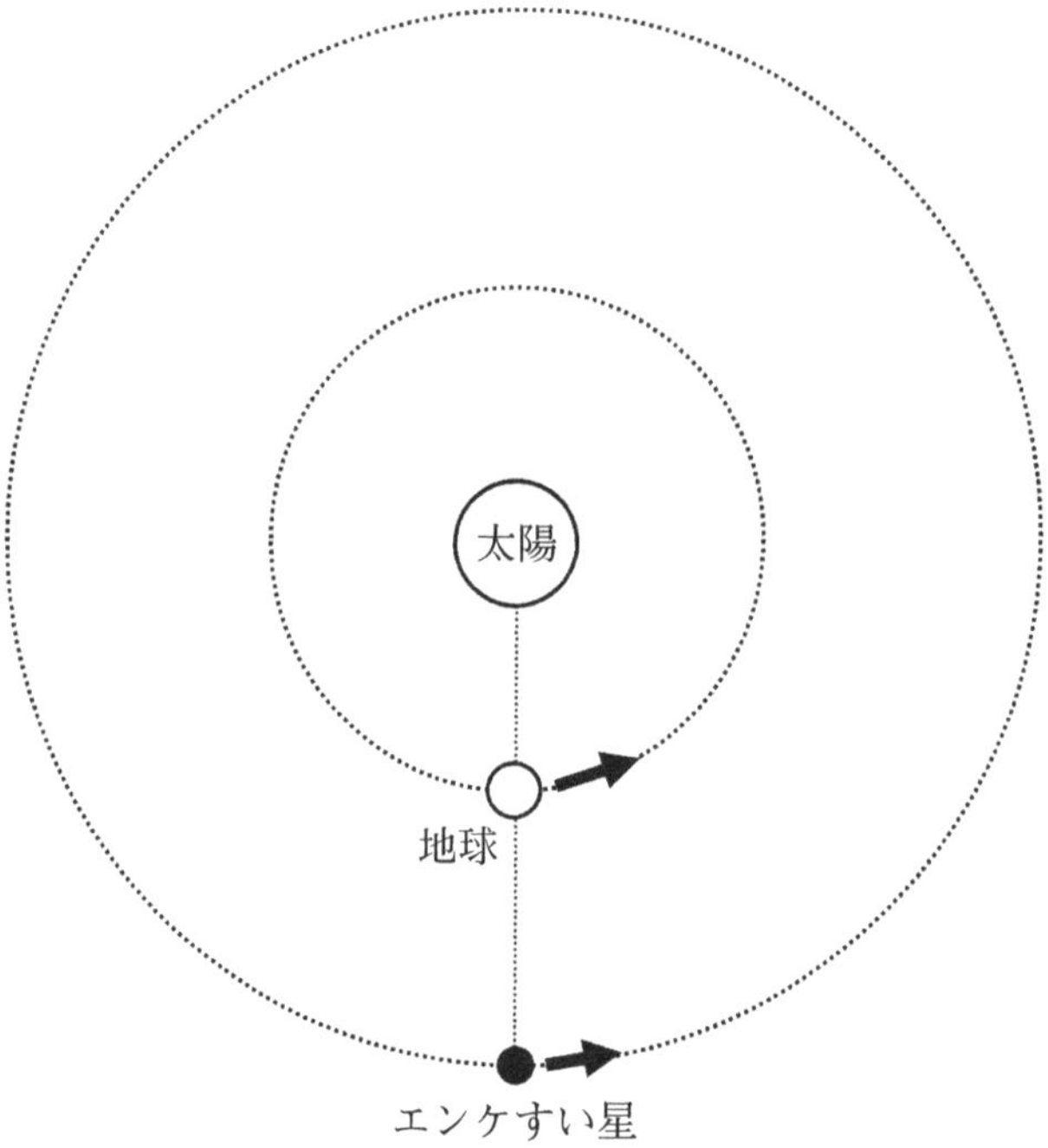

図6　2023年2月2日の太陽・地球・エンケすい星の位置関係
(矢印は公転の向き)

地球とエンケすい星が最も近づいているのは、図６のように太陽、地球、エンケすい星が一直線に並んだ状態の時となります。地球は365日かけて太陽の周りを360°一回転するので、一日当たり移動する角度は[1]°となります。

一方エンケすい星は1205日かけて太陽の周りを360°一回転するので、一日当たり移動する角度は地球よりも小さい[2]°となります。すなわち、地球とエンケすい星は、一日当たり[1]°－[2]°ずつ角度が離《はな》れていくことになります。時間の経過と共にこの角度は段々大きくなりますが、やがて[3]日経過してこの角度が360°になると、再び太陽、地球、エンケすい星が一直線に並び、地球とエンケすい星の距離が最も近くなります。このように、２つの天体が再び同じ位置関係になるまでにかかる時間を会合《かいごう》周期といいます。

令和６年度 本郷中学校
第２回 入学試験問題

社　会

（40分　満点：75点）

注　意

1．問題の解答は解答用紙にはっきりと記入しなさい。

2．指示があるまで開いてはいけません。

3．答えはすべて解答用紙に記入しなさい。

4．解答に際して、用語・人物名・地名・国名などについて漢字で書くべき所は漢字で答えなさい。なお、国名の表記は通称でかまいません。

5．用具の貸し借りは禁止します。

6．指示があるまで席をはなれてはいけません。

7．質問があれば、だまって手をあげて監督者を呼びなさい。

8．試験が終わったら、解答用紙だけ提出しなさい。問題は持ち帰ってもかまいません。

1 次の文章を読み、下の問いに答えなさい。

人間は周囲の環境の影響を受けるばかりでなく①積極的にそれらに働きかけることによって、②豊かさや便利さ、快適さを求めながら、③長い時間をかけて多様なくらしのあり方を生み出しました。

たとえば、④気温が高いのか低いのか、湿度が高いのか低いのかによって、人々の服装や住居は変わります。⑤河川や海、⑥湖などの⑦水域に近いのか遠いのかによって、⑧漁業や工業の成立や発達に違いが生じます。土壌が豊かなのかやせているのか、どのような性質の土壌なのかによって、田や⑨畑、⑩果樹園などで栽培される作物の種類も異なり、収穫量に差が生じます。木々が豊かな⑪森林なのか、牛馬などの⑫家畜の飼料が得られる草原なのかによって、動植物の分布は異なります。そして、水が豊富に得られる場所なのか、多くの⑬人口を抱える⑭都市などが成立するような⑮平坦な土地があるのかによって、人口の分布は左右されます。

このように、さまざまな環境の中で、世界中の人々は⑯相互の交流を活発にしながら、多種多様な⑰文化を生み出してきました。

問１　下線部①に関連して、人間は鉄鉱石や、（　Ａ　）をむし焼きにしたコークスなどを原料に鉄を作ります。（　Ａ　）について述べた文として正しいものを次の中から１つ選び、記号で答えなさい。

ア　セメントの原料になる。
イ　日本の輸入先の１位はオーストラリアである(2019年)。
ウ　プラスチックのおもな原料としても利用される。
エ　日本では足尾や別子が産地として全国で知られていた。

問２　下線部②に関連して、便利さや快適さ、効率の良さを人々は追い求めて、さまざまなものを作ってきました。このようなものに数えられる、航空機や船舶、自動車などの「輸送用機械器具」の生産額(2017年)が最も高い県を次の中から１つ選び、記号で答えなさい。

ア　愛知県　　イ　兵庫県　　ウ　静岡県　　エ　福岡県

問３　下線部③に関連して、長い時間をかけて受け継がれてきた伝統産業があります。中部地方における伝統産業の工芸品として正しいものを次の中から１つ選び、記号で答えなさい。

ア　因州和紙　　　イ　九谷焼　　　ウ　熊野筆　　　エ　南部鉄器

問４　下線部④に関連して、国内観測史上最高気温41.1℃を記録したのが、埼玉県熊谷市(2018年)と静岡県（　Ｂ　）(2020年)です。（　Ｂ　）にあてはまる市の名称を答えなさい。

問５　下線部⑤は、都道府県の境界として利用されることもあります。このような事例として誤っているものを次の中から１つ選び、記号で答えなさい。

ア　木曽川　　　イ　熊野川　　　ウ　多摩川　　　エ　石狩川

問６　下線部⑥について、この中には汽水湖(海水と淡水が混じり合っている湖沼)とよばれる湖があります。汽水湖ではない湖沼を次の中から１つ選び、記号で答えなさい。

ア　サロマ湖　　　イ　田沢湖　　　ウ　中海　　　エ　浜名湖

問７　下線部⑦に関連して、船舶輸送と鉄道輸送に関する下の説明文と写真を見て、文中の(　Ｃ　)にあてはまる語句をカタカナで答えなさい。

海外では港湾に貨物鉄道の引き込み線を敷き、船からクレーンで降ろした海上(　Ｃ　)を直接、鉄道に載せ替えるのが一般的だ。

(読売新聞　2023年７月16日朝刊より引用)

問８　下線部⑧について述べた文として正しいものを次の中から１つ選び、記号で答えなさい。

ア　かき(養殖)の水揚げ量が最も多い都道府県は宮城県で、ついで広島県である(2018年)。

イ　卵から稚魚になるまで育ててから放流し、成長したものをとる養殖漁業は、ぶりやまぐろなどで行われている。

ウ　ほたて貝(養殖)の水揚げ量は、北海道と青森県だけで全国の９割以上をしめている(2018年)。

エ　北海道は漁業生産量が全国１位(2018年)であり、道東の沖合を流れる暖流の親潮と寒流の黒潮が出会う海域は好漁場となっている。

問９　下線部⑨に関連して、「納豆、みそ、きなこ」の原料となる農産物の生産量の都道府県別の内訳(2018年)を示したものを次の中から１つ選び、記号で答えなさい。

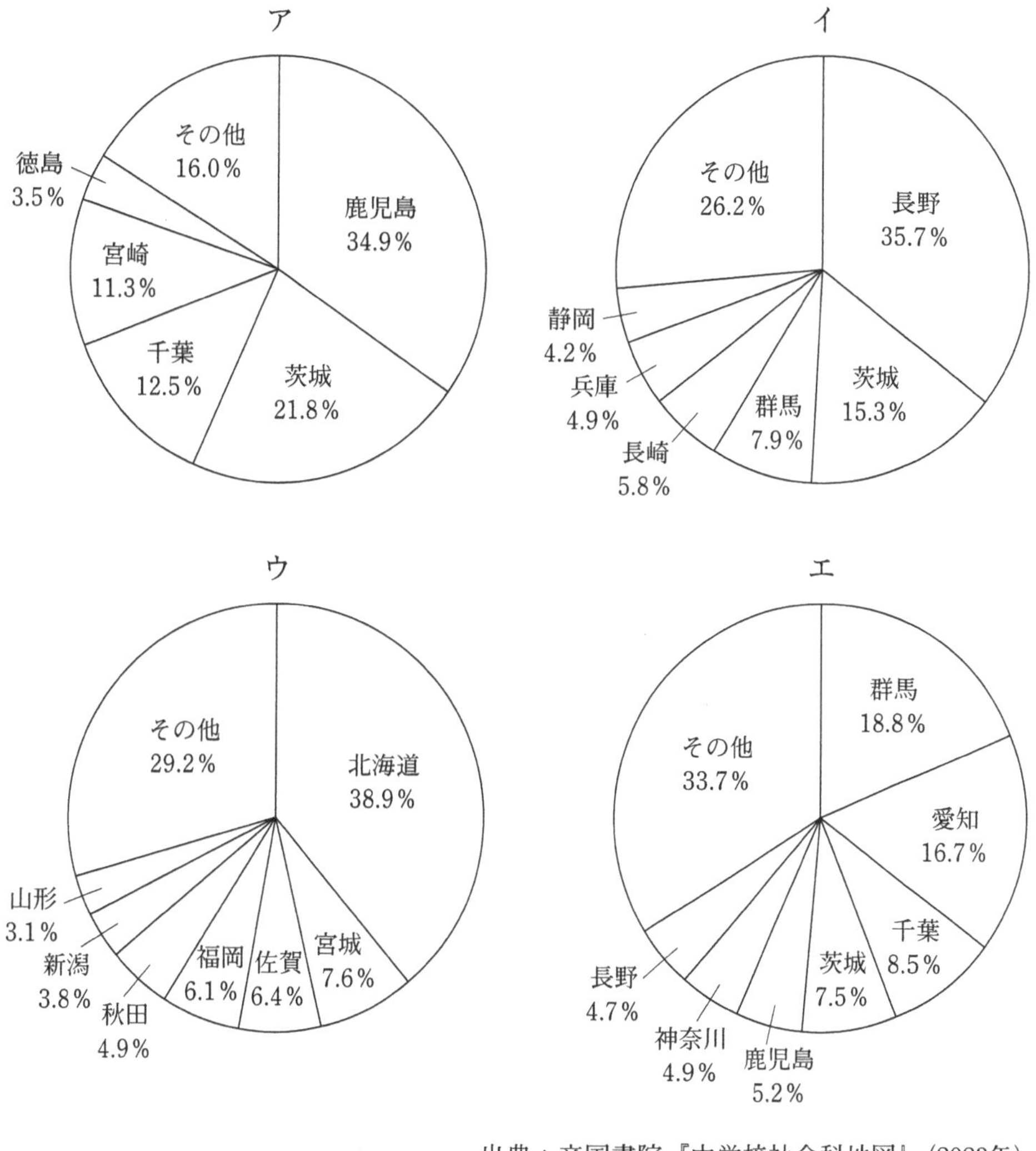

出典：帝国書院『中学校社会科地図』(2023年)

問10　下線部⑩に関連して、和歌山県で栽培される果実の中で生産量(2021年)が全国１位ではないものを次の中から１つ選び、記号で答えなさい。

ア　うめ　　イ　柿　　ウ　びわ　　エ　みかん

問11　下線部⑪について述べた文として正しいものを次の中から１つ選び、記号で答えなさい。

ア　青森県と山形県にまたがって位置する白神山地には、ブナの原生林が広がる。
イ　鹿児島県の屋久島のスギの原生林には、樹齢1000年をこすものもみられる。
ウ　長野県の木曽地方は、カシ材の産地として全国的に有名である。
エ　奈良県の吉野地方は、ヒバ材の産地として古くから知られている。

問12　下線部⑫について、次の表は「肉用牛」、「にわとり（肉用）」、「ぶた」の飼育数の上位をしめる都道府県を示したものです（2019年）。（１）鹿児島県と（２）宮崎県にあてはまるものを表の中のA ～ Hから１つずつ選び、記号で答えなさい。

	肉用牛	にわとり（肉用）	ぶた
１位	A	C	B
２位	B	B	C
３位	C	E	A
４位	D	F	G
５位	E	A	H

出典：帝国書院『中学校社会科地図』（2023年）

問13　下線部⑬について述べた文として正しいものを次の中から１つ選び、記号で答えなさい。

ア　日本の人口密度について、国土全体の約75％をしめる平野の方が山地よりも高い(2015年)。

イ　沖縄県における65歳以上の高齢者の割合は、全国的にみると東京のように低い(2019年)。

ウ　日本の総人口の減少は新型コロナウイルス感染症(COVID-19)が大流行してから始まった。

エ　ドーナツ化現象によって、東京などの都心部での地価が急速に上昇している。

問14　下線部⑭に関連して、次の文はある都市について説明したものです。この都市の雨温図として正しいものを下の中から１つ選び、記号で答えなさい。なお、雨温図は秋田、金沢、仙台、札幌のいずれかです。

この都市(県都)の駅を終点とする新幹線が1997年に開業した。また、竿燈まつりでも有名である。

ア

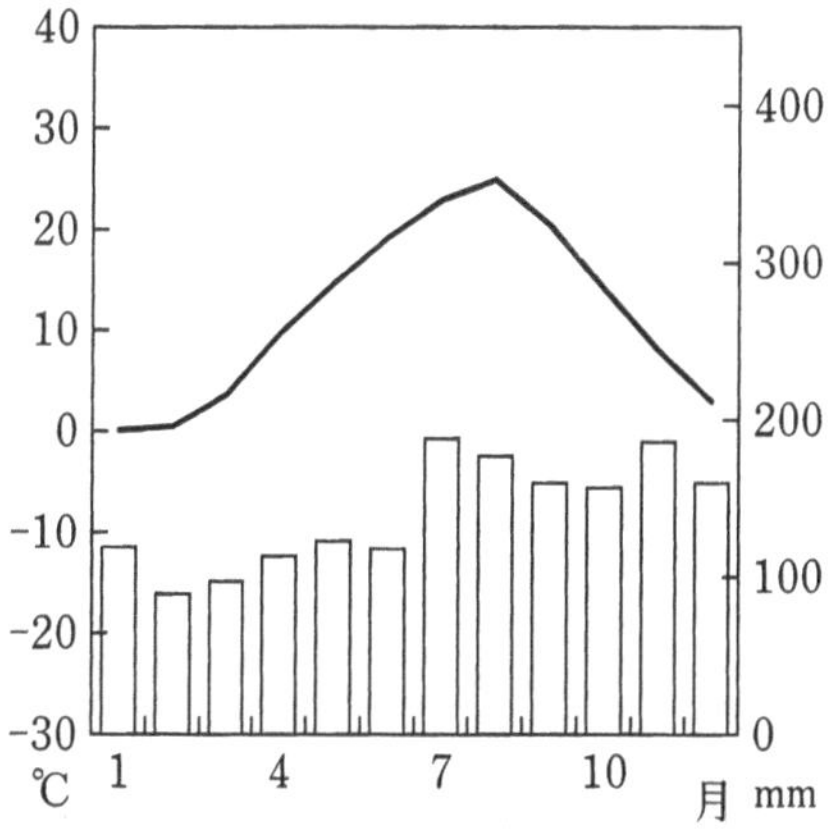

イ

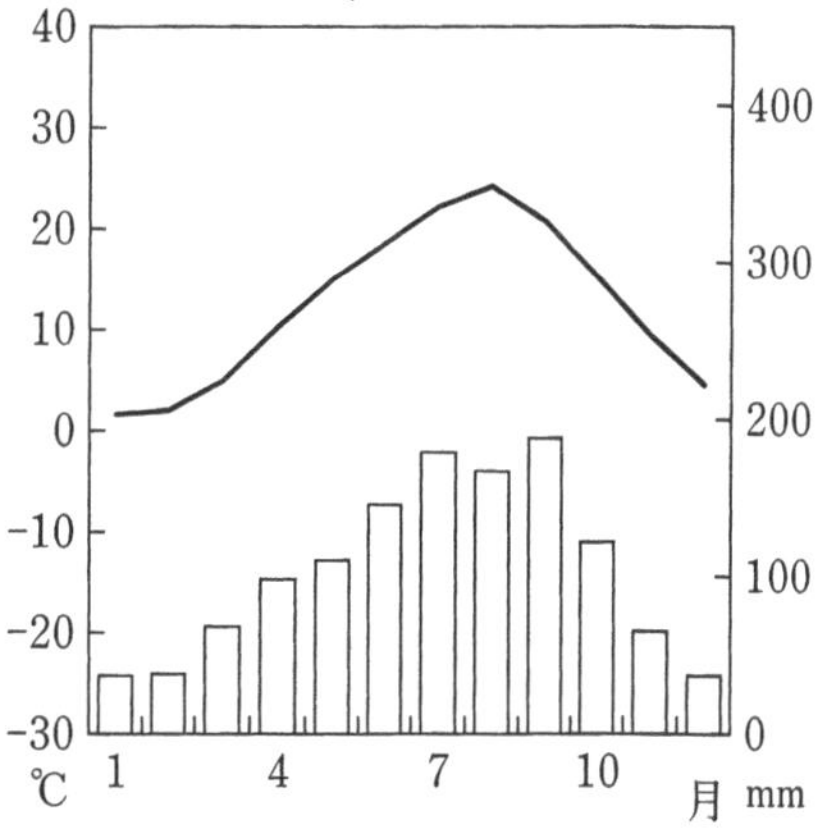

ウ

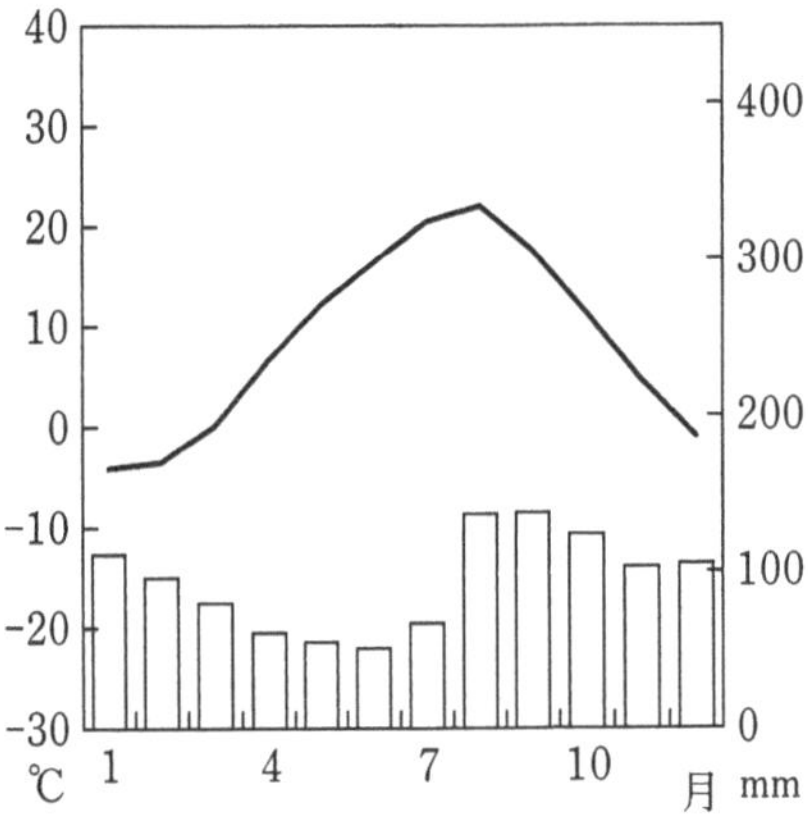

エ

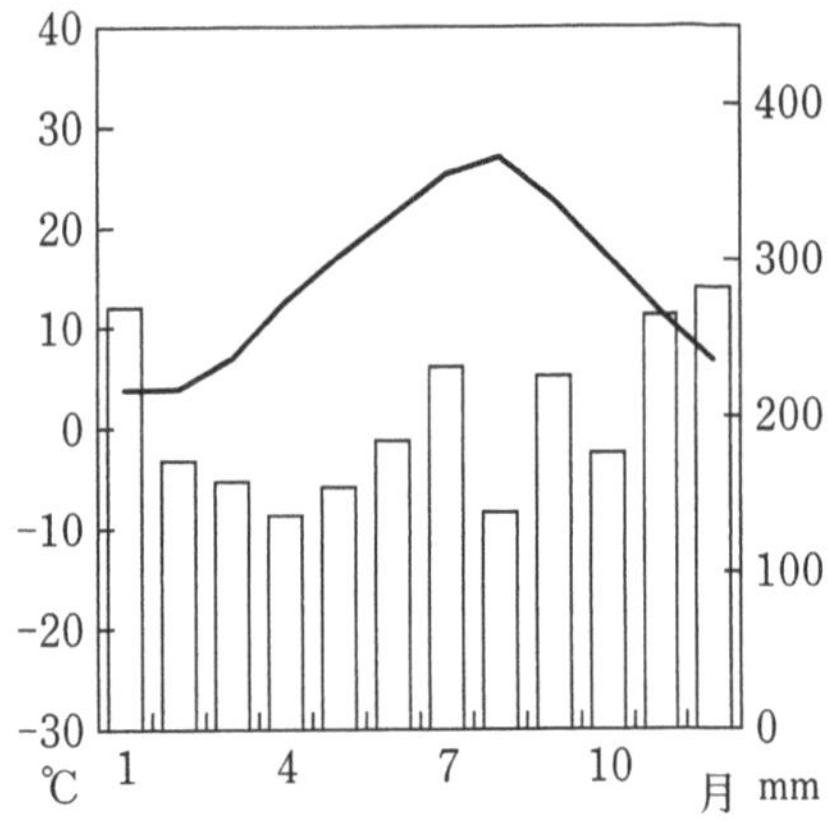

出典：帝国書院『中学校社会科地図』(2023年)

問15　下線部⑮に関連して、平野とそこを流れる河川の組み合わせとして誤っているものを次の中から１つ選び、記号で答えなさい。

ア　濃尾平野　－　揖斐川　　　　イ　秋田平野　－　雄物川
ウ　高知平野　－　四万十川　　　エ　筑紫平野　－　筑後川

問16　下線部⑯に関連して、瀬戸内海は古くから人やものが移動するルートとなり、ある港湾都市は横浜や大阪のように海外との貿易で重要な港として発達してきました。異国情緒ある街並みでも大変有名な、瀬戸内海に面したこの百万都市の名称を答えなさい。

問17　下線部⑰に関連して、日本各地の祭りには、海外との交流の中から生まれたものがいくつもあります。とりわけ、朝鮮通信使が通ったルート上に位置することもあり、その影響が指摘されている祭りを次の中から１つ選び、記号で答えなさい。

ア　御柱祭（長野県諏訪市）　　　　イ　山形花笠まつり（山形県山形市）
ウ　那覇ハーリー（沖縄県那覇市）　エ　唐子踊（岡山県瀬戸内市）

2 本郷中学校２年生の進さんは、夏休み中に次年度３年生で執筆する中学卒業論文の準備のため、千葉県の銚子や野田に取材旅行に出かけました。進さんは日頃の食事でよく使う醤油に興味があり、その歴史や文化について有名産地で調べてみたいと思ったからでした。以下は論文作成のための調査記録の一部と先生がつけたコメントです。文章を読み、あとの問いに答えなさい。

７月28日　銚子での調査

・２つの醤油メーカーを訪ねて工場や敷地内の資料館を見学。

・H社…銚子で古い歴史を持つ。田中玄蕃《げんば》という人がA1616年(元和２)に溜《たま》り醤油の製造を始めたと伝えられる。兵庫県の西宮の人から製造法を学び創業した。

・Y社…1645年(正保２)頃、和歌山県(昔は[①]国といった)の広村という地から儀兵衛という人が銚子にやってきて醤油製造を始めた。広村は醤油で有名な湯浅町の近くのため、その醸造技術が銚子に伝わった。②儀兵衛の子孫は代々和歌山と銚子を度々往復しながら店を経営したという。

・猛暑だったので、珍しい醤油ソフトを食べたが美味しかった(先生にもおススメ)。

・初め、とろみのある溜り醤油が作られたが、やがて赤褐色の濃口醤油が作られ、上方の淡口《うすくち》醤油と異なる醤油が多く生産された。

・銚子市内の神社に入る。社殿を建立した時の地元寄付者の銘板に同じ名字の人が多かった。地元で大きな一族なのかと思える程の名字がいくつかあり、東京では多くない名字だった。

・境内で声をかけてくれた地元の方が、これらの名字の中には和歌山県に多い名字があり、B江戸時代に和歌山から銚子に移り住んだという伝承を各家で持っていると教えてくれた。

【先生コメント】１日で２か所も工場見学をしたのですね。暑い中頑張りました。江戸時代初めになぜ銚子で醤油製造が始められたのでしょうね。この地で醤油の原料はどう調達したのでしょう。③銚子が選ばれた理由がわかるといいですね。

８月19日　野田での調査

・C野田で醤油製造が始まったのは戦国時代。本格的には高梨兵左衛門が江戸時代前期の1661年（寛文元）に醤油を製造してから商品化がすすんだ。

・K社を見学。江戸時代は初め④船で上方の醤油が江戸に運ばれていたが、のちに野田の高梨家や茂木家が盛んに醤油を製造すると江戸でたくさん消費された。

・D野田や銚子など関東で作られた醤油は上方の醤油よりも人気になった。

・19世紀半ばに江戸幕府の御用醤油にも指定された。

・明治以降には醤油製造は地域経済を支える産業になり、製造業者たちが出資して⑤鉄道の敷設や⑥銀行の設立、病院の建設なども行った。

・大正時代には高梨・茂木など計８家の醤油醸造家が合同して大きな株式会社をつくった。この会社がK社の前身となっている。

・野田の醤油に関わりの深い２つの川を見るために関宿城博物館に行き、関宿河岸《がし》を見る。帰りにE鈴木貫太郎記念館を見つけたので見学してみた。

【先生コメント】関東の醤油は、江戸時代後半に江戸や関東で大いに消費されたようですね。野田・銚子の他に土浦や佐原も醤油生産で有名でした。野田の醤油づくりが盛んになった理由も調べてみよう。

８月24日　近所の図書館での調査

・醤油のルーツは、和歌山県⑦由良の興国寺。鎌倉時代の僧覚心が中国の径山《きんざん》寺《じ》で禅を学び、1254年（建長６）に帰国すると、修行中に食した径山寺味噌の製法が伝わり金山寺味噌の名で広がった。

・近隣の湯浅町などで作られたが、湯浅では味噌を作る際にしみ出た液体（これが醤油の原型だ）を盛んに作るようになり、醤油製造の発祥地になった。

・醤油以前には、醤《ひしお》という塩漬けした動植物のタンパク質を微生物で分解した食品・調味料があった。F奈良時代の法令にはこれを管理する宮中の役職があった。タイのナンプラーやベトナムのニョクマム、⑧日本ではハタハタで作る塩魚汁《しょっつる》などがこれらの仲間である。

・醤油は奥が深くて驚いた。探りきれないくらいの歴史と文化の広がりがある。和歌山にも行ってみたい。

【先生コメント】味噌から醤油が生まれたことがわかりましたね。味噌も醤油も各地に広がり、G地域ごとの風土や嗜好によって地方性豊かな醤油ができました。日本醤油分布地図を作ってみたらどうですか？

問１　下線部Ａについて、1616年前後の社会の様子や出来事として誤っているものを次の中から１つ選び、記号で答えなさい。

ア　徳川家は大名や朝廷に対して法令を出して統制を強めた。
イ　大坂の陣で豊臣家が滅亡した。
ウ　キリスト教に関係のない洋書の輸入が認められた。
エ　朱印状をもった大名や商人の船が東南アジアにおもむき貿易を行っていた。

問２　下線部Ｂについて、今の和歌山県と千葉県は長い歴史の中で黒潮を介して人々の交流が活発であったことが知られています。銚子は、和歌山から漁法や醤油醸造などの技術が伝わったことで地域が発展してきた歴史があるため、1903年（明治36）多くの困難を越えて移住してきた人々を称える記念碑を建てています。この石碑建立時にはまだ起きていない出来事を次の中から１つ選び、記号で答えなさい。

ア　大逆事件　　イ　日英同盟　　ウ　下関条約　　エ　三国干渉

問３　下線部Ｃについて、

(1)　野田市は千葉県の北西端にあり、北は茨城県坂東市・境町に接しています。坂東市は平安時代に反乱を起こした平将門の本拠地といわれています。承平・天慶の乱とその時代に関する説明として誤っているものを次の中から１つ選び、記号で答えなさい。

ア　平将門は関東地方の国府を占領し、自ら新皇と称した。

イ　藤原純友は海賊集団を率いて瀬戸内海を舞台に勢力を広げた。

ウ　都では藤原氏や他の貴族たちが摂政・関白となり天皇を補佐していた。

エ　乱を鎮圧したのは、平将門や藤原純友と同様、地方で力をつけた武士団であった。

(2)　次の文の［　　　］に入る語句として適当な川の名を下の中から１つ選び、記号で答えなさい。

野田は、北側に北西から南東に流れる利根川があり、西側には江戸に向かって南流する［　　　］がありました。この河川の流れを生かして原材料を集め醤油を製造し、出荷しました。

ア　権現堂川　　　イ　中川　　　ウ　江戸川　　　エ　隅田川

(3)　野田は大河川が周囲を流れ、その河道が県境となっています。明治時代以前も３つの国境が接する地でした。この３つの国境にあてはまらない旧国名を次の中から１つ選び、記号で答えなさい。

ア　下総　　　イ　上野　　　ウ　常陸　　　エ　武蔵

問４　下線部Ｄについて、江戸時代の後半に、上方の醤油よりも関東の醤油が江戸で盛んに消費された理由としてどのようなことが考えられますか。地域の特性や食文化の面から推測できることで、誤っているものを次の中から１つ選び、記号で答えなさい。

ア　上方からの醤油よりも、地元関東で生産される醤油の方が安価であったため。

イ　江戸は建設工事で力仕事に従事する人が多く、色が濃く塩気がある醤油が好まれたため。

ウ　関東地方の料理では、鰹節《かつおぶし》よりも昆布を出汁として多用したので、臭みを消すためにうまみの強い醤油が好まれたため。

エ　江戸の食文化として天ぷら・そば・うなぎ・にぎりすしなどが広まると、上方の淡口醤油とは異なるうまみが強い濃口醤油が好まれるようになったため。

問５　下線部Ｅについて、鈴木貫太郎は野田市出身の軍人・政治家で、1945年の終戦時に内閣総理大臣を務めたことで有名です。次の1945年の終戦に至る出来事について、起きた順番に正しく並べかえたものを下のア～エから１つ選び、記号で答えなさい。

Ａ　長崎に原子爆弾が投下された。

Ｂ　広島に原子爆弾が投下された。

Ｃ　ソ連が日本に宣戦を布告した。

Ｄ　連合国からポツダム宣言が発せられた。

ア　Ｂ→Ａ→Ｄ→Ｃ	イ　Ｄ→Ｂ→Ｃ→Ａ
ウ　Ｄ→Ｃ→Ｂ→Ａ	エ　Ｃ→Ｂ→Ｄ→Ａ

問６　下線部Ｆについて、奈良時代に出された法令に関する説明として正しいものを次の中から１つ選び、記号で答えなさい。

ア　憲法十七条では、大王への服従や豪族・役人への心構えを述べている。
イ　大宝律令は、唐にならい刑法や行政法・民法にあたる法を定めたものである。
ウ　墾田永年私財法では、従来の三世一身法に代わって墾田の永久私有を認めた。
エ　徳政令は、人々の租税を一年分免除することを命じたものである。

問７　下線部Ｇについて、日本列島は、東日本と西日本の違いをはじめ、全国各地に多様な地域性があり、住まいにもその特徴がみられます。北関東の農村に多くみられる特徴を次の中から１つ選び、記号で答えなさい。

ア　勾配《こうばい》が急な茅《かや》ぶきの三角屋根になっている。
イ　間口が狭く、奥に長く続く家屋が通り沿いに立ち並んでいる。
ウ　隣家との境に小屋根を付けた土造りの壁を作り、防火壁としている。
エ　家屋の北側や北西側に防風林が植えられている。

問８　文中の［　①　］には、現在の和歌山県を示す旧国名があてはまります。２字で答えなさい。

問９　下線部②について、この子孫で、幕末・明治を生きた濱口儀兵衛(梧陵)は、1854年の安政南海地震の際に和歌山に居り、夜に津波の到来を人々に知らせるため自分の田の稲の束に火をつけて、多くの人を救ったといわれています。近年、防災意識が高まる中で注目されている「［　　　］の火」という逸話です。［　　　］にあてはまる言葉をひらがな４字で答えなさい。

問10　下線部③について、銚子が醤油の製造に適した場所になったとされる理由の１つには、利根川を利用し原料や製品の流通に適した場所であったことが挙げられます。利根川が銚子に流れるようになったのは江戸時代の土木工事によります。江戸時代に関東地方の治水や開発のために大規模な土木工事を最初に命じた将軍は誰ですか、人物名を答えなさい。

問11　下線部④について、上方から江戸に物資が送られる一方で、江戸から上方に送られる荷物もありました。なかでも九十九里浜でとれた魚で作った肥料が有名でしたが、その魚の名称をひらがなで答えなさい。

問12　下線部⑤について、鉄道は1872年（明治５）の東京・横浜間の開通を皮切りに全国に広められていきました。開業当初は「ある国」から技術者が招かれ、その指導のもと進められました。日本に鉄道技術をもたらした「ある国」の国名を答えなさい。

問13　下線部⑥について、明治時代に近代的な銀行を創設し、多くの企業の設立・育成にも関わり、日本の資本主義発展に尽力した人物名を答えなさい。

問14　下線部⑦について、興国寺は鎌倉時代に暗殺された源実朝の供養のために建てられた西方寺を起源とする寺院です。帰国した覚心が当寺に入ると臨済宗の大寺となりました。覚心よりも80年以上も前に中国に渡り、日本に臨済宗を伝えた人物名を答えなさい。

問15　下線部⑧のような調味料や「きりたんぽ」を郷土料理で使うことで有名な地域はどこですか、県名で答えなさい。

３ 次の文章を読み、あとの問いに答えなさい。

日本の①三権分立は、政府の権力を三つの独立した機関に分ける制度です。この制度は②日本国憲法の基本原則であり、立法権、行政権、司法権という異なる機能を持つ三つの機関が互いに監視し合い、権力の乱用を防ぎ、民主主義の原則を支えています。

国会（立法権）：

日本の国会は、立法権を有する最高の立法機関です。国会は衆議院と③参議院の両方から構成されています。④衆議院は国民の代表として定数の定められた議員によって構成され、A参議院は地域の代表として選出された議員によって構成されます。国会は一般に年に通常会期と臨時会期の二つを持ち、これによって法律の制定、予算の承認、⑤条約の批准などが行われます。

立法権の中心的な役割は法律の制定です。国会は国民の代表として、憲法に基づく法律を制定し、改正する権限を持ちます。また、国会は政府の活動を監視し、議論や質疑応答を通じて政策や予算の妥当性を検討します。このように、国会は政府の権力をチェックする役割を果たし、国民の代表としての役割を担っています。

内閣（行政権）：

内閣は、日本の行政権を担う政府の中枢です。内閣は⑥内閣総理大臣を中心として、国務大臣（閣僚）から構成されます。B内閣総理大臣は国会において選出され、国民の信任を受けた後に天皇から任命されます。内閣は政策の立案、法律の執行、行政機関の監督など、国の運営における中心的な役割を果たしています。

内閣は法律の執行において重要な役割を果たします。国会が制定した法律を実行し、具体的な政策や行政手続きを決定します。内閣は国会の議論を受け、国民のニーズや社会の変化に応じて政策を決定し、それを行政機関を通じて実施します。内閣は行政権を持つ一方で、国会による監視と批判を受けることもあり、権力の乱用を防ぐための仕組みが重要です。

裁判所（司法権）：

⑦裁判所は日本の司法権を担う独立した機関です。裁判所は憲法や法律に基づいて紛争の解決や判決を行い、国民の権利や法の遵守を保障します。裁判所は独立した判断を下すために、⑧他の政府機関や行政機関とは独立した組織となっています。

裁判所は民事事件や⑨刑事事件を審理するだけでなく、行政機関の行為の適法性や⑩憲法に違反していないかの審査も行います。これにより、行政機関の権限の乱用や違法な行動を防ぎ、公正な判断を下すことができます。また、C裁判所の判決は法的な先例となり、社会全体に影響を与える場合もあります。

三権分立はこれらの機関が互いに監視し合うことで、権力の均衡を保ち、民主主義の原則を支えています。国会が法律を制定する際には内閣がその実行を行い、裁判所が適切な判決を下すことで、民主的な国家運営が実現されます。D三権分立は日本の憲法の中心的な原則であり、政府の運営において重要な基盤となっています。

上の文章は、⑪人工知能チャットツールに「日本の三権分立について2000字程度で詳しく説明してください。説明には必ず国会、内閣、裁判所、立法権、行政権、司法権という語句を必ず用いてください。」と指示して生成されたものです。このツールはわずか数秒でこれだけの文章を作成してくれる大変便利なものですが、多くの文法上の誤りや不適切な箇所だけではなく、⑫明確な誤りも見られます。

将来的に私たちの生活は人工知能と切り離せなくなるかもしれませんが、使用する時には、十分に気を付けたいものです。結局は使用する人間の教養が試されるのかもしれません。

問１　下線部①について、これについて論じたフランスの思想家で、『法の精神』という本を書いた人物名を答えなさい。

問２　下線部②について、これに関する文章として適切ではないものを次の中から１つ選び、記号で答えなさい。

ア　第９条で徹底した平和主義を定めている。
イ　第25条で生存権を明記している。
ウ　第32条で裁判を受ける権利を国民に保障している。
エ　第42条で国会の情報公開制度について明文化している。

問３　下線部③についての文章として適切ではないものを次の中から１つ選び、記号で答えなさい。

ア　３年ごとに半数ずつ議員を選出する。
イ　第二次世界大戦前には存在しなかった。
ウ　特定の議案で衆議院に優越する。
エ　国政調査権を行使することがある。

問４　下線部④について、この数として適切なものを次の中から１つ選び、記号で答えなさい。

ア　248名　　イ　348名　　ウ　365名　　エ　465名

問５　下線部⑤について、特に水鳥の生息地として重要な湿地の保全などを目的に生まれた条約の名称として適切なものを次の中から１つ選び、記号で答えなさい。

ア　ラムサール条約　　イ　ワシントン条約　　ウ　パリ条約
エ　マーストリヒト条約

問６　下線部⑥について、現在の内閣総理大臣を示す写真として適切なものを次の中から１つ選び、記号で答えなさい。

ア

イ

ウ

エ

※写真はすべて首相官邸のサイトより

問７　下線部⑦についての文章として適切ではないものを次の中から１つ選び、記号で答えなさい。

ア　各都道府県に１つ以上の地方裁判所が設置されている。

イ　家庭裁判所と簡易裁判所が設置されている場所は全く同じである。

ウ　高等裁判所（本庁）は全国８か所に設置されている。

エ　最高裁判所は東京に設置されている。

問８　下線部⑧について、裁判官としてふさわしくない行為をした場合は、「他の政府機関」が設置した裁判所によって裁判官を辞めさせられることがあります。この「他の政府機関」として適切なものを次の中から１つ選び、記号で答えなさい。

ア　内閣　　　イ　法務省　　　ウ　国会　　　エ　財務省

問９　下線部⑨について、抽選によって選ばれた国民が法廷で審理に立ち会い、裁判官とともに被告人が有罪か無罪かなどを判断する仕組みを、（　　　　）制度といいます。（　　　　）にあてはまる語句を３字で答えなさい。

問10　下線部⑩について、この権限を最終的に行使するのは最高裁判所ですが、このことを示す言葉として「最高裁判所は憲法の（　　　　）」というものがあります。（　　　　）にあてはまる語句を２字で答えなさい。

問11　下線部⑪の英語の略称を、アルファベット２字で答えなさい。

問12　下線部⑫について、これにあてはまるものを波線部Ａ～Ｄの中から１つ選び、記号で答えなさい。

問七　――線6「こんなに快い夕暮れも珍しいな」とありますが、この時の竜介の説明として最も適当なものを次のア～エの中から一つ選び、記号で答えなさい。

ア「無月」の駒を探し当てて興奮した自分の熱を冷ます夕暮れの涼気が、心地よさを感じさせながら、チャンさんの申し出を断った申し訳なさで落ち込む自分をなぐさめているようにも感じている。

イ　長旅の末に「無月」の駒に出会えた興奮と、駒をクラブに置いてくるという決断を下した充実感をかみしめながら、日本の夕暮れ時とは違った異国の地の夕暮れの涼気を気持ちよく感じている。

ウ「無月」の駒をクラブに置いていくという、駒にとって最も良いと思える決断を下して、興奮する自分の熱を冷ましてくれるような夕暮れの涼気にさわやかさとすがすがしさを感じている。

エ「無月」の駒を置いてきた達成感を感じる一方で、自分が好きな夕暮れの涼気と穏やかな雰囲気に包まれながら今までの旅を思い返し、「無月」の駒と別れることにさびしさを感じている。

問六 ――線5「むしろ新品の～ことさえある」とありますが、竜介がこのように思ったのはなぜですか。その説明として最も適当なものを次のア～エの中から一つ選び、記号で答えなさい。

ア 駒字のかすれや駒についた無数の傷が、その駒が長い歴史を経てきたことを感じさせ、その駒と人々との様々な触れ合いまで思い起こさせるように感じるから。

イ 将棋駒が摩耗し劣化することで、均整のとれたなめらかな美しさとは異なる、形はいびつであるが丸みを帯びた穏やかな美しさが生まれるように感じるから。

ウ 駒字がかすれたり駒に多くの傷がつくことは、駒が本来もっていた美しさを損なうものではなく、その美しさを引き立てるものであるように感じるから。

エ 長年の使用によって駒に傷がつき角がすりへってゆくことで、見事に仕上げられた将棋駒本来の美しさに加え、迫力や力強さまで備わるように感じるから。

問四　――線３「居住まいを正した～真っ直ぐに見て」とありますが、このときの竜介について説明したものとして最も適当なものを次のア～エの中から一つ選び、記号で答えなさい。

ア　よくよく思い悩んで出した結論であったけれども、それがチャンさんの申し出に反するものなので彼女に申し訳なく思い、せめて礼儀をつくして謝罪しようとしている。

イ　チャンさんの申し出を受けるつもりでいたが、突然そうするべきではないと思いつき、その思いつきに従うことが今の自分にとって最も正しい選択だと確信している。

ウ　現在の状況に最も適切だと思える解決策がひらめき、自分自身のひらめきに従うのが一番良いと思う一方で、チャンさんの申し出を断ることにためらいも感じている。

エ　自分がどうしたいのかが明確になったことで、チャンさんの申し出を断ることに申し訳なさを感じつつも、迷ったりためらったりせずに自分の決断を伝えようとしている。

問五　――線４「やっぱりこの～ないでしょうか」とありますが、竜介がこのように言ったのはなぜですか。その理由を五十五字以上七十字以内で説明しなさい。

問三 ――線2「この旅には～違いない……」とありますが、このときの竜介の心情について説明したものとして最も適当なものを次のア～エの中から一つ選び、記号で答えなさい。

ア 長い旅を続けてきて、ようやく「無月」の駒を見つけ出せただけではなく、チャンさんからその駒を無料で譲ってもらえることになり、自分がこのような幸運に恵まれたことに感謝しながらその喜びをかみしめている。

イ 探していた「無月」の駒を手に入れて、もっと喜びがこみあげてきてもいいはずなのに、心の底から喜べない自分に気づいて、納得のいかないまま「無月」の駒を受け取ってよいものかどうかとためらっている。

ウ 旅が無意味なものではなかったと実感できたことを嬉しく思う一方で、「無月」の駒をチャンさんの将棋クラブから奪うような形になってしまい、チャンさんやクラブの子供たちに悪いことをしたと申し訳なさも感じている。

エ 長く続けてきたこの旅には確かに意味があったと嬉しく思いながら、「無月」の駒を持ち帰り、日本で待つ人々にそれを見せた時の姿を想像し、自分が成し遂げたことの大きさを実感して大きな満足感にひたっている。

問二 ――線１「おれは何てつまらないことを考えているんだ」とありますが、これはどういうことですか。その説明として最も適当なものを次のア～エの中から一つ選び、記号で答えなさい。

ア チャンさんの言葉をそのままの意味で受け取ればいいのに、彼女が全く別のことを望んでいるのではないかと疑い、このまま彼女の提案に従ってもよいかどうか迷っているということ。

イ チャンさんのありがたい申し出を受け入れればいいのに、恐縮してお礼の言葉すらしっかりと言えていないことに気づかずに、お金のことばかり思い悩み続けているということ。

ウ チャンさんの善意を素直に受け取って心から感謝すればいいのに、取ってつけたようなお礼を言っただけで、チャンさんへの余計な対応策に思いをめぐらせているということ。

エ チャンさんの提案に従えばいいだけなのに、自分が彼女に何もしていないことに負い目を感じて彼女の気持ちを勘ぐってしまい、何とかして金銭を渡そうと考えているということ。

問一　===線ａ～ｃの語句について、それぞれの問題文中における意味として最も適当なものを後のア～エの中から一つずつ選び、記号で答えなさい。

ａ「放心状態」
ア　疲れを感じている状態
イ　ぼんやりしている状態
ウ　頭が混乱している状態
エ　あっけにとられている状態

ｂ「とりとめのない」
ア　これといったまとまりがない
イ　特に気にとめる必要がない
ウ　おもしろみが感じられない
エ　はっきりと説明ができない

ｃ「無用の長物」
ア　優れもののように見えて、用途がはっきりしないもの
イ　本来は役立つものなのに、状況に合わず役立たないもの
ウ　見ばえはするけれども、何の役にも立たないもの
エ　役に立たないばかりでなく、じゃまになるもの

注１　イッツ・ユアーズ……ここでは、「この駒は、あなたのものです」ということ。

注２　安井さん……竜介が「無月」を探すなかで知り合った、関岳史の先輩にあたる駒職人。

注３　長塚さん……竜介の一家と家族ぐるみで親しくしている将棋好きの老人。竜介の大叔父が駒職人であったことを教えた人物。

注４　飛車先の歩……「飛車」という駒の一マス前にある「歩」という駒のこと。

注５　初手☗２六歩……「初手」とは最初の一手のこと。「☗」は先手を表し、「２六歩」は、動かした駒の名前（歩）とその位置（２六）を表している。

注６　詰将棋……将棋の遊び方の一つ。

注７　手筋……ある局面での有効な手や、有効な攻め方、守り方のこと。

注８　嘆賞する……感心してほめたたえること。

注９　一局……将棋の対戦のことを「対局」と呼び、「一局、二局…」と数える。ここでは一対戦、一試合のこと。

注10　孕まれた……ここでは、内部に含まれているということ。

注11　スーベニア……記念品や土産物のこと。

チャンさんはしばらく黙って「無月」の駒に目を落としていたが、やがて目を上げて、

——有難うございます、と言った。そうさせてもらいます。大事に使いますよ。

——どうかよろしくお願いします。さて、それではぼくは、そろそろ……。

初手☗2六歩の一手が指されたままの盤面をそのままに、竜介は立ち上がり、バッグを取って肩に掛けた。最後に「無月」の駒をもう一度じっと見つめ、じゃあ元気でな、頑張《がんば》れよ、また会おうな、とその四十枚に向かって心のなかで呼びかけると、あとはもういっさい振り返らず戸口へ向かった。

エレベーターの前まで見送ってくれたチャンさんと握手して別れの挨拶《あいさつ》を交わし、また会いましょう、どうかお元気で、と言い合い、扉が開いたエレベーターに乗り込んだ。

建物の外に出ると、強烈だった西日もさすがに衰《おとろ》え、ブルックリンの町に夕闇《ゆうやみ》が忍び寄っていた。竜介はベイリッジ・アヴェニューの駅に向かって歩き出した。夕刻が迫っても、盛夏の日射しを受けつづけていたアスファルトにはまだ日中の暑熱が籠もっている。しかし、頰《ほお》をなぶるわずかな涼気の感触があり、風とも言えないほどのその弱い空気の流れが、興奮が冷めやらない竜介の火照《ほて》った頭を心地よく冷やしてくれるようだった。その涼気が運んできたかすかな潮の香が、竜介の鼻孔《びこう》をくすぐった。

世界が夜に向かってゆっくりと沈みこんでゆく。あたりに広がり出しているのは、赤ん坊の柔らかな肌を傷つけないようにそっと包みこむ肌着みたいな、そんな優しい感触の夕闇だった。夕暮れは一日のうち竜介がことさら好んでいる時刻だった。でも、6こんなに快い夕暮れも珍しいな、と竜介は思った。こんなに快い、優しい夕闇に包まれるのは、もしかしたら、人生にそう何度も起こらないことなのではないか。

男女を問わず、風格のある顔をした老人というものがときどきいるものだ。その風格は、目尻《めじり》の皺《しわ》や皮膚《ひふ》のたるみに、その人がくぐり抜けてきた人生の時間の――その苦しみや哀しみや喜びの、愛や憎しみの、倦怠《けんたい》や希望や幻滅《げんめつ》の、くっきりとした痕跡《こんせき》が刻みこまれているところから来るものだろう。

そうした痕跡や傷の刻印をまだまったく蒙っていない、まっさらで滑《なめ》らかな皮膚を持つ子供の顔、若者の顔は、もちろん美しい。ただ単純に美しい。しかし、それとは別の次元で老人の顔が、それがたたえている豊かな記憶ゆえの美しさを帯びるということがある。「無月」の駒の、駒字の線のかすれやおもてうらについた無数の傷も、風格ある老人の顔の皺やたるみと同じで、この駒が長年月の時間の厚みをくぐり抜けてきたことの証しなのではないか。駒が身に帯びた、貴重な勲章《くんしょう》なのではないか。

そして、この駒は、まだまだ現役として働きたいと願っている。生きた道具として、子供たちの手でつまみ上げられ、指され、盤上に打ちつけられたいと欲している。そんな駒を、記念品として大事にすると言えば聞こえはいいが、むしろミイラ化した遺《い》骸《がい》を恭《うやうや》しく安置するように、簞笥の奥に仕舞いこんだりしてしまうのは、可哀《かわい》そうではないだろうか。

駒を擬人化《ぎじんか》し、その心の動きを推し量ったりしてしまうといった振る舞いが、つい先ほどは我ながら何だか馬鹿馬鹿しく感じられ、思わず苦笑してしまったものだ。しかし、竜介は今や、この駒の「気持ち」に思いを致《いた》すことが、独り善がりの感情移入だとも、愚《おろ》かしい感傷だとも思えなくなっていた。

自分は鑑賞用の工芸品でもない、死蔵される「思い出の品」でもない、ただの道具だ、そして道具としてここで、ブルックリンの子供たちに使用されていたい――駒がそう語りかけているように竜介は感じた。そうさせてほしいと、駒の「魂《たましい》」が願っている。竜介はそう直感した。

――ほら、アリシアという名前でしたっけ、将棋の強いあの少女、と竜介は言った。ずっと見ていたんですが、彼女なんかも、どうやらこの駒がお気に入りのようでした。ずっと贔屓《ひいき》にして、この駒ばかり使いつづけていました。この駒は、そういう指し手がいてくれるこのすばらしいクラブで、ずっと使われていてほしい。そうぼくは思うんです。駒のほうでもそう願っているんじゃないか。日本に持ち帰ってしまったら、これはもう、たんなるスーベニア[注11]にしかなりませんから。

そう言った後になって、おれはじつは、この午後のあいだじゅう、心の底ではずっとそう考えつづけていたのだ、と竜介ははたと気づいた。あのときおれは、ついに「無月」の駒とめぐり逢えたことを知った。そして、その瞬間以降、子供たちと将棋を指したり、注6詰将棋《つめしょうぎ》や「次の一手」の問題を出したり、様々な注7「手筋《てすじ》」を教えたりして遊んでいたあいだじゅう、半ば無意識のうちに、「無月」の駒はここにとどまるべきではないかと自問しつづけていたのだ。そうだったのだと、いま改めて、はっきりとわかった。

見事に仕上げられた将棋駒はたしかに美しい。けれども、駒というのは結局、使われてこそのものである。それは陳列棚《ちんれつだな》に飾る工芸品でもなければ、距離を置いて注8嘆賞《たんしょう》する芸術作品でもない。本質的にはそれは道具であって、使われない道具とはたんなるc無用の長物でしかない。指でつまんで前へ進める。枡目に打ちつける。敵陣に成りこんで裏返す。人間の身体とのそうした密接な関係を保ちつづけることで、道具は道具として生きる。

そして、使用されつづけてゆくうちに、道具は当然、摩耗《まもう》し、劣化《れっか》し、古びてゆく。それは時間の流れのなかに置かれた物質というものが背負う、如何《いかん》ともしがたい宿命だ。

しかし、そんなふうに摩耗し劣化してしまった古駒は、古いからと言って醜《みにく》いのか、価値がないのか。決してそんなことはない、と竜介は思う。5むしろ新品の駒にはない、えも言われぬ美しさをそれが帯びるということさえある、と思う。実際、いま目の前の盤上で、初手☗2六歩が指され、新たな注9一局の始まりを告げているこの「無月」の駒は、竜介の目に不思議に美しい微光を帯びて見えた。それは、この駒じたいがみずから仄かな輝きを放つことで、まるで無言のうちに、“Let's play!”と、遊ぼうよと、竜介を誘っている——そんな気がするからでもあるのか。

もし「無月」の駒が美しいとすれば、それは物質の宿命としての摩耗や劣化そのもののうちに、半世紀以上昔に東京で作られて以来、今この瞬間に至るまでこの駒が経てきた「運命」の変転が、まざまざと透視《とうし》されるからではないだろうか。そこに注10孕《はら》まれた歳月の記憶の、ずしりとした重みが感知されるからではないだろうか。この駒はおれよりはるかに年長で、おれには想像もつかないような経験を身に蒙《こうむ》ってきたのだ、と竜介は思った。

そうだ、安井さんもこれを――まさしくこの同じ初手を指したのだ、と不意に思い出した。出征の日の前夜、大叔父はこの駒を見せに、安井さんの部屋にやって来た。駒の出来栄えに感銘を受けた安井さんは、将棋盤を出してきて、自陣、敵陣合わせて四十枚を初期配置のかたちに並べてみた。そして――まさにこの初手☗2六歩を指してみた。たしか彼、そう言っていたよな……。

太平洋戦争下、日暮里《にっぽり》の下宿屋の一室で、あの深夜安井さんがこの駒に対して指したのとまったく同じ初手を、五十数年の歳月を隔てて、今またおれが指した。そうしてみないか、そうしてみたらどうかと、駒のほうから誘いかけてきたのかもしれない。この駒はそういう力を持っているのか。安井さんが繰《く》り返《かえ》し言った、そしてあのときは竜介には何だか実感を籠めて理解することができなかった、「霊力《れいりょく》」という言葉も甦ってくる。「いやあ、凄《すご》い駒だったよ」と安井さんは嘆息《たんそく》しながら言ったな……。

初手☗2六歩――。

すると、不思議なことに、「無月」の駒の四十枚の全体に、あの謎めいた仄《ほの》かな輝きが不意に戻ってきた。竜介はそう感じ、思わず目を瞠《みは》った。もちろんたんなる錯覚《さっかく》にすぎない、そうに決まっている、そうも思った。しかし、錯覚なら錯覚でもいいけれど、この錯覚もまた、それじたい、駒が送ってきた何らかの合図、ないし信号なのではないか。そんな直感が頭をよぎり、それとともに、この午後子供たちと遊んでいたあいだじゅう、心に芽生え、少しずつ成長を続けてきた想念が、突然はっきりした形をとった。竜介は、飛車先の歩を突き、その駒から指を離した右手を膝《ひざ》のうえに戻し、3居住まいを正したうえで、チャンさんの目を真っ直ぐに見て、

――でも、この駒はやはり、このクラブで使ってください、と言った。

――えっ……とチャンさんが驚いた表情になり、でも、あなた、せっかくこうやって……と言いかけて口ごもった。

――駒が喜んでいる、とさっきおっしゃいましたよね。ぼくもそんな気がするけれど、でも……そうじゃないような気もするんです……うまく言えないけれど……。4やっぱりこの駒は、ここで使いつづけてもらうのがいちばん幸せなんじゃないでしょうか。

大成果だ、戦利品だ、とほくほくしながら、「無月」の駒を携《たずさ》えて帰国する……。日本に持ち帰って、注2安井さんに見せてやったら、五十数年ぶりでこの駒と再会した彼は、きっと感無量という顔になるだろう。注3長塚さんや親父にも見せてやる。ほう、これがそうなのか、と驚くだろう。よくもまあ、はるばるニューヨークくんだりまで行って探し当ててきたもんだ、大したもんだ、と感心するに違いない。

いや、何よりもまず、植島さんに見せてあげたいものだ。彼女にとって、とてもとても大事な人だった関岳史が作った駒、彼の指が直接触れた駒だ。三十にもならずに死んでしまった彼が、丁寧《ていねい》に、細心に、一生懸命に彫り上げ、漆《うるし》を入れた駒……。植島さん、喜ぶだろうな……。そして、駒はそのまま植島さんに差し上げてしまってもいい、というか、そうすべきかもしれない。たぶんこの駒の持ち主としてこの世でいちばんふさわしいのは、植島さんだろうから。植島さんはきっと大喜びで受け取ってくれるだろう。そうしたら、この駒を彼女はどうするかな。

大事に仕舞《しま》っておいて、ときどき出してみては、眺めて、撫《な》でさすって、初恋の人の思い出を心に甦《よみがえ》らせる……。でも、そう言っては悪いけれど、彼女もかなりのお歳だから、いずれはお亡くなりになるだろう。そうしたら、彼女の死後、この駒はいったいどうなる……。いや、そんなことを言うなら、仮におれ自身がこの駒をとっておくとしても結局は同じことだ。記念の品として、箪笥《たんす》の引き出しにでも大事に仕舞っておいて、たまに出して眺めて悦《えつ》に入る。それはいいけれど、そのうちおれにも死が訪れる。早い遅いの違いが多少あるとしても、植島さんだろうがおれだろうが、人間、誰だっていずれは死ぬ。その後、この駒はいったいどこへ行き、どんな運命を辿《たど》ることになるのか。

ほんの数秒ほどのあいだに、bそんなとりとめのないあれやこれやの思いが、竜介の心のなかでちかちかと明滅《めいめつ》し、すばやく交《こう》錯《さく》し、ぼんやりと消えていった。そして、駒の運命——という言葉だけが最後に残った。駒の運命は……駒の運命は……。そこで言葉が途切れて、その後をどう続けたらいいものか、よくわからない。軽い放心状態のまま、竜介はふと、目の前の盤《ばん》に初期配置で並んでいる「無月」の駒にもう一度視線を戻《もど》した。そして、その四十枚の駒のなかから、注4飛車先《ひしゃさき》の歩《ふ》をつまみ、ひと枡《ます》先へ進めてみた。注5初手《しょて》☗2六歩……。

【三】 次の文章は松浦寿輝《まつうらひさき》の小説『無月《むげつ》の譜《ふ》』の一節です。プロ棋士になる夢がかなわなかった小磯竜介《こいそりゅうすけ》は、戦死した大叔父《おおおじ》（祖父の弟）の関岳史《せきたけし》が将棋の駒《こま》を作る職人であり、彼が考案した「無月」という書体を使った将棋駒を一組だけ制作していたことを知ります。海外までその駒を探す旅をした竜介は、それがニューヨークのブルックリンにある将棋クラブに寄付されていたことをつきとめます。問題文は、「無月」の駒にまつわる話を聞いた将棋クラブの代表のチャンさんが、竜介に「無月」の駒を返そうとする場面から始まります。これを読んで、後の問いに答えなさい。

――どうぞお持ちください、ミスター・コイソ、注1イッツ・ユアーズ。

――どうも有難うございます。

反射的に、機械的に、お礼の言葉がとりあえず竜介の口から出たが、その瞬間、竜介の心のなかにいろいろな思いが駆けめぐった。チャンさんはただでくれるつもりらしいけれど、それじゃあ悪いんじゃないかな……。多少のお金を払って譲《ゆず》ってもらう――そういう形にしたほうがいいかも……。でもいくら払う？　百ドルとか二百ドルとか……？　でもお金と引《ひ》き換《か》えになんていう話を持ち出すと、チャンさん、かえって侮辱《ぶじょく》されたように感じるかもしれないな……。そもそも彼女だってただで貰《もら》ってきた駒なんだし……。いやいや、1おれは何てつまらないことを考えているんだ、彼女の厚意をともかく有難く受け取っておけばいいじゃないか。

それから、竜介の心に軽いa放心状態が訪れた。しかし、もう少し何か言葉を継《つ》がなくてはいけないと焦って、

――とても嬉しいです、と言ったが、それも我ながらあまり心が籠《こ》もっておらず、何だか機械的に口から出た言葉のようだった。竜介は窓の外に目を遣《や》った。きれいに晴れ上がった夏空が広がっている。車の鳴らすクラクションの音が路上から立ち昇《のぼ》ってきた。

おれは、この後、どうするのか。2有難うございます、嬉しいです、と懇切《こんせつ》にお礼を言ってチャンさんと笑顔で握手し、この駒を貰って辞去し、ホテルへ帰る……。この旅にはやっぱり意義があったと納得できたのだから、嬉しいは嬉しいに違いない……。

問七　――線６「商品化の～最高じゃないか！」とありますが、この表現について説明したものとして最も適当なものを次のア～エの中から一つ選び、記号で答えなさい。

ア　「最高」という表現を用いて一部の金持ちや権力者が地球を私有化することをたたえることで、民営化を拡大していこうとする彼らの立場に肯定的な筆者の立場が明確化されている。

イ　一部の金持ちや権力者による地球の私有化を「最高じゃないか！」と過度に強調することで、一部の金持ちや権力者のあり方に対して批判的な筆者による、皮肉を表現していることがうかがえる。

ウ　「最高じゃないか！」と同意を求めるような表現を用いることで、一部の金持ちや権力者が企てている地球の私有化に賛同するよう読者を促していることがうかがえる。

エ　「商品化の過程で地球を所有できることになるのなら」といった仮定表現を用い、あくまでも一部の金持ちや権力者による地球の私有化は実現されないということを暗示している。

問五 ――線４「大気汚染への対策」とありますが、この実践について説明したものとして最も適当なものを次のア～エの中から一つ選び、記号で答えなさい。

ア 炭素の排出権を取引できるようにし、政府を介さずに各企業間で排出量基準を取り決めた上で、排出量の少ない企業は、炭素の排出権を大量に排出する企業へと売却する。こうした売買を通じて、炭素をあまり排出しないほうが得であるという意識を生じさせることで炭素の排出量削減を目指し、環境破壊から地球を守ろうとする。

イ 炭素の排出量が少ない企業と、炭素の排出量が多い企業との間で、市場の需給に基づいて決まった価格に応じて炭素の排出権を取引する。しかし、常に需給が合致するとは限らず、取引が不成立になることも多いため、炭素をめぐる不安定な取引を廃止するべく炭素の排出量削減を目指し、環境破壊から地球を守ろうとする。

ウ 炭素を大量に排出する企業は、政府からの指導に基づいて炭素をあまり排出しない企業から排出権を購入することで、政府から割り当てられた値よりも多い量の炭素を排出している。こうした、公然と炭素を大量に排出する状況に対して不満を生じさせることで炭素の排出量削減を目指し、環境破壊から地球を守ろうとする。

エ 炭素の排出量が、政府や国家を通じて割り当てられた値よりも多い企業には費用を支払わせ、少ない企業には利益をもたらすことで、炭素の排出量をめぐる市場取引を成立させる。そしてコスト削減への意識を生じさせることで炭素の排出量削減を目指し、環境破壊から地球を守ろうとする。

問六 ――線５「ここに矛盾がある」とありますが、どのような点が矛盾しているといえるのですか。六十字以上八十字以内で説明しなさい。

問四 ――線３「どうしたらすべての人が資源に責任を持てるようになるのだろう？」とありますが、この問題文ではここで提起された問題に対する答えが二点提示されています。それらの要点を説明したものとして最も適当なものを次のア～エの中から一つ選び、記号で答えなさい。

ア 土地を所有していない多くの労働者は、集団的に所有し、共同で責任を持つことでしか資源に対する責任は生まれないと考えている。一方で、土地を所有する一部の金持ちは、資源を利益に変えられる明確な所有者を定め、資源の利用者は所有者に使用料を支払い、所有者はその利益を基に資源の保全を行うことで、双方で資源に対する責任を果たせるようにすればよいと考えている。

イ 土地を所有していない多くの労働者は、土地や原料や機械の所有権を一部の金持ちから奪い取り、土地を持たない者に少しずつ分け与えることで共同責任を負えると考えている。一方で、土地を所有する一部の金持ちは、知識や金を持たない一般の人たちが土地や原料、機械を手に入れても運用や管理ができないため、彼ら自身が保持することでしか資源に対する責任は果たせないと考えている。

ウ 土地を所有していない多くの労働者は、政府を通して共同で管理することで資源に対する責任を果たせると考えている。一方で、土地を所有する一部の金持ちは、自身の都合しか考えない政治家や官僚を介さずに、土地の所有者は管理維持費を支払い、使用者は所有者に使用料を支払うことで、資源を守るための責任を分け合うことができると考えている。

エ 土地を所有していない多くの労働者は、一部の金持ちによる地球資源の独占状態を打破することでしか共同責任に対する思想は生まれないと考えている。一方で、土地を所有する一部の金持ちは、資本や権力を持つ者でなければ、合理的に資源を管理することができず、結局はだれも責任を果たさない状態がつくられてしまうと考えている。

問三 ――線２「こうしたことが起きる」とありますが、「こうしたこと」が起こらないようにするために、筆者はどのような社会を目指したらよいと考えていますか。これを説明したものとして最も適当なものを次のア～エの中から一つ選び、記号で答えなさい。

ア 個人による利益の追求をよいこととして、生産や消費に多くの時間を費やすことを目指すような社会ではなく、芸術や儀式といった、各個人が精神的に豊かになれるようなことに時間を費やすことを目指すような社会。

イ 各個人が商品と貨幣の交換を通して利益追求をすることに制限をかけず、皆が経済的に豊かになることを目指すような社会ではなく、利益の追求に制限を設け、全体的に皆が貧しくなったとしても、助け合いながら生きていくことを目指すような社会。

ウ 商品と貨幣の交換による利益の追求のみを目指すような社会ではなく、各個人が利益をあげることを大切にしつつも、自然環境などの皆で利用する資源を大切にすることも重視し、私的な利益と公共の利益両方の実現を目指すような社会。

エ 商品と貨幣の交換による経済的利益の追求をよいものとし、各個人が欲望の充足を目指すような社会ではなく、公共の利益の実現を重視しつつ、自由な時間を過ごしたり、自然との共生を大事にしたりすることを目指すような社会。

問一 [A]～[C] にあてはまる語句として最も適当なものを次のア～カの中から一つずつ選び、記号で答えなさい。なお、同じ記号は一度しか用いてはなりません。

ア 否定　イ 総合　ウ 民主　エ 致命　オ 合理　カ 決定

問二 ――線１「集団的な愚かさ」とありますが、「愚か」といえるのはなぜですか。その理由を説明したものとして最も適当なものを次のア～エの中から一つ選び、記号で答えなさい。

ア 自由な競争をじゃまするような決まり事が作られてしまうと、各個人の利益追求へ向けた欲求が減っていってしまい、利益を上げるために努力をする者がいなくなることで集団全体の利益も減ってしまうから。

イ 限られた一部の人たちが採取した資源をコミュニティの他の人々に配ることにすれば、皆に資源が行き渡るが、コミュニティ全体で資源を採取することを認めてしまうと、分別なく採取し続ける者が現れ、そうした者が増えるとやがて資源が底をついてしまうから。

ウ 資源の採取量に制限を設け、コミュニティで協力すれば、資源が尽きることはないが、市場社会の法則に基づいて各個人が利益を追求し始めると、皆が無制限に資源を消費するようになり、やがて資源が尽きてしまうから。

エ ひとりあたりの資源採取量を少なくすれば資源が尽きることもなく、余った時間を仕事以外に使うことで豊かな生活を送れるが、ひとりあたりの資源採取量を増やすと、資源はすぐに尽き、仕事に追われて生活もつまらないものとなるから。

だが、5ここに矛盾がある。市場に問題解決をまかせる理由は、そもそも政府が信頼できないからだ。それなのに、政府に頼らなければ、このやり方はうまく行かない。

というのも、最初の割り当ては誰が決めるのか？　農民や漁師や工場や電車や自動車の排気量を誰が監視するのか？　割り当てを超えたら誰が罰則を科すのか？

もちろん政府だ。この種の人工的な市場をつくりだせるのは、国家だけだ。国家だけが、すべての企業を規制できる。

金持ちと権力者が環境の民営化を勧《すす》めるのは、政府が嫌いだからではない。政府にクビを突っ込まれるのがいやなのだ。所有権を脅《おびや》かされたり、彼らが支配しているプロセスが民主化されると困るからだ。しかも、6商品化の過程で地球を所有できることになるのなら、彼らにとっては最高じゃないか！

（ヤニス・バルファキス著　関美和訳『父が娘に語る　美しく、深く、壮大で、とんでもなくわかりやすい　経済の話。』）

※問題作成の都合上、文章や小見出し等を一部省略しています。

注１　コミュニティ……地域社会における小さな単位の集団。

注２　ポンド……通貨単位のひとつ。

注３　アボリジニ……オーストラリア大陸やその周辺の一部の島の先住民。

注４　オスカー・ワイルド……（一八五四～一九〇〇）。アイルランド出身の作家。

注５　恣意……自身の思うままであること。気ままに考えること。

て漁師はばかを見ることになる。大気も同じだ。誰のものでもないから、誰もが汚してしまう。組合は資源をうまく管理できないし、政府は非効率で偏《かたよ》りがあり、権威をかさに着る。

だから私ならこうするね。おカネに換《か》えられない貴重な資源を利益に変えられる人に預けるんだ。たとえば私ならそうした資源をきちんと管理できる」

もし川やマスが誰かの所有物になったら、所有者は全力でそれを守るだろう。釣り人から料金を徴収《ちょうしゅう》して漁獲を制限し、マスを守って漁師も助けることができるかもしれない。大気や森林にも同じことが言える。大気にも森林にも所有者がいれば、企業は排出権におカネを払い、家族は森へのピクニックにおカネを払うようになる。所有者は資源が適切に利用されるよう資源を守り、維持するようになる。

（中略）

経験価値より交換価値を優先する市場社会から環境破壊を守るために、かろうじてまだ残っている経験価値をひとつ残らず交換価値に変えるという考えは矛盾《むじゅん》していると思うかもしれないが、こうした考え方がいまでは主流になりつつある。

じつは、自然の商品化は理論上の話ではない。まだ控《ひか》えめな範囲ではあるが、それは政府や企業に支持され、すでに実践されている。[4]大気汚染への対策として政府は次のような策を実施している。

企業に炭素の排出権を与え、その権利を取引できるようにしたのだ。この新しい市場で、自動車メーカーや電力会社や航空会社など、炭素を大量に排出する企業は、あまり排出しない企業から排出権を買っている。たとえば、太陽光発電を利用している企業は排出権を売ればいい。このシステムにはふたつの利点がある。

まず、割り当てよりも炭素の排出量が少ない会社は、さらに排出量を減らして余った権利を売って利益を得ることができる。次に、割り当てより多く排出するためのコストは、政治家の[注5]恣意《しい》ではなく市場の需給で決まる。なかなか賢いと思わないか？

どうしたら、すべての人が地球の資源に責任を持ち、それを社会に欠かせないものと考えられるようになるだろう？

土地と原料と機械を支配し、規制に反対しているほんのひと握りの権力者たちが、法律をつくり施行し監視する政府に[B]的な影響を与えているいまの世の中で、[3]どうしたらすべての人が資源に責任を持てるようになるのだろう？

答えは、問いかける相手によって変わる。

土地を持たない労働者に聞けば、こう答えるだろう。

「地球の資源を金持ちに独占させないためには、土地や原料や機械の所有権を奪えばいい。集団的な所有権によってしか集団的な責任は生まれない。地域か、組合か、国家を通して、資源を民主的に管理するしかない」

一方、土地や機械を大量に所有するひと握りの金持ちに同じことを聞くと、違う答えが返ってくるはずだ。

「地球を救うためには、何らかの手を打ったほうがいい。だが、政府が人々の利益を本当に代弁できると思うかい？　とんでもない！　政治家や官僚は自分たちの都合しか考えていない。大多数の人のことや地球のことなんて考えていない。組合の共同管理も幻想で、全員がテーブルを囲んで話し合っても、物事は進まない。[C]的なやり方では重大な決定はできない。[注4]オスカー・ワイルドが言ったように、『社会主義の問題は、話が進まないこと』だよ」

君はこう聞きたくなるに違いない。「ならどうやって地球を救うの？」と。すると、おそらくこんな答えが返ってくるはずだ。

彼らは土地や機械や資源に対する自らの権利を守るために、こう言うのだ。

「もっと市場を！」

「市場社会が地球の資源をきちんと管理できないのは、これらの資源には経験価値はあっても交換価値がないからだ。だから、これらの資源にも交換価値を与えればいい。たとえば、あの美しい森が山火事で燃えているのを見ると、悲しくなる。こんなことが起きるのは森がみんなのもので、所有者がいないからだ。森から交換価値を得られる人がいないから、そこにあるべき価値が市場社会には見えないんだ。

川に棲《す》むマスも同じだ。釣るまでは誰のものでもない。だから漁師は好きなだけ釣ろうとするし、そのためにマスは消え失せ

これこそ、1集団的な愚《おろ》かさの最たる例だ。利益追求が人間の自然な欲求だという前提に立つと、2こうしたことが起きる。

（中略）

古代ギリシャでは、公共の利益を考えられない人、つまり自分のことしか考えられない人は「イディオテス」と呼ばれた。「節度のある者は詩人になり、節度のない者はイディオテスになる」という古代アテネのことわざがある。古代ギリシャの文章を研究した18世紀のイギリス人学者は、ギリシャ語の「イディオテス」を「愚か者《ア・フール》」と訳した。市場社会は人間をそのような節度のない愚か者にしてしまう。

もちろん（!）アボリジニ[注3]は見事に自然と調和した暮らしを見出した。狩りや漁ばかりで一日を無駄にせず、自由な時間を使って儀式や物語や絵画や音楽を楽しんだ。個人も社会も自然との共生を目指し、イギリス人も羨《うらや》むような人間本来のいい暮らしを送っていた。

オーストラリアより人口は密集していたものの、ヨーロッパでも同じように人間は自然に生き延びる余裕を与えていた。だが市場社会が到来すると、すべてが商品になり、共有地は私物化され、交換価値が経験価値を上回り、公共の利益よりも個人の利益が優先されるようになった。

いま、もし人間と地球を救う望みが少しでもあるとすれば、市場社会では認められない経験価値をもう一度尊重できるような社会にするしかない。

ひとつのやり方は、利益追求に制限をかけることだ。たとえば1日に1時間以上は漁をしてはいけないなどと法律で決めるのがこれにあたる。そしてそのような方法はすでに行われ、一定の成功を収めている。エクアドルでは、交換価値とは関係なく、森林保護そのものを価値ある目的と定めて、エクアドルの憲法史上はじめて森林権を設定するよう憲法を修正した。

事業者の活動を制限したり、利益に税金をかけたりするのはたしかにいいことだが、もっと大きな問いがある。

【二】 次の文章を読んで、後の問いに答えなさい。

川を泳ぐマスを思い浮かべてほしい。人間がマスを全部釣《つ》ってしまったら、もうそれで終わり。マスはいなくなる。一度に少しずつ釣っていれば毎年新しく生まれるので永遠に釣り続けられる。

ではここで、コミュニティ[注1]の伝統と慣習に代わって、市場社会の法則にマス釣りをゆだねるとしよう。

マス1匹あたりの交換《こうかん》価値を、５ポンド[注2]としよう。漁師がみな自分の利益だけを追求するなら、それぞれの時間と労力の交換価値がマスの交換価値を上回る直前までマス釣りを続けるはずだ。

では時間の交換価値はどう測ったらいいだろう？ 漁師がもし工場で1時間働いたら、10ポンドになるとする。その場合、１時間にマスを2匹より多く釣れば（1匹の交換価値が5ポンドなので）、工場で働くより得になる。

釣りをする人ならわかるだろうが、あなたが魚を釣れる数は、周りの釣り人の数と彼らの努力に反比例する。シンプルに言うと、釣り人が自分だけなら、釣り放題だ。川に網を放り込んで、何度か引きあげるだけでいい。しかし、自分や周りの釣り人が魚を釣れば釣るほど、残りの魚の数は減っていき、だんだん釣れなくなっていく。

だからたとえば、１００人の漁師のコミュニティで協力して働いているなら、1日にひとり1時間、全員あわせて２００匹までしか釣れないことにして、ひとりあたり2匹ずつ分け合うことにしてもいい。

しかし市場社会では、漁師はみな起業家として競争しあうことになっているので、競争に反する約束（や法律）は起業家精神に反する。地元のパブでビールを飲みながら、１００人の漁師全員が、漁をするのは1日1時間にするのが［ A ］的だと同意しても、実際には2時間も3時間も、その先も、1時間あたり2匹より多く取れる限りはずっと続けてしまいたくなるはずだ。

すると、最初は釣れるマスの総数が増え、全体では２００匹を大きく超えるかもしれない。だが、１００人の漁師が何時間も釣りを続けているうちに、マスの数は減り、そのうちマスは川から消え失せてしまう。ひとり1日1時間ずつを続けていれば、毎日簡単に全員で２００匹が釣れたはずなのに、全員が一日中釣りをしていると、やがてほとんど釣れなくなってしまう。

【一】 次の①～⑤の――線部について、カタカナの部分は漢字に直し、漢字の部分はその読みをひらがなで答えなさい。なお、答えはていねいに書くこと。

① 一度受けた恩には必ず報いる。

② 流れにサカらって泳ぐ。

③ 日本各地のケイショウ地をめぐる。

④ 新たな価値観をソウゾウする。

⑤ そんな方法ではニカイから目薬だ。

令和6年度 本郷中学校
第2回 入学試験問題

国語

(五〇分 満点:一〇〇点)

注意

一、問題の解答は解答用紙にはっきりと記入しなさい。
二、指示があるまで問題冊子を開いてはいけません。
三、答えはすべて解答用紙に記入しなさい。
四、字数指定のある問題は、特別の指示がない限り、句読点、記号なども字数に含みます。
五、用具の貸し借りは禁止します。
六、指示があるまで席をはなれてはいけません。
七、質問があれば、だまって手をあげて監督者を呼びなさい。
八、試験が終わったら、解答用紙だけ提出しなさい。問題は持ち帰ってもかまいません。

令和6年度 本郷中学校
第3回 入学試験問題

算　数

（50分　満点：100点）

注　意

1. 問題の解答は解答用紙にはっきりと記入しなさい。
2. コンパス、分度器、定規、三角定規、計算機の使用は禁止します。
   かばんの中にしまってください。
3. 指示があるまで開いてはいけません。
4. 答えはすべて解答用紙に記入しなさい。
5. 用具の貸し借りは禁止します。
6. 指示があるまで席をはなれてはいけません。
7. 質問があれば、だまって手をあげて監督者を呼びなさい。
8. 試験が終わったら、解答用紙だけ提出しなさい。問題は持ち帰ってもかまいません。

1 次の□に当てはまる数を求めなさい。

(1) $\left(\dfrac{9}{4}+1\right)\div 1\dfrac{7}{6}\div\left(4\dfrac{3}{8}-2\dfrac{5}{6}+1\dfrac{7}{12}\right)\times 25=\square$

(2) $\dfrac{12}{5}\times\left\{0.125\times 7.6+\left(\dfrac{3}{2}+\dfrac{11}{8}\times\square\right)\div 40\right\}\div\dfrac{8}{25}=\dfrac{15}{2}$

2 次の問いに答えなさい。

(1) Ａさん、Ｂさんの最初の所持金の比は、５：４です。Ａさんは800円の支出が、Ｂさんは1700円の収入があったため、２人の所持金の比は、３：５となりました。Ａさんの最初の所持金は何円ですか。

(2) Ａ，Ｂ，Ｃの３つのポンプがあります。Ａ，Ｂは一定の割合で水を入れて、空の水そうを満水にするのに、それぞれ15時間と12時間かかります。またＣは、水そうから一定の割合で水を排出します。最初Ａ，Ｂの２つのポンプを使って空の水そうに水を入れはじめ、５時間後にＣのポンプも使ったところ、さらに５時間後に水そうは満水になりました。Ｃのみを使って満水の水そうを空にするのに何時間かかりますか。

(3) １辺が６cmの正方形ＡＢＣＤを底面として、高さが６cmの正四角すいＯ－ＡＢＣＤがあります。底面の対角線の交点をＰとしたとき、ＯＰを軸にこの正四角すいを回転させてできる立体の体積は何cm^3ですか。ただし、円周率は3.14とします。

(4) 図のように直径をＡＢとした円周上に２点ＣとＤがあります。この直線ＣＤは直径ＡＢに平行です。この円をＣＤで折り曲げたところ、円周上の点が中心に重なりました。円の中心をＯとしたとき、角ＯＤＢの大きさは何度ですか。

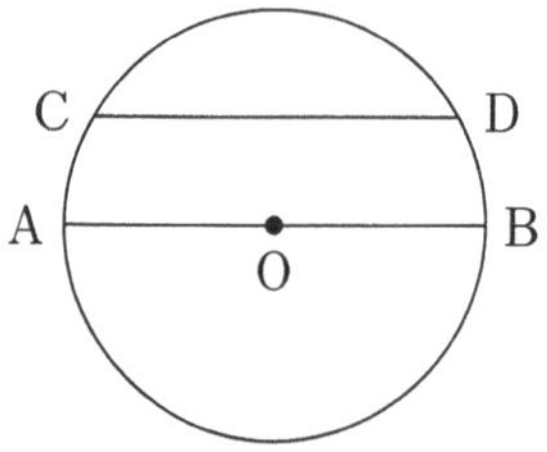

⑸ 異なる５つの整数を小さい順にＡ，Ｂ，Ｃ，Ｄ，Ｅとします。この中の異なる２つの整数の和は10個あります。

それらの値が『64，92，96，96，100，124，128，128，156，160』であるとき、Ｅの値を求めなさい。

⑹ 角Ｃが90°の直角二等辺三角形ＡＢＣがあり、三角形ＡＢＣの面積と等しい面積である、頂点Ｂを中心とした半径４cmの円があります。なお、辺ＢＣの長さは円の半径より長いものとします。このとき、三角形ＡＢＣの面積のうち、円と重なっていない部分の面積は何cm^2ですか。ただし、円周率は3.14とします。

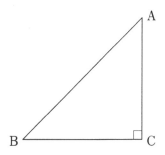

(7) 図のように、辺ＡＢ上に点Ｐ，Ｑを、辺ＡＣ上に点Ｒ，Ｓを、辺ＱＳ上に点Ｔを、辺ＢＣ上に点Ｕをとって直角三角形ＡＢＣの内部に２つの正方形ＰＴＳＲ，ＱＵＣＳを作りました。辺ＢＣの長さは24cm、辺ＡＣの長さは40cmです。このとき、辺ＡＲの長さは何cmですか。

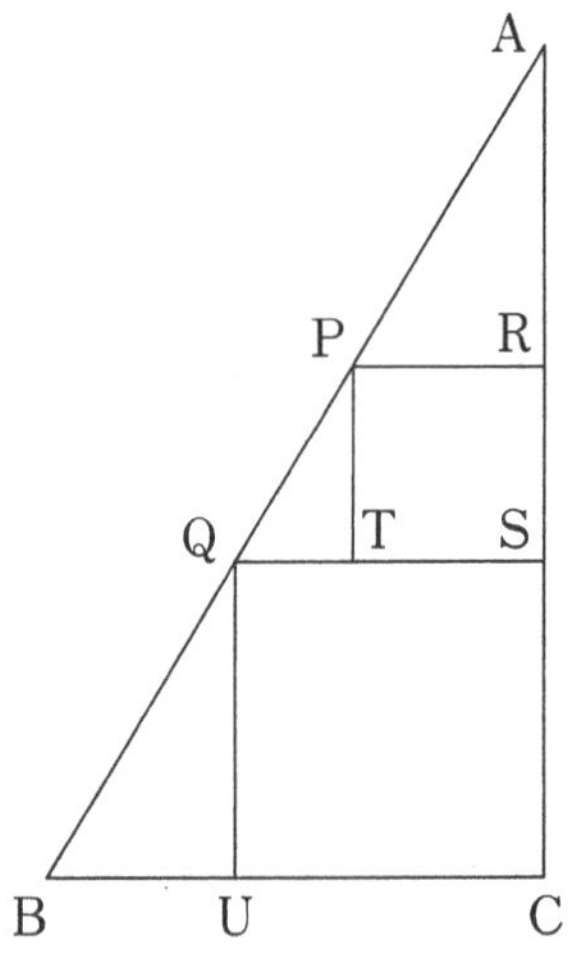

3 Ｐ，Ｑの２つのチームが、12000ｍを走ります。チームＰはＡさん，Ｂさんの２人がこの順で30分ずつ走り、チームＱはＣさん，Ｄさん，Ｅさんの順に20分ずつ走ります。またＡさん，Ｂさん，Ｃさん，Ｄさん，Ｅさんの走る速さは異なりますが、それぞれ一定の速さで走り続けるものとします。２つのチームが同時にスタートしたところ、ゴールするのも同時でした。下のグラフは、２つのチームがスタートしてからの時間(分)と、進んだ距離《きょり》の差(ｍ)を表します。このとき、次の問いに答えなさい。ただし、ＡさんはＣさんよりも速く走っており、ＢさんはＡさんの1.5倍の速さで走りました。

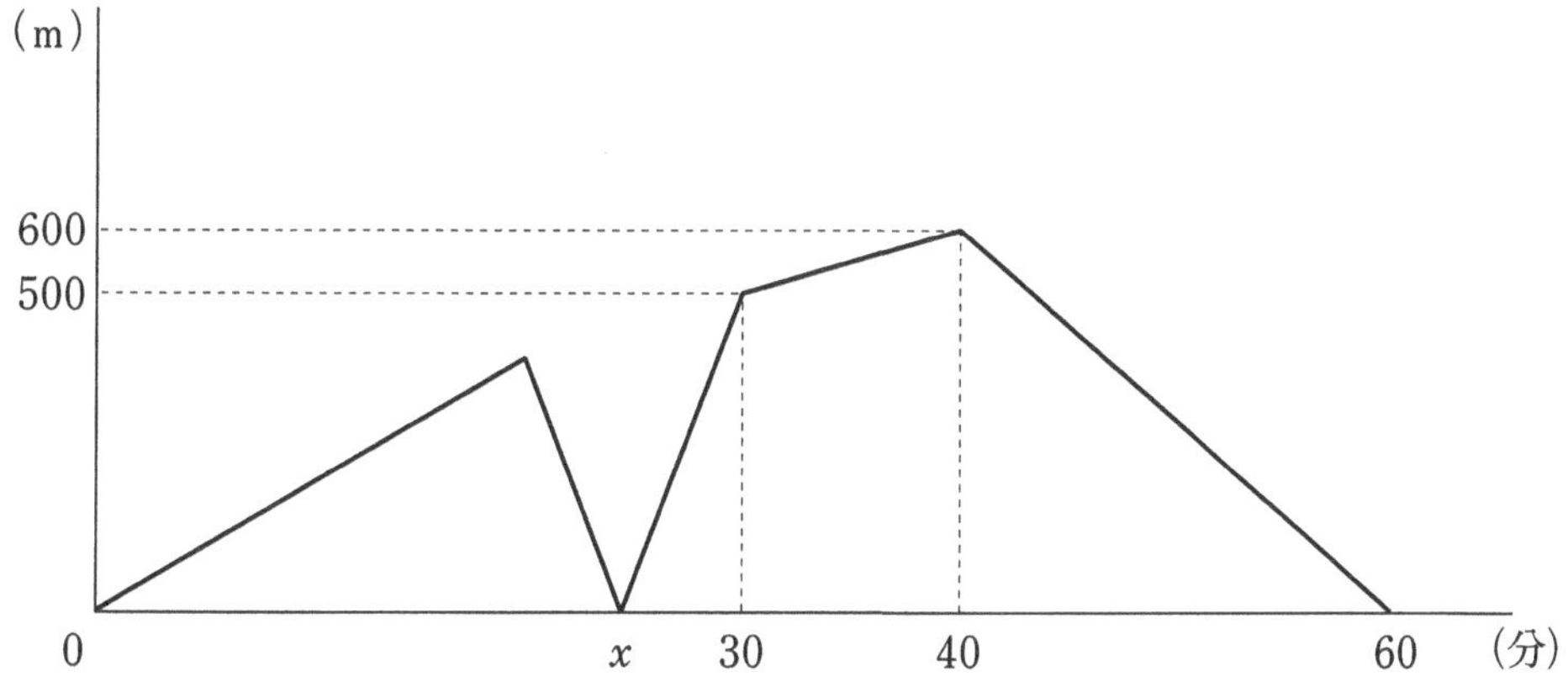

(1) Ａさんの走る速さは、毎分何ｍですか。

(2) Ｄさんの走る速さは、毎分何ｍですか。

(3) 図の x の値はいくつですか。

4 Ａさんと Ｂさんは、次の問題をふたりで相談しながら解いています。

＜問題＞
　1000から2024までの整数のうち、2024のように各位の数字の和が８になるような整数は、2024も含めて何通りありますか。

以下の会話文を読み、次の問いに答えなさい。

Ａ：全て書き出していけばいいね。
Ｂ：そうだね。でも、ただ書き出していくだけだと抜けがあるかもしれないから慎重にやらないとね。
Ａ：そうか。じゃあ、別の考え方はないかな。
Ｂ：うーん、例えば十の位の数と一の位の数の和が６となる場合を次のように考えてみてはどうだろう。

［図１］　○○○○○○／

［図２］　○○／○○○○　　　　［図３］　／○○○○○○

Ｂ：［図１］のように○を６個と／を１個準備して、この７個を並べ替える。並んだ○の数に着目して、／より左側が十の位、／より右側が一の位と考える。例えば、［図２］は十の位が２で一の位が４、［図３］は十の位が０で一の位が６であることを表すとするんだ。
そうすると、○を６個と／を１個の並べ方は全部で何通りあるかな。
Ａ：ちょっと待って、調べてみる。えーっと［ア］通りだね。
Ｂ：そうだね。それじゃあ、同じように百の位の数と十の位の数と一の位の数の和が７となる場合は、［図４］のように○が７個と／が２個の計９個の並べ方を考えればいいから、その並べ方の総数は全部で何通り考えられるかな。

［図４］　○○○○○○○／／

A：うーん、ちょっと待って、これも調べてみるよ。えーっと［イ］通りだね。

B：そうだね。これが、最初の問題で千の位が１のときに、各位の数字の和が８になる場合の数になるね。

A：おぉ！　そうだね。そうしたら、あとは千の位が２のときに各位の数字の和が８になる場合で、2024までの数を調べればいいね。

B：これは数が少ないからすぐ見つかるね。

A：そうだね。さっきの［イ］と合わせて、最初の問題の答えは［ウ］通りだね！

B：そうだね。やみくもに書き出すよりは、正確に数え上げられたね。

(1)　［ア］に当てはまる整数はいくつですか。

(2)　［イ］、［ウ］に当てはまる整数はいくつですか。

5 ［図Ⅰ］のような三角柱があります。面アイオエ，面イウカオ，面ウアエカは、面積が $3\,\mathrm{cm}^2$ の正方形です。また、点キ，クは、それぞれ辺イウと辺オカの真ん中の点で、直線アキの長さは1.5cmでした。

そして、［図Ⅰ］の立体を４点ア，キ，ク，エを通る平面で切断します。切断してできた２つの立体の、面アイオエと面アウカエの頂点を、アとア，イとウ，オとカ，エとエが対応するようにくっつけて［図Ⅱ］の立体を作りました。このとき、次の問いに答えなさい。

［図Ⅰ］

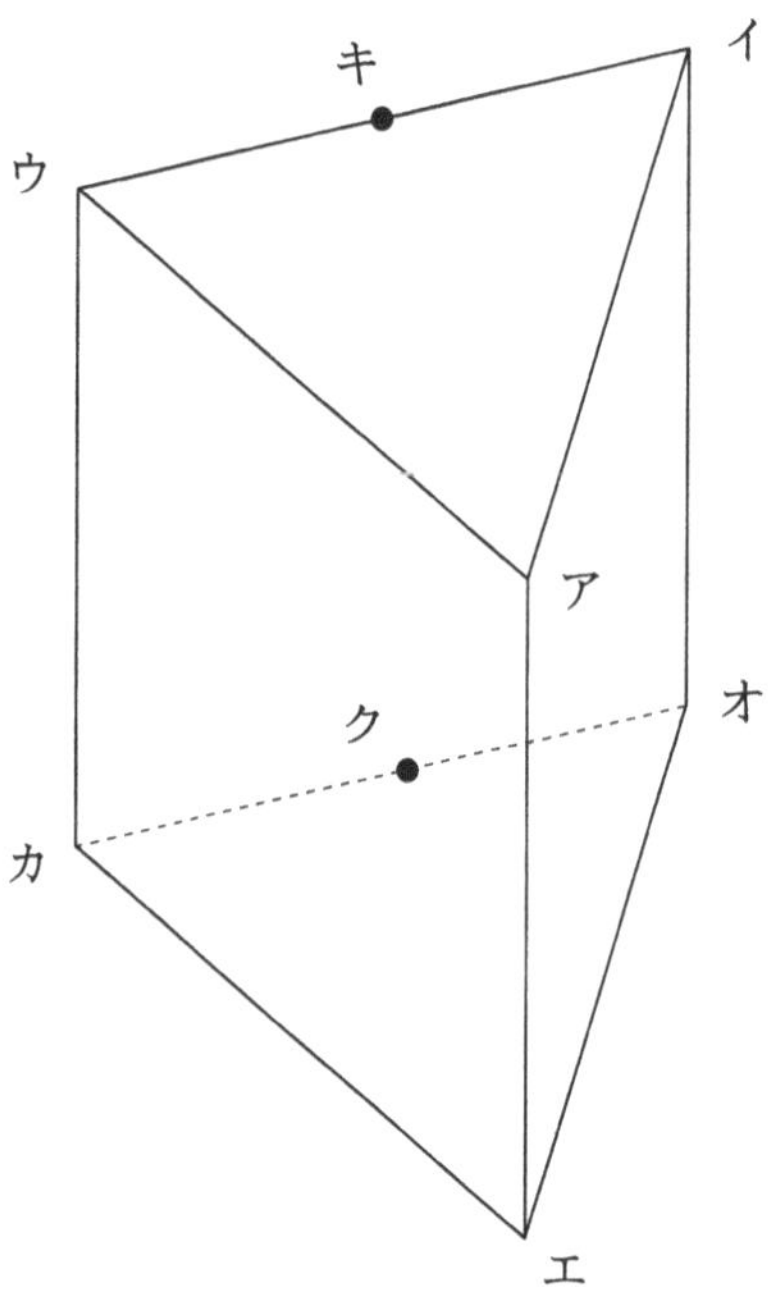

［図Ⅱ］

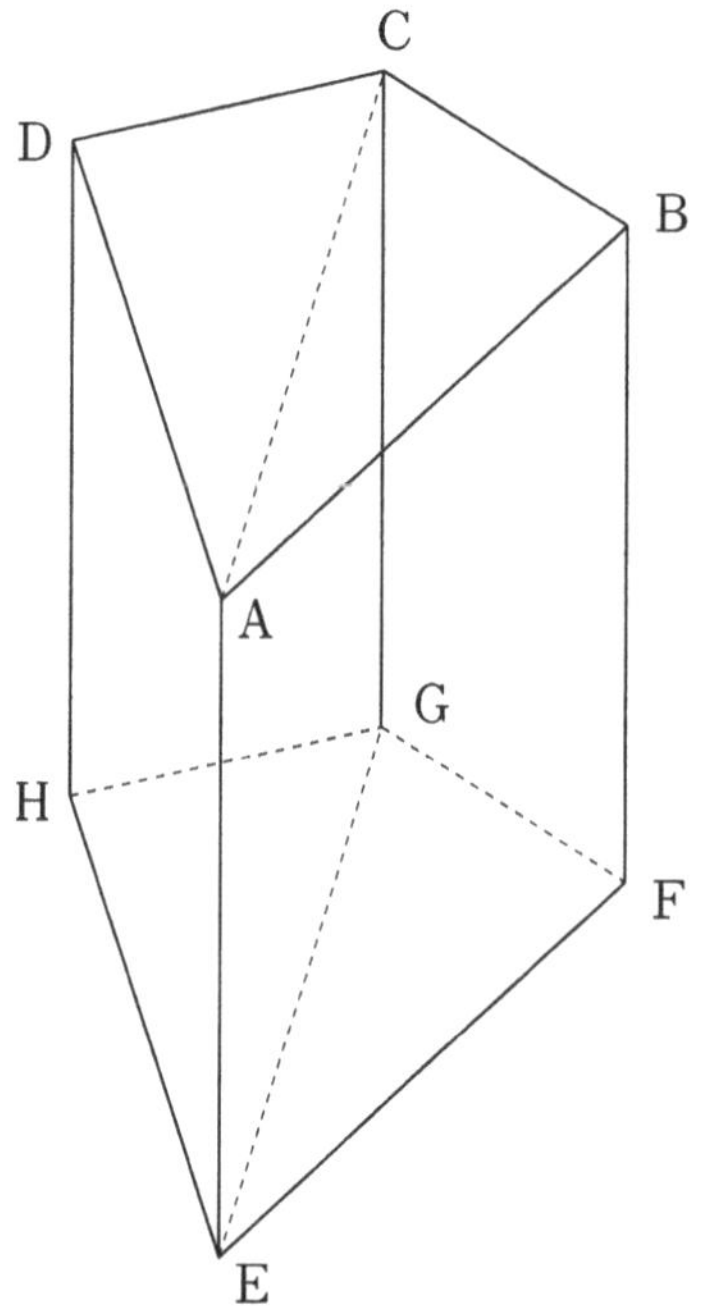

(1) ［図Ⅱ］の立体の体積は何cm^3ですか。

(2) 4点B，D，H，Fを通る平面で切ったとき、頂点Cを含む立体の体積は、［図Ⅱ］の立体の体積の何倍ですか。

(3) ［図Ⅱ］の立体を、3点A，D，Fを通る平面で切断したとき、この平面と辺CGが交わる点を点Iとおきます。このとき、CI：IGを最も簡単な整数の比で答えなさい。

令和6年度 本郷中学校
第3回 入学試験問題

理　科

（40分　満点：75点）

注　意

1．問題の解答は解答用紙にはっきりと記入しなさい。

2．机上に定規を出し、試験中に必要であれば使用しなさい。

3．指示があるまで開いてはいけません。

4．答えはすべて解答用紙に記入しなさい。

5．用具の貸し借りは禁止します。

6．指示があるまで席をはなれてはいけません。

7．質問があれば、だまって手をあげて監督者を呼びなさい。

8．試験が終わったら、解答用紙だけ提出しなさい。問題は持ち帰ってもかまいません。

1 炭酸飲料を飲みながら話しているＡ君とＢ君の会話を読み、以下の問に答えなさい。

Ａ「プハー、炭酸飲料っておいしいよね。」

Ｂ「そうだね。去年の夏は酷暑《こくしょ》だったから、毎日のように飲んでたよ。」

Ａ「それは糖分のとりすぎになって、身体によくないよね。」

Ｂ「えっ、何で？」

Ａ「炭酸飲料のボトルを見ると栄養成分表示があるでしょ。これ。炭水化物って書いてあるのは、ほぼ砂糖のことなんだって。ここには炭水化物は11 gって書いてある。この炭酸飲料には100 mLあたりに砂糖が11 g入っているってことだよ。」

Ｂ「それって多いの？ちょっとイメージしにくいな。」

Ａ「紅茶とかに入れる角砂糖があるでしょ。角砂糖１個が3.3 gだから、このペットボトルに入っている500 mLの炭酸飲料には角砂糖が約［ 1 ］個分入っているってこと。」

Ｂ「そんなに入ってるの？」

Ａ「ちなみに世界保健機関（ＷＨＯ）は砂糖の摂取《せっしゅ》量を『1日25 g程度に抑えるなら、健康効果は増大する』と発表しているよ。」

Ｂ「砂糖はお菓子や料理にも使われているから、1日25 g以下におさえるのは難しいね。」

Ａ「厚生労働省はデータから『甘味（砂糖）の摂取量については、年間の１人当たり砂糖消費量が15 kg程度までは虫歯の発症は抑《おさ》えられていますが、15 kgからは急激に増加する』と発表しているね。」

Ｂ「砂糖をこの500 mL入りの炭酸飲料だけから摂取したとすると、年間に［ 2 ］本以上飲むと虫歯になりやすいってことか。」

Ａ「そういうこと。ゲーッフ。」

Ｂ「汚いな。ゲップするなよ。アハハ。」

Ａ「そういえば、二酸化炭素もそうだけど、牛のゲップに含まれる［ 3 ］も温室効果があるんだって。」

Ｂ「あっ、知ってる。ウシやヒツジのような反芻《はんすう》する動物は、胃の中の細菌によって［ 3 ］が作られるんでしょ。体重が600 kgの牛だと１日に300 Lも［ 3 ］を出すんだって。」

A「そんなに出すの。ウシやヒツジは世界中で多く飼われているから何とかしないと地球温暖化が進んじゃうね。でも肉を食べられなくなるのはイヤだな。」

B「大丈夫。北海道大学の研究で、カシューナッツの殻からウシの胃の中の細菌を減らす成分が見つかったんだって。今では飼料にその成分が配合されていて、ウシのゲップも少なくなっているんだって。」

A「二酸化炭素は減らせないの？」

B「工場などからの排出量を減らす取り組みも多くおこなわれているけど、深海底の地層に穴をほって、そこに排出された二酸化炭素を集めて貯蔵しようという取り組みもあるみたいだよ。」

(1) 文中の［ 1 ］、［ 2 ］にあてはまる適当な数値を、小数第１位を四捨五入して整数で答えなさい。

(2) 文中の［ 3 ］にあてはまる適当な語句を答えなさい。

(3) 炭酸飲料は水に二酸化炭素や砂糖、香料《こうりょう》などを溶《と》かしたものです。炭酸飲料と同じように、水に気体が溶けている水溶液《すいようえき》を、次の**ア**～**オ**からすべて選び、記号で答えなさい。

ア．塩酸　　**イ**．酢《さく》酸水溶液　　**ウ**．硫《りゅう》酸

エ．アンモニア水　　**オ**．水酸化ナトリウム水溶液

(4) 炭酸水の多くは、ミネラルウォーターや不純物を取り除いた純水《じゅんすい》に二酸化炭素を溶かして製造されています。二酸化炭素は気圧(気体がものを押す力または気体の圧力のこと)を変化させると水に溶ける重さが変化します。平地で空気がものを押す力(大気圧)が1気圧です。図1は水100 mLに溶ける二酸化炭素の重さの比(1気圧のときに溶ける二酸化炭素の重さの比を1とする)と気圧の関係を表すグラフです。また、二酸化炭素は温度によっても溶ける重さが変化します。図2は1気圧のときに水に溶ける二酸化炭素の重さと水の温度の関係を表すグラフです。

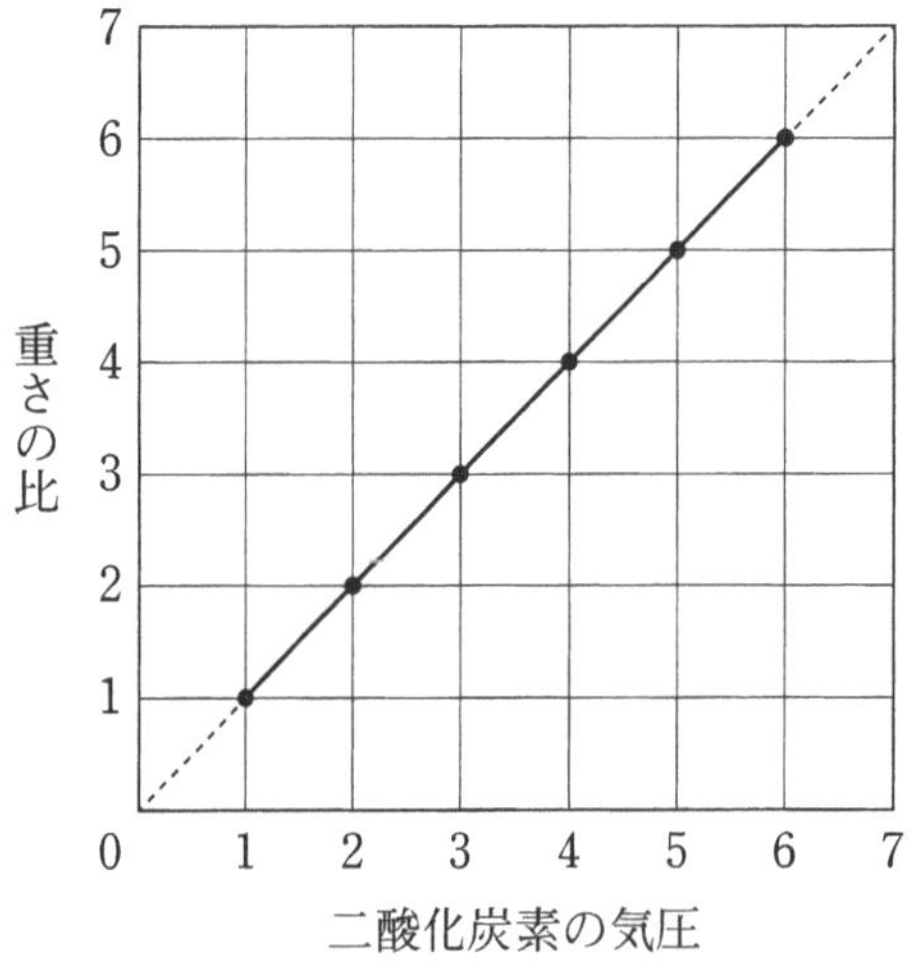

図1　溶解する気体の重さの比と気圧

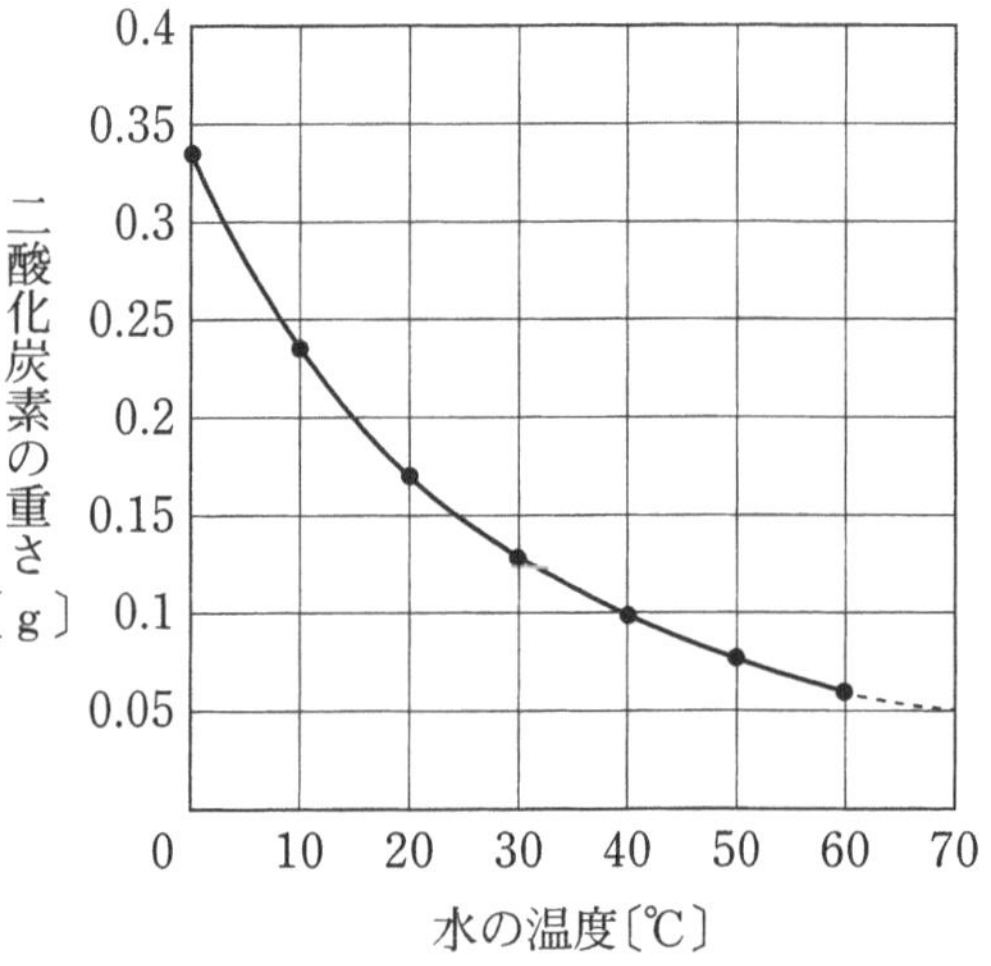

図2　100mLの水に対する二酸化炭素の溶解量

自動販売機で売られている炭酸水は5℃に冷やされ、二酸化炭素は5気圧で溶かされています。5℃の炭酸水500 mLペットボトルのふたを空気が入らないよう少し開け、長時間放置すると炭酸水の温度が20℃になりました。また、このときペットボトルの内側は大気圧と同じ1気圧になりました。

上記のように、ふたを開ける前と開けた後でペットボトル全体の重さは何g変化しますか。次の**ア**～**カ**から1つ選び、記号で答えなさい。ただし、重さが増えるときには『＋』、減るときには『－』の記号も答えること。

ア．0.5　　**イ**．1.2　　**ウ**．2.6　　**エ**．2.9　　**オ**．6.0　　**カ**．6.9

(5) 最近では自宅で炭酸水をつくり飲む人も多いそうです。家庭で飲用の炭酸水をつくる方法の一つとして、クエン酸などの食用の酸を用いてつくる方法があります。他に混ぜるものとして適当なものを、次の**ア**～**オ**から１つ選び、記号で答えなさい。

ア．砂糖　**イ**．重曹《じゅうそう》　**ウ**．塩　**エ**．小麦粉　**オ**．うま味調味料

(6) 二酸化炭素や［ 3 ］などの温室効果ガスを大気中からすべてなくすことができた場合、地球の気候はどのように変化すると考えられますか。最も適当なものを、次の**ア**～**カ**から１つ選び、記号で答えなさい。

ア．現在より地上に届く太陽光が多くなるので、地球の平均気温が高くなる。

イ．現在より地上に届く太陽光が少なくなるので、地球の平均気温が低くなる。

ウ．現在と宇宙に出ていく熱の量は変わらないので、地球の平均気温は変化しない。

エ．現在より宇宙に出ていく熱の量が多くなるので、地球の平均気温が低くなる。

オ．現在より大気が多くなるので、地球の平均気温が高くなる。

カ．現在より大気が少なくなるので、地球の平均気温が低くなる。

2 次の文を読んで以下の問に答えなさい。

生物の進化を証拠《しょうこ》づけるものに化石があげられます。化石は過去の生物やそれが生息していた年代について教えてくれます。Aは虫類や両生類などのセキツイ動物と軟体動物やB節足動物などの無セキツイ動物は、共通の祖先から進化しました。化石の出現年代から、C進化の過程を一連の系列として並べることができます。

進化の証拠は、現生の生物にも見ることができます。過去に繁栄《はんえい》した原始的な生物が現在も生息する場合、［　　　　］とよばれ、その中には進化の移行段階を示す古い型の生物が多くみられます。カモノハシやシーラカンスはその例です。

形やはたらきが違っても、同じつくりから進化したと考える器官をD相同器官といいます。これも、進化の証拠となります。

E動物の温度への適応に関してはいくつかの法則があります。生活する外気温(水中または空気中の温度)の変化によらず、体温が一定範囲《はんい》内に保たれている動物がいます。この動物について、F同種や近い種では、寒冷地《かんれいち》の動物ほど、からだの大きさが大きいという傾向《けいこう》にあります。これをベルクマンの法則といいます。その理由として、動物のからだは大形のほうが冷えにくいからです。

(1) ［　　　　］に当てはまる語句を答えなさい。

(2) 下線部Aについて、は虫類と両生類のふえ方や、卵について述べた文として最も適当なものを、次の**ア**～**オ**から１つ選び、記号で答えなさい。

ア． は虫類は卵生であるが、両生類は胎生《たいせい》である。

イ． は虫類も両生類も卵生で、ともに乾燥《かんそう》に強い卵を生む。

ウ． は虫類は乾燥に弱い卵を生み、両生類は乾燥に強い卵を生む。

エ． は虫類は乾燥に強い卵を生み、両生類は乾燥に弱い卵を生む。

オ． は虫類も両生類も、卵は乾燥に弱いため、メスは水分の多い場所で産卵する。

(3) 下線部Ｂについて、節足動物の昆《こん》虫のなかまを、次の**ア**～**ケ**からすべて選び、記号で答えなさい。

ア．ムカデ　　**イ**．ヒトデ　　**ウ**．ハチ

エ．ミジンコ　　**オ**．ザリガニ　　**カ**．トンボ

キ．カニ　　**ク**．クモ　　**ケ**．アリ

(4) 下線部Ｃについて、セキツイ動物の進化の過程として、最も適当なものを、次の**ア**～**エ**から１つ選び、記号で答えなさい。ただし、例のような生物ａ、ｂ、ｃはａ ⟶ ｂ、ｂ ⟶ ｃの順に進化したことを表すとします。

例

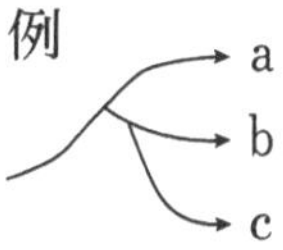

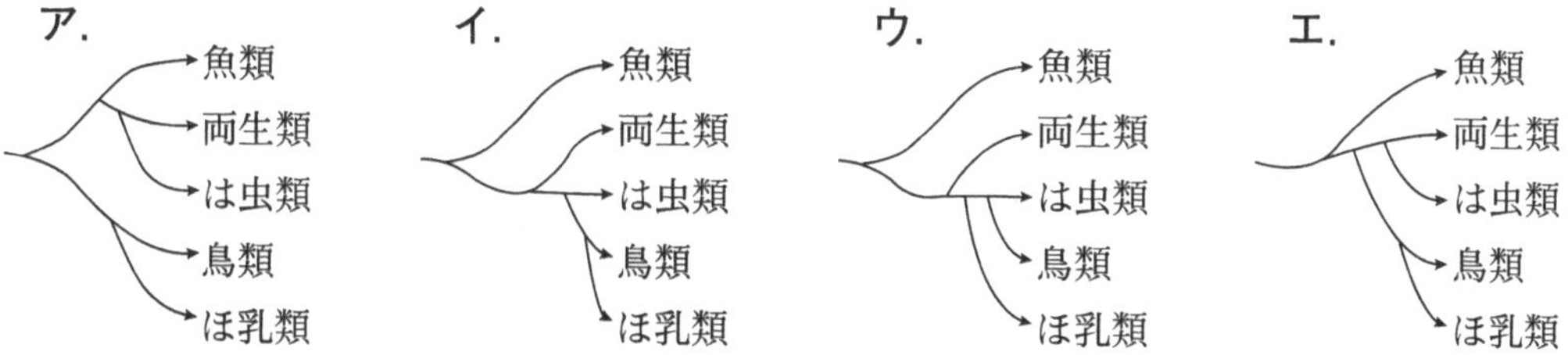

(5) 下線部Ｄについて、組み合わせとして最も適当なものを、次の**ア**～**エ**から１つ選び、記号で答えなさい。

ア．ヒトのうでとカニのはさみ

イ．ハトのつばさとチョウのはね

ウ．タコのあしとトカゲのあし

エ．クジラの胸びれとコウモリのつばさ

(6) 下線部Ｅについて、図１は、ａ－サンショウウオ・カエル、ｂ－ペンギン・アザラシ、ｃ－ブリ・メダカの３つのグループで、生活する外気温を変化させたとき、ａ～ｃの動物の体温がどのようになるかの大まかな形を描いたものです。

ａ～ｃのグループと、Ｘ～Ｚのグラフの記号の組み合わせとして、最も適当なものを、表の**ア**～**オ**から１つ選び、記号で答えなさい。

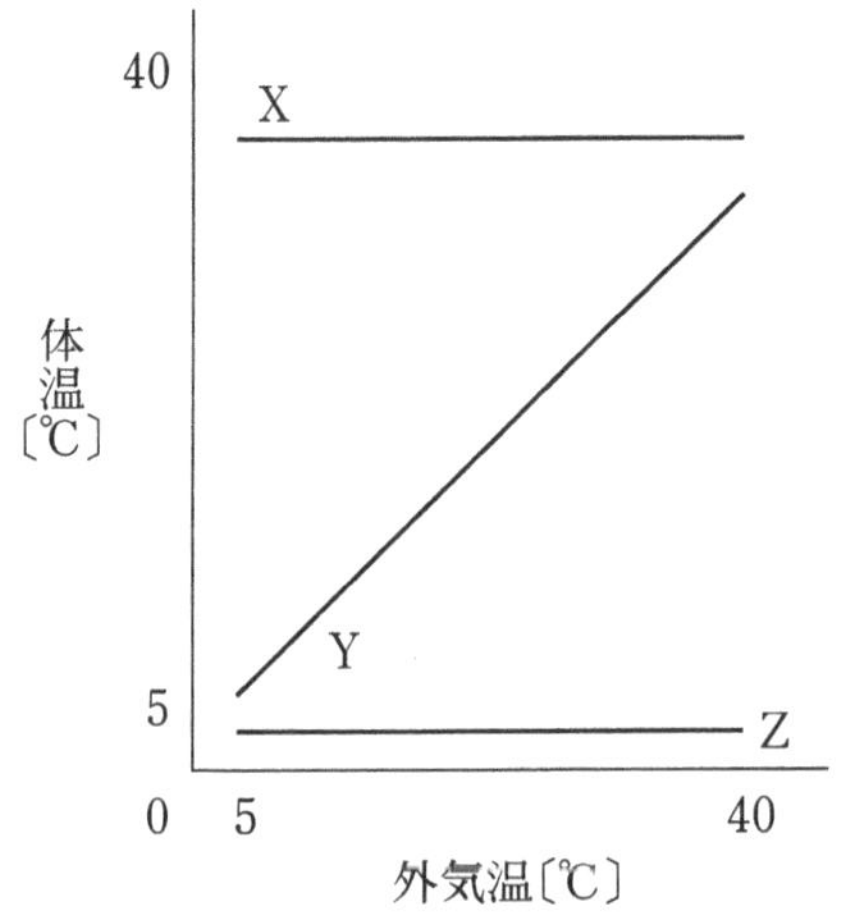

図１　体温と外気温の関係

	X	Y	Z
ア	b c	a	
イ	b		a c
ウ	a	b c	
エ	b	a c	
オ	b	a	c

(7) 下線部Ｆについて、次の文中 ［ あ ］ 、 ［ い ］ にあてはまるものとして、最も適当なものを、下の**ア**～**ケ**から１つ選び、記号で答えなさい。

温暖な地域に生息する体長100 cmのマレーグマと北極地方に生息する体長200 cmのホッキョクグマがいたとします。

体積比は、ほぼマレーグマ：ホッキョクグマ＝１：［ あ ］となります。また、体積あたりの体重比が同じであるとすれば、体重比もおよそマレーグマ：ホッキョクグマ＝１：［ あ ］となります。

次に、それぞれの体重あたりの体表面積の値を求め、その値を比較するとマレーグマ：ホッキョクグマ＝１：［ い ］となり、この値の違いでからだが冷えにくいといわれています。

ア．0.2　**イ**．0.4　**ウ**．0.5　**エ**．0.8　**オ**．1
カ．1.2　**キ**．2　**ク**．4　**ケ**．8

(8) 生物の歴史は、進化と絶滅の歴史といえます。１つの種が、完全にこの地球上からいなくなることを「絶滅」といいます。

現在、絶滅してしまった生物はどれですか。最も適当なものを、次の**ア**～**オ**から１つ選び、記号で答えなさい。

ア．アマミノクロウサギ　**イ**．アホウドリ　**ウ**．オオサンショウウオ
エ．イリオモテヤマネコ　**オ**．ニホンオオカミ

3 次の文を読んで以下の問に答えなさい。なお、問題文中の天気図は気象庁のホームページより引用しています。

気象庁は2023年冬(2022年12月～2023年２月)の気象について、全国的に寒気の影響《えいきょう》を受けやすい時期と受けにくい時期が交互《こうご》に現れたと発表しています。12月や１月下旬《げじゅん》などはA冬型の気圧配置が強まって寒気の影響を受けたため、冬の平均気温は北日本で低くなり、沖縄《おきなわ》・奄美《あまみ》地方では１月中旬や２月前半などは暖かい空気におおわれやすかったため、冬の平均気温は高くなりました。

一方、2023年春(３～５月)の気象については、特に３月を中心に暖かい空気におおわれやすかったと発表しています。このため春の平均気温は全国的に高く、特に北・東・西日本でかなり高くなりました。春の平均気温は平年と比べて北日本で＋2.2℃、東日本で＋1.8℃となり、B1946年の統計開始以降、春として１番の高温となりました。また高気圧におおわれやすく、C晴れた日が多かったため、春の日照時間は全国的に多くなりました。その一方で、低気圧や前線の影響でまとまった雨が降った日があったため、D春の降水量も全国的に多くなりました。

(1) 下線部Ａの冬型の気圧配置を表した天気図として正しいものを、次の**ア**～**エ**から１つ選び、記号で答えなさい。

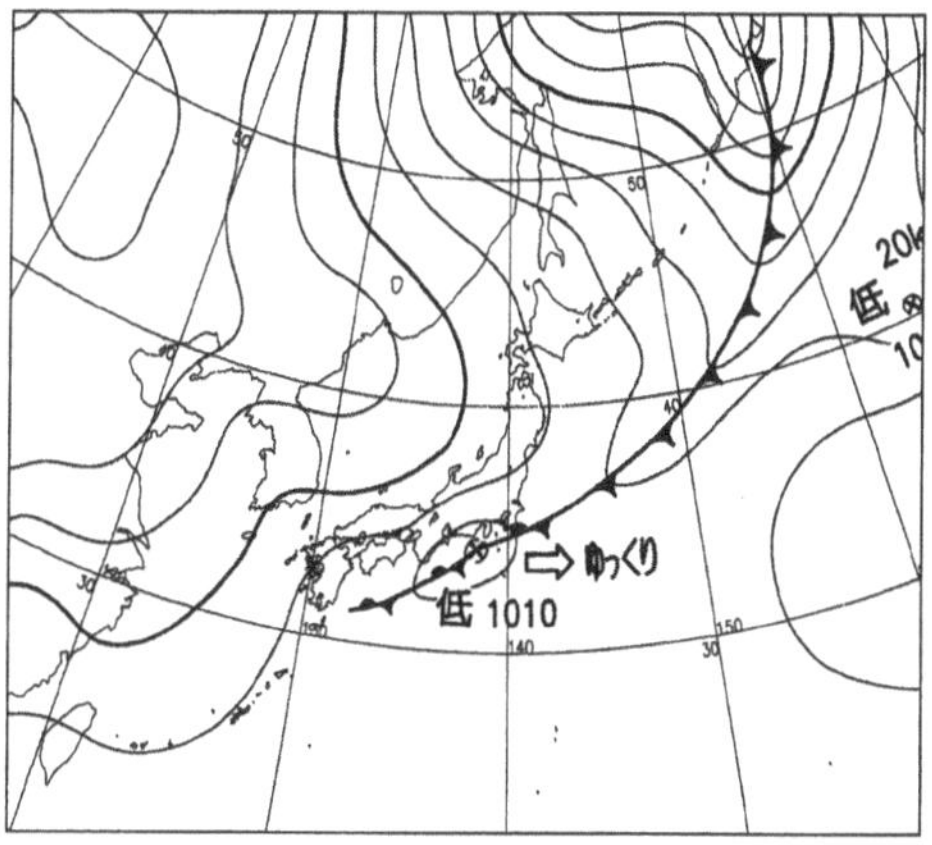

ア

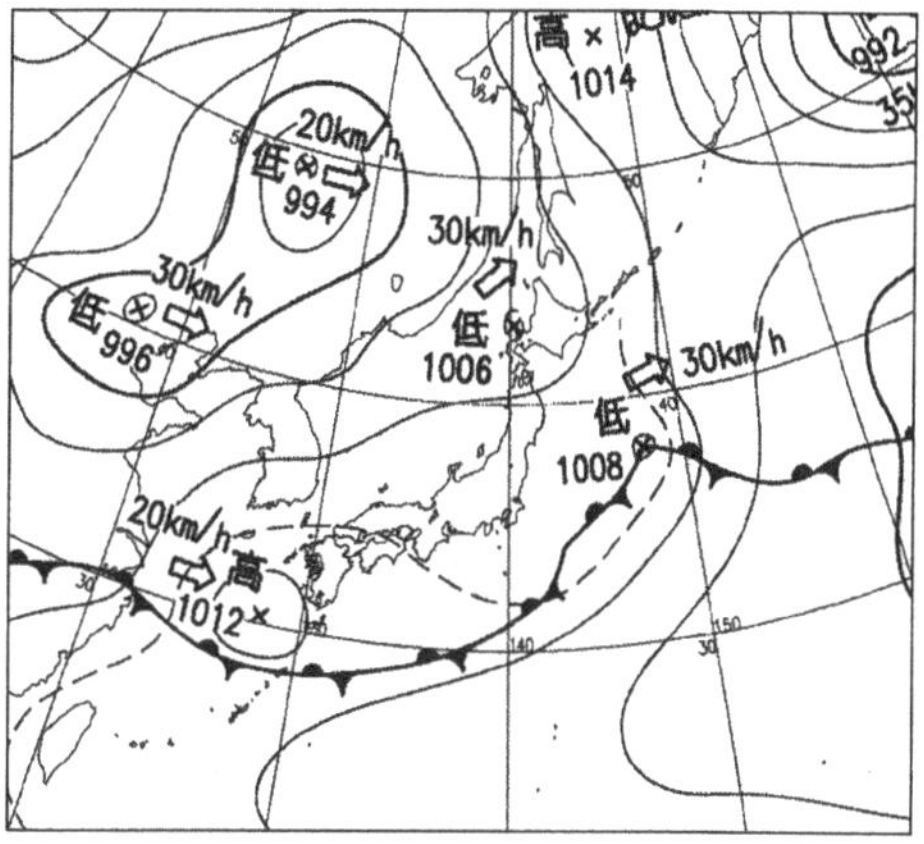

イ

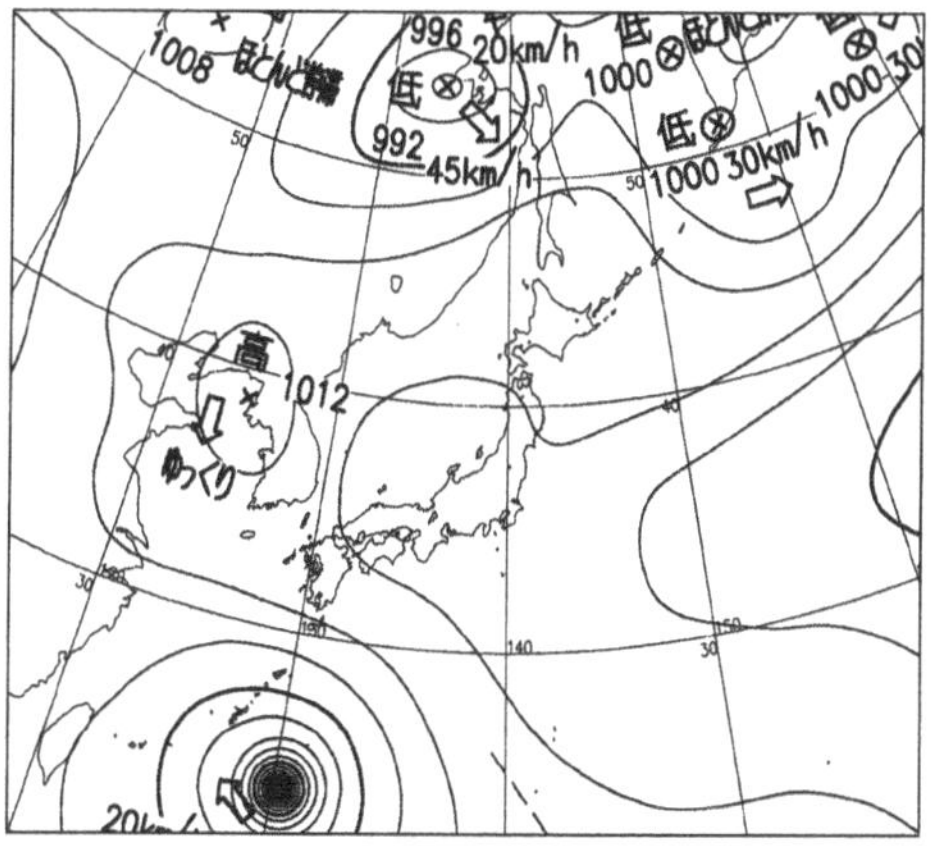

ウ

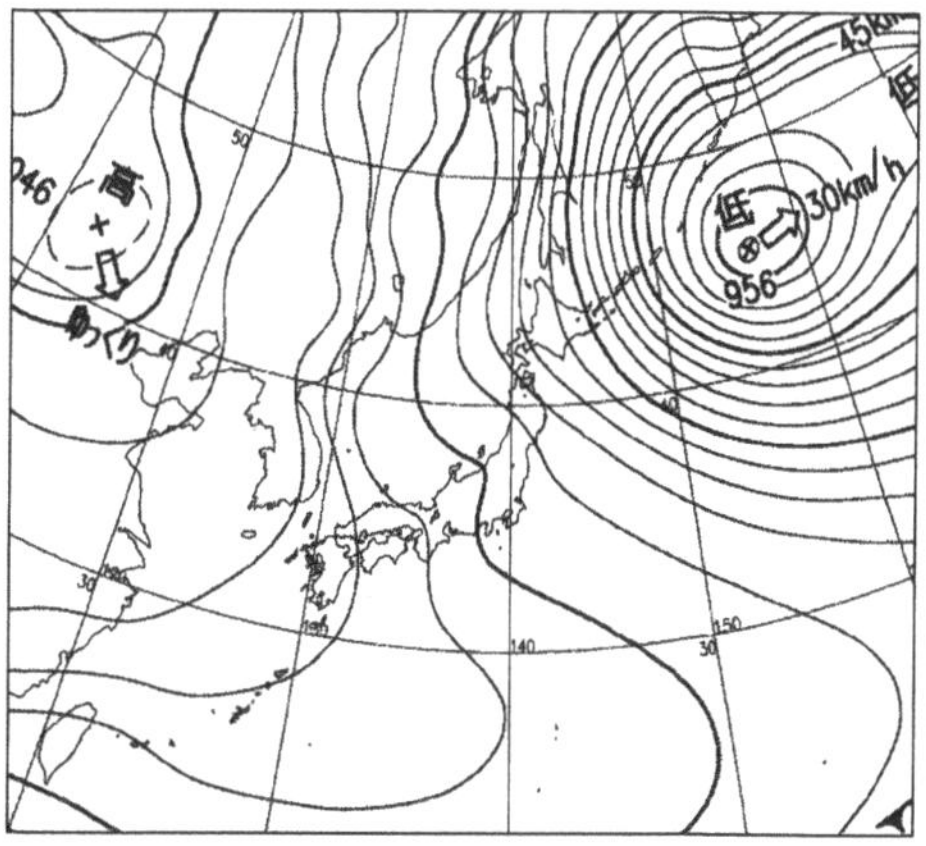

エ

(2) 下線部Ｂについて、月別で見ると３月の平均気温は基準値に対して＋2.75℃となり、1898年以降で最も高かった2021年(＋2.38℃)を上回り、第１位の記録となりました。このように３月の平均気温が高くなった原因として正しいものを、次の**ア**～**エ**から１つ選び、記号で答えなさい。

ア．偏西風《へんせいふう》が普段《ふだん》より北寄りを通過したため、冬型の気圧配置が崩《くず》れ、ユーラシア大陸からの寒気の流《なが》れ込《こ》みが弱くなった。

イ．太平洋高気圧の勢力が増し、オホーツク海高気圧を北に押《お》し上げ本州全域が高気圧でおおわれた。

ウ．移動性高気圧の発生が普段より早く、低気圧と交互に日本に流入し、晴天と雨天をもたらした。

エ．シベリア高気圧の勢力が強くなり、オホーツク海高気圧に向けて強い寒気が流れ込み日本海側の気温が低下したのに対して、フェーン現象が発生した太平洋側の気温は大幅《おおはば》に上昇したため、全国で見ると平均気温が上昇した。

(3) 日本の冬から春にかけて寒気をもたらすシベリア高気圧は、ユーラシア大陸東部で冬に発生するシベリア気団から発生します。次の［　　　］は、シベリア気団から高気圧が発生する理由について説明した文です。文中の［　1　］、［　2　］に当てはまる適切な語句の組み合わせとして正しいものを、下の**ア**～**カ**から１つ選び、記号で答えなさい。

シベリア気団が発生する大陸の高緯度《こういど》では、太陽の高度が低くほとんど昇《のぼ》ってきません。このため日射量が少なくなり、気温が低くなります。さらに夜は［　1　］の影響でさらに冷えていきます。冷たい空気は暖かい空気と比べると［　2　］ため高気圧を形成し、シベリア高気圧が発生します。

	1	2
ア	断熱圧縮	重い
イ	断熱圧縮	軽い
ウ	放射冷却《れいきゃく》	重い
エ	放射冷却	軽い
オ	過冷却	重い
カ	過冷却	軽い

(4) 下線部Ｃについて、天気における晴れやくもりの決め方として「雲量」があります。これは空全体を10としたときに雲が占《し》める広さで決めるもので、０から10までの11段階の数字で表します。「くもり」のときの雲量として正しい値をすべて答えなさい。

(5) 春に桜が咲《さ》く頃《ころ》のくもり空を「花曇《はなぐも》り」と言います。この時よく現れる雲は空一面に薄《うす》く広がり、この雲の薄い部分に太陽や月がかかると、太陽や月の存在がすりガラスを通して見るようにぼんやりと分かるため、「おぼろ雲」とも呼ばれています。この雲の名称《めいしょう》として正しいものを、次の**ア～カ**から１つ選び、記号で答えなさい。

ア．巻雲　　**イ**．乱層雲　　**ウ**．巻積雲
エ．層積雲　　**オ**．高層雲　　**カ**．積乱雲

(6) 下線部Ｄについて、春に降る長雨のことを「春雨《はるさめ》」と言い、４～６日ほど降り続けることが多くあります。春に雨が多く降る理由として説明した文のうち、**間違《まちが》っているもの**はどれですか。次の**ア～エ**から１つ選び、記号で答えなさい。

ア．冬の間は大陸から吹《ふ》いてくる北西の季節風の影響で、低気圧は南の海上を離《はな》れて通ることが多いが、春になってシベリア高気圧が弱まると、低気圧が西日本付近を通りやすくなるから。

イ．春は南からの暖気が流入しやすくなるが、日本の北にはまだ寒気が残っていることから、西日本付近の南北の温度差が大きくなることで、低気圧が発達し雨が降るようになるから。

ウ．春に日本に流入する移動性高気圧は、大陸から湿《しめ》った空気を運んでくる。これにより日本付近では強い上昇気流が発生し、ここから低気圧が形成され、天気が悪くなり雨が降るようになるから。

エ．春に日本に流入する移動性高気圧はその後ろに低気圧をともなっており、これらが日本列島に交互に流入してくるため、低気圧におおわれた場合は天気が悪くなり雨が降るようになるから。

(7) 雨とは、雲を構成する粒子《りゅうし》である雲粒《くもつぶ》が複数個集まることにより重くなり、上空から落下してきたものです。雲粒１つの直径を0.002 mm、雨粒１つの直径を0.8 mmとすると、雨粒１つができあがるのに雲粒は何個必要になりますか。雲粒の個数として適当なものを、次の**ア**～**カ**から１つ選び、記号で答えなさい。

ア．400万個　**イ**．800万個　**ウ**．1600万個

エ．3200万個　**オ**．6400万個　**カ**．１億2800万個

4 図１のように、体積37 cm^3 の金属の円柱形物体Aをばねばかりで測ると100 g でした。これを図２のように水の中に入れて測ると、ばねばかりの目盛りは63 g を指しました。このように、水中では物体に上向きの力、浮力という力がはたらきます。水中での浮力の大きさは、物体が押しのけた体積分の水の重さになります。水１ cm^3 は１ g なので、物体Aの浮力は37 g となります。その結果、水中での物体Aの重さは見かけ上63 g になります。このことを参考にして、以下の問に答えなさい。ただし、答えが割り切れなかった場合は、小数第２位を四捨五入して小数第１位まで答えなさい。

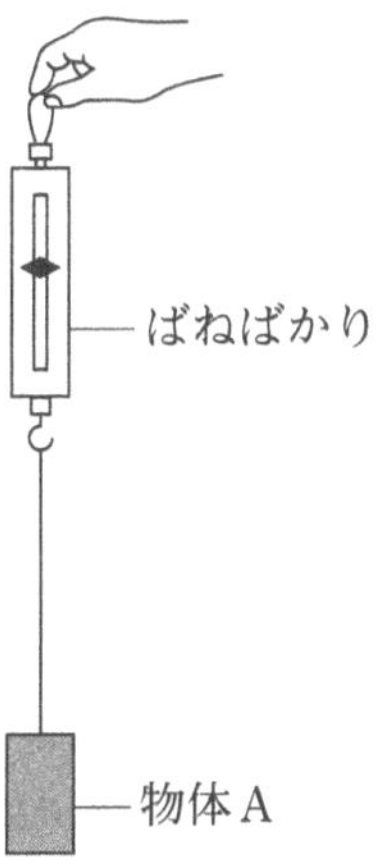

図１

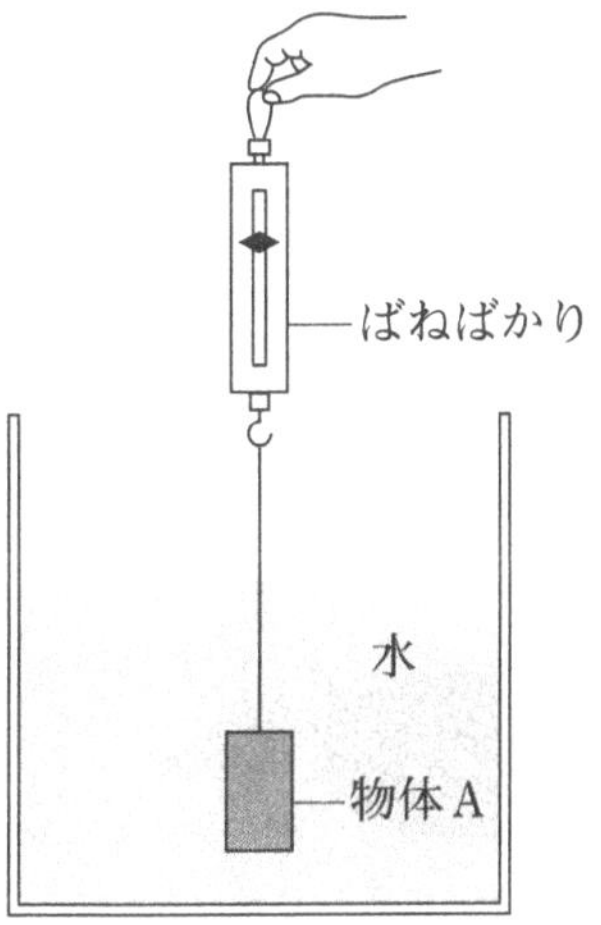

図２

図3のような底の部分が磁石になっているコップのような円筒形の太さが一様な底面積が20 cm^2 の容器Bがあります。磁石の重さは140 gで、底の下面がN極、上面がS極となっています。容器Bは磁石以外の部分の重さや厚みは無視できます。これを図4のように高さ30 cm、底面積800 cm^2 の水そうに入れ、水を1秒間に20 cm^3 ずつ静かに入れます。水そうの下には電磁石があります。スイッチを入れると180 gの力で磁石を近づけたり、反発させたりします。ただし、電磁石の力は容器Bが水そうの底から離れたり、水そうの底に近づいたりする力と水そうの底と磁石までの距離は、図5のグラフのようになります。また、はじめスイッチは切れていて、容器Bは常に磁石の真上にあって倒れないとします。

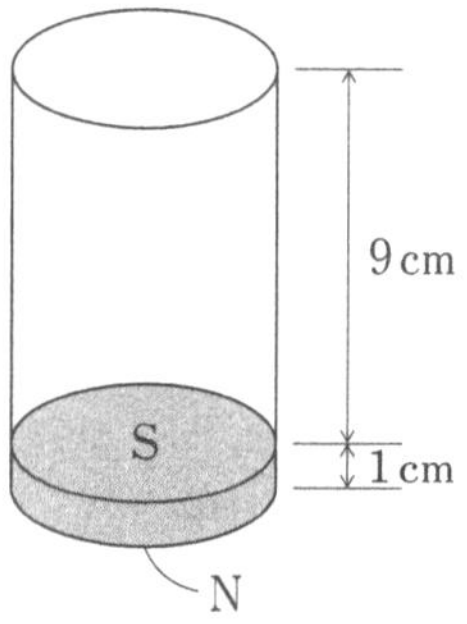

図3

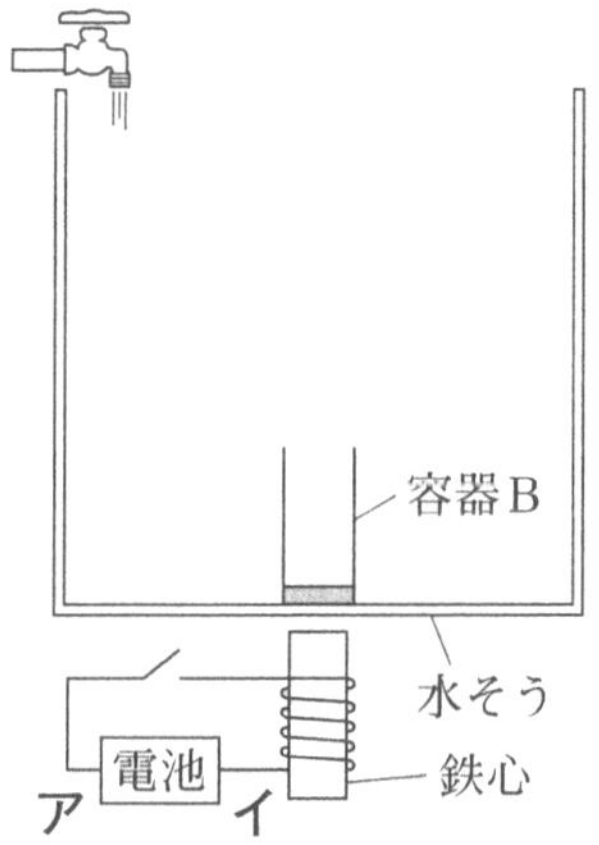

図4

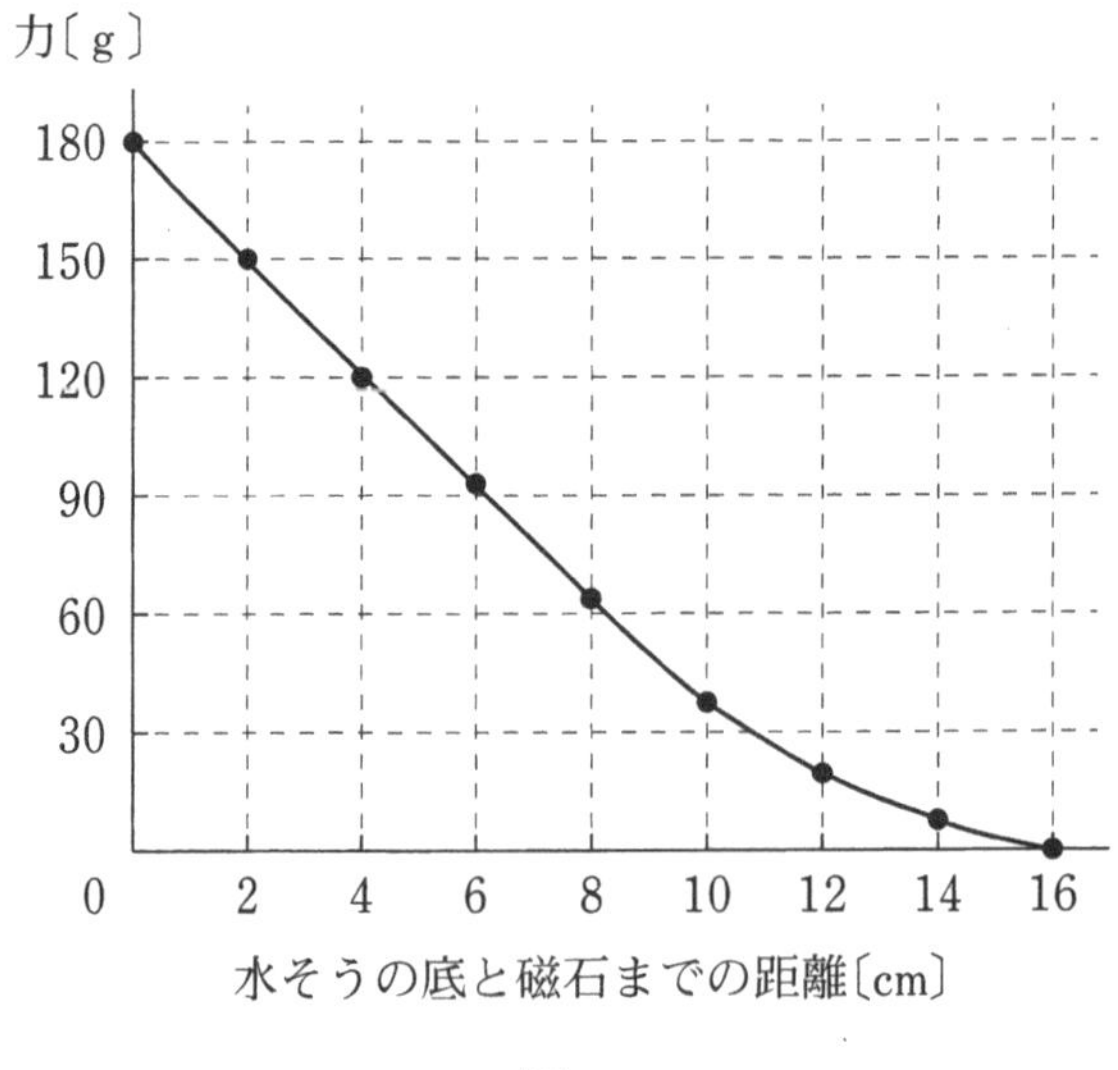

図5

(1) 水そうに水を入れ始めてから78秒後の水面は、水そうの底から何cmの高さにありますか。

(2) 容器Ｂが浮き始めるのは、水そうに水を入れ始めてから何秒後ですか。

(3) (2)のとき、容器Ｂは水面から何cm出ていますか。

(4) 容器Ｂが浮き始めてから電磁石のスイッチを入れると、容器Ｂは底につき容器Ｂに水が入ってきました。このようになるのは水そうに水を入れ始めてから最短で何秒後ですか。

(5) 図４における電池の＋(プラス)極は**ア**、**イ**のどちらですか。

次に、まず容器Ｂに水を満たします。そして電池の＋と－を逆にします。水そうの中に容器Ｂを入れ、図４と同様に水そうに水を入れ、その後スイッチを入れます。

(6) 容器Ｂが浮き始めるのは、水そうに水を入れ始めてから何秒後ですか。

(7) (6)のとき、容器Ｂは水そうの水面から何cm出ていますか。

(8) 容器Ｂの上面と水そうの水面が同じになるときは、水そうに水を入れ始めて何秒後ですか。

令和６年度 本郷中学校
第３回 入学試験問題

社 会

（40分 満点：75点）

注 意

1．問題の解答は解答用紙にはっきりと記入しなさい。
2．指示があるまで開いてはいけません。
3．答えはすべて解答用紙に記入しなさい。
4．解答に際して、用語・人物名・地名・国名などについて漢字で書くべき所は漢字で答えなさい。なお、国名の表記は通称でかまいません。
5．用具の貸し借りは禁止します。
6．指示があるまで席をはなれてはいけません。
7．質問があれば、だまって手をあげて監督者を呼びなさい。
8．試験が終わったら、解答用紙だけ提出しなさい。問題は持ち帰ってもかまいません。

1 次の表は日本海※に面する６つの県の統計です。なお、県Ａ～Ｆは県庁所在都市の位置が北から順になるように並べてあり、表中の記号と設問の記号は対応しています。表に関連した下の問いに答えなさい。

※ユーラシア大陸、日本列島、樺太に囲まれた海で、対馬海峡・津軽海峡・宗谷海峡が周辺の海との境界となる。

	人口（万人）2019年	面積（㎢）2019年	農業産出額（億円）2018年		漁業生産量（万ｔ）2018年	工業生産（出荷額）総額（億円）2017年	主な伝統的工芸品・特産物
			米	果実			
A	129	9,646	553	828	18.0	19,361	①
B	100	11,638	1,036	72	0.7	13,898	かば細工、はたはた
C	225	12,584	1,445	77	3.1	49,200	②
D	106	4,248	451	21	4.2	38,912	③
E	68	6,708	204	37	11.8	11,841	雲州そろばん、しじみ
F	138	6,113	228	43	2.7	61,307	④

出典：帝国書院『中学校社会科地図』（2023年）

問１　表中①～④にあてはまる食材の写真を次の中から１つずつ選び、記号で答えなさい。

ア

イ

ウ

エ

問２　次のグラフは米とももの県別の生産割合（いずれも2018年）を示しています。グラフ中Ｇ・Ｈの県として適切なものを下のア～エから１つずつ選び、記号で答えなさい。

米

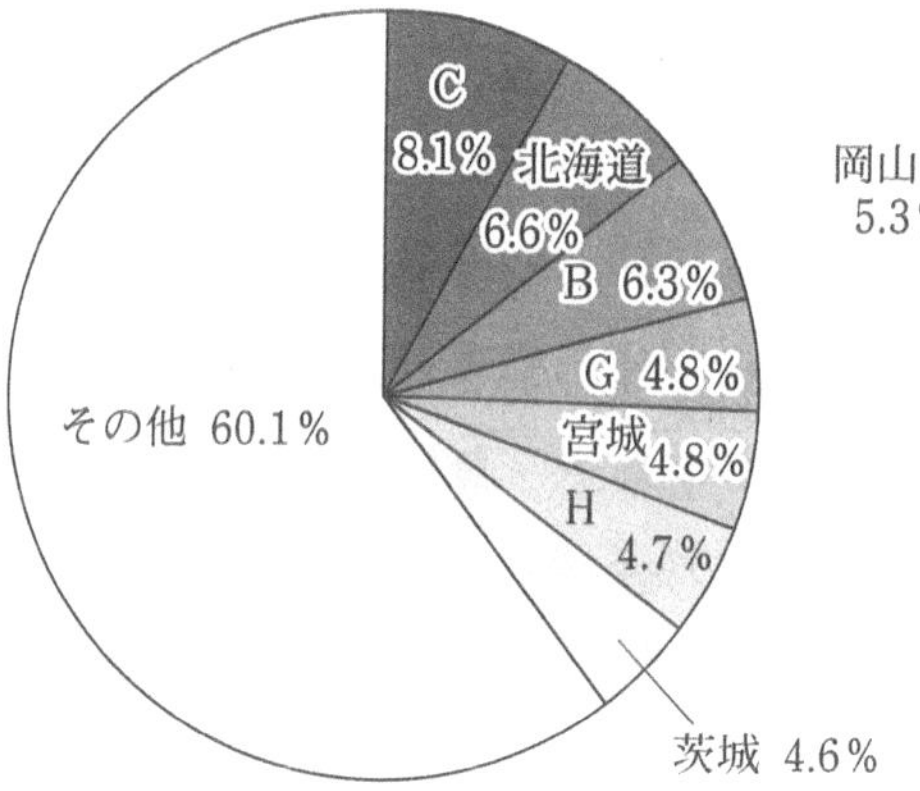

もも

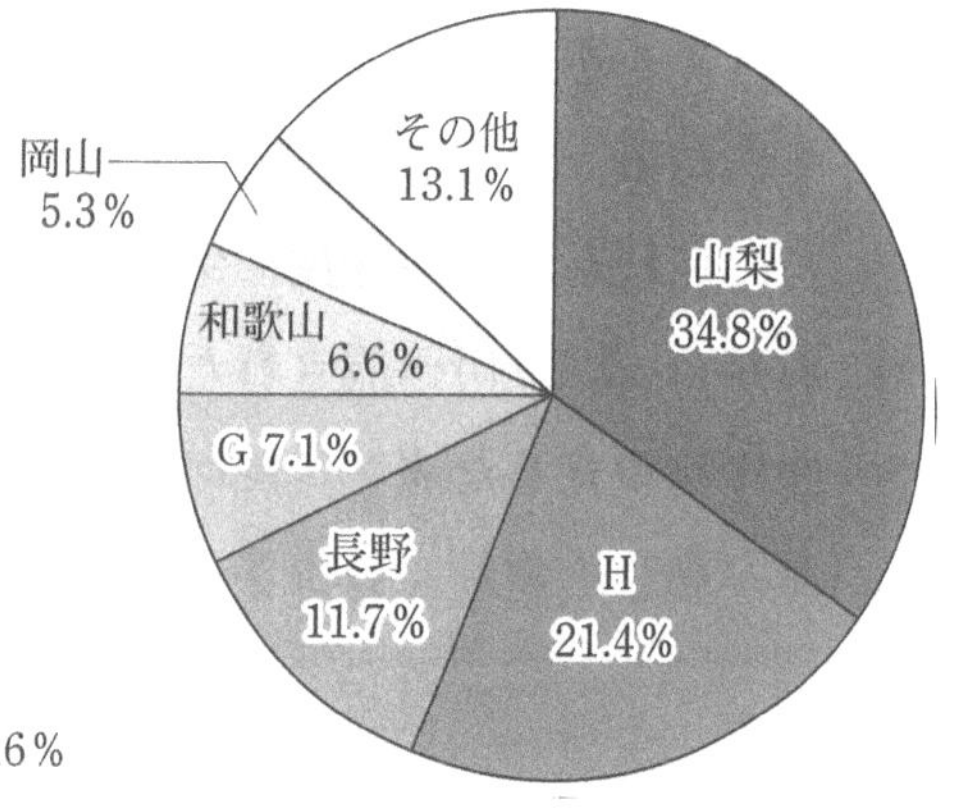

出典：帝国書院『中学校社会科地図』（2023年）

ア　群馬　　イ　福島　　ウ　栃木　　エ　山形

問３　県Ａは風力発電の都道府県別の導入量で１位※※となっています。これに関連して、風力発電について説明した次の文が正しければ○、誤っていれば×をそれぞれ答えなさい。

※※出典：日本風力発電協会「【速報版】日本の風力発電導入量（2022年12月末時点）」

あ：発電機を取り付けた風車が回ることにより発電する方式である。さまざまな発電方式の中では構造が非常に複雑で、広い敷地を必要とする。そのため日本では、多額の費用を投じ、人里離れた山間部を中心に建設している。しかし、二酸化炭素や有害物質を排出しないなどのメリットがある。

い：発電量が風速や風量に左右されるため、出来る限り年中安定した風が吹く場所に立地させた方が良い。一方で台風などが予想される時は、倒壊や風車の破損などのリスクがあるため停止させなくてはいけないなどのデメリットがある。

問４　県ＣとＤは、河川の水質汚濁にともなう公害が発生した地域を有します。これらの公害について説明した次の文中の空欄にあてはまる語句をそれぞれ答えなさい。

> 県Ｃにある工場では、アセトアルデヒドを生産していた。その過程で発生したメチル水銀を含んだ工場排水が未処理のまま(　う　)川へ流されていた。その結果、手足が痺《しび》れて震える、うまく歩けない、言葉をうまく話せないなどの症状が流域の住民に生じた。一方、鉱山の操業により発生したカドミウムが(　え　)川へ流された結果、県Ｄでは汚染された水やそれにより育った農作物を食した流域住民に健康被害が生じた。具体的には、腰・肩・ひざなどが激しく痛む、骨折をくり返すなどの症状がみられた。

問５　次の写真お・かは、県Ａ～Ｆのいずれかに位置する世界遺産を示しています。また写真の下の文はその様子について説明しています。写真が撮影された県をＡ～Ｆの中から１つずつ選び、記号で答えなさい。

お

江戸時代から形成された城下町や城跡、幕末の私塾などが残されている。

か

16世紀アジアの貿易で流通した貴金属の産地として、広く知られている。

問６　日本海に面するすべての道府県のうち、政令指定都市を有するものの数を答えなさい。

2 次の文章を読み、下の問いに答えなさい。

2019年４月に政府は「2024年から紙幣のデザインを変更する」と発表しました。現行の紙幣が発行されてから20年がたつので、新たな偽造防止策をとるためです。また、目の不自由な人や外国の人にも使いやすくするユニバーサルデザインを導入するためでもあります。１万円札には渋沢栄一が、5000円札には津田梅子が、1000円札には北里柴三郎が描かれることになりました。いずれも日本の近代化に尽力した人物です。

1868年から太政官札、明治通宝札など、明治政府は「政府紙幣」と総称される紙幣を次々と発行していました。1878年には明治通宝札に統一しましたが、まだ肖像画は使用していません。その明治通宝札の偽造対策として1881年から発行された新しい紙幣（１円札）に、A神功《じんぐう》皇后の肖像画が描かれることになりました。御雇外国人のキヨソネがデザインを任されたこともあり、どこかギリシア神話の女神を思わせるような顔立ちでした。その後間もなく発行された５円札・10円札にも神功皇后が描かれています。1888年から1891年にかけて発行された５円札には［　①　］が、10円札にはB和気清麻呂が選ばれました。100円札にはC中臣鎌足が描かれました。なお、［　①　］はD1917年からの20円札にも、中臣鎌足は②1931年からの20円札にも登場します。また、100円札には1930年からE聖徳太子が描かれました。

戦後しばらくの間に、金融緊急措置令により６種類の紙幣が発行されました。これらは「A券」と呼ばれています。F二宮尊徳が描かれた１円札、聖徳太子の100円札などです。その後、1950年から1953年にかけて４種類の紙幣が順次発行されました。これらが「B券」です。G高橋是清が描かれた50円札、［　③　］の100円札、［　④　］が描かれた500円札、聖徳太子の1000円札です。

1957年から1969年にかけては高度経済成長もあって高額紙幣が必要となり、聖徳太子が描かれた5000円札・１万円札が新たに発行されました。これに伴い、1000円札の人物が変更され、1963年からは⑤伊藤博文が描かれることになりました。これらの新しい紙幣は、それまでと同じ［　④　］の500円札と合わせて「C券」と呼ばれています。

1984年には［　⑥　］の１万円札、新渡戸稲造の5000円札、H夏目漱石の1000円札へと一斉に切り替えられました。これらは「D券」と呼ばれています。2000年には九州・沖縄サミットを記念し、［　⑦　］城にある守礼門やI紫式部が描かれた2000

円札が発行されました。これまでになかった額面の紙幣で、これも「D券」です。2004年には１万円札は大きな変更はなかったものの、樋口一葉の5000円札、⑧野口英世の1000円札にデザインが改められました。これらは「E券」と呼ばれています。そのため、今回、新たに発行される予定の紙幣は「F券」と呼ばれることになります。

こうして見ると、戦前において紙幣の図案に採用されたのは、天皇の「忠臣」とされた人物で男性が多く、戦後においては政治家が多かった、といえるでしょう。徐々に経済や文化の面で活躍した人物、女性が増えてきています。

問１　下線部Aについて、この人物は「応神天皇の母」とされています。応神天皇は大阪府羽曳野市にある巨大古墳に葬られているとされていますが、このような古墳に関する説明として誤っているものを次の中から１つ選び、記号で答えなさい。

ア　日本で見られる巨大古墳の多くが、前方後方墳である。
イ　各地で同形の古墳が築造されたことは、政治的な統合が進んだことを意味する。
ウ　古墳の上や周囲には、さまざまな埴輪が並べられていた。
エ　古墳の内部には死者とともに、さまざまな副葬品が納められた。

問２　下線部Bについて、この人物は道鏡の即位を阻止したり、平安京遷都を建議したりしました。この人物が活躍した頃の説明として誤っているものを次の中から１つ選び、記号で答えなさい。

ア　桓武天皇は即位すると、平城京から長岡京へ遷都した。
イ　桓武天皇は坂上田村麻呂を征夷大将軍に任命し、東北地方に派遣した。
ウ　遣唐使にしたがって唐に留学した最澄は、真言宗を日本にもたらした。
エ　遣唐使にしたがって唐に留学した空海は、帰国後に金剛峰寺を開いた。

問３　下線部Ｃについて、この人物が活躍した頃の説明として誤っているものを次の中から１つ選び、記号で答えなさい。

ア　富本銭が造られ、都の造営費用に充てられた。
イ　大王をしのぐほどの勢力をもった蘇我氏本宗家が滅ぼされた。
ウ　「倭」国は、百済を救援するために軍勢を朝鮮半島に派遣した。
エ　中大兄皇子が近江国大津宮で即位して天智天皇となった。

問４　下線部Ｄについて、この前後の出来事を起こった順に並べた場合、３番目となるものを次の中から選び、記号で答えなさい。

ア　第一次世界大戦が始まった。
イ　中国に二十一ヵ条要求を突き付けた。
ウ　米騒動が起こった。
エ　原敬内閣が成立した。

問５　下線部Ｅについて、この人物に関する説明として誤っているものを次の中から１つ選び、記号で答えなさい。

ア　冠位十二階を定め、能力ある者を登用しようとした。
イ　蘇我氏とは血縁関係がなかったので、大王に即位できなかった。
ウ　斑鳩に法隆寺を建立するなど、仏教を信仰した。
エ　中国の先進的な文物を摂り入れるため、遣隋使を派遣した。

問６　下線部Ｆについて、この人物が活躍した頃に関する説明として誤っているものを次の中から１つ選び、記号で答えなさい。

ア　水野忠邦が天保改革を実施した。
イ　大坂で大塩平八郎が乱を起こした。
ウ　幕府が異国船打払い令を出した。
エ　浅間山が大噴火し、天保の飢饉が起こった。

問７　下線部Ｇについて、この人物に関する説明として誤っているものを次の中から１つ選び、記号で答えなさい。

ア　昭和恐慌対策としてインフレ政策を採用した。
イ　多くの内閣で大蔵大臣を務めた。
ウ　日本銀行の総裁を務めたこともあった。
エ　五・一五事件で殺害された。

問８　下線部Ｈについて、この人物に関する説明として正しいものを次の中から１つ選び、記号で答えなさい。

ア　小説「羅生門」や「鼻」で才能を認められた。
イ　小説「吾輩は猫である」を発表して作家活動を始めた。
ウ　陸軍軍医であったが、「舞姫」などの小説も発表した。
エ　言文一致体で小説「浮雲」を発表した。

問９　下線部Ｉについて、この人物が活躍した頃に関する説明として誤っているものを次の中から１つ選び、記号で答えなさい。

ア　藤原道長が、天皇の外戚として権力を握っていた。
イ　「枕草子」や「徒然草」などの随筆が多く著された。
ウ　末法思想の影響で浄土教が貴族層に受け入れられた。
エ　貴族は寝殿造の屋敷に居住していた。

問10　文中の［　①　］には、後に「学問の神様」として信仰を集めるようになる人物があてはまります。この人物名を答えなさい。

問11　下線部②について、この年に日本は満州事変を起こし、「十五年戦争」に突入していきます。満州事変のきっかけとなった事件の名称を答えなさい。

問12　文中の［　③　］には、明治政府内での征韓論争に敗れて自由民権運動を起こした土佐出身の政治家があてはまります。この人物名を答えなさい。

問13　文中の［　④　］には、遣外使節団の特命全権大使を務め、征韓論争後も右大臣として活躍した公家出身の政治家があてはまります。この人物名を答えなさい。

問14　下線部⑤について、この人物は内閣総理大臣や枢密院議長、韓国統監、立憲政友会総裁など、さまざまな役職の初代を務めたことでも有名です。そのうち、帝国憲法で規定された二院制の議会の初代議長も務めましたが、その議院の名称を答えなさい。

問15　文中の［　⑥　］には、現在発行されている１万円札の肖像となっている人物があてはまります。この人物が幕末期に創設した塾の名称を４字で答えなさい。

問16　文中の［　⑦　］にあてはまる地名を答えなさい。

問17　下線部⑧について、この人物がアフリカで研究していた病気の名称を答えなさい。

3 次の文章を読み、下の問いに答えなさい。

「人新世《じんしんせい》」という言葉を、皆さんは聞いたことがあるでしょうか。これは①1995年に②ノーベル化学賞を受賞した③クルッツェン博士によって提唱された、新しい地質年代です。今日はこれについて考えていきましょう。

地質年代とは、地質学的な手法でしか研究できない時代のことで、岩石や化石の違いをもとに、46億年前の地球誕生時から現在までを大きく４つに区分しています。順番に、「先カンブリア時代」、「古生代」、「中生代」で、約6600万年前から始まるのが私たちのいま生きている「新生代」です。地質学ではこの「新生代」を更に細かく分け、現在は「第四紀」のなかの、約１万1700年前に始まった「完新世」にあたるとされています。ところがクルッツェン博士は④2000年に開かれたある学会で「今はもはや完新世ではない。人新世だ」と発言したのです。

「人新世」とは、人間の活動によって地球環境が大きく変わり、かつその影響が地質に反映されていることを示す言葉です。たとえば、いま、深海底や湖沼底には大量のプラスチックごみが堆積していっています。また繰り返される⑤核兵器開発実験や原子力発電所から出る廃水によって、大気も地下水も海も土壌も放射能を帯びています。さらにサンゴが世界中の海で死滅していっており、この「サンゴが存在しない」という記録が地球の地質に残ります。ですから今から数億年後に現代を振り返ってみれば、明白に人類の活動の痕跡が地中に残るはずだ、とクルッツェン博士は述べたのです。

そこで「人新世」はいつから始まったのかを決める議論が始まり、今からおよそ１万年前、人類が⑥農業のために森林を伐採し始めた時から始まる、という説や、クルッツェン博士のように、大気中に含まれる⑦二酸化炭素濃度が急激に上昇し始めた⑧18世紀末にするべきだとする説や、人口と消費量が一気に増加した⑨1950年頃にすべきだとする説が出ましたが、2023年7月に、国際地質科学連合の作業部会は最後の説を選ぶことにしたと発表しました。

しかし、クルッツェン博士は、この地質年代の見直し作業は本質的な問題ではないと言っています。博士は、「人新世という言葉は世界への警告である」と述べ、人類の活動が地球にどれほどの悪影響を及ぼしているのかを自覚し、最悪の事態を避けるための行動を起こすことを訴えています。

国際連合のグテーレス事務総長も、2023年７月の記者会見で、地球の７月の平均気温と海水温が史上最高を記録したことを指し、⑩「もはや地球温暖化ではなく地球（　X　）化の時代」になった、と述べました。そして世界の温室効果ガスの80％を排出するG20諸国に、脱炭素と再生可能エネルギーへの移行を加速するよう要請しました。

気候変動が引き起こす災害の悪影響は、貧しい国や貧しい人々、子供、お年寄り、心身に何らかの障害や病気をもっている人たちの方が、そうではない人たちよりも強く受けます。これは非常に不公平なことだと言えるでしょう。環境問題は⑪人権問題でもあるのです。同じ「宇宙船地球号」の乗組員として、私たちは2015年の国連総会で掲げられた「誰も取り残さない」という理念の下、団結してこの気候危機を乗り越えていかなければなりません。

問1　下線部①について、この年に死者6400名を超える被害を出した阪神・淡路大地震が発生しました。その後、政府は防災対策の強化をめざす法律案を次々に国会に提出し、より厳しい耐震基準を設定することなどにより我が国の建築物の強度は高められていきます。それでは内閣が法律案を作成した後、法律が成立するまでの過程について述べたものとして適切なものを次の中から1つ選び、記号で答えなさい。

ア　内閣が提出する法律案は、必ず衆議院に先に提出される。
イ　衆議院で満場一致で可決した場合は、参議院を経ずに法律として成立する。
ウ　衆議院の委員会では、いかなる法案でも必ず公聴会を開かなければならない。
エ　衆議院で可決された法案が参議院で否決された場合、衆議院が出席議員の3分の2以上の多数で再可決すれば、法律は成立する。

問2　下線部②について、2019年にこの賞を受賞した日本人で、温室効果ガス抑制にも貢献する「リチウムイオン電池」を開発した人物名として適切なものを次の中から1つ選び、記号で答えなさい。

ア　吉野彰　　イ　佐藤栄作　　ウ　山中伸弥　　エ　川端康成

問３　下線部③について、この人物のオゾン層に関する研究がフロンガス排出を規制する国際条約の制定につながりました。この条約の名称として適切なものを次の中から１つ選び、記号で答えなさい。

ア　ベルサイユ条約　　　　イ　ポーツマス条約
ウ　京都議定書　　　　　　エ　モントリオール議定書

問４　下線部④について、この年、徳島県では吉野川河口堰の建設をめぐり、住民投票が行われ、反対多数で建設は中止されました。このように、地方自治では、住民の意志をより政治に反映させやすい仕組みになっています。それでは地方自治について以下の問いに答えなさい。

(1)　地方自治体では、住民が一定の署名を集めることで、条例の制定・改廃、監査、議会の解散や首長・議員の解職を求める権利が認められています。この権利は何と言いますか。その名称を答えなさい。

(2)　首長・議員の解職を求めるときに必要な署名数として適切なものを次の中から１つ選び、記号で答えなさい。

ア　有権者の50分の１以上　　　　イ　住民人口の50分の１以上
ウ　有権者の３分の１以上　　　　エ　住民人口の３分の１以上

問５　下線部⑤について、日本は世界で唯一の戦争被爆国です。では、広島と長崎に原爆が投下されたのは1945年の何月何日ですか。それぞれの日付を答えなさい。

問６　下線部⑥について、近年の日本の農業をとりまく状況について述べた文章として適切なものを次の中から１つ選び、記号で答えなさい。

ア　農家の数は第二次世界大戦後からずっと減少傾向にあったが、近年は株式会社化するなどの取り組みで新しく農業につく人は大幅に増加している。
イ　農業従事者の高齢化と後継者不足が長年の課題だったが、農業でのＩＴ活用や外国人労働者の活用により、これらの問題はほぼ解決している。
ウ　日本の食料自給率は近年上昇傾向にあり、2021年以降は70％を上回っている。
エ　近年は食の安全に対する関心の高まりにともない、「有機農業」による作物栽培面積が増えている。

問７　下線部⑦について、次の図は、2016年１月から2020年12月までの与那国島の二酸化炭素濃度の月平均値をグラフにしたものです。グラフについて説明する以下の文章を読み、空欄（　　　）に当てはまる語句を３字で答えなさい。なお、１ppmとは１㎥の空気中に１㎤の二酸化炭素が含まれていることを意味しています。

> 大気中の二酸化炭素濃度は、季節による増減を繰り返します。これは、秋から冬にかけては植物の（　　　）量が減少する一方で、暖房などによる二酸化炭素の排出量が増加し、また春から夏にかけては、逆に植物の（　　　）が盛んになり、二酸化炭素がよく吸収されるためだと考えられています。

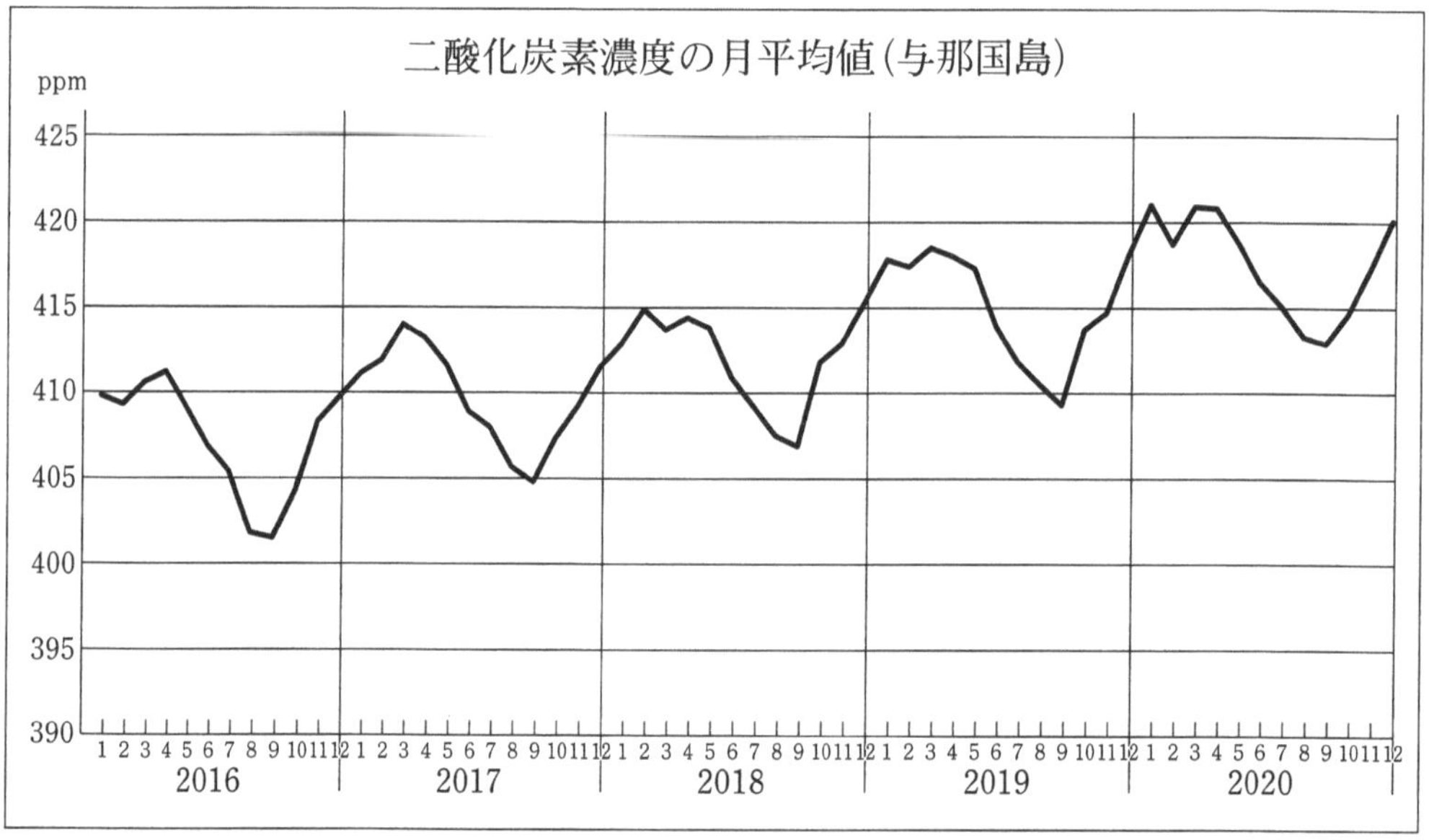

気象庁データ：https://www.data.jma.go.jp/ghg/kanshi/obs/co2_monthavc_yon.html
（2023年９月１日閲覧）

問８　下線部⑧について、この時期に二酸化炭素濃度が急激に増加し始めたのは、イギリスで18世紀半ばに始まったある社会的・経済的な変化が原因だと考えられています。これを何と言いますか。４字で答えなさい。

問9　下線部⑨について、朝鮮戦争が始まったことをきっかけに、この年に、のちの自衛隊に発展する組織が発足しました。その組織の名称を答えなさい。

問10　下線部⑩について、グテーレス事務総長は、「温暖化」という柔らかい表現を越えた危機的な暑さであることを示すために、より過激な言葉として（　X　）という語句を用いました。空欄にあてはまる語句を次の中から1つ選び、記号で答えなさい。

ア　沸騰　　　イ　熱中症　　　ウ　発熱　　　エ　高温

問11　下線部⑪について、次の文章は日本国憲法第14条第1項です。空欄にあてはまる語句を答えなさい。

すべて国民は、法の下に平等であって、（　Y　）、信条、（　Z　）、社会的身分又は門地により、政治的、経済的または社会的関係において、差別されない。

問六 ――線５「片山の目を思い出しながら何度か頷いた」とありますが、上杉が「何度か頷いた」のはなぜですか。その理由を説明したものとして最も適当なものを次のア～エの中から一つ選び、記号で答えなさい。

ア 勝ちを目指す段原監督の野球は片山の理想とは違うと思ったが、度量の広い片山ならそんな野球にも楽しみを見出しながら取り組んだだろうという栗林の言葉に納得したから。

イ 生前の片山は寛容な人柄だったので、段原監督が甲子園出場のために自分の死を都合よく利用したのを知ったとしても、勝利を義務付けられた彼の立場にも理解をしめすはずだと思ったから。

ウ 段原監督の野球と片山の野球の目標は相いれないと思ったが、しなやかな思考をもつ片山なら勝利にこだわる野球を利用しながらも、自分の理想に近付けただろうという栗林の考えに同意したから。

エ 勝利を求める段原監督と調和を重んじる片山は野球への向き合い方が異なるが、そんな野球にも片山なら順応できただろうという栗林の言葉を聞いて、片山のことを懐かしく思ったから。

問五 ——線４「うまく文武をリードしてくれそうで、ひと安心だった」とありますが、上杉が「ひと安心」したのはなぜですか。この理由を説明したものとして最も適当なものを次のア～エの中から一つ選び、記号で答えなさい。

ア ずる賢く策略家の栗林なら、文武を口車に乗せ、その気にさせて、先発メンバーに選ばれるように努力させられると思ったから。

イ 切れ者の栗林なら、捕手にこだわる文武を説き伏せて、投手へポジションが変わることを受け入れさせられるだろうと思ったから。

ウ 面倒見の良い栗林なら、文武に付きっきりで指導をして、能力テストで文武に投手のポジションを勝ちとらせてくれるだろうと思ったから。

エ 人の心をつかむのがうまい栗林なら、気まぐれな文武をうまくあやつりながら、片山に代わって一人前の投手に育ててくれるだろうと思ったから。

問二 ――線1「釈然としない様子で首を傾げた」とありますが、この時の文武について説明したものとして最も適当なものを次のア～エの中から一つ選び、記号で答えなさい。

ア 捕手である自分には使いようのない投手用のグラブを、片山が自分に託した真意を図りかねている。

イ 片山が愛用のグラブを、それほど親しくはない自分に贈ろうとした理由が分からずにいる。

ウ 片山が大切にしていたグラブを、練習に身が入らず迷惑ばかりかけていた自分に贈ってくれたことに戸惑っている。

エ 捕手である自分と片山は良い関係であったと思っていたのに、実はそうではなかったのだろうかと疑っている。

問三 ――線2「勇む気持ちが膨らみ～増幅させる」とありますが、この部分から読みとれる上杉の気持ちを八十字以上九十字以内で説明しなさい。

問四 ――線3「聞いているうちに～気になってくる」とありますが、この時の上杉について説明したものとして最も適当なものを次のア～エの中から一つ選び、記号で答えなさい。

ア いつも文武と練習を共にしている栗林から、文武の身体能力が片山に引けを取らないと聞き、文武にも投手がつとまるかもしれないと期待している。

イ 栗林から聞いた文武の投手としての素質や適性についての話に加えて、感情が表に出ない性格も投手に向いていると思い、浮き立つ気持ちになっている。

ウ 野球のことをよく理解している栗林から、文武の素質や練習中の様子を聞き、文武が投手として活躍できるかもしれないという前向きな気持ちになっている。

エ 片山の代わりとなる投手がいない今はチャンスだという野球部の事情を栗林から聞き、文武がエースになれるような気がして、興奮している。

問一 ＝線ａ～ｃの語句について、それぞれの問題文中における意味として最も適当なものを後のア～エの中から一つずつ選び、記号で答えなさい。

ａ 「うながして」

ア あおって
イ そそのかして
ウ 言いつけて
エ すすめて

ｂ 「白眼視されている」

ア 期待されている
イ 冷たい目でみられている
ウ 不安視されている
エ 恐れられている

ｃ 「野球の門外漢」

ア 野球が下手な人
イ 野球に興味がない人
ウ 野球の勝敗を気にしない人
エ 野球に詳しくない人

「あいつの幅は、超広かったよ。だから清濁《せいだく》併《あわ》せ呑《の》めたんだ。きっとこう言ったと思う。俺は絶対それを目指さない。けど目指せば、そこにはそこなりの楽しみがある、やれよって」

言われてみれば確かに、そんな気がする。片山の目を思い出しながら何度か頷いた。栗林のわずかな笑いが響き、頭にグラブがかぶさってくる。

「じゃな」

※問題作成の都合上、文章を一部省略しています。また、一部表記をあらためたところがあります。

注１　ウェブ……グラブの網目の部分。
注２　シナプス……脳内の神経細胞どうしの接合部分。
注３　快哉を叫びたくなった……喜びの声を上げたくなった。
注４　アドレナリン……体の中にある神経が興奮した時に分泌される物質。
注５　オールマイティ……なんでもできること。
注６　タッパがあって……身長が高くて。
注７　スナップのきいたボール……手首の力で回転を十分に加えたボール。
注８　活……ここでは、強い言葉で励ますこと。
注９　鷹揚……ゆったりとして落ち着きがあること。

本心からその気になっているのか。

「最強のスタメンを作るために、これまでのポジションを全部、見直すって言ってる。部活開始は年明け一日から、二週間後に能力テストをするそうだ」

テストについては予想していた。文武にとって願ってもない展開で、思わず拳《こぶし》を握る。実力でポジションを勝ち取れば、誰も文句は付けられなかった。

「基礎と体力、ポジション対応のテストになると思う。同レベルのヤツがいれば、性格を見る。負けず嫌いなら三塁手、注9 鷹揚《おうよう》なら一塁や外野、要領がよくて悪賢ければ、二遊間や捕手だ」

マジマジと栗林を見る。こいつも悪賢いのだろうか。

「僕は違う」

相手の気持ちを読み取る素速さは、捕手ならではだろう。4 うまく文武をリードしてくれそうで、ひと安心だった。

「本人に強い希望があれば別だけど、そうでなければ、投手でテストを受けるように勧めるよ。僕も捕手で受けるし、冬休み中のトレーニングも一緒にするか、あるいはメニュウを渡す。球にキレを出すためには、瞬発力を付けなきゃダメなんだ。短距離ダッシュやジャンプの訓練を地味に繰り返さないと」

片山のピッチングを継承する文武の姿が現実味を帯びてくる。気分が浮き立ったが、気になる事がない訳ではなかった。

「段原指揮下のチームは、勝つ野球を目指すんだろ」

栗林は、当たり前だというような顔付きになる。

「そのために採用された監督だからな」

それは片山の意に反するのではないか。黒いグラブを栗林の目の前に差し上げる。

「片山は、どう思うだろうな」

栗林は手を伸ばし、グラブをつかんだ。

グラブをかぶっていた時だと気づく。あんなマヌケな恰好で、片山と真剣な交信をしていたとは思わなかった。

「片山のヤツ、よくグラブかぶってたから、思い出しちゃってさ」

実直そうな顔に、気恥ずかしげな笑みを浮かべる。

「普段は、僕、あんま泣いたりしないんだけどな」

葬儀場での様子を思い浮かべ、そうでもないだろうと突っ込みたいところだったが、冗談を交わすほどまだ親しくなかった。これからの文武にとって重要な人物であり、下手なひと言で印象を悪くしたくない。

「俺、ガッコ違うけど、できるだけの協力はする。何かあったら知らせてくれ。アドレス交換しとこ」

空メールを送り、お互いのスマートフォンに登録を済ませた。

「当面は、体作っといて、春の選抜に選ばれたら準備開始、抽選会で相手校が決まって本格始動って流れか」

選考委員会が出場校を決定し、それを発表するのは、確か毎年一月下旬だった。抽選会は三月に入ってからとの記憶がある。

「それ、マジ遅すぎる。激オソだ」

栗林は、若干《じゃっかん》あきれたようだった。

「決勝戦は、四月にズレこむ事もあるけど、たいてい三月末だ。抽選会で相手校が決まってから一ヵ月もない。決勝までに四戦あるから、もうとっくにどこも動き出してる。でないと仕上げられねーよ」

返す言葉がなく、自分の知識不足に身を縮めた。

「片山の事があったから、うちはスタートが遅れたけど、もう皆、切り替えてる」

はっきり言われて、心に風が吹き抜けるような気がした。引きずっていても片山は喜ばないだろうが、それにしても早すぎないか。今になっても涙する栗林が、貴重種に思えてくる。

「段原《だんばら》監督が言ったんだ。片山の弔《とむら》い合戦《がっせん》だ、必ず甲子園に行くぞって。その活[注8]で、皆、踏ん切りがついた」

片山が聞いたら、苦笑したに違いない。段原は、片山の死を巧《たく》みに自分の目的に結び付けたのか。それとも昭和の男気質で、

「片山は、控えの必要もないほどオールマイティ[注5]で、一人で切り回していた。うちのチームは、片山に頼り切ってたんだ。それで投手層が薄い。飛び抜けた力を持つ選手がいなくて、団栗《どんぐり》の背比べ状態だ。ポストは今、空席と言ってもいい」

状況的には、確かにねらい目だった。

「大木は、いい投手になれそうな要素をいくつか持ってる。片山がそれに目を留めなかったはずはない」

では文武本人が言っていた、片山が俺の才能にホレた、というのは自惚《うぬぼ》れではなく、本当の事だったのだろうか。

「大木は、片山の球をきちんと受けていた。時には１５０キロ超えの速球だ。つまり目と肩がいいし、下半身が強いんだ。投手になれば、相手には脅威《きょうい》だろう。タッパ[注6]があって腕が長いから球速が出るし、投げ下ろす球に力があるはずで、これも投手には欠かせない。それにこれまでの練習中、動作が素早くて驚いた事が何度かあった。投手に必須《ひっす》のバント処理には最適だ。キャッチボールの時にスナップ[注7]のきいたボールを投げていたのも記憶にあるし」

3 聞いているうちに、次第にやれるかも知れないという気になってくる。

「練習中、感情が表に出ないのもいい。何を考えているのかわからないからな」

何も考えていないんだ、とは言えなかった。

「部活でも周りを気にする風がなく、常に自分のペースで押し通してる。たぶんメンタルがメチャクチャ強いんだ。投手はそうでなかったらダメだ。あとは足が速ければ、ベストだけど」

Ｖサインを出したいような気持ちになる。

「総合して、投手の資質に富んでいる。あと大事なのはコントロールとか、まぁ色々あるけど、そのあたりは練習次第だ」

文武に話せば、さぞ奮い立つだろう。

「その練習に関しては、君が面倒見てくれるんだろ」

栗林は頷き、立ち上がった。

「さっき片山と、そう約束した」

いったん膝《ひざ》の上に置いたそれを、こちらに差し出す。

「片山の遺志は確認した。僕は大木が好きじゃないが、約束は守る。片山に代わって面倒をみるよ」

ようやくここにたどり着いたのだった。これで文武の練習環境を改善できると確信し、大きな息が漏《も》れた。いつ気が変わるかも知れない文武の監視役も、きっと引き受けてくれるだろう。

「あのさ」

気分がほぐれ、疑問だった事を聞いてみる気になる。

「片山は、大木をどこに配置しようと思ってたんだろ」

栗林は、躊躇《ためら》いもなく即答した。

「投手だ」

その名詞が脳裏に響き渡り、あちらこちらのシナプス[注2]に衝撃を与える。たちまちそこから反発が噴き出してきて、体を熱くした。そんな事できるものか、投手は勝敗を決定的にする存在じゃないか、文武には荷が重すぎるだろうが。

強い抵抗の中には、喜びが混じっていた。皆から[b]白眼視されている文武がエースナンバーを背負い、片山の気持ちのこもったこのグラブを手にマウンドに立つ。そう考えるだけで痛快で、快哉《かいさい》[注3]を叫びたくなった。

[2]勇む気持ちが膨《ふく》らみ、それがいっそう否定する力を増幅させる。ブラックサンダーを再現する文武を想像しようとしても、投球モーションの途中までしか思い描く事ができなかった。どうしてもそこで力尽きる。文武はいかにも頼りなく、とても無理だろうと思えた。

栗林の見解を否定しようと口を開きかけ、自分が[c]野球の門外漢である事に気が付く。強豪として有名な関西のボーイズにいたという栗林の目には、その道を進んできた者でなければ見えない何かが映っているのかも知れなかった。

「根拠は、何だ」

体中を走り回るアドレナリン[注4]を抑《おさ》え、落ち着こうと努めつつ栗林の分析に耳を澄ませる。

文武は、落ち着かなかった。

「俺、捕手だぜ。グラブもらっても使いようがないって。片山、何考えてたんだろ」

そう言われて初めて気が付く。片山は自分が投手だったから、文武をそばで見るために捕手にした。自分がいなくなった後は、別のポジションを考えていたのに違いない、

「これ、一日貸しといてくれ」

このグラブを使えるような、どこかのポジションに文武を据《す》える、それが片山の望みだったのだ。

（中　略）※これ以降は上杉が栗林を公園に呼び出した場面です。

出入口に栗林の姿が見え、近づいてくる。新玉東校も冬休みに入っているらしく、私服で、校名の入ったスポーツバッグを下げていた。

「お早う」

声をかけ、立ち上がって座るようにうながして[a]から、袋からグラブを出す。

「片山は、これ、大木に渡そうとしたんだ。病院のロッカーに入れてあって、そのキーを大木に送ってた」

栗林はグラブを受け取り、しばし見つめていて、パサッと頭に載《の》せると目をつぶった。まるでバナナの房でもかぶっているかのようで、ふざけているのかと思ったくらい奇妙な恰好《かっこう》だった。

閉じた目から涙がこぼれる。そのままうつむき、しばし唇を震わせていた。片山と過ごした日々が思い出されるのだろう。親しい人間を失ったら、自分もそうかも知れないと思いながら隣りに座り、黙って付き合う。

やがて気持ちが収まったらしく、ズボンの後ろポケットからハンカチを出して顔を拭《ぬぐ》い、頭からグラブを下ろした。

「わかった」

【三】 次の文章は、藤本《ふじもと》ひとみの小説『君が残した贈り物』の一節です。この小説の語り手である上杉和典《うえすぎかずのり》は、中学の同級生であり、自分と同様に全国模試で好成績を収めていた片山悠飛《かたやまゆうひ》の存在が気になっていました。中学卒業後、片山は、野球の強豪である新玉東《しんたまひがし》高校に進学し、投手として活躍していましたが、急性白血病を患い、亡くなってしまいました。その後、上杉は、新玉東高校で片山とバッテリーを組んでいた栗林《くりばやし》と、やはり同じ野球部で片山が気にかけていた大木文武《おおきふみたけ》と知り合いになりました。片山は死の間際に大木にカードキーだけが入った封筒《ふうとう》を送っていて、上杉と大木はそれが片山が入院していた病院のロッカーキーであることを突き止めました。次に続く文章を読んで後の問いに答えなさい。

「グラブだ」

文武が手を入れ、つかみ出した。片山が愛用していた黒いグラブだった。

「これで投げる豪速球だから、ブラックサンダーって呼ばれてたんだよな」

手入れが行き届き、光を放つような艶《つや》がある。普通に見かけるグラブと違い、ウェブ[注1]が平らだった。あちらこちらには大小の傷がついている。これでは白血病患者の病室に持ち込む許可は下りなかっただろう。

その奥に、上腕トレーニング用のダンベルが二つ入っていた。一人で黙々とそれを上げ下げしている姿が目に浮かぶ。このキーを文武に発送しようと決意するその直前まで、復帰をあきらめていなかったらしい。

「あのさぁ」

文武がグラブをはめ、もう一方の手で中心を叩《たた》きながら[1]釈然としない様子で首を傾《かし》げた。

「これが入ってるロッカーのキーを俺に送ってきたって事は、片山はこれ、俺にくれる気でいたんだよな」

頷《うなず》きながら達成感を噛《か》みしめる。片山は、ずっと使ってきた自分のグラブを文武に託したのだ。それは決定的なメッセージであり、どんな言葉より雄弁に文武を伸ばそうとする片山の意志を語っていた。これで栗林を説得できる。

「けど、変じゃね」

問七　――線6「こうした出版過程そのものが、～なったのではないか」とありますが、これはどういうことですか。その説明として最も適当なものを次のア～エの中から一つ選び、記号で答えなさい。

ア　県の政策で郷土食の本作りをせざるを得なくなった人びとが、自分の地域について詳しくなり、結果として地域振興のヒントを得られる機会になったのではないかということ。

イ　郷土食が都市で売れることがわかり、さらなる商品開発のために郷土食の本作りが全県的に拡まり、郷土食が一大産業に育ち、都市からの移住者が増える機会になったのではないかということ。

ウ　地域の人びとの要望に応えるかたちで郷土食の本作りが県内で進み、互いの地域の食文化の相対化が可能になり、新しい郷土食を考案して地域が活性化する機会になったのではないかということ。

エ　郷土食の本作りを通じて、県民がそれぞれの地域の食文化を互いに見比べて自分たちの食文化への理解を深めることになり、地域への関心が高まる機会になったのではないかということ。

問六 ――線５「長野県天龍村の～非常に大きかった」とありますが、このように言えるのはなぜですか。その理由を説明したものとして最も適当なものを次のア～エの中から一つ選び、記号で答えなさい。

ア 柚餅子作りによって坂部地区の知名度を上げ、多くの観光客が訪れるようになっただけではなく、収穫しても使い道のなかった柚子の利用法が見つかり、村の人びとの懸念事項の解消につながったから。

イ 柚餅子作りによって坂部地区の新たな食文化が生まれ、大きな産業へと成長する可能性を作ったことに加えて、柚餅子が注目されることで故郷に誇りを持てるようになるきっかけとなったから。

ウ 柚餅子作りによって坂部地区の文化を守ることができるようになっただけではなく、地域経済が発展することにつながり、自らの故郷で充足感を抱きながら生活できる可能性を作ったから。

エ 柚餅子作りによって坂部地区の経済力を上げ、林業の再興へのいしずえになったことに加えて、食文化の再発見が地域の人びとに活力を与え、地区外の人びとを巻き込んだ地域振興へとつながったから。

問四 ――線３「そこであらためて～おふくろの味であったのである」とありますが、なぜ「おふくろの味」が「発見された」のでしょうか。その理由を説明したものとして最も適当なものを次のア～エの中から一つ選び、記号で答えなさい。

ア 科学技術の発展の影響が世界のすみずみまで行き渡り、便利な暮らしが誰でも手に入るようになったせいで、たとえ不便であっても慣れ親しんだ従来の暮らしを守りたい人びとが危機感を抱いたから。

イ 技術や経済の影響が世界各地に行き渡り、生活様式がどこも同じようなものになっていくことによって、自分たちが今いる場所で暮らすうえで大切にするべきことがわからなくなっていくことに抗いたかったから。

ウ 世界の変化が影響して、小さな集落が急激に豊かになって暮らし向きがどんどん良くなっていったが、かつて貧しいながらも助け合って生活したときにあったぬくもりを住人たちは失いたくなかったから。

エ 工業化や経済のグローバル化の波が世界中に広がり、自分たちの地域に及ぶにあたって、変化の速さについていけないことが地域には多くあるあまり、自分たちがグローバル化の流れに置いていかれることに不安だったから。

問五 ――線４「日常生活世界が～喪失されようとしていた」とありますが、これはどういうことですか。問題文の天龍村の事例に即して七十字以上九十字以内で具体的に説明しなさい。

問三 ――線2「その経緯」とありますが、これを説明したものとして最も適当なものを次のア～エの中から一つ選び、記号で答えなさい。

ア 市川氏は食についても美術品や建築物などと同様に県の文化財として保護するように訴えたがすぐには県に認められなかった。やっとのことで実現した文化財の指定は重要度の低い扱いのものであったが、県民は風土食を大切な文化財だと受け止めている。

イ 市川氏は県民の熱い期待に応えるため県に対して食の文化財登録を訴えたが認められなかった。それでも重ねて市川氏が訴えてきたので、県はしぶしぶながら比較的軽い扱いの文化財登録を認めたが、県民は県の判断の遅さを不満に思っている。

ウ 市川氏は食の文化財登録について県に働きかけたが、県は当初文化財として認めることに消極的な態度であった。その後県を挙げての風土食ブームに後押しされるかたちで県は食の文化財登録を認めざるをえなくなり、県民は風土食の文化財指定を歓迎した。

エ 市川氏は食の重要性を説いて回りながら、食を文化財として扱うべきだという認識に至ったが、すぐに県が文化財指定を認めたわけではなかった。風土食への県民の関心も低く、食が文化財としては軽い扱いを受けていることを知らなかった。

問一 ……線ａ～ｅの各語について、言葉の働きによって分類したときの組み合わせとして最も適当なものを次のア～エの中から一つ選び、記号で答えなさい。

ア ａ・ｂｃ・ｄｅ

イ ａ・ｂｄ・ｃｅ

ウ ａｄ・ｂ・ｃｅ

エ ａｅ・ｂｄ・ｃ

問二 ――線１「離郷した人びとが～という単純な構造ではない」とありますが、これはどういうことですか。その説明として最も適当なものを次のア～エの中から一つ選び、記号で答えなさい。

ア 「おふくろの味」という言葉が、故郷の料理や食べ物を意味するだけではなく、高齢化が進むにつれて、年老いた母親の手料理のことを意味するようになっていったということ。

イ 「おふくろの味」という言葉が、自分の家庭でしか味わえない料理や食べ物を意味していたが、生活の変化によって、どこでも食べられるありふれたものを意味するようになったということ。

ウ 「おふくろの味」という言葉が、都市では手に入らない高価で珍しい料理や食べ物を意味するだけではなく、故郷の都市化によって、故郷でも手作りではなく買い求めるものを意味するようになったということ。

エ 「おふくろの味」という言葉が、都市では見かけることすら難しい、故郷特有の料理や食べ物を意味するだけではなく、生活が変化するにつれて、故郷でもなかなか食べられないものを意味するようになったということ。

レシピを共有しただけでなく、自分の地域、場所、味を相対化することが可能になった。6 こうした出版過程そのものが、足元のさらなる掘りおこしのきっかけになったのではないかと考えられる。

※問題文には作問の都合上、文章の一部、小見出し、注釈などについて、省略したり表記をあらためたりしたところがあります。

注1　調理リテラシー……ここでは先人によってつちかわれた、調理に関わる知識やそれを活用する能力のこと。
注2　先鞭をつけた……ある物事にだれよりも先に着手したということ。
注3　焼餅……ここでは「おやき」のこと。練った小麦粉を平らにし、両面を焼いたもの。野菜や小豆などで作ったあんをくるむものもある。
注4　御幣餅……柔らかく炊いた白米を鉢でこね、串にさして焼き、それに味噌や醤油をつけて食べるもの。
注5　スンキ漬……赤カブを使用した発酵漬物。寒冷な気候のもと無塩で漬け込むのが特徴。
注6　前章で紹介したイーフー・トゥアンの「場所」に対する議論……問題文の出典『「おふくろの味」幻想　誰が郷愁の味をつくったのか』の第二章「都市がおふくろの味を発見する」で筆者は、イーフー・トゥアンによる新造語「トポフィリア」について、「「場所」に対する愛着」と説明している。
注7　援用……自説の助けとして他の文献などを引いてきて使うこと。
注8　編纂……いろいろな材料を集めて整理し、一つの書物にまとめること。
注9　今《ママ》だに……ここで「今」の字の横にある「ママ」は、問題文の筆者が「今だに」の部分を引用元の著作からそのまま引用したことを示している。

うに言っている。

私どもを取り巻く社会生活環境は、近年とみに複雑多岐となり、その中にあって食生活も、インスタント食品、外食産業の発展等による食文化の変化、さらにまた、郷土食の衰退が顕著となっております。[…]

本県は、内陸県という地理的条件のもとに、地域性豊かな生活の知恵から生まれ、地域に根ざして伝承された独特な食文化を形成してまいりました。

県におきましては、昭和五六年一月に、文化関係者と懇談会を開催し、この席上、こうした「食の文化財」の保護について提案がなされました。[…]

こうして調査を行った結果、[注9]今だ《ママ》に知られていない郷土食や、伝統作物等の掘りおこし、再評価等多くの成果が得られたわけであります。

こうした意図を受けて担い手となったのは、商工会婦人部員や市町村の商工担当者・観光担当者であった。商工会婦人部員の言葉も引用しておこう。

〝地域の時代〟といわれ、地域の主体的地域づくりが求められるなかにあって、地域の個性を活かした地域づくりを進めたい、特に郷土料理・特産物などの食文化を見直すことにより、地域の活性化を進めたいと考えたからです。

「地域の主体的地域づくり」という言葉でレシピを収集、共有する意図を意味づけている点が重要である。この本は長野県全体を東信地方、南信地方、中信地方、北信地方に分け、その内部ではよりミクロな地域スケールでレシピが収集された。無形文化財指定よりもミクロな「地域の知（ローカル・ナレッジ）」としての「味」情報の収集、整理、公開を通して、県民それぞれがグループを作り、柚餅子の勉強会を開始した。伝統行事「冬祭り」の見物者にふるまうと評判になり、東京から大量の注文が入るようになった。これを契機として、一九七五年に「天龍村柚餅子生産者組合」が発足し、商品化への試行錯誤の末、ゆず飴《あめ》とゆず加工品の産業化に成功した。こうした試みは生活改善グループあゆみ会が中心になって進められた。

代表の関京子《せききょうこ》さんのライフヒストリーにはこの地域における地域資源としての「食」の発掘過程が認められる。関さんは隣の阿《あ》南町《なんちょう》新野《にいの》に一九三五年に生まれた。一九七二年に村の展示会で初めて出会った柚餅子の上品な香りに感動し、「過疎《そ》化が進んでいく地域をなんとか元気にし、伝統食文化を後世に伝えていこうと、当時、eあまり作られなくなってきていた柚餅子を、一念発起して、地区のお母さんやおばあさんたちと協力して作っていくことにした」のだという。四〇年以上にわたる活動の末、二〇一八年三月には組合員の高齢化などにより組合は解散した。しかし、二〇二一年現在は天龍村の地域おこし協力隊の経験者らが継承に取り組み、「味」を受け継ぎ、販売に挑戦している。

「天龍村柚餅子生産者組合」の活動を見ると、5長野県天龍村の戦後史における「柚餅子」という味が再発見された意味は非常に大きかったことがわかる。「味」や「レシピ」の継承は、単に食品生産というだけでなく、「生活世界」を再構築し、「没場所性」の波に抗《あらが》う実践でもあったのである。

その結果、「おふくろの味」という固有性の維持が地場産業への発展へとつながり、地域経済にも寄与し、その「場所」に住み続けるための基盤ともなった。つまり、先述したエドワード・レルフの考え方を援用[注7]すれば、「日常経験からなる生きられた世界」である「場所」を記録し、共有するためのリテラシーとして味を復元するものが「おふくろの味」をめぐる調理であり、レシピであったといえるのである。

もう一つ、具体的な事例を示しておきたい。それは長野県商工会連合会婦人部によって編纂《さん》[注8]された『信州の郷土食――〝ふるさとの味〟と食文化』の出版過程にみる農山漁村の変化である。同書の編纂主旨は「ふるさとの味の見直しと創造とにより、地域を熟知し、個性と魅力ある地域づくりと地域商工業の振興発展を目指す」ことであった。当時の長野県知事吉村午良は次のよ

ばならないと考えた。

市川がこのように提案する数年前に、地理学者のエドワード・レルフはその著書『場所の現象学』の中で、類似の議論を展開している。場所とその意味が画一化していく現象は日本に限らず、工業化と資本主義経済が進む世界各地で生じていたことであったとわかる。

エドワード・レルフは「人間であるということは、意味のある場所で満たされた世界で生活することである」と述べている。この点は、[注6]前章で紹介したイーフー・トゥアンの「場所」に対する議論と共通している。エドワード・レルフが掲げた重要な論点は、その「場所」が意味を失いつつあることに言及した点であろう。[d]つまり、私たちの日常経験からなる生きられた世界についての地理学的現象である「場所」が、次第にその多様性やアイデンティティを弱体化させ、「没場所性《プレイスレスネス》」が優勢になりつつある社会の変化を捉《とら》えようとしたのである。

この議論をふまえると、市川の主張はこの「没場所性」とも通底し、「地域」という場所に根差した「味」が失われていく現象に警鐘を鳴らしたものだと位置づけることができる。[3]そこであらためて発見されたのが、ふるさとの味であり、おふくろの味であったのである。

味の「没場所性」化とそれに対する地域の具体的な取り組みとして、以下に、二〇〇〇年に選択無形民俗文化財に指定された南信州の柚餅子《ゆべし》の事例を紹介しておこう。対象となる天龍《てんりゅう》村では、下伊那南部に位置し、天竜川沿いの温暖な地域で柚子《ゆず》栽培が行われてきた。囲炉裏の上に吊るして乾燥させた、各家庭の保存食、冬季の栄養源として重宝されてきたが、生活の中から囲炉裏が姿を消すと、柚餅子の加工も衰退した。また、天龍村坂部《さかべ》地区は森林資源に恵まれた地域で、柚餅子は山林労働者の携帯食でもあったが、国産木材の需要低下による過疎化の進行が柚餅子需要の減少にも拍車をかけた。

[4]日常生活世界が変化することに伴って、そこに根差していた「味」が喪失されようとしていた時、坂部地区の若い主婦たちが

指定年	名前	地域
1983	手打ち蕎麦	全県
	焼餅（おやき）	全県
	御幣餅	全県
	スンキ漬	全県
	野沢菜漬	全県
2000	伊豆木の鯖鮨	飯田市伊豆木
	富倉の笹寿司	飯山市域
	万年鮨	木曽郡大滝村一円
	南信州の柚餅子	飯田市南信濃、下伊那郡天龍村・泰阜村
2001	朴葉巻・朴葉餅	木曽郡６町村、松本市奈川、塩尻市楢川、飯田市上村、伊那市西箕輪、下伊那郡平谷村・阿智村・売木村
	早蕎麦	下水内郡栄村、下高井郡山ノ内町須賀川
2002	遠山郷の二度芋の味噌田楽	飯田市上村・南信濃
2007	いもなます	長野県岳北地方
	えご	東・北日本地域から信越地域の山間部
	富倉そば	飯山市富倉地区
	富倉の笹ずし	飯山市富倉地区を中心とした西側山間集落

図版　長野県下の選択無形民俗文化財（味）

※資料：長野県の芸術・文化情報センター 八十二文化財団「信州の文化財」より作成

地理学者の市川が「食」の文化財指定を提案した背景には、高度経済成長期における地域の変化があった。[c]とりわけ農山漁村の「食」の変化は大きく、それは次のように説明されている。

　わが国においては一九六〇年代から七〇年代にかけての経済の高度成長期にかけて、食品工業が発展し、食物の画一化が進行した。信州においても例外ではなく、伝統的な郷土食が失われ、それに伴って、その素材となっていた伝統作物も次第に姿を消していった。私はこのままでは信州文化のひとつである食文化が滅亡するおそれがあり、何とか歯止めをかけなけれ

昭和五六年（一九八一）正月、吉村《よしむら》午良《ごろう》長野県知事が文化人との懇談会を開いた。その席上私は信州における「食の文化財」について、その維持と保護を提案した。翌五七年全国的にみても特色のある手打ち蕎麦《そば》、[注3]焼餅、[注4]御幣餅《ごへいもち》、野沢菜漬、[注5]スンキ漬の五品目を選び、民俗文化財に指定することを長野県文化財保護審議会に提案した。ところが、食文化は国の文化財保護法の対象になっていないという理由などで反対が強く、審議未了になってしまった。しかし昭和五八年七月になり、ようやく県選択無形民俗文化財として、前記の五品目が決定されるに至った。選択無形民俗文化財指定は、文化財指定としては最も低いランクに属する措置であるが、県民の反応は大きく、これら五つの風土食は「県重要文化財」に指定されたと認識している人が多い。

「県民の反応」の具体的な表れとして、一九八四年二月には第一回「信州・味の文化展」が開催され、その後も継続された。一九九〇年代以降には、上伊那《かみいな》郡の生活改善グループや農業改良普及所、ＪＡ上伊那などが、長野県では県の生活改善グループ連絡協議会と農業改良協会が関連冊子を相次いで刊行している。つまり、活動の中心となった一九八〇年代以降の生活改善グループは、初期の新生活運動とは異なる新たな展開として、地域固有の「味」という地域資源の発掘と利用に取り組んだことになるのである。

県下一円の選択無形民俗文化財として正式指定された①手打ち蕎麦、②焼餅（おやき）、③御幣餅、④スンキ漬、⑤野沢菜漬の中で、県の野沢菜漬の生産額は一九八〇年には七〇億円であったところ、一九九六年には一八〇億円に急増した。また、焼餅（お焼き）は七〇億円産業となり、有力な地場産業に成長した。

二〇〇〇年代に入ると、県下一円の五品目だけでなく、地域ごとの指定が進み、よりミクロな地域固有性（バナキュラリティ）の再発見、商品化が進んだ（図版）。

【二】 次の文章は湯《ゆ》澤《ざわ》規《のり》子《こ》著『「おふくろの味」幻想　誰が郷愁の味をつくったのか』の第三章「農村がおふくろの味を再編する」の一節です。よく読んで後の問いに答えなさい。

高度経済成長期は、洋食、ラーメン、パン、インスタント食といった新たな食経験が次々と生まれ、故郷である農山漁村そのものの暮らしもまた、急激に変化していく時代であった。こうした状況をふまえると、[1]離郷した人びとが望郷の念から、変わることのない「おふくろの味」を懐かしむ、という単純な構造ではないことがわかる。離郷した人びとは様々な食経験の積み重ねがあるがゆえに「おふくろの味」に特別な価値を与えるように[a]なると同時に、故郷である農山漁村自体も急速な変化の中で、献立も調味料も台所も変化し続けてきたからである。

[b]ところが、経済成長がひと段落した一九八〇年代には、あらためて「ふるさとの味」が再発見され、次世代へ受け継ぐための調理リテラシー[注1]が「地域の知（ローカル・ナレッジ）」として発掘、再編、発信されるようになる。この背景には農林業問題としての第一次産業の従事者数の減少や高齢化、地域文化の後継者難などがあった。

タイトルに「おふくろの味」という言葉を含んだ料理本の著者は、一九七〇年代後半からは料理研究家だけでなく、生活改善グループや生活改良普及員、婦人会や保健所、農林業振興会、観光協会が加わり、それらが主体となって「地名」を冠した「おふくろの味」本が刊行されている。一九八〇年代後半以降には老人クラブによる出版が相次いだことも確認しておきたい。要するにこの時期、故郷に暮らす人びと自身から発信される「おふくろの味を伝えよう」という意思を含んだ記録が一つの社会運動として展開し始めていた。これは一九九〇年代まで持続する。

こうした動きに先鞭《せんべん》[注2]をつけたのは長野県であった。この時期に長野県では他県に類を見ない「味の文化財」指定を開始している。一九八一年、同県に対し「味の文化財」を提唱したのは、地理学者の市《いち》川《かわ》健《たけ》夫《お》であった。市川は[2]その経緯を次のように記録している。

【二】 次の①～⑤の――線部について、カタカナの部分は漢字に直し、漢字の部分はその読みをひらがなで答えなさい。なお、答えはていねいに書くこと。

① 軒下で雨やどりをする。

② この記事に紙面をサく。

③ 口がすべってボケツをほってしまう。

④ アヤツり人形の使い方を学ぶ。

⑤ 悪事センリを走る。

令和6年度 本郷中学校

第3回 入学試験問題

国語

（五〇分　満点：一〇〇点）

注意

一、問題の解答は解答用紙にはっきりと記入しなさい。

二、指示があるまで問題冊子を開いてはいけません。

三、答えはすべて解答用紙に記入しなさい。

四、字数指定のある問題は、特別の指示がない限り、句読点、記号なども字数に含みます。

五、用具の貸し借りは禁止します。

六、指示があるまで席をはなれてはいけません。

七、質問があれば、だまって手をあげて監督者を呼びなさい。

八、試験が終わったら、解答用紙だけ提出しなさい。問題は持ち帰ってもかまいません。

第1回

2024年度

解　答　と　解　説

《2024年度の配点は解答欄に掲載してあります。》

＜算数解答＞

1　(1)　$\frac{5}{7}$　　(2)　11

2　(1)　13時間　　(2)　765円　　(3)　$\frac{298}{399}$　　(4)　10分　　(5)　15km　　(6)　1004.8cm^3

3　(1)　毎分120m　　(2)　毎分40m　　(3)　$4\frac{2}{7}\left[\frac{30}{7}\right]$

4　(1)　813　　(2)　570　　(3)　287

5　(1)　120cm^3　　(2)　16cm^3　　(3)　92cm^3

○配点○

1　各5点×2　　他　各6点×15　　計100点

＜算数解説＞

1　**(四則計算)**

(1)　$\square=4\div\{7-3\div(8-0.5)-1\}=4\div(6.6-1)=\frac{5}{7}$

(2)　$(48+920+253-880)\div31=341\div31=11$

2　**(割合と比，仕事算，相当算，規則性，ニュートン算，速さの三公式と比，消去算，単位の換算，平面図形，立体図形)**

重要　(1)　Aさん，Bさん，Cさんが同じ仕事をする時間の比…2：3：4　　1時間にAさん，Bさん，Cさんがする仕事量の比…6：4：3　　全体の仕事量…$(6+4+3)\times6=78$　　したがって，Aさん1人でする時間は$78\div6=13$(時間)

(2)　本の値段…Aさんの最初の所持金の$\frac{1}{3}$，Bさんの最初の所持金の$\frac{3}{4}$，Cさんの最初の所持金の$\frac{5}{8}$　　Aさん，Bさん，Cさんの最初の所持金の比…$3:\frac{4}{3}:\frac{8}{5}=45:20:24$　　Aさんの最初の所持金…$4539\div(45+20+24)\times45=2295$(円)　　したがって，本は$2295\div3=765$(円)

(3)　分子…1，4，7，～　　分母…3，7，11，～　　分母－分子…2，3，4，～　　分母－分子＝101になる分数…100番目　　100番目の分子…$3\times100-2=298$　　100番目の分母…$4\times100-1=399$　　したがって，この分数は$\frac{298}{399}$

(4)　ベルトコンベア1台が1分で運ぶ製品の個数…$(20\times18+360)\div(5\times18)=8$　　したがって，求める時間は$360\div(8\times7-20)=10$(分)

(5)　上りの時速…4km，下りの時速…6km　　AからBまでの時間…右図より，$\frac{ア}{4}+\frac{イ}{6}=\frac{11}{2}$(時間)－①　　BからAまで…$\frac{ア}{6}+\frac{イ}{4}=\frac{23}{4}$(時間)－②　　②×$\frac{3}{2}$…$\frac{ア}{4}+イ\times\frac{3}{8}=\frac{69}{8}$(時間)－③

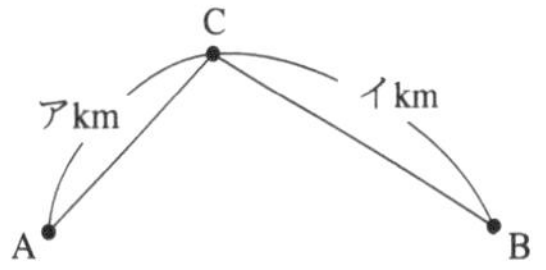

③－①…$イ=\left(\frac{69}{8}-\frac{11}{2}\right)\div\left(\frac{3}{8}-\frac{1}{6}\right)=\frac{25}{8}\div\frac{5}{24}=15$(km)

したがって，BC間は15km

やや難 (6) 図ア　直角三角形OAGとECB…合同　図形BDEとGEF…合同　したがって，水の体積は$8\times8\times3.14\div6\times30=1004.8(cm^3)$

図Ⅰ

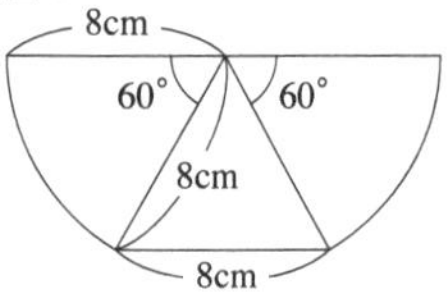

図Ⅱ

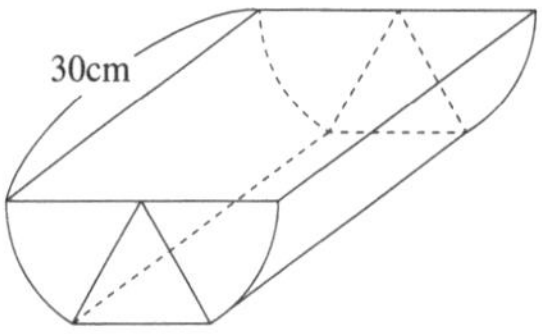

図Ⅲ

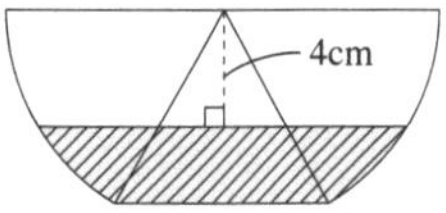

図ア

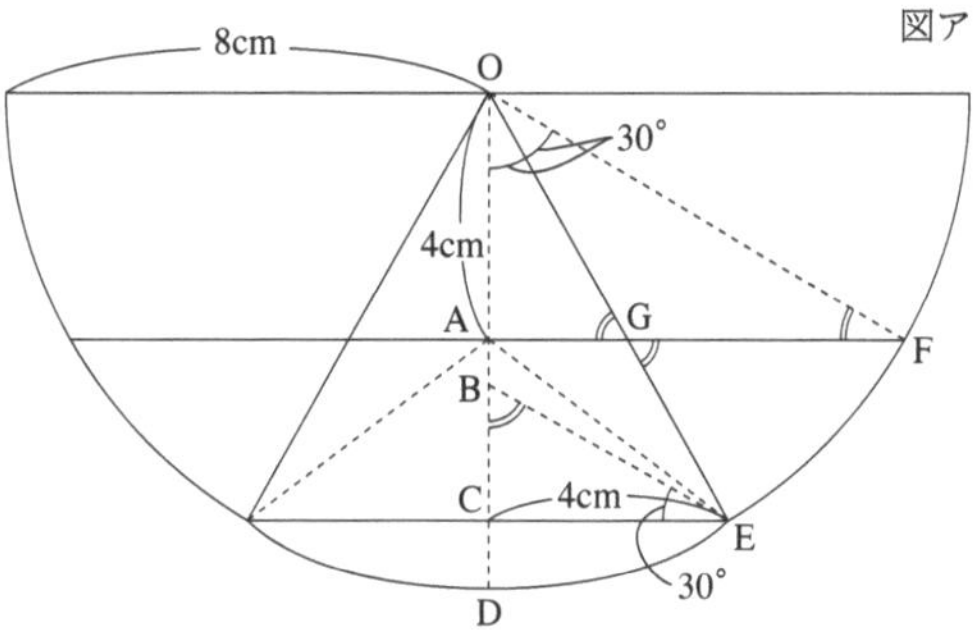

重要 3 **(速さの三公式と比，旅人算，グラフ，割合と比)**

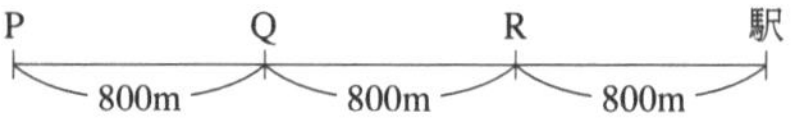

停留所…右図より，P・Q・Rがあり，Q・Rそれぞれでバスは1分間停車　Pから駅まで…2400m　バス…Aさん出発の3分後に出発。Rから出発した後，やがて渋滞時に低速運転　グラフ…Aさんとバスの間の距離を示す

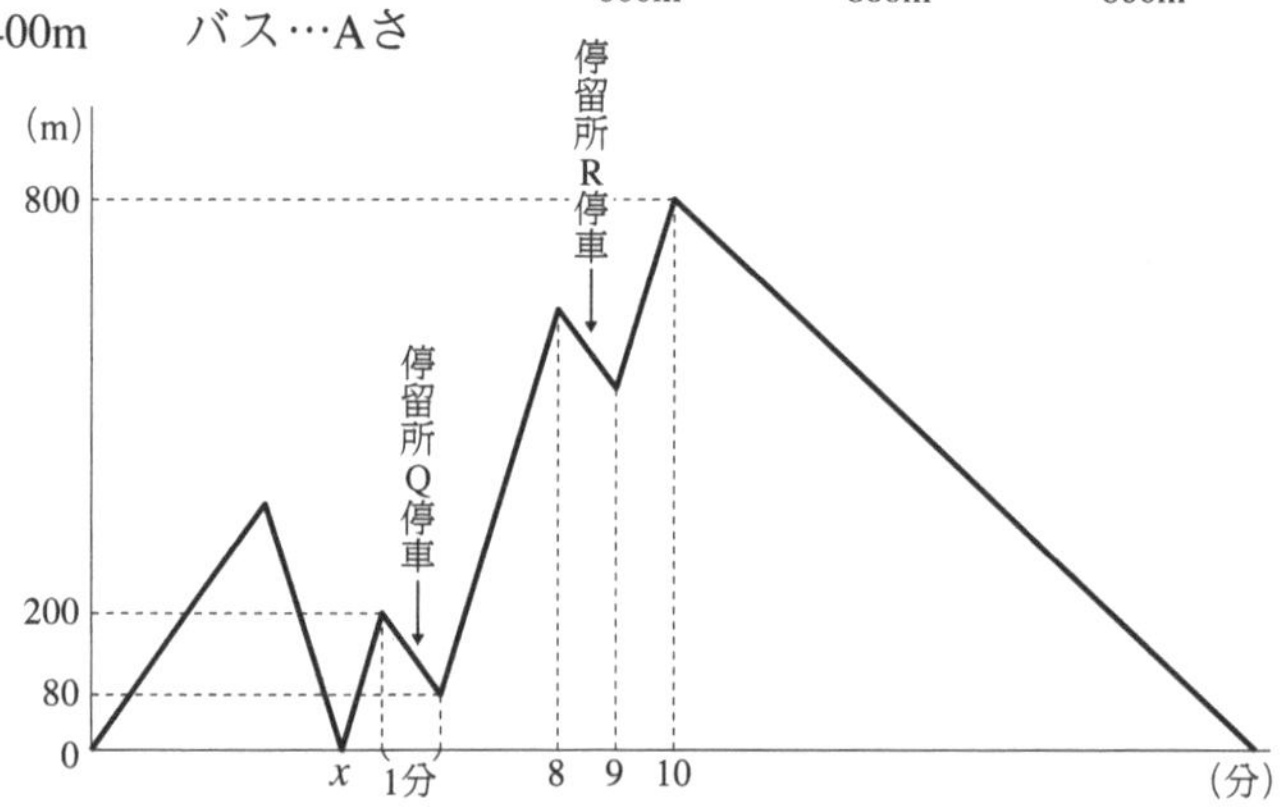

(1)　Aさんの分速…グラフより，200－80＝120(m)

(2)　バスとAさんが駅に着いた時刻…(1)より，2400÷120＝20(分後)　10分後のバスから駅までの距離…グラフより，2400－(120×10＋800)＝400(m)　したがって，渋滞時のバスの分速は400÷(20－10)＝40(m)

(3)　9～10分後までのバスの分速…800－400＝400(m)　3分後までにAさんが進んだ距離…(1)より，120×3＝360(m)　したがって，バスがAさんに追いついたのは$3+360\div(400-120)=4\frac{2}{7}$(分後)

重要 4 **(数の性質，規則性)**

(1)　第29行第1列の数…第1列の数の規則より，757＋28×2＝813

(2)　図Ⅲ…283＋285＋2＝570

(3)　下図…(7＋9＋11＋23＋25＋27)÷17＝6　したがって，求める数は1722÷6＝287

	第1列	第2列	第3列	第4列	第5列
第1行	1	5	⑪	19	29
第2行	3	⑨	17	㉗	
第3行	⑦	15	㉕		
第4行	13	㉓			
第5行	21				

図Ⅰ

	第1列	第2列	第3列	第4列	第5列
第1行	1	5	11	19	29
第2行	3	9	17	27	
第3行	7	15	25		
第4行	13	23			
第5行	21				

図Ⅱ

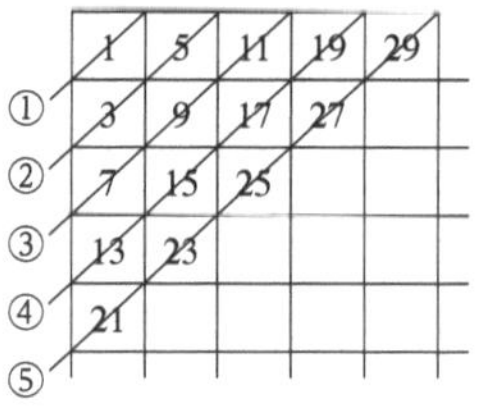

図Ⅲ

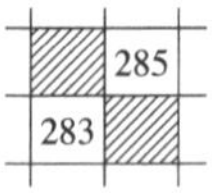

重要 5 （平面図形，立体図形，割合と比）

AI＝DJ…$6\div(4+5)\times4=\frac{8}{3}$(cm)

IB＝JC…$6-\frac{8}{3}=\frac{10}{3}$(cm)

EK＝HL…$6\div(2+1)\times2=4$(cm)

KF＝LG…$6-4=2$(cm)

(1)　図1　立体P…$\left(\frac{8}{3}+4\right)\times6\div2\times6=120$(cm³)

(2)　図2　ER＝HS…$4\div(2+1)\times2=\frac{8}{3}$(cm)　　RK＝SL…$4-\frac{8}{3}=\frac{4}{3}$(cm)　　したがって，求める体積は$\frac{4}{3}\times6\times6\div3=16$(cm³)

(3)　図3　四角柱AEKI－MNPQ…$\left(\frac{8}{3}+4\right)\times6\div2\times3=60$(cm³)　　三角柱MNH－QTS…$3\times6\div2\times\frac{8}{3}=24$(cm³)　四角錐Q－TPLS…$3\times\left(4-\frac{8}{3}\right)\times6\div3=8$(cm³)　したがって，求める体積は$60+24+8=92$(cm³)

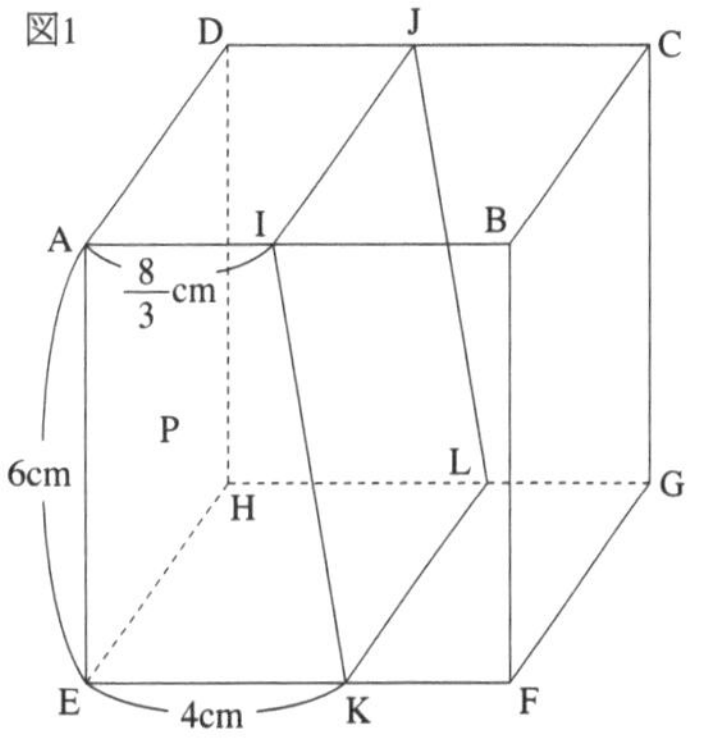

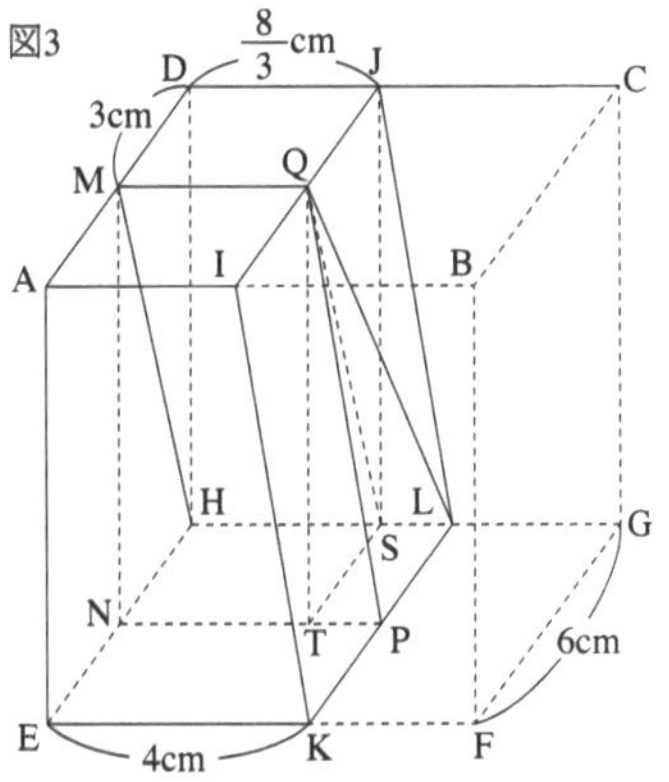

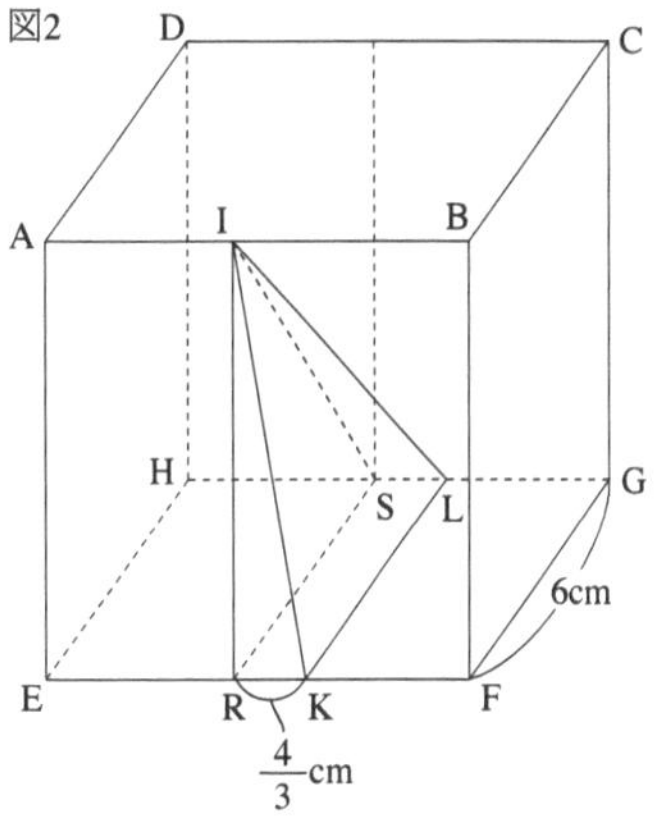

★ワンポイントアドバイス★

2(5)「上り・下り」の問題は計算が面倒であり，(6)「容器内の水の体積」は答えを予想すること自体は難しくないが，なぜそうなるのかを考えるのは簡単ではない。

4「奇数の数列」は，例にそって計算すると難しくない。

<理科解答>

1　(1)　70g　(2)　B　ウ　C　ウ　(3)　ウ　(4)　イ　(5)　ア，エ
(6)　1　イ　2　オ　3　キ　4　ケ　(7)　1　同じ　2　少ない　3　にくい

2　(1)　1　軽　2　ウ　(2)　1.7kg　(3)　燃料(電池)　(4)　①　ぎょう縮
②　水素や酸素の体積を小さくして，ロケットに大量の燃料を搭載できるようにするため。
(5)　ウ，カ　(6)　ウ，オ　(7)　①　200cm³　②　(マグネシウムの重さ)　0.25g
(塩酸の体積)　50cm³　③　0.17g

3　(1)　①　キ　②　ウ　④　ス　⑩　ケ　(2)　⑥，⑦，⑧，⑨，⑩　(3)　A　⑥
B　④　C　⑤　D　⑦　(4)　メダカ　A　コ　B　イ　C　ア　D　サ
カエル　E　コ　F　カ　G　ア　H　キ　I　ク　J　オ　K　ア　L　ケ
(5)　490回　(6)　イ　(7)　A　ア　B　エ

4　(1)　イ　(2)　静岡　(3)　キ　(4)　ウ　(5)　イ，エ　(6)　ウ
(7)　9　同じ　10　ちがう　(8)　(図4は断層面を境に)地層が水平にずり落ちたりせり

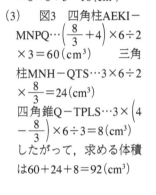

上がったりしていること。

○配点○

1 (1)・(2)・(6) 各1点×6((2)完答) 他 各2点×6((5)完答)

2 (3)・(4) 各1点×3 他 各2点×8((1)・(5)・(6)各完答)

3 (2)・(4)・(5) 各2点×4((2)・(4)各完答) 他 各1点×11

4 (5)・(7)・(8) 各3点×3((5)・(7)各完答) 他 各2点×5 計75点

＜理科解説＞

1 (熱の伝わり方・密度―熱の伝わり方，氷と水の密度)

基本 (1) 氷がとけて水に変化しても，その重さは変化しない。50gの水に20gの氷を入れたので70gになる。

(2) 氷を入れると，氷が水に沈む分だけコップの水位が上昇する。しかし，氷がとけるとそれと同じ体積の水に変化するので，水面の高さは変わらない。

重要 (3) 同じ重さで比べると，水に比べて氷は体積が大きくなる。つまり水の密度より氷の密度が小さくなり，軽くなるため氷は水に浮く。

(4) コップの中の氷は周囲の空気や水に温められてとける。Aでは氷がとけた直後の水の温度は0℃であり，B，Cは水の温度が室温より低くなるが0℃よりは高い。さらに，水の量が多いCの方が温度の下がり方がBより少ないので，温度の高い順にC＞B＞Aとなる。

(5) AよりBやCの方が氷がはやく解けるので，空気より水の方が熱を伝えやすいことがわかる。

(6) 分子の運動は温度が高いほど激しい。気体では分子間の距離が大きいが，液体では分子間の距離が詰まっている。よって同じ体積では液体の方が分子の数は多い。そのため，分子1個の運動の激しさは空気の方が激しいが，氷に衝突する分子の数は水の方が多いので，水の方が熱を奪いやすい。それで，氷がとけきるまでの時間はDの方が長い。

(7) 温度が同じなので分子の運動の激しさは同じになる。しかし，分子の数が気体の方が少ないので，空気の方が熱を伝えにくい。

2 (気体の発生・性質・水溶液の反応と性質―水素の発生，酸とアルカリ)

基本 (1) 水素は気体の中で最も軽い気体である。そのため，地球の重力では大気中に留まることができず，大気圏外へ放出される。

重要 (2) 50kgの人の体内の水素の量は50×0.1＝5(kg)であり，体内の水のうちの水素分は50×0.6×0.11＝3.3(kg)である。水以外で存在する水素の重さは5－3.3＝1.7(kg)である。

基本 (3) 水素と酸素を燃料とする電池を(水素)燃料電池という。

(4) ① 気体から液体への変化を凝縮(ぎょう縮)という。 ② 気体は体積が大きいので，気体のままではロケットに搭載できる水素や酸素の量がわずかになる。そのため，液体にして大量の水素や酸素をロケットに搭載している。

基本 (5) 多くの金属は酸と反応して水素を発生する。アルミニウムや亜鉛は，水酸化ナトリウム水溶液と反応して水素を発生する。銅や銀は，酸と反応して水素を発生することはない。イでは酸素が，エやオでは二酸化炭素が発生する。

(6) 水素は水にとけない。また中性の気体であり，リトマス紙の色を変化させない。火を近づけるとポンと音がして燃える。においはない。

重要 (7) ① 0.1gのアルミニウムとちょうど反応する塩酸は30cm^3である。0.2gのアルミニウムに50cm^3の塩酸を加えると塩酸がすべて反応し，このとき発生する水素は，塩酸が25cm^3反応すると

100cm^{3}発生するので，その2倍の200cm^{3}になる。　②　0.1gのマグネシウムと20cm^{3}の塩酸がちょうど反応し，水素が90cm^{3}発生する。発生する水素が225cm^{3}なので，反応したマグネシウムを□gとすると，0.1：90＝□：225　□＝0.25gである。このとき必要な塩酸の体積を□cm^{3}とすると，0.1：20＝0.25：□　□＝50cm^{3}である。　③　アルミニウムの重さを□gとすると，マグネシウムは(0.5－□)gである。アルミニウム1gから水素が1200cm^3，マグネシウム1gからは900cm^{3}発生するので，1200×□＋900×(0.5－□)＝500より，3×□＝0.5　□＝0.166≒0.17(g)である。

3　(人体―血液の循環)

基本　(1)　①は心臓から肺に向かう肺動脈，②は右心房，④は小腸から肝臓へ向かう肝門脈，⑩はじん臓に向かうじん動脈である。

基本　(2)　酸素を多く含む血液を動脈血という。動脈血は⑥の肺静脈，⑦の大動脈，⑧の左心室，⑨の肝動脈，⑩のじん動脈を流れる。

基本　(3)　A　肺で酸素を受け取った血液は，最も多くの酸素を含んでいる。これが⑥の肺静脈を通って心臓に運ばれる。　B　小腸で多くの栄養分を吸収し最も多くの栄養分を含んだ血液は，④の肝門脈を通って肝臓に向かう。　C　不要物はじん臓でこしとられる。不要分をこしとられた血液は⑤のじん静脈を通る。　D　心臓から体の各部に血液を送り出す大動脈が最も血圧が高い。

(4)　メダカ：体の各部からの血液は，大静脈を通って心臓へ向かう。魚類の心臓は1心房1心室で，心房に戻った血液は心室に運ばれ，大動脈を通ってえらに行き，酸素を受け取って体の各部に戻る。　カエル：体の各部から大静脈によって血液が心臓に運ばれる。両生類は2心房1心室であり，右心房に運ばれた血液は心室にいき，肺動脈を通って肺に行く。その後，肺静脈を通って左心房へ戻り，再び心室にいき大動脈から体の各部へ送られる。

(5)　60kgの人の血液量は60×0.08＝4.8(kg)である。1回の拍動で70gの血液が押し出され1分間に70回拍動するので，8時間で送り出される血液量は70×70×60×8÷1000＝2352(kg)である。この間に血液は2352÷4.8＝490(回)全身を循環することになる。

(6)　Aは空気が通る管で気管支の先端部分であり，球状の部分が肺胞である。肺胞から出ているBが毛細血管で，肺胞から受け取った酸素を含む血液が流れている。

(7)　Aは口とつながっていて，取り入れた酸素が運ばれてくる。Bは酸素を受け取った血液が通り，心臓へ血液は運ばれていく。

4　(流水・地質・岩石―フィールドワーク・地層)

(1)　ジオパークは，地質・地形から地球の過去を知り，未来を考えて活動する場所である。

(2)　構造線は地層が大きくずれ動いた結果，両側に異なる地層が並んだ境界線のことである。代表的な構造線には，糸魚川から静岡までを結ぶ「糸魚川－静岡構造線」や，九州から四国を通り紀伊半島を経て諏訪の南に至る「中央構造線」などがある。

(3)　図1の［3］は中央構造線を示す。

(4)　地層が大きな力を受けて曲がりくねったように変形することを「しゅう曲」という。下仁田層は海底にたまった地層なので，貝の化石が含まれる。

(5)　A÷(C－B)の値は，ア：2.62　イ：3.29　ウ：2.80　エ：3.33　オ：2.8　これより，密度が3.0g/cm^{3}以上のものはイとエである。

(6)　水のはたらきには，れきや砂などを流れにのせて運ぶ「運ぱん」，流れがゆるやかな場所で沈殿する「たい積」，削り取る「しん食」の3つの作用がある。

(7)　一般的な山では，地層が隆起してできるので，ふもとの地層と山頂の地層が同じ時期に形成される。根なし山はふもとの地層と山頂の地層が別の場所で別の時代にでき，大地の運動で移動してできたので，違う時期に地層が形成された。

(8)　図4は正断層の様子を示している。地層が両側に引っ張られた結果，断層面を境に上側の地層がずり落ちている。それに対し，すべり面の断層は境界面を境に地層を構成する岩石が大きく異なっている。

★ワンポイントアドバイス★

やや難しい問題もある。問題文が長く，要点を素早く読み取る読解力が大いに必要である。さらに，実験や観察に基づき考察する力が求められている。

＜社会解答＞

1　問1　ア　×　　イ　×　　ウ　○　　エ　×　　オ　○　　問2　ア　　問3　エ
問4　1.5km　　問5　イ　　問6　ウ　　問7　ウ　　問8　①　岐阜(県)　　②　愛知(県)
③　三重(県)　　④　滋賀(県)　　⑤　京都(府)　　⑥　奈良(県)　　⑦　和歌山(県)

2　問1　イ　　問2　イ　　問3　ウ　　問4　ウ　　問5　ア　　問6　エ　　問7　ア
問8　エ　　問9　ア　　問10　壬申の乱　　問11　班田収授(法)　　問12　正倉院
問13　調　　問14　検地帳　　問15　宗門改帳　　問16　版籍奉還　　問17　平民

3　問1　ウ　　問2　イ　　問3　エ　　問4　ウ　　問5　ア　　問6　イ
問7　四日市ぜんそく　　問8　ア　　問9　ベトナム[ヴェトナム]
問10　社会権[生存権]　　問11　エ　　問12　イ

○配点○

1　問1～問7　各1点×11　　他　各2点×7　　2　問1～問9　各1点×9　　他　各2点×8
3　問9　3点　　他　各2点×11　　計75点

＜社会解説＞

1　(日本の地理―地形図・国土と自然・エネルギー問題など)

問1　ア　海岸部は水田や荒地。　イ　雲出川は西から東に流れる。　ウ　雲出川流域は水田地域。　エ　地図の左上には18.0の三角点。　オ　JR線の複線の地図記号は 。

問2　河川が海や湖に流入するときに運ばれてきた土砂が堆積して形成される地形。

問3　志摩半島と渥美半島に囲まれた海域。湾の口が比較的狭く閉鎖的な湾となっている。

基本　問4　3cm×50000＝150000cm＝1500m＝1.5km。

問5　紀伊(和歌山)と伊勢(三重)を結ぶ鉄道。和歌山市は紀ノ川の河口に発達した城下町。

問6　県庁所在地の津は人口約27万人の都市で，四日市は人口約30万人の県下最大の都市。

問7　津の緯度は約北緯34度45分。北緯35度のラインは房総半島南端から静岡～京都近辺を通って島根県の中部から日本海に抜ける。

やや難　問8　三重に隣接するのは北から東回りに岐阜・愛知・和歌山・奈良・京都・滋賀の6府県。46都府県で6番目に大きい岐阜，100万人以上の大都市がある愛知と京都，中京工業地帯の一角を占める三重，果実生産のさかんな和歌山などから判断。

2　(日本の歴史―古代～近代の政治・文化など)

問1　大仙古墳などに代表される巨大前方後円墳が造成されたのは4世紀後半から5世紀にかけて。

問2　白村江の戦いは663年。ア(630年)→イ→エ(683年ごろ)→ウ(694年)の順。

問3　承久の乱(1221年)→御成敗式目(1232年)→南北朝統一(1392年)→応仁の乱(1467年)の順。

やや難　問4　鎌倉時代以降幕府が諸国に命じて田畑の面積や領有者などを調査記録させた台帳で，大田文とか田文などと呼ばれる。主に守護が荘官や国衙《こくが》の役人などを動員して作成させた。

問5　豊臣秀吉は関白・太政大臣と上り詰め，位人臣を極めたが摂政には就任していない。

問6　1587年，九州を平定した秀吉は帰路博多でバテレン追放令を発布，それまでのキリシタン保護政策を変更した。しかし，貿易は奨励したため禁教にはあまり効果がなかった。

問7　米将軍とも呼ばれた徳川吉宗は新田開発など米の増産に注力，そのため「諸色(米以外の品)高の米価安」の現象が発生，米価維持のためさまざまな政策を実施した。

問8　満20歳以上の男子が対象だが，当初は大幅な免除規定で国民皆兵とは名ばかりだった。

問9　サンフランシスコ平和条約に対しソ連は調印を拒否，そのため日本の国連加盟は実現せず加盟できたのは1956年の日ソ共同宣言によるソ連との国交が回復した後だった。

問10　天智天皇の死後，息子・大友皇子と弟・大海人皇子による皇位継承争い。勝利した大海人皇子は天武天皇として即位，天皇専制による支配体制を確立させた。

問11　6年ごとに戸籍を作り，6歳以上の男子に2段(約24a)，女子にはその3分の2を支給。

問12　切り口が三角形の角材を組み合わせて壁面を構成する校倉造で知られる建物。大量の木材と高床構造が湿気を防ぐ働きがあるため倉庫に利用されることが多い。

問13　絹や糸，綿，布など特産物を納める税で中央政府の財源となった。庸と共に都への運搬も農民の負担となり，この任務に就いた農民を運脚といった。

問14　村ごとにまとめられた土地台帳で土地と農民支配の基本となったもの。所在地や土地の等級，面積，石高，納税責任者などが記載されていた。

問15　宗旨人別帳，宗門人別帳などとも呼ばれる。家族ごとに宗旨と檀那寺(寺請制度で必ずどこかの寺に所属することが求められた)を記載，戸籍台帳の役割も果たしていた。

重要　問16　領地(版)と人民(籍)を朝廷に返還させること。形式的には天皇の下での支配が確立したが，旧藩主を知藩事としたため藩体制は従来通りに維持される結果となった。

問17　牛馬の処理に当たった穢多《えた》や，物乞いなどの非人は士農工商の下位に置かれていた。四民平等の下，平民に編入され制度の上では撤廃されたが社会的な差別は根強く残った。

3　(政治ー憲法・政治のしくみ・国際社会など)

問1　民主党の野田内閣に代わって組閣，日本の憲政史上歴代最長の記録を残した首相。

問2　1票の格差是正で導入，人口が少なく隣接する鳥取・島根と高知・徳島を合区とした。

問3　高度経済成長は1950年代の後半から1970年代の前半にかけて。関西国際空港は世界初の人工島による海上空港で1994年に開港された。

基本　問4　ロサンゼルスは西海岸，ニューヨークは東海岸を代表する大都市。

問5　高度経済成長期は大量生産・大量消費の時代で，全国各地で公害問題が発生した。第五福竜丸は1954年，ロッキード事件は1976年，消費税導入は1989年。

問6　国内産業の保護や内外価格差を調整するために課せられる税。

問7　1960年ごろから四日市の工業地帯で多発したぜんそく発作の通称。石油化学コンビナートから排出された硫黄化合物などによる大気汚染が原因とわかり社会問題化した。

問8　運輸省と建設省，北海道開発庁，国土庁が統合されて誕生したマンモス省庁。

問9　経済学は人の幸せに資するものであるとして，投下された爆弾の量と死者などのデータからベトナム戦争の効率を計算する経済学者を批判した。

重要　問10　人間らしい生活を営むことを国家に要求する権利で20世紀の基本的人権といわれる。

問11　一般市民を含め県民の4人に1人が死亡するという悲惨な地上戦が展開された。

問12　根拠のない誤った情報の意味。生成AIの出現で一人ひとりのメディアリテラシーの大切さがより求められるようになった。アは国際標準規格，ウは企業統治，エは小口金融。

★ワンポイントアドバイス★

一般的な社会科の内容と離れた内容が問われることも多い。普段からいろいろなことに関心を持ち，知識の幅を広げることを意識して生活しよう。

＜国語解答＞

【一】　①　たいとう　②　交　③　乳歯　④　潔　⑤　白羽

【二】　問一　ウ　問二　イ　問三　より多くの　問四　ア　問五　デフォルトを「臓器移植に同意する」とされた上で、「移植に反対なのですか？」という拒絶フレームで問いかけられ、明確な意思をもたぬまま、拒絶を選択しなかったから。　問六　エ　問七　ウ

【三】　問一　A　オ　B　ウ　C　カ　問二　悪態　問三　ウ　問四　エ　問五　大きな背中　問六　イ　問七　部の改革は無理だと投げやりになっていたが、部員の前で勇気を出して自分の思いに賛同してくれた三熊とともに、投票の結果に関わらず、向上心を持って真面目に練習に取り組む吹奏楽部にしていこうと強く決意した。

○配点○

【一】　各2点×5

【二】　問一　4点　問二・問六　各7点×2　問三　5点　問五　10点　他　各6点×2

【三】　問一　各2点×3　問二　3点　問七　12点　他　各6点×4　計100点

＜国語解説＞

【一】（漢字の読み書き）

基本　①「たいとう」とは，頭をもたげること,勢いを増してくることという意味の言葉である。「だいとう」としないように気をつける。　②「交」は全6画の漢字。4画目はとめる。　③「乳歯」。「乳」は全8画の漢字。7画目は右上方向に書く。8画目ははねる。　④「潔」は全15画の漢字。4～7画目を「主」に見えないように書く。　⑤「白羽」。「羽」は全6画の漢字。点の向きに注意する。

【二】（論説文ー要旨・大意，細部の読み取り，ことわざ・慣用句，記述力）

基本　問一　移植しなければならない病気の人が，移植治療に「すがろう」という気持ちなのだから「藁にもすがる」を選択する。

問二　――線1直後から始まるA国B国の話から考える。アは「生きるための倫理的な行為」が誤りだ。　ウは，「受け入れる国の政府にとってめんどう」が誤りである。イとエで迷うところだ。エで言っているように，この例でいうB国が貧しい国であることは容易に考えられることではあるのでエも考えられるが，ここでは，命を求めている状況で「行列に割り込む」ということに対する「見え方」だ。したがってエの「政府が～課題に見える」が不適切になる。

やや難　問三　――線2直後からは，具体的な改正の内容についての説明が続いている。問われているのは「目的」であり，具体的な内容ではない。――線2を含む段落の最後に，「これらの改正によって」

と具体的な改正をまとめているところが着目点になる。改正は「より多くの臓器が国内で確保される」ことを目的としたものだ。

重要 問四 「上記③のオプトアウト～」で始まる段落から考える。前者と後者を混同しないように気をつけよう。この場合のオプトアウトは「前者」として説明されている「ある選択肢を選ばないことを表明することで，そこから脱退する意思を表明するもの」という定義だ。これは，例えば，明確に拒否を示さなければ反対ではないという意思を示したことになるということだ。ウがまぎらわしいが「要りません」も「結構です」も，言い方が異なること，「結構」という語に受け取り方が二種類あるということだけで，意思表示はしている。アのように，不要という態度を示さないと了承と判断されることがオプトアウトである。

やや難 問五　必須語があるので注意する必要がある。考え方は問四で考えたことが参考になるはずだ。設問は，臓器移植について深く考えていない人が，同意したことになるということを必須語を使って説明するということだ。デフォルトとは初期設定ということだから，まずデフォルトが「臓器移植に同意する」と設定されていて，その上で，拒絶フレーム，つまり「反対なのか？」と問われたら，積極的に反対とは言えないため，そのままにしていたら，拒絶を選択したことにはならない状態になるということだ。

問六　――線5中の「その誘導の仕方」とは，問五で考えたような誘導の仕方のことだ。最終段落にあるように，一見自由に選べる形ではあるが，デフォルト効果と拒絶フレームによって得られた賛成意見は，そもそもデフォルトが「社会の利益」である移植賛成の方向に導くものである限り，フレーミング効果によって，賛成に誘導するものになる。これを筆者は個人の自由を侵害しているのではないかと疑問を呈しているのだからエである。

問七　一般的に，わざわざカタカナ表記したり，「」などをつけるような場合は，筆者の何らかの意図するものを表している場合が多い。したがって，生徒Aの発言の冒頭の視点は良いが，「選択の自由を侵している」という主張を筆者はしているので誤りである。生徒Bと生徒Dは「メデタシメデタシ」表記のとらえ方が正しいとは言えない。生徒Cは発言内容も正しいし，カタカナ表記には皮肉な批判意識という意図として正しい。

【三】（物語―心情・情景，細部の読み取り，空欄補充，ことばの意味，記述力）

問一　A 「～もう来週末に迫っている」という表記から考える。一刻も早く練習したいので「じりじり」しているのだ。　B　吉野先生は自分の提案を名案だと思っているので，「おれ」の質問は思ってもいなかったものであり，信任されるに決まっているじゃないとは言えないという思いにいたり「おろおろ」してしまったのである。　C　三熊の発言は「おれ」にとって信じられない内容だったから「～同じ気持ち～？」と言い返したのだ。おそらく怒気を感じさせるものだったと思われる。だから，「おずおず」とうなずきはしたが，それでもまっすぐに見つめるのだ。

問二 「くそっ！」という態度のことだ。悪い言葉，憎まれ口，汚い言葉のことを「悪態」という。一般的に「悪態をつく」という場合が多い。

重要 問三「虚をつかれる」とは，油断していて隙《すき》をつかれ面食らう，あるいは，油断していたつもりはないが全く想定外の場面にまごつくという意味だ。ここでは，まだ自分が言っていないのに，「おれ」がその内容を言ったことが思いも寄らないことだったのである。そのためまごつき，ばつが悪くなっているのだからウである。

基本 問四　三熊が何に驚いた顔をしたのかがポイントだ。ア～ウのようなこれまでのことに驚いたのではなく，――線2直前の「おれ」のつぶやきに驚いたのだ。まして，「自分のようになりたい」という内容には本当に驚いたのだからこの段階でエにしぼれる。後半の「おれ」で確認すると，自分でも思ってもみなかった言葉を，自分自身では「三熊がうらやましい」と思っていたのだと気づきそのことに驚きととまどいを感じたということは適当である。

やや難 問五　三熊を「頼もしく」思うのだから，——線2以降の，変容後から探すことになる。せっせと掃除をし終わった三熊を「大きな背中」と表現している。これは，実際に三熊の体格が良いということではなく，頼もしく見える背中ということだ。

問六　ア「大きな問題になら」なかったことに感謝しているのではない。　ウ「有頂天になっている」が誤りだ。　エ　友達の大切さは誤りとはいえないが，手伝ってくれた，シチューをよそっておいてくれたから大切だと思ったわけではない。　イ　前半にある状況の説明は適切であり，三熊の「自分も改革したいと思っている」ということにウソはないと理解し，自分のふるまいを許し，その上やさしさを見せてくれる三熊の存在をありがたく思うのだからイである。

やや難 問七「新たな決意」とは，これから「真面目に練習に取り組む吹奏楽部にしていこう」という決意だ。設問の「ここに至るまでの気持ちの変化」をどの程度書いて字数に収めるのかが難しい。解答の中心になる，変化後を「三熊と協力して真面目に練習をする吹奏楽部にしていこう」という決意という方向性にするので，「ここに至る気持ち」は，変化後と同じ視点にそろえるように「部の方向性」で書く。これまでは，「部の変革は無理だ」と思っていたという内容を書くことになる。

★ワンポイントアドバイス★

比較的多い字数の記述に対応できるような練習を重ねよう。

第2回

2024年度

解　答　と　解　説

《2024年度の配点は解答欄に掲載してあります。》

＜算数解答＞

1　(1)　$3\frac{4}{7}\left[\frac{25}{7}\right]$　(2)　3
2　(1)　130本　(2)　$2.4\left[\frac{12}{5},\ 2\frac{2}{5}\right]$cm　(3)　3.43cm^2　(4)　20日　(5)　1066
(6)　9cm^2
3　(1)　108分後　(2)　36km
4　(1)　＜か，2＞　(2)　＜う，5＞
5　(1)　0.2cm　(2)　6.6cm
6　(1)　66　(2)　イ　2　ウ　2　エ　7　(3)　788

○配点○

1　各5点×2　6　(1)・(2)　各3点×4　他　各6点×13(4(1)・(2)各完答)　計100点

＜算数解説＞

1　(四則計算)

(1)　$2.25+\frac{14}{3}\times\frac{9}{28}\times\frac{37}{42}=2\frac{1}{4}+\frac{37}{28}=2\frac{7}{28}+1\frac{9}{28}=3\frac{4}{7}$

(2)　$\square=\left\{2.4+38\times\frac{3}{38}\right\}\div1.8=5.4\div1.8=3$

重要　2　(差集め算，和差算，平面図形，相似，割合と比，消去算，ニュートン算，数の性質)

(1)　えんぴつとシャープペンシルの本数の差…2400÷(150－90)＝40(本)　したがって，初め予定したシャープペンシルの本数は(300－40)÷2＝130(本)

(2)　三角形AEDとCEB…相似比は4：6＝2：3　したがって，FEは4÷(2＋3)×3＝2.4(cm)

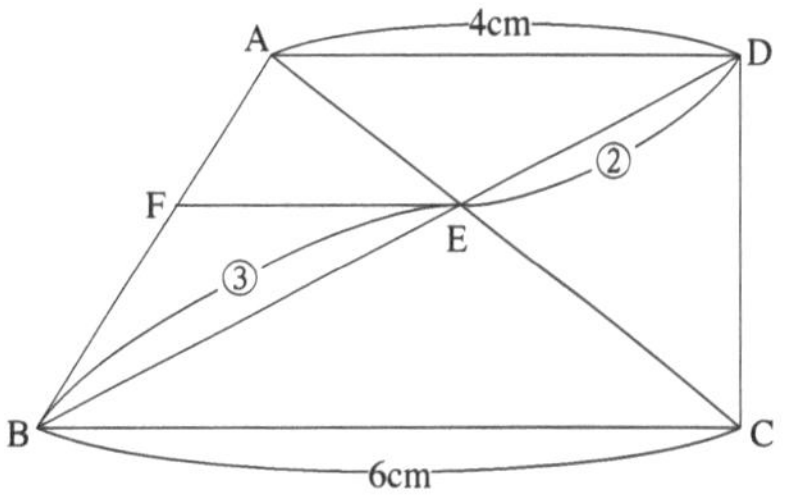

(3)　ウの面積…右下図より，2×2－2×2×3.14÷4＝0.86(cm^2)　アとイの面積…(ア＋0.86)×3＝イ＋0.86より，ア×3＋2.58－0.86＝イ，ア×3＋1.72＝イ　－①
ア＋イ＝2×(18－4×3)＝12　－②
①と②…ア×4＝12－1.72＝10.28
したがって，(A)の面積は10.28÷4＋0.86＝2.57＋0.86＝3.43(cm^2)

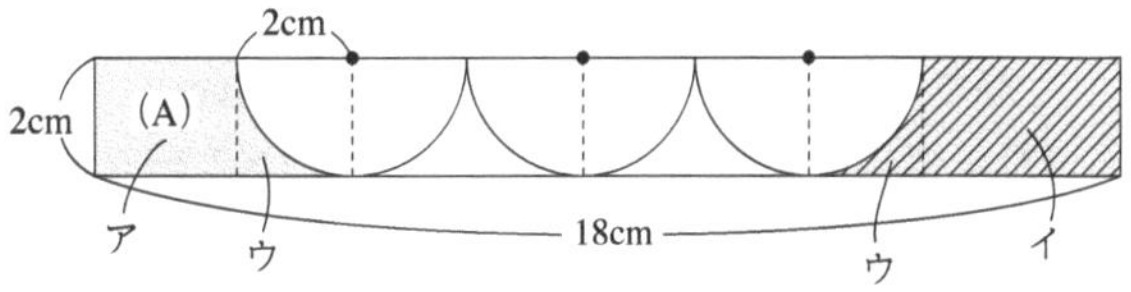

(4)　牛1頭が1日に草を食べる量…1　1日に生える草の量…1×(9×120－15×48)÷(120－48)＝360÷72＝5　初め生えていた草の量…(1×9－5)×120＝480　したがって，29頭が食べつくす日数は480÷(1×29－5)＝20(日)

(5)　41の23番目の倍数…41×23＝943　53の23番目の倍数…53×23＝1219　41の26番目の倍数…41×26＝1066　53の20番目の倍数…53×20＝1060　したがって，求める数は1066

(6)　正六角形PQRSTUの面積…右図より，三角形3つ分の面積　　したがって，三角形1つの面積は81÷(6＋3)＝9(cm^2)

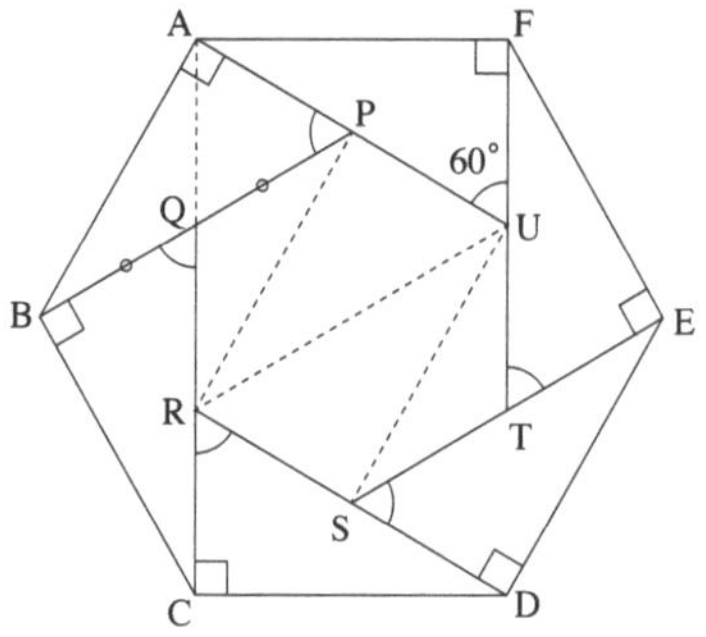

重要 **3** (速さの三公式と比，グラフ，割合と比)

(1)　パンクしないでP市に着く時間…グラフより，9×(139－91)÷4＝108(分後)

(2)　12kmを自転車で進む時間－バスで進む時間…(1)より，3＋108－91＝20(分)　　家からP市まで自転車で進む時間－バスで進む時間…108－48＝60(分)　　したがって，求める距離は12×60÷20＝36(km)

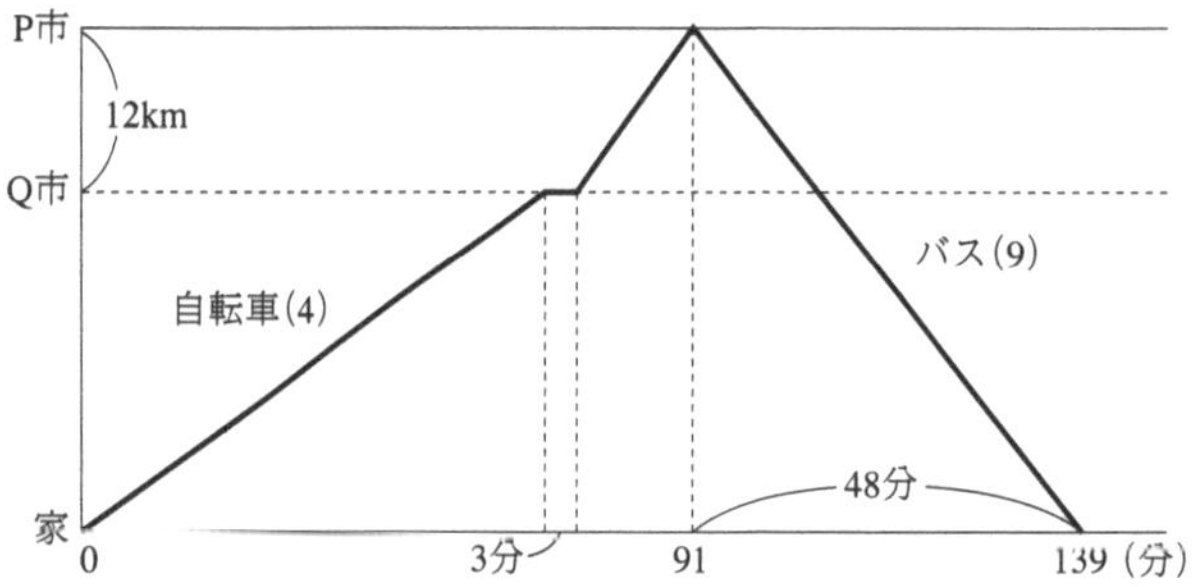

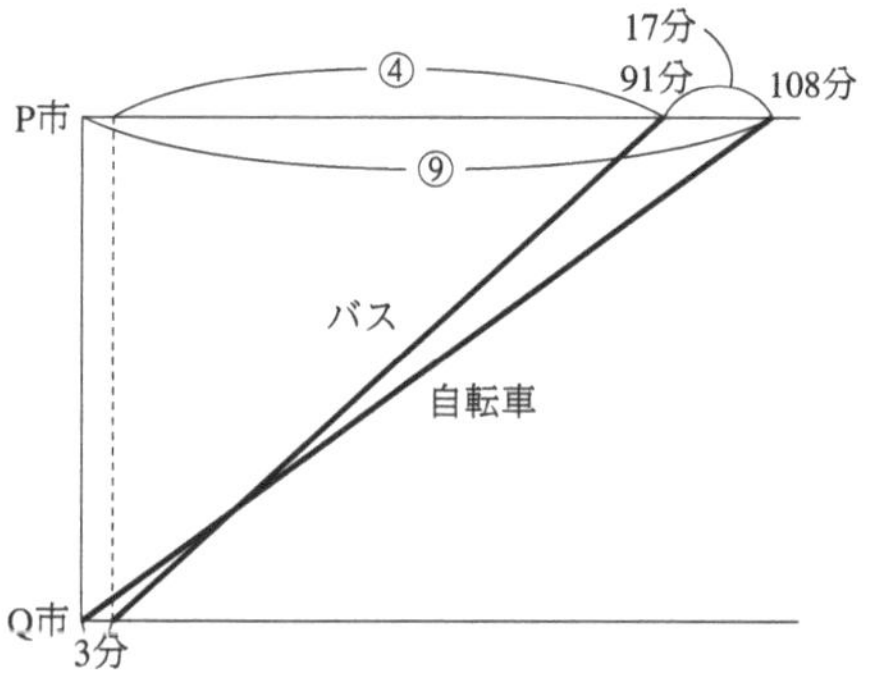

重要 **4** (平面図形，規則性，数の性質，植木算)

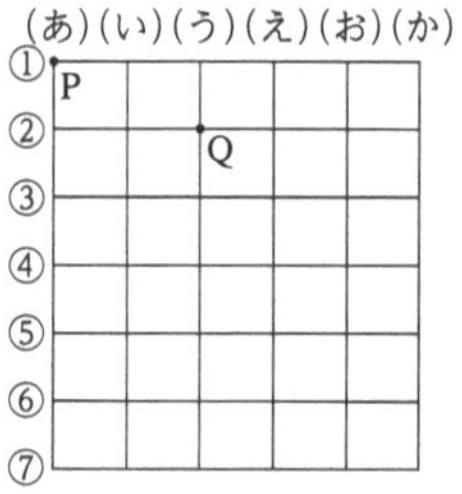

暗号A…10010100

暗号の1…右へ進み(か)に達した後，左へ進み(あ)に達した後，右へ進むことを反復する

暗号の0…下へ進み⑦に達した後，上へ進み①に達した後，下へ進むことを反復する

(1)　暗号A5回　　左右へ動く間かく数…3×5＝15　　左右の位置…15÷5＝3より，(か)　　上下へ動く間かく数…5×5＝25　　上下の位置…25÷6＝4余り1より，2

(2)　暗号A2024回　　左右へ動く間かく数…3×2024＝6072　　左右の位置…6072÷5＝1214余り2より，(う)　　上下へ動く間かく数…5×2024＝10120　　上下の位置…10120÷6＝1686余り4より，5

重要 **5** (平面図形，立体図形，割合と比，数の性質)

(1)　氷の体積…2.2×2.2×2.2(cm^3)　　氷になる前の水の体積…2.2×2.2×2.2÷1.1＝2×2.2×2.2(cm^3)　　増えた体積…2.2×2.2×2.2－2×2.2×2.2＝0.2×2.2×2.2(cm^3)　　したがって，求める高さは0.2×2.2×2.2÷(2.2×2.2)＝0.2(cm)

(2)　容器の底面積…(1)より，2×2.2×2.2÷2×9＝2.2×2.2×9(cm^2)　　したがって，底面の正方形の1辺は2.2×3＝6.6(cm)

重要 **6** (数の性質)

整数Aは以下の性質を持つ最小の整数

〈性質〉
① Aは2の倍数
② B＝A＋1である整数Bは3の倍数
③ C＝B＋1である整数Cは5の倍数
④ D＝B＋2である整数Dは7の倍数
⑤ E＝B＋3である整数Eは11の倍数

(1)　①Aは偶数　　②B＝A＋1は3の倍数…3，9，15，～　　⑤E＝A＋4は11の倍数…22，44，66，～　　したがって，Eはア＝66の倍数

(2)　③C＝A＋2は5の倍数…10，20，30，～　　⑤E＝A＋4…12，22，32，～のうちの66の倍数　　したがっ

て，イ＝2，ウ＝2，エ＝7

(3)　④D＝A＋3は7の倍数…7，21，35，～　　66×2－1＝131，66×7－1＝461，66×12－1＝791＝7×113　　したがって，A＝791－3＝788

★ワンポイントアドバイス★

2で簡単ではないレベルの6題が出題されており，どれだけ得点できるかが第一のポイントである。(2)「三角形の相似」，(4)「ニュートン算」が正解できるように練習しよう。6「整数A」は，文中のヒントを利用して解ける。

＜理科解答＞

1　(1)　イ　(2)　62秒　(3)　9倍　(4)　エ　(5)　ふりこに空気ていこうがはたらいたり，支点にまさつ力がはたらいたりするから。　(6)　①　1.6秒　②　ア

2　(1)　ア，エ　(2)　イ，カ　(3)　ウ，オ　(4)　ア，ウ　(5)　イ，ウ，キ
(6)　A　イ　B　ウ　C　ア　(7)　A　ウ，オ　C　イ，エ

3　(1)　ほう和　(2)　3　(3)　6　(4)　0.2　(5)　①　51g　②　ア，ウ
(6)　イ，オ

4　(1)　ア，カ　(2)　エ　(3)　1　公転　2　自転　(4)　ア　(5)　エ
(6)　尾　(7)　1　$\frac{72}{73}\left[\frac{360}{365}\right]$　2　$\frac{72}{241}\left[\frac{360}{1205}\right]$　3　524

○配点○

1　(1)　3点　(2)～(4)　各2点×3　他　各4点×2((6)完答)

2　(5)　3点(完答)　他　各2点×9((1)～(4)・(7)各完答)

3　(1)・(2)　各2点×2　他　各3点×5((5)②・(6)各完答)

4　(1)・(3)　各1点×4　他　各2点×7　計75点

＜理科解説＞

1　(物体の運動―ふりこ)

(1)　①　ふりこのふれはばは，図のAの部分である。　②　1往復の時間は，Dを移動する時間である。

重要　(2)　ふりこが往復する時間は，ふりこの長さだけで決まり，おもりの重さやふれはばには関係しない。ふりこの長さが60cmのものは，表に3つのデータがある。これらの20往復の時間を平均すると，(30.9＋31.1＋31.0)÷3＝31.0(秒)である。ふりこの長さを4倍の240cmにすると，往復の時間が2倍になり31.0×2＝62(秒)になる。

重要　(3)　ふれはばは往復の時間に関係しない。往復の時間を3倍にするには，ふりこの長さを9倍にする。

(4)　おもりの重さ，ふれはばは往復の時間に関係しないが，おもりを下に貼りつけることでおもりの中心が下に移動するのでふりこの長さが長くなる。そのため往復時間も長くなる。

(5)　ふりこに空気抵抗が働いたり，ふりこの支点の部分でまさつ力が働くので，しだいにふれはばが小さくなり最終的に止まる。

(6)　①　20往復するのに31.0秒かかるので，1往復にかかる時間は31.0÷20＝1.55≒1.6(秒)なので，

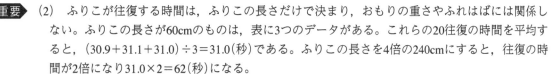

1.6秒ごとに電流を流す。　② 電磁石の向きを逆にするとふりこの鉄側の磁石はS極になるが，鉄はN極でもS極でも磁石に引かれるので，A点を矢印の向きに通過するときに電流を流せばよい。

2 (水溶液の性質・物質との反応―浸透圧)

重要 (1) 実験1の2つ目の実験より，セロハン袋がふくらんだので水がセロハン膜を通過することがわかる。3つ目の実験から，食塩はセロハン膜を通過できないことがわかる。

(2) 実験2の2つ目と3つ目の実験から，15％の食塩水から25％の食塩水に向かって水が移動したことがわかる。また，実験1より，移動できるのは水だけで，食塩は移動できないことがわかる。

(3) 実験1と3の結果が同じなので，水に溶かした物質が食塩であるか砂糖であるかは結果に影響しないことがわかる。それで，ナメクジに食塩をかけても砂糖をかけてもナメクジはしぼむ。このとき，ナメクジの体内から水分が体外に出てくるので，しぼんでしまう。

(4) 軟体動物は内臓が外とう膜で覆われており，節のない柔らかい足を持つ。ハマグリ，タコが軟体動物の仲間である。

(5) 海水魚は体液の塩分濃度より海水中の塩分濃度が高いので，体内の水分が失われない仕組みが発達している。淡水魚は体内の塩分濃度が淡水より高いので，体内に水が入り込んでくるため水を体外に追い出す仕組みが発達している。また，淡水魚は体内の塩分濃度が低くなる危険があるので，水中の塩分を積極的に取り込む。

(6) グラフより，魚Aは外液の塩分濃度が低いときは体液の塩分濃度を調整できるが，外液の塩分濃度が高くなると体液の塩分濃度を調節できなくなる。魚Bは外液の塩分濃度が低い時に調節ができず，高い時に調節するしくみがある。魚Cは外液の塩分濃度が変化しても，いつでも体内の塩分濃度を調節するしくみを持っている。

(7) 魚Aは川でのみ生活できる魚，Bは海でのみ生活できる魚，Cは海と川を行き来できる魚である。魚Aの例はウ，オであり，魚Cはイ，エである。

3 (ものの溶け方―溶解度・濃度)

基本 (1) 一定量の水にとける物質の質量は，物質の種類によって決まっている。物質を最大限溶かした溶液を飽和溶液という。

(2) 60kgの人が1L(1kgに相当)の水を飲み運動後59kgになったので，汗で失われた水の量は2kgである。運動中にかいた汗の1.5倍の水を飲む必要があるので，2×1.5＝3(kg)の水である。これは3Lに相当する。

(3) 汗の塩分濃度は0.3％なので，失われた塩分は2000×0.003＝6(g)である。

(4) 6gの塩分を3Lのスポーツ飲料から取るので，(6÷3000)×100＝0.2％の塩分濃度である。

重要 基本 (5) ① 40℃の水50gには物質Xが20gまで溶ける。40℃で5.5gの結晶が出たので，80℃で溶けていたXは水50gに25.5gであった。よって水100gでは25.5×2＝51(g)まで溶ける。　② 固体が溶けている水溶液は，ミョウバン水溶液と食塩水である。炭酸水と塩酸は水に気体が，エタノール水溶液は液体のエタノールが溶けている。

基本 (6) ア BTB液は酸性では黄色になる。　イ アルカリ性の水溶液は，フェノールフタレインを入れると赤色になる。　ウ 多くの金属は塩酸に溶けて水素を発生するが，水酸化ナトリウム水溶液に溶ける金属はわずかである。　エ 金属が酸に溶けると水素が発生する。　オ 酸性の水溶液は赤色リトマス紙を変化させない。

4 (星と星座―天体の動き)

重要 (1) 三大流星群とは，1月のしぶんぎ座流星群，8月のペルセウス座流星群，12月のふたご座流星群である。

基本 (2) 夜半過ぎから明け方の時間帯に月が昇ってくるので，エの位置に月がある。オの位置の月は真夜中に昇ってくる。

基本 (3) 月は地球の周りを公転し，自らも自転している。月の公転周期と自転周期が同じであるため，月は地球にいつも同じ面を向けている。

(4) 流れ星の尾の長さは，放射点の中心の近くのものほど短く，離れたところを流れるものほど長く見える。図ではアが最も放射点から離れており，尾が一番長い。

(5) 北斗七星は北極星をはさんでカシオペア座と反対側に位置し，北斗七星の尺の先端の2つの星の距離を5倍したところに北極星がある。アではこの位置に北極星が来ない。

(6) すい星の尾の正体は，太陽に近づくと熱せられて発生するガスや塵である。この尾が地球の大気にぶつかったとき高温高圧になって光ることで，流星群が生み出される。

(7) 1 地球が1日あたりに移動する角度は，$\frac{360}{365}=\frac{72}{73}$である。 2 エンケすい星が一日あたりに移動する角度は，$\frac{360}{1205}=\frac{72}{241}$である。 3 再び太陽，地球，エンケすい星が一直線に並ぶのにかかる日にちは，$360\div\left(\frac{72}{73}-\frac{72}{241}\right)=523.6\fallingdotseq524$(日)後である。

★ワンポイントアドバイス★

問題文が長く，読解力と集中力を要する問題を含んでいるが，よく読んで内容を理解し，落ち着いて対応すること。

＜社会解答＞

1 問1 イ 問2 ア 問3 イ 問4 浜松(市) 問5 エ 問6 イ
問7 コンテナ 問8 ウ 問9 ウ 問10 ウ 問11 イ 問12 (1) B
(2) C 問13 イ 問14 ア 問15 ウ 問16 神戸(市) 問17 エ

2 問1 ウ 問2 ア 問3 (1) ウ (2) ウ (3) イ 問4 ウ 問5 イ
問6 ウ 問7 エ 問8 紀伊(国) 問9 いなむら 問10 徳川家康
問11 いわし 問12 イギリス 問13 渋沢栄一 問14 栄西 問15 秋田(県)

3 問1 モンテスキュー 問2 エ 問3 ウ 問4 エ 問5 ア 問6 エ
問7 イ 問8 ウ 問9 裁判員 問10 番人 問11 AI 問12 A

○配点○

1 問1・問4・問7・問8・問11・問13・問14 各2点×7 他 各1点×11

2 問1～問7 各1点×9 他 各2点×8

3 問12 3点 他 各2点×11 計75点

＜社会解説＞

1 (日本の地理―国土と自然・産業・貿易など)

問1 コークスは石炭をむし焼きにした燃料で，炭素分が多く火力が強い。アは石灰石，ウは原油，エは銅。

問2 日本最大の中京工業地帯は豊田周辺での自動車産業を中心とする機械工業がさかん。

問3 九谷焼は加賀地方で生産される色絵装飾で有名な陶磁器。アは鳥取，ウは広島，エは岩手。

問4 戦前の40.8℃（山形)が記録だったが，温暖化の進行に伴い各地で記録更新が続発している。

基本 問5　北海道中央部を源に上川盆地から石狩平野を経て日本海に注ぐ日本3位の大河。

問6　秋田県東部，奥羽山脈に位置する日本最深(423m)のカルデラ湖。

問7　規格を統一し貨物輸送に反復使用する容器。陸・海・空の輸送が効率化し，戸口から戸口までの一貫輸送が可能となり大幅な経費削減が可能となった。

問8　原発処理水で中国が日本からの輸入を停止，ほたての最大の輸出先である中国の停止で水産業者は対応に苦慮している。かきは広島，放流するのは栽培漁業，親潮は寒流，黒潮は暖流。

問9「畑の肉」といわれる大豆。アはサツマイモ，イはレタス，エはキャベツ。

問10　和歌山は果実生産全国3位の果物王国。びわは長崎・千葉・鹿児島の順。

問11　3000年を超える「縄文杉」も存在。白神山地は青森と秋田，木曽はヒノキ，吉野はスギ。

やや難 問12　シラスに覆われた南九州は畜産王国として知られる。Aは北海道，Dは熊本，Eは岩手，Fは青森，Gは群馬，Hは千葉。

問13　23％前後で1・2位を争う。平地は4分の1，人口は2008年がピーク，都心回帰で上昇。

問14　東北3大祭りの秋田竿燈。イは仙台，ウは札幌，エは金沢。

問15　高知平野を流れるのは仁淀川。四万十川は高知西部を流れる四国最長の河川。

問16　日宋貿易の基地となった大輪田泊を前身とする人口150万人の大都市。

問17　中国風の衣装をまとって踊る祭り。通信使は瀬戸内から東海道を経て江戸に下った。

2　(日本の歴史―古代～近代の政治・社会・文化など)

問1　実学を重視した徳川吉宗は漢訳洋書の輸入を許可し洋学の発展に貢献した。

問2　1910年に発生した幸徳秋水らによる天皇暗殺計画。イは1902年，ウとエは1895年。

問3　(1)　9世紀後半以降は藤原氏が摂関を独占した。　(2)　かつては流路の変化が激しい利根川の本流であったといわれる。　(3)　上野は現在の群馬県。アは千葉，ウは茨城，エは東京・埼玉。

問4　大規模な街づくりが始まった江戸には全国から労働者が集まり味の濃い食べ物が好まれたのに対し，京などの上方では上品な昆布出汁《だし》を利かせた食べ物が好まれた。

問5　ポツダム宣言は7月26日にベルリン郊外のポツダムに米・英・ソの首脳が集まり発表，日本は8月14にこれを受諾し15日に天皇の玉音放送が行われた。Cは8月8日。

重要 問6　743年，墾田永年私財法が成立し荘園発生につながっていった。ア・イは飛鳥，エは鎌倉。

問7　からっ風で知られる北関東では屋敷の周りに防風林を設ける家が多い。アは合掌造り，イは京の町屋，ウは京や大阪に多く見られる卯建《うだつ》。

問8　雨が多く豊かな森林が生い茂っていたことから「木の国」と命名されたとの説もある。

やや難 問9　この説話は物語になり戦前の教科書にも掲載され防災教育に生かされた。

問10　1590年，江戸に入った徳川家康は寂れた漁村の大改造に着手，用水の確保や物資の搬入のために掘割や運河を，山を削って日比谷の入り江を埋めるなど大土木工事に着手した。

問11　江戸時代には四木三草《しぼくさんそう》などの商品作物の栽培が拡大，とくに西国では木綿の生産が盛んになった。これらの栽培には油かすや魚肥の使用が避けられず需要が高まっていった。

問12　開国後の貿易ではイギリスが9割近くを占めたように日本との関係を強めていた。

問13　大蔵省の役人などを経て実業家に転身，富岡製糸場など多くの企業の設立にかかわった。

問14　比叡山で天台宗を修めたのち2度にわたって宋にわたり臨済宗を学んだ僧。

問15「きりたんぽ」は，炊き立てのご飯をすり鉢でつぶし杉や竹の串に巻きつけて焼いたり鍋で食べる料理。

3　(政治―憲法・政治のしくみ・国民生活など)

問1「権力を持つ者はすべてそれを濫用する」と説き，権力が権力を阻止する必要性を説いた。

問2　憲法42条は両院制の規定。情報公開法は2001年に施行された法。

重要 問3　法律案で衆参の意見が一致しないときは衆議院で再議決できる(憲法59条)。

問4　小選挙区289人，比例代表176人で構成。参議院は選挙区148人，比例区100人。

問5　1971年，イランのラムサールで採択。イは絶滅危惧種の取引，エはEU設立の条約。

基本 問6　2021年10月，菅義偉《すがよしひで》首相に代わって就任。アは菅直人，イは福田康夫，ウは安倍晋三首相。

問7　家庭裁判所は地方裁判所と同じく全国50か所，簡易裁判所は438か所に設置。

問8　衆参各7名の国会議員を裁判官とする弾劾裁判所における公開の裁判で審議される。

問9　死刑など重大な刑事裁判の1審に採用，有罪や無罪，さらにその量刑まで決定される。

問10　違憲審査権は下級裁判所を含めすべての裁判所に与えられている。ただ，三審制を採用しているため，最高裁判所が最終的な権限を持っていることからの命名。

問11　膨大なデータ(ビッグデータ)や自ら学習する機能(ディープラーニング)を持つなどさらに進化，今後はAIの長所や短所を把握した上での活用が必須となっている。

問12　「すべての公務員は全体の奉仕者で一部の奉仕者でない」(憲法15条)，「両議院は全国民を代表する議員で組織」(憲法43条)。本来は衆議院の行き過ぎをただし，慎重な審議を目指すもの。

★ワンポイントアドバイス★

最近は分野をまたいだ出題が増える傾向にある。問題を考える際には常にさまざまな視点から考えるといった習慣を身につけよう。

＜国語解答＞

【一】　①　むく　②　逆　③　景勝　④　創造　⑤　二階

【二】　問一　A　オ　B　カ　C　ウ　問二　ウ　問三　エ　問四　ア　問五　エ
問六　一部の金持ちや権力者は、政府や国家による介入を嫌っているにもかかわらず、自身が支持する市場を介した環境保全を実践するには、政府や国家を頼らざるを得ない点。　問七　イ

【三】　問一　a　イ　b　ア　c　エ　問二　ウ　問三　イ　問四　エ　問五　「無月」の駒が、観賞用のものとして仕舞いこまれるのではなく、指し手にのぞまれながら、将棋駒として使われてこそ意味があると感じたから。　問六　ア　問七　ウ

○配点○

【一】　各2点×5

【二】　問一　各2点×3　問六　10点　問七　5点　他　各6点×4

【三】　問一　各2点×3　問二　5点　問五　10点　他　各6点×4　計100点

＜国語解説＞

【一】　(漢字の読み書き)

重要 ①「報告」の「ホウ」は，訓読みで「むく－いる」である。　②「逆」は全9画の漢字。6画目は上に出さない。　③「景勝(地)」とは，山や海岸または滝など自然の造形によって作られた風景や景色が優れている場所のこと。観光や旅行で訪れるのに適した地域のことを指す場合が多い。

④　作り上げる「ソウゾウ」なので「創造」表記する。「造」は全10画の漢字。4画目は上の横棒より長く書く。「想像」と混同しないように気をつける。　⑤　「階」は全12画の漢字。「比」は左右同形ではないので注意する。

【二】　**(論説文一要旨・大意，細部の読み取り，空欄補充，記述力)**

問一　A　理にかなっている，ムダなく効率的であるという意味の言葉は「合理的」という。100人の漁師が時間を決めて漁をするという方法は，なるほどと納得できるということでオを選ぶ。　B　最終段落にもあるように，大きな決定事は政府や国家しかできないということだから「決定」的な影響を与えているということになる。　C　直前の「全員が～進まない」ということを繰り返して説明している流れなので，みんなで話し合うということから「民主」的なやり方ということになる。

基本　問二　直前の「やがてほとんど釣れなくなる」という例が「愚かさ」を指し示している。問一Aでも考えたように，集団で納得しルールを作れば資源の維持はできるかもしれないが，そこに個人の利益が入り込むと資源そのものを失うということなのでウである。

重要　問三　問われていることは「起こらないようにするため」である。「こうしたこと」の指し示す内容ではない。(中略)以降の「古代ギリシャ～」で始まる段落以降に着目する。アボリジニや以前のヨーロッパ社会の暮らし方のような「自由な時間を過ごしたり自然との共生」など人間本来のいい暮らしを見本として挙げているのでエである。

問四　「答えが二点」とは，「土地を持たない労働者」と「一方～」で始まる「土地や機械を大量に所有する金持ち」の考え方のことだ。「土地を持たない人々」の主張は「独占させないように集団的な所有権を持ち，民主的に管理」することであり，「金持ち」の主張は「明確な所有権を定め，交換価値があるものとして市場原理によって守る」というものなのでアだ。イは「～奪い取り分け与える」が誤りだ。ウは「政府を通して共同で管理」が誤り。エは，この段階では「地球資源の独占状態」にはなっていないので誤りである。

問五　「企業に炭素の～」で始まる段落にある「ふたつの利点」として挙げている「まず」で始まる段落の内容と，「次に」で始まる段落の内容を合わせて考える。両方を満たしているのはエである。

やや難　問六　――線5直後の「政府が信頼できないのに頼らなければならない」が解答の中心だ。しかし，ここだけ抜き出しても字数が不足してしまうので，くわしく説明することで，内容をはっきりとさせ，字数を満たすような解答にしなければならない。この場合は「信頼できない」の部分を明らかにするべきだ。「金持ちと権力者～」で始まる段落にあるように，「嫌いだからではない」とある。つまり，「信頼できない」のようなあいまいなものではなく，「信頼できない，嫌い」のような感覚的な感情ではなく，「自分の所有権や市場を支配するプロセスを守るために国や政府の介入を嫌っている」のである。

重要　問七　決して本心から「最高だ」と述べているのではないことを読み取ろう。とんでもないことになるという危機感を「」を使って強調し，批判しているのだからイである。

【三】　**(物語一心情・情景，細部の読み取り，ことばの意味，記述力)**

問一　a　心を奪われたりして，たましいが抜けたようにぼんやりすることという意味なのでイ。　b　物事がまとまりを持たず，結論が見えない状態のことをいう言葉なのでアだ。　c　あってもその場の役に立たず，かえってじゃまになるくらいのもの。あって益のないものをいう言葉なのでエを選ぶ。

問二　お礼の言葉だけは発したものの，お金を払ったほうがいいのか，そもそも彼女ももらったものなのだからなどと，余計なことに思いめぐらしていることを「つまらないこと」と思っている場面なのでウである。

基本 問三 「無月」を発見したこと自体は嬉しいのだが，このままプレゼントされて帰ればいいのかという自分自身でも不思議な気持ちになっている。その不思議な気持ちが，ただ持ち帰っていいのだろうかというためらいの気持ちにつながっているのでイだ。

問四 「居住まいを正し」という表現から，申し出を断ることに対する礼儀の気持ちが読み取れるのでアも迷う選択肢だが，ただ「謝罪」のためではないので不足である。「真っ直ぐに見て」は，満足できる自分の決断をはっきり伝えたいということなのでエを選ぶ。

やや難 問五 チャンさんの申し出通り日本に持ち帰れば喜ぶ人も多いし，持ち主として最適な人も思いつくが，だれの所有物になったとしても，大事にしまい込み，たまに鑑賞したりする記念品になることは明らかだ。「おれ」は「無月」が長い間外国で道具として活躍し年季の入ったすばらしい駒になっていることに感動を覚えているし，駒がまだまだ現役として働きたいと願っているように感じている。この，記念品やお土産として仕舞い込まれるより，使われる道具としてあることのほうが意味があるというところがポイントになる。

問六 アとウで迷うところだが，ここで大切なのは，劣化した傷そのものがどのようになっているかではない。ウの，傷は美しさを損なうものではないということは正しいが，傷が美しさを引き立てるわけではない。傷で劣化しているのは確かなことなので劣化は劣化だ。しかし，「おれ」が注目しているのは，その傷は「長い歴史を経てきた」からできた傷だという点にある。傷にその歴史を見るということなのでアを選択する。

問七 「こんなに」が指し示しているのは，「建物の外～」で始まる段落から描かれている情景描写である。「心地よく冷やしてくれる」，「～そっと包み込む肌着みたい」のような景色への印象から考えて，アの「なぐさめ」やエの「さびしさ」は不適切である。また，イの「気持ちよく」は「心地よく冷やして」表記から考えれば誤りではないが，ただ風の効果を述べているにすぎない。どのような心情を読み取らせるための景色，風景の描写なのかを考えれば，自分のしたことに興奮と満足感を覚えてすがすがしい気持ちでいることを読み取るべきであるのでウだ。

★ワンポイントアドバイス★

選択肢問題は各選択肢の文が長い傾向がある。まぎらわしい中から選ぶしっかりした読みが必要だ。

第3回

2024年度

解　答　と　解　説

《2024年度の配点は解答欄に掲載してあります。》

＜算数解答＞

1　(1)　12　　(2)　$\frac{4}{11}$

2　(1)　3500円　　(2)　10時間　　(3)　113.04cm^3　　(4)　75度　　(5)　94
　(6)　43.96cm^2　　(7)　15.625$\left[\frac{125}{8},\ 15\frac{5}{8}\right]$cm

3　(1)　毎分160m　　(2)　毎分250m　　(3)　$24\frac{4}{9}\left[\frac{220}{9}\right]$

4　(1)　ア　7　　(2)　イ　36　　ウ　39

5　(1)　2.25$\left[\frac{9}{4},\ 2\frac{1}{4}\right]$cm^3　　(2)　0.25$\left[\frac{1}{4}\right]$倍　　(3)　2：1

○配点○

1　各5点×2　　4　(1)・(2)ウ　各3点×2　　他　各6点×14　　計100点

＜算数解説＞

1　(四則計算)

(1)　$\frac{13}{4}\times\frac{6}{13}\times 25\times\frac{8}{25}=12$

(2)　$\square=\left\{\left(\frac{12}{5}\times\frac{25}{8}\times\frac{2}{15}-\frac{1}{8}\times\frac{38}{5}\right)\times 40-1.5\right\}\times\frac{8}{11}=\frac{4}{11}$

重要　2　(割合と比，相当算，仕事算，平面図形，相似，図形や点の移動，立体図形，和差算)

(1)　Aさんの現在の所持金…⑤－800　　Bさんの現在の所持金…④＋1700　　①…(⑤－800)×5＝㉕－4000が(④＋1700)×3＝⑫＋5100に等しく，①は(5100＋4000)÷(25－12)＝9100÷13＝700　したがって，Aさんの最初の所持金は700×5＝3500(円)

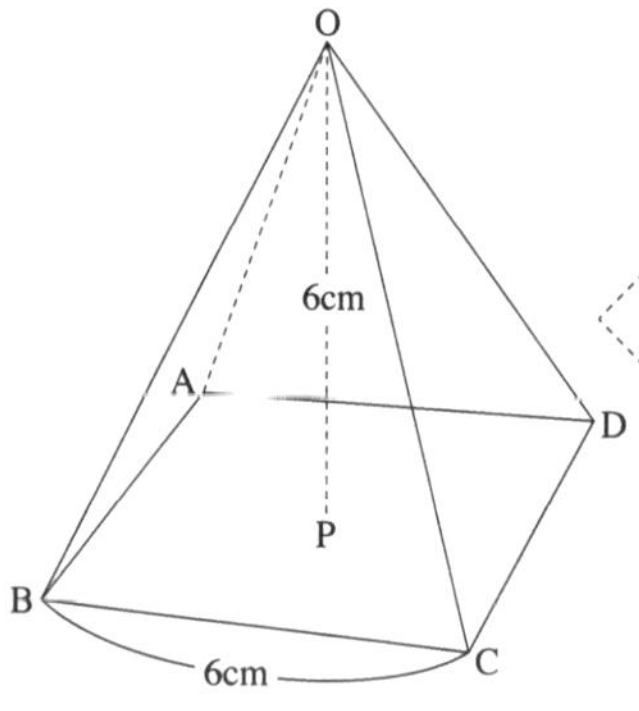

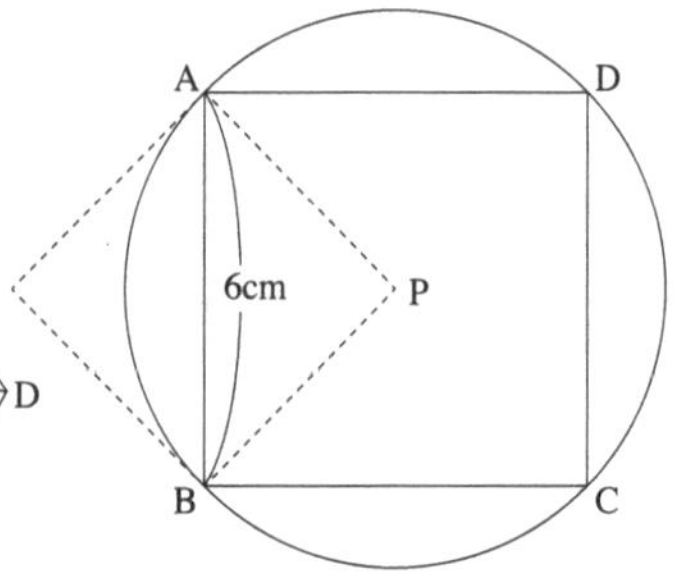

(2)　水そうの容量…15，12の最小公倍数60　　A1時間の給水量…60÷15＝4　　B1時間の給水量…60÷12＝5　　AとB5時間の給水量…(4＋5)×5＝45　　AとBで給水しながらCで排水するとき1時間で増える水量…(60－45)÷5＝3　　C1時間の排水量…4＋5－3＝6　　したがって，排水する時間は60÷6＝10(時間)

(3)　正方形ABCDが回転してできる円の面積…右上図より，6×3×3.14＝56.52(cm^2)　　したがって，回転体の体積は56.52×6÷3＝113.04(cm^3)

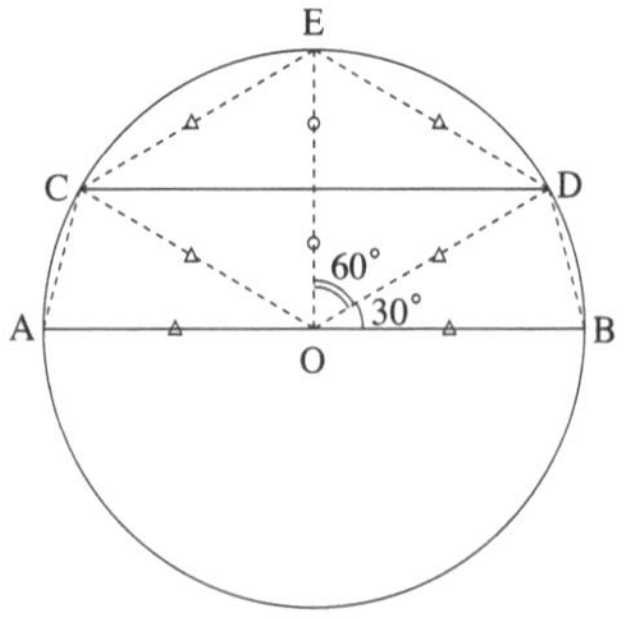

(4)　三角形ODE…右図より，正三角形　　したがって，二等辺三角形OBDにおいて角ODBは(180－30)÷2＝75(度)

(5)　E＋D＝160，E＋C＝156，C＋D＝128　D－C…160－156＝4　D…(128＋4)÷2＝66　したがって，Eは160－66＝94

(6)　右図…色がついた部分の面積が等しい　したがって，求める面積は4×4×3.14÷8×7＝14×3.14＝43.96(cm^2)

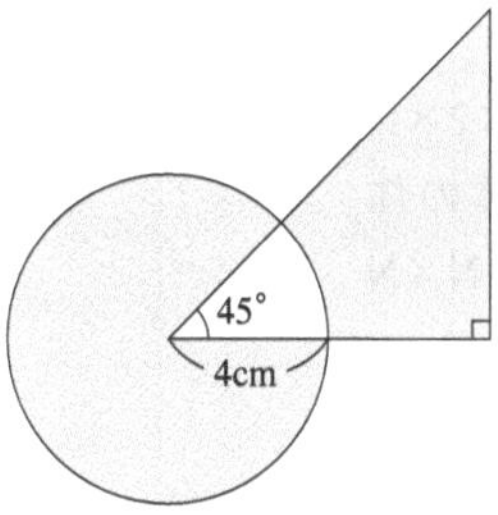

(7)　AC：BC…40：24＝5：3　4つの直角三角形…相似　BC…AR＝5のとき，右図より，2.88＋4.8＝7.68が24cmに相当する　したがって，ARは24÷7.68×5＝15.625(cm)

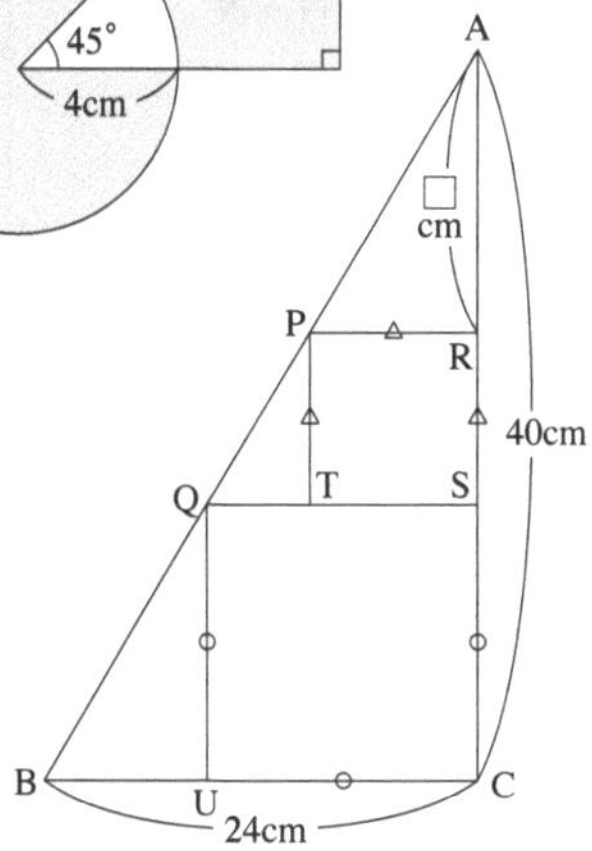

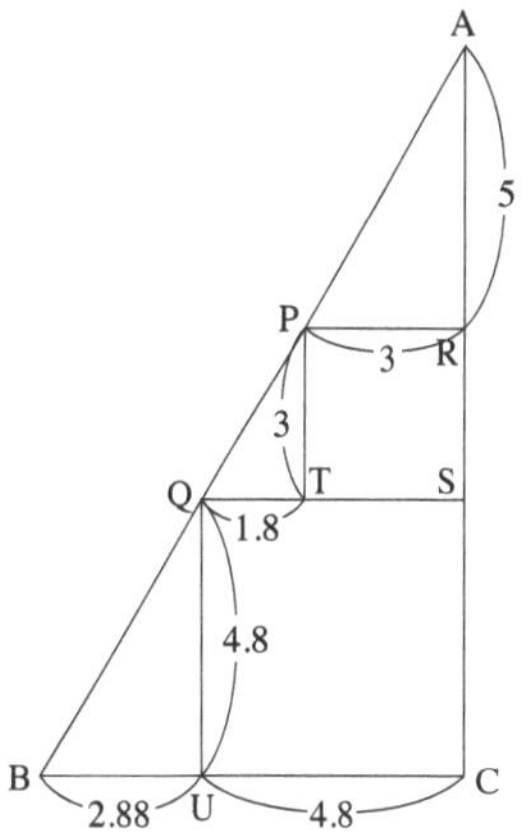

重要 **3** (速さの三公式と比，旅人算，割合と比，グラフ)

チームP…Aさん，Bさんが30分ずつ合計12000m走る　AさんはCさんより速い　Bさんの速さはAさんの1.5倍

チームQ…Cさん，Dさん，Eさんが20分ずつ合計12000m走る

グラフ…同時にスタートした2チームの時間と距離の差を表す

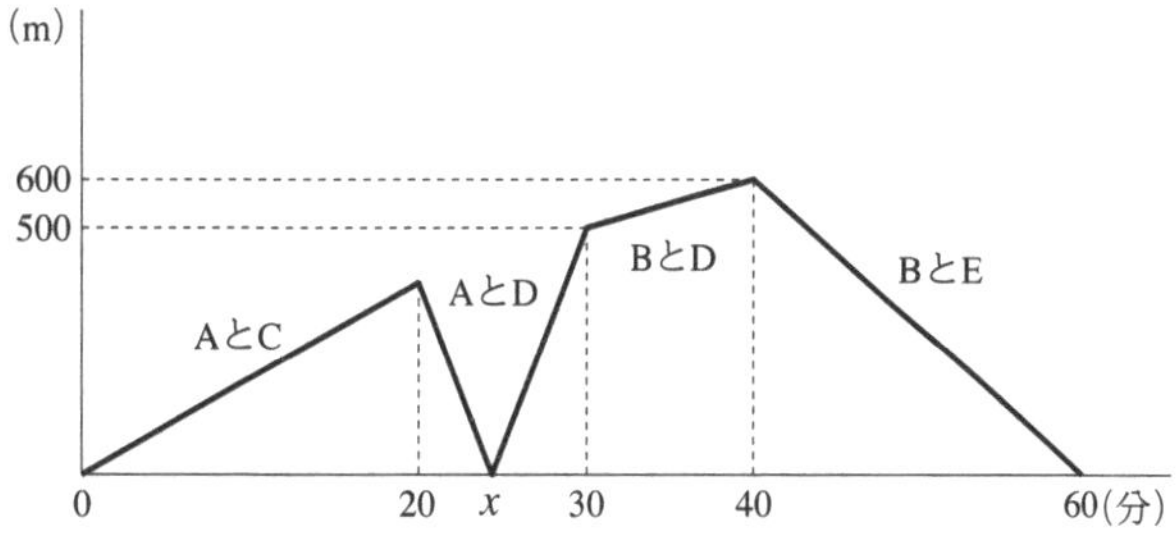

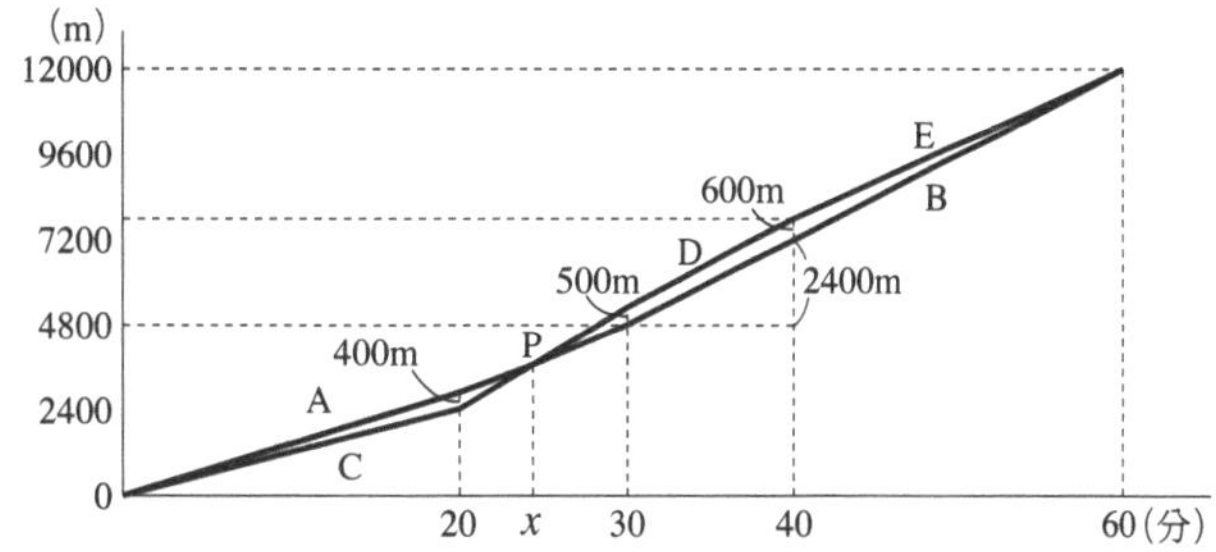

(1)　AさんとBさんの速さの比…1：1.5＝2：3　Aさんが30分で走る距離…12000÷5×2＝4800(m)　したがって，Aさんの分速は48000÷30＝160(m)

(2)　Bさんの分速…160×1.5＝240(m)　Bさんが10分で走る距離…240×10＝2400(m)　Dさんが10分で走る距離…2400＋600－500＝2500(m)　したがって，Dさんの分速は2500÷10＝250(m)

(3)　Dさんが20分で走る距離…250×20＝5000(m)　スタートして20分後のAさんとDさんの間の距離…(1)より，160×20－(4800＋3000－250×20)＝400(m)　頂点Pを共有する2つの三角形…相似比は400：500＝4：5　したがって，xは20＋10÷(4＋5)×4＝$24\frac{4}{9}$(分)

4 (数の性質，場合の数)

基本 (1)　ア○6個と／1個の並べ方…／が左端にある場合から右端にある場合まで7通り

重要 (2)　イ○7個と／2個の並べ方…9×8÷2＝36(通り)　2000～2024までで各位の数の和が8になる数…2006，2015，2024　したがって，ウは36＋3＝39(通り)

5 (平面図形，立体図形，割合と比)

(1)　図Ⅰ…正方形の面積より，N×2×N×2＝N×N×4＝3　　図Ⅱ…立体の体積より，N×2×1.5÷2×N×2＝N×N×3　　したがって，立体の体積は3÷4×3＝2.25(cm³)

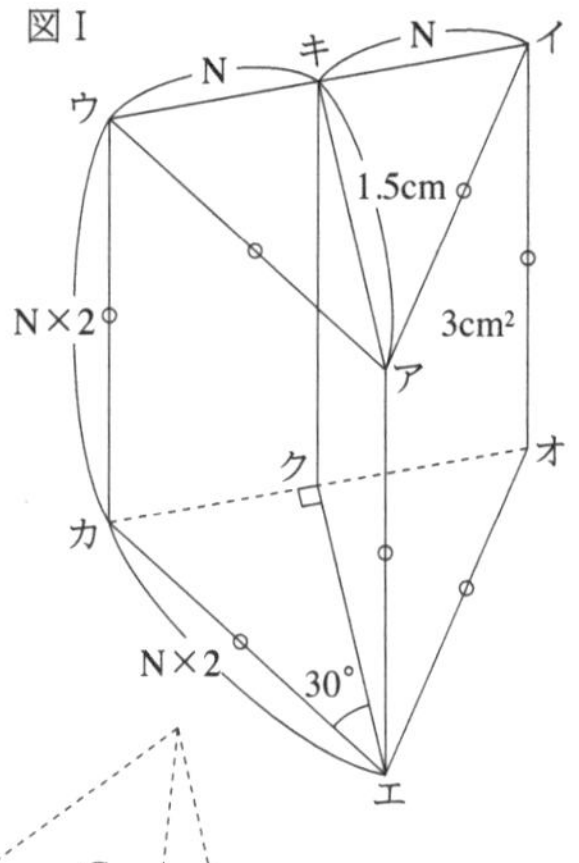

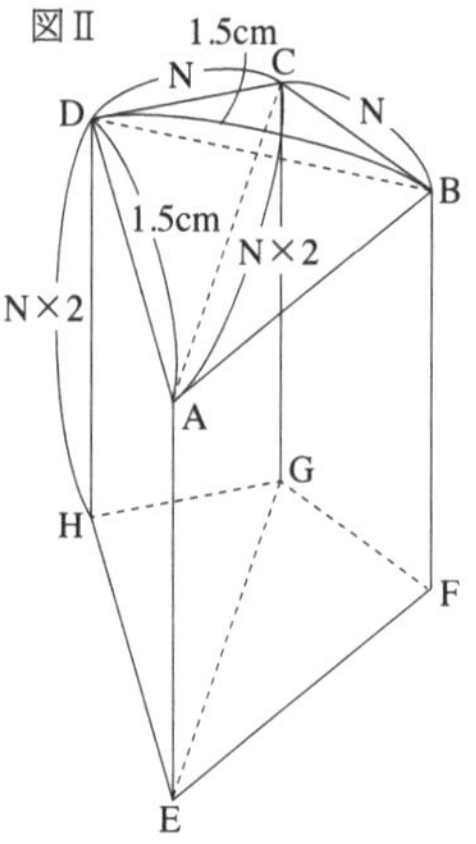

(2)　二等辺三角形CDBと四角形ABCDの面積比…0.5：2＝1：4　　したがって，求める割合は1÷4＝0.25(倍)

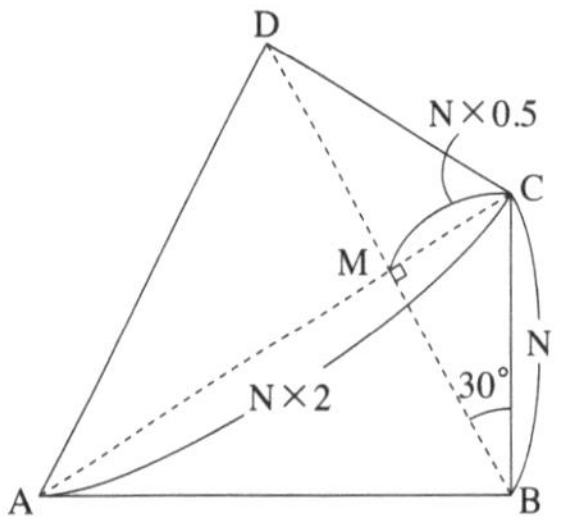

(3)　見取り図と上面図　DC：GJ＝DI：IJ＝CI：IG＝2：1

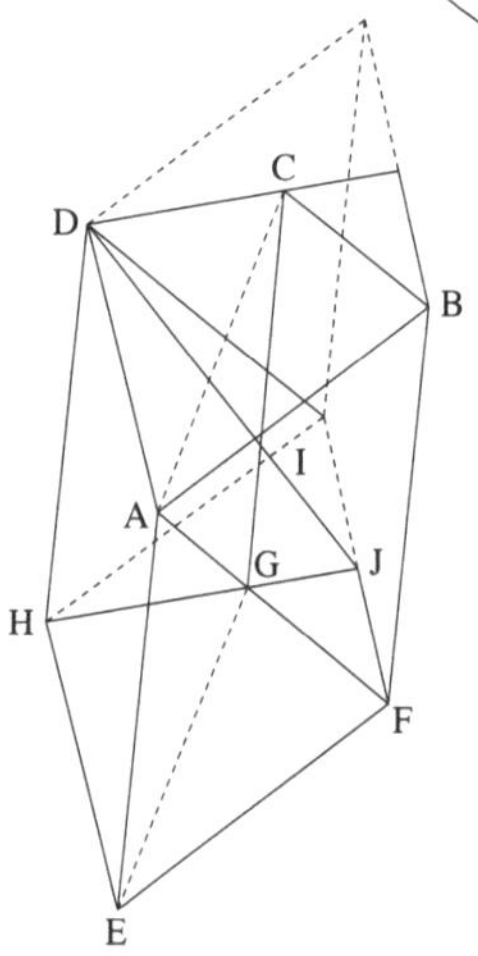

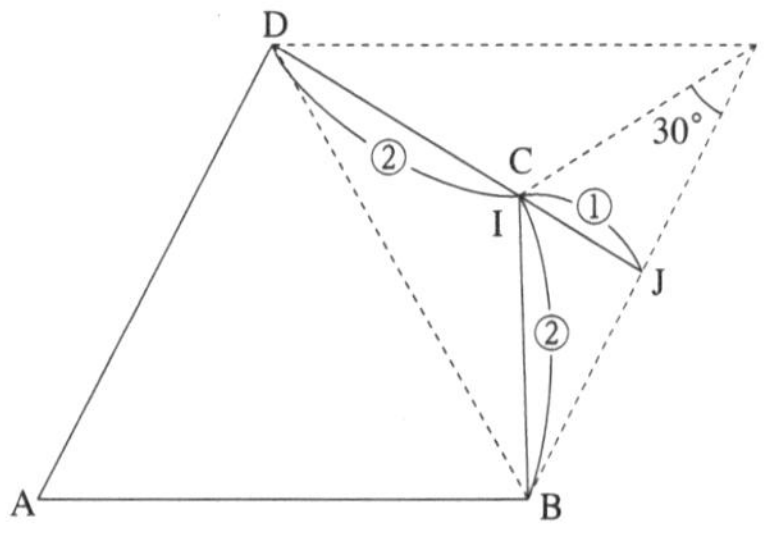

★ワンポイントアドバイス★

1，2で着実に得点することが，第1のポイントである。4「数字の和が8になる整数」は，導入部分が面倒そうでも問題自体は難しくない。5「三角柱」の問題は，簡単ではないが(1)・(2)は解ける。

＜理科解答＞

1　(1)　1　17　　2　273　　(2)　メタン　　(3)　ア，エ　　(4)　－　　重さ　オ
　(5)　イ　　(6)　エ

2　(1)　生きた化石　　(2)　エ　　(3)　ウ，カ，ケ　　(4)　ウ　　(5)　エ　　(6)　エ
　(7)　あ　ケ　　い　ウ　　(8)　オ

3　(1)　エ　　(2)　ア　　(3)　ウ　　(4)　9，10　　(5)　オ　　(6)　ウ　　(7)　オ

4　(1)　2cm　　(2)　273秒後　　(3)　3cm　　(4)　390秒後　　(5)　イ　　(6)　273秒後
　(7)　3cm　　(8)　550秒後

○配点○

1　(1)・(3)・(4)　各3点×4((3)・(4)各完答)　　他　各2点×3

2　(6)　3点　　他　各2点×8((3)完答)　　3　(1)・(2)　各2点×2　　他　各3点×5((4)完答)

4　(6)～(8)　各3点×3　　他　各2点×5　　　計75点

＜理科解説＞

1 (ものの溶け方一気体の溶解)

基本 (1) 1 100mLの炭酸飲料には砂糖が11g含まれるので，500mLに含まれる砂糖の量は55gである。これは角砂糖にすると，55÷3.3＝16.6≒17(個)分である。 2 年間15kgの砂糖を摂取するので，500mLの炭酸飲料の本数にすると15000÷55＝272.7≒273本に相当する。

(2) 牛のゲップに含まれる気体はメタンであり，温室効果ガスの一種である。

重要 (3) 気体が溶けているのは，塩酸とアンモニア水である。

(4) 気体は圧力が高いほど，温度が低いほど水によく溶ける。図1より，溶解する気体の重さは二酸化炭素の圧力に比例することがわかる。5℃の水100mLに1気圧で二酸化炭素は0.27g溶けるので，5気圧で500mLの水には0.27×5×5＝6.75(g)溶けている。これを20℃にすると，20℃の水100mLに1気圧で二酸化炭素は0.17g溶けるので，1気圧で500mLの水には0.17×5＝0.85(g)溶けている。よってこの差の6.75－0.85＝5.9(g)の二酸化炭素が溶けきれなくなって水から出ていき，その分重さは軽くなる。

(5) 重曹は炭酸水素ナトリウムのことで，これにクエン酸などの酸を加えると二酸化炭素が発生する。これを水に溶かすと炭酸水になる。

(6) 温室効果ガスは，地球が放射する赤外線を吸収するため熱が大気圏外に逃げていかず，地球が温室状態になって平均気温が上がる。温室効果ガスをなくすと，大気圏外に逃げる熱が多くなり，地球の平均気温が下がる。

2 (動物一動物の進化)

基本 (1) 大昔から形状が変わらず現在も生きている生物を，生きた化石という。

基本 (2) は虫類，両性類はともに卵を産んで子供を育てるが，は虫類の卵は陸上に産みつけられるので，乾燥に強く殻がかたい。一方，両生類の卵は水中に産みつけられることが多いので，乾燥に弱くかたい殻を持たない。

基本 (3) 昆虫の特徴は，体が頭部，胸部，腹部の3つからできており，胸部から3組6本の足が出ている。選択肢の中で昆虫の仲間は，ハチ，トンボ，アリである。

(4) ウが正しい。はじめに魚類とそれ以外に分化し，それ以外から両生類が分化し，その後ハ虫類とほ乳類に分化し，鳥類はハ虫類から分化した。鳥類からほ乳類が分化したのではない。

(5) 形態や機能は違っても，基本的構造や発生起源が同じ器官を相同器官という。クジラの胸びれとコウモリの翼は相同器官の例である。一方，形態や機能が似ていても起源が異なる器官を相似器官という。ハトの翼とチョウの羽はその例である。

(6) aは両生類，bは鳥類・ほ乳類，cは魚類である。このうち変温動物はaとcで，恒温動物はbである。Xのグラフが恒温動物，Yが変温動物である。

(7) あ 体長の比が1：2なので，体積の比は1：8になる。これが体重比に等しい。 い 表面積の比は1：4になるので，体重当たりの表面積の比は，$\frac{1}{1}:\frac{4}{8}=1:0.5$になる。よって，ホッキョクグマの方が体重あたりの表面積が小さく，体温を失いにくいといえる。

(8) 絶滅したと言われているのは，ニホンオオカミである。

3 (気象一日本の気象)

基本 (1) 日本列島の冬の時期の典型的な気圧配置は西高東低型であり，等圧線が南北に狭い間隔で並ぶ。

(2) 全国的に平均気温が高くなったのは，冬型の気圧配置が崩れ，寒気の流れ込みが弱くなったためと思われる。イは夏の時期の気圧配置でありこの時期では考えにくく，ウでは平均気温が最高になった原因とはいえない。また全国的に平均気温が高くなったのでエも考えにくい。

(3)　高緯度地域では太陽からの日射量が少ないことに加え，夜間に晴れると放射冷却の影響で地表の熱が奪われ地表の気温がさらに下がる。冷たい空気は重いので下降気流を生み出し高気圧を形成する。

重要　(4)　雲量が0～1の時は快晴，2～8の時は晴れ，9，10の時は曇りと決められている。

(5)　月や太陽がぼんやりとかすんで見える雲を「おぼろ雲」という。これは高層雲と呼ばれる雲である。

(6)　移動性高気圧は乾燥した空気を運んできて，これに覆われると晴れの天気になる。

(7)　球の体積は半径の3乗(半径を3回かけたもの)に比例する。雨粒の半径に対すると雲粒の半径の比は0.4÷0.001＝400(倍)なので，雨粒の体積と雲粒の体積の比は400×400×400＝64000000＝6400万になる。よって雨粒1つができあがるには，6400万個の雲粒が必要である。

4　(ばね・浮力－ばねと浮力)

基本　(1)　1秒間に20cm^3ずつ水を入れるので，水の量は20×78＝1560(cm^3)である。容器Bを除く水そうの底面積が800－20＝780(cm^2)なので，高さは1560÷780＝2(cm)になる。

重要　(2)　容器Bの重さは140gで，これと浮力がつり合うとき容器が浮き始める。浮力は物体が押しのけた水の重さに等しいので，容器Bの下から7cmまで水が達すると浮力が140gになる。それまでにかかる時間は，780×7÷20＝273(秒)後である。

(3)　容器Bの下から7cmまで水に浸かっているので，容器Bは水面から3cm出ている。

(4)　容器Bは電磁石にひかれて底につく。このとき水が入ってくるには，水の深さが10cmであればよい。それまでにかかる時間は780×10÷20＝390(秒)である。

重要　(5)　容器Bの下側がN極なので，Bが下向きに引かれるとき電磁石の上側がS極になる。右ねじの法則より，電流がイの方向に流れるとき電磁石の上側がS極になる。

(6)　水を含む容器B全体の重さは140＋20×9＝320(g)になる。電磁石による上向きの力と浮力の合計がこれとつり合うとき容器Bは浮く。図5より，容器Bが水槽の底についてるとき電磁石からかかる上向きの力は180gなので，浮力が320－180＝140(g)になると容器Bは浮き始める。このとき水位は水そうの下から140÷20＝7(cm)のところにあり，そこまで水が入るのにかかる時間は780×7÷20＝273(秒)である。

(7)　(6)のとき，容器Bは水そうの水面から10－7＝3(cm)出ている。

やや難　(8)　このとき浮力は，容器Bが全て水に沈むので20×10＝200(g)になる。そしてこのとき電磁石からの上向きの力は320－200＝120gになっている，図5より磁力が120gのとき水そうの底と磁石までの距離は4cmになっているので，水は水そうの底から14cmになる。このとき水の体積は800×4＋780×10＝11000(cm^3)であり，それまでにかかる時間は11000÷20＝550(秒)である。

★ワンポイントアドバイス★

物理の計算問題でやや難しい内容が問われるが，基本レベルの問題が主なので，できる問題から確実に得点することが合格への近道である。

＜社会解答＞

1　問1　①　イ　②　ア　③　エ　④　ウ　問2　G　エ　H　イ　問3　あ　×　い　○　問4　う　阿賀野　え　神通　問5　お　F　か　E　問6　5

2　問1　ア　問2　ウ　問3　ア　問4　ウ　問5　イ　問6　エ　問7　エ

問8　イ　　問9　イ　　問10　菅原道真　　問11　柳条湖事件　　問12　板垣退助
問13　岩倉具視　　問14　貴族院　　問15　慶應[慶応]義塾　　問16　首里
問17　黄熱病

3　問1　エ　　問2　ア　　問3　エ　　問4　(1)　直接請求(権)　　(2)　ウ
問5　(広島)　8月6日　　(長崎)　8月9日　　問6　エ　　問7　光合成　　問8　産業革命
問9　警察予備隊　　問10　ア　　問11　Y　人種　　Z　性別

○配点○

1　問6　1点　　他　各2点×12　　2　問1～問9　各1点×9　　他　各2点×8
3　問10　1点　　他　各2点×12(問5完答)　　計75点

＜社会解説＞

1　(日本の地理―国土と自然・産業・エネルギー・環境問題など)

やや難　問1　①　青森は全国の約70％のニンニクを生産。　②　新潟は全国の約70％のマイタケを生産。　③　富山のホタルイカは特別天然記念物。　④　下関の南風泊《はえどまり》市場は全国唯一のフグの市場。

問2　G　庄内米は江戸時代から知られた山形のブランド米。　H　福島はモモが2位のほか，リンゴやナシも5位と果物の生産が盛んでフルーツロードという観光スポットもある。

問3　**あ**　環境や生態系の破壊も指摘される水力発電。　**い**　再生可能エネルギーの中では世界で最も導入が進んでいるエネルギー。

問4　**う**　福島西部を源に会津盆地から新潟に流れる川。上流部は電源開発が盛んで大型のダムも多い。　**え**　飛騨地方から富山湾に流れ下る急流が多い河川。

問5　**お**　日本海に面した山陰の小京都・萩。風情ある城下町として観光客も多い。　**か**　16世紀に開発された日本最大級の石見銀山。戦国時代には毛利・大内・尼子が争奪戦を演じた。

問6　政令指定都市は北から札幌・新潟・京都・神戸・福岡の5市。

2　(日本の歴史―古代～現代の政治・社会・文化など)

問1　大仙古墳に代表される巨大古墳は鍵穴の形で知られる前方後円墳が中心。

問2　遣唐使に従って唐に留学した最澄は天台宗をもたらし比叡山に延暦寺を開いた。

問3　日本書紀にある「683年に天武天皇が使用を命じた」という貨幣が富本銭といわれる。天武天皇は中臣鎌足が補佐した天智天皇の弟・大海人皇子。

問4　第1次世界大戦(1914年)の間隙《かんげき》をついて袁世凱に二十一か条要求(1915年)を提出，大戦中の物価高騰でコメ騒動(1918年7月)が発生，寺内内閣が辞職して原内閣(1918年9月)が誕生。

問5　聖徳太子の両親はともに蘇我氏の血縁であり，太子の妻は蘇我馬子の娘といったように蘇我氏と極めて密接な関係にあった。

問6　幕末に農村の復興に尽力した農政家。1783年の浅間山の噴火では2万人もの死者が発生，天明の飢饉の一因になった。この飢饉に対し行われたのが松平定信による寛政の改革。

問7　原首相暗殺後に首相に就任，その後大蔵大臣を歴任し二・二六事件で暗殺された。

基本　問8　猫の目を借りて人間社会を風刺した小説。アは芥川龍之介，ウは森鷗外，エは二葉亭四迷。

問9　吉田兼好が随筆の傑作といわれる徒然草を執筆したのは鎌倉時代末期。

問10　学者の家に生まれ天皇の篤い信頼の下，右大臣まで異例の出世を遂げた政治家。藤原時平の讒言《ざんげん》により大宰府に左遷，死後京の北野天満宮に祭られた。

問11　関東軍が奉天郊外の柳条湖で南満州鉄道の線路を爆破，中国軍の仕業として周辺を占領，政府は不拡大方針を発表したが軍はこれを無視して戦線を拡大した。

重要 問12　民撰議院設立建白書の提出から自由民権運動の中心として活躍，国会開設の詔に際しては自由党を設立，その後大隈重信とともに隈板《わいはん》内閣を組織した。

問13　下級の公家出身の政治家。公武合体から倒幕にかじを切り王政復古のクーデタに成功，政府の要職を務め憲法の制定や天皇制の確立に尽力した。

問14　皇族・華族，勅選議員(勲功者や学識経験者，多額納税者)などから構成された院。

問15　1858年，福沢諭吉が築地の藩邸に開いた蘭学塾。

問16　琉球王国の王都。那覇は首里の外港として発展した都市。

問17　西アフリカや中南米にみられる熱帯性の感染症。蚊によって媒介される病気で死亡率は極めて高い。野口英世も黄熱病の研究中に感染して死亡した。

3　(政治―政治のしくみ・地方自治・国民生活など)

重要 問1　より民意を反映しているとされる衆議院の優越の一つ。予算は衆議院に先議権，衆議院で満場一致でも必ず参議院でも議決，両院協議会は予算や重要法案については開催が義務。

問2　民間企業の研究員。イは平和賞，ウは生理・医学賞，エは文学賞。

やや難 問3　1987年，カナダのモントリオールで開催された会議で採択，フロンガスなどの段階的規制を決定。ウは1997年の地球温暖化防止京都会議で採択されたもの。

問4　(1)　生活に密接な地方自治には，住民の意思から離れないよう直接民主制が導入されている。　(2)　集まった署名は選挙管理委員会に提出，住民投票で過半数の同意があれば成立する。

問5　戦争の早期終結を名目に投下，ともに一瞬で多くの人の命が失われた。

問6　無農薬や減農薬，トレーサビリティなど食の安全を求める消費者は増加。農家の数は大幅に減少，高齢化と後継者不足は依然として課題，食料自給率はじわじわと低下。

問7　光のエネルギーを用いて吸収したCO_2と水分から有機物を合成する働き。

問8　生産手段の飛躍的な発展により社会構造までが根本的に変化したこと。

問9　駐留米軍の出動によって生じた軍事力の空白を埋めるためにGHQの指示で発足。

問10　昨年の平均気温は平年を0.66℃上回り観測史上最高を記録した。

問11　法を執行する際に，国民を差別してはならず，内容にも差別があってはならない。すべての人間を等しく取り扱うという点では機会の均等が，また，経済的弱者を救済するという点では結果の平等を実現するという視点も大切である。

★ワンポイントアドバイス★

地理の学習においては常に地図帳を傍らにおいて臨むことが求められる。わからない地名などが出てきたら必ず自分でチェックする習慣をつけよう。

＜国語解答＞

【一】　①　のきした　②　割　③　墓穴　④　操　⑤　千里

【二】　問一　イ　問二　エ　問三　ア　問四　イ　問五　加工に使う囲炉裏が家庭から消えたことに加え、木材の需要が低下して、坂部地区では柚餅子を携帯食とした山林労働者が減り、過疎化が進んだことで柚餅子がほとんど作られなくなったということ。

問六　ウ　問七　エ

【三】　問一　a　エ　b　イ　C　エ　問二　ア　問三　栗林の話を聞き、片山のグラブを受け継いだ文武が投手となる期待感が高まるほど、文武の頼りない姿から投球動作の途中までしかイメージできず、片山のようにはなれないという思いを強めている。

問四　ウ　　問五　エ　　問六　ア

○配点○

【一】　各2点×5　　【二】　問一　4点　　問五　11点　　他　各6点×5

【三】　問一　各3点×3　　問三　10点　　問六　8点　　他　各6点×3　　計100点

＜国語解説＞

【一】（漢字の読み書き）

①「軒」の音読みは「一軒家」の「ケン」。訓読みでは「のき」である。　②「割」は全12画の漢字。音読みは「分割」の「カツ」。訓読みには，「わ－る」・「さ－く」がある。　③「墓」は全13画の漢字。9・10画目の始点をつけない。　④「操」は全16画の漢字。「木」の2画目を「品」の中に入れない。　⑤ 悪事千里を走るとは，悪い行いや悪い評判は，たちまち世間に知れ渡るものだ，という意味のことわざである。

【二】（論説文―要旨・大意，細部の読み取り，ことばの用法，記述力）

基本　問一　aは動詞。bとdは接続詞。cとeは副詞に分類されるのでイである。

重要　問二　――線1直前の「こうした状況」の内容を考えると，故郷である農山漁村の暮らしも急激な変化があったということになる。つまり，農山漁村でもなかなか食べられないものになったということになるのでエを選ぶ。「～単純な構造ではない」部分は，「故郷でも手軽に食べられるものではなくなった」のような意味になるのでウと迷うが，「手作りではなく買い求める」という，「手作り」かそうではないかということではない。

問三　県民は風土食への反応は大きかったのだから，後半の内容でアとウにしぼることができる。アの「美術品や建築物同様」という表記は本文中にないのでとまどうが，選択無形民俗文化財よりランクが高いと位置づけている「文化財」とは，「美術品や建築物」のようなものなのでアの内容のように定義していても差し支えない。一方，ウは「県を挙げての風土食ブームに後押しされるかたち」が誤りであるのでアだ。

問四　「エドワード・レルフは～」で始まる段落で，前章で述べられていたと「注6」で示されていたという「場所」との共通点が説明されている。「没場所性」優勢のなかで「場所に対する愛着」ということを考えると，都市も地方も同じような生活様式になる中，「地域」という場所に根差した「味」が失われていく現実に，「これではいけない」ということで「ふるさとの味・おふくろの味」へと注目がいったということなのでイである。迷うアは「たとえ不便であっても」という意思ではないので誤り。

やや難　問五　「天龍村の事例に即して」という条件に注意する。「味の『没場所性』～」で始まる段落が着目点だ。話題は柚餅子のことになる。まず，乾燥させる囲炉裏が姿を消したことで柚餅子の加工が衰退し作られなくなったことと，「また，」で続く内容として，携帯食として利用していた山林労働者が減り，国産木材の需要低下による過疎化の進行で柚餅子の需要が減ったということが述べられている。この2点が含まれている解答にする。

重要　問六　昔から柚子を収穫して柚餅子を作っていたのだから，アの「使い道のなかった」と，イの「新たな食文化」は誤り。　エ「林業の再興へのいしずえになった」は誤り。　ウ　柚餅子は「文化を守った」ことになる出来事であり，故郷でも充足感を抱きながら生活するということは問四で考えたこととも合致している。

問七　ア「本作りをせざるを得なくなった人びと」が誤り。　イ「郷土食が都市で売れることがわかり」がんばったのではない。　ウ　出発点は「地域の人々の要望に応えるかたち」ではない。　エ　出発点は「本作り」であり，その結果「自分の地域，場所，味を相対化することが可能になった」と文中で述べているのでエである。

【三】（物語一心情・情景，細部の読み取り，ことばの意味，記述力）

基本　問一　a 「うながす」は漢字表記だと「促す」で，物事を早くするようにせきたてる。また，ある行為をするように仕向けるという意味である。イの「そそのかす」にも，その気になるように仕向けるという意味があるが，「そそのかす」には，おだてて悪いほうへ誘い入れるという意味合いが強いので，エの「すすめる」である。　b 「白眼視」とは，冷たい目つきで見ること。冷たくあつかうことという意味だ。「される」がついているのでイである。　C 「門外漢」とは，ある分野を専門としない人や，畑違いであることを意味する言葉だ。「野球」だけに限って使われるわけではない。「詳しくない人」である。

重要　問二　自分にグローブをくれたこと自体に釈然としない気持ちになったのではない。「けど，変じゃね」という気持ちが釈然としない理由だ。したがって，捕手の自分に投手用のグローブがなぜ贈られるのかということでアを選ぶ。

やや難　問三　「勇む気持ちが膨ら」むのは，栗林の話を聞いているうちに文武が投手として活躍するかもしれないという期待の気持ちだ。「それがいっそう」というのは，「期待が高まることがかえって」という，期待とは反対の「否定する力」を大きくさせるという気持ちだ。なぜなら，そもそも文武にそれほどの力があるとは思っていないからだ。それを表現しているのが，線2直後にある，「投球モーションの途中までしか思い描くことができなかった」だ。期待が膨らむ分，片山のようにはなれないだろうという気持ちが強まってしまうということになる。

問四　問三で考えたように，聞いていれば期待もあるが，やはり無理だろうという気持ちの方が強まっている。しかし，栗林が，文武が投手に向いている点を重ねて言うのを聞いていると，期待の方が強まってくるということなのでウである。

問五　ア 「ずる賢く策略家」も「口車に乗せ」も誤りだ。　イ　文武はお調子者であることは読み取れるが，「捕手にこだわって」いることは読み取れない。　ウ 「文武に付きっきりで指導」するとは言っていない。　エ　栗林は，文武のことは好きではないが，亡くなった片山と約束したと言うからには，文武の面倒をみてくれるだろうと考えているのだ。「ようやくここに～」で始まる段落を着目点にして，栗林の人柄はエで誤りはない。

重要　問六 「頷いた」のは，栗林の言っていることに納得したということだ。したがって，線5直前の「そんな気が」の内容を考えることになる。栗林は，片山は「清濁併せ呑む」ことができる人間だと評価している。「清濁併せ呑む」とは，心が広く，善でも悪でも分けへだてなく受け入れるという意味で，度量の大きいことのたとえとして使う言葉だ。この場合の「善悪」は，実際の善悪ではなく，「考え方のちがい」ということになる。段原監督は「勝つ野球を目指す」が，片山なら「絶対それを目指さないが，目指せばそれなりに楽しみがある」と言っただろうと栗林は思っているのだ。これが「そんな気」だ。この内容の選択肢はアである。

★ワンポイントアドバイス★

設問数が，そう多くはないので各配点が高い傾向にある。選択肢問題で軽はずみな選択をしないように気をつけよう。

2023年度

★★★★★★★★★★★★★★★★★★★★★★★

入　試　問　題

令和５年度 本郷中学校
第１回 入学試験問題

算 数

（50分　満点：100点）

注　意

1. **問題の解答は解答用紙にはっきりと記入しなさい。**
2. **コンパス、分度器、定規、三角定規、計算機の使用は禁止します。かばんの中にしまってください。**
3. 指示があるまで開いてはいけません。
4. 答えはすべて解答用紙に記入しなさい。
5. 用具の貸し借りは禁止します。
6. 指示があるまで席をはなれてはいけません。
7. 質問があれば、だまって手をあげて監督者を呼びなさい。
8. 試験が終わったら、解答用紙だけ提出しなさい。問題は持ち帰ってもかまいません。

1 次の□に当てはまる数を求めなさい。

(1) $(\square - 7) \times 5 \div \{9 - (1 + 4 \div 6) \times 3\} - 2 = 8$

(2) $\left(2.023 + 2\frac{89}{100}\right) \times \frac{50}{289} - \left(1.25 - \frac{9}{10}\right) = \square$

2 次の問いに答えなさい。

(1) 右の図のような密閉《みっぺい》された三角柱の容器に水を入れ、水平な床《ゆか》に長方形の面が底面になるように置いたところ、水の深さは６cmになりました。

　この容器の置き方を変えて三角形の面が底面になるようにします。このとき、水の深さは何cmになりますか。

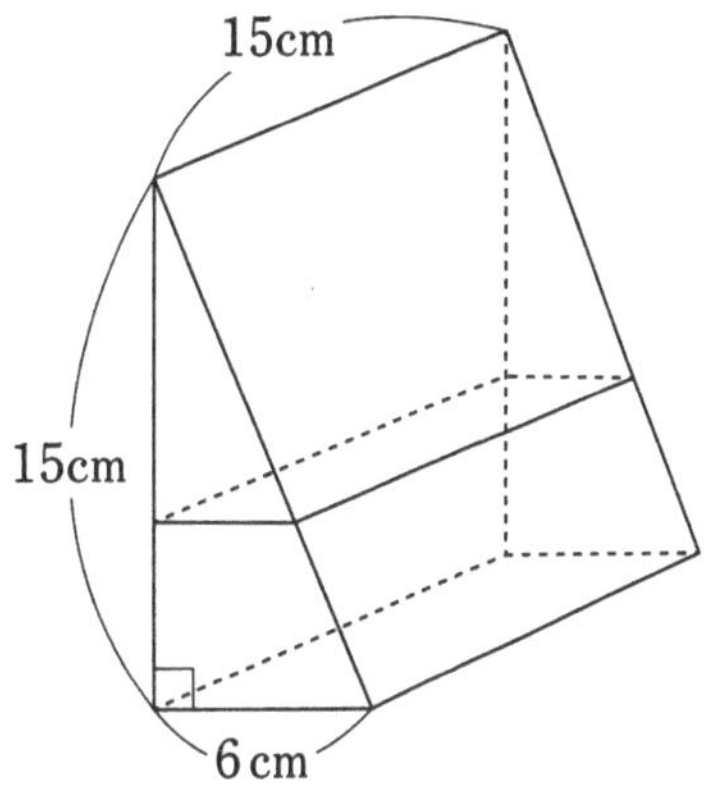

(2) ある本を買った日に全体の$\frac{1}{3}$より５ページ多いページ数を読み、翌日には残りの$\frac{2}{3}$よりも11ページ少ないページ数を読んだところ、全体の$\frac{1}{4}$が残りました。この本は全部で何ページありますか。

(3)　２つの小学校Ａ，Ｂで合計168人が算数のテストを受けました。小学校Ａで受けた人の平均点は全体の平均点より1.5点高く、小学校Ｂで受けた人の平均点は全体の平均点より2.1点低かったです。小学校Ａでテストを受けた人数は何人ですか。

(4)　右の図のように長さが与えられた長方形ＡＢＣＤを頂点Ｂを中心とし90°回転させました。辺ＡＤが通った部分の面積は何cm^2ですか。

ただし、円周率は3.14とします。

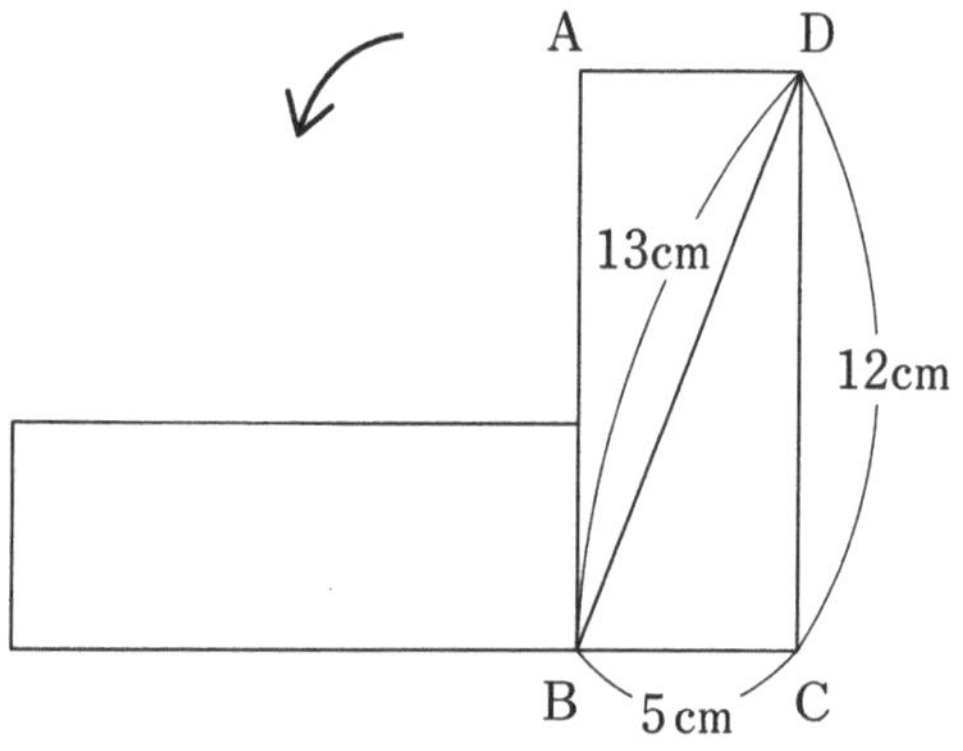

(5) 赤と青の電球があります。赤の電球は２秒間ついて１秒間消えることをくり返し、青の電球は３秒間ついて２秒間消えることをくり返します。赤と青の電球が同時についてから100秒間で赤と青の電球が両方ともついている時間は何秒間ですか。

(6) 高さ4.4mの電灯の真下に兄と弟がいます。まず弟が歩き始め、兄は弟が出発してから10秒後に弟と同じ方向に歩き始めます。兄と弟の歩く速さは同じで、兄と弟の身長はそれぞれ176cmと110cmです。２人の影《かげ》の長さが等しくなるのは、兄が出発してから何秒後ですか。

3 ［図Ⅰ］の①のように壁《かべ》Ａから出発する点Ｐがあります。また、壁Ａから少し離《はな》れた所に壁Ｂがあり、壁Ｂは点Ｐが出発すると同時に、矢印の方向に毎分１ｍの速さで動き出します。②のように点Ｐは壁Ｂにぶつかると壁Ｂの動く速さだけ速さを落として、壁Ａに向かってはね返ります。さらに③のように壁Ａとぶつかると今度は速さを変えずに壁Ｂに向かってはね返ります。再び壁Ｂにぶつかると②と同じように速さを落としてはね返ります。このような運動をくり返します。

［図Ⅱ］は、点Ｐが出発してからの時間と点Ｐと壁Ｂの距離の関係を表したものです。このとき、次の問いに答えなさい。

［図Ⅰ］

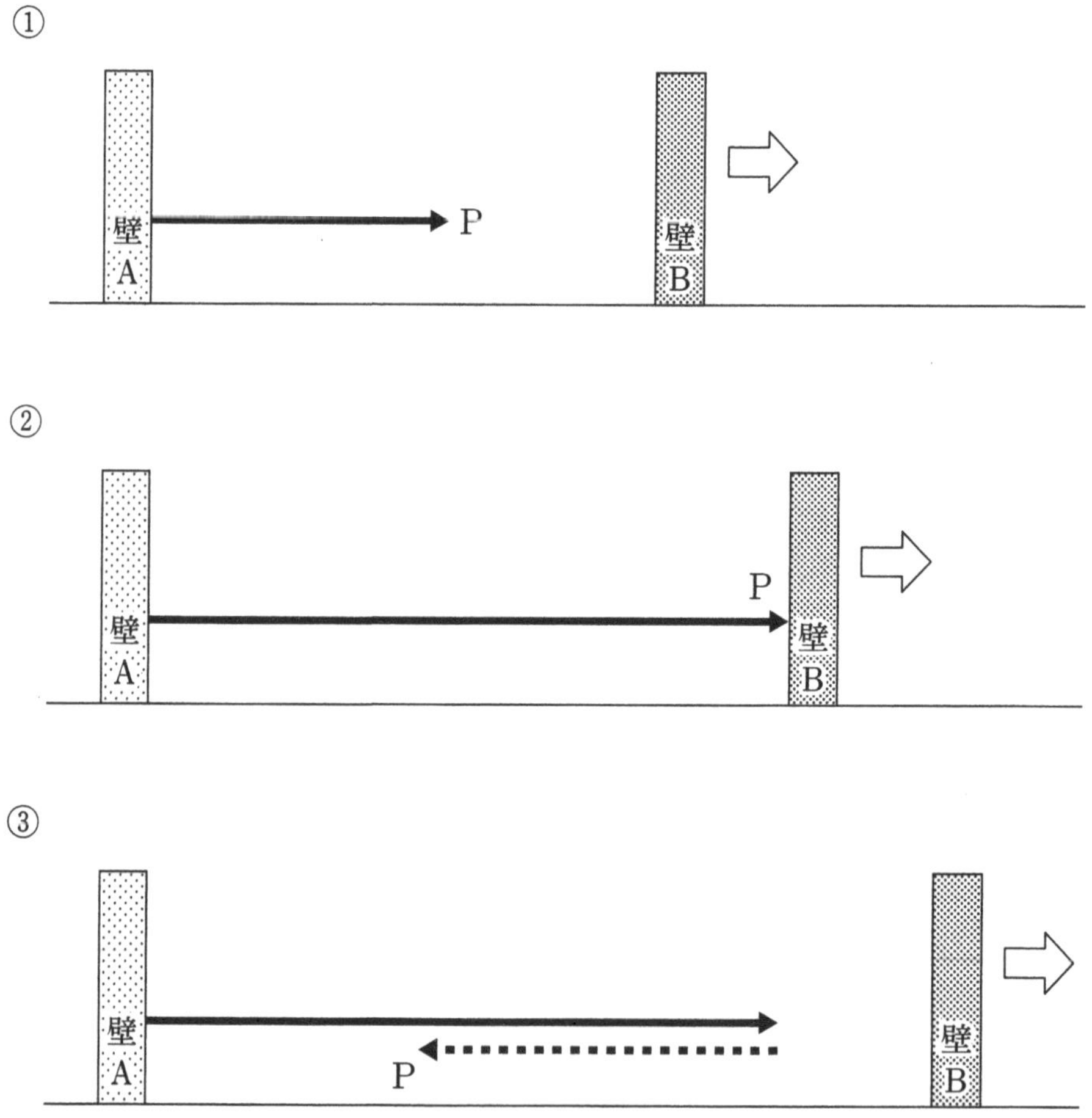

［図Ⅱ］

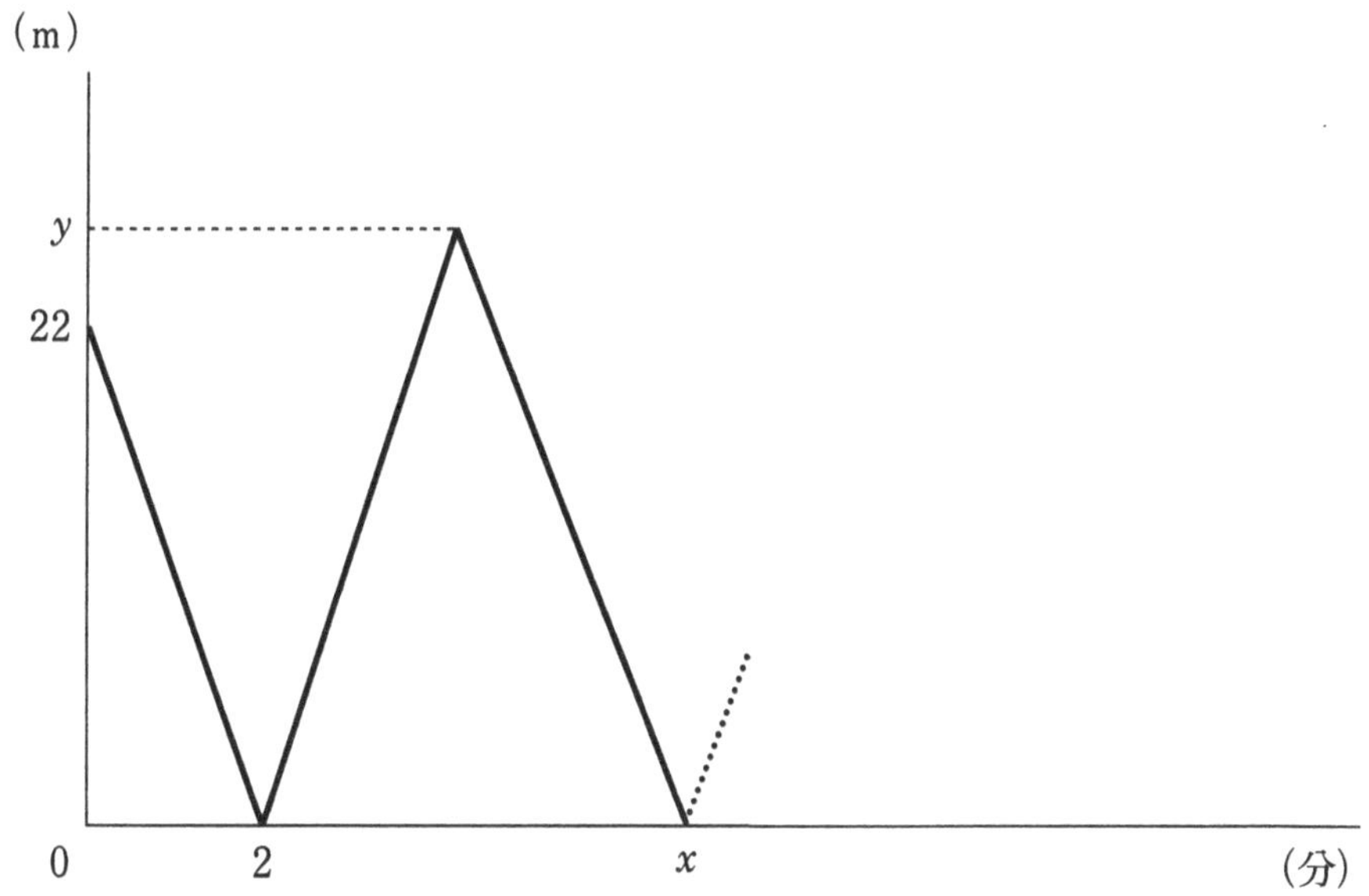

(1)　点Ｐが出発したときの速さは毎分何ｍですか。

(2)　［図Ⅱ］の y はいくつですか。

(3)　［図Ⅱ］の x はいくつですか。

4　Ａさんと Ｂ先輩は本郷中学校の同じクラブの生徒です。

Ａさんが見つけてきた次の問題を、ふたりで相談しながら解いています。

次の(ア)，(イ)，(ウ)，(エ)，(オ)に当てはまる整数を答えなさい。

> 【問題】
>
> ある数で19350を割ると７余り、14300を割ると３余ります。
>
> ある数のうちで最も大きい整数を求めなさい。

Ａさん：どこから手をつけたらいいのか、ちょっと迷いますね。

Ｂ先輩：とりあえず、考えやすい問題形式に言いかえてみようか。

Ａさん：ああ、なるほど。

> (ア)と(イ)はどちらも５けたの整数として考えると、
>
> (ア)$\boxed{1}\boxed{9}\boxed{\ }\boxed{\ }\boxed{\ }$と(イ)$\boxed{1}\boxed{4}\boxed{\ }\boxed{\ }\boxed{\ }$の公約数のうちで最も大きい整数（最大公約数）を求めなさい。

と言いかえられますね。

Ｂ先輩：上手い上手い。

Ａさん：でも、２つの数が大きくて公約数を見つけるのが大変そうですね。

Ｂ先輩：こういうときに役立つ、おもしろい考え方があるよ。

２つの数をもっと小さくした例で考えてみよう。

「104と39の最大公約数」はいくつかな？

Ａさん：う～ん。$\boxed{\text{(ウ)}\qquad}$ ですよね。

Ｂ先輩：正解。実は、２つの数の最大公約数を楽に求めるのに役立つ「整数の性質」があるんだ。

104÷39＝２あまり26…①　が成り立つよね。

文字を使うと$a \div b = q$あまりr　とあらわせるよね。

一般に、

> 「（割られる数a）と（割る数b）の最大公約数」は、
>
> 「（割る数b）と（あまりr）の最大公約数」と同じになる。　…②

という性質があるんだよ。

Ａさん：へ～え、不思議ですね。でも、なぜそうなるんでしょうか。

Ｂ先輩：中学３年生になったら授業でも証明を確認できるよ。

まずは、②の性質をくり返し使って㋒を求めてみよう。

この［図Ⅰ］の線分図が何を意味しているのかわかるかな？

［図Ⅰ］

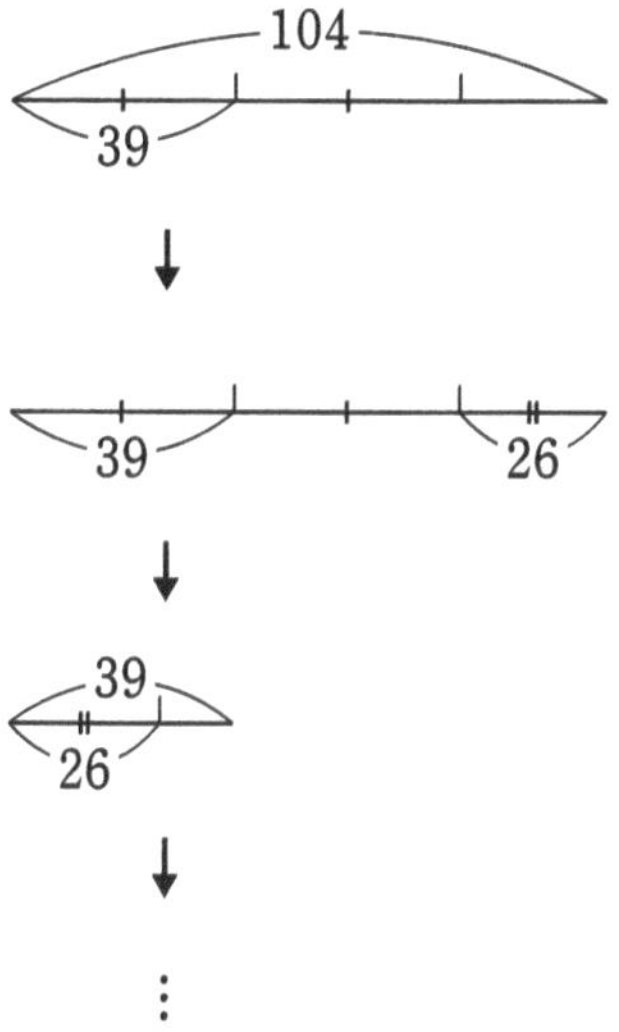

［図Ⅱ］

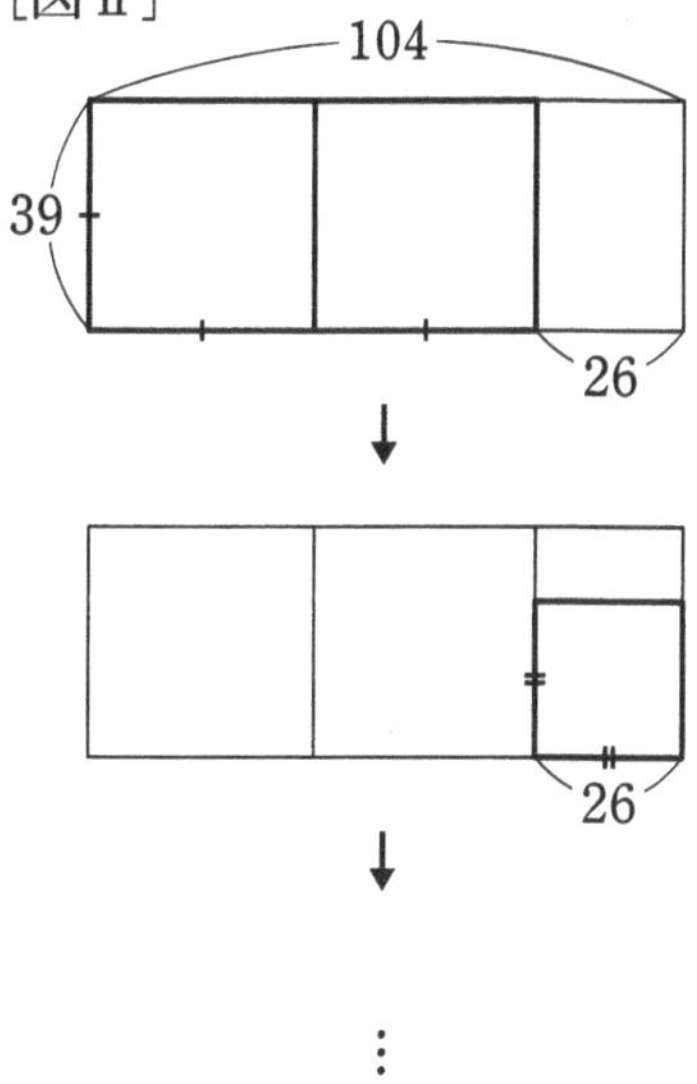

Ａさん：「104と39の関係」が「39と26という、より小さい数の関係」に変化していますね。これをくり返していくと、最後に㋒が求まるということですか…

Ｂ先輩：その通りだよ。

ただ、どうなったらくり返し作業が完了したのかが少しわかりづらいよねえ。そこで、線分図を平面図にかきかえてみる。するとおもしろいことが起きるよ。

Ａさん：どのようにするんですか？

Ｂ先輩：まず、［図Ⅱ］のように、(割られる数104)を横、(割る数39)を縦とする長方形を用意する。すると、104÷39＝２あまり26…①　だから、何が起こるかな？

Ａさん：一辺の長さが39の正方形が２つ並んでその右に、縦39、横26の長方形が１つ残る。そうか、①の式の(割る数)が「正方形の一辺の長さ」として視覚化されるんだ！

Ｂ先輩：これをくり返していくと、どうなると思う？

Ａさん：あっ、(ウ)が求まりますね…
つまり一辺の長さが(ウ)の正方形で、縦39、横104の長方形が埋めつくされることになるんですね。

Ｂ先輩：さてそれでは、最初の【問題】の答えを求めてみようか。

Ａさん：同じように考えて、(イ)[1][4]□□□と(エ)[5][0]□□の最大公約数を求めればいいんだ。同じことを、どんどんくり返していくと…
(しばらくして)なるほど、(オ)が答えですね。

Ｂ先輩：そうだね。正解にたどりつけたね。

5 図のような１辺の長さが５cmの立方体ＡＢＣＤ－ＥＦＧＨがあり、辺ＤＨをＤＱ：ＱＨ＝１：２に分ける点をＱ、辺ＥＨ上の真ん中の点をＲとします。このとき、次の問いに答えなさい。

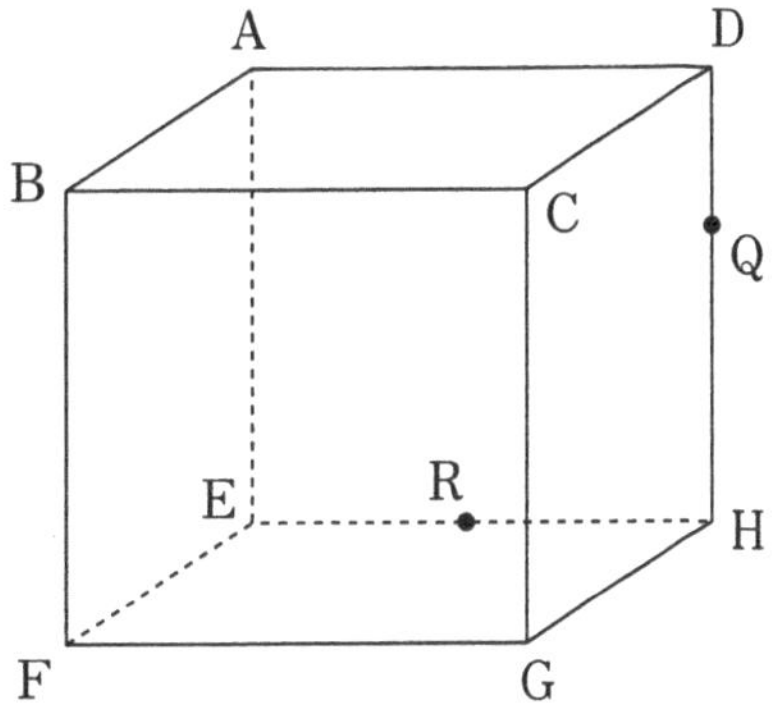

⑴ 点Ｄ，Ｅ，Ｆを通る平面でこの立方体を切ったとき、頂点Ｇを含む方の立体をＫと呼ぶことにします。このとき立体Ｋの体積は何cm^3ですか。

⑵ 点Ｆ，Ｑ，Ｒを通る平面で立方体ＡＢＣＤ－ＥＦＧＨを切ったとき、切り口の図形として最も適するものを㈠～㈧の中から選びなさい。

㋐ 三角形	㋑ 二等辺三角形	㋒ 長方形	㋓ ひし形
㋔ 五角形	㋕ 六角形	㋖ 正六角形	㋗ 七角形

⑶ ⑴で出来た立体Ｋを点Ｆ，Ｑ，Ｒを通る平面で切ったとき、頂点Ｇを含まない方の立体をＬと呼ぶことにします。このとき立体Ｌの体積は何cm^3ですか。

MEMO

大切なことはメモしておこうネ！

令和５年度 本郷中学校
第１回 入学試験問題

理　科

（40分　満点：75点）

注　意

1. 問題の解答は解答用紙にはっきりと記入しなさい。
2. 机上に定規を出し、試験中に必要であれば使用しなさい。
3. 指示があるまで開いてはいけません。
4. 答えはすべて解答用紙に記入しなさい。
5. 用具の貸し借りは禁止します。
6. 指示があるまで席をはなれてはいけません。
7. 質問があれば、だまって手をあげて監督者を呼びなさい。
8. 試験が終わったら、解答用紙だけ提出しなさい。問題は持ち帰ってもかまいません。

1 次の文を読んで以下の問に答えなさい。

2022年8月2日、千葉県内では各所で気温が上がりました。市原市と佐倉市で38.0度を記録したほか、我孫子市では37.8度、船橋市では36.9度を記録するなど、千葉県内10カ所で猛暑日となりました。

この暑さによって、流鉄株式会社が運行する流鉄流山線で、レールが高温となったため一時全線で運転を見合わせるなどの影響がありました。

(1) 以下の文の［ 1 ］にあてはまる最も適する記号を、次の**ア**～**オ**から1つ選び、記号で答えなさい。また、［ 2 ］、［ 3 ］にあてはまる数値を答えなさい。

38.0度などの気温をはかるときに使う温度の単位「度」の記号は［ 1 ］のように表します。この単位は、水がこおるときの温度を［ 2 ］度、水がふっとうするときの温度を［ 3 ］度としたものです。

ア．°A　　**イ**．°B　　**ウ**．°C　　**エ**．°D　　**オ**．°E

(2) 温度をはかる温度計には図1のように細いガラス管に灯油などの液体を入れたものがあります。この温度計は液体のどのような性質を利用して温度をはかっていますか。その性質として最も適するものを、次の**ア**～**オ**から1つ選び、記号で答えなさい。

ア．液体は温度が上がると、重さが増える性質。

イ．液体は温度が下がると、重さが増える性質。

ウ．液体は温度が上がると、体積が増える性質。

エ．液体は温度が下がると、体積が増える性質。

オ．液体は温度に関係なく、つねに体積が一定になる性質。

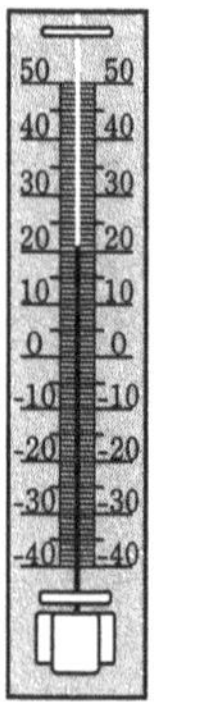

図1

(3) 熱の伝わり方には**ア**～**ウ**の３つの種類があります。

ア．もの同士が直接触れて熱が伝わる。

イ．ものの移動とともに熱が伝わる。

ウ．もの同士がはなれていても熱が伝わる。

次の①～④の主な熱の伝わり方は**ア**～**ウ**のどの熱の伝わり方と同じですか。**ア**～**ウ**からそれぞれ１つ選び、記号で答えなさい。

①石油ストーブで部屋全体を温める。

②トースターでパンを焼く。

③フライパンで肉を焼く。

④氷のうで頭を冷やす。

(4) ８月２日の午後１時に流鉄流山線のレール上のある地点での温度は64度となったそうです。８月２日の千葉県の最高気温は38.0度ですが、なぜレールは64度になったと考えられますか。その主な理由として正しいと考えられるものを、次の**ア**～**カ**からすべて選び、記号で答えなさい。

ア．鉄は空気よりも熱が伝わりやすいから。

イ．鉄は空気よりも熱が逃げにくいから。

ウ．太陽光にレールが温められたから。

エ．温められた空気は地面近くに集まるから。

オ．電車がレールの上を何度も通ることにより、レールが温められるから。

カ．電車がレールの上でブレーキをかけることにより、レールが温められるから。

(5) 流鉄流山線ではレールの温度が上がったことにより、一時全線で運転を見合わせました。レールの温度が上がったことによりレールにどのような変化が起きたため運転が見合わせられたと考えられますか。理由として最も適切と考えられるものを、次の**ア**～**オ**から１つ選び、記号で答えなさい。

ア．レールがぼうちょうし、真っすぐ伸びることのできない部分でレールが曲がってしまうから。

イ．レールがちぢんで、レールの長さが短くなってしまうから。

ウ．レールの重さが変わってしまい、レールがきちんと固定されなくなってしまうから。

エ．レールの表面がなめらかになり、電車のブレーキが利きにくくなってしまうから。

オ．レールの表面のまさつが大きくなり、電車が走りにくくなってしまうから。

(6) (5)のようなことを防ぐために、レールをしくときにある工夫をしています。その工夫はなんですか。簡単に答えなさい。

2 次の文を読んで以下の問に答えなさい。ただし、答えが割り切れない場合、小数第３位を四捨五入して、小数第２位まで答えなさい。

アルミニウムはさびると酸化アルミニウムに変化します。ある日、授業中に実験で使った粉末のアルミニウムを実験室に出しっぱなしにしてしまいました。数週間後、アルミニウムの表面《ひょうめん》はさびて酸化アルミニウムに変化していましたが、内部はさびずにアルミニウムのままでした。この表面がさびてしまったアルミニウム３gの中に、どのくらい酸化アルミニウムが含《ふく》まれているのかを調べるために、次の実験を行いました。

【実験１】

新たにさびていない粉末のアルミニウムを用意し、塩酸を加えた。すると、アルミニウムが溶《と》け、気体Ａが発生した。そこで、ある重さのアルミニウムを溶かすために必要な塩酸の量を調べ、それらを反応させたときに発生した気体Ａの体積を測定した。その結果をまとめると、次の表１のようになった。

表１　実験１の結果

アルミニウムの重さ（g）	1	2	3	4	5
必要な塩酸の体積（cm^3）	200	400	600	800	1000
発生した気体Ａの体積（cm^3）	1250	2500	3750	5000	6250

【実験２】

新たに粉末の酸化アルミニウムを用意し、【実験１】で用いたものと同じ塩酸を加えた。すると、酸化アルミニウムが溶けたが、気体Ａは発生しなかった。そこで、ある重さの酸化アルミニウムを溶かすために必要な塩酸の量を調べ、その結果をまとめると、次の表２のようになった。

表２　実験２の結果

酸化アルミニウムの重さ（g）	1	2	3	4	5
必要な塩酸の体積（cm^3）	105	210	315	420	525

【実験３】

実験室に出しっぱなしにして表面がさびてしまったアルミニウム３gに過剰《かじょう》量（３gの中に含まれているアルミニウムおよび酸化アルミニウムをすべて溶かすために必要な量よりもはるかに多い量）の塩酸を加えると、3000 cm^3 の気体Ａが発生した。

⑴　さびるとは空気中の酸素が金属に結びついて起こる現象です。酸素に関わる記述として正しいものを、次の**ア**～**オ**からすべて選び、記号で答えなさい。

ア．ものを燃やすときに必要な気体である。

イ．石灰水を白くにごらせる。

ウ．水にわずかに溶け、水溶《よう》液は青色リトマス紙の色を赤色に変える。

エ．過酸化水素水に二酸化マンガンを入れると、二酸化マンガンが分解されて、気体の酸素が発生する。

オ．水上置換《ちかん》法で集めることができる。

⑵　塩酸を加えて気体Ａが発生する物質を、次の**ア**～**オ**から２つ選び、記号で答えなさい。

ア．銅　　**イ**．炭酸カルシウム　　**ウ**．マグネシウム　　**エ**．銀　　**オ**．鉄

⑶　下線部について、実験室に出しっぱなしにして表面がさびてしまったアルミニウム３gのうち、さびずに残っているアルミニウムは何gですか。

⑷　下線部について、表面がさびてしまったアルミニウム３gをすべて溶かすためには、今回の実験で使用した塩酸が少なくとも何 cm^3 以上必要ですか。

⑸　数週間前、実験室に出しっぱなしにしてしまった粉末のアルミニウムは何gでしたか。ただし、一定量のアルミニウムがすべて酸素と反応して酸化アルミニウムになると、重さが1.9倍になるものとします。

⑹　⑸のアルミニウムをすべて塩酸で溶かしたとき、発生する気体Ａの体積は何 cm^3 ですか。最も近い数値を、次の**ア**～**キ**から１つ選び、記号で答えなさい。

ア．2400 cm^3　　**イ**．2750 cm^3　　**ウ**．3000 cm^3　　**エ**．3400 cm^3

オ．3750 cm^3　　**カ**．4000 cm^3　　**キ**．4400 cm^3

3 植物は、光合成のはたらきによって生活に必要なデンプンをつくります。また、植物は、光合成に必要な物質を葉や根などから吸収しますが、二酸化炭素は主に葉の気孔《きこう》から、［ 1 ］は根から吸収します。一方、植物は光合成のはたらきによってデンプンのほかに［ 2 ］をつくります。光合成のはたらきは、葉の細胞《さいぼう》の中の［ 3 ］で行われます。

光合成は、光の強さの影響を受けることが知られています。以下のグラフは、植物Ａと植物Ｂにおいて、光の強さと光合成のはたらきによって吸収される二酸化炭素の量の関係を表しています。ただし、グラフは、二酸化炭素を吸収する量が二酸化炭素を放出する量よりも多くなった時点より記しています。

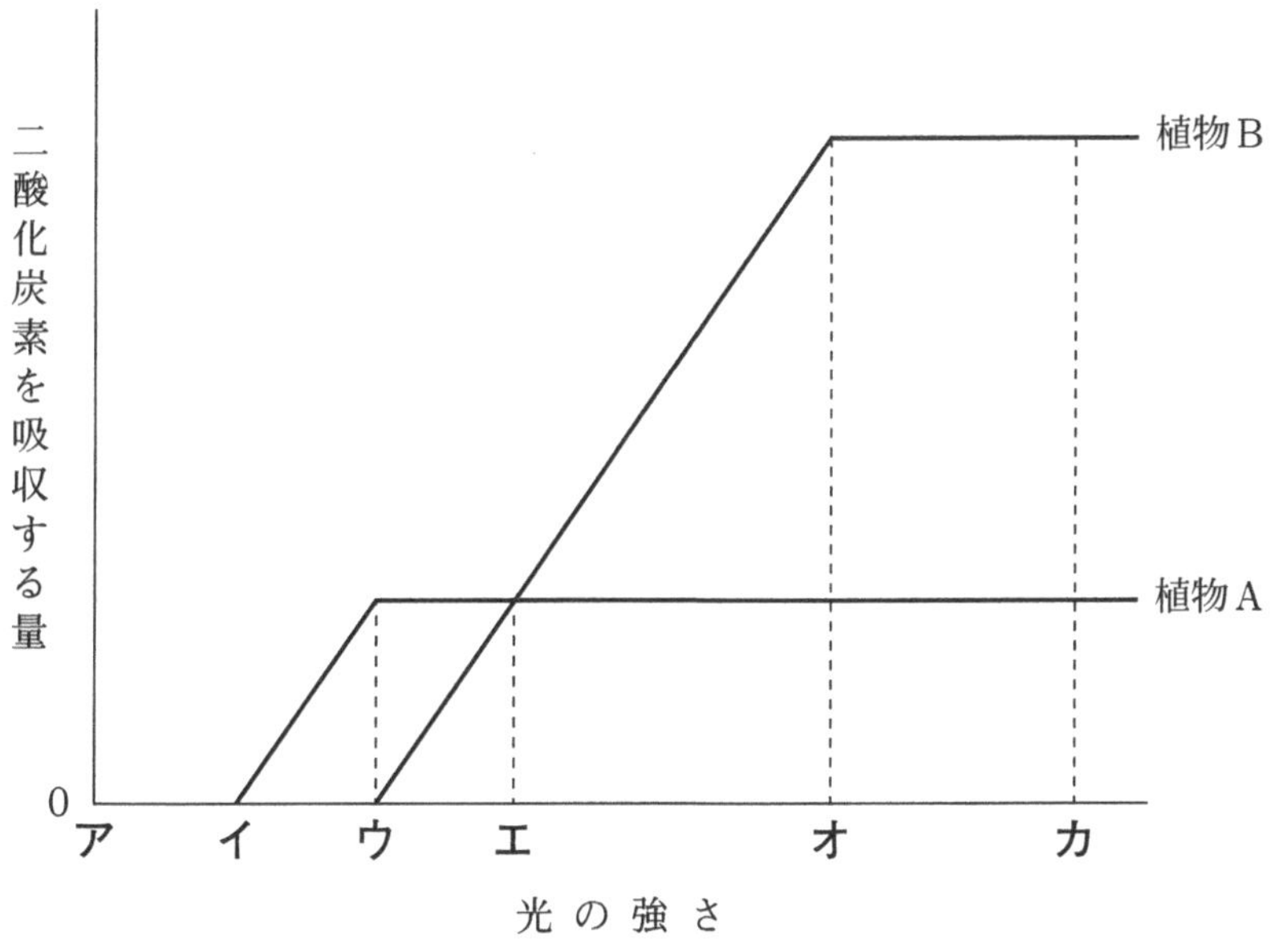

⑴ 文中の［ 1 ］～［ 3 ］に適切な語句を入れなさい。

⑵ 植物と同じように光合成を行うものを、次の**ア**～**ク**からすべて選び、記号で答えなさい。

ア．アメーバ　**イ**．シイタケ　**ウ**．ミドリムシ　**エ**．コウボ
オ．ボルボックス　**カ**．ゾウリムシ　**キ**．アオカビ　**ク**．ハネケイソウ

⑶ 文中の下線部にある「二酸化炭素」は、植物のどのようなはたらきによってつくられたものですか。

(4) 植物Ａと植物Ｂについて、このグラフからわかることとして**間違《まちが》っているもの**を、次の**ア**～**エ**から１つ選び、記号で答えなさい。

ア．植物Ａは、光が強くなってもあまり光合成のはたらきは大きくならないが、光が弱い所でも生育することができる。

イ．植物Ｂは、光が弱い所では光合成のはたらきが小さいが、光が強い所では大きくなるため、光の強い所での生育に適している。

ウ．植物Ａ・植物Ｂとも、光合成のはたらきは光の強さに比例して、光が強ければ強いほど大きくなる。

エ．植物Ａ・植物Ｂとも、光合成のはたらきは光が強くなると大きくなるが、ある一定の光の強さをこえると変化しなくなる。

(5) 植物Ａが植物Ｂより成長しやすい光の強さの範囲は、前のページのグラフ中の光の強さの範囲**ア**～**カ**のどこですか。解答例のように答えなさい。
（解答例：**ア**～**カ**）

(6) 植物Ｂにあてはまる植物を、次の**ア**～**オ**から２つ選び、記号で答えなさい。

ア．シイ　**イ**．クヌギ　**ウ**．ブナ　**エ**．コナラ　**オ**．カシ

(7) 火山の噴火《ふんか》や山火事などによって、植物が生育できなくなった土地であっても、長い年月を経ると森林へと変わっていくことが知られています。以下の図は、一度植物が生育できなくなった土地での植物の変化を表しています。**ア**～**カ**を古い年代から順に並び替えなさい。

ア．背の低い草

イ．背の低い樹木

ウ．植物Ａのなかまの樹木

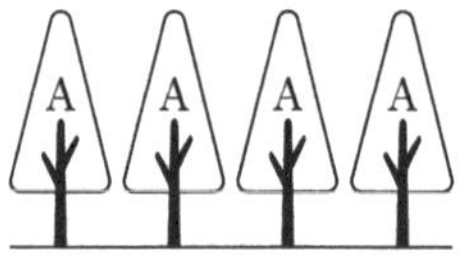

エ．植物Ｂのなかまの樹木

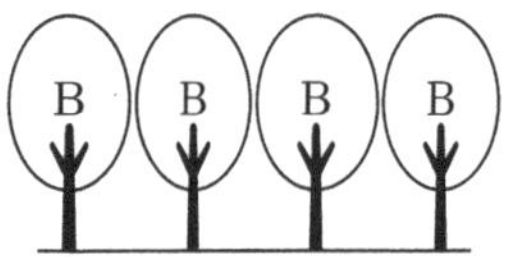

オ．植物Ａと植物Ｂがまざった樹木

カ．背の高い草

(8) 富士山のような高い山では、標高が上がるにつれて、生えている樹木の種類が変化していきます。富士山の麓《ふもと》から山頂に登っていくときにみられる樹木の変化を、次の**ア**～**カ**から１つ選び、記号で答えなさい。

ア. 常緑針葉樹→落葉広葉樹→常緑広葉樹

イ. 常緑針葉樹→常緑広葉樹→落葉広葉樹

ウ. 落葉広葉樹→常緑針葉樹→常緑広葉樹

エ. 落葉広葉樹→常緑広葉樹→常緑針葉樹

オ. 常緑広葉樹→常緑針葉樹→落葉広葉樹

カ. 常緑広葉樹→落葉広葉樹→常緑針葉樹

4 月が惑《わく》星を隠《かく》す現象を「惑星食」といいます。最近では2021年11月８日に「金星食」、2022年７月21日の深夜から22日にかけての「火星食」、2022年11月８日の「皆既《かいき》月食と天王星食」がありました。国立天文台のホームページより引用した各現象の説明を参考にし、その後にある「本郷君の観測」と「本郷君の疑問」を読んで以下の問に答えなさい。

金星食　～昼間におこる金星食～

金星食は、月が手前を通ることで金星を隠す現象です。月と金星は約１カ月ごとに繰《く》り返し近づいて見られますが、地上から見る月の通り道と金星の通り道がずれているため、金星食はなかなか起こりません。また起こる場合も観察できる地域が限られますので、珍《めずら》しい現象と言えます。今回の金星食は、国内では九州の一部や沖縄、小笠原諸島などを除いた地域で起こります。東京では、13時46分41秒に月が金星を隠し始めます(潜《せん》入開始)。この時の金星は、月の輝《かがや》いていない部分に隠されます。13時48分48秒には、金星は全て隠されてしまいますが、金星も欠けているため、これより少し前には金星が見えなくなるでしょう。

隠された金星は、14時37分50秒に月の明るい側から出現し始めます。月から金星全体が完全に出現するのは14時40分00秒ですが、やはり金星が欠けているため、これよりも少し早く月から金星が離《はな》れて見えるでしょう。表１は各地の経過、図１は東京での見え方です。

表１　11月８日昼間の金星食(各地の経過)

	潜入開始	潜入終了	出現開始	出現終了
札幌	13時42分22秒	13時43分51秒	14時49分08秒	14時50分39秒
仙台	13時44分59秒	13時46分45秒	14時44分21秒	14時46分10秒
東京	13時46分41秒	13時48分48秒	14時37分50秒	14時40分00秒
京都	13時43分22秒	13時45分56秒	14時24分41秒	14時27分19秒
福岡	13時52分19秒	(全体が潜入せず、一部のみ隠されて終わる)		13時57分22秒

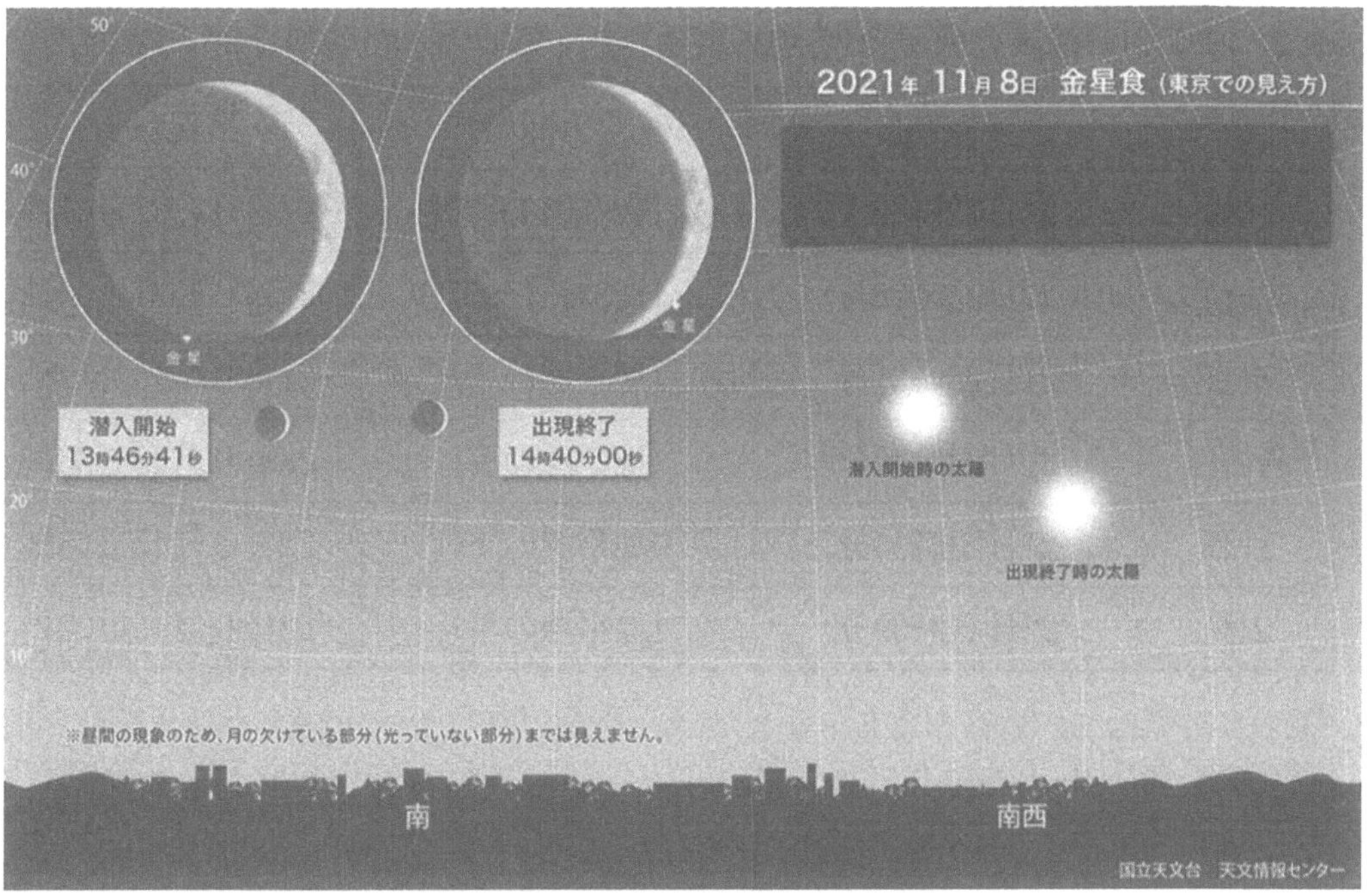

図１　金星食　東京での見え方

火星食　～昇《のぼ》ってきた月の陰《かげ》から、火星が現れる～

７月21日の深夜、東の低空で、昇ってくる月が火星を隠す現象「火星食」が起こります。月齢《れい》は22.5、下弦《げん》の翌日です。0.3等の火星は、月の光っている縁《ふち》(明縁《えん》)から月に隠され(潜入)、暗縁から出現してきます。

今回の火星食は、各地の月の出の前後に起こります。関東の大部分から中部、近畿《き》、中国、四国の各地方では、火星が月に隠れた状態で昇ってきて、出現のみ地平線上で見られます。九州以西の地域では、火星の出現後に月の出となり、食を見ることはできません。日本の北東側では、地平線上に昇ってから火星の潜入が起こり、全経過を見ることができる地域もあります。表２は各地の経過、図２は東京での見え方です。

表２　７月21日深夜の火星食（各地の経過）

	月の出	潜入開始	出現開始
札幌	21日23時18分	21日23時43分17秒	22日０時32分01秒
仙台	21日23時28分	21日23時37分57秒	22日０時21分06秒
東京	21日23時37分	（地平線の下）	22日０時15分17秒
名古屋	21日23時49分	（地平線の下）	22日０時15分33秒
京都	21日23時54分	（地平線の下）	22日０時15分48秒
広島	22日０時09分	（地平線の下）	22日０時16分07秒

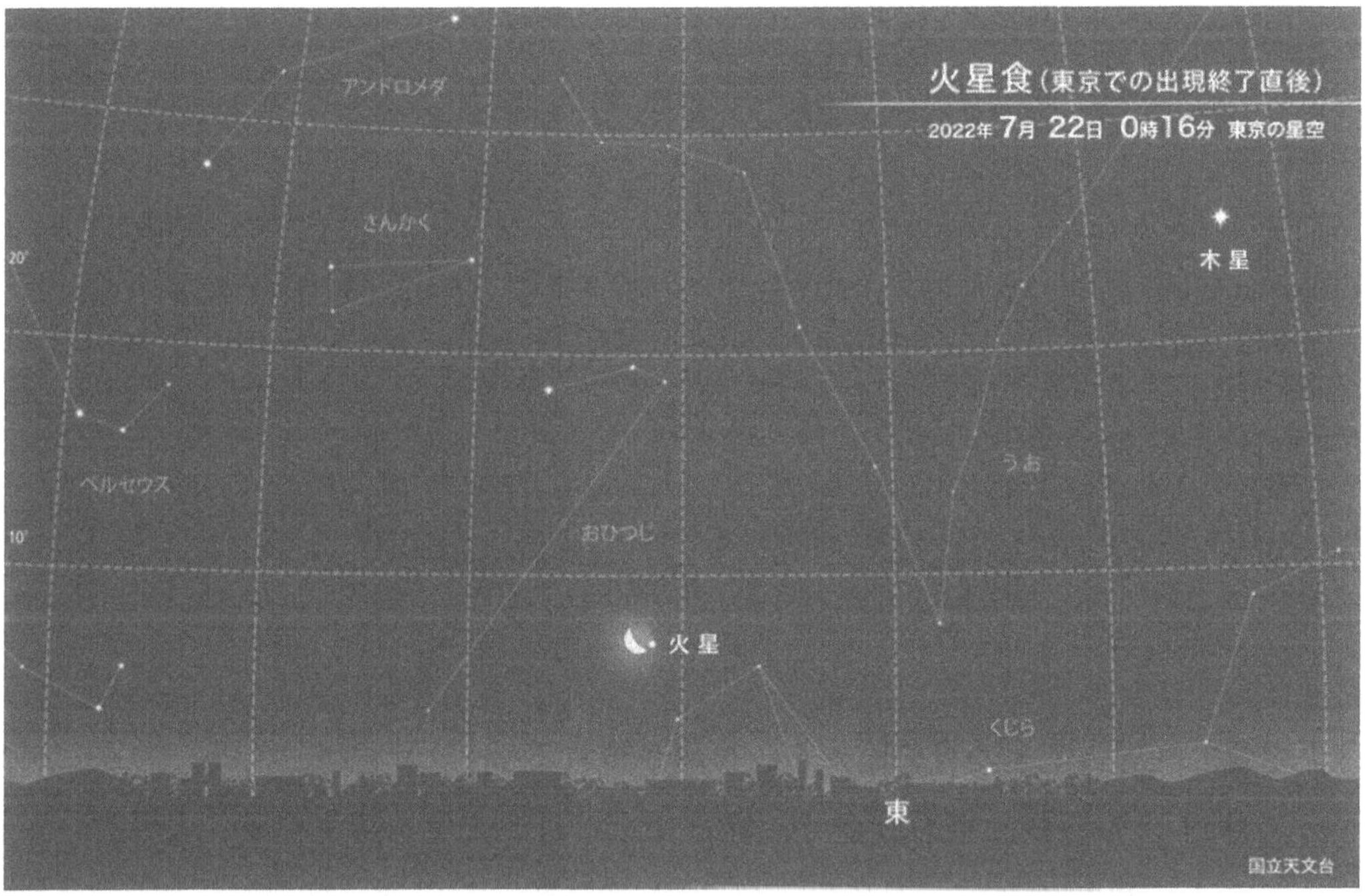

図２　火星食　東京での見え方

皆既月食　～全国で条件よく見られる皆既月食～

11月８日の夜、皆既月食が起こります。この月食は、日本全国で観察することができます。南西諸島では部分食の始まり時点での月の高度がまだ低いですが、多くの地域で月の高度がある程度高くなる時間帯に皆既食となり、観察しやすいでしょう。月は、18時９分から欠け始め、19時16分に皆既食となります。A皆既となった月は、「赤銅色」と呼ばれる、赤黒い色に見えます。皆既食は86分間続いて20時42分に終わり、その後は徐々に月は地球の影から抜けて、21時49分に部分食が終わります。この進行は、どこで見ても同じです。図３は東京での見え方です。

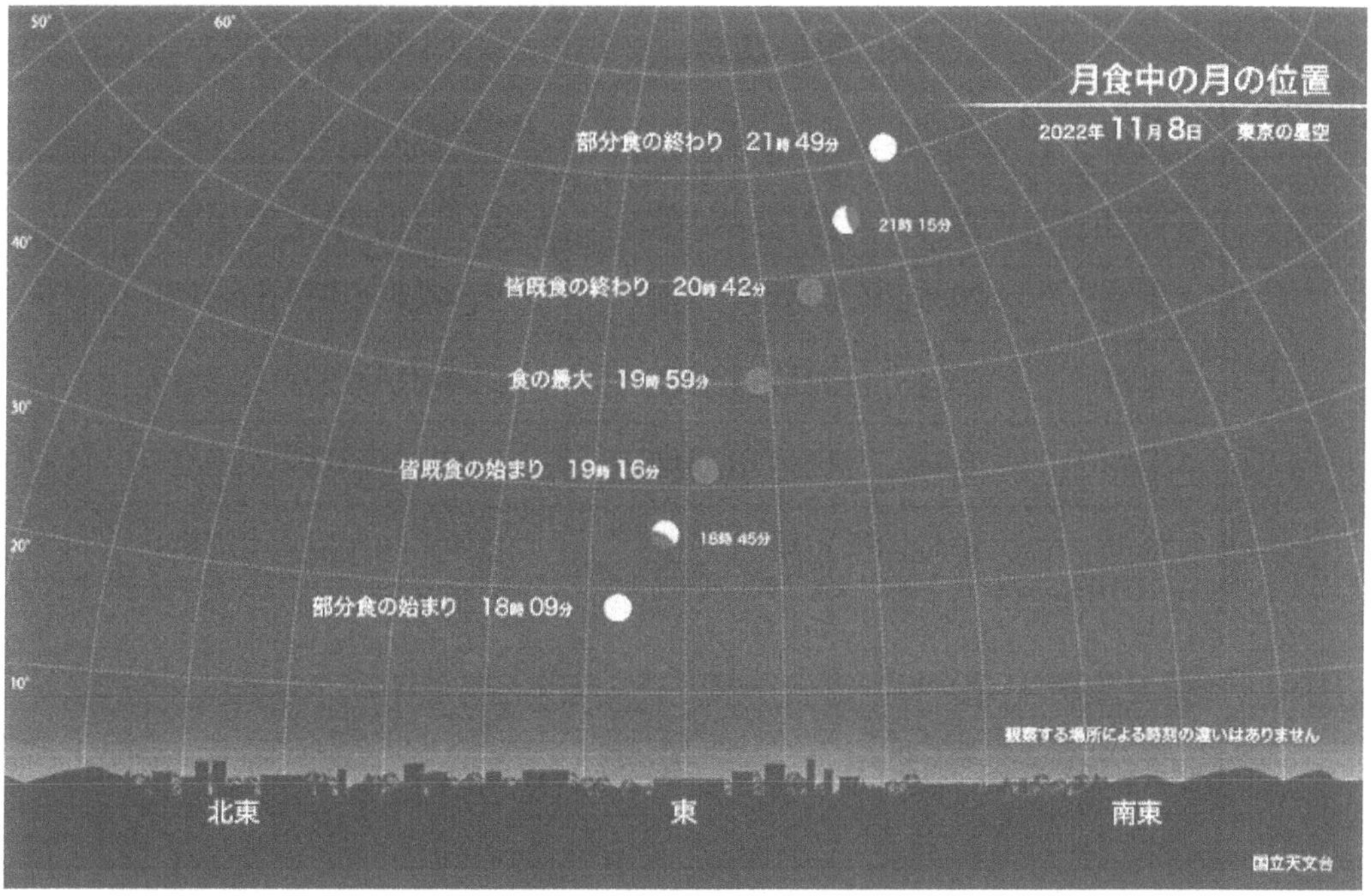

図３　皆既月食　東京での見え方

～赤銅色の月の陰に隠れる青い惑星～

月食の最中に、小笠原諸島を除く日本のほとんどの場所で月が天王星を隠す「天王星食」が起こります。天王星は約６等級で、薄い青色に見えます。非常に条件の良い空でも肉眼で見える限界の明るさですから、双眼鏡や天体望遠鏡などを使って探してみるとよいでしょう。普段の満月のすぐ近くであれば、圧倒《とう》的な明るさに負けてしまいますが、多くの地域では天王星の潜入時に月が皆既食中で暗いため、見つけやすいのではないでしょうか。表３は各地の経過、図４は東京での見え方です。

表３　11月８日の天王星食（各地の経過）

	潜入開始（高度）	出現開始（高度）
札幌	20時49分04秒（48.3度）	21時47分23秒（56.9度）
仙台	20時44分24秒（49.1度）	21時31分51秒（57.4度）
東京	20時40分53秒（48.4度）	21時22分20秒（56.2度）
京都	20時31分53秒（43.6度）	21時21分18秒（53.2度）
福岡	20時22分12秒（37.4度）	21時16分51秒（48.5度）
那覇	20時13分12秒（33.2度）	20時54分08秒（42.2度）

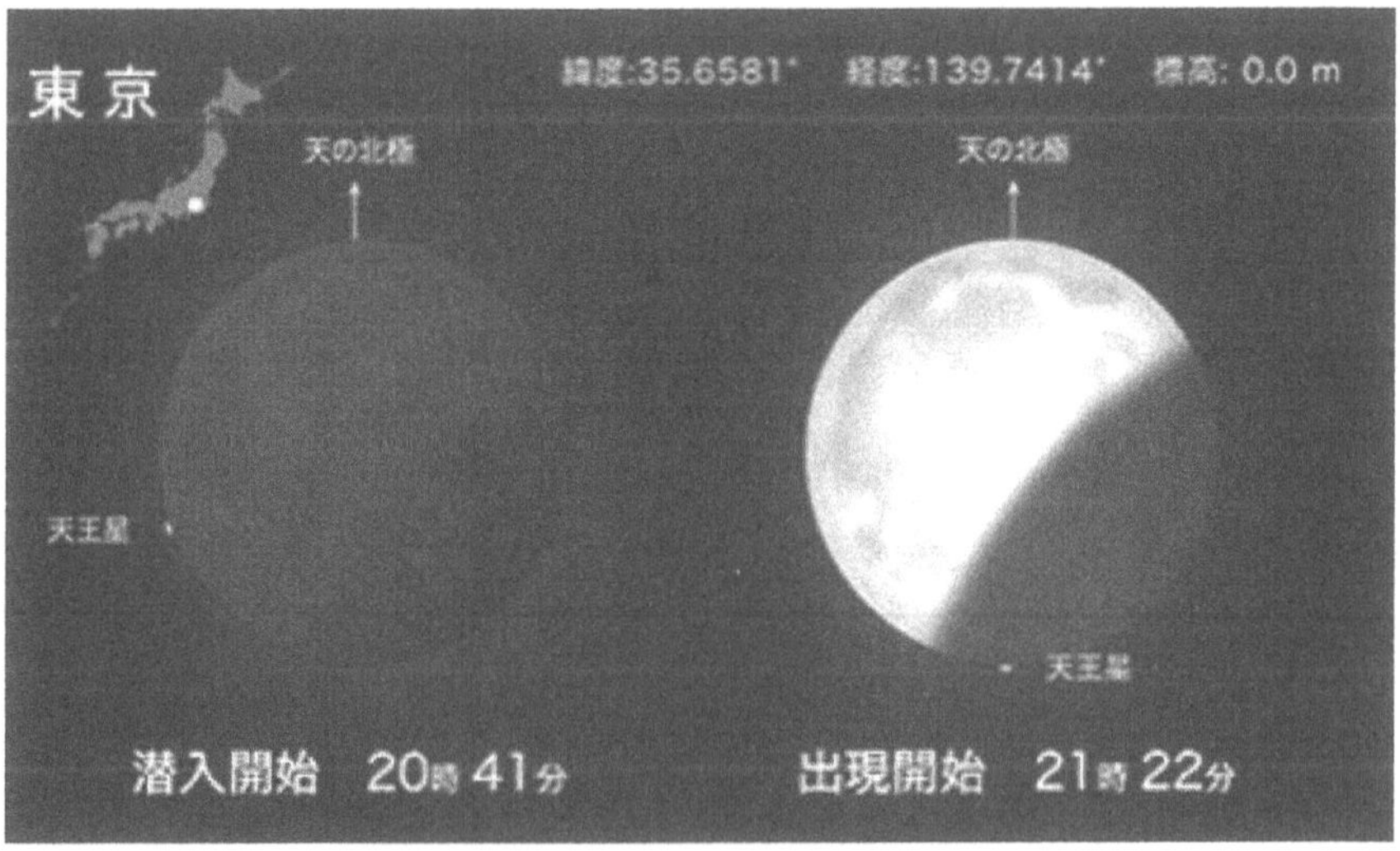

図４　天王星食　東京での見え方

本郷君の観測

2021 年 11 月 8 日

本郷君は東京にある学校の屋上で金星食を観測しました。太陽の位置に注意して、天体望遠鏡で金星を見つけました。金星は丸くなく、欠けて見えました。三日月の［ 1 ］部分から潜入する金星を確認し、その後、三日月の［ 2 ］部分から出現した金星の撮影《さつえい》に成功しました(写真１)。

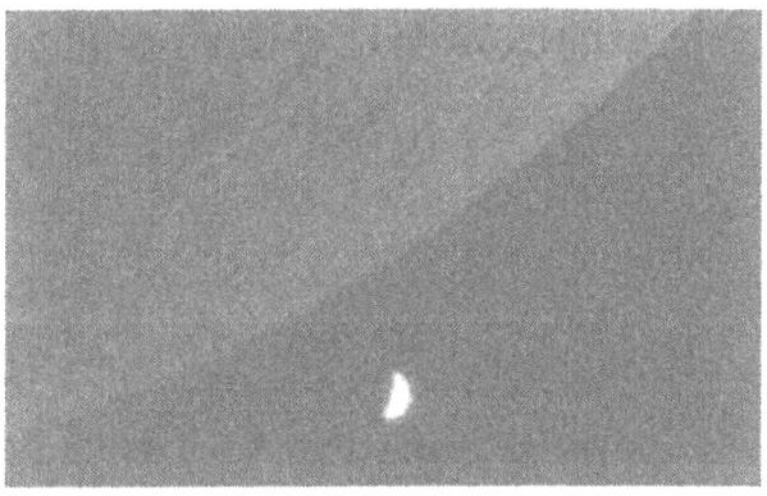

写真１　金星の出現

2022 年 7 月 21・22 日

本郷君は自宅のベランダに天体望遠鏡を用意し、火星食の観測の準備をしました。そして、東京での月の出の時刻、深夜 11 時 37 分を待ちました。しかし、曇天のため月の出の時刻になっても月が全く見えませんでした。火星の出現時刻である 22 日の０時 15 分に火星の出現を見ることが出来ませんでした。本郷君は他の場所で火星食が見えないか、パソコンで検索《さく》すると北海道にある「なよろ市立天文台」からの生配信があり、それを見ることにしました。ちょうど火星が出現したところをスクリーンショットしたものが写真２です。

写真２　火星の出現

本郷君の疑問

太陽や月は東から出て西に沈むので、一般的には東にある地点の方が日の出や月の出の時刻が早くなります。しかし、東京より［ 3 ］にある「なよろ市」では、火星の出現開始時刻が東京より遅くなることを本郷君は疑問に思いました。

2021 年 11 月 8 日の金星食の場合、東京より［ 3 ］にある札幌では、金星の出現開始時刻が東京より遅くなっています。本郷君は惑星食での出現には、月が１日に約 50 分遅れて出てくるので、惑星や星座の星に対して、月が［ 4 ］から［ 3 ］へ移動していることと関係しているからではないかと考えました。ちなみに、札幌での金星の潜入開始時刻は東京よりも早くなっています。そして、東京より［ 4 ］にある京都では、金星の出現開始時刻は東京より［ 5 ］、金星の潜入開始時刻は東京より［ 6 ］なっています。本郷君は、惑星食での惑星の潜入時刻や出現時刻のちがいは、[7]だけではなく、[8]によって星の高度が異なることや、地球が太陽の周りをまわる面に対し、各惑星が太陽の周りをまわる面や月が地球の周りをまわる面がわずかに傾いていることも関係し、複雑であると考えました。

(1) [1]、[2]に当てはまる語句の組み合わせとして最も適当なものを次の**ア**～**エ**から１つ選び、記号で答えなさい。

	ア	イ	ウ	エ
1	明るい	明るい	暗い	暗い
2	明るい	暗い	明るい	暗い

(2) 金星食の時、京都で金星がすべて隠されている時間は約何分ですか。次の**ア**～**キ**から１つ選び、記号で答えなさい。

ア．10　**イ**．20　**ウ**．30　**エ**．40　**オ**．50　**カ**．60　**キ**．70

(3) [3]、[4]に当てはまる方角を、次の**ア**～**エ**から１つずつ選び、記号で答えなさい。

ア．北　**イ**．東　**ウ**．南　**エ**．西

(4) [5]、[6]に当てはまる語句の組み合わせとして最も適当なものを、次の**ア**～**エ**から１つ選び、記号で答えなさい。

	ア	イ	ウ	エ
5	早く	早く	遅く	遅く
6	早く	遅く	早く	遅く

(5) [7]、[8]に当てはまる語句を、次の**ア**～**カ**から１つずつ選び、記号で答えなさい。

ア．月　**イ**．惑星　**ウ**．標高　**エ**．緯度　**オ**．経度　**カ**．時差

(6)　地球の影に完全に入る皆既月食のときに、下線Ａのように月が赤銅色(暗く赤い色)に見えるのはなぜですか。次の**ア**～**オ**から１つ選び、記号で答えなさい。

ア．太陽―地球―月が完全に一直線上に並んでいないため

イ．地球の形が完全な球でないため

ウ．地球の大気(地表の上にある空気)で曲げられた赤い光が月で反射するため

エ．月の形が完全な球でないため

オ．月の表面にあるクレーターが凸凹《でこぼこ》のため

(7)　下の図は月が地球の周りをまわる様子を地球の北極の上から見た図です。次の①、②、③の位置として最も適当な位置を図の**ア**～**カ**からそれぞれ選び、記号で答えなさい。

①2021年11月８日の月の位置

②2022年７月21・22日の月の位置

③2022年11月８日の月の位置

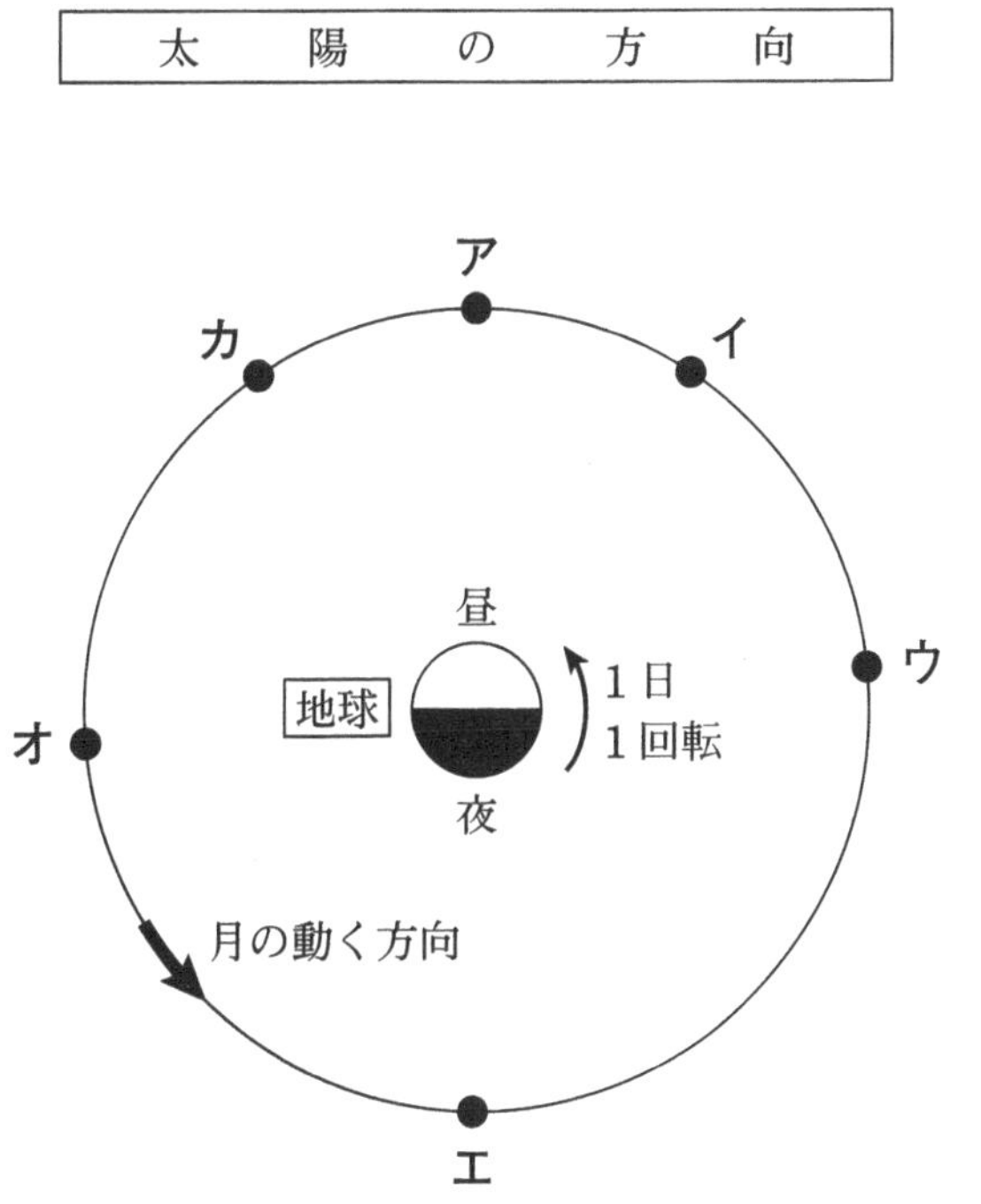

(8) 下の図は各惑星が太陽の周りをまわる様子を地球の北極の上から見た図です。✸は太陽、○は地球を示しています。各惑星は反時計まわりに太陽の周りをまわっています。地球(○)から見たとき、次の①、②、③の位置として最も適当な位置を、図の**ア**～**サ**からそれぞれ選び、記号で答えなさい。

①2021年11月8日の金星の位置

②2022年7月21・22日の火星の位置

③2022年11月8日の天王星の位置

ただし、図では、地球、金星、火星はほぼ本来の位置にありますが、天王星は本来の位置よりも内側にあるので地球からどの方向に見えるかで答えなさい。

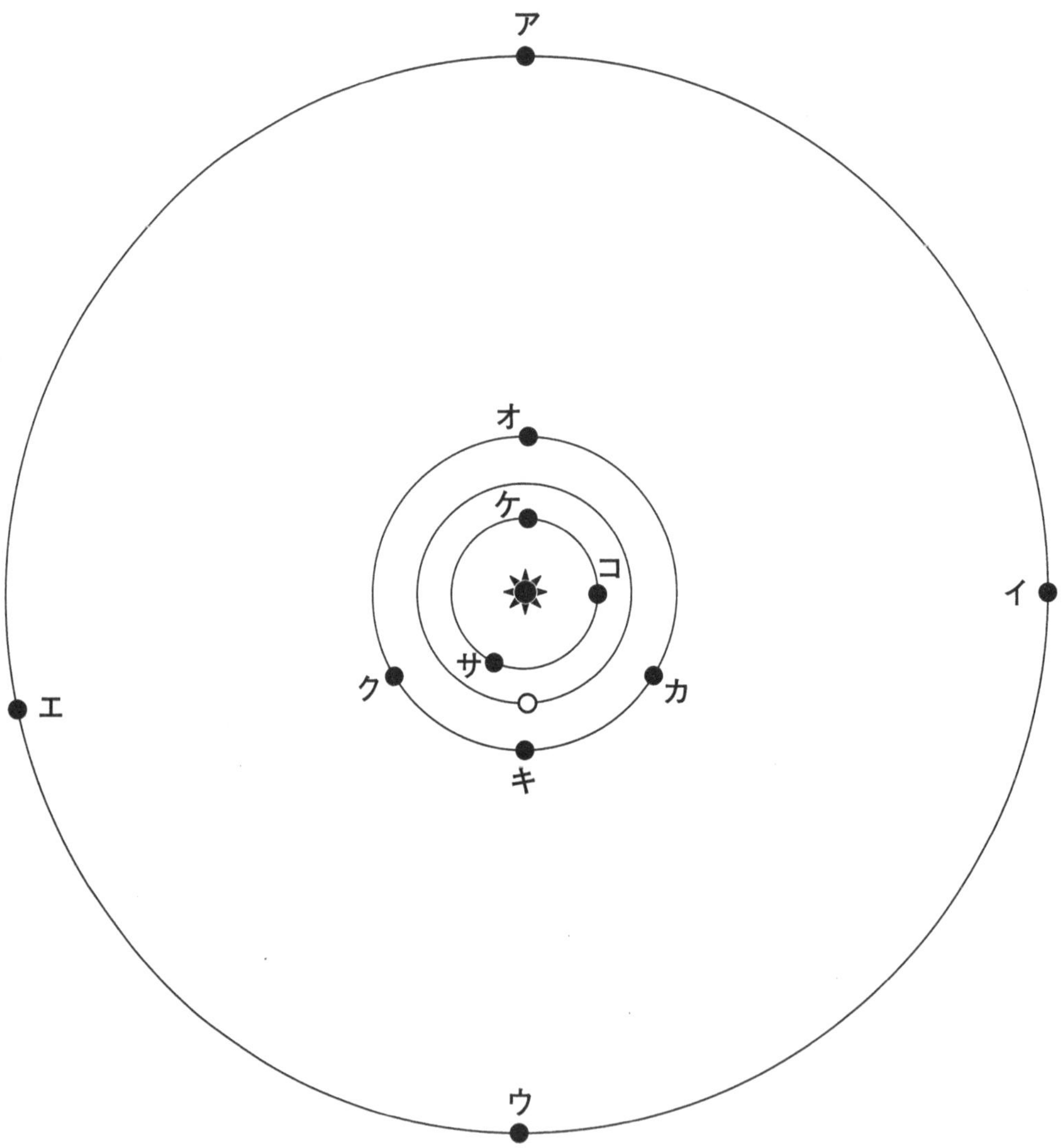

令和５年度 本郷中学校
第１回 入学試験問題

社 会

（40分　満点：75点）

注 意

1．問題の解答は解答用紙にはっきりと記入しなさい。

2．指示があるまで開いてはいけません。

3．答えはすべて解答用紙に記入しなさい。

4．解答に際して、用語・人物名・地名・国名などについて漢字で書くべき所は漢字で答えなさい。なお、国名の表記は通称でかまいません。

5．用具の貸し借りは禁止します。

6．指示があるまで席をはなれてはいけません。

7．質問があれば、だまって手をあげて監督者を呼びなさい。

8．試験が終わったら、解答用紙だけ提出しなさい。問題は持ち帰ってもかまいません。

1 島原半島に関する次の文章と地形図を読み、下の問いに答えなさい。

島原半島は、「ユネスコ世界ジオパーク」に指定されています。①ジオパークは「大地の公園」を意味し、地質学的に重要な価値を持つ地域が認定されます。その地域内では、保存のために人間を完全に排除することはしません。自然と人間との共生、持続可能な開発、これらを総合的に実現させるため、可能な範囲で、地域住民と連携しつつ、研究・教育・地域振興・ジオツーリズム(地域の地質資源を保護しながら行う観光)などにジオサイト(大地のなりたちがわかる見どころ)を活用するのです。2004年からユネスコが後援する「世界ジオパーク」の認定が始まり、現在はユネスコの正式事業「ユネスコ世界ジオパーク」として認定が行われています。2022年４月現在、世界で46カ国177カ所、②日本からは９カ所が登録されています。

島原半島ユネスコ世界ジオパークは、島原半島全体がその認定地域であり、島原市・雲仙市・南島原市の三市にまたがります。テーマは「人と火山の共生」です。そのテーマの通り、ジオサイトには、地形や植物のほか、地形などを利用して作られた③城跡・④発電所・棚田といったものも含まれています。

島原半島ユネスコ世界ジオパークでは、半島の中心にある(　A　)岳を主峰とする雲仙火山、半島を囲む海、そこに住む人々、これらに関連する出来事 ―噴火とそれによる災害、そこからの復興など― について学ぶことができます。

雲仙火山の噴火と聞いてまず思いつくのは、1990年11月から約６年続いた「平成の大噴火」と呼ばれるものでしょう。この時は火口付近に溶岩が重なってできる高まり、溶岩ドームが成長しました。現在これは平成新山と呼ばれています。溶岩ドームが成長していく過程で、⑤その一部が崩壊して流出する現象が繰り返し発生しました。これにより大きな被害が出ました。

その前の大きな噴火は1792年までさかのぼります。この時には噴火にともなう地震で眉山《まゆやま》が崩壊しました。その土砂は島原の町を埋めた後、(　B　)海に流れ込むと(　⑥　)を引き起こして対岸を襲い、(　⑦　)国も被害を受けました。この一連の災害は「島原大変(　⑦　)迷惑」と呼ばれ、語り継がれています。

このように島原半島とその周辺の人々は、大きな災害に見舞われてきました。それでも懸命に復興を遂げ、さらに⑧その環境から独自の文化を形作りました。

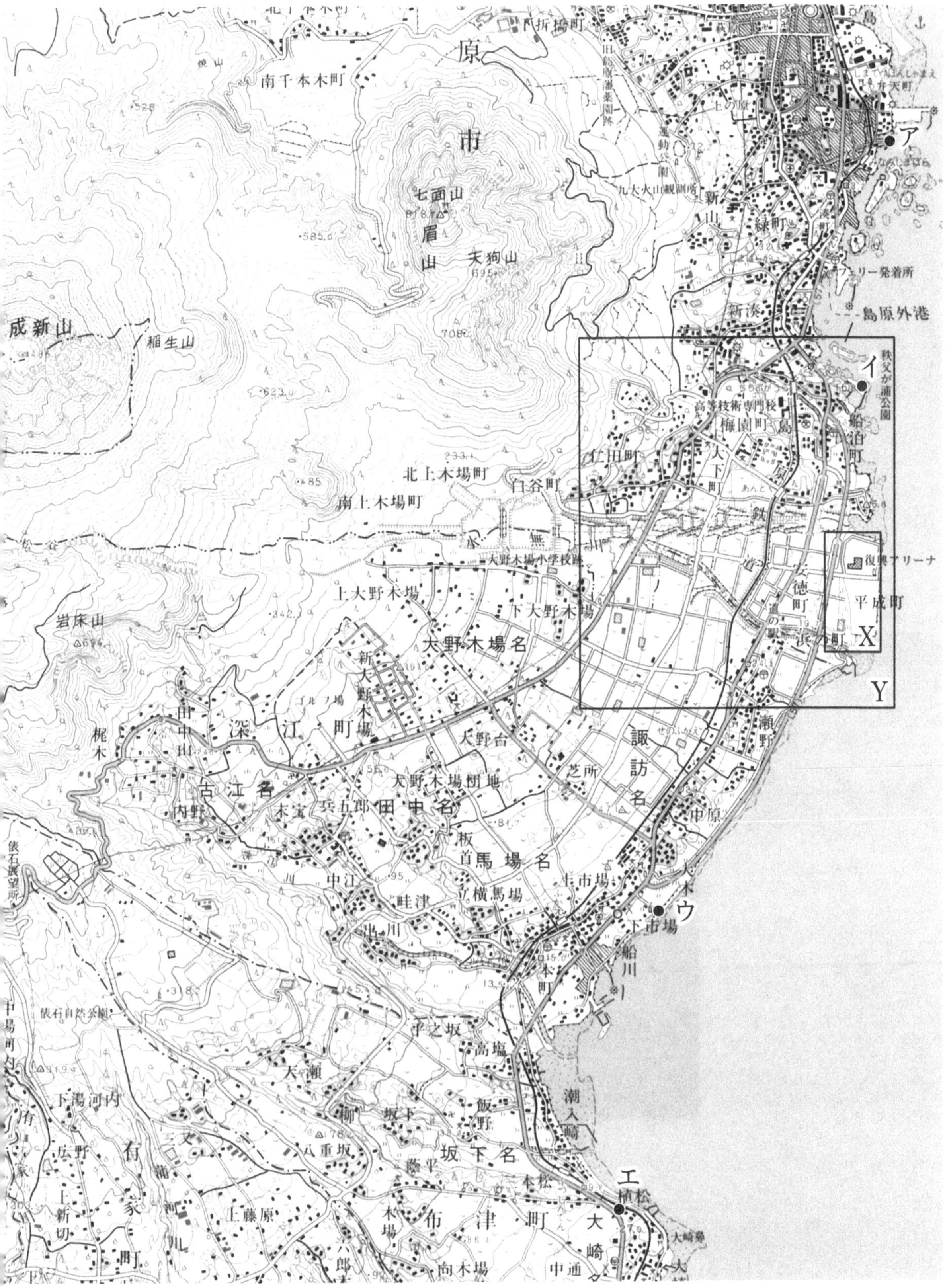

(2002年９月１日 発行)

問１　地形図に関する下の問いに答えなさい。

(1)　復興アリーナを中心とする地形図中Ｘの範囲は、地形図上で縦２cm、横１cmでした。Ｘの範囲の実際の面積を解答欄に合うように答えなさい。なお、縮尺は地形図から読み取りなさい。

(2)　次の空中写真は、地形図中Ｙの範囲の1984年８月の様子を示しています。「平成の大噴火」の影響を大きく受けたと考えられる地点を、33ページの地形図を参考にしつつ、写真中の地点(あ)～(え)から１つ選び、記号で答えなさい。

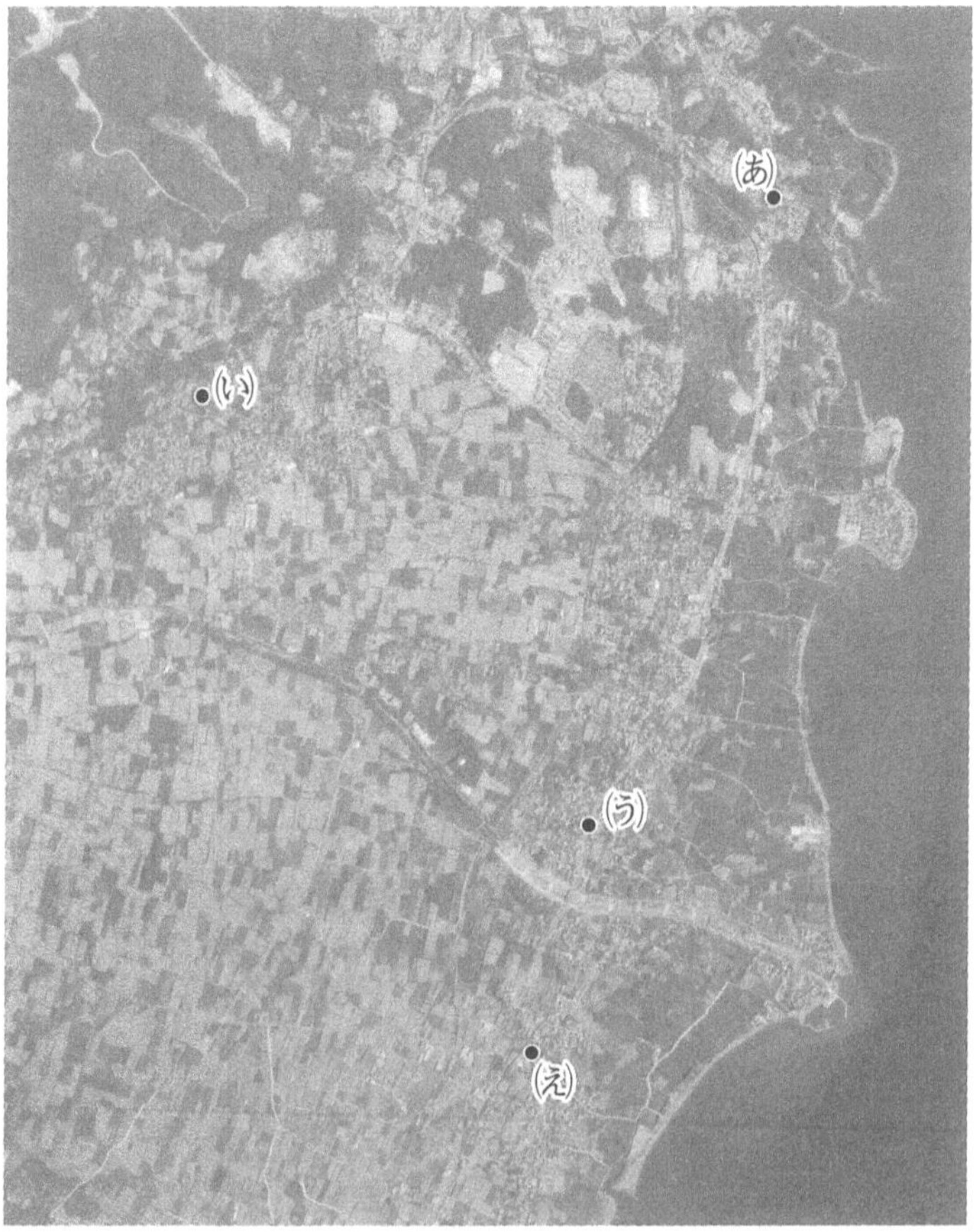

(国土地理院発行の空中写真より作成)

(3) 次の写真は、地形図中のどの位置から撮影したものと考えられますか。33ページの地形図中の地点ア～エから１つ選び、記号で答えなさい。

(2022年８月 作問者撮影)

(4) 1792年の眉山の崩壊により流出した土砂は、眉山からどの方角へ流れ下ったと考えられますか。４方位で答えなさい。

問２ 文中の（ A ）・（ B ）にあてはまる語句を答えなさい。
なお、（ A ）は解答欄に合うように２字で答えなさい。

問３ 下線部①について、ジオパークの保全に関する取り組みとして誤っているものを次の中から１つ選び、記号で答えなさい。

ア ジオパーク内の貴重な地形・地質を守るために、ジオサイトの１つである浜辺の清掃活動を地域住民と協力して企画・実施した。

イ 教育・調査研究活動の一環として、地域の小・中学校への出前授業や小学生を対象とした夏休み体験学習会を企画・実施した。

ウ ジオツーリズムでの町おこしのため、ジオサイトの１つである川の流れを一部改変して、バリアフリーな見学・体験施設を造成・建設した。

エ ジオパーク発展のために、国内外や地域内の関係者から情報収集をして、それを「ジオパーク関連情報」として SNS・web で発信した。

問４　下線部②に関連して、次の表は「ユネスコ世界ジオパーク」に登録されている日本国内の９カ所に関する情報を示しています。これに関して下の問いに答えなさい。

地域名	主な構成自治体名
洞爺湖有珠山	北海道伊達市など
アポイ岳	北海道 $_a$<u>様似町</u>
糸魚川	新潟県 $_b$<u>糸魚川市</u>
伊豆半島	静岡県下田市など
山陰海岸	Z
隠岐	島根県 $_c$<u>隠岐の島町</u>など
室戸	高知県 $_d$<u>室戸市</u>
島原半島	
阿蘇	熊本県高森町など

※島原半島の構成自治体は作問の都合により省略した。

(1)　表中Ｚの構成自治体として誤っているものを次の中から１つ選び、記号で答えなさい。

ア　京都府　　　イ　鳥取県　　　ウ　岡山県　　　エ　島根県

(2) 次の雨温図は、36ページの表中下線部ａ～ｄのいずれかのものです。該当する自治体をａ～ｄから１つ選び、記号で答えなさい。

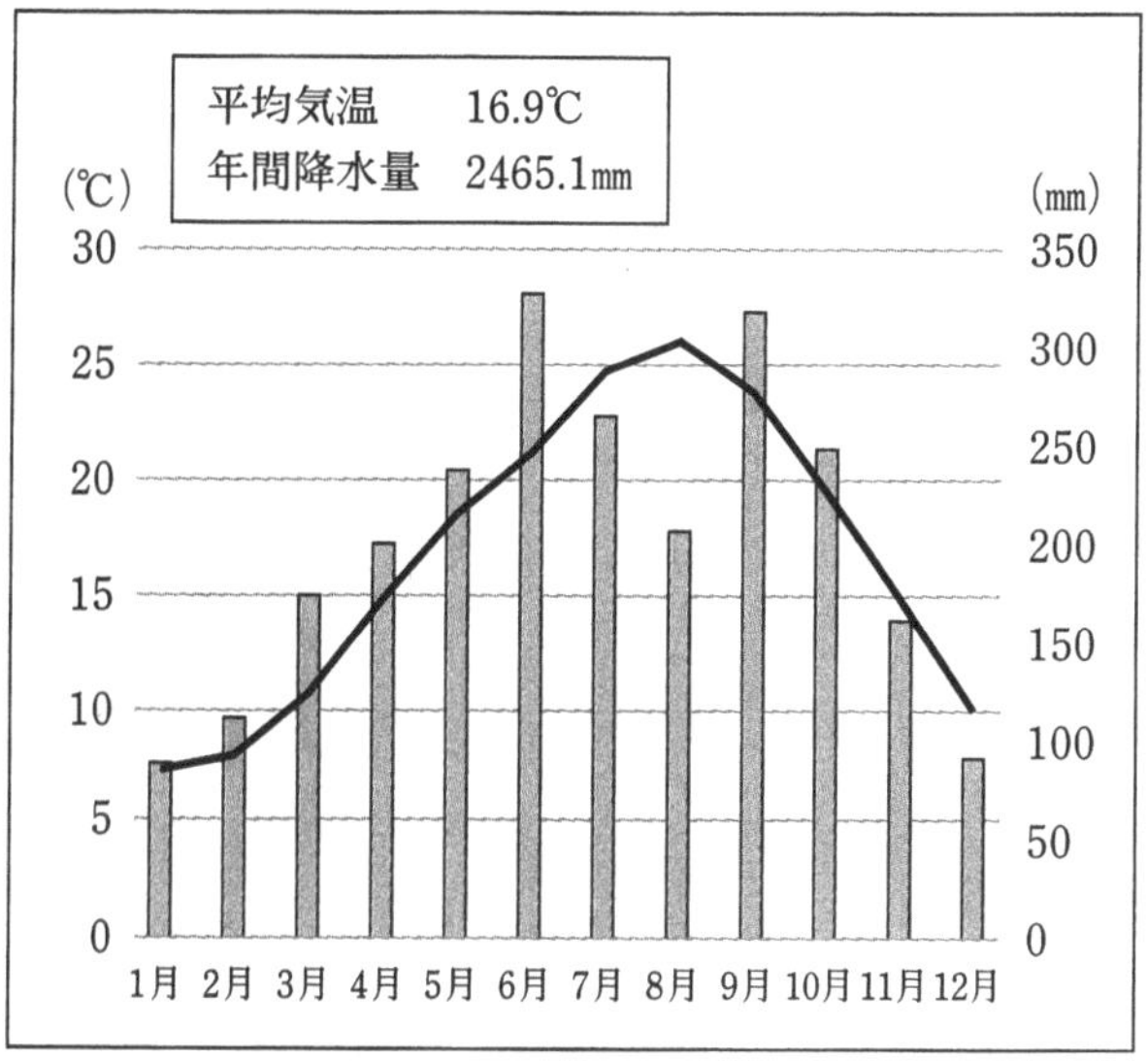

問５ 下線部③に関連して、島原半島南部にある原城跡は、火山噴出物の堆積により形成された地形を利用して築城されたことからジオサイトの１つになっています。これに関して下の問いに答えなさい。

(1) この火山噴出物は、活発な活動を繰り返してきた世界最大級の火山が大規模噴火した際に海を越えて流出、堆積したものです。この火山として正しいものを次の中から１つ選び、記号で答えなさい。

ア 有珠山　　イ 桜島　　ウ 阿蘇山　　エ 箱根山

(2) この原城跡は、ある出来事の舞台となりました。そして、これに関連して世界遺産の構成資産の１つとなりました。この世界遺産の登録名として正しいものを次の中から１つ選び、記号で答えなさい。

ア 「神宿る島」宗像・沖ノ島と関連遺産群

イ 紀伊山地の霊場と参詣道

ウ 平泉－仏国土(浄土)を表す建築・庭園及び考古学的遺跡群

エ 長崎と天草地方の潜伏キリシタン関連遺産

問６　下線部④に関連して、次の【図】は日本国内の発電所の分布図です。図中のマークａ～ｄは、水力・火力・原子力・地熱のいずれかの発電方式を、そして【説明文】１～４は各発電方式のいずれかの特徴を記したものです。マークと説明文の組み合わせとして正しいものを下のア～エから１つ選び、記号で答えなさい。

【図】

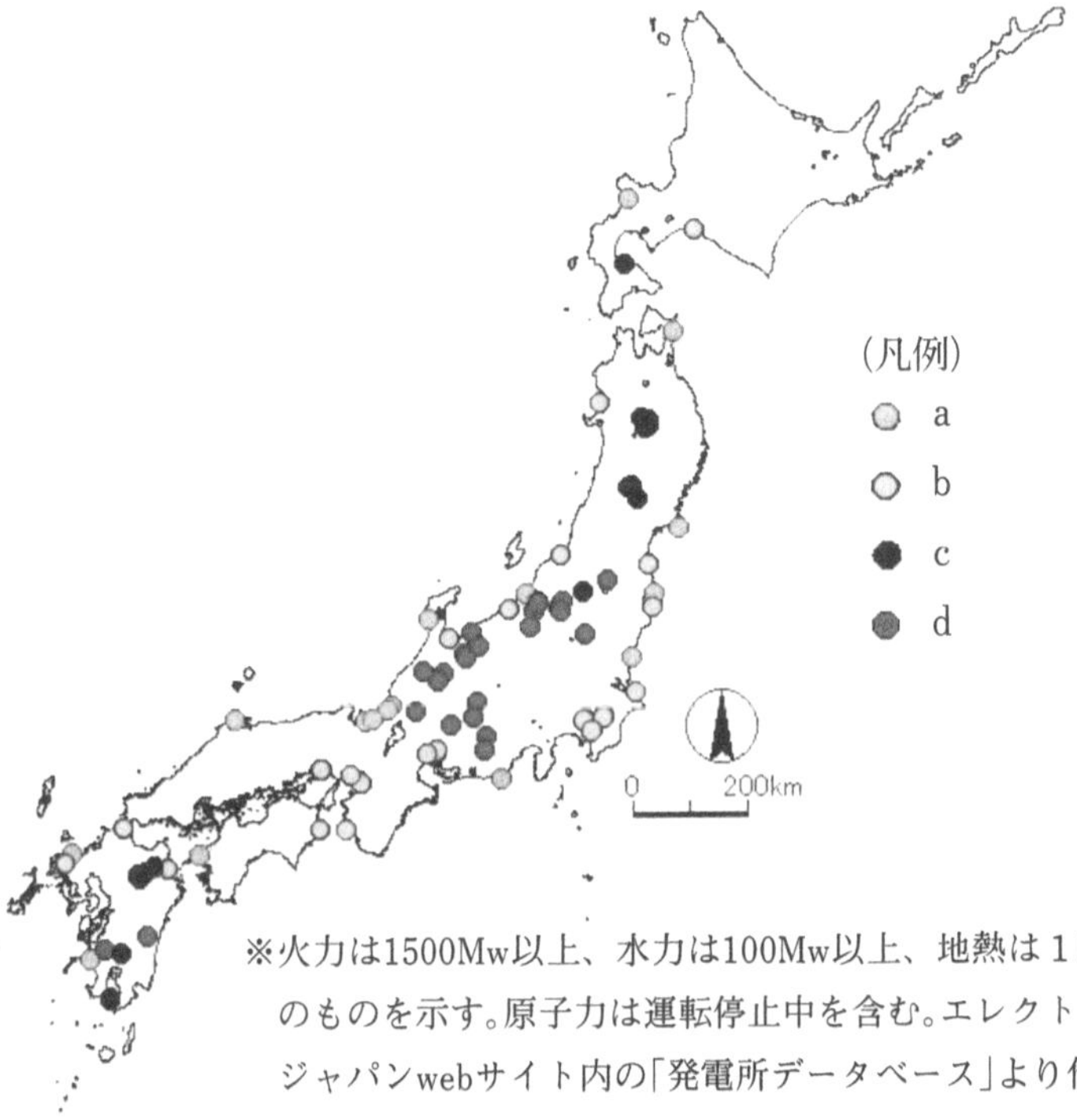

※火力は1500Mw以上、水力は100Mw以上、地熱は１Mw以上のものを示す。原子力は運転停止中を含む。エレクトリカル・ジャパンwebサイト内の「発電所データベース」より作成。

【説明文】

１　需要に合わせた柔軟な発電が可能な一方で長距離送電の必要がある。また大規模な建設工事にともなう生態系の破壊が問題視されている。

２　大規模発電が可能で、また供給量の調整が容易である。その一方で、燃料の枯渇や発電にともなう大気汚染が問題視されている。

３　安定的に大量の電力を供給することができる。その一方で長距離送電が必要であり、かつ発電後の廃棄物の処理について難しい問題がある。

４　安定的な供給ができ、電力供給のベースとして利用される。一方で長距離送電の必要があり、建設の適地を探すことが難しいという問題点がある。

ア　マーク：ａ　　説明文：４　　　イ　マーク：ｂ　　説明文：２

ウ　マーク：ｃ　　説明文：１　　　エ　マーク：ｄ　　説明文：３

問７　下線部⑤について、この現象を説明した文として正しいものを次の中から１つ選び、記号で答えなさい。

ア　火山灰、軽石などが高温の火山ガスとともに一気に流れ下る。
イ　数百メートル流出する間に冷えて土石流と呼ばれるものになる。
ウ　溶岩ドームの崩落により噴火の一切の現象が終了する。
エ　火山ガスの流出で、周囲が焼き尽くされた後、深い谷が形成される。

問８　文中の(　⑥　)に入る語句として正しいものを次の中から１つ選び、記号で答えなさい。

ア　高潮　　イ　洪水　　ウ　赤潮　　エ　津波

問９　文中の(　⑦　)にあてはまる旧国名として正しいものを次の中から１つ選び、記号で答えなさい。

ア　筑前　　イ　肥前　　ウ　肥後　　エ　薩摩

問10　下線部⑧に関連して、次の写真と説明文は島原の特産「ろくべえ」に関するものです。説明文中の空欄にあてはまる食材を下の中から１つ選び、記号で答えなさい。

（農林水産省webサイトより引用）

「ろくべえ」は、かつて島原一帯が大飢饉に見舞われた際に人々を救った食べ物です。気候が暖かく、火山性の痩せ地が広がる島原では、早くから［　　　］が盛んに栽培されていました。今から約230年前（1792年）の災害の後、島原半島は大飢饉に見舞われました。その時、深江村（現在の南島原市深江町）農家の六兵衛という人が保存食用の［　　　］の粉末に、つなぎとして山芋を入れ、熱湯でこねて、うどん状にしたものを作りました。これが「ろくべえ」の始まりと言われています。麺は長くなく、表面がツルツル、なかはモッチリとしています。食べるとほのかな甘味が口の中に広がるのが特徴です。ダシはすまし汁で、ネギや七味唐辛子をかけると美味しさが増します。耐乏食だった過去がありますが、現代風にアレンジされ、県内の学校給食の定番メニューになるなど、素朴な味わいの郷土料理として愛されています。

ア　そば　　　イ　とうもろこし　　　ウ　さつまいも　　　エ　大豆

2 次の文章を読み、下の問いに答えなさい。

「人生100年時代」といわれるようになり、定年などにより65歳前後で退職した後の「第二の人生」の時間が長くなる人が増えています。そこで、日本の有名人の生涯から、「第二の人生」に関する事例をみてみましょう。

最初は「それまでとは全くと言っていいほど別の人生を歩んだ」例です。23歳の時にA「北面の武士」の立場も妻子も官位も捨てて突如出家した西行は、流鏑馬《やぶさめ》などの武芸、和歌、蹴鞠《けまり》などに秀でた文武両道の武士でした。出家の理由は定かではなく、さまざまなうわさもありましたが、出家後は諸国を行脚・修行しつつ作歌に励みました。次に、隠居後に趣味三昧《ざんまい》の日々を送った例として足利義政を見ましょう。彼は14歳で室町幕府の８代将軍に就任しましたが、次第に隠居したがるようになります。それも一因となって応仁の乱が起こりましたが、乱を終息させずに、1473年に38歳で本当に隠居しました。その後、京都東山に山荘を造営し、①水墨画・茶の湯・連歌・能・生け花などに打ち込んでいます。また、徳川御三家のひとつ水戸家出身の徳川慶喜も同様でした。彼は1866年に30歳で征夷大将軍に就任しましたが、翌年には②朝廷に政権の返上を願い出て許可されています。その後は静岡などで、屋内では絵画・囲碁・将棋・能楽・謡曲・手芸、屋外では狩猟・釣り・鷹狩・カメラ・自転車などの多くの趣味を満喫しました。一方で多くの趣味ではなく、何か１つに専念した人もいます。下総国佐原で酒造業などを手掛ける伊能家に婿入りした伊能忠敬は、家業を立て直し、B1794年に50歳で隠居しました。その翌年に江戸へ行って20歳も年下の天文学者の高橋至時《よしとき》に弟子入りし、念願の天文暦学の研究に没頭していきます。その後、地球の大きさをより正確に知る必要があると考え、自らが測量を行うことにしました。こうして全国を測量し、その結果をまとめた地図が作成されました。それは「伊能図」と呼ばれて近代においても参考にされるほどでした。最後の例が、幕末期に会津藩主であった松平容保《かたもり》です。彼は京都守護職として新撰組などを預かり京都の治安維持に努めました。ところが、34歳の時に「朝敵」とされ、戊辰戦争で敗れました。謹慎解除の後、1880年に③日光東照宮の宮司に任命され、荒れ果てていた神社やその周囲を修復しました。

次に、「人生の後半に大きな転機を迎えた」例です。まず、遣唐使に随行した僧からの要請を受け、日本へ渡って戒律をもたらした鑑真の場合です。当時、彼は56歳であり、すでに名僧としての地位を確立していました。唐の法律では海外渡航が禁止され、多くの弟子が反対する中、日本への渡航は６度目に成功し、C754年に平城京に入りました。次に同じく50代から勢力を拡大し、数カ国を支配するD戦国大名となった毛利元就の場合です。幼い時に城から追い出されて「乞食《こつじき》若殿」と呼ばれた毛利元就は、家督を譲った後、60歳の時に大内氏を滅ぼして周防国・長門国を奪い、70歳の時には山陰地方の大勢力であった尼子氏を滅ぼしています。最後の例が、堺の豪商の出身で「侘び茶」を大成した［ ④ ］です。彼は幼い頃から堺商人の社交術として「茶の湯」に親しんでいましたが、1568年の47歳の時に、勢力を拡大した織田信長の茶頭《さどう》に招かれ、また、本能寺の変後には豊臣秀吉にも招かれました。こうして大名たちとの交流・仲介などにより大きな権力を持つようになりましたが、豊臣秀吉の怒りを買って切腹に追い込まれてしまいました。

次は、［ ④ ］のように「最晩年に人生が暗転してしまった」例です。もちろん、本人が自ら人生を暗転させようとしたわけではありません。まず、平安時代中期に学者政治家としては異例の右大臣にまで昇進した［ ⑤ ］です。その出世が疎まれて貴族層から反発・警戒され、57歳の時に罪を着せられて大宰府に左遷となり、３年後にその地で没しています。また、アメリカ陸軍元帥のマッカーサーは極東軍司令官として英雄でもあり、敗戦後の日本に君臨してE対日占領政策を遂行したり、朝鮮戦争で「国連軍」を指揮したりしたことでよく知られています。しかし、その朝鮮戦争時に大統領のトルーマンと対立して解任された上、後に「日本を降伏させ、民主国家に改造した実績」により大統領選挙に共和党から出馬しようとして失敗しました。長らく部下でもあり、ヨーロッパ方面の連合国軍総司令官であったアイゼンハワーに敗れたのです。

こうした生き方の一方で、「生涯現役を貫いた」例もあります。晩年に「尼将軍」として承久の乱での「演説」などで有名な［ ⑥ ］、30歳前後で法然の弟子となり、布教活動に励むとともに90歳で死去するまで執筆活動を続けたF親鸞、死去する90歳まで描き続け、「画狂人」と称えられて海外でも高い評価を受けている⑦葛飾北斎、第一国立銀行・東京証券取引所・キリンビール・王子製紙など500社以上もの会社設立に関わって「G日本資本主義の父」と呼ばれる渋沢栄一、佐賀藩出身で早稲田大学を創設し、H２度目の首相就任は77歳であった大隈重信、日露戦争において日本海海戦を勝利に導き、昭和初期まで「生ける軍神」として海軍内に絶大な影響力を保持し、大規模な国葬でおくられた［ ⑧ ］、日本銀行総裁・大蔵大臣・首相などを歴任した敏腕の財政家であるI高橋是清らがいました。

元首相の迷言でもありましたが、「人生いろいろ」です。小学生の諸君がイメージするには難しいかもしれませんが、いずれは考えてみてください。

問１　下線部Ａについて、これを設置した白河上皇が始めた院政の時期に関する記述として誤っているものを次の中から１つ選び、記号で答えなさい。

ア　上皇(法皇)が最高権力者となったので、摂政・関白が廃止された。
イ　保元・平治の乱などを通して、武士の勢力として平氏が台頭した。
ウ　上皇(法皇)が仏教を崇拝し、高野山や熊野への参詣が多くなった。
エ　中国の宋との貿易が盛んになり、宋銭などが輸入された。

問２　下線部Ｂについて、この時期の文化に関する記述として誤っているものを次の中から１つ選び、記号で答えなさい。

ア　本居宣長が『古事記伝』を著し、国学を大成した。
イ　井原西鶴が浮世草子『日本永代蔵』などを発表した。
ウ　蘭学が盛んとなり、杉田玄白・前野良沢らが『解体新書』を著した。
エ　俳諧では与謝蕪村や小林一茶らが作品を残した。

問３　下線部Ｃについて、この時期の文化に関する記述として誤っているものを次の中から１つ選び、記号で答えなさい。

ア　歴史書として『古事記』や『日本書紀』が編さんされた。
イ　国をさまざまな災いから守る役割が仏教に期待された。
ウ　東大寺の大仏など、多くの仏像がつくられた。
エ　最初の勅撰和歌集である『万葉集』が編さんされた。

問４　下線部Ｄについて、これに関する記述として誤っているものを次の中から１つ選び、記号で答えなさい。

ア　伊豆・相模国を拠点に勢力を拡大していったのが、北条氏であった。
イ　武田晴信は「信玄堤」と呼ばれる堤防を築いて洪水を防ごうとした。
ウ　戦国大名となった人物の約９割が、下剋上を起こして成り上がった。
エ　自分の領内にのみ適用された分国法を制定する戦国大名もいた。

問５　下線部Ｅについて、これに関する記述として誤っているものを次の中から１つ選び、記号で答えなさい。

ア　衆議院議員選挙法が改正され、25歳以上の男女に選挙権が与えられた。
イ　農地改革によって、多くの小作農が小規模ながらも自作農となった。
ウ　財閥解体は、冷戦の激化にともない、不徹底なものになった。
エ　大日本帝国憲法が改正され、日本国憲法として公布・施行された。

問６　下線部Ｆについて、この人物は浄土真宗を開きましたが、それも含まれる「鎌倉新仏教」に関する記述として誤っているものを次の中から１つ選び、記号で答えなさい。

ア　法然は「南無阿弥陀仏」を唱えることで死後、成仏できる、と説いた。
イ　一遍は各地を廻り、踊念仏などを利用して布教した。
ウ　栄西が曹洞宗を、道元が臨済宗を日本にもたらした。
エ　日蓮は「南無妙法蓮華経」を唱えることが大事である、と説いた。

問７　下線部Ｇについて、幕末期から昭和戦前期までの日本経済に関する記述として誤っているものを次の中から１つ選び、記号で答えなさい。

ア　欧米との貿易が始まってから日本の輸出品第一位は生糸であった。
イ　明治政府は欧米から最新の機械・技術を日本に移植する政策を採った。
ウ　日本経済は日清・日露戦争の頃には産業革命を達成した。
エ　工業の近代化とともに、農業の近代化・機械化も急速に進んだ。

問８　下線部Ｈについて、これは1914年から1916年にかけてのことですが、この前後の時期に起こった出来事の記述として誤っているものを次の中から１つ選び、記号で答えなさい。

ア　明治天皇が亡くなり、大正天皇が即位した。
イ　サラエボ(サライェヴォ)事件をきっかけに第一次世界大戦が始まった。
ウ　日本は中国に対して二十一カ条の要求を行った。
エ　日ソ中立条約の締結により、日本とソ連は国交を樹立した。

問９　下線部Ｉについて、この人物は大蔵大臣として軍備拡張予算を削減したことで、特に陸軍から恨まれ、1936年に起こったクーデタ時に殺害されてしまいました。その陸軍の一部が起こしたクーデタ事件の名称を次の中から１つ選び、記号で答えなさい。

ア　三・一五事件　　　イ　二・二六事件
ウ　四・一六事件　　　エ　五・一五事件

問10　下線部①について、日本的な風景山水画(水墨画)を大成した人物名を答えなさい。

問11　下線部②について、この政治行動の名称を答えなさい。

問12　下線部③について、この神社の中門で、数々の極彩色の彫刻や装飾から「日暮門」とも呼ばれている門の名称を答えなさい。

問13　文中の［　④　］にあてはまる人物名を答えなさい。

問14　文中の［　⑤　］にあてはまる人物名を答えなさい。

問15　文中の［　⑥　］にあてはまる人物名を答えなさい。

問16　下線部⑦について、この人物や歌川広重・喜多川歌麿らが描き、役者や美人、風景などを題材とした風俗画の総称を答えなさい。

問17　文中の［　⑧　］にあてはまる人物名を答えなさい。

3 次の文章を読み、下の問いに答えなさい。

昨年２月、①ロシアがウクライナに大規模な侵攻を始めたとき、世界はたいへん驚きました。みなさんも新聞やテレビの報道を通じて、とても不安な気持ちになったのではないかと思います。

いつの時代も、どこでも、戦争は辛く悲しいことばかりを生み出します。②国際連合は、そのような悲惨な戦争を防ぐため、また国際協力を発展させるため、（　１　）年に設立されました。その本部は（　２　）市に置かれています。特に重要な機関のなかに（　３　）があり、現在そこでは③常任理事国と非常任理事国の合計（　４　）カ国が、④世界の平和を維持するための主要な責任を負っています。

また国際連合は、世界中の国々が、人種や⑤性の違いによる差別をなくし、⑥基本的人権を尊重することも訴えています。そのためには、世界各国の人々が互いの文化を知り、学びあうことが大切であることから、たとえば国際連合の専門機関であるユネスコは、教育・科学・文化の向上と交流を通じて世界平和の実現を目指しています。

ところで、日本は第二次世界大戦でアジアをはじめ多くの国々に戦争の被害をもたらし、また国内でも多くの国民が苦しみました。その反省のもとに制定されたのが日本国憲法です。⑦日本国憲法の前文に、「恒久の平和を念願し、この憲法を制定する」と述べているのはそのためです。また外交においても、世界の平和と国際協調を重視する「国連中心主義」をとってきています。

第二次世界大戦が終わってから77年間、さまざまな努力を重ねて日本は平和を保ってきました。この平和をずっと守っていくために、みなで知恵をつくしていきましょう。

問１　（　１　）～（　４　）にあてはまる語句や数字を答えなさい。

問２　下線部①について、この国はアメリカと並んで世界有数の核兵器保有国でもあります。これに対し、日本は唯一の被爆国として「非核三原則」をとってきました。下はその原則を示した文章です。空欄にあてはまる語句を答えなさい。

核兵器を「もたず、（　　　　）、もちこませず」

問３　下線部②について、環境問題への取り組みもこの機関の重要な役割の１つです。それでは、2015年の総会で採択された「2030年までに持続可能な世界を実現するための17のゴール」のことを何といいますか。アルファベットで答えなさい。

問４　下線部③について、常任理事国のうち１カ国でも反対すれば重要な決議は採択できません。常任理事国だけがもつこの権限を何といいますか。３字で答えなさい。

問５　下線部④について、国際連合が行う停戦監視や治安維持活動を何といいますか。アルファベット３字で答えなさい。

問６　下線部⑤について、多くの人々が女性差別を撤廃する運動を行ってきました。女子の教育を受ける権利の拡大を求めてパキスタンで活動していたある人物は、2014年に17歳でノーベル平和賞を受賞しました。この人物の名前として正しいものを次の中から１つ選び、記号で答えなさい。

ア　ワンガリ・マータイ　　　イ　マララ・ユスフザイ
ウ　マリア・レッサ　　　　　エ　アウンサンスーチー

問７　下線部⑥について、基本的人権はできる限り尊重されますが、公共の福祉のために制限されることがあります。それでは下の①～③の場合に制限されている人権として最も適切なものを、下の【語群】ア～エの中から１つずつ選び、記号で答えなさい。

①　一定の年齢以上でないと、議員に立候補できない。
②　消防官は、待遇の改善を求めるストライキができない。
③　緊急事態宣言が出されたとき、飲食店が営業時間の短縮を要請された。

【語群】
ア　争議権　　イ　請求権　　ウ　参政権　　エ　自由権

問８　下線部⑦について、次の文章は日本国憲法の前文の一部です。（　Ａ　）～（　Ｄ　）にあてはまる語句として正しいものを、下の【語群】ア～クから１つずつ選び、記号で答えなさい。

> 日本国民は、恒久の平和を念願し、人間相互の関係を支配する崇高な理想を深く自覚するのであって、平和を愛する諸国民の（　Ａ　）に信頼して、われらの（　Ｂ　）を保持しようと決意した。われらは、平和を維持し、（　Ｃ　）、圧迫と偏狭を地上から永遠に除去しようと努めている国際社会において、名誉ある地位を占めたいと思う。われらは、全世界の国民が、ひとしく（　Ｄ　）から免かれ、平和のうちに生存する権利を有することを確認する。

（旧仮名づかいは新仮名づかいに改めた）

【語群】

ア　弾圧と不信	イ　幸福と平等	ウ　専制と隷従	エ　友愛と理性
オ　恐怖と欠乏	カ　安全と生存	キ　貧困と差別	ク　公正と信義

問八　――線７「村崎さんは「真似をするな」としかめ面になった。」とありますが、これは以前村崎さんが「夢」について語った時の口ぶりを「僕」が真似たことによるものです。村崎さんの額縁職人としての「夢」とはどのようなものですか、五十字以上六十字以内で説明しなさい。

問七 ――線6「夢を見られなきゃ、だめですよ」とありますが、このように言うに至った「僕」について述べたものとして、最も適当なものをア～エの中から一つ選び、記号で答えなさい。

ア 村崎さんから、額縁職人としてのあるべき姿や、モールディングや額縁に貼る箔の選び方といった仕事の細部に至るまでを教えられ、「僕」はようやく額縁職人として自信や誇りをもてるまでになった。そんな「僕」は今までの自分を振り返りつつ、これからも「僕」を指導してくれた村崎さんと同じ「夢」の実現のため、よりよい額縁制作に励んでいく決意をしている。

イ 額縁職人の仕事は作成者の名前が表に出ることのない地味なものではあるが、額縁制作に試行錯誤を繰り返す「僕」を見守り支えてくれる人がいて、「僕」は額縁職人としての誇りとやりがいを感じられるまでになった。そんな「僕」は今までの自分を振り返りつつ、村崎さんの話していた「夢」を思い返しながら、これからもよりよい額縁制作のために努力をする覚悟が自分にあることを確信している。

ウ 額縁職人になることに戸惑いや悩みはあったものの、額縁制作を支援してくれた人々のおかげでなんとか満足のできる額縁を制作することができ、同時に職人としての成長を自覚することができた。そんな「僕」は今までの自分を振り返りつつ、日本美術の伝承を受け継ぐ者の一人として手作りの重要性を自覚しつつ、よりよい額縁の制作に取り組まなくてはならないと自分を奮い立たせている。

エ まだまだ未熟である「僕」が、多くの人々に支えられながら、仕事の難しさ、厳しさ、孤独に耐えなくてはならないつらさ、また額縁職人としてのあるべき姿などを村崎さんから教えられ、仕事に誇りや満足感をもつことができた。そんな「僕」は今までの自分を振り返りつつ、村崎さんの話していた「夢」を思いながら、仕事に取り組む強い決意が自分にあることを確認している。

問五　――線４「真鍮箔だ」とありますが、これを選んだ理由として最も適当なものを次のア～エの中から一つ選び、記号で答えなさい。

ア　本金箔だと主役である絵よりも額縁のほうが際立ってしまうのに対し、真鍮箔の冷ややかで光沢のある色あいは、かえって絵のもつあたたかさを導き出してくれるから。

イ　はがれやすく色のあせやすい本金箔に対し、はがれにくく色のあせにくい真鍮箔は、百年先もこの絵を引き立て守ってくれるであろうから。

ウ　額縁に貼る箔は絵の作者に配慮して選ぶべきであり、作者であるジャックが本金箔よりも真鍮箔の色の方を好んでいたことを憶えていたから。

エ　本金箔の素材は金のみであるが、銅と亜鉛でできている真鍮箔は素材が一種類でないために深い色味が出て、絵に味わい深さをかもし出す効果が期待できるから。

問六　――線５「捨てなきゃいけない感情もある」とありますが、村崎さんがこのように述べるのはなぜですか。最も適当なものを次のア～エの中から一つ選び、記号で答えなさい。

ア　額縁にできた箔の貼りムラのような小さなことにこだわり、いちいち不快な感情をいだいていては、かえって全体のバランスや出来映えへの注意がおろそかになってしまうから。

イ　額縁職人としての経験が未熟で絵の作者の思いを十分理解できなくてもどかしく感じても、そもそも完璧に理解することなど不可能であり、仕事をする上で邪魔な感情でしかないから。

ウ　絵や作者に対する思い入れが強すぎると、それが額縁を作る時の判断に影響し、作品の魅力を生かすことができなくなるおそれがあるから。

エ　額縁制作の対象になる絵への好悪の感情は、絵に込められた作者の思いや感情に対する正しい理解や、額縁を作る時の取り組みに影響を及ぼすおそれがあるから。

問三　――線２「俺、ひとつは流木使うから」とありますが、村崎さんがこの絵の額縁に流木を使おうと思ったのはなぜですか。最も適当なものを次のア～エの中から一つ選び、記号で答えなさい。

ア　様々な苦難を乗り越えてきたであろう旅芸人の一座を描いた絵の額縁として、長い年月、厳しい風や波にさらされてきた流木は適していると考えたから。

イ　つつましい生活をしてきたであろう旅芸人の一座を描いた絵の額縁として、流木のように飾り気のない素材は似つかわしいと考えたから。

ウ　「僕」が費用のかかるやり方で額縁を作りたいと申し出てくることを予期して、自分は費用のかからない素材ですまそうと考えたから。

エ　旅芸人の一座を描いた油絵には、長い歴史とそこからにじみ出てくる独特の雰囲気を合わせ持つ流木で作った額縁がふさわしいと考えたから。

問四　――線３「産業革命のあとに育ったのは、弟子じゃなくてビルばっかりだ」とありますが、この時の村崎さんの思いについて説明したものとして最も適当なものを次のア～エの中から一つ選び、記号で答えなさい。

ア　産業は盛んになったものの、社会に後継者を育てるだけの時間的余裕がなくなってきていることで、日本美術の技術の伝承が行われなくなってきたことに憤っている。

イ　機械による生産活動が盛んになり、手作りをする必要がなくなりつつあることから、日本美術の昔ながらの方法による技術の伝承が滞ってしまっている状況に、胸を痛めている。

ウ　師匠から弟子へといった、人のぬくもりを伴う技術の伝承から、オートメーション化した技術へ取って代わられ、人と人との関係性が失われつつあることを嘆いている。

エ　工業技術が発達し、効率化が求められるようになるにつれて、手作業による非効率的な作業は敬遠されるようになり、手作業による技術の伝承が全く行われなくなったことを気に病んでいる。

問二 ――線１「――こういう額がいいっていうんじゃなくて、この額がいいって思えたら」とありますが、この言葉にこめられている「僕」の思いはどのようなものですか。その説明として最も適当なものを次のア～エの中から一つ選び、記号で答えなさい。

ア 額竿を選んで組み合わせて作ればよいというわけではなく、絵のもつ雰囲気にしっかり合った額縁を求めたいという思い。

イ 額竿を組み合わせて自分が満足できる額縁を求めるのではなく、多くの人がよいと感じる額縁を求めるべきだという思い。

ウ 伝統的なデザインを重視して額竿を組み合わせるのではなく、流行に沿ったデザインや材質の額竿を選び、額縁に仕立てるのだという思い。

エ 高価な材料を使った額竿を選んで組み立てればよいというわけではなく、できるだけ安価な材料の額竿で絵にぴったりの額縁を求めるのだという思い。

問一 ＝＝線ａ「安堵」・ｂ「王道」・ｃ「素朴さ」の問題文中における意味として最も適当なものを次のア～エの中からそれぞれ一つ選び、記号で答えなさい。

ａ 「安堵」
ア 簡潔で筋のとおった意見に納得すること
イ 励まされたりほめられたりして自信を持つこと
ウ 不安や心配が解消されて心が落ち着くこと
エ 興奮で高ぶる気持ちが冷静になること

ｂ 「王道」
ア 最も上品で洗練されたやり方
イ 一般的で最もふさわしいやり方
ウ 最も整ったきれいなやり方
エ ねらいにあった優れたやり方

ｃ 「素朴さ」
ア どこにでもある安い素材で作られているさま
イ 様々なものが入り交じっていてまとまりのないさま
ウ 手の加えられていないありのままのさま
エ しっかりしていて飾り気のないさま

注１　モールディング…額の枠《わく》にするための、あらかじめ装飾や加工が施された細長い材料。一般的にはこれを用いて四角く絵を囲み、額にする。額竿。

注２　スクラッチ………刻みつける技法。

注３　ニードル…………彫刻用のピン。

注４　エアリー…………空気のように軽やかな。

注５　ペーパーをかけ…紙やすりで表面をこすって。

注６　箔押し……………ここでは、金や銀などの金属を紙のように薄く打ち延ばしたもの（＝箔）を額竿に貼ること。

注７　次郎………………「僕」の美術大学時代の仲間。

注８　膠…………………ここでは、箔を額に貼る接着剤。

「本金箔にするって言ってたのに、よく真鍮箔に決めたな、空知。見事な判断だったと俺は思うよ」

そう言ってもらえて、ほっとした。体中の力が抜ける。

村崎さんは満足したような表情で続けた。

「額縁屋にとっては、画家や作品を個人的に好きになりすぎるのもちょっとしたリスクなんだ。愛が深いほど、冷静さを失わずに何が正しいのかを見極《みきわ》めなくちゃいけない。5捨てなきゃいけない感情もあるんだよ」

そして彼は、額の下部に人差し指をあててちょっと笑った。

「ここの、箔の貼りムラも実にいい」

僕は肩をすくめる。

やっぱりまだまだ、パーフェクトには仕上げられない。

「……すみません、もっときれいに貼れるように精進《しょうじん》します」

「いや、嫌味じゃなくて本心だよ。手作りだからこその穏やかなゆらぎがいいんだ。飽きないあたたかみが出る」

村崎さんは額から指を離し、僕をじっと見た。

「そういうことも含めて、なにもかもがこの絵に本当に似合ってる。よくがんばったな」

嬉しかった。村崎さんに認めてもらえて。でもなんだか、僕よりも村崎さんのほうがもっと嬉しそうで、胸が熱くなってくる。

大きく息を吐き出すと、村崎さんはしみじみと言った。

「工房の求人募集をかけたとき、おまえが来てくれて嬉しかったけど、正直すぐにいなくなると思ったよ。遊びたい盛りの若者で、日々の欲に負けていくだろうなって」

目を伏せるような村崎さんの表情に、僕は自分を顧《かえり》みる。そして決意するような気持ちで、顔を上げた。

「日々の欲なんて、そんなことより……6夢を見られなきゃ、だめですよ」

僕が得意げに言うと、7村崎さんは「真似をするな」としかめ面になった。笑い出したいのを、こらえるようにして。

真鍮箔は一見、金に見えるけれど、銅と亜鉛《あえん》で作られている。その配合によって、色味が少しずつ違う。

引き出しから取り出した、真鍮箔三号色、青口。

亜鉛の配合が若干《じゃっかん》多めの、青みがかった金色。クールな輝きを持つその色は、女の子のぬくもりを引き出してくれるだろう。

注8
膠《にかわ》を使い、息をするのも忘れそうなほどの集中力で箔を押していく。

極薄の脆《もろ》い箔が吸いつくように木と同化するたび、僕はジャックとの不思議な一体感を覚えた。

彼がここにいなくても、何年も会っていなくても、今、僕は間違いなく彼と一緒にこの額を作っている。

次郎の言うように、力の限り魂を入れ込んだって、額職人の名前が表に出るわけじゃない。どんなに考え抜いたか、どれだけ時間と愛情をかけたかなんて、そんなことは誰にもわからない。だけど。

僕が知ってる。

唯一《ゆいいつ》無二《むに》の、この素晴らしい額を生み出したのが僕だってことを。

それが僕の大きな誇りだ。それでいい。

ああ、僕は今、なんて幸せな仕事をしているんだろう。

待っててくれよ、ジャック。

僕は、百年先もこの絵を守れる額を完成させてみせる。

村崎さんはしばらくの間、『エスキース』が収まった額装を黙ってじっと見ていた。

体をこわばらせながら、僕は村崎さんの言葉を待つ。

彼はゆっくりと顔を上げ、静かにほほえんだ。

僕は金箔に和紙をかぶせ、思案した。

もっとシックなたたずまいにするために、銀箔にするか。そもそも箔押しをせずに、無垢《むく》な木のC素朴《そぼく》さを残したままのほうがいいのか。

違う、やっぱりここは本金箔だ。僕たちが再会した奇跡を祝したい。いや、でも……。

考えれば考えるほどわからなくなっていく。

自分で絵を描くときの葛藤《かっとう》や迷いとは異なるものだった。どこまで僕のやりたいようにやっていいんだろう。

注7次郎が言っていた。額なんか作ったって、絵ばっかり注目されて空知の名前が表に出ることはないんだろ？

その通りだ。だからこそ、僕の想いだけでも強く注《そそ》ぎ込みたかったのかもしれない。

だけど……それは、額職人として本当に作品に寄り添うということだろうか？　画家の気持ちを無視することになるんじゃないだろうか？

額は絵よりも前に出てはいけない。僕が額で、ジャックが絵だ。

ジャックなら。

ジャックなら、どんなことを望む？

――僕の絵が、ずっと居心地よく過ごせるようなフレームと出会えたら……。

あのときの彼の声が、遠くから響いてくる。はっきりと心が定まった。

使うべきは本金箔じゃない。光が強すぎて、この作品がそっと抱いている灯《ともしび》をかき消してしまう。

この絵にぴったり似合うのは……。

僕は本金箔を包み直してしまい、迷わず別の引き出しを開けた。

4真鍮箔だ。僕はそう確信する。

（中　略）

時々、村崎さんにチェックしてもらいながら、僕は時間と手をかけて木地《きじ》を成形し、寸法に合わせて慎重に枠《わく》を組んだ。

額の全容が見えてきて、ほっとする一方で新しい緊張が生まれる。

鳥の羽根の彫刻。かなり重要なポイントだった。ここでそぐわない細工《さいく》をしたら、すべてが台無しになってしまう。僕は図鑑や画集をいくつもめくり、いろんな種類の羽根を研究した。どんな羽根をどんなふうに彫《ほ》っていくか……。

ジャックと過ごしたわずかなひとときを、思い出から手繰《たぐ》り寄せる。あのときジャックが楽しそうに僕に教えてくれた、ペインティング・ナイフの技法。

注2スクラッチ、スクラッチ。

……そうだ、スクラッチだ。彫刻刀で立体的に彫り込むんじゃなくて、注3ニードルで削り描くんだ。主張は抑えめに、でもエレガントにキュートに。四隅で舞う注4エアリーな羽根たちは、女の子が隠し持っている痛みをやわらかく包んでくれるだろう。

自分でも驚くぐらいに順調だった。羽根を刻《きざ》み、注5ペーパーをかけ、なめらかな木地が出来上がっていく過程を僕は充実した気分で進めた。

最後は、注6箔《はく》押しをして仕上げだ。僕は箔が収まっている引き出しをひとつ開け、和紙に包まれた箔をそっと取り出した。

箔には、本金箔を筆頭に、本銀箔、真鍮《しんちゅう》箔、錫《すず》箔、アルミ箔、黒箔、プラチナ箔……いろいろな種類がある。

純金の本金箔を使おうと決めていた。高額でもそれがb王道だし、予算のことは心配するなと村崎さんも言ってくれた。なんといっても、これだけ思い入れがあるのだ。最高の輝きを授けたかった。

でも、本金箔を包んでいる和紙を開き、ゴールドのまぶしさを目にしたときに手が止まった。他人の靴を履《は》き違えたときのような、おさまりの悪い違和感を覚える。

あの絵を魅力的に見せるために、これがベストだろうか？

だきれいに残ってるだろ。でも、ここ百年で作られた紙は粉化《ふんか》しちゃってそんなにもたないんだ。せっかくの文献も絵もこなごなだよ。昔の日本には優れた技術がたくさんあったのに、口伝《くでん》でしか継承されないから消えてしまったものがいくつもある。オートメーション化が進んで、後継者をじっくり育てる余地もない。3産業革命のあとに育ったのは、弟子《でし》じゃなくてビルばっかりだ」

堰《せき》を切ってあふれ出す村崎さんの話に、僕は黙って耳を傾ける。彼は遠くを見やるようにして、語り続けた。

「額装は高名な画家や美術館だけのものじゃない。ごく普通の一般家庭で、もっと日常的に楽しめるはずなんだ。子どもの描いた絵でも好きな人からもらったポストカードでも、気持ちいいなと素直に思えるものがいつもそばにあるって、すごく豊かなことだよ。額の良さを、その技術を、できるだけたくさんの人に見せて伝えていきたいって思うんだ。世間一般にとって、もっと身近な存在になるように知らせていきたいんだ。それが、俺の夢だね。人の営《いとな》みと共に絵があり続ける、真の豊かな生活」

本当に、村崎さんが一度にこんなにしゃべるのを見るのは初めてだった。

普段は寡黙《かもく》な彼の中にこれだけたくさんの想いがつまっていることを、僕はどうして理解しようとしなかったのだろう。

「夢が見られなきゃ、だめだ」って、そのひとことにすべてが凝縮されていたのに。

やっとわかった。

村崎さんの夢は……。額や絵に対してだけじゃない、毎日の暮らしに向けられているんだ。生身《なまみ》の肉体と心を持った、人々の。

村崎さんは僕にちらりと目をやった。

「なんの木を使うか決めたのか？」

僕はうなずく。

「桜を」

日本に興味があると言ってくれたジャックに、日本人の僕から親愛の情を込めて。

僕がおずおずと言うと、村崎さんは唇の端を片方、上げた。

2「俺、ひとつは流木使うから。おまえの額装に多少金がかかっても、トントンだ」

僕はa安堵《あんど》と喜びとで、「タダですもんね！」と笑った。ところが村崎さんは、不本意な表情を浮かべる。

「タダっていうのとは違うぞ。プライスレスだ」

村崎さんはテーブルの上で手を組んだ。

「今回、円城寺画廊が持ってきた作品の中に、十九世紀の旅芸人の一座を描いた油絵があってな。家族なのかもな。老人も子どもいて。あれを見たとき、おお、ここにつながったか、ぴったりだと思ったんだ。流れ流れていろんな景色を見てきたであろう流木が、今の姿になるまでの長い時間と経験、表情や味わいをそのまま大事に活かせるって」

急に興奮気味に話し出した村崎さんに、僕は戸惑《とまど》った。

村崎さんはいつも黙々と作業しているから、心も常に冷静沈着なんだと思っていた。でも違った。彼はほんとうに額縁を作ることが好きで、こんなに熱い気持ちでひとつひとつに取り組んでいたのだ。

まるで用意されたかのように、村崎さんの手にたどりついた流木。

そうか、そういうことだったのか。

「村崎さん、こんなときのために、流木を拾ったりしてるんですね」

納得しながら僕が言うと村崎さんは、いや、と首を振る。

「今回はたまたまだ。売り物になるかどうかは関係なく、俺はただ手作りの額ってものを残したいだけだよ。形にして見せないと、知ることもできない」

見せる？　知るって、誰が？

僕がきょとんとしていると、村崎さんは顎《あご》に手をやりながら言った。

「俺は、ちょっと危機を感じてるね。日本美術が危ないって。それは素材から言えることで、たとえば江戸時代以前の書物はま

ああ、と僕は声を漏《も》らした。

僕はずっと「イメージに近いもの」を選んで額装してきた。いつの頃からか、そういう仕事のやり方が身についてしまっていた。

円城寺さんの言葉を、額と絵に置き換えてみる。

1――こういう額がいいっていうんじゃなくて、この額がいいって思えたら。

それが完璧な組み合わせだ。絵ってみんな、ひとつしかないんだから。

冷蔵庫の扉を閉め、工房の隅に走った。木材の置いてある場所だ。

僕は探し求める。

「近いもの」じゃない。それしかないと、ぴったりくるものを。

（中　略）

「村崎さん、僕……相談があるんです」

ちょっと僕を見やると村崎さんはテーブルに着き、促《うなが》すようにして椅子を指さした。僕は村崎さんと向かい合い、そこに座る。

「あの絵の額、モールディングじゃなくて木材から作ってもいいですか」

今まで村崎さんがそうするのを手伝ったことはあったし、練習として自分用に作ることはあった。でも、受注品をひとりで木材から手掛けたことはない。そして、失礼な話だが円城寺画廊が潤沢《じゅんたく》な予算を出してきたとは思いづらかった。

僕はかなり意を決して申し出たのに、村崎さんは驚きもせずあっさりとこう言った。

「やっとその言葉が出たか。おまえがそう言うの、待ってたよ」

「……でも、予算のこととか」

【三】 次の文章は、青山美智子《あおやまみちこ》の小説『赤と青とエスキース』の一節です。主人公の「僕」（空知《そらち》）は、「アルブル」という額縁工房で一人前の額縁職人（＝額職人）を目指し仕事に励んでいます。ある日、円城寺《えんじょうじ》画廊から二枚の絵の額縁制作を依頼されます。そのうちの一枚、赤い服の若い女性をモデルにした「エスキース」という絵は、「僕」が大学三年の夏にオーストラリアのメルボルンで出会い、額縁職人になるきっかけを与えてくれたジャックが描いたものでした。次の場面は、「僕」が工房の経営者である村崎さんに頼み、「エスキース」の額縁の制作を担当させてもらうところです。これを読んで、あとの問いに答えなさい。

僕は[注1]モールディングのサンプルを詰め込んだ箱を作業台に運んだ。工場で作られたすでに出来上がっている額竿《がくざお》だから、カットしてそのまま組めばいい。幸いなことに、アルブル工房には種類が豊富に揃《そろ》っている。デッサンした形状に近いものを、その中から探していく。これまでも、村崎さんを手伝いながら何度もこうやって額装をしてきた。きっといいものが見つかるはずだ。

山型の断面になっているモールディングをいくつか取り出し、絵にあてながら僕は完成図を想像した。でも、なかなか決めることができなかった。

………何かが、違う。

今ひとつ、しっくりこない。そんなに難しいデザインではないのに。思い描いているのと似たような額竿がたくさんあるのに、すぐそばまで近づいていると思うのに、何が違うんだろう。

僕は目を閉じてため息をつく。少し休憩しようと、立ち上がった。

冷蔵庫まで歩いていき、麦茶のポットに手をかける。そのとき、円城寺さんの言葉が頭に浮かんだ。

「こういう人がいいっていうんじゃなくて、この人がいいって思えたら、それが完璧な組み合わせだと思いますよ。人ってみんな、ひとりしかいないんだから」

問七　次のア～オのうち、問題文の内容と合致しているものを二つ選び、記号で答えなさい。

ア　現代の消費社会や競争社会という不安に満たされた枠組みから脱却し、人々が安心できる新しい社会体制の創出が求められている。

イ　すてきなバッグを持つことによって自分自身にうっとりすることが可能となるが、そのことによって本当に幸せになれるわけではない。

ウ　家族仲の良い環境に生まれて意識せずとも安心感を持てた人は、根源的な欲求を満たすことができるので、それはとても望ましいことだ。

エ　人間は個性を持った存在のため、社会は全員をみな同じように受け入れていくのではなく、それぞれの持つ個性を優先的に尊重すべきだ。

オ　生まれた環境によって植え付けられた恐怖心は強く残るため、その人に対して親身に寄りそってくれる存在が何よりも大切だ。

問五　――線４「人間は非常に不公平です」とありますが、「不公平」と言えるのはなぜですか。その説明として最も適当なものを次のア～エの中から一つ選び、記号で答えなさい。

ア　世の中には両親の仲の良い家庭で育った場合と、そうではなく両親の仲の悪い家庭で育った場合とが考えられるが、社会は不仲な家庭で育った人々に対して手を差し伸べようとしないから。

イ　肉体的にも精神的にも不安を抱えた環境で成長した人は、無意識の安心感を持つことができなくなり、人間の根源的欲求である保護と安全とを満たすことが人生の目標となってしまうから。

ウ　社会は人間全員を同じように扱うのにもかかわらず、それぞれが生まれ育った環境の違いによって、無意識の安心感を持つことができている人とそうではない人とが世の中には存在するから。

エ　人間にはそれぞれ違いがあって当然であるのに、社会では全員を一律に同じものとして取り扱ってしまうので、その違いをなくすために家庭環境とは関係なく努力をしなければならないから。

問六　――線５「そういう人生を～いけません」とありますが、「そういう人生を全部、再構成していく」とはどういうことですか。三十字以上四十字以内で分かりやすく説明しなさい。

問三 ――線２「消費社会」とありますが、ここでの「消費社会」とはどのような社会だと筆者は述べていますか。その説明として最も適当なものを次のア～エの中から一つ選び、記号で答えなさい。

ア 一つでも多くの商品を売るという競争を強いられた結果、たとえ効果を偽ってでも商品の売り上げを優先させずにはいられないような社会のこと。

イ 生きていくうえでの苦しみを簡単に解消できるかのようにうたった商品を売りつけ、消費者もそんな商品を求めずにはいられないような社会のこと。

ウ 人間全員が幸せになれないという不安を解決できるような商品を提供することで、購入者たちを少しでも救おうと努力しているような社会のこと。

エ 売る側にとっては不本意ながら客の購入のしやすさを優先して、本来不安を解消することは難しいのに、安易な解決策で対処するような社会のこと。

問四 ――線３「人生に行き詰まります」とありますが、なぜ「行き詰ま」ってしまうと筆者は考えているのですか。その理由として最も適当なものを次のア～エの中から一つ選び、記号で答えなさい。

ア 我慢や苦労をしないで欲求を満たしてくれる消費社会は、神経症にかかることを人々に促しているのにもかかわらず、それを治すための体制が整っておらず、医学が追いついていないから。

イ 人間が成長するうえで欠かせないのがナルシシズムだが、現在の社会ではそれを解消したり克服したりすることばかりに目が行きがちで、最終的に人々は成長できなくなってしまうから。

ウ 自分の人生を生きるためには親からの自立が最も重要だが、それを実現するための大きな負担とリスクが消費社会では与えられず、人々はうまく人生を送ることができなくなってしまうから。

エ 人生を充足させるためには負担とリスクとを乗り越えることが必要だが、今の消費社会ではそれらを避けて生きることが可能なため、人々は人生に必要な成長の機会を奪われているから。

問一 [A]～[C] にあてはまる語句として最も適当なものを次のア～カの中からそれぞれ一つ選び、記号で答えなさい。ただし、同じ記号を二度以上選ぶことはできません。

ア 例えば　イ それなら　ウ さらに　エ なぜなら　オ ところで　カ ところが

問二 ――線１「我々にとって不安な時代に入った」とありますが、なぜ「我々」は「不安」を感じるようになったと考えられますか。その説明として最も適当なものを次のア～エの中から一つ選び、記号で答えなさい。

ア 人類の歴史の変化のなかで、家族から会社へと人間社会の中心が移り変わり、よく知らない人たちとも積極的に交流していかなければならなくなってしまったから。

イ 社会構造の変化によって、集団に所属しているだけでは自分の存在理由が見出せなくなり、そのなかでの役割をやりとげなければ不要な存在と見なされてしまうから。

ウ 機能集団とは共同体とは全く違い、共同体から機能集団へと変化したことによって、今まで共同体で培《つちか》ってきた経験や技術が全く役に立たなくなってしまったから。

エ 社会構造が大幅に変化し、働き方も変化を求められていくなかで、人々はみな任された役割を果たすことができずに、自分の存在価値も分からなくなってしまうから。

どのような家庭に生まれるかは、もちろん当人の責任ではありません。

しかし、そうした運命を抱えて生まれ、いつまでも「記憶に凍結された恐怖感」のような恐怖を抱えて生きていると、四十歳になっても五十歳になっても、七十歳になっても八十歳になってもその人は幸せになれません。

大切なのは、我々は自分がめぐり合わせた人生としっかりと向き合い、自分の人生を受け入れながらも、人格を再構成することによって、新しい人生を切り拓《ひら》くことです。

「おやじがアルコール依存症《いぞんしょう》で暴力を振るってどうしようもない」。そういう環境の中で生まれた人にとって、これは「記憶に凍結された恐怖感」です。これは長い間、強く残ります。しかし、何もせずにそのまま生きて、「はい、あなたの人生つらかったですね」ではあまりにも悲劇的ではないでしょうか。

そういう人生を全部、再構成していかなくてはいけません。またそのためには、自分の人生はどういう人生なのかを考えることが、極めて大切なのです。

（加藤諦三《たいぞう》『不安をしずめる心理学』）

※問題作成の都合上、文章を一部省略しています。

注１　神経症……………心理的な原因によって起こる心身の機能障害。
注２　ナルシシズム…精神分析の用語で、自分自身を愛すること。自己愛。うぬぼれ。
注３　フロイト………ジークムント・フロイト（一八五六―一九三九）。オーストリアの心理学者。精神科医。
注４　母親固着………精神分析の用語で、母親からの愛情を強く求め、執着すること。
注５　ボールビー……ジョン・ボールビー（一九〇七―一九九〇）。イギリス出身の医学者。精神科医。精神分析家。

安全を保障されていると無意識に感じている。ボールビーはこれを「Unconscious《アンコンシャス》 reassurance《リアシュアランス》」という言葉で表現しています。

どんなことがあっても必ず助けてくれる人がいると信じている、自分は常に愛されて保護されている、という安心感のもとに生きていて、無意識の安心感を持てるというのは、本当に素晴らしいことです。

そんな、どんなことがあっても自分を助けてくれるという無意識の安心感を抱き、保護と安全という人間の根源的な欲求が満たされている人がいる一方で、そうではない人もいる。ところが社会は、こうした前提の違いがあるのにもかかわらず、全員を同じように取り扱います。無意識の安心感のある、なしにかかわらず、二十歳になったら、二十歳の人間として同様に扱うのです。

しかし、その二十歳の人の中には、心理的には二、三歳どころか、さらに未熟で、生まれたままのような精神年齢の人もいれば、人間として成熟しつつある人もいる。

C 、心理的に幼い人のもとに生まれてくる子どももまた、肉体的にも心理的にも不安のまま生きていくことになるのです。

しかし、どのような環境のもとに生まれようとも、自分の運命を成就して、最後まで生きなければならない点は同じです。

その意味でも我々にとって大切なことは、人格の再形成です。

つまり、これまでとは別の視点で、自分の価値観を見つめ直すということです。

周囲の人が自分に求めてきた価値ではなく、自分が信じる自分の価値に価値観を再構成するのです。

前述したように、世の中には「無意識の安心感」を持つ人もいます。何かあったら、必ず自分を助けてくれる人がいると無意識に信じられる人がいる。その一方で、他人が怖い、何をされるか分からない、生きるのが怖いという人もいます。

あるいは「記憶に凍結《とうけつ》された恐怖感」という言葉があります。これは、幼児期に自分はいつ殴《なぐ》り殺されるか分からないような環境の中で育った結果、抱くようになった恐怖感です。

記憶に凍結されたこの恐怖感は十年、二十年、そんな期間では変わらないと考えられています。何もしなければ、死ぬまでこの恐怖感を持って生きていくことになります。

［B］消費社会では、そうした課題に対しても、「ここに行けば解決する」「この本を読めば解決する」という情報が売られています。真の成長が得られない解決法が、「これで解決できる」と言って売られているのです。

本来、人生の充足というのは、そのように簡単に解決できるものではありません。人生における不可避的な課題が、次から次へとたくさんあって、それらを解決しながら何とか成長することで、その結果、ようやく手に入るものです。成長と退行の葛藤の中で生きていくことには、ものすごい負担とリスクが伴うのです。

一方で、そうした負担とリスクを負わずに生きていくこともできますし、いまの社会はその方法も教えてくれます。ただしその場合、前にも述べたように、人生に必要な成長を遂げていないので、最終的には行き詰まることになります。だからいま、誰もが不安に陥っているのです。

（中略）

[4]人間は非常に不公平です。

両親の仲が良い家庭に生まれれば、お母さんに母親固着[注4]を満たしてもらい、お父さんに励《はげ》ましてもらえます。そうした環境で、人生の課題をそれぞれ乗り越えながら、自立して生きていくことができます。

しかし、生まれた家庭が、両親の仲が悪い場合もあります。いつもお父さんがお母さんに暴力を振るっていて、お母さんの泣き声を聞くのが嫌で、耳をふさいで押し入れに入っていた。そればかりか現在では、幼児虐待《ぎゃくたい》が増えています。

このように、とことん虐待される家庭に生まれる人もいれば、家族仲の良い家庭に生まれる人もいる。肉体的にも心理的にも不安を抱えた、孤独で虐待される環境に生まれる人もいれば、イギリスの精神科医[注5]ボールビーが言うような「無意識の安心感」を持って成長する人もいます。

ボールビーの言う「無意識の安心感」とは、意識しないで自分は安心感を持っている、ということです。つまり、保護と安心、

幸せにはなれるわけがないのに、いかにして安易に望むものが手に入るか、ということを競って売っているのです。

人生の課題の一つにナルシシズム[注2]があります。

人は誰もがナルシシズムを持って生まれてきます。生きていく過程で、そのナルシシズムを昇華し、克服して、我々は成長していくわけです。

人間が成長していくためには、その時期、その時期でどうしても解決しなければならない課題がありますが、このナルシシズムを解消することで精神的に成長していくのもその一つです。ところが、世の中には、この克服すべきナルシシズムを満足させるようなものがたくさんあります。「このバッグを持ったら、すてきですよ」というのは、まさにナルシシズムを満たしてくれる商品の一つです。

本来、人間は成長とその反対である退行の葛藤《かっとう》の中で、生きていくべき存在です。しかし、消費社会というのは、我慢や苦労なしで安易に欲求を満たしてしまう社会なのです。

一時的には成長に伴う苦しい試練に直面せずに生きていける社会ではあるのですが、成長を避けていると、3結局人生に行き詰まります。

ナルシシズムや退行を無理に乗り越えなくても、楽しく生きていける社会であれば、いいのではないか、という考えもあるでしょう。しかし、歳を重ねてある年齢に達し、自分の人生を振り返った時に、本当に心から触れ合える人というのは、自分が成長していなくては得られません。そういう人が誰もいなかったことに、人生の終盤で初めて気づくとしたら、これほど寂《さび》しいことはありません。

それにもかかわらず、消費社会は「そういう生き方が一番いいですよ」とすすめているのです。

人間が成長していく中での課題には、ナルシシズムや退行の克服だけではなく、もう一つ、親からの自立、つまり「オイディプス・コンプレックス」の克服があります。

これは、フロイト[注3]が「人類普遍《ふへん》の課題である」と述べたほどで、当然簡単に解決できるはずのないものです。

安易な解決を求めるというのは、社会全体が神経症《しょう》[注1]に陥っていることを意味しています。

人は生きている以上、さまざまな苦しいこと、大変なことに直面しますが、そうした苦しみに対して「こうすれば解決できる」と言う人がいると、安易な解決法を求めて、多くの人がその人のところに集まってしまう。

いわば消費社会とは、みんなが一生懸命、神経症に向かって走っているような社会。しかも、それを社会として推奨《しょう》しているのです。

人生を生きるのは本当に大変で、人間は誰もが幸せになるようにプログラムされているわけではありません。

そうであるにもかかわらず、「これを読めば幸せになれます」という本がどんどん出版されます。どうすれば簡単に不安を消せるか、といった内容の一時間か二時間で読める本を出版社も求めるのです。

もちろん、それほど簡単に不安を消すことなどできませんが、だからといって本当に不安を消すことができる方法を説いた、実践《せん》することが難しい内容の本は、出版社から発刊を断られます。

「不安を消せる、こんな簡単な方法がありますよ」という本と、「人間の不安というのは根源的な問題であり、大変なことなのだ」と書いた本があるとします。

さらに、後者には「生きるということをなめてはいけないよ」というようなことが書いてあったとしましょう。そうした時に、読者がどちらを買うかといえば、多くの人が不安を消す簡単な方法を書いてあるほうを手に取りがちです。

消費社会はとにかく物を売ることを優先するので、「これを買えば、こういうことが可能」ということを散々宣伝します。まるで当然のことのように、いかに容易にその不安が解決できるかを示し、これを買えば「こんなにいいことがあるよ」と売り込みます。

しかし、そんな魔法の杖《つえ》のようなものはありません。よく考えれば分かることですが、もし「こうすれば幸せになれますよ」ということが本当なら、人類はとっくの昔から幸せになっているはずです。

そのような、ないはずの魔法の杖を売っているのが消費社会なのです。こうすれば幸せになれる――そんなことをしたって、

【二】 次の文章を読んで、後の問いに答えなさい。

人類の歴史を辿《たど》ると、共同体から機能集団の歴史になりました。機能集団の一例は、会社などの組織です。一方、共同体というのは家庭などです。

かつては共同体に属してさえいれば、「君は君だから生きている意味がある、価値がある」とされた。人間はそこにいること自体に意味が持てました。

ところが、機能集団というのは共同体とはまったく異なり、そこに属しているだけでは価値や意味を持てません。

［A］、会社の部長が「俺は俺だから意味がある」と言って、その役割を果たさなければどうなるでしょう。会社は潰《つぶ》れてしまうかもしれません。そもそも、その人が集団の中で求められている役割を果たさなければ、必要とされないでしょう。人間の社会は共同体から機能集団になったわけですが、この流れ自体が、[1]我々にとって不安な時代に入ったことを意味しています。

さらに、現代について考えてみると、消費社会、競争社会へ変化してきました。実はこのことが、我々の不安をより強いものにしているのです。

競争社会とそうではない社会とでは、我々が感じる不安はまったく違います。

競争社会は、勝つか負けるかという社会です。勝つことでしか不安から逃れられない人は、早く結果を出そうとして焦《あせ》る。いましていることの結果を気にして、いつまでも不安です。

また[2]消費社会も同様に人を強い不安に陥《おとしい》れます。

消費社会は「これを買えば、こんないいことがありますよ」という商品をどんどん売る社会です。このクリームをつけたら「十歳若返ります」「きれいなお肌になります」「このハンドバッグを持ったらすてきに見えますよ」といった具合に商品を売りつけます。

要するに、消費社会は「安易な解決を可能にする商品を競って売る社会」なのです。

【二】 次の①～⑤の――線部について、カタカナの部分は漢字に直し、漢字の部分はその読みをひらがなで答えなさい。なお、答えはていねいに書くこと。

① 列車が警笛を鳴らしながら通過した。

② 紅葉はバンシュウの時期が美しい。

③ よく冷えたタンサン水が出された。

④ 私は彼にオンギを感じている。

⑤ 床がカガミのようにみがかれていた。

令和5年度 本郷中学校 第1回 入学試験問題

国語

（五〇分　満点：一〇〇点）

注意

一、問題の解答は解答用紙にはっきりと記入しなさい。
二、指示があるまで問題冊子を開いてはいけません。
三、答えはすべて解答用紙に記入しなさい。
四、字数指定のある問題は、特別の指示がない限り、句読点、記号なども字数に含みます。
五、用具の貸し借りは禁止します。
六、指示があるまで席をはなれてはいけません。
七、質問があれば、だまって手をあげて監督者を呼びなさい。
八、試験が終わったら、解答用紙だけ提出しなさい。問題は持ち帰ってもかまいません。

令和５年度 本郷中学校
第２回 入学試験問題

算　数

（50分　満点：100点）

注　意

1．問題の解答は解答用紙にはっきりと記入しなさい。
2．コンパス、分度器、定規、三角定規、計算機の使用は禁止します。
かばんの中にしまってください。
3．指示があるまで開いてはいけません。
4．答えはすべて解答用紙に記入しなさい。
5．用具の貸し借りは禁止します。
6．指示があるまで席をはなれてはいけません。
7．質問があれば、だまって手をあげて監督者を呼びなさい。
8．試験が終わったら、解答用紙だけ提出しなさい。問題は持ち帰ってもかまいません。

1 次の $\square$ に当てはまる数を求めなさい。

(1) $252 \times 7 \div 21 - (\square - 48 \div 3 + 39) \div 5 = 78.9$

(2) $(5.4 \div 0.108 - 6) \times 22.4 - 11.2 \div 0.05 + 8 \div \left(\frac{1}{4} - \frac{1}{5}\right) \div \left(\frac{4}{7} - 0.125\right) = \square$

2 次の問いに答えなさい。

⑴ 一枚の長さが22cmの紙テープを150枚つなぎ合わせます。つなぎ目の重なりを３cmとするとき、つなぎ合わせた紙テープ全体の長さは何cmですか。

⑵ 次の表は、ある小学校の年度別の６年生児童の立ち幅とびの平均記録です。平成24年度から令和３年度までの10年間の記録の中央値が155.7cmのとき、令和元年度の記録は何cmですか。

年度	記録(cm)
平成24	157.2
平成25	156.8
平成26	156.3
平成27	155.8
平成28	154.9

年度	記録(cm)
平成29	155.8
平成30	154.7
令和元	□
令和２	152.6
令和３	152.9

⑶　ある整数Ａの約数のすべての和を［Ａ］で表します。例えば

［３］＝１＋３＝４，［４］＝１＋２＋４＝７

［12］＝１＋２＋３＋４＋６＋12＝28

です。このとき、$\dfrac{[2023]}{[289]}$はいくつですか。

⑷　図のような半径12cmで中心角が90°のおうぎ形ＯＡＢについて、円周部分を３等分した点をＡに近い方からＣ，Ｄとします。

このとき、三角形ＯＣＤをＯＣを軸として１回転させてできる立体の体積は何cm^{3}ですか。ただし、円周率は3.14とします。

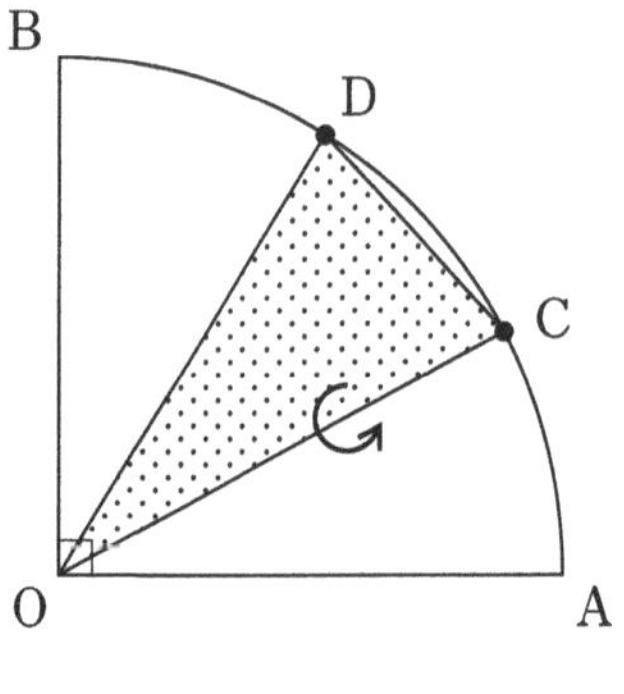

(5) $\boxed{2}$, $\boxed{0}$, $\boxed{2}$, $\boxed{3}$, $\boxed{0}$, $\boxed{2}$の６枚のカードを並びかえて、６桁《ケタ》の偶数をつくります。このとき、同じ数字がとなり合わない並べ方は何通りですか。ただし、例えば$\boxed{0}\boxed{2}\boxed{0}\boxed{2}\boxed{3}\boxed{2}$のような数は５桁の数と見なします。

(6) 図のように、ＡＤを５cmとする長方形ＡＢＣＤの辺ＡＢ上に、ＡＥが３cmとなる点Ｅをとります。また、点Ｅと頂点Ｃを結び、三角形ＤＥＦが直角二等辺三角形となるように、辺ＥＣ上に点Ｆをとります。

このとき、ＣＤの長さは何cmですか。

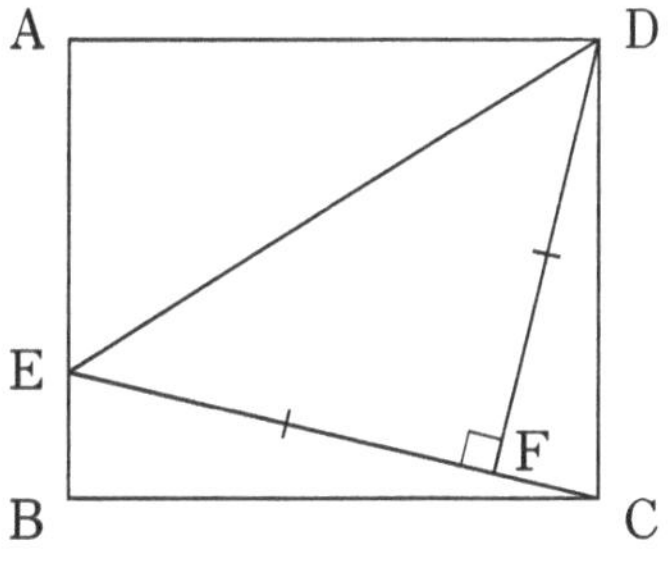

3 底面の１辺が50cmの正方形で高さが40cmの［図Ⅰ］のような仕切りのある水そうがあります。この水そうに①のじゃ口から毎分250cm^3で水を入れ続けます。水を入れ始めてから満水になるまでの、時間と水そうの中のAの部分とBの部分の水の深さとの関係は［図Ⅱ］のようになります。②、③は排水ポンプで、最初は閉じています。このとき、次の問いに答えなさい。ただし、仕切りの厚さは考えないものとします。

［図Ⅰ］

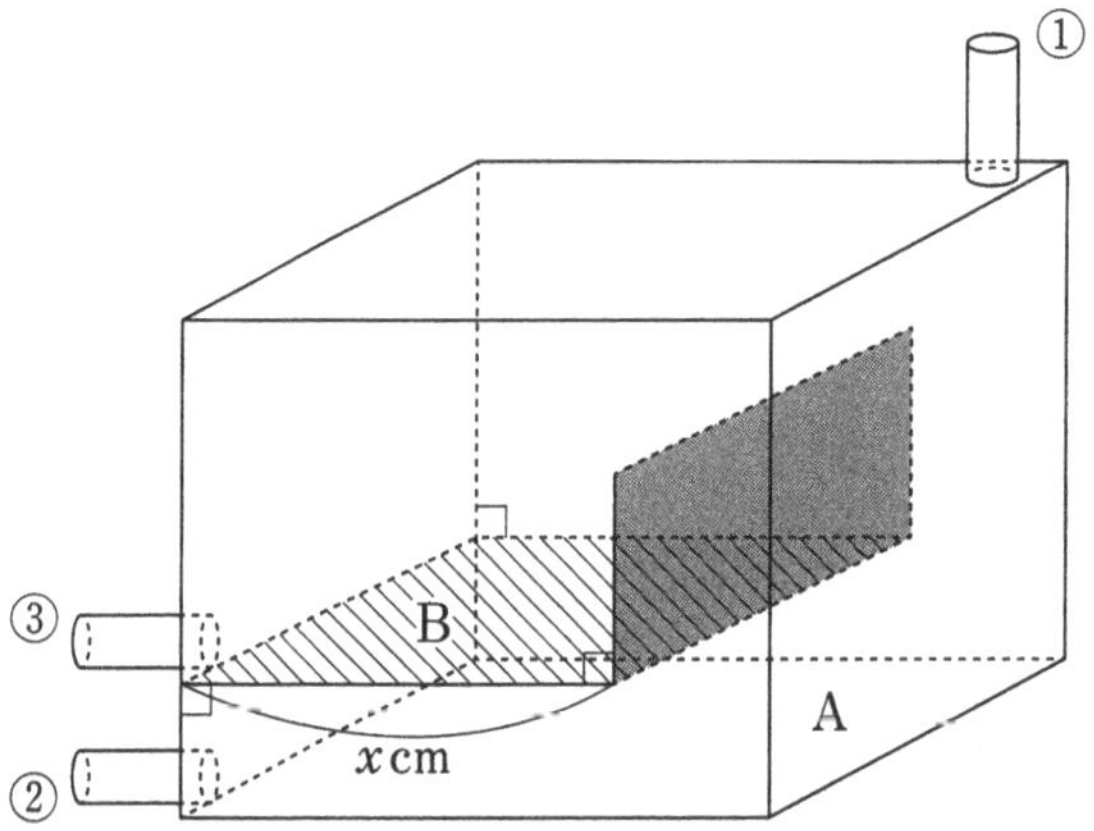

［図Ⅱ］

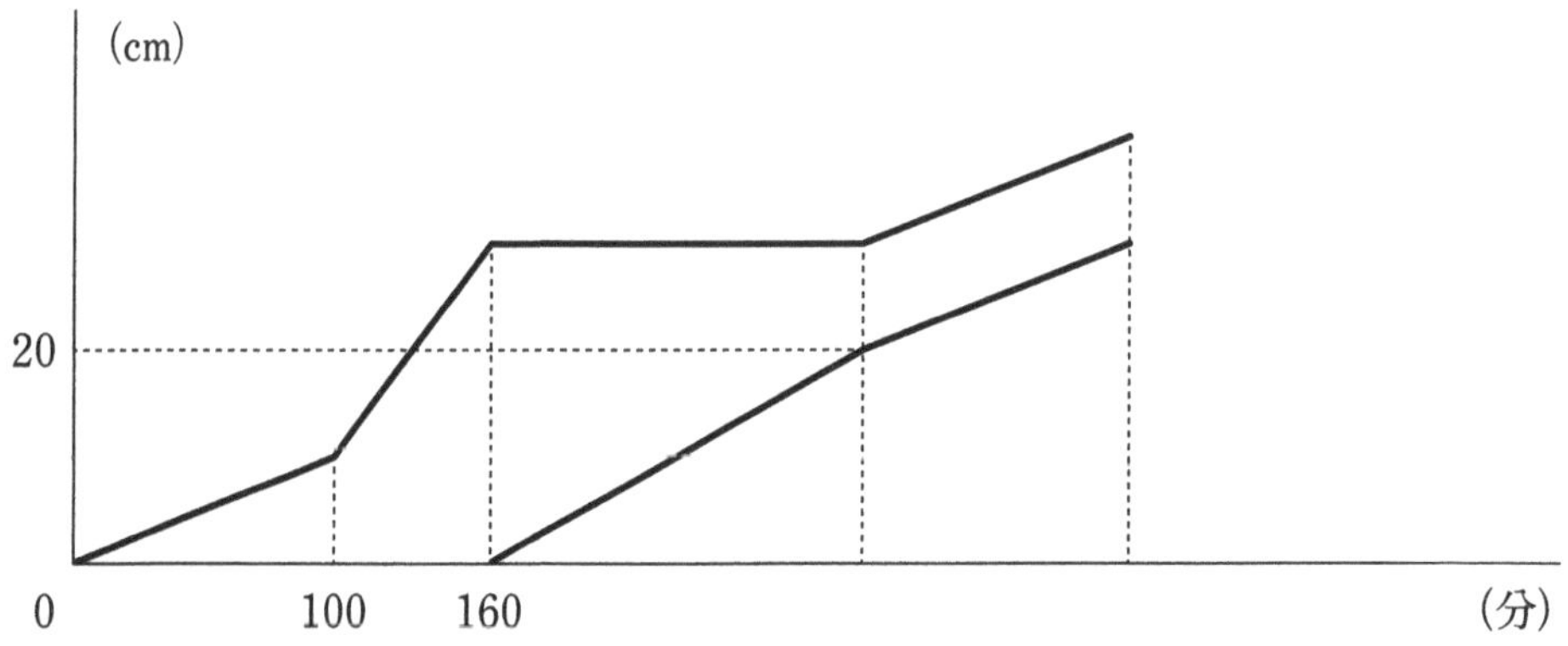

(1)　［図Ⅰ］の x の値はいくつですか。

(2)　この水そうが満水になると同時に①のじゃ口は開けたまま②の排水ポンプから水を排出します。②の排水ポンプは、毎分450cm^{3}の水を排出します。このとき、Ａの部分の水面とＢの部分の水面の差が10cmとなるのは、①のじゃ口から水を入れ始めてから何分後ですか。

(3)　②の排水ポンプを止めて、再び水そうを満水にさせてから、①のじゃ口は開けたまま②の排水ポンプと③の排水ポンプを使って水を排出したところ、仕切りの影響《えいきょう》なくＢが空になるまで、Ａの部分の水面とＢの部分の水面がそろったまま下がっていきました。②の排水ポンプは、毎分450cm^{3}の水を排出します。このとき、③の排水ポンプからは毎分何cm^{3}の水を排出していましたか。

4 次の先生と生徒の会話を読んで後の問いに答えなさい。

先生「１辺が１cmの正方形がたくさんあります。その正方形を平らな面の上にのせて図形を作ります。ただし、辺と辺がずれないように並べます。周の長さが最も短くなるように正方形が重ならないようにして並べます。123個並べたとき、周の長さは何cmになりますか？」

生徒「この問題は難《むずか》しいなぁ。周の長さが最も長くなるように、そして正方形が重ならないようにして123個並べた図形の周の長さなら簡単に出せるんだよな。」

先生「どうやって求めるの？」

生徒「正方形を123個並べて図形を作るとき、最も長くなるようにするには、例えば、下の［図Ⅰ］のように一列に並べればいいよね。だから、(　ア　)cmだよ。」

［図Ⅰ］

先生「そうですね。では、最も短くなるときも、一緒に考えてみましょう。」

先生「上の［図Ⅰ］で、ひとつひとつの正方形に注目すると、１本の辺だけでとなり合っている正方形が２個、残りの正方形は２本の辺でとなり合っていると考えられますよね。ということは周の長さを短くするには、ひとつひとつの正方形に注目したときに、１本の辺や２本の辺でとなり合っている正方形を作るのではなく、３本の辺や４本の辺でとなり合うときを考えればいいんです。」

生徒「でも、まだイメージがわかないな。」

先生「では、正方形の数を少なくして考えてみましょう。正方形を１個並べると周の長さは、$1 \times 4 = 4$ cm、２個並べると周の長さは$1 \times 2 + 2 \times 2 = 6$ cmになります。３個以上並べるときは、２通り以上の並べ方が考えられます。ここでは周の長さだけに注目するので、回転させたりひっくり返したりして同じ図形になるものは１通りと考えることにしましょう。」

生徒「はい。」

先生「すると、３個並べるときは［図Ⅱ］と［図Ⅲ］のときに限られます。このときの周の長さはいずれも、(　イ　)cmになります。

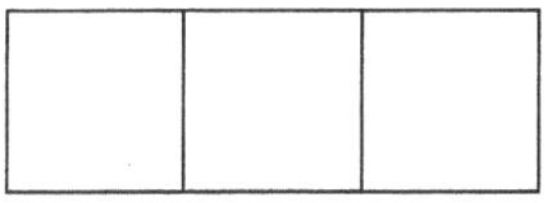

［図Ⅱ］

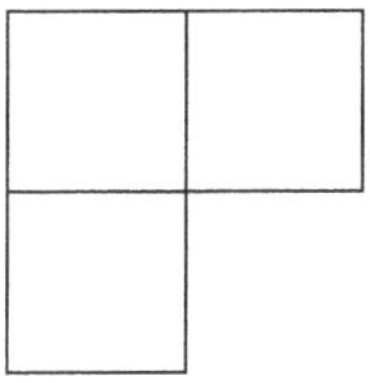

［図Ⅲ］

先生「では、４個のときはどうでしょうか。」

生徒「［図Ⅱ］と［図Ⅲ］をもとにすると、(　ウ　)通りの異なる並べ方が考えられます。あっ、このとき、できる図形によって周の長さが異なりますね。」

先生「そうです。４個以上で周の長さが異なる並べ方が考えられるんですね。４個のときは、10cmになるときが(　エ　)通り、(　オ　)cmになるときが１通りあることが分かります。周の長さが最も短くなるとき、その長さは(　オ　)cmになるんですね。その調子で５個のときを考えるとどうなりますか？」

生徒「４個並べたときの図形をもとにすると、５個のとき最も短いのは(　カ　)cmになるぞ。あれ、６個のときも(　カ　)cmになった。そっか、７個のとき、８個のとき……って考えると、例えば周の長さが最も短くなるのが、(　キ　)個並べたときと、16個並べたときは一緒だ。」

（しばらく考えて）

生徒「そうか、正方形を123個並べたとき、周の長さが最も短くなるのは(　ク　)cmになるように置いたときだ。」

先生「そうです。その通りです。」

⑴　(　ア　)～(　カ　)に当てはまる数を答えなさい。

⑵　(　キ　)に当てはまる数として、16以外で考えられる数を小さい順にすべて答えなさい。

⑶　(　ク　)に当てはまる数を答えなさい。

5　［図Ⅰ］のような、底面の半径は３cm、母線の長さが６cmである円すいがあります。この円すいについて次の問いに答えなさい。ただし、円周率は3.14とします。

［図Ⅰ］

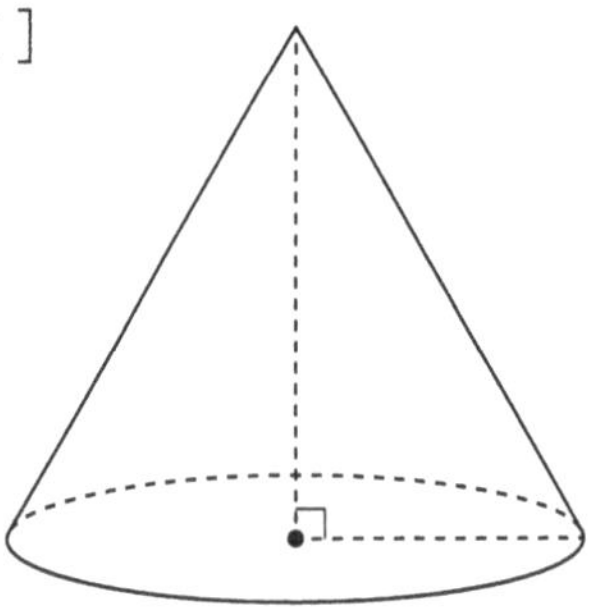

⑴　円すいの表面積は何cm^2ですか。

次にこの円すいを図のように台の上に横に倒し回転させます。

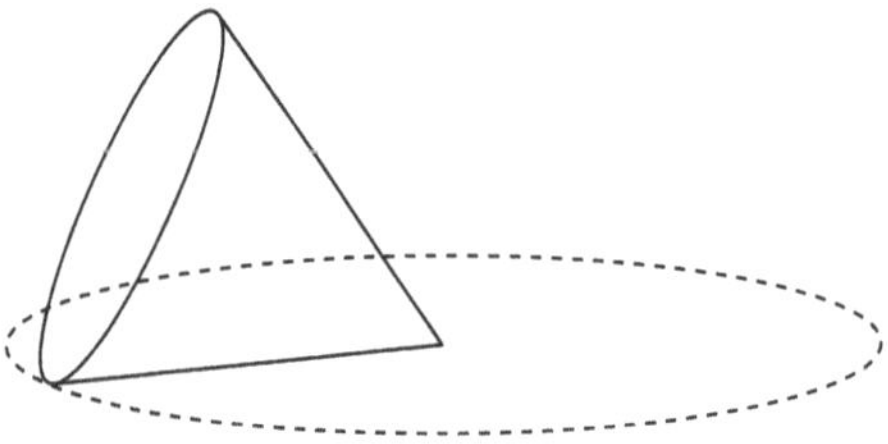

⑵　このとき、円すいを回転させて通ったあとを図で示したとき、以下の(あ)～(え)の中で最も適切なものを選びなさい。

(あ)

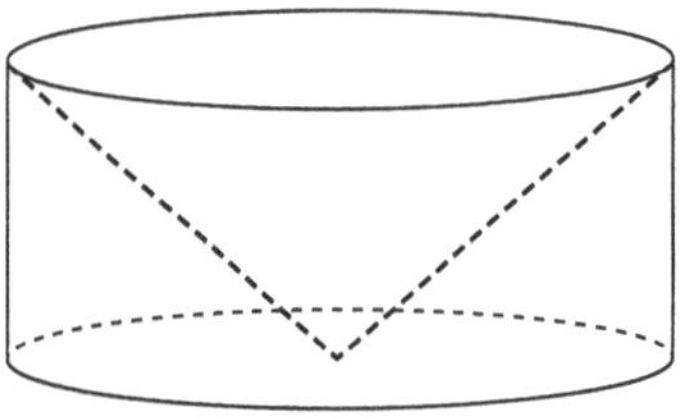

(い)

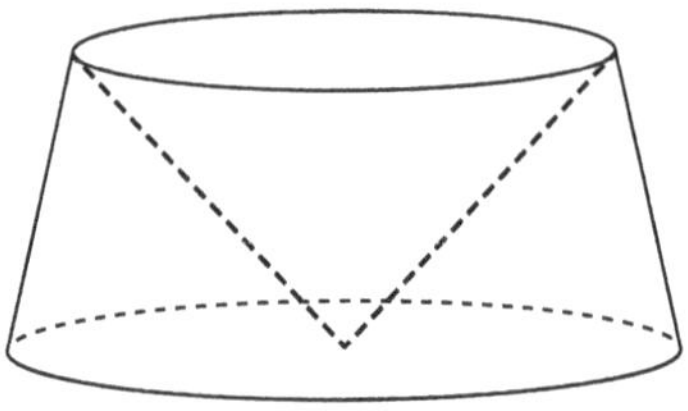

(う)

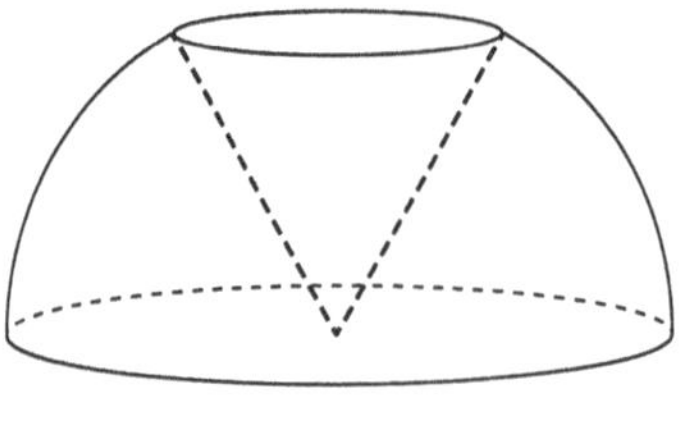

(え)

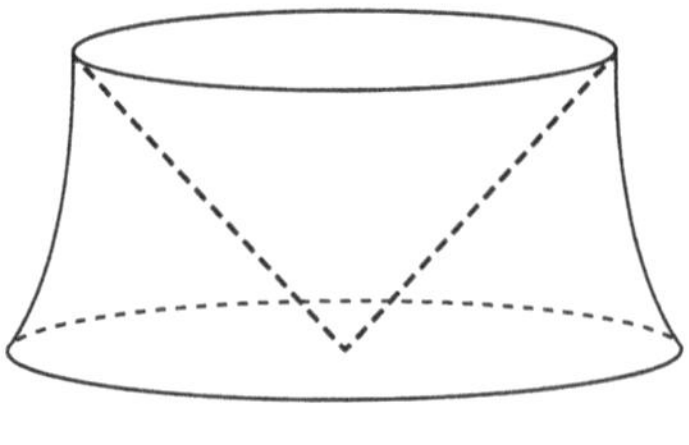

さらに、［図Ⅰ］と同じ円すいを２つ用意し底面がくっつくようにします。これを［図Ⅱ］のような厚さがない高さが同じ円形のレールの上をゆっくり押してすべらずに転がします。このとき、この立体をレールの上にある置き方をすることによりコースから外れることなく一周させることができました。ただし、中心に近い方のレールを内側、遠い方を外側とし、内側の円形のレールは半径が６cm、外側の円形のレールは半径が９cmとします。

［図Ⅱ］

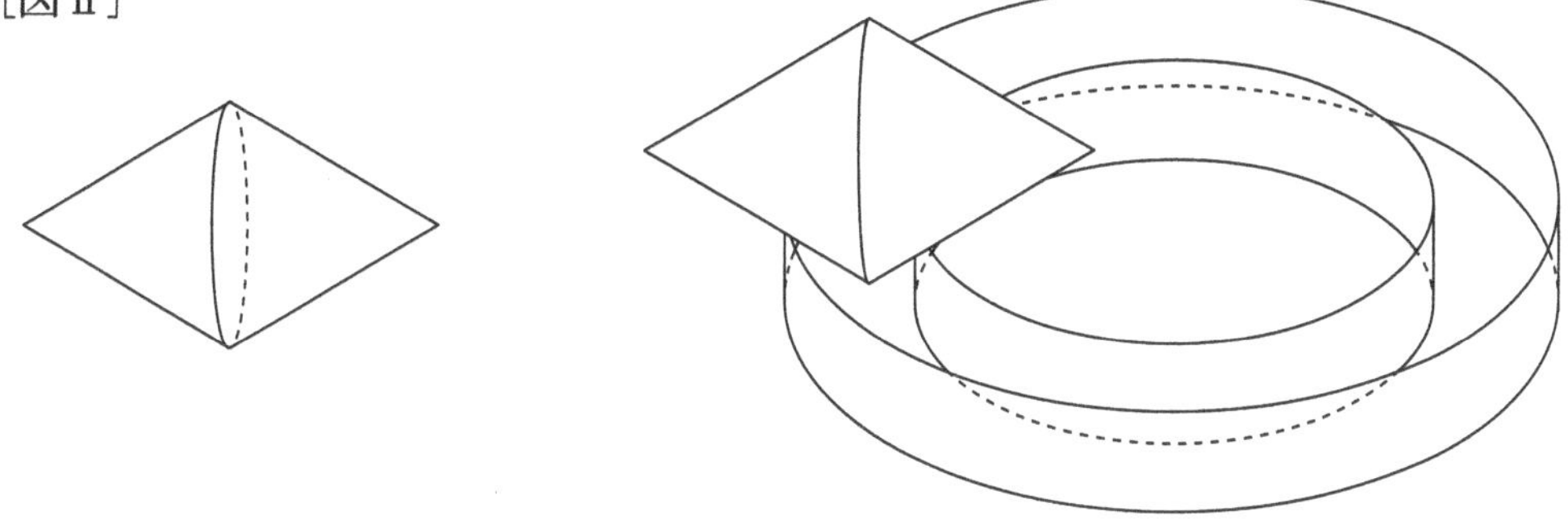

⑶　１周できたとき、以下の①、②に答えなさい。

①　レールと立体の断面として、以下の(お)～(き)の中で一番適切なものを選びなさい。

(お)

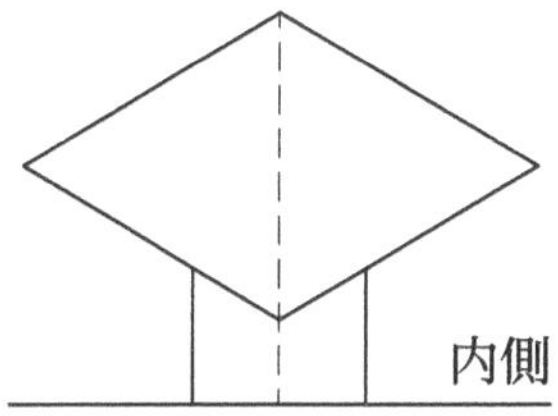

(か)

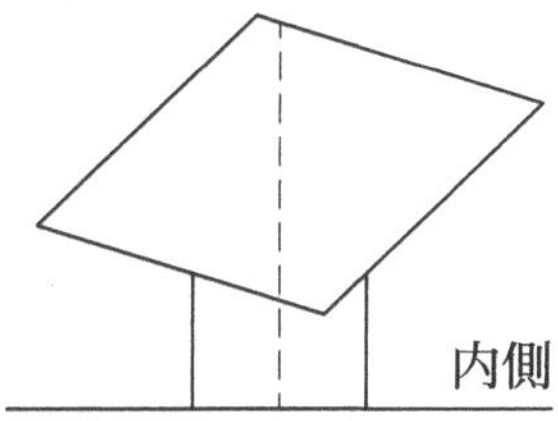

(き)

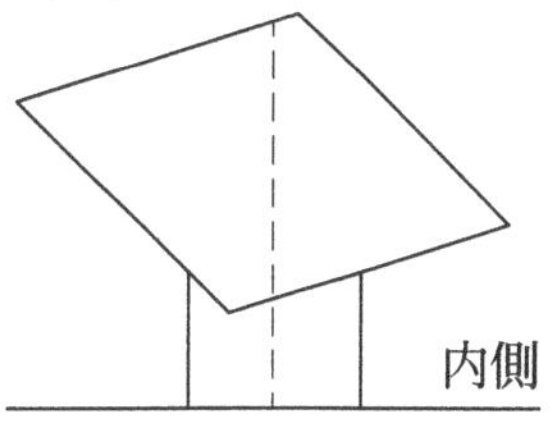

②　レールに乗った立体の側面には、レール上を転がったときに内側、外側ともにレールの跡が残るとします。その通った跡で切ると、その切り口は円になります。このとき、内側のレールのあとにできる切り口の円の半径は、外側のレールのあとにできる切り口の円の半径の何倍ですか。

MEMO

大切なことはメモしておこうネ！

令和５年度 本郷中学校
第２回 入学試験問題

理　科

（40分　満点：75点）

注　意

1．問題の解答は解答用紙にはっきりと記入しなさい。

2．机上に定規を出し、試験中に必要であれば使用しなさい。

3．指示があるまで開いてはいけません。

4．答えはすべて解答用紙に記入しなさい。

5．用具の貸し借りは禁止します。

6．指示があるまで席をはなれてはいけません。

7．質問があれば、だまって手をあげて監督者を呼びなさい。

8．試験が終わったら、解答用紙だけ提出しなさい。問題は持ち帰ってもかまいません。

1 次の文を読んで以下の問に答えなさい。

本郷君は湖のほとりで行われた林間学校に参加しました。図１のように、その日は風のない穏《おだ》やかな日で、向こう岸の建物がきれいに水面に映《うつ》っていました。

次の(1)～(5)は、本郷君は湖のほとりから向こう岸の建物、および水面を見ているとします。

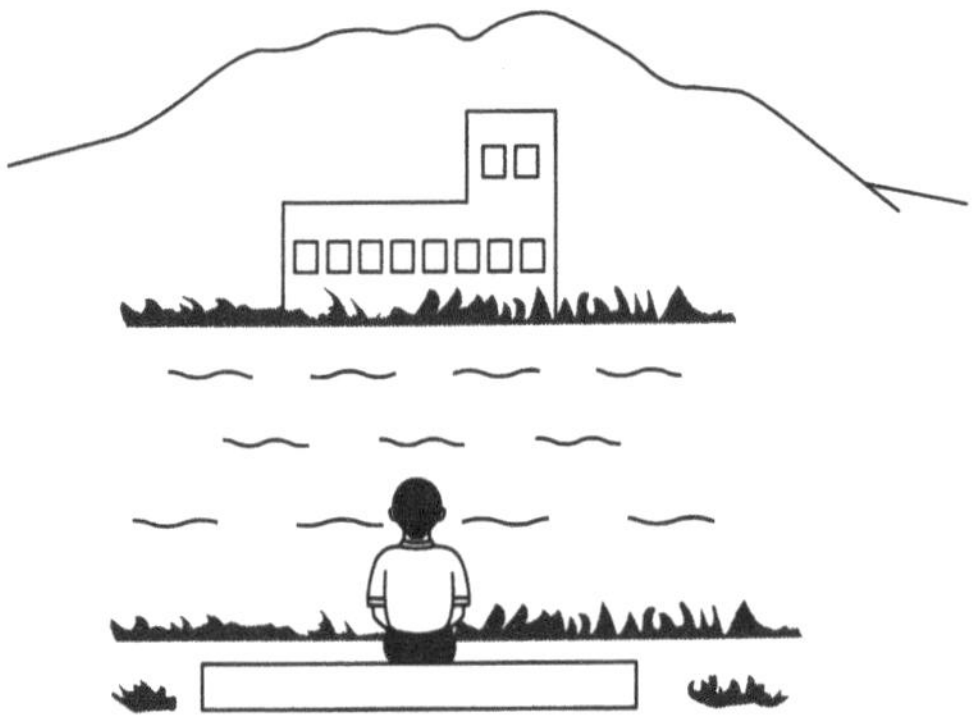

図１

(1) 向こう岸の建物は水面にどのような形に映っていましたか。次の**ア**～**エ**から最も正しいものを１つ選び、記号で答えなさい。

ア　**イ**　**ウ**　**エ**

(2) 図２で建物のＡ点、Ｂ点から出て水面で反射した光はどのように目に届いたか、作図しなさい。解答用紙には本郷君の目の位置をＣ点として表しています。

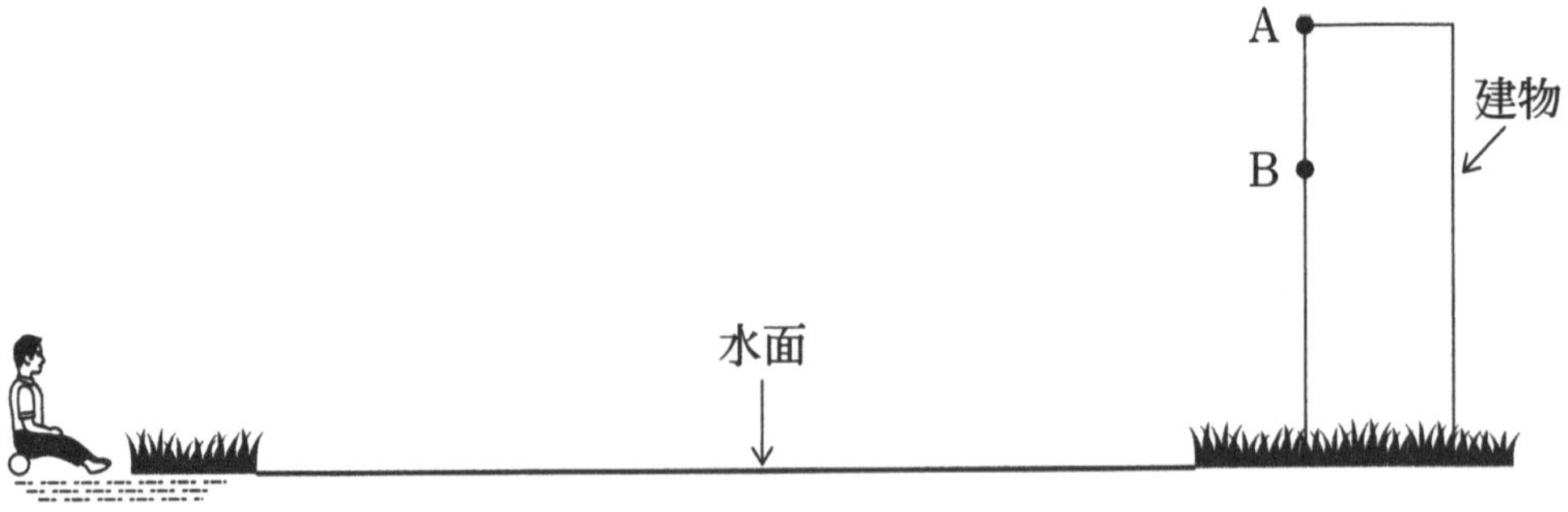

図２

(3)　図３のように腕《うで》を伸ばして、虫めがねで建物を見ました。建物はどのような形に見えますか。(1)の**ア**～**エ**から最も正しいものを１つ選び、記号で答えなさい。

図３

(4)　図４のように腕を曲げて、目に近づけて虫めがねで建物を見ました。建物はどのような形に見えますか。(1)の**ア**～**エ**から最も正しいものを１つ選び、記号で答えなさい。

図４

(5)　ピンホールカメラ（針穴写真機）で建物をのぞきました。建物はどのような形に見えますか。(1)の**ア**～**エ**から最も正しいものを１つ選び、記号で答えなさい。

湖の水がとても澄《す》んでいて底がよく見えました。本郷君は、湖の底は意外に浅いと思いました。そのとき、友達の染井君が、「底をのぞき込むと、浅そうに見えても実際にはもっと深いんだよ。」と教えてくれました。そこで、実験をして確かめることにしました。

図５は実験の原理を簡単に表した図です。高さのある透明な容器に水を入れ容器の底に10円玉を入れます。そして真上から10円玉を見たとき、どれだけの深さのところにあるように見えるか(これを見かけの深さとします)を、計測しました。その結果が右の表です。

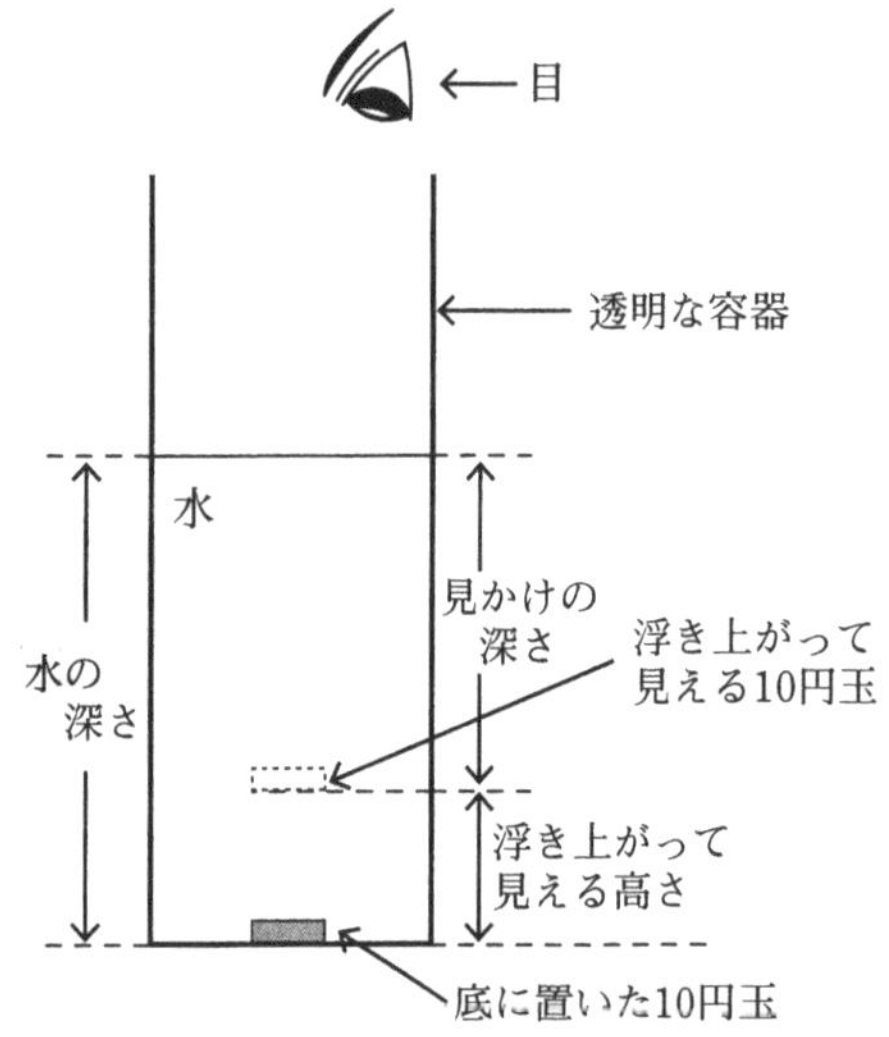

図５

表

水の深さ(cm)	見かけの深さ(cm)
10	7.5
20	15.0
30	22.5
40	30.0

(6)　水の深さと10円玉が浮き上がって見える高さはどのような関係ですか。解答用紙の横軸《よこじく》に水の深さ、縦軸《たてじく》に10円玉が浮き上がって見える高さをとってグラフをかきなさい。ただし、横軸、縦軸の目盛りに適当な数値を入れること。また、横軸、縦軸の１目盛りは違う数値でもかまいません。

(7)　見かけの深さが1.5 mの湖の底は、実際にはどれだけの深さがあることになりますか。

(8)　空気中から水中に光が進む場合、光の進み方を正しく表しているのはどれですか。次の**ア**～**エ**から最も正しいものを１つ選び、記号で答えなさい。

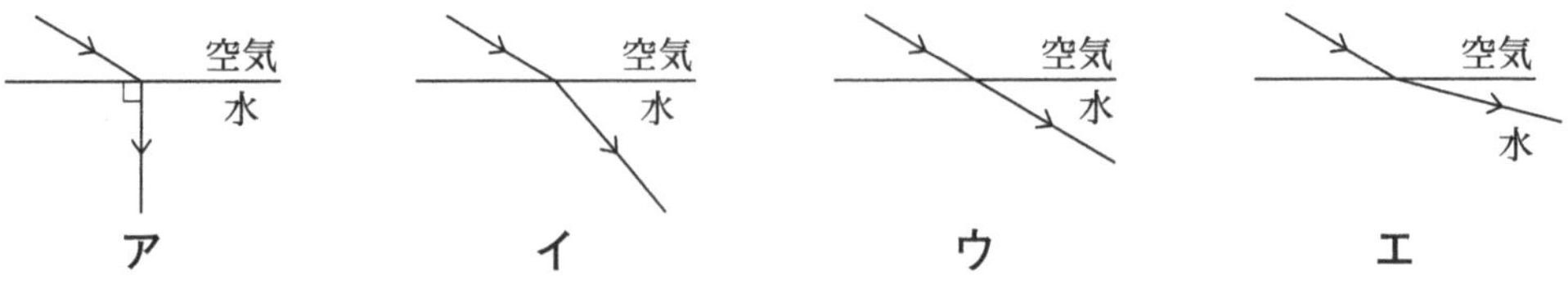

2 次の文は三宅泰雄《みやけやすお》『空気の発見』(1962年７月初版、2020年５月改版９版　角川ソフィア文庫)の文章の一部を引用したものです。この文を読んで以下の問に答えなさい。

> 私たちのまわりにあるものは、すべて、重さをもっています。羽根のように軽いものでも、やはり重さがあります。しかし、昔の人は、空気には重さがないと考えていました。空気に重さがあることをはじめて見出した人は、ガリレオ・ガリレイ(1564－1642年)でした。ガリレイはガラスのビンの中に、ポンプで空気をおしこみ、それをはかりにかけて、はかりがつり合うようにした実験を行うことで空気に重さがあることを見出しました。

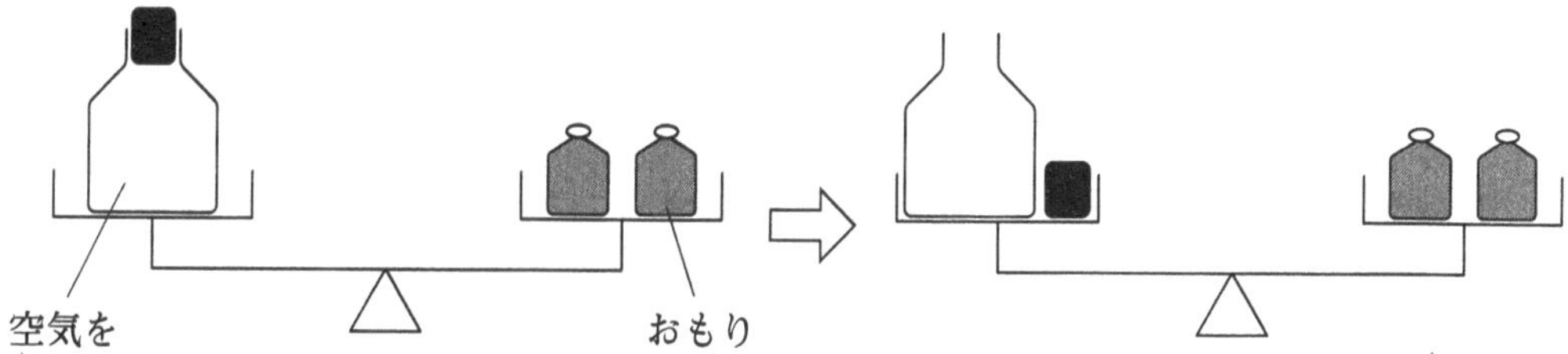

(1) ガリレイは空気をおしこめたビンの重さをはかり、ビンのふたをあけた時の実験結果から空気に重さがあることを見出しました。実験結果として予想されることを次の**ア**～**ウ**から、ガリレイの考えの根拠《こんきょ》となるものを次の**エ**～**キ**から、それぞれ１つずつ選び、記号で答えなさい。

【実験結果】

ア．ビンの口をあけたところ、ビンのほうが軽くなった。

イ．ビンの口をあけたところ、ビンのほうが重くなった。

ウ．ビンの口をあけても、ビンとおもりの重さは同じだった。

【考えの根拠】

エ．ビンの体積に変化が生じたため

オ．ビンの中にさらに空気が入りこむため

カ．ビンの中におしこんだ空気の一部分がにげ出したため

キ．空気をおしこんでいるがビンの体積は変化しないため

ガリレイは空気が水に比べて、どんな重さをもっているか調べました。空気を満たした容器の中に、Aその中にはじめからあった空気を逃《に》げないようにして、容器の体積の$\frac{3}{4}$まで水を入れ重さをはかりました。その後、B容器に小さい穴をあけて$\frac{3}{4}$だけの体積に相当する空気を出し、そのあとでふたたび容器の重さをはかり、その重さの差から空気が水と比べて、どんな重さをもっているか計算しました。

(2)　ガリレイがおこなった水と空気の重さを比べる実験を$800\ \mathrm{cm}^3$の体積、100 g の重さを持つ容器を用いて再現しました。実験では、下線部Aの重さは702 g、下線部Bの重さは700.5 g でした。この実験結果より、同じ体積で重さを比べたとき、空気の重さを１とすると水の重さはいくつになるか答えなさい。ただし、答えが小数となる場合は小数第１位を四捨五入して整数で答えなさい。また、用いた水は$1\ \mathrm{cm}^3$あたり１gであるとします。

ガリレイの弟子であるトリチェリー（1608－1647年）は空気の重さについてさらに研究しました。トリチェリーは、一方の端《はし》をふさいだ長いガラス管に水銀をみたし、空気が入らないように水銀だめのなかに、開いている方の口をさかさまにしてつっこみました。その結果、水銀は少し下がって76 cmの高さでとまりました。空気は全く入らないようにしたので水銀の上には空気はないはずです。しかも、水銀は、76 cmの高さにとどまっています。トリチェリーは、この現象を大気の重さ（地球のまわりにある空気全体の層《そう》の重さ）によって、水銀がおし上げられていると説明しました。

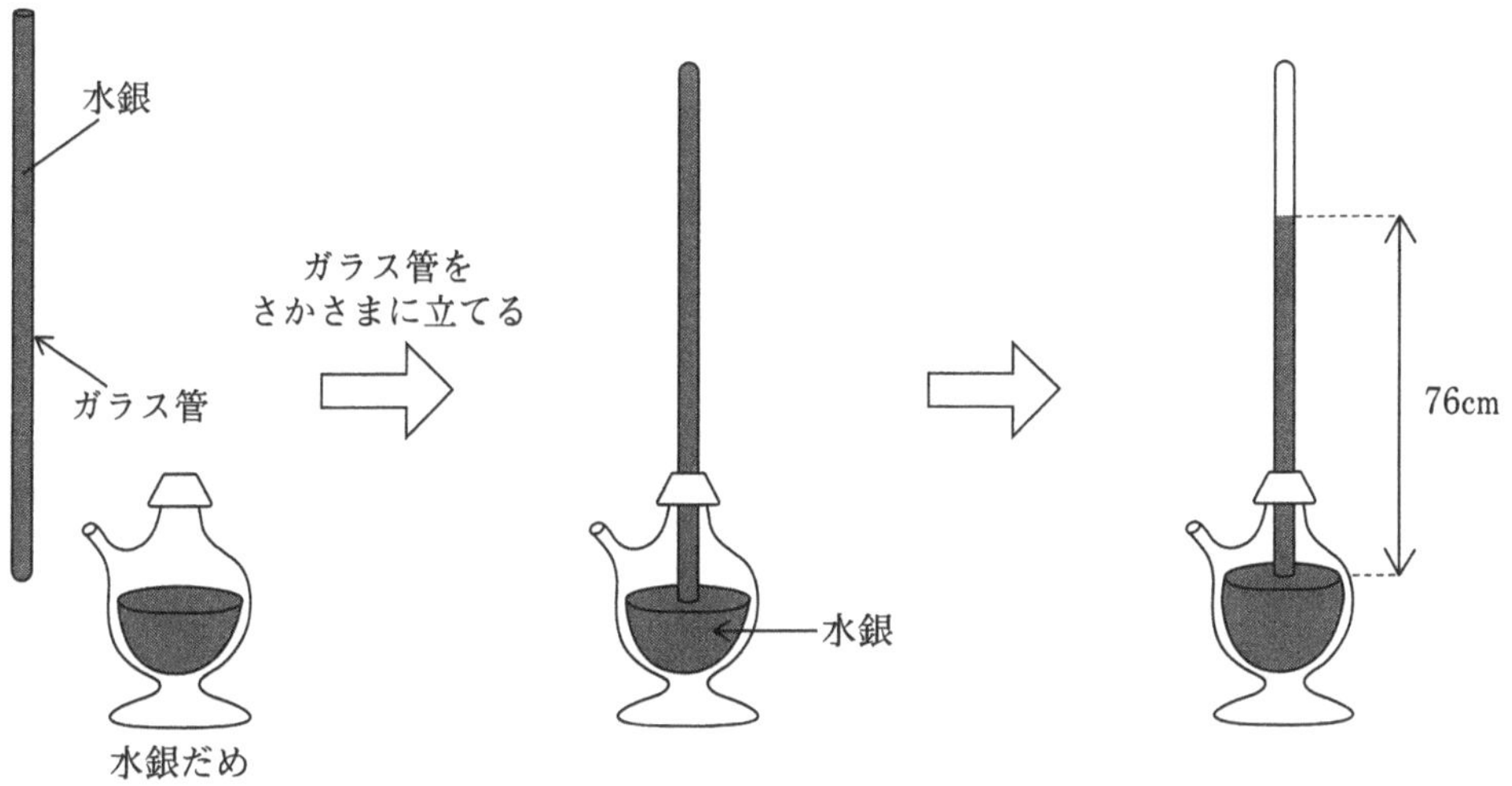

(3) トリチェリーの実験のガラス管の断面を１ cm^2 だとすると水銀をおし上げている大気の重さは、何 g ですか。答えが小数となる場合は小数第１位を四捨五入して整数で答えなさい。ただし、水銀の重さは１ cm^3 あたり、13.6 g であるとします。

空気の中で初めて発見された気体は、『固まる空気』と呼ばれていた気体です。ジョーセフ・ブラック(1728 − 1799 年)が石灰石に酸性の水溶液《すいようえき》を反応させてできる気体は、空気とは全くちがう性質があることに気付き『固まる空気』と名付けました。また、この『固まる空気』が空気中にもわずかに存在することも確かめました。

(4) 文中の『固まる空気』を発生させる方法を、次の**ア**～**オ**からすべて選び、記号で答えなさい。

ア. オキシドールにレバーを入れる
イ. 鉄くぎに塩酸を加える
ウ. 卵のからに塩酸を反応させる
エ. ベーキングパウダー(ふくらし粉)を加熱する
オ. アルミニウムに水酸化ナトリウム水溶液を反応させる

(5) ブラックは空気中に『固まる空気』があることを確認しました。ある水溶液X を空気中にそのまま置いておくと、液の表面に白い膜《まく》ができます。その白い物質をとって、酸を加えると『固まる空気』がでてくることが分かったからです。この水溶液Xの名前を答えなさい。

> ダニエル・ラザフォード(1749 − 1819年)は、空気中で炭やろうそくを燃やした後に生じる『固まる気体』を除去すると、なお、１種の気体があることを発見し、この気体を『毒のある空気』と名付けました。この気体の中では、ろうそくなどは燃えないことがわかりました。

(6) ラザフォードが発見した『毒のある空気』は空気中に何％存在する気体でしょうか。最も適当な値を、次のア～オから１つ選び、記号で答えなさい。

ア．0.04％　　**イ**．0.9％　　**ウ**．20％　　**エ**．50％　　**オ**．80％

> アントアス・ラボアジェ(1743 − 1794年)は、密閉した器の中に、115gの水銀と1.4Lの空気を入れ、12日のあいだ熱しました。その後、もとの圧力と温度にして、空気の体積をはかるとほぼ$\frac{1}{6}$だけ体積が減っていることが分かりました。残った空気の中では、ろうそくは燃えず、その中に動物を入れると、またたく間に死んでしまいました。水銀の表面には赤いものができておりこれを集めて、重さをはかると2.7gになりました。この赤い物質を空気に触《ふ》れさせないで熱してみると気体が出てきたので、その気体を集めて体積をはかったところ、ちょうどはじめにもちいた空気の$\frac{1}{6}$の体積だけありました。赤い物質から気体が出た後には水銀が残り、その重さは2.5gでした。

(7) ラボアジェの実験で生じた赤い物質はどんな物質が結びついたものだと考えられますか。考えられる物質の名前を２つ答えなさい。

3 血液について以下の問に答えなさい。

右の図は、顕微鏡《けんびきょう》で見たヒトの血液のスケッチです。ただし、Cは透《とう》明(うすい黄色)の液体です。

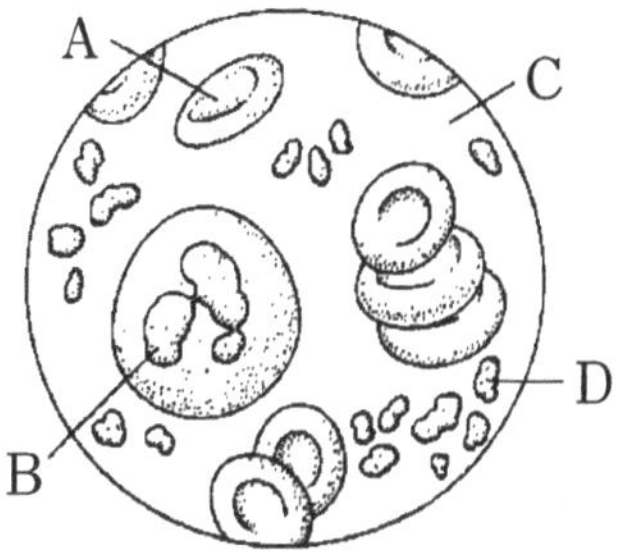

(1) Aに含《ふく》まれ、酸素運搬《ぱん》にかかわる物質の名前(色素名)を答えなさい。

(2) ヒトの体液とそれに関連する体のしくみについて記述した次の**ア～カ**について、**間違《まちが》っているもの**をすべて選び、記号で答えなさい。

ア. 血液中に含まれる血球のうち、最も数が多いのは、Aである。

イ. Bは、免疫《めんえき》(細菌《さいきん》やウイルスから体を守る働き)に関係する。

ウ. Cは、血液中の血球や様々な物質を全身に運搬する働きがある。

エ. Dは、血液が血管内で固まらないようにする働きがある。

オ. 動脈血とは、動脈中を流れている血液のことである。

カ. 過剰《かじょう》な免疫反応の結果がヒトにとって不都合な場合をアレルギーとよぶ。また、その代表例としては、花粉症《しょう》が知られている。

ヒトの血液には、ABO式やRh式など、さまざまな血液型が知られています。最もよく知られているABO式とは、赤血球の表面に付いている“抗原《こうげん》”の種類に着目した血液型で、ヒトでは、A型、B型、AB型、O型の４種類が存在します。また、このABO式では、各血液型によって、血しょうに含まれている“抗体《こうたい》”の種類も決まっています。表は、血液をABO式で分けたときの、赤血球表面の抗原と、血しょうに含まれている抗体の関係をまとめたものです。ただし、表中の図は、赤血球や抗原、抗体の関係を分かりやすく表したもので、それぞれの実際の大きさなどは考慮《こうりょ》していません。

表

抗原と抗体＼血液型	A型	B型	AB型	O型
赤血球表面の抗原	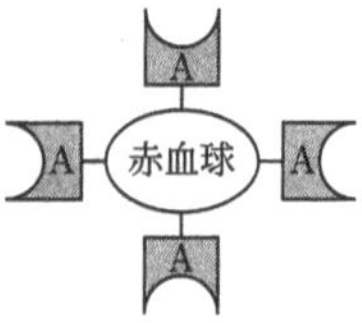 A抗原のみ持つ	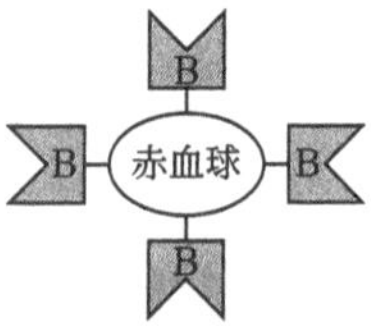 B抗原のみ持つ	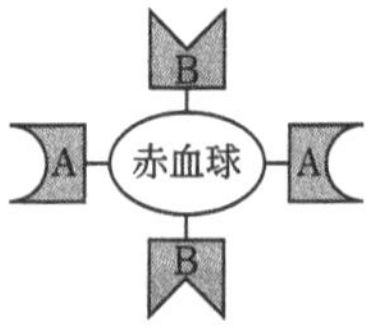 両方の抗原を持つ	 両方の抗原とも持たない
血しょうに含まれている抗体	 B抗体のみ含む	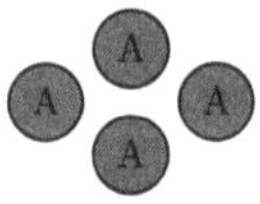 A抗体のみ含む	両方の抗体とも含まない	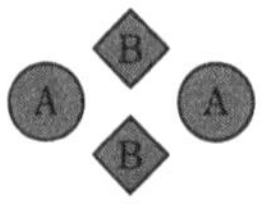 両方の抗体を含む

図１のように、A抗原とA抗体は結合します。同様に、B抗原とB抗体も結合します。それに対し、図２のように、A抗原とB抗体は結合しません。同様に、B抗原とA抗体も結合しません。そのため、血液を赤血球と血しょうに分け、A型の血液から取り出した赤血球と、B型の血液から取り出した血しょうを混ぜると、結合が起こり、血液のかたまりができます。このような現象を血液の凝集《ぎょうしゅう》反応といいます。

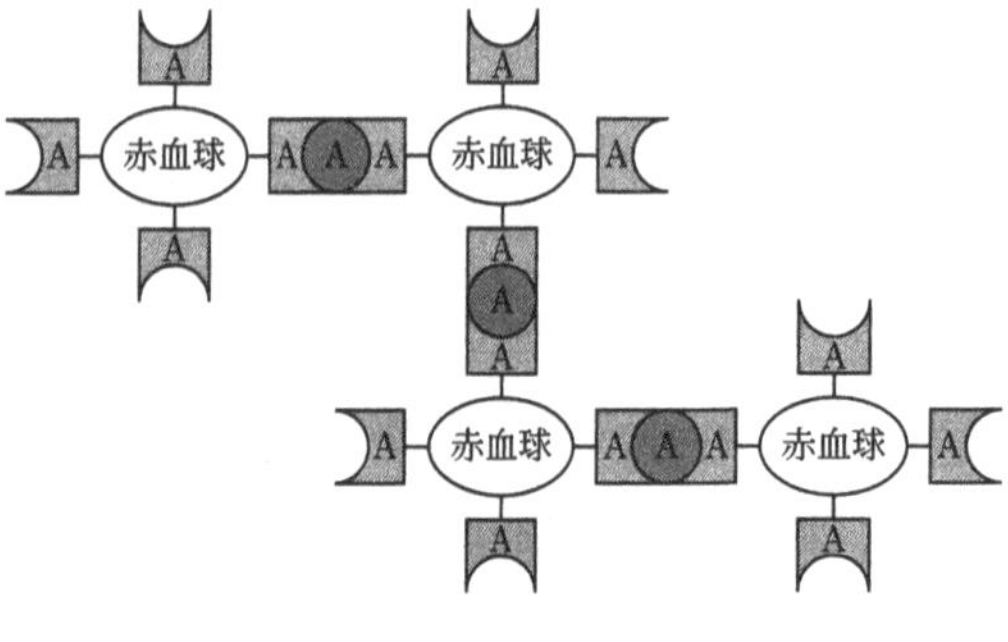

図１

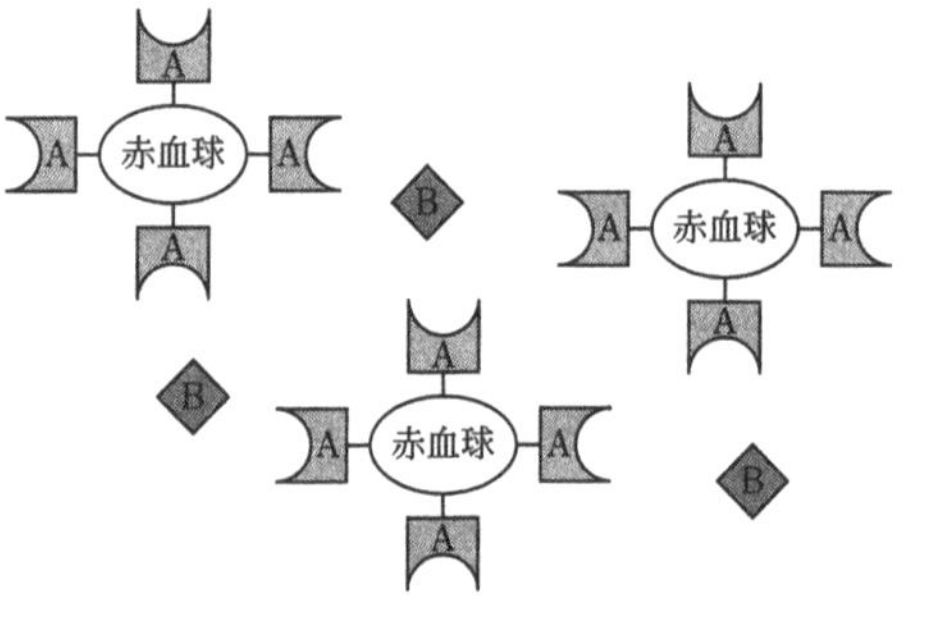

図２

治療《ちりょう》の目的で不足した血液を補うことを輸血といいます。輸血には、血液をそのまま輸血する“全輸血”と、成分ごとに分けて輸血する“成分輸血”があります。そして、どちらの場合も、輸血することができる血液の組み合わせは決まっています。なぜなら、輸血する血液の血液型によっては凝集反応が起こり、死に至ることもあるからです。

(3) 血液を赤血球と血しょうに分け、次の**ア**～**ク**のような組み合わせで混ぜました。このうち、凝集反応が起こる組み合わせをすべて選び、記号で答えなさい。

	赤血球	血しょう		赤血球	血しょう
ア.	A型	O型	**イ**.	A型	AB型
ウ.	B型	O型	**エ**.	B型	AB型
オ.	AB型	A型	**カ**.	AB型	O型
キ.	O型	B型	**ク**.	O型	AB型

(4) 赤血球のみを成分輸血する場合について考えます。次の文中の［　　］にあてはまる血液型を、次の**ア**～**エ**から１つずつ選び、記号で答えなさい。

ア. A型　　**イ**. B型　　**ウ**. AB型　　**エ**. O型

［　1　］の人から取り出した赤血球は、同じ血液型の人に輸血した場合は凝集反応が起こらないが、違う血液型の人に輸血した場合、すべての場合で凝集反応が起こる。一方、［　2　］の人から取り出した赤血球は、どの血液型の人に輸血しても凝集反応が起こらない。

それぞれの人のABO式血液型は、遺伝《いでん》によって決まることが分かっています。そこで、わたしたちのABO式血液型がどのように決まるのかについて考えます。なお、ABO式血液型の遺伝は、次の規則１～３にしたがいます。

【規則１】

ABO式血液型を決定する遺伝子は、遺伝子Ⓐ（A型にする）、遺伝子Ⓑ（B型にする）、遺伝子Ⓞ（O型にする）の３種類であり、遺伝子Ⓐと遺伝子Ⓑと遺伝子Ⓞの３種類の遺伝子の中から、２つの遺伝子を組み合わせて持つ。

よって、考えられる遺伝子の組み合わせは、以下の６パターンのみである。

ⒶⒶ、ⒶⓄ、ⒷⒷ、ⒷⓄ、ⒶⒷ、ⓄⓄ

【規則２】

遺伝子Ⓞは、遺伝子Ⓐや遺伝子Ⓑと組み合わされると、そのはたらきが隠《かく》されたように見える。しかし、遺伝子Ⓐと遺伝子Ⓑは、たがいに組み合わされても、それぞれのはたらきは隠されたようには見えない。

よって、遺伝子の組み合わせとABO式血液型には、次のような関係がある。

（遺伝子の組み合わせ）		（ABO式血液型）
ⒶⒶ、ⒶⓄ	⟶	A型
ⒷⒷ、ⒷⓄ	⟶	B型
ⒶⒷ	⟶	AB型
ⓄⓄ	⟶	O型

【規則３】

父親は２つ持つ遺伝子のうちからどちらか１つを子に伝え、母親も２つ持つ遺伝子のうちからどちらか１つを子に伝える。よって、父親と母親から１つずつ遺伝子をもらった子は、規則１にもあるように、２つの遺伝子を持つ。

ただし、それぞれの親が持つ２つの遺伝子は、どちらの遺伝子も同じ確率で子に伝えられる。

（例） 父親の遺伝子の組み合わせ：ⒶⓄ

→子には、遺伝子Ⓐ、または遺伝子Ⓞを伝える

母親の遺伝子の組み合わせ：ⒶⒷ

→子には、遺伝子Ⓐ、または遺伝子Ⓑを伝える

よって、この両親の子の遺伝子の組み合わせを、表を用いて考えると、以下のように考えられる。

父親の遺伝子／母親の遺伝子	遺伝子Ⓐ	遺伝子Ⓞ
遺伝子Ⓐ	ⒶⒶ	ⒶⓄ
遺伝子Ⓑ	ⒶⒷ	ⒷⓄ

子の遺伝子の組み合わせ

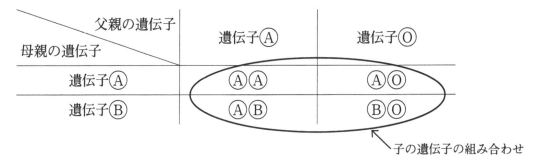

また、先の(例)の場合、必ずしも４人の子ができるとは限らないので、遺伝子の組み合わせがⒶⒶ、ⒶⓄ、ⒶⒷ、ⒷⓄである子が、それぞれ25％($\frac{1}{4}$)の確率《かくりつ》で生まれる可能性があると考える。さらに、規則２から、Ａ型である子が50％($\frac{1}{2}$)、AB型である子が25％($\frac{1}{4}$)、Ｂ型である子が25％($\frac{1}{4}$)の確率で生まれる可能性があると考える。

(5) 父親の血液型がAB型で、母親の血液型がＯ型であるとします。この両親の子の血液型として考えられるものを、次の**ア**～**エ**からすべて選び、記号で答えなさい。

ア．Ａ型　　**イ**．Ｂ型　　**ウ**．AB型　　**エ**．Ｏ型

(6) 両親の血液型が、ともにAB型であるとします。この両親の子の血液型もAB型である確率を、次の**ア**～**カ**から１つ選び、記号で答えなさい。

ア．100％(すべてAB型)　　**イ**．75％($\frac{3}{4}$)　　**ウ**．50％($\frac{1}{2}$)

エ．25％($\frac{1}{4}$)　　**オ**．12.5％($\frac{1}{8}$)　　**カ**．0％

(7) 母親の血液型がＡ型であることは分かっていますが、父親の遺伝子の組み合わせは分かっていません。この両親の間には、Ｂ型とＯ型の子が生まれました。この父親の遺伝子の組み合わせとして考えられるものを、次の**ア**～**カ**から１つ選び、記号で答えなさい。

ア．ⒶⒶ　　**イ**．ⒶⓄ　　**ウ**．ⒷⒷ　　**エ**．ⒷⓄ

オ．ⒶⒷ　　**カ**．ⓄⓄ

(8) Ａ型の父親とＢ型の母親からＢ型の女の子が生まれました。この女の子が母親となり、Ｂ型の男の子が生まれたとき、この男の子の父親の遺伝子の組み合わせとして考えられるものを、(7)の**ア**～**カ**からすべて選び、記号で答えなさい。

4 気象について以下の問に答えなさい。なお、問題文中の天気図は気象庁のホームページより引用しています。

2022年、気象庁の発表によると関東甲信越《こうしんえつ》地方は６月８日ごろ梅雨入りをしました。これは前年度よりも７日早く、平年に比べると１日早い梅雨入りです。６月14日には日本の南の海上にA梅雨前線が長々と停滞《ていたい》し、梅雨前線上の四国および紀《き》伊《い》半島《はんとう》南岸付近を低気圧が東へと進みました。さらに関東地方の上空1500ｍ付近は９℃以下の冷たい空気に覆《おお》われており、雨の降る日中は東京で最高気温が20℃を下回りました。このような梅雨のころの低温を「梅雨寒(つゆざむ)」と呼びます。

その後気象庁は、６月27日に関東甲信越地方がB梅雨明けしたと発表しました。これは前年度より19日早く、また平年に比べても22日早い梅雨明けになります。このような異例の速さでの梅雨明けになったのは、C偏西風《へんせいふう》とDラニーニャの影《えい》響《きょう》が大きいと考えられています。またそれと関係して、東京は梅雨明け前の６月25日から９日間連続で最高気温が35℃を越《こ》すE猛暑《もうしょ》日を記録しました。これは1875年の統計開始以来、観測史上最長となりました。

(1) 下線部Aの梅雨前線を含《ふく》む「前線」とは、２種類の空気の塊《かたまり》(気団)が接触した面が、地上と交わる線のことを指します。梅雨前線の周囲の気団の組み合わせとして正しいものを、次の**ア**～**エ**から１つ選び、記号で答えなさい。なお、図の上側を北とし、図の㊐は暖気を、㊊は寒気をそれぞれ指します。

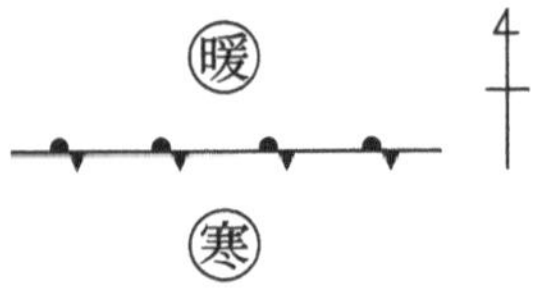

ア

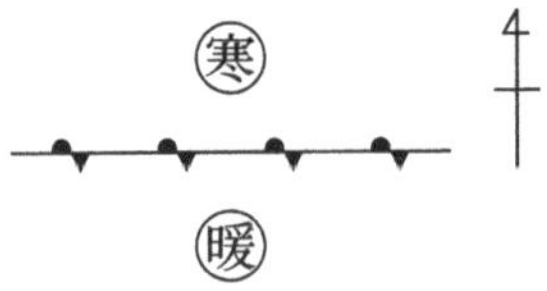

イ

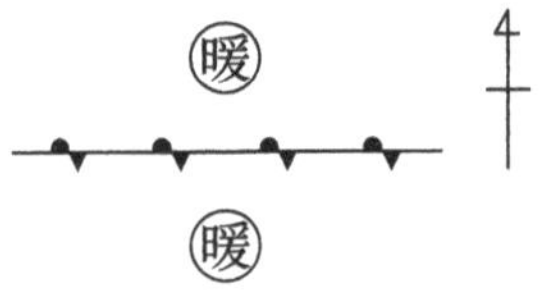

ウ

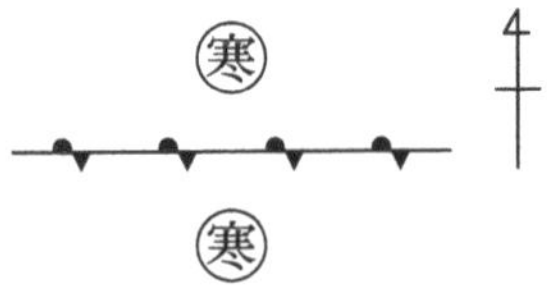

エ

(2)　６月14日の梅雨寒のころの気圧配置として正しいものを、次の**ア**～**エ**から１つ選び、記号で答えなさい。

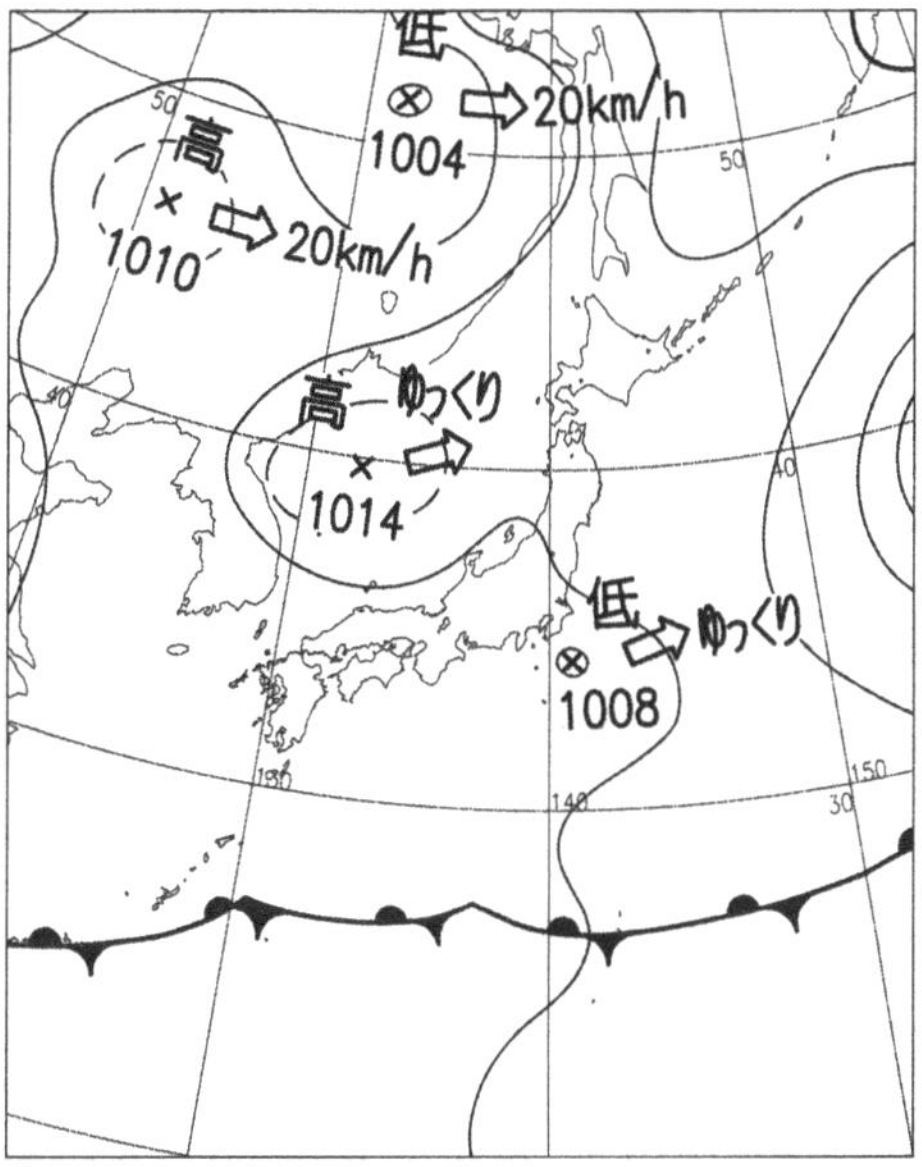

ア

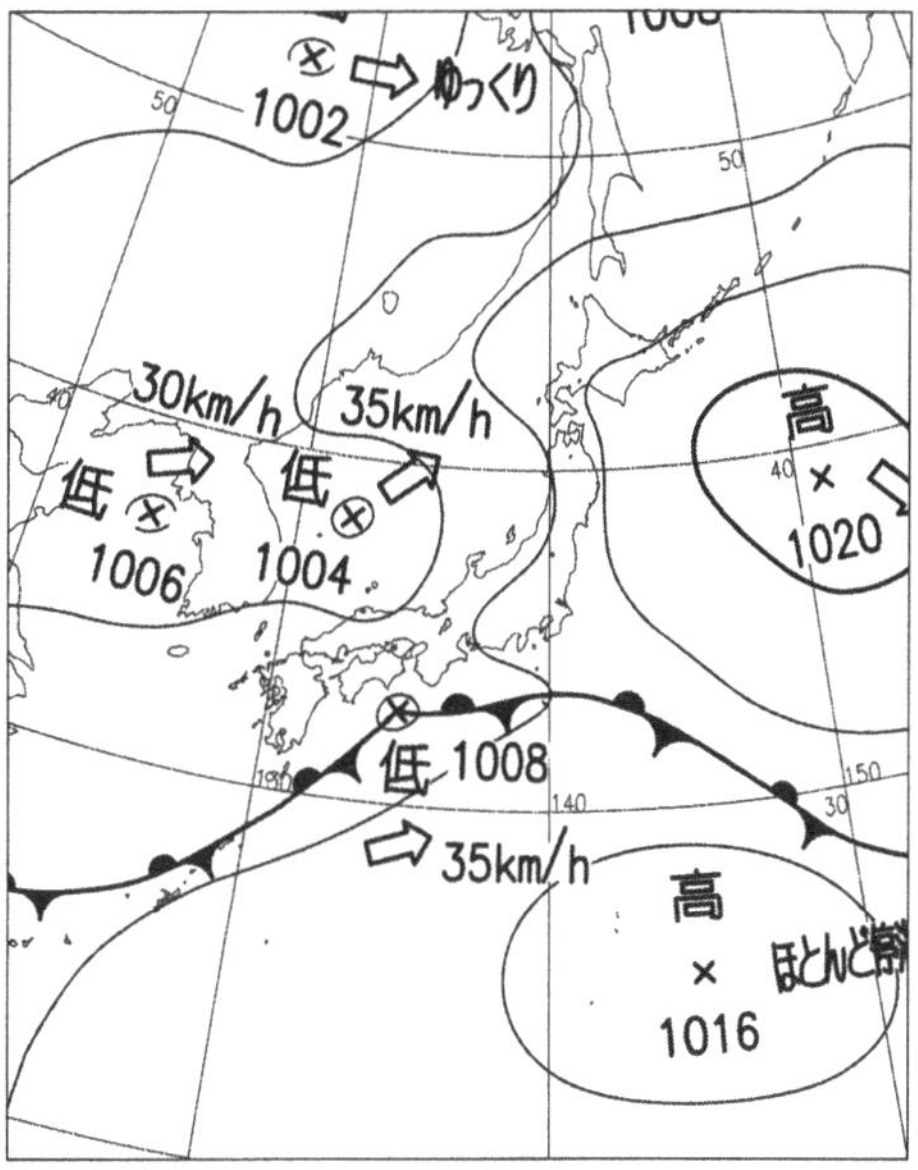

イ

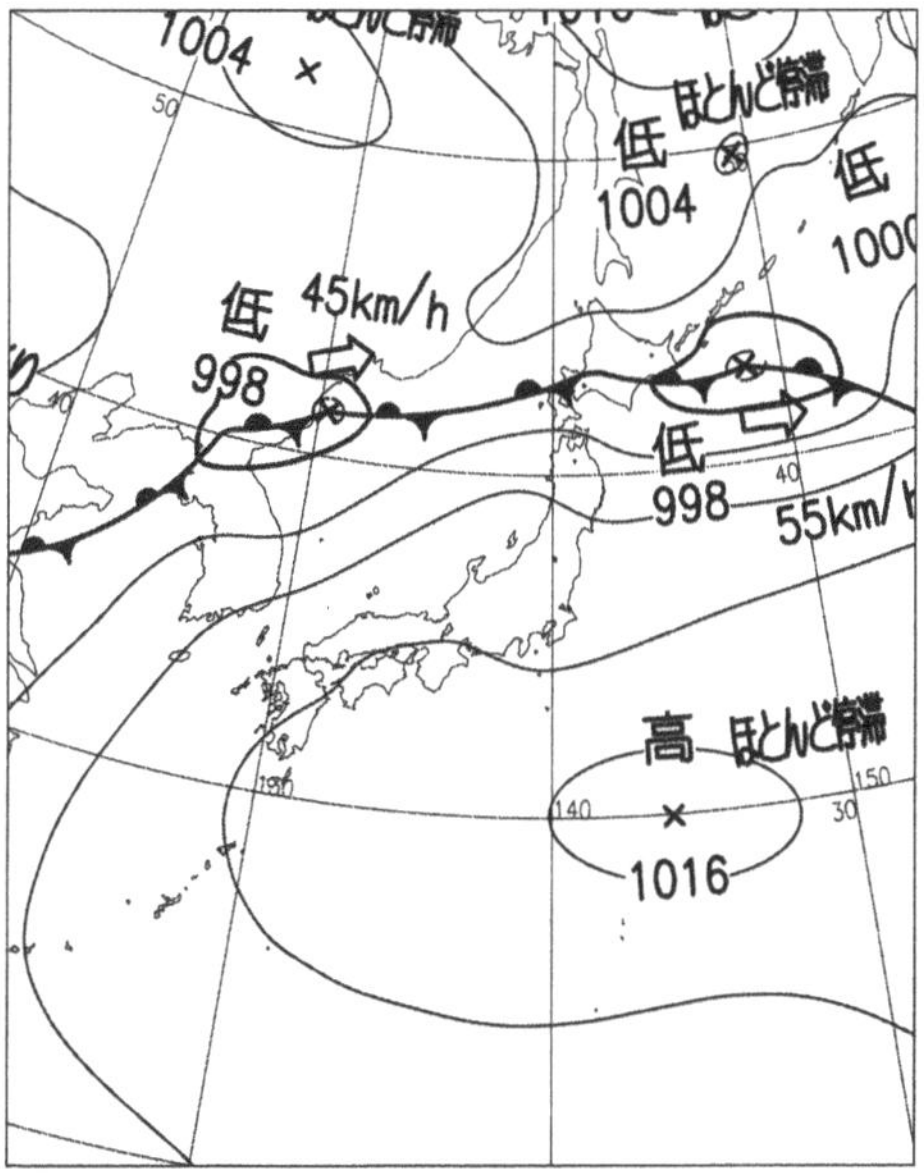

ウ

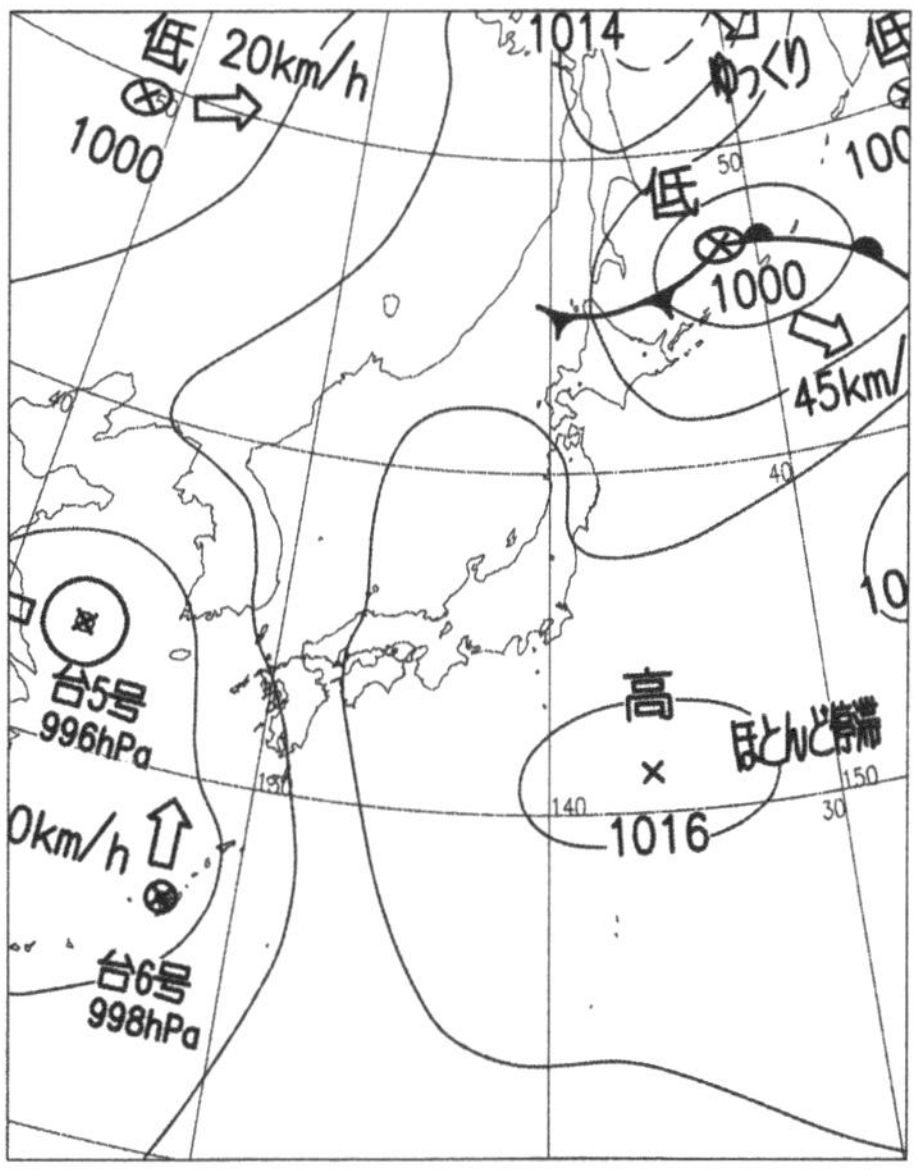

エ

(3) 下線部Ｂの梅雨明けについて、気象庁は９月１日に梅雨明けの確定値を発表し、速報で６月27日としていた関東甲信越地方の梅雨明けの日にちを、７月23日と一か月近く遅《おそ》く修正しました。このように梅雨明けの日にちが大きく変更《へんこう》されることはとても珍《めずら》しいことです。2022年の天気について説明した文のうち、**梅雨明けの変更理由と関係の深いもの**はどれですか。次の**ア～オ**から１つ選び、記号で答えなさい。

ア．６月初めに梅雨前線が日本の南の海上で発生し、日本列島の広い範囲に雨をもたらした。

イ．６月終わりに梅雨前線が北上し、太平洋高気圧が本州上空に張り出した。

ウ．７月１日に発生した台風４号は５日に九州北部へ上陸し、そのまま本州を横断し各地に雨をもたらした。

エ．７月初めから太平洋高気圧の勢力が弱まり全国的に雨の降る日が増加し、特に７月中旬は連日のように雨が降った。

オ．８月初め、関東甲信越地方は最高気温が35℃を越す猛暑日が連日続いた。

(4) 下線部Ｃの偏西風とは、日本を含む中緯《ちゅうい》度帯《どたい》の上空に吹《ふ》く風を指します。偏西風の特徴《とくちょう》や、偏西風によってもたらされる気象の変化について説明した文のうち、**間違《まちが》っているもの**はどれですか。次の**ア～オ**から１つ選び、記号で答えなさい。

ア．日本では、天気は西から東に向かって移り変わる。

イ．偏西風のうち、上空10000ｍ前後で強く吹く風のことを特にジェット気流と呼ぶ。

ウ．冬の日本では強い北西の風が吹き、日本海側で雪が降り、太平洋側で晴れとなることが多い。

エ．日本のはるか南の海上で発生した台風は、中緯度に達すると北東に移動するようになる。

オ．偏西風は、南と北の温度差を減少させるように南北に蛇行《だこう》しながら吹くことがある。

(5)　下線部Ｄのラニーニャについて説明した文のうち、**間違っているもの**はどれですか。次の**ア～エ**から１つ選び、記号で答えなさい。なお、文中の地域の位置関係については以下の図１を参照すること。

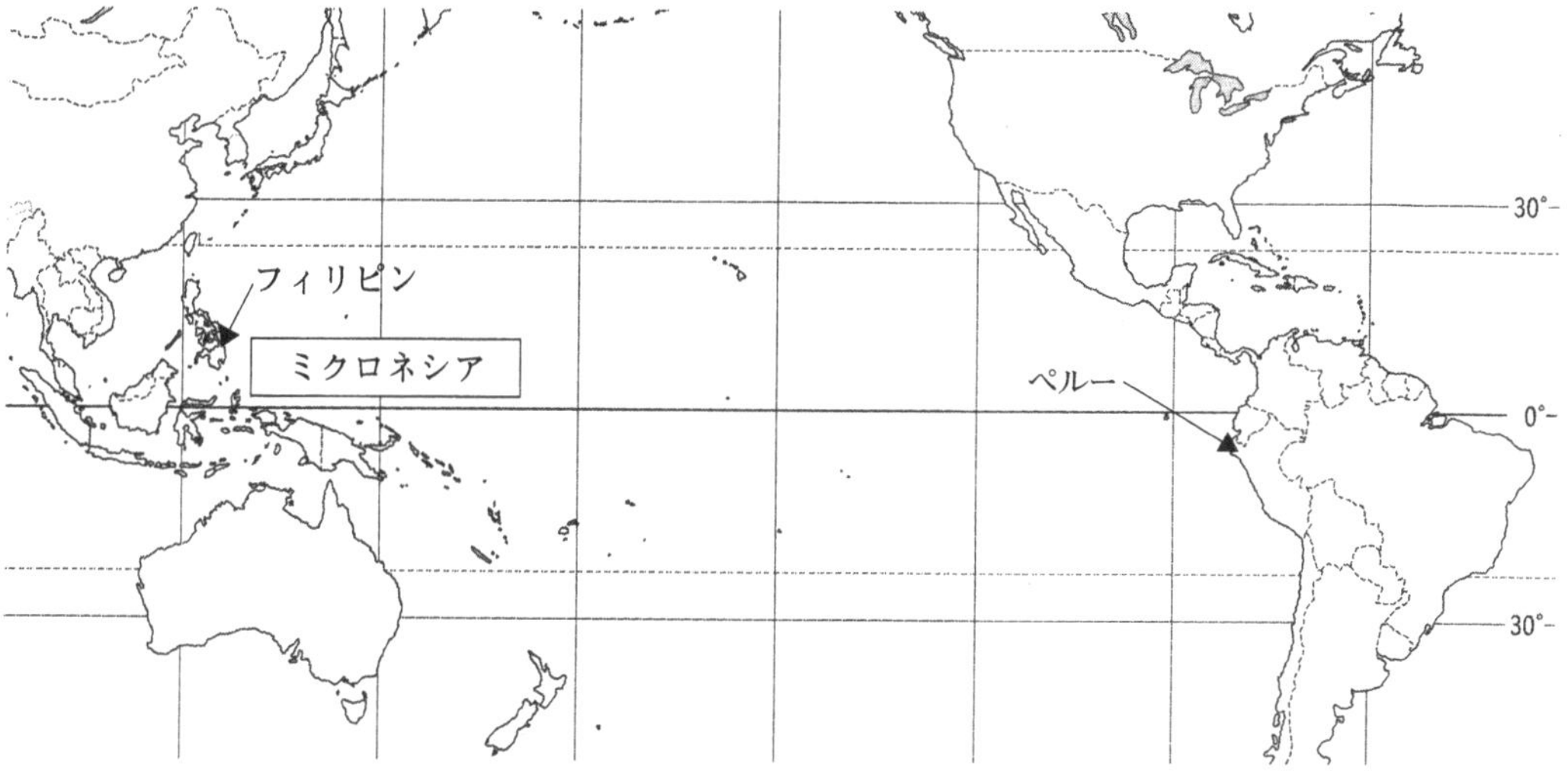

図１　太平洋周辺の地図

ア．太平洋の赤道付近で吹く貿易風が、平年より強くなることにより発生する。

イ．西太平洋赤道域(フィリピン・ミクロネシア付近)の海面水温が上昇《じょうしょう》し、大気の状態が不安定になり、積乱雲の活動が活発になる。

ウ．日本の南東の海上に発生する太平洋高気圧が平年よりも活発になり、日本の夏は気温が平年より高くなる傾向《けいこう》にある。

エ．ラニーニャは複数年に渡《わた》ることもある長期間な現象のため、夏以外にも様々な影響を及《およ》ぼし、日本の冬は暖冬となる傾向がある。

(6)　下線部Ｅの猛暑とは平常の気温と比べて著しく暑いときのことを指し、主に夏の天候について用いられます。次の**ア～ク**から、猛暑を引き起こす原因となるものをすべて選び、記号で答えなさい。

ア．ヒートアイランド現象　　**イ**．火山の噴火《ふんか》

ウ．やませ　　**エ**．からっ風

オ．フェーン現象　　**カ**．ゲリラ豪雨《ごうう》

キ．春一番　　**ク**．エルニーニョ現象

(7) 梅雨と同じメカニズムで発生する気象現象に「秋雨」があります。秋雨について説明した文のうち、**間違っているもの**はどれですか。次の**ア**～**エ**から１つ選び、記号で答えなさい。

ア．秋雨は梅雨と同じく、東南アジアから東アジアの広い範囲《はんい》で起こる気象現象であり、各地に長雨をもたらす。

イ．秋になると、夏の間本州を覆っていた暖かい高気圧の勢力が弱まり、大陸の冷たい高気圧が日本海や北日本方面に張り出してくる。この性質の違う２つの空気がぶつかる所は大気の状態が不安定になり、秋雨前線が発生する。

ウ．秋雨前線は梅雨前線と同じく、前線を挟《はさ》んで暖かい空気と冷たい空気とが押《お》し合いをしているため、日本上空に停滞して長雨が続く。

エ．秋雨の時期は秋の台風シーズンと重なっているため、台風から秋雨前線に向かって湿《しめ》った空気が流《なが》れ込《こ》み、積乱雲が発達して大雨となり、大規模な水害を引き起こす場合がある。

(8) 空気には水蒸気が含まれており、空気の塊《かたまり》（空気塊《くうきかい》）が上昇することにより気温が下がっていくと、そのうちに湿度が100％となり、露点《ろてん》（湿度100％のときの気温）に達します。このとき空気塊が含んでいた水蒸気が凝結《ぎょうけつ》して細かい水滴ができ始め、雨雲を始めとする雲が発生します（図２）。

今、高度０ｍで気温24.5℃、露点が12.5℃の空気塊が上昇し、ある高さＸ［m］で雲ができ始めたとします。このときの凝結高度（雲ができ始める高さ）Ｘは何ｍになるか計算しなさい。なお、解答の際は以下の条件を参考にすること。

【条件】

① 空気塊の気温は空気塊が100ｍ上昇するごとに１℃ずつ下がる。

② 空気塊の露点は空気塊が100ｍ上昇するごとに0.2℃ずつ下がる。

③ 凝結高度では、空気塊の気温と露点の値は等しくなる。

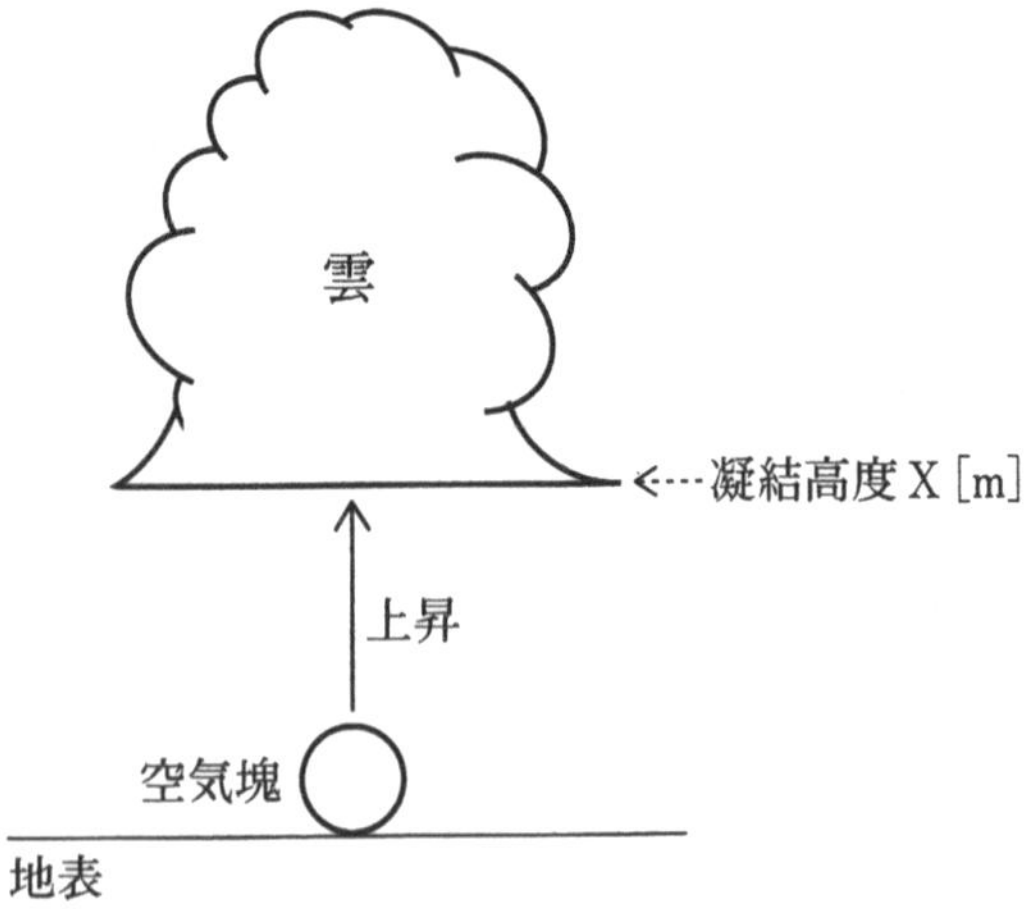

図２ 雲の発生

令和５年度 本郷中学校
第２回 入学試験問題

社　会

（40分　満点：75点）

注　意

1．問題の解答は解答用紙にはっきりと記入しなさい。

2．指示があるまで開いてはいけません。

3．答えはすべて解答用紙に記入しなさい。

4．解答に際して、用語・人物名・地名・国名などについて漢字で書くべき所は漢字で答えなさい。なお、国名の表記は通称でかまいません。

5．用具の貸し借りは禁止します。

6．指示があるまで席をはなれてはいけません。

7．質問があれば、だまって手をあげて監督者を呼びなさい。

8．試験が終わったら、解答用紙だけ提出しなさい。問題は持ち帰ってもかまいません。

1 本郷中学校１年生のつとむ君は、2022年８月１日から家族と一緒に旅行に出かけました。次の文章は、旅行初日の出来事を記したつとむ君の日記の一部です。日記に添付された移動経路に関する図表を参考にしつつ、下の問いに答えなさい。

８／１

僕は家族で長崎に旅行に行きました。行きは寝台特急と新幹線を乗り継いで行きました。この旅行で僕は初めて寝台特急に乗りました。僕は絶対寝ないぞと思っていましたが、①熱海を出た後、気づいたら停車したホームの奥に朝日に照らされて白く光るお城が見えました。それを見て僕は（　１　）駅に停車しているのだと気づき、カメラを構えましたが、列車が出発して撮ることが出来ませんでした。写真を撮れなかった上に熱海を出た後②約６時間も寝てしまい、とてももったいない気持ちになりました。

岡山で乗り換える際、県特産の（　Ａ　）の形をした容器の駅弁を買い、新幹線「さくら」の車内で食べました。中身は岡山の郷土料理「まつりずし」でした。パッケージに書いてある通り、日本一の味でした。このまま（　２　）まで行っても乗り換えが出来るのですが、今回は博多で降りました。９月に廃止になる特急「かもめ」（通称「白いかもめ」）に始発駅から乗るためです。昼食をとった後、博多駅の周辺を散歩しました。地下鉄で③空港まで15分くらいで行けること、駅のホームに立ち食いそばではなく「立ち食いうどん」や「立ち食い（　Ｂ　）」といったご当地のお店があって驚きました。

「かもめ」は車内の座席が革張りで高級感がありました。肥前山口を出た辺りから海沿いを走りました。大潮の３日後だったからか、車窓から見えた港では（　　　Ｃ　　　）、びっくりしました。

浦上からは路面電車が見えてきました。④原爆投下の際に壊滅的な被害を受けたのに、たった３カ月半で運転を再開した話を聞いたことがあります。終着駅の長崎は、あと１カ月あまりで開通する⑤新幹線を出迎えるためか再開発の真っただ中でした。この日はホテルに入った後、中華街で夕飯を食べました。

乗った電車の時刻

駅	時刻	列車名	駅	時刻	列車名
東京	21:50	寝台特急 サンライズ 瀬戸・出雲	博多	15:55	特急 かもめ 27号
横浜	22:15		鳥栖	16:16	
熱海	23:23		新鳥栖	16:20	
沼津	23:39		佐賀	16:33	
富士	23:53		肥前山口	16:42	
静岡	0:20		肥前鹿島	16:53	
浜松	1:12		諫早	17:34	
姫路	5:26		浦上	17:52	
岡山	6:27		長崎	17:55	
	7:15	新幹線 さくら 541号			
福山	7:32				
広島	7:56				
新山口	8:28				
小倉	8:48				
博多	9:04				

おおよその移動経路（１日目）

※●で乗り降りした。

問１　文中の（　１　）・（　２　）にあてはまる語句を、日記を参考にしつつそれぞれ答えなさい。

問２　下線部①に関連して、熱海温泉は年間を通して多くの人が訪れる全国的にも有名な温泉地です。次の表は、いくつかの有名温泉地について示しています。下の問いに答えなさい。

温泉地名	県	説明
熱海	静岡	奈良時代の伝承が残るほど古くから愛されてきた。湯あたりが柔らかい温泉。かつて「熱海七湯」といわれたように、多くの源泉があり、湯量が豊富なのも特徴。
別府	（　Ｄ　）	湧出量・源泉数ともに全国１位。多くの源泉が点在する。泉質が多様なことから、これらの違いを楽しめる「地獄めぐり」が人気。
草津	群馬	ア
白浜	和歌山	イ
那須	栃木	ウ
鬼怒川	栃木	江戸時代に発見されたものの、当時は僧侶や大名しか入湯が許されなかった。周辺の世界遺産「（　Ｅ　）の社寺」も合わせて観光できる。
箱根湯本	神奈川	エ
道後	（　Ｆ　）	約3000年の歴史を持つ温泉。そのシンボルは明治27年から建築された国指定重要文化財「道後温泉本館」。子規記念博物館や道後公園もおすすめ。

⑴　表中の（　Ｄ　）～（　Ｆ　）にあてはまる語句をそれぞれ２字で答えなさい。

⑵　次の文は、表中のア～エのいずれかの説明文です。適切なものをア～エから１つ選び、記号で答えなさい。

> 標高約1200ｍに位置し、「恋の病以外効かぬ病は無い」と言われるほど殺菌力の強い源泉が湧出。湯畑や湯もみショーが人気。

問３　下線部②について、つとむ君の乗った列車が、この約６時間の間に通った都道府県はいくつになりますか。その数を答えなさい。

問４　下線部③に関連して、次の表は国内の空港の旅客輸送人員(2021年度)及び貨物輸送量(2020年度)の上位５つを示しています。表中Ｇ～Ｉは、羽田・福岡・那覇のいずれかです。その組み合わせとして正しいものを次の中から１つ選び、記号で答えなさい。

	旅客(国際線含む)	貨物					
		総合計		内訳(一部)			
				野 菜		金 属 類	
		発送空港	到着空港	発送空港	到着空港	発送空港	到着空港
１位	G	G	G	H	G	大阪	G
２位	H	大阪	I	G	新千歳	H	新千歳
３位	新千歳	I	新千歳	I	H	G	H
４位	I	H	H	大阪	I	広島	鹿児島
５位	大阪	新千歳	大阪	高松	大阪	米子	熊本

神戸空港 web サイト、国土交通省『令和２年度航空貨物動態調査報告書』より作成

ア　Ｇ那覇　Ｈ羽田　Ｉ福岡　　　イ　Ｇ福岡　Ｈ那覇　Ｉ羽田

ウ　Ｇ羽田　Ｈ那覇　Ｉ福岡　　　エ　Ｇ羽田　Ｈ福岡　Ｉ那覇

問５　下線部④について、旅行からの帰宅後、つとむ君は原爆投下の被害について調べることにしました。下の図は、その過程で作成した原爆投下にともなう家屋の被害状況に関する図です。この図の説明文ａ・ｂの正誤の組み合わせとして適切なものを次の中から１つ選び、記号で答えなさい。

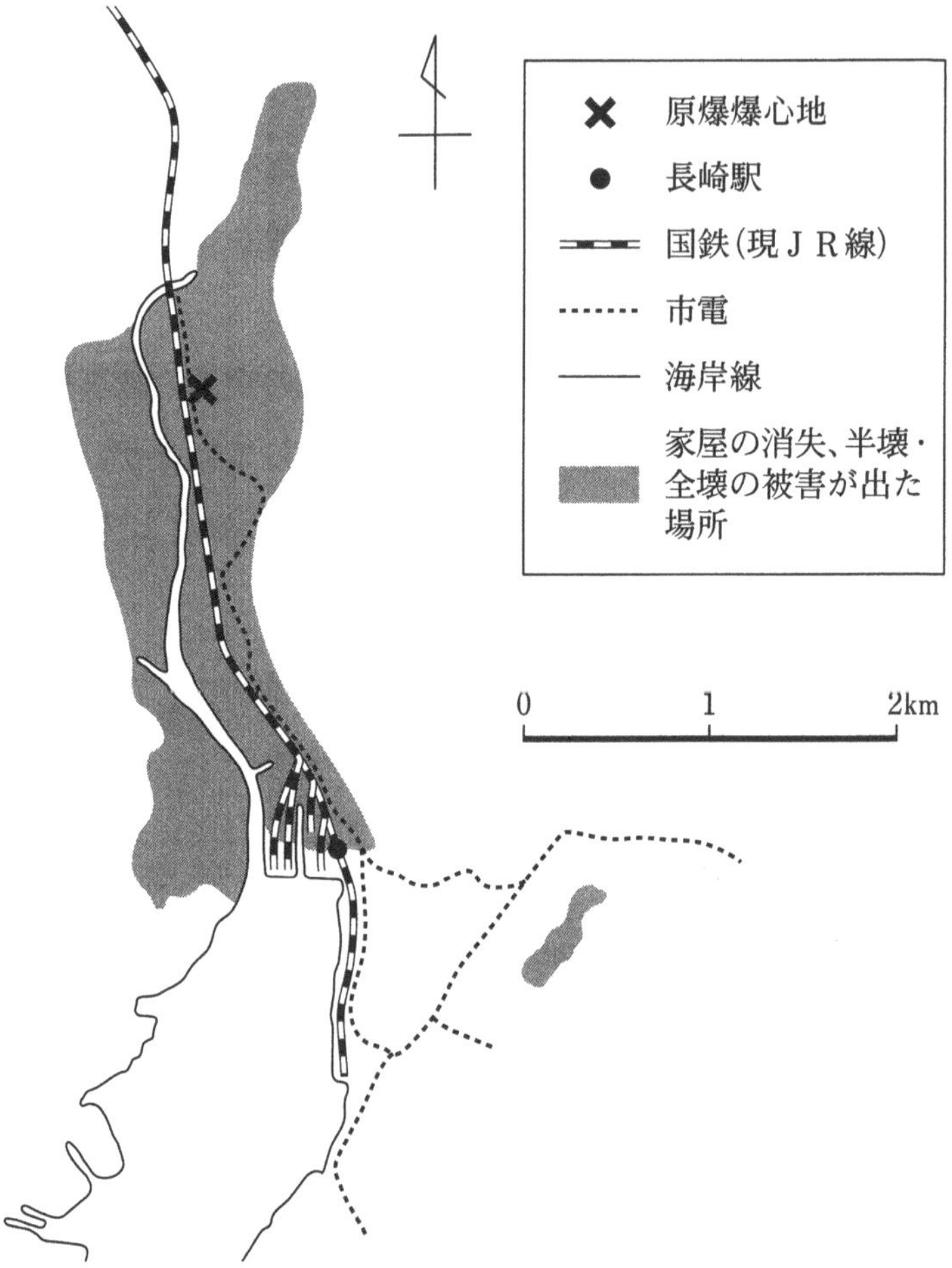

『原爆写真　ノーモア　ヒロシマ・ナガサキ』(日本図書センター，2005年)より作成

説明文

ａ　天候が良好という情報があったため、長崎の街の中心地に原爆は投下された。しかし、街の玄関口である長崎駅はかろうじて被害を免れた。

ｂ　原爆の被害地域は縦に細長く広がっている。これは長崎の街が立地している地形と大いに関連していると考えられる。

ア　ａ：正　ｂ：正　　イ　ａ：正　ｂ：誤

ウ　ａ：誤　ｂ：正　　エ　ａ：誤　ｂ：誤

問６　下線部⑤に関連して、2022年は東北地方の新幹線にとって記念すべき年であったことから「新幹線イヤー」と称しキャンペーンが行われました。これに関連した下の問いに答えなさい。

⑴　2022年に開業30周年を迎えた新幹線を次の中から１つ選び、記号で答えなさい。

ア　東北新幹線　　　イ　山形新幹線
ウ　北陸新幹線　　　エ　上越新幹線

⑵　次の表は東北新幹線の福島以北の沿線、４県についての年間日照時間(2020年)、農業産出額の果樹及び畜産(いずれも2018年)、工業生産(出荷額、2017年)、県庁都市人口割合※(2015年)の数値を示したものです。青森県に該当するものを表中のア～エから１つ選び、記号で答えなさい。

※県庁都市人口割合は、県人口に対する県庁都市人口の割合を示す。

	年間日照時間(時間)	農業産出額		工業生産(出荷額)(億円)	県庁都市人口割合(%)
		果樹(億円)	畜産(億円)		
ア	1563.8	126	1608	25432	23.3
イ	1797.2	26	758	44953	46.4
ウ	1683.5	255	455	51571	15.4
エ	1598.9	828	905	19361	22.0

政府統計の総合窓口(e-Stat)、『中学校社会科地図』(帝国書院)より作成

問７　文中の(　Ａ　)にあてはまるものを次の中から１つ選び、記号で答えなさい。

ア　桃　　イ　梨　　ウ　りんご　　エ　みかん

問８　文中の(　Ｂ　)にあてはまる語句を次の中から１つ選び、記号で答えなさい。

ア　ほうとう　　イ　きしめん　　ウ　ラーメン　　エ　スパゲティ

問９　文中の(　Ｃ　)にあてはまるものを次の中から１つ選び、記号で答えなさい。

ア　防波堤が海の中に沈んでいるように見えて
イ　つながれた船が砂の上に置かれるようになっていて
ウ　風力発電所の風車が堤防の上に多く設置されていて
エ　造船所とその関連の工場が多くあって

2 次の文章を読み、下の問いに答えなさい。

2020年５月25日に、鹿児島県沖の地図に載っている島「スズメ北小島」が実在せず、250mほど南にある岩礁を誤って記載したのではないか、と報道されました。これは、現在でも正確な地図を作製することが難しいということを示しています。そこで、日本における地図の歴史を振り返ってみましょう。

律令体制が整う以前の地図は残されていないので、地図が作製されたかは不明です。ただし、A５世紀には世界的にも大規模な築造物である古墳が造営されていることから、距離や角度を正確に測る技術が日本列島に存在したと考えられます。律令体制では①公民に対して口分田を支給し、戸籍・計帳に基づいて課税するようになりました。そこで、742年に口分田の支給結果を表記する校田《こうでん》図《ず》が初めて作製されました。また、政府は738年に諸国に対して国郡図の作製も命じています。この地図には行政単位である国や郡、官道の距離、主要集落、著名な山や川、土地の形状や広狭などが記されており、国・郡単位で作製されました。796年にも「先の地図が古くなったため、新たな諸国地図を作製する」よう命じています。こうした公地公民に基づく地図が作製される一方、743年に発令された［　②　］により永続的な土地私有が認められたことから、私有地である荘園の地図も作製されるようになりました。その後も強力な統一権力が不在の状態が長く続いたので、荘園ごとに管理や開発のための荘園図が作製されました。室町時代までに作られた荘園図は、B荘園全体を示すためのものと、③荘園に関係するさまざまな争いごとの際の証拠、または裁判の結果を示すもの、の２種類に分類できます。また、京都や奈良などの都市図も現存しています。

鎌倉時代から江戸時代前期まで流布した地図が、「［　④　］図」と総称される簡略な日本地図で、その最古のものは京都の仁和寺に所蔵されています。「［　④　］図」と総称される地図はどれも、丸みを帯びた国々が団子状に連なって日本列島を形作っている、「地図の上が北」と統一されていない、などの共通の特徴があります。この他にも14世紀中頃に⑤本州から九州にかけてのほぼ全域が描かれた「日本扶《ふ》桑《そう》国之図」があります。これは日本列島全体が描かれている地図では最古級のものです。1402年にC朝鮮王朝で作製された東アジアの地図の中にも日本列島が描かれていますが、実際とはかなりかけ離れた姿です。

戦国時代にはDヨーロッパから宣教師や商人が訪れるようになったことをきっか

けとして、日本に世界地図がもたらされました。楕円状のスペースに描かれた世界地図は、「地球が球体である」ことや「世界は五州からなる」ことなど、日本人の地理的知識に大きな影響を与えました。

この後は豊臣政権・江戸幕府という強力な中央統一権力が列島を支配していきますが、その際に利用されたもののひとつが地図でした。⑥1582年以降に検地を進め、1590年に国内統一をほぼ達成した豊臣秀吉は、全国の大名らに検地帳とともに、国絵図の提出を命じています。それは大名の領地ごとにではなく、律令制の方法を踏襲して国・郡単位で作製させています。そうすることで、自らの政治的権威を正当化しようとしたもの、と考えられています。なお、国絵図には城郭、集落(郷または村の名、村の石高、家数)、耕地、街道、水系、郡や郷の境界などが描かれていました。E江戸幕府も同様に国絵図の作製を命じています。また、出版事業が盛んとなった江戸時代には、多彩な地図が刊行され、人々に身近なものとなりました。特に菱川師宣の弟子で浮世絵師の石川流宣《りゅうせん》が描いた「日本山海潮陸図」は、街道、宿場、名所など観光情報を盛り込んだ地図で、実用性の点で人気を博しました。江戸時代後期にはロシアが蝦夷地に接近してきたこともあり、蝦夷地に関するより正確な地理的情報を得ようと、幕府は天文学者の［⑦］に測量を許可しました。こうして［⑦］たちは1800年から1816年にかけて日本全国の測量を行いました。その結果、［⑦］の没後に完成した「大日本沿海輿地全図」は、歩測・天体観測などを組み合わせた実測による精密な測量が行われた点が特徴で、⑧国防上の理由から「秘図」扱いでした。

明治政府は、F地租改正を実施する上で土地の所有状況を知る必要があると考え、地籍図を作製しました。また、三角形の辺と角度の関係を利用する三角測量が本格的に導入され、国土管理と防衛のために必須の地形図も作製しました。1887年には地形図が出版されるようになり、購入が可能となりました。しかし、国外の地図はなかなか入手できず、G日露戦争時には死亡したロシア兵の持っていた地図の情報に頼りながら、中国東北部で日本軍はロシア軍と戦っていました。1919年には飛行機から空中撮影した写真を用いる測量が開始されました。特にH関東大震災では被災状況の確認、復興計画の立案のために空中写真が活用されました。日本全域で空中写真を用いるようになるのはI第二次世界大戦後です。

戦後、国土開発に伴う土地利用の変化は、これまで以上に急速、かつ大きいものでした。各時期に作製された地図を見ると、高速道路や新幹線など描き込む対象物が増え、山が削られたり田畑が宅地に造成されたりといった変化を読み取ることができます。また、この30年ほどの間にデジタル技術が発展したため、地図にもデジタル化の動きが広がりました。民間ではデジタル地図に現在位置情報、渋滞情報などを組み合わせて利用するカーナビや、インターネットによる地図配信などが一般化しています。2009年には国土地理院が従来の２万5000分の１地形図に代わり、デジタルデータで表現される「電子国土基本図」を基本図として採用し、重要な公共施設の迅速な情報更新が可能となり、さらなる活用や機能強化についても検討されているそうです。

問１　下線部Ａについて、日本列島で築造された古墳に関する記述として誤っているものを次の中から１つ選び、記号で答えなさい。

ア　「卑弥呼の墓」ともいわれる箸墓古墳は出現期・前期の古墳の中でも最大級である。
イ　日本最大の古墳は５世紀(中期)の大山古墳(「伝仁徳陵古墳」)である。
ウ　日本の古墳を大きさの順で並べると、１位から10位まではすべて近畿地方にある古墳で占められる。
エ　埼玉県にある稲荷山古墳からは、ヤマト王権との関係を示す鉄剣が出土している。

問２　下線部Ｂについて、次の荘園図を見て、その下にある説明文中の〔 (a) 〕・〔 (b) 〕にあてはまる数字の組み合わせとして正しいものを次の中から１つ選び、記号で答えなさい。

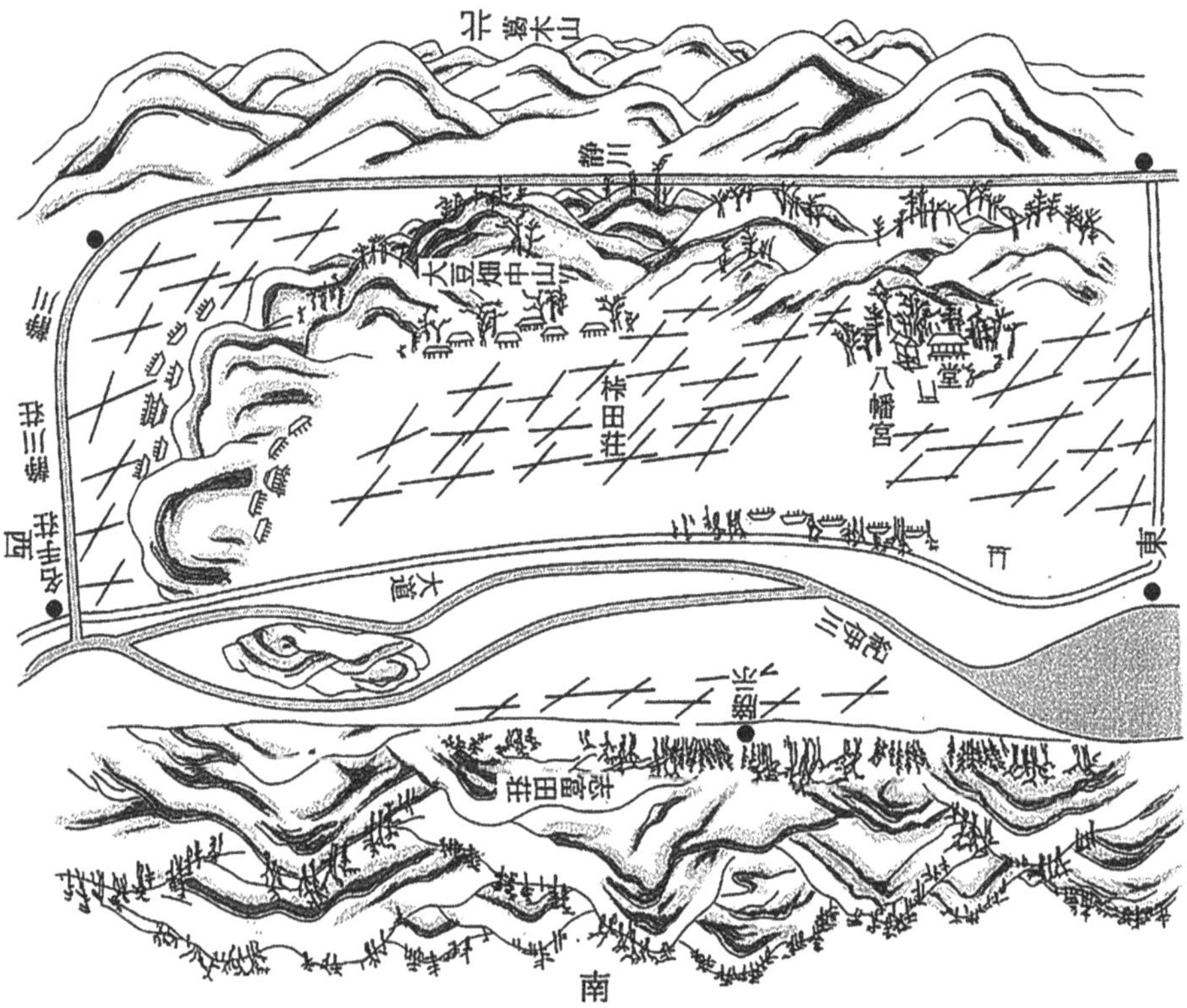

【説明文】

この荘園図は12世紀後半期に成立した神護寺領桛田荘《かせだのしょう》絵図の模写図である。この図をみると、東側に現在の宝来山神社にあたる「八幡宮」と、神願寺にあたる「堂」が並んで描かれている。中央部を流れる川が紀伊川（紀ノ川）である。●印はこの荘園の境界を示すものであり、全部で〔 (a) 〕カ所に打たれている。その内部には、〔 (b) 〕カ所の集落（家のまとまり）がある。この絵図が作られた理由としては、紀伊川の南にある高野山領志《し》富《ぶ》田荘《たのしょう》との間で、川原の島や耕地の領有をめぐって争ったためといわれる。

ア　〔(a)〕－４　　〔(b)〕－３　　　イ　〔(a)〕－４　　〔(b)〕－４

ウ　〔(a)〕－５　　〔(b)〕－３　　　エ　〔(a)〕－５　　〔(b)〕－４

問３　下線部Ｃについて、この王朝に関する記述として誤っているものを次の中から１つ選び、記号で答えなさい。

ア　この王朝は、対馬の宗氏に勘合を与え、貿易を独占させた。
イ　この王朝は、豊臣秀吉の２度の侵略を受けた。
ウ　この王朝は、1876年に日朝修好条規を明治政府と結んだ。
エ　この王朝は、1910年に併合されて日本の植民地となった。

問４　下線部Ｄについて、彼らに関する記述として誤っているものを次の中から１つ選び、記号で答えなさい。

ア　ポルトガル人やスペイン人は「南蛮人」と呼ばれた。
イ　ヨーロッパの商人は主に日本の銀と中国の生糸を取り引きしていた。
ウ　スペインは1624年までに自主的に日本から退去していった。
エ　ポルトガルは島原・天草一揆の後に、江戸幕府から来航が禁止された。

問５　下線部Ｅについて、江戸幕府は慶長(1604年)・正保《しょうほう》(1644年)・元禄(1697年)・天保(1835年)の時期に国絵図などの作製・提出を命じています。それぞれの時期に関する記述として誤っているものを次の中から１つ選び、記号で答えなさい。

ア　慶長期に「大御所」の徳川家康は大坂の陣で豊臣家を滅ぼし、徳川家の安泰を図った。
イ　正保前後の時期の将軍は徳川家光で、参勤交代や「鎖国」体制など、幕藩体制が整えられていった。
ウ　元禄期には徳川綱吉が生類憐みの令を発し、捨て子や病人、高齢者、動物を保護の対象とした。
エ　天保期には老中の水野忠邦が改革を行ったが、浅間山の大噴火などによる飢饉の発生にあい、失脚した。

問６　下線部Ｆについて、これに関する記述として誤っているものを次の中から１つ選び、記号で答えなさい。

ア　土地所有権を確認する地券を交付し、それに記載されている地価を基準に算出した地租を地券所有者に納めさせることにした。
イ　税率は当初は地価の３％であったが、地租改正反対一揆の続発を受けて1877年に２％へ引き下げられた。
ウ　地租改正により政府は毎年固定額の現金を政府歳入として確保することができるようになった。
エ　地租を納められなくなった地券所有者は、地券を売却して納税しなければならなくなり、その結果、土地を失うものも多くなった。

問７　下線部Ｇについて、これに関する記述として誤っているものを次の中から１つ選び、記号で答えなさい。

ア「満州」を占領して朝鮮半島に圧力をかけるロシアに対し、日本はイギリスと同盟を結んで対抗した。
イ　ロシアは陸軍が旅順・奉天などで勝利したが、海軍が日本海海戦で壊滅したため、降伏した。
ウ　アメリカの仲介でポーツマス条約を締結し、日露戦争は終結したが、日本は賠償金を受け取れなかった。
エ　講和条約の内容に不満であった民衆が日比谷焼打事件を起こしたが、政府は戒厳令を発して鎮圧した。

問８　下線部Ｈについて、この災害の前後に起こった出来事を、年代順に並べた時に２番目となるものを次の中から１つ選び、記号で答えなさい。

ア　ベルサイユ条約に調印した。
イ　原敬首相が暗殺された。
ウ　米騒動が起こった。
エ　男子普通選挙法・治安維持法が制定された。

問９　下線部Ⅰについて、この戦争に至るまでに起こった出来事を、年代順に並べた時に２番目となるものを次の中から１つ選び、記号で答えなさい。

ア　盧溝橋事件が起こった。

イ　世界恐慌が起こった。

ウ　柳条湖事件が起こった。

エ　国際連盟から脱退した。

問10　下線部①について、戸籍上の６歳以上の男女に口分田を支給する方法の名称を答えなさい。

問11　文中の［　②　］にあてはまる法令名を答えなさい。

問12　下線部③について、次の荘園図は鎌倉時代に荘園領主（領家）と地頭の間で起こった紛争を解決した際に作製されたものです。図中に引かれた分割線の端には、当時の幕府政治の最高責任者であった北条一門の２名の人物の花《か》押《おう》（サイン）がすえられています。そのような北条一門が独占していた鎌倉幕府の最高責任者が就く役職名を答えなさい。

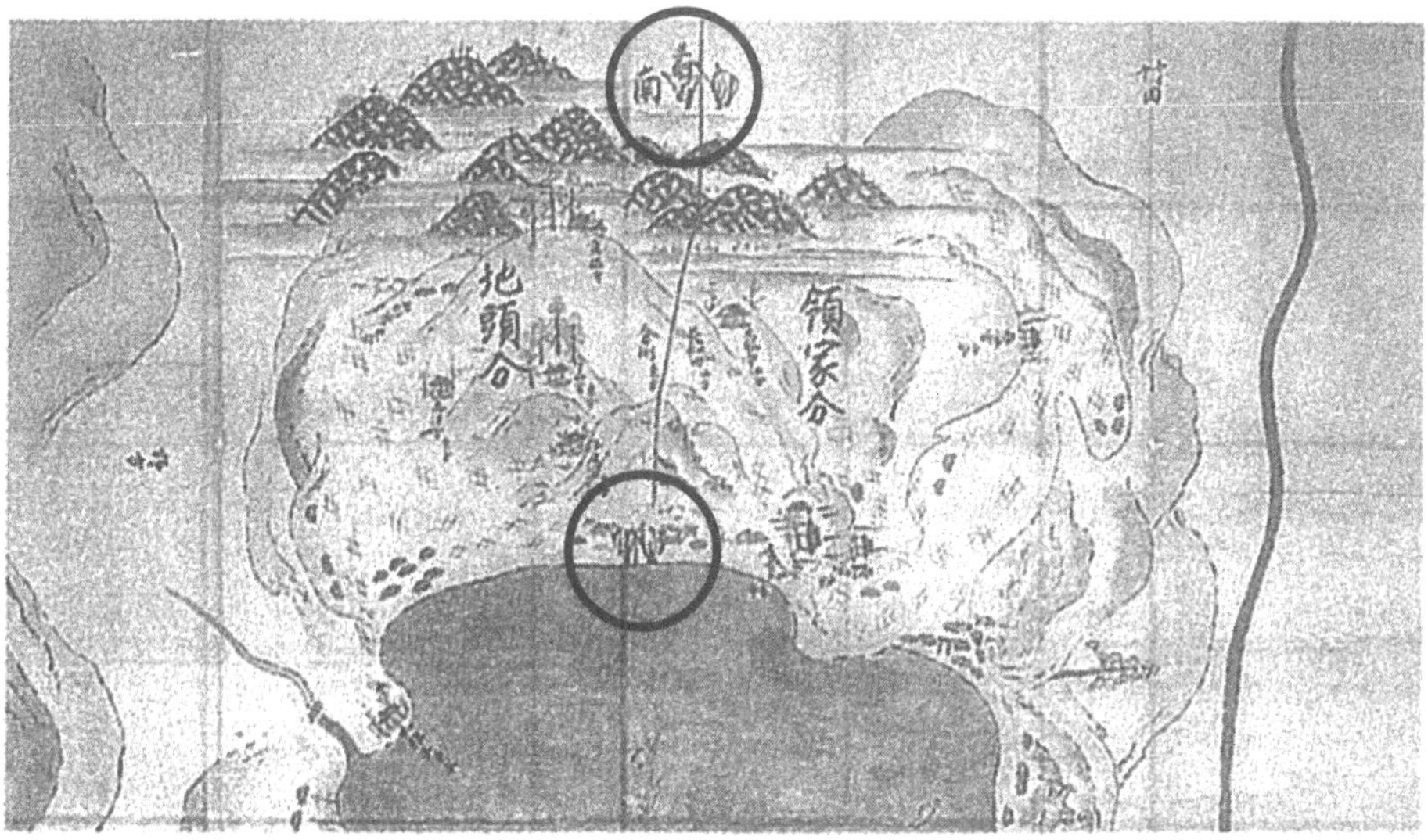

問13　文中の［　④　］にあてはまる人物名を答えなさい。なお、この人物は、奈良時代に灌漑事業や架橋、井戸掘りなどに取り組み、東大寺の大仏造立の際にも寄付を集めるなど、政府に協力した僧侶です。

問14　下線部⑤について、この地図には「龍及国」と書かれた「琉球」も記載されています。15世紀に統一された琉球王国が王府を置いた「グスク（城）」の名称を答えなさい。

問15　下線部⑥について、次の検地帳に記載されている百姓「左兵衛」が、この２カ所だけの土地を所持している場合、この人物が納入しなければならない年貢高を〔条件〕にしたがって計算し、適切な単位をつけて答えなさい。

〔検地帳〕

（所在地名）	（田畑の等級）	（面積）	（石高）	（耕作者名）
六ノつぼ	上田《じょうでん》	八畝《せ》十五歩	一石二斗《と》七升五合《ごう》	左兵衛
同所	上田	一畝	一斗五升	同人

〔条件〕⑴　土地の面積単位は、町・段（反）・畝・歩の４種類で、

１畝＝30歩、１段（反）＝10畝、１町＝10段（反）

で計算する。

⑵　容積単位は、石・斗・升・合などで、

10合＝１升、10升＝１斗、10斗＝１石

で計算する。

⑶　年貢高は百姓の所持する土地の石高を基準にして、「二公一民」の割合で納入する。

問16　文中の［　⑦　］にあてはまる人物名を答えなさい。

問17　下線部⑧について、この地図の写しを帰国の際に持ち出そうとして失敗して国外追放となったドイツ人が、長崎郊外に開いていた蘭学塾・診療所の名称を答えなさい。

3 次の文章を読み、下の問いに答えなさい。

昨年７月10日に、参議院議員通常選挙の投開票が行われました。そこで参議院の選挙の歴史や、今回の選挙結果を見ていきましょう。

①衆議院と異なり、参議院は②日本国憲法で規定されたことで誕生し、初めての選挙は③1947年に実施されました。この時の④定数は250名でしたが、1970年には252名に増え、2000年には242名に減ったのち、今回の選挙で（　１　）名となりました。このように定数はたびたび変更されてきました。

また、2016年には合区が導入されました。参議院議員通常選挙での合区とは、一票の格差の是正のために、複数の選挙区をあわせて新たに一つの選挙区にすることです。これにより、実際に鳥取県と（　２　）県、（　３　）県と徳島県がそれぞれ一つの選挙区とされました。

次に、今回の選挙を見ていきましょう。

与党である【　Ａ　】は、選挙の前に111名の議員が所属していましたが、今回の選挙の結果で所属議員は119名となり、大幅に議席を増やしました。それに対して野党第一党の【　Ｂ　】は、選挙前の45名から39名に減らしました。野党の中で大きく議席を増やしたのは、所属議員が20名をこえた【　Ｃ　】と、党の代表が立候補し３議席を獲得した【　Ｄ　】です。

なお、⑤今回の選挙で有権者となった⑥本郷高校の生徒の多くは、投票して自らの意思を表明したようです。皆さんもいつか⑦選挙権を持つようになりますから、日頃から選挙制度について意識して生活しましょう。

問１　（　１　）～（　３　）にあてはまる数字や語句を答えなさい。

問２　下線部①について述べた文章として誤っているものを次の中から１つ選び、記号で答えなさい。

ア　衆議院は明治時代から設置されていた。

イ　衆議院議員の任期は４年である。

ウ　一部の議案では、いわゆる「衆議院の優越」と呼ばれる機能が働くことがある。

エ　衆議院の定数は、参議院よりも少ない。

問３　下線部②について、そこに書かれていないものを次の中から１つ選び、記号で答えなさい。

ア　陸海空軍その他の戦力は、これを保持しない。

イ　何人も、自らの人格の自由な発展を求める権利を有する。

ウ　信教の自由は、何人に対してもこれを保障する。

エ　すべて国民は、勤労の権利を有し、義務を負ふ。

問４　下線部③について、この年よりも前の出来事として正しいものを次の中から１つ選び、記号で答えなさい。

ア　男女普通選挙制の実現

イ　東京オリンピックの開催

ウ　サンフランシスコ平和条約の締結

エ　イタイイタイ病に関する訴訟の提起

問５　下線部④について、衆議院の選挙では過去に二度、定数のあり方が憲法違反であるという判決が下されました。その理由は（　　　　）が大きすぎるから、というものでした。空欄にあてはまる語句を５字で本文中から抜き出して答えなさい。

問６　下線部⑤について、選挙期間中に元内閣総理大臣が銃撃される事件が発生しましたが、この人物に関する文章として誤っているものを次の中から１つ選び、記号で答えなさい。

ア　この人物が首相だった時に、消費税が増税された。
イ　この人物が首相だった時に、アメリカでトランプ大統領が誕生した。
ウ　この人物が首相だった時に、イタリアがＥＵ(欧州連合)から離脱した。
エ　この人物が首相だった時に、11カ国によるＴＰＰ(環太平洋パートナーシップ協定)が発効した。

問７　下線部⑥について、今回の参議院議員選挙に関して、全国の投票率として最も近い数値を次の中から１つ選び、記号で答えなさい。

ア　25％　　イ　50％　　ウ　75％　　エ　100％

問８　下線部⑦について、選挙権を持つのは何歳からですか。その年齢を数字で答えなさい。

問９　【　Ａ　】～【　Ｄ　】にあてはまる政党を次の中から１つずつ選び、記号で答えなさい。

ア　日本共産党　　イ　立憲民主党　　ウ　れいわ新選組　　エ　参政党
オ　自由民主党　　カ　社会民主党　　キ　日本維新の会　　ク　公明党

問10　1970年には252名に増え について、２名増えたのは(　　　　)に備えるためでした。空欄にあてはまる文章を簡潔に答えなさい。

問七 ――線6「あなたも書店員になった以上、すでに呪いにかかっていますよ」とありますが、このように述べる森の目に映る由佳子について説明したものとして最も適当なものを次のア～エの中から一つ選び、記号で答えなさい。

ア 由佳子は書店員になったことに不満を持ってはいるが、実際は自分の夢をかなえるためならばやっかいな客への対応も自ら買って出るように、目標に向かって努力を惜しまず働くことで、書店員としての誇りを持ちつつある。

イ 由佳子は会社の都合で書店員になっただけで情熱に欠けていたが、実際はしつこい買い占め客に対しその場で販売する上限を決めたように、正しいと思うことを行わずにはいられなくなっており、社会人としての心構えが備わってきている。

ウ 由佳子は書店員になったことに不平を言っているが、実際は新入社員の時に受けた研修なども生かして横暴な転売ヤーの買い占めを防いだように、書店員に必要な力を身につけながら、仕事に集中するようになってきている。

エ 由佳子は内心では書店員の仕事を不本意だと思いながらも、実際は多くの人が欲しがっている人気コミックの買い占めに必死になって抵抗したように、自分でも気づかないうちに、書店員としてのあるべき姿にこだわりを持つようになっている。

問五　――線４「いいえ、わたしが店長です。わたしが、対応します」とありますが、この時の由佳子についての説明として最も適当なものを次のア～エの中から一つ選び、記号で答えなさい。

ア　自分には書店員としての十分な知識や経験がなく、転売ヤーだと思われる客への対応は、店のルールや客の扱いをよく分かっているアルバイトの幸田の方がうまくできるだろうが、自分はこの店の責任者である店長なので、客には堂々とした態度で対応するとともに、幸田にも自分の立場をはっきり示そうと一生懸命になっている。

イ　自分には書店の店長という肩書はあるものの、まだ働き始めたばかりで文句を言ってくる客に対する対応の仕方もよくわからないので、はっきりとした性格で店のこともよくわかっているアルバイトの幸田に頼りたいと思う一方、それでは自分の成長につながらないと感じ、無理をしてでも強気な態度で客に対応しようと強がっている。

ウ　自分よりも現場経験が長く書店員としての能力と情熱をあわせ持つアルバイトの幸田に比べると、自分は何一つ幸田より優れたところがないとはわかっていながらも、普段から自分を見下している幸田に頼りたくはなかったので、結果はどうなるかわからないが、自分は店長であり、アルバイトよりも立場が上であることを示そうと必死になっている。

エ　自分は書店で働き始めたばかりで、転売ヤーのような客が来た場合の対応の仕方は知らなかったので、きっぱりとした性格のアルバイトの幸田に任せた方が理にかなっているとは思いながらも、それでは店長である自分がアルバイトより下に見られてしまうかもしれないと思い、無理をしてでも自分が対応しようとやっきになっている。

問六　――線５「わたしは痛くも痒くもない、と思った」とありますが、そのように思えるようになったのはなぜですか。きっかけとなった出来事について触れたうえで、解答らんに合うように、五十字以上七十字以内で説明しなさい。

問四　――線３「由佳子のなかで、ひとつ、スイッチが切り替わった」とありますが、この前後の由佳子の気持ちの変化を説明したものとして最も適当なものを次のア～エの中から一つ選び、記号で答えなさい。

ア　転売ヤーだと思われる男の横暴な態度に怖れを感じ、どう対応してよいのかわからず困惑していたが、新刊のコミックを買うために今まで大事にとっておいたであろう図書カードを握って来店した子供を見て、お金を多く持っている大人ばかりが欲しいものを手に入れるのはおかしいと感じ、勇気を奮い立たせて男による買い占めを拒否しようと決心した。

イ　残りの新刊コミックをすべて転売ヤーだと思われる男に売ってよいとは思えず対応に戸惑っていたが、そのコミックを求めて店に来た子供を見て、本当にそのコミックを読みたいと思っているより多くの客に売りたいという思いが湧《わ》きあがってくるとともに、男のひどく横柄な態度に腹が立ったこともあり、買い占めは決して許さないという方針で対応しようと決意した。

ウ　早く来た客を優先して本を売るのは当然であり、また誰に売っても利益に違いはないとはいえ、店にある残りの新刊コミックをすべて男に売ってよいとも思えなかったので、どのような対応が適切か考えていたところ、男が一方的に買い占めを進めようとしたため怒りが湧《わ》き、このまま男にコミックを売るのはやめようと決断した。

エ　客の男がやけに急いで新刊コミックの同じ巻を大量に購入しようとするのを不審に思い、そのわけを知りたいと思ったものの、男の態度が強引なものだったのでその理由を聞くことができなかったが、その本を求めるより多くの客に本を届けることの大切さを思い出し、勇気を出して男の本音を聞こうと意を決した。

問三 ――線２「頭ではわかっているつもりだった」という表現は、森の話を聞いた由佳子のどのような気持ちを述べたものですか。その説明として最も適当なものを次のア～エの中から一つ選び、記号で答えなさい。

ア 書店で仕事をする上で大切なポイントについては本部のマニュアルを読んで理解した気になっていたが、同じような説明でも、長い現場経験に裏打ちされた森のアドバイスを直接聞くことで、自分には書店員としての心構えがまだ身についていなかったことを実感している。

イ 書店員として働くにあたっての心構えは本部のマニュアルを読んで十分できていると思っていたが、森の説明にはこれまで聞いたことのない、現場経験に基づいた最新の情報が盛り込まれており、自分がまだまだ書店員としていたらないところだらけだということを痛感している。

ウ 書店の仕事についての注意点は本部のマニュアルを読んでしっかりと理解していたが、長い現場経験を持つ森の説明を聞くことで、書店員の仕事において最も重要なのは本の仕入れ方であると知り、しっかりとした心構えが自分にはまだなかったことを実感している。

エ 書店員の仕事に関する重要なポイントは本部のマニュアルを読んでしっかりと理解していたつもりだったが、現役の書店員として長い間働いてきた森の説明を聞くことで、現場で働いた者にしかわからない多くの注意点があることを知り、自分がいかに無知であったかを痛感している。

問二 ――線1「美しい誤読」とありますが、森の「美しい誤読」についての話を由佳子はどのように受けとめていると考えられますか。その説明として最も適当なものを次のア～エの中から一つ選び、記号で答えなさい。

ア 自分では仕事で失敗したと思っても、かえってその失敗が客からは好感を持たれることもあるのだと、なぐさめられているように感じている。

イ 客から怒鳴りつけられても、それを良い経験として心に刻み込み、成長につなげることの方が大事だと、勇気づけられているように感じている。

ウ たとえ仕事を完璧にできなかったとしても、失敗を恐れることなく積極的に取り組むことに価値があると、励まされているように感じている。

エ 書店員の仕事は、どのような結果になろうと常に自分が正しいと思うことを思い切りやることが肝心だと、背中を強く押されているように感じている。

問一　━━線ａ「不貞腐れながら」・ｂ「肩をいからせて」・ｃ「おどけて」の問題文中における意味として最も適当なものを次のア～エの中からそれぞれ一つ選び、記号で答えなさい。

ａ「不貞腐れながら」

ア　不満でなげやりな態度になりながら
イ　煮え切らない態度になりながら
ウ　悲しみで沈んだ態度になりながら
エ　申し訳なさそうな態度になりながら

ｂ「肩をいからせて」

ア　周囲に遠慮した態度で
イ　落ち込んだ態度で
ウ　怒りで高ぶった態度で
エ　わがままな態度で

ｃ「おどけて」

ア　ふざけた様子で
イ　驚いた様子で
ウ　真剣な様子で
エ　馬鹿にした様子で

注８　転売ヤー……人気商品を買い占め、定価に上乗せした価格で他人に売ることで稼ぐ者のこと。
注９　唯我独尊……この世の中で自分より尊いものはいない、という意味の熟語。
注10　矜持……自分の能力を信じて抱く誇りのこと。
注11　引き継ぎの朝礼……開店から夕方まで仕事をするスタッフである早番から、夕方から夜にかけて仕事をする遅番に対して必要事項を伝達するための打ち合わせのこと。
注12　ケースバイケース……時と場合による、という意味。
注13・注14・注15　近藤勇・沖田総司・土方歳三……江戸時代末期の武士。京都の治安維持にあたった組織である新選組の中心的人物たちで、三人とも同じ道場の出身で旧知の仲だった。
注16　光太郎……由佳子の大学時代の同期。

由佳子の驚いた顔を見て、森がにやりと笑った。

6「あなたも書店員になった以上、すでに呪いにかかっていますよ、あれだ。『思う存分、呪い合おうじゃないか』」

「森さん、お若いですねえ」

注16光太郎《こうたろう》に無理やり押しつけられた漫画《まんが》のセリフで、たしかあった。

「書店員はわがままなんですよ。面白いものが大好き、いつだって心を動かしてくれる本を探している。そして、人に勧めたくってしょうがない」

「いい呪い」

由佳子は言った。

口のなかですぐに溶けてしまうくらいに甘い、禁断の砂糖菓子だ。

※問題作成の都合上、文章中の小見出し等を省略したところがあります。

注1　シュリンク……書店店頭での立ち読み防止や商品保護のために単行本をフィルムで包装すること。

注2　ポップ……客に興味を持たせるため、手のひらサイズの紙に書籍の魅力などを書いたもの。

注3　店長マニュアル……さかえブックス五反田店の歴代の店長たちが書き溜めたもので、店長だけに受け継がれているマニュアルのこと。

注4　幸田……書店での仕事を熟知しているアルバイト。現在は森のアシスタントとして働いている。

注5　バズりポップ職人……口コミなどで急激に注目を集めるようなポップを作ることに長けた人のこと。

注6　取次……出版社と書店とをなかだちする会社のこと。たいてい書店は取次を通して本を仕入れている。

注7　パワポ……パワーポイントの略。発表する資料の作成や実際の発表時に使用するソフトウェアのこと。

「店長、あなたが決めたのなら、それに従います。言うなれば、あなたは[注13]近藤勇《こんどういさみ》です。どっしり構えていればいい。さしずめ僕は……、[注14]沖田総司《おきたそうじ》かな」

「あ、そこは[注15]土方歳三《ひじかたとしぞう》じゃないんですね」

由佳子は笑った。

「わたしにそんな気概は残っていませんよ。昔『沖田総司は女だった！』って小説がありましたね。舞台が先だったかなぁ。だからなんでもあり。沖田が美形の高齢者だって構わんでしょう」

森が[c]おどけて、剣を振り回す動きをした。わりと身軽だ。

「むちゃくちゃですけど、それでお願いします。それと」

由佳子はコホン、とひとつ咳《せき》をして、言った。

「わたしはこの店を潰しません」

「頼みますよ」

森は洒落《しゃれ》たハンチング帽《ぼう》を被《かぶ》った。トレンチコートが似合っている。とても上等なものに、由佳子の目には映った。

「わたし、サカエで出世したいんです。わたしのしたい仕事をするために」

この仕事は不本意であると言っているようなものだなあ、と由佳子は口にしてから気づいた。

「書店員はね、なんで不平不満ばかりあるのにしがみつくように頑《かたく》なに、働いていると思いますか？」

森がまたクイズを始めた。

「本が好きなんでしょう」

由佳子は答えた。当たり前のことだ。

「ちょっと違いますね。呪いです」

「はい？」

男は千円札を投げつけた。

そんなことをされても、5わたしは痛くも痒《かゆ》くもない、と思った。

由佳子の手から、領収書と袋をひったくり、男はb肩をいからせて店を出ていった。

（中略）

「なぁなぁになっていたんで、ちょうどよかった」

森が帰り支度《じたく》をしながら言った。

「どういうことですか？」

結局由佳子が、本日のメール返信を終える見込みは立っていない。

あと一時間で遅番たちがやってくる。注11引き継ぎの朝礼をして、夜のピークタイムまでは待機、で今日はおしまい。まだまだ先は長かった。

早番たちも残り時間が迫っている。店内を慌《あわ》ただしく動き回る姿がモニターに映っていた。

「個数制限を決めても、崩れてしまうものなんです。泣き落とされたり恫喝《どうかつ》されたりしてね。そして一度許すとどこからか噂《うわさ》を聞きつけて、たくさん買えると思った人たちが押しかけてくる。売り上げ的には百人が一冊買っても、一人が百冊買っても変わりありません。書店としては売れているうちに、という気持ちもあります。注12ケースバイケースのときだってもちろん。店長の権限をもって、本日公式見解発表となった、ということで」

森は由佳子を労《ねぎら》ってくれているらしかった。

「そうでしょうか」

自分の判断が正しかったのか、由佳子は半信半疑だった。

由佳子は言葉に詰まった。

何冊が正しいんだ？

男は睨《にら》みつけてくる。すぐに返事をしなくては、また男は喚《わめ》き散《ち》らす。

「二冊じゃないですか？」

そう言ったのは、さっきまで列の並びを整理しながら問い合わせを受けていた、吉屋だった。

「読む用と保存用で、二冊までなら。俳優さんが表紙の雑誌を予約されるお客さま、だいたい二冊いるっておっしゃいますし」

「三冊ですよ。布教用にわたし、コミック買ったこともある」

遠くで声がした。年配のアルバイト、有吉《ありよし》こずえが小走りでやってきた。

「一冊です。あくまで、お一人さま一冊」

レジを終え、幸田が宣言した。

「じゃあ……」

由佳子は決めた。

「当店では、人気コミックは、どうしてもという場合だけ、一人二冊までお買い上げいただけることにします！」

「はあ？　なんだよ、いま決めてんのかよ！」

男が喚いた。

由佳子は臆《おく》さなかった。アルバイトたちが、見守ってくれている。あらを探すためでなく。彼女たちは、仲間だ。

「はい、店長のわたしが、ただいま決めさせていただきました。きちんとこういった場合の対応を練っておらず、お客さまには大変ご迷惑をおかけしました。わたしも二冊までなら常識の範囲内、と考えました。スタッフ全員の意見を聞き、平均二冊。今回はそれでよろしければ、販売させていただきます」

言い終えると、由佳子は頭を下げた。

定価で渡すんでしょうね。

友達がいない、と賭《か》けてもいいけれど、これだけ「ほんとうの」お友達がいたとして——。

「たくさんの方が、この商品をお求めにいらっしゃいます。お客さまのお友達には申し訳ございませんが、お店にきてくださったお客さま優先とさせていただきます」

「仕事で店寄れないとか、入院しているやつもいるんだけど」

「申し訳ございません」

由佳子は下げたくもない頭を下げた。

「俺も頼まれてるんだからさぁ。買えないと困るんだけど」

「申し訳ございません」

新入社員だったときに受けた研修で、謝り方を学んだな、と由佳子は思いだした。曲げる角度まで厳しく。それを自分がきちんとできているかは、わからない。

男はこの本が買えないと困る、と怒りながら訴えた。

横で幸田がレジをこなし続けていた。さすがだ。列が短くなっていく。いままさにレジでクレームを受けているのを見て、会計に並ぶのを躊躇《ちゅうちょ》している人もいるのだろう。

何度も、他のお客さまの分です、と伝えた。

幸田の頑張りで、列がまもなく途切れそうだった。

「じゃあ何冊までなら買えるんだ？」

男はa不貞腐《ふてくさ》れながら言った。

「常識の範囲内って、じゃあこの店の常識では何冊なんだ？」

「それは」

男は眉《まゆ》をきつく寄せ、深い皺《しわ》を作った。

「申し訳ありませんが、お客さまお一人に、いまある在庫すべてをお売りすることはできません。人気商品です。お店においでになった、お客さまお一人お一人に、お渡ししたいので、申し訳ございません」

由佳子は冷や汗を掻《か》きながら、言葉を間違えぬよう、慎重に話した。

この店ではどういうルールになっているのか、わかっていなかった。

「わたしが代わりましょうか」

隣のレジの幸田が、接客を終え、自分の前に休止板を置いた。言葉は丁寧《ていねい》だが、並々ならぬ覇気《はき》が漲《みなぎ》っている。

転売ヤーも、そんなやつの対応にこまねいているボンクラ社員も、全員かかってこい、ぶっ潰《つぶ》す！　と全身で語っている。

たしかに、店のルールを把握していて、接客も安心して任せることのできる幸田に引き継ぐのが正解だろう。

由佳子はこの店にやってきたばかりで、なにも知らない。本の知識も、書店員の注10矜持《きょうじ》も。

4「いいえ、わたしが店長です。わたしが、対応します。幸田さん、そちらのレジを勝手に閉められては困ります。並んでいらっしゃるお客さまのお会計をお願いします」

由佳子は言った。

この転売ヤーの対応を終え、レジの混雑が解消した瞬間、めちゃめちゃ詰められる、と恐れている場合ではない。

予想できるつまらない未来なんて、いまは見ている暇は、ない。

「人に頼まれてんだよ、さっさとしてくれよ」

男が怒鳴った。

「すみませんが、すべてお売りすることはできません」

「店にこられない友達の分なんだけど？」

それ、あんたたちが買い占めて買えなかった、ネットの向こうの人の呼び名か？　代行した、とでも言いたいのか。だったら

「あっ、昨日あったのにない〜」

子供の大声が店内に響いた。コミック新刊台からだった。

並んでいる列があるというのに、子供は[注9]唯我独尊《ゆいがどくそん》、おかまいなしに、ずかずかとレジにまでやってきた。

手には図書カードを握っている。

「すみませーん、ありますかあ」

元気よく子供が告げた題名は、由佳子の手元にあった。

「早くしてくんない」

男が舌打ちをした。

「ちょっと待ってくださいね」

由佳子は小さなお客さま、に応えた。

「お問い合わせですか？」

アルバイトの吉屋響《よしやひびき》がやってきた。

由佳子の手にしているコミックを見て、ああ、とすぐに察したらしく、困った顔をした。どうしようもない、と。

「なにぐずぐずしてんだよあんた。早くしてくんないかなあ、急いでるんだからさあ」

男が凄《すご》んだ。でかい態度でいれば、このままやりおおせると思っているのだ。

3 由佳子のなかで、ひとつ、スイッチが切り替わった。

お金を払う、商品を渡す。何ひとつ間違ってはいない、けれど、こういう態度は気に入らない。心底、軽蔑する。

「お客さま、常識の範囲内でのお買い上げをお願いします」

由佳子は言ってやった。

「は？」

由佳子はコミックを手に取り、バーコードをスキャンした。おかしなことに気づいた。

「巻数お間違えじゃ……」

コミックはすべて同じ巻だった。

「袋持ってきてるんで」

と男は携帯用のエコバッグをひろげだした。

「あの、巻数」

「カバーなしで」

由佳子の話をまったく聞こうとしない。

「こちら、同じ商品ですが」

少々声を大きくして、由佳子は手にしているコミックを見せた。

「それでいいんで」

男は無表情で答えた。だからどうした、ということなんだろう。傲慢《ごうまん》な態度でいれば、そのまま会計できると思っている。

注8 転売ヤー、ってやつだ。由佳子は理解した。

昨日発売されたばかりの人気コミックだった。入り口の新刊台にまだ少しだけ残っていたのを朝、確認していた。いまある在庫すべてを購入するつもりなのか。

一人に販売しても、売り上げは売り上げだった。早いもの勝ち、とも言える。でも、釈然《しゃくぜん》としない。

新刊コミックは、売り切れたからといって、即《そく》追加するのは難しい。出版社によっては、新刊はしばらく経《た》ってからでないと発注を受け付けないところもある。再入荷はしばらくない、かもしれない。

「領収書、宛名《あてな》なしで」

男はさっさとことを進めようとしている。

由佳子は頷《うなず》いた。

「這《は》い上《あ》がったとき、いつもいた場所が違うように見えたなら、きっと、爽快《そうかい》でしょう」

這い上がる？　由佳子は森の言葉の真意を掴《つか》めぬまま、事務所から飛びだした。

レジカウンターに入ると、幸田が驚いた顔で迎えた。

「呼んだのはあなたじゃありません」

と言いたげだった。由佳子をチラリと一瞥《いちべつ》し、すぐに笑顔の接客に戻った。プロだ。

由佳子は休止中と書かれた板を外し、使われていないレジに入った。

買い物の列はどんどんと伸びていった。

五反田の街は、ビジネス街と住宅街の顔を併《あわ》せ持つ。平日はオフィスで働いている人々、休日は家族連れで通りは賑《にぎ》わう。

絵本コーナーのほうでは、子供たちが楽しそうに本を選んでいる。雑誌コーナーでは立ち読み客のおかげで、雑誌を取ろうとする人が苦労している。店は混雑していた。

ミスをしないように、由佳子は集中した。先日も、残金のある図書カードを返し忘れてしまい、幸田にさんざん注意されたのだ。

ひとつのお会計が終われば、すぐ、次のお会計。並んでいるお客さまはこっちの都合などおかまいなしだ。

「ああ、そういえば、この漫画の次の巻、いつ出るの？」

「雑誌の名前を忘れたけれど、京都の特集していたことだけは覚えている」

「この本少し折れているんだけど、他に在庫ない？」

会計以外にもお問い合わせをこなしていかなくてはならない。ここしばらくで、自分もずいぶんカバー掛けが早くなったな、と小さいながらも成長を感じた。

どか、とコミックがカウンターに置かれた。

いときに地獄《じごく》を見ます。むしろ、売り上げの大部分は既刊《きかん》が作っているんですよ。話題作や定番をきちんと棚に置かなくてはいけません。なので棚のチェックは面倒がらずに、こまめにしておかないと。文庫本は取次[注6]に自動発注を頼んでおけば安心、なんてことはありません。注文書にあるランキングもくるたびに確認しておき、シリーズものの抜け巻を作ったまま放置、なんてことのないようにしなくては」

森は流暢《りゅうちょう》に語った。ほんとうに、先生みたいだ。

本部が作ったマニュアル用パワポ[注7]にもあったので、[2]頭ではわかっているつもりだった。

「まず、この本屋に行けば、必要としているものが必ずある、と思っていただかなくてはなりません。お客さまが求めているものを、ちゃんと手渡すこと。それが第一。そして第二に、なにか面白いものがないかな、とやってくる人に、例えばこんなものはどうですか、と提案をする。それは現場にいないとできません。本部が提案してくる商品やフェアは、ありゃあ、机の上で数字を眺めて決めて、出版社との取引だのと、まあ、ざっくり言えば、政治ですよ。もちろん利用しますが、僕はね、自分が面白いと責任を持って……」

森の顔はぐっと真剣味を帯びた。表情が豊かな人だ、と由佳子は思った。

レジ呼び出しのベルが鳴った。

防犯カメラのモニターを見ると、レジに列ができていた。他のスタッフもお客さま対応真っ最中だった。

「行ってきます」

由佳子は立ち上がった。

森の話の続きは気になるが、またいずれ。事務所で作業をしているときは、いつだってそばにいるのだ。機会はいくらでもある。

「現場にいれば、すぐに身につきますし、僕が言わなくても気づきます」

「はい」

由佳子は感心した。

誰かの言葉でなく、森自身の経験がこもった言葉。力強く、心地よく響く。まるで一輪、花を差しだされたみたいに。

「僕も全部が全部できているわけではありませんがね」

森は不思議だ。[注3]店長マニュアルにはアルバイトのこれまでの経歴や仕事ぶりも書かれていた。由佳子は他のスタッフのことはある程度、把握することができた。

けれど、森に関してはほとんど書かれていなかった。

『注意　森さんにはよっぽどの事態でない限り、レジ・その他雑務を頼まないこと。基本フリーで動いてもらう。』

とあった。

森は創業からいるスタッフだ。普通だったら定年退職となるところを、こちらが頼んで相談係としてきていただいている、らしい。だからといって、人の仕事をあれこれ指図したりしない。相談されるまでは放っておくのが信条のようだった。

そういえば、「考えて。間違ったとしても構わないんだから」と言われたっけ。

[注4]幸田《こうだ》とあれこれ作戦会議をしているのを見かけるが、ほぼ、任せっぱなしだ。

いつも事務所の椅子に座って、本を読み、いまは「[注5]バズりポップ職人」となっている。

先日も、スマートフォンを器用にいじりながらＳＮＳをチェックしていた。動画制作にも挑戦するつもりらしい。とんでもなく勤勉だ。

自分が森の年齢になったとき、そんなふうに自分の仕事を追求し続けていることができるのだろうか。

仕事を超えて、本を誰かの手に届けることは、森の人生を懸けたテーマ、なのだろう。

「売れているものはたくさん売る。しかし新刊だけが売れているわけではないんです。新刊に頼り切りになると、目玉商品がな

【三】　次の文章はキタハラの小説『早番にまわしとけ　書店員の覚醒』の一節です。由佳子《ゆかこ》は入社当初はサカエグループのファッション通販部門に所属していましたが、ある日会社の指示で、本社勤務からさかえブックス五反田店の店長へと配置換えとなってしまいました。年々売り上げが落ちている書店事業への配置換えで自分が出世コースから外れてしまったと落ち込む由佳子でしたが、元の部署に戻るために、書店の店長としてなんとか成果を上げようと考えています。次の場面は、由佳子が働きはじめて間もないころの話です。これを読んで後の問いに答えなさい。

開店前の店内では、全員が黙々と作業をしていた。

手伝います、と腕捲《うでまく》りをして乗りこむと、じゃあコミックに特典ペーパーを入れて、シュリンク[注1]しておいて、と頼まれた。

すべてを終わらせることなく店はオープンし、開店早々、人々が飛びこんできてコミックを買っていく。

レジのマニュアルは事前に読んでおいたものの、いきなりの実践《じっせん》になってしまった。助けを呼ぼうにもスタッフは忙しそうだ。

あまりにもとろくさかったものだから、長い列ができた。並んでいたおやじが、

「別のやつがレジしろ！」

と怒鳴り散らした。

思いだして由佳子が沈んでいるのを森《もり》は嬉《うれ》しそうに眺めた。なにが楽しいんだ、と顔をしかめると、

「[1]美しい誤読」

と森は言った。

「なんですか？」

「僕がポップ[注2]作りで心がけていることです。人は完璧に理解することはできません。意図を読み違えているかもしれない。でも恐れずに、誤読したとしても美しくあろう、ってね。読書というのはこの世で一番ロマンティックな行為ですから」

「いいですね」

問七　――線５「私有への欲求には歯止めがなくなります」とありますが、これはなぜですか。その説明として最も適当なものを次のア～エの中から一つ選び、記号で答えなさい。

ア　他の人がとても手に入れることはできないだろうと思われる高価な品物を所有することで満足したとしても、資本主義の社会ではどんな品物もいずれ他者が同じように所有するものとなるため、いつまでも最新の高価な品物を買い求め続けなければならなくなるから。

イ　他の人がなかなか手に入れられない品物を所有することで、自分の生活を満足のいくものだと感じることができたとしても、他者が同じものを入手できるようになると、その満足感を維持するためには周囲の人々より沢山の品物を所有したいと考えるようになるから。

ウ　他の人が持っていないような品物を手に入れて自分の個性を表現できたと思っても、物の所有によって得られるアイデンティティを保っていられるのは一時的なもので、変化し続ける自己を満足させるためには常に最先端の品物を買い求めないとならなくなるから。

エ　他の人が持っていないような品物を所有することによって自分の存在を意味づけることができたとしても、他者が同じものを所有するようになってしまえば、新たに他者との差別化を図るために、また別の品物を求めずにはいられなくなるから。

問八　――線６「失うことへの恐怖」とありますが、これはどのような恐怖だと考えられますか。五十字以上六十字以内で説明しなさい。

問六 ――線４「記号としての～担うようになった」とありますが、これはどういうことですか。その説明として最も適当なものを次のア～エの中から一つ選び、記号で答えなさい。

ア 商品は、それを購入することで自分自身のイメージを形作るためのものとなり、自分らしさを消費者に与えることができないような品物は全く価値がないものと考えられるようになったということ。

イ 商品は、何にどれくらい役に立つのかというそれ自体が持つ具体的な有用性よりも、他の商品と比べて相対的にどれくらいの値打ちがあるかという基準から価値が計られるようになったということ。

ウ 商品は、品物の持つ特定の意味合いを持ち主に与えるものと捉えられるようになり、ありたいと望む自分自身のイメージを形作る道具として、人々が個性を表現するために買い求められるようになったということ。

エ 商品は、手に入れることで自身が満足できたかどうかだけではその価値を計ることはできず、客観的な基準からも評価してみないと本当に価値があるかどうかは分からないと考えられるようになったということ。

問五　――線３「消費資本主義の～いいかもしれません」とありますが、筆者がこのように述べるのはなぜですか。その説明として最も適当なものを次のア～エの中から一つ選び、記号で答えなさい。

ア　現代の消費資本主義社会では、他者からうらやましいと思われたいがために高額な商品を購入することが重要であり、人々は手に入れた品物を見せびらかして自分は他者とは違うという満足を得るために、終わりのない消費行動に駆り立てられていくから。

イ　現代の消費資本主義社会では、他者からうらやましいと思われるために商品を買い集めることこそが重要で、どんなに必要なものでも多くの人が手に入れられるようなものはまったく見向きもされなくなっており、人々は高額な商品ばかりを買い漁るようになっているから。

ウ　現代の消費資本主義社会では、大量生産によって生み出される莫大な富を貯め込んだ資本家たちだけが、必要なものを常に不足することなく買い求めることができ、彼らの生活は、日々の暮らしに事欠く社会の大多数の人々のうらやむものになっていくから。

エ　現代の消費資本主義の社会では、見せびらかしのための高額な商品をどれだけ売り広めていくかということが商品を生産する側の課題であり、購入者に自分を他者よりも良く見せることができるような商品を供給しないと生き残ることができないから。

問四　――線２「現代の資本主義の特徴」とありますが、この特徴は現代の社会においてどのような状況を生み出していると筆者は述べていますか。その説明として最も適当なものを次のア～エの中から一つ選び、記号で答えなさい。

ア　資本主義の成熟によってありきたりなものが売れなくなってしまったため、その打開策として高価で人の欲望をくすぐるような品物ばかり販売されるようになり、日常的な必要品があまり店頭に並ばなくなってしまっている。

イ　資本主義の成長によって人々の生活に欠かせないものが社会全体に行き渡るにつれ、必ずしも必要ではなくても自分にとって価値があると思えるものを皆が求めるようになり、本当の意味での豊かさが問われるようになっている。

ウ　資本主義の発達によって生活に必要なものが出揃った現代の社会は、不要なものでもそれを自分のものにしたいという欲求を際限なくかきたて、人々に消費を促していかないと、経済活動を維持することが難しくなっている。

エ　資本主義の後退によって生活に必要なものを生産するだけでは産業は立ち行かなくなり、本当はあまり価値のないものを価値があるかのように見せかけて人々に売りさばく必要性がたかまり、広告が重視されるようになっている。

問三　――線1「この説明は～という気がします」とありますが、このように筆者が述べているのはどうしてですか。その説明として最も適当なものを次のア～エの中から一つ選び、記号で答えなさい。

ア　筆者は、食品こそ必要なものしか買わないが、洋服となると、必要でなくても気に入ったものは買わずにはいられないと考えているから。

イ　筆者は、『「消費」をやめる』という本を書きながらも、ついつい不要なものを買い続けてしまう自身の意志の弱さに長い間悩まされてきたから。

ウ　筆者自身が、買い物客がどんな献立を考えているかに関係なく、店側の売りたいものを売ろうというスーパーの姿勢に不満を感じているから。

エ　筆者自身、消費のための欲求を刺激されると、あまり必要ではない商品をつい買ってしまうような経験を今まで何度もしているから。

問一　＝＝線(1)～(3)が主語、または修飾語として係る（結びつく）部分を次の――線の中からそれぞれ一つ選び、記号で答えなさい。

(1)　[(1)]それが　ア事前に　イ考えていた　ウ献立に　エ必要な　オ食材でなくとも、　カついつい　キ買い物カゴの　ク中に　ケ放り込んでしまうのです。

(2)　[(2)]どこかで　ア「走ることで、　イもっと　ウ走ることを　エ要請する　オスイッチ」が　カ入ったからじゃないかと　キ思うのです。

(3)　[(3)]消費資本主義の時代には　ア多くの　イ消費者の　ウ目標のような　エものに　オなった　カ感が　キあります。

問二　～～線A～Gの「ある」を言葉の種類ごとに分類すると二つに分けることができます。その分け方として最も適当なものを次のア～オの中から一つ選び、記号で答えなさい。

ア　ADG／BCEF　　イ　AEFG／BCD

ウ　ACDF／BEG　　エ　ABG／CDEF

オ　ADEG／BCF

注1　マーケティング……商品やサービスが消費される仕組みをつくり出すための企業の活動。

注2　マーチャンダイジング……消費者の欲求を満たすように商品を適切に市場に提供する企業の活動。

注3　廉価……安い値段。

注4　寅さんの啖呵売……啖呵売は巧みな話術を用いて品物を売りさばく商売の手法。映画『男はつらいよ』シリーズの主人公、車寅次郎は商品を売り込むためにしばしば啖呵売を行っている。

注5　ドライブ……かきたてること。

注6　亢進……高まること。

注7　箴言……人生の教訓の意味も含めた短い句。格言。

注8　ソースタイン・ヴェブレン……（一八五七〜一九二九）アメリカの経済学者・社会学者。

注9　有閑階級……資産があって生産労働に従事しない富裕層の人々。

注10　爆買い……ここでは必要以上に大量の商品を一度に買うこと。

注11　浮揚……浮かび上がること。

注12　business《ビジネス》……ここでは企業経営という意味。

注13　industry《インダストリー》……ここでは工業生産という意味。

注14　ポストモダン……行き詰まった近代社会を批判的に乗り越えようとする考え方。

注15　ジャン・ボードリヤール……（一九二九〜二〇〇七）フランスの哲学者。ポストモダンの代表的な思想家とされる。

注16　交換価値……一定量のある商品が他のどれだけの量の商品と交換できるかという相対的な価値のこと。

注17　等価労働価値……ある商品の、それを生産するために費やされた労力に相応するとされる価値のこと。

注18　爛熟期……成熟しきって衰えが見え始める時期。

に日常的には、かっこよく見せたいから、あるいは鬱陶《うっとう》しいから床屋に行くとか、腹が減ったからそれを満たすために食事をするといったような目的論的な行動をするのですが、人間の欲望に限っては、ほとんどの目的論的な説明は後知恵の合理性に思えます。

「欲しいから買うのではなく、買うから欲しくなる」というのは、何かを私有することは、さらなる私有へわたしたちを駆り立てるということです。ボードリヤールが言うように、私有がアイデンティティを表現する記号であるならば、競争社会においては、5私有への欲求には歯止めがなくなります。なぜなら、わたしが私有すれば、すぐにそれに追いつくように誰かが私有することになり、誰かが私有すれば、さらに他の誰かが私有することになるからです。

資本主義のマーケットはそのようにして拡大してきたので、まさにこの私有へのあくなき追求こそが、物質文明発展の梃子《てこ》になっていたわけです。

私有というのは、自分が何かを持っているということ以上に、他者が持たないものを自分が持っているというところにその本質的な意味が隠されています。所有は、社会的な差別指標になっているわけです。

「足るを知れ」という格言がありますが、こうした格言があること自体、足るを知ることの難しさを表しています。いや、そもそも、足る状態のために、私有を増進するのではなく、あくまでも他者との差別化をめざして私有に走るわけですから、私有すればするほどに、さらなる私有への欲望が亢進することになります。

私有するとは、「失うもの」が増えるということです。

「失うもの」が多ければ多いほど、6人は臆病になります。「失うもの」が無ければ、怖いものはないとよく言いますが、わたしたちは「私有」を増やすことで、失うことへの恐怖も増やしていると言えるのではないでしょうか。

（平川克美《ひらかわかつみ》『共有地をつくる　わたしの「実践私有批判」』）

※問題作成の都合により、文章の表記や書式等を変更したところがあります。

ワインを楽しんだりすることで、自分の存在感を[注11]浮揚《ふよう》させたいという無意識の欲求が駆動していると言えるのではないでしょうか。

ヴェブレンは、「未開時代」「野蛮時代」「手工業時代」「機械産業時代」へと発展してきた経済発展の歴史は、お金集めとしての[注12]「business《ビジネス》」と商品生産としての[注13]「industry《インダストリー》」の対立と分離の過程であったと考えました。この過程の中で、「持てるもの」と「持たざるもの」の分離、「財を所有するもの」と「財を生産するもの」の分離、「富めるもの」と「貧しきもの」の階級分化が起きたというのです。

十九世紀末のヴェブレンの経済史の見立ては、現在の消費資本主義に至るまでの状況をほぼ正確に言い当てているように見えます。かつては年金生活者の特権であった、働かずしてたらふく食い、なおかつ尊敬を集めるという生き方が、(3)消費資本主義の時代には多くの消費者の目標のようなものになった感があります。

[注14]ポストモダンの哲学者として知られる[注15]ジャン・ボードリヤールは、一九七〇年に出版した『消費社会の神話と構造』の中で、大衆消費・再生産の社会における消費行動を分析して、ヴェブレンとは少し異なった解釈をしています。

ボードリヤールは、商品は単に[注16]交換価値や[注17]等価労働価値を示すのではなく、4記号としての象徴的な価値を担うようになったと説き、それは人をして単なる衒示的な行動に駆り立てるだけではなく、個人のアイデンティティ（自分らしさ）を表現する記号となり、人は自分らしさを獲得するために消費するのだと説明したのです。

一九七〇年といえば、日本はまだ高度経済成長のただ中にありましたが、ヨーロッパの中心的な都市社会はすでに資本主義の[注18]爛熟《らんじゅく》期に入っており、ボードリヤールは、日本が以後辿《たど》る消費資本主義社会の道すじを言い当てていたわけです。

さて、ここまで説明して、これら頭の良い先人の思想は確かに素晴らしいのですが、どうも頭でっかちな気がしてしょうがないのです。わたしはまたもとの箴言「人間は欲しいから買うのではなく、買うから欲しくなる」というところに戻ってしまいます。

つまり、人間の行動を合理的に説明しようとすれば、人間は目的に向けて行動するといった目的論的なものになります。確か

何かのために空手の稽古を続けているのではなく、空手の稽古をしているからもっとやりたくなる。

子どもの頃、わたしは切手集めをしていたのですが、切手に関心がなかった頃はそれを集めようと思うことなどはありませんでした。何かのきっかけがあって、切手帳を買い、少しばかりの記念切手が手に入ると、もっと他の切手も欲しくなり、[F]ある程度の枚数が集まると、切手収集に対する欲求はさらに亢進《こうしん》[注6]していったのです。

あらゆる人間の行動には、このような合理的ではない要因によって駆り立てられる傾向が[G]あるようです。

わたしが言いたいのはこういうことです。わたしたちの消費には、それが欲しいから集めるのではなく、集めるから欲しくなるというような側面があります。欲望は欲望によって駆動されると言ってもよいかもしれません。

だからこそ、人間の欲望を刺激することで売り上げを上げる資本主義的な生産様式は、商品が溢《あふ》れかえっても、飽和という状態にならずに、しぶとく太り続けているのかもしれません。私有物が過剰になればなるほど、人は欲しくなってしまうんです。

わたしは、このことはかなり重要な人間の性向じゃないかと思うのですが、このことだけで人間の消費傾向を説明したのでは、「成せば成る」とか「元気があればなんでもできる」「気合だ」みたいな意味不明の箴言《しんげん》[注7]みたいになってしまうので、もう少し分析的な言葉でこれを説明してみます。

アメリカの経済学者ソースタイン・ヴェブレン[注8]は、その著書『有閑階級の理論』[注9]（一八九九年）の中で、金利生活者などの有閑階級が自己顕示《けんじ》欲を満たすために高額な商品を購入する現象に注目し、これを衒示《げんじ》的消費(conspicuous《コンスピキュアス》 consumption《コンサンプション》)と名付けました。

消費欲にはこのように生活のための必要消費という面だけではなく、消費によって得られる「見せびらかし」効果が駆動することがあります。いや、[3]消費資本主義の本質は、むしろこの「見せびらかし」を期待した消費のほうにこそ潜んでいると言ってもいいかもしれません。

「見せびらかし」だけではなく、気持ちがむしゃくしゃしたり、落ち込んだりしたときなどに、爆買《ばくが》[注10]いすることで気持ちが晴れる、なんていうことはよくあります。よく考えてみれば、こうした代償行為的な消費もまた、自分を着飾ったり、高額な食事や

これは、B ある意味で資本主義の恩恵だったわけで、総体としては先進国の住民は文明の利器の恩恵を享受《きょうじゅ》できるようになったと言えます。しかし、国民のほとんどの層に、こうした工業生産物が行き届いてしまえば、もはや買い替え需要以外には需要自体がなくなってしまいます。こうした総需要が飽和《ほうわ》したことが、成長の C ある時点で資本主義下での経済成長が鈍化した理由だと思います。

テレビショッピングという番組がありますよね。売られているのは、掃除機だったり、バッグだったり、布団だったりと、誰もがすでに私有しているありふれたものなのですが、売り込みの見事な口上《こうじょう》についつい乗せられてしまいます。バナナのたたき売りとか、注4 寅さんの啖呵売《たんかばい》なんかも同じで、「マーケティング」などと言葉だけ新しくなっていますが、こういう手法は、昔から D あるわけです。

それで、消費者は必要のないものをつい買ってしまう。いや、必要のないものを買わせないと経済が回らなくなっているということです。そのためには、人々の私有への欲望を限りなく注5 ドライブさせてゆく必要が E あるのです。

かつてのビジネスマン時代のわたしは、結構な稼ぎがあったので、道楽的に洋服を買い漁《あさ》っていたことがありました。そして、こうした消費によって、さらなる消費欲求が起きるのを抑えることが難しくなっていったのです。

そのときには気がつかなかったのですが、後で振り返ってみてわかるのは、不要なものが欲しくなるのは、必要なものの欠落によるのではなく、不要なものの過剰によるのだということでした。

わたしは、今ではこのことをほとんど確信しています。なぜそうなるのかを説明するのはなかなか難しいのですが、おそらく大方は、わたしの考え方に同意してくれるのではないでしょうか。

どうやら、人間には誰にも、そんなところがありまして、毎朝ジョギングをしているランナーは、最初は健康のためとか、痩《や》せたいからといった欲望から始めるのでしょうが、だいたいの場合はすぐに飽《あ》きてしまい、やめてしまいます。ところが、これをずっと続けて習慣になってしまう人がいる。その理由は、彼／彼女が辛抱強いというよりは、(2)どこかで「走ることで、もっと走ることを要請するスイッチ」が入ったからじゃないかと思うのです。わたしは空手の稽古《けいこ》を続けていますが、これも同じです。

【二】 次の文章を読んで後の問いに答えなさい。

以前、『「消費」をやめる』（ミシマ社）という本を書きました。しかし、消費欲というのはなかなか厄介《やっかい》なもので、わたしはその後もついつい不要なものを購入してしまったのです。言行不一致。これは困ったものです。

　最近は食品以外のものはあまり買わなくなりましたが、なかなか消費をやめられないということに関しては、もう少し思考を整理して考えを深める必要がありそうです。

　通常、わたしたちはそれが必要だから買うのだと考えています。しかし、自分の消費欲を省みると、[1]この説明はずいぶんあやしいものだという気がします。たとえば毎日のスーパーでの消費を考えてみると、わたしは不要なものまで買ってしまうことがしばしばあります。もちろん、食品は腹を満たすために必要だから買うという側面は[A]あるのですが、商品棚《だな》に「本日の目玉商品」なんていうものが並んでいると、[(1)]それが事前に考えていた献立《こんだて》に必要な食材でなくとも、ついつい買い物カゴの中に放り込んでしまうのです。まあ、目玉ですから、買っておくことに越したことはないと。

　これは洋服の場合になると、もっと顕著になります。デパートの洋品売り場を歩いていると、すでに持っているにもかかわらず、新商品やブランドものなどが欲しくなってしまうのです。新しいスーツを買えば、それに合う靴も欲しくなります。時計もちょっとハイグレードなものにしたいと思うかもしれません。わたしは、まんまと敵のマーケティング[注1]戦略にハマっている。マーケティングとかマーチャンダイジング[注2]は、必要のないものを買わせる技術なのですから。

　[2]現代の資本主義の特徴は、必要のないものの増加ということです。

　生活に必要なものは、資本主義の初期の段階でほとんど出揃《でそろ》い、その発展の過程で多くの人々が手にすることができるようになりました。たとえば白物《しろもの》家電と言われる冷蔵庫や洗濯機、炊飯器などは、価格もずいぶん廉価《れんか》[注3]になりました。もちろん、貧困に喘《あえ》ぐ生活の中でこれらの必需品すら手にできない人はいますが、本書の読者の大部分はすでにそういったものを私有しているのではないでしょうか。

【二】 次の①～⑤の――線部について、カタカナの部分は漢字に直し、漢字の部分はその読みをひらがなで答えなさい。なお、答えはていねいに書くこと。

① 何となく悪寒を感じるので病院に行く。

② 神社で一年の無病ソクサイを願う。

③ 台所でサツマイモをムしている。

④ 目の前に大きなリッキョウが見える。

⑤ 相手チームはよくトウソツがとれていた。

令和5年度 本郷中学校
第2回 入学試験問題

国語

（五〇分 満点：一〇〇点）

注意

一、問題の解答は解答用紙にはっきりと記入しなさい。

二、指示があるまで問題冊子を開いてはいけません。

三、答えはすべて解答用紙に記入しなさい。

四、字数指定のある問題は、特別の指示がない限り、句読点、記号なども字数に含みます。

五、用具の貸し借りは禁止します。

六、指示があるまで席をはなれてはいけません。

七、質問があれば、だまって手をあげて監督者を呼びなさい。

八、試験が終わったら、解答用紙だけ提出しなさい。問題は持ち帰ってもかまいません。

令和５年度 本郷中学校
第３回 入学試験問題

算 数

（50分　満点：100点）

注　意

1．**問題の解答は解答用紙にはっきりと記入しなさい。**

2．**コンパス、分度器、定規、三角定規、計算機の使用は禁止します。かばんの中にしまってください。**

3．指示があるまで開いてはいけません。

4．答えはすべて解答用紙に記入しなさい。

5．用具の貸し借りは禁止します。

6．指示があるまで席をはなれてはいけません。

7．質問があれば、だまって手をあげて監督者を呼びなさい。

8．試験が終わったら、解答用紙だけ提出しなさい。問題は持ち帰ってもかまいません。

1 次の□に当てはまる数を求めなさい。

(1) $5\times\left(\frac{4}{7}-0.4\right)\div\left\{\frac{3}{5}-\left(1-\frac{4}{7}\right)\times0.6-\square\right\}=6$

(2) $\left\{11\frac{7}{8}+\left(3-\frac{1}{2}\div12\right)\times\frac{3}{11}-0.375\times\frac{5}{9}\times\frac{3}{11}\right\}\times8=\square$

2 次の問いに答えなさい。

⑴　正五角形ＡＢＣＤＥの５つの頂点から異なる３点を選んでできる三角形は何個ありますか。

⑵　体育館の床《ゆか》掃除《そうじ》をします。初日は全体の$\frac{2}{5}$と$20\mathrm{m}^2$を、二日目は、初日の残りの$\frac{2}{5}$と$20\mathrm{m}^2$の掃除をしました。二日目の掃除が終わったとき、掃除をしていない部分の面積は、$400\mathrm{m}^2$でした。この体育館の床面積は何m^2ですか。

⑶　階段でゲームをします。コインを１回投げて、表が出ると３段上がり、裏が出ると２段下がります。30回コインを投げたところ、スタート地点から25段上がっていました。コインの表が出た回数は何回ですか。

(4)　１周1.4kmの池があります。この池の周りをＡさんとＢさんが同時に、池にそった地点Ｐから右回りに進みます。Ａさんが毎分41ｍ、Ｂさんが毎分49ｍの速さで進んだとき、Ａさんと Ｂさんの進んだ道のりの差がちょうど１周になりました。

　このとき、Ａさんは地点Ｐから右回りに何ｍ離《はな》れたところにいますか。

(5)　８％の食塩水Ａが150ｇあります。この食塩水Ａから水を蒸発させたところ、食塩水Ａは75ｇになりました。この食塩水Ａに食塩水Ｂを加えると、10％の食塩水200ｇになりました。食塩水Ｂの濃度は何％ですか。

(6) 正六角形ＡＢＣＤＥＦの内部に点Ｐがあります。三角形ＡＰＢの面積は7 cm^2、三角形ＣＰＤの面積は9 cm^2、三角形ＥＰＦの面積は13cm^{2}です。この正六角形の面積は何cm^{2}ですか。

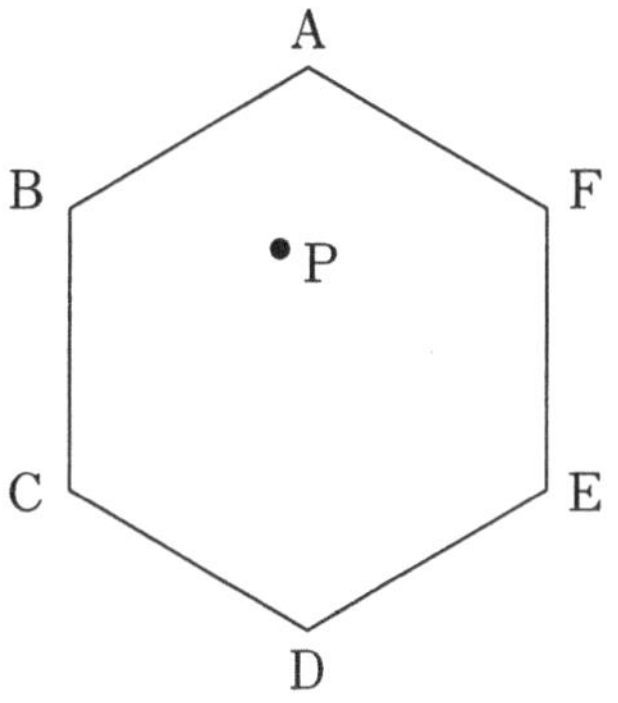

(7) 図のように、正方形ＡＢＣＤの辺ＡＢ上に点Ｐ、辺ＢＣ上に点Ｑ、点Ｒ、辺ＣＤ上に点Ｓをとって、２つの直角二等辺三角形ＰＢＲ，ＱＣＳを作りました。

ＰＲ，ＱＳの長さはともに9 cmです。ＰＲ，ＱＳの交点を点Ｅとしたとき、三角形ＥＱＲの面積は2 cm^{2}でした。

このとき、正方形ＡＢＣＤの面積は何cm^{2}ですか。

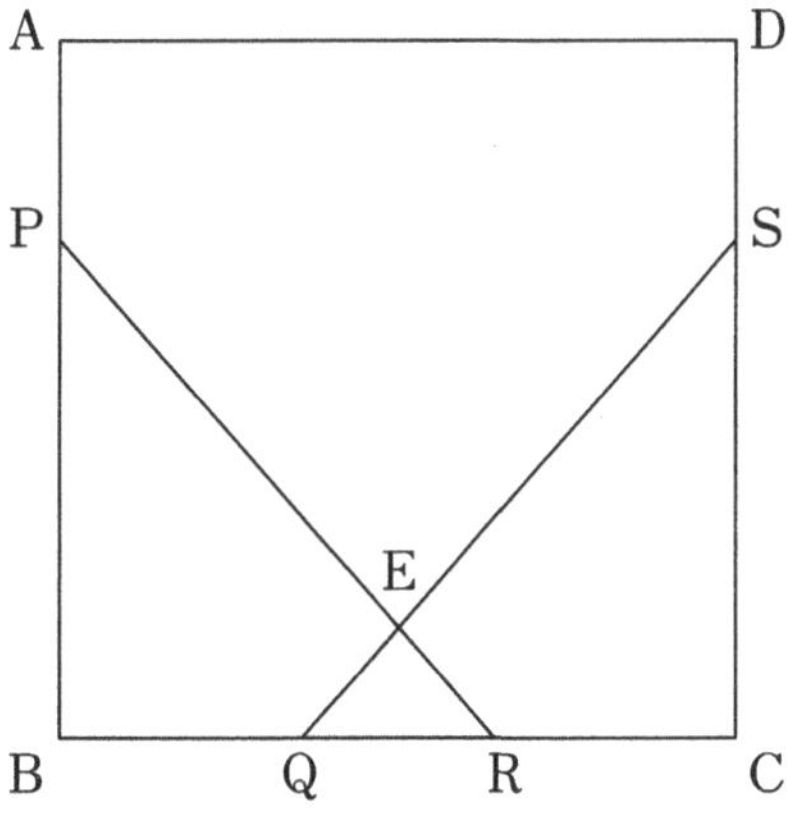

3 地点Ｐから地点Ｑは、［図Ⅰ］のような3000ｍのゆるやかな坂です。ＡさんとＢさんは地点Ｐを同時に出発し、地点Ｐから地点Ｑまでを往復します。Ａさんの上りの速さは、Ｂさんの上りの速さの1.2倍です。また、ＡさんもＢさんも下りの速さは、それぞれの上りの速さの1.5倍です。［図Ⅱ］は、地点Ｐを同時に出発してからの時間と、ＡさんとＢさんの地点Ｐからの距離を表したものです。

このとき、次の問いに答えなさい。

［図Ⅰ］

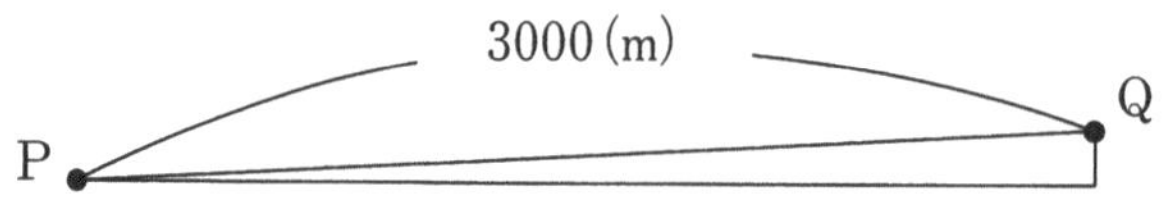

［図Ⅱ］

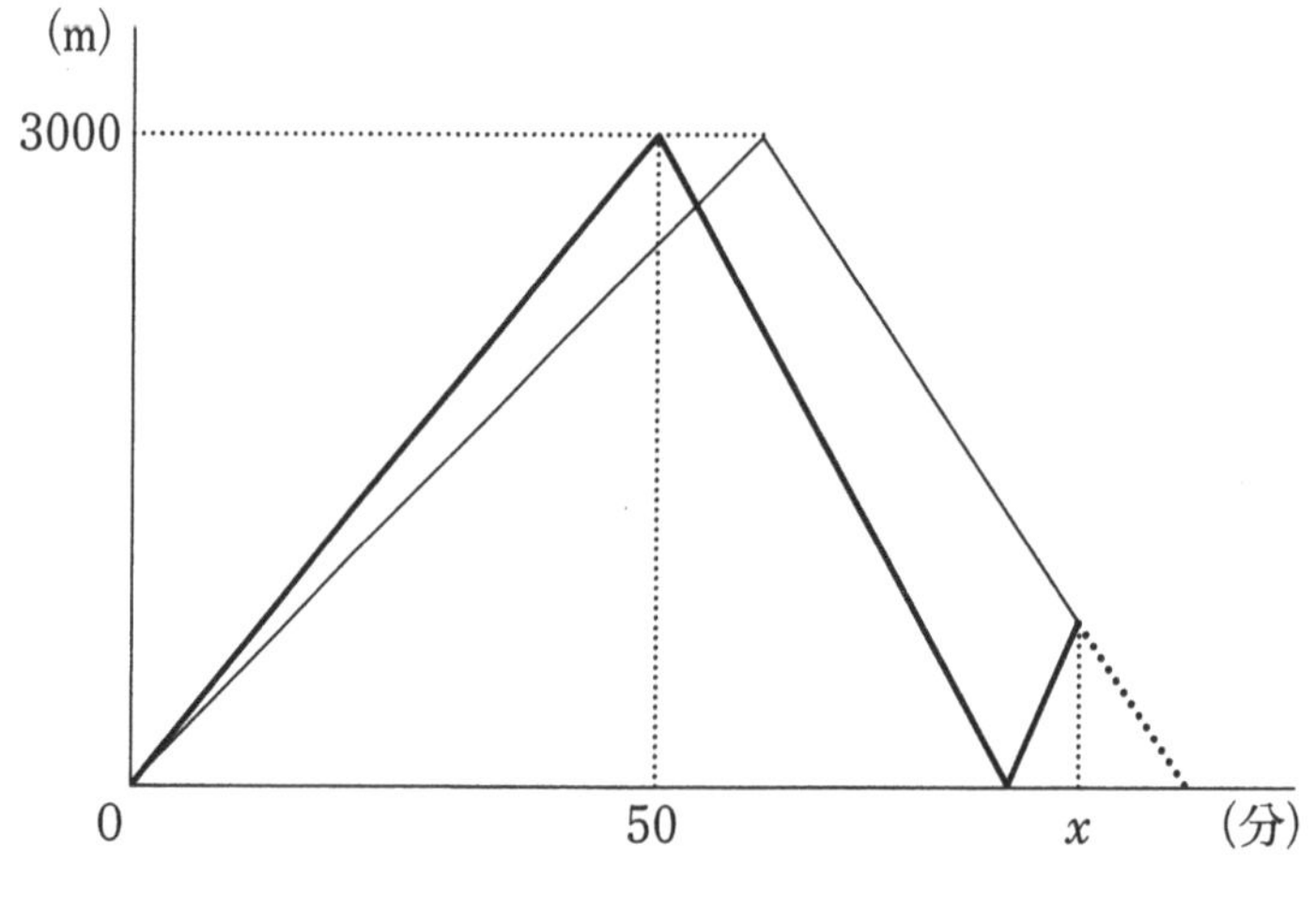

⑴　Ｂさんの上りの速さは毎分何ｍですか。

⑵　ＡさんとＢさんがはじめてすれ違うのは、地点Ｑから何ｍ離《はな》れた位置ですか。

⑶　Ａさんは地点Ｐに戻ってきてすぐに、Ｂさんを迎えに地点Ｑに向かって毎分70ｍの速さで進んでいきました。２人が出会うのは、２人が同時に地点Ｐを出発してからx分後となりました。xはいくつですか。

4 右の表は、AさんとBさんが受けたテストの得点です。テストは①～⑥の全部で6回実施されました。テストの得点はすべて整数となります。また、Bさんは④のテストを欠席し、受けていません。Aさん，Bさんとも⑥のテストを受けましたが、得点はまだ分かっていません。以下の［　　］は、Aさん，Bさん，Cさん3人の会話です。

回	①	②	③	④	⑤	⑥
A	68	90	68	80	78	
B	80	75	93	欠	62	

Aさん：「まずまずの結果ね」
Bさん：「④だけ休んでしまったよ」
Cさん：「Bさんの平均点を何通りか予想してみたよ。もちろん、欠席した回のテストは平均点の計算に入れてないよ」

Cさんの予想(Bさんの平均点について)

ア　65.4　　イ　81.8　　ウ　77.2　　エ　78.3　　オ　79.4　　カ　72.4

Bさん：「6通りも予想したんだね」
Aさん：「ちょっと待って。この中に明らかに平均点として考えられないものが入っているわ」

(1)　この時点でAさんが指摘した「平均点として考えられないもの」を、ア～カの中から1つ選び答えなさい。

Ｃさん：「あぁ、ごめん。何となく予想したのがばれちゃったね」
Ｂさん：「実は、ぼくの受けたテストの最高点は③のときなんだ」
Ａさん：「でも、なぜ④は欠席したの？」
Ｂさん：「もっと良い点数を取ろうと、夜遅くまで勉強してたら、体調崩しちゃったんだ」
Ｃさん：「そうだったんだね」
Ｂさん：「なかなか体調が戻らず勉強せずに⑤を受けたら、やっぱり受けたテスト全体の中で、この回が最低点だったよ」
Ｃさん：「なぜ、Ｂさんは自分の最高点や最低点を知ってるの？」
Ｂさん：「先生に聞きに行ったら、ぼくの最高点と最低点だけ教えてくれたんだ」
Ａさん：「そうなのね。じゃあ、Ｃさんの予想した平均点の中に、平均点として考えられないものがさらに含まれているわね」

(2)　この時点でＣさんが予想した平均点の中で「平均点として考えられないもの」を、(1)で答えたものを除いてア～カの中からすべて選び答えなさい。

Ａさん：「今、先生に聞いてきたわ」
Ｃさん：「何かわかったの？」
Ａさん：「私とＢさんはテストの平均点は同じだって言われたわ」
Ｂさん：「受けた回数は違っても、平均点が同じになることはあるからね」
Ｃさん：「最後に受けた⑥の結果も同じなの？」
Ａさん：「それは、私の方がＢさんより５点高いと言われたわ」
Ｂさん：「あぁ、負けてしまったか…」
Ｃさん：「でも、これで⑥の得点が分かるね」
Ｂさん：「じゃあ、ちょっと調べてみよう」
・
・
・
Ｂさん：「Ａさんの⑥の得点は x 点だったようだね」
Ａさん：「そうね。私も計算してみたら同じ結果になったわ」

(3)　x の値はいくつですか。

5 右の図のような一辺の長さが10cmの立方体があります。この立方体の４つの頂点、A，C，F，Hを結んでできる立体について、次の問いに答えなさい。

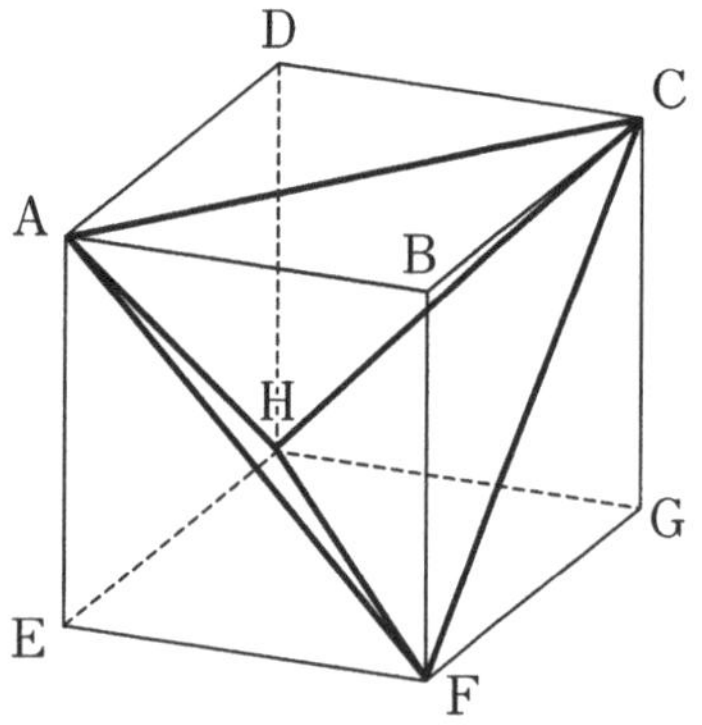

(1) この立体を底面ＥＦＧＨに平行な平面で切ります。

切り口にできる図形の対角線がもっとも短くなるとき、その図形の面積は何cm^2ですか。

(2) ＡＣ，ＦＨの真ん中の点をそれぞれＭ，Ｎとし、直線ＭＮを軸としてこの立体を１回転させます。このときできる立体の中に入る円柱で、最も体積が大きいものは何cm^3ですか。

ただし、円柱の底面は立方体の底面の上にあるものとし、円周率は3.14とします。

令和５年度 本郷中学校
第３回 入学試験問題

理　科

（40分　満点：75点）

注　意

1．問題の解答は解答用紙にはっきりと記入しなさい。

2．机上に定規を出し、試験中に必要であれば使用しなさい。

3．指示があるまで開いてはいけません。

4．答えはすべて解答用紙に記入しなさい。

5．用具の貸し借りは禁止します。

6．指示があるまで席をはなれてはいけません。

7．質問があれば、だまって手をあげて監督者を呼びなさい。

8．試験が終わったら、解答用紙だけ提出しなさい。問題は持ち帰ってもかまいません。

1 次の文を読んで以下の問に答えなさい。

スイッチ、鉄心入りコイル、豆電球、電池で図１のような回路をつくりました。コイルのＢ側と電池の＋極を図の向きにつなぎ、スイッチを入れ、方位磁針の北を指す側をコイルのＡ側に近づけると、方位磁針が引き寄せられました。

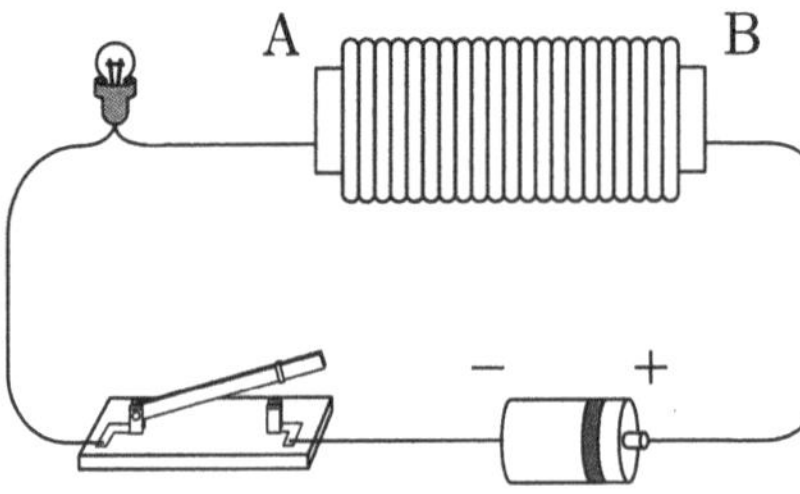

図１

次に、図２のように、木の板の上に細い木の棒を立て、板の下に、木の棒の真下になるようにコイルを置きました。ドーナツ型の磁石を、穴に木の棒を通してコイルの上に置きました。そして、スイッチを入れると磁石は浮きました。

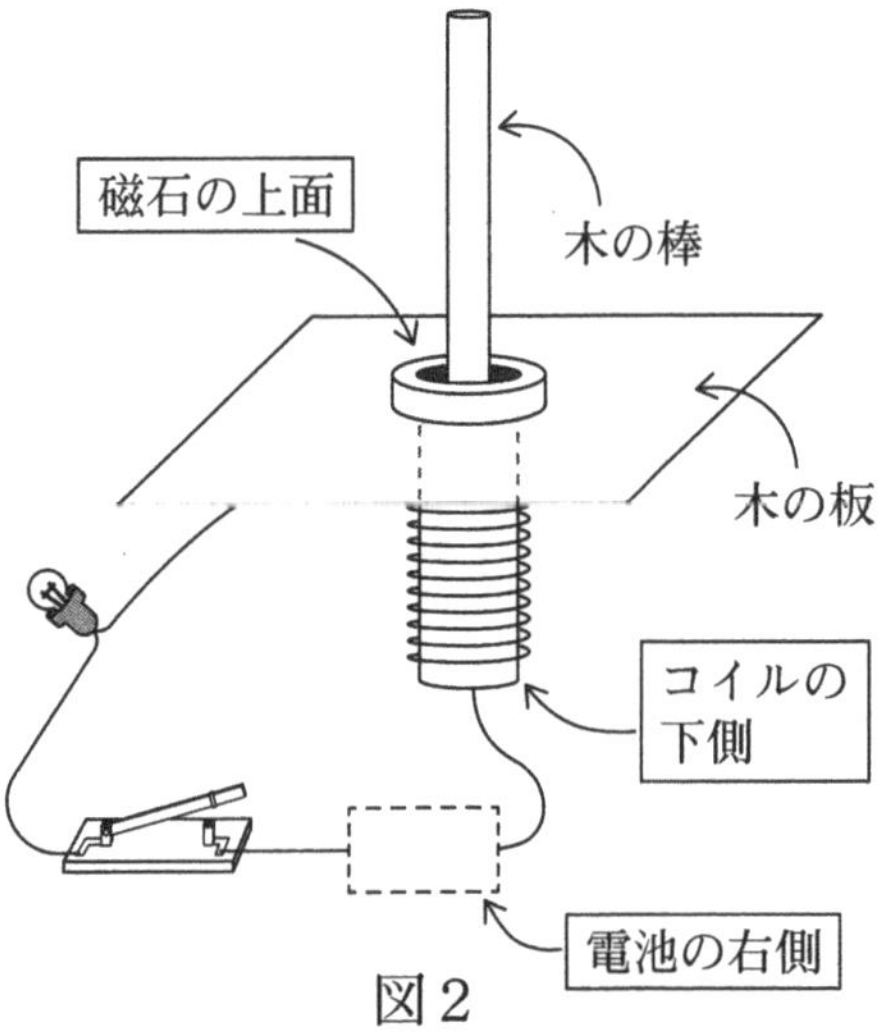

図２

(1) スイッチを入れて磁石が浮くとき、磁石の上面は、Ｎ極か、Ｓ極か。コイルの下側はＡかＢか。電池の右側はプラスかマイナスか。磁石が浮く組合せを次の**ア～ク**からすべて選び、記号で答えなさい。

	磁石の上面	コイルの下	電池の右
ア	N	A	＋
イ	N	A	−
ウ	N	B	＋
エ	N	B	−
オ	S	A	＋
カ	S	A	−
キ	S	B	＋
ク	S	B	−

磁石を重くしても浮くように、電池の接続を変えました。

(2) 電池の接続を、次の**ア**～**エ**のどの接続にしたときに電磁石は一番強くなりますか。**ア**～**エ**の中から１つ選び、記号で答えなさい。

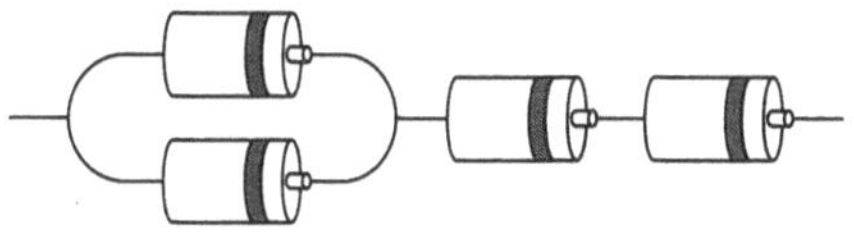

ア

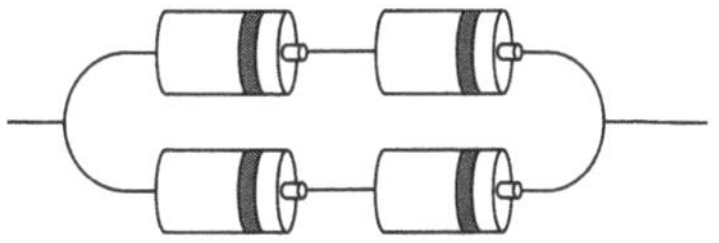

イ

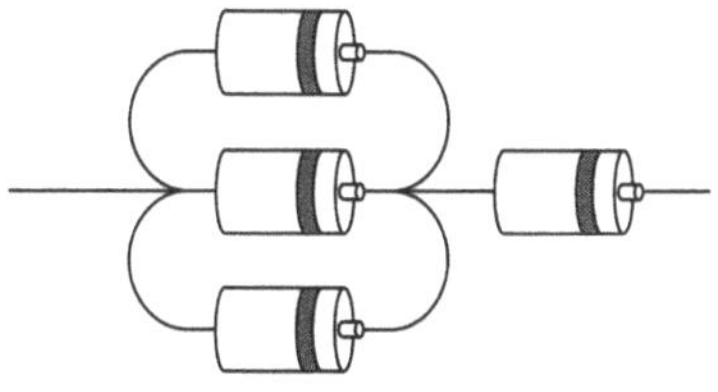

ウ

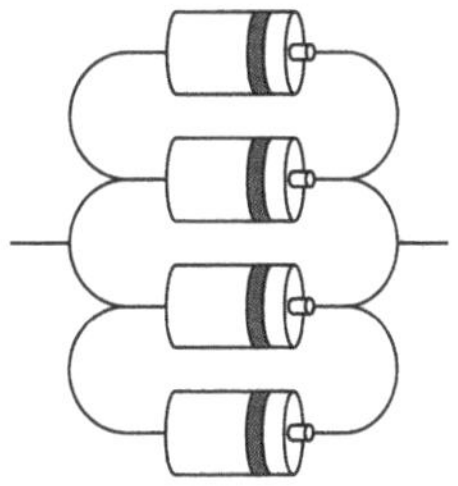

エ

また、豆電球の接続を工夫して電磁石が強くなるように考えました。

(3) 豆電球を増やしたとき、次の**ア**～**エ**のどの接続にしたときに電磁石は一番強くなりますか。**ア**～**エ**の中から１つ選び、記号で答えなさい。

ア

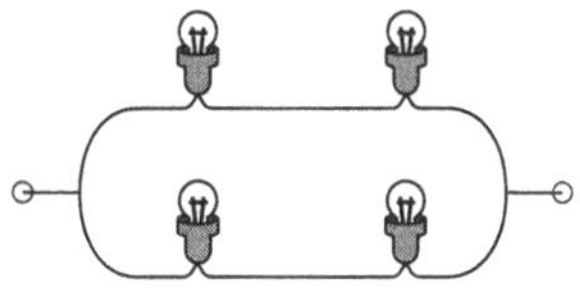

イ

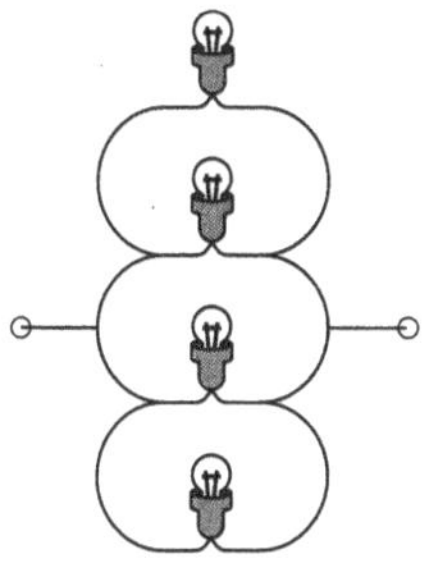

ウ

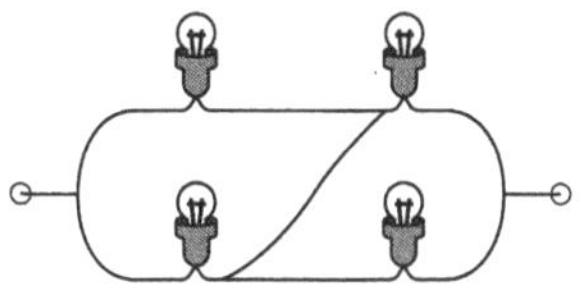

エ

次に、図２の磁石のかわりに、ドーナツ型に切った台所用のアルミホイルを図３のように置きました。スイッチを入れたらその瞬間、アルミホイルは浮きましたが、入れ続けるとアルミホイルは落ちました。そのまま電流を流し続けると、スイッチを切った瞬間、アルミホイルは浮きました。

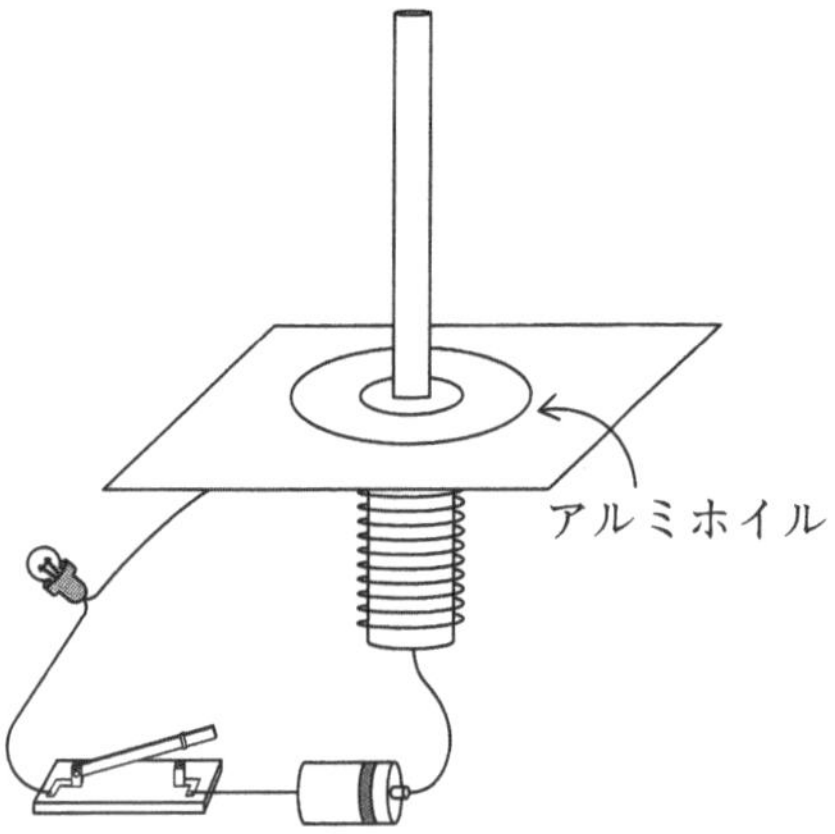

図３

(4) この現象を説明するのに適しているものを、次の**ア**〜**エ**から１つ選び、記号で答えなさい。

ア．このアルミホイルは、はじめから磁石になっていた。スイッチを入れたら、磁石の性質がなくなり落下した。スイッチを切った瞬間にまた磁石になって浮いた。

イ．このアルミホイルは、スイッチを入れた瞬間に電磁石になったので浮いた。すぐに流れる電流が弱くなったので落下した。スイッチを切った瞬間には下の回路に大きな電流が流れたので浮いた。

ウ．アルミホイルにはスイッチを入れた瞬間と、切った瞬間にだけ電流が流れ、電磁石になり、浮いた。

エ．スイッチを入れた瞬間と切った瞬間に、上向きの風が生じたので、アルミホイルは浮いた。風は瞬間だけふくので、すぐに落ちた。

(5)　図４のようなＩＨ調理器の中にはコイルが入っています。ＩＨ調理器で鍋が温まる理由を次の**ア**～**エ**から１つ選び記号で答えなさい。ただし、ＩＨ調理器のコイルには電流が流れたり流れなかったりをくり返すものとします。

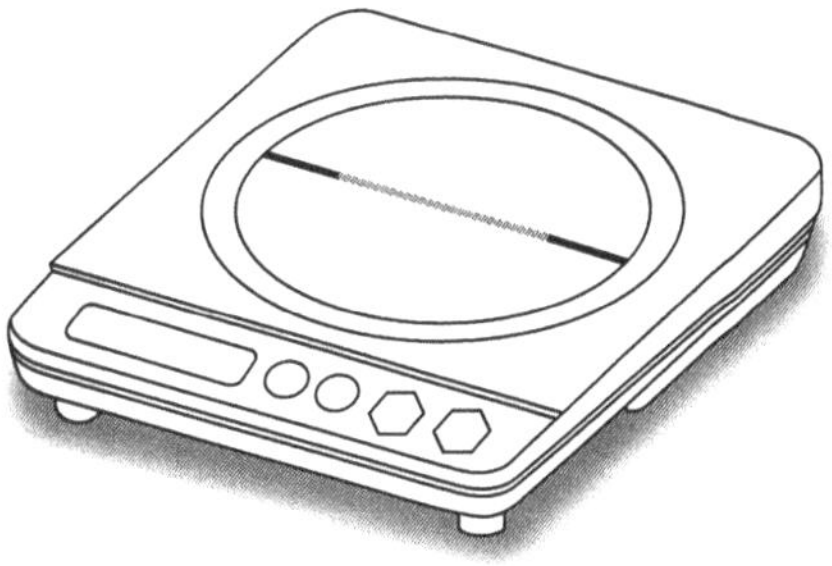

図４　ＩＨ調理器

ア．ＩＨ調理器の中のコイルはヒーターの役目をして、コイルに電流が流れたときＩＨ調理器の上面が温まり、鍋が温められる。

イ．ＩＨ調理器の中のコイルに流れる電流が、流れる瞬間と、流れなくなる瞬間に、鍋に電流が流れ、その電流により鍋が温められる。

ウ．もともと鍋は磁石になっており、ＩＨ調理器の中のコイルに電流が流れたり流れなかったりをくり返すと、鍋は磁石に引き寄せられたり、あるいは遠ざけられたりと繰り返し、それによって鍋が振動して温められる。

エ．ＩＨ調理器の中のコイルに電流が流れたり流れなかったりをくり返すと、鍋の中に対流が生じて鍋が温められる。

2 次の文を読んで以下の問に答えなさい。

本郷中学校・高等学校は1922年(大正11年)に設立され、2022年に創立100周年をむかえました。1922年はニールス・ボーアが原子の構造に関する研究でノーベル物理学賞を受賞しました。また、前年の1921年には A アルベルト・アインシュタインがノーベル物理学賞を受賞しています。物理学の発展によって、身のまわりの物質《ぶっしつ》を構成している原子がどのようなものか次々と分かってきました。それよりもさらに約10年前の1909年には初めて工業的にプラスチックが製造されるようになりました。これ以降人類は数多くの種類のプラスチックを開発し、活用してきました。ほとんどのプラスチックは［ 1 ］を主原料として製造されています。

プラスチックは軽くて強く、さまざまな形の製品を簡単に、大量に作ることができます。このことからプラスチック製品を製造する費用も、輸送する費用も低く抑《おさ》えることができたので、安価であるプラスチック製品は広く普及《ふきゅう》しました。一方、プラスチックは耐久《たいきゅう》性があり、腐食《ふしょく》しにくい特徴《とくちょう》もあるので、自然界ではほとんど分解されません。これらのことから、近年は自然界へと流出してしまった大量のプラスチックが分解されず、B 細かくくだけて海上をただよったり、海底にたまっていることが問題となっています。特に5mm以下のものは［ 2 ］プラスチックと呼ばれています。大型の海の生物だけではなく、小魚の消化管からもプラスチックは発見されています。また、人間も衣服からちぎれた細かいプラスチック繊維《せんい》を呼吸によって体内に取り入れてしまっているとも言われています。

自然界へと流出するプラスチックの量をできるだけ少なくするにはリサイクルを推進《すいしん》するのも１つの方法です。リサイクルの１つにケミカルリサイクルという方法があります。これはプラスチックを化学的に C 二酸化炭素と水素に分離《ぶんり》して活用する方法です。

(1)　文中の下線部Ａのアルベルト・アインシュタインの写真を、次の**ア**～**エ**から１つ選び、記号で答えなさい。

ア

イ

ウ

エ

(2)　文中の空欄 [1] 、 [2] にあてはまる適当な語句を答えなさい。

(3)　水に混ざっているプラスチック片を分離するためにろ過を行う場合、操作を表す図として正しいものを、下の**ア**～**カ**から１つ選び、記号で答えなさい。

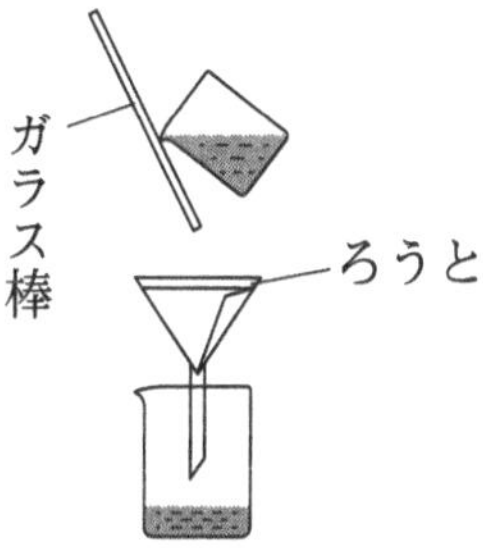

ア

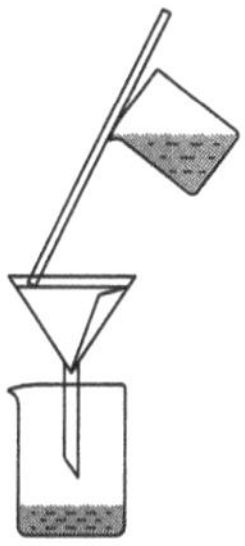

イ

ウ

エ

オ

カ

(4) 文中の下線部Ｂに関する問①・②に答えなさい。

① 同じ温度で同体積の重さを比べると、海水の重さは水の1.023倍です。また、海水の濃さは平均すると3.5％です。海水が水と食塩のみからできていると考えたとき、海水１Ｌから得られる食塩の重さを求めなさい。答は小数第２位を四捨五入して、小数第１位まで答えなさい。ただし、１cm^3あたりの水の重さは１gであるとします。また、水と食塩を混ぜたとき、水溶液《すいようえき》全体の体積は水の体積と同じだったとします。

② プラスチックは種類によって同体積での重さが異《こと》なります。右図の**ア～カ**はさまざまな種類のプラスチックの重さと体積の関係を表しています。海水に浮《う》かぶプラスチックを、**ア～カ**からすべて選び、記号で答えなさい。

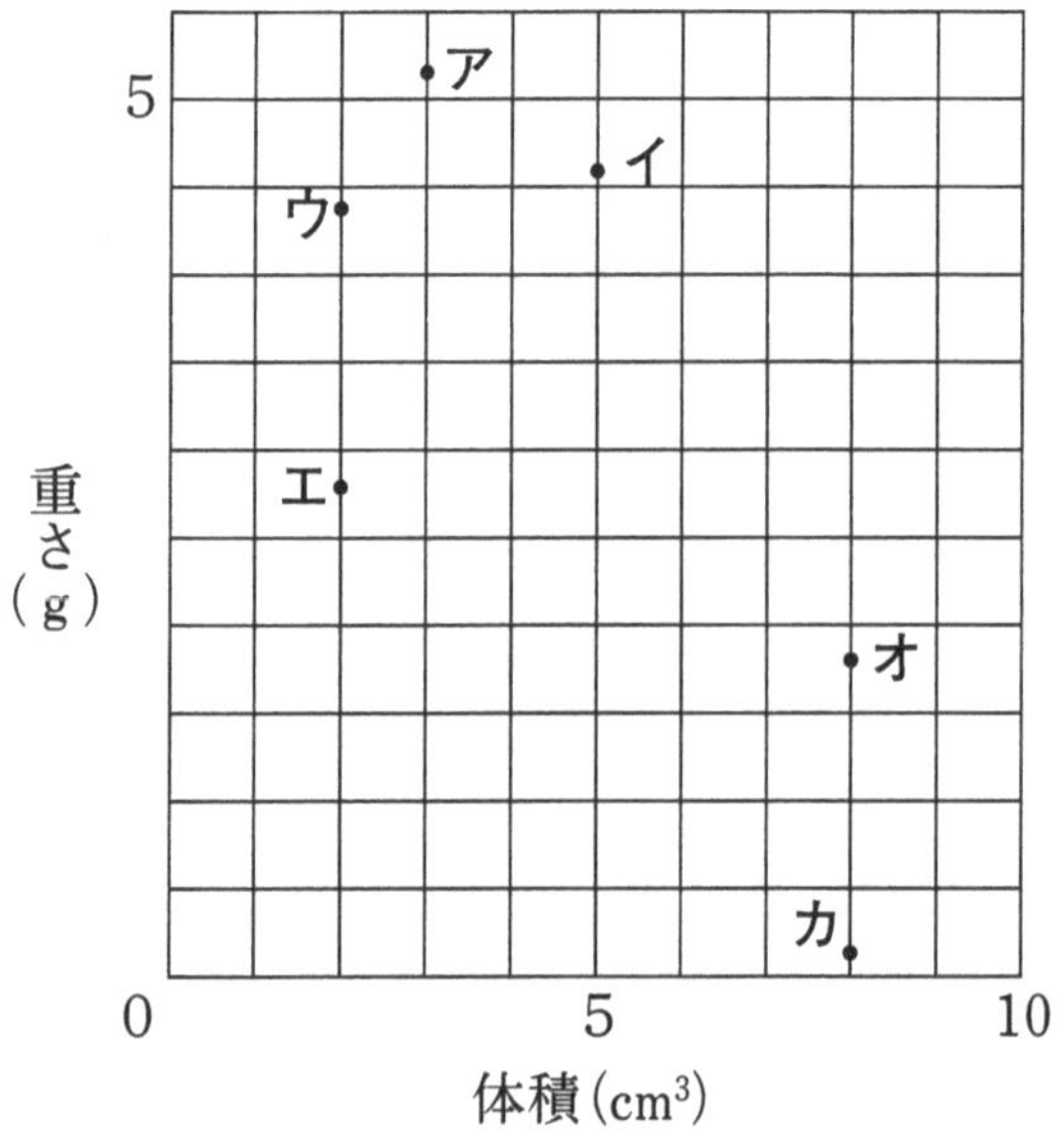

図 重さと体積の関係

(5) 文中の下線部Ｃに関して、実験室で薬品を反応させて二酸化炭素を発生させるためにはどのようにすればよいですか。必要な薬品と気体を発生させる方法が分かるように答えなさい。

例 炭酸水を加熱する。 ドライアイスを温める。

3 動物の誕生について以下の問に答えなさい。

(1) 次の**ア～エ**は、ヒトの赤ちゃんが成長する様子を説明したものです。成長する順に、**ア～エ**の記号をならべなさい。

ア．男女の区別ができる。

イ．目や耳ができ、手や足の形がはっきりわかる。

ウ．心臓が動き始める。

エ．体を回転させてよく動く。

(2) ヒトの誕生について、**間違《まちが》っているもの**を、次の**ア～オ**からすべて選び、記号で答えなさい。

ア．男性の精子と女性の卵(卵子)が結合することを受精といい、１つの卵にいくつもの精子が結合する。

イ．ヒトの場合、受精した卵は女性の卵巣で育つ。

ウ．ヒトの場合、受精から約38週で赤ちゃんが誕生する。

エ．胎児《たいじ》にはへその緒《お》という管がついていて、母親の胎盤《たいばん》とつながっている。

オ．へその緒を通って、栄養分や血液などが母親から胎児に送られる。

(3) ヒトの子どもは、母親の体内で、何という液体の中で育ちますか。漢字で答えなさい。

(4) ヒトの子どもの身長が３cmぐらいになるのは、受精後どのくらいたってからですか。最も適当なものを、次の**ア～エ**から１つ選び、記号で答えなさい。

ア．４週目　　**イ**．８週目　　**ウ**．16週目　　**エ**．24週目

(5) 問①・②に答えなさい。

① ヒトと同じように、子どもを母親の体内で育ててから出産する動物は次のうちどれですか。次の**ア**～**ケ**からすべて選び、記号で答えなさい。

② 親が自分の子どもの世話をしない動物はどれですか。次の**ア**～**ケ**からすべて選び、記号で答えなさい。

ア. イルカ　**イ**. サケ　**ウ**. ペンギン　**エ**. カマキリ　**オ**. ダチョウ
カ. モグラ　**キ**. ゾウ　**ク**. コウモリ　**ケ**. カメ

(6) 母親の体内にいる日数の短い動物の順に、次の**ア**～**エ**の記号をならべなさい。

ア. ゾウ　**イ**. ウマ　**ウ**. ハツカネズミ　**エ**. ネコ

(7) メダカの卵の大きさは、ヒトの卵(卵子)の約７倍あります。ヒトにくらべてメダカの卵が大きい理由として、最も適当なものを次の**ア**～**エ**から１つ選び、記号で答えなさい。

ア. メダカの卵と精子が受精しやすいから。
イ. メダカの卵には、子どもが自分でエサを食べるようになるまで育つのに必要な養分がすべて入っているから。
ウ. メダカは、ふ化後に親が子の世話をするから。
エ. メダカの卵は他の動物に食べられるから。

(8) メダカの雄《おす》と雌《めす》を１匹ずつ飼育して数を増やしました。この雄と雌を１世代目とします。また、この１世代目の子どもを２世代目とします。以下のａ～ｅの条件で、４世代目のふ化した雄と雌のメダカはあわせて何匹になるか答えなさい。

ａ　１回の産卵数は30個とする。各世代の雌は同じ時期に一生に１回しか産卵しないとする。
ｂ　産卵した卵の雄と雌の数は同じになる。
ｃ　産卵した卵の20％はふ化しない。
ｄ　ふ化した雄と雌の数は同じになる。
ｅ　メダカが死んでしまうのは、ふ化できなかった場合だけとする。

4 次の文を読んで以下の問に答えなさい。

2022年８月下旬、本郷君は所属している地学クラブの夏合宿に参加し、新潟県の糸魚川《いといがわ》ユネスコ世界ジオパークを訪れました。１日目はフォッサマグナミュージアムの見学とフォッサマグナパークのある根知川周辺の地層などの観察、そして宿のある能生《のう》に宿泊し、２日目は市振《いちぶり》、天険《てんけん》・親不知《おやしらず》、青海《おうみ》の海岸を訪れました。訪れた場所は下の図１のⒶ～Ⓕで示しています。

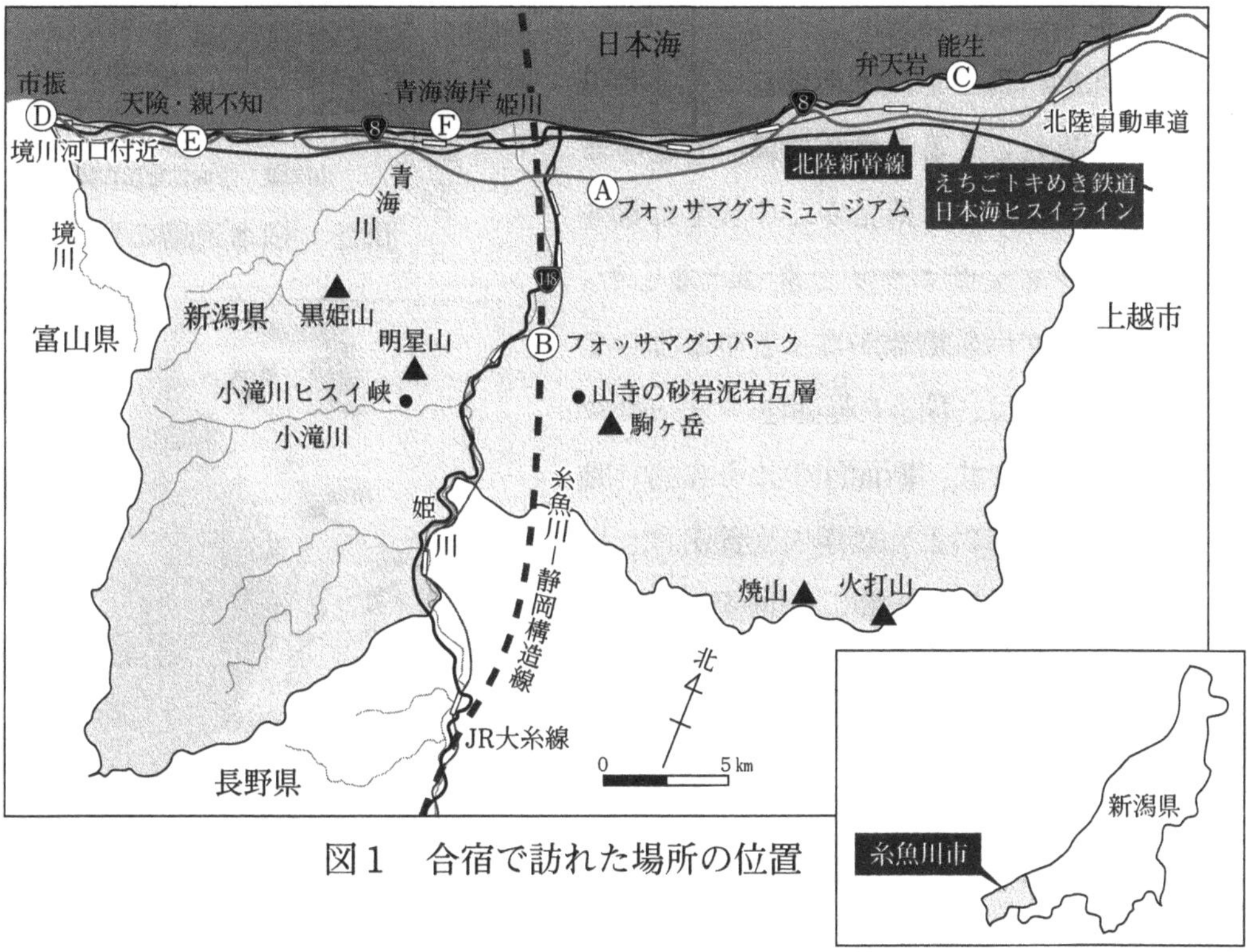

図１　合宿で訪れた場所の位置

Ⓐフォッサマグナミュージアム　　Ⓑフォッサマグナパーク
Ⓒ弁天岩（能生）　　Ⓓ境川河口付近（市振）
Ⓔ天険・親不知　　Ⓕ青海海岸

糸魚川市は新潟県の西端にあり、中央を姫《ひめ》川が南から北へ流れています。この谷に沿って大断層「糸魚川ー静岡構造線」が走ります。糸魚川市の西の端《はし》には北アルプス、南～東には頚城山塊《くびきさんかい》が連なります。大断層「糸魚川ー静岡構造線」をはさんで、地質学的に、西側は「西南日本」、東側は「東北日本」と呼びます。つまり、糸魚川には西南日本と東北日本の両方があるのです。西南日本側には、古生代・中生代の地層や岩石が分布し、５億年前のヒスイや、３億年前の石灰岩からなる明星山・黒姫山などがあります。東北日本側(フォッサマグナ地域)には、フォッサマグナの海にたまった新生代の地層が分布し、1400万年前の［ 1 ］からなる火打山、3000〜700年前の安山岩からなる焼山などがあります。

日本列島の真ん中には大地をつくる地層を知ると見えてくる「大きな溝」があります(図２)。ナウマン博士がこの大きな溝を発見し、フォッサマグナと名づけました。フォッサマグナの東端《たん》がはっきりしないことから、現在は、図３の範《はん》囲をフォッサマグナとしています。断面図のように古い地層でできたU字のような溝《みぞ》の大部分は、かつての海底にたまった新しい地層によって埋め立てられました。これらが隆《りゅう》起した後、焼山や富士山を含む、南北方向の火山列ができました。フォッサマグナは、日本列島がアジア大陸から離《はな》れる時にできた大地の裂《さけ》目と考えられています(図４)。糸魚川ー静岡構造線は日本列島を地質学的な東北日本と西南日本に分ける断層であり、フォッサマグナの西側の境界断層でもあり、北アメリカプレートとユーラシアプレートの境界とも考えられています。

田沢純一(1993)地質学雑誌より作成

図２　日本列島の地質

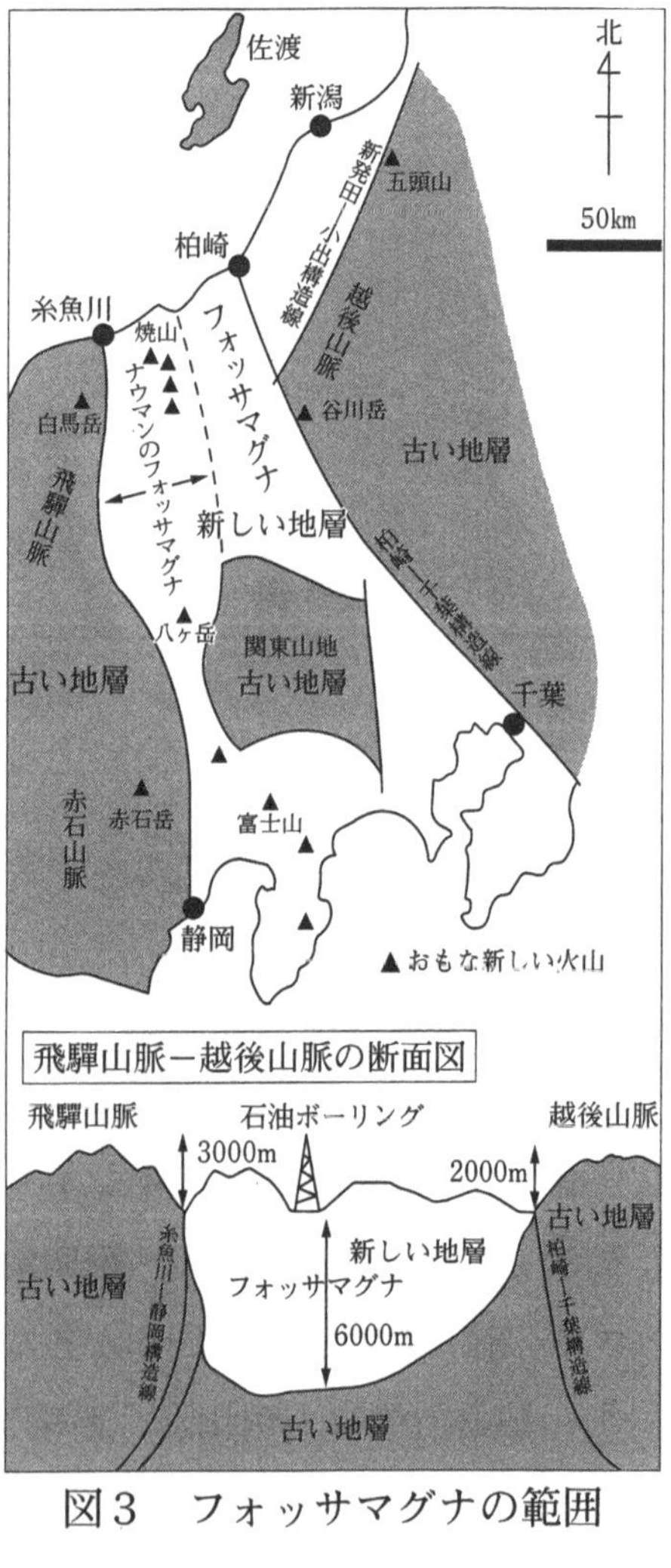

図３　フォッサマグナの範囲

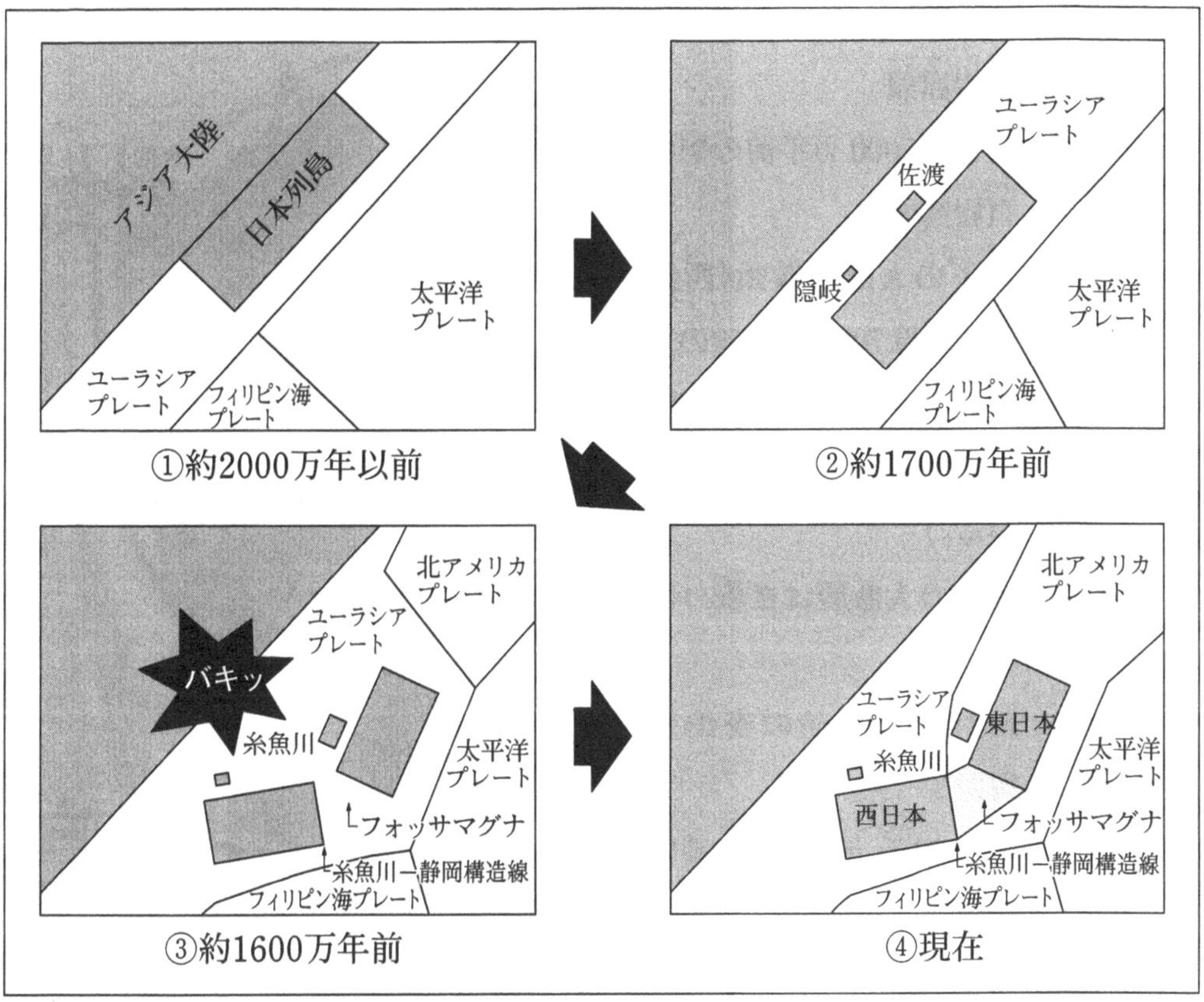

図４　日本列島が出来るまで

本郷君たちは最初に訪れた、フォッサマグナミュージアムで巨大なヒスイの展示や日本列島の誕生やフォッサマグナと日本海の形成の秘密を映像で見ることができました。そして野外にある「化石の谷」で化石採集を体験しました。この体験ではフォッサマグナミュージアムから10 kmほど西にある、黒姫山周辺の採石場から運んできた石灰岩をハンマーで割り、化石採集を行います。この石灰岩は今から約３億年前に南の海の海底火山の上にあった［2］礁《しょう》にすんでいた生き物が死んで海底にたまって、長い時間をかけて岩になったもので、海底の岩盤《ばん》(＝プレート)とともに、長い時間をかけて移動してきました。本郷君は［2］と二枚貝、腕《わん》足類の化石を採集しました。

次に訪れたフォッサマグナパークは、糸魚川－静岡構造線を人工的に露《ろ》出させた断層見学公園です。ルート図(図５)の**A**地点から**I**地点の順に岩石や地層などを観察しました。

A地点：約2億7000万年前の変斑《へんはん》糲《れい》岩露頭《ろとう》

B地点：約2億7000万年前の黒色頁《けつ》岩露頭

C地点：崖《がけ》下の大断層露頭（西側の約2億7000万年前の変斑糲岩と東側の約1600万年前の安山岩が接している。）

D地点：崖上の大断層はぎ取り展示

E地点：約1600万年前の安山岩露頭

F地点：約1400万年前の玄《げん》武岩露頭

G地点：約1400万年前の枕《まくら》状溶《よう》岩露頭（水中で噴《ふん》火したチューブ状の溶岩が積み重なり、冷えて固まり、隆起後、川により侵《しん》食。）

H地点：南東に見える駒《こま》ヶ岳《たけ》と山寺の砂《さ》岩泥《でい》岩互《ご》層の丘（駒ヶ岳は約350万年前の海底火山噴出物　砂岩泥岩互層は約1500万年前の堆《たい》積物）

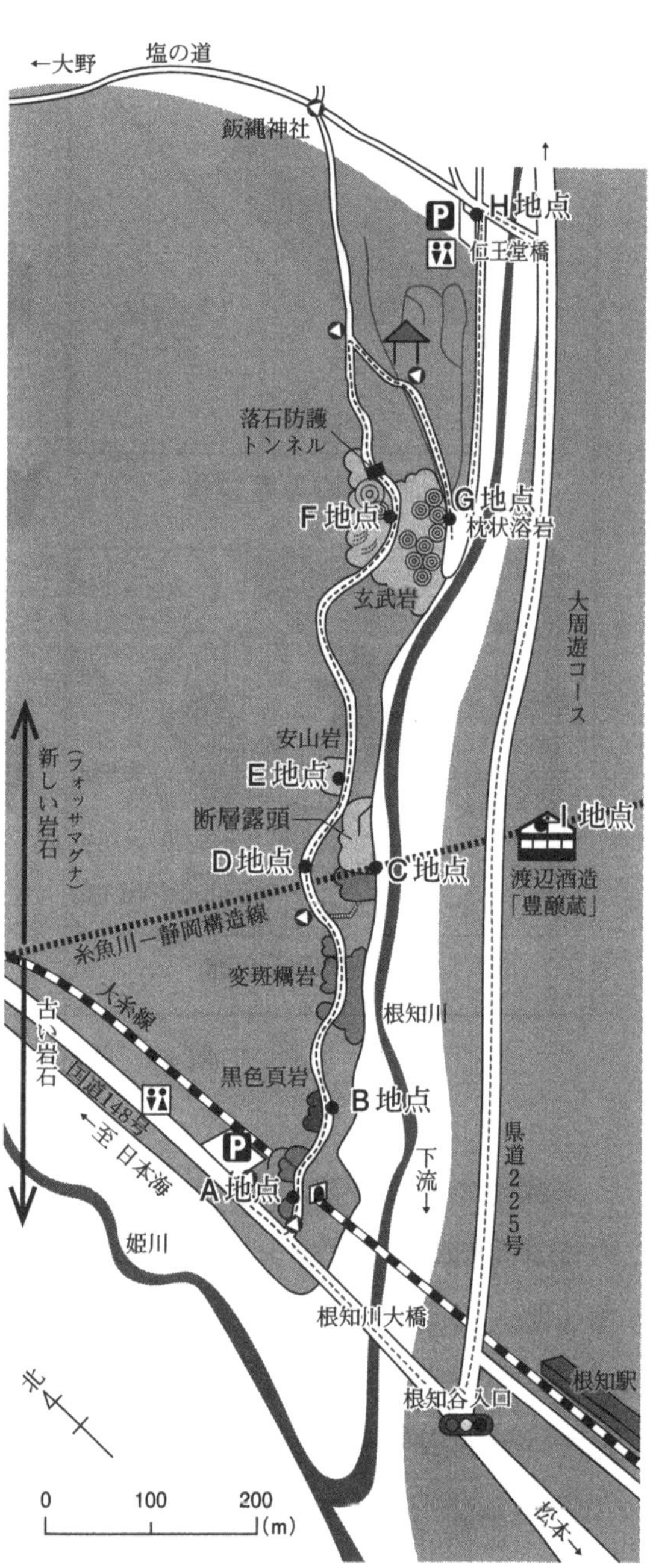

図５　フォッサマグナパークのルート図

I地点：渡辺酒造側の糸魚川－静岡構造線上の小川

その後、H地点で見た、根知村のはずれの山寺の砂岩泥岩互層の丘まで行き、砂岩泥岩互層の地層を観察しました。夕方、弁天岩のある能生へ移動し、宿泊しました。

２日目早朝、宿の近くの弁天岩に行きました。弁天岩は約100万年前の海底火山の噴火によってできたもので、溶岩の破片と [3] が固まってできた火山砕屑《さいせつ》岩を観察しました。 [3] は火山から噴出したもので、粒子の大きさが２mm以下のものをいいます。

能生から糸魚川の西端の市振へ移動しました。市振は、約１億年前の火山岩でできた山が海岸線までせまり、背後の山々には、約５億年前の蛇紋《じゃもん》岩や約２億～１億5000万年前の来馬層群などの地層が分布しています。富山県との県境にある境川河口付近には来馬層群の [1] が運ばれてきます。この中には、二枚貝化石・植物化石・ [4] 化石などが入っていることがあります。 [1] は $\frac{1}{16}$ mm以下の粒子が堆積し、固まった岩石です。本郷君たちは境川河口付近で、上流から運ばれた [1] の黒い礫《れき》をハンマーで割り、化石を探しました。残念ながら [4] 化石は見つかりませんでしたが、二枚貝化石と植物化石を採集しました。

天険・親不知は北アルプスが日本海に落ち込む断崖絶壁《だんがいぜっぺき》が約10kmも続いています。西と東をつなぐ北陸道は、明治時代までは波打ち際を通行しなければならない非常に危険な道でした。本郷君たちは親不知コミュニティーロードにある約１億年前の陸上の火山噴出物が固まってできた岩石(火山砕屑岩)を観察し、展望東《あずま》屋から４世代道を観察し、80mほど下にある波打ち際の天険海岸まで降りました。

最後に本郷君たちは青海海岸で石ひろいやヒスイ探しをしました。ヒスイは5億年前に大陸の地下深くで、岩石が海洋プレートとともに大陸の地下に引き込《こ》まれ、高い圧力を受けることによってできたといわれています。ヒスイが見つかる場所には必ず蛇紋岩があります。蛇紋岩は地下でヒスイに緑をはじめとした様々な色に色付けするとともに、他の岩石より重たいヒスイを包み込み、地上までいっしょに運んできたと考えられています。青海海岸はヒスイを山岳《がく》地域から運んでくる二つの主要河川、姫川と青海川の間にあります。この海岸は砂利《じゃり》浜であり、ヒスイをはじめ多種多様な手標本サイズの岩石を観察、採取できるので、さまざまな種類の石を拾って帰りました。

本郷君は後日、実験室で10個のヒスイと思われる石の体積と重さをはかり、ヒスイであるかを調べました。色や体積と重さの関係から、１つがヒスイであることが分かりました。

(1)　文章中の[1]に当てはまる岩石名を答えなさい。

(2)　文章中の[2]に当てはまる生物名を答えなさい。

(3)　文章中の[3]に当てはまる語句を、次のア～カから１つ選び、記号で答えなさい。

ア．礫　**イ**．砂《すな》　**ウ**．泥《どろ》　**エ**．火山灰　**オ**．火砕流　**カ**．火山弾《だん》

(4)　文章中の[4]に当てはまる古生物名を答えなさい。ただし、この古生物は恐竜が生息していた時代の生物で、境川上流の来馬層群で採集されたものがフォッサマグナミュージアムに展示されていました(写真１)。

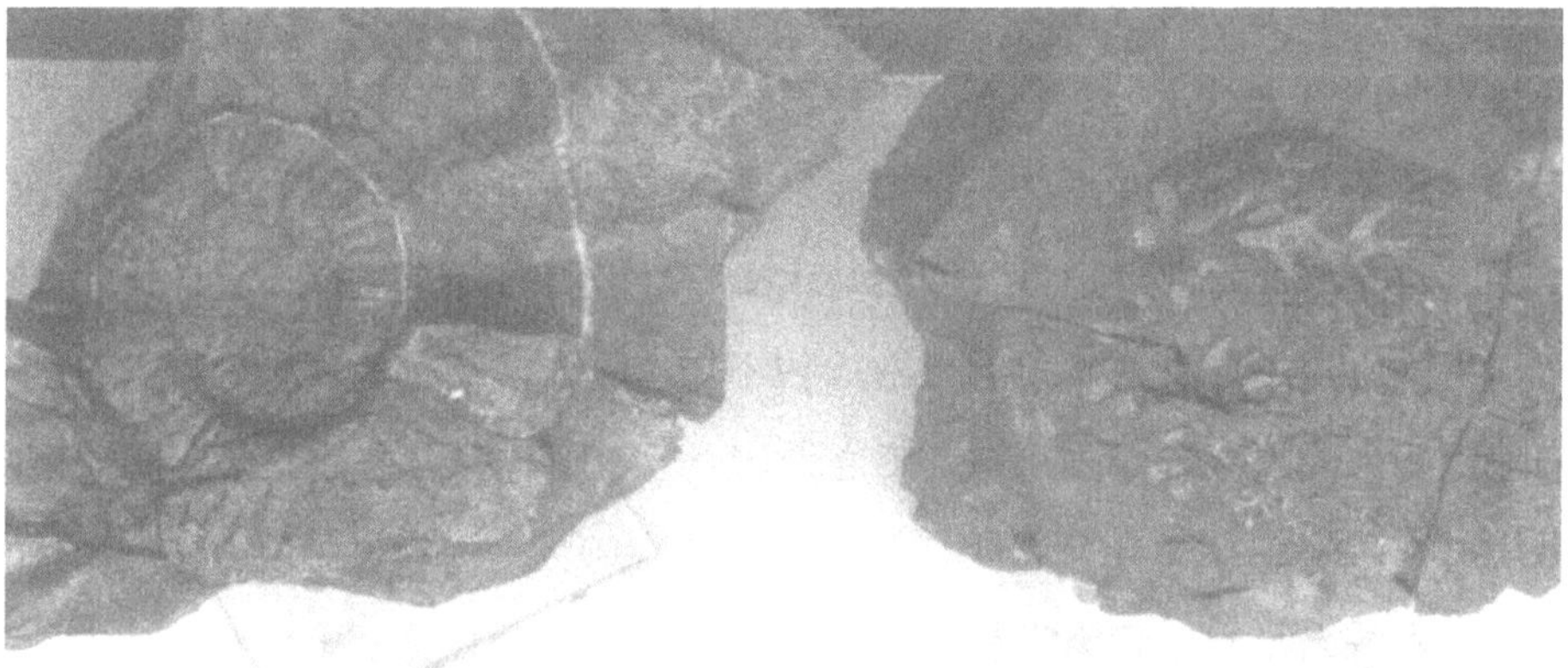

写真１

(5)　下の写真２、３はフォッサマグナパークでの観察場所である図５の**A**地点～**I**地点のどこかで撮影したものです。それぞれどこで撮影されたかを**A**～**I**で答えなさい。

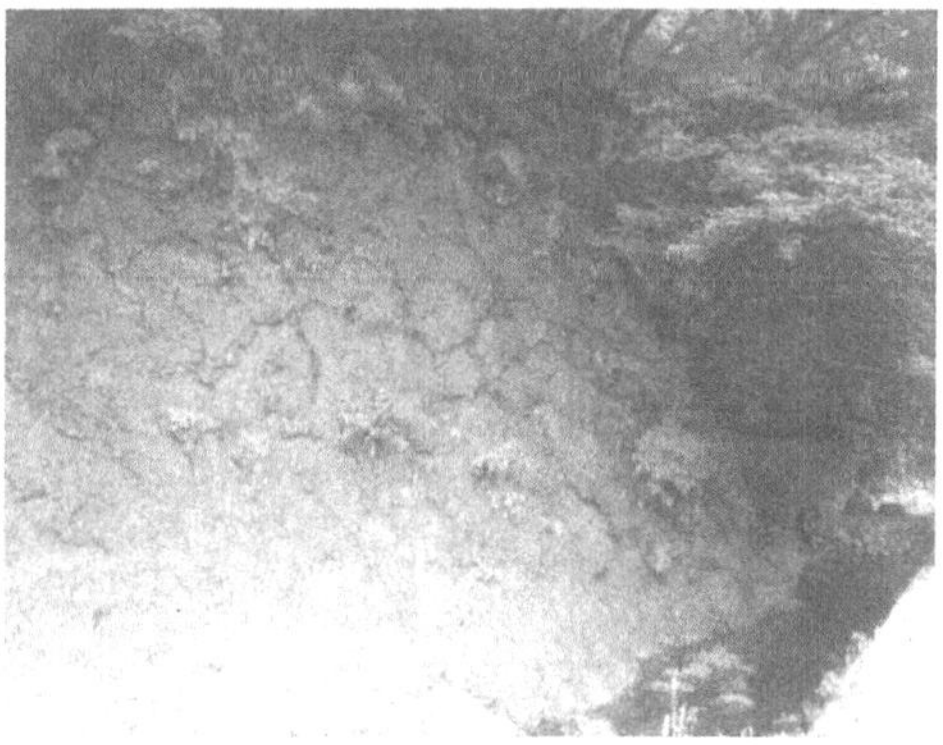

写真２

写真３

(6) 下の写真４、写真５はフォッサマグナパークでの観察場所である**A**地点～**I**地点のどこかで撮影したものです。看板の[1]～[4]に入る方角の組合わせとして最も適当なものを、次の**ア**～**エ**から１つ選び、記号で答えなさい。

写真４

写真５

	1	2	3	4
ア	東	西	東	西
イ	東	西	西	東
ウ	西	東	東	西
エ	西	東	西	東

(7)　下の写真６は文中下線部の山寺の砂岩泥岩互層の露頭です。砂(灰色)と泥(黒色)の地層が交互に重なっています。くわしく地層を見ると、図６のように砂と泥の境目がはっきりしている部分とはっきりしていない部分がありました。

写真６　山寺の砂岩泥岩互層

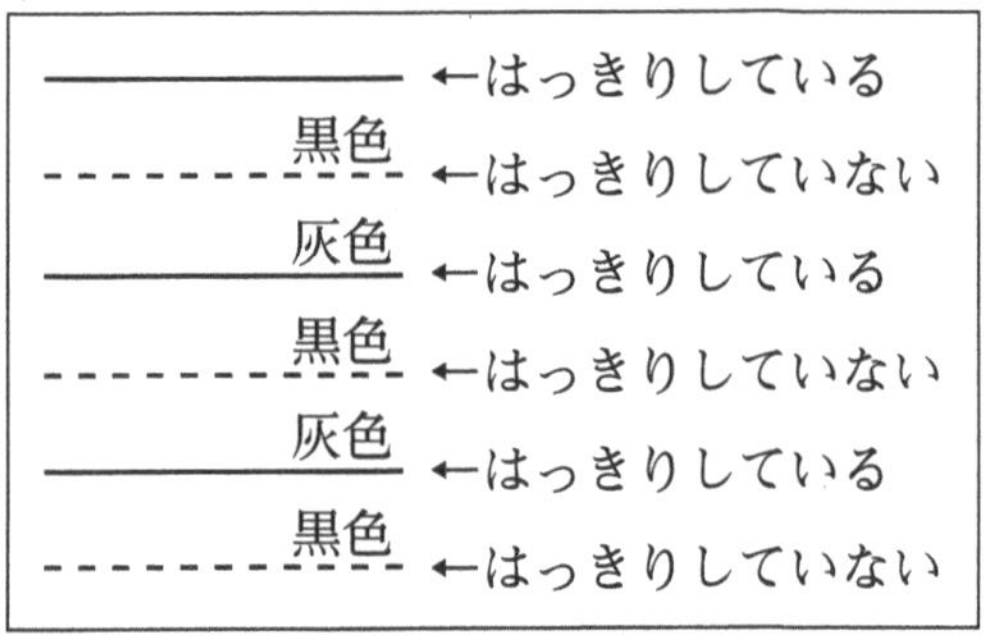

図６　くわしい地層の様子

砂岩泥岩互層のでき方を説明した下の文の[1]～[4]に当てはまる語句の組合せとして最も適当なものを、次の**ア**～**エ**から１つ選び、記号で答えなさい。

> 大きな地震が発生すると、海底斜面《しゃめん》に発生した地すべりによって、一度海底斜面に堆積した砂や泥が巻き上げられ深海へ運ばれます。この時、[1]砂の粒子が先に沈み、その後、[2]泥の粒子がゆっくり沈むことで、砂の上に泥が堆積します。この時、砂と泥の境目ははっきりして[3]。長い年月がたち、大きな地震が発生すると再び同じようなことがおきます。この時、前の地すべりで運ばれた泥の上に、次の地すべりで先に沈む砂が接し境目ができます。この境目ははっきりして[4]。これを何度も繰り返し固まることで、砂岩泥岩互層が形成されました。

	1	2	3	4
ア	重い	軽い	いる	いない
イ	重い	軽い	いない	いる
ウ	軽い	重い	いる	いない
エ	軽い	重い	いない	いる

(8) 次の**ア**～**コ**でフォッサマグナを埋めたものをすべて選び、記号で答えなさい。

ア．フォッサマグナミュージアム化石の谷で発掘した化石

イ．フォッサマグナパークの変斑糲岩

ウ．フォッサマグナパークの安山岩

エ．フォッサマグナパークの枕状溶岩

オ．駒ヶ岳

カ．山寺の砂岩泥岩互層

キ．弁天岩

ク．境川河口付近の礫から発掘した二枚貝化石

ケ．天険・親不知の断崖絶壁の岩石(火山砕屑岩)

コ．青海海岸で拾ったヒスイ

MEMO

大切なことはメモしておこうネ！

令和５年度 本郷中学校
第３回 入学試験問題

社 会

（40分　満点：75点）

注　意

1．問題の解答は解答用紙にはっきりと記入しなさい。

2．指示があるまで開いてはいけません。

3．答えはすべて解答用紙に記入しなさい。

4．解答に際して、用語・人物名・地名・国名などについて漢字で書くべき所は漢字で答えなさい。なお、国名の表記は通称でかまいません。

5．用具の貸し借りは禁止します。

6．指示があるまで席をはなれてはいけません。

7．質問があれば、だまって手をあげて監督者を呼びなさい。

8．試験が終わったら、解答用紙だけ提出しなさい。問題は持ち帰ってもかまいません。

1 次の文章を読み、下の問いに答えなさい。

日本は①４つの大きな島と無数の小さな島々からなる②島国で、首都のあるa東京都にも多くの離島が存在しています。日本の面積は約（　１　）万km^2で、世界の国々の中ではおよそ60番目の広さですが、国土の周囲に広がる③領海とその外側の排他的（　b　）を合わせた面積は、国土面積の10倍以上にもなります。そして、人口規模は約（　２　）万人と多く、世界第11位の人口を有しています（統計年次はいずれも2020年）。

日本は山がちな国で、国土を平野と山地に分類してみると、山地の割合は約（　３　）％もあります。日本列島にはc高くて険しい山地や山脈が背骨のように連なっており、d中央分水嶺を成すこれらの山脈から流れ出た④河川は、⑤盆地や平野を形成しながら、日本海側へ、太平洋側へと注いでいます。日本列島の海岸線は変化に富み、⑥山地が海にせまっている岩石海岸や⑦単調な砂浜が続く砂浜海岸が全国各地でみられます。

日本列島の気候は、⑧四季の変化がはっきりしており、⑨地域によって異なる特徴がみられます。気候の違いは、⑩地域ごとに特色ある産業や文化を形成し、その土地の人々の生活を豊かなものにしています。その一方で、日本では自然環境に起因する災害が多く発生しており、e防災のためのさまざまな取り組みが行われています。

問１　波線部ａについて、これらの中から、ユネスコの世界自然遺産に登録されている島々の総称（諸島名）を答えなさい。

問２　文中の（　b　）にあてはまる語句を答えなさい。

問３　波線部ｃについて、次にあげる国内有数の高山が連なる山脈の名称を答えなさい。

穂高岳　　槍ヶ岳　　白馬岳　　乗鞍岳　　立山

問４　波線部ｄについて、この中央分水嶺によって分けられ、日本海側へと注ぐ河川を次の中から３つ選び、河口部が国土の北に位置するものから順に並べて、記号で答えなさい。

ア　天竜川　　イ　江の川　　ウ　熊野川　　エ　阿武隈川
オ　雄物川　　カ　北上川　　キ　吉野川　　ク　九頭竜川
ケ　富士川　　コ　四万十川

問５　波線部ｅに関連して、ダムのおもな役割には「（　　　）・利水・発電」の３つがあります。（　　　）にあてはまる、防災という観点からのダムの役割を表す語句を答えなさい。

問６　文中の（　１　）にあてはまる数字を次の中から１つ選び、記号で答えなさい。

ア　25　　イ　38　　ウ　46　　エ　52

問７　文中の（　２　）にあてはまる数字を次の中から１つ選び、記号で答えなさい。

ア　１億2600　　イ　１億6500　　ウ　２億1300　　エ　３億3100

問８　文中の（　３　）にあてはまる数字を次の中から１つ選び、記号で答えなさい。

ア　45　　イ　55　　ウ　75　　エ　85

問９　下線部①について、これらのうち、人口が最も少ない島を次の中から１つ選び、記号で答えなさい。

ア　北海道　　イ　本州　　ウ　四国　　エ　九州

問10　下線部②について、日本と同じ「島国」にあてはまるものを次の中から１つ選び、記号で答えなさい。

ア　オーストラリア　　イ　マレーシア　　ウ　デンマーク
エ　ニュージーランド

問11　下線部③について、日本の領海は海岸線からどれくらいの範囲と定められていますか。次の中から１つ選び、記号で答えなさい(１海里＝1852m)。

ア　３海里　　イ　12海里　　ウ　48海里　　エ　200海里

問12　下線部④について、次にあげる「河川とその流域にある地名」の組み合わせのうち、適切でないものを１つ選び、記号で答えなさい。

ア　石狩川－上川盆地　　イ　岩木川－津軽平野
ウ　最上川－庄内平野　　エ　仁淀川－大阪平野

問13　下線部⑤について、次の文が説明している盆地を、下のア～エから１つ選び、記号で答えなさい。

明治時代から養蚕業とともに製糸業が発達し、生産された生糸は海外へも輸出されました。その後、製糸業は衰退しましたが、戦時中に疎開してきた工場が定着し、現在では精密機械工業がさかんです。また、この盆地最大の湖では、冬の「御《お》神《み》渡《わた》り」が有名です。

ア　横手盆地　　イ　甲府盆地　　ウ　諏訪盆地　　エ　近江盆地

問14　下線部⑥について、このような海岸地形のうち、「リアス海岸」と呼ばれる地形がみられる地域の例として適切でないものを次の中から１つ選び、記号で答えなさい。

ア　志摩半島　　イ　下北半島　　ウ　若狭湾　　エ　宇和海

問15　下線部⑦について、このような海岸地形のうち、関東地方にみられるものを次の中から１つ選び、記号で答えなさい。

ア　七里長浜　　イ　中田島砂丘　　ウ　九十九里浜
エ　吹上浜

問16　下線部⑧について、日本では季節ごとの観光資源も豊富ですが、一般に、秋の紅葉を楽しめる地域として適切でないものを次の中から１つ選び、記号で答えなさい。

ア　大山隠岐国立公園　　イ　十和田八幡平国立公園
ウ　西表石垣国立公園　　エ　日光国立公園

問17　下線部⑨について、次の文が説明している気候の地域を、下のア～エから１つ選び、記号で答えなさい。

冬には季節風の風下になるため、雪が少なく晴天の日が多い気候です。一方で、夏には湿った季節風の風上側となり、雨が多く降ります。また、梅雨や台風の影響もあって、夏から秋にかけての降水量が多くなっています。

ア　北海道　　イ　日本海側　　ウ　太平洋側　　エ　南西諸島

問18　下線部⑩に関連して、次のア～カの表は、各都道府県のおもな生産物のうち、生産量が全国１位(2020年)の農産物を集めたものです。これらの中から、(あ)茨城県、(い)高知県、(う)熊本県にあてはまるものを１つずつ選び、記号で答えなさい。なお、表の中の数字は、全国生産に対する割合(%)を表しています。

ア	
うめ	58
グリーンピース	44
みかん	22
柿	21

イ	
てんさい	100
小豆	94
ばれいしょ	79
たまねぎ	66

ウ	
い（いぐさ）	99
トマト	19
すいか	16
葉たばこ	16

エ	
しょうが	39
ししとう	38
にら	24
なす	13

オ	
れんこん	52
はくさい	27
ピーマン	23
メロン	23

カ	
にんにく	67
りんご	61
ごぼう	38

出典：『データでみる県勢　2022年版』

2 次の文章を読み、下の問いに答えなさい。

昨年、ユネスコの世界文化遺産に「佐《さ》渡《ど》島の金山」を申請する際に混乱がありました。日本が世界遺産条約に調印して30年が経ち、これまでに国内で20件が世界文化遺産に登録されています。

1993年に日本で最初に登録されたのが「A法隆寺地域の仏教建造物」です。仏教伝来直後の木造建築物であること、中国の仏教建築・伽藍配置を採り入れ、後代に日本特有の様式を発展させたことなどが評価されました。また、同年に登録されたのが「姫路城」です。①「合理的機能を卓越する美に結合させた木造建築物群としての傑作」であり、それを損傷なく保存していることなどが、その理由です。1994年に登録されたのが「古都京都の文化財」です。宗教・非宗教を問わず②建築物や庭園のデザインが発展していく中心地で、日本の文化的伝統の形成に決定的な役割を果たし、それらを残していることなどが評価されました。1995年には「白川郷・五箇山の合掌造り集落」が登録されています。1996年には「原爆ドーム」が「負の遺産」として登録されました。人類が創り出した最大の破壊力をそのまま表しているものであり、B半世紀以上もの間、人々が世界恒久平和を祈念し続けてきた象徴でもあるからです。なお、同時に「［　③　］」も登録されました。人工と自然とが結合した建造物群であり、芸術・技術的に優れており、古来の神道や日本人の美意識など、日本人の精神文化を理解する上で貴重な情報を提供していることなどが、その理由です。1998年には「古都奈良の文化財」が登録されました。Cその文化財は中国・朝鮮半島との文化的交流の結果としてもたらされ、日本の建築や芸術の深まりを示すものであり、仏教や神道などの信仰が今なお保たれていることが評価されました。1999年に登録されたのが「日光の社寺」です。日光は古くからの宗教の中心地のひとつであること、Dその建築物群は自然と調和しつつ一体化した傑作であり、その建築様式が江戸時代の神社仏閣の様式の完成形であるとともに後代に影響を与えたことなどが、その理由です。2000年には「琉球王国のグスク及び関連遺産群」が登録されました。Eその記念工作物は数世紀の間、琉球が周辺地域との文化的・経済的交流の中心であったことを示し、その文化は特殊な政治的・経済的な環境下で繁栄して独特の性質を持ち、その遺跡群は仏教とともに、自然と祖先崇拝の固有形態を現代まで継承していることが評価されました。

21世紀に入ってからは、まず2004年に「紀伊山地の霊場と参詣道」が登録されました。その遺跡群は神道と仏教の融合による独特の所産であり、F東アジアにおける宗教文化の交流と発展を示し、1000年以上も建築物・儀礼・森林景観などが維持されたことなどが評価されました。2007年には「［　④　］遺跡とその文化的景観」が登録されました。その産出する銀により16世紀から17世紀初頭の東アジアにおける商業・文化交流をもたらしたこと、その金属採掘技術が効果的なシステムであること、その生産活動の痕跡が良好に残っていることなどが、その理由です。⑤アジアから取り入れた作庭の考えが日本独特のものへと発展し、浄土を現世において象徴的に明示しており、鎌倉などの庭園・仏堂にも影響を与えたことなどから、2011年に登録されたのが「平泉」です。さまざまな議論があって登録されたのが2013年の「富士山」です。その独立成層火山としての容姿により古くから山岳信仰の一拠点となっていたこと、詩・散文・絵画などの芸術を生み出す源泉となってきたこと、G19世紀初頭の富士山の絵画が西洋絵画に衝撃を与えたことなどが評価されました。2014年には「［　⑥　］と絹産業遺産群」が登録されました。地元の養蚕業にフランスからの技術を移転させて刷新し、生糸の大量生産の一大拠点となったこと、建物群が和洋折衷の産業建築様式を生み出したことなどが評価されました。欧米からの技術移転により極めて短期間のうちに自力で産業を発展させ、東アジアに大きな影響を与えたとして、2015年に登録されたのが「明治日本の産業革命遺産」です。2016年には「国立西洋美術館本館」（世界各地にある構成要素のひとつ）が登録されています。2017年には「宗像・沖ノ島と関連遺産群」が登録されました。⑦航海安全の祭祀が執り行われた島から出土した多数の祭祀品が４世紀から９世紀にかけての東アジア諸国の交流や祭祀の変遷を示し、現在もその信仰が継続されていることなどが、その理由です。2018年に「長崎と天草地方の潜伏キリシタン関連遺産」が登録されました。17世紀から19世紀にかけてのHキリスト教禁止政策の下で、密かに信仰を続けた潜伏キリシタンにより育まれた独特の宗教的伝統を現在に伝える証拠であることが評価されました。2019年には「百舌鳥・古市古墳群」が登録されました。古墳時代の政治・社会構造や階層、⑧高度に洗練された葬送システムを伝え、東アジアの墳墓形態としても類型をみないことなどが、その理由です。2021年に「北海道・北東北の縄文遺跡群」が登録されました。Iこの地域に定住した人々により約１万年にわたって採集・漁労・狩猟で食料を確保する生活と精緻で複雑な精神文化を伝え、その発展・成熟の変遷をたどることができる、とされたからです。

1972年に世界遺産条約がユネスコで採択されて50年が経ち、「人類全体が後世に遺すべき」として、その保存などに尽力してきました。しかし、ヨーロッパに偏っている、登録までの費用がかかりすぎる、推薦書は英語かフランス語で書かねばならない、など多くの問題点も指摘されています。これらの問題を解決しつつ、「世界遺産」を後世に引き継いでいくことが求められています。

問１　下線部Ａについて、これが建立された７世紀前半に関する記述として誤っているものを次の中から１つ選び、記号で答えなさい。

ア　推古天皇や「聖徳太子」らが冠位十二階や憲法十七条を定めた。
イ　大海人皇子と大友皇子が争い、壬申の乱が起こった。
ウ　中大兄皇子や中臣鎌足らが蘇我氏を倒し、政治改革を始めた。
エ　遣隋使や最初の遣唐使が派遣され、激動の東アジア情勢に対処した。

問２　下線部Ｂについて、世界は第二次世界大戦後、核軍縮に関していくつかの取り組みをしてきました。「被爆国」として日本も、そうした動きに関係してきました。その中で、日本が調印・批准していない核軍縮関係の条約を次の中から１つ選び、記号で答えなさい。

ア　部分的核実験禁止条約（ＰＴＢＴ）
イ　核不拡散条約（ＮＰＴ）
ウ　包括的核実験禁止条約（ＣＴＢＴ）
エ　核兵器禁止条約（ＴＰＮＷ）

問３　下線部Ｃについて、これに関する記述として誤っているものを次の中から１つ選び、記号で答えなさい。

ア　遣唐使が唐の都である洛陽に派遣され、唐の先進的な制度や文物を日本にもたらした。

イ　日本と新羅の使節の往来は、遣唐使よりも回数が多く、唐の文物は新羅経由でも日本にもたらされた。

ウ　唐からは鑑真が日本に戒律をもたらし、唐招提寺を建立した。

エ　シルクロードを経てヨーロッパ・イラン・インドなどの西方地域から流入した文物も日本にもたらされた。

問４　下線部Ｄについて、これらを造営した将軍の事績に関する記述として誤っているものを次の中から１つ選び、記号で答えなさい。

ア　日本人の海外渡航を全面的に禁止し、国交や貿易を制限する体制が採られた。

イ　統一権力の象徴の１つとして、銅銭の寛永通宝を大量に造って流通させた。

ウ　大名に対して武家諸法度を初めて発布し、法度に違反すれば改易・減封などの処分を行った。

エ　百姓に対して田畑の売却を禁止し、作付けを制限するなど、百姓たちの農業経営を維持しようとした。

問５　下線部Ｅについて、これに関する記述として誤っているものを次の中から１つ選び、記号で答えなさい。

ア　明が中国人の海外渡航を禁止したため、琉球が周辺海域で中継貿易を行い、繁栄した。
イ　尚氏が明から「琉球国王」に任命され、貿易の回数が他国より多く認められるなど、優遇された。
ウ　琉球は、江戸時代初期に島津氏の侵攻を受けて従属させられ、中国との関係を断たれた。
エ　明の衰退とともに中国商人が進出し、倭寇の活動も活発化した上に、ポルトガルなども参入して琉球の貿易利益が減少した。

問６　下線部Ｆについて、これをよく示す人物が空海です。彼に関する記述として誤っているものを次の中から１つ選び、記号で答えなさい。

ア　讃岐国出身で、遣唐使に従って唐に留学して真言宗をもたらした。
イ　高野山に金剛峯寺（金剛峰寺）を建立し、密教の中心道場とした。
ウ　儒教などの学問や書道・漢詩文など、多くの面で優れていた。
エ　藤原道長らに戒律を授けるなど、時の政治権力に接近した。

問７　下線部Ｇについて、この代表的な作品に「富嶽三十六景」があります。この作品を描いた絵師の名を次の中から１つ選び、記号で答えなさい。

ア　喜多川歌麿　　イ　葛飾北斎　　ウ　東洲斎写楽　　エ　歌川広重

問８　下線部Ｈについて、日本にキリスト教が伝来してから禁止政策が採られるまでに関する記述として誤っているものを次の中から１つ選び、記号で答えなさい。

ア　フランシスコ＝ザビエルが長崎に来航し、キリスト教を伝えた。
イ　戦国大名の中には貿易のためにキリスト教に入信する者もいた。
ウ　大村純忠ら九州の３大名が、少年使節をローマに派遣した。
エ　豊臣秀吉は九州平定後に宣教師の国外追放を命じた。

問９　下線部Ｉについて、これに関する記述として誤っているものを次の中から１つ選び、記号で答えなさい。

ア　道具として、世界でも最古級の縄文土器や、表面を磨いた磨製石器を利用していた。
イ　定住した人々は集落をつくり、竪穴住居に住み、住居近くに食べものの残りなどを捨てていた。
ウ　豊かな恵みを祈るために、女性や動物をかたどった土偶が作られた。
エ　集落の外に特別な区画を設けて特定の個人を葬った、と考えられる墓が営まれた。

問10　下線部①について、これをよく示しているのが、「連立式〔　　　〕」と呼ばれる建築物群です。〔　　　〕にあてはまる、城を象徴する建築物の名称を答えなさい。

問11　下線部②について、和風建築様式の源流とされ、慈照寺銀閣などに採用されている建築様式の名称を答えなさい。

問12　文中の[　③　]にあてはまる語句を答えなさい。なお、平清盛らが平家一門の繁栄を祈願・感謝するために行った写経を納めている神社です。

問13　文中の[　④　]にあてはまる語句を答えなさい。

問14　下線部⑤について、これをよく示しているのが、奥州藤原氏初代の藤原清衡が建立した寺院です。松尾芭蕉の俳句にも詠まれた、この寺院にある阿弥陀堂の名称を答えなさい。

問15　文中の［　⑥　］にあてはまる語句を答えなさい。

問16　下線部⑦について、このように長期間にわたる多数の祭祀品を、ほぼ無傷で現在に伝えていることから、東大寺に現存する倉庫になぞらえて、この島は「海の〔　　　〕」と呼ばれます。〔　　　〕にあてはまる語句を答えなさい。

問17　下線部⑧について、古墳の上部や周囲に並べられ、この様子を現在に伝えている遺物の名称を答えなさい。

3 次の文章を読み、下の問いに答えなさい。

昨年の夏は、第二次世界大戦終結から77年目にあたりました。平和憲法とも呼ばれる日本国憲法と、それ以前に制定された大日本帝国憲法との相違点を整理した下の表を見て、設問に答えなさい。

大日本帝国憲法		日本国憲法
1889年	公布年	（　1　）年
天皇	主権者	国民
神聖不可侵の元首	①天皇	国民統合の（　2　）
天皇が最高指揮権をもつ	軍隊と戦争	戦争放棄、（　3　）の不保持
②法律の範囲内で認められる	基本的人権	不可侵で永久の権利として保障 ③社会権を明記
天皇が予算や法律を制定するのを補助する機関	④国会	国権の最高機関 唯一の（　4　）機関
天皇の政治を補佐する機関	⑤内閣	⑥議院内閣制
天皇の名のもとに裁判を行う （　5　）審査権なし	裁判所	⑦司法権の独立を明記 （　5　）審査権あり

問１　（　1　）～（　5　）にあてはまる数字や語句を答えなさい。

問２　下線部①について、日本国憲法の天皇に関する規定について述べた文章として正しいものを次の中から１つ選び、記号で答えなさい。

ア　天皇は宮内庁長官の助言と承認に従って国事行為を行う。
イ　天皇が皇室財産を誰かに与えるときは、内閣の決定が必要である。
ウ　天皇は国政に関する権能をもたない。
エ　天皇は国会を解散することができる。

問３　下線部②について、その例として、社会主義運動や共産主義運動を取り締まる法律が1925年に制定されました。この法律の名称を答えなさい。

問４　下線部③について、それに含まれないものを次の中から１つ選び、記号で答えなさい。

ア　生活保護を受ける生存権
イ　教育を受ける教育権
ウ　政治家や行政機関に請願する請求権
エ　団体交渉をする労働権

問５　下線部④について、日本国憲法の国会に関する規定について述べた文章として正しいものを次の中から１つ選び、記号で答えなさい。

ア　予算案は先に衆議院に提出され、審議・可決された後、参議院に送られる。
イ　各議院を開会するためには、それぞれ総議員の２分の１以上の出席が必要である。
ウ　行政府を監視するための国政調査権をもっているのは衆議院のみである。
エ　衆議院が解散しているときは、参議院は必ず開会する。

問６　下線部⑤について、日本国憲法の内閣の規定における国務大臣について述べた文章として誤っているものを次の中から１つ選び、記号で答えなさい。

ア　国務大臣は、文民でなければならない。
イ　国務大臣は、内閣総理大臣が指名し、天皇が任命する。
ウ　国務大臣は、過半数は国会議員の中から選ばなければならない。
エ　国務大臣は、議院に答弁のため出席を求められたときは出席する義務がある。

問７　下線部⑥について、この制度を世界で最初に始めた国の名称を次の中から１つ選び、記号で答えなさい。

ア　フランス　　イ　アメリカ　　ウ　オランダ　　エ　イギリス

問８　下線部⑦について述べた文章として現時点で正しいものを次の中から１つ選び､記号で答えなさい。

ア　裁判官は、自らの良心に従い、憲法と法律にのみ基づいて公正で中立な裁判を行う。
イ　裁判所は、最高裁判所、高等裁判所、地方裁判所と簡易裁判所のみが設けられている。
ウ　裁判員裁判は、18歳以上の国民の中から抽選された６名の裁判員が、３名の裁判官とともに裁判に参加する制度である。
エ　１つの事件について、原則として４回まで裁判を受けることができる。

MEMO

大切なことはメモしておこうネ！

問八 ――線6「ありがとうございます」とありますが、宇田川がこのように感謝の言葉を言ったのはなぜですか。その理由を説明したものとして最も適当なものを次のア～エの中から一つ選び、記号で答えなさい。

ア 幼なじみに贈る花をなかなか決められずにいたが、最初に見つけたひまわりに感じた印象を思い出し、最終的に西にふさわしい花を見つけることができたから。

イ 贈り物をする時は自分の気持ちが何より大事なのだと教えてもらい、西に贈ろうと思う花を決めた際、花屋の店員からその選択に賛同が得られたと感じたから。

ウ 〈マティスのひまわり〉が西のイメージと重なり彼女にふさわしい花だと誘導してくれたうえ、その花を選んだことに対して花屋の店員からほめられたから。

エ 見ず知らずの花屋の店員なのに、女の子が喜びそうな花の選び方をアドバイスしてくれたおかげで、幼なじみの西に贈る花を決めることができたから。

問七　――線５「動揺を隠し切れずにいる」とありますが、この時の宇田川について説明したものとして最も適当なものを次のア～エの中から一つ選び、記号で答えなさい。

ア　悩み抜いて考え出した自分のアイデアを花屋の店員から人前でおおっぴらに否定され、プライドが傷つけられて冷静さを失っている。

イ　何日間も悩んで出したアイデアを花屋の店員に否定されたが、西はもう間もなく引っ越してしまうため時間がなく焦っている。

ウ　値段が高い花束を贈るだけでは西を喜ばせられないかもしれないという自分の不安を、花屋の店員につかれて胸騒ぎをおぼえている。

エ　西の引っ越しの日になってようやく出した苦しまぎれの発想を、花屋の店員にそれは間違っていると指摘されてうろたえている。

問六　――線４「千尋の心配は的中したわけだ」とありますが、これはどういうことですか。その説明として最も適当なものを次のア～エの中から一つ選び、記号で答えなさい。

ア　宇田川が自分の全財産をはたいてでも花屋の花を一本ずつ全種類買おうとしたのは、千尋がおそれていたとおりの、独りよがりで見当はずれなものであったということ。

イ　宇田川が数種類の花を渡せばどれか一本は西の好きな花があると思い、これ以上ない手立てを繰り出したと自分だけ満足しているのは、千尋が想像したとおりだったということ。

ウ　宇田川は、花屋で一番高い花を買わずにふつうの花を購入することができたけれども、千尋が思っていたとおり、周囲の助けがあってのことだと気づかずにいるということ。

エ　宇田川が切羽詰まってとった行動は、最善の策だという本人の意図とは裏腹の的外れな行動であり、千尋が見立てたとおり、当てずっぽうに買ったにすぎないということ。

問四　――線２「いつもそうなんです、あのふたり」とありますが、この時千尋が西と宇田川に対して抱いていた思いを五十五字以上六十五字以内で説明しなさい。

問五　――線３「紀久子はにっこり微笑んだ」とありますが、この時の紀久子の心情を説明したものとして最も適当なものを次のア～エの中から一つ選び、記号で答えなさい。

ア　宇田川と西のやりとりが可愛らしく、千尋も一生懸命になって二人の仲を進展させようとしている姿に心を打たれ、何とかして二人の仲を取り持ってあげたいと思っている。

イ　千尋から宇田川が切羽詰まって突拍子もないことをしでかす可能性が高いことを知らされたが、花屋として力を貸せる方策がようやく浮かんだのでほっとしている。

ウ　千尋から宇田川への頼まれごとを聞いて、その依頼内容であれば花屋の自分にもできると判断し、彼女の心配事をできるだけなくしてあげたいと思っている。

エ　悩み出すと正常な判断が下せない宇田川が想像できないような行動を起こしかねないと心配だったが、千尋の前なので不安な表情は見せまいと思っている。

問一　[A]・[B]に入る言葉を問題文中より抜き出し、入れなさい。なお、[A]は十三字で、[B]は四字で答えなさい。

問二　＝＝線X「拙い」・Y「虚を衝かれた」とありますが、これらの言葉の意味として最も適当なものを次のア～エの中からそれぞれ一つ選び、記号で答えなさい。

X「拙い」……　ア　未熟な　　イ　おかしい　　ウ　単純な　　エ　ほど遠い

Y「虚を衝かれた」……　ア　弱点を責められた　　イ　昔のことを思い出した
ウ　大いに自信を持った　　エ　予測すらしなかった

問三　――線1「戸惑いと焦りが入り混じった彼女の表情」とありますが、なぜそのような表情になったのですか。その理由を説明したものとして最も適当なものを次のア～エの中から一つ選び、記号で答えなさい。

ア　誰にも知られずに宇田川の花屋での行動をチェックしようと思い、紀久子にこっそりたずねてみたところ、逆になぜ宇田川の行動を知りたいのかと聞かれたから。

イ　紀久子に偶然出くわしたので、気になっていた宇田川の花屋での行動についてたずねたところ、すぐに回答してくれると思ったのに、思いがけず質問で返されたから。

ウ　紀久子が宇田川のことを知っているわけはないと思い気軽にたずねたところ、意外にも宇田川のことを知っていてお互い顔なじみであるとわかったから。

エ　宇田川が花屋でとんでもない行動に出たのではないかと心配になって紀久子にたずねたところ、まるで話をはぐらかすかのように話の方向を変えられたから。

注１　ラヴィアンローズ……川原崎花店の配達用電気三輪自動車につけている名称。
注２　花天使……全国の花店の配達ネットワーク。
注３　マティスのひまわり……ひまわりの一品種。

はたして〈マティスのひまわり〉を西がよろこんでくれたのか、そもそも宇田川はきちんと渡すことができたのか、花屋としては知る由《よし》もない。

だが数日後、花の配達でラヴィアンローズを走らせていたときだ。

「紀久子さぁぁん」

交差点で信号待ちをしていると、千尋の呼ぶ声が聞こえてきた。斜《はす》向かいの歩道で、おなじユニフォームを着た子達十人ほどといっしょに信号待ちをしていた。

「先日はありがとうございましたぁぁ」

脱いだ帽子を振る千尋を見て、紀久子は寺山修司の短歌を思いだした。

〈列車にて遠く見ている向日葵《ひまわり》は少年のふる帽子のごとし〉

列車ではなく電気三輪自動車だし、少年ではなく少女だ。短歌の帽子は麦わら帽子で、野球帽ではあるまい。それにヒマワリが帽子を振る少年みたいに見えたというのと、まるで逆だった。

千尋が〈向日葵〉に見えた。

トルコギキョウやグラジオラスなどは、花の色で花言葉がちがうが、ヒマワリは本数でちがった。九百九十九本は何度生まれ変わってもきみを愛する、百八本は結婚しよう、九十九本は永遠の愛、十一本は最愛、七本はひそかな愛、一本だけだと一目惚《ひとめぼ》れという具合にである。

そして三本は。

愛の告白だった。

聞き返す宇田川は、5動揺を隠し切れずにいる。

「きみ、戸部ボクシングジムの練習生よね」

「そ、そうですが」

「ボクシングだって、どれだけ乱打しても相手に効かなくちゃ意味がないでしょ。それよりも自分がこれだと決めた一撃を打つべきよね。つまりどの花がいいか、きみ自身が決めるべきじゃない？」

「だけどその花が西の欲しい花じゃなかったらどうするんです？」

[B] ではなく西とはっきり名前を言った。だが宇田川本人は気づいていないらしい。

「相手が欲しいという気持ちよりも、きみがあげたいという気持ちのほうが勝ればいいの。そうすればもらう相手もよろこばすことができるわ」

宇田川はY虚《きょ》を衝《つ》かれた顔つきになる。そして店内を見回してから表にでて、店頭に並ぶ花の前に立つ。売行きが好調で、今日もヒマワリだらけだ。紀久子は彼のあとを追う。

「これをください」宇田川が指差したのは〈マティスのひまわり〉注3だった。「はじめて見たときから、彼女にぴったりな花だと思っていたんです」

「私もこのひまわり、好きです」紀久子はすぐさま同意した。「いいと思います」

八重咲きのヒマワリでたくさんの花弁が重なり、たてがみに見える。他のと比べると色が濃いうえに大輪《たいりん》で、荒々しくも逞《たくま》しい、それでいて美しくて眩《まぶ》しいヒマワリだった。

6「ありがとうございます」

「何本にします？」

「三本っ」作業台のむこうから李多が言った。「ヒマワリだったら三本がちょうどいいわ。三本になさいな」

「この店にある花をぜんぶ一本ずつください」

三日後の土曜、西が引っ越しをするはずの日の午後一時過ぎ、勢い込んで川原崎花店に入ってくるなり、宇田川はそう言った。

「どういうこと？」

床に落ちた花びらや葉を箒《ほうき》で集めていた紀久子は、その手を止めた。光代さんは休みで、芳賀は三階でランチを食べている。売場にはあと李多しかおらず、彼女は作業台で、〈花天使〉[注2]経由で注文のブーケをつくっている最中だった。

「親に頼んで、昔の写真や動画を見て確認したんですけど、幼なじみに花を渡しているところなんかどこにもなくて、それであの、いろんな花を買えば、そのうちのどれかは当たっているかもしれないと思って」

胡蝶蘭ではなかったにせよ、[4]千尋の心配は的中したわけだ。

「ぜんぶ一本ずつにしたって、けっこうな値段になるわよ。それでもいいの？」

「かまいません。自分の全財産持ってきました」

「いくら？」

「四万七千六百円です」

あの子に花を売ったら、その同額の特別手当をだしてあげてもいいわ。

三日前、李多にそう言われたのを紀久子は思いだす。いや、駄目だ。ここは千尋との約束どおり、なんとかして、［　A　］を売るべきだろう。

でもどうやって？

「そんな花束をもらっても、相手はよろこぶとは思えないけどな。花もかわいそうよ」

ブーケをつくりながら李多が言った。注意はしているものの、その口調はのどかで優しくもあった。自分がいないときに、宇田川がきたらと思い、スタッフ三人には、千尋から聞いた話は伝えてあった。

「な、なんですか」

「なにそれ？」

「私も西から話を聞いたとき、そう言いました。2いつもそうなんです、あのふたり。西ったらめちゃくちゃ成績がいいクセして、そういうところは宇田川とおなじくらい莫迦なんです。莫迦同士お似合いなんだから、最後くらいは素直になればいいのに」

恋愛と呼ぶにはあまりにX拙《つたな》い話に、紀久子は自分の頬《ほほ》が緩《ゆる》んでいくのに気づいた。でも千尋は真剣だ。宇田川も西も、彼女とおなじくらい真剣にちがいない。そう考えると笑うのは失礼だと、紀久子は表情を引き締めた。

「でも莫迦で素直じゃないけど単純なんで、宇田川からどんな花をもらっても、西はよろこぶはずなんです。そこがまた問題で」

「どうして？」

「宇田川はいっぺん悩みだすと、なかなか結論がだせずにヘマをしでかすんですよ。切羽《せっぱ》詰まると尚更《なおさら》です。ボクシングの試合でも、ここぞというときに大振りのパンチをだして、相手のパンチをまともに食らって負けちゃうヤツなんです。それが本人にすれば会心の一撃のつもりってとこが、じつに間抜けで。今回もやりかねません。たとえばお店でいちばん高い花はなんですか」

「胡蝶蘭《こちょうらん》かな」

「西が好きな花が思いだせず、そもそもないのだから思いだしようがないんですが、だったら花屋でいちばん高い花を渡せば文句あるまいと胡蝶蘭を買いかねません」

「そんな莫迦な」

「莫迦だからするんです。どんな花でもいいからって、別れ際に胡蝶蘭を手渡されたら引きますよね」

それはそうだ。

「ですからお願いです。そんな真似だけはさせないで、ごくふつうであたりまえの花を売ってもらえませんか」

「わかった」

花屋としてできる範囲ではある。千尋を安心させるために、3紀久子はにっこり微笑んだ。

「よかったら詳しく話を聞かせてちょうだい」配達はすでにおえており、あとは店へ帰るだけだったのだ。「事と次第では協力してあげる。花屋としてできる範囲でよければだけどね」

紀久子の申し出は、さらに意外だったようだ。千尋は少しためらいながら、「お願いします」と言った。

「この先にある細道を左に入って少しいくと、小さいけど、雰囲気のいい公園があります。そこで話を聞いてください」

「一年のときからバッテリーを組んでいたピッチャーの西《にし》って子が、今度の土曜に引っ越しちゃうんです」公園に着いて、木陰のベンチに横並びに腰かけるや否や、千尋は話しはじめた。西はおなじ中学で同学年だが、クラスはべつだという。「西と宇田川は道を挟んだむかい同士の家で、保育園の頃からずっといっしょの幼なじみでして」

「西さんって、野球以外にもピアノをやってる？」

「やってます」千尋がハッとした表情になる。「宇田川は西についてあなたに話したんですか」

「幼なじみが引っ越しをするから、花をあげなくちゃいけないって。でも名前はださなかったよ。どんな花がいいか訊《たず》ねたら、幼なじみなのにわからないのかって言われたんでしょ」さらに紀久子は宇田川が三日連続で川原崎花店を訪れ、今朝は自分が応対したことと、そのときの会話の内容も手短かに話した。「彼がウチの店で花を買おうとしていたのを、どうしてあなたは知っているの？」

「クラスで仲いい友達数人とのグループＬＩＮＥに一昨日、〈宇田川見っけ〉ってアイツが花屋の前にいる写真が送られてきたんです」千尋はスマホをだして写真を見せてくれたうえに、「宇田川は女子にけっこう人気なんですよ」と付け足すように言った。それが不満であるかのような口ぶりだった。

「西の話では、お別れに欲しいものはないかって宇田川に言われて、それぐらい自分で決めろよとカチンときて、黙ったままでいたらしいんです。宇田川は莫迦《ばか》で空気が読めないんで、しつこく訊ねてきた。だから適当に花と答えると、どんな花がいいのだとさらに訊いてくるものだから、幼なじみなのにわからないのかと言い返してしまったとかで」

「はい。鯨沼中学二年三組で、キラキラヶ丘サンシャインズの四番キャッチャー、馬淵千尋《ちひろ》です」

えらく丁寧《ていねい》な自己紹介だ。

馬淵先生の自宅へ花材を配達にいった際、紀久子は千尋と何度か会っていた。馬淵先生に生け花を習い、教室の手伝いをしているのだが、細身で小柄な祖母とちがい、大柄で肩幅が広く、がっちりした体格だった。はじめて見たときはジャージ姿だったので、高校生くらいの男子だと思ったほどである。

馬淵先生の母親の名前が平仮名でいち、先生が十に重ねるで十重《とえ》、ひとり娘は百の花で百花《ももか》、孫娘が千尋だと、先生本人から聞いている。ひとり娘の百花が十年ほど前に離婚し、子どもを連れて出戻ってきたこともだ。孫の千尋が、地元の少女野球チームに所属している話も聞いた覚えがあった。それだけおしゃべりというか、自分の話をするのが好きなのだ。

「じつはお訊《き》きしたいことがあって」

「なにかしら」

「ウチのクラスに宇田川《うだがわ》という男子がいまして、坊主頭というくらいしか特徴がないのですが」

「戸部《とべ》ボクシングジムに通っている？」

「そうです。でもどうしてそれを？」

「宇田川くんかどうかはわからないけど、ウチの店にきた坊主頭の男の子が、戸部ボクシングジムのＴシャツを着ていたわ」

「間違いなく宇田川です。ジムでも学校でも坊主頭は俺だけだって言ってましたんで。アイツ、いや、彼はあなたの店でなんの花を買おうとしていましたか」

「なんでそれを知りたいの？」

「な、なんでって言われましても」

聞き返されるのが意外だったらしい。1戸惑《とまど》いと焦りが入り混じった彼女の表情を見て、紀久子の心が動く。坊主頭の彼に抱いたのとおなじく、少しでも力になってあげたいと思った。

【三】　次の文章は、山本幸久《やまもとゆきひさ》の小説『花屋さんが言うことには』の一節です。東京の鯨沼《くじらぬま》という町で川原崎《かわらざき》花店を経営している李多《りた》のもとで芳賀《はが》や光代《みつよ》さんとともにアルバイト店員として働く紀久子《きくこ》が、花の配達を終えて店へ戻る途中でのできごとから始まる場面です。これを読んで、後の問いに答えなさい。

「おはなのくるまだっ」「ほんとだ」「あれはバラのはなだよ」「ステキィ」「かわいいっ」

注1ラヴィアンローズで信号待ちをしていると、目の前の横断歩道を保育園の園児達が、列をなして渡っていく。手を振ってくるので、紀久子も手を振り返す。

芳賀お手製のカレーは絶品だった。辛いのが苦手な紀久子でもご飯を二杯食べてしまったほどだ。お腹いっぱいで、なおかつ全身にスパイスが巡っているようで、食べおえて一時間半以上経ったいまでも、身体が火照《ほて》っている。却《かえ》ってこのほうが真夏日の暑さをしのげるように思えた。

「おはなのくるまさんバイバァイ」「バイバァイ」

子ども達が通り過ぎたところで信号が青になった。車を走らせてしばらくいくと、背後から「紀久子さぁん」と呼ぶのが聞こえた。下の名前をさん付けで呼ぶひとなど、鯨沼では馬淵《まぶち》先生ただひとりである。しかしその声は馬淵先生よりもずっと若々しかった。

「紀久子さぁん、待ってくださぁい」

ドアがないから当然ドアミラーもなく、うしろを確認する術がない。紀久子は車を路肩《ろかた》に停めて振りむくと、野球のユニフォームを身にまとった子が、猛ダッシュで走ってくるのが見えた。

「す、すみません」

追いついてから野球帽をとったその顔は、あきらかに女の子だった。しかも紀久子は彼女に見覚えがあった。

「あなた、馬淵先生のお孫さんじゃない？」

問六 ――線３「学ぶことで、～知ることが救いになります」とありますが、なぜこのように言えるのですか。六十字以上七十字以内で説明しなさい。

問七 問題文の内容と合致するものを次のア～エの中から一つ選び、記号で答えなさい。

ア 自分の人生については、自分で考えて自分で決定する必要があるから、親の意見に耳を貸して迷ってはならない。

イ 多くの人が良しとする考えに縛られることなく、自分は他人とは異なる個性的な人生を生きるのがよい。

ウ 答えが出せないような人生の問題でも、不安や恐れを抱くことなくしっかり向きあえば答えは見つかる。

エ 学ぶということは、自分の自由な発想を持って自分なりの人生を生きるうえでは、たいへん重要なものである。

問四 ――線１「精神の習慣性を破る」とありますが、筆者は、「精神の習慣性を破る」ために「学ぶ」ときに気をつけるべきことはどんなことだと述べていますか。最も適当なものを次のア～エの中から一つ選び、記号で答えなさい。

ア 正しいと思える自分の考えをしっかりと定めて、それと照らし合わせて他人の考えや教師の話が間違いならば批判して直してあげようとすること。

イ 自分と異なる考えも尊重しつつ、あらゆることに対して自分で考えようと心がけ、今学んでいることが正しいかどうかを見きわめようとすること。

ウ 学校で教師から教えられていることには間違いが多いので、自分で考えて正しいと思えることだけを選んで覚えるように心がけること。

エ 本に書いてあることや他人の考えは、とりあえず疑ってみて、自分の考えた正しい意見を相手にはっきり教えてあげようと努めること。

問五 ――線２「死というものが～思い煩った」について。

(1)「死というものがある」と同様の内容を表す表現を、ここより後の問題文中から八字で抜き出して答えなさい。

(2)「思い煩った」について述べたものとして**適当でない**ものを、次のア～エの中から一つ選び、記号で答えなさい。

ア 死んでしまえばすべてが無になるということは、とても怖いことだと感じた。

イ どうやら大人たちは、死ということについて何も考えていないように思えた。

ウ 親は、死について考えるのはいけないことだと思っているようだ。

エ 自分もいずれは死んでしまうのだと考えて、落ち込んだ気分になった。

問一 Ⅰ・Ⅱに当てはまる文字をそれぞれ漢字一字で記しなさい。なお、同じ記号の□には同じ文字が入ります。

問二 〔Ａ〕～〔Ｃ〕に当てはまる言葉として最も適当なものを、次のア～キの中からそれぞれ一つ選び、記号で答えなさい。なお、同じ記号の〔　〕には同じ言葉が入ります。

ア　理想　　イ　楽観　　ウ　一般　　エ　否定　　オ　独善　　カ　日常　　キ　観念

問三 ～～線(1)「鵜呑みにする」・(2)「窮して」の問題文中での意味として最も適当なものを次のア～エの中からそれぞれ一つ選び、記号で答えなさい。

(1)　鵜呑みにする

ア　しっかりと理解してその通りに行う
イ　ありのままを受け止めてまねをする
ウ　疑いながらも真実と思い込んでしまう
エ　真偽を問わぬまま受け入れてしまう

(2)　窮して

ア　困り果てて、あげくには腹を立てて
イ　行きづまり、どうにもならなくなって
ウ　うろたえて、あらぬことを口走って
エ　ひどく悩んで、つい相手を責めて

が思い描いていたような人生ではなかったことに気づいても、親は子どもの人生に責任を取ってくれたりはしないのです。

自分の人生を生きるためには、親が勧めるような人生とは違う人生があることを知り、まずは自分でどんな人生を生きるかを決めなければなりません。そのためには、〔　Ｃ　〕的な考え方に囚われず自由に考えることが必要ですが、学ぶことによってそのように考えられるようになります。

（岸見一郎『ゆっくり学ぶ　人生が変わる知の作り方』）

※問題作成の都合上、文章を一部省略しています。また、文章中の小見出し等を省略したり、書体を変更したりしたところがあります。

注　三木清……（一八九七〜一九四五）哲学者。

などと軽々に慰《なぐさ》めの言葉をかけるような人を信じることはできなくても、失恋した人の心の動き、失恋の痛手《いたで》が活写された小説を読むと、自分のことが書かれていると思うかもしれません。

失恋した人は、自分でなくてもよかったのだ、自分は選ばれなかったと知った時、自信をなくすかもしれませんが、失恋してもそのことで自信をなくす必要はないことを本を読んで学ぶかもしれません。

本を読んでも、どうすればこの苦しみから抜け出せるかについては何も書かれていないかもしれません。しかし、この苦しみを経験したのは自分だけではないということを知っただけでも、自分に起きていることの受け止め方が違ってきます。

これは決して現実から目を逸《そ》らすという意味ではありません。自分が置かれている状況を客観的に見直すということです。さらには、冷静になって自分のことだけではなく相手のことも考えられるようになります。

このような時でも、誰かから話を聞いたり本を読んだりすることで、今自分が経験している苦しみは自分だけでなく多くの人が経験してきているのだと知れば、自分が置かれている状況からの突破口を見出すきっかけになります。たとえすぐに答えが見つかるというわけではないにしてもです。

人生が有限であることを思い知るような経験をし、何のために人は生きるのかと考え始めたり、対人関係に何らかの仕方で躓《つまず》いたりすると、どうすれば幸福に生きることができるのかと考え始めます。

他の人と同じような人生を生きているのであれば迷うことはないでしょうが、どうすれば幸福に生きることができるのかというようなことを自分で考え始めれば、このような問いに対しても答えはすぐには見つからないことがわかります。

残念ながら、多くの場合、親はあまり力になれません。誰もが生きるような〔　C　〕的な人生は知っていても、例えば、高校に進学しないというようなことを言い出したら、親はたちまち答えに(2)窮《きゅう》してしまいます。

それでも、自分の人生を生きなければ、一体誰が自分の人生を生きてくれるというのでしょう。子どもの頃から大学に進学し会社に就職すれば幸福になれると親に言い聞かされ、自分でもそう思っていたところ、いざ進学したり就職したりした時に自分

今はこんなふうに考えたり、感じたりしているのに、そのすべてが無になる。これほど怖いことはないと思ったのに、大人たちは死のことを何も考えていないように見えました。死ねば自分が無になるかもしれないというのに、死のことをまったく考えないでどうして笑って生きていられるのだろうか。私には［Ⅱ］可解でした。

それなのに、私にとって一番の関心事だった死について親にたずねた記憶がないのです。たずねたけれども答えてもらえなかったのではなく、あるいは、たずねたのに答えをはぐらかされたのでもなく、死については初めから親にたずねてはいけないと考えたのかもしれません。

私は死について考え始めるとすべてが空しくなってしまい、長く鬱々《うつうつ》としていました。そのことに親が気づかなかったとは考えられないのですが、どれくらいこの状態が続いたか、また、どのようにしてその状態から抜け出したかは覚えていません。死について考えなければ、［Ⅰ］邪気に子ども時代を生きられたかもしれませんが、2死というものがあることを知って思い煩《わずら》った経験が哲学を学ぶ一つのきっかけになったのは間違いありません。

その後、私は哲学を学び、死について考え続けてきましたが、この問いへの答えは見出せていません。三木清は「死は〔　Ｂ　〕である」といっています（『人生論ノート』）。誰一人として死んでからこの世界に生還してきた人はいないのですから、死とは何かということについては体験できないので、それがどういうものなのかについては考えるしかないということです。

（中略）

最後に、3学ぶことで、自分と同じ経験をした人がいるという事実を知ることが救いになります。自分とまったく同じ経験をしている人がいるはずもありません。しかし、自分だけが苦しくて不幸な人生を送っていると思い詰めていた人でも、人の話を聞いたり、本を読んだりすることで、自分の置かれている状況を冷静に客観的に見ることができるようになります。

失恋した人は絶望し、生きる勇気を失ってしまいます。そのような時に、失恋してもまたすぐに好きな人は現れるに違いない

自分で考えるといっても、自分「だけ」で考えることでは、自分で考えられるようにはなりません。人から話を聞いたり、本を読んだりすることで、自分の考えとは違う考えに触れなければ、独りよがりになってしまいます。

本を読むにしても、自分の考えを持っていなければ、ある本を読むとそこに書かれていることが正しいと思い、また別の本を読むとそこに書かれていることが正しいと思ってしまうことになります。人の話を聞く時にも同じことが起こります。

次に、自己中心性から脱却できます。幼い子どもは親の［Ⅱ］断の援助がなければ片時も生きていくことができないので、親は懸命に子どもを育てます。しかし、子どもはやがて成長し、親の援助がなくても生きていけるようにならなければなりません。子育ての目標は子どもの自立です。

それにもかかわらず、親から援助されることが当然だと思ってしまう子どもは、大人になっても自分が世界の中心にいると考えます。そのような人は自分のいうことがまわりの人に受け入れられるという経験をして大人になったので、概して〔　A　〕的で、自分の考えることが正しいと思いがちです。

学ぶことによって、このような自己中心性から脱し、世界には自分とは違う考え方をする人がいること、自分が世界の中心にいるわけではないことを知らなければなりません。

自分で考えることは大切ですが、他の人の考えに振り回されないためには、まず人の話に耳を傾けなければなりません。自分の考え方だけが正しいと思ってしまうと、そのことの方がより大きな問題です。

（中略）

さらに、世の中には答えのない問いがあることを学ぶことができます。

私は小学生の頃、祖父、祖母、弟を次々に亡くし、人生には死というものがあることを知りました。

【二】 次の文章を読んで、後の問いに答えなさい。

人は学ぶことを通じて、何ができるようになるのかというと、まず、自分で考える力を身につけられます。例えばＳＮＳで見かけたメッセージに書いてあることを（1）鵜呑《うの》みにする人がいます。そのような人は少し考えるとおかしいとわかることが書いてあっても、それが正しいかどうかを自分で考えて判断しようとしません。

子どもの頃から学校で何かを教わっても、教師が話すことや教科書に書いてあることを［Ⅰ］批判に受け入れてしまう人は多いように見えます。教えられたことを覚えるのが学びの中心になってしまうと、自分では考えられなくなってしまいます。

しかし、教師が教えることが間違っていることはありますし、教科書に書いてあるからといって正しいわけではありません。また、ある文化で生まれ育った人は、その文化で自明で常識となっている考えに囚《とら》われてしまっているので、常識となっている考えが正しいかどうかというようなことは考えもしないのです。

三木清[注]は、次のようにいっています。

1「精神の習慣性を破るものが懐疑である」（『人生論ノート』）

精神の習慣性とは、これはこういうものだと決めてかかったり、誰かがいっていることに安直に飛びついたりするようなことです。考えることが習慣化されると、本当なのかどうかを立ち止まって考えられなくなるのです。

学ぶということは、教師が話したことや教科書や本に書かれていることを［Ⅰ］批判に受け入れるということではありません。試験ではとにかく覚えなければならないと考える人は多いでしょう。しかし、覚えるのと学ぶのは別のことです。覚えることに注力すると、考えられなくなってしまうのです。

間違ったことを覚えてしまうと、その知識は有害なものになってしまい、正しく考えられなくなります。そうならないために、学んでいることが本当なのか疑う必要があります。どんなことも鵜呑みにしないで疑えるようになるためには、自分で考えられるようにならなければなりません。

【二】 次の①～⑤の――線部について、カタカナの部分は漢字に直し、漢字の部分はその読みをひらがなで答えなさい。なお、答えはていねいに書くこと。

① 政治家が日本各地を遊説する。

② 胸の筋肉が大きくシュウシュクする。

③ ロケット開発に多くの予算をツイやす。

④ 朝と昼のカンダンの差が大きい季節になった。

⑤ きれいにホウソウされた荷物がとどいた。

令和5年度 本郷中学校
第3回 入学試験問題

国語

（五〇分　満点：一〇〇点）

注意

一、問題の解答は解答用紙にはっきりと記入しなさい。
二、指示があるまで問題冊子を開いてはいけません。
三、答えはすべて解答用紙に記入しなさい。
四、字数指定のある問題は、特別の指示がない限り、句読点、記号なども字数に含みます。
五、用具の貸し借りは禁止します。
六、指示があるまで席をはなれてはいけません。
七、質問があれば、だまって手をあげて監督者を呼びなさい。
八、試験が終わったら、解答用紙だけ提出しなさい。問題は持ち帰ってもかまいません。

第1回

2023年度

解 答 と 解 説

《2023年度の配点は解答欄に掲載してあります。》

＜算数解答＞

1 (1) 15 (2) $0.5\left[\frac{1}{2}\right]$

2 (1) $9.6\text{cm}\left[9\frac{3}{5},\ \frac{48}{5}\right]$ (2) 336ページ (3) 98人 (4) $19.625\left[19\frac{5}{8}\right]\text{cm}^2$

(5) 40秒間 (6) 10秒後

3 (1) 毎分12m (2) $26\frac{2}{11}\left[\frac{288}{11}\right]$ (3) $6.8\left[\frac{34}{5},\ 6\frac{4}{5}\right]$

4 (ア) (19)343 (イ) (14)297 (ウ) 13 (エ) (50)46 (オ) 841

5 (1) $62.5\left[\frac{125}{2},\ 62\frac{1}{2}\right]\text{cm}^3$ (2) オ (3) $17\frac{13}{36}\left[\frac{625}{36}\right]\text{cm}^3$

○配点○

1 各5点×2 4 (ア)～(エ) 各3点×4 他 各6点×13 計100点

＜算数解説＞

1 (四則計算)

(1) $\square=10\times4\div5+7=15$

(2) $(101.15+144.5)\div289-0.35=0.85-0.35=0.5$

2 (平面図形，相似，図形や点の移動，立体図形，割合と比，相当算，消去算，平均算，規則性，数の性質，速さの三公式)

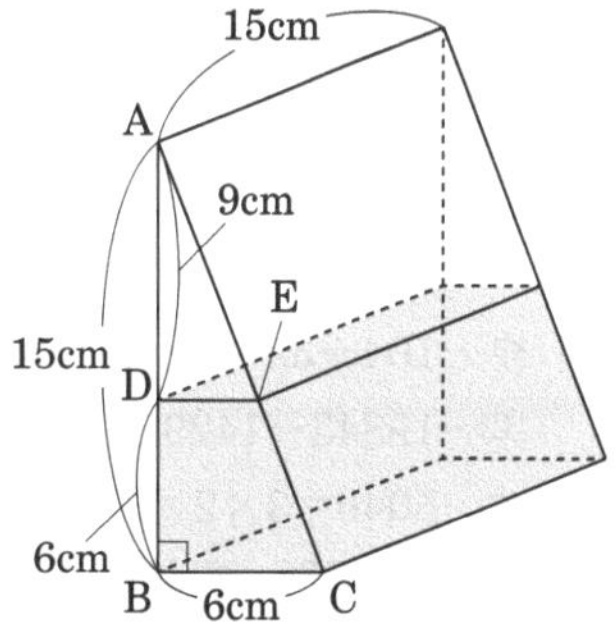

重要 (1) DE…直角三角形ADEとABCの相似より，$6\div15\times9=3.6$(cm)

台形DBCE×2…$(3.6+6)\times6=57.6$(cm^2)

したがって，深さは$57.6\times15\div(15\times6)=9.6$(cm)

やや難 (2) 下の線分図より，計算する。

AB…$(ア\times3+11\times3+5)\div2\times3=ア\times4.5+57$

または$(ア+11\times2)\times4=ア\times4+88$

ア…$ア\times(4.5-4)$

$=ア\times0.5$

$=88-57=31$

より，ア=62

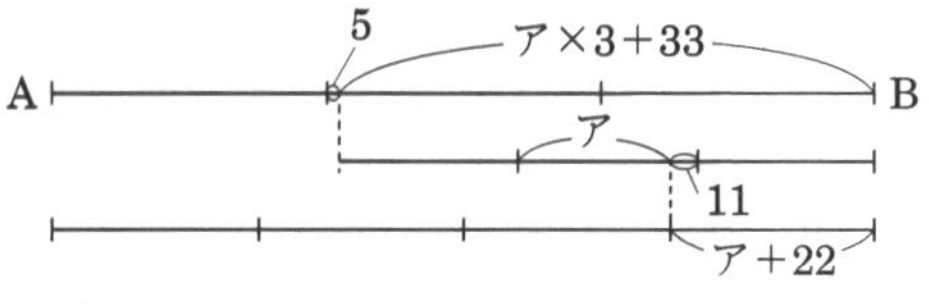

したがって，本は$(62+22)\times4$

$=336$(ページ)

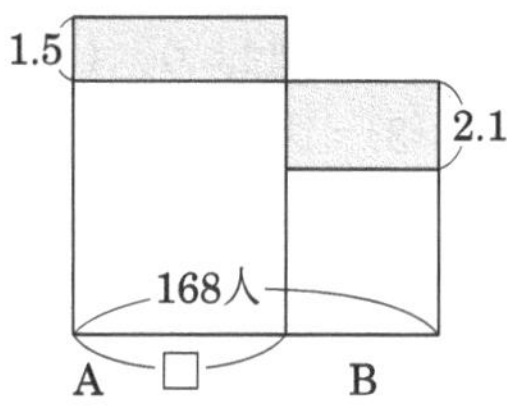

重要 (3) 右図より，色がついた部分の面積が等しくAとBの人数比は

$2.1:1.5=7:5$

したがって，Aの人数は$168\div(7+5)\times7=98$(人)

重要 (4)　右図において，半径13cmのおうぎ形－半径12cmのおうぎ形より，計算する。
$(13\times13-12\times12)\times3.14\div4=6.25\times3.14=19.625$(cm^2)

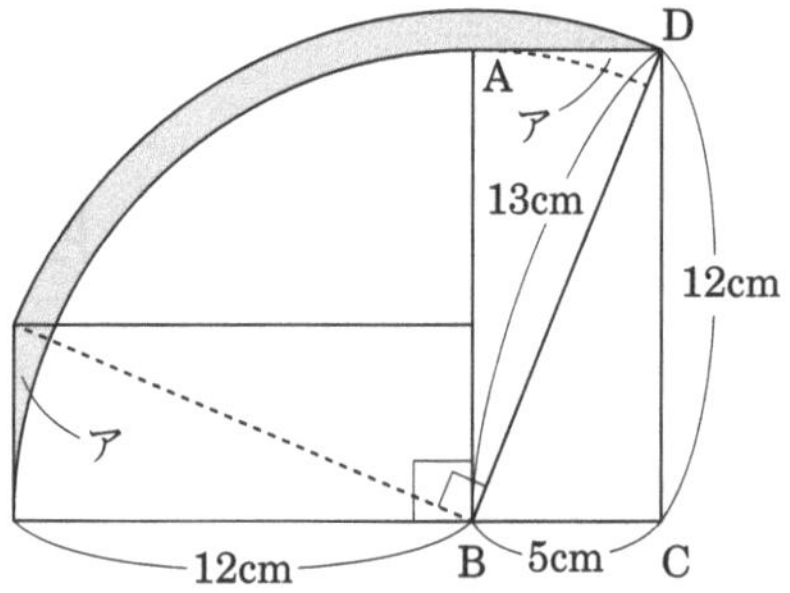

重要 (5)　下図より，$2+1=3$(秒間)と$3+2=5$(秒間)の最小公倍数15秒間のうち，両方点灯している時間は6秒間
したがって，求める時間は$100\div15=6\cdots10$より，$6\times6+2\times2=40$(秒間)

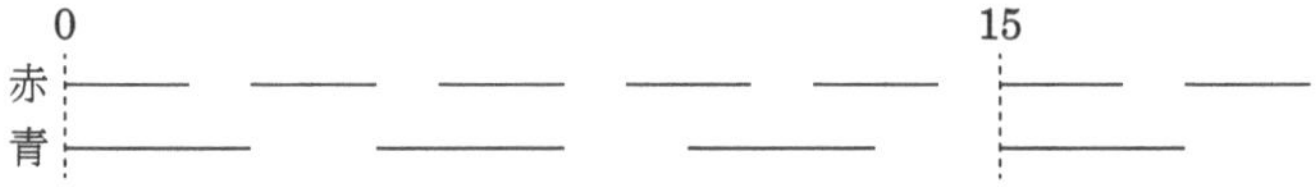

重要 (6)　図ア…AB：DE
$=440:110=8:2$
図イ…AB：GH
$=440:176=5:2$
BE－BH…$6-3=3$
したがって，影の長さが等しくなるのは10秒後

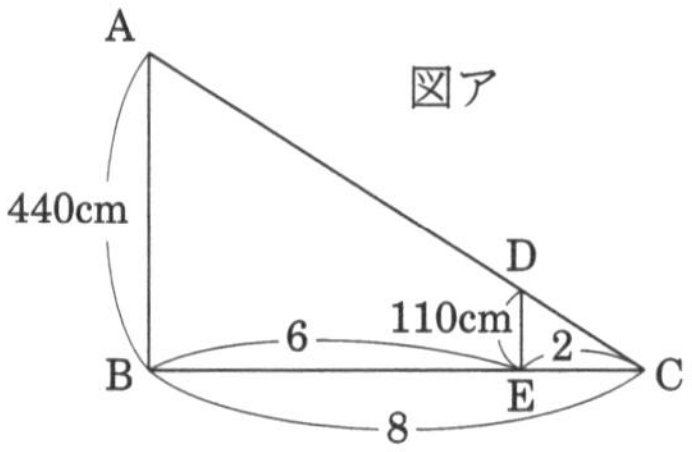

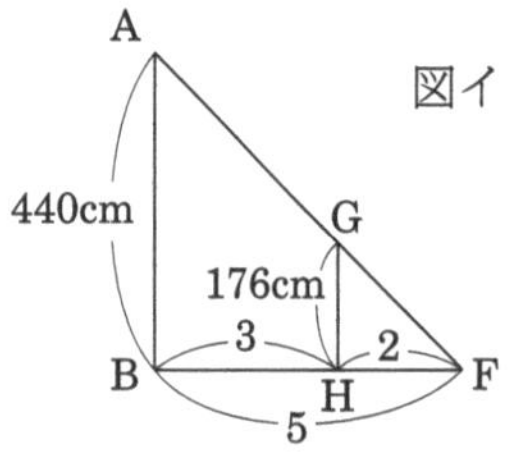

重要 3　**(速さの三公式，旅人算，グラフ，割合と比)**
壁B…分速1m

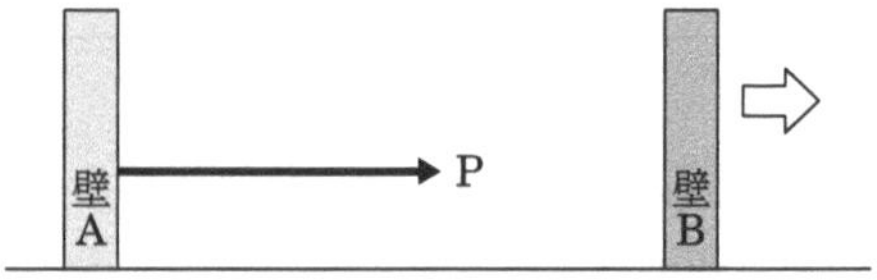

(1)　Pの1回目の分速…グラフより，$22\div2+1=12$(m)
(2)　Pが1回目に戻った時刻…$2+12\times2\div(12-1)=\dfrac{46}{11}$(分後)
したがって，yは$22+1\times\dfrac{46}{11}=26\dfrac{2}{11}$
(3)　(2)より，xは$\dfrac{46}{11}+26\dfrac{2}{11}\div(11-1)=6.8$

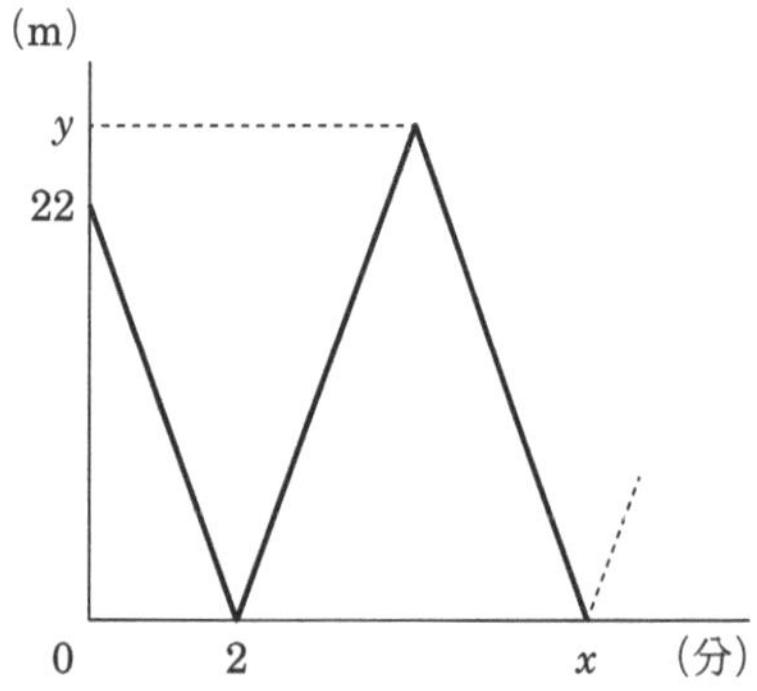

重要 4　**(数の性質)**
ア…$19350-7=19343$　　イ…$14300-3=14297$
ウ…$104\div39=2\cdots26$，$39=13\times3$，$26=13\times2$より，13
エ…$19343-14297=5046$
オ…$5046=3\times2\times841$，$14297=17\times841$より，841

5　**(平面図形，立体図形，割合と比)**
基本 (1)　図1より，$5\times5\times5\div2=62.5$(cm^3)
重要 (2)　図2より，(オ)五角形
やや難 (3)　図3より計算する。
三角錐Q－RFH…$\dfrac{5}{2}\times5\div2\times\dfrac{10}{3}\div3=\dfrac{250}{36}$(cm^3)
五角錐F－QHGCT…$\left(5\times5-\dfrac{5}{2}\times\dfrac{5}{3}\div2\right)\times5\div3=\dfrac{1375}{36}$(cm^3)
したがって，(1)より，求める体積は$62.5-\left(\dfrac{250}{36}+\dfrac{1375}{36}\right)=17\dfrac{13}{36}$(cm^3)

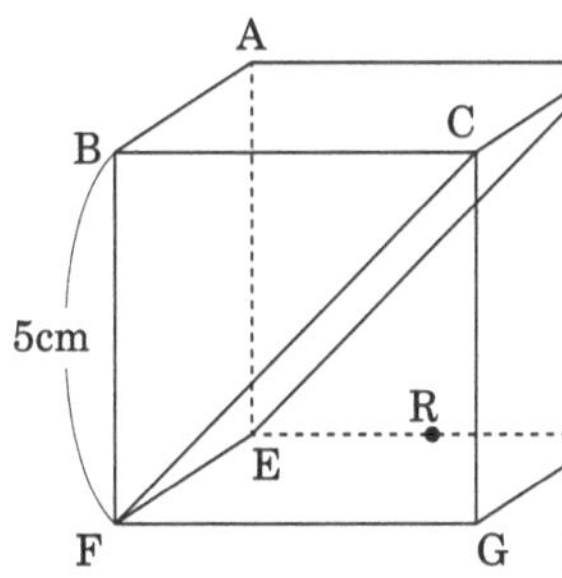

図1

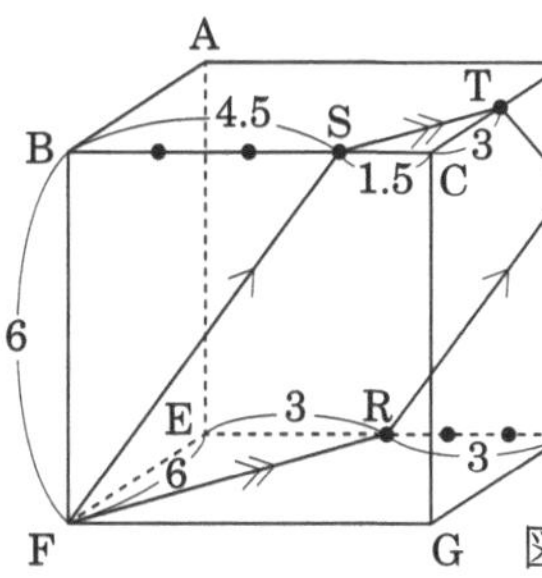

図2

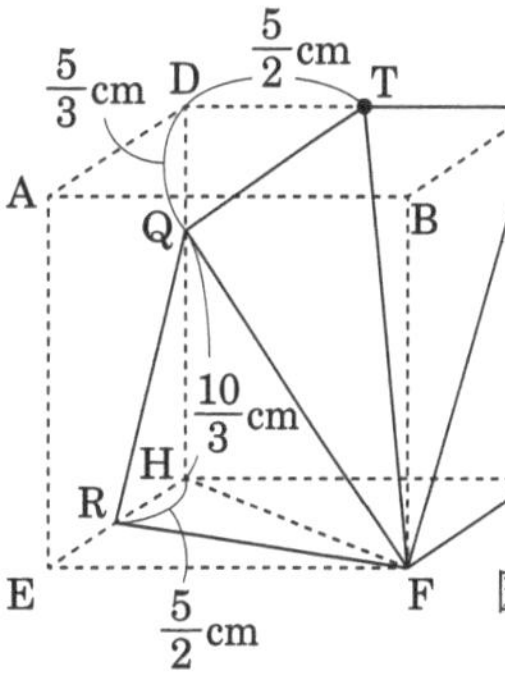

図3

★ワンポイントアドバイス★

[2](2)「ページ数」の問題はそれ自体としては難しくないが，どの長さを基準としてどういう式にするのか迷う問題でもある。[5](3)「立体Lの体積」は，問題に描かれた立方体の視点ではなく，左面から見た図で考えると計算しやすい。

<理科解答>

[1]　(1)　1　ウ　　2　0　　3　100　　(2)　ウ　　(3)　①　イ　　②　ウ[イ]　　③　ア
④　ア　　(4)　ア，ウ　　(5)　ア　　(6)　レールのつなぎ目にすき間をつくっておく

[2]　(1)　ア，オ　　(2)　ウ，オ　　(3)　2.4g　　(4)　543cm^3　　(5)　2.72g　　(6)　エ

[3]　(1)　1　水　　2　酸素　　3　葉緑体　　(2)　ウ，オ，ク　　(3)　呼吸　　(4)　ウ
(5)　イ～エ　　(6)　イ，エ　　(7)　ア→カ→イ→エ→オ→ウ　　(8)　カ

[4]　(1)　ウ　　(2)　エ　　(3)　3　イ　　4　エ　　(4)　ア　　(5)　7　オ　　8　エ
(6)　ウ　　(7)　①　カ　　②　ウ　　③　エ　　(8)　①　サ　　②　カ　　③　ウ

○配点○

[1]　(2)　2点　　(4)・(5)　各3点×2((4)完答)　　(6)　4点　　他　各1点×7
[2]　(5)　4点　　他　各3点×5((1)・(2)各完答)
[3]　(1)　各1点×3　　(5)・(7)　各3点×2(各完答)　　他　各2点×5((2)・(6)各完答)
[4]　(7)・(8)　各1点×6　　他　各2点×6((3)・(5)各完答)　　計75点

<理科解説>

[1]　**(熱の伝わり方―温度・熱の伝わり方)**

基本　I (1)　日本で使われている温度の単位は℃である。これはセルシウス温度といい，その頭文字をとっている。現在の温度計は水の凍る温度を0℃，沸騰する温度を100℃としてそれを百等分したものを1℃としている。

基本　(2)　液体は温度が上がると体積が膨張する。

重要　(3)　熱の伝わり方には，もの同士が直接触れて熱が伝わる「伝導」，ものの移動によって熱が伝わる「対流」，もの同士が離れていても熱が伝わる「放射」の3つがある。①の石油ストーブで部屋が温まるのは，ストーブで温められた空気が対流するためである。②では電熱線からの放射熱で

温める。③，④はフライパンや氷のうが熱を伝えたり奪ったりする。

(4)　空気より鉄の方が熱が伝わりやすいので，太陽からの放射熱によって温度が高くなった。オやカでも摩擦による熱は生じるが，普段でも摩擦熱は生じておりこの日に限ったことではないので，レールが64℃になった直接の原因ではない。

(5)　鉄製のレールは，温度が上がると膨張しレールが曲がってしまう。

(6)　膨張してもレールが曲がらないように，レールの継ぎ目にすき間をつくっておく。

2 (物質と変化の総合―アルミニウムの反応)

基本 (1)　酸素は物が燃えるのを助ける性質がある。過酸化水素に二酸化マンガンを入れると酸素が発生するが，二酸化マンガンは触媒の働きをし，自身は反応の前後で変化しない。酸素は水に溶けないので，水上置換法で集める。

基本 (2)　マグネシウムと鉄は塩酸と反応して水素を発生する。銅と銀は塩酸とは反応しない。炭酸カルシウムは塩酸と反応して，二酸化炭素を発生する。

重要 (3)　表1より，アルミニウム1gから$1250cm^3$の水素が発生する。表面がさびた3gのアルミニウムから$3000cm^3$の水素が発生したので，この時反応したアルミニウムの重さを□gとすると，1：1250＝□：3000　□＝2.4gであり，これがさびずに残っていたアルミニウムの重さである。

(4)　3gのうち酸化アルミニウムの重さは3－2.4＝0.6gである。表2より1gの酸化アルミニウムと反応する塩酸は$105cm^3$なので，0.6：□＝1：105　□＝$63cm^3$　また，2.4gのアルミニウムと反応する塩酸は2.4×200＝$480cm^3$より，63＋480＝$543cm^3$の塩酸が必要である。

(5)　アルミニウムが酸化アルミニウムに変化すると重さが1.9倍になるので，0.6gの酸化アルミニウムに変化したアルミニウムの重さは，0.6÷1.9≒0.315gであった。よって出しっぱなしにしてしまったアルミニウム粉末の重さは，0.315＋2.4＝2.715≒2.72gである。

(6)　2.72gのアルミニウムから発生する水素の体積は，2.72×1250＝$3400cm^3$である。

3 (植物―呼吸と光合成)

基本 (1)　植物は根から水分を吸収し，光合成でデンプンと酸素をつくりだす。光合成は細胞内の葉緑体で行われる。

基本 (2)　光合成をするのは，植物性プランクトンのミドリムシ，ボルボックス，ハネケイソウである。アオカビは葉緑素を持たないので光合成をしない。

基本 (3)　植物も呼吸をしているので，二酸化炭素を放出する。

(4)　植物Aではオより，Bではウより光の強さが強くなると光合成のはたらきは増加しない。よってウが間違い。

基本 (5)　イからエまでは植物Aの方が光合成のはたらきが多いので，Bより成長しやすい。

(6)　光の量が多いほど成長しやすい樹木を陽樹といい，クヌギ，コナラがこれにあたる。

(7)　初めに背丈の低い草が生じ，次に背丈の高い草が繁殖する。しだいに背の低い木が成長し，それらのうち，植物Bのように光が強い時に成長する樹木が繁殖する，その後，光が弱くても成長する植物Aが徐々に増え，最終的にAの林となる。

(8)　針葉樹は標高の高い気温の低い場所で成長する。常緑広葉樹は気温の高いところで繁殖する。よって常緑広葉樹→落葉広葉樹→常緑針葉樹の順に変化する。

4 (地球と太陽・月―惑星食)

(1)　写真1の金星は夕方に西の空に見える。この時三日月の暗い部分から金星は潜入し，明るい部分から出現する。

(2)　京都での潜入終了から出現開始までの時間は，13時45分56秒から14時24分41秒までの38分45秒である。したがって，金星がすべて隠されていた時間は約40分であった。

(3)「なよろ市」は北海道なので東京より東にある。月は惑星や星座の星に対して西から東へ移動する。

(4) 表1より，京都の金星の出現開始時刻は東京より早く，潜入開始時刻も早い。

(5) 観測点の経度が異なることに加え，緯度の違いで星の高度が異なることも関係する。

重要 (6) 皆既月食で月が赤銅色に見えるのは，地球の大気で曲げられた赤い光が月で反射するためである。

(7) ① 2021年11月8日に写真1の金星食が見られた。この時金星は夕方に西の空に見え，月はカの位置であった。 ② 2022年7月21・22日の月は火星食が見られた時であり，このとき下弦の翌日であったので月はウの位置であった。 ③ 2022年11月8日には皆既月食が見られたので，月の位置はエであった。

(8) ① 2021年11月8日に写真1の金星食が見られた。この時金星は夕方に西の空に見えたのでサの位置にあった。 ② 2022年7月21・22日の月は火星食が見られた時であり，このとき月はウの位置であり深夜に火星食が見られたので，火星も月と同じ方角に見えた。よってカの位置である。 ③ 皆既月食の最中に天王星食が起きたので，月と同じ方角に天王星がある。月は(7)のエの方角にあるので天王星も(8)のウの位置にある。

★ワンポイントアドバイス★

やや難しい問題もあるが，全体的なレベルは標準的である。実験や観察に基づき考察する力が求められている。

<社会解答>

1 問1 (1) $0.5km^2$ (2) う (3) エ (4) 東
問2 A (雲仙)普賢 B 有明 問3 ウ 問4 (1) ウ[エ] (2) d
問5 (1) ウ (2) エ 問6 イ 問7 ア 問8 エ 問9 ウ 問10 ウ

2 問1 ア 問2 イ 問3 エ 問4 ウ 問5 ア 問6 ウ 問7 エ
問8 エ 問9 イ 問10 雪舟 問11 大政奉還 問12 陽明門
問13 千利休 問14 菅原道真 問15 北条政子 問16 錦絵[浮世絵]
問17 東郷平八郎

3 問1 1 1945 2 ニューヨーク 3 安全保障理事会 4 15
問2 作らず[つくらず] 問3 SDGs 問4 拒否権 問5 PKO 問6 イ
問7 ① ウ ② ア ③ エ 問8 A ク B カ C ウ D オ

○配点○

1 問1(1)～(3)・問2・問4(2)・問6・問9・問10 各2点×9 他 各1点×7
2 問1～問9 各1点×9 他 各2点×8
3 問1～問6 各2点×9 他 各1点×7 計75点

<社会解説>

1 (日本の地理—地形図・国土と自然・エネルギー問題など)

重要 問1 (1) 主曲線(細い実線)が20m，計曲線(太い実線)が100mごとに引かれるのは5万分の1の地形図。 (2) 火砕流は水無川沿いに流れ下り多くの被害を与えた。 (3) 小さな湾越しに山を望んでいる。 (4) 山体崩壊により大量の土砂が有明海に流れ込んだ。

重要 問2 A 現在は普賢岳の東側の斜面にできた平成新山が最高峰となっている。 B 長崎・佐賀・福岡・熊本の4県に囲まれた湾で，干満の差が大きく古くから干拓が行われている。

問3 ジオとは地球や大地という意味。たとえ一部の改変でも貴重な地球の遺産を壊すことになる。

問4 (1) 地球の宝であるジオパークの保存と，これを教育や地域活性化に結び付けることは相反する考え方ともいえる。 (2) 四国の太平洋岸に位置する室戸市。aは北海道，bは新潟，cは日本海に浮かぶ島。

問5 (1) 東西18km，南北24kmという巨大カルデラを持つ火山。現在に至るまで火山活動は活発で，九州半分を覆う火砕流が何回も発生している。 (2) 2018年に登録，信徒が暮らした集落や大浦天主堂など禁教下での独自の信仰を物語る遺産群。

重要 問6 aは原子力，bは火力，cは地熱，dは水力発電。現在は火力発電が4分の3を占めるが，温暖化対策からその転換が求められている。1は水力，3は原子力，4は地熱発電。

問7 1000度にも達する高温のガスが岩石と共に時速100kmもの速さで流れ下る現象。

問8 大量の土砂が流れ込んだことで10mを越す津波が発生，対岸の熊本でも5000人を超す犠牲者が発生したといわれる。

問9 もともと火(肥)の国と呼ばれていたが，7世紀後半に肥前(佐賀・長崎)と肥後に分かれた。

問10 サツマイモを原料とする麺料理。見た目は太いソバのようだが甘みがある郷土料理。サツマイモは18世紀後半に青木昆陽によって普及した飢饉に備える救荒作物。

2 (日本の歴史―古代～近代の政治・文化など)

問1 摂政・関白は平安中期から常設とされ，基本的には王政復古の大号令まで続いた。

重要 問2 井原西鶴は近松門左衛門・松尾芭蕉と並び元禄の三文人と呼ばれた。

問3 勅撰和歌集とは天皇や上皇の命で編集された和歌集で，平安時代前半の古今和歌集から室町時代中期の新続《しんしょく》古今和歌集まで21の和歌集が編集された。

問4 下剋上といわれるが武田氏や島津氏のような守護や，織田氏や朝倉氏のような守護代あるいはその家臣から成長した大名も多い。

基本 問5 1945年の改正で20歳以上の男女に選挙権が与えられ，2015年に18歳に引き下げられた。

問6 栄西の伝えた臨済宗は幕府の保護の下，京・鎌倉の五山を中心に発展，道元の伝えた曹洞宗はひたすら座禅を組む(只管打座《しかんだざ》)ことを重視し，地方の農民や下級武士の間に広まった。

問7 農村は依然として封建的な地主と小作の関係が続き近代化が遅れていた。

問8 日ソ中立条約は1941年4月に締結，期間は5年間であったがソ連は1945年8月8日にこれを破棄して宣戦を布告した。アは1912年，イは1914年，ウは1915年。

問9 陸軍皇道派の青年将校が主導，その後皇道派は粛清《しゅくせい》され統制派主流の発言力が増大した。

問10 大内氏の庇護《ひご》のもと明にわたった画僧。日本独自の水墨画を完成させた。

重要 問11 討幕の動きを回避するため前土佐藩主・山内容堂の進言で行われた。

問12 508体の彫刻が刻まれ1日中見ていても飽きないことから命名された。

問13 豊臣秀吉の側近として活躍したが，秀吉の不興を買い切腹を命じられた。

問14 学者の家に生まれ異例の出世を遂げたが藤原時平におとしいれられ大宰府に左遷された。

問15 3代将軍・源実朝の死後は事実上の鎌倉殿として尼将軍と呼ばれ幕政を主導した。

問16 18世紀ごろ多色刷りの錦絵が発明され美人画・役者絵・風景画などが化政文化で花開き大隆盛となった。歌麿は美人画，東洲斎写楽は役者絵，北斎や広重は風景画。

やや難 問17　連合艦隊の司令長官。ロシアのバルチック艦隊を日本海で全滅させ国民的英雄となった。

3 (政治—憲法・政治のしくみ・国際社会など)

問1　1　1941年の大西洋憲章などを基本に大戦終了後に設立。　2　アメリカ最大の都市で商業・金融・文化の中心で経済的首都ともいわれる。　3　国際平和と安全の維持に主要な責任を持つ機関。その決定には拘束力があり総会よりも実質的には上位にある。　4　米・英・仏・中・露の常任理事国は5大国と呼ばれ拒否権を持つ。非常任理事国は任期2年で地域別に選ばれる。

重要 問2　1967年，佐藤栄作首相が国会で表明した核に対する日本の基本政策。

問3 「誰一人取り残さない」という理念の下，国際社会が取り組むべき課題とその解決に向けた目標。持続可能な社会を作るため，今私たちに求められている行動を示している。

問4　五大国の対立により安全保障理事会は機能不全に陥っておりその対策が求められている。

問5　国連平和維持活動。当事国の合意や安全保障理事会など国際社会の支持に基づき派遣される。日本も湾岸戦争後の1992年にPKO協力法を成立させ自衛隊の海外派遣に道を開いた。

やや難 問6　女性教育弾圧に反対したためタリバンから銃撃され重傷を負った。アは「もったいない」で知られるケニアの政治家，ウはフィリピンのジャーナリスト，エはミャンマーの政治家。

問7　請求権とは基本的人権を確保するための権利であり，権利や自由の侵害を救済する権利でもある。憲法は裁判を受ける権利，国家賠償請求権・請願権などを規定。

問8　憲法の基本的理念である平和達成の趣旨を展開，平和主義の理由並びにその結果として予想される事態に対する考え方などを述べた前文の第2段落。

★ワンポイントアドバイス★

ウクライナ問題やSDGsなど世界で起こっている事件や課題といったことが狙われることが多い。世の中の動きに注意し自分で考える習慣をつけよう。

＜国語解答＞

【一】 ①　けいてき　②　晩秋　③　炭酸　④　恩義　⑤　鏡

【二】 問一　A　ア　B　カ　C　ウ　問二　イ　問三　イ　問四　エ　問五　ウ
問六　悲劇的だと思う自分の体験の全てを、主体的に捉え直すことで充実した人生を送ること。　問七　イ・ウ

【三】 問一　a　ウ　b　イ　c　ウ　問二　ア　問三　エ　問四　イ　問五　ア
問六　ウ　問七　イ　問八　額そのものの良さや技術を人々に知ってもらうだけでなく、絵やそれを引き立てる額によって人々の生活を豊かにすること。

○配点○

【一】 各2点×5

【二】 問一　各3点×3　問六　8点　問七　各4点×2　他　各5点×4

【三】 問一　各3点×3　問二・問三　各4点×2　問八　8点　他　各5点×4

計100点

＜国語解説＞

【一】 (漢字の読み書き)

① 「笛」の訓読みは「ふえ」。音読みは「テキ」である。　② 「晩秋」とは，秋の終わり(末)ごろのこと。「晩」は全12画の漢字。12画目の始点は11画目よりやや右側である。　③ 「酸」は全14画の漢字。6・7画目は二本である。　④ 「恩」は全10画の漢字。「思」と混同しないようにする。　⑤ 「鏡」は全19画の漢字。9画目は立てても，点でもよい。

【二】 (論説文―要旨・大意，細部の読み取り，接続語の問題，記述力)

基本　問一　A　前部分は，機能集団ではそこに属しているだけでは価値や意味がないという内容で，後部分で，会社という機能集団で属しているだけでは意味がない例を挙げているので「例えば」だ。　B　前部分は，成長していく中での課題は簡単に解決できるはずはないものだとしていて，後部分は，消費社会では簡単に解決できるようなことを言う本が売れるというのだから「ところが」である。　C　前部分では，社会では，異なる前提があっても，同じように扱うと説明していて，後部分でも，同じように，心理的にも肉体的にも弱者であっても，配慮もなくそのまま生きていくことになることを重ねて述べているので「さらに」である。

重要　問二　「かつては～」で始まる段落にあるように，以前は共同体に属していれば，そこにいること自体に意味が持てたのだが，機能集団では，その集団が求める役割を果たさなければ必要とされない存在になってしまうことが「不安」を呼び起こすということなのでイである。

問三　本は消費社会の特徴の例として挙げている。問一Bで考えたように，簡単にはできるはずのないことでも，簡単に解決できるような内容の本を売り続けているということだ。そして，それにとどまらず，読者も簡単な方法を書いている本を手に取ると説明しているのでイを選ぶ。

問四　――線3直前が「成長を避けていると」ということだ。この「成長を避ける」ということと，問三までで考えた消費社会の特徴が結びついている。「本来，人生の充足～」で始まる段落にあるように，筆者は，「成長」は「負担とリスクを乗り越えて得るもの」という考えだ。この2点から考えてエを選択する。

問五　ウとエで迷うところである。問一Cで考えたように，さまざまな前提条件が違う人間でも，同じように扱うとしている。この点についてウとエは述べているが，エの「その違いをなくすために家庭環境とは関係なく」の部分が誤りである。その家庭環境に違いがあるままそれぞれが存在することを不公平としているのだからウである。

やや難　問六　――線5冒頭の「そういう人生」とは，具体例として挙げている「おやじがアルコール依存症～」のような環境で生きてきた人生である。つまり，「悲劇的だと思う自分の体験がある人生」ということになる。後半の「再構築～」は，「つまりこれまでとは別の～」で始まる段落からの説明に着目することになる。「自分が信じる自分の価値に価値観を再構築する」。また，「大切なのは，我々は～」で始まる段落にあるように，「人格を再構成することによって，新しい人生を切り拓く」とあるように，再構築は，人生を良い方向に向かわせることと考えよう。

重要　問七　ア　「新しい社会体制の創出」を求めているのではない。　イ　「すてきなバッグ」は，消費社会の説明中にある，例の一つだ。本の例と同様に，根本的な解決にはならないことの例なので，内容と合致している。　ウ　――線4以降の内容から，「無意識の安心感」を持てる環境に育った人は幸福としているのだから「望ましいこと」であるので合致する。　エ　「個性の優先」の話題ではない。　オ　悲劇的な環境で育った人の話題は出ているが，その人たちに寄りそうようにしようという内容ではない。

【三】（物語―心情・情景，細部の読み取り，ことばの意味，記述力）

重要　問一　a「安堵」とは，ホッとすること，安心すること，心が落ち着くことという意味なのでウである。　b「王道」とは，だれでもが，それが順当だと選ぶ方法ということだ。「王」だからといって「上品で洗練された」，「きれい」ということではない。　c「素朴」とは，自然のままに近く，あまり手の加えられていないことなのでウである。

基本　問二　「こういう」と「この」の違いをきちんとつかもう。「こういう」は本文中で言えば「イメージに近いもの」ということだ。それに対して「この」は一つのものに対してそれにぴったりというもの「完璧な組み合わせ」ということになる。アの選択肢の後半がこの内容である。

問三　アとエで迷うところである。旅芸人も，当然さまざまな苦労を重ねていることは推察できるが，文中での村崎さんの発言では，「流れ流れていろんな景色を見てきたであろう」と考えているのは「流木」である。したがって，流木に着目して述べているエを選択する。

やや難　問四　――線3の発言は，面白さをねらったり，冗談を言っているのではなく，村崎さんの心配，憂慮である。アとイで迷うところである。「今回はたまたま～」と，「俺は，ちょっと危機を～」で始まる村崎の会話が着目点になる。アの内容も内容としての誤りはないが，村崎が憂慮しているのは「手作り」が軽く見られること，「昔ながらの技術の伝承が失われること」なのでイを選択する。

問五　「額は絵よりも前に出てはいけない」という思いは常にある。たとえ本金箔を使うにしても，額を目立たせたいからではないのだ。したがって，エのような金と真鍮ではどちらが際立つかという比較ではなく，絵がより良く見える効果を考えているのだからアである。

重要　問六　真鍮箔に決定した判断をほめている。もともとこの絵の額を作らせてくれと言ってきたこと，本金箔を使うため予算を気にしていたこと，そもそもこの絵に対して思い出があることなど，「僕」がこの絵に対して単なる仕事という以上に個人的な思い入れがあることを村崎は知っている。だから，金額も高く立派な本金箔を選ぶと思っていたが，それをやめたことを「捨てた」と表現しているのだ。自分の希望より，絵の魅力を引き出す材料にしたということだからウである。

問七　――線6の言葉は，日頃無口な村崎さんが，少し前に熱っぽく語ったものなので，それに重ねていないウは不適切だ。また，村崎さんと「同じ夢の実現」を目指すと言っているのではないのでアも不適切。「夢」の読み取りは適切ではあるが，「つらさや孤独に耐える」などの心情はなく，村崎さんは「あるべき姿」など多くを語る人ではないのでエも不適切である。「夢」の取り扱いと，村崎さんの「僕」への姿勢から考えるとイが適切だ。

やや難　問八　問七で考えたように，最初に「夢」を語ったのは村崎さんである。したがって，「堰を切ってあふれ出す～」で始まる段落からの村崎さんの発言が着目点になる。まず，額制作を仕事にしている村崎さんは，「額そのものの良さを知ってほしい」という基本的な夢を持っているが，それ以上に，人の営みとともに絵があるような「真の豊かな生活」になることが夢なのである。

★ワンポイントアドバイス★

設問数は多くはなく，正統派の国語読解問題である。地道でしっかりした学習を積み重ねよう。

第2回

2023年度

解　答　と　解　説

《2023年度の配点は解答欄に掲載してあります。》

＜算数解答＞

1　(1)　2.5$\left[\frac{5}{2},\ 2\frac{1}{2}\right]$　　(2)　1120

2　(1)　2853cm　　(2)　155.6cm　　(3)　8　　(4)　452.16cm^3　　(5)　7通り
　(6)　4.25$\left[\frac{17}{4},\ 4\frac{1}{4}\right]$cm

3　(1)　35　　(2)　562.5$\left[562\frac{1}{2},\ \frac{1125}{2}\right]$分後　　(3)　毎分$466\frac{2}{3}\left[\frac{1400}{3}\right]$cm^3

4　(1)　(ア)　248　　(イ)　8　　(ウ)　5　　(エ)　4　　(オ)　8　　(カ)　10
　(2)　13・14・15　　(3)　46

5　(1)　84.78cm^2　　(2)　う　　(3)　①　き　　②　$\frac{2}{3}$倍

○配点○

1　各5点×2　　4(1)　各1点×6　　5　(2)・(3)①　各3点×2
他　各6点×13(4(2)完答)　　計100点

＜算数解説＞

1　**(四則計算)**

(1)　□＝(84－78.9)×5＋16－39＝25.5＋16－39＝2.5

(2)　$44\times22.4-224+8\times20\times\frac{56}{25}=34\times22.4+358.4=1120$

2　**(植木算，統計と表，演算記号，数の性質，平面図形，相似，立体図形，図形や点の移動，場合の数，割合と比，消去算)**

基本　(1)　22＋(22－3)×(150－1)＝2853(cm)

重要　(2)　10名の中央値…短いほうから5・6番目の記録の平均が155.7cm
短いほうから6番目の記録…155.8cm
したがって，令和元年の□は155.6cm

年度	記録(cm)	年度	記録(cm)
平成24	157.2	平成29	155.8
平成25	156.8	平成30	154.7
平成26	156.3	令和元	□
平成27	155.8	令和2	152.6
平成28	154.9	令和3	152.9

重要　(3)　2023＝17×17×7…約数は1，7，17，119，289，2023
289＝17×17…約数は1，17，289
したがって，求める値は(1＋7＋17＋119＋289＋2023)÷(1＋17＋289)＝2456÷307＝8

重要　(4)　右図より，回転体の体積は6×6×3.14×12÷3＝144×3.14＝452.16(cm^3)

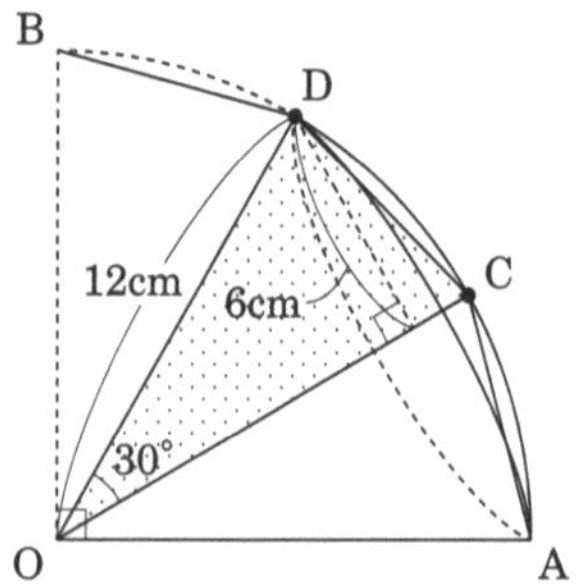

やや難 (5)　2□□□□0のとき…0，2，2，3の並べ方は0232，3202
2□□□□2のとき…0，0，2，3の並べ方は0203，0230，0320，3020
3□□□□2のとき…0，0，2，2の並べ方は2020
したがって，全部で7通り

やや難 (6)　右図より，直角三角形EHFとFGDは合同
ア＋3＝イ，ア＋3＋ア＝5より，ア＝1，イ＝4
直角三角形EHFとCGFは相似
したがって，CDは4＋1÷4＝4.25(cm)

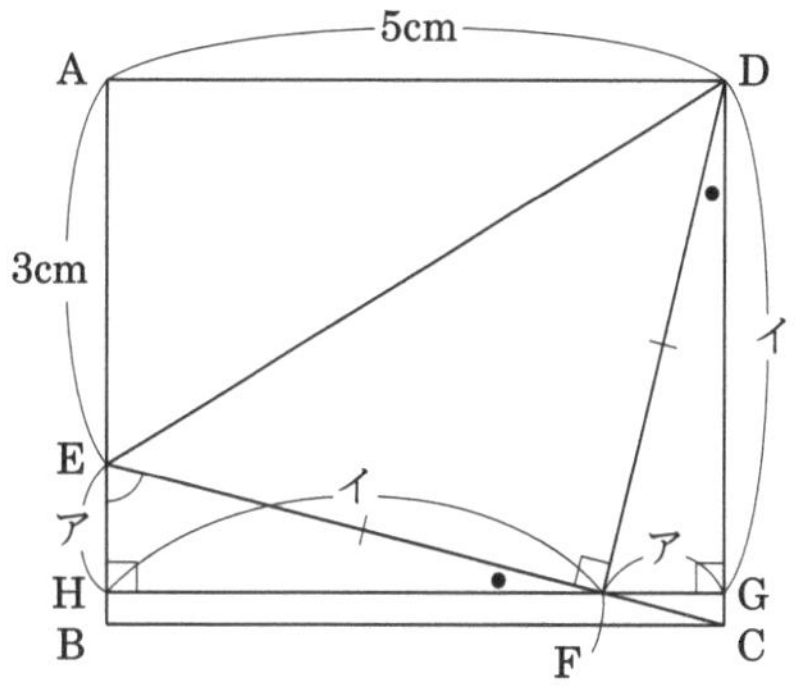

重要 3　**(立体図形，平面図形，グラフ，割合と比)**

水そうの底面積…50×50＝2500(cm²)

(1)　Bの部分の底面の高さ
…グラフより，
250×100÷2500
＝10(cm)
仕切りの高さ
…グラフより，20cm
仕切りの右側の部分の長さア
…グラフより，
10×50÷100×(160−100)÷20＝15(cm)
したがって，x＝50−15＝35

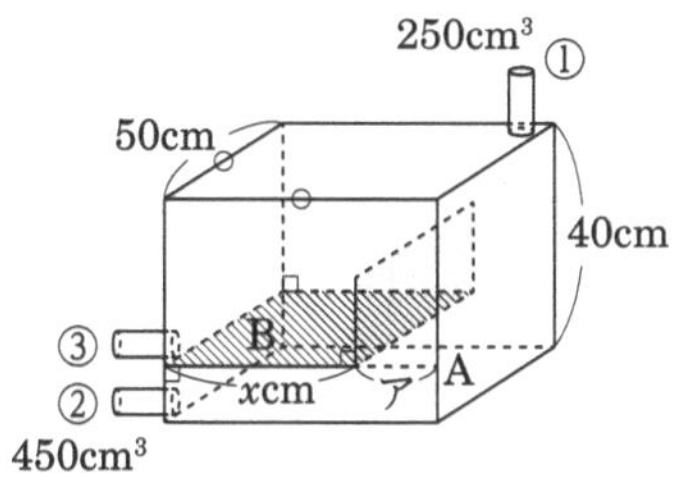

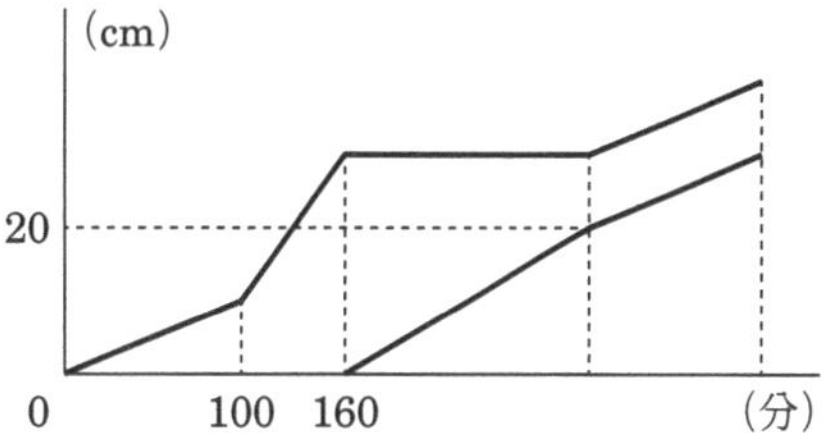

(2)　満水までの時間
…2500×40÷250＝400(分)
したがって，右図より，求める時刻は
400＋(10×2500＋10×15×50)÷(450−250)
＝400＋162.5＝562.5(分後)

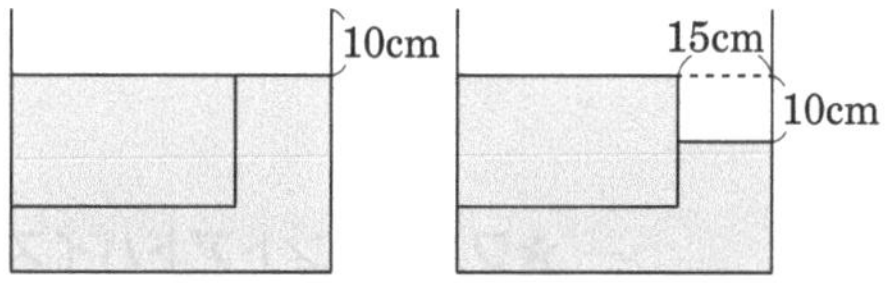

(3)　右図において，カ：キは35：15＝7：3
キの部分についての毎分の減少水量
…450−250＝200(cm³)
したがって，③の毎分の排水量は200÷3×7＝$\dfrac{1400}{3}$＝466$\dfrac{2}{3}$(cm³)

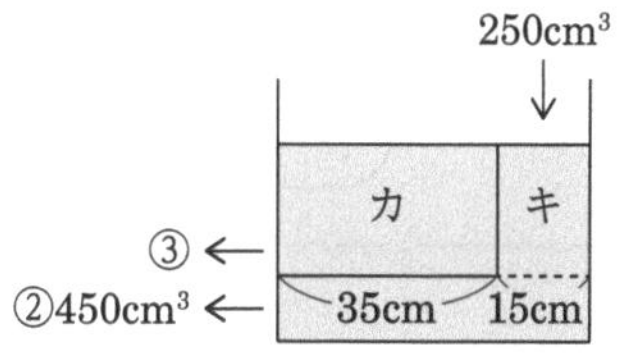

4　**(平面図形，場合の数，数の性質)**

基本 (1)　(ア)　(1＋123)×2＝248(cm)
…図Ⅰ
(イ)　(1＋3)×2＝8(cm)…図Ⅱ

[図Ⅰ]

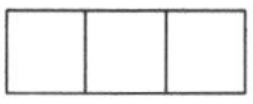
[図Ⅱ]

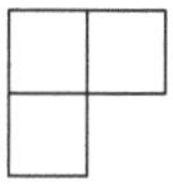
[図Ⅲ]

重要　(ウ)　下図より，5通り

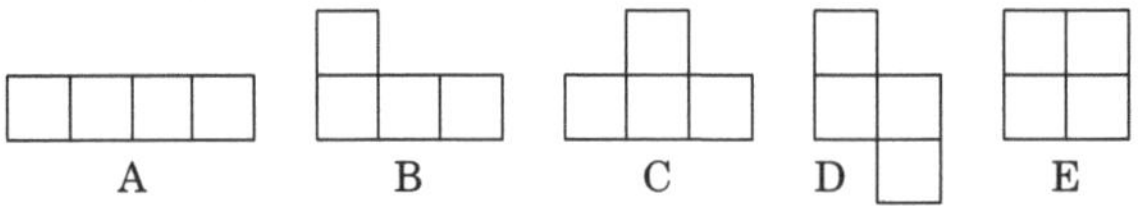

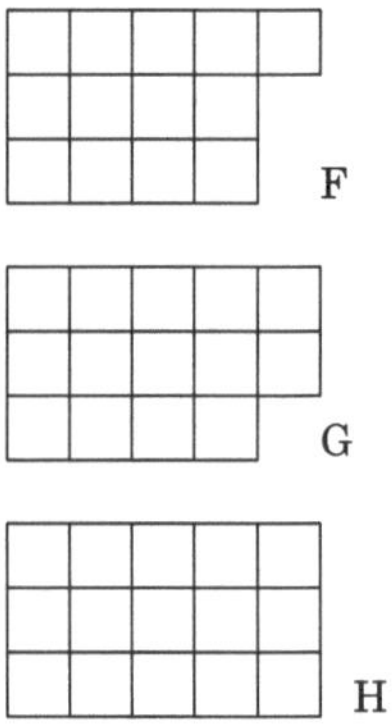

(エ)　図A～Dの5－1＝4(通り)

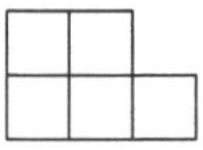

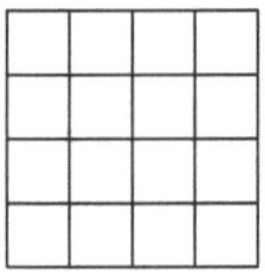

基本　(オ)　図E…2×4＝8(cm)

(カ)　右図より，(2＋3)×2＝10(cm)

重要　(2)　16個の場合…右図より，周は4×2×2＝16(cm)

図F～H…13，14，15個の場合も周が16cm

(3)　123…11×11＋2

したがって，周は(11＋11＋1)×2＝46(cm)

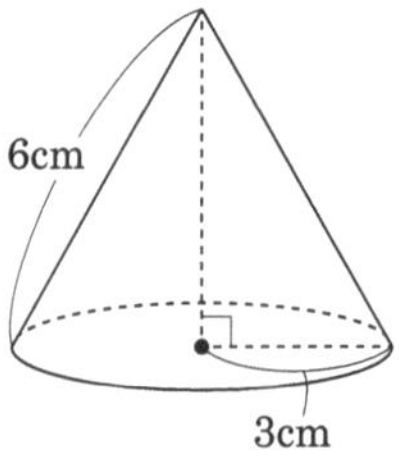

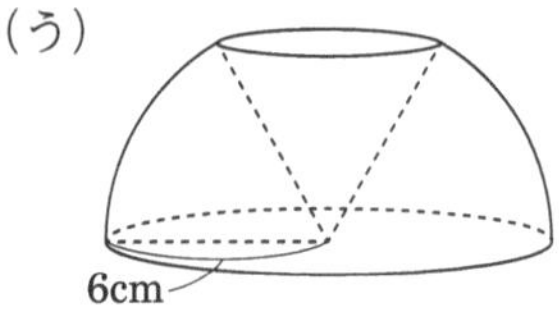

重要 5 **(平面図形，相似，図形や点の移動，立体図形，割合と比)**

(1)　3×(3＋6)×3.14＝27×3.14＝84.78(cm^2)

(2)　母線の長さが一定であり，回転体の側面は(う)のようになる。

(3)　(き)…レールの内側に円の中心がある。

右図より，二等辺三角形OABとOCDの相似比は6：9＝2：3

したがって，内側と外側のレールの跡によってできるそれぞれの円の半径の比も2：3になり，求める割合は$\frac{2}{3}$倍

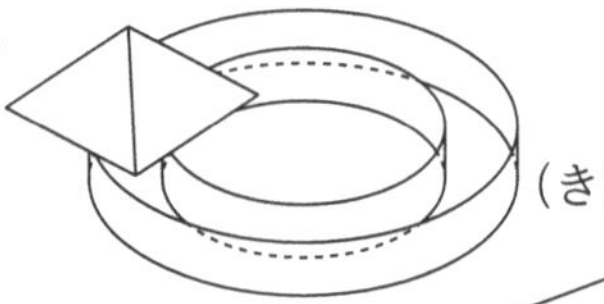

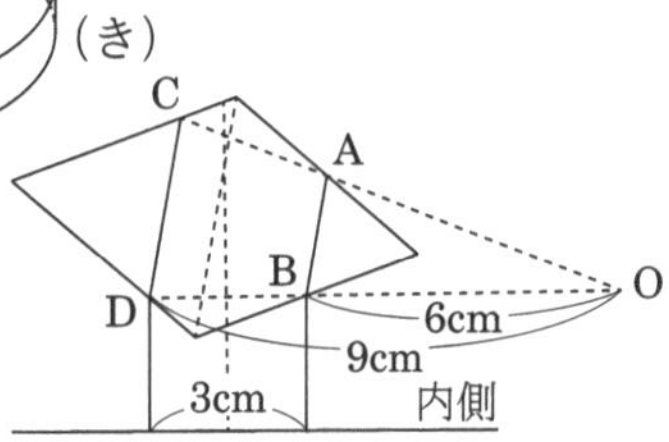

★ワンポイントアドバイス★

2(2)「中央値」について理解しているか，(3)2023の約数が求められるか，(5)「同じ数字が隣り合わない並べ方」が正解できるか。5(2)「円錐を横にして回転させたとき，できる回転体の側面」は，「母線」の長さに注意する。

＜理科解答＞

1　(1)　エ　　(2)

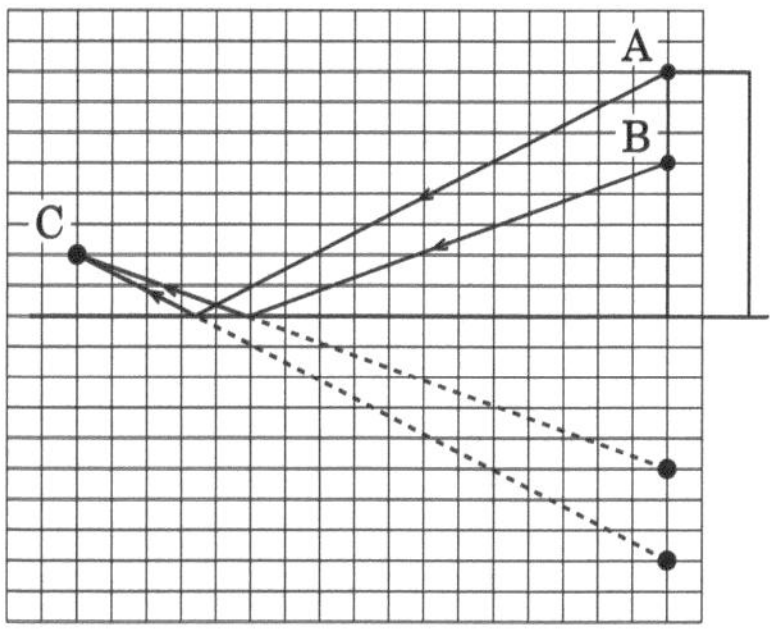

(3)　イ　(4)　ア　　(5)　イ

(6)

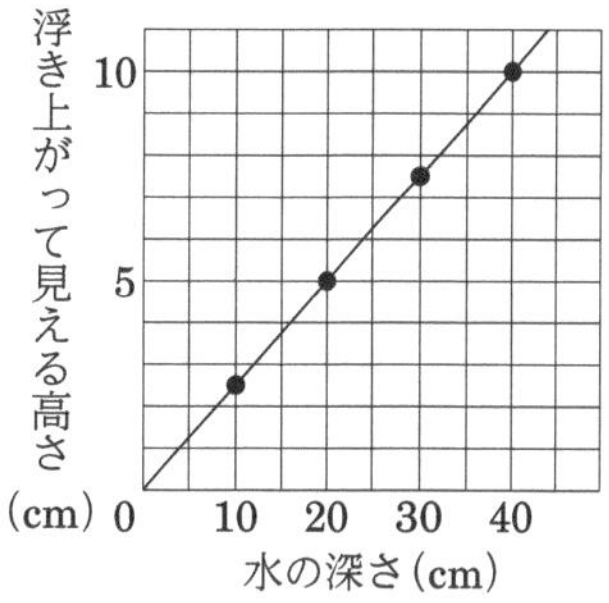

(7)　2m　　(8)　イ

2　(1)　(実験結果)　ア　　(根拠)　　カ　　(2)　400　　(3)　1034g　　(4)　ウ，エ
(5)　石灰水　　(6)　オ　　(7)　酸素，水銀

3　(1)　ヘモグロビン　　(2)　エ，オ　　(3)　ア，ウ，オ，カ　　(4)　1　ウ　　2　エ
(5)　ア，イ　　(6)　ウ　　(7)　エ　　(8)　イ，ウ，エ，オ，カ

4　(1)　イ　　(2)　イ　　(3)　エ　　(4)　ウ　　(5)　エ　　(6)　ア，オ　　(7)　ア
(8)　1500m

○配点○

1　(2)，(6)，(7)　各3点×3　　他　各2点×5

2　(1)～(3)　各3点×3((1)完答)　　他　各2点×5((4)完答)

3　(8)　3点(完答)　　他　各2点×8((2)，(3)各完答)

4　(6)，(8)　各3点×2((6)完答)　　他　各2点×6　　　計75点

＜理科解説＞

1　(光の性質―反射，レンズ)

(1)　水面で反射されて，上下逆の像に見える。

重要　(2)　入射角と反射角が等しくなるように作図する。

重要　(3)　凸レンズの実像は，上下左右が逆に見える。

重要　(4)　凸レンズの虚像は，実像と同じ向きに見える。

重要　(5)　ピンホールカメラの像は，上下左右が逆になる。

(6)　水の深さを横軸に，見かけの深さを縦軸にとると，原点を通る直線になる。

(7)　水の深さと見かけの深さは比例するので，10：7.5＝□：1.5　□＝2.0mである。

(8)　空気中から水の中へ光が進むとき，入射角より屈折角の方が小さくなる。図イのように光は進む。

2　(気体の性質・物質との反応―いろいろな気体)

重要　(1)　空気を押し込めているので，ビンの口を開けると余分の空気が出て行き，ビンの重さは初めより軽くなる。

(2)　逃げて行った空気の体積と重さは，容器の体積の$\frac{3}{4}$が$800\times\frac{3}{4}=600cm^3$で，重さが702－700.5＝1.5gである。水は$1cm^3$で1gであり，空気は1.5÷600＝0.0025gなので，空気の重さを1とすると，水の重さは1÷0.0025＝400になる。

(3)　大気の重さは水銀76cm分に相当する。その重さは1cm^2あたり13.6×76＝1033.6gになる。

基本 (4)　『固まる空気』と呼ばれていたものは，二酸化炭素である。二酸化炭素の発生は，卵の殻(炭酸カルシウム)に塩酸を加えたり，ベーキングパウダー(炭酸水素ナトリウム)を加熱する。

基本 (5)　二酸化炭素は石灰水に吹き込むと白くにごる。水に溶けない炭酸カルシウムが生じるためである。

(6)　空気中には酸素，二酸化炭素のほかに窒素が含まれる。窒素の割合は約80%になる。

(7)　残った空気の中ではろうそくが燃えなかったので，反応によって酸素がなくなったことがわかる。水銀が酸素と反応して赤い物質が発生した。

3　(人体―血液・抗体・遺伝)

基本 (1)　Aは赤血球であり，酸素は赤血球中のヘモグロビンと結びついて全身に運ばれる。

重要 (2)　血球のうち最も多いのが赤血球で，90%以上を占める。Dは血小板であり，傷口で固まって出血を止める役割がある。動脈血は酸素を多く含む血液で，大動脈と肺静脈を流れる。

重要 (3)　O型の血しょうにはA，B両方の抗体を含むので，A型，B型の赤血球とO型の血しょうの組み合わせは凝集反応が起こる。また，A型およびO型の血しょう中にはBの抗体を含むので，AB型の赤血球との組み合わせで凝集する。

(4)　AB型の赤血球にはA，B両方の抗原が含まれるので，違う血液型の人に輸血するとすべて凝集反応を起こす。一方，O型の赤血球には抗原が含まれないので，どの血液型の人に輸血しても凝集反応は起きない。

重要 (5)　AB型の遺伝子の組み合わせはⒶⒷのみであり，O型では◎◎のみである。その子供の遺伝子の組み合わせは，Ⓐ◎かⒷ◎になるので，子供の血液型はA型かB型になる。

(6)　子供に現れる遺伝子の組み合わせを表で表すと以下のようになり，子供がAB型になる確率は50%である。

	A	B
A	AA	AB
B	AB	BB

やや難 (7)　子供にB型とO型が現れるので，母親の遺伝子の組み合わせはⒶ◎である。父親の遺伝子の組み合わせがⒶⒶなら子供はA型のみであり，Ⓐ◎では子供はA型かO型になる。ⒷⒷでは子供はAB型かB型，ⒶⒷならA型かB型かAB型，◎◎ならA型かO型になる。よって父親の遺伝子の組み合わせはⒷ◎である。この場合，子供の血液型はAB型，B型，A型，O型のいずれかになる。

(8)　A型の父親とB型の母親から生まれるB型の女の子の遺伝子の組み合わせはⒷ◎である。男の子の父親の遺伝子の組み合わせがⒶ◎，ⒶⒷ，ⒷⒷ，Ⓑ◎，◎◎ならば男の子はB型になれる。よってⒶⒶ以外の遺伝子の組み合わせであればよい。

4　(気象―日本の気象)

基本 (1)　梅雨前線は，北の冷たいオホーツク気団と南の暖かい小笠原気団がぶつかり合ってできる。

基本 (2)　6月14日には，日本の南の海上に梅雨前線が停滞しているので，天気図はイである。

(3)　6月27日以降も，梅雨のような天候が続いたので，梅雨明けの変更が発表された。

(4)　ウの説明は，冬の時期に吹く季節風の事であり，偏西風によるものではない。

(5)　ラニーニャが起きると，日本付近では夏は太平洋高気圧が北に張り出しやすくなり，暑い夏になる。冬は東高西低の冬型の気圧配置が強まり寒い冬になる。

(6)　猛暑の原因としては，ヒートアイランド現象，フェーン現象などによって気温が上昇することがある。エルニーニョ現象のときには，冷夏になる傾向がある。

(7)　秋雨は，梅雨と同じように暖かい空気と冷たい空気が押し合って前線が停滞することが原因である。秋雨は梅雨と違って東南アジアや東アジアでは見られず，日本周辺にのみ見られる気象現象である。

(8)　雲ができ始めるX(m)での気温は，$24.5-1\times\frac{X}{100}$℃であり，露点は$12.5-0.2\times\frac{X}{100}$℃である。気温が露点に等しくなる時が凝結高度なので，$24.5-1\times\frac{X}{100}=12.5-0.2\times\frac{X}{100}$より，$X=$1500mになる。

★ワンポイントアドバイス★
問題文が長く，読解力と集中力を要する問題を含んでいるが，よく読んで内容を理解し，落ち着いて対応すること。

＜社会解答＞

1　問1　1　姫路　2　新鳥栖　問2　(1)　D　大分(県)　E　日光　F　愛媛(県)
(2)　ア　問3　7　問4　エ　問5　ウ　問6　(1)　イ　(2)　エ
問7　ア　問8　ウ　問9　イ

2　問1　ウ　問2　エ　問3　ア　問4　ウ　問5　エ　問6　イ　問7　イ
問8　ア　問9　ウ　問10　班田収授法　問11　墾田永年私財法　問12　執権
問13　行基　問14　首里城　問15　9斗5升　問16　伊能忠敬　問17　鳴滝塾

3　問1　1　248(名)　2　島根(県)　3　高知(県)　問2　エ　問3　イ　問4　ア
問5　一票の格差　問6　ウ　問7　イ　問8　18(歳)　問9　A　オ　B　イ
C　キ　D　ウ　問10　沖縄の本土復帰(に備えるため)

○配点○
1　問7～問9　各1点×3　他　各2点×11
2　問1～問9　各1点×9　他　各2点×8
3　問10　3点　他　各2点×11(問9完答)　計75点

＜社会解説＞

1　(日本の地理―国土と自然・産業・運輸など)

問1　1　白鷺《しらさぎ》城と称される5層6階の天守で知られる姫路城の城下町。　2　北部九州の交通の要地として発展，新幹線の開業に伴い在来線との接続として建設された駅。

問2　(1)　D　県庁所在地である大分に次ぐ県下第2の都市で，大分のベッドタウンとして発展。　E　二荒《ふたら》山神社や徳川家康を祀る東照宮を含む社寺が登録されている。　F　四国最大の都市である松山にある夏目漱石の「坊っちゃん」で知られる温泉。　(2)「草津良いとこ一度はおいで」とうたわれる関東の名湯。

重要　問3　静岡県・熱海→愛知県→岐阜県→滋賀県→京都府→大阪府→兵庫県・姫路の順。

問4　新幹線もあるため航空機の旅客数が多い路線は東京→札幌，東京→福岡，東京→那覇の順。沖縄は暖かい気候を利用した野菜や花き類の首都圏などへの出荷も多い。

問5　長崎市街は細長い湾を取り巻く丘陵地に広がり，長崎駅はその先端部分に位置している。

やや難　問6　(1)　東京・山形間を結ぶ新幹線で，従来の新幹線より一回り小さいミニ新幹線。現在新庄まで延長されている。アは1982年，ウは1997年，エは1982年。　(2)　畜産の岩手，東北最大の仙台を擁する宮城，工業が盛んな福島，リンゴの大産地の青森などから判断。

重要　問7　岡山は白桃で知られた県。ナシは千葉・茨城，リンゴは青森・長野，ミカンは和歌山・静岡。

問8　屋台で知られる福岡は食の宝庫といわれ豚骨ラーメンや水炊き，筑前煮なども有名である。

問9　日本でも干満の差が最も大きい水域として知られ，干潮時には干潟が5～7km沖合まで広がり全国の干潟の4割以上を占めるといわれる。

2　(日本の歴史―古代～近代の政治・社会・外交など)

問1　岡山地方を基盤とした吉備の豪族の墓には300mを超える巨大な前方後円墳も見られる。

基本　問2　境界は四隅と中央南部に，集落は西方の2か所と中央部，紀伊川の大道沿いにある。

問3　1392年，高麗を滅ぼして李成桂が建国，1910年に日本に併合されるまで500年以上にわたって存続した朝鮮最後の王朝。

問　イギリスは競争に敗れて撤退したがスペインは1624年に幕府により来航が禁止された。

問5　浅間山の大噴火は1783年(天明3)。これを原因とする天明の飢饉を乗り越えた白河藩主・松平定信はその手腕を買われて老中首座につき寛政の改革を実施した。

問6　一揆の続発で地租は引き下げられ，「竹槍でドンと突き出す2分5厘(2.5%)」といわれた。

問7　日本軍は旅順攻略で苦戦したがこれを突破，奉天会戦では大勝して戦いを有利に進めた。

問8　米騒動(1918年)→ベルサイユ条約(1919年)→原首相暗殺(1921年)→普通選挙法(1925年)。

重要　問9　世界恐慌(1929年)→柳条湖事件(1931年)→国際連盟脱退(1933年)→盧溝橋事件(1937年)。

問10　良民男子には2段(約24a)，女子にはその3分の2が与えられ死亡すると国に返還された。

重要　問11　厳しい税の取り立てから逃亡する農民も多く口分田が荒廃，人口増もあって大規模な開発を計画，結果的には財力のある貴族や寺社の私有地の増加につながり国庫収入は増えなかった。

問12　鎌倉時代中頃から荘園そのもの(下地)を折半して互いにその領有を認める下地中分が進行，地頭の荘園支配権が強化されていった。

問13　日本で最初に全国地図を作ったといわれるのが行基。社会事業を通じて民衆の篤い信頼を獲得，朝廷による弾圧をうけたが聖武天皇は布教を認め大仏建立に協力させた。

問14　王城の正門である守礼門は2000円札の表面に採用，2019年に火災により焼失した。

問15　合計の石高は1石4斗2升5合(1425合)。1425合×3分の2で計算。

問16　家業を息子に譲り天文学や測量を学習，地球1周に当たる4万kmを測量して完成した。

やや難　問17　長崎郊外の鳴滝に開いたもの。高野長英や伊藤玄朴など全国から優秀な人材が集結した。

3　(日本の歴史・政治―戦後の歴史・憲法・政治のしくみ・時事問題など)

問1　1　選挙区148名，比例代表100名から構成。　2・3　都道府県で人口の少ない順では鳥取・島根・高知・徳島。1票の格差を是正するためこれら隣接する県を合区としたもの。

問2　2023年3月31日現在の衆議院の定数は小選挙区289名，比例代表176名。

問3　それぞれ日本国憲法の9条2項(ア)，20条1項(ウ)，27条1項(エ)。

問4　男女普通選挙制は1945年12月に実現，翌年4月の衆議院選挙では39名の女性代議士が誕生した。イは1964年，ウは1951年，エは1968年。

重要　問5　議員定数の不均衡は憲法14条の法の下の平等に反するとされる。最高裁判所も2倍をはるかに越えるような不平等は違憲状態や違憲という判決を下している。

やや難　問6　憲政史上最長を記録した安倍晋三。EU離脱は2020年に実現したイギリスのみ。消費税は

2014年に8%，19年に10%，トランプ大統領は2017～21年，TPP11の発効は2018年。

問7　前回は上回ったものの投票率は52%程度と過去4番目の低さだった。

問8　2015年の改正で18歳に引き下げ，これに合わせ成年年齢も2022年から18歳に変更された。

問9　A　2012年から自公連立政権。　B　2009年に政権交代を実現した民主党の流れをくむ政党。
C　大阪維新の会を母体とする政党。　D　参議院議員で元俳優の山本太郎が設立した政党。

問10　県民の意思を国政に反映させるため，復帰に先立って特別法を制定し1970年に衆・参の選挙を実施，定員は衆議院は5名，参議院は2名とされた。

★ワンポイントアドバイス★

歴史的事象の並び替えは受験生を悩ませる問題である。年号を覚えるのではなく，前後の関係を読み取る力を身につけよう。

＜国語解答＞

【一】　①　おかん　②　息災　③　蒸　④　陸橋　⑤　統率

【二】　問一　(1)　オ　(2)　カ　(3)　オ　問二　オ　問三　エ　問四　ウ
問五　ア　問六　ウ　問七　エ　問八　他者との差異を求めて買い集めてきた品物を失うことで、自分自身のアイデンティティまでも失ってしまうのではないかという恐怖。

【三】　問一　a　ア　b　ウ　c　ア　問二　ウ　問三　ア　問四　イ　問五　ア
問六　買い占めを防いだことで、アルバイトたちを仲間だと思えるようになるとともに、多くの人に本を届けるという書店員の仕事も果たせたという自負がある　問七　エ

○配点○

【一】　各2点×5

【二】　問一　各2点×3　問二　3点　問七　6点　問八　10点　他　各5点×4

【三】　問一　各3点×3　問五　6点　問六　10点　他　各5点×4　計100点

＜国語解説＞

【一】　(漢字の読み書き)

①「おかん」とは，体がゾクゾクしたり，ガタガタ震えるような病的な寒けのこと。「悪」の音読みは「悪意」の「アク」の他に「オ」もある。　②「息」は全10画の漢字。「白」ではなく「自」である。　③「蒸」は全13画の漢字。6画目は一筆で，7・8画目は2画で書く。　④「橋」は全16画の漢字。「禾(のぎへん)」ではないので注意する。　⑤「率」は全11画の漢字。訓読みは「ひき-いる」。音読みは「円周率」の「リツ」と「統率」の「ソツ」がある。

【二】　(論説文―細部の読み取り，ことばの用法，記述力)

重要　問一　(1)「それが」→「食材でなくても」,「放り込んでしまう」というつくりの文なので，オに係る。全体の主語はない。　(2)「どこかで」(スイッチが)→「入ったから」ということなのでカに係る。　(3)「資本主義者の時代には」(目標のようなものに)→「なった」ということなのでオに係る。

問二　A・D・E・Gは「ある・なし」で分けることができる。「ある」という状態を示している。

文法用語で言えば「動詞」である。一方，B・C・Fはそれぞれ直後の名詞(体言)を修飾している，文法用語で言えば「連体詞」である。したがってオの分類が適切なものだ。

基本 問三　直前の「自分の消費欲を省みると」に着目し，筆者自身が，特に必要だと感じなくても目玉商品を購入している例を挙げていることを考えてエを選ぶ。

問四　アは「日常的な必需品が店頭に並ばない」が誤り。イの，「本当の意味での豊かさが問われている」という内容はない。エは「本当はあまり価値のないものを価値があるかのように見せかけて売りさばく」が誤りである。ウは，問三で考えたように，必要としないものものまで欲しくなる消費欲求がなければ経済活動は立ちゆかなくなるという筆者の主張に合っている。

問五　アとエで迷うところだ。考えるポイントは，「見せびらかし」が，ただ他者より「よく見せない」ということなのか，「他者とは違う自分」を求めているのかということになる。落ち込んでいるときの爆買いなども例に挙げ,「自分の存在感を浮揚させたい」とある。「存在感の浮揚」は,「他者とは違う自分」を求めているということなのでアを選択する。

問六　簡単に言えば，商品は，必要で，使うためにだけあるのではなく，自分らしさを表現するためのモノとしての価値として存在するということになる。このように考えると，商品そのものが良いものかそうでないかではなく，自分らしさ，自分の個性を表現できるものとしての意味合ということなのでウである。

問七　これまで考えたように，ポイントは，自分らしさ，個性，他者との違いを表すものということだ。アやウのように「最新の高価なもの」や「最先端のもの」ということではないし，イのように「量が多い」ことを求めるのではない。エの「他者との差別化」が適切である。

やや難 問八 「私有というのは，～」から始まる段落以降に着目する。問われているのは「失うことへの恐怖」なので，まず，失うことの原因がどう述べられているかを読み取ると，「他者との差別化を目指して私有に走ること」が「失うこと」につながるとある。そこで,「失うもの」を考えると,私有の欲求は,「ボードリヤールは，～」で始まる段落にあるように，商品は個人のアイデンティティを表現する記号で，自分らしさを獲得するために消費すると説明している。これと重ね合わせて考えると，他者との差異を求めて買い集めた商品が，他者も所有することで差異ある商品として成立しなくなることで自分自身のアイデンティティまでも失ってしまうのではないかと恐怖を感じるのである。

【三】（物語―心情･情景，細部の読み取り，ことばの意味，記述力）

重要 問一　a 「不貞腐れる」とは，不平や不満の気持ちがあって，なげやりな態度や反抗的な態度をするということなのでア。　b 「肩をいからせる」は，肩を上に持ち上げたり大きく振ったりして威圧的な感じを出すことだ。漢字表記をすると「肩を怒らせる」なのでウ。　c 「おどける」とは，こっけいなことを言ったり，したりすること，ふざけることということなのでアを選択する。

問二　森が言いたいことは「僕がポップ作りで～」という発言だ。それに対して由佳子は「いいですね」と「感心」しているのだから，失敗したとしてもそれを恐れないことだと励まされている気持ちになっているのでウである。

やや難 問三　アとエで迷うところである。が，由佳子も本部が作ったマニュアルで予習しているのだから，森が言っていることがまったく知らなかったことではないのだ。したがって，エの「現場で働いたものにしかわからない」「無知だった」のではなく，知ってはいたが，いざ現場に出てみると知っていたことと実際やってみることとは違うことを実感し，「身についていない」と感じるのだからアを選択する。

基本 問四　男が転売ヤーだとわかっても，どう対処したらよいかと迷っているが，でかい態度をすればこちらが弱気になると思っている態度を見て,「スイッチが切り替わった」,つまり,「店長としてそれは許さない」という態度に出ることに決めたということなのでイである。

問五　幸田は店のルールもよく知っているし,なにより長い経験を持っているのだから任せた方が安心ではある。が,問四で考えたように,堂々と店長としての務めを果たそうという気持ちと同時に,——線4直後の「幸田さん～困ります。～お願いします。」は,すっかり自分が処理することだと勝手にレジを休止してはいけないという指示を与えることで,立場を表しているのだ。これまでの流れから,勝手な空想で「自分の成長につながらない」のような選択肢を選ばないようにしよう。

やや難　問六　「痛くも痒くもない」とは,まったく影響しないという意味の言葉である。つまり,自分の行動に自信をつけているということだ。その場で色々な発言をするアルバイトたちの意見をとりまとめ,決定し,適切な対応をしたという思いがあるからだ。「由佳子は臆さなかった～」で始まる段落からを参考にしよう。自信がもてるのは,アルバイトたちが見守ってくれているからで「彼女たちは仲間だ」と思えるからだ。そして,多くの人に本を届けるという書店員の仕事を果たせたという満足感があるからだ。

問七　森の言う「呪い」は,「『書店員はわがまま～』」と言っている内容だ。問五・問六で考えたように,転売ヤーに買い占めを許さなかったのも,多くの人に本を手に取って欲しいと考えたからだ。無意識にそう考えた行動だと森は見て取ったので「あなたも呪いに」と言っているのだからエを選択する。

★ワンポイントアドバイス★

まぎらわしい選択肢問題を苦手にしないように注意しよう。

第3回

2023年度

解 答 と 解 説

《2023年度の配点は解答欄に掲載してあります。》

＜算数解答＞

1 (1) $0.2\left[\frac{1}{5}\right]$ (2) 101

2 (1) 10個 (2) 1200m^2 (3) 17回 (4) 175m (5) 6.4% (6) 58cm^2
(7) 98cm^2

3 (1) 毎分50m (2) $321\frac{3}{7}\left[\frac{2250}{7}\right]$m (3) $91\frac{83}{87}\left[\frac{8000}{87}\right]$

4 (1) エ (2) ア・イ・カ (3) 90

5 (1) 50cm^2 (2) 785cm^3

○配点○

1 各5点×2 他 各6点×15(4(2)完答) 計100点

＜算数解説＞

1 (四則計算)

(1) $\square=0.6\times\frac{4}{7}-5\times\frac{6}{35}\div6=\frac{12}{35}-\frac{1}{7}=0.2$

(2) $\left(11\frac{7}{8}+\frac{71}{88}-\frac{5}{88}\right)\times8=88+7+6=101$

2 (場合の数,割合と比,相当算,鶴亀算,速さの三公式と比,旅人算,単位の換算,平面図形,相似,消去算)

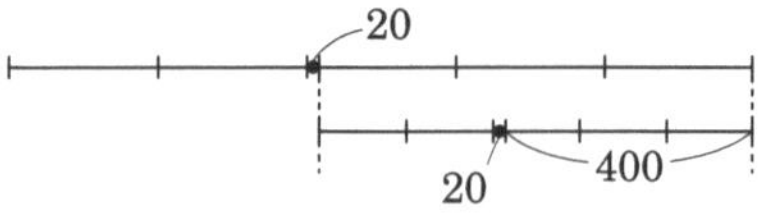

基本 (1) $5\times4\div2=10$(個)

重要 (2) 右図より,$\{(20+400)\div3\times5+20\}\div3\times5=1200(\text{m}^2)$

重要 (3) 裏の回数…$(3\times30-25)\div(3+2)=13$(回)
したがって,表は$30-13=17$(回)
【別解】 $(25+2\times30)\div(3+2)=17$(回)

重要 (4) 道のりの差が1周になるまでの時間…$1400\div(49-41)=175$(分)
Aさんが走った道のり…$41\times175=7175$(m)
したがって,Pからは$7175-1400\times5=175$(m)

重要 (5) 水蒸発後の食塩水…濃度$8\times(150\div75)=16$(%)の食塩水が75g
AとBの食塩水の重さの比…$75:(200-75)=75:125=3:5$
したがって,右図より,色がついた部分の面積が等しくBの濃度は
$10-(16-10)\times3\div5=6.4$(%)

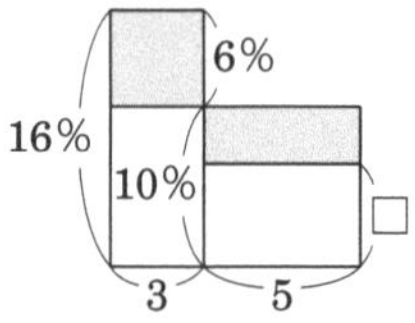

やや難　(6)　図…正六角形の面積が⑥のとき，
正三角形BCL，DME，AFKの
面積はそれぞれ①
正三角形BCL＋ア
…7＋9＝16(cm^2)
正三角形DME＋イ
＝9＋13＝22(cm^2)
正三角形AFK＋ウ
…13＋7＝20(cm^2)
①×3＋ア＋イ＋ウ＝③＋ア＋
イ＋ウ
＝16＋22＋20＝58より，
ア＋イ＋ウ＝58－③

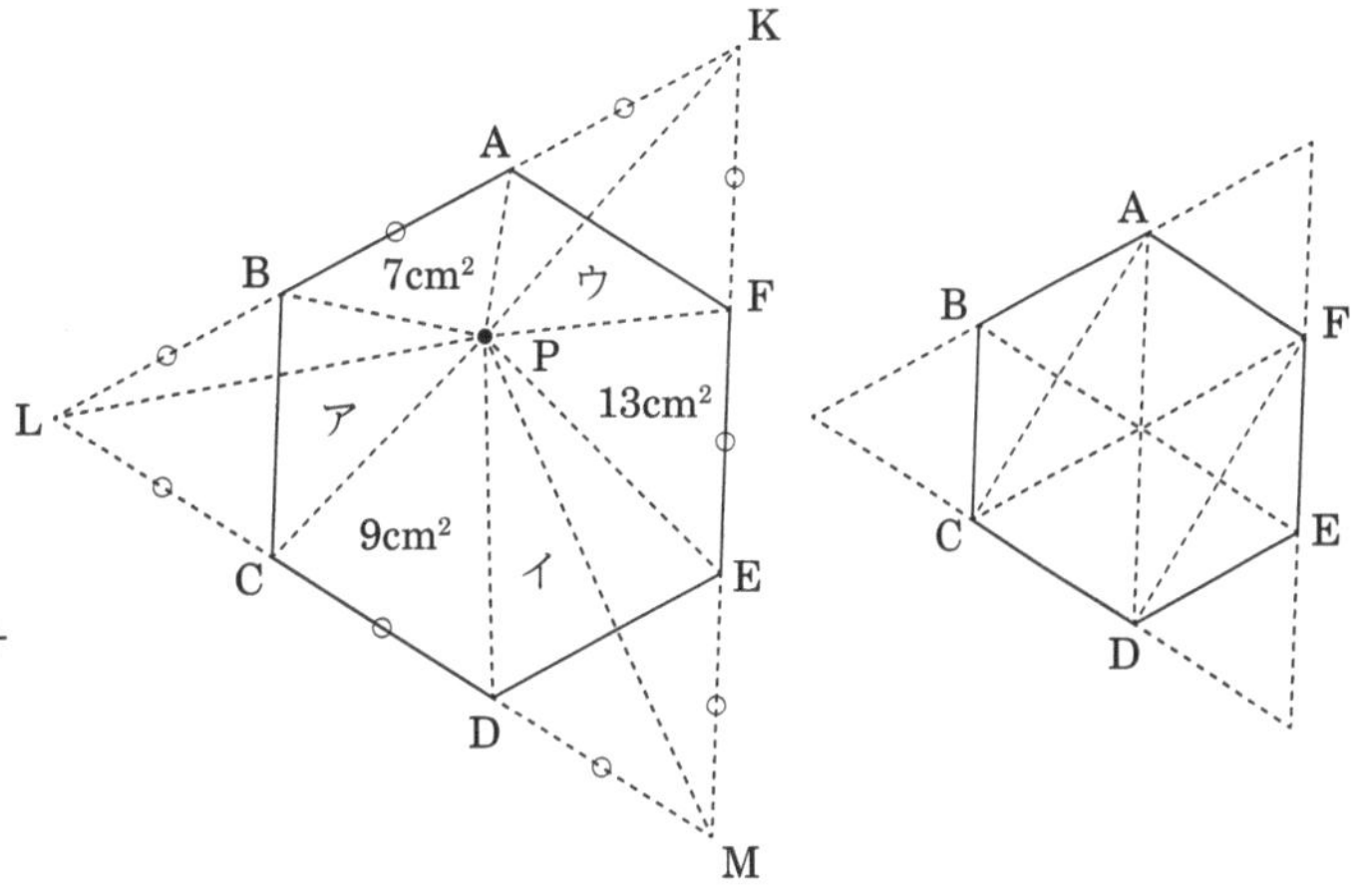

ア＋13＋イ＋7＋ウ＋9＝ア＋イ＋ウ＋29＝④÷2×3＝⑥より，ア＋イ＋ウ＝⑥－29
また，⑥－29＝58－③より，⑨＝29＋58＝87，⑥＝87÷1.5＝58
したがって，正六角形は58cm^2

重要　(7)　右図より，計算する。
五角形PBCSE…9×9÷2－2＝38.5(cm^2)
直角二等辺三角形PES…7×7÷2＝24.5(cm^2)
長方形PBCS…38.5＋24.5＝63(cm^2)
BF：FR…(9－2)：2＝7：2
AB：PB…(7×2)：9＝14：9
したがって，正方形は63÷9×14＝98(cm^2)

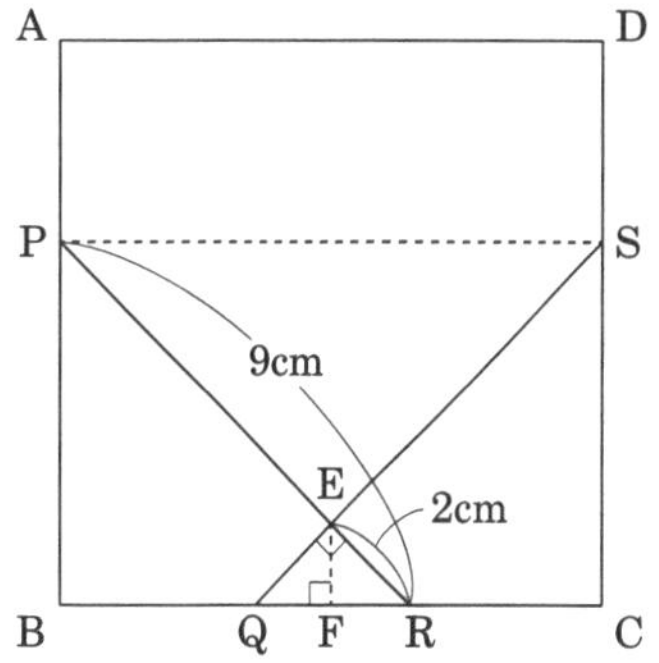

3　(速さの三公式と比，旅人算，割合と比，グラフ)

Aさんの上りの速さ…⑥
Aさんの下りの速さ…⑥×1.5
Bさんの上りの速さ…⑤
Bさんの下りの速さ…⑤×1.5

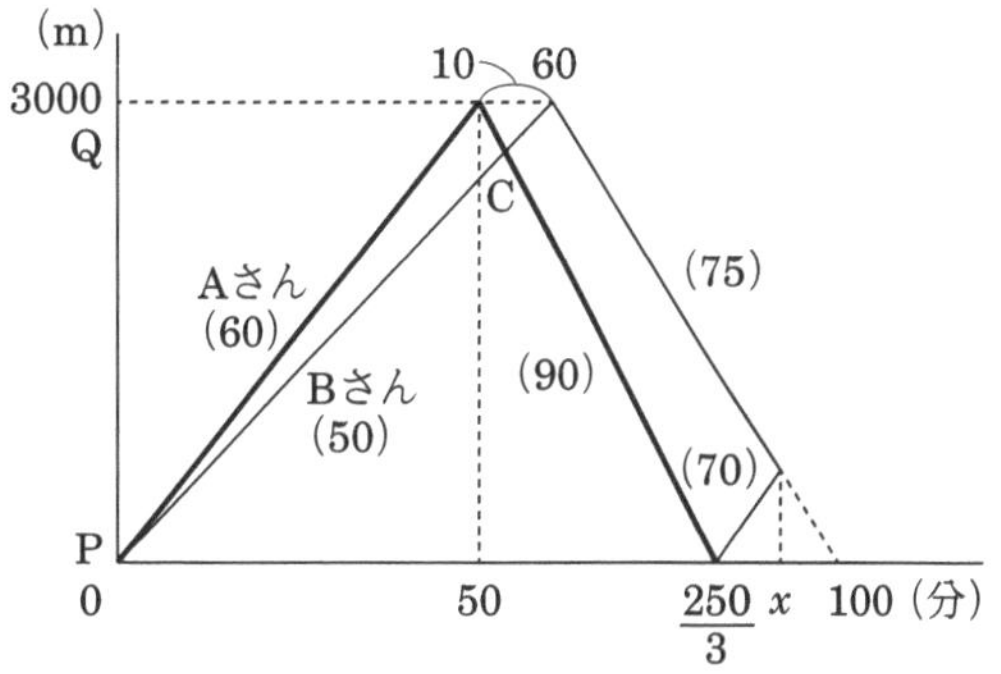

基本　(1)　Aさんの上りの分速
…グラフより，3000÷50＝60(m)
Bさんの上りの分速
…60×$\frac{5}{6}$＝50(m)

重要　(2)　AさんがPにもどる時刻
…50＋3000÷(60×1.5)＝$\frac{250}{3}$(分)
BさんがPに着く時刻…3000÷50＝60(分)
上のグラフにおける，頂点Cを共有する2つの三角形の相似比
…(60－50)：$\frac{250}{3}$＝3：25
したがって，求める距離は3000÷(3＋25)×3＝$\frac{2250}{7}$＝321$\frac{3}{7}$(m)

(3)　BさんがPにもどる時刻…60＋3000÷(50×1.5)＝100(分)

分速75m：分速70m…15：14

したがって，求める時刻は

$100-\left(100-\frac{250}{3}\right)\div(15+14)\times14=\frac{8000}{87}=91\frac{83}{87}$(分)

重要 4 (数の性質，割合と比，統計と表)

(1)　Bさんのテスト回数…5回

したがって，エ78.3×5が整数にならないので平均点として考えられない。

回	①	②	③	④	⑤	⑥
A	68	90	68	80	78	
B	80	75	93	欠	62	

(2)　3回目が最高点，6回目が92のとき

…基準を70点にして計算すると，5回の平均点は70＋(10＋5＋23－8＋22)÷5＝80.4(点)

5回目が最低点，6回目が63点のとき

…基準を70点にして計算すると，平均点は70＋(10＋5＋23－8－7)÷5＝74.6(点)

したがって，ア65.4点，イ81.8点，カ72.4点は平均点として考えられない。

(3)　Aさんの合計点…68＋90＋68＋80＋78＋x＝384＋x

Bさんの合計点…80＋75＋93＋62＋x－5＝305＋x

AさんとBさんの合計点の比…6：5

Bさんの合計点…(384－305)×5＝395

したがって，xは395－305＝90(点)

5 (平面図形，図形や点の移動，立体図形)

(1)　下図より，高さ5cmの位置で底面に平行に立体を切ると，切り口の図形が正方形PQRSになる。この図形の位置が5cmより高くなると，横の長さが長くなって辺ACの長さに近づいていき，それより低くなると，縦の長さが長くなって辺FHの長さに近づいていく。

したがって，正方形PQRSの面積は底面の半分の大きさであり，10×10÷2＝50(cm^2)

(2)　下図より，円柱は5×5×3.14×10＝785(cm^3)

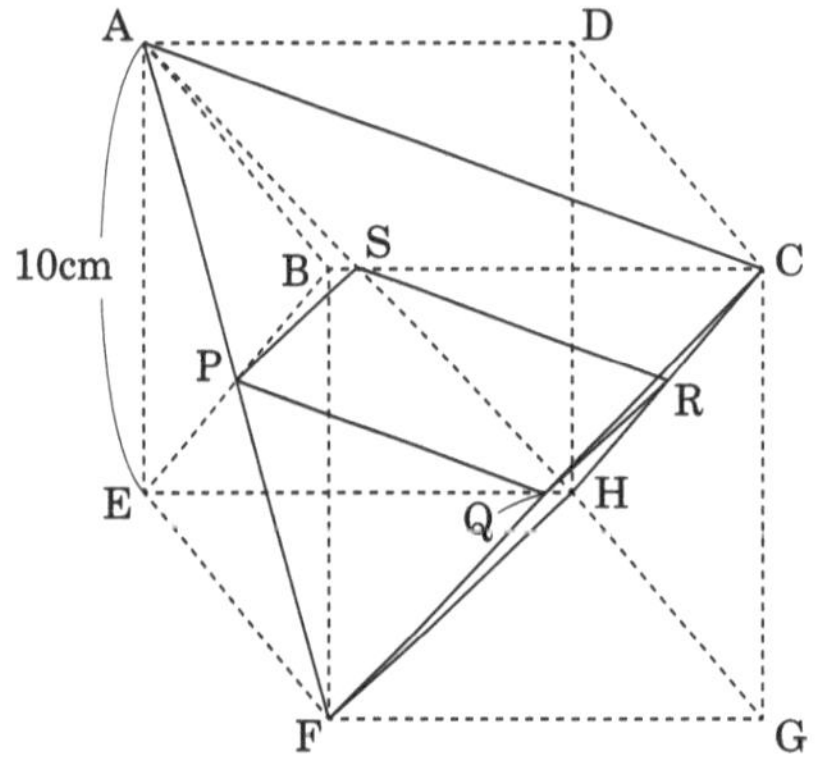

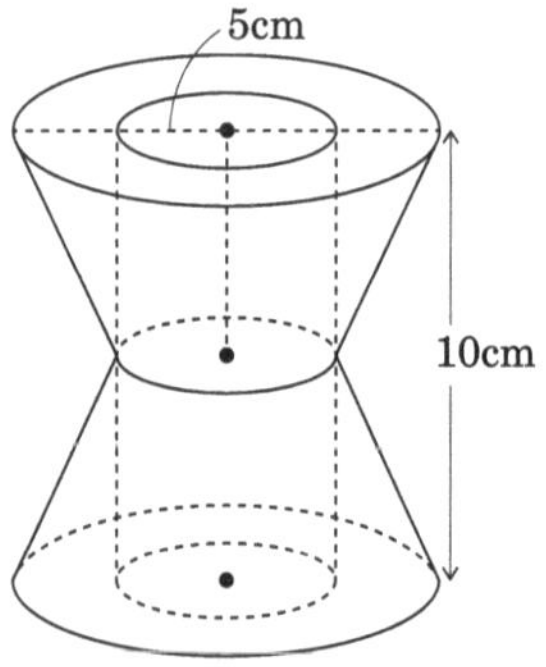

★ワンポイントアドバイス★

2(6)「正六角形の面積」は難しいが，(7)「正方形の面積」はそれほど難しくない。
3「3000mの坂」もよく出題されるタイプの問題であり，グラフの読み取りに注意して正解しよう。5「立方体」も，見た目ほどは難しくない。

＜理科解答＞

1　(1)　イ，ウ，オ，ク　(2)　ア　(3)　ウ　(4)　ウ　(5)　イ

2　(1)　エ　(2)　1　石油　2　マイクロ　(3)　ウ
(4)　①　35.8g　②　イ，オ，カ　(5)　石灰石を塩酸に入れる(など)

3　(1)　ウ→イ→ア→エ　(2)　ア，イ，オ　(3)　羊水　(4)　イ
(5)　①　ア，カ，キ，ク　②　イ，エ，ケ　(6)　ウ→エ→イ→ア　(7)　イ
(8)　3456匹

4　(1)　泥岩　(2)　サンゴ　(3)　エ　(4)　アンモナイト
(5)　(写真2)　G地点　(写真3)　H地点　(6)　ウ　(7)　イ
(8)　ウ，エ，オ，カ，キ

○配点○
1　(1)　4点(完答)　他　各3点×4
2　(1)，(3)　各2点×2　(5)　4点　他　各3点×4((4)②完答)
3　(8)　3点　他　各2点×8((1)，(2)，(5)①，②，(6)各完答)
4　(3)，(5)～(7)　各2点×4((5)完答)　他　各3点×4((8)完答)　計75点

＜理科解説＞

1　(電流のはたらき・電磁石―コイルを流れる電流と磁力線)

重要　(1)　図1でコイルのA側に方位磁石を近づけると，方位磁針が引き寄せられたのでA側がS極，B側がN極になっている。ドーナツ型の磁石の上面がN極のとき下面はS極になるので，コイルの上側がS極になれば磁石は浮く。そうなるのは，コイルの下側がAで，電池の右側が－の時，またその逆のコイルの下側がBで，電池の右側が＋のときである。さらに，ドーナツ型の磁石の上面がS極のとき，コイルの上側がN極になれば磁石は浮く。そのときコイルの下側がAで，電池の右側が＋の時，またその逆のコイルの下側がBで，電池の右側が－のときである。

重要　(2)　電磁石の磁力の強さは，流れる電流が大きいほど強い。電流が大きくなるには，回路にかかる電圧が大きければよい。4つの回路のうち，最も電圧が大きくなるのはアの接続である。

重要　(3)　4つの回路のうち，最も抵抗が小さくなるのはウの回路である。

(4)　スイッチを入れた瞬間と切った瞬間にコイルに生じる磁力線が変化し，そのときアルミホイルに電流が流れ，電磁石になって浮く。電流を流し続けると磁力線の変化がなくなり，アルミホイルに電流が流れなくなるので電磁石ではなくなりアルミホイルは落ちた。

(5)　IH調理器は電熱線で温めるのではなく，電流が流れたり切れる瞬間に磁力線が変化し，鍋に電流が流れる。この電流と鍋の電気抵抗により発熱する。

2　(実験・観察―密度・気体の発生)

(1)　アはアルフレッド・ノーベル，イがニールス・ボーア，ウはトーマス・エジソン，エがアルベルト・アインシュタインの写真である。

基本　(2)　プラスチックの原料は石油である。5mm以下のプラスチックをマイクロプラスチックと呼ぶ。

(3)　ろ過するときは，ろうとの先をビーカーの壁面につけること。さらに試料溶液を注ぐときは，ガラス棒を伝わらせること。

(4)　①　海水1Lの重さは1000×1.023＝1023gであり，そのうち3.5%が塩分なので，1023×0.035＝35.80≒35.8gの塩分を含む。　②　海水の密度は1.023g/cm^3である。ア～カのうち，こ

れより密度の小さいものは海水に浮く。それぞれを計算してもよいが，図中に密度が$1g/cm^3$のときの直線を書き加え，その直線より下側にくるものは密度が1より小さいので，海水にも浮く，イ，オ，カとわかる。

基本 (5) 二酸化炭素を発生させるには，石灰石に塩酸を加えたり，炭酸水素ナトリウムを加熱したりするとよい。

3 (人体―胎児の発達)

(1) 2か月あたりで心臓が動き始め，3か月ぐらいから手や足の形がはっきりする。男女の区別がはっきりわかるのは8か月過ぎたころで，生まれる前にはよく動くようになる。

(2) 1つの卵には1つの精子が受精する。受精卵は母親の子宮の中で成長する。へその緒を通って母親から栄養分を受け取るが，母親の血液と胎児の血液は混ざらない。

基本 (3) 胎児は子宮の中の羊水に浮いている。

(4) 胎児の身長が3cmほどになるのは，8週目当たりである。

基本 (5) ① 哺乳類を選ぶ。イルカ，モグラ，ゾウ，コウモリはほ乳類。 ② 昆虫，魚類，両生類，ハ虫類は卵を産みっぱなしで，子供の世話はしない。

(6) 動物の妊娠期間は，寿命や産む子供の数に影響される。ゾウでは650日ほど，馬は11～12か月，ハツカネズミは20日ほど，ネコは65日ほどである。

(7) メダカは，ふ化してから自分でエサをとれるようになるまでに必要な栄養分を体の中に蓄えているので，卵が大きい。

(8) 1匹の雌から30個の卵が産まれるが，そのうち20%はふ化しないので，育つ子供は30×0.8＝24匹である。これが2世代目である。そのうち半分の12匹がメスで，それぞれから24匹の3代目の子供が12×24＝288匹生まれる。この半分の144匹がメスでそれぞれから24匹の4世代目の子供が生まれるので，その数は144×24＝3456匹である。

4 (実験・観察―フォッサマグナ)

基本 (1) 化石を含むので堆積岩であり，$\frac{1}{16}$mm以下の粒子からできているので泥岩である。

基本 (2) 石灰岩はサンゴや貝殻が堆積してできる。。

基本 (3) 大きさが2mm以下の火山砕石物を火山灰という。

基本 (4) 写真はアンモニアの化石である。

(5) 写真2は枕状溶岩露頭と思われる。これが見られるのはG地点である。写真3は山の写真なので，H地点と思われる。駒ヶ岳と山寺の砂岩泥岩互層の丘の写真であろう。

(6) 写真4は糸魚川―静岡構造線の真上の地点で，C地点の写真と思われる。見分けにくいが，左側が変斑レイ岩，右側が安山岩の地層で，年代が古い変斑レイ岩の地層は西側になり，安山岩の地層は東側になる。写真5では，3が1800万年前の地層とあり，4が2億7000万年前の地層とあるので3が東側，4が西側になる。

(7) 砂の方が泥より重いので先に沈む。この時境目ははっきりとはしない。しかし，泥の層の上に粒の大きな砂の層ができると，境目ははっきりする。

(8) フォッサマグナを埋めたのは新しい時代の地層に含まれる岩石である。選択肢の中では，安山岩，枕状溶岩，砂岩泥岩互層は1400～1600万年前の地層であり，駒ケ岳は350万年前，弁天岩は100万年前の地層なので，これらがフォッサマグナを埋めた。

★ワンポイントアドバイス★

具体的な例を取り上げた知識を要する問題が出題されているが，多くは基本問題である。できる問題から確実に得点することが，合格への近道である。

<社会解答>

1 問1 小笠原(諸島) 問2 経済水域 問3 飛騨(山脈) 問4 (北)オ→ク→イ(南)
問5 治水[洪水防止，水量調節] 問6 イ 問7 ア 問8 ウ 問9 ウ
問10 エ 問11 イ 問12 エ 問13 ウ 問14 イ 問15 ウ 問16 ウ
問17 ウ 問18 (あ) オ (い) エ (う) ウ

2 問1 イ 問2 エ 問3 ア 問4 ウ 問5 ウ 問6 エ 問7 イ
問8 ア 問9 エ 問10 天守[天守閣，天主，天主閣] 問11 書院造
問12 厳島神社 問13 石見銀山 問14 金色堂[中尊寺金色堂，光堂]
問15 富岡製糸場 問16 正倉院 問17 埴輪

3 問1 (1) 1946 (2) 象徴 (3) 戦力[軍事力] (4) 立法
(5) 違憲[違憲立法] 問2 ウ 問3 治安維持法 問4 ウ 問5 ア
問6 イ 問7 エ 問8 ア

○配点○

1 問1～問5 各2点×5(問4完答) 他 各1点×15
2 問1～問9 各1点×9 他 各2点×8
3 問3 3点 他 各2点×11 計75点

<社会解説>

1 (地理─日本の国土と自然・人口・世界地理など)

問1 大陸と一度も陸続きにならず独自の進化を遂げた動植物の宝庫として2011年に登録。

重要 問2 海洋国日本は排他的経済水域(EEZ)を合わせると世界でも10位以内に入る。

問3 日本アルプスの最北部に位置，3000m級の山々が連なり通称北アルプスと呼ばれる。新潟・長野・岐阜・富山の県境をなしている。

問4 江の川は広島，雄物川は秋田，九頭竜川は福井で日本海に注ぐ。

問5 ダムの役割は多様であり，現在は多目的なダムが増えている。

問6 本州の3分の1が北海道，その半分が九州，そのまた半分が四国。

問7 2008年の1億2808万人をピークに日本は人口減少社会に突入，少子高齢社会は急速に進み30年後には1億人を割り込むと予想されている。

問8 山地が61%，丘陵が12%，台地が11%，低地が14%程度。

基本 問9 四国4県のうち高知・徳島・香川は人口の少ない県のベスト10に入っている。

問10 オーストラリアの東方に位置する2つの島(南東と北島)からなる国。日本より一回り小さい火山国で，地震も多く農業や牧畜が盛んな国である。

問11 一般に低潮時の水際を起点に計りかつては3カイリなどが多かったが，1973年の国際会議で12カイリとし，その外側に200カイリの経済水域を設けることで合意が成立した。

問12 仁淀川は愛媛の石鎚山《いしづちさん》を水源に高知の土佐湾に注ぐ河川。大阪平野を流れるのは淀川。

問13　県中央に位置する諏訪湖では昼夜の温度差が大きく冬季に結氷，氷の割れ方などから吉凶を占う神事が行われていた。最近は温暖化の影響もありあまり見られなくなっている。

問14　斧《おの》の形をした本州の最北端の半島。宇和海はリアスで知られる豊後水道の愛媛側の海。

基本　問15　60kmにわたって砂浜が続く千葉の海岸。アは青森，イは静岡，エは鹿児島。

問16　サンゴ礁や亜熱帯の原生林が広がる沖縄の八重山列島。

問17　夏は蒸し暑く雨が多く，冬は雨が少なく乾燥する太平洋側の気候。

やや難　問18　メロンの茨城，ナスの高知，トマトの熊本。アは和歌山，イは北海道，カは青森。

2　(日本の歴史―古代～現代の政治・経済・文化など)

問1　672年，天智天皇の死後発生した内乱。勝利した大海人皇子は天武天皇として即位した。

やや難　問2　「核を使用する」と威嚇《いかく》することまで禁止した条約で2020年に発効。核保有国だけでなく，アメリカの「核の傘」に依存している日本やドイツなどは参加していない。

問3　唐の都がおかれたのは平城京や平安京のモデルとなった長安。

問4　初めて武家諸法度が発布されたのは豊臣氏滅亡直後の2代秀忠の時。

問5　1609年，薩摩藩は幕府承認の下，琉球王国を征服し支配下に置いた。しかし，明との冊封《さくほう》関係は維持させ，朝貢貿易による利益を手にした。

問6　空海が唐から帰国したのは9世紀初め，道長・頼通による摂関政治の全盛は11世紀前半。

問7　モネらのフランス印象派の画家に大きな影響を与えた絵師。

問8　インドのゴアで日本人アンジローと出会い日本布教を決意したザビエルは鹿児島に上陸。

問9　採集生活が中心の縄文時代は富の蓄積ができず身分の差は生まれなかったといわれる。

問10　大天守を中心に3つの小天守が渡りやぐらで結ばれている。

重要　問11　畳を敷き棚などを設けた今日の日本住宅の源流となった建築様式。

問12　海中に浮かぶ鳥居で知られる航海の神をまつった神社。平家の篤い信仰を受けた。

問13　16世紀に開発，毛利氏や尼子氏などの戦国大名が激しい争奪戦を演じた銀山。

問14　堂内には奥州藤原三代(清衡・泰衡・秀衡)のミイラ化した遺体が安置されている。

問15　渋沢栄一らの企画で建設，集められた女工たちは全国に製糸技術を広める役割も果たした。

問16　古代，大陸との通行に当たり国家的な祭祀《さいし》が行われた島。

問17　区画や土留めの役割を果たした円筒埴輪と家や人物，動物などの形象埴輪とが存在。

3　(政治―憲法・政治のしくみなど)

問1　(1)　1946年11月3日公布，47年5月3日施行。　(2)　形のないものを具体的な形のあるもので表すこと。　(3)　政府は自衛隊は憲法で禁ずる戦力には当たらないとしている。　(4)　最高裁判所の規則や政令，条例など一定の範囲で立法権は認められている。　(5)　すべての裁判所が個々の裁判の中で独立して行使できる。

問2　憲法4条の規定。国事行為への助言と承認は内閣，皇室財産の処分は国会の議決，天皇が解散することができるのは衆議院。

問3　加藤高明内閣が普通選挙法と同時に制定，犯罪予防のため刑期満了後も拘束できた。

重要　問4　社会権は人間たるに値する生活を営む権利。請求権は基本的人権を確保するための権利。

問5　一般の法律案はどちらから提出してもよい。定足数は総議員の3分の1，国政調査権は各議院に与えられている，参議院は衆議院の解散と同時に閉会される。

問6　国務大臣や最高裁判所の裁判官などの任免については天皇の認証が必要となる(認証官)。

重要　問7　内閣が議会の信任の下に存立する制度。18世紀中頃イギリスで確立した制度。

問8　裁判官の独立。裁判員制度は国民に開かれた司法を目指して導入，成人年齢を引き下げる民法や少年法の改正により2023年より18歳および19歳の国民も裁判員に選任される可能性が出てきた。

★ワンポイントアドバイス★

選択肢問題を簡単と考えることは危険である。勘違いやミスを誘う選択肢が多いので一つ一つの言葉を慎重に読んでいこう。

＜国語解答＞

【一】 ① ゆうぜい ② 収縮 ③ 費 ④ 寒暖 ⑤ 包装

【二】 問一 Ⅰ 無 Ⅱ 不 問二 A オ B キ C ウ
問三 (1) エ (2) イ 問四 イ 問五 (1) 人生が有限である (2) ウ
問六 人の話を聞いたり本を読んだりすることで、自分の状況を客観的に見直すことができるようになり、今の苦しみを乗り越えるきっかけになるから。 問七 エ

【三】 問一 A ごくふつうであたりまえの花 B 幼なじみ 問二 X ア Y エ
問三 イ 問四 お互いに気にかかる存在でありながら、離ればなれになってしまいそうなのに、素直に気持ちを伝えられないでいる二人をはがゆく思っている。
問五 ウ 問六 ア 問七 エ 問八 イ

○配点○

【一】 各2点×5

【二】 問一～問三 各3点×7 問六 8点 他 各4点×4

【三】 問三 4点 問四 8点 問五～問七 各5点×3 問八 6点
他 各3点×4 計100点

＜国語解説＞

【一】 (漢字の読み書き)

① 「ゆうぜい」とは，自分の意見，主張などを説いてあるくこと。特に，政治家などが各地を演説して回ることを言う。 ② 「収」は全4画の漢字。2画目は一筆で書く。 ③ 「費」は全12画の漢字。「弓」は「貝」より横長，横広に書いてバランスをとる。 ④ 「寒」は全12画の漢字。11・12画目の向きに気をつける。 ⑤ 「装」は全12画の漢字。6画目は4画目より短く書く。

【二】 (論説文―要旨・大意，細部の読み取り，空欄補充，ことばの意味，同類語・反対語，記述力)

基本 問一 Ⅰ 批判しないという否定語にするには「無批判」。邪気がないということで「無邪気」なので「無」をつける。 Ⅱ 断続的の意味にするには「不断」。理解できないは「不可解」なので「不」をつける。

問二 A 直後の「自分の考えることが正しいと思いがち」に着目する。自分だけが正しいと考えること，ひとりよがりという意味の言葉は「独善」だ。 B 直後にある「～体験できないので，考えるしかない」が着目点である。具体的な事実に基づかず頭の中で考えて現実にそくしていないさまという意味の言葉は「観念的」という。 C 直前の「だれでもが生きるような」に着目して「一般的」を選ぶ。

重要 問三 (1) 物事の意味を十分に理解しないまま，他人の意見などを受け入れることを意味する表

現が「鵜呑み」なのでエである。　(2)「窮する」は行きづまってどうしようもできなくなるということなのでイだ。

問四　「精神の習慣性とは～」で始まる段落が着目点になる。正しいか誤りかを明確にするわけではなく，それを自分で考えなくなってしまうことを懸念しているのだからイである。

問五　(1)「これより後」という条件である。文章の構成を考えると，線2直後はすぐに(中略)になり，「学ぶことの『最後』」についての説明が始まっている。「人生が有限であることを～」で始まる段落からこれまでのべてきたことをまとめている。「死がある」ということは「人生が有限である」ということだ。　(2)「適当でないもの」という条件に注意する。親に実際聞いたけれど答えてくれなかったわけでもなく，はぐらかされたわけでもない。自分自身がたずねてはいけないと考えていたのかもしれないと思い返している。このことから，ウの「親が死について考えるのはいけないことだ」という親の否定的な考えではないので不適切だ。

やや難　問六　「本を読んでも～」で始まる段落以降に着目すると「誰かから話を聞いたり本を読んだりすることで」「自分が置かれた立場を客観的に見直すことができ」「苦しみから抜け出す突破口になる」ということをポイントにまとめることができる。

問七　ウの選択肢の内容は，一般的な考えとして納得してしまうが，この文章では，冒頭から「学ぶ」ということについて，いくつかの「できること」を挙げて説明している。このことから考えれば，学びに関して述べているエが適切である。

【三】(物語—心情・情景，細部の読み取り，空欄補充，ことばの意味，記述力)

基本　問一　A　直前にある「千尋との約束どおり」から考える。公園で千尋が頼んだことは，「ですからお願いです～『ごくふつうであたりまえの花』を売ってもらえませんか」だった。そのお願いに対して「わかった」と答えているのだから，売らなければならないのは「ごくふつうであたりまえの花」である。　B　紀久子が，西さんについて「ピアノもやってる？」と聞いたことで千尋は驚き，「西についてあなたに話したんですか」と驚いている。しかし，宇田川は，そのときは「幼なじみ」としか答えていない。Bの段階では，思わず西という固有名詞を口にしてしまったのである。

問二　X「拙い」とは，能力がおとっているさま，物事にたくみでないさま，技術が未熟であることのような意味なのでアだ。　Y「虚をつかれる」の「虚をつく」という言葉は無防備な状況から生じたねらい目に着目して，そこから攻めていくことを意味している。つまり，「予想すらしなかった」ところを「つく」ということだ。

重要　問三　直前が「聞き返されるのが意外だったらしい」である。千尋には，紀久子は必ず知っているだろうということについて聞きたいことがあり，すぐに返事をもらえると思っていたのでイ。

やや難　問四　——線2をふくむ，千尋の話の最後に「最後くらいは素直になればいいのに」とある。この発言から考えると，まず，ふたりはお互いに気にかかる存在であること，そして，いつもはふたりは素直に気持ちを表していないと感じていることが読み取れる。しかし，——線2は，いつもではなく最後なのだからとはがゆく，もどかしく思っているのだ。

基本　問五　紀久子にはでしゃばったり，自分ができると思う以上のことをするつもりはないことは，最初から「花屋としてできる範囲でよければだけどね」と伝えている。——線3の直前にも「花屋としてできる範囲ではある」と思っている。その上で千尋の心配を少なくしてあげようとしているのだからウだ。

問六　千尋の心配は，店で一番高い花として胡蝶蘭を買うかもしれないということだった。実際は胡蝶蘭ではなかったが，宇田川は全財産を持ってきたと言って，店にある花全て一本ずつという価格的には同じように高価なものを注文してきているのでアだ。

問七　必死に考えたあげく，全部の花を買えば，その中には好きな花が入っているだろうという結論を出したのに，それは違うと指摘され動揺してしまっているのだからエである。

問八　問七で考えたように，最終的には全部の花を買うことにしたが，その考えは誤っていると指摘され，改めて花を見ることで，「はじめて見たときからこれがぴったりだと思っていた」と自分の気持ちを確かめられたことも喜びだが，すぐさま店員である紀久子が賛成してくれたことが嬉しかったのだからイだ。

★ワンポイントアドバイス★

国語の問題として基本的なところをしっかりと繰り返し練習しておこう。

MEMO

大切なことはメモしておこうネ！

2022年度

★★★★★★★★★★★★★★★★★★★★★★★

入　試　問　題

令和4年度 本郷中学校
第1回 入学試験問題

算 数

（50分　満点：100点）

注　意

1．**コンパス、分度器、定規、三角定規、計算機の使用は禁止します。かばんの中にしまって下さい。**
2．指示があるまで開いてはいけません。
3．答えはすべて解答用紙に記入しなさい。
4．用具の貸し借りは禁止します。
5．指示があるまで席をはなれてはいけません。
6．質問があれば、だまって手をあげて監督者を呼びなさい。
7．試験が終わったら、解答用紙だけ提出しなさい。問題は持ち帰ってもかまいません。

1 次の□に当てはまる数を求めなさい。

(1) $9 \div 8 + (7 - \square) \div 4 \times 3 - 1 = 2$

(2) $\left(\frac{1}{6} - \frac{54}{337}\right) \times 2022 \div \left(0.625 \div 1\frac{9}{16} + 2.2\right) = \square$

2 次の問いに答えなさい。

(1) A君，B君，C君の３人でみかん狩りに行き、３人合わせて51個のみかんをとりました。A君がとった個数はB君がとった個数の半分で、C君がとった個数はB君がとった個数の２倍よりも５個少なかったです。このとき、C君はみかんを何個とりましたか。

(2) ある本を開きました。そこに書かれているページの左の数と右の数をかけ合わせると1190になりました。このとき、数の小さい方のページは何ページですか。

(3) 家から学校へ行くのに毎分80mの速さで進むと予定よりも10分遅く到着します。また、毎分60mの速さで進むと予定よりも15分遅く到着します。このとき、家から学校までの距離は何mですか。

(4) 1000から9999までの４けたの整数のうち、2025や5055のように５を含んでいる整数は何個ありますか。

(5) 図のような辺ＡＢの長さが10cm、ＡＣ＝ＢＣの直角二等辺三角形ＡＢＣの内部を対角線の長さが１cmの正方形ＰＱＲＳが移動します。最初、正方形の辺ＳＲは三角形の辺ＡＣと、辺ＱＲは辺ＢＣと重なっています。その後、頂点Ｐが辺ＡＢとぶつかるまで正方形は辺ＢＣ上を動きます。さらにその後、点Ｐが辺ＡＢにそって移動し、辺ＳＲが辺ＡＣに重なったところで正方形は止まります。なお、辺ＰＳと辺ＢＣはつねに平行を保ちながら移動します。このとき、三角形ＡＢＣの内部で、正方形ＰＱＲＳが通過しなかった部分の面積は何cm^2ですか。

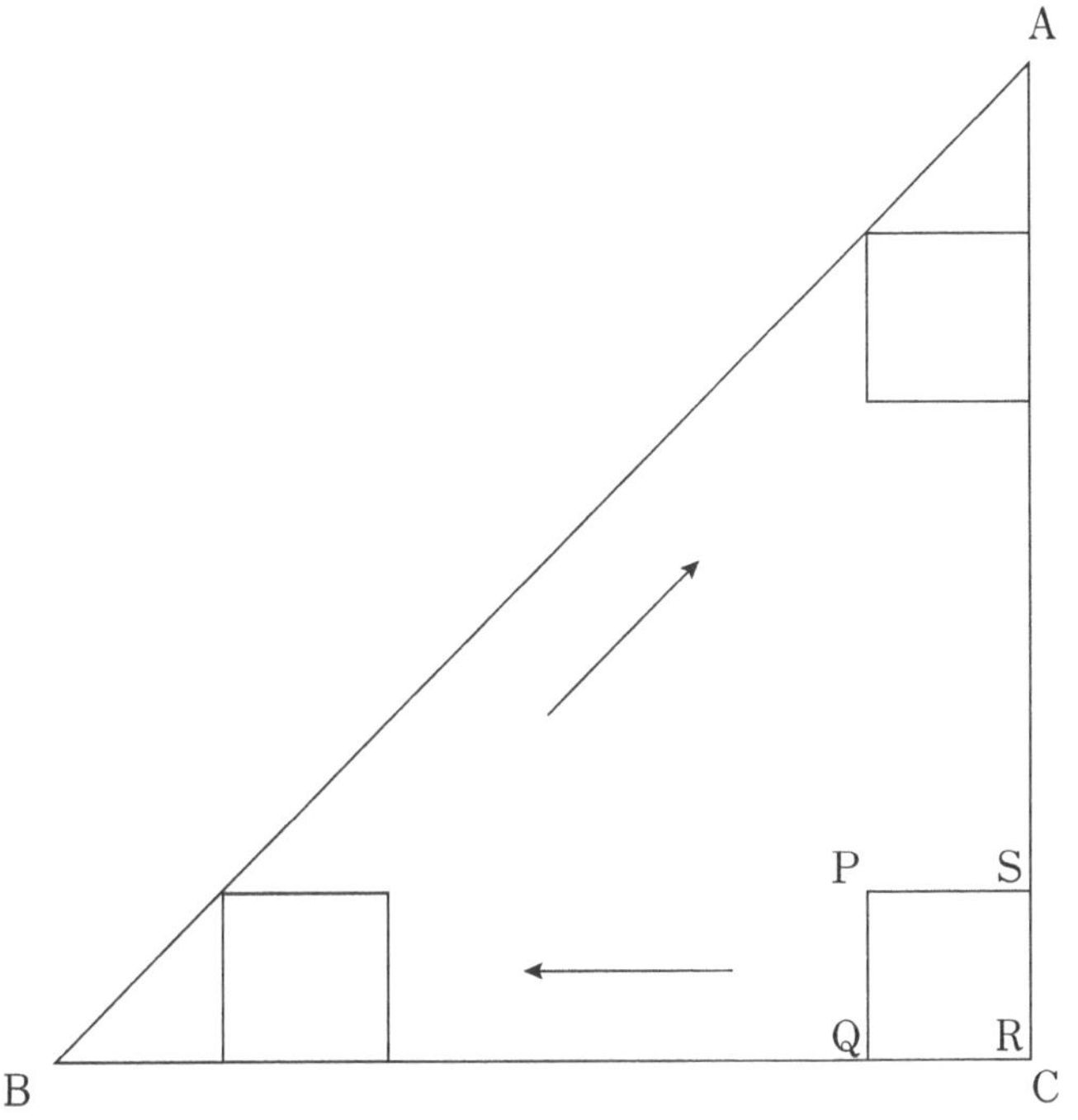

(6) 正方形ＢＣＤＥを底面とし、全ての辺の長さが等しい四角すいＡ－ＢＣＤＥがあります。底面の対角線の交点を点Ｏとしたとき、ＡＯを軸としてこの四角すいを１回転させました。この回転によって四角すいが通過した部分の体積は、最初の四角すいの体積の何倍ですか。ただし、円周率は3.14とします。

3 スキー場に［図Ⅰ］のような、それぞれ一定の速さのリフトＡ，Ｂ，Ｃが設置されています。Ａが一番速い高速リフトですが、いつも混んでいて待ち時間は一番長いです。同じふもとから同じ山頂にＢとＣを乗り継いでも行けますが、Ｂにも少しの待ち時間があり、ＢとＣの乗り継ぎには１分かかります。兄はＡを利用して山頂へ向かいましたが、途中、Ａのリフトは少し停止しました。同じ時刻に弟も、ＢとＣを利用して山頂に向かったところ、兄と同時に着きました。［図Ⅱ］のグラフは兄弟がリフトに並び始めてから山頂に着くまでの、時間と二人の進んだ距離の差の関係を表したものです。このとき、次の問いに答えなさい。

［図Ⅰ］

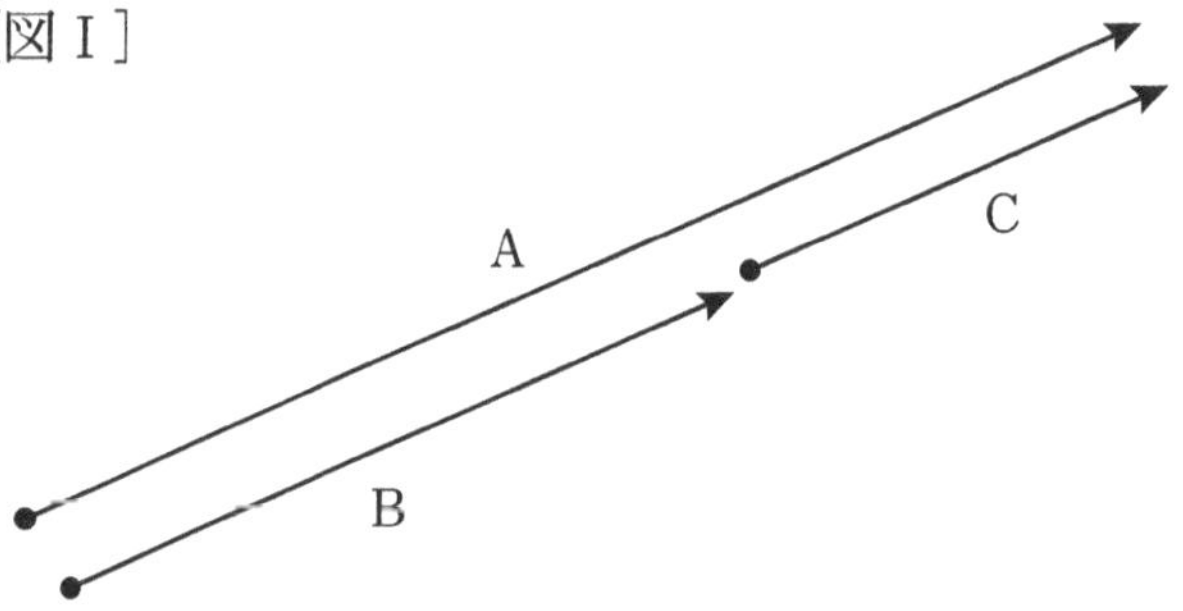

［図Ⅱ］

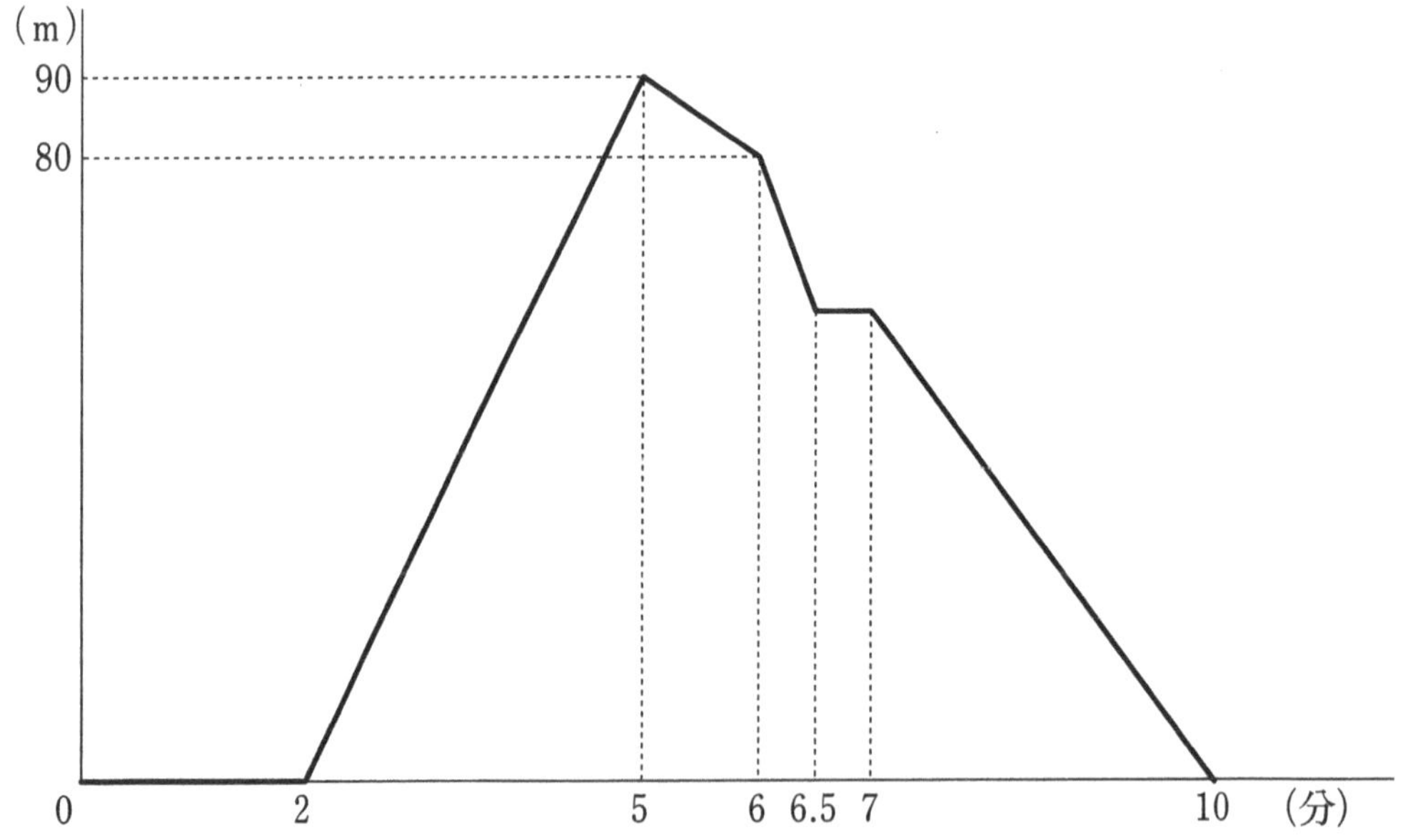

(1)　リフトＡの速さは毎分何ｍですか。

(2)　リフトＡが途中で止まったのは、ふもとから何ｍ動いたところですか。

(3)　リフトＣの速さは毎分何ｍですか。

4 ［例］のような４×４のマス目があり、それぞれのマス目に数字を入れていきます。入れる数字は、１，２，３，４のいずれか１つですが、次のようなルールがあります。

① 縦、横とも、同じ列には、すべて異なる数字が入ります。

② 例のように、２×２マスに分けられている４つのブロックに入る数字もすべて異なります。

［例］

4	3	2	1
2	1	4	3
3	4	1	2
1	2	3	4

以下は、X君とY君の会話です。

X：「こんな表をもらったんだけど、ルール通りに数字を入れるとすると、何通りの数字の入れ方があるんだろう。」

Y：「難しいね。どこか数字が決まるところはないのかな。」

［表］

		3	
3			
	3	4	

X：「３が３か所に入っているから、あと１つどこかに入るはずだよね。」

「あっ、わかった。Aのところに入る数字は３じゃない？」

Y：「本当だ。どの列にも同じ数字は１個しか入れないから、Aが３だよね。」

		3	
3			
	3	4	
			A

X：「ほかに、数字が決まるところはないかな？」

Y：「うーん、ないみたいだね。
だったら、いくつか数字を当てはめて考えてみようよ。」

	E	3	D
3			C
	3	4	B
			A

X：「じゃあ、表のCなんだけど、１，２，４のどれかが入るんだよね。例えば２が入るとしてみたらどうなるかな。」

Y：「そのときは、BとDに入る数字が決まるよね。」

X：「あっ、だったらEに入る数字も決まるよ。」

(1) D，Eに入る数字を答えなさい。

Ｙ：「残ったマスもすべて数字が決まるよね。」

Ｘ：「本当だね。今度はＣが１のときを試してみようかな。

そうすると、表のＦに入る数字も決まるよ。」

	E	3	D
3			C
	3	4	B
	F		A

(2)　Ｆに入る数字を答えなさい。

Ｘ：「へぇ、可能性のある数字を順番に当てはめていけば、きちんと数えることができるんだね。あとはＣが４のときだけど、これはちょっと大変かな。」

Ｙ：「大丈夫だよ、ていねいにやれば数え上げられるさ。」

Ｘ：「そうだね、何とかできそうだ。

わかった、最初の表では、全部で　ア　通りの数字の入れ方があるんだ！」

(3)　ア　に当てはまる数字を答えなさい。

5 図のような１辺の長さが５cmの立方体があります。このとき、次の問いに答えなさい。

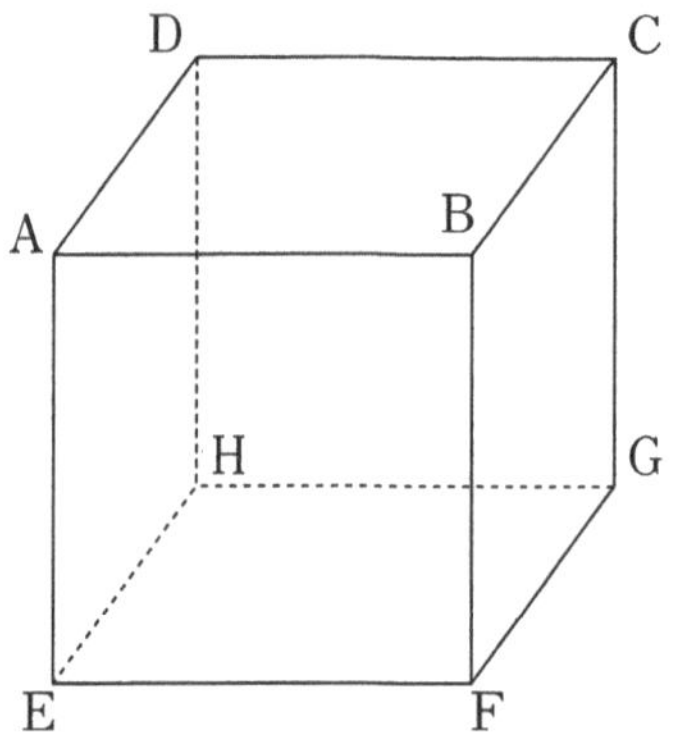

(1) この立方体を３点A，F，Hを通る平面で切ったとき、点Eを含む立体Sの体積は何cm^{3}ですか。

(2) この立方体の４点A，C，F，Hを頂点とする立体Tの体積は何cm^{3}ですか。

(3) 立体Tを３点B，G，Dを通る平面で切ったときの点Aを含む立体Uの体積は何cm^{3}ですか。

令和４年度 本郷中学校
第１回 入学試験問題

理　科

（40分　満点：75点）

注　意

1．机上に定規を出し、試験中に必要であれば使用しなさい。

2．指示があるまで開いてはいけません。

3．答えはすべて解答用紙に記入しなさい。

4．用具の貸し借りは禁止します。

5．指示があるまで席をはなれてはいけません。

6．質問があれば、だまって手をあげて監督者を呼びなさい。

7．試験が終わったら、解答用紙だけ提出しなさい。問題は持ち帰ってもかまいません。

1 以下の問に答えなさい。

Ⅰ．おもりＡ～Ｆを用意し、おもりを図１のようにばねはかりにつるし空中で重さをはかりました。そして、図２のように100 mLの水が入ったメスシリンダーにばねはかりにつるしたおもりを入れて水中での重さをはかったところ、結果は表１のようになりました。

図１

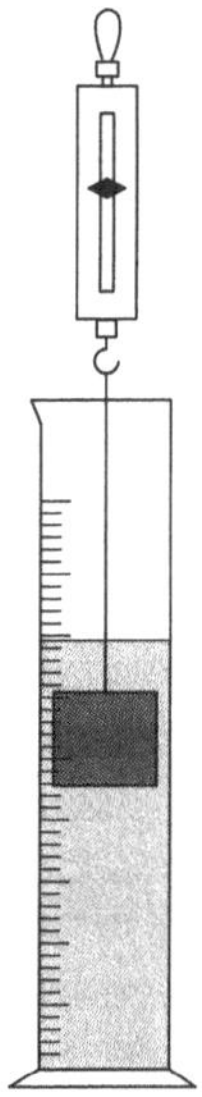

図２

表１

おもり	A	B	C	D	E	F
空中での重さ〔g〕	100	100	100	80	60	40
水中での重さ〔g〕	88	86	64	60	40	20

次に図３のように、電子てんびんの上に100 mLの水が入ったメスシリンダーを置き、おもりを水中に入れる前と、図４のようにばねはかりにつるしたおもりA～Fをそれぞれ水中に入れたときの、電子てんびんの示す値を読み取りました。また、おもりを入れる前とおもりA～Fを水中に入れたときの、メスシリンダーの示す値も読み取りました。それらの結果が表２です。

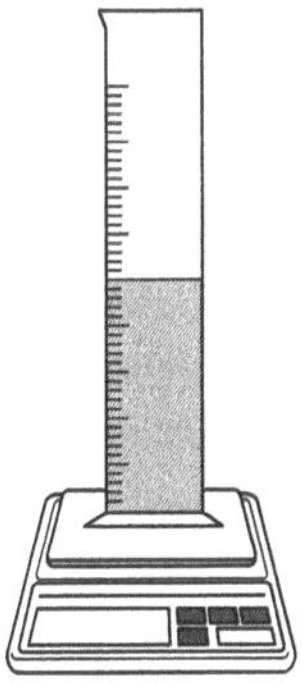

図３

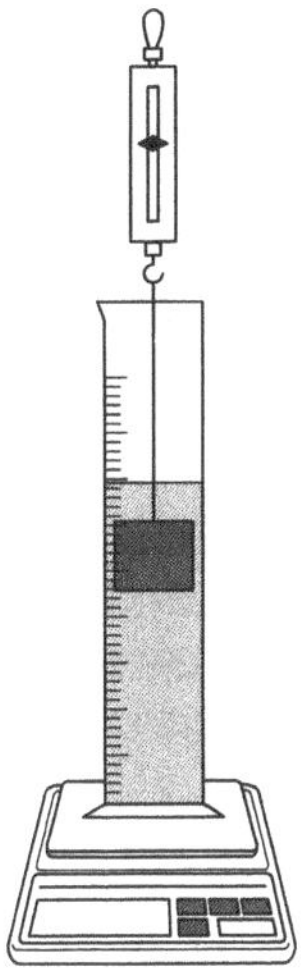

図４

表２

おもり	入れる前	A	B	C	D	E	F
電子てんびん〔g〕	242	254	256	278	262	262	262
メスシリンダー〔mL〕	100	112	X	136	120	Y	120

(1) 次の１～３はメスシリンダーに100 mLの水をはかり取る方法の説明です。この説明１～３の下線部について正しければ○、間違っていれば正しい説明になるように直しなさい。

１．メスシリンダーを水平なところに置く。

２．100の目もりの少し上のところまで水を入れる。

３．横から液面を見ながらスポイトで水を少しずつ取り、水面を100の目もりに合わせる。

(2) 図５のように水の入ったメスシリンダーがあります。

① 正しく読み取るためには目の位置は図５のア～ウのどの位置が正しいですか。

② 水面のあたりは図６のように見えました。この水の体積は何 mL ですか。

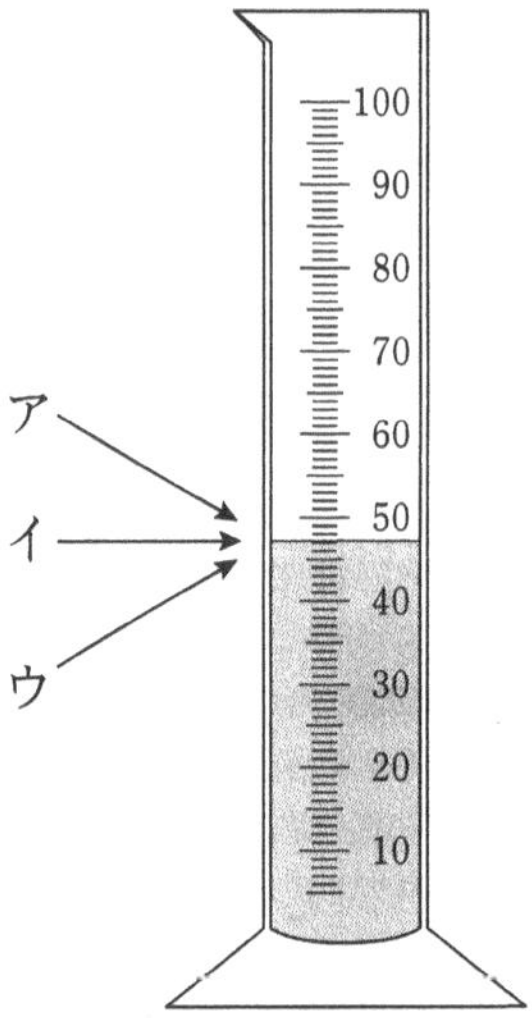

図５

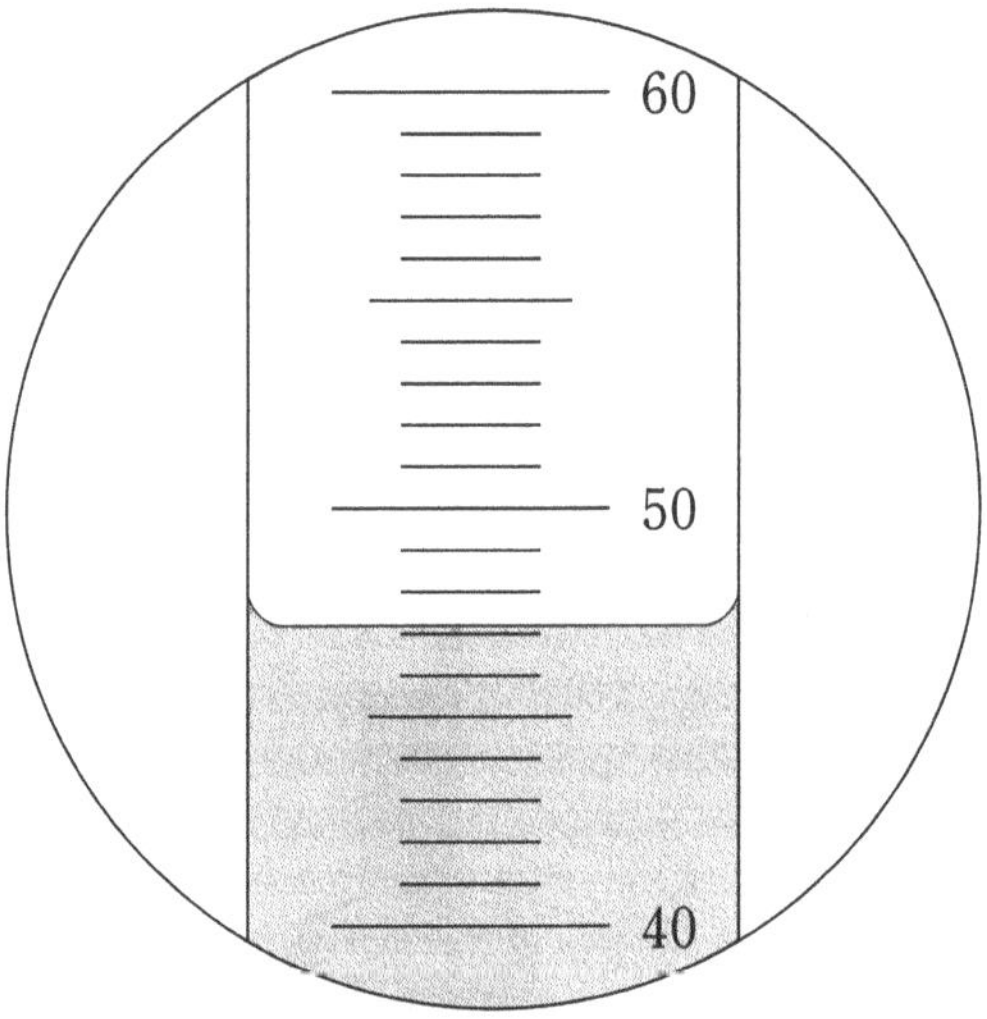

図６

(3) 表２のX、Yにあてはまる数値をそれぞれ答えなさい。

(4) 図７のように、おもりAをばねはかりからはずして、おもりがメスシリンダーの底に着いているとき、電子てんびんの示す値は何 g になりますか。

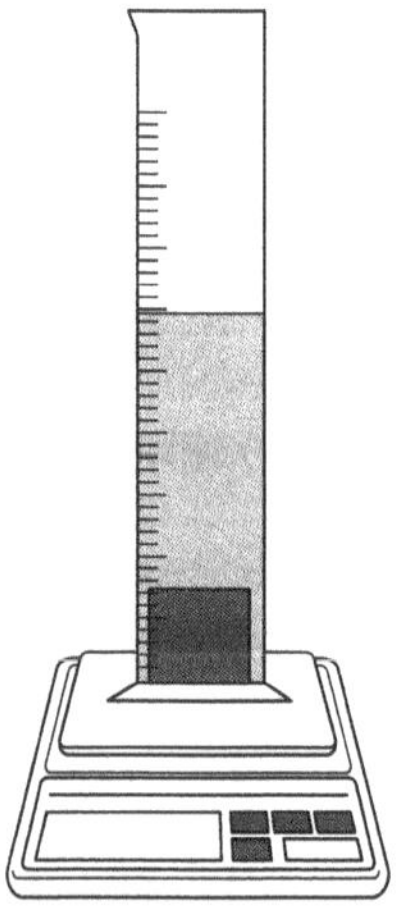

図７

Ⅱ．図８のように、半分に切ったペットボトルにキャップをせず、中にピンポン玉を入れて、ピンポン玉でペットボトルの口をふさぎました。

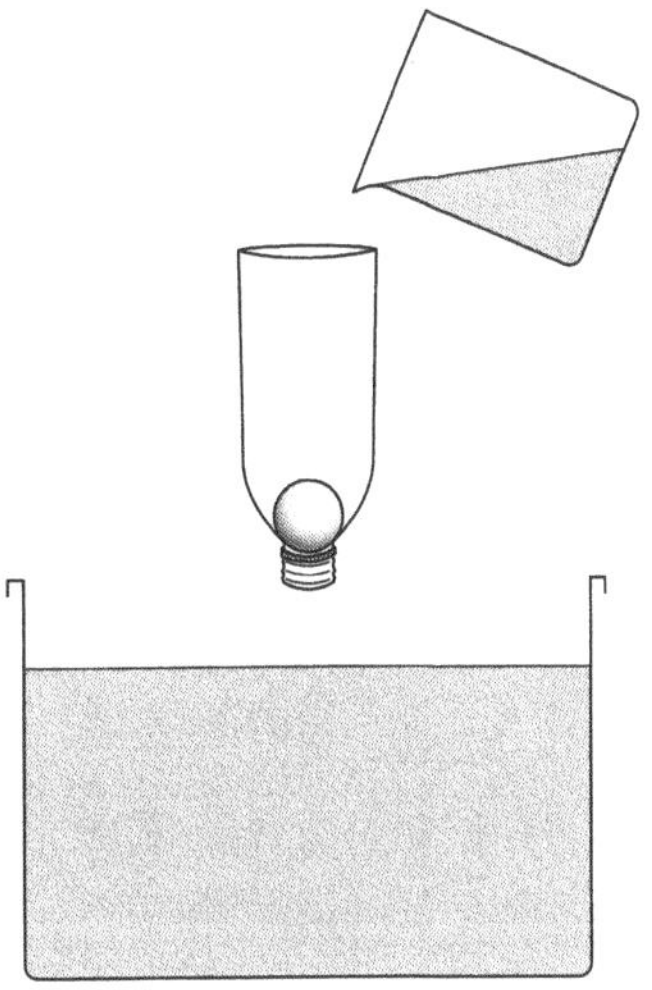

図８

(5)　この状態で上から水を注いでいくとピンポン玉はどうなりますか。次のア～エから１つ選び、記号で答えなさい。

ア．いくら水を入れてもピンポン玉は浮かない。

イ．水を入れたらすぐにピンポン玉は浮きはじめる。

ウ．ピンポン玉が半分くらい水につかると、ピンポン玉は浮きはじめる。

エ．ピンポン玉が完全に水につかると、ピンポン玉は浮きはじめる。

(6)　(5)のようになった理由を次のア～オから１つ選び、記号で答えなさい。

ア．水にはものを浮かせるはたらきがあるから。

イ．空中よりも水中の方が重さは小さくなるから。

ウ．ピンポン玉が水を押しのけた分、ピンポン玉に浮く力がはたらくから。

エ．ピンポン玉の上に水があるので、ピンポン玉は押さえつけられるから。

オ．ピンポン玉の方が水よりも重いから。

(7)　(5)の状態のピンポン玉と水の入ったペットボトルを水の入った水そうにしずめていくと、ピンポン玉はどうなりますか。次のア～オから１つ選び、記号で答えなさい。

ア．ペットボトルの口が水面につくと、すぐにピンポン玉は浮く。

イ．ペットボトルの口が水面につくと、すぐにピンポン玉はしずむ。

ウ．ペットボトルをある程度しずめると、ピンポン玉は浮く。

エ．ペットボトルをある程度しずめると、ピンポン玉はしずむ。

オ．ペットボトルを水そうにしずめていっても何も変わらない。

2 以下の問に答えなさい。

(1) 次の[a]～[c]にあてはまる語句を下の表の組み合わせのア～カから１つ選び、記号で答えなさい。

物質は、顕微鏡《けんびきょう》でも見えないようなとても小さな粒《つぶ》からできています。その粒の集まり方の違いにより、物質の状態が決まります。

[a]のときは、粒はばらばらになっているので、入れ物によって形が変わります。また、粒と粒の間がとても広くなっているので、[a]の体積は、[b]や[c]に比べてとても大きくなります。

[b]のときは、粒が規則正しく並んでいます。粒は[a]や[c]のときのようには動けないため、[b]は形が変わりません。

[c]のときは、粒同士が集まっていて、[a]に比べると粒と粒の間はせまくなります。しかし、粒の場所は決まっていないので、入れ物によって形が変わります。

	a	b	c
ア	固体	液体	気体
イ	固体	気体	液体
ウ	液体	固体	気体
エ	液体	気体	固体
オ	気体	固体	液体
カ	気体	液体	固体

(2) 図のように－20℃の氷100gをビーカーに入れ、カセットコンロを用いて火の強さを変えずに加熱する実験を行いました。

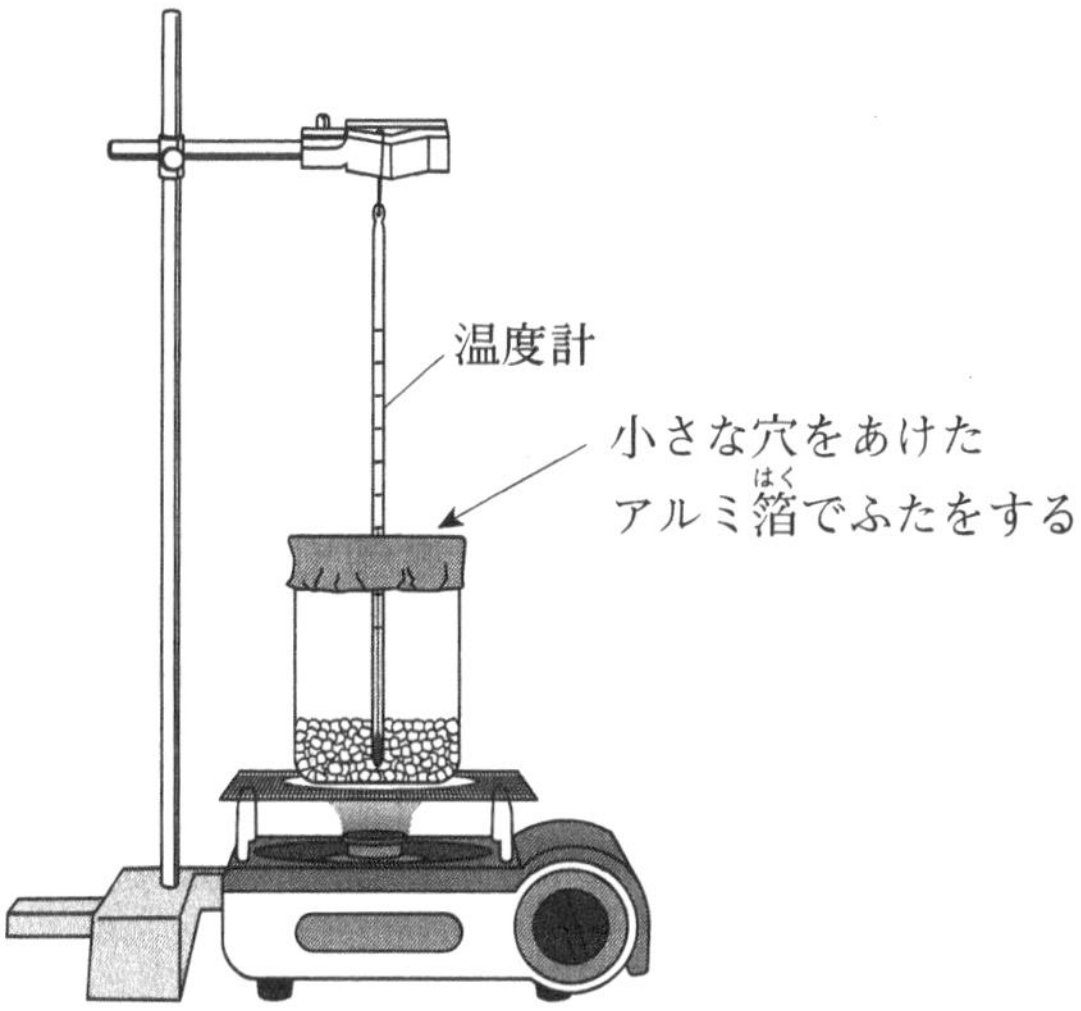

① ビーカーに入れた温度計の値はどのように変化しましたか。次の１、２を参考にして最も正しいものを次のア～カから１つ選び、記号で答えなさい。

1．100gの氷と水について、温度を１℃上昇《じょうしょう》させるときの加熱時間を比べると、水の温度を１℃上昇させるほうが加熱時間が長い。

2．0℃の氷100gをすべて0℃の水にするときの加熱時間と、100℃の水100gをすべて100℃の水蒸気にするときの加熱時間を比べると、水を水蒸気にするときの加熱時間のほうが長い。

※ア～カのグラフにおいて、●でビーカー内の水はすべて気体になった。

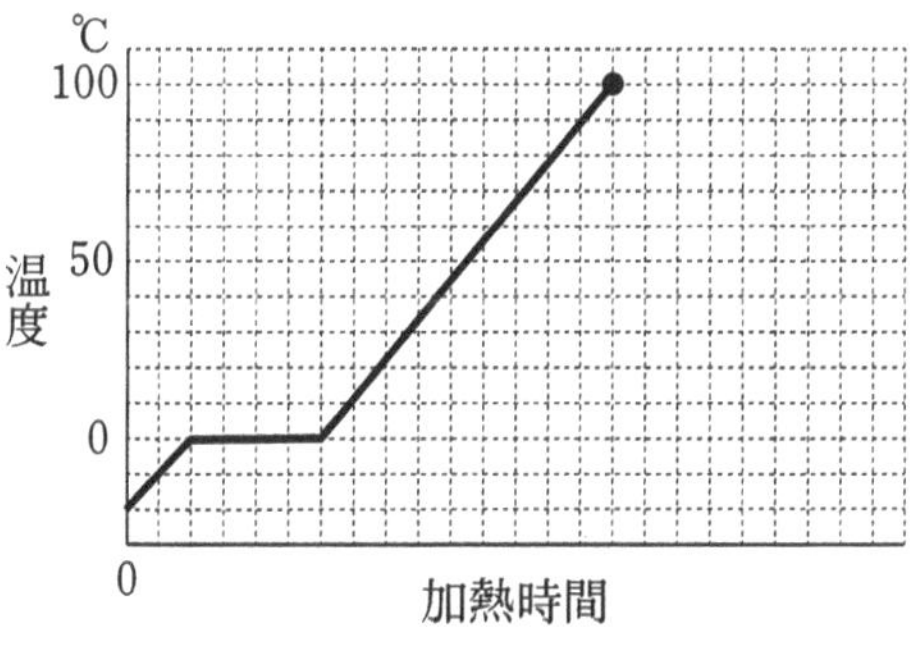

ア

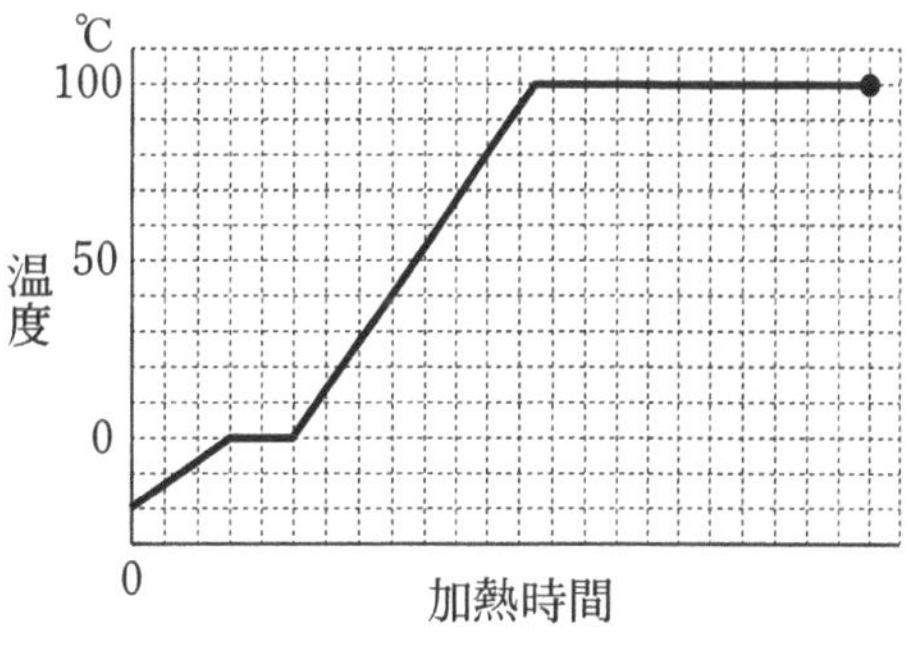

イ

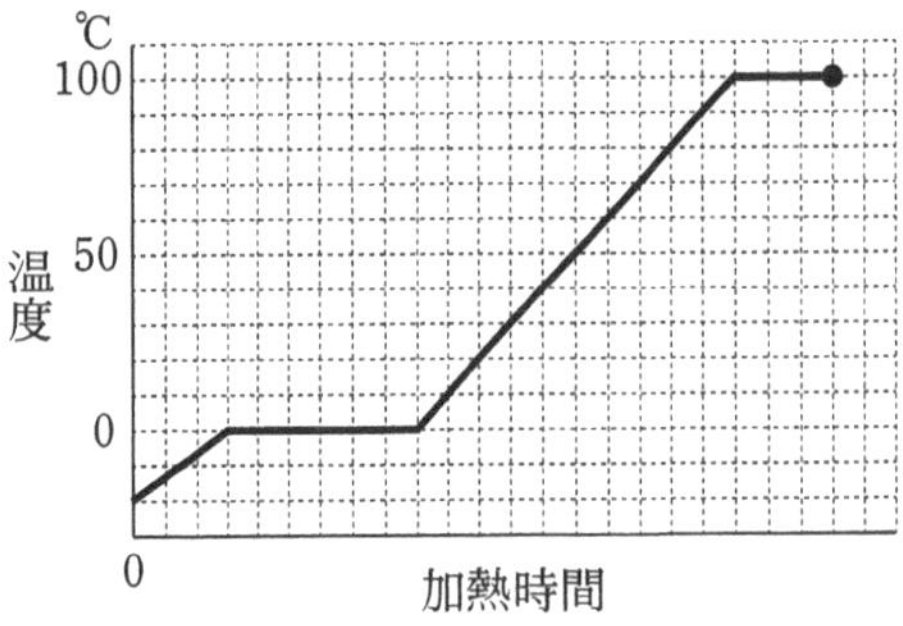

ウ

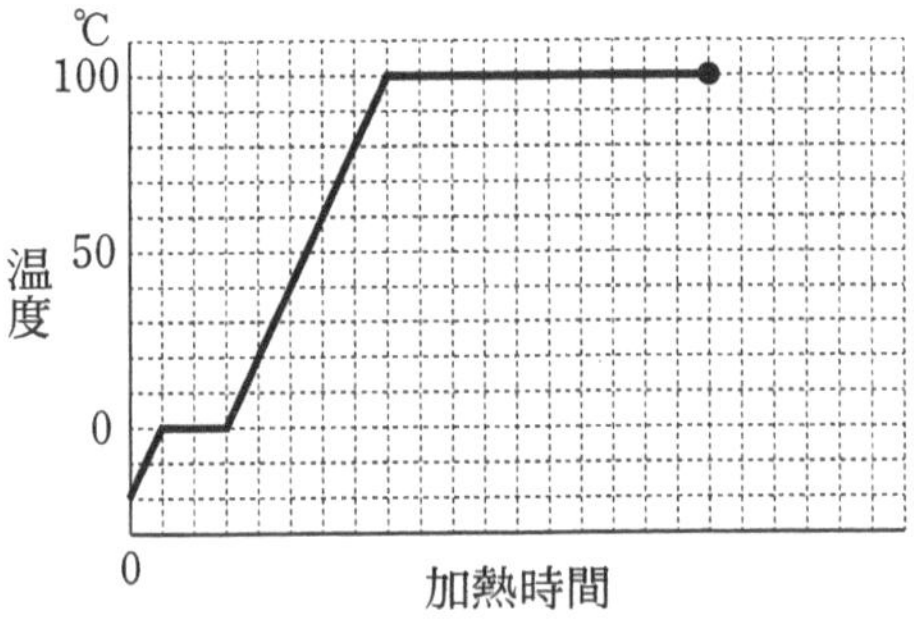

エ

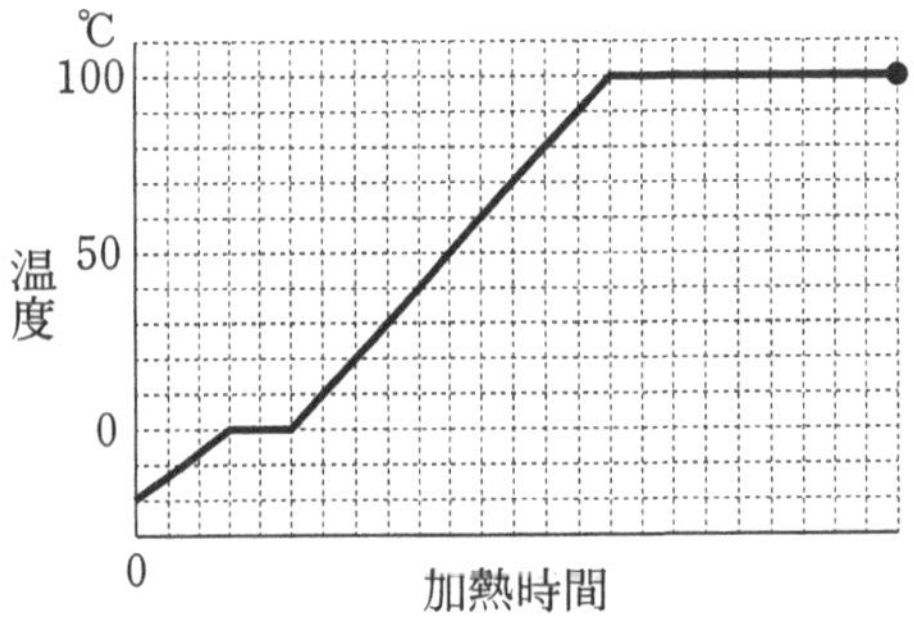

オ

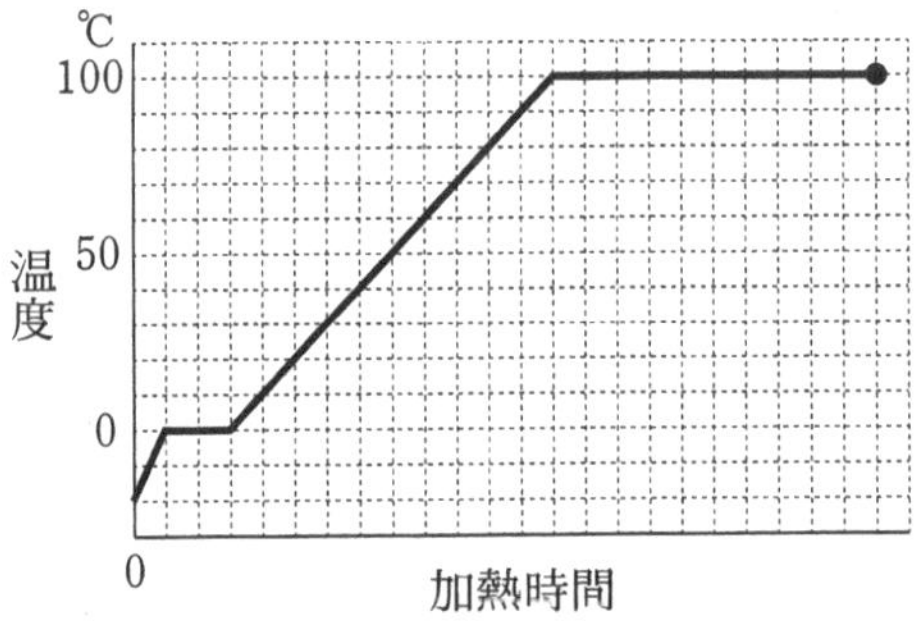

カ

② 下の文の[X]～[Z]にあてはまる語句を次のア～カからそれぞれ選び、記号で答えなさい。ただし、同じ語句を何度使ってもかまいません。

ビーカーに入れた温度計が100℃を示すと、ビーカー内の水は[X]する。ビーカーにかぶせたアルミ箔の穴から出た水蒸気は、[Y]するので白い煙《けむり》のように見える。また、白い煙のように見えたものは[Z]するので、再び見えなくなる。

ア．融解《ゆうかい》　　イ．凝固《ぎょうこ》　　ウ．蒸発《じょうはつ》
エ．凝縮《ぎょうしゅく》　　オ．沸騰《ふっとう》　　カ．昇華《しょうか》

③　加熱後、カセットコンロのボンベをさわると、ひんやり冷たく感じました。これはボンベ内でどのような変化がおこったためでしょうか。［　Ⅰ　］、［　Ⅱ　］に当てはまる語句を語群Ⅰ、Ⅱのア～ケからそれぞれ１つずつ選び、記号で答えなさい。

カセットコンロのボンベには、ブタンという物質が［　Ⅰ　］の状態で保存されており、カセットコンロを使用するとボンベ内のブタンが［　Ⅱ　］する。このとき周囲の熱をうばうことになるのでボンベにさわると冷たく感じる。

語群Ⅰ　ア．固体　　イ．液体　　ウ．気体

語群Ⅱ　エ．融解　　オ．凝固　　カ．蒸発

　　　　キ．凝縮　　ク．沸騰　　ケ．昇華

④　カセットコンロ（ブタンの燃焼）を用いて16℃の水１Lを100℃にするときに発生する二酸化炭素の体積を求めなさい。ただし、ブタンの燃焼により生じる熱のすべてが水の温度上昇に使われるのではなく、熱の35％が水の温度上昇に使われます。ブタン１gを燃焼させ、その熱がすべて水の温度上昇に使われるとき１Lの水を12℃上昇させるだけの熱が生じ、発生する二酸化炭素の体積は1.6Lです。答えが、割り切れないときは小数第１位を四捨五入して、整数で答えなさい。

⑶　冷蔵庫を使わずに水を固体にできるか実験を行いました。図のように水を入れた試験管を、氷300ｇに食塩を100ｇ加えたビーカーに入れ、冷やしました。10分後に確認すると試験管の水が固体になっていることが確認できました。

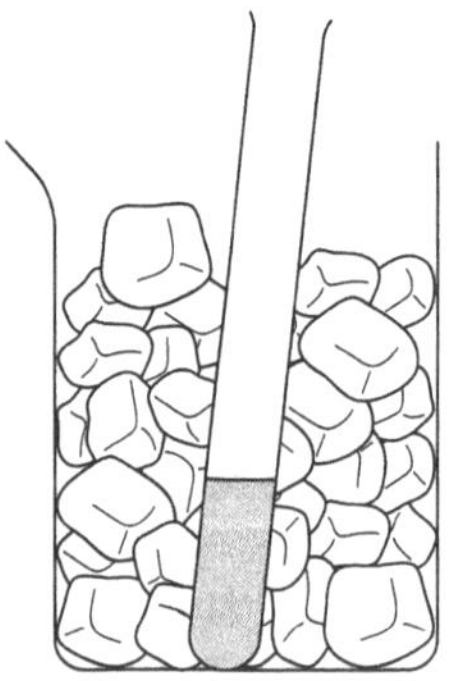

次の文は試験管内の水が固体になったことを説明する文です。［　Ⅲ　］、［　Ⅳ　］にあてはまる語句を語群Ⅲ、Ⅳのア～エからそれぞれ選び、記号で答えなさい。

氷に食塩をかけると氷の温度を下げることができる。氷に食塩をかけることで、氷は［　Ⅲ　］やすくなり、［　Ⅳ　］ことで周囲を冷やすことができる。よって、試験管内の水を固体にすることができる。

語群Ⅲ　ア．かたまり　　　　　　イ．とけ

語群Ⅳ　ウ．周囲の熱をうばう　　エ．周囲に熱をあたえる

⑷　冬、寒くなってくると水道管に保温材などをとり付けて水道管の中の水がこおらないようにすることがあります。水道管の中の水がこおると、蛇口《じゃぐち》から水が出なくなってしまうことのほかに、どのようなことがおこるでしょうか。理由とともに答えなさい。

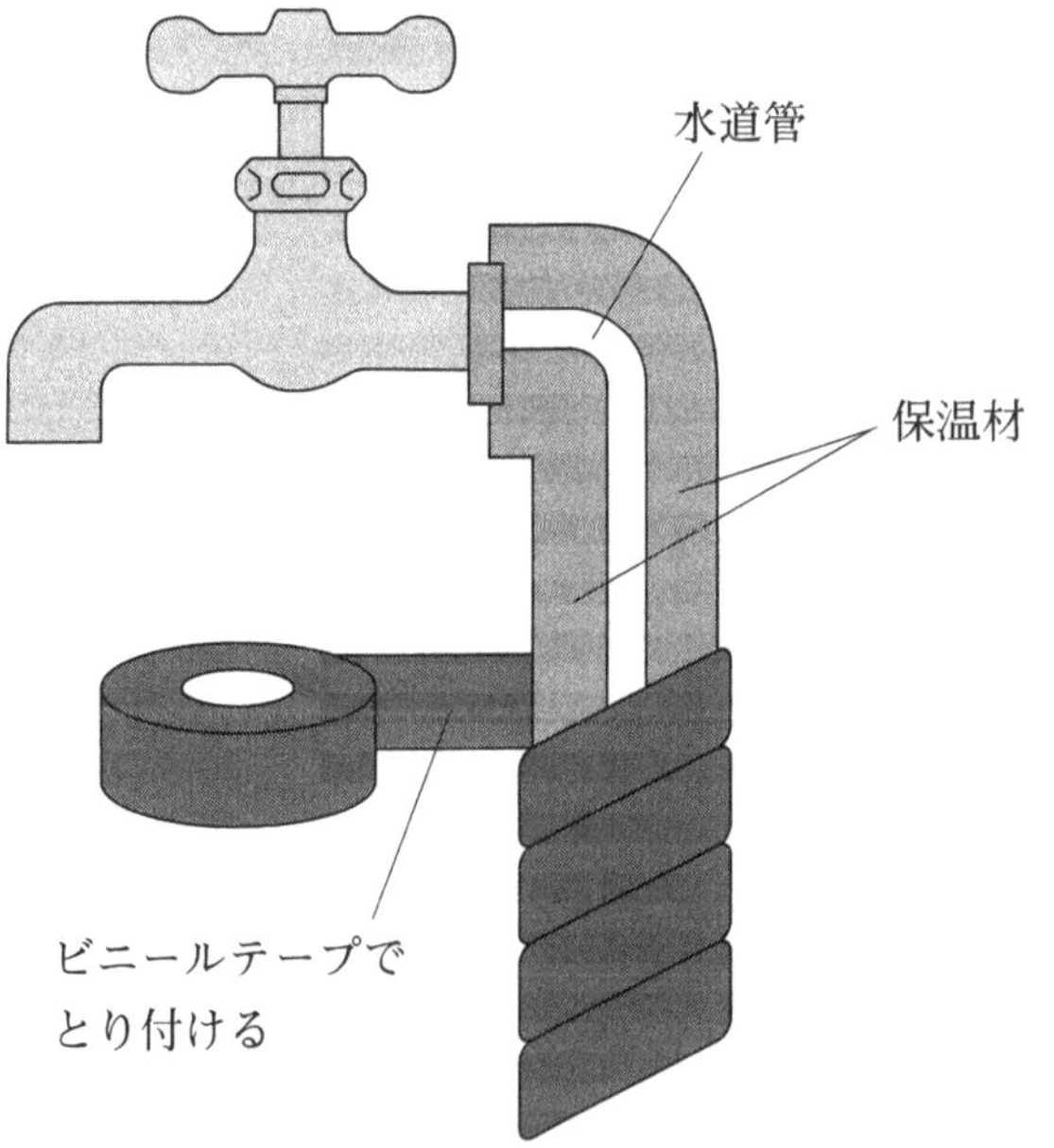

3 以下の問に答えなさい。

昆虫《こんちゅう》は、無セキツイ動物の節足動物に分類されます。体が２つに分かれ、足が４対ある［ a ］類や、体が２つに分かれ、足が５対ある［ b ］類なども節足動物のなかまです。

(1) ［ a ］、［ b ］にあてはまる語句を答えなさい。

また、［ a ］、［ b ］にあてはまる動物を、次のア～ケからそれぞれすべて選び、記号で答えなさい。

ア．セミ　　イ．ヤスデ　　ウ．サソリ
エ．ミジンコ　　オ．ムカデ　　カ．ザリガニ
キ．ダニ　　ク．アメーバ　　ケ．カブトムシ

(2) ［ a ］、［ b ］の体のつくりの２つの分け方として正しいものを、次のア～キから２つ選び、記号で答えなさい。

ア．頭部　　イ．胸部　　ウ．腹部　　エ．頭胸部　　オ．胴《どう》部
カ．触角《しょっかく》部　　キ．頭胴部

(3) 昆虫の呼吸器官を次のア～オから１つ選び、記号で答えなさい。また、その器官のある体の部位を(2)のア～キから１つ選び、記号で答えなさい。

ア．えら　　イ．肺　　ウ．気管　　エ．気孔《きこう》　　オ．触角

(4) 昆虫X、Y、Zは以下の特徴《とくちょう》をもっています。昆虫X、Y、Zにあてはまる種名を、次のア～シからそれぞれ１つずつ選び、記号で答えなさい。

昆虫X：北海道から九州に生息している。夏になると雄《おす》の成虫が樹木にとまり、「ジージー」という声で鳴く。幼虫も成虫も、樹木の根や幹に口をさして樹液を吸う。

昆虫Y：体長は約 90 mm。大きな２対のはねをもつ。体が黒色と黄色のしま模様《もよう》になっている。頭部には大きな１対の複眼をもつ。

昆虫Z：幼虫と成虫は草むらなどにすみ、植物の葉を食べる。成虫は発達した後足をもち、遠くまで大きく飛びはねることができる。

ア．イエバエ　　イ．クマバチ　　ウ．オニヤンマ
エ．シオカラトンボ　　オ．ミンミンゼミ　　カ．アブラゼミ
キ．コガネムシ　　ク．クワガタムシ　　ケ．ゴキブリ
コ．トノサマバッタ　　サ．カブトムシ　　シ．アゲハチョウ

(5) 昆虫は、気温が変化すると体温を一定に保つことができない変温動物です。変温動物で成体(親)が肺呼吸をおこなう動物を、次のア～キからすべて選び、記号で答えなさい。

ア．ウナギ　　イ．ペンギン　　ウ．コウモリ　　エ．ウミガメ
オ．ヒキガエル　　カ．モグラ　　キ．ワニ

4 天文に関する以下の問に答えなさい。

(1) 2021 年８月 20 日から 22 日の夜、月が土星と木星に近づいて見えました。2021 年の８月は２日に土星が、20 日に木星がそれぞれ「衝《しょう》」になりました。「衝」とは天体が最も地球に接近したときを指す言葉で、「衝」のとき天体は太陽が沈《しず》む頃《ころ》に空に昇《のぼ》り、太陽が昇る頃に地平線に沈みます。ひと晩中天体を見ることができるため、観測するには絶好の機会となります。

図１　2021年８月20日から22日の同時刻における月と木星・土星の位置関係

① 2021 年８月 20 日から 22 日にかけて、東京では図１のように月が木星と土星に接近して見えました。この時、同時刻の月の位置が変化する理由の説明として正しいものを次のア～エから１つ選び、記号で答えなさい。

ア．月が地球の周りを公転しているため。

イ．月が自転をしているため。

ウ．木星と土星が太陽の周りを公転しているため。

エ．木星と土星がそれぞれ自転をしているため。

②　右の図２は太陽系の惑星《わくせい》の公転軌道《きどう》を表しています。このとき、木星の「衝」の位置として正しいものを図２のア～クから１つ選び、記号で答えなさい。

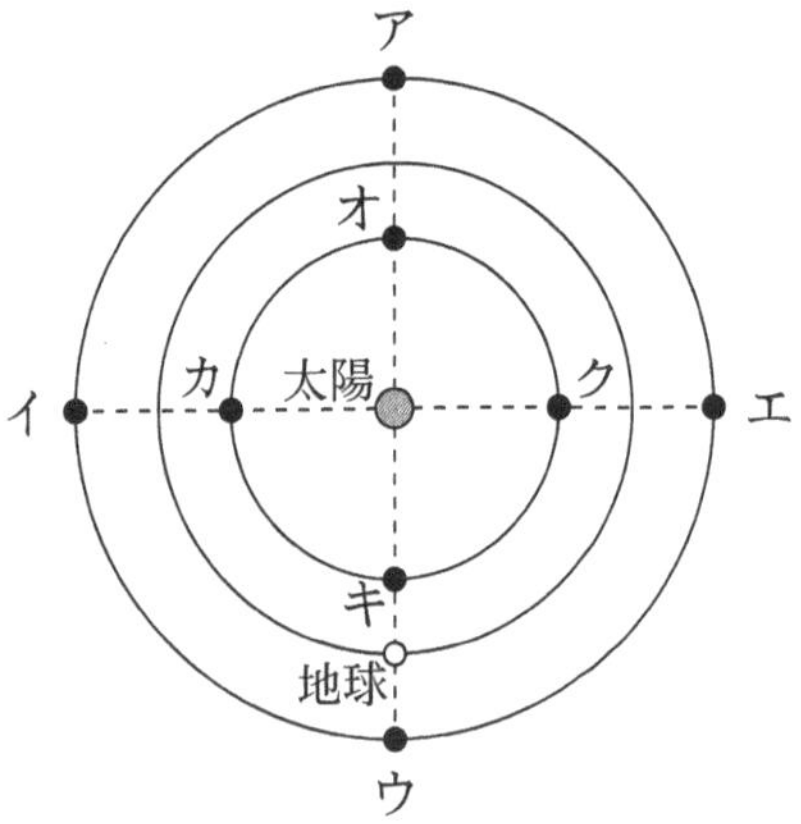

図２　惑星の公転軌道

③　太陽系の惑星は、地球と似た特徴を持つ「地球型惑星」と、木星と似た特徴を持つ「木星型惑星」の２つがあります。木星型惑星の特徴(公転周期、直径、主成分)の組み合わせとして正しいものを、ア～クから１つ選び、記号で答えなさい。なお、公転周期と直径は地球型惑星と比べたものとします。

	公転周期	直径	主成分
ア	長い	大きい	気体
イ	長い	大きい	固体
ウ	長い	小さい	気体
エ	長い	小さい	固体
オ	短い	大きい	気体
カ	短い	大きい	固体
キ	短い	小さい	気体
ク	短い	小さい	固体

④　太陽系の惑星のうち、地球よりも内側の軌道を公転する惑星を「内惑星《ないわくせい》」、地球よりも外側の軌道を公転する惑星を「外惑星《がいわくせい》」とそれぞれ呼びます。地球型惑星の中で、外惑星に属する惑星を答えなさい。

⑤　天体の大きさを表す場合、実際の大きさよりも角度を用いて見かけの大きさを表すことが多くあります。このようにして表した見かけの直径を「視直径《しちょっけい》」と呼びます。図１における８月22日の満月の動きを観察すると、満月は２分間で自身の視直径と同じ角度だけ動きました。このときの満月の視直径は何度(°)になるか計算しなさい。なお、この問題において月の公転は考慮しないものとします。

(2)　安永３年(1774年)、江戸《えど》時代の俳人である与謝蕪村《よさぶそん》が現在の神戸市灘区《なだく》にある六甲山地《ろっこうさんち》の摩耶山《まやさん》を訪れたときに、「菜の花や　月は東に　日は西に」という句を詠《よ》みました。このとき見えた月の形として正しいものを、次のア～キから１つ選び、記号で答えなさい。

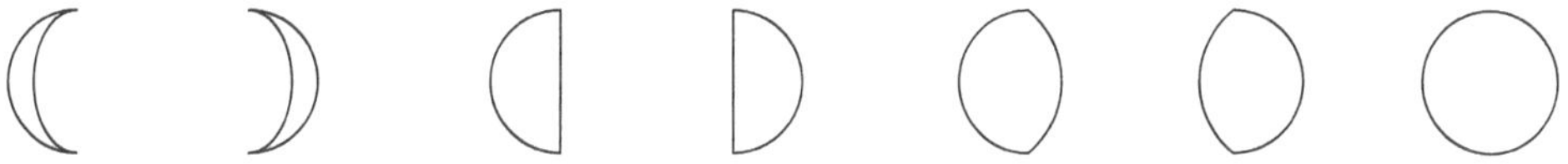

ア　　イ　　ウ　　エ　　オ　　カ　　キ

(3)　与謝蕪村が詠んだ句の中に「月天心《つきてんしん》　貧しき町を　通りけり」というものがあります。この句の解釈《かいしゃく》は一説によると、満月が町並みを通過しながら天心(空の中心＝天頂付近)に見える様子を詠んだものとされています。このように、天頂付近に月が見える日はいつでしょうか。次のア～エから１つ選び、記号で答えなさい。

ア．春分の日　　イ．夏至の日　　ウ．秋分の日　　エ．冬至の日

(4) 海面の水位(潮位)は月や太陽の引力の作用を受けて、約半日の周期でゆっくりと上下に変化しています。この現象を「潮汐《ちょうせき》」といい、潮位が上がりきった状態を「満潮」、反対に下がりきった状態を「干潮」とそれぞれ呼びます。また、１日の満潮と干潮の潮位差が最も大きくなることを「大潮」といいます。大潮が起こるときの太陽、地球、月の並び順および潮位の模式図として正しいものを、次のア～クから２つ選び、記号で答えなさい。

[干潮、満潮の例]

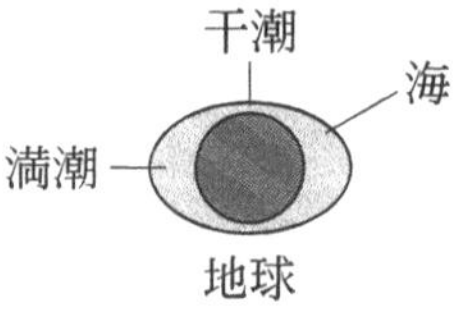

ア

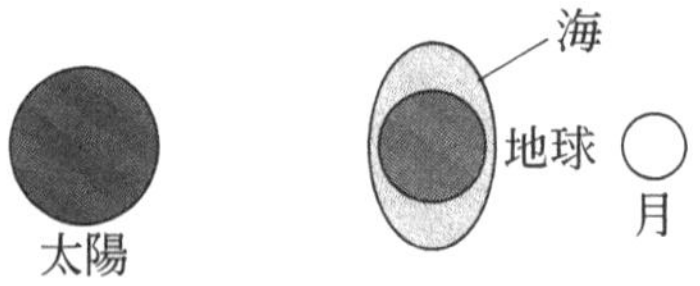

イ

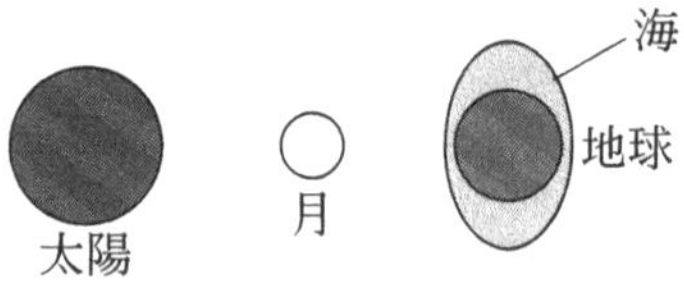

ウ

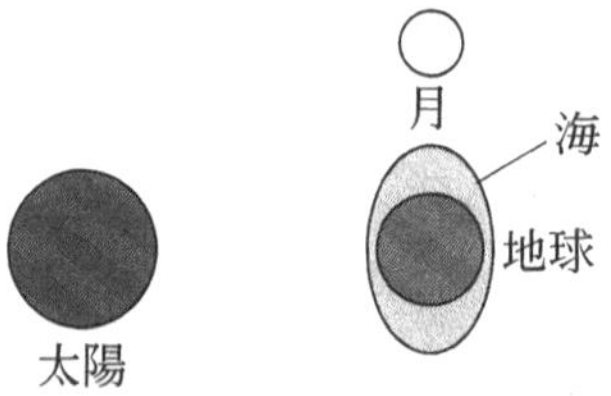

エ

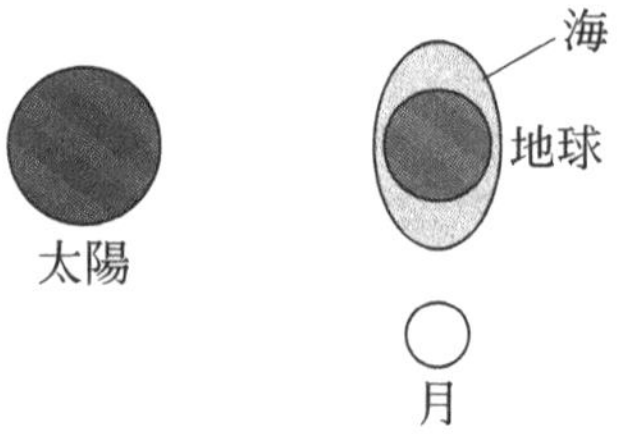

オ

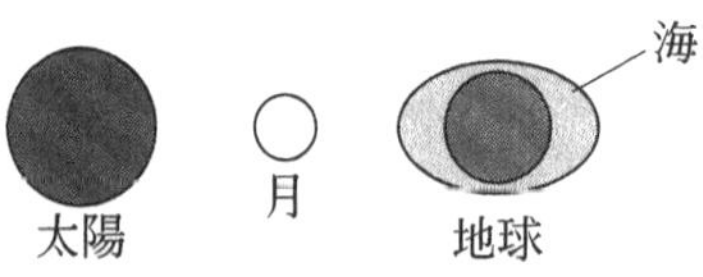

カ

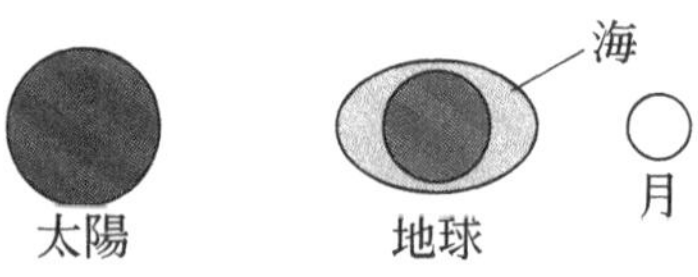

キ

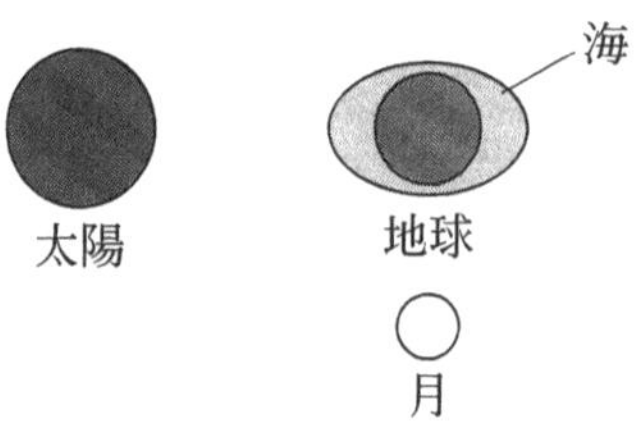

ク

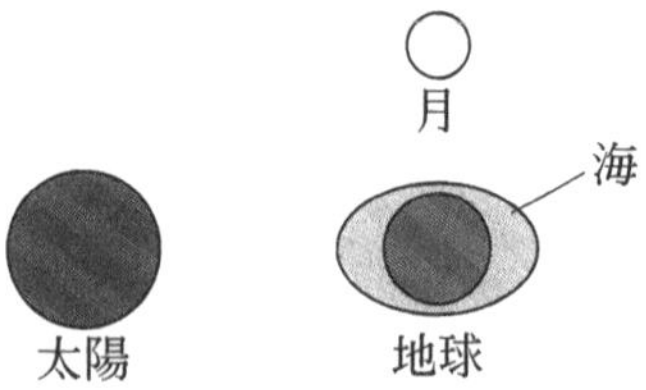

令和4年度 本郷中学校
第1回 入学試験問題

社　会

（40分　満点：75点）

注　意

1. 指示があるまで開いてはいけません。
2. 答えはすべて解答用紙に記入しなさい。
3. 解答に際して、用語・人物名・地名・国名などについて漢字で書くべき所は漢字で答えなさい。なお、国名の表記は通称でかまいません。
4. 用具の貸し借りは禁止します。
5. 指示があるまで席をはなれてはいけません。
6. 質問があれば、だまって手をあげて監督者を呼びなさい。
7. 試験が終わったら、解答用紙だけ提出しなさい。問題は持ち帰ってもかまいません。

1 次の地形図（縮尺１：50000の原図を115％拡大）をみて、下の問いに答えなさい。

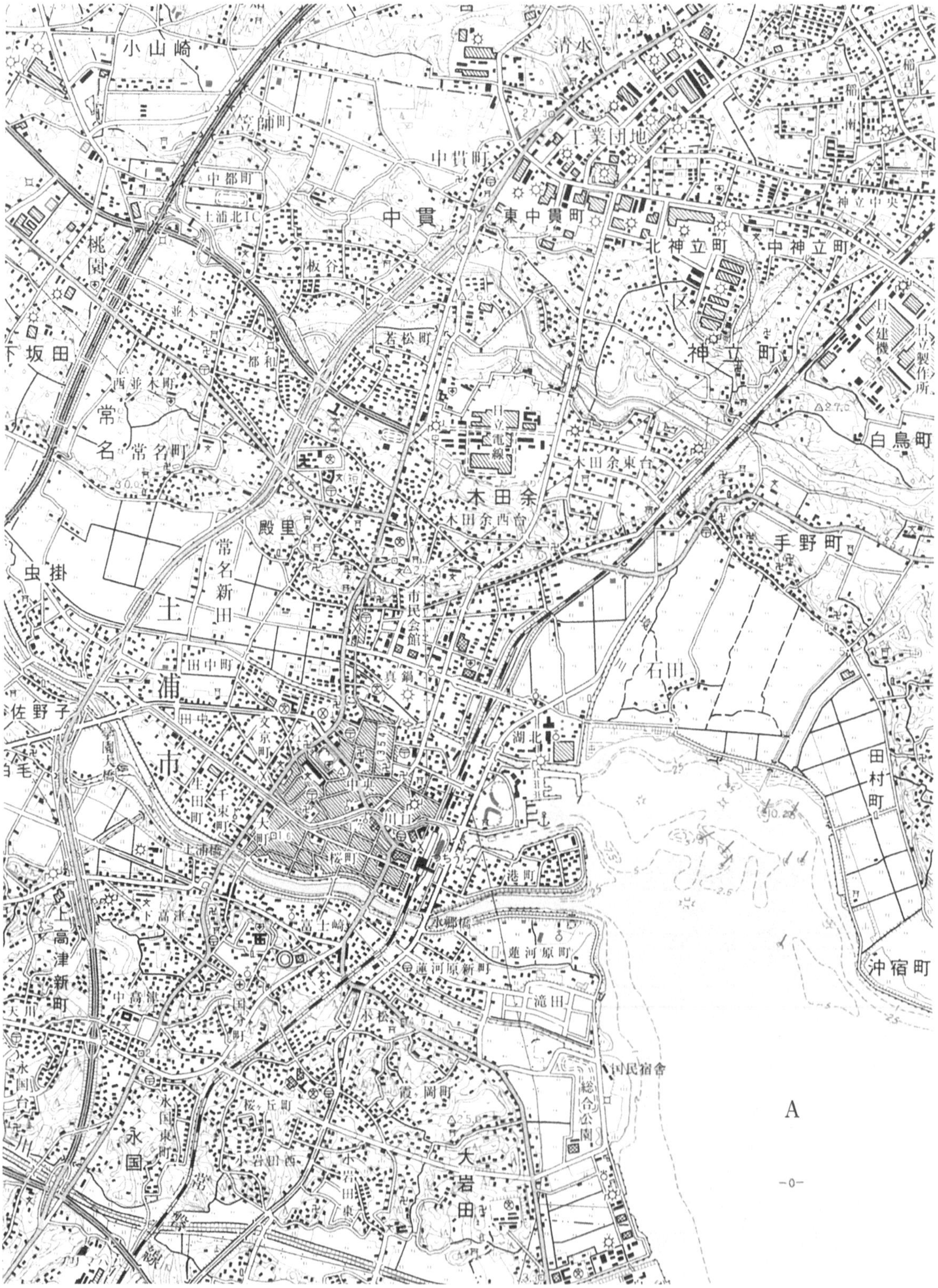

問１　この図から読み取れる内容を説明した次の各文について、内容が正しければ○を、誤っていれば×を答えなさい。

ア　河川の流域や湖岸の平地には、水田の分布がみられる。
イ　「つちうら」駅の西側に、建物の密集地がみられる。
ウ　図中の南西部には、規模の大きな工業団地がみられる。
エ　図中の複数箇所に、発電所・変電所が分布している。
オ　図中の最高地点の標高は、25ｍである。
カ　図中を新幹線が通っている。

問２　図中のＡの湖沼について、次の①～④の問いに答えなさい。

①　湖水面の標高を整数で答えなさい。

②　この湖沼の名称を次の中から１つ選び、記号で答えなさい。

ア　北浦　　イ　霞ヶ浦　　ウ　印旛沼　　エ　手賀沼

③　この湖沼の名産で、シラウオやエビ類とならんで漁獲量が多い水産物を次の中から１つ選び、記号で答えなさい。

ア　アンコウ　　イ　シジミ　　ウ　ヒラメ　　エ　ワカサギ

④　この湖沼周辺が主産地で、「この地域が含まれる県」が全国一の生産量をあげている農産物(2018年)を次の中から１つ選び、記号で答えなさい。

ア　れんこん　　イ　日本なし　　ウ　すいか　　エ　レタス

問３　図中をほぼ南北方向に走る国道６号線は、古くから主要都市を結ぶ街道として整備されてきました。現在もこの国道の通称として使用されている江戸時代の街道名※を次の中から１つ選び、記号で答えなさい。

※江戸から図中の県の県庁所在都市までの区間

ア　日光街道　　イ　水戸街道　　ウ　甲州街道　　エ　奥州街道

問４　図中の「市役所」からＡの湖岸の「国民宿舎」までの直線距離は、原図の上では５㎝です。実際の距離を整数で答えなさい。

問５　図中の「土浦市」とほぼ同緯度に位置する都市を次の中から１つ選び、記号で答えなさい。

ア　新潟市　　イ　福井市　　ウ　大阪市　　エ　高松市

問６　次の表は、図中の地域が属する県と、その県が隣接する４県に関する統計です。ア～オにあてはまる県名をそれぞれ答えなさい。

県	人　口 (万人) 2019年	面　積 (㎢) 2019年	農業産出額 (億円) 2018年	工業生産(出荷額・総額) (億円) 2017年	小売業年間販売額 (億円) 2015年
ア	190	13,784	2,113	51,571	21,840
イ	293	6,097	4,508	123,377	31,621
ウ	197	6,408	2,871	92,793	22,958
エ	737	3,798	1,758	137,066	71,529
オ	631	5,158	4,259	121,895	64,055

出典：帝国書院『中学校社会科地図』(2021年)

2 今年は本郷学園にとって大変意味ある一年です。1922年の創立から数えて100年目を迎えるからです。次の文章は、歴史の中で100年間という時間が社会や人々にどのような変化をもたらすのか、という点で本郷生が調べ学習をした時の発表と質疑応答の一部を紹介したものです。文章を読み、下の問いに答えなさい。

発表Ⅰ（祥真さん）

僕は、538年に仏教が［　①　］国から日本に伝わってからの100年間を調べてみました。日本では A最初は信仰すべきか賛否もありましたが、豪族の中に少しずつ仏教が定着していったようです。仏教を厚く信仰した豪族の血を引いた厩戸王(聖徳太子)は、600年頃推古天皇とともに仏教を重んじる政治をおこないました。②当時の中国王朝は仏教を重んじたので、仏教に関わる事柄も私たちの想像以上に多く日本に伝わったと思います。仏教伝来から約100年後の639年には、奈良の［　①　］川のほとりに［　①　］大寺が建立されたとありました。この寺はのちに国家仏教政策の中心寺院となり、大安寺と呼ばれたそうです。［　①　］という地名が奈良に残っているのもとても驚きました。朝鮮半島とのつながりがとても強いことがわかりました。

発表Ⅱ（悠さん）

私は、戦国時代以来の最後のいくさともいえる B1614～15年の大坂の陣からその100年後までを調べてみました。大坂の陣は、徳川家康が豊臣家を滅亡させた大きな戦乱でしたが、その後は戦いがなく江戸幕府は少しずつ安定していきました。ほぼ100年後にあたる1716年は、［　③　］が将軍になり改革政治を始めた年でした。授業でも習いましたが、④この100年間に街道や航路が整備されたり、C全国的に特産物も成立して商業や経済も大きく発展しました。D新田開発も進められ耕地面積は家康時代から２倍近くに増えました。多分米の生産量も増えて人々の生活も大きく変わったのではと想像できます。戦いの時代は、土地が荒れたり奪われたりと人々が生きることも大変でしたが、平和な時代が続いたので、戦争に費やす多くの負担が社会の整備に向けられて、人々の生活も向上したようです。世の中の変化がとても大きく感じられました。でも一方で、E100年も経つと幕府のしくみが時代に合わない部分も出てきたから改革が行われたのだと思います。

発表Ⅲ（翼さん）

私は、F 1922年の本郷学園創立からの100年間の駒込・巣鴨の変化を調べました。本郷という名は、昔の東京市本郷区（現在の文京区）にちなんでいます。本郷区教育会長だった松平頼壽《よりなが》先生が、地域の人々の要望も受けて区内に中学校を新設しようと計画したのが始まりです。しかし都市化が進む本郷区では学校を建てる広い用地がみつからず、巣鴨にあった頼壽先生の自宅の一部を校地にしてスタートしました。頼壽先生は本郷中学の初代校長に就任しました。

創立の翌年には ⑤ が発生し、東京を中心に大きな被害があり、復興にも時間がかかりました。昔の地図を見比べてみると、この間に G 学校周辺も大きく変化していることがわかります。当初の校門は駒込門のみで、巣鴨門は戦後に作られたようです。本郷生が巣鴨駅を使うようになるのはずっと後のことだとわかりました。第二次世界大戦後は、中学は新たな制度で高校となり本郷高校になりましたが、中学課程も復活して今に至っています。これまでに ⑥多くの先生が学園に関わり、また多くの生徒も本郷から巣立って社会で活躍しています。大正時代から現在までの100年間の出来事は年表に載っているだけでもとてもたくさんあって、ずっと昔の時代の100年間よりも調べることが大変でした。

質問ａ（伸さん）　発表Ⅰへの質問です。仏教が伝来すると、それまでの神（神社）のほかに仏（寺院）が加わって２つの宗教が日本に存在したのだと思いますが、これらは対立をしたり争ったりしなかったのですか。

回答（祥真さん）　長い時間をかけて、対立というよりも融合していったようです。H 日本の文化には、外来文化の影響を受けながらうまく融け合って独特のものになっていくものが多いみたいですね。

質問ｂ（建さん）　発表Ⅱへの意見です。⑦日本の国内で、この100年間に大きな戦いが一度あったと思います。九州で起きた争乱でしたが、幕府にとって大事件でした。でも、幕末まで戦いがなかったので、⑧学問が発達したり、豊かな文化や芸術が芽生えたのだと思います。悠君の意見の通りだと思います。

質問ｃ（翔登さん）　発表Ⅲへの質問です。本郷中学が作られた頃、なぜ中学校新設の要望が高まったのですか。小学生の人口が増えたからですか。

回答（翼さん）　それもあると思いますが、本郷ができたのは第一次世界大戦が終わった時代で、 Ｉ からだと思います。

問１　下線部Aについて、賛否について論争をした二つの氏族の組み合わせとして正しいものを次の中から１つ選び、記号で答えなさい。

ア　蘇我氏と物部氏　　　　イ　蘇我氏と大伴氏
ウ　物部氏と大伴氏　　　　エ　大王家と蘇我氏

問２　下線部Bの年に出された江戸幕府の法令として誤っているものを次の中から１つ選び、記号で答えなさい。

ア　武家諸法度　　　　イ　一国一城令
ウ　禁中並公家諸法度　　　　エ　キリスト教の禁教令

問３　下線部Cについて、江戸時代に著名だった特産物の例として、誤っているものを次の中から１つ選び、記号で答えなさい。

ア　富山の薬　　　　イ　徳島の藍
ウ　桐生の綿織物　　　　エ　銚子の醤油

問４　下線部Dについて、この時代に大規模な新田開発ができた理由として誤っているものを次の中から１つ選び、記号で答えなさい。

ア　大名に大規模な河川改修などを課すことで、治水事業が進んだから。
イ　都市で生活の場を失った人々が開発の労働力になったから。
ウ　開発に必要な資金を町人たちに出資させることができたから。
エ　治水の技術や農具の性能が向上してきたから。

問５　下線部Ｅについて、改革政治の内容として正しいものを次の中から１つ選び、記号で答えなさい。

ア　大名の参勤交代を廃止した。
イ　物価の引下げをするため株仲間を解散した。
ウ　風紀の乱れを取り締まるために出版物を統制した。
エ　年貢の増収を目指した。

問６　下線部Ｆについて、本郷中学が創立されてから社会で起きた以下の出来事のうち、古い順に並べた時に３番目になるものはどれですか、記号で答えなさい。

ア　リットン調査団が来日した。
イ　太平洋戦争が始まった。
ウ　国家総動員法が公布された。
エ　陸軍の青年将校らが二・二六事件を起こした。

問７　下線部Ｇについて、次ページの地図は、本郷中学創立前年の1921（大正10）年と、1937（昭和12）年、1957（昭和32）年の巣鴨・駒込周辺の地形図です。これらを読み解きながら指摘できることとして正しいものを次の中から１つ選び、記号で答えなさい。なお、地図中のＡは巣鴨駅、Ｂは駒込駅です。

ア　巣鴨駅は、大正から昭和にかけて貨物ターミナル駅として徐々に拡張していることがわかる。
イ　本郷学園の場所は、もとは畑が広がっていたことがわかる。
ウ　巣鴨駅から山手線と交差する大通り（旧中山道）を北西に進んだ先には、戦後になってから東京市電の車庫ができたことがわかる。
エ　大正から昭和にかけて、山手線の南側の岩崎邸周辺には、広い庭を持つ住宅地が造られ、宅地化が進んでいることがわかる。

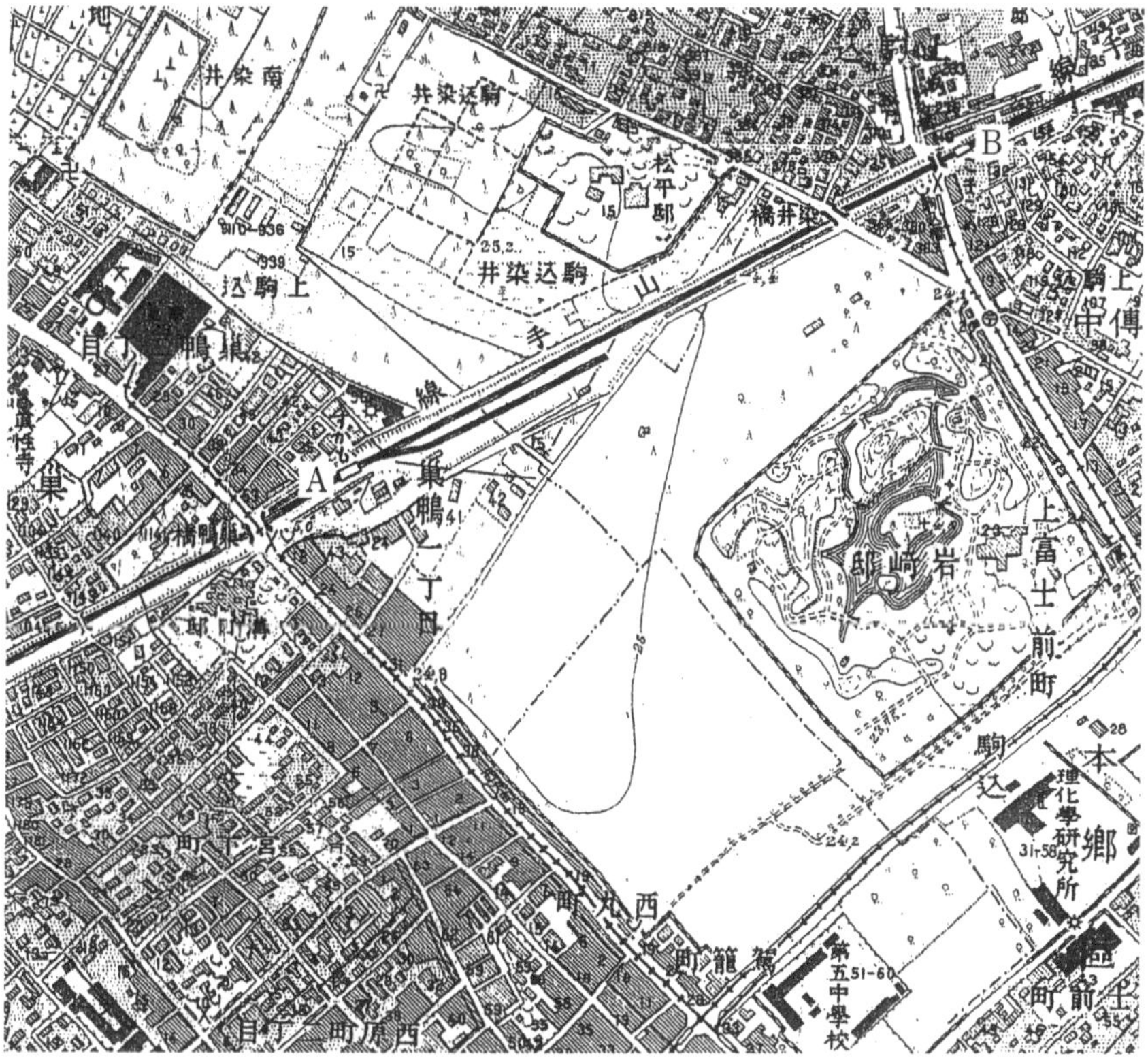

1921（大正10）年地形図

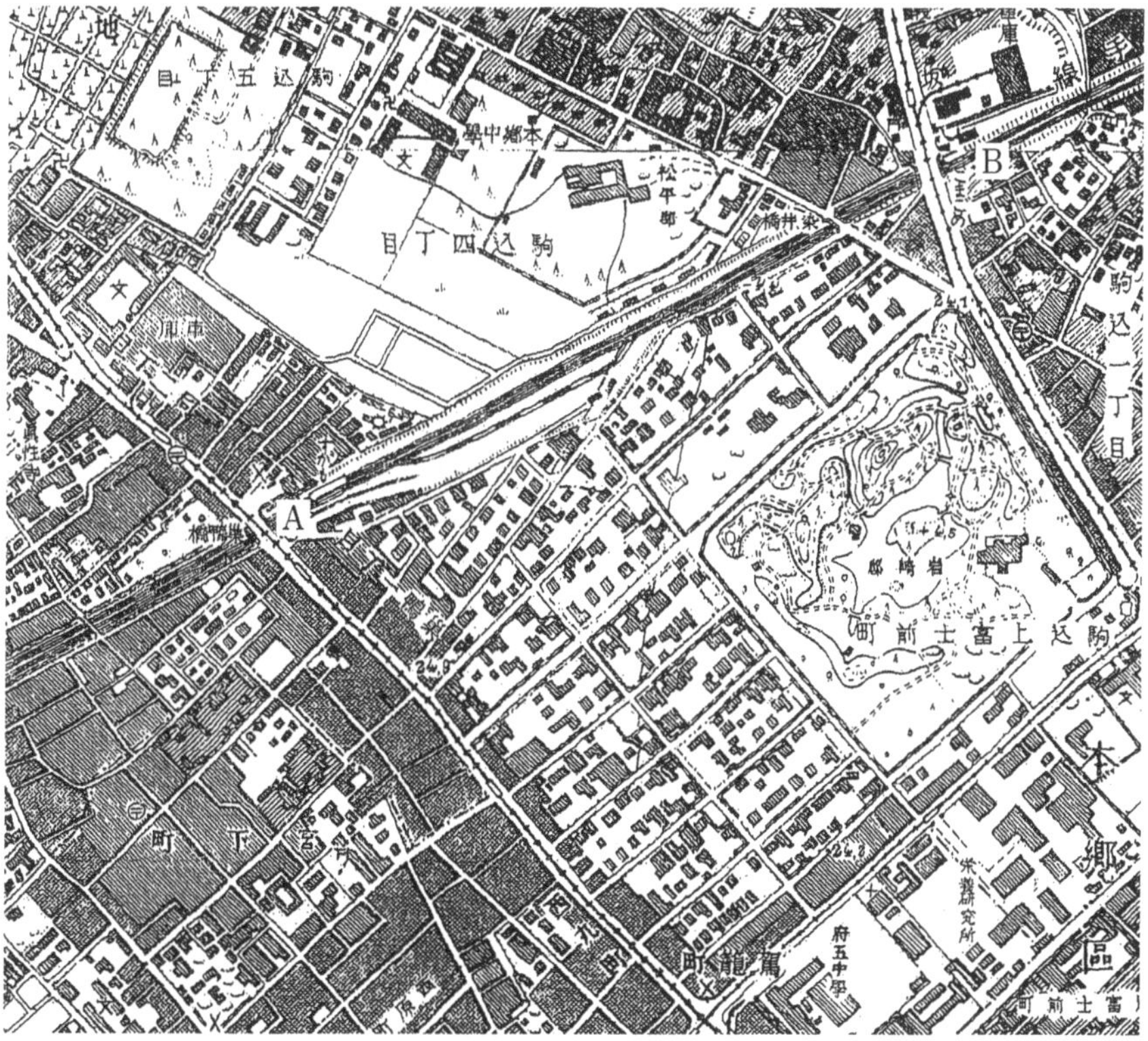

1937（昭和12）年地形図

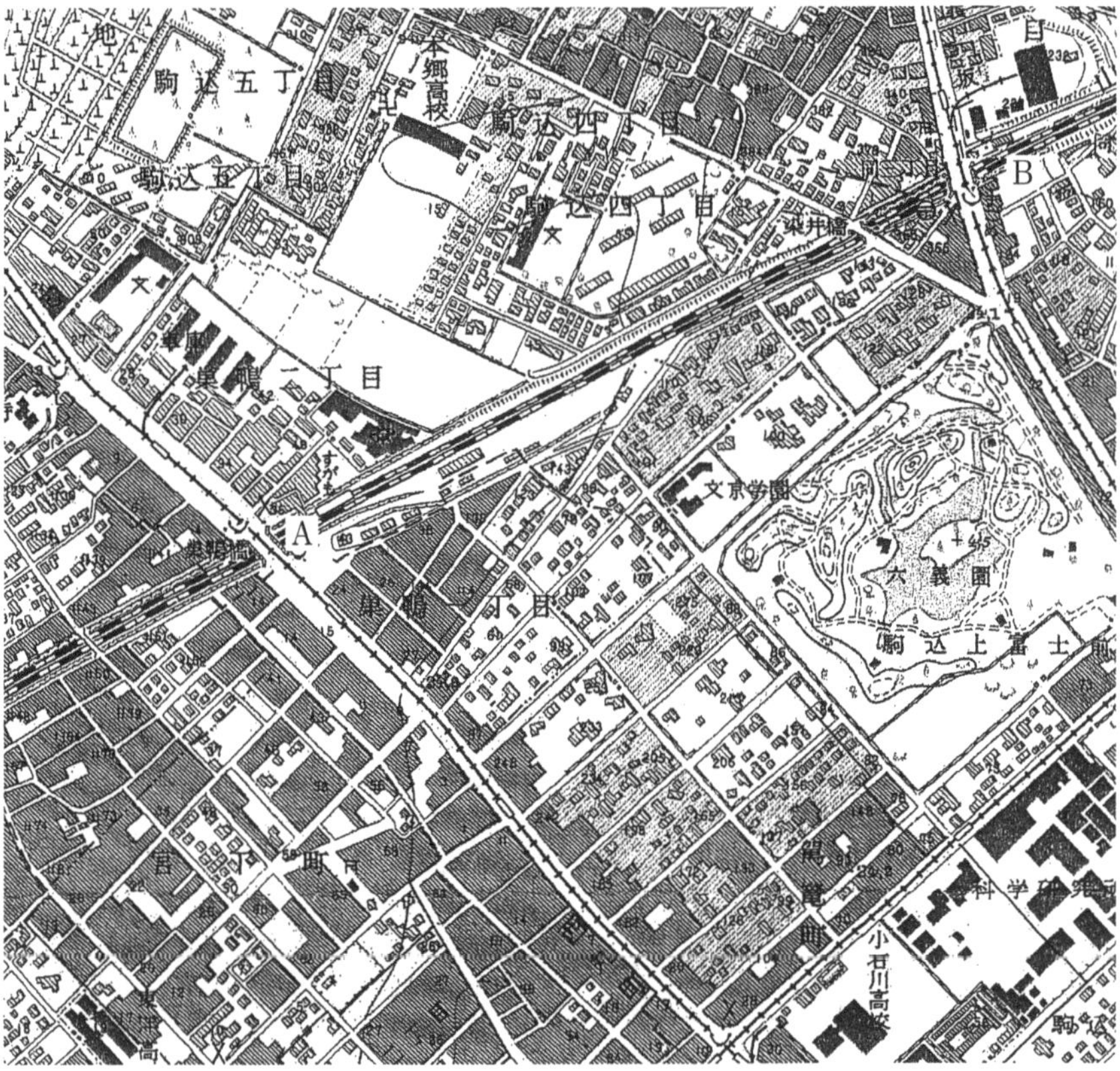

1957(昭和32)年地形図

問８　下線部Ｈについて、そのような事例として正しくないものを次の中から１つ選び、記号で答えなさい。

ア　漢字をもとにして、片仮名や平仮名が成立した。

イ　お茶の栽培と喫茶の習慣の広がりを経て、茶の湯が創始された。

ウ　室町時代になると、部屋全体に畳を敷く建築様式が登場した。

エ　明治時代以降にカレーやとんかつが登場した。

問９　文中の［　Ⅰ　］について、回答者翼さんの説明として正しいと考えられる文章を次の中から１つ選び、記号で答えなさい。

ア　大戦景気を経て都市に住むサラリーマン層が増加して、子どもに対する教育熱が高まった

イ　大正デモクラシーの中で、自由な校風を目指す男女共学の中学校が増えてきましたが、この一方で男子校への人気も高まった

ウ　都市化が進んで、従来の中学校の多くが郊外に移転した

エ　義務教育が中学校まで引き上げられた

問10　文中の［　①　］にあてはまる語句を答えなさい。

問11　下線部②について、奈良時代に唐から日本に渡来して戒律をもたらした鑑真が開いた寺院を何と言いますか。その名称を答えなさい。

問12　文中の［　③　］にあてはまる人名を答えなさい。

問13　下線部④について、日本海から瀬戸内海を経て大坂に至る航路で活躍した船の名前を３字で答えなさい。

問14　文中の［　⑤　］にあてはまる歴史的な出来事を答えなさい。

問15　下線部⑥について、第２代校長徳川宗敬《むねよし》先生は参議院議員を兼ねていた1951年、吉田茂らと共に日本全権委員として国際会議に参加しました。この会議で日本は、連合国との戦争状態を終結させ、日本の主権回復を定める条約に調印しました。この会議が開催された都市名を答えなさい。

問16　下線部⑦に該当する出来事の名称を答えなさい。

問17　下線部⑧の一例として、江戸時代半ばに確立した演劇の一つで、男性のみで演じられる舞台芸能を何と言いますか、その名称を答えなさい。

3 次の文章を読み、下の問いに答えなさい。

環境問題が大きな注目を集めるようになったのは1960年代以降のことです。アメリカでは『沈黙の春』という本が農薬による生態系破壊の問題を警告し、ヨーロッパでは自動車や工場からの排ガスが地上に（　１　）として降ることで、森林の破壊や湖沼の汚染が広がっていました。同時期に高度経済成長の結果、日本では①四大公害裁判が提訴され、人間の経済活動が環境破壊につながるという負の側面が広く理解されるようになりました。

そこで1972年に国連人間環境会議が（　２　）で開催され、はじめて環境問題がグローバルな課題として意識されました。

ところがこの会議では、②すでに工業化を達成した豊かな先進国と、これから工業化しようとする発展途上国との、きびしい対立も明確になりました。途上国から出たのは「すでに豊かになった先進国は環境保護が可能かもしれないが、まだ多くの国民が貧しい途上国では経済発展の方が優先だ」という意見です。

そこで1992年に（　３　）で開催された地球サミットでは、未来の世代のため、資源の無駄遣いや環境破壊をできる限り抑制しつつ、工業化も進めるという「持続可能な開発」を、あらゆる面から促進していくことが約束されました。

この会議にあわせて③気候変動枠組条約が採択され、地球温暖化の加速の原因である温室効果ガスを削減するために加盟国が行動をとることが約束されました。この約束の実施状況を確認するために開く会議がＣＯＰ（気候変動枠組条約締約国会議）で、３回目のＣＯＰは京都で開催され、具体的に何％の温室効果ガスを削減するかを各国・地域が約束した④京都議定書が成立しました。

その後、世界各地で⑤温暖化の影響が表れ、2010年代以降は次々に「観測史上最も暑い夏」や「百年に１度の大雨」などの極端現象が観測されるようになりました。このような中、2015年にＣＯＰ21が（　４　）で開かれ、ついに途上国も含めたすべての国が温室効果ガスを削減することに合意しました。目標は、18世紀のイギリス産業革命の時から計算して、できれば1.5℃までの気温上昇に留めるよう、社会の仕組みを変えることです。既に世界の平均気温は1.1℃上昇しています。このため当時の⑥内閣総理大臣は「2050年までに脱炭素社会を実現する」と宣言しました。市民の一人一人も、この重要性を理解し、実現に取り組んでいく必要があります。

問１　文中の（　１　）～（　４　）について、下の設問Ａ～Ｃに答えなさい。

Ａ　（　１　）にあてはまる、環境を悪化させる現象を表す語句を３字で答えなさい。

Ｂ　（　２　）と（　３　）には国名が入ります。正しいものを次の中から１つずつ選び、記号で答えなさい。

ア　ブラジル　　イ　デンマーク　　ウ　フィンランド
エ　スウェーデン　　オ　南アフリカ共和国　　カ　フランス

Ｃ　（　４　）には、2024年にオリンピックが開催される都市の名称が入ります。空欄にあてはまる都市名を答えなさい。

問２　下線部①について述べた文として正しいものを次の中から１つ選び、記号で答えなさい。

ア　熊本県八代海では化学肥料会社の排水に含まれたカドミウムが海洋を汚染し、魚を食べた人々だけでなく胎児までもが中毒で亡くなった。
イ　四大公害の発生を受けて、環境破壊を未然に防ぐことが大切だという認識が広まり、公害対策基本法が制定された。
ウ　四大公害裁判が終わった1971年に、環境省が創設された。
エ　四大公害とは、水俣病・イタイイタイ病・新潟水俣病・川崎ぜんそくのことである。

問３　下線部②のような、先進国と途上国との間に生まれている経済的格差とそれに由来する諸問題を一般に「□□問題」といいます。□□にあてはまる語句を答えなさい。

問４　下線部③について、日本における条約の承認と締結の手続きについて述べた文として正しいものを次の中から１つ選び、記号で答えなさい。

ア　内閣が条約を締結するが、事前または事後に条約を衆議院に提出し、３分の２以上の承認を得る必要がある。

イ　外務省が条約を締結するが、事前または事後に条約を衆議院に提出し、３分の２以上の賛成を得る必要がある。

ウ　外務省が条約を締結するが、事前に条約を国会に提出し、過半数の承認を得る必要がある。

エ　内閣が条約を締結するが、事前または事後に条約を国会に提出し、過半数の承認を得る必要がある。

問５　下線部④について、京都議定書は、1990年の各国の温室効果ガス排出量に比べ、2012年までに様々な方法をとって基準値以下まで抑えこむことを約束したものです。以下のグラフを参照しながら次ページの設問ＡとＢに答えなさい。

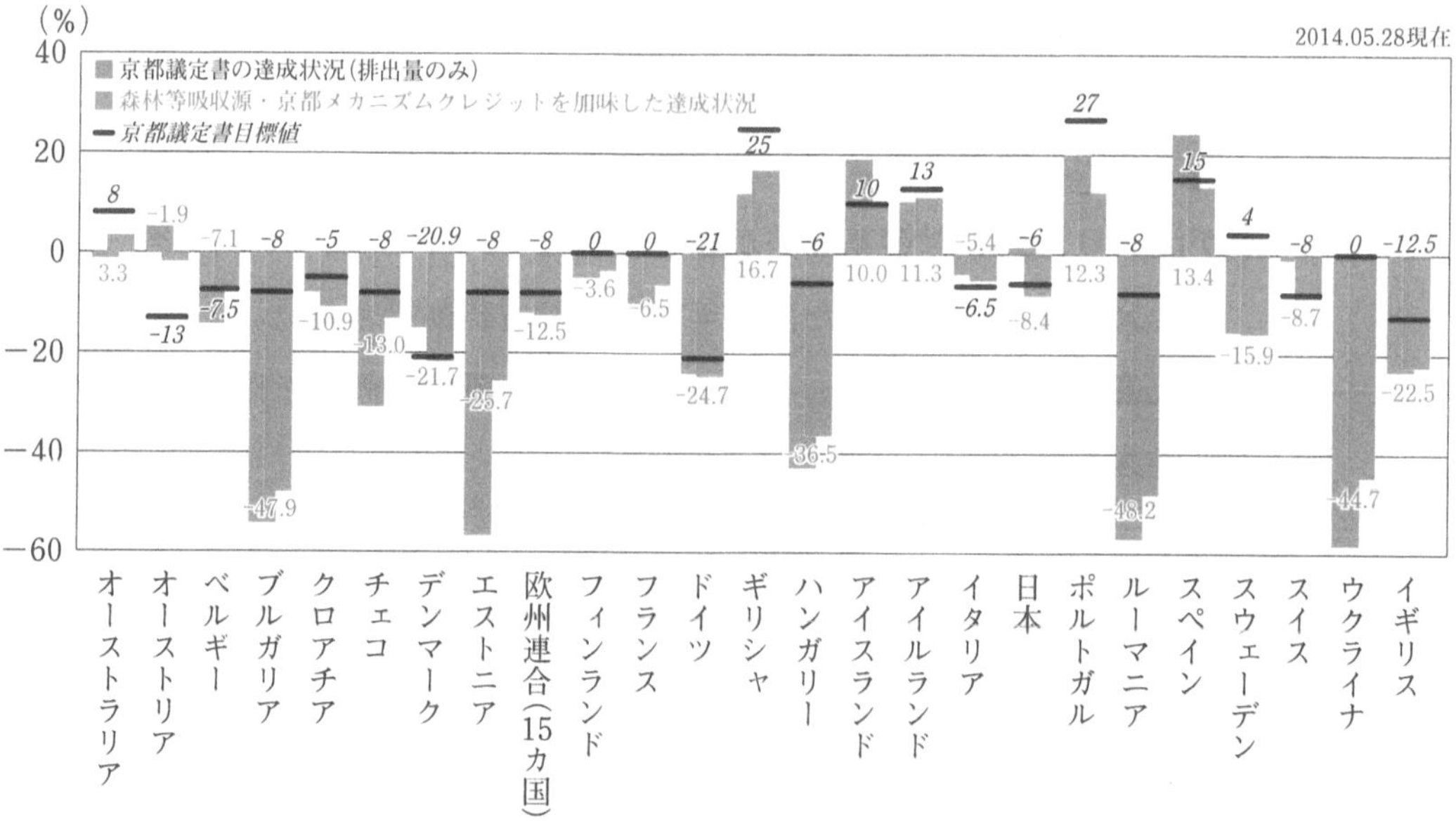

京都議定書目標値とその達成状況
(2008～2012年平均[森林等吸収源・京都メカニズムクレジットを加味])

引用：「国立環境研究所　地球環境研究センターニュース」(2014年７月号)

A　グラフ中の青い棒は「森林等吸収源・京都メカニズムクレジットを加味した達成状況」を示しています。これについて説明した次の文章の(　１　)と(　２　)にあてはまる語句を答えなさい。

「森林等吸収源」とは、山や海沿いに植林をしたり都市を緑化したりすることで温室効果ガスが吸収されると考え、その分を全体の排出量から差し引けることをいいます。

「京都メカニズムクレジット」は、３つの柱で構成されています。１つ目は「共同実施」で、例えば日本がドイツから効率的な発電技術を輸入して、日本の排出量が１％減ったとすると、その分は(　１　)の排出量削減に計上することができる、ということです。２つ目は「クリーン開発メカニズム」といい、例えば日本がマダガスカルに技術支援をしてその国の温室効果ガスが１％削減できた場合、その分を日本の削減量に計上できる、ということです。３つ目は「グリーン投資スキーム」といい、例えば京都議定書が指定した日本のプロジェクトにイギリスが資金援助をし、目標以上に排出量が削減された場合、その分だけ(　２　)の削減量に計上できる、というものです。

B　グラフの中の黒い横棒は、各国の温室効果ガス排出量の上限を示したもので、京都議定書では各国がこの数値を下回ることが目標とされました。グラフから読み取れる内容として正しいものを次の中から１つ選び、記号で答えなさい。

ア　「森林等吸収源・京都メカニズムクレジットを加味した達成状況」で見た場合、目標値を達成できなかった国は１つもない。

イ　温室効果ガスの排出量のみで見た場合、1990年に比べ最も多く削減することに成功したのは、スペインである。

ウ　「森林等吸収源・京都メカニズムクレジット」を利用しなければ、日本は目標値を達成できなかった。

エ　アメリカがグラフの中に存在しないのは、石炭産業支援を掲げて当選したトランプ政権が京都議定書から脱退したからである。

問６　下線部⑤について、その影響の具体例をあげたＡ～Ｃの現象がみられる国や地域として適切なものをそれぞれ次の中から１つずつ選び、記号で答えなさい。

Ａ　海水温の上昇によって、サンゴが白い骨格だけになる「白化現象」が常態化するようになった。
Ｂ　氷河の融解によって、洪水や地滑りが頻繁に発生するようになった。
Ｃ　熱波によって大規模な山火事が毎年のように発生するようになった。

ア　シベリア　　　　イ　インド北部　　　　ウ　モルディブ

問７　下線部⑥について、内閣総理大臣に任命されるまでの過程を述べた以下の文を読み、（　１　）と（　２　）にあてはまる語句をそれぞれ２字で答えなさい。

内閣総理大臣が辞職をした場合、次の内閣総理大臣をめざす候補者が立候補し、最も多くの票を得た人が（　１　）で内閣総理大臣に（　２　）される。その後、天皇の任命を経て新しい内閣総理大臣が誕生する。

MEMO

大切なことはメモしておこうネ！

問九 ――線７「だが俺たち伴走者は違う」とありますが、これはどういうことですか。その説明として最も適当なものを次のア〜エの中から一つ選び、記号で答えなさい。

ア 選手はただ伴走者の指示通りに練習をしてレースを走ればよいが、伴走者は自分との戦いだけではなく、事前の準備にも多大な労力を要し、一方レース本番では他の競技者との戦いにのみ気を配らざるを得ないので、自分との戦いどころではないということ。

イ 選手は自分との戦いの先に記録やメダルといった結果がついてくるが、伴走者はまずレースを伴走するための自分自身の準備が必要で、そこですでに自分との戦いをすませていることもあり、選手のために走る本番のレースではとても自分との戦いに気持ちは向かないということ。

ウ 選手は伴走者とともにトレーニングやレースをすることで本番のレースでは記録をめざせるが、伴走者は科学的なトレーニングを構築することや、競技者のペースメーカーとならなければならないなど、とても自分自身との戦いをしているような精神的な余裕はないということ。

エ 選手はレースでの自分との戦いの先に勝利や記録といった得るものがあるが、伴走者は競技者の目となることを求められているのであり、レースに参加しているようで実はレース自体には参加していないという立場である以上、そもそも自分との戦いの場が与えられていないということ。

問十 ――線８「この人が俺の伴走者なんだ」とありますが、淡島は内田を自分にとってどのような人物としてとらえていると考えられますか。問題文全体を見て六十字以上八十字以内で答えなさい。

問八 ――線６「白昼夢を見ながら走っているようだった」とありますが、この部分からホアキンを視界にとらえるまでの間の表現は淡島のレース中のどんな状態を述べていると考えられますか。最も適当なものを次のア～エの中から一つ選び、記号で答えなさい。

ア レース中に生まれた様々な内田への思いもただひたすら走ることに集中しているうちに消え失せ、もはや二人をつなぐ一本のロープを頼りに、結果を気にせず、ただ内田とともに走ることに無上の喜びを感じるようになっている。

イ レースも終盤になって、レース中の内田とのやりとりも忘れるほど疲れと照りつける日射しとで意識を失いそうになり、夢か現実かも分からない状態になっても、ひたすら内田を勝たせることだけに集中してゴールに向かおうとしている。

ウ 科学的なトレーニング方法が主流となる中で、自分の練習方法はデータに頼らない勘に頼った方法ではあるが、むしろ精神面を鍛えられた結果、この灼熱のレースでも二人の間にあるロープだけに集中して気力だけで走り続けることができるようになっている。

エ これまでの内田の横柄な態度への反発は消え、レース中にもかかわらず夢を見ているような時間の中で内田と一つになったような感覚を覚えた後、改めて現実のレースに集中して、ひたすらゴールをめざすことだけを考えるようになっている。

問七 ――線５「俺は信頼に応えるために走っているのか。伴走者はそのためにいるのか」とありますが、ここからうかがえる淡島の心情の説明として最も適当なものを次のア～エの中から一つ選び、記号で答えなさい。

ア 「目の見えないランナーのために、自分のすべてをなげうって尽くすのは相手が信頼してくれているからこそである。しかし、その信頼に応えることで自分が評価されたいという軽薄な思いだけで走り続ける、そんな人生で良いのだろうか」と伴走者としての務めを果たそうとしながらも迷っている。

イ 「自分も現役のランナーである以上、やはり勝負には勝ちたい。しかし、自分が勝ってしまっては伴走者としての役割は何も果たしていないことになる。伴走者である以上、勝負しようとする気持ちを持つことは、やはり相手の信頼を失うことになるのだろうか」とこれまでとこれからの自分の人生について疑問を抱くようになった。

ウ 「目の見えないランナーが伴走者を信頼するのも、伴走者がその期待に応えようとするのも当然だ。しかし、自分はただ信頼に応えようという思いだけで走っているのではなく、自分も共にこのレースに勝ちたいと思っても良いのではないか」と一人のランナーとしての本能が目覚めてきた。

エ 「革命家の家に入れるように話をつけたり、私生活もレースでも内田の代わりに目となって生活を助けたり、研修のアドバイスをしたりと、ひたすら自分が共に走るランナーのために尽くしてきた。一瞬迷ったこともあったが、それこそが自分が望んだ人生なのだ」と自分に自信と誇りを持ち始めた。

問六 ――線４「淡島の胃がふいに熱を帯びた」とありますが、これはどういうことを表していますか。その説明として最も適当なものを次のア～エの中から一つ選び、記号で答えなさい。

ア これまで淡島は練習でもレースでも、内田のどんな無理難題にも応えてきたのに、大事なレースの最中に現役のランナーでもある自分をバカにするような言葉を投げかけられて思わずカッとなって冷静さを失ったということ。

イ 淡島は内田のレースの勝ち負けよりも彼をコントロールすることに情熱をかけてきたのに、内田からかけられた言葉によって、にわかにこのレースだけは内田に勝ちたいという衝動がわきあがってきたということ。

ウ 伴走者である淡島が内田よりも先にゴールすることが許されないことは分かりきっているのに、「俺に勝つつもりで走れ」などと挑発するようなことを言われる情けない自分に対して、憤りを感じているということ。

エ 一人のランナーとして出場するレースには勝負よりもレースをコントロールすることにこだわってきた淡島が、内田への反発を感じると同時に、自分の中に個人として内田に勝ちたいという気持ちが芽生えてきたということ。

問五　――線３「淡島の案内で～黙り込んだ」とありますが、この時の内田の心情はどのようなものだと考えられますか。その説明として最も適当なものを次のア～エの中から一つ選び、記号で答えなさい。

ア　明日のレースには何としても勝って、パラリンピック代表の座を自分のものにするのだという静かな闘志と熱い気持ちを抱いている。

イ　明日のレースを前にした緊張を和らげようとした結果、かえって自分のことを必要以上に話してしまったことを少し後悔している。

ウ　明日のレースに勝ちたいのは言うまでもないが、それ以上に自分のできることをやり尽くしたいという静かな思いをつのらせている。

エ　明日のレースにかける強い思いを抱いているが、一方で日本とは違う環境の中で、いつも通り「耳で見る」ことができるだろうかという不安と戦っている。

問四 ——線２「濁りのない瞳は淡島の遥か後ろを見つめているようだった」とありますが、これは老人のどのような気持ちを表現していると考えられますか。その説明として最も適当なものを次のア～エの中から一つ選び、記号で答えなさい。

ア 二人の男の故郷である遠い島国に思いを寄せ、二人が明日のレースで戦う様子を静かに応援したいという気持ちを表現している。

イ 二人の男の言動から明日のレースに何としても勝ちたいという熱意を感じ、二人が背負ってきた重圧や厳しい練習を思い浮かべて、心から応援したくなったという気持ちを表現している。

ウ 自分自身も淡島のように、何かを成し遂げようとする男の姿をすぐ側で見続け、ともに夢を持って生きた時があったことを懐かしく思う気持ちを表現している。

エ 革命家の家をわざわざ訪ねてきた内田の姿を見ているうちに、一緒に夢の実現に向かって走った無二の友である革命家の姿が目に浮かび、淡島の姿すら視界に入らなくなるほど革命家と過ごした日々を懐かしんでいる気持ちを表現している。

問一　〜〜線Ａ〜Ｉの言葉を種類ごとに分類した組み合わせとして最も適当なものを次のア〜エの中から一つ選び、記号で答えなさい。

ア　ＡＥ／ＢＣＩ／ＤＦ／ＧＨ
イ　ＡＥＦ／ＢＣＤ／ＧＨ／Ｉ
ウ　ＡＤＥＦ／ＢＣＩ／ＧＨ
エ　ＡＥ／ＢＣＨＩ／ＤＦ／Ｇ

問二　問題文中の[Ｘ]・[Ｙ]に入る漢字一字をそれぞれ答えなさい。

問三　――線１「誰も触れることは〜見るだけだ」とありますが、老人が最終的に門を開けてくれたのはなぜだと考えられますか。その理由として最も適当なものを次のア〜エの中から一つ選び、記号で答えなさい。

ア　淡島から、目の見えない者は触れて感じることしかできないのだ、と何度も食い下がられてそのあまりの熱意に門を開けなければ何をされるか分からないと恐れを抱いたから。
イ　目の見えない連れの男になんとかしてこの邸宅の壁を触れさせてやりたい、と訴える淡島がその男の伴走者だと知り、昔の自分の姿を淡島に重ねて共感したから。
ウ　目の見えない男が遠い島国である日本で優勝目指して死に物狂いの努力をしていることを知り、革命に身を投じた若い頃の自分を思い浮かべて、内田の夢をかなえてやりたいと思ったから。
エ　自分たちが目指した革命に比べればスケールは小さいものの、異国の地で日本のマラソン界に革命を起こそうとしている目の見えない男に対して、自分も夢を託してみたいと応援したくなったから。

注１　晴眼者……視覚に障害のない人。
注２　ホアキン……内田のライバルで、この大会の優勝候補。
注３　エンリケス……ホアキンの伴走者。

「なんですか」

「観客に挨拶だ」

淡島は顔を上げた。

「こっちです」淡島は内田の肘《ひじ》を持って、メイン席の前に立たせた。

「一時の方角へ」観客のいる方向を教える。

頭を下げるのかと思いきや、内田はいきなり両手を高々と掲げ、そのまま大きく振った。まるで優勝したかのような態度だった。客席から大きな歓声があがった。

「すごい。すごいですよ」淡島は思わずスタジアムをぐるりと取り囲む客席を見回した。観客たちは誰もがその場に立ち上がり、手にしている旗や帽子やタオルを振り回していた。自国のヒーローと最後まで競った男を、暖かく祝福していた。

「ああ」内田はニコリとした。「見えている」

「え？」

「お前が見ているものを、いま俺も見ている」そう言って内田はそっと淡島の肩に手を置いた。「お前がちゃんと見てくれたら、俺にだって見えるのさ」

「俺は」

「お前は伴走者だ。俺の目だ」

俺は伴走者だ。そして、8<u>この人が俺の伴走者なんだ。</u>

大会の運営スタッフなのだろう。若い女性が真っ赤なタオルを持って二人に近づいてきた。恥ずかしそうに目を伏せたままタオルを静かに差し出す。淡島は内田の背中に回り込み、受け取ったタオルを内田の両肩にふわりと掛けた。太陽の香りがした。

淡島はもう一度客席を見上げた。その向こう側に広がる青い空に、小さな雲が二つ並ぶようにして浮かんでいた。

（浅生鴨《あそうかも》『伴走者』「夏・マラソン編」）

だ。コンマ一秒たりとも動きをずらさない。一ミリも狂わさない。俺は完全に内田に一致する。それが伴走者だ。

淡島はちらりと横目でホアキンを見た。[注3]エンリケスと目が合う。苦しそうに顔を歪《ゆが》めていた。ホアキンとまったく同じ表情をしている。そうか。この二人も俺たちと同じなんだな。

ゴールまであと五〇メートル。淡島はそのことを内田には告げなかった。もうすぐゴールだと思えば気が緩むかも知れない。最後の最後まで、ゴールするその瞬間まで全力疾走するには、ゴールの位置は知らせないほうがいい。

走れ。走れ。走れ。走れ。

最後の瞬間、淡島はロープから手を離し、ほんの少しだけ後ろへ下がった。伴走者が先にゴールしてはいけない。

四人が塊となってゴールを駆け抜けると、競技スタッフの手からゴールテープがゆっくりと抜け落ちていった。音が消え、全てがモノクロームの映像のようになる。

「どうだ」荒い息のまま内田が聞く。

結果は淡島にもわからなかった。内田とホアキンは完全に同時に飛び込んだように思えた。電光掲示板の表示に目をやる。結果はまだ何も映し出されていない。確認しているのだろうか。それほどの僅差なのか。

一位の欄にホアキンの名が点灯した。歓声がスタジアムに響き、地鳴りとなって淡島の足を震わせた。

「そうか」淡島がまだ何も言わないうちに内田はそう言った。「負けたんだな」

この歓声は地元選手の勝利を祝うものなのだ。内田はゆっくりと腰を折り、膝の上に両手を置いた。丸くなった背中がまだ激しく上下している。

「本当にすみませんでした」淡島の目から涙がこぼれた。あのとき俺がちゃんと見ていれば、内田を転倒させなければ、まちがいなくホアキンを抜き去り堂々と金メダルを獲ることができたのだ。内田はパラリンピックへの切符を手にすることができたのだ。それなのに、俺のせいで、俺がちゃんと役割を果たさなかったせいで。思わず嗚咽《おえつ》が漏れ、息が苦しくなる。

「淡島」うつむいたまま内田が声を出した。

暗闇の中で、そこだけスポットライトの光が当たったように内田の足がぼんやりと浮かび上がった。足から腰、背中の順に、次第に内田の体が輪郭を現し始める。肩から伸びた腕の先でロープがしっかりと握られていた。ロープの反対側にあるのは、俺の手だ。

今の淡島には内田とロープしか見えていなかった。

マラソンは自分との戦いだ。長い歴史の中で科学的なトレーニング方法が編み出され、競技のスタイルも大きく変わってきたが、それでも最後の最後にはやはり自分との戦いが待っている。

7 だが俺たち伴走者は違う。

視界に光が戻った。目の前には海が広がっていた。青かった。この青さを内田にも伝えたい。淡島はそう思った。

海の手前にあるカーブを右に曲がればあとはスタジアムまでの直線だ。

「まもなく全力」淡島は声を出した。思わず叫びたくなる気持ちを抑える。ここで叫ぶ必要は無い。ただ走るだけだ。もういい。あとはどうなってもいい。この二キロを走り抜く。そのために俺たちはここに来たんだ。

内田のギアが入った。トップスピードで走り出す。速い。ここでまだこのスピードが出せるのか。なんという体力だ。

「ホアキンまで二五」

ホアキンの背中がどんどん大きくなってきた。行ける。追いつける。このスピードなら必ず捕まえられる。

「行ける、行けます」

「うあああ」内田が吠えた。

あと一〇。スタジアムに入ればあとはトラックを一周するだけだ。なんとかそこまでに並びたい。

内田とホアキンは同時にスタジアムへ飛び込んだ。びっしりと埋め尽くされた客席から一斉に大きな歓声が沸き起こる。

淡島は自分の肉体の動きを内田に合わせることに集中した。俺は存在しない。今ここを走っているのは内田だけだ。俺も内田

見えている。両側には古いホテルが並び、客室の窓から覗く人々が大きく手を振っていた。

あとは全力で走りきるだけだ。どちらが先にスタジアムに飛び込むかで勝負は決まる。

5 俺は信頼に応えるために走っているのか。伴走者はそのためにいるのか。

次々に変わる景色は遠く正面からやってきて、あっというまに左右へ分かれ、そして後ろへと消えていく。その全てがまるでスローモーションのようだった。遠くに見える空も海も、沿道で声援を送る人も、木々や車や建物も、今そこにあるのにもかかわらず、ぼんやりとして輪郭が定まっていない。古い映写機がスクリーンに映し出す映像のように淡く柔らかな色彩が光に包まれている。淡島は走りながら、その光景をぼんやりと眺めていた。まるで眠っているような感覚だった。体が夢の中へ溶けていく。6 白昼夢を見ながら走っているようだった。右側から照りつける太陽の光が眩《まぶ》しい。淡島は思わず目を細めた。あれほど苦しかった呼吸が、いつのまにか楽になっている。

突然、あらゆる風景から色が消えた。ゆっくりと光が何かに遮られ、辺りが闇に包まれていく。淡島は目を凝らしたが、まるで何も見えなかった。目の前から全てが消えていた。

闇の中で淡島の目に映っているのは内田と自分をつなぐ一本のロープだけだった。その先にあるはずの内田の姿も、ロープを握っているはずの自分の手も見えなかった。他に何もない空間で、ただ一本のロープだけが規則正しく振られ続けている。

いったい何が起きたんだ。淡島は混乱した。こんなバカなことがあるか。あまりの苦しさに俺は幻覚を見ているのだろうか。

何も見えない恐怖。先が分からない不安。それでも淡島は、自分の見ている光景については何も口にせず走りつづけた。余計なことを言って内田を心配させてはいけない。

ふと淡島は、音に気づいた。

周りには誰もいないのに大きな歓声が左右から鳴り響いている。耳に意識を集中すると、歓声の中で自分自身の足音が一定の間隔を刻んでいるのがわかる。足音は心臓の鼓動と混ざり合い、複雑なリズムを奏でていた。そしてもう一つ。ああ、これは内田の足音だ。

ここだ。この坂だ。まるで壁がそびえ立っているように感じる。

「きついですよ、踏ん張って」そう言って淡島自身も腹に力を入れる。俺も辛い[E]。ふくらはぎが悲鳴を上げそうになった。

急に内田の呼吸パターンが変わった。二度吸って一度吐く。かなり苦しいのだろう。あれだけの転倒をしたのだ。体に痛みが残っていないはずがない。

坂を上りきったところから、やや坂を下ったところにある交差点を左折する。海へ向かう一直線だ。ここでようやく平坦な道[F]に戻るが、街路樹のシュロ以外に風を遮《さえぎ》るもののほとんどない道では、正面から吹き付けてくる風がレース終盤の体に重くのしかかってくる。

前方にホアキン[注2]の姿が見えた。細い体が一回り[G]小さくなったように見える。おそらくホアキンも相当苦しいはずだ。

淡島は、顎《あご》を引いて体の中心を懸命に保とうとしながら走る内田を見た。この人は、絶対に諦めない。

今、二人は一[X]同[Y]だ。腕の振りも足の運びも[H]完全に一致している。歩数も歩幅も一寸と変わらない。手と手をつなぐ一本のロープから互いの気持ちが伝わってくる。

「走っている間だけ、俺は自由になれる」

内田はそう言っていた。だがそれでも淡島には内田の心の奥底にあるものが、まだわからない[I]。

「いいか淡島、俺は死ぬ気で走るぞ」内田が声を出した。

「はい」

「お前は俺に勝つつもりで走れ」

バカにするなよ。[4]淡島の胃がふいに熱を帯びた。俺だって現役のランナーだ。負けるわけがないだろう。そう考えて淡島はハッとした。今まで勝ち負けよりレースをコントロールすることにこだわってきた俺が、内田に負けたくないと考えている。この俺が勝つことを欲している。

このまままっすぐ進み、海に突き当たったところで右に曲がれば四〇キロのポイントだ。広々とした道の先には真っ青な海が

「ああ。聞いていない。耳で見ている」

「見ている?」淡島は首を傾《かし》げた。

「注1晴眼者は周りの様子を見ながら、いろんなことを同時に把握するだろ。それと同じことだよ」

「同じことって」

「どこからどんな音が聞こえているかを意識せずに聞いている。言ってみれば、音で観察しているようなものさ。たぶん先天性の連中とは感覚が違うんだろうけどな」

晴眼者も何かを意識的に見ているわけではない。視覚の中に自然に入ってくるものから、様々な情報を受け取っているだけだ。この人はそれを音でやっているのか。

「それじゃ、俺がここにいることも」

「見えている」

「でも俺の顔を見たことはありませんよね」

「そりゃそうだ。いいか、お前は俺の頭の中では、かなりいい男にしてやってるんだから感謝しろよ」内田はそう言って笑った。

3淡島の案内で内田は建物の際《きわ》に立ち、そっと手で壁に触れたあとしばらく黙り込んだ。淡島は何か問いかけようとしたが、彫像のように静かにその場に立ち尽くす内田の姿に声をかけることをやめた。

三六キロから三八キロにかけては道幅が極端にA狭くなり、坂はそれまで以上に急になった。

坂を上りながら、巨大な墓地を回り込むように大きく右へカーブする。長いカーブなので、体のバランスが知らず知らずのうちにB崩れてしまいそうになる。カーブがC終わったところで道は一度平坦になる。D急に足が楽になった。だがすぐ目の前に急な坂が待っている。

「まもなく最後の登坂です」淡島が伝える。

「お前は何者だ」

老人は怪訝《けげん》そうな表情になった。

「俺は伴走者です」淡島は胸を張った。「革命家にだって伴走者はいたでしょう」

伴走者はレースを共に走るだけの存在ではない。誰かを応援し、その願いを叶えようと思う者は、みんな伴走者なのだ。

内田の願いを叶えるのが、ここにいる俺の役割だ。伴走者としての俺の役割なのだ。淡島の必死の願いを聞き、老人は静かに目を閉じた。目尻から涙がこぼれ落ちる。

「儂《わし》が彼の伴走者だった。彼の革命をすぐ側《そば》で見つめてきたのだ」2濁《にご》りのない瞳は淡島の遥《はる》か後ろを見つめているようだった。

老人は柵の扉に大きな鍵を挿《さ》し門扉を開いた。門の開く音に内田の顔が緩む。

「建物までは三〇センチほどの丸い石で道がつくられています」淡島は素早く足元の状況を伝えた。ここで足を痛めてしまっては、わざわざ来た甲斐がない。内田は頷《うなず》き、ゆっくりと歩を進めた。

「ここに壁があるってのは、わかるんだよ」

「見えなくても？」

「壁のある方向からは音が来ないからな」

「へぇ」以前の淡島なら驚きを隠しただろう。障害者に対して失礼なことを言っているのではないかという怯《おび》えがあったのだ。

だが、今はそうした感情はなくなっている。おかしければ笑い、知らないことに出会えば驚く。当たり前のことだが、内田と長く付き合っている間に、ようやく素が出せるようになっていた。

「それが解《わか》るまでには、三年くらいかかった」

「音が無いことに気づくのに？」

「最初のころは必死で音を聞いてたんだよ」

「今は聞いていないんですか」

【三】 次の文章を読んで、後の問いに答えなさい。

視覚障害を持つマラソンランナーである内田は「記録よりもメダルを」と考える男だった。そんな内田に声を掛けられた淡島《あわしま》は、一時は企業の陸上競技部に所属していた有力なマラソンランナーであったが、現在はその企業に勤めながら個人の資格でレースに参加している。いつしか勝つことへのこだわりを持つことよりも「ペース配分やタイムなどを計画した通りに走ること」を目標とするようになっていた淡島であったが、「内田には二時間一〇分台で走るランナーが伴走者として必要だ」という話を聞き、伴走者になることを引き受けた。二人はパラリンピックの出場条件である国際大会での優勝をめざしてトレーニングを続け、ついにその本番レースを迎えることになった。この小説では国際大会を走っている場面に二人の出会いからこれまでの場面が挟み込まれるという構成になっている。問題文は、レース前日に、舞台となる南半球のある島国の革命家の家を訪れた場面から始まる。

淡島は柵に隙間《すきま》がないかと邸宅の周囲を回った。路地の奥に邸宅を管理する者の詰めている小屋があった。淡島は小屋の中を覗《のぞ》き込み、浅黒い肌の老人に声をかけた。

「この男が邸宅の壁に触れたいと言っています」そう言って内田を指さす。

「1誰も触れることはできないよ。外から見るだけだ」

むろん、初めからできる相談ではなかった。

「彼は視覚障害者なんです。見ることはできません」淡島は食い下がった。柵の外にいては革命家を感じることはできない。もっとも触れて感じることができるとも思えないが、それでも内田の願いを叶《かな》えてやりたかった。

「なぜ目の見えない者がここに来たのだ」

「彼自身を変えるためです」

問八　——線５「これは考えるに値する問いだと思います」とありますが、なぜ筆者は「考えるに値する問い」だと言っているのですか。その理由として最も適当なものを次のア～エの中から一つ選び、記号で答えなさい。

ア　多様性が求められる現代では、他に影響されない揺るぎない「わたし」の存在よりも様々な状況に応じて様々な「わたし」の存在を示せることが大切であると認識することで、社会で活躍していくことができるから。

イ　「わたし」の存在は他者とのかかわりによって見出されるものであると知ることで、誰からも影響を受けていない「わたし」が本当の「わたし」であるという考えから自由になることができ、生きていきやすくなるから。

ウ　「アイデンティティ」という言葉に代表される西洋近代の個人主義的な人間観を知ることで、「分人」という概念を含んだ文化人類学が提唱する正しい人間観を身につけることができ、人間関係で困ることが少なくなるから。

エ　独りで家にいるときではなく他者との関係性の中にほんとうの「わたし」は存在するため、どんなにつらいことがあっても他者とかかわらないと「わたし」の存在が社会の中で失われてしまうことになりかねないから。

問九　——線６「広い意味の他者に「わたし」や「わたしたち」が支えられている」とありますが、「広い意味の他者に「わたし」が支えられている」とはどういうことですか。七十字以上九十字以内で説明しなさい。

問七　――線４「「わたし」が溶ける経験を～受けとめられると思います」とありますが、筆者はこの一文を通してどのようなことを伝えようとしているのですか。その説明として最も適当なものを次のア～エの中から一つ選び、記号で答えなさい。

ア　私たちは他者との出会いによって知らず知らず新しい「わたし」を手に入れているので、現在の「わたし」が不満な人も悲観せず、とにかく様々な他者に出会うよう努力すべきであるということ。

イ　家庭や学校や社会など、様々な場所で様々な役割を担うことによって私たちは複数の「わたし」を生きているので、その中には自身で認めることのできる「わたし」がいるはずであるということ。

ウ　「わたし」はこれまでの人生で出会ってきた他者からの影響によってつくられたものであるため、今の「わたし」に不満を抱いていてもそれは自分だけの責任ではなく環境のせいでもあるということ。

エ　これまでの様々な出会いによって「わたし」は成り立っているが、それは「わたし」の固有性をさまたげるものではなく、これからの出会いも含めて「わたし」に固有性を与えるものであるということ。

問六 ――線３「けっこう不思議なこと」とありますが、筆者はどのようなことが「不思議なこと」だと言っていますか。その説明として最も適当なものを次のア～エの中から一つ選び、記号で答えなさい。

ア 私たちが何かしらの行動や経験をする際は、「わたし」以外のものとのつながりを通じて行われているにもかかわらず、それらを意識することなく「わたし」という存在を感じていること。

イ 社会とのつながりの中で私たちは様々な「わたし」を生きているにもかかわらず、それらの「わたし」は単に演じている「わたし」にすぎず、確固たる「ほんとうの自分」が別に存在すると考えていること。

ウ レンズや空気といった「わたし」以外の存在なくしては感じることのできない視覚や聴覚の原理を知ることによって、一見関係なく思われる「わたしがわたしである」ことの必要性が実感できること。

エ 「わたし」以外のものと接し変化していくことによってのみ「わたし」はつくりあげられていくものであるのに、その「わたし」という輪郭をしっかり保っていないと逆に生きづらくなってしまうこと。

問四 ——線１「学生に「日本文化とは何ですか？」と聞くと、みんな同じように答えます」とありますが、筆者はなぜ学生たちの答えが同じようになると考えていますか。その説明として最も適当なものを次のア～エの中から一つ選び、記号で答えなさい。

ア 日本にいながら今までほとんど関わりがなかった着物や華道、茶道、相撲、歌舞伎、侍、侘び寂びなどの日本文化に対して、学生たちが少なからず興味や憧れを抱いているから。

イ 昔も今も多くの日本人になじみがないものであっても、外国人とうち解けるためには、外国では見られない日本固有の文化を紹介することがふさわしいと学生たちが思っているから。

ウ 自分たちにほとんど関係のない文化であっても、日本発祥の文化や日本特有の文化こそが日本文化であるという考えが、学生たちの頭の中で無意識にはたらいているから。

エ 大学の学生はその出身地が日本全国に及び、それぞれの出身地の文化を紹介すると差異が生まれてしまうため、日本人なら誰もが知っている日本文化を答えようとするから。

問五 ——線２「「わたし」という存在の輪郭」とありますが、この「輪郭」の特徴について、筆者の見解が最もよく表れている部分を問題文中より三十二字で抜き出し、最初と最後の五字を答えなさい。

問一　［Ａ］にあてはまる四字熟語として最も適当なものを次のア～エの中から一つ選び、記号で答えなさい。

ア　自画自賛　　イ　意気投合　　ウ　首尾一貫　　エ　切磋琢磨

問二　［Ｂ］、［Ｃ］にあてはまる言葉として最も適当なものを次のア～カの中から一つずつ選び、記号で答えなさい。

ア　個性的　　イ　意図的　　ウ　抽象的　　エ　肉体的　　オ　普遍的　　カ　潜在的

問三　次の一文は問題文中から抜き出したものです。この一文を戻すのにふさわしい部分を問題文中の（１）～（４）の中から一つ選び、番号で答えなさい。

「人とは違う個性が大切だ」とか、「自分らしい生き方をしろ」といったメッセージが世の中にはあふれています。

注　侘び寂び……静かさや簡素さなどに見られる日本文化特有の美意識や感覚のこと。

さきほど説明したように、状況や相手との関係性に応じて「わたし」が変化するという見方も、まさに「分人」的な人間のとらえ方です。［Ｂ］には、「わたし」のなかに複数の人間関係にねざした「わたし」がいる。だれと出会うか、どんな場所に身をおくかによって、別の「わたし」が引き出される。

ここで重要なのは、他者によって引き出されるという点です。それは「わたし」が［Ｃ］に異なる役を演じ分けているのとは違います。他者との「つながり」を原点にして「わたし」をとらえる見方です。

（４）でも「わたし」は「わたし」だけでつくりあげるものではない。たぶん、自分のなかをどれだけ掘り下げても、個性とか、自分らしさには到達できない。

他者との「つながり」によって「わたし」の輪郭がつくりだされ、同時にその輪郭から「はみだす」動きが変化へと導いていく。だとしたら、どんな他者と出会うかが重要な鍵になる。

「わたし」をつくりあげている輪郭は、やわらかな膜のようなもので、他者との交わりのなかで互いにはみだしながら、浸透《しんとう》しあう柔軟なもの。そうとらえると、少し気が楽になりませんか？

もちろんその「他者」は生きている人間だけとは限りません。身の回りの動植物かもしれませんし、本や映画、絵画などの作品かもしれません。いずれにしても、文化人類学の視点には、6そんな広い意味の他者に「わたし」や「わたしたち」が支えられているという自覚があります。

この本でこうした「つながり」をベースにした人間観を考えてきたのは、その見方のほうが「正しい」と言いたいからではありません。ひとつの見方よりも、複数の見方を手にしていたほうが、「わたし」も「わたしたち」もともに生きやすくなるのではないかと考えているからです。複数の視点をたずさえておくこと。それこそが文化人類学的な知の技法の鍵でもあります。

※問題作成の都合上、文章を一部省略しています。また、文章中の小見出し等を省略したり、書体を変更したりしたところがあります。

私たちは、つねに複数の役割をもって生きています。それは、だれと対面するかによって、「わたし」のあり方が変化しうることを意味します。家族のなかの「末娘」は、「親」や「兄弟」との関係においてあらわれる「わたし」のあり方。部活の「先輩」は「後輩」との関係抜きには存在できません。先生と生徒も同様です。「生徒」の存在によって、その人は「先生」であることができる。

このようにすでに私たちは状況に応じて複数の「わたし」を生きています。そのどれがほんとうの「わたし」なのでしょうか？人前では期待される役を演じていて疲れる。家に独りでいるときの自分が気楽でいい。そう思う人もいるでしょう。（３）でも、だれとも関係を結ばない「わたし」が、ほんとうの「わたし」と言えるのか、ちょっと考えてみてください。すべての演じるべき役を脱ぎ去ったあとに、演じない本当の「わたし」がいるのか、いたとしてそれにどんな意味があるのか。<u>これは考えるに値する問いだと思います。</u>

「アイデンティティ」という言葉があります。「自己同一性」と訳されますが、自分がつねに同一の存在であり続けるというのは、まさに近代の個人主義的な人間観です。演じる役をすべて脱ぎ去ったあとに、同一の揺るがない核のような「わたし」がいる。そんな見方に通じます。

小説家の平野《ひらの》啓一郎《けいいちろう》（一九七五〜）は、複数の自分の姿をたんなる「キャラ」や「仮面」のようなものと考えてはだめなんだと言います。たったひとつの「ほんとうの自分」や［A］したぶれない「本来の自己」なんてない。一人のなかに複数の「分人《ぶんじん》」が存在しているのだと、本書の内容とも通じる議論を展開しています（『私とは何か「個人」から「分人」へ』）。

英語の「個人 individual」は、「分割できる dividual」に否定の接頭辞「in」がついている語で、それ以上分割不可能な存在という意味が込められています。この西洋近代的な個人とは異なる人格のあり方を示してきた文化人類学にとっても、じつは「分人 dividual」はとても大切な概念でした。

（中略）

た輪郭のある独立した存在として経験できる。考えてみると、3けっこう不思議なことです。

（中略）

私たちは他者とつながるなかで境界線を越えたいろんな交わりをもちます。それによって変化し、成長することもできます。それは「わたし」という存在が、生まれつきのプログラム通りに動くようなものではなく、いろんな外部の要素を内側に取り込んで変わることのできるやわらかなものだからです。

4「わたし」が溶ける経験を変化への受容力ととらえると、ポジティブに受けとめられると思います。さまざまな人と出会い、いろんなものをやりとりした結果として、いまの「わたし」がいる。

その出会いの蓄積は、その人だけに固有なものです。だれ一人として、あなたと同じ人と同じように出会っている人はいません。「わたし」の固有性は、そうした他者との出会いの固有性のうえに成り立っている。

（　２　）でもだからこそ、いまの「わたし」が不満な人は、それを悲観する必要もない。みんな気づかないうちにかつての「わたし」を捨て、こっそり他者からあらたな「わたし」を獲得しているのですから。

中学から高校に、あるいは高校から大学に入った途端に、自分のキャラクターが変わったと感じる。自分では意識していなくても、友だちからそう言われたり、友だちのそんな変化を目にしたりする。そういうことは、よくありますよね。

クラス替えがあって自分を取り囲む人が変わるだけでも、自分が変化したように感じる。それは「わたし」という存在が周囲の他者によって支えられ、つくりだされているからです。

そもそも私たちは複数の「わたし」を生きています。たとえば、家のなかでは末娘として「甘えんぼう」と言われている人でも、部活では頼れる先輩として後輩に慕《した》われているかもしれません。大学の授業では「生徒」として教室でおとなしくしている人が、バイト先の塾では「先生」と呼ばれ、黒板の前で堂々と話をするかもしれません。

つくられ、集団内の一貫性が維持される。

　ある輪郭をもった集団は単独では存在できません。別の集団との関係のなかで、その差異の対比のなかで、固有性をもつという確信が生まれ、それが集団の一体感を高める。それは、「わたし」が「他者」との交わりのなかで変化してもなお、「他者」との境界線をはさんで「わたし」であり続けるのと同じです。

　他者との差異が集団としての一体感や持続性を生み出すように、[2]「わたし」という存在の輪郭も、ひとつの感情や身体経験をひとまとめにしておくために必要とされます。他者と交わることで輪郭が溶け出して交じり合ってしまうからこそ、その輪郭を固める装置が必要とされるのだと言ってもいいかもしれません。

　精神科医の木村敏《きむらびん》（一九三一〜）は、統合失調症は「わたしがわたしである」ということに確信を持てなくなったときに生まれる病気だと言います（『自分ということ』）。「わたし」という存在の感覚は、だれにとってもあたりまえに感じられるものではなく、それが失われることもある。私たちはその輪郭を維持しないと、とても生きづらくなるのです。

「わたし」の輪郭を維持する。そのことを身近な例に引きつけて考えてみましょう。たとえば、杖《つえ》を使って歩いている人にとって、杖は身体の一部のように感じられるはずです。メガネをかけているとき、そこで「見ている」のは「メガネ」ではなく、「わたし」だと思っているのも同じです。「わたし」の眼だけでは見えていないにもかかわらず、見ている「わたし」がはっきりと感じられる。

　道具を使うかどうかだけではありません。私たちは音を自分の耳で聞いていると感じます。でも当然ですが、その音の振動を伝えているのは空気です。空気がまわりに充満しているからこそ、音が届く。音はそれを発するものの振動とそれを伝える空気の振動、その震えを知覚する耳という身体器官との協働作業をとおして、「聞こえる」わけです。でも経験のレベルでは、「わたし」が聞いているとしか感じられない。

　そもそも「わたし」の経験は外部の世界へと拡張しながら、それらとの交わりをとおして構成されている。私たちの身体的な境界は、つねに外部の「わたし以外のもの」と連動する開かれたものなのです。それでも、ふつうは「わたし」をしっかりとし

【二】 次の文章は、松村圭一郎《まつむらけいいちろう》『はみだしの人類学　ともに生きる方法』の一節です。これを読んで、後の問いに答えなさい。

1 学生に「日本文化とは何ですか?」と聞くと、みんな同じように答えます。着物や華道、茶道、相撲《すもう》、歌舞伎《かぶき》、侍《さむらい》、注 侘《わ》び寂《さ》び……。（ 1 ）でも、教室に着物を着ている人は一人もいません。ふんどしをつけている人も、歌舞伎役者も、ちょんまげ頭の人もいません。

だれもその「日本文化」にあてはまらなくても、それらが日本人の固有の文化だと信じて疑わない。不思議なことです。もともと武士階級の侍なんて、全人口からみればごくわずかでしたし、庶民は絹の着物を身につけることが禁じられていました。極端な話、いまも昔も一部にしか存在しなかった要素であっても、日本人の文化だと考えることは可能なのです。

「日本人」というのは「器《うつわ》」であって、何がその「なかみ」として差異を構成するのかは時代によって変化します。そうしてなかみが変化しても、日本人という容《い》れ物、つまり境界そのものは維持される。それは日本人ではない人たちとのあいだに境界線が引かれているからです。

もし世界中に日本人しかいなくなったら、「日本人」というカテゴリー（＝容れ物）に意味はなくなります。「日本人」は、「日本人ではない人たち」との関係においてはじめて「日本人」でいられるのです。

さらに「日本人」という境界は、つねに存在する絶対的なものではありません。たとえば、私たちはよく関西人はどうだとか、関西人のなかでも京都人はこうで、大阪人はこうだといった言い方をします。そのとき「日本人」としてのまとまりは無視されます。

「関西と関東は文化が違う」と言うとき、そこに明確な差異があることを疑う人はいません。その関西人と関東人の比較では、京都人と大阪人の違いは意識されなくなり、同じ関西人として均質な存在にされます。どういう境界線で比較するかで、「差異」そのものが変わるのです。

集団と集団との境界をはさんだ「関係」が、その集団そのものをつくりだしていく。「つながり」によって集団間の差異が

【二】 次の①～⑤の――線部について、カタカナの部分は漢字に直し、漢字の部分はその読みをひらがなで答えなさい。なお、答えはていねいに書くこと。

① 彼が会長に立候補すると専らの噂《うわさ》だ。

② 年長者をウヤマいましょう。

③ 彼はいつもホガらかな顔で笑う。

④ 安全性のケンサを行う。

⑤ 大けがを負って海軍をジョタイした。

令和4年度 本郷中学校
第1回 入学試験問題

国語

（五〇分 満点：一〇〇点）

注意

一、指示があるまで問題冊子を開いてはいけません。
二、答えはすべて解答用紙に記入しなさい。
三、字数指定のある問題は、特別の指示がない限り、句読点、記号なども字数に含みます。
四、用具の貸し借りは禁止します。
五、指示があるまで席をはなれてはいけません。
六、質問があれば、だまって手をあげて監督者を呼びなさい。
七、試験が終わったら、解答用紙だけ提出しなさい。問題は持ち帰ってもかまいません。

令和４年度 本郷中学校
第２回 入学試験問題

算 数

（50分 満点：100点）

注 意

1．**コンパス、分度器、定規、三角定規、計算機の使用は禁止します。かばんの中にしまって下さい。**
2．指示があるまで開いてはいけません。
3．答えはすべて解答用紙に記入しなさい。
4．用具の貸し借りは禁止します。
5．指示があるまで席をはなれてはいけません。
6．質問があれば、だまって手をあげて監督者を呼びなさい。
7．試験が終わったら、解答用紙だけ提出しなさい。問題は持ち帰ってもかまいません。

1 次の□に当てはまる数を求めなさい。

(1) $\left\{\left(3\frac{2}{7}+2\frac{3}{14}\right)\div 2\frac{1}{16}-5\frac{1}{3}\times 0.3\right\}\div\frac{8}{45}=\square$

(2) $3\times 0.75\div\left\{\left(1.35-\frac{1}{4}\right)\div 4\frac{2}{5}-\square\right\}=31.5\div 1.75$

2 次の問いに答えなさい。

(1) 工場内にある長さのベルトコンベアーがあり、これを利用して製品Ａを移動させます。この製品Ａを移動させるのに通常72秒かかりますが、ベルトコンベアー上を同じ方向に動く運ぱん機を使って移動させると、ふたつの速さを合計した速さとなり同じ距離を24秒で移動できます。そこで、運ぱん機の速さを1.5倍にしてベルトコンベアー上で製品Ａを移動させると、何秒で移動できますか。

(2) 今から２年前、Ａ君の年れいはＡ君のお兄さんの半分の年れいでした。また今から８年前、Ａ君の年れいはＡ君のお姉さんの$\frac{1}{3}$の年れいでした。Ａ君のお兄さんは、Ａ君のお姉さんより２才年上です。Ａ君のお兄さんは、今何才ですか。

(3) 正方形ＢＣＤＥを底面とし、全ての辺の長さが等しい四角すいＡ－ＢＣＤＥがあります。底面の対角線の交点を点Ｏとし、ＡＯを軸としてこの四角すいを１回転させました。この回転によって四角すいが通過した部分の体積は、この回転によって三角形ＡＢＣが通過した部分の体積の何倍ですか。ただし、円周率は3.14とします。

(4) １×２×３×４×５×６×７×８の計算式において、７か所のかけ算の記号×のうち、２か所をわり算の記号÷に書き直したところ、630になりました。どの数字の前の×を÷に書き直したか、２つの数字を答えなさい。

(5) ２つの式　　A＋２×B＝17,　　B＋２×C＝15

があります。文字A，B，Cはそれぞれ異なり、１から９までのいずれかの整数です。ただし、同じ文字は同じ整数を表すものとします。このとき、Cに当てはまる整数はいくつですか。

(6) 図のように半径６cmの半円の周を６等分しました。このとき、斜線部分の面積は何cm^2ですか。ただし、円周率は3.14とします。

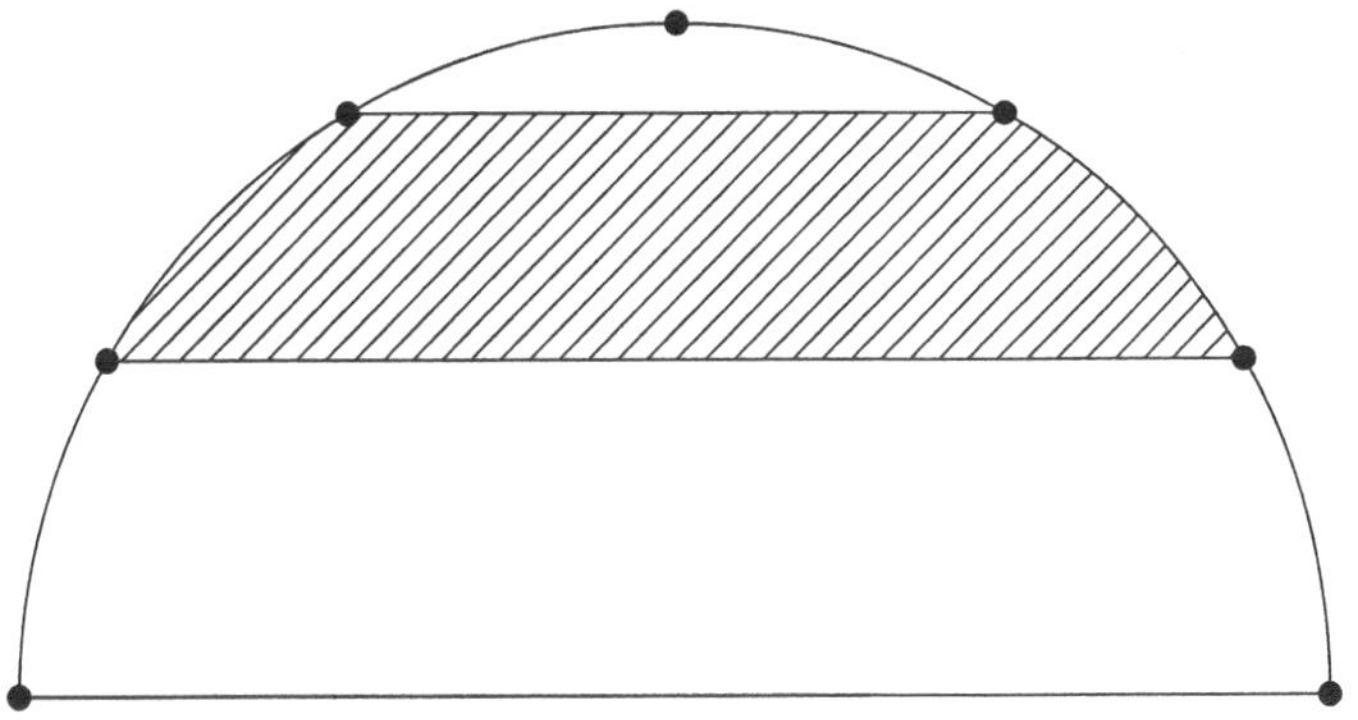

(7) 10以上の整数が小さい順に並んでいる数の列があります。その数の列から０や２を含む整数のみを取り出して新しい数の列を作ると、次のようになります。

10, 12, 20, 21, 22, 23, 24, 25, 26, 27, 28, 29, 30, 32, ……, 90, 92, 100, 101, 102, ……, 110, 112, ……

このとき、この新しい数の列において2022は先頭から数えて何番目の整数ですか。

3 ［図Ⅰ］のように直方体でできたしきりで、①②③の部分に分けられている直方体の容器があります。この容器には、①の部分の上部から一定の量の水を給水する管Ａと、②の部分の下部に一定の量の水を排出するポンプＢがあります。

［図Ⅱ］は管Ａだけを開き、水を入れ始めてからの時間と①の部分の水の深さの関係を表したグラフです。このとき、次の問いに答えなさい。

［図Ⅰ］

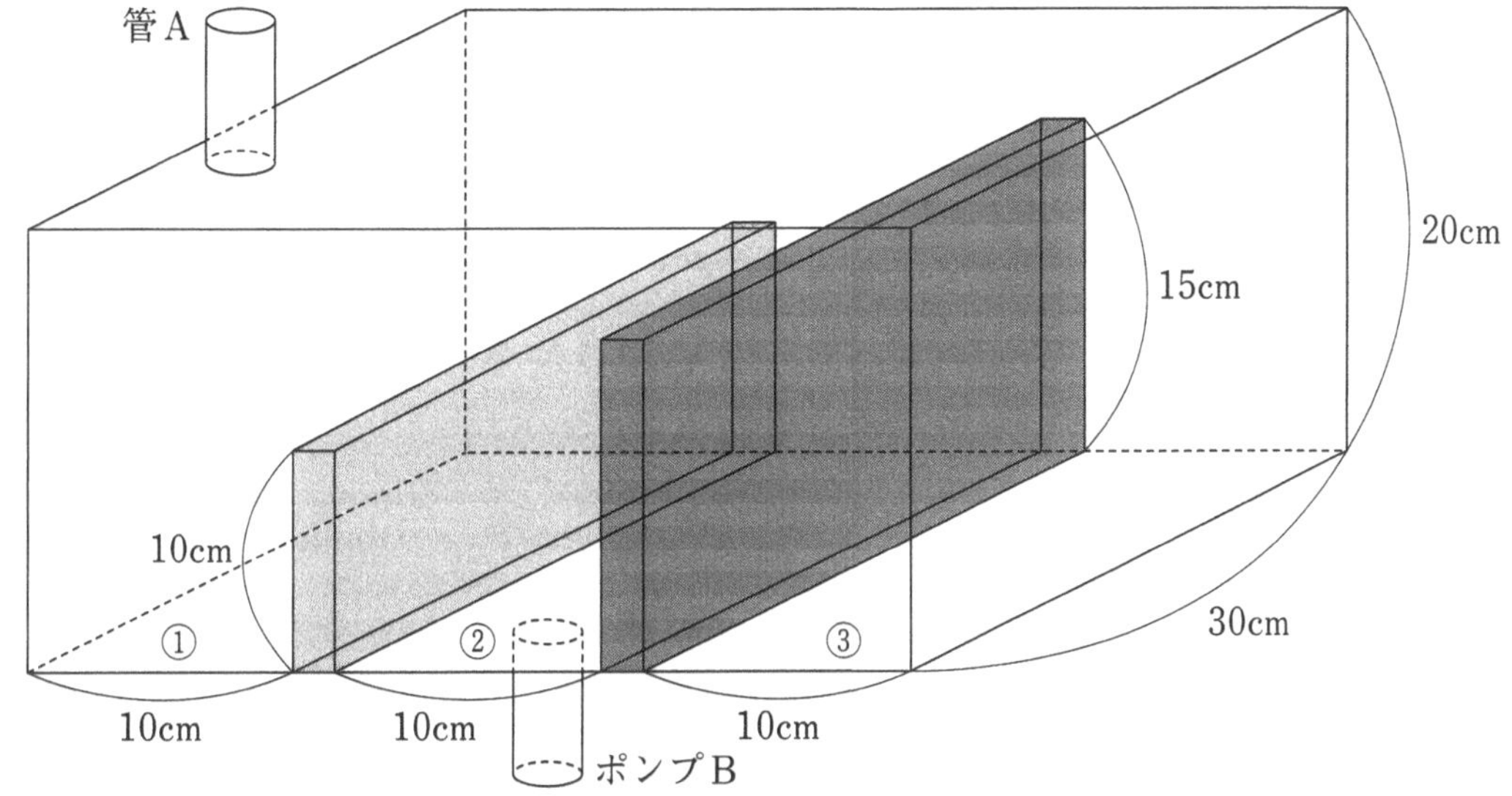

［図Ⅱ］

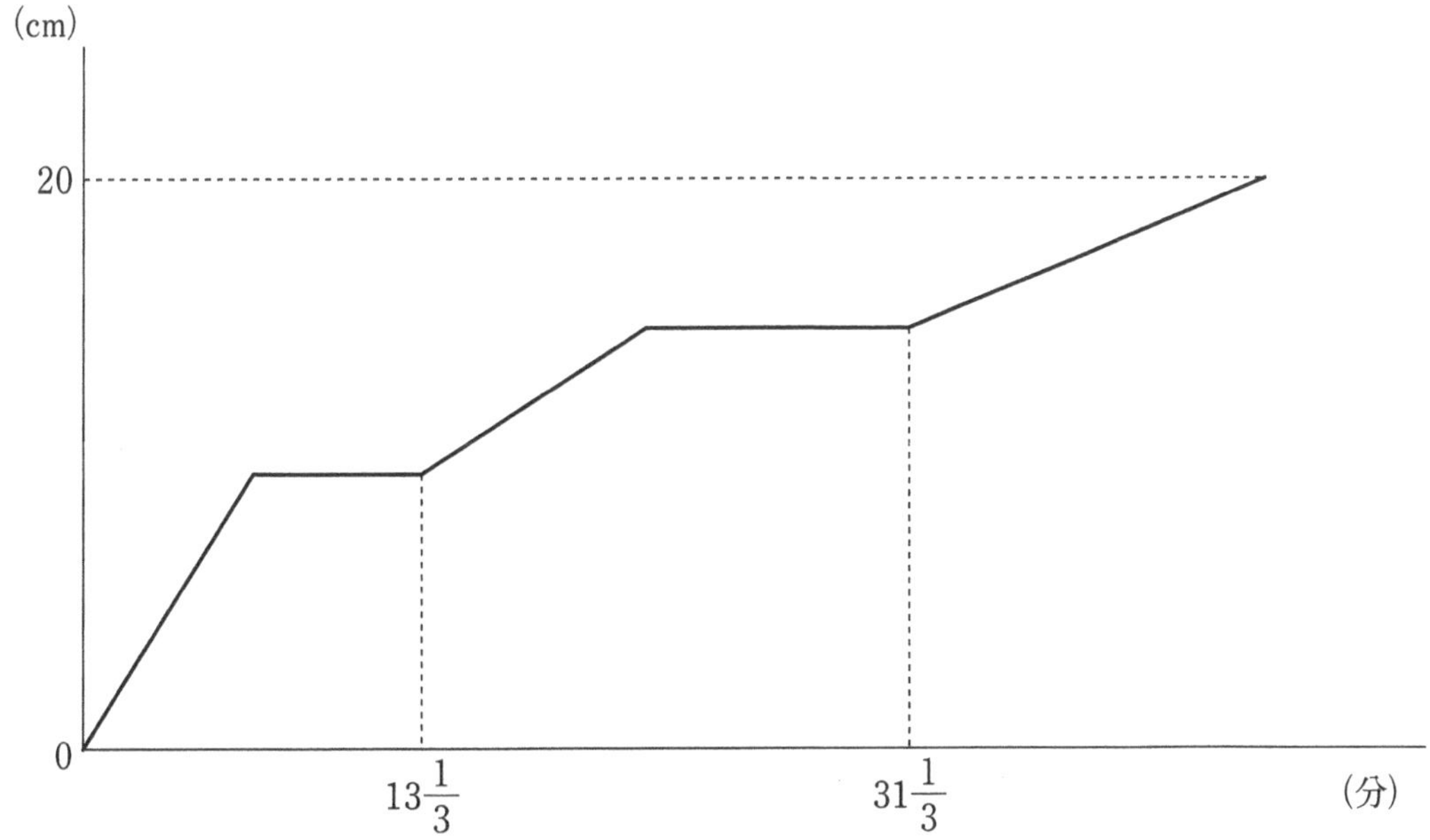

(1) 管Ａからは毎分何cm^{3}の水を入れていますか。

(2) しきりの厚さが２つとも同じとき、しきりの厚さは何cmですか。

(3) 容器が満水になったところで管Ａから水を給水しながらポンプＢからも水を排出し始めました。ポンプＢからは管Ａから給水する水の量の２倍の量を排出するとき、②の水の深さが③の水の深さの半分になるのは、ポンプＢから水を排出し始めてから何分後ですか。

4 Ｈ君とＲ君は本郷中学校の生徒です。

次の問題をふたりで協力して解いています。

【問題】

［図Ⅰ］のような三角形ＡＢＣがあります。角xを角ＯＡＣと呼ぶことにするとき、角ＢＯＣと角ＡＯＢは139°であり、角ＡＢＯは19°、角ＯＣＢは11°です。このとき角xは何度ですか。

［図Ⅰ］

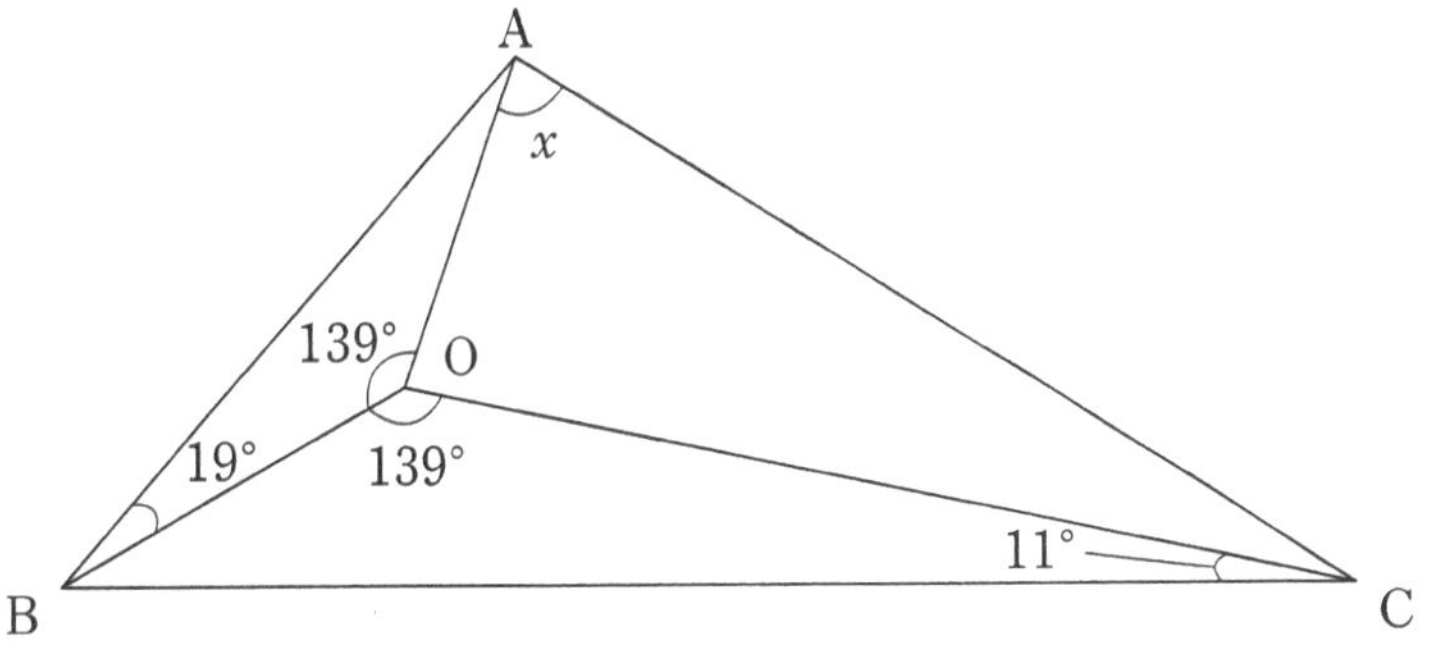

以下は問題を解いているふたりの会話です。

Ｈ君：こういう問題は考えやすいように補助線を引いていくことが基本だよね。

Ｒ君：そうだね、便利そうな補助線を引いてみようか。

Ｈ君：さらに言うと、正三角形や二等辺三角形ができるようにかいていくと、考えやすくなったりするんだよね。

Ｒ君：うんうん、そうしたら［図Ⅱ］みたいに三角形ＡＢＤが正三角形になるように点Ｄをとってみよう。

Ｈ君：なるほど。そうすると角ＣＢＤはa度になるね。

［図Ⅱ］

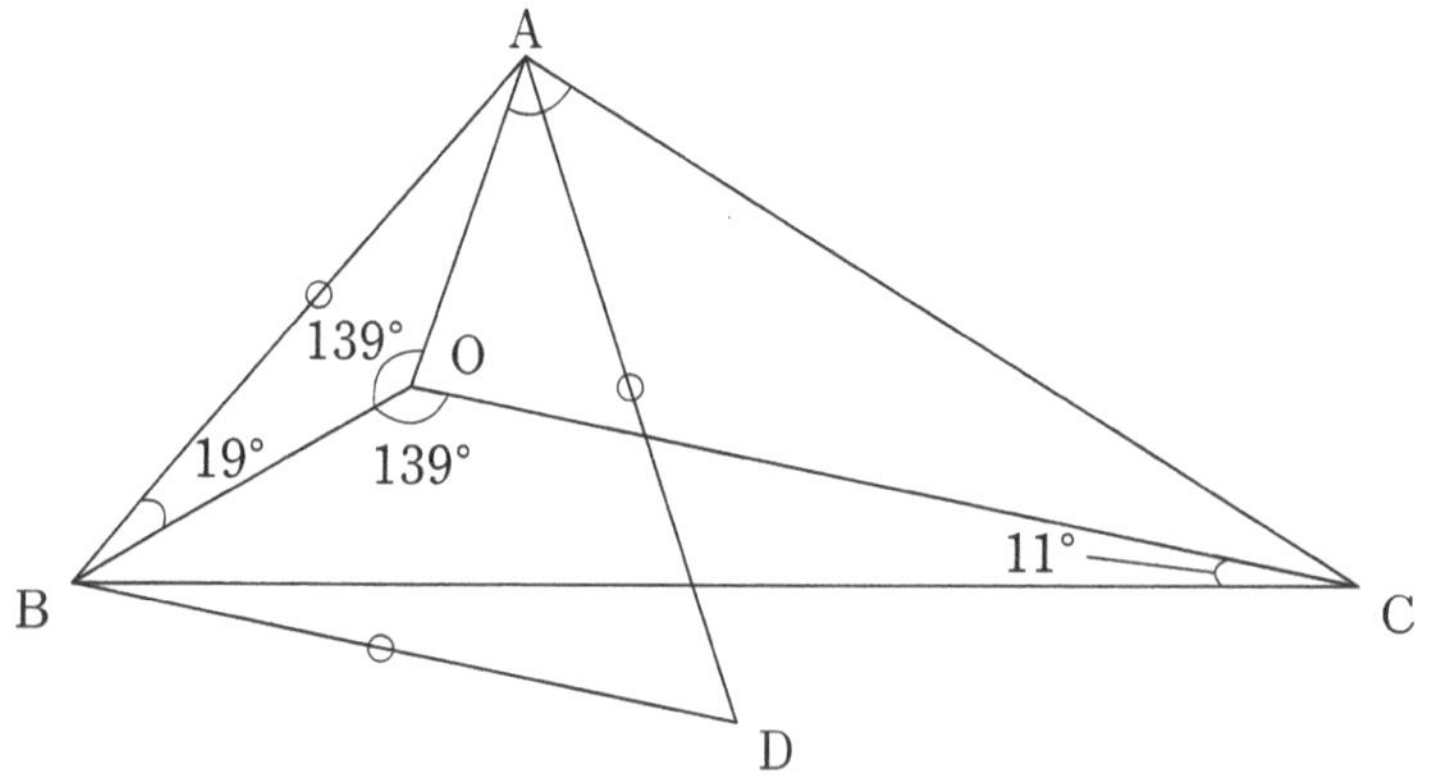

(1)　aの値を求めなさい。

Ｒ君：あっ、そうするとこことここが平行になるんだ！　これが手掛かりになるのかなぁ。

Ｈ君：うーん、どうかな。［図Ⅱ］にいろいろかき込んでみよう。

……

Ｒ君：んっ？　辺ＯＣ上に角ＣＢＰが11°になるように点Ｐをとると、うまくいきそうだよ。

Ｈ君：本当だ、三角形ＯＡＢと合同な三角形ができたね！

(2)　～～～の三角形を以下の①～⑥の中からすべて選びなさい。

①　三角形ＯＡＤ　　②　三角形ＯＡＣ　　③　三角形ＯＢＣ

④　三角形ＰＢＣ　　⑤　三角形ＰＢＤ　　⑥　三角形ＯＰＢ

Ｒ君：もう少しかな。あっ、ここに補助線を引くとひし形ができるよ。

Ｈ君：そうだね、そうしたらこことここが等しいから二等辺三角形ができて…

……

Ｈ君：できた、角xが求まったよ！

Ｒ君：そうだね！！

(3)　角xは何度ですか。

5 図の立体は球の$\frac{1}{8}$で、点Ｏは中心、２つの側面と１つの底面は中心角が90°のおうぎ形です。弧ＢＣのまん中の点Ｄを通り、おうぎ形ＯＡＣに平行な平面でこの立体を切ったとき、弧ＡＢと交わる点をＥ、直線ＯＢと交わる点をＦとします。ＯＡの長さを10cmとするとき、次の問いに答えなさい。

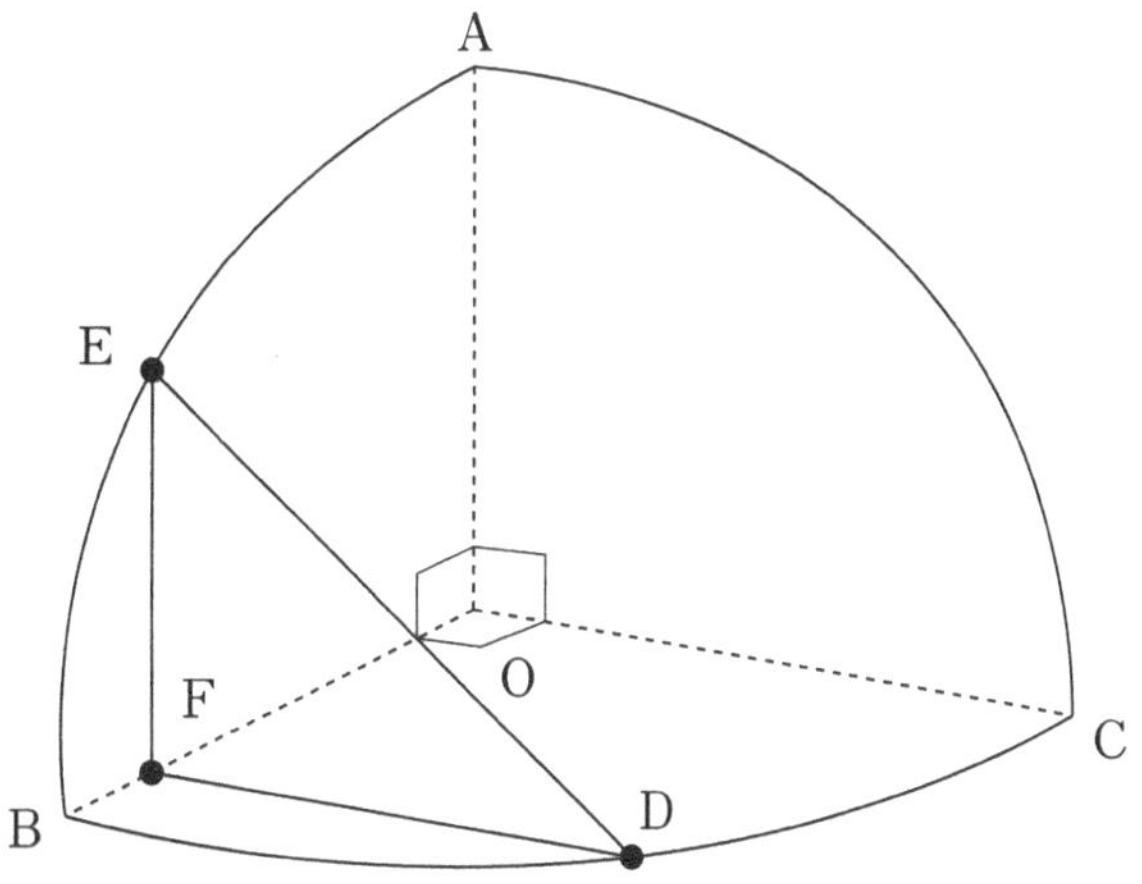

ただし、円周率は3.14とします。また、弧とはおうぎ形の曲線部分を指します。

(1) 角ＯＤＥは何度ですか。

(2) 球面の上で２点Ｄ，Ｅをひもでつなぎます。ひもの長さを最も短くするとき、何cmになりますか。

MEMO

大切なことはメモしておこうネ！

令和４年度 本郷中学校
第２回 入学試験問題

理 科

（40分　満点：75点）

注　意

1．机上に定規を出し、試験中に必要であれば使用しなさい。
2．指示があるまで開いてはいけません。
3．答えはすべて解答用紙に記入しなさい。
4．用具の貸し借りは禁止します。
5．指示があるまで席をはなれてはいけません。
6．質問があれば、だまって手をあげて監督者を呼びなさい。
7．試験が終わったら、解答用紙だけ提出しなさい。問題は持ち帰ってもかまいません。

1　どんな物体でもたたくと音が出ます。このときたたいた物体は振《しん》動しています。また、このときの音の高さは物体によって違《ちが》います。このように物体には必ず決まった高さの音を出す性質があります。１秒間に振動する回数が多いと高い音になります。音について以下の問に答えなさい。

スピーカーに平らな板をはりつけて、板の上に砂を置いて音を出すと、図１のように砂がふるえて模様ができます。

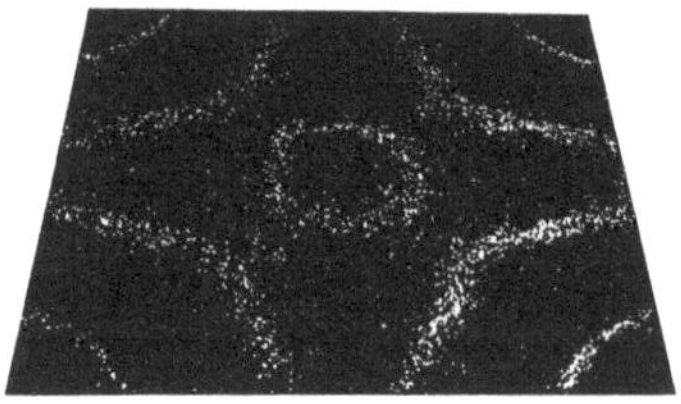

図１

(1)　音を大きくすると砂の動きはどうなりますか。次のア～エから１つ選び、記号で答えなさい。

ア．板は速く動くので、１秒間に振動する回数は増えたが砂の動きは小さくなった。

イ．音の高さは変わらないので、１秒間に振動する回数は変わらなかったが、砂は大きく動いた。

ウ．板はゆっくり大きく動くので１秒間に振動する回数は減ったが、そのため砂は大きく動いた。

エ．板は速く大きく動くので、１秒間に振動する回数は増え、砂も大きく動いた。

図２のようにブザーを食品保存用の真空保存庫に入れると音が小さくなります。

(2)　この状態から真空ポンプで空気をぬいていくと、音の聞こえ方はどうなりますか。次のア～エから１つ選び、記号で答えなさい。

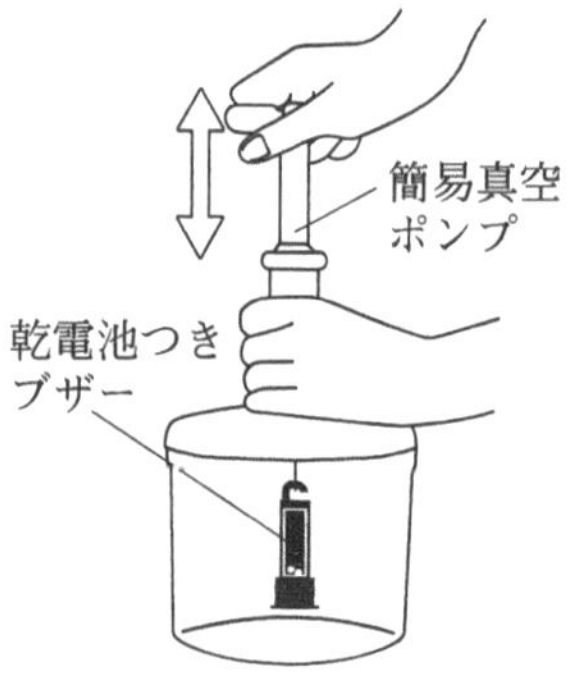

図２

ア．空気が少なくなるのでブザーが振動しやすくなり、音の高さが高くなる。音の大きさはだんだん小さくなる。

イ．空気が少なくなるのでブザーが振動しやすくなり、音の高さが低くなる。音の大きさはだんだん小さくなる。

ウ．音の高さは変わらない。音の大きさはだんだん小さくなる。

エ．はじめのうちは音の大きさは変わらない。ブザーが振動しやすくなるのでだんだん音の高さが高くなっていき、やがて高すぎて聞こえなくなる。

この真空保存庫にヘリウムの気体を入れ、ブザーをならす実験をおこないました。

(3) 音の聞こえ方はどうなりますか。次のア～ウから１つ選び、記号で答えなさい。

ア．ブザーは振動しているが、空気がなくなりヘリウムの気体は振動しないので音は聞こえなくなる。

イ．ブザーは振動しておりヘリウムの気体が振動を伝えるので、空気がなくなっても音は聞こえる。

ウ．ヘリウムの気体の中ではブザーは振動しないので、音は聞こえなくなる。

(4) このブザーをビニール袋に入れ、それを水の入った大きな水槽《そう》の中に沈めました。このとき音の聞こえ方はどうなりますか。正しいものを次のア～エから１つ選び、記号で答えなさい。

ア．水中では音を伝える空気がないので、聞こえなくなる。

イ．水中でも空気中でも音は伝わるから水槽に沈めても音は聞こえる。水は空気より重いので振動しにくくなり、音の高さが低くなる。

ウ．水中でも空気中でも音は伝わるから水槽に沈めても音は聞こえる。ブザーが１秒間に振動する回数は変わらないから、音の高さは変わらない。

エ．水中でも空気中でも音は伝わるから水槽に沈めても音は聞こえる。水は空気より重いので振動しにくくなり、深くなれば深いほど音の高さが低くなる。

アルミニウムのパイプで鉄琴《きん》を作ろうと思います。長さが50 cmのパイプを２カ所で支えて、よく響《ひび》く場所を探したら、両側から11 cmの２点で支えるとよく響きました。

(5) 長さ40 cmのパイプを２点で支える時、その２点の位置をどのようにすればよく響きますか。次のア～ウから１つ選び、記号で答えなさい。

ア．端《はし》からの距離《きょり》はどのパイプでも変わらないから、両側から11 cmの位置で支えればよい。

イ．支える位置の場所は、全体の長さからの割合で決まるから、両側から9 cmの位置で支えればよい。

ウ．支える場所の間で大きく振動すればよいので、支える間の距離が28 cmで大きく振動する。つまり、両側から6 cmの位置で支えればよい。

このパイプをさまざまな長さに切って音階を作りました。表はその音階とパイプの長さを示しています。次の問に答えなさい。答えが割り切れない場合、小数第３位を四捨五入して小数第２位まで求めなさい。

(6) 音の高さを１オクターブ高くするには、パイプの長さを何倍にすればいいですか。

(7) 記号Hのパイプの長さは何cmにすればいいですか。

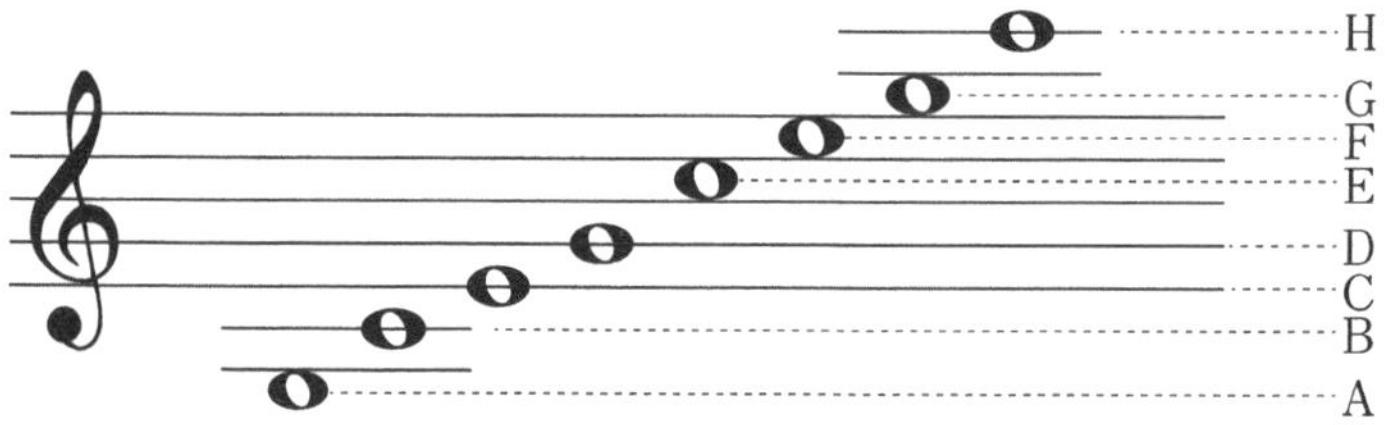

記号	音階名	長さ〔cm〕
A	ソ	57.6
B	ド	50.0
C	ミ	44.5
D	ソ	40.7
E	ド	35.4
F	ミ	31.5
G	ソ	28.8
H	ド	

２ 以下の問に答えなさい。

Ⅰ．植物は秋になると、葉の色が緑色から黄色や赤色に変わります。これを紅葉《こうよう》といいます。紅葉には様々な色素(色のもとになる物質)が関係しています。

葉が緑色に見える春から夏にかけて、葉の中に最も多く含《ふく》まれる色素はクロロフィルという緑色の色素です。葉でつくられるその他の色素には黄色のカロテノイドや赤色のアントシアニンがあります。これらの色素の量によって、葉の色が変化します。

カエデの葉の色は、まず緑色から黄色、さらに黄色から赤色へ変化することが知られていて、上記の３種類の色素が関係しています。カエデおよびイチョウの葉において、各色素の量が夏から秋にかけてどのように変化していくのかを調べた結果、下の図１・図２のようになりました。図１がカエデ、図２がイチョウの葉における変化を表しています。各図中のA、B、Cはクロロフィル・カロテノイド・アントシアニンのいずれかの色素の量の変化を示しています。各図において、「最も量が多い色素の色がその時季の葉の色になる」と考えます。

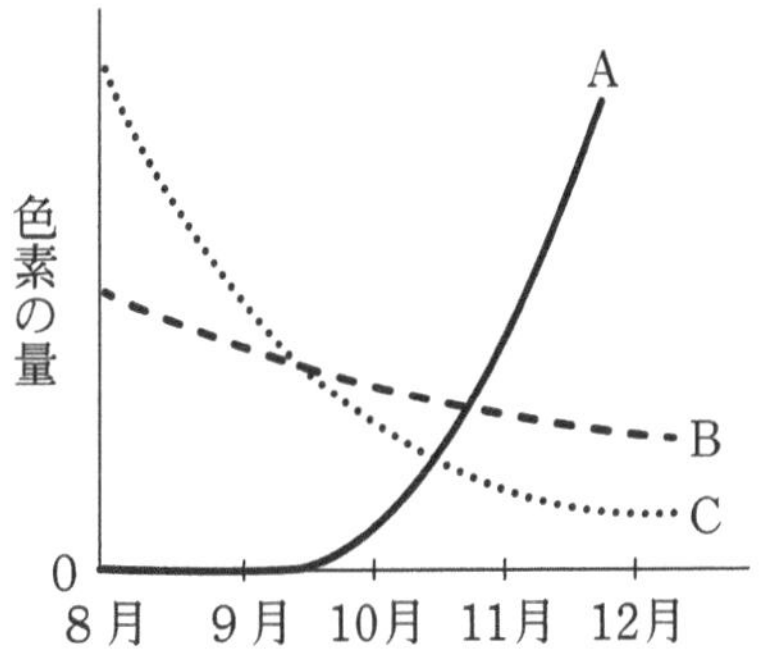

図１

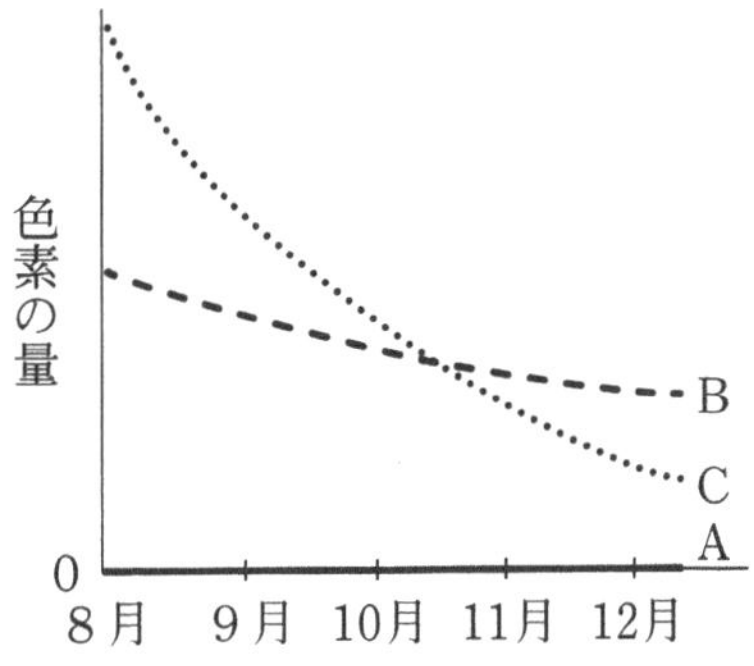

図２

(1) 図１、図２のA・B・Cの色素は何ですか。それぞれ正しいものを次のア～ウから１つずつ選び、記号で答えなさい。

ア．クロロフィル　　イ．カロテノイド　　ウ．アントシアニン

(2) 図１・図２のグラフから読みとれることとして、正しいものを次のア～カからすべて選び、記号で答えなさい。

ア．８月はカエデ・イチョウともに葉が緑色であり、これは緑色の色素のみが葉に含まれるからである。

イ．葉が黄色くなるのは、秋になると黄色の色素の量が増え、黄色の色素が最も多くなるからである。

ウ．葉が黄色くなるのは、秋になると緑色の色素の量が減り、黄色の色素が最も多くなるからである。

エ．イチョウの葉が黄色くなるのは、11月に入ってからである。

オ．イチョウの葉が赤くならないのは、秋になると葉に含まれる赤色の色素の量が減ってしまうからである。

カ．イチョウの葉が赤くならないのは、秋になっても赤色の色素の量が増えないからである。

Ⅱ．混ざっている色素を分ける方法を調べてみると、図３のように水性ペンの黒インクに含まれる色素を分ける次のような方法がありました。

【操作１】 長方形のろ紙を用意し、下から１cmの所にえんぴつで線を引いた。

【操作２】 水性ペンの黒インクを操作１でろ紙に引いた線上につけてよく乾《かわ》かした。

【操作３】 このろ紙を、少量の水を入れたビーカーに入れた。すると、ろ紙が水を吸い上げた。

【結果】 操作３のあと、しばらく放置すると、いくつかの色素に分かれた。

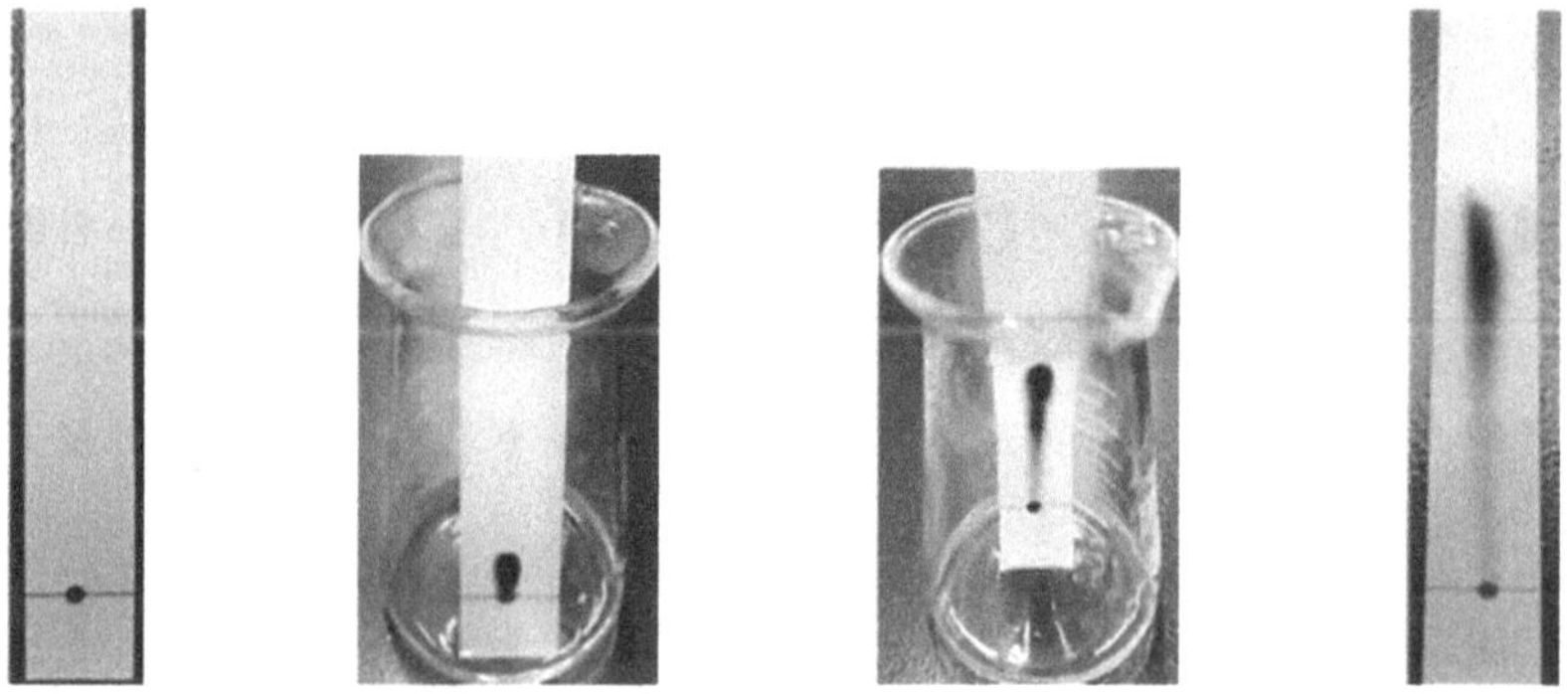

操作１・操作２　　操作３　　結果

図３

これは、ろ紙が水を吸い上げると、水性ペンの黒インクに含まれているいくつかの色素のうち、ろ紙との結びつきが弱く、水に溶けやすい色素から順に、それぞれろ紙の上部へ移動したためです。このように、物質を分けることを分離《ぶんり》といいます。

(3) 下線部について、ビーカーに入れた水の量が多く、操作１でろ紙に引いた線より高いところまでろ紙が水に浸《ひた》ってしまうと、うまく色素を分離することができませんでした。その理由を簡単に答えなさい。

(4) 物質の分離について、正しいものを次のア～キからすべて選び、記号で答えなさい。

ア．試験管に塩酸を入れて、水を蒸発させると、試験管内に必ず１種類の固体が得られる。

イ．試験管に水酸化ナトリウム水溶《よう》液を入れて、水を蒸発させると、試験管内に必ず１種類の固体が得られる。

ウ．試験管に塩酸と水酸化ナトリウム水溶液を入れて反応させたあと、水を蒸発させると、試験管内に必ず１種類の固体が得られる。

エ．試験管にアンモニア水を入れて加熱した。ここで発生した気体を水上置換《ちかん》法で集めると、空気と混ざらずに集められる。

オ．試験管に過酸化水素水と二酸化マンガンを入れて反応させた。ここで発生した気体を水上置換法で集めると、空気と混ざらずに集められる。

カ．砂が混ざった海水をろ過すると、純粋な（他の成分が混ざっていない）水が得られる。

キ．砂が混ざった海水を加熱すると、水蒸気が生じ、それを冷やすと純粋な（他の成分が混ざっていない）水が得られる。

Ⅲ．水性ペンの黒インクを分離する方法をつかって、紅葉前後の葉に含まれる色素を次の操作で分離してみました。

【操作１】 紅葉前の緑色のカエデの葉と紅葉後の赤色のカエデの葉をそれぞれ1.0 g ずつ用意した。

【操作２】 紅葉前の緑色のカエデの葉からすべての色素を溶《と》かし出した。これを色素溶液１とした。

【操作３】 紅葉後の赤色のカエデの葉からすべての色素を溶かし出した。これを色素溶液２とした。

【操作４】 長方形のろ紙を２枚用意し、それぞれ下から１cmの所にえんぴつで線を引いた。

【操作５】 片方のろ紙には色素溶液１を、他方のろ紙には色素溶液２を、操作４でろ紙に引いた線上に同じ量つけてよく乾《かわ》かした。

【操作６】 操作５を行った２枚のろ紙を液体Ｄの入った別々のビーカーに入れて、同じ時間だけ放置した。

【結果】 操作６の後、色素溶液１は図４のように分離した。
（図４のろ紙上の横線は操作５ではじめに色素溶液１をつけた位置を示しています。）

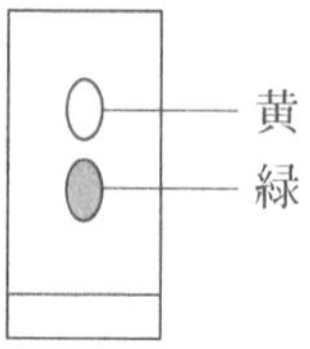

図４

(5) 色素溶液２は、操作６の後どのように分離されると考えられますか。正しいものを次のア～カから１つ選び、記号で答えなさい。ただし、赤色の色素は液体Ｄにはほとんど溶けないものとします。また、各図のろ紙上の横線は操作５ではじめに色素溶液２をつけた位置を示しています。

ア.

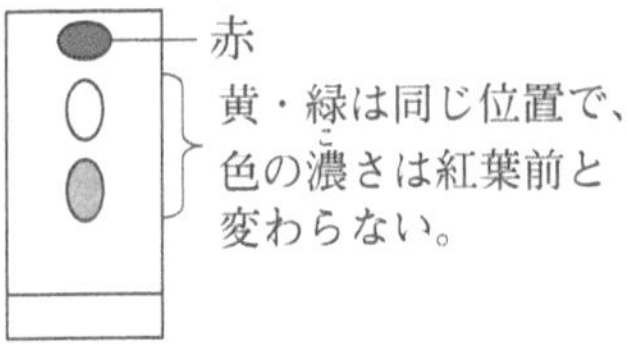
赤
黄・緑は同じ位置で、
色の濃《こ》さは紅葉前と
変わらない。

イ.

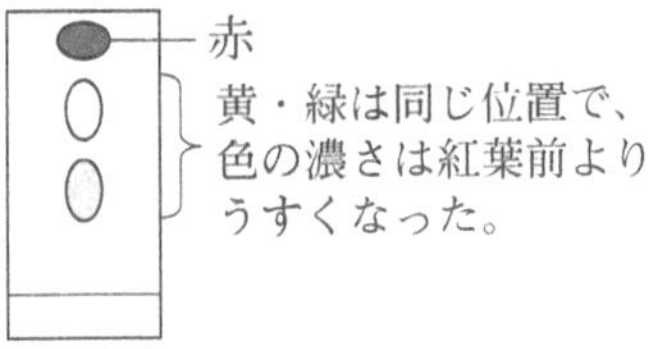
赤
黄・緑は同じ位置で、
色の濃さは紅葉前より
うすくなった。

ウ.

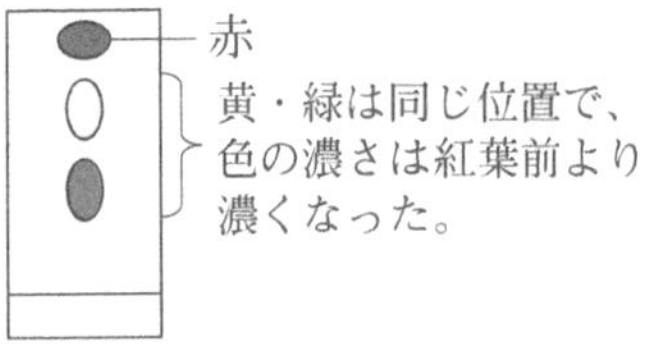
赤
黄・緑は同じ位置で、
色の濃さは紅葉前より
濃くなった。

エ.

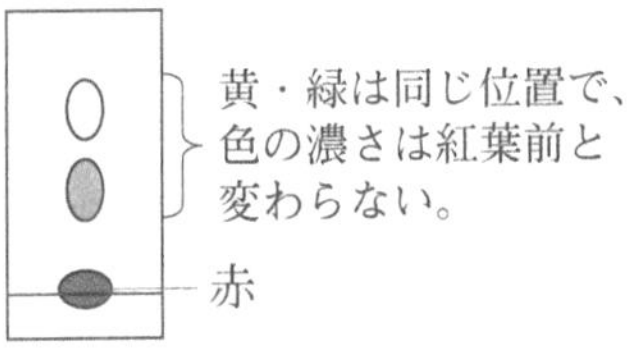
黄・緑は同じ位置で、
色の濃さは紅葉前と
変わらない。
赤

オ.

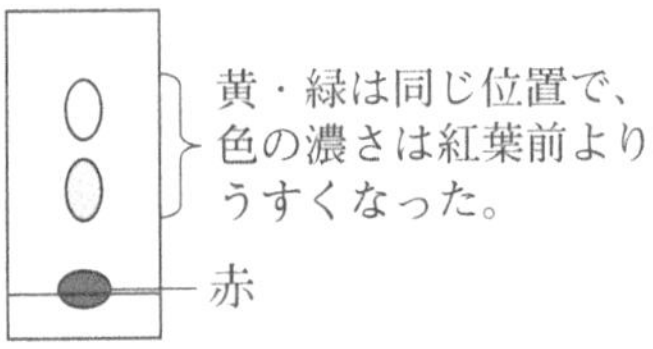
黄・緑は同じ位置で、
色の濃さは紅葉前より
うすくなった。
赤

カ.

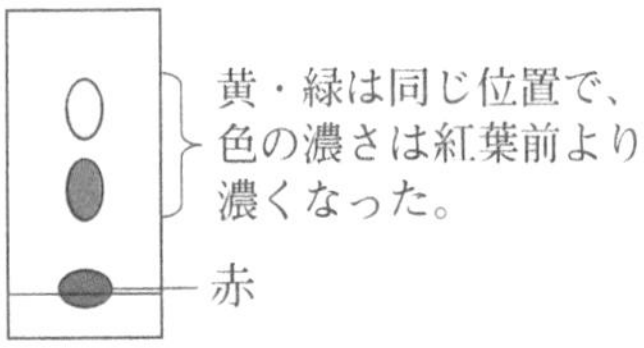
黄・緑は同じ位置で、
色の濃さは紅葉前より
濃くなった。
赤

Ⅳ．水溶液に溶けている色素の量を調べる方法に吸光《きゅうこう》度《ど》を測定するというものがあります。これは図５のように、無色・透明のガラス容器に色素の水溶液を入れ、側面に当てた光がどのくらい色素に吸収されたかを調べる方法です。

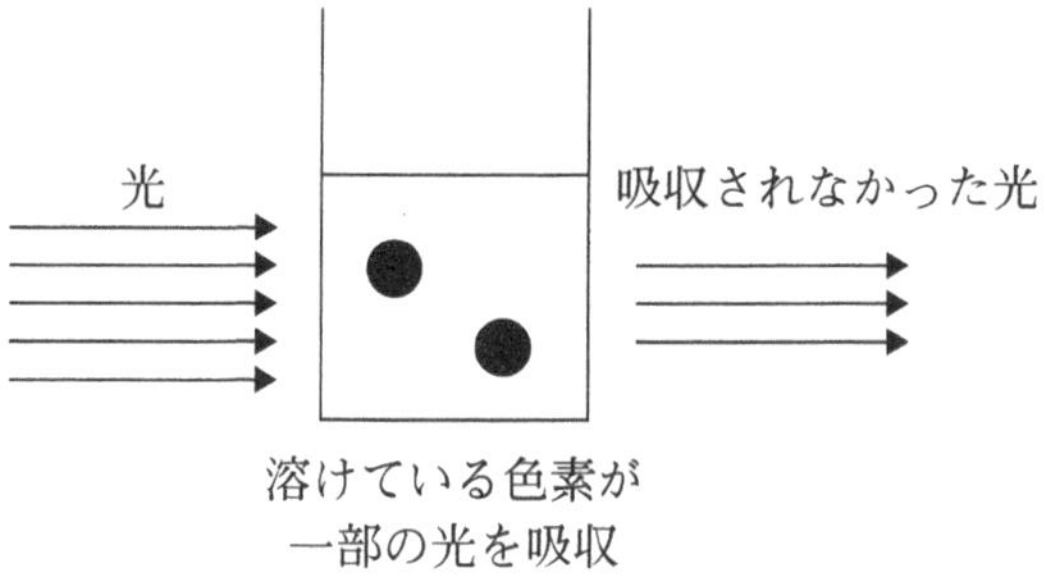

図５

水溶液に含まれる色素の量が少ないと、色素が吸収する光の量は少なくなります。よって、色素に吸収されずに容器を通過する光の量は多くなります。このとき、吸光度が小さいといいます。

逆に、水溶液に含まれる色素の量が多いほど、色素が吸収する光の量は多くなります。よって、色素に吸収されずに容器を通過する光の量は少なくなります。このとき、吸光度が大きいといいます。

ある植物の葉に含まれる色素Ｅの量を調べるために、いくつかの濃さの色素Ｅの水溶液をつかって、それぞれの吸光度を測定しました。このとき、水溶液の濃さと吸光度の大きさの関係は図６のグラフのようになりました。

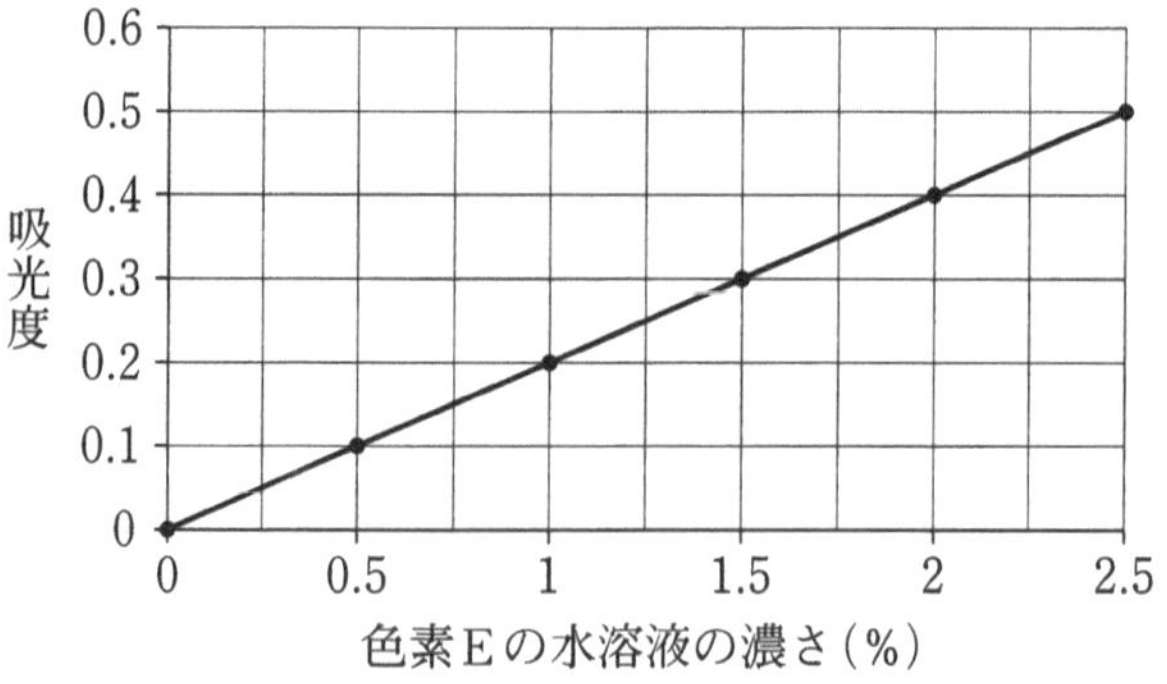

図６

(6) ある植物の乾燥した葉６ｇをすりつぶし、粉末状にしました。この粉末のうちの２ｇに含まれるすべての色素Ｅのみを他の成分から分離しました。この色素Ｅを水に溶かして１ｇの水溶液として、この水溶液の吸光度を測定すると、0.3でした。

① 下線部について、この色素Ｅの水溶液の濃さは何％ですか。

② この乾燥した葉６ｇに含まれていた色素Ｅの重さは何ｇですか。

3 次の文を読んで、以下の問に答えなさい。

私たちの体内は、体液によって充《み》たされています。もっとも代表的な体液は、血管の中を流れる血液です。血液中には、さまざまな成分が含《ふく》まれます。次の表１は、血液の成分とその特ちょうをまとめたものです。

表１

成　分		特ちょう
細ぼう成分	赤血球	① を含み、酸素を運ぶ。
	白血球	“免疫《めんえき》”に関係する。
	血小板	血液を ② 。
液体成分	血しょう	さまざまな物質を運ぶ。

白血球にはさまざまな種類があり、白血球の一種であるリンパ球は、体内に侵入《しんにゅう》した病原体などの自分以外の異物(これを“抗原《こうげん》”と言う)を取り除くはたらきがあり、これを“免疫”と言います。具体的には、リンパ球が“抗体《こうたい》”というたんぱく質を作り、この抗体が抗原を無毒化します。

また、私たちの免疫は、一度体内に侵入して取り除いた抗原を記憶《きおく》するしくみ(これを“免疫記憶”と言う)があり、同じ抗原が２度目の侵入をしてきた場合には、速やかに取り除きます。この仕組みを利用したのが ③ 接種であり、病原性(病気などを引き起こす力)を弱くした抗原や、抗原の一部分をあらかじめ体内に入れ、免疫記憶を成立させておきます。

2019年末より、世界的に新型コロナウイルスがまん延し、世界全体に大きな影響《えいきょう》をあたえています。ウイルスとは非常に微小《びしょう》であり、1 mmの１万分の１くらいの大きさです。新型コロナウイルスも非常に微小であるので、感染が起きても簡単に検出することは出来ません。そこで、新型コロナウイルスの遺伝子を増やして検出する ④ 検査という方法がよく用いられています。

(1) 表１中および文中の ① ～ ③ に入る適切な語を答えなさい。

(2) 文中の ④ に入る適切な語をアルファベット３文字で答えなさい。

(3)　免疫は、わたしたちの体を守るために、非常に重要なしくみです。しかし、そのしくみが過剰《かじょう》にはたらいて、不利益をもたらすこともあります。

これに関して、身近な具体例を次のア～オから２つ選び、記号で答えなさい。

ア．けがをしたところに、うみが出る。

イ．春になると、毎年、花粉症になる。

ウ．風邪《かぜ》をひいて、発熱する。

エ．特定の食品を食べると、じんましんやかゆみが出る。

オ．くさった食べ物を食べて、腹痛を起こす。

(4)　右のグラフは、実験的に抗原をネズミに注射し、作られる抗体の量がどのように変化しているのかを調べたものです。

前の文章から判断して、右のグラフにおいて、２回目の抗原注射後の正しい曲線をア～エから１つ選び、記号で答えなさい。

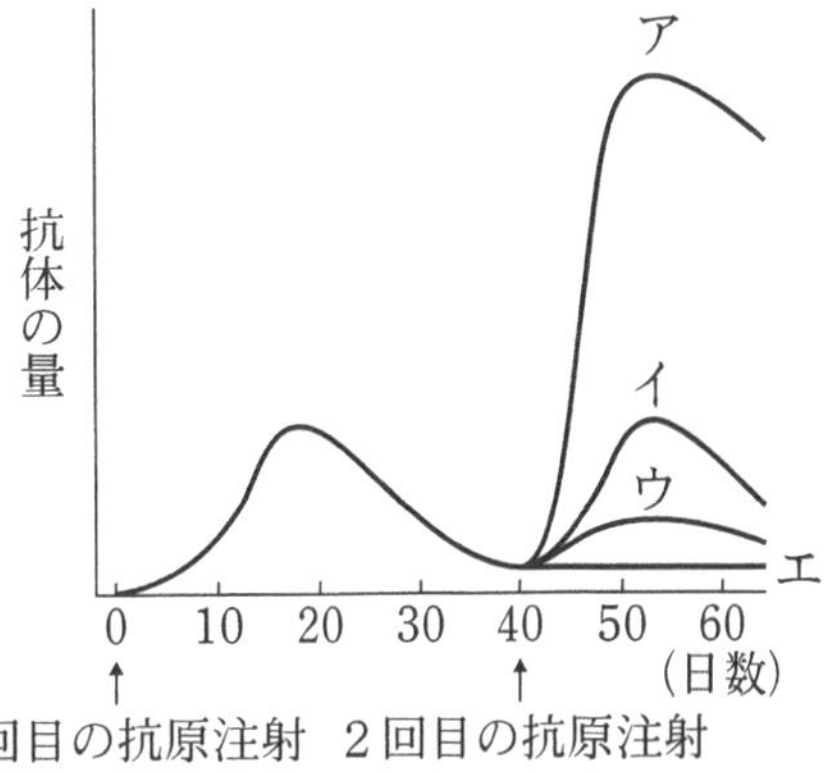

なお、１回目の抗原注射後、ネズミは抗原による病気を発症しましたが、２回目の抗原注射後は発症しませんでした。

(5)　抗体の研究でノーベル賞を受賞した科学者を次のア～オから１人選び、記号で答えなさい。

ア．湯川《ゆかわ》 秀樹《ひでき》　　イ．小柴《こしば》 昌俊《まさとし》　　ウ．山中《やまなか》 伸弥《しんや》

エ．利根川《とねがわ》 進《すすむ》　　オ．真鍋《まなべ》 淑郎《しゅくろう》

(6)　ウイルスは、その構造が短期間で変化していくため、免疫記憶が成立しづらいという一面もあります。このようにウイルスが変化する現象を何といいますか。次のア～オから１つ選び、記号で答えなさい。

ア．強毒化　　イ．進化　　ウ．昇華《しょうか》　　エ．転換《てんかん》　　オ．変異

(7) ウイルスによって引き起こされる病気を次のア～オから２つ選び、記号で答えなさい。

ア．破傷風《はしょうふう》　　イ．エイズ　　ウ．ペスト

エ．インフルエンザ　　オ．マラリア

4 気象に関する以下の問に答えなさい。なお、問題文中の天気図は気象庁のホームページより引用しています。

Ⅰ．2021年、日本各地で(a)線状降水帯と呼ばれる帯状の雨域の発生が繰《く》り返《かえ》し起こり、多くの降水被害《ひがい》をもたらしました。このような大規模な災害に警戒《けいかい》を促《うなが》すために、気象庁は2013年８月30日より(b)特別警報という新たな警報を運用してきており、７月や８月に発生した大雨の際には各地に大雨特別警報を発表し、住民に最大限の警戒を促すようにしています。

また、大雨による被害としては、７月３日に静岡《しずおか》県熱海市伊豆山地区の逢初《あいぞめ》川で大規模な(c)土石流が発生し、多くの人的被害や家屋の倒壊《とうかい》をもたらしました。

(1) 下線部(a)の線状降水帯について、発生メカニズムはまだ完全に解明されていませんが、現在、発生メカニズムとして４つの条件が提示されています。この発生条件として**間違《まちが》っているもの**を次のア～エから１つ選び、記号で答えなさい。

ア．低層に暖かく湿《しめ》った空気が大量に流入する。

イ．前線や地形の影響《えいきょう》で、暖かく湿った空気が上昇し雲が発生する。

ウ．発生した雲が安定した大気の状態の下で、積乱雲へと発達する。

エ．上空を流れる風の影響で、積乱雲群が線状に並ぶ。

(2)　下線部(b)の特別警報とは、「警報」の発表基準をはるかに超《こ》える大雨や大津波《おおつなみ》等が予想され、重大な災害の危険性が著しく高まっている場合に気象庁より発表され、最大級の警戒を呼《よ》びかけるものです。特別警報について述べた文として**適当でないもの**を次のア～エから１つ選び、記号で答えなさい。

ア．特別警報が発表されたときは、経験したことのないような大雨や暴風などが発生する確率が高いため、自分の住んでいる市町村の避難《ひなん》情報に従い、適切な行動をとること。

イ．大雨による特別警報が発表されたとき、避難所への避難が難しい場合は、自宅近辺の高台に移動するなどして、身の安全を確保するようにする。

ウ．大雨のような時間とともに危険度が高まる災害では、特別警報よりも前に発表される気象情報や注意報・警報を確認し、早めの行動をとることが大切である。

エ．特別警報が発令されたときに素早い避難ができるよう、住んでいる地域にどのような危険があり、またどのような避難行動をとる必要があるのか、自治体の発表しているハザードマップなどをもとに、日頃《ひごろ》からしっかり確認しておくことが重要である。

(3)　図１は８月14日12時の日本列島周辺の天気図です。この日は日本列島に発達した前線がつくられることにより、九州から近畿《きんき》にかけて線状降水帯が発生し、各地で大雨が発生しました。

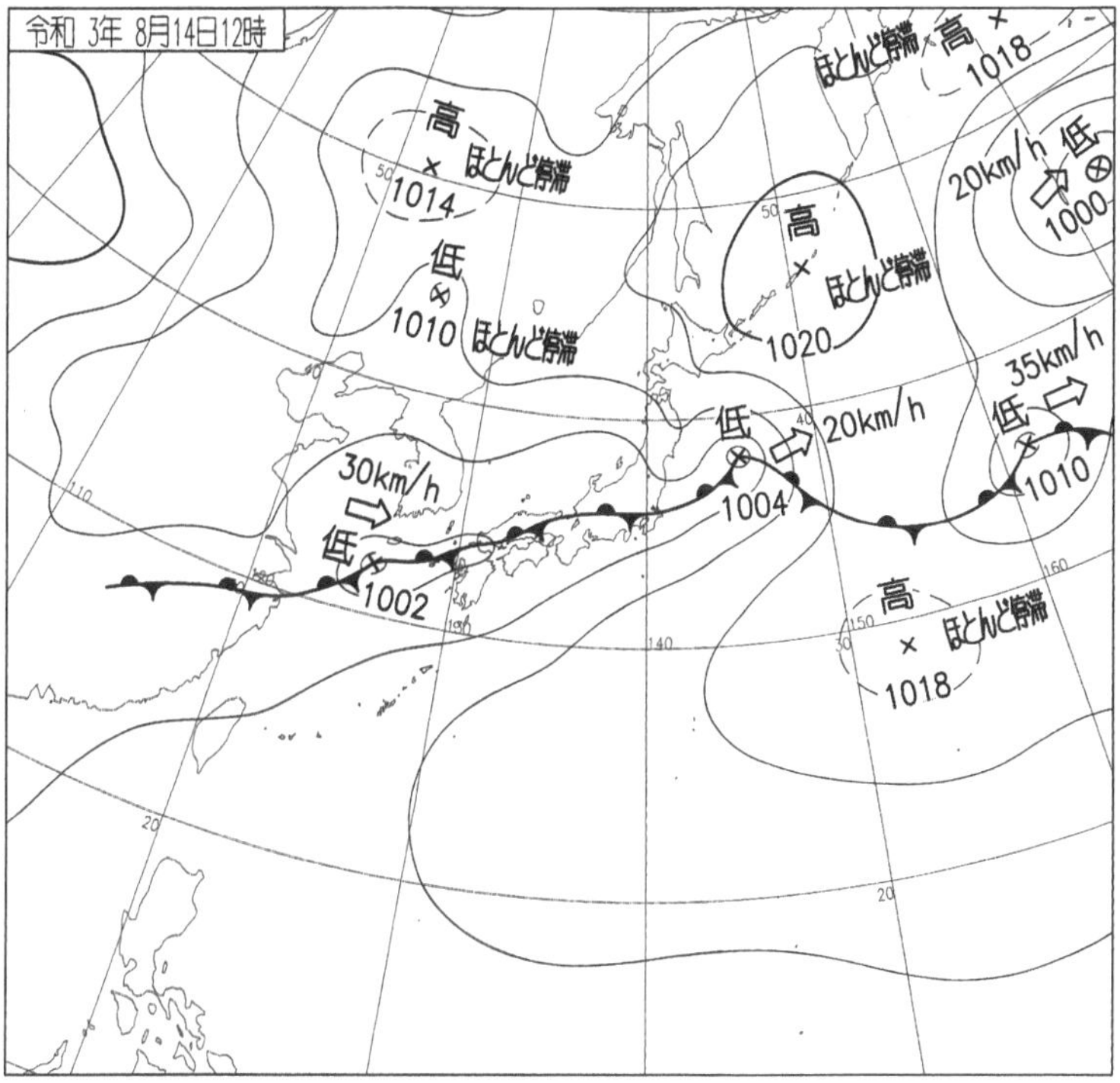

図１　８月14日12時の天気図

①　日本列島を東西に横断する前線(記号 )の名まえを答えなさい。

②　図１に存在する低気圧や高気圧は、ほとんどが西から東に向かって移動しています。これは日本列島の上空を流れる風が原因とされています。この風の名称を答えなさい。

③　次のア～エは、８月14日を含《ふく》めた４日間の日本列島周辺の天気図です。これらの天気図を日付の古いものから順に並べなさい。

ア．

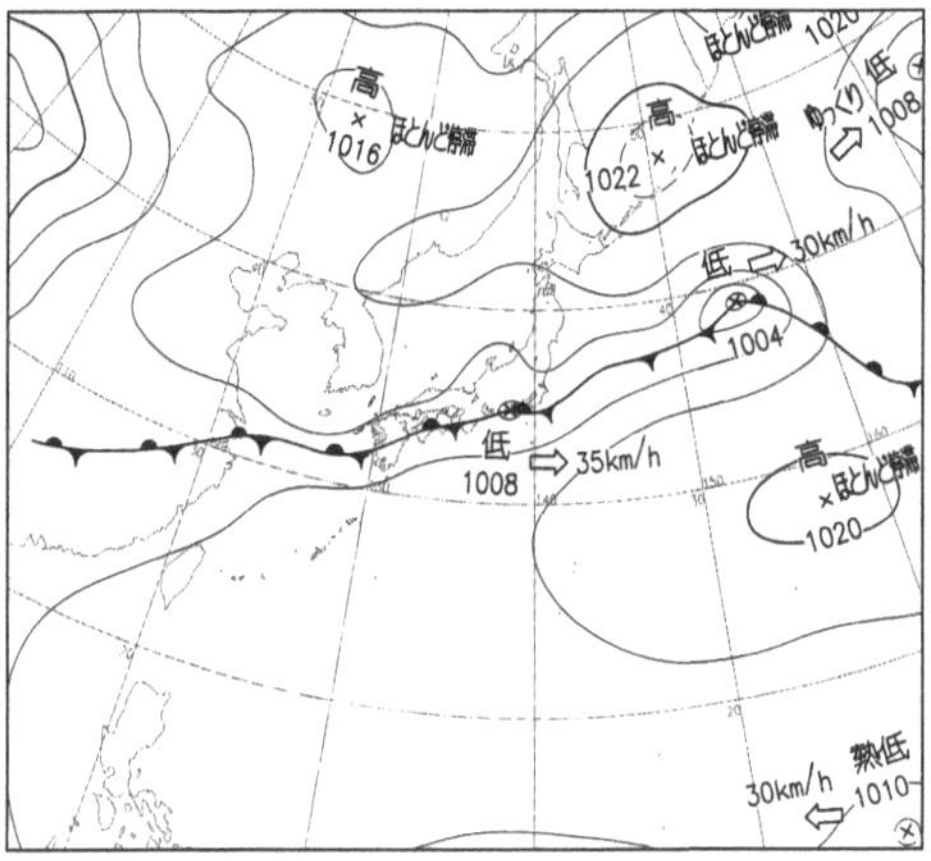

イ．

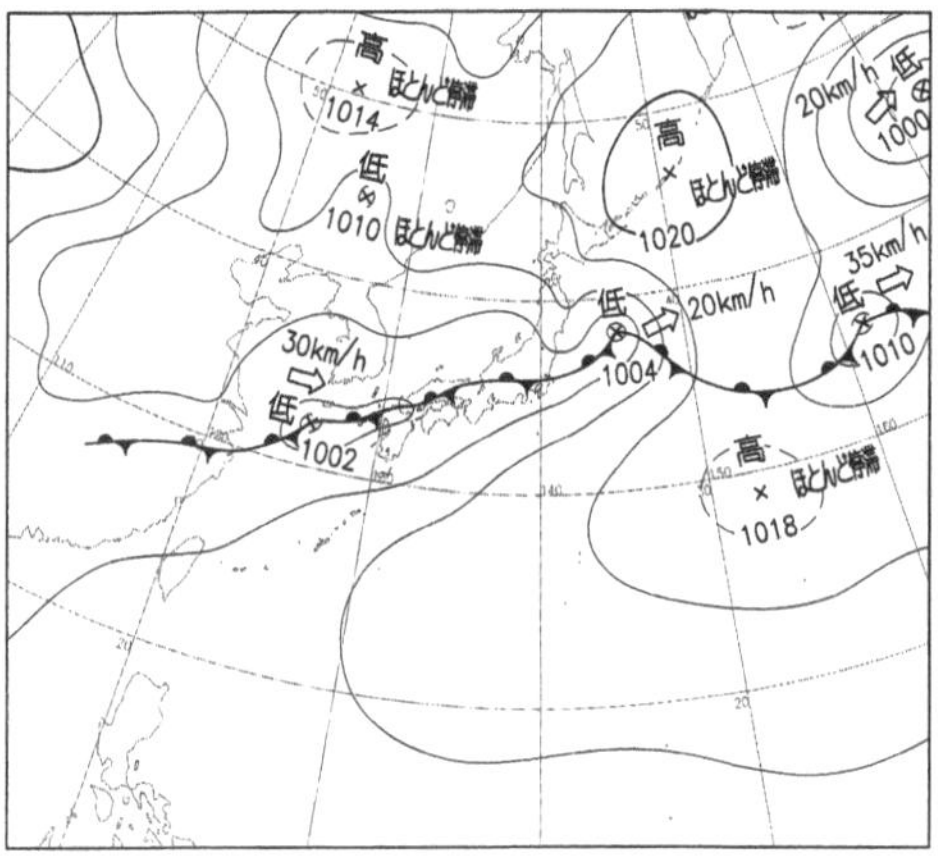

ウ．

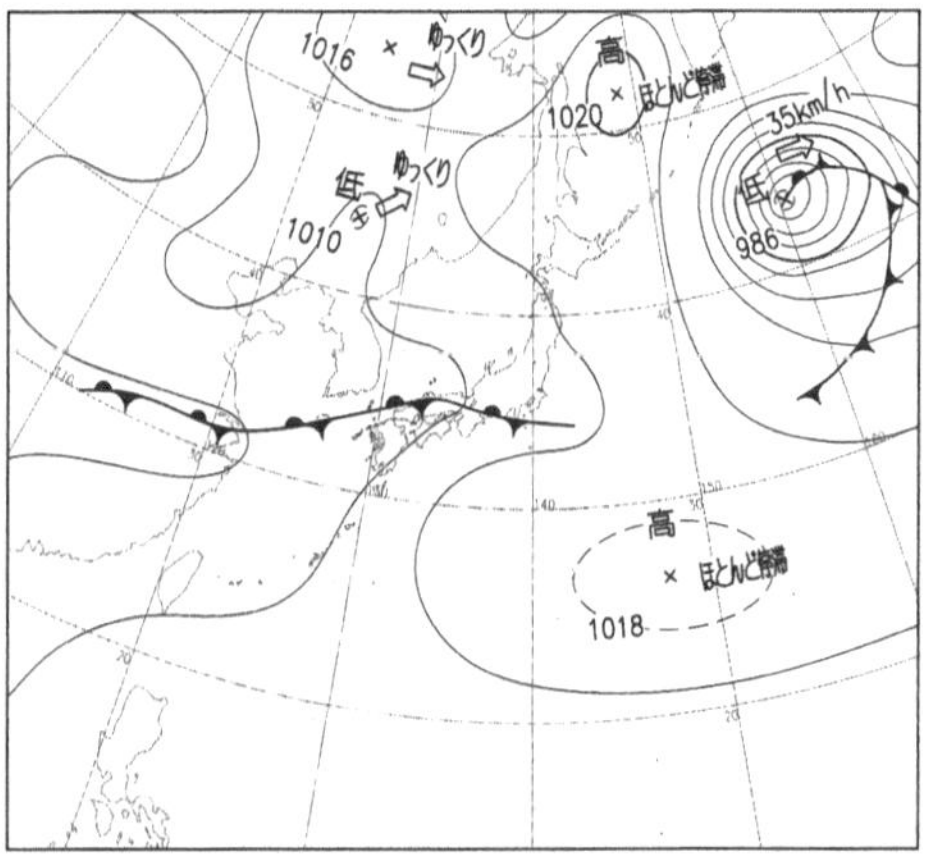

エ．

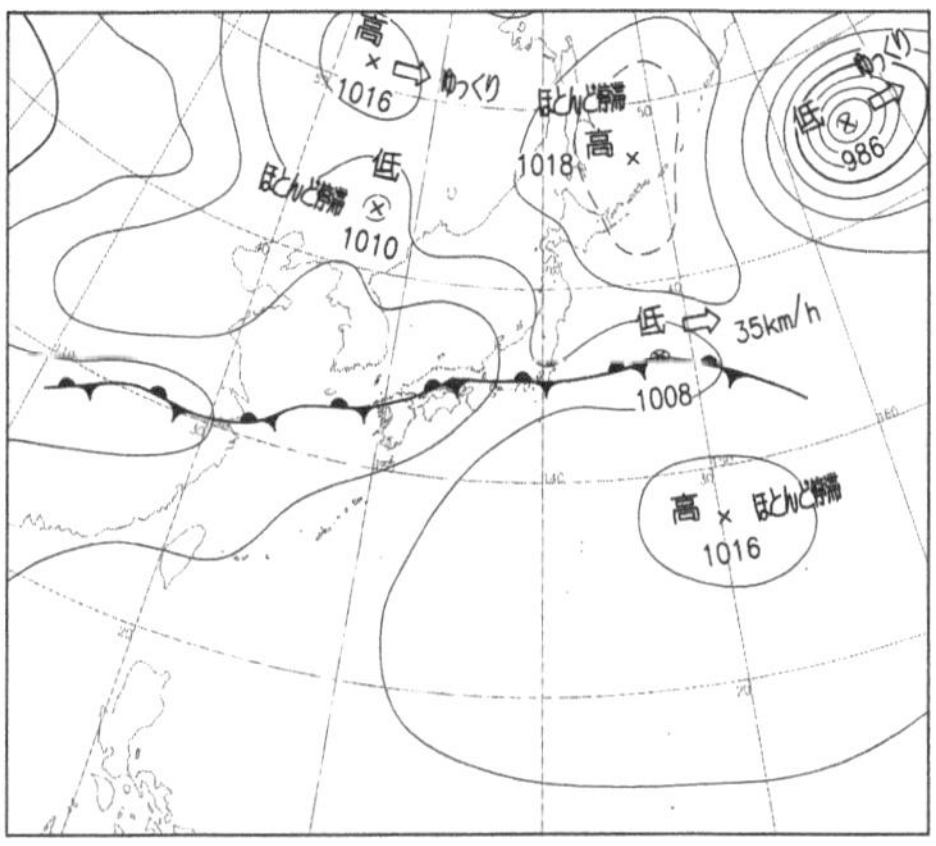

(4)　下線部(c)の土石流とは、れきや砂、泥《どろ》を含んだ水が混ざりあいながら斜面《しゃめん》を下るときに発生する現象を指します。図２のように土石流が河口まで流れていって海底に堆積《たいせき》したとき、どのような堆積構造を作るでしょうか。図２のA、B、Cに当てはまる土砂の組み合わせとして正しいものをア～カから１つ選び、記号で答えなさい。

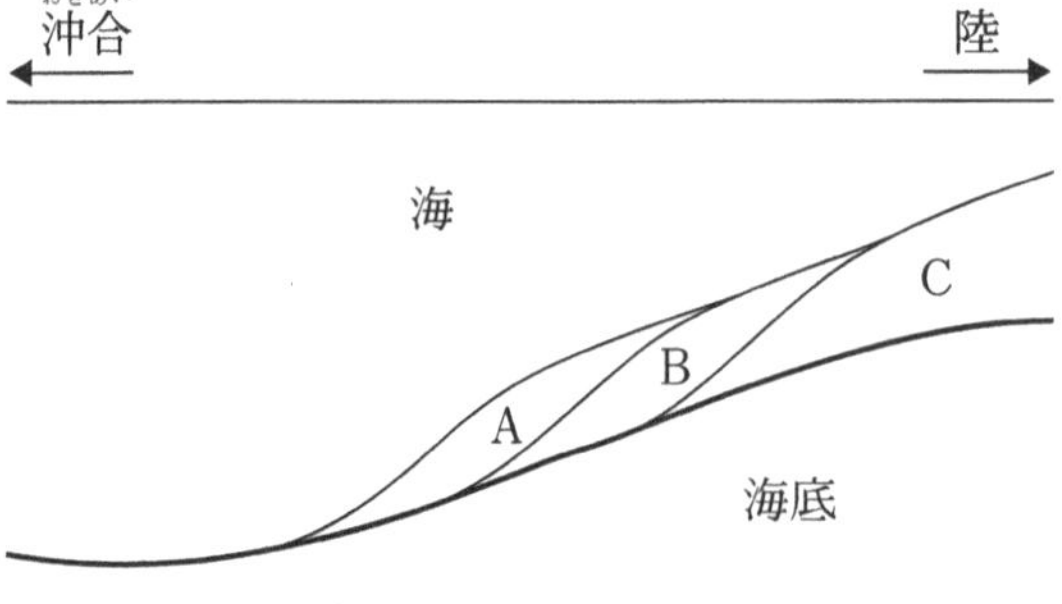

図２　堆積構造の模式図

	A	B	C
ア	れき	砂	泥
イ	れき	泥	砂
ウ	砂	れき	泥
エ	砂	泥	れき
オ	泥	砂	れき
カ	泥	れき	砂

Ⅱ．空気１m^3中に含むことができる最大の水蒸気の重さを飽和《ほうわ》水蒸気量といい、表１のように温度によって変化します。ある温度の空気１m^3に含まれている水蒸気の量が、その温度の飽和水蒸気量の50％のとき、「湿度《しつど》50％」と表します。また、気温が下がり空気中に含まれる水蒸気の量が飽和水蒸気量と等しくなると、水の粒が現れます。これを結露《けつろ》といい、この時の気温を指して「露点《ろてん》」と呼びます。

湿度を測定する方法は、主に以下の２つが挙げられます。１つ目は、水蒸気を含む空気の中で金属のコップ等の温度を下げていき露点を測定する方法です。２つ目は図３のような乾湿計《かんしつけい》と表２の湿度表を使う方法です。これは、温度計の球のところを濡《ぬ》らしたガーゼで覆《おお》った湿球を用意し、その温度計で計られた湿球温度と、通常の温度計で計られた乾球温度との差から湿度を求めるというものです。例えば乾球12℃、湿球10℃の場合、乾球と湿球の値の差は２℃なので、湿度は76％になります(表２)。

表１　各温度における空気の飽和水蒸気量

気温(℃)	5	10	15	20	25	30	35
飽和水蒸気量(g)	6.8	9.4	12.8	17.3	23.1	30.4	39.6

表２　湿度表(表中の単位は％)

乾球と湿球の値の差(℃)

乾球の温度(℃)	0	1	2	3	4	5	6	7	8
20	100	91	81	73	64	56	48	40	32
19	100	90	81	72	63	54	46	38	30
18	100	90	80	71	62	53	44	36	28
17	100	90	80	70	61	51	43	34	26
16	100	89	79	69	59	50	41	32	23
15	100	89	78	68	58	48	39	30	21
14	100	89	78	67	57	46	37	27	18
13	100	88	77	66	55	45	34	25	15
12	100	88	76	65	53	43	32	22	12
11	100	87	75	63	52	40	29	19	8
10	100	87	74	62	50	38	27	16	5
9	100	86	73	60	48	36	24	12	1
8	100	86	72	59	46	33	20	8	
7	100	85	71	57	43	30	17	4	
6	100	85	70	55	41	27	13		
5	100	84	68	53	38	24	4		

(5)　気温が30℃で露点が10℃のとき、湿度は何％になりますか。答えが割り切れない場合、小数第２位を四捨五入して小数第１位まで求めなさい。

(6)　乾湿計の湿球温度計と乾球温度計では、湿球温度計の方が低い温度を示します。その理由について述べた以下の文の[1]、[2]に当てはまる適切な語句を答えなさい。なお、[2]は「うばう」、「あたえる」のどちらかから選んで答えること。

湿球を覆う濡らしたガーゼの表面から水が[1]し、熱を[2]ため

(7)　乾湿計の値が図３のように乾球15℃、湿球12℃の状態を示しているときから気温が5℃上昇したとき、湿度は何％になりますか。答えが割り切れない場合、小数第２位を四捨五入して小数第１位まで求めなさい。なお、空気中の水蒸気の量は変わらないものとします。

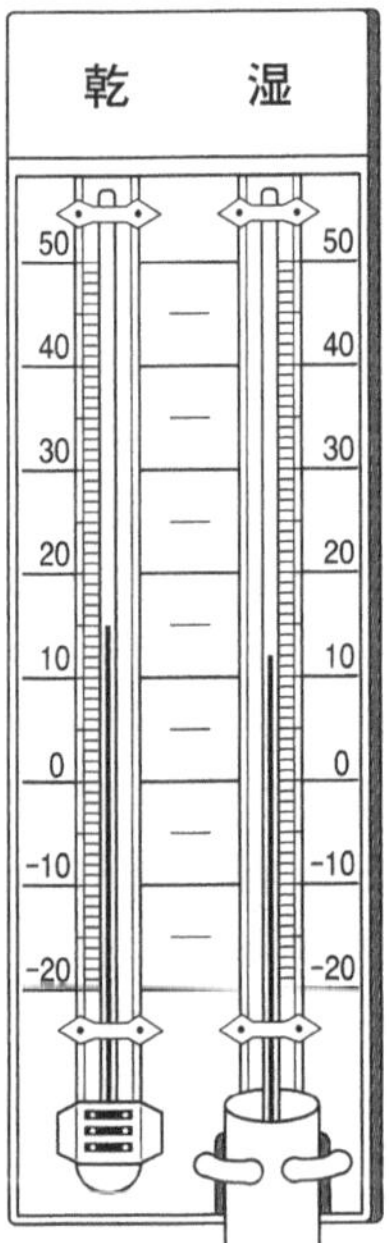

図３　乾湿計

令和４年度 本郷中学校
第２回 入学試験問題

社　会

（40分　満点：75点）

注　意

1．指示があるまで開いてはいけません。

2．答えはすべて解答用紙に記入しなさい。

3．解答に際して、用語・人物名・地名・国名などについて漢字で書くべき所は漢字で答えなさい。なお、国名の表記は通称でかまいません。

4．用具の貸し借りは禁止します。

5．指示があるまで席をはなれてはいけません。

6．質問があれば、だまって手をあげて監督者を呼びなさい。

7．試験が終わったら、解答用紙だけ提出しなさい。問題は持ち帰ってもかまいません。

1 次の図と文章を読み、下の問いに答えなさい。

食料自給率は食料供給に対する国内生産の割合を示す指標です。a日本の食料自給率の中でも、基礎的な栄養価であるエネルギー（カロリー）に着目した「カロリーベースでみた食料自給率」は、図表１のとおり米を除いて一貫して低下しています。

米は日本の多くの地域で栽培されています。図表２をみると、収穫量で（　1　）や（　2　）などの東北地方各県を上回るのが、北海道と①新潟県であることが分かります。

新潟県内の米の生産について詳しくみていきましょう。図表３をみると、新潟県の中でも信濃川や（　3　）川の中下流域に広がる（　4　）平野での生産が多くなっ

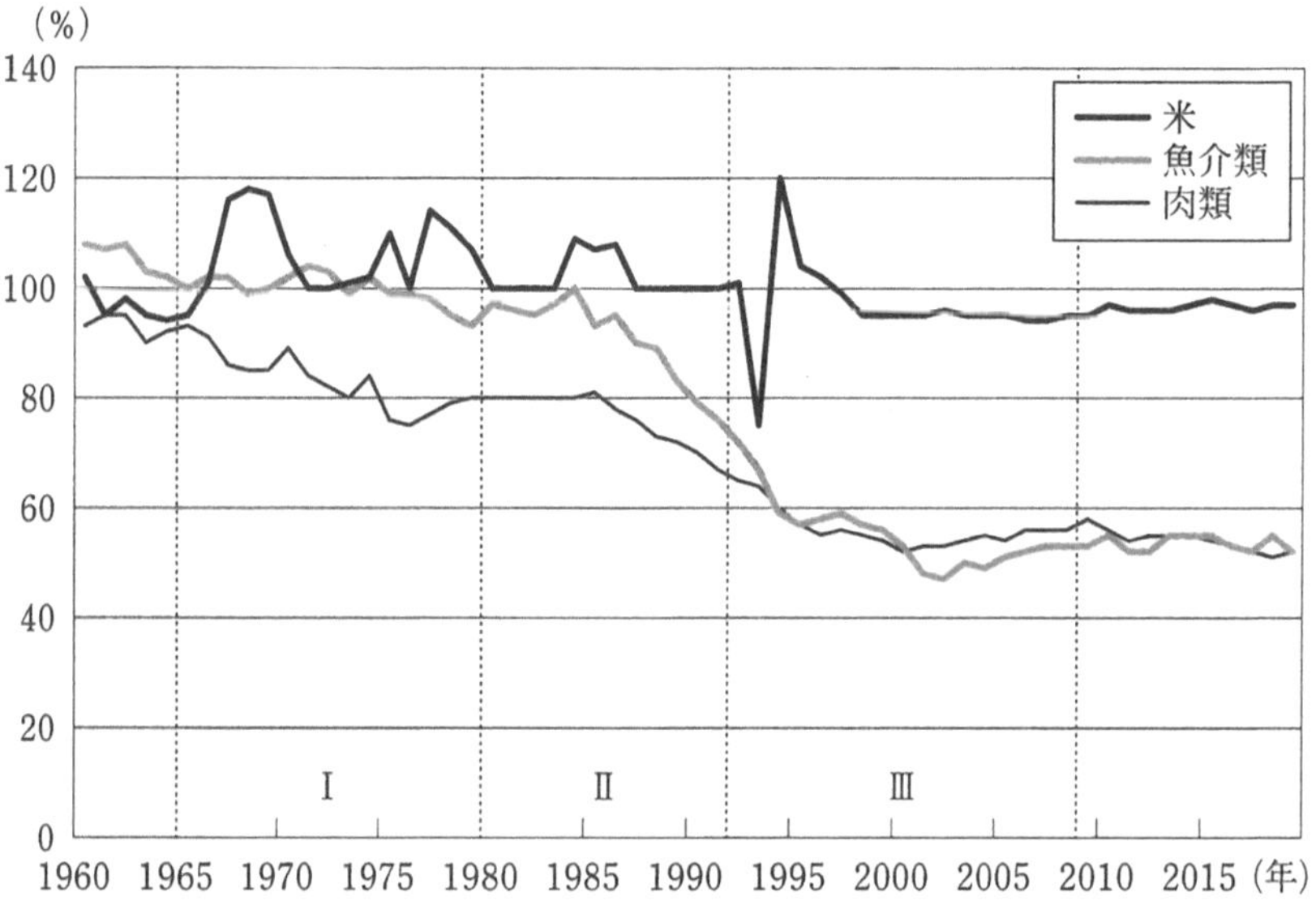

図表１　日本の品目別食料自給率の推移
（農林水産省「食料需給表」より作成）

1	新潟県	666,800
2	北海道	594,400
3	（　1　）	527,400
4	（　2　）	402,400
5	宮城県	377,000

図表２　米の都道府県別収穫量の上位５道県
（単位はｔ、2020年、農林水産省「作況調査」より作成）

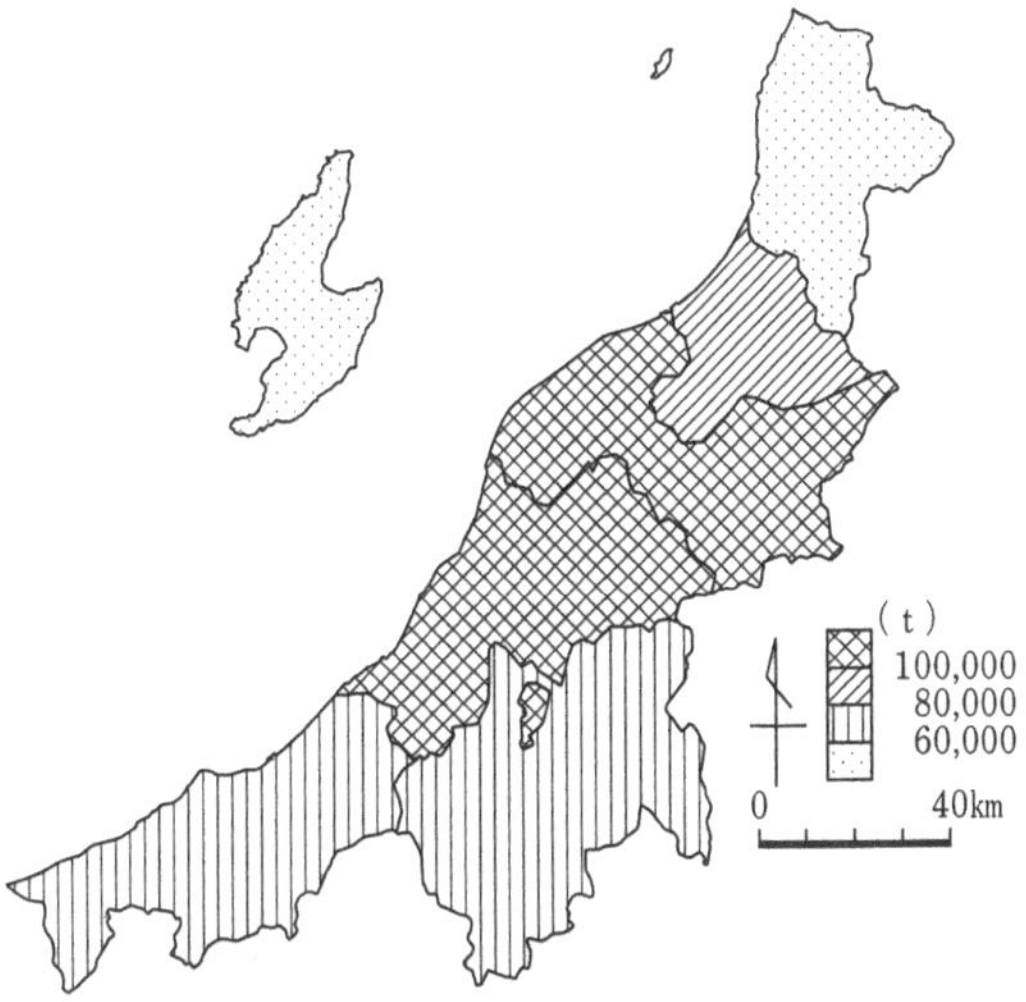

図表３　新潟県内の米の生産量

（作柄表示地帯別、2018年、北陸農政局統計部『水稲の市町村別収穫量』より作成）

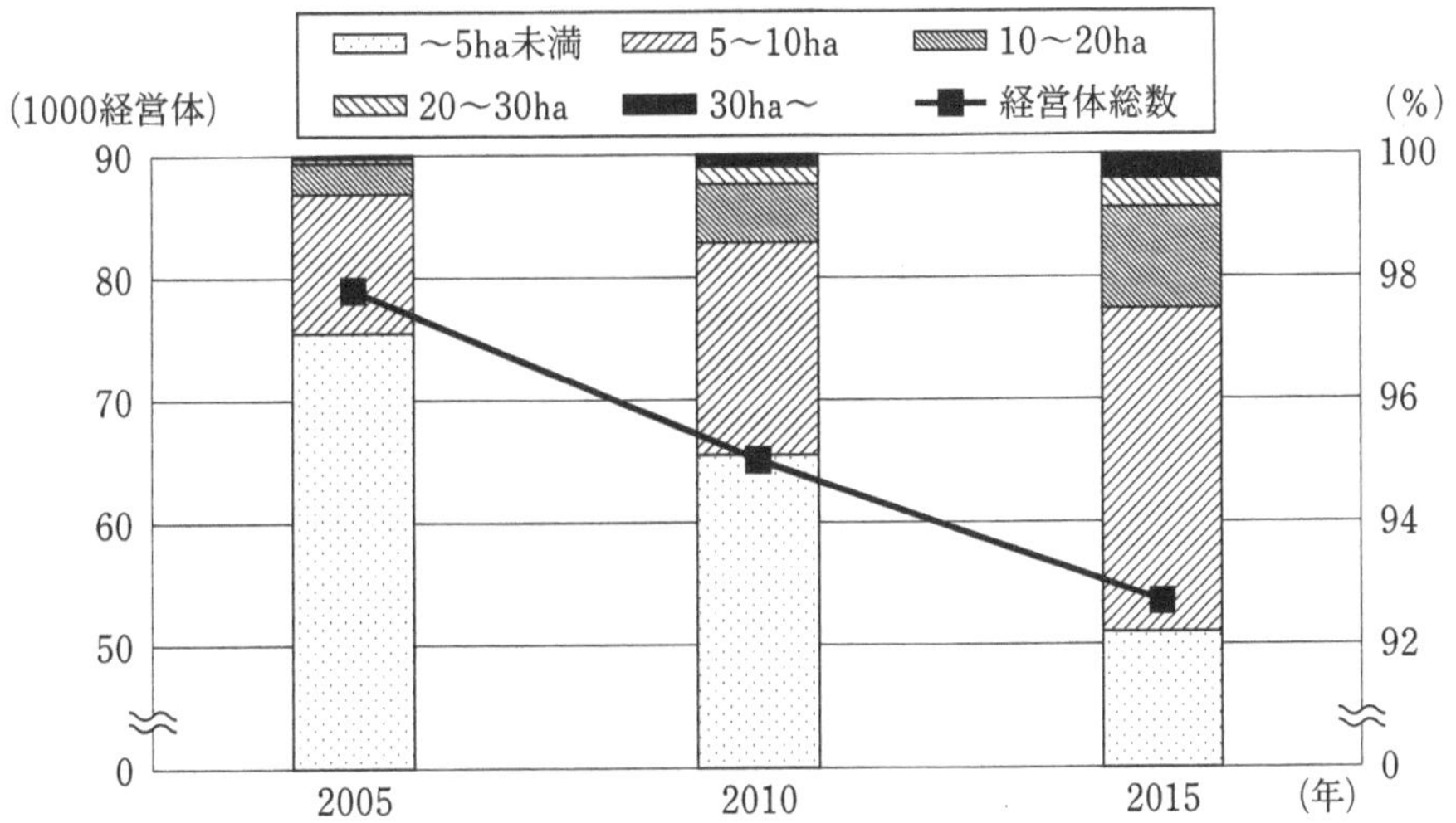

図表４　水稲を作付けした農業経営体数・水稲作付面積規模別割合

（農林水産省「農林業センサス」より作成）

ていることが分かります。

他方、農家の現状をみると近年の新潟県では、全国のそれと同じように農家が減少しています。図表４によると2005年からの10年間で約27000の農業経営体が減少、つまり農家が減少したことが分かります。その一方で農家１軒あたりの作付面積は増加し、2015年には7.47％の農業経営体が５ha以上の作付けをしています。苦しい状況の中でも経営規模を大きくして利益を上げようとしている農家の姿がここに表れているようです。

さて、現在はこのように日本有数の穀倉地帯として有名な（　4　）平野ですが、その中心都市・新潟の名称の由来の１つに「信濃川下流に新しく出来た潟湖《せきこ》*1」というものがあります。このことから推察するに、どうやら昔の新潟や（　4　）平野の様子は現在のそれとは異なるようです。

（　4　）平野の地形やそこでの生業についてみていきましょう。（　4　）平野の海岸付近には沿岸流の影響を受けて幾重にも列状に連なった砂丘が発達しています。江戸時代前期まで、（　4　）平野の河口は信濃川と荒川の２か所のみで、多くの河川の水は、平野内に滞留する状態でした。結果、平野内には沼地や湿地帯が形成されました。「正保（　4　）国絵図」（1645年）には、大小の潟湖が多く描かれています。さらに「（　4　）平野には地図に表記されない沼がある」と言われるほど、田は湿地のような状態でした。腰まで水に浸かりながら稲刈りをする姿や仕掛けを用いてどじょうや魚を「釣る」姿がみられたそうです。

江戸時代には全国的にみられる新田開発と同じように（　4　）国でも地主・町人などの出資で大規模な開発が行われました。これらでは河川の付け替えと②水抜きのための水路の建設が主に行われました。

（　4　）平野における水路開削の先駆けと言われているのが1730年に（　3　）川の水を排水するために建設された松ヶ崎掘割《まつがさきほりわり》です。（　3　）川は元々信濃川に合流する形で流れていました。（　3　）川中流に位置する紫雲寺潟《しうんじがた》干拓に際して、増水時の排水路として掘割が建設されました。信濃川の河口の約５㎞北の砂丘を開削するため、延べ約11万人の人員を動員し、２か月ほどで幅54mの放水路を建設しました。当初は増水した分の水のみを排出するように堰《せき》を設けていましたが、翌年の洪水で堰が壊れ、制御不能となり、流路が変わってしまいました。現在は、幅約１㎞となっている、この掘割が（　3　）川の河口に指定されています。

建設中の困難や建設後のトラブルがあったものの、この放水路建設により、河川や湿地の水を排出すれば、潟湖の開発・湿田の乾田化が可能になるということが判明しました。ここから多くの放水路が建設されていきます。

特に（　4　）平野の開発に影響を与えた放水路がb大河津分水《おおこうづぶんすい》です。その構想は江戸時代までさかのぼります。本間屋数右衛門をはじめ多くの人々が幕府に建設の嘆願をしたものの許可が下りず、建設できずにいました。そして時は流れ、1896年に「横田切れ」と呼ばれる堤防決壊と大規模な浸水被害が発生しました。これを受け着工、およそ15年の歳月を経て1922年に完成しました。

大河津分水の建設により信濃川沿岸の乾田化が進み、良質の米が収穫できるようになりました。また、信濃川の大規模な洪水も抑えられています。図表５をみると、横田切れによる被害、大河津分水建設や干拓などによる作付面積増加を確認できると思います。このように大小の放水路が建設された結果、河口や放水路は現在、20か所を数えるようになりました。

米の食料自給率の推移をヒントとして新潟の農地開発をみてきました。農地は、先人の並々ならぬ努力により拡大しました。しかしながら国内の③産業別人口割合の変化、人口の④都市部への移動にともなう過疎・過密などの影響により、近年では放棄される農地が増加しています。食料自給率低下は、我々の生活スタイルの変化にともなう消費品目と生産品目のミスマッチに原因が求められる一方、ここまでみてきたような c 国内外の農業をめぐる事象の影響を受けて変化しています。このように統計などをもとに、その原因や歴史をひも解くとさまざまなことを知ることができるのです。

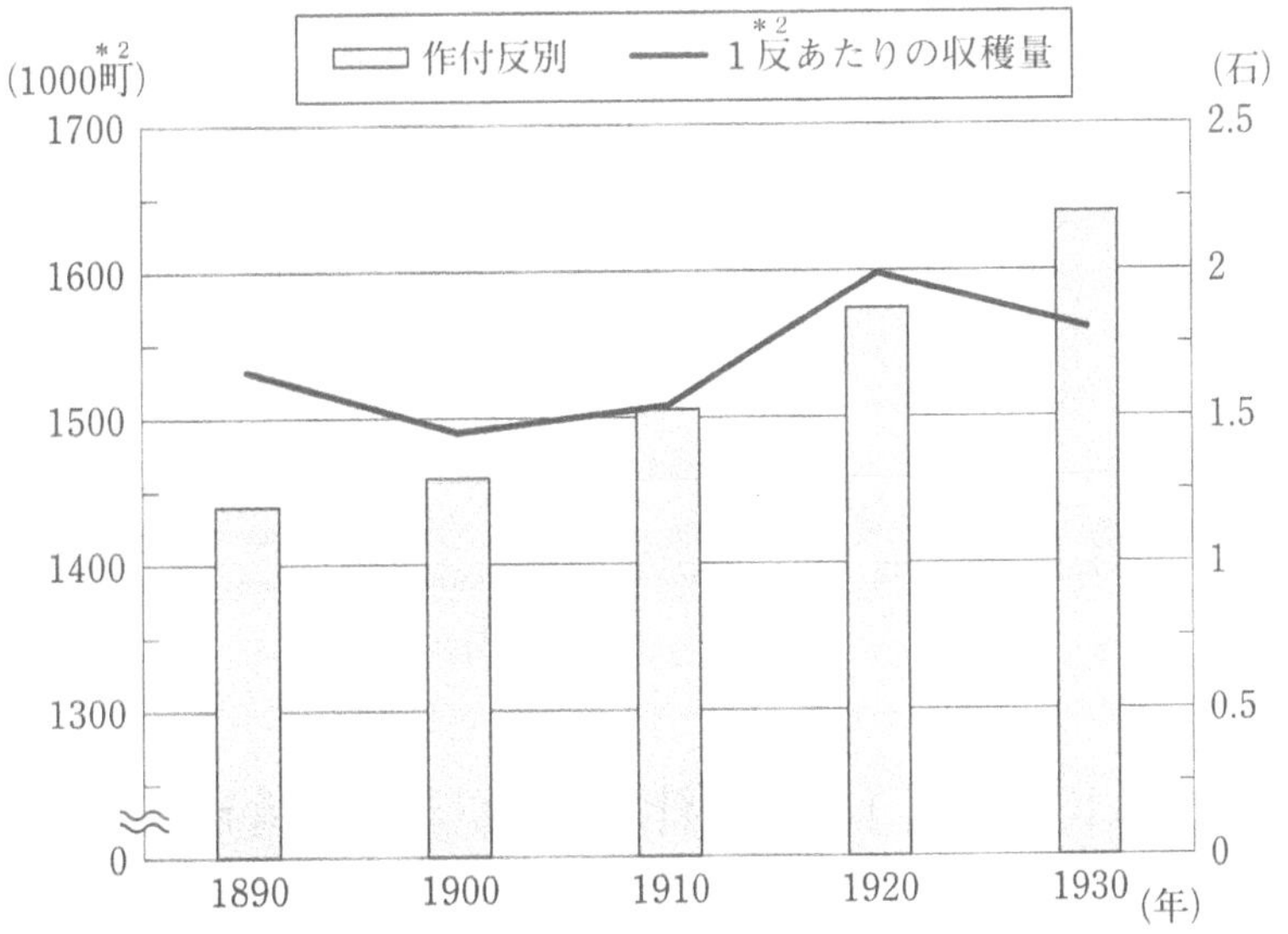

図表５　新潟県の米の作付面積と１反あたりの収穫量の推移

(内閣統計局ほか『日本帝国統計年鑑』より作成)

＊１　潟湖：海から砂などで仕切られて形成された湖。湖底に泥が堆積し、湖岸は湿地状となっている。

＊２　１町・１反：土地の面積の単位。１町＝10反＝9917.36㎡。

問１　文中の（　１　）～（　４　）にあてはまる語句を答えなさい。

問２　次の図表６中の（　Ａ　）・（　Ｂ　）にあてはまる自然地名を答えなさい。

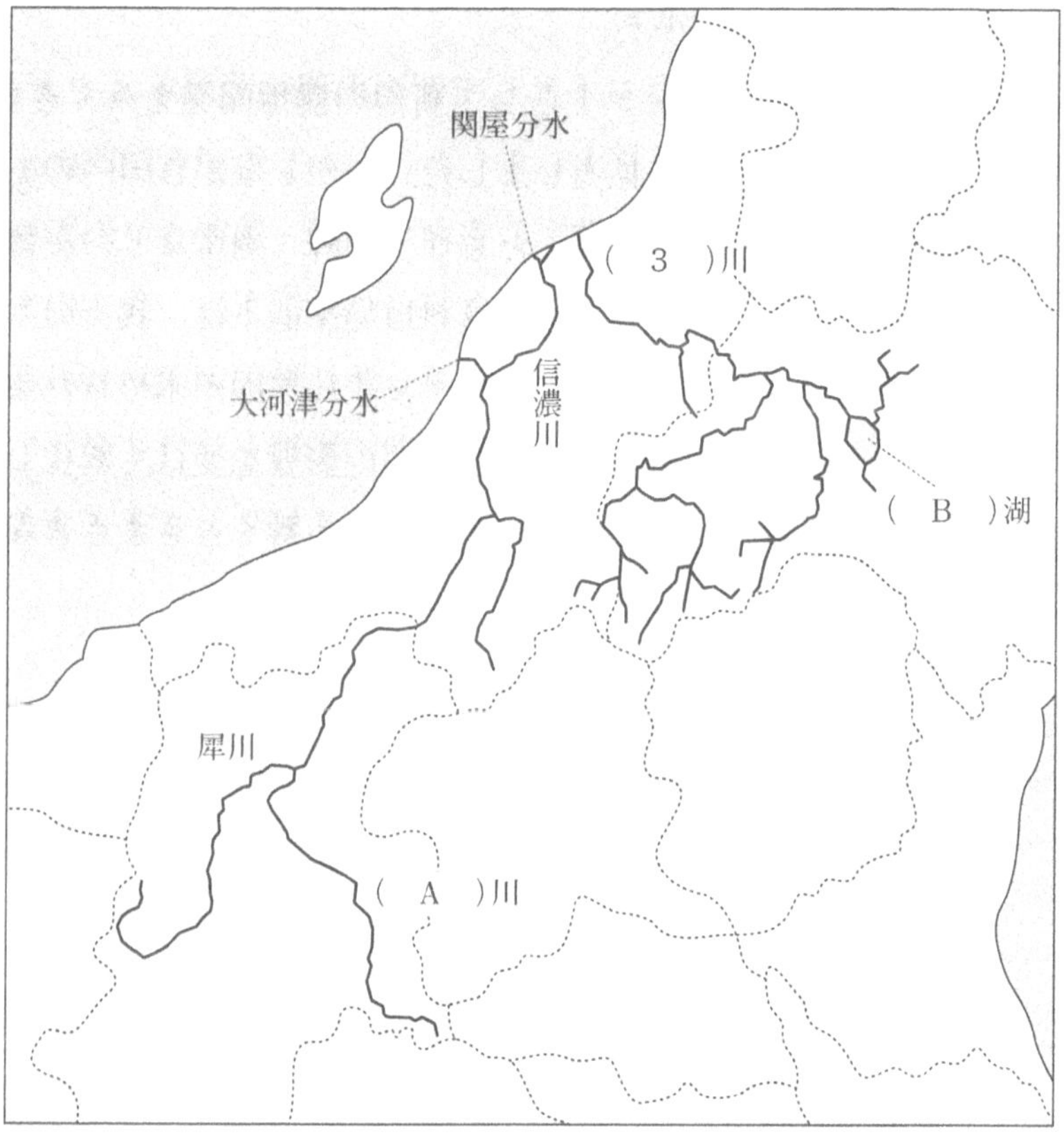

図表６

問３　下線部ａについて、日本の食料供給全体における食料自給率（カロリーベース、2019年）の値として、正しいものを次の中から１つ選び、記号で答えなさい。

ア　28％　　イ　38％　　ウ　48％　　エ　58％

問４　下線部ｂについて、大河津分水と信濃川の分岐点には、図表７のように大河津分水に流す水量を調節する可動堰《かどうせき》と信濃川本流に流す水量を調節する洗堰《あらいぜき》が設置されています。平常時は、可動堰と洗堰は開いた状態で、信濃川下流域の人々の生活や生業に必要な分量の水を流しています。次の①・②の状況になった場合、可動堰と洗堰をどのように動かし対応すると考えられますか。以下の選択肢から１つずつ選び、記号で答えなさい。

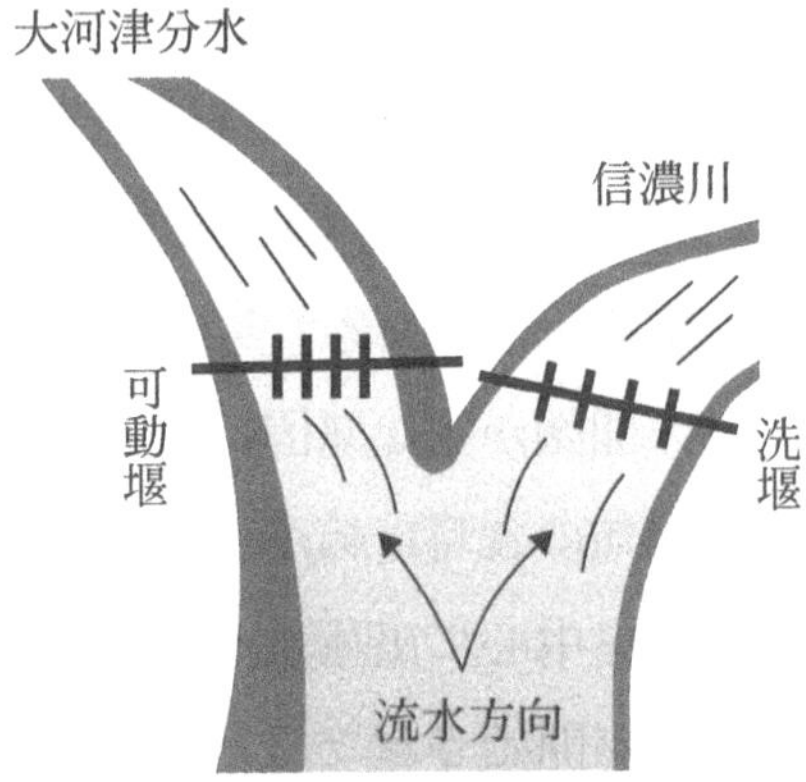

図表７　大河津分水と信濃川の分岐点

①この地点より上流が洪水の時

②この地点より信濃川下流域が洪水の時

ア　可動堰は開ける。洗堰は開ける。
イ　可動堰は閉める。洗堰は開ける。
ウ　可動堰は開ける。洗堰は閉める。
エ　可動堰は閉める。洗堰は閉める。

問５　下線部ｃについて、図表１中の期間Ⅰ～Ⅲに関する以下の説明文のうち、正しいものを１つ選び、記号で答えなさい。

ア　期間Ⅰでは、米の食料自給率が上昇した。これは国が米の自給率引き上げのために行った政策（機械化奨励、農家人口増加目的の補助制度拡充など）の結果、米の生産量が増加したことが主な原因である。

イ　期間Ⅱでは、魚介類の食料自給率が低下した。これは日本海沿岸諸国による乱獲の影響を受けて、日本海側の漁港でマグロやすけとうだらを中心として漁獲量が減少したことが主な原因である。

ウ　期間Ⅲでは、米の食料自給率が100％を切る値に安定するようになっている。これは1970年代から続けられてきた米の生産量を調整する政策、1995年の米の輸入開始が主な原因である。

エ　期間Ⅲでは、肉類の食料自給率が安定してきている。これは畜産農家増加に合わせて豚肉を中心に出荷量が増加したほか、ブランド化に合わせて牛肉や鶏肉の輸出が開始されたことが主な原因である。

問６　下線部①について、新潟県は国内では数少ない天然ガスの産出地として知られています。図表８は、日本の資源の輸入相手国上位５か国（2019年）を示しています。図表中のア～エは、アメリカ・オーストラリア・カナダ・ロシアのいずれかを示しています。オーストラリアに該当するものを１つ選び、記号で答えなさい。

	液化天然ガス（ＬＮＧ）	原油	石炭	鉄鉱石
1	ア	サウジアラビア	ア	ア
2	マレーシア	アラブ首長国連邦	インドネシア	ブラジル
3	カタール	カタール	イ	エ
4	イ	クウェート	ウ	南アフリカ共和国
5	ブルネイ	イ	エ	ウ

図表８

問７　下線部②に関連して、ある都道府県では植物が完全に分解されずにできた土が積み重なった湿地が広がっていたため、新潟周辺と同様に排水路を建設して農地を増やしていきました。この都道府県名として正しいものを次の中から１つ選び、記号で答えなさい。

ア　岡山県　　　イ　福島県　　　ウ　北海道　　　エ　和歌山県

問８　下線部③に関連して、図表９は都道府県別の産業別人口構成(2017年)を示しています。図表中のア～エは、青森県・神奈川県・熊本県・新潟県のいずれかです。新潟県として正しいものを次の中から１つ選び、記号で答えなさい。

	第一次産業	第二次産業	第三次産業
ア	12.0	20.8	67.2
イ	5.3	29.7	65.1
ウ	0.8	21.1	78.1
エ	9.1	20.7	70.2

図表９　(単位は％)

問９　下線部④について、図表10は新潟・東京間の輸送手段別旅客・貨物輸送量(2019年)を示しています。図表中のＸ～Ｚは、鉄道・自動車・船舶のいずれかの輸送手段です。Ｘ～Ｚの組み合わせとして正しいものを次の中から１つ選び、記号で答えなさい。

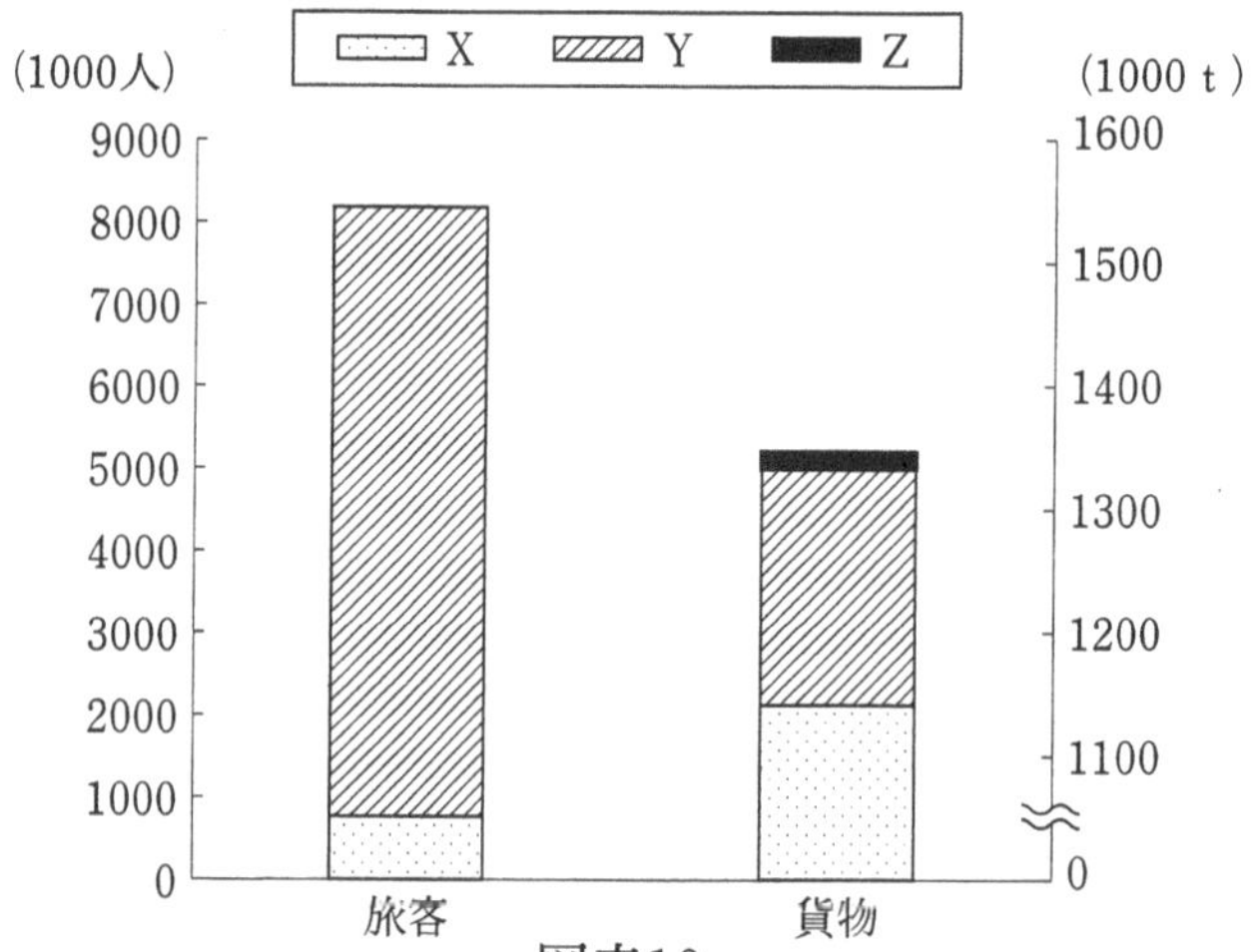

図表10

(国土交通省「貨物・旅客地域流動調査」より作成)

ア　Ｘ：鉄道　　Ｙ：自動車　Ｚ：船舶

イ　Ｘ：船舶　　Ｙ：鉄道　　Ｚ：自動車

ウ　Ｘ：鉄道　　Ｙ：船舶　　Ｚ：自動車

エ　Ｘ：自動車　Ｙ：鉄道　　Ｚ：船舶

問10　本文の内容を含んだ新潟県に関する説明文のうち、正しいものを次の中から１つ選び、記号で答えなさい。

ア　2015年のデータによると、新潟県内では約4,000の農業経営体が５ha以上の水田に田植えを行っていた。

イ　現在の新潟県の地域は、江戸時代を通して良質な米が収穫できる穀倉地帯として、全国的にも有名な場所であった。

ウ　大河津分水は「横田切れ」と呼ばれる堤防決壊・浸水被害を受け、当時の幕府から建設の必要性が認められ、1730年に完成した。

エ　フェーン現象の影響を受け、新潟県三条市では2020年８月17日に最高気温41.1℃を観測した。これは気象庁観測史上１位の記録である。

２ 次の文章を読み、下の問いに答えなさい。

学問としての数学は、今から1500年ほど前に中国から朝鮮半島経由で日本列島に輸入されました。もちろん、それ以前から生活の必要上、物の数を数えたり長さや面積・容積を測ったりするために、①ある程度の数量に関する考えや方法はあったでしょう。

『［　②　］』によると、百済から易や暦の専門家が派遣されたことで数学が紹介されました。また、A推古天皇の時期には、高句麗からも暦・天文に関する書物がもたらされました。これ以後、数学が学ばれていくようになります。

公地公民を原則とする律令体制で不可欠であった③口分田の班給には、土地測量と戸籍調査が必要でした。郡司などの地方役人は収支の計算を担いました。建築・土木、暦・天文などにも計算が必要でした。そのため、律令国家は役人養成の教育機関に数学を教授する科を設置しています。ただし、中には高度な数学も含まれていたので、学生たちがどこまで理解できたのかは不明です。

平安時代半ばから室町時代にかけて数学研究は停滞していた、と考えられています。それでも租税、建築・土木、B戦争などに関わる計算・図形などの知識は、専門化された学者貴族の家で継承されていました。

戦国時代になると、C軍事技術の革新、築城技術の進歩、D鉱山開発や水利事業、検地など、数学的な知識・技術がそれまで以上に必要となりました。戦国大名の積極的な領内経営もあって商業や交通が発達し、貨幣の流通を円滑にするために発せられた撰銭令《えりぜにれい》では、貨幣の混合比率を定める場合もあり、経済活動においても計算の知識は不可欠でした。そのため、室町時代末期に伝来した④算盤を用いる珠算も流行するようになります。

数学研究が盛んになり始めるのは、安土桃山時代でした。E豊臣秀吉による朝鮮侵略をきっかけに中国の数学書が輸入されたことも一因でした。また、1600年頃には『算用記』という数学の入門書が現れ、後の和算書の先駆けとなっています。

江戸時代になると、大きな戦争がなくなったことから経済活動がさらに活発化し、武士の役割も戦闘から行政へと変化しました。そのため、学問も重視されるようになりました。こうした中、京都の有力商人である⑤角倉了以の外孫にあたる吉田光由が1627年に『塵劫《じんごう》記《き》』を発刊します。この書には、米の売買や⑥両替、船の運賃など日常生活に直接必要となる問題や、土地測量、米・酒などの量を計る枡《ます》の寸法、川・城・堀・石垣などの土木工事、といった様々な技術に関する問題、さらに娯楽的な興味本位の問題まで記載されています。この書物は日本における最初の数学入門書として広く普及するだけでなく、大衆的な通俗数学書の型を決定した書ともいえるでしょう。また、庶民や学者が数学の問題やその解答を記した絵馬を神社仏閣に奉納することも行われ、実用性を超えた知的な関心の対象としての数学が庶民にも広がっていきました。こうした日用の数学、遊びの数学に理論的な数学を加えて日本独自に発展した数学が「和算」です。

その理論的な数学で和算を大成したのが、「算聖」と呼ばれる[⑦]です。彼は1674年に『発《はつ》微《び》算《さん》法《ぽう》』を著わし、「傍《ぼう》書《しょ》法《ほう》」（代数による筆算法）を考案して多元高次の方程式を解くことを可能にしました。また、行列式や「ベルヌーイ数」の発見、正多角形の計算、円に内接する正131072角形を使って円周率を3.14159265359まで求めるなど、多くの業績を残しました。

一方、ヨーロッパ数学はF徳川吉宗の時に中国語訳の西洋数学書が輸入されて伝わりました。それらは、G蘭学や航海術、国防などに関心を持った和算家を中心に学ばれています。その後、ペリー来航により国防を中心に西洋数学（「洋算」）を正式に学ぶ必要が高まりました。1855年に設置された海軍伝習所には、学生として和算家も集められました。科学技術の基礎科目として筆算による算術、平面・球面三角法、微分積分など高度な西洋数学が教えられましたが、和算家はそれらを容易に理解し、習得したといいます。また、西洋数学の入門書も多く輸入されました。

明治期になると西洋数学への関心はさらに高まり、ヨーロッパに留学して西洋数学を習得する者も現れました。1872年に初等教育を定めた[⑧]が公布され、小学校における算術教育は「和算を廃止し、洋算を専ら用いる」ことが規定されました。しかし、教師が不足したため、和算家が算術教育に従事することもありました。その後、イギリスに留学して東京大学に数学科を設置したH菊池大麓や、東京大学物理学科を卒業後にドイツに留学した藤沢利喜太郎らにより、数学研究は大学が独占するようになりました。こうして和算家は次第に減少し、西洋数学が主流になっていきました。日本の数学研究が世界的に認められるようになるのは、I大正期に類体論を創出した高木貞治からです。その後、金融工学に貢献することになる伊藤清、「数学界で最高の権威」とされるフィールズ賞を日本人で初めて受賞した小平邦彦らが登場しました。

問１　下線部Ａについて、この天皇は中国に使者を派遣しましたが、その中国王朝の名称を次の中から１つ選び、記号で答えなさい。

ア　魏　　　イ　隋　　　ウ　唐　　　エ　明

問２　下線部Ｂについて、この時期に起こった戦争を年代順に並べた時に２番目となるものを次の中から１つ選び、記号で答えなさい。

ア　平将門の乱　　　イ　平治の乱
ウ　承久の乱　　　エ　前九年合戦

問３　下線部Ｃについて、この１つが鉄砲です。これを種子島にもたらしたのはヨーロッパの商人でした。その国名を次の中から１つ選び、記号で答えなさい。

ア　スペイン　　　イ　オランダ
ウ　ポルトガル　　　エ　イギリス

問４　下線部Ｄについて、この時期に「ある鉱山」から採掘された「ある鉱物」が世界の流通量の約３分の１を占めていた、といわれる状況になりました。その「ある鉱山」を次の中から１つ選び、記号で答えなさい。

ア　足尾銅山　　　イ　釜石鉄山　　　ウ　佐渡金山　　　エ　石見銀山

問５　下線部Ｅについて、これに関する説明として誤っているものを次の中から１つ選び、記号で答えなさい。

ア　１回目を「文永の役」、２回目を「慶長の役」という。
イ　徳川家康は肥前名護屋まで出陣したが、朝鮮半島に渡らなかった。
ウ　朝鮮側は李舜臣の活躍により、日本側の補給路を遮断した。
エ　日本側は戦利品として朝鮮の学問・技術を持ち帰った。

問６　下線部Ｆについて、この人物の行った幕政改革に関する説明として正しいものを次の中から１つ選び、記号で答えなさい。

ア　旧里帰農令を発して江戸への出稼ぎ者を農村に返そうとした。
イ　裁判を公平・迅速に行うために公事方御定書を編さんさせた。
ウ　幕府権力を強化するために上知令を発した。
エ　将軍の仁徳を示すために生類憐みの令を発した。

問７　下線部Ｇについて、これに関する説明として誤っているものを次の中から１つ選び、記号で答えなさい。

ア　この学問を大成した人物に本居宣長がいる。
イ　西洋医学の実証性を示したものに『解体新書』がある。
ウ　伊能忠敬を中心に、精巧な日本列島の地図を作製した。
エ　私塾の一つとして、長崎の郊外に鳴滝塾が設立された。

問８　下線部Ｈについて、この人物は第一次桂太郎内閣の文部大臣を務めたことがあります。この内閣のときに起こった出来事として誤っているものを次の中から１つ選び、記号で答えなさい。

ア　日露戦争が勃発した。
イ　日比谷焼打事件が起こった。
ウ　日英同盟が締結された。
エ　下関条約が締結された。

問９　下線部Ⅰについて、この人物が類体論に関する論文を発表したのは1920年でした。そのときに首相であったのが原敬です。原敬に関する説明として誤っているものを次の中から１つ選び、記号で答えなさい。

ア　原敬内閣が成立する直前に、米騒動が起こっていた。
イ　第一次世界大戦後のパリ講和会議に全権団を派遣した。
ウ　朝鮮で「独立万歳」をさけぶ五・四運動が起こった。
エ　衆議院議員選挙法を改正し、選挙権の範囲を少し拡大した。

問10　下線部①について、柱の間を「十二進法」で測っているのではないかと考えられる巨木建築の遺構が見つかった、青森県の縄文遺跡の名称を答えなさい。

問11　文中の［　②　］には、720年に編さんされた歴史書の名称があてはまります。その書名を答えなさい。

問12　下線部③について、戸籍に登録された６歳以上の男女に６年に一度、口分田を班給する、というこの方法の名称を答えなさい。

問13　下線部④について、江戸時代に村の子どもたちに「読み書き算盤」などを教えた教育機関の名称を答えなさい。

問14　下線部⑤について、この人物は京都の豪商で、江戸幕府から海外渡航の許可を得て東南アジア方面へも貿易船を出しました。この海外渡航の許可証の名称を答えなさい。

問15　下線部⑥について、この時代の江戸では主に金貨が、大坂や京都などの上方では主に銀貨が使われていました。そのため、江戸と大坂で取引をした場合、金貨と銀貨の交換比率に基づいて決済していました。井原西鶴は「親の譲りを受けずに自分の才覚(能力)で稼ぎ出し、銀500貫目《かんめ》以上となった場合は分限《ぶげん》という。銀1000貫目以上は長者という」と作品中で語っています。では、「長者」とは金貨で換算した場合に最低限、どの程度の資産を所有していることになりますか。次の条件に従って計算をし、単位をつけて答えなさい。

〔条件〕 (1)　1609年段階で幕府が定めた交換比率は「金１両＝銀50匁《もんめ》」である。

(2)　金貨は「両」を標準単位とし、「１両＝４分《ぶ》＝16朱」の四進法で計算する。

(3)　銀貨は「匁」を標準単位とし、「1000匁＝１貫目」で計算する。

問16　文中の［　⑦　］にあてはまる人物名を答えなさい。

問17　文中の［　⑧　］にあてはまる語句を答えなさい。

3 次の文章を読み、下の問いに答えなさい。

フランスの思想家（　1　）は『法の精神』の中で、三権分立を主張しました。その思想は現在の日本にも取り入れられています。

三権のうち（　2　）権を担う国会は、法律の制定のほか、（　3　）の議決や（　4　）の承認などを行います。また衆議院と（　5　）に分かれますが、【　X　】。（　5　）の議員は任期が【　A　】年ですが、①選挙は【　B　】年ごとに実施されます。それに対して衆議院は任期が【　C　】年ですが（　6　）があるため、実際の任期は短くなる場合がほとんどです。

国会によって指名された②内閣総理大臣が他の国務大臣を任命して、内閣が作られます。内閣総理大臣とその他の国務大臣は、（　7　）でなければなりません。内閣は（　8　）権を担っており、法律に基づいて業務を執行したり（　3　）を作成したりします。

（　9　）権を担っているのは裁判所です。すべての裁判官は、良心に従って（　10　）して裁判を行うことが憲法で保障されています。裁判所は（　11　）裁判所と高等裁判所などその他の下級裁判所に分かれますが、高等裁判所の判決の後に（　11　）裁判所へ訴えることを（　12　）と言います。（　11　）裁判所の裁判官は、任命後初めて行われる衆議院議員総選挙の際に（　13　）を受けることになっています。

問１　（　1　）～（　13　）にあてはまる語句を下から選び、記号で答えなさい。

ア　司法　　イ　控訴　　ウ　解散　　エ　行政　　オ　審理
カ　条約　　キ　条例　　ク　予算　　ケ　ロック　　コ　参議院
サ　モンテスキュー　　シ　高級　　ス　弾劾　　セ　上告
ソ　最高　　タ　国会議員　　チ　文民　　ツ　貴族院　　テ　ルソー
ト　提訴　　ナ　同盟　　ニ　立法　　ヌ　政令　　ネ　独立
ノ　国民投票　　ハ　国民審査　　ヒ　自治　　フ　連邦議会
ヘ　自立　　ホ　解職

問２ 【 Ｘ 】にあてはまる文章として正しいものを次の中から１つ選び、記号で答えなさい。

ア 大日本帝国憲法の時代には、衆議院は枢密院、(５)は元老院と呼ばれていました

イ 大日本帝国憲法の時代には、衆議院のみ設置された一院制を採用していました

ウ 衆議院と(５)で異なった議決をしたときには、衆議院の議決が優先される「衆議院の優越」が働く場合があります

エ 衆議院の議員が(５)の議員となることも可能です

問３ 文中の【 Ａ 】～【 Ｃ 】にあてはまる数字を答えなさい。

問４　下線部①について、昨年実施された東京都議会議員選挙の小平市選挙区では、58年ぶり３回目というめずらしい出来事が起こりました。その出来事を説明した文章として適切なものをＤ群の中から１つ選び、記号で答えなさい。また、その出来事によって生じた問題を説明している文章として適切なものをＥ群の中から１つ選び、記号で答えなさい。

Ｄ群

ア　候補者の得票が同数だったので、決選投票が行われた。

イ　候補者の人数が定数と同じだったので、無投票になった。

ウ　候補者が全くいなかったので、定数が隣接の選挙区に移された。

エ　天候不良によって一部の投票所が開かなかったために、投票できなかった有権者がいた。

Ｅ群

カ　小平市の有権者の意見が他の選挙区に比べてより都政に反映されてしまう、という不公平が生じた。

キ　選挙の運営にあたる職員の安全確保と、選挙権の確実な保障を両立させることができなかった。

ク　選挙の運営には多額の税金が使われているが、再度投票をすることが必要になったため追加の費用が必要となった。

ケ　各政党が候補者の調整を行ったことによって生じたため、政党政治への不信感が高まり、今後の政治的無関心や投票率の低下につながる。

問５　下線部②について、内閣総理大臣経験者をＦ群から１つ選び、次にその人物が首相だった時に実現した出来事として正しいものをＧ群から１つ選び、それぞれ記号で答えなさい。

Ｆ群

ア　野田佳彦　　　　イ　安倍晋三

ウ　菅 義偉　　　　エ　岸田文雄

Ｇ群

カ　消費税率の引き上げ実施

キ　地球サミット（国際連合環境開発会議）への日本の参加

ク　初の日朝首脳会談

ケ　長野県で冬季オリンピック・パラリンピックの開催

MEMO

大切なことはメモしておこうネ！

問七　問題文の表現と構成の特徴の説明として**適当でないもの**を次のア～カの中から二つ選び、記号で答えなさい。なお、解答の順序は問いません。

ア　1～2行目「うっとり」、31～32行目「しぶしぶ」、60行目「モゴモゴと」、91行目「オイオイ」などの擬態語や擬音語が用いられている。これにより登場人物の心情がイメージしやすくなっている。

イ　2行目のダッシュ（――）に続く部分は、マドコが心の中で思っていることを表現している。

ウ　15行目のダッシュ（――）に続く部分は、ウィルが発言したことを表現している。

エ　26行目などの「結婚」と56行目などの「ケッコン」を漢字とカタカナで書き分けることで、この言葉への読者の注意をうながしている。

オ　28行目の「……」は、アンダーソン夫人が不満をもちながらもマドコを家族として歓迎しようと自分の気持ちを切り替えるために要した間を表している。

カ　問題文は、作品内の現在であるパーティー前夜の場面のなかに、ウィルとマドコの両親の間に生じたもめごとの回想シーンがはさまれている。

問六 ――線４「どうしてドロシーは、～帰りたがったんだろう」とありますが、この部分からどのようなことが読みとれますか。その説明として最も適当なものを次のア～エの中から一つ選び、記号で答えなさい。

ア まどろみながらドロシーの唱えた呪文について考えているマドコが、結婚によって新しくできた家族とうまくやっていこうと思う一方で、日本に残してきた両親のことが恋しくもなり、自分にとって最良の場所はやはり日本の家だという思いを深めているということ。

イ 実家で心からリラックスして寝ているウィルを見つめたり、幼いころのミュリエルがドロシーの科白を真似てアンダーソン氏を喜ばせていたことを知ったりしたマドコが、幸せな家族を営んできたアンダーソン家に自分がなじめるだろうかと心配になってきているということ。

ウ ドロシーと彼女の友達が印刷されている紙袋を見つけたマドコが、故郷のカンザスに帰りたがったドロシーと自分を重ね合わせているうちに、彼女が田舎に帰りたがった理由が気になってしまい、パーティー前夜にもかかわらず、眠れなくなってしまい、困っているということ。

エ 家に優る場所はないと考えたドロシーに思いをはせるマドコが、新しくできた家族の中で一人の個人であることよりもその一員であることが優先されてしまうような気がして、アンダーソン家が自分にとって最良の場所となりうるのか早くも漠然《ばくぜん》とした不安にかられているということ。

問五　次に示すのは、この問題文を読んだ後に、先生の問いかけを受けて、四人の生徒が問題文中のウィルの発言について意見を述べている場面です。ウィルの発言の理解として**誤っているもの**を次のア～エの中から一つ選び、記号で答えなさい。

先生――問題文中のウィルの発言の中からみなさんが気になったものをとりあげて、考えたことを発表してください。

ア　生徒Ａ――83行目の「時代錯誤」というウィルの発言から、マドコがアンダーソン姓を名のらないことに対するウィルの親の否定的な受け止め方は、今の世の中にはそぐわないものだとウィルが考えているんだなと思いました。

イ　生徒Ｂ――85行目の「きみの両親はホントに子離れしていないんだな」というウィルの発言から、当人同士が合意した結婚に対してマドコの両親が口出しをしてきたことが、ウィルにとっては不愉快な出来事だったんだなと思いました。

ウ　生徒Ｃ――86行目の「きみの方でも親離れしていないんだね」というウィルの発言から、日本の両親の求めに応じて旧姓を名のり続けようとしているマドコに対して、ウィルがいら立っているんだなと感じました。

エ　生徒Ｄ――90行目の「人種差別主義者」というウィルの乱暴な発言から、マドコの両親の要求に応えたのに、マドコにも非難され、いくら誠意をもって対応しても報われないというウィルの無力感やこれまでの積もり積もった怒りを感じました。

問四 ――線３「ふぇーと声を上げて～枕を濡らした」とありますが、このときのマドコについての説明として最も適当なものを次のア～エの中から一つ選び、記号で答えなさい。

ア 国際結婚によって娘が日本から遠く離れたアメリカで暮らすことになった両親のむなしさをウィルに対してうったえているうちに興奮してきて、感情がコントロールできずに自然と涙が出てきたが、その涙が自分の傷ついた心をなぐさめてくれているようで心が安らいでいる。

イ 家族の肩をもつような素振りのウィルに刺激され、自分の両親が抱いた淋しさを強い口調でうったえているうちに、気が高ぶってきて、彼の同情を引こうとした演技のはずの涙が思わず流れてくると、悲劇のヒロインのような気分になって、そんな自分にうっとりしている。

ウ 遠く離れたアメリカで結婚生活を送ることになったのだから、子どもを失う喪失感はウィルの両親よりも自分の両親の方が大きいはずだと思うようになって、両親の姓を変えたくないという気持ちが強まり、思わず涙が出てきたが、感情を爆発させて泣いたことでかえってすっきりしている。

エ ウェディング・パーティーを明日にひかえて、花嫁として幸せな気持ちで満たされていたが、娘を嫁にやってしまい日本に置き去りにされる両親のつらさをうったえているうちにだんだんと自分も悲しくなってきたので、泣いているふりをしてウィルにやさしくしてもらおうとしている。

問二　――線１「ミセス・アンダーソンからの手紙」とありますが、この手紙をウィルに読んでもらった後のマドコの説明として最も適当なものを次のア～エの中から一つ選び、記号で答えなさい。

ア　結婚しても旧姓を名のり続けることに反対するボブとウォルターに気分を害するとともに、自分の機嫌をとるためにその場しのぎの言い訳をするウィルのことも苦々しく思っている。

イ　ウェディング・パーティーのためのご馳走の準備やミュージシャンの手配をうれしく思う一方で、自分が結婚後も改姓しないことがウィルの家庭内で問題になっていたと知って心を痛めている。

ウ　結婚後も自分が夫の姓を名のらないことを不満に思うウィルの家族にあきれ、また、それを隠していたウィルに不信感を抱くとともに、彼の家族の結婚に対する考え方にいきどおっている。

エ　アンダーソン夫人が、自分が旧姓を名のり続けることを残念に思いながらも、同じ女性として理解を示してくれ、家族の一員としてあたたかく迎え入れてくれようとしていることに感謝している。

問三　――線２「ウィルは煮えきらない様子で」とありますが、このときのウィルの気持ちを五十五字以上六十五字以内で説明しなさい。

問一　～～～線ａ～ｃの意味として最も適当なものを後のア～エの中から一つずつ選び、記号で答えなさい。

ａ　月並みな

ア　よろこばしい

イ　かたくるしい

ウ　ありきたりの

エ　かしこまった

ｂ　拍子抜けしてしまった

ア　気持ちがみだされてしまった

イ　張り合いがなくなってしまった

ウ　予想外の展開におどろいてしまった

エ　待ちくたびれてしまった

ｃ　恰幅のいい

ア　体格がいい

イ　機嫌がいい

ウ　格好がいい

エ　評判がいい

注1 ビューティー・スリープ……美しさを保つための十分な睡眠のこと。

注2 デリケートな……繊細《せんさい》に作られている様子のこと。

注3 ニューオリンズ……アメリカ合衆国ルイジアナ州南東部、ミシシッピ川の河口近くに位置する港町。

注4 ヴァケーション……休暇《きゅうか》のこと。

注5 タルカム・パウダー……あせもなどの防止のために入浴後に皮ふにぬる粉末のこと。ベビーパウダーともいう。

注6 ニッポン人としてのアイデンティティ……ここでは、日本人であることの証《あかし》という意味。

注7 国務省……日本の外務省に相当する、アメリカの行政機関のこと。

注8 ドロシー……映画「オズの魔法使い」（一九三九年）の主人公の少女のこと。ライオン、樵、案山子も映画に登場する。

注9 フレッド・アステア……一八九九〜一九八七年。アメリカ合衆国の俳優、ダンサー、歌手。

注10 私のクック・ロビンちゃん……ここでは、私のかわいい小鳥ちゃん、という意味。

注11 赤い魔法のルビイ・スリッパ……ドロシーが映画の中で履《は》く赤い靴のこと。

まったマドコは、枕元に置いてあったアンダーソン夫人からの手紙をサイド・テーブルの上に置いて、金色のリボンが誇《ほこ》らしげに輝いているシクラメンの鉢植えを見るともなしにぼんやりと眺めた。そしてふと、そのピンク色の花弁の影にドロシー注8がいるのに気がついた。もっと正確にいえば、ドロシーと彼女の友達の臆病《おくびょう》ライオンとブリキの樵《きこり》と脳なしの案山子《かかし》を見たのであり、その四人が仲良く腕を組んでステップを踏んでいるシーンがきれいにカラー印刷されている紙袋が鉢植えの後ろに置いてあったのだった。アメリカでは、どういうワケか、映画「オズの魔法使い」が今も息の長い人気を誇っていて、ギフト・ショップやちょっとした小物屋に行けば、ドロシーとその仲間たちグッズが各種揃《そろ》っており、この紙袋もミュリエルがそうした小物屋さんで手に入れたものに違いなかった。

マドコは、サイド・テーブルから、その紙袋をひょいとつまみ上げて、何の気なしに眺めたが、子供の頃から歌とダンスが大好きなミュリエルが、注9フレッド・アステアの出演している映画や「赤い靴」などと並んで「オズの魔法使い」が大好きで、アンダーソン氏から買ってもらったヴィデオを擦《す》り切れるくらいに何度も何度も繰り返し見ていたことや、一人娘を注10「私のクック・ロビンちゃん」と呼んでメロメロに甘やかしているC恰幅《かっぷく》のいいアンダーソン氏の首にぶらさがって、幼いミュリエルがドロシーの科白《せりふ》を真似て、

There is no place like home.（お家に優る所ナシ）と言って、氏を喜ばせている光景が、かつて、この家で頻繁《ひんぱん》に見られた最も幸福な家族の図であったということなどは知るはずもなかった。

マドコは、赤ちゃんのような無防備さで眠っているウィルの寝顔をしばらく見つめてから、そっとナイト・ランプの灯りを消すと、羽根布団の中にもぐり込んだ。そして、注11赤い魔法のルビイ・スリッパの踵《かかと》を三回合わせて There is no place like home. と呪文を唱えた少女について、考えるともなく考えていた。

4どうしてドロシーは、あの夢のように美しいエメラルド・シティから、埃《ほこり》っぽいカンザスになんかに帰りたがったんだろう。あの田舎町で彼女を待っていたのは誰だったっけ？

き去りにしてきてしまったあたしとしては、二人に淋しい思いをさせて心配をかけているコトの、せめてもの罪ホロボシというか、彼らのあたしに対する喪失感を紛《まぎ》らわせるためにも、おとうさんとおかあさんの姓であるトコロのサトーを、これからも一生名のり続けていくつもりなのよ。そうするコトが、あたしのニッポン人[注6]としてのアイデンティティにとっても、実に大切なことだと思うし……。

と、ヒステリックにまくしたて、[3]ふぇーと声を上げて泣きマネをしたら、本当に涙が出てきて、それはとても心地よく枕を濡《ぬ》らした。

けれど、その長演説は、ウィルに、結婚する際に起こったマドコの両親とのゴタゴタを思い起こさせてしまったらしく、ウィルはひどく不機嫌な声で、

――きみが名字を変えたくないという気持ちを僕は尊重したいと思っているし、ウチの親がこんな時代錯誤で恥ずかしいコトをきみに対して言ってきたってコトについては本当に申し訳なく思ってるけど、そこで何もきみの親のコトまで持ち出してこなくたっていいじゃないか。ケッコンのことで揉《も》めたとき、僕は、きみの両親はホントに子離れしていないんだなって呆《あき》れたもんだけど、きみの方でも親離れしていないんだね。僕は何もきみを略奪してきたワケじゃなくて、僕たち二人が同意してこのケッコンに踏み切ったっていうのに、きみたちは、親娘《おやこ》ともども、僕に罪の意識を植えつけようとしているみたいだ。きみの親が学生ケッコンは絶対にダメだって言うから、僕は大学院を止めて、国務省[注7]に就職まで決めたっていうのに、このうえ責められたんじゃたまらないよ。結局のところは、きみの親もきみ自身も僕が日本人ではなく、アメリカ人だっていうことが気にいらないんじゃないの？　きみたちは人種差別主義者なんだ。

と、一気にまくしたて、オイオイ泣き続けるマドコに背を向けて、さっさと羽根布団にもぐりこんでしまった。

マドコは、夫の怒りを背中に感じて怯《おび》えたが、このまま泣いていれば、きっとウィルは心配して、あたしの背中を優しく撫《な》でてくれるに違いない、と、しばらくの間、頑張って泣き続けた。けれど待てど暮らせど、ウィルはかまってくれないから、マドコがそっと身を起こすと、ウィルは、すぅすぅ寝息をたてて、すでに眠りこんでいるのだった。すっかり[b]拍子抜けしてし

のカゾクってどうなっちゃってんの？　そりゃあ、日本では夫婦別姓は法律的には認められていないけど、アメリカじゃ、こんなのアッタリマエのことでしょ。職業上のキャリアを大切に考えて、ケッコンしたって独身時代の姓を変えずに仕事を続けていく女性はゴマンといるわけだし、第一、日本と違ってアメリカには戸籍っつーもんがなくて個人の出生証明書があるだけだから、ケッコンは家と家の結合とか、どちらかがどちらかの家に入るっていうことを意味しないはずじゃない。

――うん、そう。そう。そうなんだ。そりゃまあ、そうなんだけどね。

と、[2]ウィルは煮えきらない様子で、口の中でモゴモゴとコトバを反芻《はんすう》し、

――でもウチは特別にカゾクの結束が固いらしいんだな。

と言った。

マドコは、なーんだ、ソリャ！　と、再びかん高い声で叫び、わざとオーヴァーな仕草《しぐさ》でベッドにつっ伏《ぷ》して見せた。そしてミュリエルの使っているタルカム・パウダー注5の香りが微《かす》かにする枕に顔を押しつけて、

――あたしは、あなたとケッコンして、アメリカに住むことになっちゃったけど、それでもニッポン人なのよ。これから先、何年何十年アメリカに住んで、英語がペラペラになったって、あたしは、ずっと死ぬまでニッポン国籍を保持するつもりだし、いつまでも、いつまでも、ニッポンにいるおとうさんとおかあさんのムスメなんだからね。このケッコンについて、あたしのおとうさんとおかあさんがどんなふうに感じて、どれほど反対したのか、あなたにだって分かってるでしょ。大切に育ててきたムスメをこんな遠くにやるってことは、親にとっちゃつらいものよ。

と、ほとんど説教口調になり、

――そりゃあ、どんな親だってムスメがケッコンするっていえば、淋しい思いをするんだろうけど、近ばでケッコンするのとこんなに遠くまで来ちゃうっていうのでは、親の感じるであろう喪失感の程度が違うわよ。

と、このへんから、おナミダ頂戴的になってきて、マドコの感情もますます高ぶり、

――だから、おとうさんとおかあさんの反対を押しきって、自分の意志を貫いてこのケッコンをして、遠くにあの二人を置

これからは、この家はあなたの家で、私たちはあなたの家族です。

愛をこめて
あなたたちのおかあさんより

――なーんだ、コリャ。

ウィルが手紙を読み終《おわ》るやいなや、マドコはかん高い声で叫び、

――フユカイ。

と、低い声で付け足した。

――あたしがケッコンしても、名字を変えないことについて、あなたのカゾクが反対だったなんて、ぜーんぜん聞いてなかったわよ。

――うん、だって、話す必要もないと思ったからさ。うちのカゾクがどう思おうと、きみは名字を変えるつもりはなかっただろう？

と、今ではすっかり眠気も醒《さ》めてしまったウィルは、うんざりしたように言い、

――そりゃあ、そうかも知れないけどさ、こんな大切なこと、黙っていることないじゃない。

とマドコは憤慨《ふんがい》して言い返した。

――でも、僕は、はじめから、きみが僕の姓を名のる必要はないと思っていたし、きみも同じように考えていると聞いて、僕のカゾクが何と思おうと、カンケイないや、と思ったんだ。だって、このコトは僕たち二人のモンダイなんだし、最終的には、きみ個人のモンダイじゃない。

――そうよ。これは、あたしのモンダイなのよ。でも、あなたのカゾクは、そうは思っていないみたい。だいたい、あなた

――そんなの明日の朝読めばいいじゃない。もう寝ようよ。

ウィルは眠い目をこすりながら、実に迷惑そうに言ったが、マドコが、やだ、今でなくちゃ、やだ、とダダをこねるので、仕方なく半身を起こして、ナイト・ランプの明かりにかざして、手紙を読み始めた。

親愛なるマドコ&ウィル

ウェルカム・ホーム！ そして結婚おめでとう！ この手紙をあなたたちが読むころは、私は、ボブと一緒に、ニューオリンズでヴァケーションを楽しんでいるはずですが、明日のお昼前には帰る予定ですから、パーティーの前に家族みんなで昼食を取りましょうね。

パーティーには、親戚一同、ウィルの高校、大学時代のお友達、私やボブのお友達、それからウォルターやミュリエルのお友達も何人か見えることになっています。マドコのご両親がいらっしゃれないのは、本当に残念なことです。パーティーのご馳走の材料はニューオリンズで新鮮な魚介類を仕入れてきて、当日コックさんに調理してもらうつもりだし、ミュージシャンにも来てもらいます。皆で楽しく食べて踊りあかしましょう。今から、パーティーが待遠しくてなりません。

それから、最後になりましたが、マドコがウィルと結婚しても、私たち家族の姓を名のってくれないとのこと、少し淋《さび》しい気持ちで受け止めています。ボブとウォルターは、そのことで、かなり気を悪くしたようですが、私とミュリエルは女同士として、マドコの気持ちもわからないではありません。でも、とにかく……

と、そこまで読んで、ウィルはマドコの顔色を窺《うかが》うようにして、ちらりと彼女の横顔を盗み見た。マドコは、そんなウィルを睨《にら》みつけ、続けて、と低い声で言い、ウィルは、このことについては説明しなくちゃと思っていたんだけど……と口ごもり、更に何か言おうとしたけれど、マドコが、きっぱりとした口調で、いいから最後まで読んでよ、と言ったので、ウィルはしぶしぶながらも先を読む以外になかった。

でも、とにかく、私たちは家族になったのですから、これからも末永く、仲良く助け合ってやっていきましょう。マドコ、たとえあなたが、私たちの姓を名のってくれなくても、あなたが私たちの家族の一員になったことにはかわりありません。

【三】 次の文章は、野中《のなか》柊《ひいらぎ》の小説『アンダーソン家のヨメ』の一節です。国際結婚をしたマドコとウィルは、新婚旅行の帰りに、アメリカ合衆国ウィスコンシン州の小さな田舎町にあるウィルの実家を訪れ、ミュリエルの寝室を借りて眠りにつこうとしています。以下はそれに続く場面です。これを読んで、後の問いに答えなさい。なお、問題文中に登場するボブ、ウォルター、ミュリエルは、それぞれウィルの父、弟、妹にあたります。また、設問の都合で問題文の上に行数をつけてあります。

よほど疲れているのか、ウィルは、おやすみ、と言うと、さっさとベッドにもぐり込んでしまい、マドコもいつまでもうっとり部屋を眺め回してもいられないから――何と言っても、明日はウェディング・パーティーなのだ、あたしにはビュー[注1]ティー・スリープが必要だわ――急いでパジャマに着替えると、ベッドの脇にあるサイド・テーブルの上のナイト・ランプに手を伸ばして、そのとき、初めて、そこに金色のリボンのかかった可愛らしいピンクのシクラメンの鉢植えと薄いブルーの封筒に入った手紙があることに気がついた。封筒の表には、ヴィクトリア調とでも言いたいような流麗《りゅうれい》な筆記体で、Ｍａｄｏｋｏ＆Ｗｉｌｌと書いてあったから、ああ、これは[1]ミセス・アンダーソンからの手紙だ、と、その筆使いに見覚えのあるマドコはすぐに察して、何かお祝いの言葉のしたためてある手紙だろうと見当をつけて、ためらうことなく封を切った。便箋《びんせん》は、半透明のブルーのデリケート[注2]な手触りのもので、確かに結婚のお祝いの手紙らしく、[a]月並みな言葉で始まっていた。

親愛なるマドコとウィル――あたしの名前を息子の名前の先に配するあたり、ミセス・アンダーソンったら気ィ使ってるぅ、とマドコは思った――ウェルカム・ホーム！　そして結婚おめでとう！　この手紙をあなたたちが読むころは、私は、ボブと一緒に、ニューオリンズ[注3]でヴァケーション[注4]を楽しんでいるはずですが――と、そこまで読んで、マドコは、流麗すぎて判読しがたい、細い糸のようにして延々と続く夫人の字体にイラ立って、早くも軽い鼾《いびき》をたてながら眠り込んでしまっていたウィルをゆすり起こした。

――ねえ、あなたのママからの手紙なの。読んで頂戴《ちょうだい》。

問八　――線７「人を信頼する～かもしれません」とありますが、ここで筆者が言いたいことはどのようなことですか。その説明として最も適当なものを次のア～エの中から一つ選び、記号で答えなさい。

ア　人を信頼するためには、どの程度の大きさの不利益が生じるかを正確に予測することだけが解決すべき課題となるのではなく、自分たちの日常の中に根強くひそんでいるさまざまな偏見や差別意識に気づき、変えていくことが必要であるということ。

イ　人を信頼するためには、自分たちが引き受ける不利益の大きさだけがのりこえねばならない課題となるのではなく、日常生活の中で自分たちの行動をしばりつけている決まりごとが現状に適しているかどうか見つめ直すことが必要であるということ。

ウ　人を信頼するためには、自分たちがどの程度までの大きさの不利益ならば容認できるかを検討することだけではなく、どんな場合でも自分たちが損をしないように行動しなければならないという利己的な考えをのりこえることが必要であるということ。

エ　人を信頼するためには、自分たちがこうむる不利益の大きさを適切に予測してそれを可能な限り小さくすることだけではなく、自分たちが当たり前に正しいと考えているルールや規則が実は理にかなっていないと発見することが必要であるということ。

問七 ――線６「和田は認知症のお年寄りを信じようとしました」とありますが、なぜ「和田」氏は「認知症のお年寄りを信じよう」とするのですか。その説明として最も適当なものを次のア～エの中から一つ選び、記号で答えなさい。

ア お年寄りの身の回りからあらゆる危険を取り除こうとすると、介護する側がその生活を監視し管理し続けることが必要になるが、そのような介護者の監視下での生活はお年寄りの人格を尊重していないと考えているから。

イ お年寄りの家族の希望を実現するためには、介護する側がお年寄りの生活範囲を限定したうえでその行動を厳しく制限しなければならなくなり、お年寄りが常に介護者の指示や命令におびえてしまうと考えているから。

ウ お年寄りの生活の中にひそむ事故などの危険性を探し出し、それに対応することでお年寄りの生活をほぼ安全なものにすることができるが、それではお年寄りが自分で問題を解決する力を失ってしまうと考えているから。

エ 安全を確保することだけを優先してお年寄りの行動の自由を制限することは、お年寄りに介護する側の意思を押しつけることになるだけでなく、お年寄りが人間らしく生きることを阻んでしまうと考えているから。

問六 ――線５「「ふつうの生活」」とありますが、ここでいう「ふつうの生活」の説明として最も適当なものを次のア～エの中から一つ選び、記号で答えなさい。

ア ある一定のリスクはあるが、お年寄りが自身の健康を損なうことなく生活できるように、様々な安全対策のもとで自由に行動できる生活のこと。

イ 大きなリスクがあっても、お年寄りがさまざまな活動に積極的に参加して充実感を感じられるように、いつでも自由に行動できる生活のこと。

ウ リスクは伴うけれども、お年寄りが可能な限り自分自身の意思を行動に移せるように、ある一定の制限内で自由に行動できる生活のこと。

エ わずかなリスクは許容して、お年寄りが慣れ親しんだ生活に近い形で暮らせるように、周囲の目が届く範囲内で自由に外出できる生活のこと。

問四　――線３「なんて不合理な」とありますが、筆者はどのようなことを「不合理」と述べているのですか。その説明として最も適当なものを次のア～エの中から一つ選び、記号で答えなさい。

ア　相手の行動のために、自分が予想外の損害を受ける場合があることを理解しながらも、損害が生じるようなことはしないと思うこと。

イ　相手の行動によって、大きな事故が起こる可能性が高いと予想していながら、何の対策も立てないで相手の行動を見守ること。

ウ　相手の行動のせいで、自分に大きな不利益が生じたことが多いのにもかかわらず、相手の失敗を許して友好的に接し続けること。

エ　相手の行動しだいで、深刻な事故や事件に巻き込まれるかもしれないのに、自分の身の危険をかえりみず相手を助けること。

問五　――線４「信頼はものごとを合理化するのです」とありますが、これはどういうことですか。「信頼」と「合理化」がどのような関係にあるかが明らかになるように、四十五字以上六十字以内でまとめて説明しなさい。

問一　[A]～[D]にあてはまる言葉として最も適当なものを次のア～カの中から一つずつ選び、記号で答えなさい。なお、同じ記号をくり返し用いてはいけません。

ア　たとえば　　イ　なぜなら　　ウ　あるいは　　エ　ところが　　オ　つまり　　カ　だから

問二　――線1「より冷徹と言えるかもしれません」とありますが、なぜ「より冷徹と言える」のですか。その説明として最も適当なものを次のア～エの中から一つ選び、記号で答えなさい。

ア　嘘をついた人にも大切に思う家族や友人が大勢いるのに、苦しみもがくような罰を与えるから。
イ　嘘をついた人にどのような事情や背景があったとしても、何の考慮もせずに罰を与えるから。
ウ　嘘をついた人が死んでしまう可能性がどれほど高かったとしても、全くためらわずに罰を与えるから。
エ　嘘をついた人が罪を自覚してその償いをしているのに、直ちに極めて厳しい罰を与えるから。

問三　――線2「重要なのは～伴うことです」とありますが、ここで筆者はどのようなことを述べようとしていますか。その説明として最も適当なものを次のア～エの中から一つ選び、記号で答えなさい。

ア　人は、事前にさまざまな危険性を予測することによって、はじめて安心を得ることができるということ。
イ　嘘をつくと、嘘をついた人は周囲の人々の信用を失って、結果的に必ず損をすることになるということ。
ウ　安心は、予測できない事態が起こらず、自分がひどい目にあう可能性がないと感じることだということ。
エ　合理的に考えれば、相手は大きなリスクを抱えているので、自分が損をする確率は非常に低いということ。

に座ってお客さんとおしゃべりに花を咲かせてしまったりする。でもまあ、おしゃべりしたっていいじゃない。7人を信頼することを阻《はば》むのは、リスクの実際の大きさというより「ねばならない」という私たちのなかの堅固《けんご》な規範意識なのかもしれません。

（伊《い》藤《とう》亜《あ》紗《さ》『手《て》の倫理《りんり》』）

※問題作成の都合上、もともと文章中にあった小見出しや注などを省略したところがあります。

注１　孫悟空……十六世紀末の中国の小説『西遊記』に登場するサルの妖怪。気性の荒い暴れん坊である。悪事をはたらいたため、釈迦如来《しゃかにょらい》に罰せられ、その償いとして「三蔵法師」の弟子となり、その旅の供になる。

注２　逆説……一つのことがらの中に、同時には成り立たないはずの二つのことがらが含まれていること。

注３　信憑書類……ここでは、証拠となる書類のこと。

注４　ローカルルール……ある特定の地域や団体だけで通用する決まりのこと。

注５　担保できた……保証できたということ。

伴うことだからです。もちろんさまざまな工夫によって、リスクを最小化することは重要ですし、和田もその点に関しては細心の注意を払っています。けれども、相手が意思を行動に移すとき、必ず想定外のことは起こる。だからこそ和田は、お年寄りの力を信じ、「想定外」がゆるされるような生活の場を整えようとするのです。

ちなみに、二〇一二年にこの和田の施設に取材に行ったのが、当時ＮＨＫのディレクターだった小国《おぐに》士朗《しろう》でした。滞在中、お昼ご飯に、入居者さんが料理を作ってくれることに。聞かされていた献立はハンバーグでした。

［Ｄ］、いざ食卓に運ばれてきた料理はなぜか餃子《ぎょうざ》だった。「ええと、ひき肉しかあってない……けどいいのかな……？」。のど元まででかかった「これ、間違いですよね？」のひと言をぐっと飲み込んで、小国は思います。「ハンバーグが餃子になったって、別にいい」。

間違えたって、おいしければ、なんだっていい。

それなのに「こうじゃなきゃいけない」という〝鋳型《いがた》〟に、認知症の状態にある方々をはめ込んでしまえば、どんどん介護の現場は息苦しく窮屈になっていく。

そしてそんな考え方が、従来型の介護といわれる「拘束」や「閉じ込め」につながっていくのかもしれない。

この出来事をきっかけに、小国が始めたのが「注文をまちがえる料理店」です。このお店では、認知症の方がフロア係として注文をとりに行きます。だから、注文した料理がきちんと届くかは、わからない。つまり、社会的不確実性が高いことが最初から宣言されているレストランなのです。

でも案外、そこで自分が被《こうむ》る「ひどい目」は、ハンバーグが餃子になる程度なのかもしれない。もちろん、「注文をまちがえる料理店」でも、大きなトラブルが起こらないように注意が徹底されています。私も一度訪れたことがありますが、注文票に工夫があって、ミスが出にくいように配慮されていました。それでも、お冷やを持ってきてくれたお年寄りが、そのまま空いた席

由度が確保されている。そうすることで、ふつうの家に近い状態で生活することができるのです。

5「ふつうの生活」がなされている証拠に、入居しているお年寄りたちは、自分でできることは自分で行います。洗濯、掃除どころか、買い物に行き、料理もします。包丁も握るし、火も使うのです。

いくら安全対策がなされているとはいえ、周囲からすれば不安も残るでしょう。「ふつうの生活」にはさまざまなリスクがともないます。実際、目を離したすきに入居者さんが外出してしまい、長時間行方不明になってしまうケースもあったそう。「鍵をかけないのは危険だ」という批判も当然寄せられます。

それでも、6和田は認知症のお年寄りを信じようとしました。確かに、鍵をかけ、行動を制限すれば事故などのリスクは減ります。けれども、それは生きていることにならないのではないか。和田は介護現場の現実をこう述べます。

　とどのつまり、本人が椅子から立とうとすると「危ないから座っていてください」と行動を制止し、本人がどんなに頑張っても立ち上がることができないようなソファーを置いてそこに座らせておいたり、施錠《せじょう》して出て行けないようにしたり、物を隠して触れないようにする、薬物を使うなどの手を打つことになるのです。

　すると家族等が一番望む「安全な生活」は担保[注5]できたとしても、自分の意思を行動に移すという人としてのステキな姿は消え失《う》せ、そのことからくる混乱は増し、動かないことによる心身の活動性低下や能力の衰退が合わさって起こるなど、「生き生きとした姿」を失うことにつながりかねないのです。

安心が前提にする、社会的不確実性がゼロの状況とは、先にも指摘したとおり、確実にコントロールできているということを意味します。相手の行動が予測可能なものになっていて、こちらからするとリスクがない。「相手の行動によってこちらがひどい目にあう」ということがないわけですから、自分と相手の関係も固定されることになる。それは、制御し、支配する関係です。

けれども和田は、どこまでもお年寄りを制御したり支配したりしないようにする。［　C　］、生きることはそもそもリスクを

3なんて不合理な、と思うかもしれません。けれども実際の機能としてはむしろ逆でしょう。つまり、4信頼はものごとを合理化するのです。信頼は複雑なプロセスを短縮し、コストを削減《さくげん》する効果を持っています。

［B］私の勤務する大学ではある時期、出張に確かに行ったということを証明するのに膨大《ぼうだい》な書類を作らされていました。カラ出張を防ぐためです。航空券や特急券の半券を持ち帰るのはもちろんのこと、ホテルでは宿泊証明書を作ってもらい、会議に参加すれば会場のまえで自分の姿を入れた写真を撮り、それらすべてをそろえて注3信憑《しんぴょう》書類として経理課に提出しなければならないのです。要するに、教員が信頼されていない。ホテルのフロントや鉄道の駅員さんに書類をお願いするたびに、自分が信頼されていないことを晒《さら》しているようで何とも恥ずかしい思いをしたものです。

問題は、これだけの事務作業をするのに、教員や事務支援員の膨大な労働力、つまり時間とお金が割《さ》かれているということです。もし大学がひとこと「教員を信じる」とさえ言ってくれれば、膨大な時間とお金を無為《むい》に浪費することなく、研究や教育など、大学としてより重要な仕事にあてることができたはずです。ところが、信頼がないがために、本来重要でないはずの作業にコストがかかってしまった。もちろん、国立大学ですので説明責任があるのは分かりますが、よくよく考えてみれば、いまどき写真なんていくらでも加工できるわけで、そもそもが穴のある不条理なシステムです。

結局、出張に関するこの複雑な経理システムは、文科省からの「過度な注4ローカルルールは改善すべし」というお達しによって、あるときを境に簡素化されることになりました。その理由は「効率化」。架空の思考実験ならまだしも、現実には社会的不確実性をゼロにするのは不可能です。つまり一〇〇パーセントの安心はありえない。どこまでもシステムを複雑化してしまう無限後退に終止符を打ってくれるのが信頼なのです。

認知症の介護の世界でも、信頼と安心の違いが問題になることがあります。

介護福祉士の和田行男《わだゆきお》は、認知症の高齢者がともに生活を営むグループホームを営んでいます。和田はこの施設に夜間以外は鍵をかけません。つまり、入居するお年寄りが、施設から自由に出入りできるようになっているのです。もちろん、扉にセンサーをつけ、必要に応じて職員が付き添うなど、安全対策はきちんとなされています。周囲の「目」がある範囲内で、お年寄りの自

います。

2 重要なのは「彼／彼女は嘘をつかないだろう」という判断に、確信が伴うことです。嘘をつくことによって、彼／彼女は確実に不利益をこうむります（もっとも、少ない確率で利益をこうむる可能性もゼロではありませんが、少なくとも山岸は「確信」という言葉を使っています）。まわりの人からすれば、それは確実だから「安心」なのです。想定外のことが起こる可能性がほとんどゼロ。すなわち、「安心」という感情は、状況をコントロールできている想定と関係しています。

他方で、「信頼」が生まれるのは、そこに「社会的不確実性」があるときだ、と山岸は言います。社会的不確実性がある状況とは、「相手が自分の思いとは違う行動をする可能性がある、つまり自分を裏切るかもしれないような状況」のこと。すなわち信頼とは、「相手の行動いかんによっては自分がひどい目にあってしまう状況で、相手がひどいことをしないだろうと期待すること」なのです。安心と信頼の違いを、山岸は端的に次のように整理しています。

> 信頼は、社会的不確実性が存在しているにもかかわらず、相手の（自分に対する感情までも含めた意味での）人間性のゆえに、相手が自分に対してひどい行動はとらないだろうと考えることです。これに対して安心は、そもそもそのような社会的不確実性が存在していないと感じることを意味します。

要するに、安心とは、「相手のせいで自分がひどい目にあう」可能性を意識しないこと、信頼は「相手のせいで自分がひどい目にあう」可能性を自覚したうえでひどい目にあわない方に賭《か》ける、ということです。もしかしたら、一人で出かけた子供が行き先を間違えて迷子になるかもしれない。途中で気が変わって、渡した電車賃でジュースを買ってしまうかもしれない。そう分かっていてもなお、行っておいでと背中を押すことです。

ポイントは、信頼に含まれる「にもかかわらず」という逆説[注2]でしょう。社会的不確実性がある「にもかかわらず」信じる。この逆説を埋めるのが信頼なのです。

【二】 次の文章を読んで、後の問いに答えなさい。

社会心理学が専門の山岸俊男《やまぎしとしお》は、「安心」と「信頼」の違いを、「針千本マシン」という架空の機械を使って説明しています。針千本マシンとは、喉《のど》に埋《う》め込《こ》むタイプの機械で、その人が嘘《うそ》をついたり約束を破ったりすると、自動的に千本の針が喉に送り込まれる、という仕組みになっています。

さて、ある人間の喉にこの「針千本マシン」が埋めこまれているとします。そのことを知っている者は誰でも、その人間が絶対に、少なくとも意図的には嘘をついたり約束を破らないと確信できるでしょう。たとえその人間がこれまでに何度も約束を破って、そのために罰《ばつ》として「針千本マシン」を埋め込まれた人間であったとしても、千本の針を喉に送り込まれる目にあうよりは、約束を守ったほうがましだからです。

「針千本マシン」は、機能としては、注1孫悟空《そんごくう》が頭にはめさせられている輪っか（緊箍児《きんこじ》）に似ています。悟空が悪事をはたらくと、三蔵法師《さんぞうほうし》が「緊箍児呪《きんこじじゅ》」と呪文をとなえる。すると輪っかが悟空の頭を締め付けて苦しめます。［A］、罰が抑止力になって罪を犯すのを防ぐのです。ただ「針千本マシン」のほうは、刑罰の執行が機械化されている点で、1より冷徹と言えるかもしれません。

重要なのは、このマシンがあることによって、まわりの人が、この人間は嘘をつかないはずだという確信をもつということです。まわりの人は、その人物の人格の高潔さや、自分たちとの関係を考えてそう思っているのではありません。嘘をつくと彼／彼女は不利益をこうむる。だから、合理的に考えて、彼／彼女は嘘をつかないはずだ。つまり、まさにその人物が「針千本マシン」を埋めこまれているから、彼／彼女は嘘をつかないはずだ、と判断するのです。

果たしてこれは「信頼」でしょうか。それとも「安心」でしょうか。山岸は、ここには「安心」はあるが「信頼」はないと言

【一】 次の①～⑤の――線部について、カタカナの部分は漢字に直し、漢字の部分はその読みをひらがなで答えなさい。なお、答えはていねいに書くこと。

① 墓前に花を手向ける。

② 漢和ジテンを使いこなす。

③ 扇《おうぎ》の的を弓矢でイる。

④ ハクラン会は盛況のうちに幕を閉じた。

⑤ 新調する服のサイスンをする。

令和4年度　本郷中学校
第2回　入学試験問題

国語

（五〇分　満点：一〇〇点）

注意

一、指示があるまで問題冊子を開いてはいけません。

二、答えはすべて解答用紙に記入しなさい。

三、字数指定のある問題は、特別の指示がない限り、句読点、記号なども字数に含みます。

四、用具の貸し借りは禁止します。

五、指示があるまで席をはなれてはいけません。

六、質問があれば、だまって手をあげて監督者を呼びなさい。

七、試験が終わったら、解答用紙だけ提出しなさい。問題は持ち帰ってもかまいません。

令和４年度 本郷中学校
第３回 入学試験問題

算　数

（50分　満点：100点）

注　意

1．**コンパスᆞ分度器、定規、三角定規、計算機の使用は禁止します。かばんの中にしまって下さい。**
2．指示があるまで開いてはいけません。
3．答えはすべて解答用紙に記入しなさい。
4．用具の貸し借りは禁止します。
5．指示があるまで席をはなれてはいけません。
6．質問があれば、だまって手をあげて監督者を呼びなさい。
7．試験が終わったら、解答用紙だけ提出しなさい。問題は持ち帰ってもかまいません。

1 次の $\square$ に当てはまる数を求めなさい。

(1) $5\times\left\{\square\div\left(\dfrac{1}{2}-\dfrac{1}{3}\div 4\right)-\left(4\dfrac{1}{2}+\dfrac{1}{3}\times 1\dfrac{1}{2}\right)\right\}=59$

(2) $\left(4\dfrac{2}{3}+5\dfrac{5}{12}\right)\div(0.75\div 0.2)\div\left(\dfrac{2}{3}+0.125\times 2\right)=\square$

2 次の問いに答えなさい。

(1) Ａ君は１本のテープを切って、４つに分けました。最初は全体の$\frac{1}{3}$より50cm短い長さを切り、次は残りの$\frac{1}{2}$より15cm長く切りました。３回目は最初と同じ長さを切ったところ、残りは全体の$\frac{1}{10}$になりました。もとのテープの長さは何cmでしたか。

(2) 濃度の分からないＡ，Ｂ ２種類の食塩水があります。Ａを200ｇとＢを300ｇ混ぜると８％の食塩水ができることが分かっています。いま、ＡとＢの量を逆にして混ぜたところ、７％になりました。できた７％の食塩水にＡ，Ｂいずれか一方の食塩水を混ぜて８％の食塩水にするにはＡ，Ｂどちらの食塩水を何ｇこの食塩水に加えればよいですか。解答らんのＡ，Ｂどちらかに○をつけ、加える量を答えなさい。

(3) ある道にそって、Ａ，Ｂ，Ｃ ３つのバス停がこの順で並んでいます。Ｂのバス停からＣのバス停までは、Ａのバス停からＢのバス停までの半分の道のりです。いま、Ａのバス停を自転車とバスが同時に出発したところ、自転車がＢのバス停に着いたときにバスはＣのバス停に着きました。自転車でそのまま進むと、Ｃのバス停を折り返したバスとＢのバス停から900m離れた地点ですれ違いました。Ａのバス停からＣのバス停までの道のりは何mですか。ただし、停車時間を考えないものとします。

(4) 図は、正六角形ＡＢＣＤＥＦのそれぞれの辺のまん中の点を取って、正六角形ＧＨＩＪＫＬを作ったものです。正六角形ＧＨＩＪＫＬの面積は正六角形ＡＢＣＤＥＦの面積の何倍ですか。

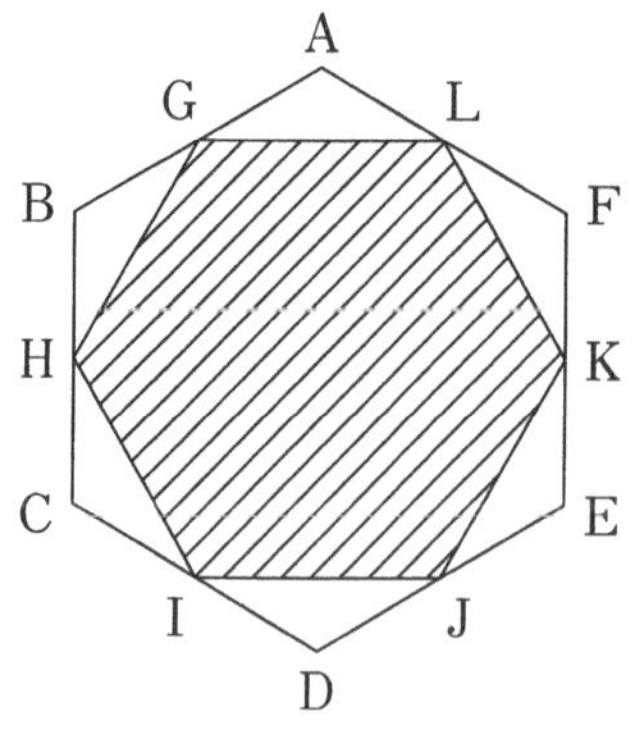

(5) 図のようなＡＢ＝８cm，ＢＣ＝６cm，ＡＣ＝10 cmである直角三角形ＡＢＣを直線ℓの周りに回転させてできる立体の表面積は何cm^{2}ですか。ただし、円周率は3.14とします。

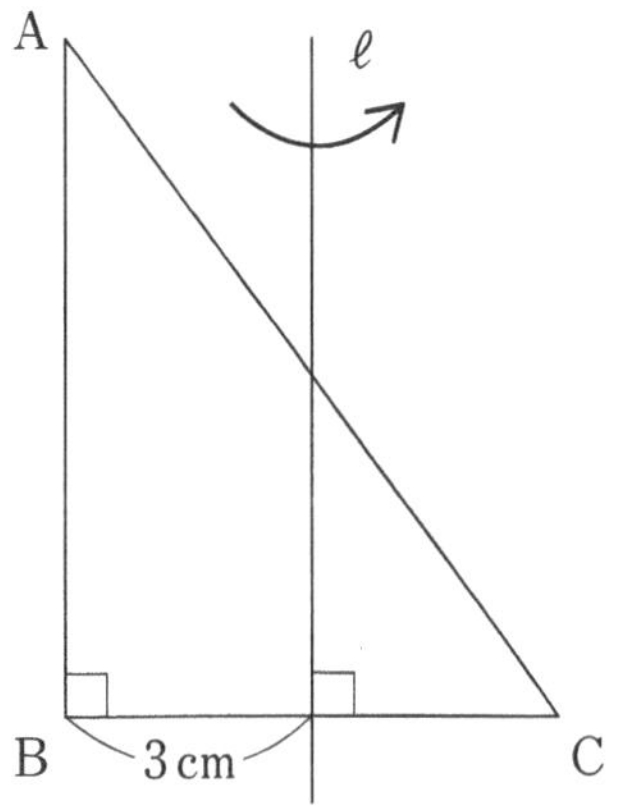

(6) 図のような長方形ＡＢＣＤがあり、辺ＣＤ，辺ＤＡのまん中の点をそれぞれＥ，Ｆとします。さらに直線ＡＥが、直線ＢＦと交わる点をＰ、直線ＣＦと交わる点をＱとします。三角形ＦＰＱの面積は、三角形ＦＢＣの面積の何倍になりますか。

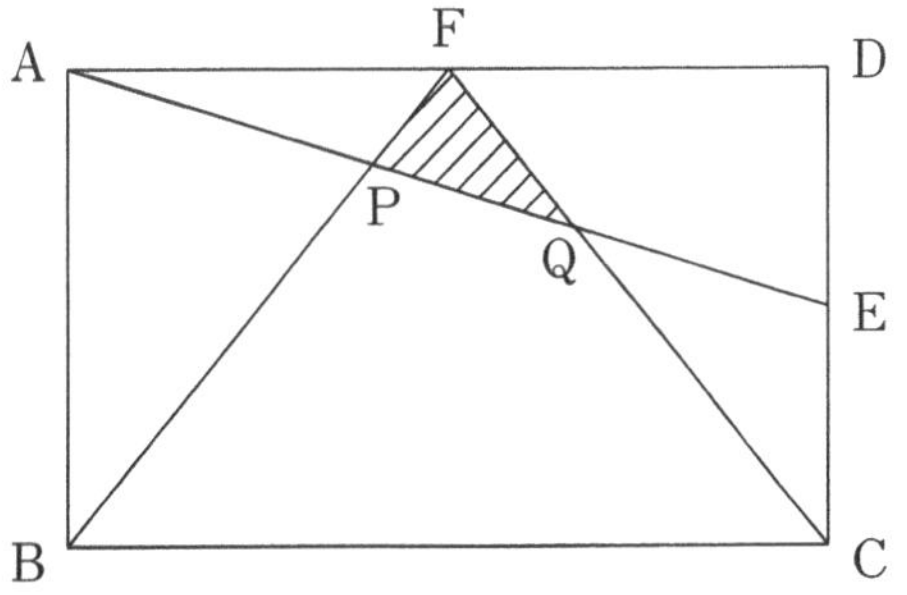

3 ［図Ⅰ］のような長方形ＡＢＣＤの辺ＡＤ上にＡＥ＝ＥＤとなるように点Ｅをとった図形があります。辺ＡＤの長さは14cmです。この図形上を２点Ｐ，Ｑが同時に動き始め、点ＰはＢから毎秒２cmでＢ→Ｅ→Ｃと移動します。点ＱはＢから毎秒10cmでＢ→Ｅ→Ｃ→Ｅ→Ｂ→Ｅ→…と移動し、点Ｐが点Ｃに達するまでこの動きをくり返します。

２点Ｐ，Ｑが動き始めてからの時間と３点Ｂ，Ｃ，Ｐを頂点とする三角形の面積、３点Ａ，Ｂ，Ｑを頂点とする三角形の面積の関係をグラフで表すと［図Ⅱ］のようになります。ただし、２点が重なるとき、または３点が一直線上に並ぶときは面積を０とします。

このとき、次の問いに答えなさい。

［図Ⅰ］

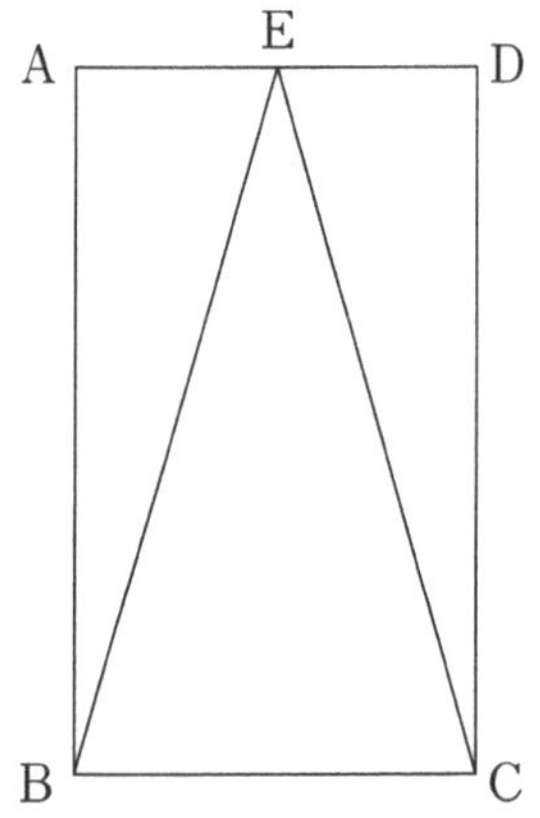

［図Ⅱ］

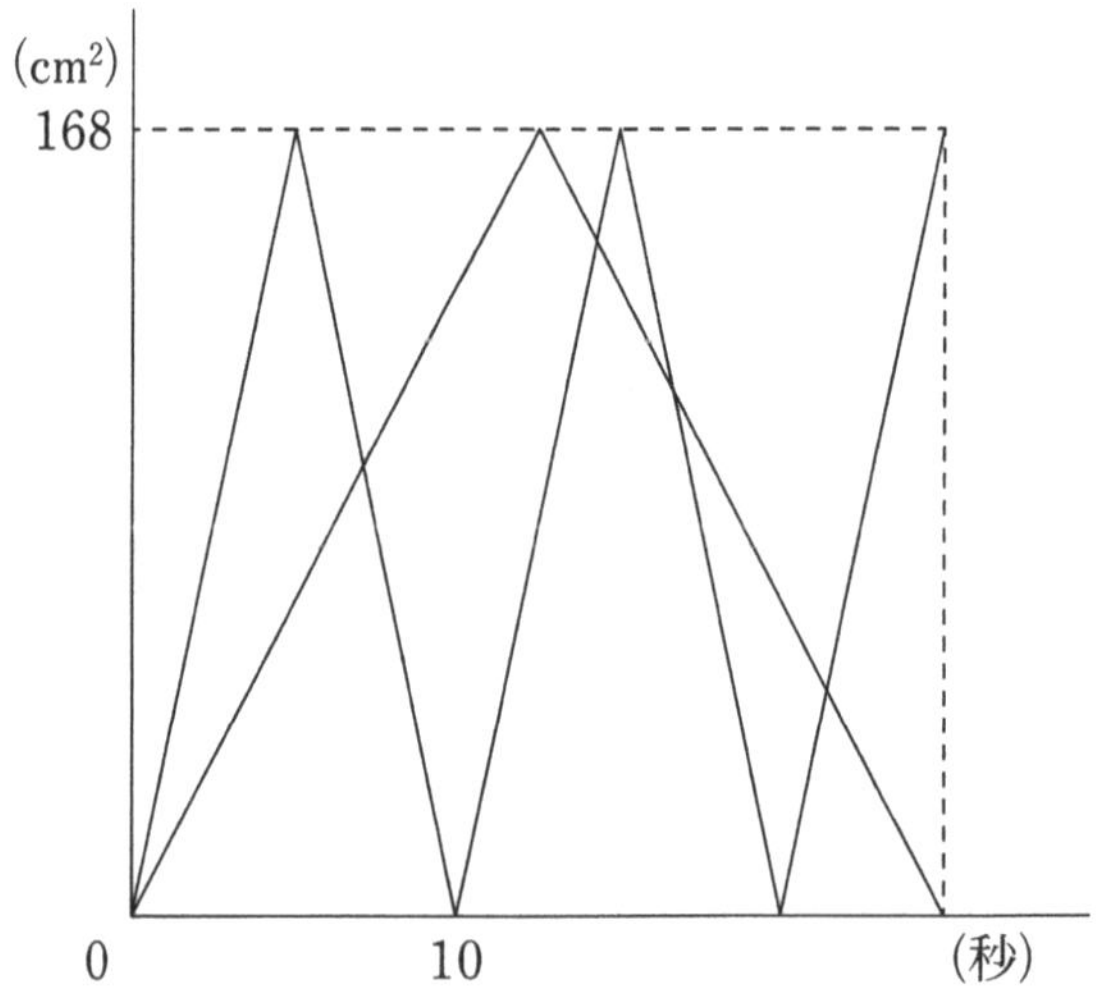

(1) 辺ＡＢの長さは何cmですか。

(2) ２点Ｐ，Ｑが動き始めてから、最初に２つの図形の面積が等しくなるとき、その面積は何cm^2ですか。

(3) 最後に２つの図形の面積が等しくなるのは、２点Ｐ，Ｑが動き始めてから何秒後ですか。

4 128人いるチームから、代表を選ぶことにしました。A，B，C，D，Eの５人が立候補し、128人が１人１票ずつ投票を行って代表を選びます。立候補した人は必ず自分に投票することとします。

以下の［　　］は、このチームに所属するA，B，C，D，E以外の３人 X，Y，Zの会話です。

> X：「ところで代表は何人選ぶんだろう」
> Y：「あれ何人だっけ？」
> X：「まぁ、１人は絶対に選ぶんだろうけど…」
> Y：「もし代表を１人だけ選ぶなら、少なくとも何票取れば必ず代表に選ばれるのかしら」
> X：「立候補した人は必ず自分に投票するから 128－５＝123(票)のうち何票とればよいか考えればいいね」
> Z：「選ばれる人よりも１人多い人数で票を取りあうことを考えるんだよ」
> X：「つまり、123票を２人で取り合うことを考え、立候補者が自分に投票する分を合わせればいいんだ」
> Y：「代表を１人だけ選ぶなら、自分自身に投票した１票も含めて、少なくともx票をとれば必ず代表に選ばれるわね」

(1)　xの値はいくつですか。

> Z：「どうやら、代表は３人だけ選ぶみたいだよ」
> X：「３人も選ばれるの？僕も立候補すれば代表になる可能性があったかも」
> Z：「さっきと同じように考えたら、代表を３人だけ選ぶとき、必ず選ばれるための票数は、自分自身に投票した１票も含めて、y票となるからね」

(2)　yの値はいくつですか。

Ｚ：「開票の途中経過が発表されたよ」

開票の途中経過

立候補者	A	B	C	D	E
獲得した票の数	17	8	12	20	34

Ｘ：「実はここだけの話、僕はＡに投票したんだよ。何とか代表に選ばれないかなぁ」

Ｙ：「開票の途中経過から考えて、Ａが必ず代表に選ばれるためには、少なくともあと何票必要なのかしら」

Ｚ：「１番獲得した票が少ないＢは代表に選ばれないと考えるんだよ」

Ｘ：「そうか。ＥとＢが獲得した票以外の票を残りの３人で取り合うことを考えればいいんだね」

Ｙ：「そうね。計算してみよう」

・・・・・・・

Ｙ：「Ａはすでに17票を獲得しているから、少なくともあとz票必要だわ」

Ｘ：「そうだね。Ａが代表に選ばれてほしいなぁ」

(3)　zの値はいくつですか。

5 Ｐ，Ｑ ２つの電球があり、スイッチを入れると次の状態をくり返します。

・電球Ｐは４分間点灯したあと２分間消える
・電球Ｑは５分間点灯したあと３分間消える

スイッチを入れ、電球Ｐ，Ｑを同時に点灯させてから60分間の様子を調べました。このとき、次の問いに答えなさい。

(1) 電球Ｐ，Ｑがともに消えているのは、合計何分間ですか。

(2) 電球の点灯の仕方によって、１分間につき次のように得点を与えることにします。

条件Ａ：２つとも点灯しているとき３点 一方だけが点灯しているとき２点 ２つとも消えているとき１点

条件Ｂ：２つとも点灯しているとき０点 一方だけが点灯しているとき２点 ２つとも消えているとき10点

条件Ａと条件Ｂについてどちらの方が合計得点は高くなりますか。また何点高いですか。解答らんの条件Ａ，条件Ｂのどちらか得点の高いほうに○をつけ、何点高いかを答えなさい。

(3)　１分間につき次のように得点を与えることにします。

条件Ｃ：２つとも点灯しているときＸ点 　　　　一方だけが点灯しているとき０点 　　　　２つとも消えているときＹ点

　すると合計得点が160点となりました。このとき、Ｘ，Ｙの値はいくつですか。ただし、Ｘ，Ｙは１以上の整数とします。

MEMO

大切なことはメモしておこうネ！

令和4年度 本郷中学校
第3回 入学試験問題

理 科

（40分 満点：75点）

注 意

1．机上に定規を出し、試験中に必要であれば使用しなさい。
2．指示があるまで開いてはいけません。
3．答えはすべて解答用紙に記入しなさい。
4．用具の貸し借りは禁止します。
5．指示があるまで席をはなれてはいけません。
6．質問があれば、だまって手をあげて監督者を呼びなさい。
7．試験が終わったら、解答用紙だけ提出しなさい。問題は持ち帰ってもかまいません。

1 次の文を読み、以下の問に答えなさい。

本郷君はある謎解きゲームに参加しました。

そのゲームで、ある部屋に入ると以下のような指示が壁《かべ》に書いてありました。

『５種類の粉末Ａ、Ｂ、Ｃ、Ｄ、Ｅ(鉄、アルミニウム、食塩、石灰石、二酸化マンガンのいずれか)と濃度《のうど》(濃《こ》さ)の薄《うす》い４種類の水溶《よう》液ａ、ｂ、ｃ、ｄ(塩酸、過酸化水素水、水酸化ナトリウム水溶液、アンモニア水のいずれか)を用意した。この中から適切な粉末と水溶液を選び気体を発生させ、その気体でろうそくの火を消せ。慎重《しんちょう》に選べよ！』

さらによく見ると、『粉末Ａ、Ｂ、Ｃ、Ｄ、Ｅと水溶液ａ、ｂ、ｃ、ｄを使って実験をすると次のようなことがおこる。』の文章とともにヒントとして実験と結果が書いてありました。また、ヒントのそばには小石ほどの大きさの［　①　］も置いてありました。

＜ヒント＞

【実験１】 ５本の試験管に水溶液ａを入れ、粉末Ａ～Ｅをそれぞれ加えた。

⇒【結果１】全ての試験管から気体は発生しなかった。

【実験２】 ５本の試験管に水溶液ｂを入れ、粉末Ａ～Ｅをそれぞれ加えた。

⇒【結果２】粉末Ａを入れた試験管だけから気体が発生した。

【実験３】 ５本の試験管に水溶液ｃを入れ、粉末Ａ～Ｅをそれぞれ加えた。

⇒【結果３】粉末Ｂを入れた試験管だけから気体が発生した。

【実験４】 ５本の試験管に水溶液ｄを入れ、粉末Ａ～Ｅをそれぞれ加えた。

⇒【結果４】粉末Ｂ、Ｄ、Ｅを入れた試験管から気体が発生した。

【実験５】 同じ濃さの水溶液ｃと水溶液ｄを同じ体積だけ混ぜた。

⇒【結果５】粉末Ｃを水に溶かしたときと同じ種類の水溶液ができた。

【実験６】 水溶液ａ～ｄの一滴をガラス板にとりしばらく放置した。

⇒【結果６】最終的に水溶液ｃだけに白い固体が残った。

【実験７】 粉末Ａ～Ｅに［　①　］を近づけた。

⇒【結果７】粉末Ｄだけが引きよせられた。

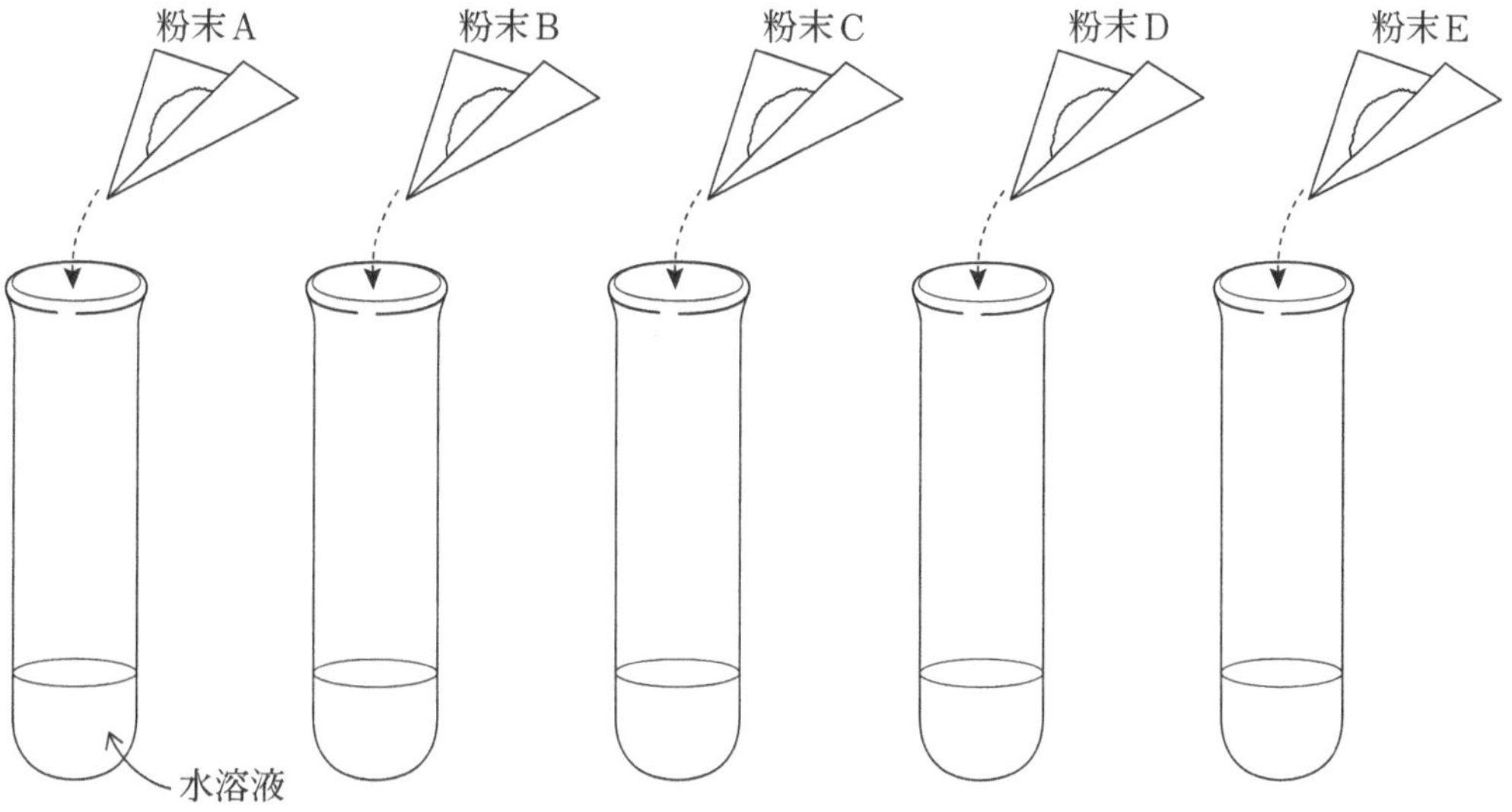

(1)　５種類の粉末Ａ、Ｂ、Ｃ、Ｄ、Ｅと４種類の水溶液ａ、ｂ、ｃ、ｄを組み合わせて発生する気体は全部で何種類あるか答えなさい。

(2)　水溶液ｃの名まえを答えなさい。

(3)　文章中の　①　に入るものの名まえを答えなさい。

(4)　【実験１】～【実験６】だけでは区別できない粉末が２種類あります。その粉末の組み合わせをＡ～Ｅの記号で答えなさい。

(5)　文章中の粉末と水溶液を使い、ろうそくの火を消すために発生させる気体の名まえを漢字で答えなさい。

(6)　ろうそくの火を消すためにはどの粉末とどの水溶液を組み合わせればよいですか。
　粉末はＡ～Ｅ、水溶液はａ～ｄの記号を使い答えなさい。

2 次の文を読み、以下の問に答えなさい。

図１のように長さ120 cmの一様な太さの木の棒に20 cmずつ目盛りをつけ、A点に100 gの鉄のおもりをつり下げます。そしてO点でひもでつるしました。これを【状態１】とします。この【状態１】からいろいろな実験をしました。また、ひもは軽くて丈夫《じょうぶ》なので重さは考えなくてよいとします。

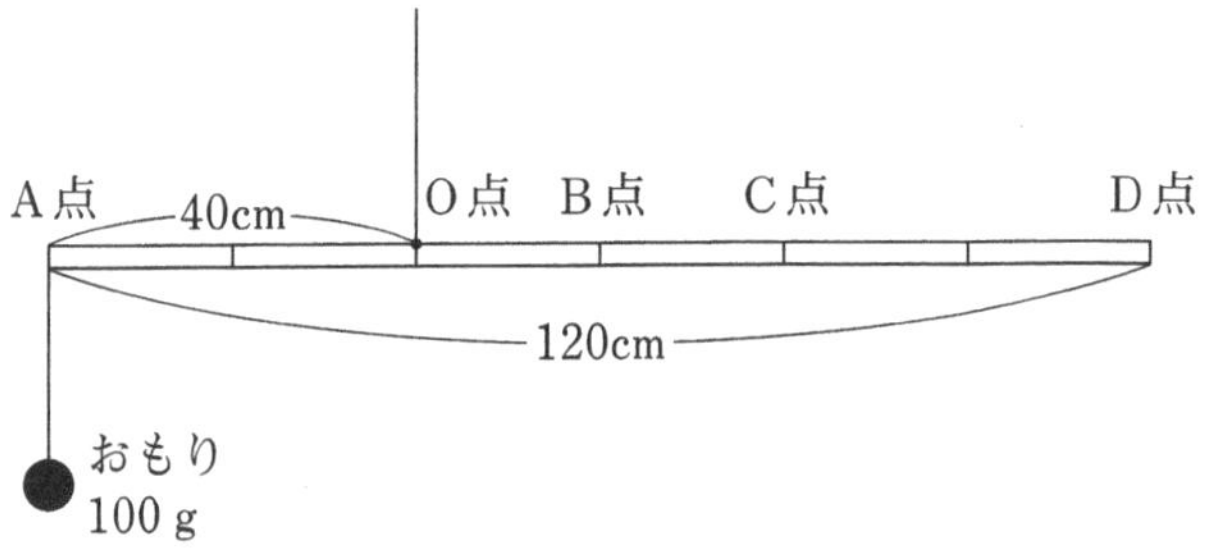

図１【状態１】

(1) 【状態１】からB点に180 gの鉄のおもりxをつり下げました。すると図２のように、棒は水平になりつり合いました。木の棒の重さは何gですか。

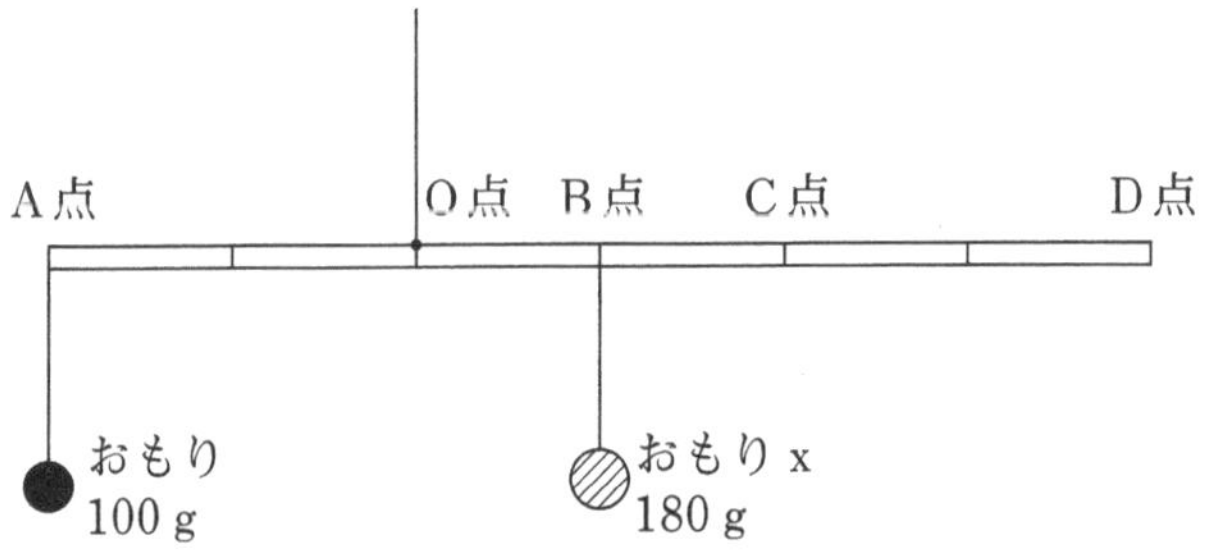

図２

(2) 【状態１】から図３のようにC点とD点に同じ重さの鉄のおもりyをそれぞれ１つずつつり下げました。すると、棒は水平になりつり合いました。C点とD点につり下げた鉄のおもりy１つは何gですか。

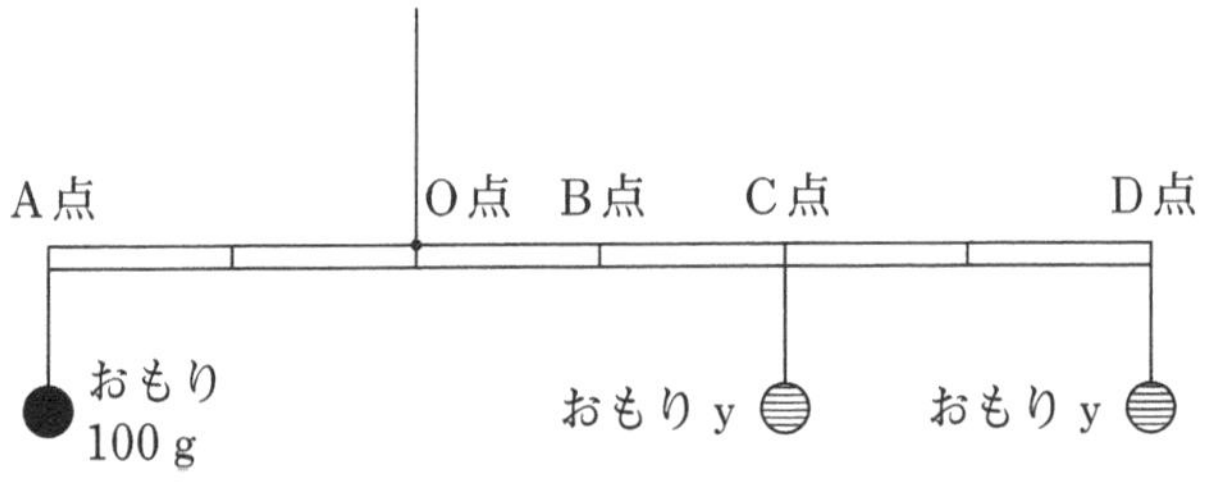

図３

(3) 【状態１】から図３のＣ点、Ｄ点の鉄の２つのおもりｙをある同じ場所につり下げて、棒を水平につり合わせます。Ｏ点から右へ何cmのところにつり下げたらよいでしょうか。

(4) 図５のように図３のＤ点の鉄のおもりｙに図４の電磁石のスイッチを入れ、Ｐ側を上にして電磁石を近づけました。棒はどうなりますか。次のア～エから正しいものを１つ選び、記号で答えなさい。

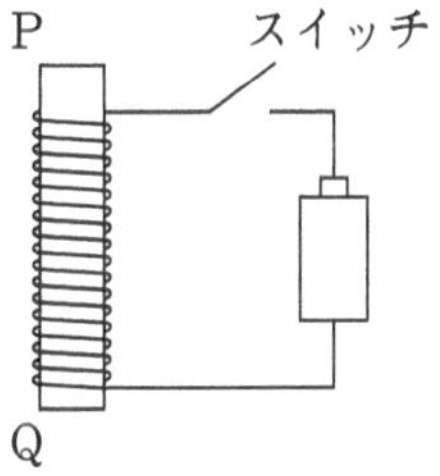

図４

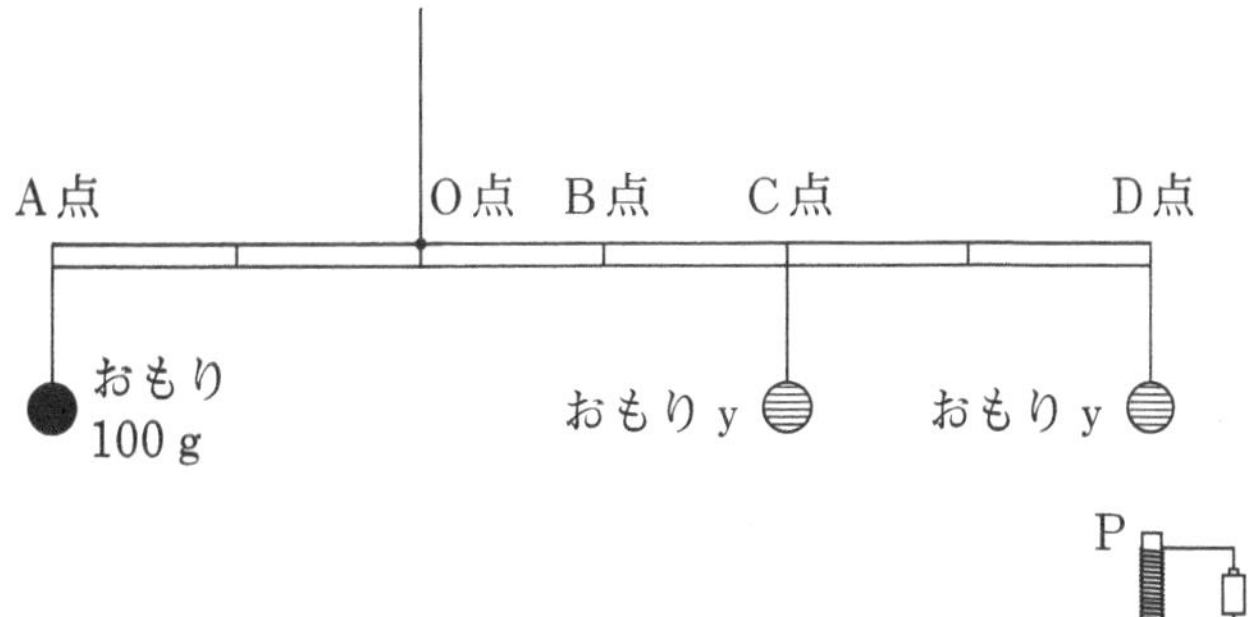

図５

ア．棒の左側が上がる
イ．棒の左側が下がる
ウ．棒が上下に振動する
エ．棒は動かず水平のままになる

(5) (4)において図４の電磁石のＱ側を上にして電磁石をＤ点の鉄のおもりに近づけました。棒はどうなりますか。(4)のア～エから正しいものを１つ選び、記号で答えなさい。

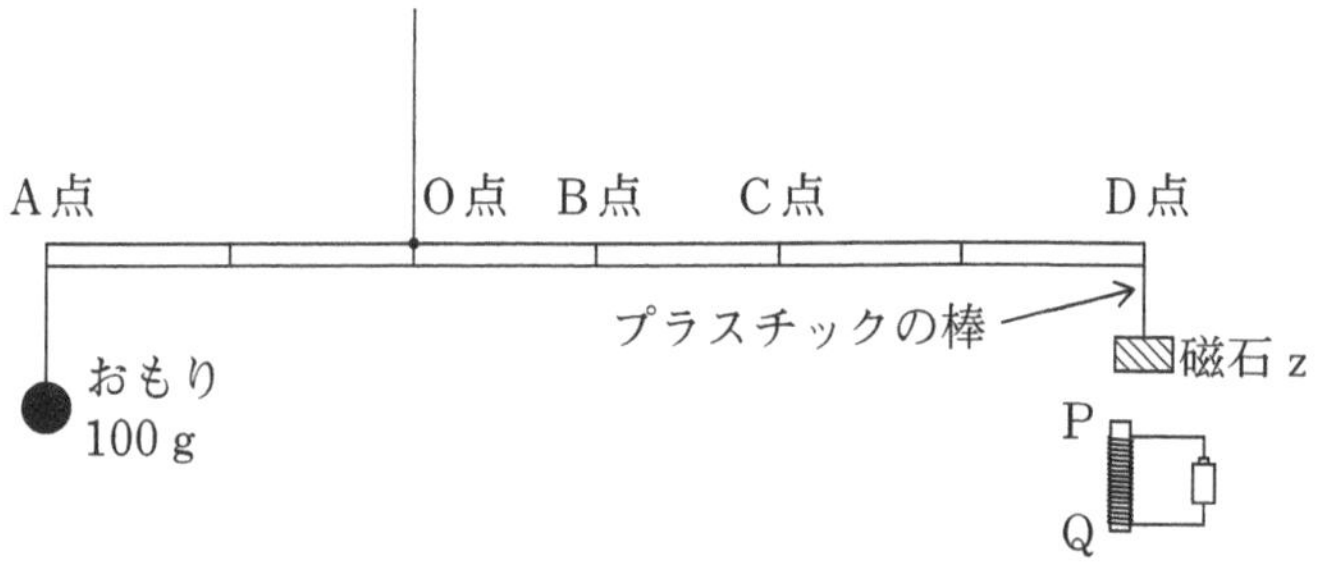

図６【状態２】

図６のように【状態１】から、Ｄ点にはプラスチックの棒に、おもりｙ１つと同じ重さの磁石ｚを取りつけました。そして、図４の電磁石のスイッチを入れてＰ側を上にして電磁石を近づけたら木の棒は水平につり合いました。これを【状態２】とします。この【状態２】からいろいろな実験をしました。また、プラスチックの棒は細くて軽く丈夫なので、重さは考えなくてよいとします。

(6) 【状態２】においてＤ点に取りつけた磁石の下面は何極ですか。次のア～ウから正しいものを１つ選び、記号で答えなさい。

ア．Ｎ極

イ．Ｓ極

ウ．Ｎ極、Ｓ極どちらでもよい

(7) 【状態２】から電磁石の電池の＋極と－極を逆にしました。木の棒はどうなりますか。次のア～エから正しいものを１つ選び、記号で答えなさい。

ア．棒の左側が上がる

イ．棒の左側が下がる

ウ．棒が上下に振動する

エ．棒は動かず水平のままになる

(8) 【状態２】で電磁石のスイッチを切り、遠ざけました。Ｄ点にはあと何ｇのおもりをつけると棒は水平につり合いますか。

3 植物の種子と葉について、以下の問に答えなさい。

(1) 以下の図は、イネ、エンドウ、トウモロコシのいずれかの種子の断面図をあらわしています。A～Cの種子の植物名を、それぞれ答えなさい。

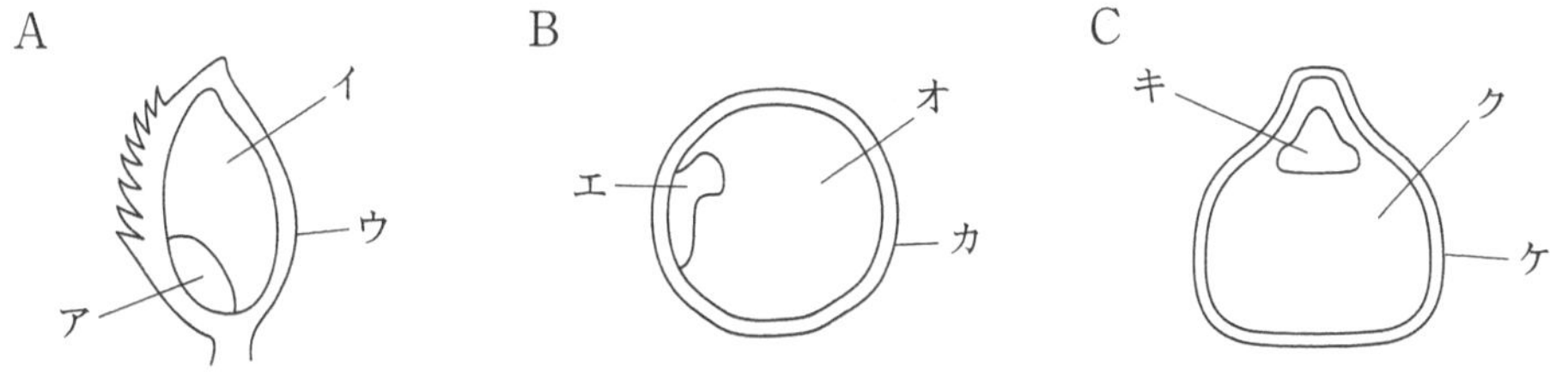

(2) A～Cの種子が、発芽するときに必要な栄養分がたくわえられている場所はどこですか。上の図のア～ケからそれぞれ１つずつ選び、記号で答えなさい。

(3) 植物の種子が発芽するときに必要なものは何ですか。次のア～キから３つ選び、記号で答えなさい。

ア．光　　イ．水　　ウ．土　　エ．温度
オ．酸素　　カ．二酸化炭素　　キ．肥料

以下の図のように、成長したエンドウを用意し、一部の葉をアルミはくで包み光が当たらないようにしました。２日後、それぞれの葉を調べたところ、光が当たっていた葉だけにデンプンがたくわえられていました。なお、デンプンがたくわえられていることを確認するためには［　X　］という薬品を用います。

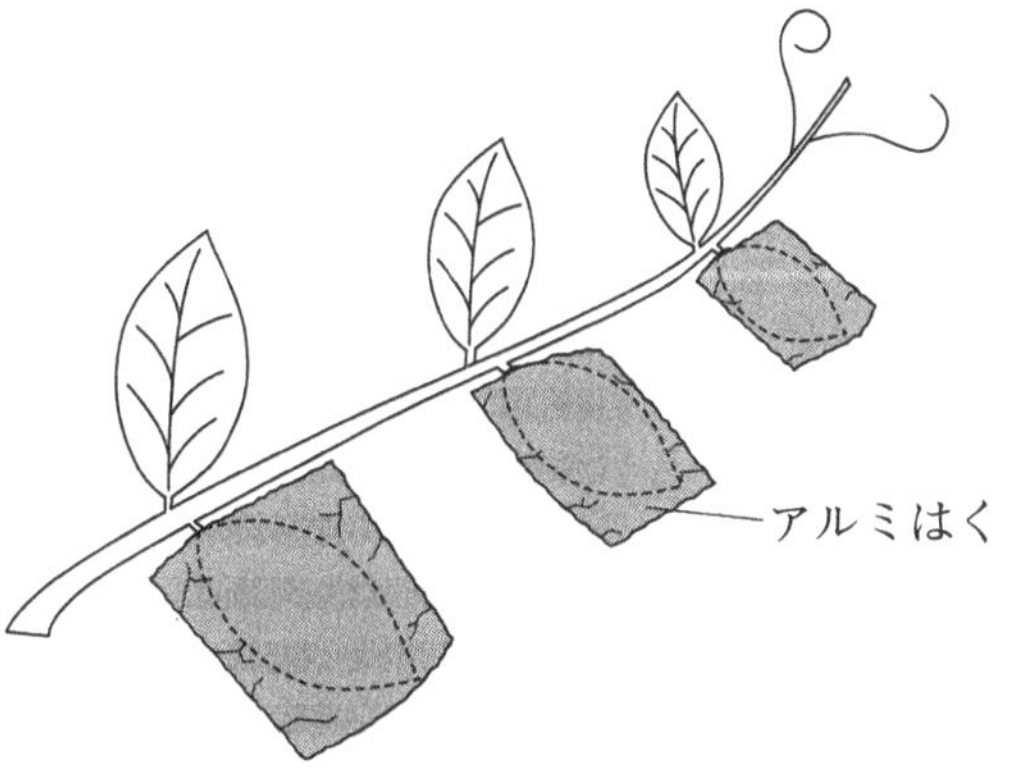

(4) 文中の[　X　]は何ですか、名まえを答えなさい。

(5) 文中の[　X　]を使用する前には、ある作業を行います。それは何ですか、次のア～オから１つ選び、記号で答えなさい。

ア．葉を温めた石灰水にしばらくつける。

イ．葉を温めたアルコールにしばらくつける。

ウ．葉を温めた塩酸にしばらくつける。

エ．葉を温めた水酸化ナトリウム水溶《よう》液にしばらくつける。

オ．葉を熱湯の中にしばらくつける。

(6) (5)の作業をするのは何のためですか、次のア～カから１つ選び、記号で答えなさい。

ア．葉を酸性にするため　　　イ．葉をアルカリ性にするため

ウ．葉をやわらかくするため　　エ．葉をかたくするため

オ．葉を白くするため　　　カ．葉をとかすため

葉では蒸散というはたらきも行われています。蒸散のはたらきを調べるために、以下のような実験装置を用意しました。

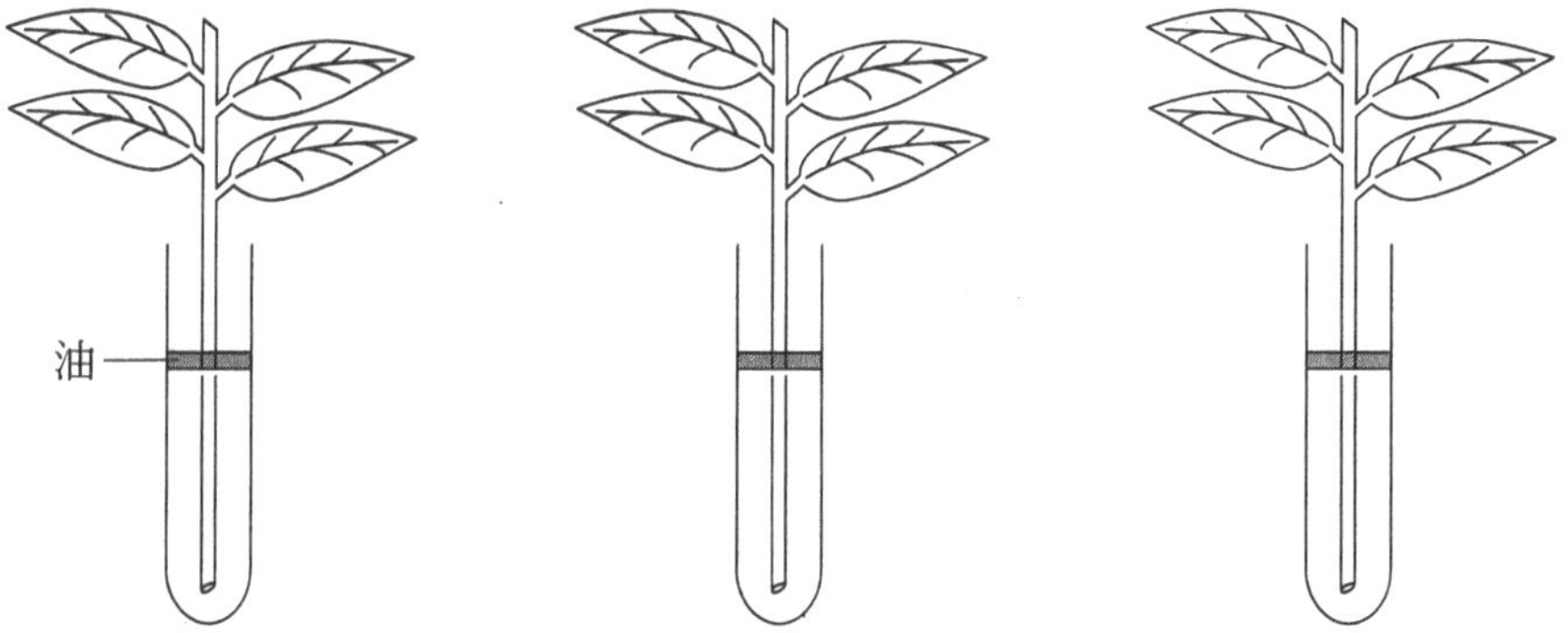

D：葉に何もぬらない　　E：葉の表にワセリンをぬる　　F：葉の裏にワセリンをぬる

図のように、試験管D～Fに同量の水を入れて油をうかべたあと、同じ大きさの植物をそれぞれ入れました。１時間後、それぞれの試験管の水の減少量を調べたところ、試験管Dは 224 mm^3、試験管Eでは 166 mm^3 減少していました。なお、この植物において蒸散が行われるのは葉の気孔《こう》からだけで、常に一定の速さで行われています。また、植物の葉は４枚ずつで、一枚の葉の面積は、表も裏も 50 cm^2 とします。

(7)　試験管Fの１時間後の水の減少量は何 mm^3 ですか、計算しなさい。

(8)　葉の表と裏の面積 1 cm^2 あたりの蒸散量は、１時間でそれぞれ何 mm^3 ですか、計算しなさい。

(9)　気孔 100 個あたりの１時間の蒸散量を 0.004 mm^3 とすると、気孔は１枚の葉に、何個ありますか、計算しなさい。ただし、葉の気孔はすべて開いているものとします。

4 次の文を読み、以下の問に答えなさい。

2018年８月中旬《じゅん》、リオさんは家族で北海道へ旅行しました。広い北海道の道南と道央を訪れました(図１)。訪れたすぐ後の９月６日に北海道［　A　］東部地震《しん》が発生しました。震度７を観測したのは震源に近い厚真町で、広い範囲で大規模な土砂崩《くず》れが発生し、多くの住宅が巻き込《こ》まれました。震度６強を観測した安平町、①むかわ町でも多くの住宅が倒壊《とうかい》し、道路などの損壊が見られました。その後に起きた北海道全域の②大規模停電も大きな問題となりました。

リオさんはニュースで自分が少し前に訪れたところが地震の被害をうけショックでしたが、あらためて大地が動くことを実感しました。そして、北海道旅行で見た地球の活動でつくられた③火山(駒ヶ岳《こまがたけ》、有珠《うす》山、樽前《たるまえ》山)や④三笠《みかさ》ジオパークの地層のことをくわしく調べることにしました。

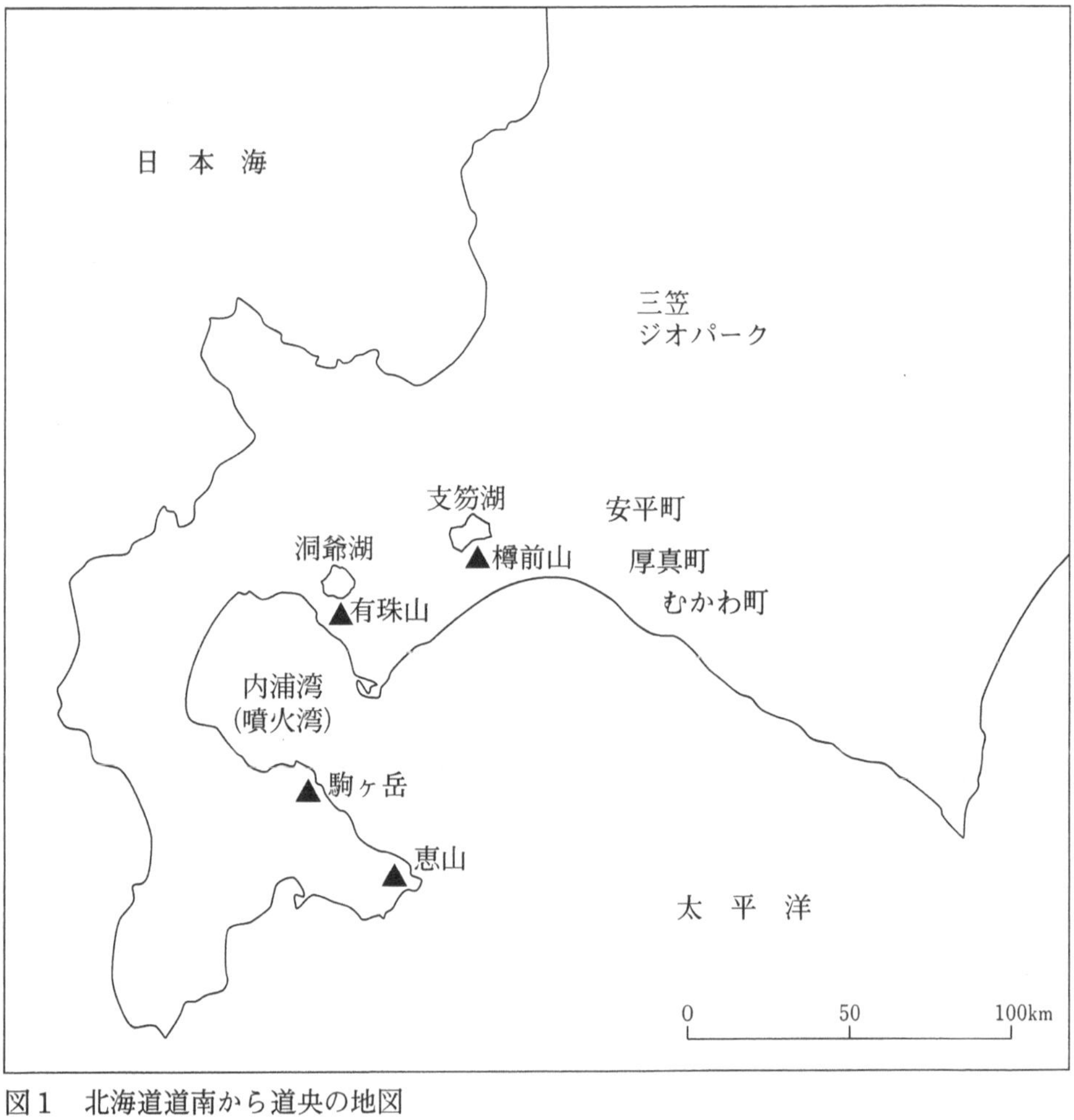

図１　北海道道南から道央の地図

(1) ［　A　］にあてはまる地域名を答えなさい。ただし、答は漢字でもひらがなでもかまいません。

(2) 下線①のむかわ町では恐竜《きょうりゅう》の頭部を含む全身の約80％の化石が発見されています。2003年に最初の化石が発見され、当初は首長竜の尾骨化石の一部と思われていましたが、2011年に恐竜のものであると判明し、2013年・2014年に大規模な発掘《くつ》調査が行われました。2016年に［　B　］と名付けられました。大地震からちょうど１年後の2019年９月６日に新属新種と認《みと》められ、「カムイサウルス・ジャポニクス」という学名が命名されました。現在、Ｂは通称《しょう》となりましたが、Ｂに当てはまる語句を次のア～カから１つ選び、記号で答えなさい。

ア．サッポロカイギュウ　　イ．エゾミカサリュウ　　ウ．ムカワリュウ

エ．フクイサウルス　　オ．フタバススズキリュウ

カ．ホベツアラキリュウ

(3) 下線②の大規模停電のことを何といいますか。次のア～ケから１つ選び、記号で答えなさい。

ア．ロックアウト　　イ．ロックダウン　　ウ．ロックライト

エ．ブラックアウト　　オ．ブラックダウン　　カ．ブラックライト

キ．ホワイトアウト　　ク．ホワイトダウン　　ケ．ホワイトライト

(4) 下線③の駒ヶ岳は大沼国定公園にあり、1640年の寛永《かんえい》の大噴火《ふんか》では、数時間のはげしい山鳴りのあと、山頂付近の一部が大崩壊《ほうかい》し、岩屑《さい》なだれ(火山体が大規模に崩壊し、斜《しゃ》面を高速で流下する現象)が発生しました。岩屑なだれが内浦《うら》湾《わん》(噴火湾)に流れこんだため大［　C　］が起き、沿岸で700人以上の人々が犠牲《ぎせい》になりました。噴火は３日ほどつづき、その後は急速に鎮静《ちんせい》化し、70日ほどでおさまったといわれています。このときの岩屑なだれが南側山麓《さんろく》を覆《おお》い、川などをせき止めて大沼・小沼を形成したといわれています。

リオさんはＣが地震で起こる現象とは知っていましたが、噴火でも起こることを知り驚《おどろ》きました。Ｃにあてはまる語句を答えなさい。ただし、答は漢字でもひらがなでもかまいません。

(5)　下線③の有珠山は洞《とう》爺《や》湖の外側にある火山です。洞爺湖は約 14 万年前の噴火により形成された、直径約 10 km のカルデラ湖です。現在は湖の中央付近に中島があります(図２)。洞爺湖の中央付近にある中島はどのようにして出来たと考えられますか。下のカルデラの説明を参考にして、あなたなりの考えを答えなさい。

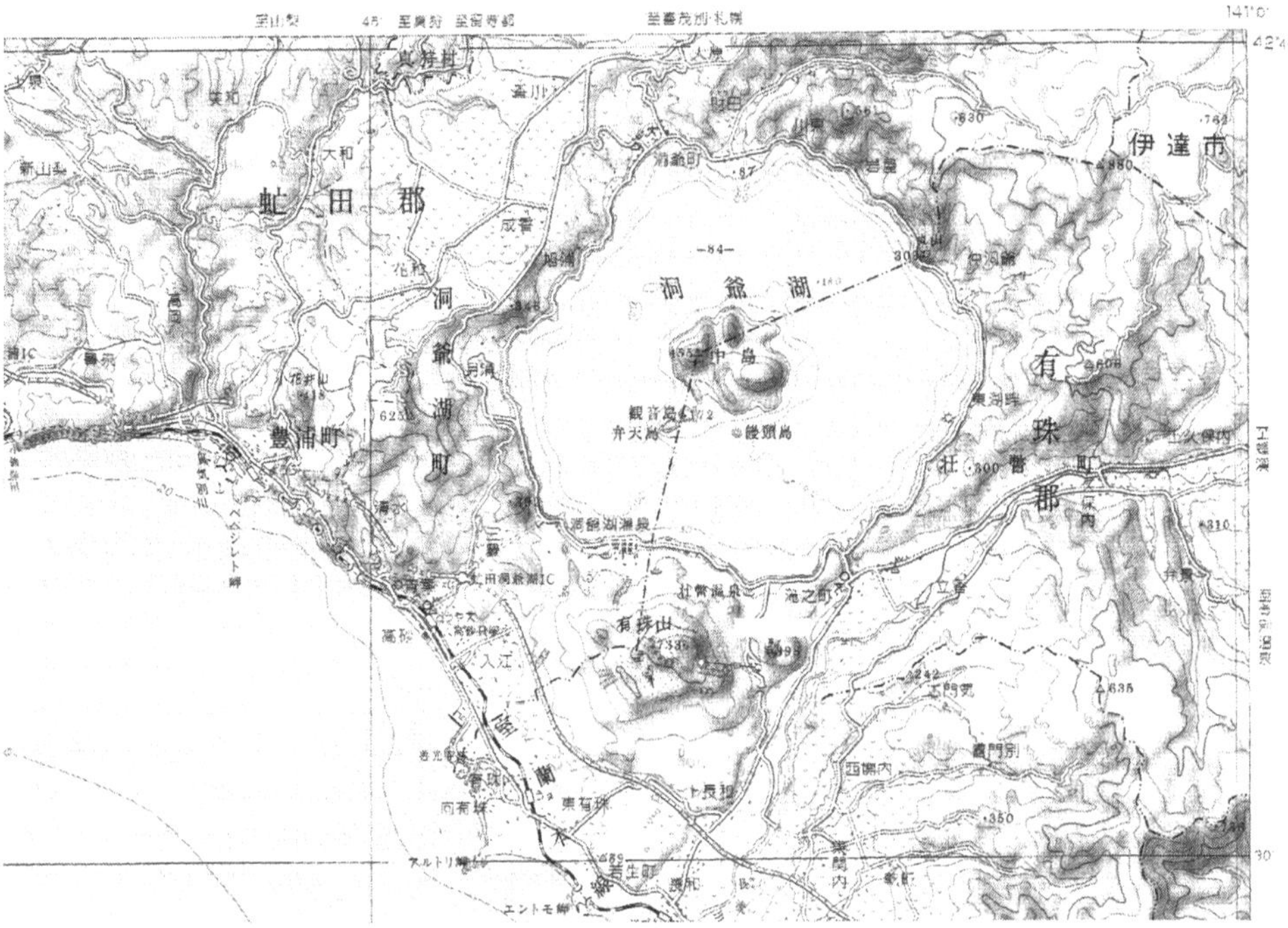

図２　洞爺湖と中島および有珠山

1:200,000地形図「室蘭《むろらん》」国土地理院

カルデラとは、急な崖《がけ》で囲まれている円形・多角形の凹《おう》地をさす地形用語です。火山噴火にともなうカルデラの形成は、以下のような過程をたどると考えられています。

Ⅰ　極めて大規模な火山噴火が発生し、地下のマグマだまりから大量のマグマが地表に放出される(図３)。

Ⅱ　地下に空間ができ、山体を支えられず、地表が陥没《かんぼつ》する。この結果、急な崖で囲まれた凹地ができる(図４)。

カルデラに水がたまることによりカルデラ湖ができる。

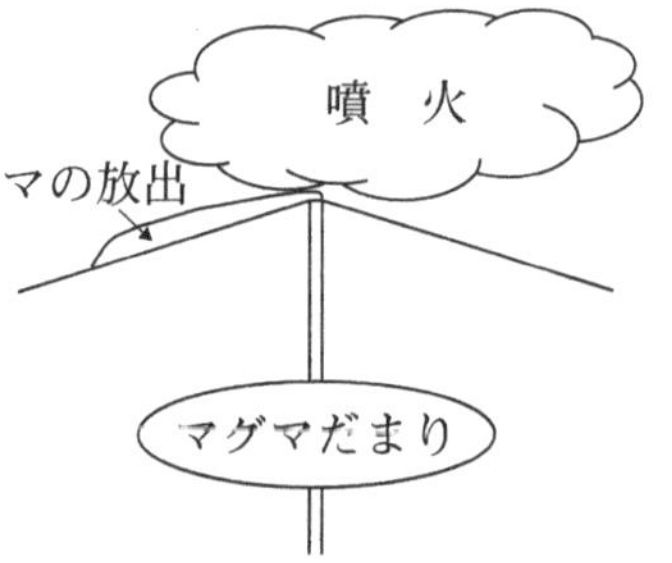

図３　大規模な火山噴火

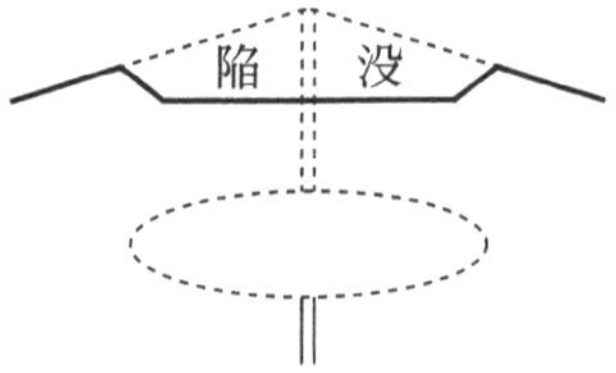

図４　陥没によるカルデラ形成

(6)　1944年からの有珠山の噴火で畑が盛り上がり、２年近くの間に約400 mの山が出来ました。この様子を三松正夫さんは、その過程を同じ位置から同じ向きでくわしく記録しました。そのスケッチを元にまとめた記録は、ミマツダイヤグラムとよばれ、世界的に高い評価を受けています。図５はミマツダイヤグラムを簡略化したものです。

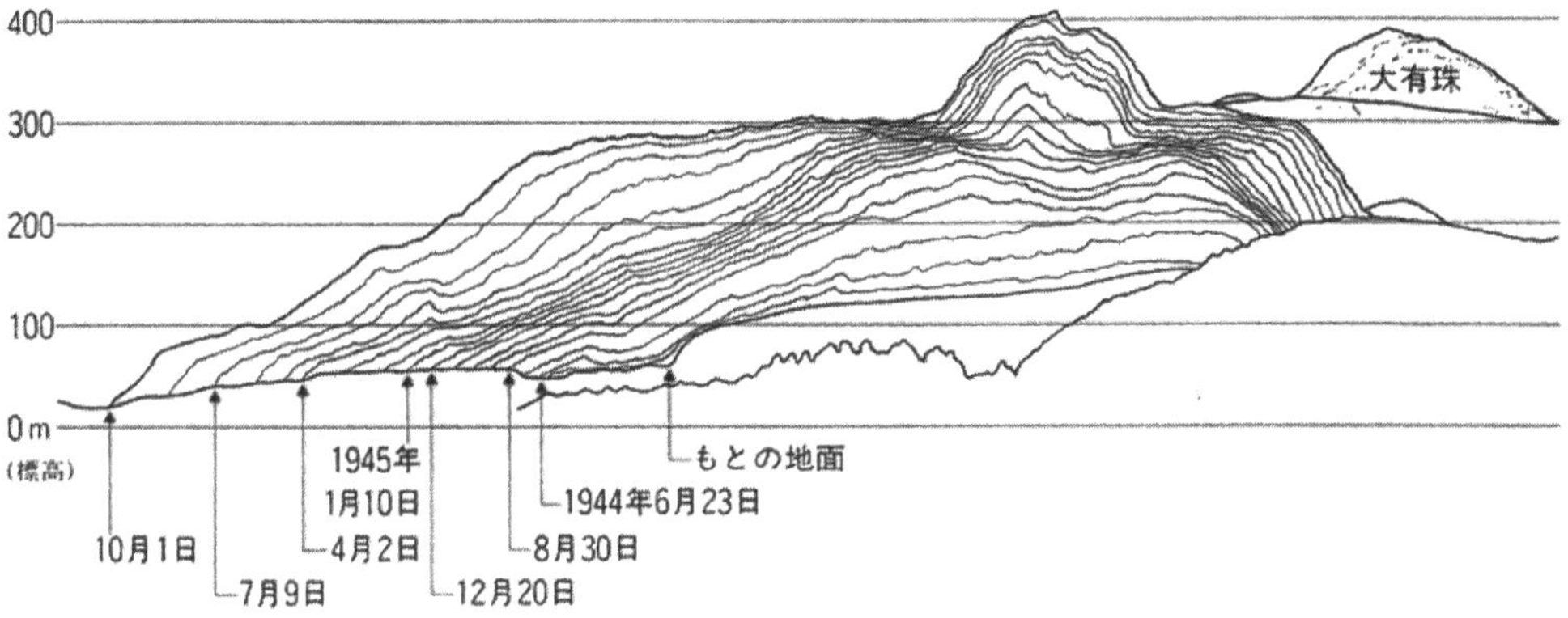

図５　ミマツダイヤグラム(簡略化)

盛り上がって出来た山の名まえを次のア～ケから１つ選び、記号で答えなさい。

ア．小有珠　　イ．新有珠　　ウ．三松山

エ．洞爺新山　　オ．大正新山　　カ．有珠新山

キ．昭和新山　　ク．三松新山　　ケ．平成新山

(7)　リオさんは内浦湾が噴火湾とよばれていること(図１)と、噴火湾の形がカルデラの形ににていることから、噴火湾がカルデラであるかどうかを調べ、Ⅰ～Ⅸにまとめました。噴火湾はカルデラである可能性が高いですか、カルデラでない可能性が高いですか。解答欄《らん》の［　　］に「ある」「ない」を記入し、その理由を答えなさい。

Ⅰ　噴火湾という呼び名は19世紀に訪れた外国船の船長によって与えられました。そのころ、駒ヶ岳そして有珠山が噴火を繰《く》り返した時期で、それらの火山は盛んに噴煙《えん》を上げていて、それを見た船長が「噴火湾」と名付けたといわれている。

Ⅱ　噴火湾は、ほぼ円形をしていて、まわりを恵《え》山、駒ヶ岳、有珠山の活火山がとりまいていることから形的に見て、陥没によってできた大きなカルデラのように見える。

Ⅲ　カルデラであるならば、その陥没量に見合うだけの火山噴出物が周囲に分布していなければならない。

Ⅳ　日本を代表するカルデラである熊本県の阿蘇《あそ》カルデラ(東西18km、南北25km)の形成時に放出された火山噴出物量は、多く見積もって約700km^3である。

Ⅴ　阿蘇カルデラの大きさと噴火湾を比べると噴火湾の方が大きく、噴火湾がカルデラであるならば、火山噴出物量は阿蘇カルデラより１桁《けた》は多くなる。

Ⅵ　有珠山・洞爺カルデラの火山噴出物量は多く見積もって約140km^3である。

Ⅶ　駒ヶ岳の火山噴出物量は多く見積もって約15km^3である。

Ⅷ　恵山の火山噴出物量は多く見積もって約1.4km^3である。

Ⅸ　樽前山、支笏《しこつ》カルデラの火山噴出物量は多く見積もって約400km^3である。

(8) 下線④の三笠ジオパークでは、世界的にも有名な[D]をはじめとする１億年前の生命の痕跡《こんせき》、[E]という大地の遺産の恩恵《おんけい》を受けながら暮らしてきた、町特有の文化を感じることができます。

三笠市は世界的にも有名な[D]の産地です。図６は三笠市立博物館に展示されている日本最大級の直径1.3ｍの[D]の化石の写真です。三笠市立博物館の外には野外博物館があり１億年前の[D]の化石を含む三笠層や５千万年前の[E]を含む幾春別《いくしゅんべつ》層が見られます。[E]は近代日本の産業を支える重要なエネルギー源で、「黒いダイヤ」「黒の宝石」などとよばれていました。図７は「ひとまたぎ５千万年」とよばれているところで、１億年前の地層（三笠層）の隣《となり》に５千万年前の地層（幾春別層）が分布しており、２つの地層の境界線をまたぐと、一気に５千万年もの時間を飛び越《こ》えることができます。ＤとＥに当てはまる語句を答えなさい。

図６　三笠市立博物館のＤの化石

図７　ひとまたぎ５千万年

MEMO

大切なことはメモしておこうネ！

令和4年度 本郷中学校
第3回 入学試験問題

社　会

（40分　満点：75点）

注　意

1．指示があるまで開いてはいけません。

2．答えはすべて解答用紙に記入しなさい。

3．解答に際して、用語・人物名・地名・国名などについて漢字で書くべき所は漢字で答えなさい。なお、国名の表記は通称でかまいません。

4．用具の貸し借りは禁止します。

5．指示があるまで席をはなれてはいけません。

6．質問があれば、だまって手をあげて監督者を呼びなさい。

7．試験が終わったら、解答用紙だけ提出しなさい。問題は持ち帰ってもかまいません。

1 次のＡ～Ｃの文は、それぞれ「ある県」について述べたものです。これを読み、下の問いに答えなさい。（人口はいずれも2019年統計）

Ａ ①火山が多いこの県では、（ １ ）発電がさかんで、②温泉も多く分布しています。また、干し椎茸《しいたけ》や【 Ｘ 】などの農産物、関あじ・関さばなどのブランド魚などが特産品として知られています。瀬戸内海に突き出た③半島では、空港近くに【 Ｙ 】の工場が進出しています。県内には、人口約48万人の県都をはじめ、別府や中津などの都市があります。

Ｂ この県の北部は玄界灘、④南部は（ ２ ）海に面しています。県の南東部に広がる平野では、稲作とともに、裏作に小麦や大麦を組み合わせた（ ３ ）が行われています。また、たまねぎ・いちご・みかん・⑤茶などの農産物のほか、⑥陶磁器も県の特産品として知られています。県内には、人口約23万人の県都をはじめ、唐津や⑦鳥栖などの都市があります。

Ｃ 年間を通じて⑧降水量が少ないこの県では、水不足に悩まされることが多く、その対策として⑨隣県の（ ４ ）川から導水している（ ５ ）用水や、満濃池に代表される農業用の（ ６ ）が県内各地につくられています。また、⑩伝統的に特徴のある産業が発達し、瀬戸内海の美しい島々は観光地にもなっています。県内には、人口約43万人の県都をはじめ、丸亀や坂出などの都市があります。

問１ 文中の（ １ ）～（ ６ ）にあてはまる語句や地名を答えなさい。

問２ 文中の【 Ｘ 】にあてはまる農産物を次の中から１つ選び、記号で答えなさい。

ア レモン　　イ かぼす　　ウ すだち　　エ じゃばら

問３　文中の【　Ｙ　】にあてはまる工業製品を次の中から１つ選び、記号で答えなさい。

ア　集積回路（ＩＣ）　　イ　エアコン
ウ　プラズマテレビ　　エ　太陽光パネル

問４　下線部①について、Ａの県にある火山を次の中から１つ選び、記号で答えなさい。

ア　霧島山　　イ　くじゅう連山　　ウ　雲仙岳　　エ　阿蘇山

問５　下線部②について、Ａの県にある温泉を次の中から１つ選び、記号で答えなさい。

ア　黒川温泉　　イ　道後温泉　　ウ　湯布院温泉　　エ　指宿温泉

問６　下線部③について、この半島名を次の中から１つ選び、記号で答えなさい。

ア　佐田岬半島　　イ　国東半島　　ウ　大隅半島　　エ　島原半島

問７　下線部④について、この地域の沿岸部の様子を述べた文として正しいものを次の中から１つ選び、記号で答えなさい。

ア　複雑に入り組んだリアス海岸が続いている。
イ　単調で長い砂浜海岸が広がっている。
ウ　製鉄所や造船所などを含む大規模な工業地域が建設されている。
エ　干潟や干拓地がみられ、農地が広がっている。

問８　下線部⑤について、Ｂの県にある茶の産地を次の中から１つ選び、記号で答えなさい。

ア　狭山　　イ　宇治　　ウ　嬉野　　エ　八女

問９　下線部⑥について、Ｂの県にある陶磁器の産地を次の中から１つ選び、記号で答えなさい。

ア　波佐見　　イ　伊万里　　ウ　信楽　　エ　多治見

問10　下線部⑦について、この都市は主要な鉄道路線の分岐点にあたります。このような性格をもつ都市を次の中から１つ選び、記号で答えなさい。

ア　帯広　　イ　浜松　　ウ　米原　　エ　境港

問11　下線部⑧について、Ｃの県で降水量が少ない理由を山地と季節風の関係から述べた文として正しいものを次の中から１つ選び、記号で答えなさい。

ア　夏も冬も季節風の風上側にあたるため。
イ　夏は季節風の風上側に、冬は季節風の風下側にあたるため。
ウ　夏は季節風の風下側に、冬は季節風の風上側にあたるため。
エ　夏も冬も季節風の風下側にあたるため。

問12　下線部⑨について、この河川の上流部に位置するダムを次の中から１つ選び、記号で答えなさい。

ア　田子倉ダム　　イ　矢木沢ダム　　ウ　佐久間ダム
エ　早明浦ダム

問13　下線部⑩について、Ｃの県が全国一の生産額(2018年)をあげている工業製品を次の中から１つ選び、記号で答えなさい。

ア　手袋　　イ　タオル　　ウ　畳おもて　　エ　筆

問14　文中の波線部「県都」(県庁所在地)について、それぞれの都道府県名と異なるものを１つ選び、その都市名を答えなさい。

2 次の文章を読み、下の問いに答えなさい。

近年、不祥事が続く「国技」相撲。しかも横綱や大関のほとんどが外国出身者であり、青少年の相撲人口も減少しているようです。

そもそも相撲は『　①　』によると、A「国譲り」をめぐっての力比べであったといいます。また『日本書紀』には、「相撲の祖」とされるノミノスクネが乱暴者のタイマノケハヤの腰を踏みつけて殺害した、という話があり、足で蹴り合う格闘技が相撲だったようです。古墳時代になると、「まわしを締め、四股《しこ》を踏んだり構えたりしている姿」の　②　が出土していることから、一対一で力比べをする格闘技があったことを確認できます。

奈良時代になると、現在の相撲の起源となる「相撲節会《すまいのせちえ》」が成立します。「負けまいとして争う」「力を競い合う」という意味の「すまふ」の名詞形「すまひ《い》」に由来し、「須末比」「角力」などと表記しました。平安時代には旧暦７月７日と８日に行われるB年中行事として定着しました。ただ、行司がいない、勝負がついたところで役人が矢を地面に突き立てる、勝者が勝どきをあげる、「立合」が舞を演じる、など現在の形とは少し違っていました。なお、歌謡にかなり熱心であったC後白河法皇の意向で、1174年の「相撲節会」が最後となってしまいました。

鎌倉時代には、寺社の祭礼時に奉納のために行われる相撲が流行し、また寺社が人々から見物料を取ってそれを建物の修造費などに充当する勧進《かんじん》相撲が行われるようになりました。源頼朝も相撲を好み、力自慢の③御家人や相撲人を招いて相撲をとらせています。こうした中で、京を拠点に周辺の寺社に雇われ、地方にも巡業に行く相撲の専門集団が成立しました。1578年には織田信長が本拠とした　④　城で相撲大会を開催し、有能な相撲人を家臣として召し抱えています。

江戸時代の大名の中には屋敷地において相撲をとらせて楽しむ者もいました。一方、幕府は勧進相撲や辻相撲を禁止する法令を発しています。辻相撲とは通りや広場でにわかに開催される相撲大会で、飛び入り参加もでき、勝負に熱くなりすぎて喧嘩に発展する場合も多かったので、治安や風紀の面からの対処でした。しかし、D元禄期になると、上方で勧進相撲が許可され、1742年には江戸でも許可されました。また、寺社以外にも町人が営業目的で開催することも認められ、次第に相撲人出身者が「頭取《とうどり》(年寄)」となる運営形式になっていきました。こうした町の相撲に、大名が召し抱える相撲人が参加するようになり、それにより町の相撲のレベルが一気に上がりました。レベルが上がれば観客がより熱狂し、それが相撲の人気向上にもつながっていきます。なお、この時期の「本場所」は年に４回(10日ずつ)で、江戸の２回と京都・大坂で開催されました。江戸では次第にE本所(両国)の回《え》向院《こういん》が定番となっていきました。こうした「見世物」としての相撲の権威を一気に引き上げ、「幕府公認の伝統芸能」としての地位を得ることになったのが、1791年に江戸城で開催された⑤11代将軍の徳川家斉による上覧相撲でした。ここで注目されたのが、小野川《おのがわ》・谷風《たにかぜ》による両大関の対決です。小野川が「待った」をかけたところで谷風に軍配が上がって勝負が決しました。両大関が大名家のお抱えの相撲人であり、本当に勝負した場合にはどちらかの大名の面子がつぶれてしまうので、それを避けようとしたのでした。このときの行司が肥後細川家の家臣である吉田追風で、吉田家は「本朝相撲司《ほんちょうすまいのつかさ》」と自称し、全国の行司や相撲組織を傘下に収めていました。吉田家は上覧相撲の２年前に、小野川・谷風の両名に対して神聖な注連縄《しめなわ》である「横綱」をつけて土俵入りする免許を与えています。ただ、横綱の制度がまだ確立されていなかったため、後輩にあたる雷電為《らいでんため》右《え》衛門《もん》は254勝10敗２引き分け(勝率９割６分２厘)の成績でも横綱免許を与えられていません。実際に、F番付表に「横綱」が載るのが1890年、地位として公認されるのが1909年のことでした。

⑥ペリーが浦賀に来航した際、日米両国はプレゼントの交換をしています。ペリーはG電信機や蒸気機関車の模型など「文明の利器」を贈ったのに対し、日本は大勢の相撲人にパフォーマンスとして米俵を運ばせ、ボクシングやレスリングを得意とするアメリカ人との異種格闘技で勝利しています。

明治維新は相撲にとって「廃絶の危機」にあった時期でした。1871年に実施された[⑦]によって大名家お抱えの相撲人は経済的に困窮することになったからです。しかし、明治中期に「行き過ぎた欧米化の風潮」が批判されるようになると、相撲も人気を取り戻していきました。1909年には雨天でも取組ができる国技館が両国につくられ、１万人以上の観客を収容できるようになりました。この時に「相撲は国技である」ことを宣言しています。H大正末期にラジオ放送が始まると、相撲の実況中継が人気を博しました。昭和初期には⑧軍国主義の台頭もあって武道が奨励され、双葉山が69連勝の記録を作るなど、相撲は大ブームとなりました。

戦後も、I大鵬《たいほう》・貴乃花・北の湖・千代の富士・「若貴兄弟」ら人気力士が相次いで登場し、相撲人気も維持されました。かつての熱狂的な人気に陰りが見える中、相撲界がどのように行動していくのか、注目です。

問１　下線部Ａについて、この神話で、列島の支配者であったオオクニヌシノカミを祀るためにヤマト王権が創建した神社の名称を次の中から１つ選び、記号で答えなさい。

ア　出雲大社　　　　イ　伊勢神宮
ウ　宇佐八幡宮　　　エ　宗像大社

問２　下線部Ｂについて、こうした行事が整備・定着していくのは摂関政治の頃でした。その頃の文化に関する説明として誤っているものを次の中から１つ選び、記号で答えなさい。

ア　紫式部が『源氏物語』を、清少納言が『枕草子』を書いた。
イ　最澄や空海が新しい仏教を日本にもたらした。
ウ　藤原頼通が宇治に平等院を建立した。
エ　貴族の邸宅は寝殿造という建築様式で建てられた。

問３　下線部Ｃについて、この人物に関する説明として誤っているものを次の中から１つ選び、記号で答えなさい。

ア　兄の崇徳上皇と対立して、保元の乱の一因をつくった。
イ　譲位して院政を開始すると、まもなく平治の乱が起こった。
ウ　平清盛を重用したが、後に対立して院政を停止された。
エ　平家滅亡後に、源頼朝を征夷大将軍に任命した。

問４　下線部Ｄについて、この頃の文化に関する説明として誤っているものを次の中から１つ選び、記号で答えなさい。

ア　俳諧では松尾芭蕉が、浮世草子では井原西鶴が活躍した。
イ　尾形光琳は江戸初期の画法を継承して、装飾画を描いた。
ウ　浮世絵では東洲斎写楽や喜多川歌麿らが役者や美人を描いた。
エ　歌舞伎役者では初代市川団十郎らが人気を集めた。

問５　下線部Ｅについて、この寺院は1657年に起こった明暦の大火の焼死者を供養するためにつくられた塚から始まりました。この大火の前後にあった出来事に関する説明として誤っているものを次の中から１つ選び、記号で答えなさい。

ア　ポルトガル船の来航が禁止され、その後に島原の乱が起こった。
イ　田畑永代売買の禁令や田畑勝手作りの禁令が発せられた。
ウ　アイヌ民族がシャクシャインを中心に蜂起した。
エ　５代将軍の徳川綱吉が生類憐みの令を発した。

問６　下線部Ｆについて、1890年から1909年の間に起こった出来事を年代順に並べたときに、２番目に古いものを次の中から１つ選び、記号で答えなさい。

ア　教育勅語が発せられた。
イ　ポーツマス条約が結ばれた。
ウ　日清戦争が勃発した。
エ　日英同盟が結ばれた。

問７　下線部Ｇについて、文明開化に関する説明として誤っているものを次の中から１つ選び、記号で答えなさい。

ア　福沢諭吉らの知識人が啓蒙思想を日本に紹介した。
イ　旧暦を改めて太陽暦(新暦)を採用した。
ウ　建物を木造から鉄筋コンクリート造りに変更した。
エ　散切り頭やガス灯、牛鍋などの新風俗が都市部で見られた。

問８　下線部Ｈについて、大正期に起こった出来事に関する説明として誤っているものを次の中から１つ選び、記号で答えなさい。

ア　第一次世界大戦が起こり、日本も参戦した。
イ　ロシア革命に干渉するために、日本は単独でシベリアに出兵した。
ウ　原敬内閣が衆議院議員の選挙権資格を少し広げた。
エ　「普通選挙法」と抱き合わせで治安維持法が制定された。

問９　下線部Ｉについて、「巨人・大鵬・卵焼き」といわれた時期は高度経済成長期とほぼ重なります。この時期に関する説明として誤っているものを次の中から１つ選び、記号で答えなさい。

ア　国民の所得が約10年間で倍増するほどの急激な経済成長であった。
イ　経済成長の一方で、公害による人体や環境への被害が深刻化した。
ウ　1964年にアジアで最初のオリンピック大会が東京で開催された。
エ　政府は「田園都市計画」を立案し、高度経済成長を促進しようとした。

問10　文中の[　①　]には、712年に編さんされた歴史書があてはまります。その書名を答えなさい。

問11　文中の[　②　]には、この時代につくられた素焼きの土製品があてはまります。その語句を答えなさい。

問12　下線部③について、この武士たちは将軍から領地の支配権や土地の管理権などを認めてもらう一方で、将軍の命令で参戦したり、京都や鎌倉の警備をしたりする務めを果たしました。この御家人の務めの名称を答えなさい。

問13　文中の[　④　]にあてはまる地名を答えなさい。

問14　下線部⑤について、この将軍に数年間、老中として仕えて幕政改革を行った人物名を答えなさい。

問15　下線部⑥について、1854年に結ばれた条約の名称を答えなさい。

問16　文中の[　⑦　]にあてはまる語句を答えなさい。

問17　下線部⑧について、こうした傾向は満州事変以後に特に強まっていきました。「満州国」がなかなか承認されなかったことも一因となり、軍関係者が1932年に官邸で首相を殺害する事件を起こしました。この事件の名称を答えなさい。

3 次の文章を読み、下の問いに答えなさい。

1945年に①国際連合(国連)が誕生しました。前身の(　1　)が第二次世界大戦を防ぐことができなかった反省をふまえ、連合国が中心となって設立しました。

国連には、６つの主要機関があります。すべての加盟国が、１国１票の権利をもって出席することができるのは(　2　)です。ここでは【　X　】が採用されています。

次に、国際連合憲章(国連憲章)の第24条で「国際の平和及び安全の維持に関する主要な責任」を持つと規定されているのが(　3　)です。(　3　)は常任理事国と非常任理事国で構成されています。

また、国際的に②基本的人権が尊重されるよう(　2　)などに勧告するのが経済社会理事会です。経済社会理事会は国連の③専門機関と協力して、貧困問題など世界の経済的・社会的課題に取り組んでいます。

国際的な紛争を扱う④裁判所として、国際司法裁判所も設置されています。オランダのハーグに設置されており、【　Y　】。

事務総長１名と職員で構成されるのが事務局です。現在の事務総長は、(　4　)共和国出身のアントニオ・グテーレスです。

最後の６つ目は、信託統治理事会です。国連憲章の第13章に規定されている主要機関ですが、⑤1994年にパラオ共和国が独立して信託統治地域がなくなったことから、活動を停止しています。

問１　文中の（　１　）～（　４　）にあてはまる語句を答えなさい。

問２　下線部①について、現在この機関の本部がある都市の名称を答えなさい。

問３　【　Ｘ　】にあてはまるものを次の中から１つ選び、記号で答えなさい。

ア　すべての議案において、過半数の賛成で議決する多数決制
イ　重要問題では３分の２、通常の問題については過半数の賛成で議決する多数決制
ウ　すべての議案において３分の２の賛成で議決する多数決制
エ　全会一致制

問４　下線部②について、日本国憲法が保障する人権とは言えないものを次の中から１つ選び、記号で答えなさい。

ア　非常に例外的な場合を除いて、出版物を自由に発行できる。
イ　能力に応じた教育を受けることができる。
ウ　科学的に正しい教えを持つ宗教であれば、どんな宗教でも信仰することができる。
エ　現行犯の場合を除いて、裁判官が発する令状なく逮捕されたり持ち物を押収されたりすることはない。

問５　下線部③について、その１つに国連教育科学文化機関がありますが、この機関の略称として正しいものを次の中から１つ選び、記号で答えなさい。

ア　WTO　　イ　ILO　　ウ　UNICEF　　エ　UNESCO

問６　下線部④について、これも含めた日本の統治機関に関する記述として誤っているものを次の中から１つ選び、記号で答えなさい。

ア　国会は唯一の立法機関である。
イ　内閣は行政権の行使について、国会に対して責任を負う。
ウ　すべての裁判官は、国民審査によって国民からの信任を得る必要がある。
エ　地方公共団体の首長は、住民の直接選挙で選出する。

問７　【　Ｙ　】にあてはまる文章として適切なものを次の中から１つ選び、記号で答えなさい。

ア　裁判官をつとめた日本人もいます
イ　歴史上で初めて設置された国際的な裁判所です
ウ　国際的な問題であれば、個人や企業も訴えることができます
エ　主に侵略行為や人道的な犯罪について裁くのが任務です

問８　下線部⑤について、この年の政治や社会の動きについて説明した文章として誤っているものを次の中から１つ選び、記号で答えなさい。

ア　非自民連立政権の細川護熙内閣が総辞職をした。
イ　アメリカで同時多発テロが起こった。
ウ　日本社会党の党首であった村山富市が、内閣総理大臣に就任した。
エ　関西国際空港が開港した。

問９　常任理事国について、これに該当する現在の国の名称をすべて答えなさい。

MEMO

大切なことはメモしておこうネ！

問六　――線５「二十一歳で～涙は出る」とありますが、「僕」はなぜ泣いたのですか。その理由を、これまでの「僕」の経緯を踏まえて六十字以上八十字以内で説明しなさい。

問七　この問題文の表現の特徴について説明したものとして最も適当なものを次のア～エの中から一つ選び、記号で答えなさい。

ア　会話文を主体としつつ、「僕」とは異なる語り手が各登場人物の内面を描き分けることで、様々な視点が交差するような描写となっている。

イ　会話文と地の文が半分ずつ程度の分量となっており、描写と登場人物の発話から各登場人物の内面がバランスよくわかるように工夫されている。

ウ　会話文を中心に話が進んでいくが、会話の間に「僕」が自分の心情を語ることがあり、「僕」の内面が読み取れるようになっている。

エ　会話文が多くあることから、会話のやりとりから生まれるリズムが読者に伝わるようになっており、読者も作品舞台の中にいるかのような感覚を生み出している。

問五 ――線４「そうですね、とも言えない。黙っている」とありますが、「僕」がこうした態度をとっているのはなぜですか。その理由を説明したものとして最も適当なものを次のア～エの中から一つ選び、記号で答えなさい。

ア 店をやめたら店の人たちとの関わりを断つつもりでいる「僕」が、映樹の店員としての心構えに関する問いかけに答えることは、店の今後について責任を負えない立場から評価を下すことになり、問いかけに答えて無責任に評価を下すような失礼な応対をするよりも、黙っていたほうが得策だから。

イ これから店をやめようとしている「僕」が映樹の店員としての心構えに関する問いかけに賛否を表明することは、それ自体はばかられることであるだけでなく、仮に賛意を示した場合には映樹について評価を下すことになり、失礼に当たってしまい、申し訳が立たないから。

ウ ここで肯定してしまうと、杏奈さんをきっかけとして映樹さんが態度を改めたことを認めてしまうこととなり、映樹さんのプライドを傷つけてしまうことになるが、否定すると、映樹さんが杏奈さんをきっかけとして一人前になったとする督次さんの評価を否定することになり、どちらの回答をしてもどちらかのプライドを傷つけてしまいかねず、そのことを恐れているから。

エ 督次の映樹に対する評価には、「自覚が出てきた」とする肯定的なものがある一方で、「遅刻をしないのは当たり前」とあるように、遅刻しないだけでは自覚が出てきたとは言えないとするような否定的なものもあり、よい評価とよくない評価とのどちらもが混在しており、賛否どちらかに自身の態度を決定することができず、困っているから。

問四 ――線３「自分が～思ったんだろ?」とありますが、この発言から督次は「僕」が店をやめることについてどのように受け止めていると考えられますか。その説明として最も適当なものを次のア～エの中から一つ選び、記号で答えなさい。

ア 「僕」が調理師試験を見据えてより合理的な時間の過ごし方をしようとしていると督次は考えている。

イ 「僕」が跡取りにむいていないということを督次に知らしめようとしていると督次は考えている。

ウ 「僕」は映樹に跡取りとなってほしいという詩子の願いをかなえようとしていると督次は考えている。

エ 「僕」は映樹がこの店の跡取りとなりやすい状況を作り出そうとしていると督次は考えている。

問三 ――線２「悪いこと～気分になる」とありますが、この時の「僕」の心情はどのようなものだと考えられますか。その説明として最も適当なものを次のア～エの中から一つ選び、記号で答えなさい。

ア 核心を避けたような説明のしかたで店をやめると伝えたことで、一年間雇ってくれて、さらには店の跡取りになってほしいと思うほど「僕」のことを高く評価してくれていた督次に対して申し訳なく思うだけでなく、誠実に督次と向きあえていない自分自身に対して後ろめたさを感じている。

イ 「僕」を店の跡取りにしようと考えていた督次に対して前触れもなく店をやめる決意を伝えたことで、督次の今後の計画を台無しにしてしまったことを申し訳なく思うだけでなく、督次の気分を害さないように気を配るあまり本来まったく意図していないことを理由として説明している自分自身に嫌悪感を抱いている。

ウ アルバイトとして一年間「僕」を雇ってきた中で、「僕」を跡取りにするために惣菜作りの技術や接客術など、店舗経営において大切な様々なことを伝授してくれた督次を裏切る形となり申し訳なく思うだけでなく、他の店でも経験を積みたいという自分本位な理由でやめようとしている自分自身に嫌気がさしている。

エ 店の跡取りになってほしいと「僕」に伝えてくれていたにもかかわらず、それを拒否して店をやめる決意を督次に伝えたことで、この店そのものを否定したようで申し訳なく思うだけでなく、惣菜店での調理経験だけでは料理人としての幅が狭まると思わせてしまうような失礼な表現をしている自分自身のことを不快に思っている。

問二　――線１「僕が待ち望んだ状況」とありますが、これはどのような状況のことですか。その説明として最も適当なものを次のア～エの中から一つ選び、記号で答えなさい。

ア　これから話そうとしている内容は、映樹や一美には絶対に聞かれたくないので、督次と詩子と「僕」の三者だけで会話ができるような状況。

イ　できるだけ多くの従業員に聞いてほしいので、従業員の手が空いていて、店内のどこにいても「僕」がこれから話す内容が聞こえるような状況。

ウ　できれば一美にはその内容が聞かれることなく督次と会話ができるような状況であり、なおかつ詩子にはその内容が聞こえるような状況。

エ　督次以外に話が聞こえてしまうことは意に介しておらず、とにかく督次にだけは真意がしっかりと伝わるよう督次と厨房でゆっくり対話ができるような状況。

問一 〰〰線Ａ〜Ｃの言葉の意味として最も適当なものを後のア〜エの中から一つずつ選び、記号で答えなさい。

Ａ さすがに
ア 当然の結果として
イ 例外的に
ウ すばらしいことに
エ 困ったことだが

Ｂ 唐突に
ア あわてて
イ 息を切らして
ウ 口早に
エ 不意に

Ｃ しどろもどろ
ア 緊張のあまり言葉がとぎれとぎれになっているさま
イ 声が小さく相手に内容が伝わりづらいさま
ウ 話したいことが上手く伝えられないさま
エ 落ち着きがなく口調がはやくなってしまうさま

「聖輔は一人じゃないってことが、わかったのかもな」

それにはまた何も言えなくなる。また黙ってしまう。

「お前がやめるのは残念だが、しかたない。やめたあとでも、困ったことがあったら言ってこい。必ずだ。それだけは約束しろ」

本当に、何も言えなくなる。ありがとうございます、すら言えなくなる。

「おれたちには頼れ」

十七歳のときに父が亡くなり、二十歳のときに母が亡くなった。悲しいことはもうすべて起きてしまった。この先泣くことはないだろうと思っていた。

ちがった。

二十一歳で、僕は早くも泣いた。悲しくなくても、涙は出る。

注１　納骨堂……遺骨を保管してくれる場所のこと。

注２　永代供養料……墓参りに来られない人が、墓の管理や供養を行ってもらうために寺院や霊園に支払う代金のこと。

まあ、そんなのは当たり前のことだけど」

4 そうですね、とも言えない。黙っている。

「あのとき、自分が謝りに来たことは映樹に言わないでほしいって、杏奈ちゃん、言ったろ？」

「はい」

「でもおれは言っちゃったんだよ、映樹に。おれが言ったことは杏奈ちゃんに言うなと口止めして」

「そうなんですか」

「ああ。映樹もそれを杏奈ちゃんに言ったのか、そこまでは知らないけどな」

どうだろう。映樹さんなら言いそうな気もするし、言わなそうな気もする。

「あいつも、さすがに感じるものがあったんだろうよ。自分の遅刻を、カノジョに謝られたんだからな」

そんなことをされたら、普通、カレシはいやだろう。余計なことすんな、と怒り、ケンカになるかもしれない。それがきっかけで別れさえするかもしれない。でも結果を見れば、結婚。

今詩子さんが立つあの軒先に立つ杏奈さん。僕もちょっと見たい。容易に想像できる。やはりかわいい六十六歳になりそうだ。詩子さんよりは、力を持つかもしれない。店主が遅刻してどうすんのよ、くらいのことは映樹さんに言うかもしれない。

督次さんはなおも言う。

「遅刻をしなくなったくらいで評価しちゃいけない。ただな」

「はい」

「あいつ、こないだ、あの人からお前を守ったろ？　聖輔はウチの従業員ですよって言って。あれは、うれしかったな」

「僕もです」とそこはすんなり言えた。「ほんと、たすけられました」

「その件はもうだいじょうぶか？　何も言ってこないか？」

「はい。アパートにも来ないし、連絡もしてこないです。もしきたとしても、はっきり断ります」

「聖輔は自分のことだけ考えてればいいんだ。人のことなんか考えないで、図太くいればいいんだ。でもお前は、考えちゃうんだな」

「いえ、あの」とまた同じ。

「ほかの店を経験するってのは悪くない。ウチはただの惣菜屋だからな、お前に教えてやれることにも限度がある。細かな包丁づかいの技術とか、味付けのうまいやり方とか、そんなのは教えてやれない。おれ自身、わかんないしな。だから、お前が言うように、よその店に移るほうがいいのかもしれない。あとの一年を無駄に過ごすこともない」

「無駄なんて、そんな」

「いいな？」と督次さんが詩子さんに尋ねる。

詩子さんは頬に手を当てたままゆっくりとうなずいて、言う。

「映樹とあんたが兄弟ならいいのにねぇ」

映樹さんの名前は出さないようにするつもりでいた。それが意外な人の口から出た。督次さんでもなく、詩子さん。

出てしまったからには、僕も言う。できることなら、確認しておきたい。

「映樹さん、ですよね？」

直接的な表現を避けた結果、そんな言い方になった。でも督次さんは意味を汲《く》みとってくれる。理解して、言ってくれる。

「そうだな」

「映樹さんも、そうしますよね？」

「無理にでもわたしが継がせるよ」と詩子さん。

「してくれるだろ」

避けてた直接表現が、あっさり出てしまった。そのことに、ちょっと笑う。安堵《あんど》も混ざった笑みだ。

「最近は自覚も出てきたしな」と督次さんが言う。「杏奈《あんな》ちゃんがここに謝りに来てからは、あいつ、一度も遅刻をしてない。

「すいません。散々お世話になっておいて、こんな」

「いや。世話は何もしてない。働いてくれて、こっちもたすかった」

お客さんはいないから、詩子さんも話を聞いていたのだろう。督次さん以上に驚いた顔でこちらを見ている。あれま、という感じに、左手を左頰《ほお》に当てている。六十六歳の女性にこんなことを言うのは失礼だが、こういうとこ、この人はちょっとかわいい。

自分が言うべきことは言った。あとは督次さんの言葉を待つしかない。

やっと整理できたのか、督次さんが口を開く。

「聖輔は、優しいんだな」

予想外のその言葉につい言ってしまう。

「はい？」

「おれがお前に店の話をしちゃったからなんだろ？　後を継がせるとか何とかの話を、しちゃったからなんだろ？」

「いえ、あの」

「継ぐのがいやだから逃げだす、というわけでもないよな？」

そのとおり。いやではない。逃げだすわけでもない。確かに、店を持つという欲は今のところない。でもそうなるのを避けるために店をやめるという話ではない。

「失敗したな」と督次さんは苦笑する。「言うのが早すぎた。聖輔が調理師試験に受かるのを待てばよかった。それからでも遅くなかった」

何を言えばいいかわからない。督次さんが今言ったことを肯定すればいいのか、否定すればいいのか。

3 「自分が引けばいい。お前、そう思ったんだろ？」

「いえ、あの」とまた同じことを言ってしまう。

食べものを扱うので、基本、店で無駄《むだ》話はしない。だから、ともに手が空いたすきを狙《ねら》った。そのため、やけに急いだ感じになったが、それはもうしかたない。

呼吸を整えるでもなく、僕はB唐突に切りだした。

「督次さん、あの」

「ん？」

大学の何かの授業で講師が言っていた。前置はなし。まず要点を言うべし。それを実践する。

「店をやめたいんですけど」

「あ？　何だよ、いきなり」

「もちろん今日明日にってことではなくて。次のアルバイトさんが見つかるまでは続けます。急に来なくなるようなことはしません。そこはちゃんとします」と一気に言う。

督次さんは驚いている。何も言わずに僕を見ている。

「すいません。せっかく雇《やと》ってもらったのに勝手なこと言って」

「何でだよ。理由は？」

「えーと、先のことを考えたら、ほかのお店、というかほかの種類の飲食店も経験しておいたほうがいいかと思って。といっても、惣菜店がいやだとか、そういうことではまったくないです。ただ、試験を受けるのに必要な二年の実務経験が合算でいいなら、幅を広げるためにも、いろいろなことを知っておくべきかと」

昨日おとといから言うことを整理していたのに、いざ口を開いたらこう。Cしどろもどろ。やはり僕はダメだ。あのまま大学にいても、就職の面接で失敗したかもしれない。

「そうか」と督次さんは言う。先は続かない。それだけ。

ひどく悪いことをした気分になる。2悪いことというか、いやなことをした気分になる。

【三】 次の文章は、小野寺史宜《おのでらふみのり》の小説『ひと』の一節です。金銭的理由で大学を中退した「僕」（柏木聖輔《かしわぎせいすけ》）は、「おかずの田野《たの》倉《くら》」という惣菜《そうざい》店でアルバイトをしていました。以下は、子どものいない店主から店を継ぐことを打診されていた折、「僕」が店をやめる決意を伝えようとする場面です。これを読んで、後の問いに答えなさい。

一年が過ぎようとしている。

母が亡くなってからということでの一年は、もう過ぎた。[注1]一周忌《き》の法要をするどころか、墓参りもできてない。

今、僕は迷っている。遺骨を移せるなら、鳥取から都内の納骨堂に移そうかと。すでに払った[注2]永代供養料は戻ってこないとしても、そうするべきかもしれない。父も母も鳥取で亡くなった。でも二人が知り合ったのは東京。そして僕は、たぶん、この先も東京にいる。二人とも、許してくれるのではないだろうか。

一年が過ぎようとしていると僕が言ったその一年は、おかずの田野倉で働くようになってからの一年だ。

ずっと考えてきた。いや、ずっというほどでもない。映樹《えいき》さんの督次《とくじ》さんへの婚約報告を聞いたときから。厳密には、その少しあとからだ。

動くなら早いうちに動くべきだろう。ズルズルと長引かせてはいけない。決めるのは慎重に。でも決めたら素早く動かなければいけない。例えば、督次さんにメンチを七十円負けてもらい、その場でアルバイトに応募したあのときみたいに。あのときあんなふうに動けたから、今があるのだ。一歩ずつとはいえ、僕は前に進めている。

そんなわけで。

映樹さんが休みの日。火曜日。その午後。やっと[1]僕が待ち望んだ状況になった。

督次さんと僕は厨房《ちゅうぼう》にいる。詩子《うたこ》さんは軒先《のきさき》で販売。一美《かずみ》さんは二階で休憩《きゅうけい》。一美さんが販売のときでもよかったが、やはりこちらにした。督次さんと詩子さん。二人に同時に聞いてほしかったのだ。

[A]さすがに緊張した。今日言おうと決めていたので、朝から緊張しっぱなし。仕事疲れよりも緊張疲れのほうが大きい。

問八 ――線７「わたしにとって～多かったのです」とありますが、これはどういうことですか。その説明として最も適当なものを次のア～エの中から一つ選び、記号で答えなさい。

ア 長い時間かけて描かれた作品をじっくり見ることによって絵を見る力が向上したので、その力で作品の優劣が判断できるようになったこと。

イ 自分だけの技術で展覧会に絵を出品しようと努力していたが、なかなか評価されないので、他人の技術のまねをしながら絵を描くようになったこと。

ウ 画家となった今では他人の絵を鑑賞することが、無我夢中の営みではなくなり、自分の絵を反省するためのものとなってしまったということ。

エ 美術館で多くの作品に感動し、その作品に隠された歴史的な背景を学んだので、その経験を活かしながら独自な絵を描くようになったこと。

問七　――線６「生きていくための伴侶です」とありますが、このときの筆者の思いはどのようなものですか。その説明として最も適当なものを次のア～エの中から一つ選び、記号で答えなさい。

ア　絵描きとして自分の絵が認められないのは、絵を描く才能が不足していることだと気づき、なお一層努力しようとしている。

イ　自分と過去の偉大な作家を比較しても仕方がないと思いながらも、自分には絵描きとしての隠れた才能があると自負しているので頑張っていこうとしている。

ウ　自分が努力して描いた絵が展覧会で評価されないことについて不満があったが、他者と友好関係を築きながら絵を創作しようと自分の心をかきたてている。

エ　自分が描いた絵と他人が描いた絵との優劣を気にせず、一人の絵描きとして絵を描くことと生涯向き合おうと思っている。

問五　――線４「そんな意味で～惜しまれます」とありますが、筆者がこのように述べているのはなぜですか。その説明として最も適当なものを次のア～エの中から一つ選び、記号で答えなさい。

ア　コンピューターの技術を学ぶために科学教育の時間を増やし、美術の時間を無くすという日本の政策では、世界で活躍する芸術家を生み出すことができないと考えるから。

イ　美を感じとる力と美を求めるたゆみない営みは、何かを生み出そうとする力を育み、芸術のためだけではなく、科学の発展にも貢献するものだと考えるから。

ウ　欧米では絵描きが尊敬される存在であったが、日本では美術教育を軽視するような政策がとられており、芸術家が軽視されていると考えるから。

エ　コンピューター教育ばかりが推進されているが、科学的発見をするためには美術を取り入れた科学教育こそが必要だと考えるから。

問六　――線５「瀬田貞二～思いました」とありますが、筆者よりも瀬田の方が「密度が高い」と思ったのはなぜですか。五十五字以上七十字以内で説明しなさい。

問四 ――線３「その言葉は～脅かしました」とありますが、筆者は「美」についてどのように考えるようになりましたか。その説明として最も適当なものを次のア～エの中から一つ選び、記号で答えなさい。

ア 筆者は「絵とは美をあらわすものだ」と思っていたが、トルストイの言葉や岸田劉生の本に出会い、「美」という言葉が絵描きを迷わせるものであると知って、絵の持つ「美」を理解する時には慎重さが必要だと考えるようになった。

イ 筆者は「絵とは美をあらわすものだ」という言葉にとらわれ、「美」の本質が何であるかを追求してきたが、「美」とは絵に備わっているものというよりも、それを感じとる鑑賞者の問題だと考えるようになった。

ウ 筆者はトルストイの言葉から「美」という言葉があいまいであることを学び、さらに岸田劉生の本から絵描きが作品を創作していく中で次々と「美」が生み出され、「美」の範囲が広がっていくのだと考えるようになった。

エ 筆者は「絵とは美をあらわすものだ」と理解していたが、グリューネヴァルトの作品や金子光晴の詩から、美には必ず醜《みにく》いものが含まれるものだと考えるようになった。

問三　――線２「絵とそれを～といえます」とありますが、これはどういうことですか。その説明として最も適当なものを次のア～エの中から一つ選び、記号で答えなさい。

ア　鑑賞者が長い時間絵を見ても、絵は何も語りかけてくれないが、かえって鑑賞者に絵を描こうとする気持ちをかきたてるようになること。

イ　絵を見る者が自分の頭でじっくりと考えながら鑑賞することで、ただ存在するだけの絵が、鑑賞者にとって自問自答の機会をあたえ、見る者を感動させるということ。

ウ　鑑賞者は作品が描かれた背景を徹底的に調べ、それを十分に踏まえた上で、自分の感覚だけを頼りに作品の美しさをとらえることで、自分の感性が磨かれるということ。

エ　鑑賞者は絵の優れた点を自分一人の力では理解できないが、他者の考えを柔軟に取り入れながら何度も絵と向き合うことで、新たな絵を鑑賞する方法を会得するということ。

問一 [A]・[B]に入る最も適当な言葉を次のア～オの中からそれぞれ一つ選び、記号で答えなさい。なお、同じ記号を繰り返し用いてはいけません。

ア しかし　イ つまり　ウ だから　エ もしくは　オ ところで

問二 ――線１「美術に上下の区別なし」とありますが、これはどういうことですか。その説明として最も適当なものを次のア～エの中から一つ選び、記号で答えなさい。

ア 美術展に作品を出品している絵描きと、看板やメンコの絵を描いている人との間に表現者としての技術力の差はないということ。

イ 美術展に出展される絵は高く評価されるが、玩具や広告に使われた絵にも優れたものがあり、美術の価値は簡単には決定されないということ。

ウ 商業的な絵と美術展に出品されるような絵のどちらであっても、良い絵を描こうという絵描きの熱意に関して違いはないということ。

エ 絵描きにとって絵を創作的に描くには対象物とじっくり向き合うことが大切であり、それができさえすれば完成された作品の上手、下手は関係ないということ。

注9　金子光晴の「大腐亂頌」……金子光晴（一八九五 一九七五）は大正時代から昭和時代にかけて活躍した詩人。「大腐亂頌」は彼の描いた詩画集。

注10　「花はさかりに～ものかは」……現在の言葉で表現すると「桜の花は花の盛りの様子だけを、また、月は曇りのない状況だけを見るものではない。」となる。『徒然草』は鎌倉時代から南北朝時代に活躍した兼好法師（吉田兼好）が書いた随筆。

注11　瀬田貞二……（一九一六 一九七九）児童文学作家、昭和時代に活躍した翻訳家。

注12　堪能していた……充分に満足していた。

注13　啄木……石川啄木（一八八六 一九一二）のこと。明治時代の歌人。

注14　レオナルド・ダ・ヴィンチ……（一四五二 一五一九）イタリアの芸術家。

です。

先に自分の目と頭で絵を見るようなことを書きましたが、それは理想で、実際にはなかなか難しいことです。でも、なんとかして自分の絵を「客観的に」第三者の目で見る力をつけなければ、独りよがりになるだけです。「客観的」に自分の作品を見ることは、絵だけでなく、詩を書いても、文章を書いても、およそ表現という仕事のすべてにわたって大切なことです。それができれば、作品の八分までできたようなものです。

だから、7わたしにとって人の作品を見ることは、「その絵に没入して心を洗われる思いがする」のでなくてはならないのに、「人のふりみて我がふりなおせ」という意味の勉強が多かったのです。

（安野《あんの》光雅《みつまさ》『絵のある人生』）

※問題作成の都合上、文章を一部省略しています。また、文章中の小見出し等を省略したり、書体を変更したりしたところがあります。

注１　須田寿……（一九〇六 二〇〇一）大正時代から昭和時代にかけて活躍した洋画家。立軌会は彼が設立した絵画の団体名。
注２　マッチのレッテルの絵……マッチ箱にデザインされた絵。
注３　トルストイ……（一八二八 一九一〇）ロシアの小説家、思想家。
注４　岸田劉生……（一八九一 一九二九）大正時代から昭和時代にかけて活躍した洋画家。
注５　信憑性……信頼性。
注６　迂遠な……すぐには役立たない。
注７　執拗な……ねばり強い。
注８　グリューネヴァルト……（一四七〇 一五二八）ドイツの画家。

時間は同じ長さなのに、5瀬田貞二の見たものの方が密度が高いと思いました。わたしはスケッチブックを持って行ってスケッチをしてくればよかったのですが、そのときは持っていなくてただ風景を見るだけでした。

そんなこともあって、美術館へ行くことが多くなりました。[A]、風景もさることながら、美術館のほうが「密度が高い」と感じるのは、何故《なぜ》でしょう。

思うに、昔の絵は長い時間をかけて描いたものばかりです。その絵には、絵が描かれていたときの、時計で計ることのできない時間（思索《しさく》）があり、絵ができあがってから、こんどは時計で計る意味の時間（歴史）が、ほこりのように降り積もっていると思うことができます。絵を見る人がその時間を共有するのだとしたら、密度は限りなく高いことになります。

わたしは絵を描くことを仕事にしているために、絵を見るときの心の中が、ほかの人と少しちがうかもしれないと、密かに思っています。若い頃は人の絵がみんな良く見え、口惜しさに似た気持ちがありました。啄木[注13]に「友がみなわれよりえらく見ゆる日よ……」という歌がありますが、あのとおりです。

若い頃は、マラソンコースのスタートラインに並んでよーいドンと走りはじめ、その一番後ろのほうを走っているように思っていました。実際にもマラソンは大の苦手ですから、なおのことそう思いました。前の方はレオナルド・ダ・ヴィンチ[注14]（一四五二―一五一九）が走っています。そんな人といっしょに走るのだから大変です。直線コースではなく、マラソンコースもあれば、山道もある、別に競争しているわけではない、と思えるようになったのは、後のことです。

絵をはじめると「展覧会への出品」という問題に出会いますから、どうしても競争のように見えます。出品し評価されれば、うれしいことですし励《はげ》みにもなります。[B]出品はひとつの現象のようなもので、落選したから、もう絵を描くのはやめよう、などと思わないでいいのです。もしそう思ったのなら、その人は絵を描かなくても、他にすることがあったのだということになります。

絵は、それが職業であるなしにかかわらず、入選とか落選とか、絵が売れるとか売れないなどといったこととは別の、6生きていくための伴侶《はんりょ》です。絵が好きな人にとっての「人生」なのです。これはお説教ではありません、自分に言い聞かせていること

して科学的発見を願う時代に、「美」などは注6迂遠《うえん》なことのように思われ、直接コンピューターの教育を徹底すれば足りる、と考えられているようですが、わたしにはそう思えません。科学的にも、芸術的にも「美しいものを創造しよう」とする感性と注7執拗《しつよう》な努力が両輪となって、新しい境地を開くのです。努力は金のためであったとしても、その努力を続け得るのは、美しいものに魅《み》せられる感性のためです。4そんな意味で美術教育の時間が減らされたことは惜しまれます。

「『美しい』と『きれい』とはちがう」……これは傾聴《けいちょう》すべきことばです。「きれい」というのは「汚い」の反対語ですが、「美しい」というのは醜悪《しゅうあく》な部分までも含んでいます。たとえば、注8グリューネヴァルトの作になる、コルマール（フランス）の教会の祭壇画に描かれたキリストは、目を覆《おお》うほどのおできや腫《は》れ物で覆われています。また注9金子光晴《かねこみつはる》の「大腐亂頌《だいふらんしょう》」という詩も、人間が死んで腐乱していく、大自然の過程をたたえる詩として歌っています。このように一見したところは醜悪なものでも、心を打たれずにはおられません。満開の桜も美しいけれど、秋の枯れ葉の褪《あ》せた色も美しい。注10「花はさかりに、月はくまなきをのみ見るものかは」（「徒然草《つれづれぐさ》」第一三七段、吉田兼好）というのはこのことです。

「美しい」と感じる感覚は、一口にいうと、心を動かされることです。自然や芸術作品に、人の心を動かすだけの力が無くてはかないませんが、それを見る人の感性のありかたというものがあろうと思います。「きれい」なものに心を動かされても悪くはありません。しかしさらに深く働きかけて、見る者が「美しさ」を見つけ出すこともあるわけです。つまり「美」という厄介《やっかい》なものは、対象に備わっている美しさというより、むしろそれを見る自分の感性の責任でもあるといえます。

「人はなぜ絵を見に行くのか」ということについて、思い当たることがあります。

例えばヨーロッパを旅し、山や川といった自然を見て歩いて、バスで一日中走っても、美術館の中ほどの密度はありませんでした。わたしは注11瀬田貞二《せたていじ》という先輩とイギリスを旅し、朝別れて夜は夕ご飯をいっしょにし、その日に見てきたことを自慢しあったことがあります。瀬田貞二は、本屋で見たいろいろな本のこと、美術館で見た印象的な絵の話などをしました。その話が上手ということもありますが、それにくらべて、わたしは一日中風景の中にいて、自然の美しさを注12堪能《たんのう》していたものですから、見たものを挙げよといわれても、山、花、木、人々、というだけでおしまいなのです。二人とも目を開けていたし、ものを見た

昔、絵の入門書を読んでいたころ、どの本にも「絵とは美をあらわすものだ」と、まるで判で押したように書いてありました。3その言葉は呪文《じゅもん》のようにわたしを脅《おびや》かしました。美とはどういうものなのか、それさえ分かれば絵ができるのなら、それが知りたいと思いました。たしかトルストイ注3に「美はあらわすことはできても、定義することはできない」という言葉があり、それも心に残っています。では何か分かったかというと、何も分かりはしませんでした。

「美」という言葉は便利ですから、非常によく使われます。しかしあいまいで、人を煙に巻いてしまう魔力がありそうです。自分にもはっきり分からないとき、「美しい」という言葉で、自分をごまかしているおそれがあります。

では「美」とは何か、どういうものか、これは大学で学ぶ「美学」というものがあるほどの大テーマですから簡単には言えませんが、それが知りたくて読んだ岸田劉生《りゅうせい》注4（一八九一〜一九二九）の『美の本体』（講談社学術文庫）という、むかしよく読まれた本があります。その中で、「『美しい』と『きれい』とはちがうのだ」という一行だけが印象に残っています。その言葉のためにある本のようなものでした。「きれいなもの」もいいけれど、そのうち飽《あ》きてきます。いつまでも、あるいはいつ見ても心に響くということは少ないでしょう。

その本が文庫本になっていたので、最近読み直して、若いときに、こんな難しいものをよく読んだなと思いました。そして「絵描きは美の使徒である」という言葉に出会って少し苦笑しました。それは自分でそう言い聞かせて、自分を駆《か》り立てているのだと、好意的に読むことはできました。絵描きが「ぼくは美の使徒だ」と言うのは自由だけれど、他人が言うのでなければ信憑性《しんぴょうせい》注5がありません。

今はどうか知りませんが、旧ソ連では、絵描きであることが尊ばれたそうです。ただし、体制的でないといけませんが……。ともかく「あの人は芸術家だから」とか「あの人はバレリーナだから、配給より少しよけいに食べさせてやらないとかわいそうだ」ということがあったといいます。ニューヨークでも、アーチストのためのマンションというのがあります。職業はみんな平等なのに、アーチストと名のつく仕事についている人は優遇されて安く住むところが用意されているのだそうです。

日本では、優遇どころか、たとえば義務教育の教科の中から、美術の時間は無くなるか、もしくは減らされています。国策と

【二】 次の文章を読んで、後の問いに答えなさい。

「三つ子の魂百まで」といいますが、絵を描くことを仕事にしていて、大原美術館、そしてフランスやイタリアの美術館をたくさん見てきた今も、子どもの頃見た絵を大切に思います。

注1須田寿《ひさし》（一九〇六）（立軌《りゅうき》会《かい》の大先輩）の1「美術に上下の区別なし」という言葉は、思い出すたびに心を動かされます。上手下手、いい感じかどうかということはあるにしても、絵を描こうという志に上下の区別はないというのです。

絵を描き、美術展に出品したりしていると、とかく看板や玩具のメンコの絵や、昔のマッチ注2のレッテルの絵などを低く見る嫌いがあります。ところがどうでしょう、昔のマッチのレッテルのような絵を創作的に描くことができる人は少ないか、ほとんどいないと思います。

絵を見たからといって、腹の足しになるわけではありませんが、美術館の絵の前で一人で考えている時間は、きっと心の中が満たされているのではないか、その意味で、腹の足しにはならなくても、心の足しになるのだと思えます。

絵に比べてテレビは、動いたり、しゃべったりして、見るものに疑う隙《すき》を与えません。でも、絵は、動かないし黙っているところに意味がありそうです。見る人が働きかけなければ、絵は何もしません。だから絵や文字は「沈《ちん》思《し》黙考《もっこう》」の相談相手になるのです。

動かない絵を見るときは、先入観をなくし、自分の目で見、自分の頭で考えながら見ることが大切だと思います。結婚の相手を選ぶとき、人の意見だけで決める人はいないのに似ています。他の人がいいと言う絵が、自分には納得できないことがあっていいのです。

絵は、2絵とそれを見る人との共同作業で、そこに（ふつう「美しい」と言っているところの）世界を広げているのだといえます。

人が、美しいものに反応する感覚は、自然から学んで育つことの他に、絵を見ることの経験によっても磨《みが》かれるのだと思います。

【一】 次の①～⑤の――線部について、カタカナの部分は漢字に直し、漢字の部分はその読みをひらがなで答えなさい。なお、答えはていねいに書くこと。

① 何かが起こる兆しを感じる。

② その監督は優れたセンセキを挙げた。

③ マドベに腰かけて景色を見る。

④ これは使用にあたり注意が必要なゲキヤクだ。

⑤ 大会は悪天候でエンキされることになった。

令和4年度 本郷中学校
第3回 入学試験問題

国語

（五〇分　満点：一〇〇点）

注意

一、指示があるまで問題冊子を開いてはいけません。

二、答えはすべて解答用紙に記入しなさい。

三、字数指定のある問題は、特別の指示がない限り、句読点、記号なども字数に含みます。

四、用具の貸し借りは禁止します。

五、指示があるまで席をはなれてはいけません。

六、質問があれば、だまって手をあげて監督者を呼びなさい。

七、試験が終わったら、解答用紙だけ提出しなさい。問題は持ち帰ってもかまいません。

第1回

2022年度

解　答　と　解　説

《2022年度の配点は解答欄に掲載してあります。》

<算数解答>

1　(1)　4.5　　(2)　5

2　(1)　27個　　(2)　34ページ　　(3)　1200m　　(4)　3168個　　(5)　$12\frac{3}{4}$cm^2

(6)　1.57倍

3　(1)　毎分40m　　(2)　60m　　(3)　毎分20m

4　(1)　D：4　E：2　　(2)　2　　(3)　6通り

5　(1)　$20\frac{5}{6}$cm^3　　(2)　$41\frac{2}{3}$cm^3　　(3)　$36\frac{11}{24}$cm^3

○配点○

1　各5点×2　　他　各6点×15(4(1)完答)　　計100点

<算数解説>

1　(四則計算)

(1)　$\square=7-\left(3-\frac{9}{8}\right)\div3\times4=4.5$

(2)　$(337-54\times6)\div(0.4+2.2)=13\div2.6=5$

重要 2　(割合と比，数の性質，速さの三公式，差集め算，場合の数，平面図形，立体図形，図形や点の移動)

(1)　3人のそれぞれの個数をA・B・Cで表す。

Aが①，Bが②，Cが②×2－5＝④－5のとき，①＋②＋④－5＝⑦－5＝51，⑦＝56

したがって，Cは56÷7×4－5＝27(個)

(2)　○×(○＋1)＝1190＝2×7×5×17＝34×35より，34ページ

(3)　80，60の最小公倍数が240であり，240mを分速60mで進む時間と分速80mで進む時間との差は240÷60－240÷80＝1(分)

したがって，求める距離は240×(15－10)＝1200(m)

(4)　千の位…0と5を除く　他の位…5を除く

したがって，5を含む4ケタの整数は

9999－999－8×9×9×9＝9000－5832＝3168(個)

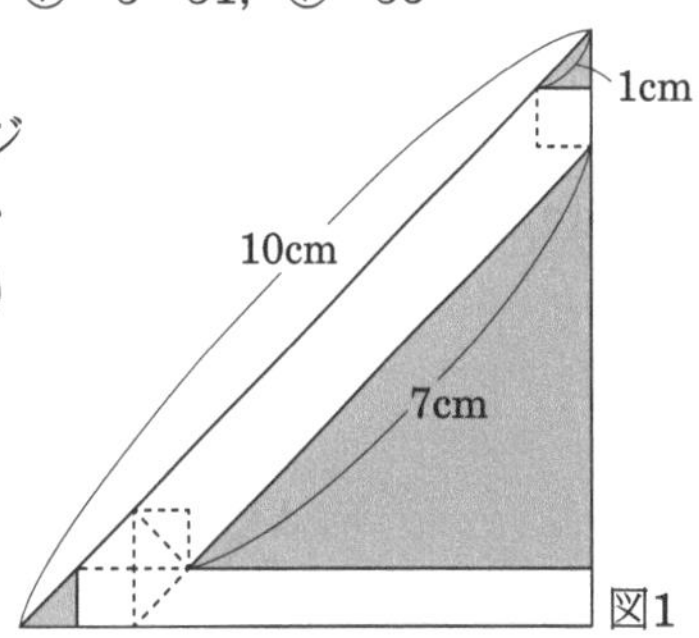

図1

(5)　右図1より，求める面積は$7\times7\div4+1\times1\div4\times2=\frac{51}{4}$(cm^2)

(6)　図ア…体積は3×3×2×3÷3＝18

図イ…体積は3×3×3.14×3÷3

＝9×3.14

したがって，求める割合は9×3.14÷18

＝1.57(倍)

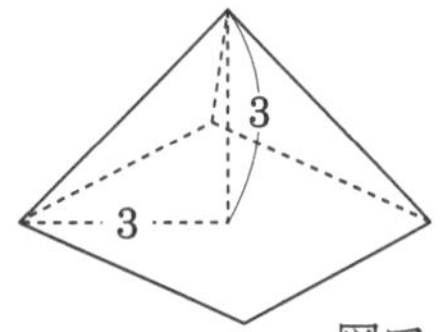

図ア

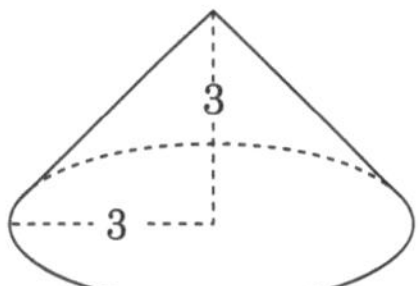

図イ

やや難 **3** **(速さの三公式，旅人算，グラフ，割合と比)**

(1)　問題のグラフより，問題文の各条件を考慮すると，リフトA～Cにつき右のグラフが描ける。

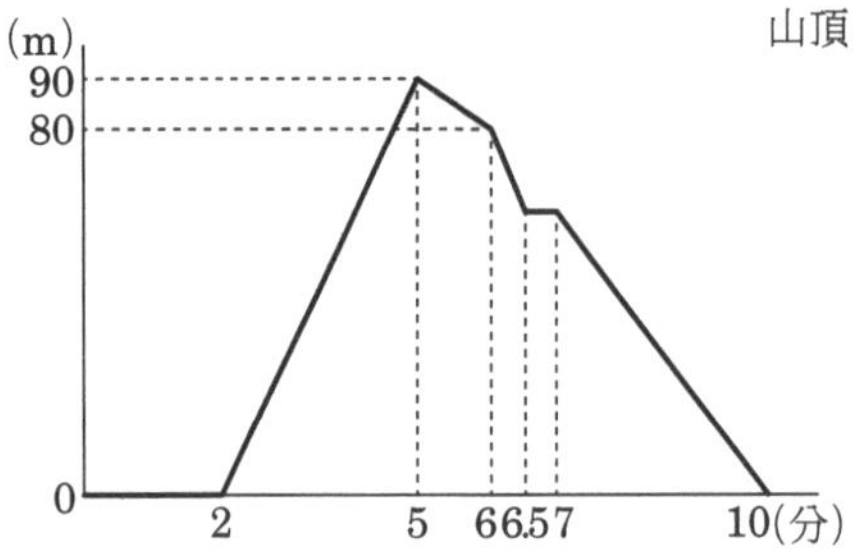

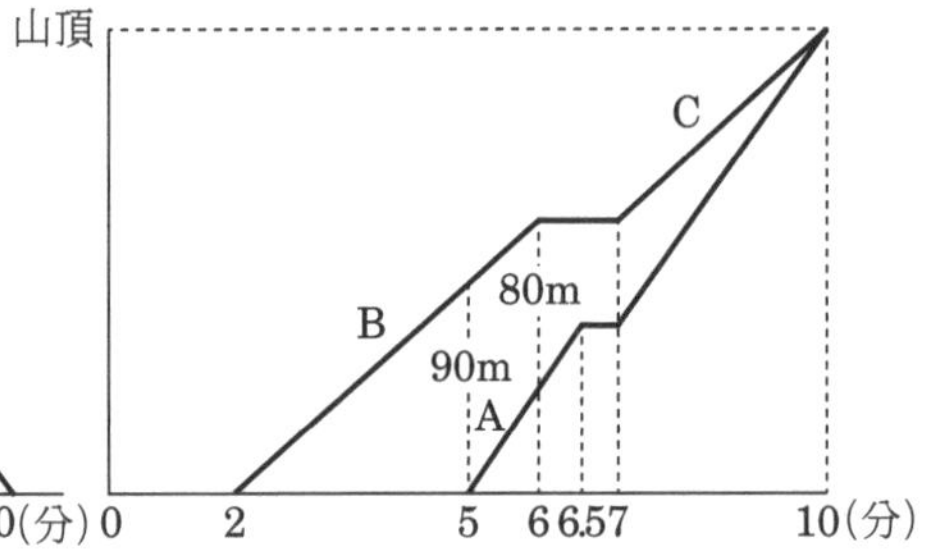

Bの分速…90÷(5−2)=30(m)　したがって，Aの分速は30+90−80=40(m)

(2)　(1)より，40×(6.5−5)=60(m)

(3)　(2)より，7分のときAC間は80−40×(6.5−6)=60(m)

したがって，Aの分速は40−60÷(10−7)=20(m)

4 **(論理，場合の数)**

基本 (1)　図アより，Aが3，Cが2のとき，Dは4，Eは2

(2)　図イより，Aが3，Cが1のとき，Fは2

1	2	3	4
3	4	1	2
2	3	4	1
4	1	2	3

図ア

2	1	3	4
3	4	2	1
1	3	4	2
4	2	1	3

図イ

重要 (3)　下図より，6通り

2	4	3	1
3	2	1	4
1	3	4	2
4	1	2	3

2	4	3	1
3	1	2	4
1	3	4	2
4	2	1	3

1	4	3	2
3	2	1	4
2	3	4	1
4	1	2	3

1	4	3	2
3	1	2	4
2	3	4	1
4	2	1	3

4	1	3	2
3	2	1	4
2	3	4	1
1	4	2	3

4	2	3	1
3	1	2	4
1	3	4	2
2	4	1	3

5 **(平面図形，立体図形)**

基本 (1)　図1より，$5\times5\div2\times5\div3=\dfrac{125}{6}(\mathrm{cm}^3)$

重要 (2)　図2より，$5\times5\times5-\dfrac{125}{6}\times4=\dfrac{125}{3}(\mathrm{cm}^3)$

(3)　図3より，三角錐C−LMNとC−AHFの相似比は1：2，体積比は1：8

したがって，(2)より，三角錐台LMN−AHFの体積は$\dfrac{125}{3}\div8\times(8-1)=\dfrac{875}{24}(\mathrm{cm}^3)$

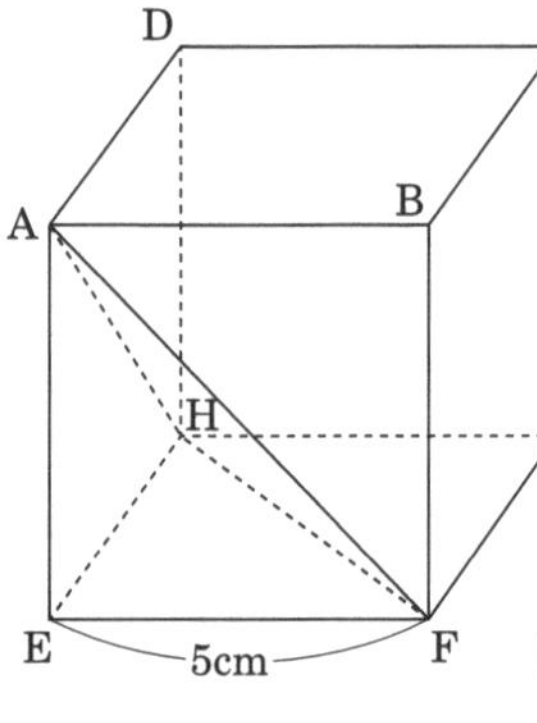

図1

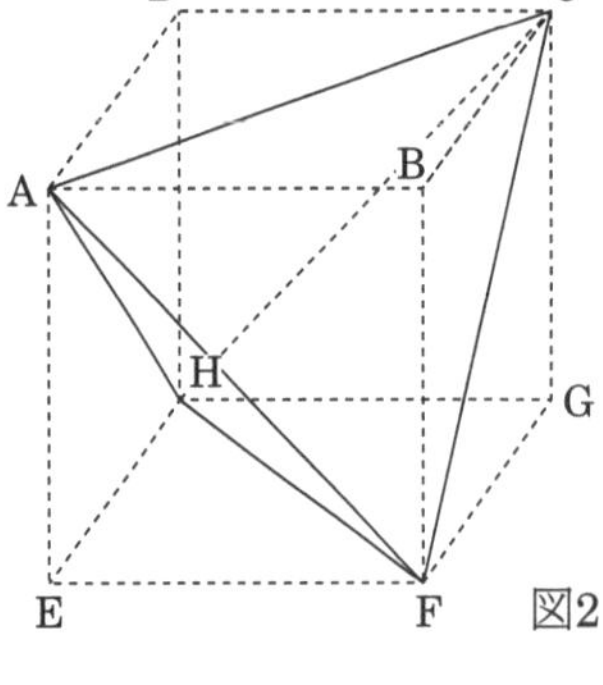

図2

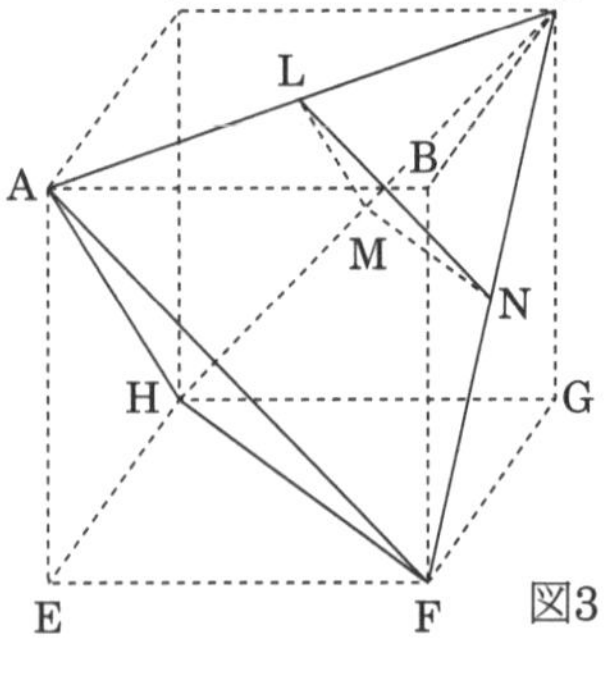

図3

★ワンポイントアドバイス★

2(5)「直角二等辺三角形と正方形」では問題文をよく読み，長さの関係を把握してどこの面積を求めるのかを間違えてはいけない。図をよく利用する。

3「リフト間の距離の差のグラフ」は簡単ではなく，4・5を優先しよう。

<理科解答>

1 (1) 1 ○　2 少し下　3 少しずつ入れ　(2) ① イ　② 47.2mL
(3) X 114　Y 120　(4) 342g　(5) ア　(6) エ　(7) ウ

2 (1) オ　(2) ① カ　② X オ　Y エ　Z ウ　③ Ⅰ イ　Ⅱ カ
④ 32L　(3) Ⅲ イ　Ⅳ ウ　(4) 水道管の中の水がこおると，体積が大きくなるため，水道管が破裂する。

3 (1) a クモ　(動物) ウ，キ　b こうかく　(動物) エ，カ　(2) ウ，エ
(3) (呼吸器官) ウ　(体の部位) ウ[ア，イでも正解]
(4) X カ　Y ウ　Z コ　(5) エ，オ，キ

4 (1) ① ア　② ウ　③ ア　④ 火星　⑤ 0.5°　(2) キ　(3) エ
(4) オ，カ

○配点○

1 (1)，(2)① 各1点×4　他 各2点×7
2 (1) 2点　他 各3点×6((2)②，③，(3)は完答)
3 (4) 各1点×3　他 各2点×8((1)の動物，(2)，(5)は各完答)
4 (1)⑤，(4) 各3点×2((4)は完答)　他 各2点×6　計75点

<理科解説>

1 (浮力と密度・圧力―浮力)

基本 (1) 2 間違い 目盛りが100を超えると，水を入れすぎている。
3 間違い 100のめもりより少し下まで水を入れ，その後スポイトで水を少しずつ入れて目盛りに合わせる。メスシリンダーと接する部分は水が盛り上がるので，中央の部分が100の目盛りに合うように水を入れる。

基本 (2) ① 目盛りを読むときは水平な位置で読む。
② 最小目盛の10分の1まで読む。図6より47.1か47.2mLと読み取る。

重要 (3) おもりを水にしずめると，おもりが水を押す分の重さが加わる。この力は物体に働く浮力と同じ大きさになる。浮力は，物体が押しのけた水の重さに等しい。Bでは電子てんびんにかかる重さが，おもりを入れる前より14g重いので，押しのけられた水の体積も14mLになり，メスシリンダーの目盛りは114になる。同様に，Eでは20g増加するので，Yの値は120になる。

重要 (4) てんびんにはAの重さ100gとメスシリンダーと水の重さの242gがかかるので，合計で342gになる。

(5) (6)の説明にあるように，水がピンポン玉の上から押し付けるので，ピンポン玉は浮かない。

(6) ピンポン玉の下から押し上げる力がないので，上から水に押されるピンポン玉は浮かない。

(7) 水そうの水がペットボトルの下から入ってきて，浮力が大きくなるとピンポン玉が浮く。

2 (物質の状態変化―気体・液体・固体の変化)

基本 (1) 気体の状態では，物質の元になる微小な粒がばらばらの状態で，空間を自由に飛び回っている。固体では，粒は規則正しく並んでおり，自由に移動することはできない。液体では固体より粒の間隔は大きくなるが，気体ほど自由に移動することができず，気体に比べて粒の間隔もせまい。

(2) ① グラフの最初から0℃までの間の右上がりの直線部分では，氷だけが存在し徐々に温度が上がってゆく。その後の横軸に平行な部分では，氷と水がともに存在し，すべて水になるまで加熱していても温度は一定になる。この時の温度を融点という。次の右上がりの直線部分では水の温度が上昇し，再び横軸に平行な部分になると，水と水蒸気がともに存在する。水がすべて水蒸気になるまで温度は一定である。この温度を沸点という。1. の記述より，水と氷では，1℃温度を上昇させるのに必要な時間は水の方が長いので，直線の傾きは後の直線の方がゆるやかになる。2. の記述より，氷から水にする時間より，水から水蒸気にする時間の方が長いので，横軸に平行な部分の長さは後の方が長くなる。この2つの条件を満たしているのはカのグラフである。

重要 ② 水から水蒸気への変化を蒸発という。水が沸点(100℃)に達すると水の内部からも蒸発が起きるようになる。この現象を沸騰という。アルミ箔の穴から出た水蒸気は，周りの空気に冷やされて再び水に戻り，これが白い煙のように見える。この変化を凝縮という。水滴はその後再び蒸発して水蒸気となり，見えなくなる。

③ カセットコンロのボンベには，ブタンの液体が入っている。ブタンが燃えるときは気体のブタンに変化して燃えるので，液体のブタンが蒸発する。その際，蒸発熱を周りから奪うのでボンベの温度が下がる。

重要 ④ ブタン1gの燃焼で生じる熱がすべて水の温度上昇に使われると，1Lの水の温度が12℃上昇する。実際には35%の熱が使われるので，$12 \times 0.35 = 4.2$℃温度が上昇する。16℃の水ＩLを100℃まで上げるのに必要なブタンは，$(100 - 16) \div 4.2 = 20$(g)になり，それから発生する二酸化炭素は，$20 \times 1.6 = 32$Lである。

(3) 氷に食塩をかけると，氷が解ける温度(融点)がさがるので，より低い温度でも氷が解けやすくなる。氷が解ける際に周りから熱を奪うので温度が低くなる。

基本 (4) 水がこおると体積が大きくなり，水道管にかかる圧力が大きくなって破裂する危険がある。

3 (動物―昆虫)

基本 (1) 節足動物は，昆虫類，クモ類，こうかく類，多足類に分類される。そのうち，体が2つに分かれ，足が4対あるのはクモ類，体が2つに分かれ，足が5対あるのがこうかく類である。選択肢のうちクモ類は，ダニ，サソリであり，こうかく類はミジンコ，ザリガニである。

基本 (2) クモ類，こうかく類の体は，頭胸部と腹部に分けられる。

基本 (3) 昆虫の体は，頭部，胸部，腹部の3つの部分からできており，呼吸は腹部にある気管という穴で行っている。

(4) 「ジージー」という鳴き声から，Xはアブラゼミである。大きな2枚のはねを持ち，体が黒色と黄色のしま模様で，眼が複眼であることからYはオニヤンマである。成虫は遠くまで飛びはねることができるので，Zはトノサマバッタである。

基本 (5) 変温動物で成体が肺呼吸をするものは，両生類とハ虫類である。ウミガメ，ヒキガエル，ワニがこれにあたる。

4 (地球と太陽・月―月の公転)

基本 (1) ① 月は地球の周りを約27日で一周する。そのため，1日に約12°ずつ東の空に移動するように見える。

② 木星は地球の外側をまわる惑星で，「衝」のときには太陽と反対の位置にくるので，ウの位置である。

重要 ③ 木星型惑星の特徴は，公転周期が長く，直径が大きく，主成分が気体であること。地球型惑星の特徴は，公転周期が短く，直径が小さく，主成分が固体である。

基本 ④ 地球型惑星は，水星，金星，火星である。このうち外惑星なのは火星である。

重要 ⑤ 24時間で360°移動するので，2分間では，{360÷(24×60)}×2＝0.5°

(2) 夕方に東の空に昇る月は満月である。

(3) 満月が1日に動くコースは，太陽の日周運動と季節が逆になる。つまり，冬至の頃の満月の南中高度は最も高く，夏至の頃は最も低い。天頂付近に満月が見えるのは冬至の頃である。

(4) 大潮が起きるのは新月(オ)と満月(カ)のときである。太陽と地球と月が一直線上に並ぶと，地球の赤道方向に潮を引く力が強まる。

★ワンポイントアドバイス★

やや難しい問題もあるが，全体的なレベルは標準的である。実験や観察に基づき考察する力が求められている。

＜社会解答＞

1 問1 ア ○ イ ○ ウ × エ ○ オ × カ × 問2 ① 0m ② イ ③ エ ④ ア 問3 イ 問4 2500m 問5 イ 問6 ア 福島(県) イ 茨城(県) ウ 栃木(県) エ 埼玉(県) オ 千葉(県)

2 問1 ア 問2 エ 問3 ウ 問4 イ 問5 エ 問6 ウ 問7 エ 問8 ウ 問9 ア 問10 百済 問11 唐招提寺 問12 徳川吉宗 問13 北前船 問14 関東大震災 問15 サンフランシスコ 問16 島原の乱[島原・天草一揆] 問17 歌舞伎

3 問1 A 酸性雨 B－2 エ B－3 ア C パリ 問2 イ 問3 南北 問4 エ 問5 A－1 ドイツ A－2 イギリス B ウ 問6 A ウ B イ C ア 問7 1 国会 2 指名

○配点○

1 問1～問3 各1点×11 他 各2点×7

2 問1～問9 各1点×9 他 各2点×8

3 問1～問5 各2点×10 他 各1点×5 計75点

＜社会解説＞

1 (日本の地理・歴史―地形図・国土と自然・近世の社会など)

基本 問1　水田の地図記号は॥，密集した建物は斜線で表示，発電所は歯車と電気を送る線☼。工業団地は図の北部，市民会館の北には27mの表示が，北西部にあるのは常磐自動車道。

問2　①　湖沼の標高は水面に表示。　②　茨城県南部に位置し琵琶湖に次ぐ日本第2の湖。　③　ワカサギの帆引き船が湖の風物詩となっていたが近年は水質の汚濁で衰退。　④　レンコンは茨城県が全国の約半分を生産。イは千葉，ウは熊本，エは長野が1位。

問3　五街道に準ずる脇街道の一つ。千住で日光街道と別れ水戸以北も相馬街道とつながり陸前浜街道とも呼ばれた。大都市江戸への物資輸送路として繁栄した。

問4　5cm×50000＝250000cm＝2500m。

やや難 問5　土浦市の南を通る北緯36度は埼玉・長野・岐阜・福井を通って日本海に抜ける。

問6　茨城県に隣接するのは北から福島，千葉，埼玉，栃木の4つ。埼玉は人口が東京・神奈川・大阪・愛知に次ぐ。福島は面積が北海道・岩手に次ぐ。茨城は農業産出額が北海道・鹿児島に次ぐ。

2 (日本の歴史―古代～現代の政治・社会・文化など)

問1　古くから大王家に仕え大伴氏と並び軍事をつかさどっていた豪族。仏教をめぐって蘇我氏と対立，物部守屋が蘇我馬子に敗れたため次第に衰退していった。

問2　江戸幕府ははじめキリスト教を放任していたが，1612年に天領(幕府の直轄地)に，翌年には全国に禁教令を布告して方針を変更していった。

問3　養蚕が盛んであった北関東は古くから絹織物の産地であった。中でも桐生は京都西陣から織物の技術を導入し一大産地に成長していった。綿織物は近畿や九州で盛んであった。

問4　江戸時代後期は経済も停滞，貧しい農民の一部は江戸などの都市部に流入しその日暮らしの生活をする者も多かった。寛政の改革などではこうした人に対する様々な政策も打ち出された。

問5　徳川吉宗はそれまでの検見法から定免法に変更し年貢収穫量の安定を図った。

問6　満州事変の調査(リットン調査団)→軍部によるクーデター(2.26事件)→日中戦争の長期化を背景に国家総動員法の制定→太平洋戦争に突入の順。

問7　岩崎邸の北西から南西にかけての地域は宅地開発が急激に進行している。巣鴨駅に貨物ターミナルはみられない，本郷学園の周辺は針葉樹などの林，市電の車庫は戦前にもみられる。

問8　書院造は貴族の住宅である寝殿造から発展した現代日本家屋の原型となった建築様式。

問9　大正時代は市民文化が急速に普及，教育機関も大幅に拡張され多くの学校も設立された。男女共学は太平洋戦争後，学校は都市化の進展で都心部に集中，戦前の義務教育は6年。

問10　6世紀中ごろ，百済の聖明王が経典や僧を日本に派遣。日本と友好関係を持った百済は唐と新羅の連合軍により滅亡に追い込まれた。

問11　戒律を伝える僧の招請に応じ苦難の末に渡来した唐の高僧。聖武上皇らに戒律を授けた。

重要 問12　紀州徳川家から将軍職に就いた8代将軍。初代家康の政治を理想として様々な改革を実施，幕府中興の祖といわれる実績を残した。

問13　西廻りの航路で蝦夷地の海産物や北国の米を大坂に，関西の塩や酒を北国に運んで栄えた。

問14　首都圏を襲った大地震で日本経済は大きなダメージを負った。

重要 問15　第二次世界大戦後米ソの対立が決定的になるとアメリカは対日政策を変更，日本に対し経済復興と再軍備を進め共産主義への強固な橋頭堡にするため講和を急いだ。

問16　1637年に発生したキリシタンを中心とする大規模な農民一揆。天草四郎を首領に3万8000人が原城で挙兵，幕府は12万人を動員してようやくこれを鎮圧するなど鎖国の契機となった。

問17　17世紀初頭，出雲の阿国によって始められ元禄時代に完成した日本を代表する伝統芸能。

3　**(地理・政治―環境問題・政治のしくみ・国際社会など)**

問1　1　森林の枯死や湖沼の生態系の破壊の他，建物への被害なども生じている。　2「かけがえのない地球」を合言葉に初めて開かれた地球環境会議。　3「持続可能な開発」をテーマに温暖化防止や生物多様性条約などを制定。　4　削減目標や具体的な対策を義務付ける条約。

問2　1960年代の高度経済成長は全国各地で公害の発生を助長，1967年には公害対策基本法も制定された。水俣病は有機水銀，環境省は2001年，四大公害は四日市ぜんそく。

問3　最近では途上国の中でも経済発展が目覚ましい国や資源に恵まれた国なども多いことから，途上国間での格差(南南問題)を指摘する声も上がっている。

重要　問4　条約の締結は内閣の権限でありこれを国会が承認する。国会の承認には首相の指名や予算の議決と同様な規定が置かれており衆議院が優越している。

問5　A　京都メカニズムクレジットは他国の削減量を自国の削減目標に換算できるシステム。　B　日本はマイナス8.4%を達成したが，排出量のみでは若干のプラスとなっている。未達成は数か国存在，スペインは増加，離脱はブッシュ大統領。

問6　A　モルディブはインド洋上に浮かぶサンゴ礁の国。　B　ヒマラヤ山麓では氷河の融解が問題化。　C　シベリアの永久凍土の融解では新しいウィルスのまん延なども危惧されている。

重要　問7　国会の信任の下に成立する議院内閣制を規定したもの。

★ワンポイントアドバイス★

脱炭素社会は現代の最重要課題の一つである。日ごろから世の中の動きに注意を払い，自分で考えそして調べるといった習慣をつけよう。

＜国語解答＞

【一】　①　もっぱ　②　敬　③　朗　④　検査　⑤　除隊

【二】　問一　ウ　問二　B　カ　C　イ　問三　4　問四　ウ　問五　(最初)　他者との交～(最後)　柔軟なもの　問六　ア　問七　エ　問八　イ
問九　他人だけでなく動植物や文化的作品などとの交わりによって新たな「わたし」が獲得されるとともに、その他者の存在が様々な「わたし」を内包した「わたし」の存在を成り立たせているということ。

【三】　問一　ア　問二　X　心　Y　体　問三　イ　問四　ウ　問五　ア
問六　エ　問七　ウ　問八　エ　問九　エ　問十　一体感を持ちながら共に走るという、これまで経験したことのない感覚を味わわせてくれたり、走ることに対する意義や情熱を呼び覚ましてくれたりした、かけがえのない存在。

○配点○

【一】　各2点×5　【二】　問一～問三　各3点×4　問四～問八　各5点×5　問九　8点
【三】　問一・問二　各3点×2　問三～問六　各4点×4　問七～問九　各5点×3
問十　8点　計100点

＜国語解説＞

【一】（漢字の読み書き）

重要　①「もっぱ−ら」とは，他はさしおいて，ある一つの事に集中するさまのことだ。同じような意味の言葉は「ひたすら」である。　②「敬」は全12画の漢字。11画目と12画目をつなげないで書く。③「朗」は全10画の漢字。1画目は立てる。　④「検」は全11画の漢字。同音の「険」と混同しないように気をつける。　⑤「除隊」とは，兵役を解かれること。「除」は全10画の漢字。7画目は6画目よりやや長めに書く。

【二】（論説文―論理展開・段落構成，細部の読み取り，空欄補充，記述力）

基本　問一　直後にある「ぶれない」に着目する。「ぶれない」には，態度，考え方，方針などがあれこれとゆれ動かないという意味がある。ここでは「『首尾一貫』したぶれない『本来の自己』なんてない」ということになる。

重要　問二　B「小説家の平野啓一郎～」で始まる段落に，「一人のなかに複数の『分人』が存在している」とある。これは，もともと複数の『分人』が備わっているということだ。したがって，「潜在的」に「いる」ということになる。　C　直前の内容に「引き出される」ことが重要と述べられている。他者によって引き出されるのであって，自分が意識して異なる役を演じるのではないということを重要としているのだ。「意識して」を言いかえるなら「意図的」ということになる。

問三　入れる文を簡単に言えば「人とは異なる個性的な生き方が大切だというメッセージがあふれている」ということだ。問二Cで考えたように，自分のさまざまな側面は，「他者によって引き出される」のだから，一人で自分のなかを掘り下げてても個性とか自分らしさには到達できないという主張である。この「自分のなかを掘り下げても……」は(4)に続く説明の中にある。

問四　ア「学生たちが少なからず興味や憧れを抱いている」が×。　イ「外国人とうち解けるためには」が×。何のためかということは述べていない。　エ　自分の出身地の紹介のためという前提そのものが×。　ウ「だれもその～」で始まる段落と，それに続く段落に着目する。自分に取って身近ではないのに，これが日本人という境界として，それらの文化を挙げるのは可能であり，無意識にそうしているのだからウがふさわしい。

重要　問五　傍線部2直後にあるように，「輪郭」は「溶け出して交じり合ってしまう」・「固める装置が必要」というのだから，「やわらかい」ものである。それは＜中略＞の直後の段落で「やわらかなもの」と明確に示しているが，解答としては字数に合わない。「やわらかなもの」ということは，「『わたし』をつくりあげている輪郭は～」で始まる段落で再び「他者との～柔軟なもの」と説明されている。

問六　問五で考えたとおり，また，傍線部3を含む段落の内容でも読み取れるように，やわらかく，わたし以外のものとつねに連動するものなのに，通常は「わたし」がしっかりとした輪郭をもつ独立した存在であると感じているという矛盾したようなことを不思議としているのだからアだ。

問七　傍線部4直後と，続く「その出会いの蓄積～」で始まる段落が着目点になる。比ゆとして用いている「わたしが溶ける」ということを，自分というものがなくなる，変わってしまうと悲観的にとらえるのではなく，さまざまな出会いも含めて自分の固有性を与えるということになるのでエだ。

やや難　問八　傍線部5冒頭の「これ」とは，演じるべき役をすべて脱ぎ去ったあとに，演じない「本当の『わたし』がいるのか，いたとて，演じない『わたし』にどんな意味があるのか」ということだ。これに対して考えているのが「『アイデンティティ』という～」で始まる段落からである。この段落で「同一のゆるがない『わたし』がいるという見方に通じる」としているが，平野啓一郎の著書を引きながら，「本当の自己」なんてないというのが筆者の立場だ。「『わたし』をつくりあげている輪郭～」で始まる段落の最後に「気が楽になりませんか」とあるのは，「生きていきやすくなる」ということだからイだ。

やや難 問九　これまでの問いで考えてきたのは，他者との交わりによって新たな「わたし」が獲得される，他者の存在がさまざまな「わたし」を持つ「わたし」の存在を成り立たせているということだった。が，傍線部6では「そんな広い意味の他者」としているところが着目点である。「他者」，つまり，人間だけではなく，動植物や文化的作品なども「他者」という見方をするということになる。

【三】（物語―心情・情景，細部の読み取り，四字熟語，ことばの用法，記述力）

問一　Aは形容詞，Bは動詞，Cは動詞，Dは形容動詞，Eは形容詞，Fは形容動詞，Gは名詞，Hは名詞，Iは動詞であるのでアの組み合わせが適当だ。

基本 問二 「完全に一致している」と表現している二人のことだから「一心同体」という四字熟語で表せる。

重要 問三　がんこに見るだけしか許可しないと言っていた管理人の気持ちに変化が起きたのは「革命家にだって伴走者はいたでしょう」という淡島の発言からだ。門扉を開いてくれる前に「俺が彼の伴走者だった。～」と言っている。この「伴走者」という言葉が心を開かせたのだからイを選択する。

問四　淡島と内田の二人の様子に心を動かされたわけではないので，ア・イの冒頭は誤りだ。傍線部2後半の「遙か後ろを見つめて」は，問三で考えたように，「伴走者」という言葉に，かつての自分の姿を重ねたことが気持ちを変化させたのだからウである。

問五　アとウで迷うところだが，リード文でもわかるように，そもそも内田はレースの結果にこだわる人間であり，淡島を伴走者として，パラリンピック出場の権利を得るためにやって来ているのだ。レース前日になって急にウのような，勝利よりも大事にしたい思いになったことは読み取れない。あくまでも明日のレースにこだわっているのだからアだ。

重要 問六　傍線部4直前の「バカにするなよ」と直後に描かれている心情に着目する。内田とは違い，自分はレースをコントロールすることにこだわりを持っていたはずなのに，「負けたくない」，つまり，勝負にこだわる自分を発見したということだからエを選択する。

問七　問六を参考にする。淡島の「俺に勝つつもりで～」という発言に，思いもよらず，勝ちにこだわる自分が芽生えている。傍線部5は疑問形で書かれているが，伴走者がいいレースができるように信頼に応えるのは当然ということに疑問を持っているわけではない。それは当然として，勝ちたいという思いをそのまま持ち続けてもかまわないのではないかという疑問形だと考えられるのでウだ。

問八 「闇の中で～」で始まる段落からしばらく続く描写から読み取ろう。この白昼夢のような状況が，疲れや厳しい環境からくるものではないと断言はできないのでイとも迷うが，体がへとへとでも頑張ろうというものではない。内田とつないでいるロープ，自分と内田だけの足音が聞こえるという内容から内田と一つになったような感覚と，ひたすらゴールを目指すのだという決意と考えエを選択する。

問九　勝負にこだわってもいいのではないかという心情にはなったが，あくまでも内田に勝って自分自身が優勝者になろうというものではない。このレースで勝ちにこだわるということだ。傍線部7直前の「最後の最後にはやはり自分との～」は，「選手」としての内田の戦いということだ。そして，「選手」は自分との戦いに勝つことで勝利や記録を得ることができる。しかし，一緒に走っているとはいえ「伴走者」の勝利や記録ということにはならないということを「伴走者は違う」と表現しているのだからエを選択する。

やや難　問十　内田は優勝者にはなれなかったが，観客からの素晴らしい声援を受ける結果になった。選手ではない伴走者の淡島には送られるものではなかったが，内田は淡島によってもたらされたものだと表現してくれた。しかし，傍線部8では「この人が俺の伴走者」としている。つまり，淡島が内田から得たものを書くということになる。これを考えるにあたっては，淡島の変化を考える必要がある。問六で考えたことをきっかけに，問七，問八と，これまでの自分との変化，これまで味わったことのない感覚などが，「伴走者である内田」から得たものと考えられる。

★ワンポイントアドバイス★

選択肢問題は，選択肢の文章自体が長く，混乱しがちだ。課題文をしっかり読み取ることが大切だ。

第2回

2022年度

解　答　と　解　説

《2022年度の配点は解答欄に掲載してあります。》

＜算数解答＞

[1] (1)　6　(2)　$\frac{1}{8}$

[2] (1)　18秒　(2)　22才　(3)　2倍　(4)　2，4　(5)　4　(6)　18.84cm^2
(7)　925番目

[3] (1)　毎分450cm^3　(2)　4cm　(3)　$22\frac{1}{3}$分後　[4] (1)　11度　(2)　⑥
(3)　79度

[5] (1)　60度　(2)　$10\frac{7}{15}$cm

○配点○

[1]　各5点×2　他　各6点×15([2](4)完答)　計100点

＜算数解説＞

[1] (四則計算)

(1)　$\left(\frac{11}{2}\times\frac{16}{33}-\frac{8}{5}\right)\times\frac{45}{8}=\left(\frac{8}{3}-\frac{8}{5}\right)\times\frac{45}{8}=15-9=6$

(2)　$\square=1.1\times\frac{5}{22}-\frac{9}{4}\times\frac{175}{3150}=1.1\times\frac{5}{22}-\frac{9}{4}\times\frac{1}{18}=\frac{1}{4}-\frac{1}{8}=\frac{1}{8}$

重要 [2] (速さの三公式と比，割合と比，年令算，消去算，数の性質，場合の数，平面図形)

(1)　ベルトコンベアーとベルトコンベアー上を動く運搬機の速さの比は24：72＝1：3
ベルトコンベアーと運搬機の速さの比は1：(3－1)＝1：2
ベルトコンベアーと運搬機の1.5倍した速さの比は1：(2×1.5)＝1：3
したがって，求める時間は72÷(1＋3)＝18(秒)

(2)　8年前…A君とお姉さんの年令はそれぞれ①，③だった。
2年前…A君，お姉さん，お兄さんの年令はそれぞれ①＋6，③＋6，②＋12だった。
今…A君，お姉さん，お兄さんの年令はそれぞれ①＋8，③＋8，②＋14
お姉さんとお兄さんの年令差は②＋14－(③＋8)＝6－①
6－①(才)が2才に相当するので①は4才
したがって，今，お兄さんは4×2＋14＝22(才)

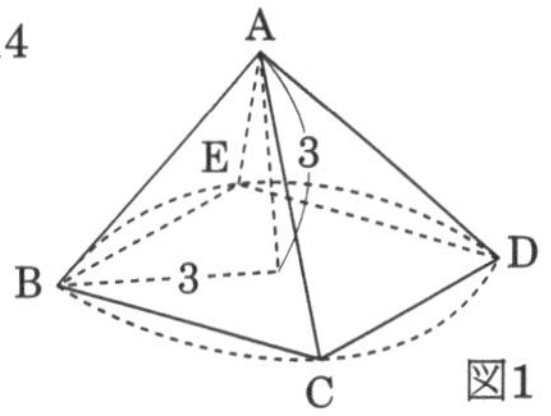

図1

(3)　図1…体積は3×3×3.14×3÷3＝9×3.14
図2…半径3と半径アの円の面積の差は
$(3\times3-3\times3\div2)\times3.14=\frac{9}{2}\times3.14$
図3…体積は$\frac{9}{2}\times3.14\times3\div3=\frac{9}{2}\times3.14$
したがって，求める割合は$9\div\frac{9}{2}=2$(倍)

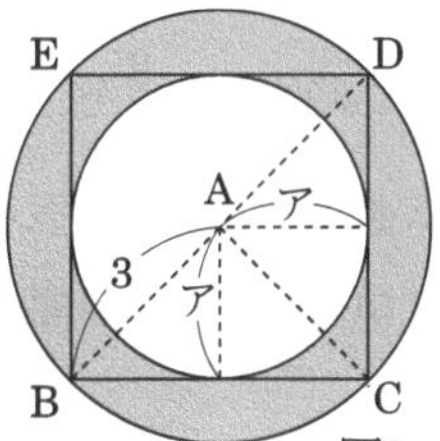

図2

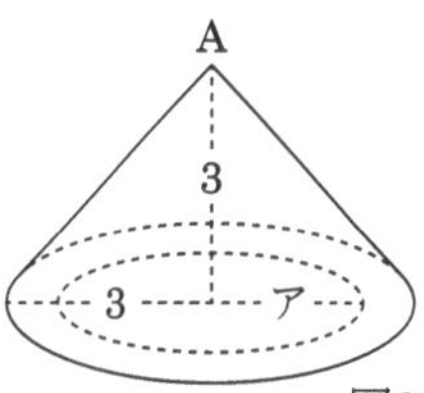

図3

(4)　630＝3×5×6×7より，1×2×3×4×5×6×7×8の2つの×を÷に変えるとき，1÷2×3÷4×5×6×7×8＝3×5×6×7になる。

(5)　A＋2×B＝17…(A，B)の組み合わせは(1，8)(3，7)(5，6)(7，5)(9，4)
B＋2×C＝15…(B，C)の組み合わせは(1，7)(3，6)(7，4)
したがって，B＝7のとき，C＝4

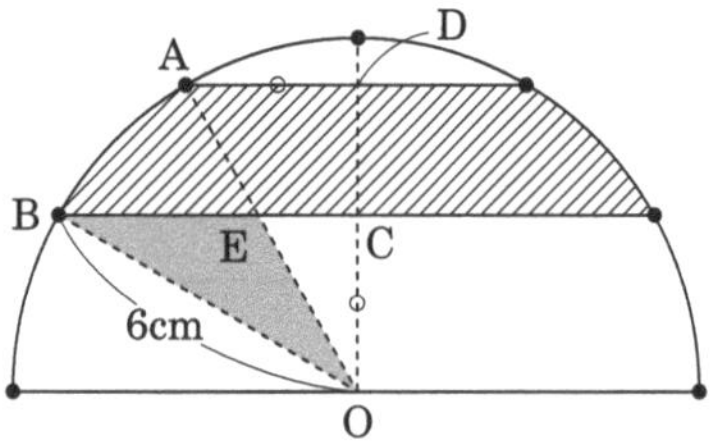

(6)　右図より，三角形ODAとOCBは合同であり，台形CDABと三角形OEBの面積は等しい。
したがって，斜線部分は6×6×3.14÷6＝18.84(cm^2)

(7)　10～92まで→10，12，20～29，30，32，～，90，92…2×8＋10＝26(個)
100～999まで→100～109，110，112，120～129，130，132，～，190，192…10×2＋2×8＝36(個)
200～299…100個
全体で36×8＋100＝388(個)
1000～1099まで→100個
1100～1999まで→388個
2000～2022まで→23個
したがって，全部で26＋388×2＋100＋23＝925(個)

[図Ⅰ]

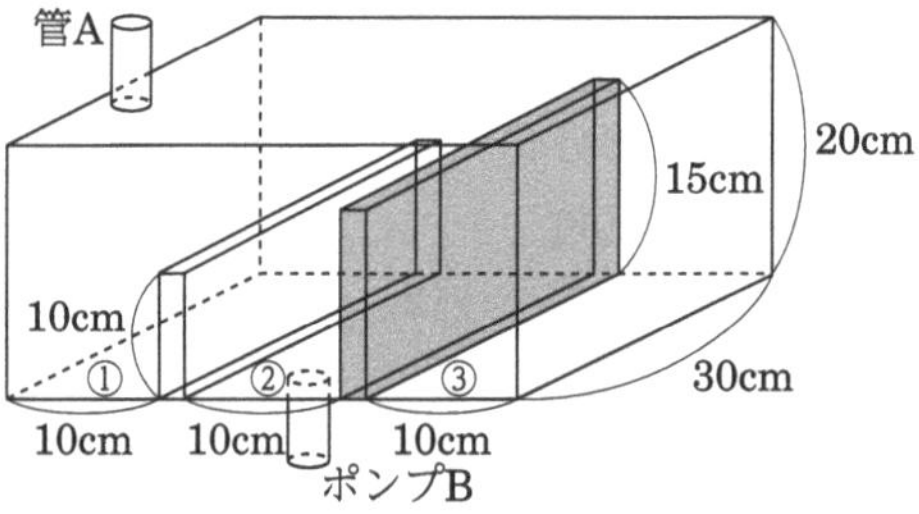

[図Ⅱ]

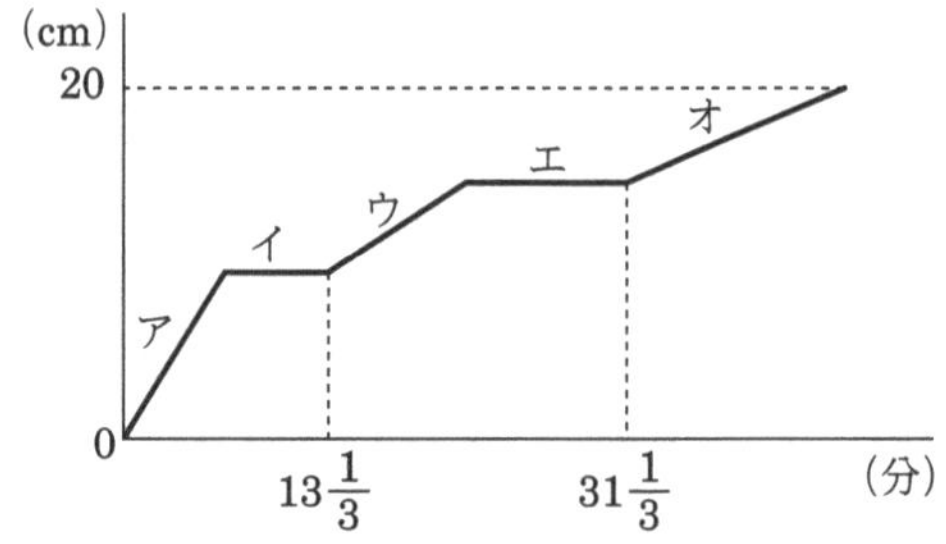

3 (立体図形，平面図形，グラフ，割合と比)

図Ⅱ…排出ポンプは閉じたままで水の深さの変化を示したグラフ

基本　(1)　図より，アの時間は$\frac{40}{3}\div2=\frac{20}{3}$(分)
したがって，給水量は毎分$30\times10\times10\div\frac{20}{3}=450$(cm^3)

[図Ⅲ]

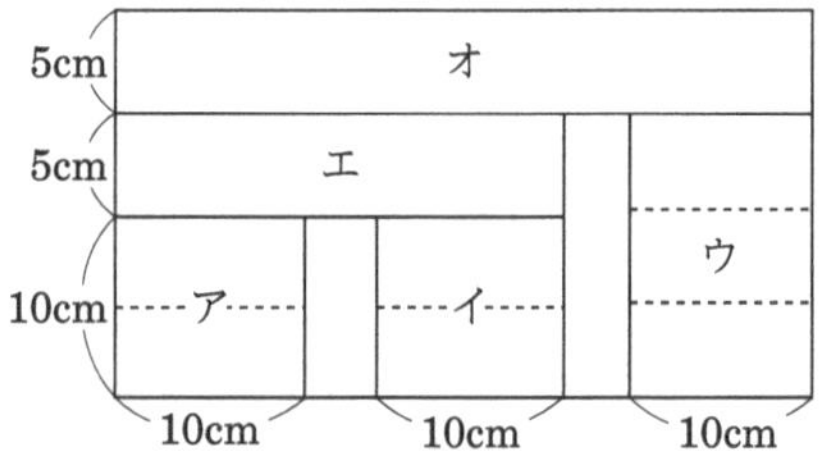

重要　(2)　図Ⅲより，ア・イのそれぞれの容量は30×10×10＝3000(cm^3)　ウの容量は3000÷2×3＝4500(cm^3)
図Ⅱと(1)より，エの体積は$450\times\left(31\frac{1}{3}-13\frac{1}{3}\right)-4500=3600$(cm^3)
図Ⅰより，しきりの幅は3600÷(30×5)－10×2＝4(cm)

(3)　毎分の排水量は給水量の2倍であり，水が減る割合は図Ⅱの水がたまる割合に等しい。
満水になった時刻…図Ⅱと(2)より，$31\frac{1}{3}+30\times(4\times2+30)\times5\div450=31\frac{1}{3}+12\frac{2}{3}=44$(分)
水深が25cmまで減った時間…$12\frac{2}{3}$分
ウの水深が15cmのままでア・イの水深が10cmになる時間…30×24×5÷450＝8(分)
イの水深が15÷2＝7.5(cm)になる時間…$30\times10\times(10-7.5)\div450=1\frac{2}{3}$(分)

したがって，求める時刻は$12\frac{2}{3}+8+1\frac{2}{3}=22\frac{1}{3}$(分)

4 (平面図形)

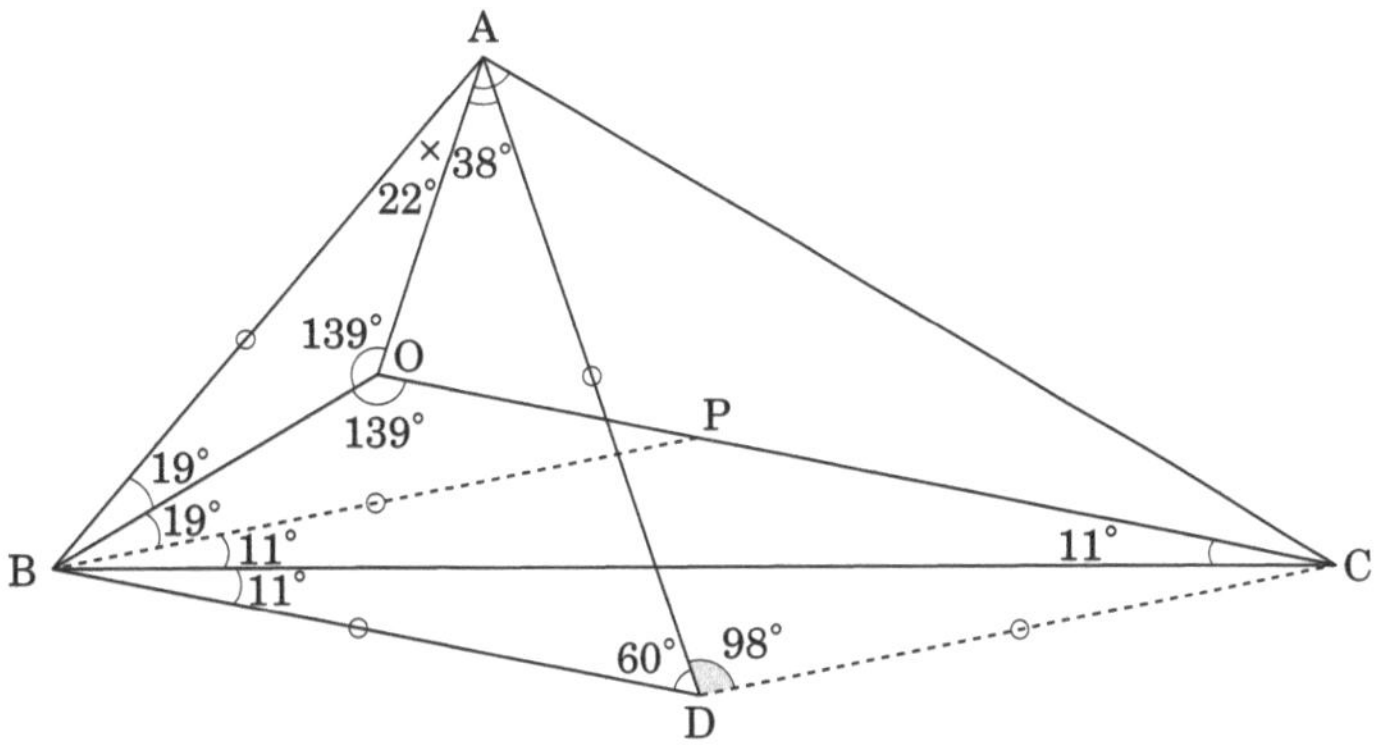

基本 (1) 右図より，角CBDは11度

(2) 右図より，三角形OABと合同な図形は⑥三角形OPB

やや難 (3) 右図より，ひし形PBDCにおいて角ADCは
180−(11×2+60)=98(度)
二等辺三角形DCAにおいて角CADは
(180−98)÷2=41(度)
したがって，角CAO(x)は
41+60−22=79(度)

重要 5 (平面図形，立体図形)

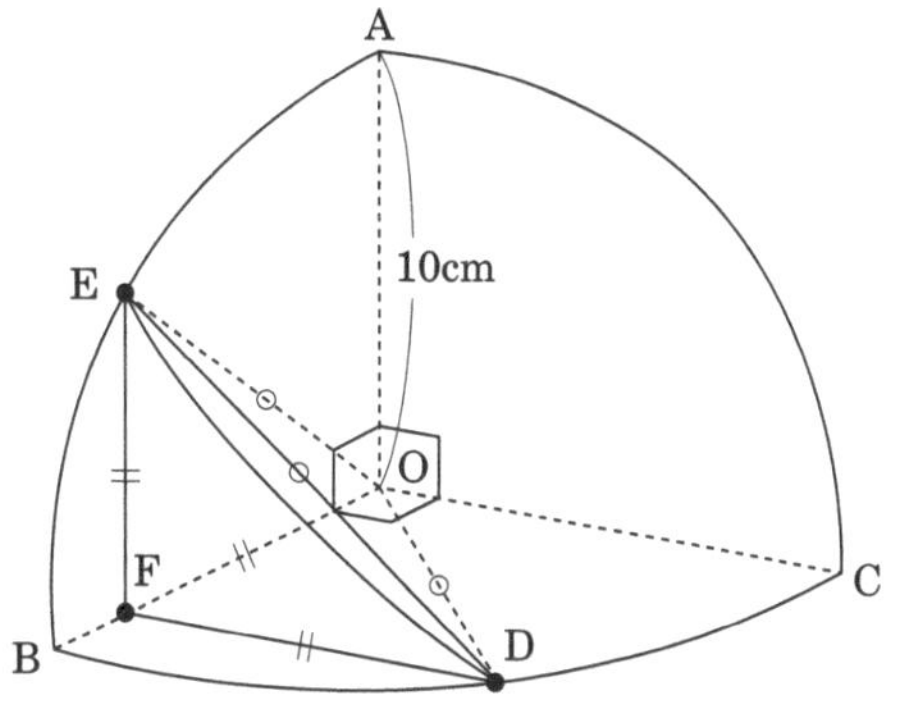

(1) 右図より，三角形FOE，FDO，FDEは合同な直角二等辺三角形である。
したがって，三角形OEDは正三角形，角ODEは60度

(2) 右図，(1)より，おうぎ形OEDの弧EDは10×2×3.14÷6=$\frac{157}{15}$(cm)

★ワンポイントアドバイス★

3(1)「毎分の給水量」，4(1)・(2)「角度と平面図形」，5「立体」は難しくない。したがって，2 7問と3「水深変化」，その他については，自分にとって解きやすい問題から解いていくのがポイントである。

<理科解答>

1 (1) イ (2) ウ (3) イ (4) ウ (5) イ (6) 0.71倍 (7) 25cm

2 (1) A ウ B イ C ア (2) ウ，カ (3) 黒インクに含まれる色素がビーカーに入れた水に溶け出してしまうため。 (4) イ，オ，キ (5) オ
(6) ① 1.5% ② 0.045g

3 (1) ① ヘモグロビン ② 固める ③ ワクチン(予防) (2) ④ PCR
(3) イ，エ (4) ア (5) エ (6) オ (7) イ，エ

4 (1) ウ (2) イ (3) ① 停滞前線 ② 偏西風 ③ ウ→エ→イ→ア
(4) オ (5) 30.9% (6) 1 蒸発 2 うばう (7) 50.3%

○配点○

1 (1)〜(4) 各2点×4 他 各3点×3

2 (6)① 2点　他　各3点×6((1)，(4)各完答)　3 各2点×9((3)，(7)各完答)
4 各2点×10((3)③完答)　計75点

＜理科解説＞

1 (音の性質―音の伝わり方)

重要 (1) 音の大小は振動する回数を変化させないが，大きな音ほどエネルギーが大きいので，砂の動きも大きくなる。

重要 (2) ブザーの音の高さは変化しないが，空気を抜くと空気が振動を伝えにくくなり，音が小さくなる。真空中では振動が伝わらないので，音は聞こえない。

(3) 空気の代わりにヘリウムが振動を伝えるので，音は伝わる。

(4) 振動を伝える物質を媒質というが，媒質が空気から水にかわっても振動する回数に変化はなく，水の中では水が振動を伝えるので音は伝わる。水中の方が空気中より振動を伝える物質が密につまっているので，音の速さは速くなる。

(5) 実際の鉄琴を思い出すと，板の長さが短くなると鉄琴を留めている場所の間隔も短くなる。このように，支える位置の場所は，全体の長さからの割合で決まっている。2点間の距離を全体の長さで割った値同じになる位置は，40cmのパイプでは両端から9cmの位置になる。

(6) 表の値より，Bのドの長さから1オクターブ上のEのドの長さまでの比は，35.4÷50.0＝0.708≒0.71倍になる。

(7) Aのソの音から2オクターブ上のGのソの音までの比が28.8÷57.6＝0.5倍なので，Bのドの音から2オクターブ上のHのドの音のときの長さは50.0×0.5＝25cmになる。

2 (植物―色素)

重要 (1) カエデの葉の色は，夏の時期に緑であり，徐々に黄色から赤色に変わる。図1で8月に一番多いCの色素がクロロフィル，10月ごろに一番多くなるBが黄色の色素のカロテノイド，11月からあとに増えてくるAが赤色の色素のアントシアニンである。イチョウでは，葉が赤くならないので，図2でのAのアントシアニンの量は増えていない。

(2) 夏の時期でも，Bのカロテノイドは葉に含まれている。葉が黄色くなるのは，カロテノイドが増えるからではなく，クロロフィルの量がカロテノイドより少なくなるためである。図2より，イチョウが色づくのは10半ばころである。イチョウには，赤色のアントシアニンがほとんど含まれていないことが図2よりわかる。

(3) このような方法で混合物に含まれる物質を分離する方法を，ペーパークロマトグラフィーという。色素は水に溶けるので，ビーカーに入れた水の量がろ紙の線より多いと，色素がビーカーの水に溶け出してしまう。

重要 (4) 塩酸から水を蒸発させると，気体の塩化水素が空気中に逃げていき，あとには何も残らない。水酸化ナトリウム水溶液から水を蒸発させると，固体の水酸化ナトリウムが残る。塩酸と水酸化ナトリウム水溶液を反応させたあと水を蒸発させると，反応でできる塩化ナトリウムが残るが，水酸化ナトリウムの量が多いと反応しきれなかった水酸化ナトリウムも固体として出てくる。アンモニアは水によく溶けるので，水上置換では集められない。酸素は水に溶けないので水上置換で集められる。砂の混ざった海水をろ過すると砂は取り除けるが，ろ液として海水が得られ純粋な水にはならない。砂が混ざった海水を蒸発させると水蒸気が発生し，これを冷やすと純粋な水が得られる。

(5) 色素の量が少なくても色素の移動する距離は変わらない。紅葉後の赤色のカエデの葉に含まれる緑色，黄色の色素の量は，紅葉前の緑色のカエデの葉に含まれる緑色の色素と，黄色の色素の量より少ない。それで，移動後の色素の位置は図4と変わらず，量が少ないので色がうすくなる。また，赤色の色素は液体Dに溶けないので，ろ紙の上を移動しない。よってオの結果になる。

重要 (6) ① 乾燥した葉2g中の色素を含む1gの水溶液の吸光度が0.3であったので，図よりその水溶液の濃度は1.5%であることがわかる。

② よって色素の重さは1×0.015＝0.015gである。乾燥した葉6g中の色素の重さはその3倍になるので，0.015×3＝0.045gである。

3 (人体―血液・抗体)

基本 (1) 赤血球中のヘモグロビンが酸素を運ぶ働きをする。血小板は血液を固まらせる作用がある。ワクチンとは，毒性を弱めたウィルスや細菌を体内に入れ，抗体つくらせて免疫力を高めるものである。

(2) 新型コロナウィルスの検査方法を，PCR検査という。

(3) 花粉に対して免疫が過剰にはたらくのが花粉症，特定の食品に対してじんましんやかゆみが出るのが食物アレルギーである。

(4) 1回目の抗原注射の後，抗体の量が増加している。それが減少した後で2回目の抗原注射をすると，抗体の量が1回目より多くなり，病気の発症が押さえられた。よってグラフはアである。

(5) 抗体の研究でノーベル賞を受賞したのは，利根川進先生である。湯川氏，小柴氏は物理学での受賞，山中氏はiPS細胞の研究，真鍋氏は地球温暖化に関する研究で受賞した。

(6) ウィルスが変化する現象を変異という。

(7) ウィルスによって引き起こされる病気は，エイズとインフルエンザである。破傷風，ペストは細菌による病気で，マラリアはマラリア原虫という寄生虫による病気である。

4 (気象―天気図・湿度)

基本 (1) 積乱雲が発達するときは，大気の状態が不安定で強い上昇気流が生じるときである。

(2) すでに避難所への非難が難しくなっているので，高台へ移動するのはかえって危険である。少しでも崖や沢から離れた建物や，浸水しにくい高い場所(自宅の2階など)に避難する。

基本 (3) ① この前線は，停滞前線の記号である。

基本 ② 日本付近で西から東に吹く風を偏西風という。

③ 図ウで日本列島にかかっている前線が，低気圧の移動にともない徐々に東に伸びていく(図エ)。さらに前線上の低気圧が東に移動していく(図イ，図ア)

基本 (4) 粒の大きさの小さい泥が，最も遠く(A)まで運ばれてたい積する。粒が大きく重いれきは，河口の近く(C)にたい積する。

重要 (5) 露点が10℃なので，この時の$1m^3$中の水蒸気量は9.4gである。30℃の飽和水蒸気量が30.4gなので，湿度は(9.4÷30.4)×100＝30.92≒30.9%になる。

基本 (6) 水で濡れたガーゼの表面から水蒸気が蒸発する。その際，蒸発熱が奪われるので，湿球温度計の温度が下がる。

(7) 初めの状態での湿度は，表2より68%である。この時空気中の水蒸気量は，15℃での飽和水蒸気量が12.8gなので，12.8×0.68＝8.704gである。ここから気温が5℃上昇し，水蒸気量が変わらなければ，湿度は(8.704÷17.3)×100＝50.31≒50.3%になる。

★ワンポイントアドバイス★

問題文が長く，読解力と集中力を要する問題を含んでいるが，よく読んで内容を理解し，落ち着いて対応すること。

＜社会解答＞

1 問1 1 秋田県 2 山形県 3 阿賀野 4 越後 問2 A 千曲 B 猪苗代
問3 イ 問4 ① ア ② ウ 問5 ウ 問6 ア 問7 ウ 問8 イ
問9 エ 問10 ア

2 問1 イ 問2 エ 問3 ウ 問4 エ 問5 ア 問6 イ 問7 ア
問8 エ 問9 ウ 問10 三内丸山(遺跡) 問11 日本書紀 問12 班田収授法
問13 寺子屋 問14 朱印状 問15 2万両[20,000両](以上) 問16 関孝和
問17 学制

3 問1 1 サ 2 ニ 3 ク 4 カ 5 コ 6 ウ 7 チ 8 エ
9 ア 10 ネ 11 ソ 12 セ 13 ハ 問2 ウ 問3 A 6
B 3 C 4 問4 D イ E ケ 問5 F イ G カ

○配点○

1 問1～問5 各2点×10 他 各1点×5
2 問1～問9 各1点×9 他 各2点×8
3 問1 各1点×13 他 各3点×4(問3～問5各完答) 計75点

＜社会解説＞

1 **(日本の地理―国土と自然・農業・貿易など)**

基本 問1 1 ブランド米「あきたこまち」で知られる。 2 夏に高温になる山形は稲作の適地。 3 会津盆地周辺の水を集めて日本海に注ぐ川。 4 信濃川や阿賀野川の堆積作用で形成。

問2 A 長野・埼玉・山梨県境の甲武信ヶ岳を源流に日本海に注ぐ日本最長の河川。長野県内では千曲川と呼ばれ新潟県に入って信濃川となる。 B 福島県中央部に位置する日本第4位の湖。

問3 1960年度の約80%から半減，主食のコメや野菜は比較的高いが飼料や大豆，小麦などは極めて低く，食料の安全保障の上からも自給率のアップが求められている。

問4 平常時には両堰《せき》とも解放されているが洪水などで流量が増えると洗堰を閉じて分水路に放流し洪水を防ぐ。一方渇水時には可動堰を閉じて本流側の水量を確保する。

問5 米の在庫増に伴い生産調整を実施，1995年には自由化も始まった。米は1967年をピークに生産は半減，経済水域の設定で漁獲量は急減，1991年に牛肉は自由化，豚肉の生産も減少した。

重要 問6 原油以外はオーストラリアが最大の輸入先。イはロシア，ウはアメリカ，エはカナダ。

問7 寒冷地などに広く分布，農業には適さないため客土などで土地の改良を行う必要がある。石狩平野では湿原植物や火山噴出物が泥炭となり耕作が不能な土壌となっていた。

問8 水田単作が中心の新潟は農家人口は多くない。アは青森，ウは神奈川，エは熊本。

問9 東京・新潟を約2時間で結ぶ上越新幹線は東海道・山陽新幹線に次ぎ利用者が多い。

問10 2015年の農業経営体は約90000でその7.47%の約6700が5ha以上。江戸時代は湿地が多く，横田切れは1896年，41.1℃の日本最高記録は浜松と熊谷。

2 (日本の歴史―古代～近代の政治・社会・文化など)

重要 問1　推古天皇の甥《おい》である聖徳太子は中国を統一した隋に対し6回にわたり使者を派遣した。

問2　10世紀になると律令体制は乱れ地方に派遣された下級貴族はその地に土着し武士化の道を歩み始める。平将門の乱(10世紀)→前九年の合戦(11世紀)→平治の乱(12世紀)→承久の乱(13世紀)。

問3　1543年，ポルトガル人を乗せた中国船が種子島に漂着，領主に鉄砲を伝えた。

問4　最盛期には世界の3分の1を産出したという日本の銀の中心的な鉱山。毛利氏などの戦国大名がその支配権を争い，2007年には産業に関する遺産として世界遺産にも登録された。

問5　豊臣秀吉の朝鮮侵略は文禄・慶長の役。文永の役は1回目の元寇。

重要 問6　享保の改革では重要な法令と判例を集めるなど刑罰の客観的基準を定め裁判の公正化を図った。旧里帰農令は寛政の改革，上知令は天保の改革，生類憐みの令は徳川綱吉。

問7　本居宣長は古典を研究し日本古来の道の探求を目指した国学を大成した人物。

問8　第二次伊藤博文内閣は大物政治家を集めたことから元勲内閣と呼ばれ，陸奥宗光を外相に任命し日清戦争を遂行，下関で講和条約を締結した。

問9　1919年5月4日，北京で学生たちがヴェルサイユ条約拒否を叫んで集会，この動きが中国各地に広がっていった。朝鮮で独立万歳を叫んで始まったのは同じく1918年の三・一運動。

問10　直径1mの6本の柱や数百棟の住居跡などが出土した縄文時代最大規模の集落遺跡。

問11　舎人《とねり》親王らによって編纂された日本初の勅撰の歴史書。神武天皇から持統天皇までの歴史を中国の正史と同様に漢文で編年体に編纂している。

問12　中国の均田制に倣い6年ごとに戸籍を整備し6歳以上の良民男子には2反(約24a)，女子にはその3分の2を支給したもの。奴婢にも支給され死亡すると国に返還された。

問13　僧侶や神官，浪人などが教師となった民間の教育機関。幕末には全国に広まり明治の小学校の母体となり義務教育の急速な普及に大きく貢献した。

問14　戦国時代に武将が政務などの文章に花押《かおう》の代わりに印章を押したもの。黒印を押したものもあるが朱印状の方がより丁寧とされていた。朱印状によって渡航を許可された船が朱印船。

基本 問15　銀1000貫目＝1000000匁＝20000両。

問16　江戸前期の人物。円の面積や球の体積を精密に計算したことでも知られる。

問17　教育の機会均等と義務教育の確立を図った政策。実情とかけ離れており数年で廃止された。

3 (政治―憲法・政治のしくみ・地方自治など)

問1　1　イギリスの政治制度を模範とし立憲政治の必要性を説いた。　2　憲法でも唯一の立法機関と規定。　3　予算も法律の一種と考えられる。　4　条約は内閣が締結し国会が承認する。
5　設立時は「良識の府」と呼ばれ独自性が期待された。　6　戦後では解散がなかったのは1回だけである。　7　一般には職業軍人ではない者の意味。　8　法律の定める内容を実行し実現させる政治の働き。　9　様々な紛争に対し法を適用して解決する作用。　10　裁判官は良心に基づき，憲法と法律にのみ拘束される。　11　15名の裁判官から構成される終審裁判所。
12　控訴・上告という三審制。　13　直接民主制の一つ。過半数の賛成で罷免される。

問2　首相の指名や条約の承認と同様に一致が見られなければ衆議院の議決が国会の議決となる。大日本帝国憲法は衆議院と貴族院，衆議院と参議院の兼職は禁止されている(憲法48条)。

基本 問3　A　第1回の選挙で上位当選者を任期6年，下位当選者を3年とした。　B　3年ごとに半数が改選される。　C　平均すると2年10か月程度である。

問4　地方の選挙では無投票当選は珍しくないが，東京のような大都市ではあまり見られない。小平市選挙区では定員2名に対し立候補者が2名で東京では58年ぶり3例目の無投票当選となった。民意が反映されず政治に対する関心が薄れるなど問題が指摘されている。

問5　2014年に8%，19年に10%に引き上げた。キは宮沢，クは小泉，ケは橋本首相。

★ワンポイントアドバイス★

資料を読み取る問題は分野を問わず増える傾向にある。知識分野の問題を先に済ませ，余裕をもって丁寧に対応していこう。

＜国語解答＞

【一】 ① たむ　② 辞典　③ 射　④ 博覧　⑤ 採寸

【二】 問一 A オ　B ア　C イ　D エ　問二 イ　問三 ウ　問四 ア
問五 不正が可能でも不正はしないと相手に期待することが、不正防止の仕組みが複雑化するのを防ぎ、労力と費用を削減するということ。　問六 ウ　問七 エ
問八 イ

【三】 問一 a ウ　b イ　c ア　問二 ウ　問三 結婚は個人間の問題だと考えるマドコに理解を示しつつも、自分の家族の結束の強さに思いを巡らすと彼女に賛同しきれず、困っている。　問四 イ　問五 ウ　問六 エ　問七 オ，カ

○配点○

【一】 各2点×5　【二】 問一 各2点×4　問五 9点　問七・問八 各6点×2
他 各4点×4　【三】 問一 各2点×3　問二・問四 各5点×2　問三 9点
問五・問六 各6点×2　問七 各4点×2　計100点

＜国語解説＞

【一】 (漢字の読み書き)

重要　① 「たむ-ける」。「手」に「た」という読みはないが，神仏や死者に何かをささげるという「たむ-ける」の場合は「た」と読む。　② 「辞」は全13画の漢字。12画目は11画目よりやや短めに書く。　③ 「射」は全10画の漢字。6画目はやや右上に向かい3画目の右側に出さない。7画目は左下に向かい，3画目の右側から出して書き出す。　④ 「博」は全12画の漢字。9画目の点を忘れずに書く。　⑤ 「採」は全11画の漢字。5～7画目の向きに注意する。

【二】 (論説文―要旨・大意，細部の読み取り，接続語の問題，記述力)

基本　問一 A 前部分は，孫悟空が悪事をはたらくと頭を締め付けられるという具体的な説明で，後部分は，前部分の具体的な内容をまとめて「罰が抑止力」としているのでオの「つまり」だ。
B 前部分は，信頼はコスト削減効果があるということを述べ，後部分で具体的な事例を挙げて説明しているのでアの「たとえば」が入る。　C 直後の部分が「～ことだからです。」という理由を述べる文末になっているのでイ「なぜなら」を入れる。　D 前部分ではメニューはハンバーグだと思っていたことが述べられていて，後部分は実際出てきたものが餃子だったということなのでエの「ところが」が適切だ。

問二 イとウで迷うところである。孫悟空では，三蔵法師が呪文を唱えるのだから，時として，その判断が情によって左右されることがあるかもしれないが，機械なら，そのような手かげんはな

く一律に，文字通り機械的に判断されるから「より冷徹」なのだ。孫悟空は死ぬかもしれない罰を与えられているわけではないのでウの「死んでしまう可能性がどれほど高かったとしても」が誤りである。

問三 「彼／彼女は嘘をつかないだろう」と確信するというのは，「安心」で，それは，線2をふくむ段落にあるように，「想定外のことが起こる可能性がほぼゼロ」ということにり，それは自分がひどい目にあう可能性がないということになるので，その内容があるウを選ぶ。

基本 問四 「不合理」とは，道理や理屈に合っていないこと，筋が通らないことという意味の言葉である。「にもかかわらず」が，不合理だと思うポイントである。「にもかかわらず」はこの場合不確実性があるかもしれない「のに」信じるということだ。イは「大事故が～」が誤り。ウは「大いにもかかわらず」が誤り。エはイ同様の誤りに加え「助けること」が誤りだ。

やや難 問五 Bで始まる段落から，具体例を挙げて線4のことを説明している。例は，筆者の勤める大学での出来事と，介護の世界での話が挙げられているが，「合理化」を説明するには，大学での出来事で読み取ったほうがわかりやすい。「問題は，～」で始まる段落は特に注目すべき内容だ。「『教員を信じる』とさえ言ってくれれば膨大な時間とお金を無為に浪費することがない」というのだ。つまり，不正はできるかもしれないが，不正はしないと信じることが面倒な手続きやお金の浪費も削減できるということになる。

重要 問六 「ふつうの生活」は，「介護福祉士の～」で始まる段落と，「いくら安全対策～」で始まる段落の内容から読み取る。大事なことは「自由度が確保されている」ということだ。リスクはあるかもしれないが，自由，つまり，「自身の意思」が尊重されることになるのでウである。

問七 問六で考えたように，「自由度」を重要視しているのだ。線6の文末にある「生きていることにならない」は，「ふつうの生活＝自由度がある生活」ということなので，自由について述べているエがふさわしい。

問八 介護の世界での例で考えよう。特に，ハンバーグが餃子になってしまっても「けど，いいのかな……」の発想である。この具体例で言えば，ハンバーグを作ると言ったら，ハンバーグでなくてはいけない，お冷を持ってきてくれる人が座って話し込んではいけないのような発想が「ねばならない」だ。この例から言えることは「こうしなければいけない」という決まりごとがどこでも絶対だと思い込んでいることを考え直してみることが必要なのではないかということになるのでイである。

【三】 (物語―論理展開・段落構成，心情・情景，細部の読み取り，ことばの意味，表現技法)

基本 問一 a 「月並み」とは，どこにでもある，ありきたりであるという意味。 b 「拍子抜け」とは，張り合いがなくなってしまうこと，気が抜けると類似した意味である。 c 「恰幅がいい」とは，体格がよいことだが，身長が高いというより，肉づきがよいという意味で使う。

重要 問二 自分たちが結婚するとき自分の両親が反対したときのことまで持ち出してケンカになっているのだから，ミセス・アンダーソンからの手紙の内容にあきれているし，知っていて言わなかったウィルに対しても腹を立てているのだからウである。

やや難 問三 「煮えきらない」とは，態度をはっきりさせず，ぐずぐずしているということだ。マドコが述べている結婚については自分も同じように思っていることは「そうなんだ。」でわかるが，続いて，「そりゃまあ，そうなんだけどね。」と続けているということは，全面的に賛成だとは言えない気持ちもあるということになる。理由として「カゾクの結束が固いらしいんだよね」とある。つまり，この点も理解できるという板ばさみの気持ちだ。だから，困ってしまい，煮え切らない様子でモゴモゴとコトバをにごしているのである。

問四 自分の腹立ちをぶつけたら，次第に興奮して言いたいことを言ったあと，いかにも自分がかわいそうだと示そうと泣きマネをしていたら，その感情に自分自身がひたってしまたため「心地よく」なっているのだからイだ。

問五　「誤っているもの」という条件に注意する。　ア　「時代錯誤で恥ずかしいコト」と言っているので正しい。　イ　「君の両親はホントに子離れしていないんだなって呆れた」と言っている。二人が同意しているのにという気持ちがあるからだ。したがって，その時のマドコの両親の反応は不愉快だったことがわかるので正しい。　ウ　姓を変えないのは両親の求めではなく，マドコ自身，自分のアイデンティティのためにも一生名乗り続けるつもりなのだから，誤りだ。
エ　やや大げさではあるが，そもそも「人種差別主義者」というこれもまた大げさな表現で対応していることから考えても，自分は大学院を辞めたり，できる限りのことをしてマドコとの結婚を進めたつもりなのに，アメリカ人だからというどうしても対処できないことで反対するは理不尽であるというこれまでのいきさつまでを怒っているのだから正しい。

やや難　問六　美しいエメラルド・シティにいるのに，埃っぽいカンザスなんかに～だろうという疑問形であるが，何を考えているのかさっぱりわからないというような，本当に気持ちがわからないという疑問ではない。ウィル自身もカゾクの結束が固い家と言っている。「オズの魔法使い」の紙袋から，かつて，この家で繰り広げられていた家族との営みが「最も幸福な家族の図」ということに思い当たっている。イとエで迷うところだが，この物語は個人と家族の問題でケンカが始まっている。家族の一員であることを優先させる新しい家族の中で自分の思いが見とれられる生活ができるのかという不安であるのでエだ。

問七　アに示されている擬態語，擬音語はその時の心情がわかりやすく表現されているので適切だ。　イ　うっとりと眺め回していたいけれど，明日のパーティーのことを「考えて」眠ることにするのだから適切だ。　ウ　直後に，「ウィルは～言ったが，～」とあるので適切である。
エ　一般的なできごととしての「結婚」は漢字表記で，個人的なマドコとウィルの結婚についてはカタカナ表記をすることで，読者の注意をうながしているので適切である。　オ　この箇所での二点リーダーは，この手紙がまだまだ続くことを表しているので不適切である。　カ　マドコの両親が結婚に反対したことは二人の会話の中から読み取ることができるが，「回想シーン」ははさみこまれていないので不適切である。

★ワンポイントアドバイス★

選択肢問題はまぎらわしいものもあり，時間がかかりそうだ。自分が納得できるものではなく，本文に沿ったものを選ぼう。

第3回

2022年度

解　答　と　解　説

《2022年度の配点は解答欄に掲載してあります。》

＜算数解答＞

1　(1)　7　　(2)　$2\frac{14}{15}$

2　(1)　600cm　　(2)　B・250g　　(3)　6750m　　(4)　0.75倍　　(5)　226.08cm^2
　(6)　$\frac{1}{15}$倍

3　(1)　24cm　　(2)　96cm^2　　(3)　$21\frac{3}{7}$秒後

4　(1)　63票　　(2)　32票　　(3)　12票

5　(1)　7分間　　(2)　条件A・15点　　(3)　X＝4，Y＝8

○配点○

1　各5点×2　　他　各6点×15(2(2)，5(2)・(3)各完答)　　計100点

＜算数解説＞

1　(四則計算)

(1)　$\square=(59\div5+4.5+0.5)\times\frac{5}{12}=1.4\times5=7$

(2)　$\frac{121}{12}\times\frac{4}{15}\times\frac{12}{11}=\frac{44}{15}$

2　(割合と比，相当算，速さの三公式と比，平面図形，相似，立体図形)

重要　(1)　1回目

切った長さ：全体の$\frac{1}{3}$より50cm短い　　残りの長さ：全体の$\frac{2}{3}$より50cm長い

2回目

切った長さ：全体の$\frac{1}{3}$より$50\div2+15=40$(cm)長い

残りの長さ：全体の$\frac{1}{3}$より10cm長い…ア

3回目

切った長さ：全体の$\frac{1}{3}$より50cm短い…イ　　残りの長さ：全体の$\frac{1}{10}$

ア，イより，全体の$\frac{1}{10}$が$10+50=60$(cm)

したがって，全体は$60\times10=600$(cm)

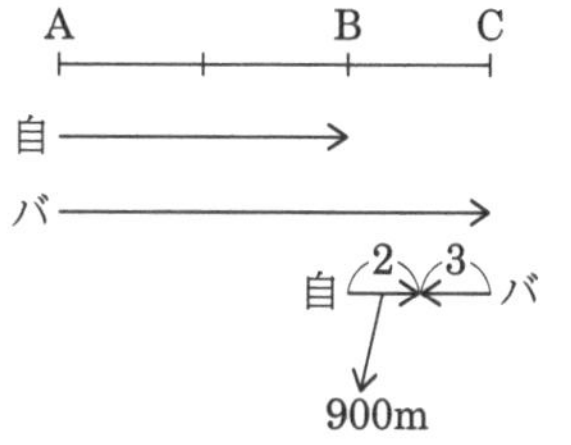

重要　(2)　8%にするにはAとBの重さの比が$200:300=2:3$であればよい。
したがって，Bを加える重さは$300\div2\times3-200=250$(g)

基本　(3)　右図より，自転車とバスの速さの比は$2:3$

したがって，求める道のりは900÷2×(2＋3)×3＝6750(m)

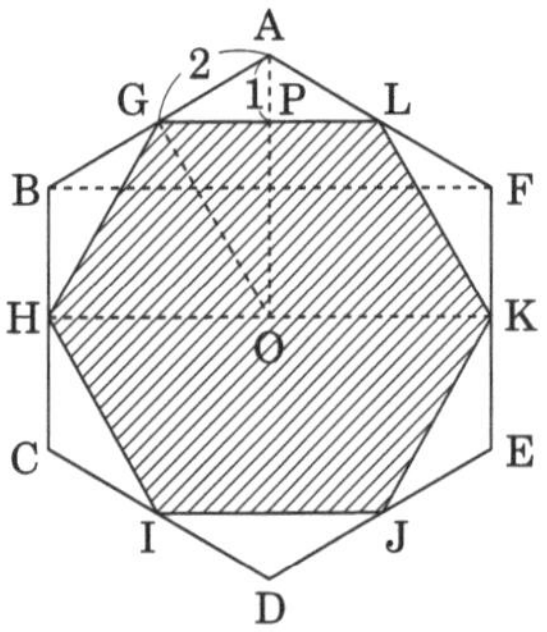

重要 (4)　右図より，大きい正六角形と小さいの正六角形の$\frac{1}{12}$ずつの図形を，それぞれ直角三角形AOGとOGPとする。OAが4のとき，OP：OAは(4−1)：4＝3：4であり，面積についても求める割合は$\frac{3}{4}$倍

(5)　図アより，表面積は(3×5＋3×3＋3×2×8)×3.14
＝72×3.14＝226.08(cm^2)

(6)　図イより，三角形APFとEPJの相似比は2：3，FP：FBは2：10＝1：5　三角形AQFとEQKの相似比は2：1，FQ：FCは2：6＝1：3

したがって，求める割合は$\frac{1}{5}\times\frac{1}{3}=\frac{1}{15}$(倍)

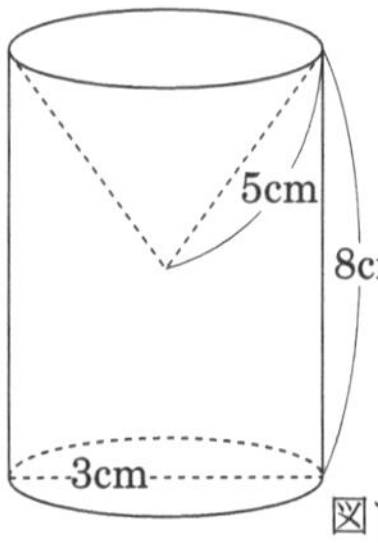

図ア

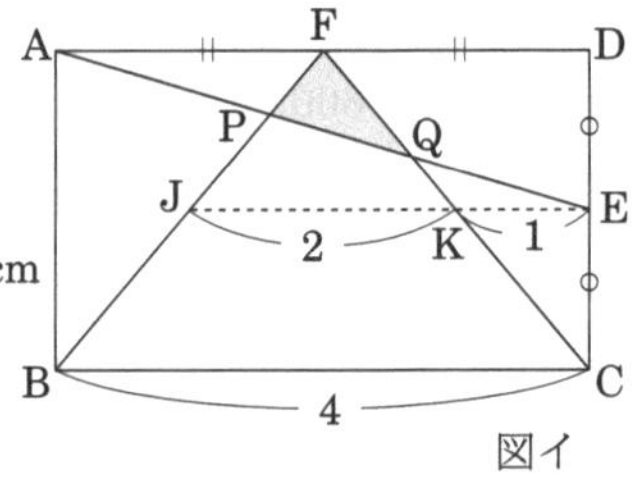

図イ

3 (平面図形，図形や点の移動，速さの三公式と比，割合と比，グラフ)

基本 (1)　図Ⅰ・Ⅱより，右図においてABの長さは168×2÷14＝24(cm)

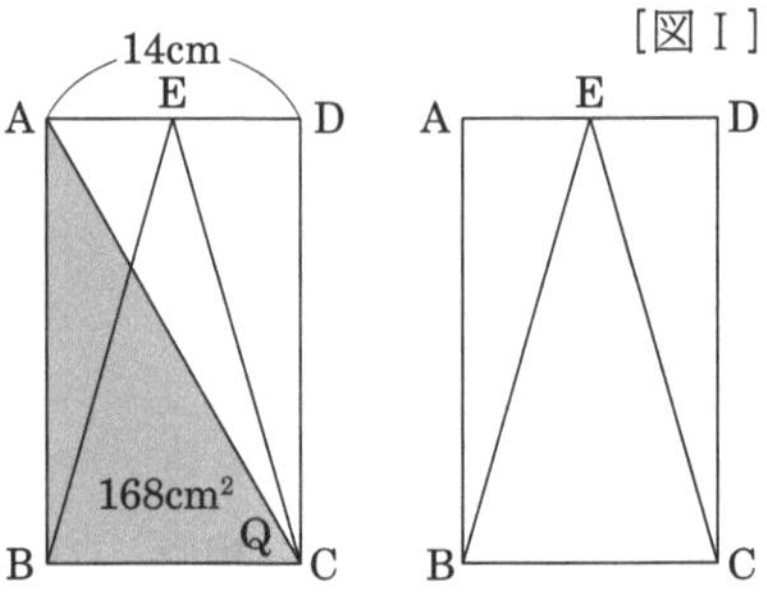

［図Ⅰ］

［図Ⅱ］
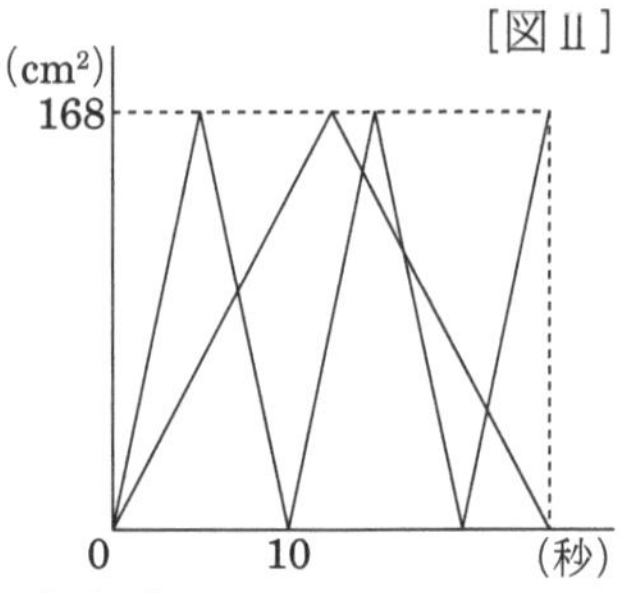

やや難 (2)　右図Ⅲより，Qが10÷2＝5(秒)でBからEをへてCに達するときの移動距離とPがBからEに達するときの移動距離の比は2：1，速さの比は10：2＝5：1，時間の比は(2÷5)：(1÷1)＝2：5

PがEに達する時間…10÷2÷2×5＝5÷2×5＝12.5(秒)

右図Ⅲにおいて，頂点アを共有する三角形の相似比は(12.5−5)：10＝3：4

したがって，アの面積は168÷(3＋4)×4＝96(cm^2)

［図Ⅲ］
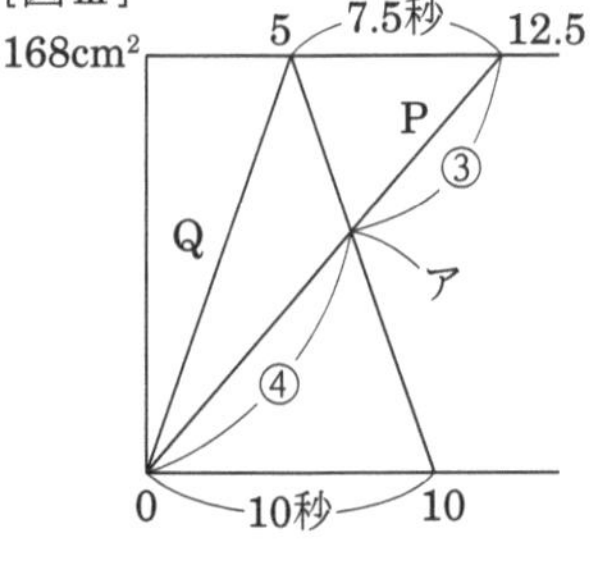

(3)　Qが3回目にCに達する時刻とPがCに達する時刻との差は5×5−12.5＝12.5(秒)　　(2)と同様，右図Ⅳより，頂点イを共有する三角形の相似比は12.5：5＝5：2　　したがって，イの時刻は20＋5÷(5＋2)×2＝21$\frac{3}{7}$(秒後)

［図Ⅳ］
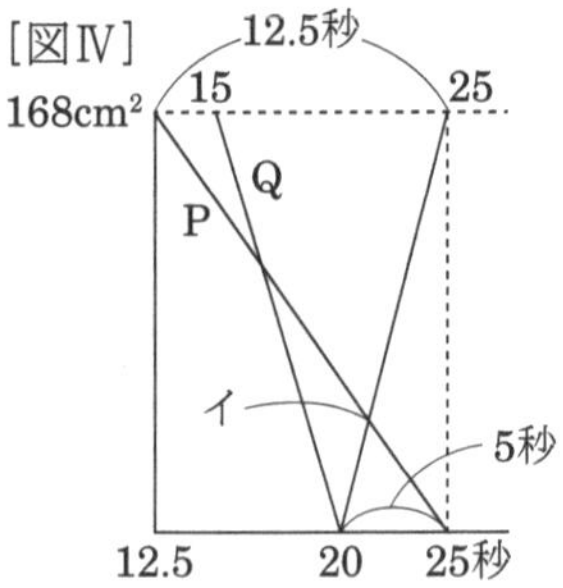

4 (論理，統計と表，和差算)

基本 (1)　(128−5)÷(1＋1)＝123÷2＝61…1より，62票

したがって，立候補者自身の1票を加えるので62＋1＝63(票)

(2)　(1)と同様，123÷(3＋1)＝30…3より31票

したがって，立候補者自身の1票を加えるので31＋1＝32(票)

やや難 (3) EとBの得票数を引くと128－(8＋34)＝86(票)

86÷(2＋1)＝28…2より29票

したがって，Aがさらに必要な票数zは29－17＝12(票)

立候補者	A	B	C	D	E
獲得した票の数	17	8	12	20	34

重要 **5** **(数の性質，規則性)**

4＋2＝6(分)，5＋3＝8(分)の最小公倍数は24分

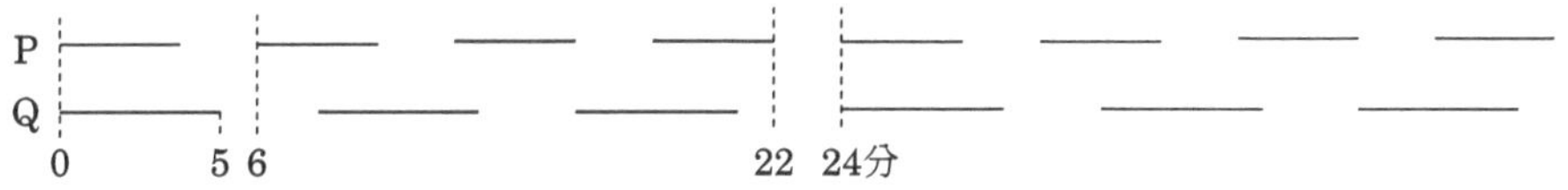

(1) 上図より，24分までにP，Qがともに消えている時間は5～6分，22～24分の3分間

24×2＝48(分)までにP，Qがともに消えている時間…3×2＝6(分間)

48～60分までにP，Qがともに消えている時間…1分間

したがって，60分までに6＋1＝7(分間)

(2) 24分までにP，Qがともに点灯している時間は0～4分，8～10分，12～13分，18～21分の4＋2＋1＋3＝10(分間)

24×2＝48(分)までにP，Qがともに点灯している時間…10×2＝20(分間)

48～60分までにP，Qがともに点灯している時間…4＋2＝6(分間)

60分までにP，Qがともに点灯している時間…20＋6＝26(分間)

60分までにともに消えている時間…7分間

60分までに一方が点灯している時間…60－(26＋7)＝27(分間)

条件Aによる得点…3×26＋2×27＋1×7

条件Bによる得点…0×26＋2×27＋10×7

したがって，得点が高いのはAであり，得点差は3×26－(10－1)×7＝15(点)

(3) (2)より，X×26＋Y×7＝160，Y×7＝160－X×26＝2×(80－X×13)

したがって，80－X×13が7の倍数になるときX＝4，Y＝(160－4×26)÷7＝8

★ワンポイントアドバイス★

2では(2)「濃度」，(3)「速さの比」が解きやすく，(1)「相当算」はよく出題されるタイプの設定ではなく迷いやすい。3「点の移動」ではグラフについて相似を利用すると解きやすく，5「電球」は難しくない。

＜理科解答＞

1 (1) 3(種類) (2) 水酸化ナトリウム水溶液 (3) 磁石 (4) DとE (5) 二酸化炭素 (6) Eとd

2 (1) 20g (2) 30g (3) 60cm (4) ア (5) ア (6) イ (7) イ (8) 15g

3 (1) A イネ B エンドウ C トウモロコシ (2) A イ B オ C ク (3) イ，エ，オ (4) よう素液 (5) イ (6) オ (7) 58mm^3 (8) 表 0.29mm^3 裏 0.83mm^3 (9) 1400000個

4 (1) 胆振[いぶり] (2) ウ (3) エ (4) 津波[つなみ] (5) 中島はカルデ

ラ形成後の噴火によってできた。　(6)　キ　(7)　(カルデラで)ない(可能性が高い。なぜなら,)陥没量に見合うだけの火山噴出物が噴火湾の周囲には分布していないから。

(8)　D　アンモナイト　E　石炭

○配点○

1　各3点×6((4)・(6)各完答)　2　(6)～(8)　各3点×3　他　各2点×5

3　各2点×10((1)～(3)各完答)　4　各2点×9　計75点

＜理科解説＞

1　(水溶液の性質・物質との反応―物質の判別)

重要　(1)　鉄,アルミニウムと塩酸の反応で水素が発生する。アルミニウムは水酸化ナトリウム水溶液との反応でも水素を発生する。石灰石と塩酸の反応では二酸化炭素が発生する。二酸化マンガンと過酸化水素水の反応で酸素が発生する。水素,二酸化炭素,酸素の3種類の気体が発生する。

重要　(2)　水溶液aではすべての粉末で気体発生がしなかったので,アンモニア水である。水溶液b,cからは粉末A,および粉末Bだけが気体発生するので,アルミニウムと水酸化ナトリウム水溶液の組み合わせか,酸化マンガンと過酸化水素水の組み合わせのいずれかである。水溶液dでは粉末B,D,Eから気体が発生するので,水溶液dは塩酸である。実験5で水溶液cとdの反応で粉末Cの水溶液ができるので,水溶液cが水酸化ナトリウム水溶液,粉末Cが食塩(塩化ナトリウム)とわかる。これより,粉末Bがアルミニウムであり,水溶液bが過酸化水素水,粉末Aが二酸化マンガンとわかる。また,粉末D,Eが鉄,石灰石のいずれかである。以上より,水溶液cは水酸化ナトリウム水溶液である。これは実験6の結果とも一致する。

(3)　粉末は鉄か石灰石なので,磁石にくっつくかどうかで判断できる。Dが磁石にくっついたので,鉄であることがわかる。

(4)　(2)の説明で示した通り,粉末D,Eの区別は実験1～6ではできない。

基本　(5)　二酸化炭素の中では,ろうそくは燃えることができない。

(6)　石灰石に塩酸を加えると二酸化炭素が発生する。石灰石は粉末Eであり,塩酸は水溶液dである。

2　(てこ・てんびん・滑車・輪軸―てこ)

基本　(1)　てこの支点の両側で,(おもりの重さ)×(支点からの距離)の値の合計が等しくなると,てこは水平につりあう。120cmの木の棒の重心はB点にあるので,木の重さを□gとすると,100×40＝□×20＋180×20　□＝20g

基本　(2)　おもりの重さを□gとすると,100×40＝20×20＋□×40＋□×80　□×120＝3600　□＝30g

(3)　おもりの位置をO点から□cmとすると,100×40＝20×20＋60×□　□＝60cm

(4)　D点のおもりに電磁石からの磁力が働き,下向きに力がかかるので棒の左側が上がる。

(5)　電磁石の向きを逆にすると磁石の極が逆になるが,鉄はN極にもS極にも引かれるので(4)と同じ結果になる。

重要　(6)　電磁石のスイッチを入れないと,木の棒は左側が下がってしまう。スイッチを入れると木の棒が水平につり合ったので,磁石zが下向きに引っ張られた。図6ではPがN極となるので,磁石zはS極である。

重要　(7)　電磁石の電池の＋極と－極を逆にすると,PがS極となり磁石zは電磁石と反発する,そのため,木の棒の左側が下がる。

(8) D点にあと□gのおもりをつり下げるとつり合うので，100×40＝20×20＋30×80＋□×80 □＝15gになる。

3 (植物―発芽・蒸散)

基本 (1) Aはイネ，Bはエンドウ，Cはトウモロコシの種子をあらわしている。

基本 (2) イネとトウモロコシは有胚乳種であり，胚乳の部分に栄養が蓄えられている。Aではイ，Cではクが胚乳である。エンドウは無胚乳種子で，子葉に栄養が蓄えられている。オが子葉である。

基本 (3) 種子の発芽に必要な3つの条件は，水，酸素，適度な温度である。

基本 (4) デンプンを確認するには，よう素液を用いる。よう素液はデンプンがあると青紫色になる。

(5) 葉に含まれるデンプンを調べるには，温めたアルコールに葉をつけてから行う。

(6) (5)の作業によって，葉に含まれる葉緑素を溶け出させて，色の変化を見やすくするためである。

重要 (7) 茎からの蒸散はないので，Fでは葉の表側からの蒸散量がわかる。これは，Dの減少量からEの減少量を引くと求まる。224－166＝58mm^3になる。

(8) 葉の枚数が4枚で，表と裏の面積は共に50cm^2なので，表では58÷(4×50)＝0.29mm^3，裏では166÷(4×50)＝0.83mm^3になる。

(9) 1枚の葉の両側からの1時間の水の蒸散量は，224÷4＝56mm^3である。気孔100個当たりの1時間の蒸散量が0.004mm^3なので，1枚当たりの気孔の数は(56÷0.004)×100＝1400000個になる。

4 (総合問題―北海道の地形)

(1) 2018年9月6日の地震は，北海道胆振(いぶり)東部地震と名付けられた。

(2) むかわ町で発見された恐竜の化石は「ムカワリュウ」と名付けられた。

(3) 大規模停電をブラックアウトという。

(4) 火山の噴火で生じた岩屑なだれによって，津波が生じた。

(5) カルデラ湖ができた後に，再び噴火によって中央部が隆起し，中島になったと思われる。

(6) 1944年に始まった噴火で隆起してできた山が，昭和新山である。

(7) 内浦湾の周辺の火山噴出物量の合計は，阿蘇カルデラより1桁多いと思われるが，実際の量はそれに達しない。それで，噴火湾はカルデラである可能性はない。

(8) Dの写真はアンモナイトの化石である。黒いダイヤと呼ばれた鉱物は石炭である。

★ワンポイントアドバイス★

具体的な例を取り上げた知識を要する問題が出題されているが，多くは基本問題である。できる問題から確実に得点することが，合格への近道である。

<社会解答>

1 問1 1 地熱 2 有明 3 二毛作 4 吉野 5 香川 6 ため池
問2 イ 問3 ア 問4 イ 問5 ウ 問6 イ 問7 エ 問8 ウ
問9 イ 問10 ウ 問11 エ 問12 エ 問13 ア 問14 高松(市)

2 問1 ア 問2 イ 問3 エ 問4 ウ 問5 ア 問6 ウ 問7 ウ
問8 イ 問9 エ 問10 古事記 問11 埴輪 問12 奉公 問13 安土

問14　松平定信　　問15　日米和親条約　　問16　廃藩置県　　問17　五・一五事件

3　問1　1　国際連盟　　2　総会　　3　安全保障理事会　　4　ポルトガル

問2　ニューヨーク　　問3　イ　　問4　ウ　　問5　エ　　問6　ウ　　問7　ア

問8　イ　　問9　アメリカ，イギリス，ロシア，中国，フランス

○配点○

1　問1　各2点×6　　他　各1点×13

2　問1～問9　各1点×9　　他　各2点×8

3　問9　3点(完答)　　他　各2点×11　　　計75点

＜社会解説＞

1　(日本の地理―国土と自然・産業など)

問1　1　火山が多い日本は潜在的には世界でもトップクラスの地熱大国である。　2　干満の差が大きい日本最大規模の湾で，様々な漁業も盛んである。　3　鎌倉時代から全国に普及，兼業農家の増加などで水田の二毛作は減っている。　4　古来より四国三郎と称された日本を代表する河川。　5　讃岐山脈に導水トンネルを開設して引かれた用水。　6　瀬戸内の気候で雨が少ない讃岐平野は現在でも1万5000以上のため池が活用されている。

問2　大分が原産地ともいわれ全国生産の99%以上を占める。ゆずの親せきといわれるかんきつ類で，なべ物や薬味などに用いられている。

問3　大分では北部を中心に自動車産業が進出，近年は半導体産業が急速に伸びている。

問4　大分中部の火山群で八丁原《はっちょうばる》地熱発電所は日本最大の地熱発電所として知られている。

問5　県中央に位置する由布岳を背景に広がる人気観光地。アは熊本，イは愛媛，エは鹿児島。

問6　瀬戸内海に突き出た円形の半島。古くから仏教文化が栄え国宝の大堂で知られる富貴寺などの名刹《めいさつ》も多い。神仏習合や石仏をめぐる人気観光スポットになっている。

問7　日本最大規模の干潟が広がり，諫早湾《いさはやわん》での大規模な干拓も有名である。

やや難　問8　古くから温泉で知られる地で，茶を伝えた栄西が栽培したともいわれる。

問9　朝鮮出兵で連れてこられた李三平が初めて磁器の製造に成功した焼き物(有田焼)。伊万里港から輸出されたため伊万里焼とも呼ばれる。アは長崎，ウは滋賀，エは岐阜。

問10　鹿児島本線と長崎本線が分岐する交通の要地。米原も東海道本線と北陸本線が分岐する。

基本　問11　中国山地と四国山地が季節風を遮《さえぎ》るため降水量が少ない温暖な気候となる。

問12　高知北部にある四国最大のダム。アは福島，イは群馬，ウは静岡。

問13　東かがわ市は全国の90%を生産する手袋の町。イは愛媛，ウは熊本，エは広島。

問14　香川の県庁所在地は四国の玄関口ともなっている高松。

2　(日本の歴史―古代～現代の政治・社会・文化など)

問1　かつては「雲太・和二・京三」といわれ，大仏殿や大極殿をしのぐ日本最大の建物だった。

問2　最澄や空海は9世紀初頭に遣唐使に従って入唐し新しい仏教を学んだ人物。

やや難　問3　平家滅亡後実権を握った源頼朝は1190年に上洛して関係が疎遠になっていた後白河法皇と和解，権大納言・右近衛大将に任命された。その後法王の死後に征夷大将軍に任命された。

問4　東洲斎写楽や喜多川歌麿が活躍したのは江戸後期の化政文化。

問5　ポルトガルの来航が禁止され鎖国が完成したのは1639年。

問6　教育勅語(1890年)→日清戦争(1894年)→日英同盟(1902年)→ポーツマス条約(1905年)。

問7　文明開化の代表はガス灯や人力車，レンガ造りの洋風建築物など。

問8　ロシア革命への干渉を目的に行われたシベリア出兵は，日本単独ではなくイギリス・アメリカ・フランスと共同でチェコ軍救出を名目に派兵された。

問9　田園都市とは豊かな自然環境に恵まれた都市であり高度経済成長とは相入れない。大平元首相が打ち出した構想で，岸田首相もデジタル技術を用いてこれを実現しようとしている。

重要　問10　現存する最古の歴史書。正史である日本書紀と合わせて記紀と呼ばれる。

問11　古墳の頂部や周囲に並べられたもので，円筒埴輪と家や動物などの形象埴輪とがある。

問12　御恩と奉公は中世の封建社会の主従制度の基本的な関係となっている。

問13　琵琶湖の東岸に築かれた城下町。信長が岐阜から移した本拠地で，5層7階の天守閣を備え城下には楽市楽座が発せられ近代的な城下町を形成した。

問14　徳川吉宗の孫で白河藩主。将軍家斉の時老中首座となり幕政を担当した。

問15　ペリーが武力を背景に交渉し結んだ条約。下田・箱館の開港と燃料や食料の提供を約した。

問16　薩摩・長州・土佐の軍事力を背景に断行，これにより中央集権体制が確立された。

問17　海軍の青年将校らによるクーデター。これにより政党政治は終止符を打たれた。

3　**(政治―憲法・国際社会と平和など)**

問1　1　1920年のベルサイユ条約に基づいて創設，アメリカの不参加や全会一致主義で余り機能しなかった。　2　国連の最高機関だがその決議には拘束力がない。　3　拘束力や強制力を持ち実質的に国連の最高機関となっている。　4　元ポルトガル首相で2017年に就任。

問2　国際連盟の本部はスイスのジュネーブ，国際連合の本部はニューヨークに置かれた。

問3　安全の維持や新規の加盟国承認，予算など重要問題では3分の2以上の賛成を要するが，一般的な問題については単純多数決で決する。

問4　憲法は20条で信教の自由を保障している。ただ，宗教の定義は複雑であり，自然界のあらゆるものに霊魂の存在を認めるといった多種多様な宗教が存在する。

重要　問5　教育や科学，文化の普及と交流を通じて国際平和を追求する機関。「戦争は人の心の中に生まれる」というユネスコ憲章前文はよく知られている。

問6　国民審査は最高裁判所の裁判官が対象ですべての裁判官の適否を判断するのは弾劾裁判。

問7　国籍の異なる15名の裁判官から構成，現在岩澤雄司氏が就任中。国際連盟により設立された常設国際司法裁判所を継承，当事者は国連加盟国，国際紛争を裁く裁判所。

問8　アメリカの同時多発テロは2001年9月11日。

重要　問9　すべて核保有国でこれらの国には拒否権が与えられている。

★ワンポイントアドバイス★

歴史的事象の並び替えはなかなか手ごわい問題である。年号を暗記するのではなく，事件などの原因や結果，その影響という形で流れをつかむようにしよう。

＜国語解答＞

【一】　①　きざ　　②　戦績　　③　窓辺　　④　劇薬　　⑤　延期

【二】　問一　A　オ　　B　ア　　問二　ウ　　問三　イ　　問四　イ　　問五　イ

問六　筆者は単に自然の風景を見ていただけだが、瀬田は絵描きが費やした時間と、その絵が人々に鑑賞された時間をふまえて美術館の絵を鑑賞していたから。　　問七　エ

問八　ウ

【三】 問一　A　ア　B　エ　C　ウ　問二　ウ　問三　ア　問四　エ　問五　イ
問六　父母と死別し、もう泣くことはないと思っていたが、それから一年足らずで、店を辞めようとしている自分に親身になってくれる存在と出会い、そのうれしさで感極まったから。　問七　ウ

○配点○

【一】 各2点×5　【二】 問一　各2点×2　問二～問五　各5点×4　問六　9点
問七・問八　各6点×2　【三】 問一　各2点×3　問三・問五　各6点×2　問六　12点
他　各5点×3　計100点

<国語解説>

【一】 (漢字の読み書き)

①「一兆円」の「チョウ」は音読み。訓読みでは「きざ-す(し)」である。　②「戦績」とは，試合や戦争などでの成績のこと。「績」を「積」と混同しないように気をつける。　③「窓」は全11画の漢字。9画目ははねる。　④「劇」は全15画の漢字。書き順としては1画目と2画目を誤っている場合が多い漢字だ。　⑤「延」は全8画の漢字。3画目を2画目の左側に出さないようにする。

【二】 (論説文―細部の読み取り，接続語の問題，記述力)

基本　問一　A　前部分は，自分が美術館へ行くことが多くなったといういきさつを書いている。後部分は，「密度が高い」と感じるのは何故かというこれから考えようとする問題を提示しているので，話題が変わっている。したがって，オの「ところで」が入る。　B　前部分は展覧会への出品ということがあるので，競争や励みになることは事実であるということを述べている。後部分は，展覧会への出品は「ひとつの現象のようなもの」としているので，アの「しかし」を入れる。

重要　問二　「須田寿～」で始まる段落にあるように，ここで筆者が注目しているのは「絵を描こうという志に上下はない」ということだ。技術力の差や美術の価値の差ということではないので，「良い絵を描こうという絵描きの熱意」としているウを選ぶ。

問三　「絵に比べて～」で始まる段落と，続く「動かない絵を見る～」で始まる段落に着目する。絵そのものは動きもしないし何も働きかけてくれないのだから，鑑賞者が「沈思黙考」するものだというのだからイである。

問四　「絵とは美をあらわすもの」という言葉に「脅かされていた」というのだから，その言葉を何とか理解しよう，知りたいと思っていたのだが，結局何も分からなかったといういきさつが述べられている。さらに，岸田劉生の本の言葉など，共感できたりする部分もあったが，結局のところ筆者がたどり着いたのは「『美しい』と感じる感覚は～」で始まる段落にあるように，「見るものが『美しさ』を見つけ出す」ということになるのでイである。

問五　何が惜しいのかと言えば，「美」など迂遠のものだというような考え方で美術教育が軽視される傾向のことだ。軽視する理由としては，役に立たないことを教育するより直接コンピューター教育を徹底したほうがいいという考え方を挙げている。しかし，筆者は「科学的にも芸術的にも『美しいものの創造』」が両輪だと考えていることをおさえよう。この両輪という視点を持つ選択肢はイとエだが，「科学的発見をするために美術」というものではない。「美」は芸術にも科学にもという考え方なのでイを選ぶ。

やや難　問六　私より瀬田という比較なのだから，まず，私はどうだったかというと，「単に自然を眺めて

いた」のだ。瀬田の美術館については,「思うに,～」で始まる段落に着目する。絵は描かれるまでに画家は長時間を費やし,できあがれば,人々に鑑賞され続けた長い時間が積み重なっている。見る人,この文章の場合では瀬田は,それらの長い時間を共有したといえるのだから。密度が高いと感じるのだ。

重要 問七　問一Bで考えたとおり,展覧会への出品はそれなりの意味はあるが,それ以上に「生きていくための伴侶」という価値があるとしているのだ。展覧会で落選したらもう絵は描かないという人は,他にやることがあったのだとまで言っていることから,良い評価かどうかより,絵を描く情熱を持って生き続けるということになるのでエである。

基本 問八　何度も繰り返していることは,絵を鑑賞するのは,見ている側の問題ということだ。筆者は画家であるから,自分の描く絵を客観的に見るように心がけてきた。それは,生涯描き続けることが自分にとって何より大切と思う筆者にとって,鑑賞するということは,自分の絵を反省するためのものになっているということになるのでウを選択する。

【三】(物語―心情・情景,細部の読み取り,ことばの意味,表現技法,記述力)

重要 問一　A「さすが」には色々な意味があるが,この場合の「さすがに」は,たぶんそうなるだろうと以前から考えていたが当然の結果としてという意味である。　B「唐突に」は「急に」という意味なので言いかえれば「不意に」だ。　C「しどろもどろ」は,話の内容や論理が整わず乱れるさまのことだ。そのようになってしまえば話は上手く伝わらない。

問二　傍線1直後の段落にあるように,「二人に同時に聞いてほしい」という希望を持っている。特に誰かに聞かれたくないというものではないが,二人に聞いてほしいと思うのだからウである。

問三　アとエで迷うところだ。が,この物語でのポイントは,仕事が嫌だったり,店の跡継ぎになることなど考えたくもないという動機で辞めることを申し出たわけではないということだ。後からの会話でもわかるように,映樹さんという息子が結婚すると聞き,跡継ぎは映樹さんがなるべきだと考えたからだ。しかし,そのことを口にせず辞めると言っているので,督次さんに,自分の店ではできないことなどを言わせてしまうきっかけを作るような発言になってしまい,よくしてくれたにもかかわらず,誠実ではない自分の態度発言に苦々しい思いを持ってしまったということなのでアを選ぶ。

問四　問三で考えたように,「僕」の本心は,映樹さんが跡継ぎになったほうがいいというものであることは,「一年が過ぎようと～」で始まる段落と,続く「動くなら～」で始まる段落,さらに,「映樹さん,ですよね?」という発言からの展開でもわかる。「自分が引けば～」は,自分が居続けたら映樹さんが跡取りになれなくなるので自分が辞めようということだ。

問五　イとエで迷う。映樹は,これまで決して真面目な勤務態度とはいえないことが読み取れる。つまり,エの前半の肯定的と否定的な側面があることは事実だ。しかし,「賛否どちらかに自分の態度を決定できないで困る」のではなく,「そうですね」と賛意を示すことは,これまでの映樹を否定することになり,息子の評価を下げる失礼な発言になるので何ともいえない状態ということだからイである。

重要 問六　督次さんが「～困ったことがあったら～約束しろ。」といってくれたときも,「ありがとうございます」すらいえないほどの気持ちになっている。さらに「おれたちには頼れ」という言葉には,二十歳までに両親を亡くすという悲しみを味わい,金銭的理由で大学も中退した「僕」にとって,これほどまでに親身になってくれることに対するありがたさからである。

問七　ア・イは,それぞれ「各登場人物の内面を描き分ける」・「各登場人物の内面が」が誤りである。エは,会話文中心ではあるが,決してリズム感を生むやりとりというわけではない。それは,問六で考えたように,「ありがとう」という言葉を会話としていないことからもわかるように,会話の間に「僕」が自分の心情を語る書き方をしているからである。したがって，ウを選ぶことになる。

★ワンポイントアドバイス★

論説文，物語文にそれぞれ記述問題が出題される形のようだ。80字程度の記述を練習しておこう。

データ対応

収録から外れてしまった年度の
問題・解答解説・解答用紙を弊社ホームページで公開しております。
巻頭ページ＜収録内容＞下方のQRコードからアクセス可。

※都合によりホームページでの公開ができない内容については，
次ページ以降に収録しております。

問八　――線7「「まずは『自分の色』～とおだやかな声がした」とありますが、この時の紘治郎の美緒に対する思いはどのようなものだと考えられますか。四十字以上五十字以内で説明しなさい。

問九　問題文中で美緒の祖父紘治郎はどのような人物として描かれていますか。その説明として最も適当なものを次のア～エの中から一つ選び、記号で答えなさい。

ア　周囲にクマが出没していることで美緒をおどかしてみたり、父親のことを持ち出して美緒を困惑させたりする一方で、美緒が興味を示したホームスパンの布について、その歴史をさかのぼって詳しく丁寧に説明してくれるような親切な態度も見せており、幾分《いくぶん》つかみどころはないが根は優しそうな人物として描かれている。

イ　突然家出してきた美緒のことを事情を知って受け入れる寛容さを見せている一方で、美緒が家の中を進んで掃除したことについて特にほめたりするわけでもなく、クマが出ると言いながらも大して心配するそぶりも見せずに美緒に一人きりで留守番をさせるような、素っ気ない人物として描かれている。

ウ　決められた約束事はしっかりと守らせようとする厳しさを持っている一方で、突然家出してきた美緒のことをおおらかに受け入れるだけでなく、彼女の置かれた状況をよく考えた上で、その困難を乗り越えるための手助けをしてやろうという懐《ふところ》の深い優しさを持った人物として描かれている。

エ　悩みを抱えた美緒の今の状態を心配し、早く本来の道に戻るべきだと願う一方で、無理に美緒を東京に帰すのもかわいそうに感じられるため、どうしたらいいのかを決められず、結果的に彼女の希望をすべて受け入れてしまうような、優しいけれども優柔不断な人物として描かれている。

問七　――線６「淡いピンクや～きれいだ」とありますが、このときの美緒の心情はどのようなものですか。その説明として最も適当なものを次のア～エの中から一つ選び、記号で答えなさい。

ア　父に毎週連絡を入れないといけないと祖父に言われたことに大きな負担を感じていたが、「親は子どものことをいつも気にかけているものだ」と諭されると、親子の関係が目の前の「香葉の布」の色合いのようにやさしさにあふれたものであるように感じられ、いきなり家を飛び出して両親に心配をかけたことをたいへん心苦しくすまないと思う気持ちになっている。

イ　祖父の行動は予想外で、思わず「どうして」と聞いてしまったが、自分のことを大して心配しているとも思えない父を追い返してくれた祖父のやさしさは目の前にあるショールの淡い色合いのように控えめではあるものの、今の自分に対して配慮の行き届いた十分なものであり、その思いやり深く温かい人柄に強い安心感を覚え、祖父のことをもっと知りたいと感じている。

ウ　仕事が忙しく大して自分を心配しているわけでもなさそうな父にわざわざ定期連絡を入れ、東京の家族とのつながりを保つことを、山崎工藝舎にとどまるための条件として祖父から提示され、気まずさを感じずにはいられなかったが、目の前にある「香葉の布」は、自分を癒《い》やしてくれそうな柔らかくやさしい色合いを帯びており、その色彩に強く惹《ひ》きつけられている。

エ　祖父が父を美緒に会わせることなく東京に帰したことはとても意外で、しばらく祖父のもとにいてもいいといざ告げられると、東京の家族のもとに帰らなくてもいいのだろうかという不安が頭をもたげ、本当に自分はここにいてもいいものかという思いが湧《わ》き上がってきて、目の前のショールの淡い色合いのように、どうするべきかをはっきりと決められずに迷っている。

ア　美緒は、祖父から立ち入り禁止とされていた区域から聞こえてきた大きな音に、強い不安を感じていたが、その音が積んであったたらいや鍋が風に飛ばされたことによるものだとわかり、いったんは安心する。しかし、誰もいないはずの隣の部屋から流れてくるエアコンの冷気に気づいて再び不安を感じ、様子を確かめるために扉を開けあかりをつけると、そこには色とりどりの美しい糸の束が整然と並べられており、美緒は見たことのないその美しさに驚き、感動した。

イ　祖父と太一からクマが出るという話を聞かされていた美緒は、一階の立ち入り禁止区域から聞こえた大きな音が、もしかしたらクマが自分のいる建物に侵入してきた音なのかもしれないと恐怖を感じていた。しかし、実際にはクマはおらず、エアコンの冷気が流れてくる部屋に誰か人が居るだけだと感じた美緒が安心してその部屋の扉を開けると、そこには美しい色彩を帯びた糸の束が所狭しと並べられており、美緒はその美しさに我を忘れるほどに魅了された。

ウ　建物の二階にいた美緒は、一階から聞こえてきた大きな音に、とんでもないことが起こったのではないかと不安を感じ、貴重な糸や絨毯に何かあったらいけないと、恐ろしさをこらえて消火器を護身用の武器代わりに様子を見に行く。一階の部屋で染色用の鍋やたらいが風に飛ばされたのだと知ると、美緒はいったん安心する。ふと気になった隣の部屋の扉を開けると、そこには色彩豊かな布がずらりと並べられており、美緒はその美しさに心を奪われた。

エ　祖父に立ち入り禁止と言われていた区域から大きな音が聞こえ、まさかクマが建物に侵入したのではと恐怖におびえつつ消火器で武装した美緒は、誰も居ないはずの部屋からエアコンの冷気が流れてくるのに気付く。その部屋の中にあった丸テーブルの上に淡い色合いのショールが数枚置かれ、直前まで誰かがそれを眺めていたかのようであったのを見て、熊ではなく誰かが密かに建物に入ってきていたのだと思い、不安をぬぐうことができずにいた。

問四　――線２「美緒はため息をつく」とありますが、このとき美緒はどのような気持ちだったのでしょうか。その説明として最も適当なものを次のア～エの中から一つ選び、記号で答えなさい。

ア　山崎工藝舎の周辺に危険なクマが出ると言っておきながら、大して心配する様子もなく太一と出かけていった祖父は、自分のことを心配してくれないのだと思い、どこに逃げたとしてもやはり自分は孤独なのだと寂しく感じている。

イ　大して心配する様子もなく自分を一人きりにして出かけて行った祖父や太一と比べ、家出した自分を忙しいのに日を置かずに迎えに来る父の優しさを思うと、自分の行動が身勝手だと感じられ、心配をかけたことを深く反省している。

ウ　急に家出した自分を迎えにやってくる父に、どんな言い訳をしたらいいのか分からず、盛岡から東京に帰るまでの車中での沈黙を想像すると、その時間が堪《た》えられないものに感じられ、目の前が暗くなるような失望を感じている。

エ　家出した自分に会いにやってくる父と会うのは気まずいが、祖父から留守番を頼まれたうえに、周辺にはクマが出るということを考えると、暗くなってきた時間に逃げ出すわけにもいかず、父と会う覚悟が決められずに困惑している。

問五　――線３「このドアから先は、立ち入り禁止だと言われていた」とありますが、どうして立ち入り禁止なのですか。その理由を述べた部分を問題文中から十四字で抜き出して答えなさい。

問六　――線４「音の正体がわかると、肩の力が抜けた」、――線５「思わず声が出た」とありますが、この間の美緒の心の動きはどのようなものですか。その説明として最も適当なものを次のア～エの中から一つ選び、記号で答えなさい。

問三　――線１「今朝のことを思い出した」とありますが、このとき美緒はどのようなことを思い出したのですか。その説明として最も適当なものを次のア～エの中から一つ選び、記号で答えなさい。

ア　「ご退散願う」という祖父のことばが自分に向けられたものではないことを知って安心したものの、いつ祖父の気持ちが変わるとも限らないので、機嫌を取るために掃除をしていたこと。

イ　家出をした自分を受け入れてもらえたことを嬉しく思い、自分から進んで家の中を掃除していたが、父がこの盛岡まで自分を迎えに来ることを祖父から知らされて逃げ出したくなったこと。

ウ　家出をした自分が盛岡に来ていることを、祖父がいち早く父に連絡していたことを知らされ、祖父も太一もすんなりと自分の味方になってくれるわけではないと痛感させられたこと。

エ　父と顔を合わせることへの気まずさから、祖父と太一が父を迎えに行っている間に逃げ出してしまおうと考えたが、クマが出るという話を聞かされ、それは父より恐ろしいと感じたこと。

問一　＝＝線ａ～ｃが主語、または修飾語として係る（結びつく）部分を次の各文の傍線部から一つずつ選び、記号で答えなさい。

山崎工藝舎の　二階から[a]　窓の[ア]　外に[イ]　広がる[ウ]　山を[エ]　美緒は[オ]　眺める[カ]。

そのときは、父が[b]　この[ア]　家に[イ]　直接[ウ]　来ると[エ]　思っていた[オ]。

以前、読んだ　漫画で[c]　消火器を[ア]　侵入者に[イ]　浴びせて、[ウ]　追っ払って[エ]　いるのを[オ]　見た[カ]。

問二　～～線Ａ～Ｉの語を言葉の種類ごとに分類した組み合わせとして、最も適当なものを次のア～エの中から一つ選び、記号で答えなさい。

ア　ＡＣ／ＢＥ／ＤＦＨ／ＧＩ
イ　Ａ／ＢＥＦＨ／Ｃ／ＤＧＩ
ウ　ＡＧ／ＢＥＨ／ＣＦ／ＤＩ
エ　ＡＣ／ＢＥＨ／ＤＦ／ＧＩ

注1　ショール……頭からかぶったり、肩に掛けたりして使う防寒や装飾のための布。左の【図】を参照。

【図】

注2　「ご退散願う」……前日、蜘蛛が苦手だと言った美緒の前で祖父が言った言葉。美緒はその言葉が蜘蛛と自分とのどちらに対して言われたものなのか分からずに、不安に感じていた。

注3　せがなくていい……いそがなくていい、慌てなくていいという意味。

注4　ＬＩＮＥ……ＳＮＳ（ソーシャルネットワーキングサービス）の一つ。

注5　初宮参り……生後一か月目前後に、生まれてきた子供の無事を感謝し、将来の幸せを願って神社にお参りすること。

祖父が立ち上がり、頭からかぶっている薄桃色のショールを、ベールのように整えてくれた。

照れくさくて、ほんの少し笑ってしまった。祖父が背中を向けた。

「ホームスパンに興味があるのか。それなら、ここにいる間にショールを作ってみるといい」

「えっ、どうやって？　私、手が不器用だし、要領悪いし。今まで何もちゃんとできたことがない」

「器用か不器用かより、作りたい気持ちがあるかどうかだ。仕事としてはシンプルな作業だ。染めて紡いで織る。神話の時代から世界中のあちこちで営まれてきた、祈りにも似た手仕事だ」

祖父がたくさんの糸を収めた棚の前に行き、赤い糸の束を一つ引き出した。

「なかでも人は色にさまざまな願いを託してきた。赤い色に託すのは生命、活力、招福《しょうふく》、魔除け。だから初宮参り[注5]の贈り物にはあの色を選んだ」

糸の束を手にした祖父が棚を見上げた。

「ずっとあの布をそばに置いてくれたんだな。楽しいときも苦しいときも、あのショールが常にお前と共にあったのだと知って、私たちはうれしい。だが大きくなった今は、自分で選べばいい」

「選ぶ？　何を選ぶの？」

「自分の色だ」

祖父の隣に並び、壁を埋め尽くすさまざまな色の糸を美緒は見上げる。ピンクもオレンジも緑も青も、ここにある色、すべてに目が惹《ひ》きつけられてしまう。

7
「まずは『自分の色』をひとつ選んでみろ。美緒が好きな色、美緒を表す色。託す願いは何だ？」

「考えたこともない……私の色？」

せがなくてもいい、とおだやかな声がした。

「でも、お父さんは忙しいし……私のこともそんなに心配してないと思う」

「何も言わなくても、親は子どものことをいつも気にかけているものだ。直接話さなくてもいい。元気でやっていることさえ伝われば」

「注4 ＬＩＮＥでもいい？」

祖父がうなずくと、「香葉の布」を片付けようとした。

「あの……待って。その布、すごく……やさしいね。これもホームスパン？」

祖父が淡い黄色の布を手にした。

「これは紬《つむぎ》、絹だ。植物で染めている。元の色と変わってきているが、この色は丁字《ちょうじ》という植物から」

祖父が薄桃色、オレンジ、薄緑のショールをテーブルに並べた。

「これは茜《あかね》、枇杷《びわ》、よもぎから染料を取っている」

「ここは金庫？　高そうな絨毯や糸がいっぱいあるね」

「コレクションルームと呼んでいる。貴重なものはあるが、この一角に入るなと言ったのは、それが理由じゃない。隣の部屋に化学薬品があるからだ」

祖父が薄桃色のショールを手に取ると、ふわりと頭にかけてくれた。

「薬品って何に使うの？　枇杷やよもぎから染めるとき？」

「私は草木からは染めない」

頭にかけてもらった薄桃色の布に美緒は触れる。絹はすべすべしたものかと思っていたが、この布はざっくりとしている。

祖父がテーブルの上のショールを片付け始めた。

「布に興味があるのかね？」

「興味というか……ほっとします。ホームスパンのショールにくるまってると安心するの。大丈夫。まだ、大丈夫って思えて」

祖父が床に置かれた消火器を見た。

「どうして二階の消火器がこんなところに」

「目潰《つぶ》し……。下で音がしたから、それ持って降りてきた。何かいたら、これで目潰しを」

けわしい顔が少しゆるみ、祖父が消火器を手にした。

「たしかに目潰しにはなるが。その音というのは一体何だったんだ？」

「この部屋じゃなくて、隣の、コンクリートの部屋……。窓が開いていて、風で物が落ちてた」

祖父があわてた様子で部屋を出ていったが、すぐに暗い顔で戻ってきた。

「なんてことだ。戸締まりはしたつもりでいたんだが……」

椅子に腰掛けると、祖父が両手で顔を覆《おお》った。

あの、とためらいながらも、美緒は祖父に声をかける。

「お父さんは？」

「帰した」

「東京へ？　どうして？」

「帰りたかったのか？」

顔を覆っていた手を、祖父ははずした。

「帰りたいのなら、明日、東京の家まで送る。帰りたくないのなら、ここにいればいい」

「いてもいいの？」

祖父はうなずき、「座れ」というように向かいの席を指し示した。

「週に一度、お父さんに必ず連絡することを約束できるなら」

テーブルの上の「香葉の布」に美緒は目を落とす。6淡いピンクやオレンジ色がフルーツのシャーベットのようできれいだ。

そのドアを開けると、今度はエアコンの冷気が押し寄せてきた。

気味が悪くⅠなってきたが、消火器を抱え直し、照明のスイッチを入れる。

思わず声が出た。

赤、黄、青、緑、オレンジ。天井まである棚に、濃淡が違う色の糸の束が縦に整然とならんでいる。どの色も下から上へ向かって濃くなっていき、大きな絵の具箱を見ているようだ。

青色の糸の前に立ち、美緒は棚を見上げる。薄い水色からしだいに青が濃くなっていき、最上段の棚は黒みがかった濃紺だ。

「空……。海みたい」

続いて赤系統の糸の前に立つ。淡いピンクから始まり、最上段に近づくにつれ、燃えるような赤い糸が並んでいた。

赤色にも、こんなに種類があるのか。

好奇心にかられ、美緒はさらに奥へと進む。

糸の棚の前を過ぎると、筒状に巻かれた絨毯《じゅうたん》がたくさん置いてあった。その奥の棚には大量の本とノートがぎっしりと入っている。

絨毯のコーナーを過ぎると、丸テーブルが置かれ、その上に淡い色合いのショールが数枚、広げてあった。テーブルのまわりには二脚の椅子があり、直前まで誰かが眺めていたようだ。

消火器を床に置き、美緒はショールを手に取る。「香葉の布」というタグが目に入った。

「なんて読むの？　コウヨウ？　カヨウ……ひっ！」

背後から大きな物音が響き、変な声が漏れた。続いて足音が近づいてくる。

けわしい顔で祖父が歩いてきた。

「どうしてここにいる？　立ち入るなと言っただろう」

「ごめんなさい、音がしたから……」

玄関から入って、ホール右手のドアを開けると、二階から察するに廊下がのびていて、三部屋分のスペースがある。この一角で祖父は暮らしている。

逆側のドアに美緒は目をやる。

この向こうにもおそらく廊下があり、G広いスペースがある。3ただしこのドアから先は、立ち入り禁止だと言われていた。

風の音がして、家がきしみをたてた。

再び大きな音が響き、何かが落ちている。間違いなく、立ち入り禁止の区域からだ。

ドアノブにH触れると、あっさりとドアが開いた。

あかりをつけてみる。二階と同じく廊下が奥へ続いている。

消火器を構えながら歩いていくと、廊下に面してドアが二つあった。

手前のドアを開けてみる。コンクリートの土間が広がり、あたりには湿気がこもっていた。

あかりをつけると、水色のたらいが六個、大きなステンレスの寸胴鍋《ずんどうなべ》が四個、土間に転がっていた。棚には他にも大小さまざまなたらいや鍋が積まれている。

風が吹き込んできた。この部屋の窓が全部開いている。

「風だ……。風で崩れたんだね、積んでたたらいが」

4音の正体がわかると、肩の力が抜けた。

なんだ、とつぶやいて、消火器を土間に置き、美緒はほっと一息つく。

窓を閉めて去ろうとしたが、あたりに立ちこめる湿度に手を止める。もしかしたら空気を入れかえていたのかもしれない。

そこで、窓を少しだけ開け、床に落ちているものを棚に戻して、廊下に出た。

二階に帰ろうとして、ふと立ち止まる。

もう一枚のドアから、ひんやりとした空気がかすかに流れてくる。

差し出された画面は市役所からのお知らせだった。「クマに注意」とあり、目撃情報がいくつも並んでいる。

「……クマって動物園にいるものかと」

「そこにもいるけど、ここにもいるよ」

「今の時期は子グマもいるからな。あぶないぞ、注意しなさい」

あぶないと言うわりに、それほど心配する様子もなく、二人は出かけていった。

祖父の言葉を思い出しながら、2美緒はため息をつく。

父と顔を合わせるのは気が重い。家に帰るのもいやだ。しかし留守を頼まれたうえ、クマがいると言われると、この家から出づらい。そのうえ、あたりは暗くなってきた。

風が強くなり、木立が揺れる音が響いてきた。ひときわ大きく木立が鳴ったとき、一階で大きな音がした。金属が転がっているような音だ。

続いて、ものが激しく崩れるような音がした。

「やだ……クマ？　まさか……」

部屋から顔を出し、美緒は廊下にある消火器を両手でつかむ。

以前、読んだc漫画で消火器を侵入者に浴びせて、追っ払っているのを見た。きっと、クマに対しても効くだろう。

そのまま部屋に戻ろうとしたが、一階の様子もE気に掛かる。

消火器を両腕で抱えて階段を降りた。

この建物は、F校舎のつくりと本当によく似ている。階段を中心に左右に廊下が延び、すべての部屋は教室のようにその廊下に面している。

玄関ホールに降り、美緒は左右を見る。

掃除したあと、二階のキッチンと廊下にモップをかけた。

軽く拭《ふ》いただけなのに床板につやが出たのを見て気分が良くなり、今度は階段を磨いてみる。

祖父が階段を上がってきた。

「掃除をしているのか。自分が使うところだけでいいぞ」

「でも、泊めてもらうから。あとで一階の廊下も玄関も拭く。お風呂も掃除する」

「ありがたいが、せが[注3]なくていい」

階段を上がりきった祖父が二階を見回した。

「ずいぶんきれいになったな……。ところで今日の四時にお父さんが盛岡に来る」

モップを動かす手が止まり、頭が自然と下を向いた。

「会社を休んで来るんだ、お父さん」

「半休を取ったとか言っていたな」

いつも不機嫌[A]な父が仕事を休んで、ここに来る[B]。忙しい人だから、さらに機嫌が悪くなっているだろう。それを考えるだけで逃げ出したくなった。

そのときは、父が[b]この家に直接来ると思っていた。それが三時になると水色の軽自動車が玄関先に現れ、その車に乗って祖父は一人で出かけていった。車を運転していたのは川北《かわきた》太一《たいち》という名の、父の従姉《いとこ》の息子で、盛岡市内の大学に通っているそうだ。

二人が父を迎えにいくのなら、その間にやはり逃げてしまおうかと一瞬考えた。

ところが出がけに祖父が「お願いがある」と丁寧[C]に言った。人が来たら留守だと伝えるだけでいいので、家を空けないようにしてほしいという。やむをえず外に出る場合は、鈴を身に付けるようにと言い、畑[D]で祖父が腰につけていた鈴を渡された。クマ除けだそうだ。

クマがいるの？　と聞くと、「わりと普通に歩いてる」と太一がスマホを検索した。

【三】 次の文章は、伊吹有喜《いぶきゆき》の小説『雲を紡《つむ》ぐ』の一節です。これを読んで、後の問いに答えなさい。

学校での人間関係の悩みを抱え、自室に閉じこもる時間が長くなっていた山崎美緒《やまざきみお》は、祖父紘治郎《こうじろう》が運営する山崎工藝舎《こうげいしゃ》のタグがついたホームスパン（手織りの毛織物）の赤いショール注1を心の拠《よ》り所としていた。このショールは美緒が生まれたときに、今は亡き父方の祖母の香代《かよ》によって作られ、祖父母から贈られたもので、美緒はそのショールにくるまっているときにだけ安らぎを感じることができたのだった。

ある日、美緒が学校から帰宅してみると、部屋に置いてあったショールが片付けられていた。母親の真紀《まき》がショールを捨ててしまったと勘違いした美緒は家を飛び出し、山崎工藝舎のある盛岡へ向かった。

盛岡に着くと美緒は山崎工藝舎を探してその工房に辿《たど》り着き、紘治郎と対面する。突然の孫娘の来訪に戸惑った紘治郎は美緒の父親の広志《ひろし》に連絡し、美緒が盛岡にいることを告げる。広志は家庭の状況を説明し、紘治郎はおおまかな事情を理解する。以下の場面はその翌日のことである。

山崎工藝舎の二階から[a]、窓の外に広がる山を美緒は眺める。

夕方の四時を過ぎたら、山に雲がかかり始めた。しかしこの山は大きく、頂《いただき》が雲に隠れても、目の前にたっぷりと裾野《すその》が広がっている。遠くにあるようで近くにあるようにも感じられる不思議な山だ。

窓にもたれて、美緒は室内へ視線を移す。

きれいに磨いた床板のつやが心地良い。その光を見ると、今朝のことを思い出した。[1]

朝、起きると、二階のトイレの蜘蛛《くも》の巣が取り払われていた。階段の踊り場にあった大きな蜘蛛の巣も消えている。

祖父の「ご退散願う」注2という呪文は、蜘蛛に向かって言われたことがわかり、むしょうに嬉《うれ》しくなった。そこで自分の部屋を

問九　問題文の構成について述べたものとして最も適当なものを次のア～エの中から一つ選び、記号で答えなさい。

ア　「なかよし環境」「クラス環境」「プロジェクト環境」の順に、身近な者との人間的な感情の結びつきを基盤にした環境から社会的なつながりを基盤とする環境へと話題を広げ、一般的に人は「なかよし環境」「クラス環境」の中で生活するものだと述べている。

イ　身近な者どうしが偶然つくり出す「なかよし環境」「クラス環境」と、これらとは全く異なる環境として人と人との利害関係によって結びついた「プロジェクト環境」とを対立的に述べ、人はいずれかの環境に所属すると指摘している。

ウ　「なかよし環境」「クラス環境」「プロジェクト環境」のそれぞれの長所と短所を指摘し、これらを比較した上で、われわれが身をおくのに望ましい環境は、「プロジェクト環境」であると結論づけている。

エ　人は一人では生きられず、人生のさまざまな場面でいろいろな集団に所属するが、ここでは特に「なかよし環境」「クラス環境」「プロジェクト環境」をとりあげ、その違いを説明し、「プロジェクト環境」に参加する必要性を述べている。

問八 ――線６「対話力」が「問題解決に至る思慮深さの学びとなるのである」とありますが、これを説明したものとして最も適当なものを次のア～エの中から一つ選び、記号で答えなさい。

ア 現代において私たちが直面している多くの課題は、チームの中で調和を保つための個人の配慮があった上で、はじめて検討することが可能になるのであり、この配慮は同じ目標をもつ者との対話をとおして身についていくものであるということ。

イ 周囲の者との対話をとおして互いの文化や社会の共通点や違いを理解することによって、はじめて協調して社会的に困難な問題に取り組もうとする姿勢がうまれ、やがては打開できるようになるということ。

ウ 困難な課題に出会ったときに、自分と共通の話題をもつメンバー達と時間にとらわれることなく対話し、一人では得がたい知識を共有することで困難な課題に取り組んでいけるようになるということ。

エ 社会的動物である人間は、チームのメンバーとの対話をとおして、多くの者と今まで経験してこなかった課題までも共有し、さらに対話から得られる深い思考をとおして課題解決に向けての最適な選択能力を磨けるということ。

問六　――線４「たくさんのプロジェクト環境に参加すること」とありますが、こうすることにはどのような利点があるのですか。その説明になるように、次の文の空らんにあてはまる言葉を十五字以上二十五字以内で答えなさい。

・［　　　　　　　　　　］ことで、「思慮深さ」が培われるという利点。

問七　――線５「空気を読める」とありますが、問題文中での内容にあてはまる具体例として最も適当なものを次のア～エの中から一つ選び、記号で答えなさい。

ア　突然雨が降ってきて、傘を持たずに困っている近所の子供がいたので、自分の傘に入れてあげた。

イ　図書館で空いている席があったが、そこはグループのリーダーであるA君のいつも座る席だったので、メンバーは誰も座ろうとしなかった。

ウ　下校の時、テストの点数が悪かった友達が傷つかないように、一緒にいた仲間はテストのことを口にしなかった。

エ　野球部の後輩達が先輩に言われて、毎朝練習が始まる前の早い時刻に登校しグランド整備を行った。

問三 ――線２「なかよし環境」とありますが、この環境にはどのような問題点があるのですか。最も適当なものを次のア～エの中から一つ選び、記号で答えなさい。

ア 「なかよし環境」のメンバーが互いに有益な部分を共有する場合、メンバーの結びつきを守るためにルールに従わない者は他のメンバーからのいやがらせを受ける。

イ 「クラス環境」から生じた「なかよし環境」には、メンバーから外れる者に罰を与えることで引き締めを図るという「クラス環境」の特徴が維持されてしまっている。

ウ 「なかよし環境」の中にさらに第三者によってあからさまにつくられた「なかよし関係」では、メンバーだけの結びつきが強くなるのでメンバー以外の者はすべて無視される。

エ 「なかよし環境」では、互いにうちとけていたメンバー同士が場合によっては、いがみあったりのけ者を作り出してしまったりする。

問四 ――線３「プロジェクト環境」とありますが、これはどのようなものですか。その説明になるように、次の文の空らんにあてはまる言葉を十五字以内で答えなさい。

・メンバーが［　　　　　　　　］環境。

問五 ［Ａ］にあてはまる最も適当な語句を次のア～エの中から一つ選び、記号で答えなさい。

ア 選択　　イ 行動　　ウ 環境　　エ 集団

問一　X・Y に入る最も適当な言葉を次のア～エの中から一つずつ選び、記号で答えなさい。なお、同じ記号を繰り返し用いてはいけません。

ア　ただ　　イ　なぜなら　　ウ　ところで　　エ　あるいは

問二　――線１「クラス環境」とありますが、この環境での様々な場面における説明として、適当でないものを次のア～エの中から一つ選び、記号で答えなさい。

ア　Ａ君の通う塾の場合、その構成員である生徒達の意志ではなく、テストの成績や入塾の時期などによってクラスが決められ、そのクラスでの生活を生徒達は強いられる。

イ　家族の場合、両親の間に生まれた子どもは、自分の意志で親との関係を結んだわけではないが、当然のごとく家族の一員とみなされることになる。

ウ　会社の場合、配属された部署の垣根を超えて、趣味を同じくするもの同士が仲間をつくることになる。

エ　役所の場合、決められた役割分担に従ってその権限の範囲内での仕事を求められ、その仕事の過程もある程度予定されたものが望まれる。

あり、プロジェクト環境である。

現代の若者には、「対話」の力が求められている。文部科学省が進めようとする教育も「対話による深い学び」と性格づけられている。わたしがここで、教養を磨くための方法と考えるのは、プロジェクト環境のなかでの対話能力である。それは、クラス環境のなかで友達となじむための対話やなかよしグループが喧嘩《けんか》しないための対話ではない。高い目標を掲げながらその目標に向かって行動し、協働するための対話力である。こうした対話力には、解決すべき課題について深く理解する力や、現代という時代が抱える難しい問題に挑戦するプロジェクトを果敢に推進する力も含んでいる。この対話力こそが、プロジェクトチームが注3所与《しょよ》の状況とさまざまな遭遇を超えて、6問題解決に至る思慮深さの学びとなるのである。

（桑子《くわこ》敏雄《としお》『何のための「教養」か』）

※ 問題作成の都合上、文章中の小見出し等を省略したところがあります。

注1 アリストテレス……古代ギリシアの哲学者。

注2 依拠して……基づいて。

注3 所与……前提として与えられること・もの。

にも最適な選択を行うことができるようになる。ここまでいくと理想であるが、そうした理想を実現することにより、「思慮深さ」は身についていく。

一つのプロジェクトが終了するとき、そのプロジェクト環境も解消するわけである。目標達成のためのチームなのであるから、解散するということが重要である。いつまでもだらだらと同一環境を維持しないということが大切なのである。そのことが多くのプロジェクト環境に身を置くことを可能にする。一つのプロジェクトだけに従事していたのでは、蓄積される経験は少ない。

もちろん、同時に複数のプロジェクトに身を置くこともできるのだが、そこでのメンバーどうしの関係は、プロジェクトの終了ごとに解消する。プロジェクトごとにそのチーム内で求められる役割は異なり、また発揮する能力にも違いがあるから、わたしたちは、さまざまなプロジェクト環境に身を置くことにより、多様で複雑な選択を経験することができる。多様な人間関係も経験することができるであろう。こうして、プロジェクト環境は、人間の選択能力としての「思慮深さ」を磨いてゆくのである。

三つのグループのなかで行動するためには、それぞれに適した「思慮深さ」が求められる。クラス環境では、クラスの秩序を乱さないことが大切で、そのためには、クラスを支配するルールをしっかり認識し、それに則《のっと》って行動しなければならない。

なかよし環境では、なかよし仲間の好き嫌いを認識し、仲間の和を乱さないような行動が求められるであろう。時には集団を支配する暗黙のルールを認識し、それに従った行為を選択できること、いわば「空気を読める」こと、あるいは、なかよしグループの和を乱さないような言動を選択することがこうしたグループでの適切な行為の選択である。たしかに、こうした選択にも、ある種の思慮深さが求められる。

クラス環境となかよし環境のどちらもが既存の秩序やルールに従う言動を選択することが求められるが、人生では、すでに存在する規範に則して行動すれば最適な選択ができるとはかぎらない状況に遭遇する。

未知の領域に踏み込むと、わたしたちは、どのような選択をすればよいかに迷う。すでに述べたように、現代のわたしたちが直面している数々の課題は、既存のルールや規範だけに注2依拠《いきょ》していたのでは、解決できないことも多いのである。そうしたなかで、解決すべき目標を共有し、限られた時間のなかで、その目標を達成するための協働を行うグループがプロジェクトチームで

環境では、グループのメンバーは、達成すべき目標を共有して、これを実現するために協力しあう。

プロジェクト環境を形成する基礎は、プロジェクト集団を統合するプロジェクトの存在である。プロジェクトとは、唯一的な目標を達成するためのプロセス、スタートから始まってゴールをめざす活動である。この環境では、実現すべき目標に向かう努力が集団をまとめる力となっている。プロジェクトのメンバーはたまたま集団のなかに入ったのでもなく、好きだから仲間になったのでもない。何かを成し遂げるために力をあわせて共に行動するために集まるのである。

プロジェクト集団は、プロジェクトを遂行するためのチームである。クラス集団もなかよし集団もチームではない。プロジェクトを遂行することのために集まった集団がプロジェクトチームである。

クラス環境、なかよし環境、プロジェクト環境と三つの環境をわたしが挙げてきたのは、［ A ］にもっともかかわるのがプロジェクト環境だからである。学園祭で劇を上演する、運動会で出し物を演じることなどは、プロジェクトといえなくもない。しかし、すでに選択の余地もなく演目が決まり、役も指定されているならば、文字通りのプロジェクトということはできない。目標も自ら設定し、それに向かって同志が集まり、ゴールに向かう道筋を話し合い、その道筋に沿って作業をスタートさせるのであれば、これはプロジェクトということができる。

高校生や大学生であれば、自分たちでプロジェクトを組織し、そのプロジェクト環境をみずからつくって、目標達成のための作業を行うことができる。そうすることが「選択能力」としての「思慮深さ」を磨くのに役に立つ。

このとき大切なのは、プロジェクトは、ある時点でスタートし、ある時点でゴールに到達するということである。プロジェクトが終了するのは、ゴールに到達したとき、または、ゴールに到達することが不可能であると判明したときである。そのとき、そのプロジェクト環境は終了し、プロジェクトチームは解散する。

4 たくさんのプロジェクト環境に参加することで、わたしたちは、それぞれのプロジェクトの目標を達成するために何をなすべきか、何を選択すべきか、その選択を可能にする能力にはどのようなものがあるか、そのような能力を身につけるにはどうしたらよいかを学ぶことができる。多彩なチームメンバーとの協働の経験を積むことができる。そうすることによって、どんな状況

き、そこに反目と排除が発生するからである。

わたしたちは、人生の至るところで、さまざまな集団に所属する。あるときはクラス環境、あるときはなかよし環境、あるときは[3]プロジェクト環境である。[Y]、クラス環境では、わたしたちの選択は限られる。なによりも集団への所属そのものが選択の対象ではないからである。なかよし環境は、好みの合う、気の合う仲間の集団であるから、その集団への帰属は、通常、自らの選択の対象となる。しかし、なかよし環境では、気の合う仲間どうしのときはいいのだが、いったん関係がぎくしゃくしてしまうと、反目や排除といったことが生まれかねない。以前なかよしだった二人、あるいは、三人が憎しみあうことにもなる。なかよし環境というのは、そういうリスクをつねに含んでいる。

わたしたちは、さまざまな場面でクラス環境となかよし環境のなかで生活している。家族は、血縁関係で結ばれた一種のクラス環境と考えることもできる。わたしたちは、家族への所属をみずからの選択にもとづいて得たわけではないからである。それは、所属する当人の選択による所属ではなく、両親の選択と行為の結果としての所属だからである。

会社や行政組織などで所属するグループもまたクラス環境の一つと考えることができる。ある会社に就職することを望み、試験を受けることは選択である。しかし、採用は会社のほうの選択である。さらに、組織のメンバーに属することは、「配属」による。「配属」とは、人を一定の部署に配置して所属させることであり、当人から見れば、一定の部署に配置・所属させられることである。組織やその下部組織としての部署では、その部署のメンバーが従うべきルールや規範があり、これに従って仕事をする。生産部門であれば、製品を生み出すための作業を行うが、そこでは、ルールに則した効率的な行為が求められる。営業部門では、顧客《こきゃく》とのやりとりのなかで契約を成立させるための行為が要求されるであろう。これらの業務では、一定の達成目標が定められるが、その目標の達成のためのルールや規範はすでに定められている。

クラス環境となかよし環境とならんで、もう一つ重要な環境である「プロジェクト環境」をとりあげよう。プロジェクト環境とは、クラス環境でもなかよし環境でもない、第三の環境である。この関係を成立させるのは、クラス環境のように、集団外の第三者でもなく、集団構成者の利害でもない。ともに力を合わせて協働することによって実現すべき目標である。プロジェクト

【二】 次の文章を読んで、後の問いに答えなさい。

人間は、一人では生きることのできない存在である。アリストテレス[注1]は、人間を「ロゴスをもつ動物」と定義した。ロゴスとはことばであり、分別であり、理性である。「ロゴスをもつ動物」とは、ことばによるコミュニケーションにもとづいて生きる動物という意味である。コミュニケーションは、人間どうしの間で行われるから、アリストテレスの「ロゴスをもつ動物」というのは、「社会的動物」であるというのと同じである。

学校を例に人間の集団を考えると、クラス分けによって子どもたちは、特定のグループに所属する。クラス分けは、子どもたち自身の選択にもとづく集団形成ではなく、子どもたち以外の人びとによる指定によって決まる手続きである。どこに所属するかは、子どもたちにとっては、いわば遭遇《そうぐう》であって、選択ではない。そこでクラスメイトに出会うことになる。これも遭遇である。[1]クラス環境では、気の合う者とそうでないものとが自然に分かれる。気の合う者がいなければ、仲間に入れない状況が生まれる。

気の合う者どうしが集まれば、そこには新しいグループが生まれる。そのような人間環境を[2]「なかよし環境」と呼ぶことにしよう。学校であっても、会社であっても、政府であっても、人間社会のなかには、なかよし環境が存在する。なかよし環境は、楽しみや好みを共有する集団である。

なかよし環境が組織のなかで生まれるとき、そして、それが利益の囲い込みを生み出すとき、そのような集団は「ムラ社会」と呼ばれる。ムラ社会では、集団の利害に従わない、[X]、ムラ社会のルールに背く者を排除する傾向をもつ。昔は、これを村八分といった。村八分は、共同体に従わない、あるいは、共同体の利益に沿わない人を排除することである。二分というのは、葬式の世話と火事の消火活動で、それ以外の付き合いはしないということだといわれる。

いじめという暴力が発生しやすいのは、クラス環境となかよし環境である。なかよし環境にあるのはなかよし集団であるから、排除は発生しないのではないかと思われるかもしれないが、そうではない。なかよし集団がその内部に小さな集団を生み出すと

【二】 次の①～⑤の――線部について、カタカナの部分は漢字に直し、漢字の部分はその読みをひらがなで答えなさい。なお、答えはていねいに書くこと。

① 利根川は関東の一級河川だ。

② 紙がヤブれる。

③ オウフク切符を買う。

④ 王家のヒホウを展示する。

⑤ 理科の実験でジシャクを使う。

令和3年度 本郷中学校
第1回 入学試験問題

国語

（五〇分　満点：一〇〇点）

注意

一、指示があるまで問題冊子を開いてはいけません。
二、答えはすべて解答用紙に記入しなさい。
三、字数指定のある問題は、特別の指示がない限り、句読点、記号なども字数に含みます。
四、用具の貸し借りは禁止します。
五、指示があるまで席をはなれてはいけません。
六、質問があれば、だまって手をあげて監督者を呼びなさい。
七、試験が終わったら、解答用紙だけ提出しなさい。問題は持ち帰ってもかまいません。

問八　次のア～カは、〈よるのそら〉・〈あしたになったら〉の二編の詩について、生徒が感想を述べたものです。詩の内容を正しくとらえていると思われる感想を二つ選び、記号で答えなさい。

ア　生徒Ａ「〈よるのそら〉では故郷のブラジルの景色を懐かしく思い出しているけれど、「どちらのよるのそらもすきだ」に今のジュリアの一番正直な気持ちが表れていると思うな。」

イ　生徒Ｂ「〈よるのそら〉で描かれているブラジルの景色は、今はもう見られない古い風景をお母さんの話を聞いて想像したのだろうけれど、まるで自分が見たように上手に表現しているよね。」

ウ　生徒Ｃ「〈よるのそら〉の「オレンジがすこしずつかわる」というのは、時間によって空の色が変わることだろうけれど、オレンジ色がジュリアの好きな色だということがよく伝わってくるね。」

エ　生徒Ａ「〈あしたになったら〉の「しらないみち」や「あたらしいともだち」というところを読むと、ジュリアはもう完全に日本での暮らしになじんでいるような気がするな。」

オ　生徒Ｂ「〈あしたになったら〉の「おかあさんと～」というところからは、嫌いな日本での生活を親子で何とか切り抜けていこうというジュリアの強い決意が感じられたよ。」

カ　生徒Ｃ「〈あしたになったら〉という詩には、新しい土地で暮らしている自分の未来について、ジュリアがどのように思っているのかがよく表れているね。」

問七　――線５「夜だというのに、私の視界は明るく輝いていた」とありますが、この時の「私」の気持ちを述べたものとして、最も適当なものを次のア～エの中から一つ選び、記号で答えなさい。

ア　ジュリアの母親と親身に話をしたことで、同じく子を持つ母親としてすっかり心が通じあえたように感じられてうれしい。

イ　ジュリアの母親に自分の思いがどこまで通じたかはわからないが、ジュリアがずっと日本にいることがわかってうれしい。

ウ　人と人はなかなか分かり合えないものだと思うけれど、今では当時の自分の母親の気持ちも理解できると思えてうれしい。

エ　人の気持ちは言葉ではうまく伝わらないものだけれど、詩を通じてなら伝えられるということがようやくわかってうれしい。

問三　問題文中の［A］にあてはまる言葉として最も適当なものを次のア～エの中から一つ選び、記号で答えなさい。
　ア　罪悪感　　イ　劣等感　　ウ　屈辱感　　エ　孤独感

問四　――線２「過去の幼かった自分に～と言ってあげたいんだ」とありますが、「私」が「言ってあげたい」という気持ちになっている相手を説明したものとして適当なものを、次のア～カの中から二つ選び、記号で答えなさい。
　ア　大人の都合だけを優先して、勝手に日本に移住を決めた母親をうらんでいた時の自分。
　イ　日本にやってきて、すぐに日本の友だちと話すことができるようになったころの自分。
　ウ　長年住んだアメリカを離れて日本にやってきて、つらく寂しい思いをしていた自分。
　エ　故郷を離れて日本にやってきて、心細い思いをしているであろう支援教室の子どもたち。
　オ　貧しい国に生まれたために、日本での生活を強いられ苦しんでいる支援教室の子どもたち。
　カ　豊かな日本に来て、異国での暮らしをそれなりに楽しんでいる支援教室の子どもたち。

問五　――線３「勉強した」とありますが、ジュリアの「勉強」がどのようなものであったのかがわかる段落を探し、初めの五文字を抜き出しなさい。

問六　――線４「彼女の感情は、二つの国の間で揺れ動いている」とありますが、「私」はジュリアの「感情」をどのような気持ちだと考えているでしょうか。「気持ち」につながるように六十字以内で書きなさい。

注　ダンジョン……もともとは「地下にある牢屋《ろうや》」をさす言葉だが、ここでは「迷路のような空間・迷宮」の意味。

問一　〰〰線a～cについて、問題文中での意味として最も適当なものを、それぞれア～エの語群の中から一つずつ選び、記号で答えなさい。

a　かろうじて
ア　すぐに
イ　たやすく
ウ　どうにか
エ　なんとなく

b　はにかむ
ア　得意になる
イ　恥ずかしがる
ウ　平気なふりをする
エ　笑顔を見せる

c　つぶらな
ア　ちいさい
イ　おおきい
ウ　あかるい
エ　まるい

問二　――線1「初めて日本の小学校に登校した日」とありますが、この日のエピソードを通して「私」はどんなことを語りたいと思っているのでしょうか。次のア～エの中から最も適当なものを一つ選び、記号で答えなさい。

ア　見知らぬ世界に入っていく時には、周りの人たちの厚意をきちんと感じとるのがよいのだということ。
イ　母親や学校の担任教師のように、か弱い子どもに対して大人は無神経なことをするのだということ。
ウ　支援教室の子どもたちと同じように、自分も異国へやってきた時の不安や緊張を体験したということ。
エ　時間というものはあらゆる悩みごとを解決してくれるから、あまり気にしすぎなくてよいということ。

自転車にまたがり、ペダルを強く踏みこむ。チェーンが動き、ゆっくりと車輪が回る。やがて回転は勢いに乗り、速度は上がっていく。風を切ってぐんぐん前へと進む。ハンドルを握りしめ、サドルから尻を上げる。立ち漕《こ》ぎで冬の夜を駆け抜ける。ヘッドライトが行く手の暗がりを切り裂く。

肌は寒くても、身体の芯が熱かった。全身が高揚感に包まれている。私は小声で、自分が書いた詩を暗唱した。まだタイトルもつけていない、無名の詩だ。

わたしの言葉は
あなたの言葉じゃない
わたしの身体は
あなたの身体じゃない
わたしの感情は
あなたの感情じゃない
だけれどわたしの愛は
あなたから受け継いでいる

家に帰ったら母親に電話しよう。私の詩を、私の言葉を聞かせるために。

住宅街の灯が闇を照らしている。光の粒の一つ一つがきらめいている。5夜だというのに、私の視界は明るく輝いていた。

※問題作成の都合上、文章を一部省略しています。

あしたになったら
おかあさんと　ごはんをたべよう
おいしいおかずを　かっていこう
あしたになったら
うまれたまちに　でんわをしよう
どこにいても　わすれないように

静かになった部屋で、ジュリアの母親は目に涙を溜《た》めていた。私も同じだった。指先で拭《ぬぐ》うと、爪が濡《ぬ》れた。

「この子は、賢いんだよ」

ジュリアの母親がか細い声で言った。

「教室に行かない、でも日本語覚える。賢いから。たぶん、一人で勉強する。私もわかってるよ。この子の母親だから。でも寂しいよ。ブラジルの言葉も、ブラジルのことも忘れてしまったら」

「あなたは日本語を話せるけど、ブラジルのことを忘れていないじゃないですか。きっとジュリアちゃんも同じですよ」

どこにいても、忘れないように。詩の一節を私は心のなかで復唱する。

子どもが旅立つのは寂しい。でも遅かれ早かれ、いつかは親の手から旅立つんだ。大人になって、独り立ちして、ふと故郷のことを振り返って、たまには帰ってみようかな、と思ってくれるくらいでちょうどいい。

少し立ち入りすぎてしまったかもしれない。座椅子から立って、ジュリアのように深々と頭を下げた。

「お邪魔しました」

ジュリアと母親は、玄関まで見送ってくれた。ジュリアは「さようなら」と手を振った。母親は黙っていたけれど、玄関扉が閉まる間際、「気をつけて」と声をかけてくれた。外廊下へ出ると、外気が肌を冷やした。

できるだけ刺激しないよう、静かな声で問いかけた。母親は「読んでない」と言った。きっと、ノートに書いてある文字が日本語であることだけ確認したのだろう。

ジュリアが母親の手を逃れた。バッグから折られた跡のあるノートを取り出すと、母親は気まずそうに目を伏せる。ページをめくるジュリアの目は、発表会で見た時と同じように真剣だった。

「お母さんに読んであげたら？」

うなずいて、ジュリアはノートを両手でつかんだ。開いたページには、私の清書した筆跡が残されている。そこに書かれているのは、ジュリアが書き、私が訳した詩だ。

「〈あしたになったら〉」

洋室に少女の声が響き渡った。

あしたになったら
となりのまちまで　いってみよう
しらないみちを　あるいてみよう
あしたになったら
あたらしいともだちを　つくろう
ゆうきをだして　はなしかけよう

決して、滑らかな朗読ではない。ところどころ詰まり、読み間違える。発音も正確ではないし、聞き取れない箇所もある。ジュリアの母親は邪魔をせず、不安そうな顔で娘の朗読を見守っていた。

> この日は笑顔で帰っていったジュリアだったが、その後三週間、彼女は教室に姿を見せなかった。
>
> 一月の終わりにようやく顔を見せたジュリアはひどく気落ちしていた。話を聞いてみると母親（「ママイ」）から教室をやめるよう言われてケンカになったという。母親に内緒で教室に来たジュリアの話を聞いて怒りを覚えた聡美は、母親を説得しようと家を訪れ、話をしてみた。

「私、両親も日系。私は三世ね。日本語忘れないでって、両親教えてくれた。小さい時から。だから、日本に何度も出稼ぎに来ている。ジュリアは日本、初めて。寂しいから連れてきた。離れたくない。でも日本語どんどん覚えて、いつか、ポルトガル語忘れる。そうしたら、話せない。寂しいよ」

母親は切ない目でジュリアの髪を撫でている。親として、子どもの学ぶ権利を制限することには同意できないが、母親としての感情は理解できる気がした。

ジュリアの母親と、自分の母親の顔が二重写しになる。

もしかしたら。

私は勘違いをしていたのかもしれない。アメリカにいた頃、親があえて日本語を教えてくれなかったんじゃない。そもそも当時の私には、英語しか見えていなかった。小学校でもクラブ活動でも、話すのは英語だった。親は、幼い私の社会活動を応援してくれたからこそ、日本語を話すことを強制しなかった。

どうして日本語を教えてくれなかったの、という文句は、逆恨みに過ぎなかった。

現地の言葉を話すこと。ルーツの言葉を話すこと。どちらが正しいというわけじゃない。寂しいと思うのも、応援したいと思うのも、親心だ。

ジュリアの潤んだ目が私を見ていた。4<u>彼女の感情は、二つの国の間で揺れ動いている。</u>

「ノートに書かれた詩を、読みましたか」

オレンジになっていく
ゆうやけをみるとおもいだす
ブラジルのひろいひろいはたけ
うみにきえていくたいよう
オレンジがすこしずつかわる
あおいろ　むらさきいろ
よるになってそらはまっくろだ
でもあたらしいまちは
よるがあかるくて　こわくない
わたしは
どちらのよるのそらもすきだ

羨《うらや》ましい、と思った。彼女はブラジルから来たという過去を引き受けて、しっかり自分のものにしている。決して負い目とは感じていない。

改めて読んで、いい詩だと思う。ブラジルの雄大な夕景と、日本の明るい夜が切れ目なくつながっている。ジュリアにとっては両方が大切な風景であり、切り離して考えることはできないのだ。二つの夜空が混ざり合い、一つになっている。

ただ、結局はかなりの部分を私が日本語に訳してしまった。ポルトガル語交じりの原文のほうが、よかったかもしれない。そんなことをくよくよ考えていたが、読み終えたジュリアが顔を輝かせたのを見るとどうでもよくなった。

「素敵な詩だよ。すごいね」

ジュリアはもう一度、頭から詩を音読した。少しでも彼女を手助けできたことが嬉しくて、私も彼女の声に耳を傾けていた。

と辞書か何かをひっくり返して、少しずつ書き進めたのだろう。それだけまじめに向き合えば、日本語も上達するはずだ。

何より、書きつけられている詩そのものが良かった。素直な言葉の一つ一つが映像として目に浮かび、ジュリアの心のなかをのぞかせてもらったような気分になる。日本語の上手《うま》い下手は関係ない。

やっぱりこの子は、言葉で他人に伝えるべきことが何か、よく知っている。

調べてもわからなかったのか、ポルトガル語と思《おぼ》しき言葉で書かれている箇所も残されていた。これらの箇所だけでも日本語に直してあげたいが、それは子どもの作品に大人が手を入れることになる。それに、あえてそうしているのかも。悩んでいると、ジュリアがポルトガル語の単語を指さした。

「日本語、教えて」

c つぶらな瞳が私の目を見ている。その真剣さがぐっと胸に迫る。

「わかった。少し待って」

ポケットのスマートフォンを取り出し、翻訳サイトを開く。ノートに綴《つづ》られた単語を読み取り、打ち込む。音声はともかく、文章ならネットを使えば意味がわかる。一つ一つポルトガル語の単語を訳し、別のページへ清書していく。ジュリアは私の作業をじっと見守っていた。書かれていたいくつかの詩を、次々に訳していく。

「できた」

翻訳は三十分もかからず終わった。すべての詩が日本語で生まれ変わった。

「読んでみようか」

私とジュリアは、清書した〈よるのそら〉を声を合わせて読んだ。

ゆうやけでまちはオレンジだ
いえも　マンションも　おみせも

「あけましておめでとう、ジュリアちゃん」

「おめでとうございます」

彼女はまた、深く頭を下げる。年末に会った時とは色違いの、緑のパーカーを着ていた。

「お洋服かわいいね。買ったの？」

「買った、スーパーで、ママイと」

すぐに返ってきた答えに驚く。年末、最後に会った時と比べてまた日本語が上達している。私の言葉の意味も理解しているらしい。

「日本語、上手になったね」

「ありがとう。3勉強した。もっと、友達と話したい。だから覚える」

「すごいね。これから、もっとうまくなるよ」

bはにかむジュリアは、室内の空席を探して腰を下ろした。バッグから青い表紙のノートを取り出して広げ、私を手招きする。

近づいてのぞきこむと、そこには手書きで言葉が書きつけられていた。ひらがなが視界に入る。

「すごい。日本語じゃない。作文？」

作文の添削なら、この支援教室ではよくやる。しかしジュリアは首を横に振った。よく見ると、ページの下半分が空白になっている。国語の教科書で読んだ詩がよみがえる。

「もしかして、詩を書いたの？　読んでいい？」

恥ずかしそうにこくりとうなずく。隣にしゃがみこんで、ノートの文字を目で追う。いくつかの詩が書かれている。それぞれの詩には〈よるのそら〉とか〈あしたになったら〉というタイトルがつけられていた。

一読して、日本語が上達する理由がわかった。

ノートには、鉛筆と消しゴムで何度も書き直した跡がある。ジュリアは何度も文章を直し、調べながら詩を書いたのだ。きっ

帰宅してから母と大喧嘩《おおげんか》になった。どうして日本になんか連れてきたの。どうして日本語を教えてくれなかったの。そんなことを英語でまくしたてた。ショックを受けたのか、母はしばらく黙ってから言った。

――アメリカで日本語勉強したって、しょうがないじゃない。

違う、そうじゃない。母の言い分に、思わず叫びたくなった。本当に叫んだかもしれない。

日本語を教える気がないなら、アメリカにいさせてほしかった。気軽に英語で話せる友達がいる、私の故郷に。

きっと支援教室の子どもたちのうち何人かは、私とよく似た葛藤《かっとう》に悩まされているはずだ。彼ら彼女らは、日本での生活を自分の意思で選んだわけじゃない。親の選択に従うしかない。それまで住んでいた場所を懐かしむのはおかしいことじゃない。

親だって、無神経に住む場所を決めているわけではない。私も親だからわかる。それでも、選択の権利がない子どものほうが、ずっと強い［ A ］を抱えているはずだ。

今になれば、その［ A ］も時が経てば解消すると知っている。私の日本語はあっという間に上達し、中学に上がる時期にはすっかり普通に話すことができた。だけど小学生には、一年先だって途方もない未来だ。将来が閉ざされてしまったような気分だろう。そういう悩みを抱えている子どもたちを助けたくて、支援教室の指導員になろうと決めた。

暇つぶしなら何でもよかったわけじゃない。

2<u>私は過去の幼かった自分に、大丈夫だよ、と言ってあげたいんだ。</u>

ある日聡美は、ブラジルからやってきたジュリアという少女が、小学五年生の国語の教科書を読んでいるのを見つけて声をかけたところ、読んでいたのは三好達治《みよしたつじ》の詩であった。

聡美の朗読を聴いてジュリアは詩に興味を持つようになり、冬休みには二人で詩の発表会を聴きに行くようにまでなった。

ジュリアは真剣に詩の朗読に耳を傾けていた。

年が明けて初めて開かれた教室にジュリアは嬉しそうな顔でやってきた。

【三】　次の文章は、岩井圭也《いわいけいや》の小説「生者のポエトリー　あしたになったら」の一節です。これを読んで後の問いに答えなさい。

> 語り手の「私」（聡美《さとみ》）は、子どもたちの学習を支援する教室に勤めている。子どもたちの多くは海外から移住してきた家庭の子どもである。

[1]初めて日本の小学校に登校した日。三十年以上も前のことだ。

私は十歳、小学五年生で、緊張に押しつぶされそうだった。それまでの人生をアメリカで過ごした私にとって、日本の教室は未知の[注]ダンジョンだった。両親は日本人だけど、私は日本語より英語のほうがずっと得意だった。

たしか、最初は母と一緒に職員室へ行った。教師は笑顔で何か話していたけど、ほとんど意味がわからなかった。母はそこで帰ってしまった。見知らぬ外国で、私は一人ぼっちになった。

担任教師に連れられて、教室へ行った。前方に立たされ、クラスメイトの視線を一身に浴びた。緊張が頂点に達した時、担任教師は「名前を書いて」と言った。黒板に自分の名前を書け、ということは[a]かろうじてわかった。促《うなが》されるままチョークを握って、黒板に向き合い、そこで固まってしまった。

自分の名前が書けなかった。

漢字でどう書くか、さんざん練習してきたのに。頭が真っ白になる。アルファベットしか浮かばない。後ろでクラスメイトがざわついている。早く書かないと、と思うほど身体《からだ》が動かない。

それからどうなったか覚えていない。気が付いたら席に座っていた。

休み時間になると、何人かの女の子が話しかけてくれた。仲良くなろうとしてくれている。それがわかるのに、答えられない。だって、同級生たちの言っていることが理解できない。音は聞こえるけれど、頭のなかで意味をなさない。浮かぶのは英語ばかりだけど、ここではそれが通じない。私は一言も話せないまま、初日の登校を終えた。

問八　問題文の内容と合っているものを次のア～エの中から一つ選び、記号で答えなさい。

ア　ボランティアが最も盛んにおこなわれていたのは一九九五年頃で、その後、無償ボランティアをおこなう人の数が減少し続けた代わりに、有償ボランティアをする人が増えだした。

イ　『「ボランティア」の誕生と終焉』に記されているように、戦時中に贈与のパラドックスが存在しなかったのは、天皇からの無限の恩恵に報いるために国民が「純粋贈与」をおこなったからである。

ウ　東京五輪のボランティアをめぐっては、贈与のパラドックスを伴う「無償性」について、あまり議論されなかったようだ。

エ　ボランティアにおける無償性のめんどくささが、「自己満足」問題を引き起こすのだということを、中沢氏は「贈与のパラドックス」という言葉で説明している。

問七 ――線6「贈与のパラドックスの～配送させていく」とありますが、この部分について筆者の考えを述べたものとして最も適当なものを次のア～エの中から一つ選び、記号で答えなさい。

ア ボランティアをしていると「あなたのやっていることは自己満足だ」という批判を受ける場面が多々あるけれども、完全に否定することはできないので「もっともだ」といったん肯定した上で、批判してくる相手に「あなたは何をしているのか」と逆に質問し続ける。

イ ボランティアは単なる自己満足ではないかと周りの人から批判を受けることがあるが、それに関して頭から否定するのではなく、自身も自問自答し続けて答えが見つからないのだということを相手に投げかけながら、ボランティアを続ける。

ウ ボランティアをする真の目的は隠れた報酬を得るためであると誤解を受けやすいが、その誤解を解こうとするのではなく、ボランティア仲間を含む周囲の人々と共にどうしたら完全無償のボランティアができるかということを考えながらボランティアを続ける。

エ ボランティアをする人が抱える無償性をめぐる面倒な問題は、無償ボランティアをする人たちが抱える自己矛盾であるので、その問題を解決するためには何かしらの対価を得られる有償ボランティアと並行して活動することが良いのだということを伝えていく。

問六　――線５「ボランティアという言葉が～限られていった」とありますが、これはどういうことですか。その説明として最も適当なものを次のア～エの中から一つ選び、記号で答えなさい。

ア　無償でボランティア活動をおこなったとしても常に贈与のパラドックスに悩まされ、周りの人からは自己満足のためにやっているという批判から逃れられないがために、ＮＰＯ活動や有償ボランティアに従事する人たちが多くなったということ。

イ　無償でボランティアをおこなおうとする人々が減ってきたことが最も大きな理由ではあるが、非営利団体のような有償ボランティアがボランティアの主流となったために、完全無償で奉仕活動をおこなう人たちの場が限られてしまったということ。

ウ　非営利性が前面に強く出てしまうボランティアは、周りの人から単なる自己満足ではないかなどと批判の対象となってしまうために、無償で何かをおこなうことが当然だと考えられる場以外ではこの言葉が使えなくなってしまったということ。

エ　無償性と強く結びついたボランティアに代わって、贈与のパラドックスに直面しない交換と贈与の間にあるさまざまな言葉が使われるようになったために、限られた領域や場面でのみ、ボランティアという言葉が使われたということ。

問五　――線４「この贈与と交換の原理」とありますが、筆者の考える「交換」とはどのようなものですか。その説明として最も適当なものを次のア～エの中から一つ選び、記号で答えなさい。

ア　モノを媒介にして生じる不確定で決定不能な価値を計算可能だとみなし、相手から手渡されたモノの価値を勝手に決め、そのモノの価値に見合う代金を支払う行為。

イ　モノを媒介にして生じる人と人の気持ちや感情よりも商品であるモノを重視し、欲しい商品を手に入れた場合に対価を支払うことで相手との関係が清算される行為。

ウ　贈られたモノ自体を重視し、その価値を計算して等価のモノを間を空けて返そうとすることであり、お互いそのことは当然のこととして理解している行為。

エ　贈られたモノ自体を重視するため、コンビニで弁当を買った時の店員とのやりとり等は重視する必要がなく、代金を支払った時点でモノと人との関係が清算される行為。

問三 ――線２「贈与と反対のものを見出されてしまう」とありますが、ここで言う「反対のもの」とはどのようなものですか。[1]～[3]段落の中から三字で抜き出し、答えなさい。

問四 ――線３「話を前に進める前に～確認したい」とありますが、筆者は「贈与」においてどのようなことが大切なことだと考えていますか。その説明として最も適当なものを次のア～エの中から一つ選び、記号で答えなさい。

ア 相手のことを思い、プレゼントするモノを通して自分の気持ちを届けるために、生涯大切にしてもらえるような贈り物をすること。

イ 他と比較できないような最高のジャンルに属するモノを贈り、自分の気持ちを直接伝えることで、お互いの関係が強固なものになること。

ウ プレゼントされたモノとほぼ同等なモノを返すことを原則として、仮に価値をつけられないモノをもらった場合は相手に最大限の敬意を払うようにすること。

エ 贈られた品よりもそれに込められた目に見えない気持ちやそれに応えようとする気持ち、そしてその相手との関係を保つようにすること。

る行為。

注４　中沢新一……一九五〇年生まれ。問題文では、著書『愛と経済のロゴス』（二〇〇三年）より一部引用されている。

注５　ＣＳＲ……企業の社会的責任。

注６　プロボノ……ある分野の専門家が専門知識などを活かしておこなう社会貢献活動。

注７　ＢＯＰビジネス……低所得者層を対象とする国際的な事業活動。

注８　エシカル消費……ヒトや環境に良い影響をもたらしてくれるだろう、という商品などに優先的にお金を使うこと。

注９　ＳＤＧｓ……二〇三〇年までに達成すべき国際社会共通の目標。

問一　［Ａ］・［Ｂ］に入る言葉を次のア～エの中からそれぞれ選び、記号で答えなさい。なお、同じ記号を繰り返し用いてはいけません。

ア　しかし　　イ　とりわけ　　ウ　一方　　エ　だから

問二　――線１「ボランティアをめぐる問題」とありますが、筆者はこれをどのような問題だと考えていますか。［１］～［３］段落の内容を踏まえて四十字以上五十字以内で答えなさい。

14 ここで疑問が出てくる。

15 それは、贈与のパラドックスは解消する必要はあるのかという問いであり、なぜ私たちは贈与のパラドックスを解消しようとするのかという問いである。

16 仁平も贈与のパラドックスを指摘されることに怯《ひる》んで、交換の原理や、神による純粋贈与というアイデアを持ち込んでしのごうとするのではなく、6贈与のパラドックスの指摘に向かい合いながら、他者のもとへ自らを配送させていくことを断念しないことにささやかな希望を見出す。目の前にいる他者に対しておこなう自分の活動が「自己満足ではないか？」と自問自答しながら、それでもより他者に近づこうとする。他者のもとへ自らを配送させるのを断念しないということは、そういうことだ。それだけではない。「あなたのやっていることは自己満足だ」と言われたとする。それを「もっともだ」といったんは肯定する。活動の現場で求められていることに十分に応えられているかどうかわからない以上、自己満足ではないかという批判は否定できない。そのうえで批判した相手に、「ではあなたは世の中を変えるために何をしているのだ」と問い返す。私はそれでも現場で格闘しているが、あなたは何をしているのか、と。この時、贈与のパラドックスに向かい合っている私の苦悩は、わずかであっても相手に伝えられる。そうやって自己満足だと論評する人間も巻き込みながら、他者と一般社会の境界線を越境していく。

（猪瀬浩平《いのせこうへい》『ボランティアってなんだっけ？』）

※問題作成の都合上、文章中の小見出し等を省略したり、問題文の段落に1～16の番号を付しています。

注１　言語ゲーム……哲学者ヴィトゲンシュタインが提唱した用語。言語を伴った諸活動のこと。

注２　五輪組織委……オリンピック・パラリンピック競技大会組織委員会のこと。ここでは、東京オリンピック・パラリンピック競技大会組織委員会のことを指している。

注３　やりがい搾取……ここでは、労働者の「やりがい」を利用して、雇用主が不当な労働や業務を強いて、利益を搾取す

を支払う「有償ボランティア」に関心が向けられるようになった。「金銭的報酬」が最もわかりやすいが、「生きがい」、「楽しみ」、「自己実現」、「人物評価」もボランティアによって得られる「対価」である。仁平はここに、「贈与」の文脈で語られていたボランティアが、対価を得る「交換」の文脈で語られるようになっている様を見出す。ボランティアはもはや贈与ではない、交換である。ここまでくれば、「ボランティアは無償ではない」という五輪ボランティアをめぐる語りまでほんの少しである。

11 一九九〇年代以降、ＮＰＯ活動が注目を集め、一九九八年には特定非営利活動促進法（ＮＰＯ法）が成立するようになると、ボランティアよりもＮＰＯについての語りが増えていった。ＮＰＯの中核には「無償性」ではなく、「非営利性」がある。非営利性とは、事業を通じて利益をあげたとしても、組織の成員で分配しないという意味である。すでにボランティアをめぐる語りが贈与から交換へ移行していっていたが、ＮＰＯはさらに交換の要素が強い。そして、ＮＰＯに続いて、ＣＳＲ[注5]、社会的企業、社会的起業家、プロボノ[注6]、ＢＯＰビジネス[注7]、さらにいえばエシカル消費[注8]やＳＤＧｓ[注9]など、交換と贈与の間にある様々な言葉が流行していった。ボランティアという言葉が使われるのは、無償であるのが当然であると考えられる領域や、学校教育の現場に限られていった。

12 阪神淡路大震災が起きた一九九五年がボランティア元年といわれるが、近年ボランティアをめぐる語りも、ボランティアをする人の割合も減少する傾向がみられる。朝日新聞においてボランティアが見出しになった記事は一九九五年がピークで一七一件、二〇〇〇年は六〇件で、二〇〇五年は二六件になった。東日本大震災のあった二〇一一年は一〇六件に増加するが、二〇一五年には一六件になっている。社会生活基本調査で「過去一年間にボランティア活動を行った人」の割合は、二〇〇一年から二〇〇六年では三三パーセントから二九パーセントになった。東日本大震災が起きた二〇一一年でも二六・三パーセントで減少傾向は止まらず、二〇一六年調査では二六・〇パーセントとなっている。

13 ボランティアが語られることや、そもそもボランティアをする人が減っていくなかで、久しぶりにボランティアが声高に語られ、議論を巻き起こしたのが東京五輪ボランティアだった。［Ｂ］、そこにおいて、贈与のパラドックスを伴う「無償性」は放棄されてしまったように見える。

② ほぼ同じ価値をもつとみなされるモノ同士が、交換される。商品の売り手は、自分が相手に手渡したモノの価値を承知していて、それを買った人から相当な価値がこちらに戻ってくることを、当然のこととしている。

③ モノの価値は確定的であろうとつとめている。その価値は計算可能なものに設定されているのでなければならない。

[7] バレンタインにチョコレートを渡したとき、「これいくらかかったの？ その分払うから」と言われたら興ざめする。それは贈与としておこなったことを、交換として対応されたことによる。バレンタインはその場でお返しをせず、一か月後のホワイトデーで返す。すぐに返さないからこそ、お返しまでの間、関係が持続する。贈ったモノと、お返しされたモノが、同じ価値であるかどうかは確定できない。だから、自分が贈ったよりもいいモノをもらってしまったと思えば、次の機会によりいいモノをあげようとする。そうやって、また関係が持続する。重要なのはモノではなく、モノを媒介に引き延ばされていく関係である。

[8] 4この贈与と交換の原理を頭に入れて、次に進もう。

[9] 仁平の『「ボランティア」の誕生と終焉《しゅうえん》』は、日本において「ボランティア」や「奉仕」、「慈善」といった概念をめぐる語りが、いかに贈与のパラドックスに向き合って来たかを歴史的に考える本だ（五〇〇頁《ページ》を超える分厚い本で、読むのは相当な根気がいる）。たとえば戦中の日本では、「天皇」の存在が贈与のパラドックスを発生させなかった。国民の国家や世間への「奉公」は、天皇から与えられた無限の恩恵に報いるための行為と考えられた。国民は、現人神《あらひとがみ》である天皇から与えられた無限の恩恵に報いるために時には自分の命すら差し出して滅私《めっし》奉公《ほうこう》するが、決して恩恵に報いつくすことはできない。贈与のパラドックスなどに悩んでいる暇などない。絶対的な存在がおこなう贈与は、それに対する見返りが不可能という点で「純粋贈与」と言われる。

[10] 経済成長を経て、物質的な豊かさにあふれるようになった一九八〇年代においては、ボランティアは「生きがい」や「楽しみ」、「自己実現」など心の豊かさと関連付けて語られるようになった。入学選考や、就職採用の人物評価にボランティア経験が利用されるようにもなった。さらに、高齢者や障害者へのホームヘルパーのニーズが高まる一方、ヘルパーの供給が滞る（ヘルパーを雇用するための予算は増えない。一方で、無償のボランティアでは必要な人が集まらない）なか、最低賃金以下の金銭的報酬

で連続性をもっているなにかの力の動きなのです。その「なにかの力」を表現するために、よく「信頼」や「友情」や「愛情」や「威信」などといったことばが使われます。

5 贈与はモノそれ自体よりも、それに込められた誰かの気持ちや感情など人格的な要素を重視する。大切な誰かに贈るプレゼントは、そのプレゼントだけが重要なのではない。そこに込められた、贈る相手への気持ちこそが重要だ。これに対して、交換はモノそれ自体が重視される。交換されるモノの典型は、商品だ。何かの欲求を満たすために、人は商品を買う。おなかがすいたからコンビニで弁当を買う。重要なのは空腹を満たしてくれるかどうかで、コンビニ弁当をつくった人や、売った人のことは普通考えない。お金を払ってしまえば、売ってくれた人との関係は清算される。

6 中沢は贈与と交換のそれぞれの原理を、次のように整理する。

〈贈与の原理〉

① 贈り物はモノではない。モノを媒介にして、人と人との間を人格的ななにかが移動しているようである。

② 相互信頼の気持ちを表現するかのように、お返しは適当な間隔をおいておこなわれなければならない。

③ モノを媒介にして、不確定で決定不能な価値が動いている。そこに交換価値の思考が入り込んでくるのをデリケートに排除することによって、贈与ははじめて可能になる。価値をつけられないもの（神仏からいただいたもの、めったに行けない外国のおみやげなど）、あまりに独特すぎて他と比較できないもの（自分の母親が身につけていた指輪を、恋人に贈る場合）などが、贈り物としては最高のジャンルに属する。

〈交換の原理〉

① 商品はモノである。つまり、そこにはそれをつくった人や前に所有していた人の人格や感情などは、含まれていないのが原則である。

【二】 次の文章を読んで、後の問いに答えなさい。

①ボランティアをしている人たちにとっても、無償性はめんどくさい問題だ。逆に言えば、無償性がなくなってしまえば、[1]ボランティアをめぐる問題はシンプルになり、「自己満足」問題にも悩まされることが少なくなる。ボランティアにはお金という形ではないかもしれないが、対価はある。だから、自己満足ではない。そう力強く語ることができるはずだ。

②この無償性のめんどくささについて、社会学者の仁平典宏《にへいのりひろ》は「贈与のパラドックス」という言葉で説明する。仁平は、贈与のパラドックスを「本人の意図がどうであれ、隠れて得ているはずの「報酬」こそが真の目的であると「暴露」されてしまうような、あるいはそのような疑念を招き寄せてしまうような言語ゲーム[注1]」であると言う。ここでの報酬は、対価と言い換えてもよいだろう。

③わかりにくいので具体例を挙げよう。あなたが誰か困っている人に何かをしてあげたとする。見返りを求めてやったのではなく、困っている人を助けたいという気持ちに突き動かされたとあなた自身は思っている。しかし、あなたの内面は誰にも見えない。[A]、周りから、本当は、「困っている人を助けている姿を見せて、自分の評価を上げたいのではないか」とか、「そうやって善行をつんで、死後に天国に行こうとしている」と指摘されたり、あるいは指摘されなくても、心のなかで思われたりするのを防ぐことはできない。仮にあなたの内面を疑われることがなかったとしても、「そうやってあなたが無償で誰かを助けてしまうことで、本当はそれをすべき○○が仕事をしなくなる」と言われることもある。この○○はたとえば政府が入る。五輪組織委[注2]を入れれば、やりがい[注3]搾取《さくしゅ》の議論にもつながるはずだ。このように贈与は常に、[2]贈与と反対のものを見出されてしまうというパラドックスを抱えている。だから贈与をする人（無償の行為をする人と言い換えてもいい）は、自分を「真の慈善」として[3]示すことを迫られる。

④話を前に進める前に立ち止まって、贈与とは何かを確認したい。贈与について、文化人類学者の中沢新一《なかざわしんいち》[注4]は次のように語る。

　贈与において重要なのは、じつは贈り物となるモノではなく、モノの移動を媒介にして同じ方向に移動していく、流動的

【二】 次の①〜⑤の――線部について、カタカナの部分は漢字に直し、漢字の部分はその読みをひらがなで答えなさい。なお、答えはていねいに書くこと。

① 猫の額ほどの広さ。

② 私の祖父は田舎で畑をタガヤしている。

③ 車がカンチョウ街を通り過ぎる。

④ 音楽でシャクハチを習う。

⑤ 日本の仏教には、いくつかのシュウハがある。

令和3年度 本郷中学校
第2回 入学試験問題

国語

（五〇分 満点：一〇〇点）

注意

一、指示があるまで問題冊子を開いてはいけません。

二、答えはすべて解答用紙に記入しなさい。

三、字数指定のある問題は、特別の指示がない限り、句読点、記号なども字数に含みます。

四、用具の貸し借りは禁止します。

五、指示があるまで席をはなれてはいけません。

六、質問があれば、だまって手をあげて監督者を呼びなさい。

七、試験が終わったら、解答用紙だけ提出しなさい。問題は持ち帰ってもかまいません。

問八　この問題文の表現の特徴について述べたものとして適当なものを次のア～カの中から二つ選び、記号で答えなさい。解答の順序は問いません。

ア　吉岡と将大の関係を具体的に説明するため、二人の過去の出来事が挿入されているが、これによって物語の時間が重層化したものになっている。

イ　会話表現であっても「　」がつけられているものと「　」がつけられていないものとがあり、これによりどの登場人物が話した会話かが区別されている。

ウ　将大の会話の中で使われている「俺たちに……謝れ！」や「野球を……野球を……」で使用されている「……」によって、将大の感情の高ぶりが効果的に表現されている。

エ　この問題文では常に将大の視点に寄り添いながら語られているため、将大の心情の変化や深まりが分かりやすくなっている。

オ　「声をぶつけ」「胸ぐらをつかみあげた」「息をはずませ」といった擬人法を問題文中で多用し、登場人物を活き活きと描いている。

カ　「シロート」や「センセイ」のカタカナでの表記には、相手を馬鹿にした気持ちが表れている。

問六 ――線５「野球の神さまが怒る！」とありますが、このように言う洋子の言葉について述べたものとして最も適当なものを次のア～エの中から一つ選び、記号で答えなさい。

ア 野球を出世のための道具としてしか考えていない吉岡の態度に洋子の野球への純粋な思いが、無意識のうちに表出した。

イ 吉岡の野球に対する考え方を改めさせるために洋子の考え抜いた末に発した言葉が、まさに洋子自身の思いを端的に言い表したものになった。

ウ 自分のプライドや周囲の反応にこだわってばかりいる吉岡の姿勢に対して、レベルの差はあるが野球に関わる洋子の熱い思いが自然と口をついた。

エ 野球という神聖なスポーツを、個人的な感情や思わくで利用する吉岡に、野球を愛する洋子の怒りが強く表れた。

問七 ――線６「もみ合いのはずみに～「じゃあな」と笑う」とありますが、この時の吉岡についての説明として最も適当なものを次のア～エの中から一つ選び、記号で答えなさい。

ア 将大たちの自分への思いや野球への情熱を今までは好意的にとらえられなかったが、次第にこの思いがゆらぎ、表面的には強がっているものの野球と前向きに関わるべく心が動いている。

イ 自分の思いとは相容れない将大の言動であったので、自分と比べて非力な将大に思わず強い力を出してしまったが、これをやり過ぎだと反省しつつ、自分の行いを軽い笑いでなんとかごまかそうとしている。

ウ 素人とは違うのだというプロ意識が強く残るものの、周囲の者たちの迫力にけおされて、しぶしぶ将大の言うことに従うしかないと自分に言い聞かせようとしている。

エ 思わず感情的になり、かつての野球仲間に手荒なことをしてしまったが、落ち着いて自分の行為を振り返り、関係を壊すべきではないという思いから、落ちた使い捨てカイロを拾いその場を取り繕おうとしている。

問四 ――線３「天才でも、弱い奴になっちゃだめだ」という言葉にこめられた将大の吉岡に対する思いを説明したものとして最も適当なものを次のア～エの中から一つ選び、記号で答えなさい。

ア たとえ困難に遭遇しても才能はあるのだからあきらめることなく、我慢して努力していけばその困難を克服できると前向きに考えてほしい。

イ いくら野球を続けられなくなったとしても、自分の才能を信じてくれ、その復活を応援してくれた者のことを悪く言うようなひねくれ者にはならないでほしい。

ウ たとえどんなに野球の才能があったとしても、その才能を生かすための努力をしなくては何の結果も得られないことを分かってほしい。

エ どんな天才でも人間なのだから弱気になることもあるはずであり、人は皆その気持ちを乗り越えているのだから、自分に負けずに頑張ってほしい。

問五 ――線４「後悔しなかったこと、いつか、あんた後悔する」とありますが、これは洋子がどのような意味で述べたものですか。「後悔しなかったこと」の内容が分かるようにして、四十字以内で説明しなさい。

問一 ――線1「吉岡はさっき以上に冷ややかに笑った」とありますが、なぜですか。その理由として、最も適当なものを次のア～エの中から一つ選び、記号で答えなさい。

ア 野球に特化した指導はできない都立高校の野球部を、甲子園に出場させるという途方もない夢をいだいている将大にあきれたから。

イ 教員になり野球部の監督として、野球をとおして生徒の人間性を培うという目的をいだいている将大を愚かしく感じているから。

ウ 将大が野球というスポーツの奥深さをろくに知らないにもかかわらず、一人前の監督になりたいなどと偉そうに言うことに、ばかげていると感じているから。

エ 自分の思いを満たすために学校の教員になり、野球部の指導をするということがあまりにも自己中心的な考え方であることに将大が気づいていないことがおかしかったから。

問三 ――線2「俺、やめるよ」とありますが、このように言う吉岡は野球をどのように考えていますか。このことが最もよく分かる部分を問題文中より三十字以内で抜き出し、最初の五字を答えなさい。

問一 ――線ａ～ｃの問題文における意味として最も適当なものを次のア～エの中から一つずつ選び、記号で答えなさい。

ａ 決まり悪そうに
ア 相手に悪いことをしていたのを反省するように
イ たとえどんなことを言われても自分が悪いかのように
ウ 何を言われてもどうしてよいのか分かっていないように
エ 悪いことをしていたのが明らかになり恥ずかしそうに

ｂ 泡を食って
ア 思いがけないことに驚きあわてて
イ 予想と異なっていたことに気が動転して
ウ 現実離れしたことに不思議に思って
エ 想像もつかないことに呆然として

ｃ 憤然として
ア 耐えきれずに
イ あきれたように
ウ 怒ったように
エ 当然のように

注１　A採用……教員採用試験に合格し、採用候補者名簿の上位に名前が記載されること。
注２　ロージンバッグ……ボールやバットが滑るのを防止するための粉末を布製の袋に詰めたもの。

り込んで、胸ぐらをつかみあげた。

「なにするんだ！　てめえ！」

「謝れ！」

「なにがだよ！」

「二人に謝れ！　俺たちに……謝れ！」

もみ合いになった。だが、プロの世界で鍛《きた》え抜いた吉岡の体はびくともせず、将大は逆に手首をつかまれてしまった。

「なにアツくなってんだよ、バカ」

「野球を……野球を……」

つづく言葉は声にならなかった。涙が目からあふれ、くそっ泣くなっ、と歯を食いしばったら、吉岡に突き飛ばされた。

地面に尻餅をついて倒れこんだ将大を、吉岡はシャツの襟《えり》を整えながら、黙って見下ろした。将大も、もうなにも言わない。地面に後ろ手をつき、息をはずませて、真っ赤になった目で吉岡を見つめる。

吉岡は不意に身をかがめ、足元に手を伸ばした。6もみ合いのはずみに将大の上着のポケットから落ちた使い捨てカイロを拾い上げ、ロージンバッグ注2のように手のひらで軽くはずませて、襟元から服の中に入れた。右肩に載せて、上着ごと肩を何度か揉んで、「じゃあな」と笑う。

初めて、素直な笑い方になった。

将大も尻餅をついたまま、静かに言った。

「来週、試合があるんだ。俺たちの野球、一度見に来てくれ」

「……忙しいんだよ、俺だって」

吉岡はまた歩きだした。遠ざかる背中を、将大も、洋子も、香織も、黙って見送った。

やがてポルシェの重いエンジン音が響きわたる。長く尾を引くクラクションとともに、ポルシェは走り去っていった。

〈中略〉

ひとしきり笑った吉岡は「あー、腹が痛え」とみぞおちをさすりながら、将大の肩に載せた手をはずした。

「なあ、ショーダイ」

「……なんだ？」

「おまえさ、自分で自分が情けなくならねえか？　大学じゃ通用しなかったけど、おまえだって甲子園組だぜ？　俺の球を受けてたんだぜ？　それが、いまはこのざまかよ」

将大が顔をこわばらせても、むしろそれを待っていたように、せせら笑いながらつづける。

「草野球でもレベルってもんがあるだろ、レベルが。なにがつらくて、こんな、オンナの入ってるようなチームで野球しなきゃいけないんだよ」

「ちょっと！」香織が血相を変えた。「なによ、その言い方！　差別！」

だが、香織を振り向いた吉岡は悪びれた様子もなく、「野球をなめるな、ってこと」と言った。

「なめてるのはそっちでしょ」――これは、洋子が言った。

吉岡は洋子とは目を合わさず、また将大に向き直った。

「ガキ、来ないんだったら、俺もう帰るわ」

「ああ……」

「まあ、おまえも元気でやれよ。世間の隅っこでさ、くっだんねえ連中とカスみたいな野球やってろよ。それが似合ってるんだよ、おまえには」

言い捨てて歩きだす吉岡を、香織は怒りに満ちた形相で追いかけようとした。

だが、それより先に洋子が「待ちなさい！」と吉岡の背中に声をぶつけ、さらにそれより先に――将大が無言で吉岡の前に回

「野球の神さまが怒る！」

考えて言ったわけではなかった。なにかを思いだして湧いてきたのでもない。

ショートバウンドの送球がグローブにきれいに収まったときのように。

ベースランニングで歩幅やスピードを調整することなく一塁ベースを回れたときのように。

フルスイングしたバットの真っ芯でボールをとらえたときのように。

それしかない言葉が、それしかないタイミングで、口をついて出てきたのだった。

すこん、と抜けたような沈黙を挟んで、吉岡の甲高い笑い声が響きわたった。

「よお、ショーダイ、なんなんだよ、このおばちゃん……たまんねーよ、頭おかしいんじゃねーの？」

片手で将大の肩を抱き、片手で腹を押さえて笑う。「草野球ってさ、こーゆー世界なのか？　なあ、おい」と声を裏返して笑いつづけ、思いもよらない洋子の言葉に唖然《あぜん》とする香織に、「おまえのかーちゃん、変わってるよなあ」と声をかける。

だが――。

吉岡は、決して洋子と目を合わせようとはしなかった。

「あのときのお母さん、なんかオーラみたいなのが全身から出てたよ」

あとになって、香織は言った。

「怖かったです……感動っていうより」

将大が打ち明けたのも、あとになってからだった。

「なんだよ、それ。後悔したくないって言ってんだろ」

「そうしないと、4後悔しなかったこと、いつか、あんた後悔するから」

「はあ？」

「後悔する勇気もなかったこと、歳とっておとなになってから、絶対に後悔するよ」

「……わけわかんねえよ」

「おとなはみんな後悔しながら生きてんの！　後悔することたくさんあって、もうどうにもならないこといっぱいあって、でも、人生やめるわけにはいかないから必死に生きてんの！　後悔したくないとか、だめになったところファンに見せたくないとか、甘ったれたこと言ってんじゃないわよ！」

洋子の剣幕に気おされて肩をすぼめ、ほんとそうだよなあ、と理屈よりも迫力で納得したのは——吉岡ではなく、将大のほうだった。

吉岡はうっとうしそうに舌打ちして、あらためて洋子を見下ろした。

「関係ねえって言っただろ。いいんだよ、ほっといてくれよ。俺が決めることだろ、誰にも文句言わせねえよ、あんたに文句つける権利なんてあるのかよ」

「ないわよ」

「だったらババアは黙ってろよ、誰にも文句言わせねえって言ってるだろ！」

声を荒らげる吉岡に洋子はひるみかけたが、グッと足を踏ん張った。

「わたしには、文句言う権利ないわよ」

「だろ？」

「でも……」

言葉に詰まった。一瞬、頭の中がからっぽになった。そこに——言葉が降ってきた。

洋子と香織が、決まり悪そうにうなだれていた。

b泡を食って駆け戻った将大に、吉岡は「おい、マジかよ」と嘲《あざけ》るように言った。「この二人、マジにおまえと一緒に草野球やってんのか？」

ショーダイくん、ごめん、と洋子が上目づかいで詫《わ》びた。いやー、まいっちゃったなあ、と香織もうなだれたまま、ぺろりと舌を出す。

「写真週刊誌に追われどおしだからな、そのへんの勘は鋭くなるんだよ」

将大がベンチを離れてすぐ、背後にひとの気配を察した、と吉岡は言った。「まさかこんな二人とは思わなかったけどな」と吐き捨てて、「おまえもすごいレベルの野球やってるんだな」と顎《あご》を上げて笑う。

「ショーダイさんは関係ないから、こっちが勝手に隠れてただけなんだから」

c憤然として言った香織を制して、洋子が覚悟を決めたように一歩前に出た。

「盗み聞きして悪かったけど……せっかくだから言わせて」

俺に？　と自分を指差す吉岡をキッと見つめて、「本気でこのまま引退するつもりなの？」と訊《き》いた。「それでいいの？　あなたは」

「……関係ねえだろ」

「さっきショーダイくんが言ってたように、あなた、あとで絶対に後悔するわよ」

「しねえよ。後悔したくねえから、やめるんだよ。聞いてただろ？」

洋子は「聞いてたわよ」と軽く返して、ふふっ、と笑った。「ガキだなあって思いながら聞いてた」

ちょっとやめなよお母さん、と腕を引く香織の手を払いのけて、さらにつづけた。

「どうせ引退するんなら、後悔しなさい」

笑した。「ろくなおとなにならねえぞって言っといてやれ」

将大は黙ってうなずいた。吉岡とは別のことを考えていた。啓一にではなく、吉岡に、言わなければならない言葉がある。

「啓一に伝えとくよ」

「そうだよ、言っとけ、人間地道な努力が大事だぞ、センセイを見てみなさい、野球がへたでも立派なセンセイになりました、ってな」

「……3天才でも、弱い奴になっちゃだめだ、って言うよ」

笑っていた吉岡の顔がこわばった。「なんだよ、それ」と声がとがる。「どういう意味だよ」と鋭い目で将大をにらむ。

将大は、今度は目をそらさなかった。黙って、じっと吉岡を見据《す》えた。

「おまえに……俺の気持ちがわかるか」

うめくように言って、先に目をそらしたのは、吉岡だった。

「ちょっと電話してみるよ」

将大は携帯電話を手にベンチから立ち上がった。

〈中略〉※問題作成の都合上、将大が吉岡から離れて啓一の家に電話をかけ、電話に出た啓一の父から家庭の事情で啓一が公園に行けなくなったと知らされる場面を省略しました。

吉岡にキャンセルを謝らなくちゃな、と振り返ると――吉岡は立ち上がって、植え込みの前に立つ人影と向き合っていた。

人影は、二人。

そんなことない。

なんで？

そんなことないの、とにかく。

洋子は折り曲げた膝を両手で抱え込んで、そんなことない、絶対に、と心の中で繰り返した。

腕時計に目をやる将大のしぐさに気づいた吉岡は、「まだなのか？」と少しいらだった声で言った。

「悪い……もうちょっとだけ」

約束の時間から五分過ぎていたが、啓一はまだ姿を見せない。びっくりさせて――なにかにつけて醒《さ》めている啓一に「感激」というものを味わわせてやりたくて、あえて「吉岡亮介と会えるんだぞ」とは言わなかった。それが失敗だったかもしれない。

陽が暮れ落ちてから、急に肌寒くなった。いつも自慢のポルシェで移動して、街を歩くことなどほとんどないという吉岡は、薄手の服装だった。肩や肘をいたわっている様子も、予想していたとおり、なかった。

「これ、よかったら使うか？」

上着のポケットに入れておいた使い捨てカイロを差し出すと、「なんだよ、ショーダイ、冷え症になっちゃったのか」と笑われた。

違うよ、おまえのために持ってきたんだよ――と言っても、喜びはしないだろう。

「肩が冷えるとよくないから、使えよ」

「……いらねえよ、そんなの」

「腰も温めたほうがいいんじゃないのか」

「いらないって言ってるだろ」

吉岡はうっとうしそうに顔の前で手を振って、「それにしても、天才に憧れるなんて、しょうがねえガキだな、そいつ」と苦

「違うね、全然違う」

「だって、野球が好きだから、これでメシ食ってるんだろ？」

吉岡はあきれ顔でため息をついて、「俺がいちばん好きなのは、俺だよ」と言った。「で、俺が俺をいちばん好きになれるのは野球をしてるときの俺だった、それだけだ」

だから、もう――完治のめどがたたない重症の椎間板《ついかんばん》ヘルニアを患ったいまはもう、野球をつづける意味がなくなった。

「何年も二軍暮らししてまで現役にしがみついてもしょうがないだろ。そんなの俺じゃない、吉岡亮介じゃないんだ。四年半で七十勝近くしたんだから会社だって契約金のモトは取れてるし、俺が入団してから年間予約シートはずっと完売なんだぜ。もう十分貢献したんだ、ファンも楽しませてやったんだ」

「それでいいのか？　ヘルニアだって治るかもしれないんだろ？　おまえ、ここでやめて後悔しないのか？」

「ずるずる現役をつづけて、いい歳になって、結局治りませんでした、っていうほうが後悔するよ、俺は」

吉岡は将大に目をやって、「俺ら、まだ二十三だぜ」と言った。「いまなら第二の人生も間に合うだろ」

なにも返せなかった。

「だめになった姿を見せないのも、ファンサービスのうちだ」

きっぱりと言って、「これで俺も伝説の名投手だな」と笑う吉岡から、将大はそっと目をそらし、唇を噛んでうつむいた。

ちょっとさー……。

ベンチの背後の植え込みの陰に身をひそめた香織は、隣の洋子を肘《ひじ》でつついて、息だけの声で言った。

ショーダイさん、だめじゃん、負けてるよ。

そんなことないって。

だって、はっきり言って、吉岡さんの言ってることのほうが合ってると思うもん。男の引き際っていうか、カッコいいじゃん。

【三】 次の文章は、重松清の小説『どんまい』の一節です。草野球チーム「ちぐさ台カープ」のメンバーである母の洋子と娘の香織の二人が公園の植え込みに隠れて、チームメイトの将大とプロ野球選手の吉岡が話している様子をうかがっている場面です。これを読んで、後の問いに答えなさい。

「教員採用試験、受かったんだ。A採用[注1]だから、たぶん来年から教壇に立つと思う」

将大の言葉に、吉岡は「いいんじゃないか？」と軽く、冷ややかに笑った。「おまえには似合うよ、そういうフツーの人生が」

「……野球部の監督やりたいんだ」

「甲子園なんて遠いぜ、都立だと」

「いいよ」

素直にうなずいて、武蔵野学院の石井監督の顔と言葉を思い浮かべながらつづけた。

「勝ったり負けたりすることの大切さを、教えてやりたくてさ」

1吉岡はさっき以上に冷ややかに笑ったが、将大はかまわずつづけた。

「あと……野球のこと、もっと好きにならせてやりたい。好きだから野球部に入ってくるんだけど、もっともっと好きになってほしい」

まだ出会っていない教え子たちに向けた思いが半分、残り半分は吉岡に伝えたかった。わかってほしかった。会ってすぐに吉岡が言った「2俺、やめるよ」の言葉を、吉岡自身に取り消してもらいたかった。

だが、吉岡はキャップを取って髪を整え、またかぶり直して、「要するに自己満足の味を覚えさせるってことか」と言った。

「そうじゃないって。俺はさ……」

「いいよいいよ、もう。好きだのなんだのって甘いこと言ってりゃいいよ、それがシロートの特権だからな」

「プロだって同じじゃないのか」

問七　――線５「いまぼくたちに～学ぶことだ」とありますが、この「羽を休める力」について、「ぼく」はどのようなものだと考えていますか。その説明として最も適当なものを次のア～エの中から一つ選び、記号で答えなさい。

ア　作業工程が複雑で集中力が要求される場合でも、無理をせず息抜きを優先し、大問題につながりかねない状態を防ぐことができる、今まで多くの人々が試行錯誤を積み重ねて生み出したもの。

イ　どんなに忙しい状況においても、近道ではなくあえて遠くの回り道を選ぶことによって結果的に効率よく物事をやり遂げることができる、昔から言い伝えられてきた誰もが知っているもの。

ウ　多少手間のかかることが多くても、その困難に立ち向かって考えをめぐらせ、苦労して克服することでかけがえのないものを得ることができる、先人たちの経験によって積み上げられたもの。

エ　作業に追われて疲れ切ってしまった場合でも、代わりに作業を進めてくれて、しかも手際よく終わらせてくれることができる、働きすぎた人間に休息を与えてくれる便利で賞賛すべきもの。

問八　次の文章は、【文章Ⅰ】・【文章Ⅱ】全体を踏まえた上で、「ぼく」が述べようとしていることについて説明したものです。［X］・［Y］にあてはまる言葉を三十字以上三十五字以内でそれぞれ答えなさい。

「みてた」にまつわる「母親」の言葉が生み出した物語は、幼少時の「ぼく」に

［　　　　X　　　　］ということを伝えた。

そのような古き良き時代を回想することによって、「ぼく」は

［　　　　Y　　　　］ということを述べようとしている。

問六　――線４「抑止力を～滅びてしまうのだ」とありますが、ここから分かる「ぼく」の考えとはどのようなものですか。それを説明したものとして最も適当なものを次のア～エの中から一つ選び、記号で答えなさい。

ア　人類の考える力が生み出した科学は快適な生活をもたらしてくれたが、争ったり競ったりすることのない穏やかな世界に身を置いた結果、人類が退化してしまわないように対応策を考えるべきだ。

イ　人類は科学を発達させることで安全で豊かな日常生活を実現してきたが、発達させすぎてしまうとかえって人類に不利益を与えてしまう恐れがあるため、科学とは距離を置くように努めるべきだ。

ウ　人間が考える力を自在に用いたため、科学は勢いよく予想以上に進歩してしまったので、その勢いを抑えるための力も同時に持ち合わせることによって、科学の進歩するスピードを落とすべきだ。

エ　生活を豊かにするだけでなく、それが発展しすぎると滅亡につながる恐れがあるという、動物の牙や爪、毛皮に似た特徴を科学は持っているため、それに代わるものを一刻も早く探し出すべきだ。

問五　――線３「言葉が持つ本来の必要性」とありますが、これはどのようなものですか。その説明として最も適当なものを次のア～エの中から一つ選び、記号で答えなさい。

ア　本来受け取る側次第で変化するはずの情報を、人々が一律に同じ内容で捉えられるようにうながすことで、他の生物の命と引き換えに人類の発展を実現させるためのもの。

イ　人間が固有の思いや願いをお互いに伝え合うことで、効率的な情報交換を可能とする社会を実現し、その結果、滅亡を回避できるような方向に人類をうながすためのもの。

ウ　一つの物事を同じものとして単純化するのではなく、人間がそれぞれ抱えている本心や本音をなるべく正確に意思伝達し合い、お互いに心を通じ合わせるためのもの。

エ　尖った牙や鋭い爪を持たない人類が言葉を使って意見を交わし、爪や牙に対抗できる武器を生み出すことで、人間同士で共存共栄できる力を身に付けさせるためのもの。

問二 〜〜線ア〜エのうち、言葉の働きとして性質の違うものが一つあります。それはどれですか。記号で答えなさい。

問三 ——線1「尾道」について、問題文中での説明としてふさわしくないものを次のア〜エの中から一つ選び、記号で答えなさい。

ア この町は瀬戸内海に面して細長く展開しており、山間部の斜面地に位置しているために坂が多い。

イ この町は潮の満ち引きの差が激しく、それによる恩恵だけでなく不便さも感じる地域である。

ウ この町は瀬戸内海の潮流の状況に合わせて運航する船が頻繁に寄港するため、港町として発展した。

エ この町は停泊する船のために石段を設けることで利便性が高まり、その結果海路の発達に役立った。

問四 ——線2「暮しと言葉とが結び付いていること」とありますが、この時の「母親」は「ぼく」にどのような内容を伝えたかったと考えられますか。その説明として最も適当なものを次のア〜エの中から一つ選び、記号で答えなさい。

ア 瀬戸内海ならではの潮の満ち引きが尾道の人々の暮らしと深い関わりがあったことから、醤油が無くなった状態を「満てた」という言葉で表現したということ。

イ 「みてた」という言葉が海の潮の満ち引きと関連しているように、「宣彦」という名前もこの海辺の町に住む人々の生活の影響を受けたものであるということ。

ウ 「雁木」という名前は雁の群れのかたちを連想して付けられたことから、現代人の生活と比較して、昔の人々の方がもっと動物と身近な存在であったということ。

エ 「雁木」も「宣彦」も名付け親が深い愛情を持って付けた名前のため、いつの時代でもこの言葉にまつわる美しい物語を語り継いでいくことができるということ。

るし、豊かにもなるし、幸福になるというご褒美《ほうび》も貰《もら》うことができる。

どうやら二十世紀のぼくたちは、文明の方にばかり目を向けていたようだ。目に見えるものばかりに目を向けていたので、飛びすぎて絶滅しかけている。だったら、これからは少し目を閉じて羽を休め、自分の心の中にある遺伝子が呼び掛ける声に耳を傾けたらどうだろうか。それは過去を知り、いまを生きることだ。いまを生き、更に明日を作る子供たちと、共に手を携えて、一歩を踏み出さなければならない。

ぼくたち大人も、子供も、二十一世紀を生きていく中で、自分たち人間の言葉を、どう捉え直すかということから始めなければならないのではないだろうか。

注１　方言……共通語・標準語とは異なった形で、特定の地域だけで使われる言語体系のこと。なお、この場合、社会階層や民族の違いなどによって異なる言語を指しているわけではない。

注２　國……「国」と同じ。

注３　省エネ……「省エネルギー」の略。限られたエネルギー資源を効率よく使うこと。

問一　[A]～[C]にあてはまる言葉を次のア～カの中から一つずつ選び、記号で答えなさい。なお、[C]には同じものが入ります。

ア　でも　　イ　かえって　　ウ　もし　　エ　あるいは　　オ　だから　　カ　なぜなら

一回生え変わる。牙や爪は伸びすぎると、動物は木や石にこすりつけてすり減らす。牙も爪も毛皮も、伸びすぎたり生えすぎたりすると、かえって滅びてしまうからだ。

一方で人間の考える力は、どんどん伸び続ける。だから科学もどんどん進む。でも昔から、ゆきすぎた科学は人類を滅ぼすと言われる。だから人間は、伸びすぎた、ゆきすぎたものをすり減らしていく力を持たなければいけない。

人間が言語によって考える力を持っているということは、そのすり減らす作業に使いなさいという神様の教えでもある。これはゆきすぎだよ、もっと抑えようよという、抑止力である。4抑止力を持たなくなったら、人類は滅びてしまうのだ。

二十世紀は、人類は考える力を使って、羽も無いのに鳥を真似て空を飛べるようになった時代だ。しかも鳥が行くことも出来ない、月にまで飛んで行ってしまった。鳥を真似て、鳥を超えてしまった。これが文明と呼ばれるものである。鳥より偉いぞと思い人類は驕《おご》ってしまった。あとはゆきすぎて滅びるしかなくなってしまう。

鳥には飛ぶ以外にもうひとつ力がある。羽を休める力だ。太平洋の荒波の真ん中でも、あるいはスイスの渓谷の強い風の中でも、渡り鳥たちは羽を休める力を持っている。羽を休めているとき、彼らの中にある遺伝子が、ここまで飛ぶ力を与えてくれた先祖たちに対して感謝をし、一緒に飛んで来た仲間たちと友情や絆《きずな》を作り、未知の世界に向って、また飛び立っていく勇気を持つ。彼らは言葉を持たないけれど、彼ら自身が持っている能力の中で種の保存、繁栄の務めを果《はた》している。

人間はいま空を飛び、それ故《ゆえ》に進歩したつもりでいるが、なかなかそうそう休もうとは考えない。二十世紀の人類は、飛びすぎた鳥だったのだ。だからもう、絶滅しかけているのかもしれない。5いまぼくたちに大事なことは、羽を休める力を鳥から学ぶことだ。

飛ぶ力は文明の力だ。羽を休める力は、文化の力。人類には文化が大切なのだということに、思い至らなければいけない。

文明とはより新しく、より高く、より速く、より効率がよく、ぼくたちの手や足に代って、便利で快適な生活を作ってくれるという、ありがたいものである。けれども文化は、文明とはまったく正反対の性格を持っていて、より古く、より深く、よりゆっくりとだから、効率は悪い。不便や我慢も沢山ある。でもそれを、智慧と工夫を働かせて乗り越えていくから、人間は賢くもな

【文章Ⅱ】

ぼくたちは、言葉が本来伝える意味を、あるいは感情を、更に言えばその心をおろそかにして、言葉を単なる情報にした。共通語は情報言葉で、方言は物語言葉である。そして共通語は文明の言葉、方言は文化の言葉だと言える。

二十世紀は文明の世紀であり、文明に伴う消費経済の世紀でもあった。その中でぼくたちは、文化というものを敢えて捨ててきた。それがぼくたちの現代である。

現代の言葉の乱れも、そこに原因がある。言葉というものは本来、目には見えない、情報にはならない心の模様、願いや思いを、より正しく分りやすく伝えるためにある。だからこそ方言もその地方独自の暮しの中で、ひとの思いや願いを伝えるのに役立つのだ。伝えたいものが無くなり、皆が目を開いてばかりいると、目を閉じてこそ見えるものが無くなり、言葉が必要では無くなる。言葉が本来持つものを伝えるという機能がどんどん失われるため、言葉が乱れていく。

更に言えば、目で見るだけなら誰の目にも同じように映るものでも、夫夫《それぞれ》のひとの心には様様《さまざま》な違ったものが見える。同じものを見ていても、百人百通りの風景があり、決して横並びにはならない。しかし、皆が勝手にバラバラの言葉を語り合ったら伝達の効率は悪くなるし、高度経済成長も文明化も為し遂げられない。文明も経済も、皆が横並びになってはじめて生れるものだからだ。

横並びからはずれたことを言うのは恥ずかしかったり、落ちこぼれてしまうことだったりするので、3<u>言葉が持つ本来の必要性</u>は無くなってしまった。人類が言葉を失ってしまうと、それは滅亡に繋がる。

人間は裸のサルであるともいう。裸のサルである人類が、弱肉強食の世界にいきなり放り出されたら、きっとすぐに滅亡していた筈だ。ぼくたち人類は尖《とが》った牙も、鋭く伸びた爪も、厚い毛皮も持っていない。神様は人類にそういうものを与えない代《かわ》りに、言葉を与えてくださった。お互いがお互いの本能や遺伝子を言語化して語り合うことで、ひとつの社会を作るようにされた。それによって人類は、弱肉強食の世界の中で、他の生命と共存共生する力を持つことが出来たのだ。

人類の文明や経済力というものは、例えば、尖った牙や鋭い爪や厚い毛皮のようなものだったわけだ。動物の毛皮は、一年に

理屈ではそうである。だが母はちょっと厳しい顔でぼくを見てから、こう言った。

「たしかにあなたが言うとおりね。でも、あなたの考え方はお母さんはちょっとおかしいと思いますよ。あなたの答えには思いやりがありません。では今度は目を閉じて考えてみましょう。あなたも目を閉じてごらんなさい」。

ふたりで目を閉じて考えた。

「はい、お母さんには分りました。あなたは、目に見えるお醤油だけを見ているから、お醤油が無くなれば『満てた』じゃなくて『引いた』だと思ったのでしょうね。たしかにお醤油は無くなったけれども、私たちがひと月もふた月も、いいえ、半年近くもこの瓶から一滴一滴お醤油をいただいてご飯を美味しく食べ、健康な体をいただいて、家族団欒《らん》、皆で楽しく幸せに生きてきました。そのお醤油さん、ありがとうという気持《きもち》が、エいまこの瓶の中に満ちて、いっぱいになっているのよ。だからこれは〝ありがとう〟がいっぱい満ちてる瓶。単なる空き瓶でもないし、ゴミでもない。ですから、これをきれいに洗って、またこの瓶にお醤油をいっぱいに満たして、お醤油さんありがとうと言いながら、これからもお醤油を大切に無駄なく一滴、一滴使っていきましょうね」。

当時、母はまだ二十八、九だったと思う。ひとりの若い母親の言葉がこのような物語を紡《つむ》ぎ出す力となるというのが、当時の暮しの中の文化だったのだと思う。

ぼくたちは二十一世紀を迎え、現代の子供たちに、「そのうち地球上にエネルギーが無くなるぞ。［C］省エネ（注3）をしなさい。そのうち地球上はゴミだらけになるぞ。［C］ゴミを出すのはやめましょう」、と言っている。資源の問題、ゴミ問題、リサイクルの問題を、いささかヒステリックに声高に叫んでいる現代の親と比べると、あの時代の親はなんと穏やかにものを考え、ぼくら子供を深く諭してくれたのだろう。お醤油の空き瓶の中には「ありがとう」という心がいっぱい詰まっているという暮しの中から生れた智慧でもって、省エネの問題もゴミ問題もリサイクルの問題も上手に語ってくれた。

ものやお金の面では貧しかったかもしれないけれど、心が豊かだった時代の物語だと思う。

れた。砂浜にピラミッドのような三角錐《すい》の砂を積み、その砂に潮が満ち、そして干潮になった後で、砂の中に残った塩を採る。ぼくの大好きな塩のおむすびも、瀬戸内海という海の満ち干のお陰なのだ。

　更に言えば、尾道という小さな町が日本の重要な港町として九州や北海道を結んだり、［A］太平洋と日本海を結んだり、遠く外國[注2]と結ばれたりしているのも、この海のお陰である。古くは九州の方から満ち潮に乗ってやって来た船が、ちょうど尾道のあたりで潮待ちをして、今度は引き潮に乗って、また大阪や江戸の方に行く。潮の満ち干のお陰で尾道は海路が発達して、豊かな港町になることが出来た。

［B］その素晴らしい港も、いざ船がこの港に停まろうとすると、干満の差が大きいため、どこの海岸に停めてよいのか分《わか》らない[ア]。程よき潮になるまで待たなければならない[イ]から、時間もかかるし、我慢も必要だ。そこで先人たちは智慧を働かせて、陸から海に向《むか》って石段を造った。この石段さえあれば、満潮だろうと干潮であろうと、船はいつでもどこにでも停まることが出来る。これは、恵みが多いけれども、不便や我慢をも強いられる海と共に人間が暮らすための智慧である。

　また、この石段は「雁木《がんぎ》」と呼ばれる。空を渡る雁の群れのように、石段がギザギザになっていることからこの名が付いたという。雁が木の枝で羽を休めるように、旅をしてきた船がこの港で安心して休むことが出来るという意味もこめられているようだ。

　これらはみんな母親がぼくに教えてくれたことだ。

「おじいちゃんやおばあちゃんや、お父さんやお母さんが、あなたに『宣彦』という素晴らしい名前を付けたように、私たちの先祖はこの尾道の石積みに『雁木』という美しい名前を付けたのね」。

　母親は、[2]暮《くら》しと言葉とが結び付いていることを教え、「みてた」という言葉が持つ物語を教えてくれた。けれども、子供というものは簡単には納得しない[ウ]。

「お母ちゃん、でも変だよ、その話。だって、お醤油が無くなったんでしょ。無くなったんだから、『満てた』じゃなくて『引いた』じゃないの？」。

【二】　次の【文章Ⅰ】と【文章Ⅱ】は、二〇〇二年に映画監督の大林宣彦（「ぼく」）が語った内容を、聞き手である坂上恭子が書き記した『あしたづくり　子供と共に考える、――楽しい不便、賢い我慢。』からのものです。それぞれを読んで、後の問いに答えなさい。

【文章Ⅰ】

ぼくの生《うま》れた尾道[1]にも方言[注1]が沢山あった。その中でぼくの記憶に強く残っているのは、「みてた」という言葉だ。これは共通語に言い換えると「無くなった」という意味である。

ぼくが子供の頃、母親がお醤油《しょうゆ》の瓶《びん》から、おかずにお醤油を一滴、一滴、滴《した》らせて、最後の一滴を使い終えたとき、「ああ、お醤油がみてたね」、と言った。当時はいまのように食卓の上にお醤油が小瓶で出されることは無く、お醤油は大きな五合瓶や一升瓶のままで台所に置いてあるものだった。

ぼくはその頃、漢字のお勉強をしていたので、

「お母ちゃん、『みてた』ってどういう字を書くの?」、

と聞いた。すると母は、

「それは、この土地に住む私たちだけが使っている言葉だから、漢字ってあるのかな。でも人間が使ってきた言葉だから、きっとある筈《はず》ね」、

と暫《しば》く考えてからこう言った。

「海の潮の満ち引きの『満ちる』という字を書いて、『満てた』と言うのかしら」。

尾道という町は、動物の尾っぽのように細長い町である。山の尾根からすぐ海が繋《つな》がっていて、その山の中腹の傾斜地に、いまにも滑り落ちそうに町がある。坂の下はすぐ瀬戸内海。この海は普段でも三～四メートル程の干満の差があって、大潮の日になると、干満の差が五メートルにも六メートルにもなる。その潮の満ち干の激しい海のお陰で、例えば塩を作る智慧《え》や文化が生

【二】 次の①～⑤の――線部について、カタカナの部分は漢字に直し、漢字の部分はその読みをひらがなで答えなさい。なお、答えはていねいに書くこと。

① 祖父は養蚕業を営んでいた。

② アバれる馬を手なずける。

③ タテ一列に並べる。

④ ネンリョウを補給する。

⑤ 二人で隠れてミツダンする。

令和2年度 本郷中学校
第1回 入学試験問題

国語

（五〇分 満点：一〇〇点）

注意

一、指示があるまで問題冊子を開いてはいけません。
二、答えはすべて解答用紙に記入しなさい。
三、字数指定のある問題は、特別の指示がない限り、句読点、記号なども字数に含みます。
四、用具の貸し借りは禁止します。
五、指示があるまで席をはなれてはいけません。
六、質問があれば、だまって手をあげて監督者を呼びなさい。
七、試験が終わったら、解答用紙だけ提出しなさい。問題は持ち帰ってもかまいません。

問七　この問題文の表現の特徴について述べられていることとして適当なものを次のア～オの中から二つ選び、記号で答えなさい。なお、解答の順序は問いません。

ア　問題文の15ページには、「重すぎて持てない西瓜みたいに」や「まるでかぶりもののペンギンだった」といった隠喩《いんゆ》表現によって、ハイオクさんの投球フォームを描写した部分がある。

イ　問題文の会話表現に着目すると、会話表現であっても「　」がつけられているものと、そうではないものがあり、それはどの登場人物が話した会話かによって区別されている。

ウ　青年の会話表現にあらわれる「……」という符号の中には、客観的には発語されながらも、耳が不自由な「彼」にはうまく聴きとれなかった発言をあらわしているものがある。

エ　この問題文は、「彼」がボウリング場の最終営業日を迎えている「今」の場面から、ハイオクさんや妻との思い出を振り返るといった、時間を重層化させた構成になっている。

オ　この問題文は、登場人物である「彼」の視点に寄りそいながらも、必要に応じてその他の人物の視点からも物語られているため、それぞれの人物の心情が読みとりやすくなっている。

問六　この問題文から読みとれることとして最も適当なものを次のア～エの中から一つ選び、記号で答えなさい。

ア　「彼」だけがピンをはじくハイオクさんの球の音を識別できたのは、ボウリングにおいてはスコアよりも球の奏でる音の美しさのほうが大切だと考えるハイオクさんの美意識を「彼」もまた共有することができたからだ。

イ　「彼」を魅了してやまないハイオクさんの投げた球が奏でる音が、「彼」の母親の心音にたとえられているのは、ボウリング場の経営に行きづまった「彼」は、母親に守られていた子供時代をなつかしく思っているからだ。

ウ　自己の流儀をつらぬくことを大切にしていたハイオクさんに共感してきた「彼」が、ボウリング場の閉店の夜にこれまでの半生を思い返し、必ずしも順風満帆ではなかったが、自分なりに生き方にこだわってこられたように感じた。

エ　耳をわずらったり、ハイオクさんの音を再現できなかったりしたまま、失意のうちにボウリング場を経営してきた「彼」は、青年とその連れの女性との交流を通じて、妻やハイオクさんをうしなった悲しみから少しずつ立ち直ることができた。

問五 ――線５「たち騒ぐ沈黙のざわめきのなかで〜かすかな戦慄が走った」とありますが、この部分から読みとれることとして最も適当なものを次のア〜エの中から一つ選び、記号で答えなさい。

ア 青年たちが自分の球を投げる様子を固唾《かたず》を飲んで見つめていたので、思いのほか緊張してしまった「彼」は、ハイオクさんのようなぎこちないフォームになり、期待通りのストライクをとることができず、体を硬直させたということ。

イ 補聴器を外し、体をこわばらせながら意識を集中して球の音を聴き取ろうとする「彼」には、不本意な投げ方になってしまった最後の一球が、ハイオクさんの球と同じあの音を出したように感じられて、驚きのあまり身震いをしたということ。

ウ ハイオクさんの音をみずから再現したいと思っていたのに、右耳の補聴器も外してしまったので、せっかく投じた最後の一球が発した音をうまく聴きとることができず、「彼」は自らの犯した過ちを悔いて、手足を震わせたということ。

エ 聴覚を失いかけていたにもかかわらず、ピンをはじいた音が母親の心音のように安らかに鳴り響くのを実際に聴取した「彼」は、ボウリング場の最終日に自らの幼いころからの夢をかなえることができ、その喜びに酔いしれたということ。

問三 ――線３「いや、自分にたいしてどんな顔を見せればいいのだろう」とありますが、このときの「彼」の気持ちはどのようなものですか。その説明として最も適当なものを次のア～エの中から一つ選び、記号で答えなさい。

ア 昔のことをあれこれと考えていたら、青年の声で現実へと引き戻された。ゲームも終盤となり、経営してきたボウリング場の廃業が改めて差し迫ったものに感じられて、にわかに自分の半生をどうとらえるべきだろうかという思いにとらわれ、困惑している。

イ 大台の百に届くかどうかが最終フレームの投球で決することになり、青年も最後の投球を前に緊張しているようだ。自分からゲームをするように勧めた手前、もし青年の投球が失敗してしまったら、なんと言ってなぐさめるのがよいだろうかと思案している。

ウ ぼんやりと過去を振り返っていると、最後の投球がはじまるところだった。青年たちに閉店時間が近いのにゲームしてもらったのは、少しでもその終業を遅らせたかったからだということにようやく思い至り、その経営に半生を捧げた店への愛着をかみしめている。

エ 大台に届くか否かは別にして、青年の投球が終わるとボウリング場も廃業になる。自分が人生の節目を迎えていることに今更ながら気づき、投げ終わった後二人にどんな言葉をかけてこの場を締めくくるべきか見当がつかず、息が詰まるような思いをしている。

問四 ――線４「さあ、どうぞ。あたしたちが勧めるのもへんですけれど」とありますが、このときの女性の気持ちについて、六十字以上七十字以内で説明しなさい。

問二 ――線２「不思議なことに」とありますが、どういうことが不思議だったのですか。その説明として最も適当なものを次のア～エの中から一つ選び、記号で答えなさい。

ア ハイオクさんの球は、「彼」を魅了するみごとな音を出すことができたにもかかわらず、そのフォームは音とは不釣り合いな無様なものだったということ。

イ ハイオクさんは、簡潔ながら適切なアドバイスでしばしば目を見張るほど他人を上達させることができた一方で、やってみせてくれることはほとんどなかったということ。

ウ ハイオクさんは、ボウリングに関する豊富な知識をもち、気前よくそれを他人に教授してくれたのだが、技量のほうはそれに見合ってはいなかったということ。

エ ハイオクさんは、ボウリングという競技を深く理解し、的確な指導もできたのに、時たま見せてくれる実演はとてもお手本になるものではなかったということ。

問一 ――線１「ハイオクさん」とありますが、この人物はどのように描かれていますか。その説明として最も適当なものを次のア～エの中から一つ選び、記号で答えなさい。

ア 情に厚く、職場の後輩からも慕われていた。しかし、周囲を和ますためによく言う冗談のために、一部の人びとからは軽んじられていた。

イ おだやかな人柄ながら、生き方には確固とした信念をもっていた。ただし、不運にも見舞われて、思うような人生を歩めなかった。

ウ ボウリングの指導がうまい人物だった。ただし、見栄っ張りで、周囲の人から評価されたいという思いが強すぎて、煙たがられていた。

エ おおらかな人物で周りの人から尊敬されていた。しかし、怪我をしたため勤務先に居づらくなり、夢を断念せざるを得なかった。

注8　スパット……七つの三角形の目印のこと。

注9　平行ピン……一投目で残ったピンが、④―⑥、⑧―⑩など平行な状態になっていること。

注10　匍匐してくる……ここでは、音が地面をはうように迫ってくること。

注11　ガーター……レーンの両側にある溝のこと。

注12　トーン……ここでは、声の高さのこと。

注13　たてつづけに車が売れたとき……ボウリング場を開業する前の「彼」は父親から引き継いだ中古車販売店を経営していた、ということがこれ以前の場面で描かれている。

注14　スイートスポット……ストライクを出しやすいとされる、一番ピンと三番ピンの間のこと。

〈ボウリングのレーン〉

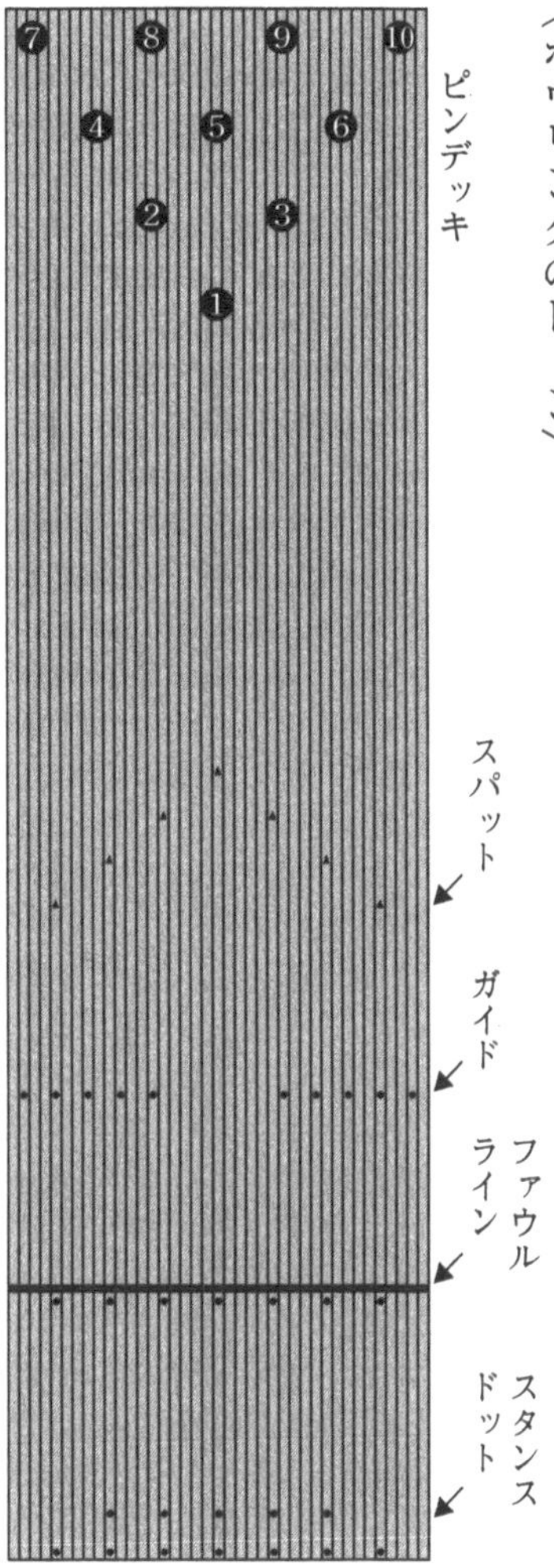

＊黒丸中の数字はピン番号

とおり拭《ぬぐ》い、彼は右耳の補聴器を静かにはずした。音が急に退《ひ》いていって、だだっぴろい空間に自分だけ取り残されたような気がしてくる。ボールを抱え、右からふたつ目の印に右足のつま先を合わせる。学生時代から変わらない、彼のスタンス・ドットだ。しかし本当にこの立ち位置でよかったのだろうか。あの音を一度も鳴らしえなかったこの位置でいいのだろうか。もうわからない。背後でふたりが息をつめている。彼はゆっくりと左足を踏み出した。二歩目の移動でもう球筋が見える。今朝のワックスの分量とその分布は頭に入っていた。どの程度滑るのか、どこでフックがかかるのか、彼は誰よりもよく知っていた。このまままっすぐ歩いてファウルライン右端のスパットで鋭く腕を振りあげれば、ボールは一番ピンと三番ピンのあいだをとらえるだろう。だがリリースの瞬間、指がへんなぐあいに抜けて青年そっくりにボールをレーンにたたきつけるような投げ方になり、にもかかわらずレーンに落ちる音がすうっと立ち消えてボールはくるくると滑りながらスイートスポット[注14]にたどり着き、あとひと息というところで古いピンの音がガンゴーンガンゴーンといっせいに鳴りはじめ、それが聞こえない耳の底からわきあがる幻聴なのか現実の音なのか区別できぬまま、5たち騒ぐ沈黙のざわめきのなかで身体《からだ》を凝固させた彼の首筋に、かすかな戦慄《せんりつ》が走った。

注1　フレーム……得点を記入する枠のこと。ボウリングは第一フレームから第九フレームまでは最大二球まで、第十フレームは最大三球までの投球ができ、この十のフレームで一ゲームを構成する。

注2　スペア……一投目で残ったピンを、二投目ですべて倒すこと。

注3　フック……ボールが左側に曲がること。

注4　オーダーメイドのボール……自分の好むように注文して作らせたボールのこと。

注5　アプローチ……ここでは、投球までの助走のことをさすが、本来は、ファールラインの手前のボールを持って投げるエリアのこと。

注6　スタンス・ドット……アプローチの手前に二列で付いている丸いマークのこと。

注7　ファウルライン……レーンとアプローチの境界を示す線のこと。

声がとぎれがちになる。青年がそんなふうに喋《しゃべ》るはずはないのだから、こちらの耳がおかしいのだ。申し訳ありません、なんだかぼんやりしてしまいまして、と彼はもう一度詫《わ》びた。補聴器をつけているので、耳が悪いのはふたりとも察《さっ》しているはずだが、つけていないほうの耳まで聞こえなくなっているとは思わないだろう。

「手洗いを……しようと思……だけなのに……がとう……ました」

ふたりいっしょに立ちあがって頭を下げたのに彼は驚き、まだテンフレームが残っておりますよ、とあわてて言った。

「……もう、じゅうぶんに……いただきました。最後はご自身で投げ……お辞めになるのな……ご自身で締めてくださらなきゃ」

そうか、最終フレームを自分で投げろと言っているのだ。

「いえいえ、せっかくここまで来たんだから、あなたが投げてください」

「もうじゅうぶんです」と、女性のほうが口を開いた。トーン[注12]が変わって、今度はよく聞こえる。

4「さあ、どうぞ。あたしたちが勧めるのもへんですけれど」

なるほどおかしな話だ。予想もしなかった展開に、彼はしばし沈黙で応じた。耳の調子が悪くなってから、いや妻がいなくなってから、じつはまったく投げていない。ハイオクさんの音をみずからの手で再現しようという夢もいつしか捨て去っていた。鼓《こ》膜《まく》に焼きついているあの不思議な音がこのレーンに響いたことは一度もないのだ。試みるとしたら、いましかないのかもしれない。アプローチのスタンス・ドットに落とした目を彼はゆっくりとふたりにむけ、ひと呼吸置いてから、お気づかいありがとうございます、お言葉に甘えさせていただきます、と言った。それからカウンターまで戻り、足もとにある両開きの棚にしまってあった黒い鞄を取り出した。[注13]たてつづけに車が売れたとき、そのご褒美《ほうび》としてつくらせたマイボールだ。色は黒、中指と薬指のグリップが浅く、親指がしっくりと穴になじむ。だが、さすがに以前より重く感じられた。この年じゃ、ぴったりする球を使わないと怪我をするんです、と聞かれもしない言い訳をして、彼はアプローチに立った。

百歳まで生きられそうよ、と妻の声がする。百か、と彼は思った。最初の一投でストライク、あるいは二投目でスペアをとり、そのあと八本倒せば百点には到達する。しかし彼が欲しかったのは点数ではなく、あの音だった。取り出したボールを布でひと

なんどかその音と立ち位置の秘密をさぐろうとしたのだが、スタンス・ドットは、立ち位置を変えるためのものでなくて、それを変えないためのものなんだよ、わたしにとってはね、と笑って答えなかった。模擬試合の行方を決するスペア狙いでも、ハイオクさんの立ち位置は変わらない。奏でるピンの音も変わらない。それが誰にも真似《まね》できないハイオクさんのスタンスだった。まだつきあっているころから、彼は妻にその話をよく語ってきかせた。ハイオクさんが自身のスタンス・ドットをひとつもずらすことなく亡《な》くなったとの報《しら》せを友人から受けたのは、リトルベアーボウル開業の準備をしているさなかのことだった。

なぜこんなことをつらつら思い出すのか。煙草《たばこ》を持つ女性の左手に、紫色の石のついた銀の指輪が鈍《にぶ》い光を放っている。二月生まれか、と彼は思う。妻もアメジストの指輪をすることがあった。誕生日に彼が贈ったものだ。これを身につけていると、かならずいいことがある、お守りなんだから長生きできるかもしれない、百歳まで生きられそうよ、と妻は根拠もなしによくそう言っていた。

「……百に届くかな」

青年の声に、ぎくりとする。もう大詰めだ。第八フレームの一投目で八本、青年は彼の意見を聞き入れてアプローチを左に移し、十番ピンを対角線に狙ってみたが、右のガーター注11につかまった。第九フレームはスペアなしの九ピン。合計82点。大台に届くか否《いな》かは、最終フレームの投球で決まる。すべて終わったら、このふたりにどんな顔をすればいいのだろう。3いや、自分にたいしてどんな顔を見せればいいのだろう。意外にも、彼は緊張しはじめていた。

目のまえで、青年が身をかがめて女性になにやら話している。声がずいぶん遠くにあるようだ。かつては彼も、妻の耳もとであんなふうにささやくことがあった。

「……と思……です」と青年が言う。

よく聞こえない。口だけ動いているように見えて、彼は当惑した。

「失礼、いま、なんとおっしゃいました？」

「……ですし、やは……いいと思うんです」

「……ここで六本かぁ……せめて九本欲しかったな」と青年が言う。

第七フレームの二投目でしくじって、ここまで65点。あちこちに考えが散ってしまうせいか、聞こえる音に波ができてきた。第一フレームで聴取しかけた心地よい音の球が、なかなかやって来ない。ちらりと腕時計に目をやったその視線の動きに、お時間は大丈夫ですか、とすばやく女性が反応する。予定の閉店時間を、とうに過ごしていた。ご心配なく、このゲームの終わりがすなわち閉店ですからと彼は笑みを浮かべ、青年にむかって、ピンが残ったら立ち位置を変えてみるといいですよ、と初歩的なアドバイスを送った。ハイオクさんがよくそう言っていたのだ。自分の力やフォームにあわせたアプローチ[注5]の距離と立ち位置を定めるために、床に埋められたスタンス・ドット[注6]のどこに足を置いたら最適かを見きわめること。ファウルライン[注7]のスパット[注8]とその先にある的をむすぶ軌道を頭のなかで描いて、ピンを凝視しないこと。スペアを狙《ねら》う際には、残留ピンの形にしたがって立ち位置を変え、球の進入角度を調整してそのつど足の置き方をずらすこと。フォームさえ安定していれば、すべてはアプローチで決まる。

ところが、ハイオクさんはどんなに複雑なピンが残された場合でも、ぜったいに立ち位置を変えなかった。目印のスタンス・ドットを一個たりともずらさず、平行ピン[注9]が出現してもレーンの端に移動したりしなかった。こういう投げ方では、ピンの配置によってスペア不可能なものが出てくる。試合に勝てなかったのは、そのためだろう。自分のスタンスにたいするハイオクさんのこだわりがどこから来ているのか、彼にはよく理解できなかった。プロボウラーになるまえ、ハイオクさんはおなじプロでも野球の投手を目指していて、ついに大成しないままユニフォームを脱いだ、というまことしやかな噂《うわさ》もあったが、たしかにあの投げ方は、おなじフォーム、おなじリリースポイントから異なる球筋を繰り出す野球のピッチャーのそれに似ていなくもなかった。

ただひとつ確かだったのは、ハイオクさんの投げた球だけが、他と異なる音色でピンをはじく、ということだ。ピンが飛ぶ瞬間の映像はおなじなのに、その一拍あと、レーンの奥から迫《せ》り出してくる音が拡散しないで、おおきな空気の塊になってこちら側へ匍匐《ほふく》[注10]してくる。ほんわりして、甘くて、攻撃的な匂いがまったくない、胎児の耳に響いている母親の心音のような音。彼は奇心にかられて、休みの日に友達とのぞいてみると、ハイオクさんはたいそう喜んで、そこではじめて、彼はハイオクさんが元プロボウラーであることを知らされたのだった。ツアーだけでは食えないからレッスンプロとして授業料を取ることでなんとか暮らしを成り立たせていたのだが、ある年、事情があってオフにこっそり働いていた建設工事現場で利き腕の親指に大怪我《おおけが》をし、リーグ戦を闘い抜く力を失った。リハビリにはげんで復帰をめざしたものの、三ゲーム連続でこなすと傷ついた指が硬直して動かず、どんなに厳しい練習を重ねても持久力が戻らなかった。思い描いたとおりの球が投げられないようではプロを名乗るわけにいかないし、レッスン料を取るわけにもいかない。潔癖なハイオクさんは、四十代なかばで引退を決意し、所属先のボウリング場で働かせてもらうことになった。いまは温厚な人柄を慕《した》ってくるプロの卵たちに、勤務のあいまを縫《ぬ》って無料でコーチをしているのだという。

ハイオクさんの教え方はすばらしかった。口頭で簡単な指示を与えるだけで手取り足取りのレッスンはしないのに、アドバイスをもらった人の変貌《へんぼう》ぶりを見ていれば、まわりの人間にも、それがどれほど的を射ていたかがじつによく理解できた。野球のマウンドやサッカーの芝、そしてスケートリンクの氷から容易に想像がつくように、朝と夕方とではレーンの油の乗りがちがい、おなじ時刻でも日によって微妙な感触のずれが生まれること、それを読み解くには豊富な経験が必要なことをハイオクさんは楽しげに語り、求められればスタンスの取り方を図で示してくれたりした。

ただし、まれに披露《ひろう》してくれる実技のほうは、2不思議なことにそうした注意事項をことごとく無視するものだった。なにしろフォームからして妙なのだ。へっぴり腰というのか、なんというのか、構えるときボールを胸もとまであげず、ベルトのあたりで肘《ひじ》を折ったまま重すぎて持てない西瓜《すいか》みたいにボールをぶらさげ、折った腰のぶんだけお尻《しり》がぴょこんと出たかっこうになる。バックスイングはほとんどなく、投球動作に入った後ろ姿は、まるでかぶりもののペンギンだった。ところが、この窮屈《きゅうくつ》そうなフォームから放たれたボールが音もなくレーンを滑り、彼の耳を魅了しつづけているあの音を奏《かな》でるのだ。ひろびろとした場内の、三十あるレーンすべてでゲームがおこなわれていても、ハイオクさんの投げたボールの音はすぐに識別できた。彼だけでなく、誰もがそうだった。

【三】　次の文章は、堀江敏幸の小説「スタンス・ドット」（『雪沼とその周辺』所収）の一節です。その晩限りでボウリング場を閉めようとしていた経営者の「彼」は、ドライブの途中でトイレを借りようと偶然来場した青年とその連れの女性に最後のゲームをプレゼントし、スコアシートに得点を書いてあげています。これを読んで、後の問いに答えなさい。

「あの、お疲れですか？」

聞こえるほうの耳に青年の声が滑り込んで、彼はわれに返った。

「第五フレーム[注1]が七本と二本、第六フレームが八本のスペア[注2]です」

あわててスコアに得点を書き込む。スペアは出たけれど、どうも思いどおりにボールが曲がらないなと愚痴《ぐち》っている青年に、備えつけのボールではプロみたいなフック[注3]は投げられないんですよ、と言いかけて口をつぐんだ。ハウスボールは右利《き》きでも左利きでも使えるように穴がうがたれ、しかも重心が真ん中に設定してある。よくまわるコマとおなじ道理で軸がぶれないから、極端な曲がり方はしない。反対に、オーダーメイド[注4]のボールは重心をずらしてあるため、回転をかけると左右どちらかに傾き、レーンのワックスが途切れた瞬間に摩擦がかかって、蛇が鎌首《かまくび》をもたげたような曲がり方をする。そういう知識をみな、[1]彼はハイオクさんに教えてもらった。

ハイオクさんは、彼が東京郊外にある大学の理学部に通っていたときアルバイトをしていた、ガソリンスタンドの顧客だった。古いけれども手入れの行きとどいた車に乗ってきて、質のいいほうのガソリンを頼むのだが、どこで仕入れた知識なのか、当時はレースでしか使われていなかったハイオクを冗談めかして注文するものだから、店員のあいだでそんなあだ名をつけられていたのだ。口数の多くない彼にも自然と言葉を出させてしまう、親しみやすい雰囲気を持った人だった。

ある日、彼が応対に出ると、助手席に真っ黒なドクター鞄《かばん》らしきものが置かれていた。お医者さんだったんですか、と作業をしながらさりげなくきいてみたところ、いやいや、中身はボウリングの球ですよ、この先にあるボウリング場をご存じですか、エイトプリンシーズボウル、あそこで働いてるんです、とハイオクさんは笑みを浮かべ、一度遊びに来てくださいと誘った。好

問八　問題文について説明したものとして**適切でないもの**を次のア～オの中から二つ選び、記号で答えなさい。ただし、解答の順序は問いません。

ア　荒川洋治の文章（「詩は、～おもしろい。」）は筆者の考えをわかりやすくするために筆者の文章に引用されたものである。

イ　高村光太郎の詩（「利口でやさしい～歩く、」）は筆者の意見とは異なる作品の例として筆者の文章に引用されたものである。

ウ　具体的で身近なエピソードから入って、難しいと思われがちな詩の世界への興味を次第に抱かせるような文章の構成になっている。

エ　「です・ます」体の文を交えた文章であり、柔らかな語り口が親しい印象を与え、読者の共感を生みやすいようになっている。

オ　具体例をいくつも挙げてそれらから共通する要素を取り出し、自分の主張へと導いていくような文章の構成になっている。

問九　══線「深々と恥ずかしい気持ちとともに語られた言葉には、～一種の威力がある」とありますが、筆者が考える人の心を動かす詩とはどのようなものであると言えますか。その説明となるように、詩と歌との関係をふまえて次の文の空らんにあてはまる言葉を四十字以上、五十字以内で答えなさい。

・人々の心を揺さぶる詩とは、［　　　　　　　　　　］ものである。

問七 ――線４「『きのこ雲でも追っ払ってみるか』なんていう言い方」とありますが、筆者はこの言い方にどのようなことを見いだしていると言えますか。その説明として最も適当なものを次のア～エの中から一つ選び、記号で答えなさい。

ア 行為としての「追っ払う」とその対象としての「きのこ雲」という組み合わせが似つかわしく実際的で、のどかな感じを与えていることに加えて、「～でも」や「～みるか」という言葉を付けることで行為をなしとげようとする気持ちが不明確になり、表現への疑問を表す言い方になっているということ。

イ 行為としての「追っ払う」とその対象としての「きのこ雲」という組み合わせが奇抜な感じであるだけでなく、「～でも」や「～みるか」という言葉を付けることによって行為の選択の多様性を示し、あきらめの感じを確かに表す言い方になっているということ。

ウ 行為としての「追っ払う」とその対象としての「きのこ雲」という組み合わせが不釣り合いで現実的な感じがしないことに加えて、「～でも」や「～みるか」という言葉を付けることによって行為やその対象をあいまいにして、表現へのためらいを表す言い方になっているということ。

エ 行為としての「追っ払う」とその対象としての「きのこ雲」という組み合わせが意外な感じであるだけなく、「～でも」や「～みるか」という言葉を付けることによって行為とその対象との関係を明確にして、対象への怒りを前面に出す言い方になっているということ。

問六 ――線３「それではアリバイ工作のように聞こえるかもしれない」とありますが、「こんなことを言っていいのだろうか」と文章で述べることについて筆者はどのように考えていると言えますか。その説明として最も適当なものを次のア～エの中から一つ選び、記号で答えなさい。

ア 「こんなことを言う」ことに異議を唱えたとしても、実際には「こんなこと」を述べていることには変わりなく、その振る舞いはある行為をやり遂げたにもかかわらずやり遂げなかったことを証明しようとしているようなものだ。

イ 「こんなことを言う」ことに疑問を投げかけたことにより、実際には「こんなこと」について少しも興味がないことが明らかになって、その振る舞いはある行為をやり遂げるつもりはなかったという事実を理解させようとするようなものだ。

ウ 「こんなことを言う」ことに反感を示したことは、「こんなこと」を述べた事実をなかったことにすることになり、その振る舞いは事実とは食い違ってある行為をやり遂げなかったように信じ込ませるようなものだ。

エ 「こんなことを言う」ことに不安を表明したとしても、「こんなこと」への本当の思いを包みかくすことにはならなくて、その振る舞いはある行為をやり遂げていないのに、やり遂げたという証明をわざわざしようとするようなものだ。

問五 ――線２「まわりの人や制度を信頼する」とありますが、これはどのように考えるということですか。その説明として最も適当なものを次のア～エの中から一つ選び、記号で答えなさい。

ア 生きていくうえでみんなが同じことを大切だと考えているなかで、表現するには形が大切であり、形に似せようとする努力を続けていくことの大切さを共有する仲間から、表現の本質をきっと教えてもらえるはずだと考えるということ。

イ みんなが思いや考えを共有しつつ生きていたなかで、表現するにあたってもみんなが同じものを重んじて、それを大きくはみ出してさえいなければ、表現する自分をわかってもらえるはずだと考えるということ。

ウ 人生の目安がみんなにとって明確であるなかで、表現することの恥ずかしさを多くの人と共有して、表現することをみんなにとって当たり前のことにすることで恥ずかしさは軽減されるはずだと考えるということ。

エ どのように生きるべきかが自明のものとしてみんなに共有されているなかで、自分らしい表現は他人と表現のルールを共有してはじめて成り立つものであり、独自の表現を模さくする前にルール作りが先決であるはずだと考えるということ。

問三 〜〜線b「無用に」とありますが、問題文中での意味と同じものとして最も適当なものを次のア〜エの中から一つ選び、記号で答えなさい。

ア 不様に
イ 不意に
ウ 不必要に
エ 不自然に

問四 ――線1「うたうことは、〜ないでしょうか」とありますが、このように言えるのはなぜですか。その説明として最も適当なものを次のア〜エの中から一つ選び、記号で答えなさい。

ア 身体の振る舞いが普段とは異なるようになり、これまで自分が苦労して築き上げてきた社会的な地位や名誉に傷が付いてしまうことになってしまうから。
イ 身体の能力について不安になり、自分の理想とする表現にはどうあがいても到達することができないと痛感するようになってしまうから。
ウ 身体について他人との違いが明確になり、内面にひそんでいた他人をうらやむ気持ちが意図せずに表に出てくることになってしまうから。
エ 身体の動きが非日常的になり、社会の中で常日ごろ振る舞っている自分とは異なる、必死になっているようすが明らかになってしまうから。

注３　啼声……なきごえ。

注４　例のくりかえし　／注５　ちょうど高村光太郎の「牛」を読んだばかりの私たちには……問題文中だけではなく問題文の出典となった『詩的思考のめざめ　心と言葉にほんとうは起きていること』に高村光太郎の「牛」について述べている部分がある。高村光太郎「牛」は一五〇行に及ぶ詩であるが、その中で「牛はのろのろと歩く」という言い回しが八度出てくる。

問一　□にあてはまる言葉として最も適当なものを次のア～エの中から一つ選び、記号で答えなさい。

ア　涼しい
イ　嫌らしい
ウ　清々しい
エ　怪しい

問二　～～線ａ「なぜ」と言葉の働きの性質が同じものが問題文中の……線イ～ニの中に一つあります。最も適当なものを一つ選び、記号で答えなさい。

の「牛」では、「牛はがむしゃらではない／けれどもかなりがむしゃらだ」という印象的な一節がありました。きっと〝牛的〟なものとは、愚鈍《ぐどん》で、一途で、変わらなくて、でも誠実で、何より言葉を持たないもの。語り手にとってはそれが「自然」というものを具現するのかもしれない。少なくとも恐ろしい「文明」に抗《あらが》うにはもっとも効果的なお守りのようです。

こうして語り手は、わざと意味のわかりにくいお経の言葉を詩に放り込み、その背後にいかにも鈍重そうな牛を立たせることで、共同体の心地良い幻想から一歩距離を引いているとも思えます。ほんとうなら美しい曲として聞こえてきそうな故郷の歌を、地味でくすんだもの、鈍重で不明瞭で寡黙《かもく》なものとして提示している。牛やまじないは、一方では共同体の夢への信頼をあらわしますが、他方、そんな夢の歌の聴き取りづらさをも示す。

語り手は知っているのです。もはや追い詰められた個人が、共同体の夢をあてにして自分を解放できるような時代ではなくなったことを。自分というものをそう簡単に手放すことはできない。自分はしつこく自分に返ってくる。まとわりついてくる。だから、自分の発言もブーメランのように自分に戻ってくる。それが言葉の「はずかしさ」というものです。

しかし、この恥ずかしさはきわめて重要なものです。乗り越えたり、忘れたりすればいいものではない。なぜなら、深々と恥ずかしい気持ちとともに語られた言葉には、「ほんとうにこんなこと言っていいのか」という迷いや疑念や覚悟の生む、一種の威力があるからです。ほんとうに強いのはそういう言葉です。ひょいひょいと言えてしまう言葉など、たいした力を持つことはできない。

（阿部公彦《まさひこ》『詩的思考のめざめ　心と言葉にほんとうは起きていること』）

※問題作成の都合上、問題文には省略したり表記を改めたりしたところがあります。

注１　摩耗して……すり減って、という意味。

注２　（一六三～一六四）……この段落は、荒川洋治『詩とことば』（二〇一二年六月）の一六三ページ～一六四ページにある。

三郎のおかげでたすかったと云《い》った
牛をみるといまでも
文明を乗り越えておもい出すが
またその手綱でもさすって
きのこ雲でも追っ払ってみるか
のうまくざんまんだばざらだんせんだ
まかろしやだそわたようんたらたかんまん

語り手の父は、牛を使ったまじないのおかげで助かったという。病気だったのか、別のことだったのかは、この詩だけからはわかりません。そんな父ももう、とうに亡くなったのでしょう。すべて昔のことです。でも、語り手は今、牛のそんな神通力を信頼してみたい気持ちになっている。それだけ、追い詰められた気持ちになっている。何に追い詰められているのか。「きのこ雲」、すなわち核でしょうか。あるいは核が代表する軍事的な装置や、もっと文明一般の恐ろしさのことかもしれません。

でも、4「きのこ雲でも追っ払ってみるか」なんていう言い方をする語り手は、どこまで本気なのでしょう。かなり本気なのは間違いありませんが、最後の一歩で、ちょっとだけ「待て」という声が聞こえるような気もする。ほんのわずかな疑いがある。それは何より「のうまくざんまんだばざらだんせんだ／まかろしやだそわたようんたらたかんまん」と唱えられるお経の扱いにあらわれています。この言葉が必ずしもすべての読者に対して意味をなすわけではないことを語り手は知っています。そんな言葉をわざと詩の冒頭と最後にもってくることで、語り手はことさら無言すれすれのところをさまよってみせているかのようです。

その無言の奥にあるのは、〝牛的〟なものです。牛的とはどんなものか。注5ちょうど高村光太郎の「牛」を読んだばかりの私たちにはとてもわかりやすいはずです。雄弁をつらねたり、敏捷《びんしょう》に身をひるがえしたりする感性とは対極にあるものです。高村

えるかもしれない。

詩の場合はちょっと違います。何しろ詩はもともと歌とほぼ同義だったから、今でも歌に肉薄できる。肉薄することでこそ、歌との際どい違いを見せつける。今にも歌になりそうなのにならないという瞬間を示すことで、歌を疑うということを実演してみせるのです。実際に行うのと、言葉で説明的に言うのとはかなり違う。

このことを考えるのにちょうどいい例があります。山之口貘《やまのくちばく》の「牛とまじない」という詩です。おもしろいのは、ここでも主役が「牛」だということです。

のうまくざんまんだばざらだんせんだ
まかろしやだそわたようんたらたかんまん
ぼくは口にそう唱えながら
お寺を出るとすぐその前の農家へ行った
そこで牛の手綱を百回さすって
また唱えながらお寺に戻った
お寺ではまた唱えながら
本堂から門へ門から本堂へと
石畳《いしだたみ》の上を繰り返し往復しては
合掌《がっしょう》することまた百回なのであった
もう半世紀ほど昔のことなのだが
父は当時死にそこなって

　しかし、詩は、今、歌とはちがいます。詩にはうたうことに対する疑いがこめられています。そういう意味では、高村光太郎の「牛」は微妙なところを揺れているとも言えます。今にも黙ってしまいそうなたどたどしい語り口ではありますが、たとえば以下のような部分では、詩がほとんど歌と化しつつあるように聞こえる。

利口でやさしい眼と
なつこい舌と
かたい爪と
厳粛《げんしゅく》な二本の角と
愛情に満ちた[注3]啼声《ていせい》と
すばらしい筋肉と
正直な涎《よだれ》を持った大きな牛
牛はのろのろと歩く
牛は大地をふみしめて歩く
牛は平凡な大地を歩く

「牛はのろのろと歩く」と例[注4]のくりかえしが出てくることで、何とか歌にブレーキがかかり、おかげで安楽な歌にはなりませんが、歌寸前の部分です。
　詩が歌にならないことが大事なのは、詩が「こんなことを言っていいのだろうか」という言葉に対する畏《おそ》れを担うことのできるジャンルだからです。もちろん散文でも恥ずかしさの意識を表現することは可能かもしれませんが、その場合、「こんなこと、言ってもいいのだろうか」というふうに疑問を直接的に説明的に語ることになりがちです。[3]それではアリバイ工作のように聞こ

そう見えないだけの話である。勇気のあることをしていることになる。そしてそういう人が、曲のない詩を前にすると、あやしいものを見たような気分になる。首をひっこめる。おもしろい。注2（一六三〜一六四）

このように歌－曲＝詩というふうに考えてみると、たしかにわかってくることがある。歌だって恥ずかしいのに、曲がない詩はもっと恥ずかしい。何しろ「いつものその人とはちがう。日常をはずれている。反俗的なものである。もっといえば過激である」のです。

実はあまり大きな声で言いたくはないのですが、ひょっとすると私も詩を書いたことがあるかもしれません。下手をすると、今でも書いているかもしれません。でも、ロそのことは言いたくない。恥ずかしいからです。なぜ、恥ずかしいのでしょう？　荒川洋治の言うとおりのような気がします。いつもの自分ではなくなってしまう。ハおそらく私の肩書きが「詩人」だったら、そんなに恥ずかしくはないでしょう。肩書きのせいにできるからです。「何しろ自分は詩人だから、仕方なく詩を書いているのだ。まったく参ったよ」などと□顔で言える。でも、詩人でもないのに詩など書いていると、かえって本気みたいに見えてしまう。ニつまり、本気で「過激」になっていると見えてしまうのです。本気に見えてしまったら、「いつものその人」をかなぐり捨てたも同然。そんな恥ずかしいこと、とてもできない。

しかし、詩を書くことに意味があるとしたら、この「恥ずかしさ」を背負っていることが大事なのではないかと私は思います。ひょいひょいと恥ずかし気もなく語られてしまう詩にどれだけの価値があるのか。

詩はかつては歌とほとんど同義でした。それは〝みんなのもの〟だった。共同体や制度が詩を詩にしていたからです。詩にはいろいろな形の上での決まりがあり、内容にも縛《しば》りがある。だから、みんな安心してそれを〝歌う〟ことができた。2まわりの人や制度を信頼することで、伸び伸びと自分を解放できる。今でもそうかもしれません。うまく歌える人というのは、そういうふうに自分を外にむかって解き放つことのできる人。

【二】 次の文章を読んで後の問いに答えなさい。

世の中には、「死んでもカラオケにだけは行かない」と言う人がいます。そういう人は歌が下手なだけかもしれない。でも、歌がどんなに下手でも、どんなに音痴《おんち》で、どんなにだみ声でも、平気でカラオケに行ってマイクを握りしめ朝まで熱唱する人もたくさんいます。私の知り合いにもいます。

ということは、「死んでもカラオケにだけは行かない」のは別の理由があるのかもしれない。1うたうことは、根本的に恥ずかしいことなのではないでしょうか。その恥ずかしさに打ち勝つことができないくらいにデリケートだから、カラオケに行きたくないのではないか。私もほんとうは人前でうたうのが苦手です。大学で授業をやっているうちに自意識が注1摩耗《まもう》してだいぶ鈍感になり、「死んでもカラオケにだけは行かない」というほどではなくなりましたが、できれば避けたい。

aなぜ人はうたうのが恥ずかしいのか。その理由を深く考えることは私もこれまであまりしませんでしたが、荒川洋治のこの一節にあるとおりなのかもしれません。すなわち、「その口のかたちがいつもとはちがう。からだのようすもいつもとはちがう。いつものその人とはちがう。日常をはずれている。反俗的なものである。もっといえば過激である」ということ。私たちはなるべく「いつものその人」でありたい。そうすることで、b無用に目立たないようにしている。しかし、うたうとは、そうした「いつも」をかなぐり捨てることなのです。イだから恥ずかしい。

しかし、曲があると、この恥ずかしさは減る。曲のせいにできるからです。制度のせいにすればいい。自分が過激なのではない。曲があるから仕方なくそうしているにすぎないのである。では、詩の場合はどうか。詩には曲がつかない。荒川洋治は以下のようにつづけます。

詩は、曲がつかない。だから、はじめからはずかしい。活字で発表するから、はずかしさは若干《じゃっかん》やわらぐものの、同じことだろう。はずかしいのは、詩を書く人だけではない。歌をうたうとき、人はそれと同じことをしているのだ。曲があるから、

【一】 次の①～⑤の――線部について、カタカナの部分は漢字に直し、漢字の部分はその読みをひらがなで答えなさい。なお、答えはていねいに書くこと。

① 勇気を奮って悪に立ち向かう。

② 世界でも有数のコクソウ地帯。

③ 試合に勝つための三つのテッソク。

④ 造船業はこの国のキカン産業であった。

⑤ イタダキを目指して山を登る。

令和2年度 本郷中学校
第2回 入学試験問題

国語

（五〇分　満点：一〇〇点）

注意

一、指示があるまで問題冊子を開いてはいけません。
二、答えはすべて解答用紙に記入しなさい。
三、字数指定のある問題は、特別の指示がない限り、句読点、記号なども字数に含みます。
四、用具の貸し借りは禁止します。
五、指示があるまで席をはなれてはいけません。
六、質問があれば、だまって手をあげて監督者を呼びなさい。
七、試験が終わったら、解答用紙だけ提出しなさい。問題は持ち帰ってもかまいません。

問九　この文章の表現に関する説明として、最も適当なものを次のア～オの中から一つ選び、記号で答えなさい。

ア　～～線a「うさぎが巣穴から外をうかがうような目つき」、～～線b「いうなれば小学生と老人みたいなもの」といった擬人法を用いて、作品にユーモアを加えている。

イ　～～線c「台帳……」の「……」の部分は、政次郎が突然言った「台帳」が、賢治の思いもよらないものであったので、父の言葉に考え込んでしまっていることを表している。

ウ　話の流れの途中で回想場面が挿入されていることで、話が重層的になっているのと同時に、時間的広がりを感じさせる表現になっている。

エ　本文中の（　）は、政次郎の賢治に対する純粋で強い感動を表す部分を、他の会話の部分と比べて明らかにするためだけにほどこされている。

オ　この文章は、政次郎の視点を中心に、時には賢治の弟妹の視点も取り入れて語られているだけでなく、方言が効果的に用いられ臨場感が醸《かも》し出されている。

問八 ――線７「政次郎は、気づけば鼻歌をうたっていた」とありますが、この時の政次郎の気持ちを説明したものとして最も適当なものを次のア～エの中から一つ選び、記号で答えなさい。

ア 賢治が石の収集にかける熱意を尊重してやりたいと思う一方で、父である自分が望ましいと思う生き方を賢治に求めるべきだという思いもある。自分の場合は何かに興味があってもそれに向かって取り組むことが許されなかったのに対し、賢治が自分の興味のあることに積極的に取り組めるのは幸せなことだと感じている。

イ 賢治の望み通りのものを買い与えてやり、息子から信頼されることが父親として良いことなのか、それとも今後のことを考慮して拒絶すべきかという選択に悩んでいる。しかし、いずれにしろ今回だけは息子の望むものを与えてやることになったわけであり、欲するものを得られて喜ぶ賢治の様子が想像でき、自然にうれしくなっている。

ウ 父である自分でさえ気づかないうちに、賢治が自分の興味の対象にあまりにも真面目で謙虚な姿勢で接していることに感動させられた。今後賢治の将来にどのような影響を及ぼすことになるかは明らかでないが、今後も自分はそんな賢治の望むものを与えてやることができるだけの立場にあることを思い、得意になっている。

エ 石に熱中しすぎているとは思いつつ真面目にその収集に取り組んでいる賢治の様子から、彼の興味を応援してやるべきか、それとも将来のことを考えて修正してやるべきかを、父親として悩んでいる。そして、悩みながらも、父親として息子の将来について関わることができること自体に喜びを感じてもいる。

問七 ――線6「蚊の鳴くような声」とありますが、この時の政次郎の気持ちを説明したものとして、最も適当なものを次のア～エの中から一つ選び、記号で答えなさい。

ア 購入することが本当に賢治のためになるのであろうかという迷いをいだきながら、本来質屋である自分には縁の薄い実験器具製作会社で、大量の標本箱を購入しなければならないことに対する気後れ。

イ 現実的には何の役にもたたない高価なものを買っているのだという本心を、賢治が標本箱を効果的に活用して自分を成長させる手立てとするにちがいない、という思いでなんとか押さえつけようとする苦しい思い。

ウ 賢治が望むものとはいえ、標本箱を購入することで今以上に石に没頭してしまい、学業をはじめ石以外のことについては関心を示さなくなるのではないかということと、大量の標本箱を買うのでは用意した金額で足りないかもしれないという心配。

エ 標本箱は本来大学関係者が実験器具製作会社などで購入するものなので、古着の仕入れを行っている本来標本箱など必要としないように見える自分には売ってくれないのではないか、という不安。

問五　――線４「これほど、豊かとは」とありますが、このように思う政次郎についての説明として、最も適当なものを次のア～エの中から一つ選び、記号で答えなさい。

ア　石という言葉に無価値なものといったイメージをもっていたが、賢治に今まで見たこともない様々な石を見せられ、それまでの石へのイメージが変わり、その想像以上の多様な輝きに感動している。

イ　石には実に様々なものがあり、その多くは取るに足らないものではあるが、賢治は膨大な量の石の中から価値のあるものを選別し手を加え大切に保存している。この賢治の石を選別する優れた眼力に、我が子のことながら驚いている。

ウ　たとえどんなにつまらない石でも、磨きようによっては、想像もできないほど輝きを増すことを思い知らされた。このことから、石に熱中している賢治も自分を磨いていき、いずれ優れた者になるかもしれないと期待をふくらませている。

エ　石にはどれも同じようなものといったイメージがあるが、賢治から自分の情熱を込めて集めた石を見せられ、その大きさ、形、色などが感動するほど多彩であることを知り、胸をおどらせている。

問六　――線５「最初から話をここへ落としこむ気だった」とありますが、「ここへ落としこむ」とは賢治がどうすることをいっているのですか。四十字以上五十字以内で具体的に説明しなさい。

問三 ――線2「左右に割れつつある大地」とありますが、これを説明したものとして、最も適当なものを次のア～エの中から一つ選び、記号で答えなさい。

ア 石など取るに足らないものだという思いと、賢治が熱中している石の魅力を知りたいという思いとが入り交じっている状態。

イ 父親である自分の考え通りに賢治に質屋を継いでもらいたいという思いと、質屋などは継がせたくないという思いとが入り交じっている状態。

ウ 将来を考えて賢治の行動を案ずる思いと、純粋に賢治の関心事の追求を援助してやりたいという思いとが入り交じっている状態。

エ 父親として、子供とはなかなか自立できないものだという思いと、早く自立してほしいという相反する思いが入り交じっている状態。

問四 ――線3「どうしても叱り口調になってしまう」とありますが、政次郎が「叱り口調」になったのはなぜですか。最も適当なものを次のア～エの中から一つ選び、記号で答えなさい。

ア 鉱物学の本に載っている石の名前には複雑で発音しにくいものが多く、賢治に話す前に何度か練習をしているものの、読み間違えによって父親の威厳が傷つくのを恐れているから。

イ 賢治が花巻という土地についての基本的な地学的知識さえもっていないにもかかわらず、得意げに石の収集をしていることに怒りがこみあげてきているから。

ウ 賢治との貴重な時間の中で、頭が固い賢治をなんとか納得させなくてはならないという強い思いに悩んでいるが、その気持ちを悟られぬようごまかしているから。

エ 賢治と話せる機会が少なくなっているという状況に加え、父親としての威厳を保ちながら石についての知識を息子に伝えてやらなければならないと気負っているから。

（だめにするか）

答は、わからない。

理解ある父になりたいのか、息子の壁でありたいのか。ただ楽しくはある。窓の外の夜空を見ながら、7政次郎は、気づけば鼻歌をうたっていた。

注1　執着《しゅうじゃく》……「しゅうちゃく」と同じ。
注2　首肯……肯定の意味をこめてうなずくこと。
注3　蒐集……「収集」のこと。

問一　――線1について、作中の「賢治」は宮沢賢治がそのモデルとなっていますが、次のア～エの中から宮沢賢治の作品でないものを一つ選び、記号で答えなさい。

ア　よだかの星　　イ　セロ弾きのゴーシュ　　ウ　蜘蛛《くも》の糸　　エ　風の又三郎

問二　[X] に入れるのに最も適当な語句を次のア～エの中から一つ選び、記号で答えなさい。

ア　文化　　イ　組織　　ウ　経済　　エ　政治

書きこめば、石のひとつひとつを文字によって識別することができるわけだ。

小箱とは別に、大箱も市販されている。小箱がきっちりと縦五列、横四列におさまる大きさ。これを使えば大箱そのものが台帳の機能を果たすともいえる。もっとも自分は、手間をいとわず、あらためて一冊の帳面にそれをずらりと書き出すつもりだが。

「お父さん、買ってください」

賢治は立ちあがり、にわかに顔を寄せてきた。政次郎はぷいと横を向いて、

「あ、ああ」

「理科の勉強だじゃ。学校でも役立つ」

「…………」

「お父さん」

「…………」

半月後、政次郎は、古着の仕入れのため京都へ行った。

仕事のあいまに京都帝国大学ちかくの実験器具製作会社の代理店へ入り、われながら[6]蚊の鳴くような声で、

「標本箱を、五百ください」

「はあ」

「それを入れる大箱も。あるかぎり」

値段は予想どおり、紙箱のくせに信じがたいほど高価だった。大学にしか需要がないせいだろう。

(仕方ね。あい仕方ね)

鉄道便で花巻へおくる手続きをしながら、政次郎は、何度も自問した。これで子供のただの石あつめに目的と、機能と、体系とがそなわる。賢治の肥《こ》やしになる。

ほんとうになるか。むしろ賢治を、

いつのまにか、トシとシゲが賢治のとなりに正座している。兄とおなじ表情で何度もうなずいている。賢治は真剣な顔のまま、

「台帳は結構です。んだども」

思いもよらぬ方向へ話を進めた。

「んだども台帳をつけるにしても、お父さん、現物《もの》との対照《ひきあい》はどうします。お店の品なら面倒がねえべ。番号を書いた小さな紙を、着物なら襟へさしこめる。時計ならこよりで結びつけることができる。石には無理だじゃ」

「むむ、それは」

政次郎は、ことばにつまった。見当もつかぬ。

(どうすべ)

もっとも、こういうときは対処法がある。賢治にむつかしい質問をされたとき、政次郎はいつも、そんなのは馬鹿でもわかると言わんばかりの澄まし顔をして、

——お前はどう思う?

言い返すのが条件反射のようになっているのだ。

賢治は、まじめな子だ。そのまま考えだしてしまう。その隙《すき》にこっちは内心でじっくり案を練ればいいのである。今回も、

「お前はどう思う?」

通用しなかった。賢治はまるで三歳児のように目をかがやかせて、

「便利なものがあるそうです」

「な、何だ」

「標本箱」

最初から話をここへ落としこむ気だったのだろう、賢治はすらすらと説明した。標本箱というのは手のひらに載るほどの小さな紙箱で、上ぶたはなく、底に罫《けい》が引いてあり、番号、名前、注3 蒐集《しゅうしゅう》の日時、場所、情況などが書きこめるようになっている。

4（これほど、豊かとは）

胸の動悸《どうき》がおさまらない。が、口では邪険に、

「ばか」

「え？」

「これでは集めただけではないか、賢治。何千、何万あったところで山のりすの巣のどんぐりとおなじだべ、何の意味もね。これをまごと有用たらしめるには、台帳が要るのだ」

c「台帳……」

「もう作ったか」

「いいえ」

「作れ」

政次郎の意識は、完全に商人にもどっていた。質屋とは、かなりの部分が地味な帳簿仕事なのである。金銭の出入りはもちろんながら、たとえば客から預かった質種《しちぐさ》も、京都で仕入れた古着も、いちいち筆と紙で記録する。一点一点について番号をふり、名前をつけ、いつ、どこで、誰から手に入れたかを書く。

類似の品と特にちがう点があれば念入りに書く。そうしてはじめて物品《もの》は分類、整理が可能になり、単なる物品をこえて役に立つ武器となるのだ。ちょうど人間集団において、単なる烏合《うごう》の衆にすぎないものが、目的と、機能と、体系とをそなえた「X」となるがごとく。

「わかったか、賢治」

立ったまま、政次郎は声を投げおろした。

賢治は、真剣な顔でうなずいている。叱られるのが嫌だから、ではないだろう。心から興味があることは注2首肯《しゅこう》のふかさにも見てとれた。

b いうなれば小学生と老人みたいなもので、地中の様子もまったく別。それを北上川がそれぞれの山から支流をあつめて南下してくるものだから、花巻の人は、いわば労せずして地質時代を一網打尽にできるわけだ。

「わかったか、賢治」

話しながら、

（わかった）

と痛感したのは政次郎のほうだった。

地質学のことではない。自分はつまり、

（うらやましいのだ）

賢治が。あるいは、そんな一銭にもならない純粋な世界にのめりこむことのできる子供の毎日が。

実際、この一か月間のにわか勉強はなかなか楽しいものだった。政次郎が知識をすっかり吐き出してしまうと、賢治はぺこりと頭をさげ、

「ありがとうございます」

食事にもどった。特に感想などは言わなかった。政次郎はなかば放心したけれども、食事のあと、

「お父さん」

賢治のほうが呼びかけてきた。

押入れの前に立ち、来てほしそうな顔をする。政次郎が行くと、賢治はくるりと背を向け、押入れの襖《ふすま》をあけて、なかから黒い風呂敷づつみを出した。

こちらを向いて正座し、畳の上に置く。むすび目をとく。あらわれたのは、百個ほどの石の山だった。

みなよく洗ってあるのだろう、砂や土の飛散はない。政次郎は卓上の石油ランプを手にとり、近づけてみた。反射する色はさまざまで、なかには鑢《やすり》でよくよくみがいたのか、油を塗ったような光を放つものもある。石という簡単な語ひとつの内容が、

父親なのかもしれなかった。

とにかく、石である。

（助けよう）

思い決めたら、ただちに実行するのが政次郎である。関西出張の帰りに東京へ寄り、大きな本屋でいろいろと鉱物学の入門書を買いこんで汽車のなかで読んだ。ぶつぶつと声に出して読んだのでほかの乗客には迷惑だったろう。それから、たまたま花巻の町会議員になったので、その人脈を利して学者の家の門をたたいた。その上で、或る夜、

「賢治」

咳払《せきばら》いして、思いきって切り出したのだ。

例によって夕食どきである。賢治は日中は家にいないし、夜も宿題がふえたから、父子でまとまった会話ができるのはこの片時しかないのだった。賢治は箸《はし》を置いて、

「はい」

「花巻が、なすて宝の山か知ってるが」

「え？」

「え？　ではない。石の種類が豊富な理由だ。お前には興味ある話だろう」

われながら、どうしても叱《しか》り口調になってしまう。賢治はよほど意外だったのか、うさぎが巣穴から外をうかがうような目つきで、

「存じません」

「教えてやるべが」

政次郎は、付焼き刃の知識を披露した。花巻は地勢的には南北に走る二本の山脈のあいだに位置するが、その二本は、じつは生まれ年がうんとちがう。西の奥羽山脈は新生代、東の北上山地は古生代と中生代。

【三】 次の文章は、門井《かどい》慶喜《よしのぶ》の小説『銀河鉄道の父』の一節です。これを読んで、後の問いに答えなさい。

石あつめは、その後もつづいた。

トシは飽きてしまったのか、家で本を読むようになったけれども、[1]賢治はやはり毎日のごとく川や山を渉猟《しょうりょう》した。ときには同級生と遊ぶ日もある。トシと本を読むときもある。しかし基本的にはひとりで石、石、石を追い求めるまま五年生の春をむかえた。

或る日、賢治が魚屋の前を通ったとき、店先の棚に目をとめて、

「あ、さんまが来たのすか」

と言ったら、魚屋のおかみさんが仰天して、

「あの賢さんが、石の話をしなかった。あしたは雪だじゃ」

と亭主の袖をひっぱったという。こんな話を聞くにつけ、

（だいじょうぶか）

と、政次郎ははらはらしている。ここまで来ると、もはや好奇心などという生やさしいものではなく、何かしら病的な、

注1（執着《しゅうじゃく》か）

案じつつ、しかし同時に、この頭のいい長男の、

（助けになりたい）

とも思うのだった。

われながら矛盾しているが、このころにはもう政次郎も納得している。父親であるというのは、要するに、[2]左右に割れつつある大地にそれぞれ足を突き刺して立つことにほかならないのだ。いずれ股が裂けると知りながら、それでもなお子供への感情の矛盾をありのまま耐える。ひょっとしたら質屋などという商売よりもはるかに業《ごう》ふかい、利己的でしかも利他的な仕事、それが

問五　――線3「この研究は二つの重要なことを明らかにしている」とありますが、次の文はその内容について説明したものです。[あ]と[い]にあてはまる部分を問題文中よりそれぞれ二十五字で抜き出し、文を完成させなさい。なお、解答らんには最初の五字をそれぞれ記入すること。

「二つの重要なこと」とは、[あ]と[い]である。

問六　[Ⅰ]～[Ⅲ]にあてはまるものを次のア～オの中からそれぞれ一つ選び、記号で答えなさい。

ア　丹後半島　　イ　丹波山地の西部　　ウ　丹波山地の東部　　エ　琵琶湖の東の湖東平野　　オ　京都盆地

問七　次のA～Eのうち、問題文の内容と合致するものには○、合致しないものには×でそれぞれ答えなさい。なお、すべて○、または、すべて×で解答した場合、採点の対象になりません。

A　一万年以上前は亜寒帯針葉樹林や冷温帯落葉広葉樹林が中心で、氷河期が終わると暖温帯落葉広葉樹林が広がった地域が存在する。

B　氷河期が終わって温暖多湿化すると落葉広葉樹は大幅に縮小する可能性もあったが、照葉樹林の広がりと同時に残ることができた。

C　明治期より江戸時代の方が草地の面積は広いという事実に対して、それは肥料や牛馬の餌として活用したためだと結論づけている。

D　刈敷や焼畑で草地が減少してしまったため、今日、キスミレやヒメシロチョウといった貴重な生態系が絶滅の危機にひんしている。

E　昔は森林がもっと豊かだったが、今ではだいぶ減少してしまったため、森を守るために植樹を進めようとする考え方も大切である。

問三 ――線１「草地の歴史は、～示してくれる」について、次の問いにそれぞれ答えなさい。

（ⅰ）これはどのようなことを言っているのですか。その説明として最も適当なものを次のア～エの中から一つ選び、記号で答えなさい。

ア 草地を利用しすぎたために土砂災害を引き起こしたり、拡大造林で花粉症が深刻化したりするなど、人間が自らのいとなみを優先させた自然の利用によってしっぺ返しを食うということ。

イ 高温多湿な日本列島において、草地というものは自ずと維持されるようなものではなく、草地の占める面積の推移をたどっていくと、その時代ごとの人間の事情が見えてくるということ。

ウ 高温多湿を特徴とする日本列島では、草地は極めて貴重な植物や昆虫を繁殖させてきたため、独自の貴重な生態系を守るためには、人間も草地の保護に努めなければならないということ。

エ 草地の歴史は人間との共生の歴史でもあり、時に自然は牙をむくが、そのたびごとに人間は立ち直ってきたため、これからも人間の活動は草地の状態と連動して発展していくということ。

（ⅱ）ここまでに述べられている「草地の歴史」について、なぜ「草地」は「減少」したのですか。「草地」が「維持」された理由も踏まえながら六十字以上七十字以内で説明しなさい。

問四 ――線２「地球最後の～大きく違う」とありますが、「地球最後の氷河期」以降の日本列島における自然の変化の要因を述べた部分を問題文中より五十字以内で抜き出し、最初と最後の五字を答えなさい。

問一　[a]～[c]にあてはまる語句を次のア～オの中からそれぞれ一つ選び、記号で答えなさい。

ア　なぜなら　イ　だから　ウ　また　エ　つまり　オ　しかし

問二　図1を用いた小椋氏の研究を通して、筆者はどのようなことを言いたいと考えられますか。その説明として最も適当なものを次のア～エの中から一つ選び、記号で答えなさい。

ア　京都周辺は自然を調査するのにうってつけの地域であり、江戸時代には全国的に見ても草地の割合が高かった。

イ　江戸後期や明治期の京都近郊の山には、低木ばかりの土地や、植物自体が少ない土地の面積の割合が低かった。

ウ　日本列島の多くの地域が低木や草地、はげ山だった昔と比較すると、森の占める面積は現在の方がずっと広い。

エ　華洛一覧図を調べた結果、当時の京都近郊の山々の様子をかなり正確に描写した絵であるということが分かる。

が優勢になっており、人間活動が背景にあったものと推測されるが、一方微粒炭は検出されないので、人間の活動と言っても、火はともなわない活動、たとえば薪や肥料の採集が中心だったのではないかと考えられる。

この佐々木尚子・高原光両氏の研究からは、かなり古い段階から人間活動が植生に影響していること、そしてそのあり方が時代や地域によって多様であるということがわかる（近畿という比較的狭い範囲でも、その多様性は際立っている）。

私たちは漠然と、昔の自然を取り戻そうと思いたくなることが多い。しかし、その「昔」がいつなのか、どこの「昔」なのかによって、自然の姿はずいぶん違ってくる。そして、おもしろいことに、どうやらそうした地域や時期による自然の違いこそが、日本列島の多様な植生や生態系の維持に貢献してきたとも言えそうなのだ。

（宮内泰介『歩く、見る、聞く　人びとの自然再生』）

※問題作成の都合上、文章中の小見出し等を省略したり、図の番号を変更したりしたところがあります。

注1　植生……ある区域に集まって生育している植物の集団。
注2　攪乱……かき乱す。かき回して混乱させる。
注3　スパン……時間的な間隔。期間。
注4　優占する……他の種よりも生態的に優勢であること。
注5　待避地……氷河期の気候変化の影響を受けずに、昔のまま植物が残存している地域。
注6　ＮＧＯ……民間人や民間団体のつくる非政府組織。

たとえば、［　Ⅰ　］では、一万年ほど前からスギやブナが優占する森林が広がっていたが、六〇〇〇年前からカシの木が出現してくる。さらに一〇〇〇年前からは、稲作や火入れをともなうソバ栽培がおこなわれるようになり、それによってアカマツやナラ類が優占する森が増加した。

一方、［　Ⅱ　］では、五〇〇〇年前以降スギやヒノキなどの針葉樹が多い森だったが、二五〇〇年ほど前に火事があってマツ、ナラ、クリ、シイ類が増加した。そのあと再びスギが増加して、一〇〇〇年前ごろには再びスギが優占する森林になった。

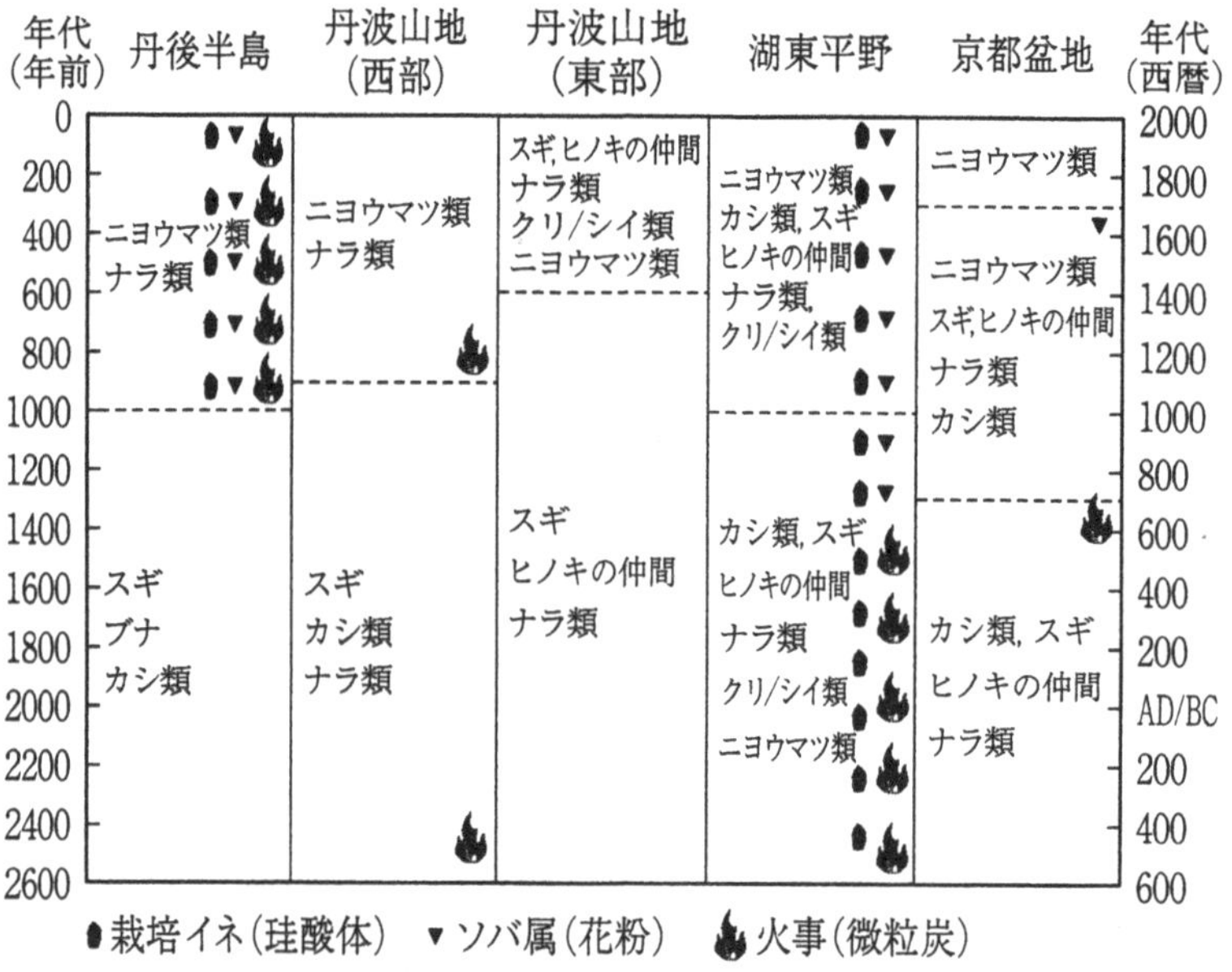

図2　近畿各地の「里山」の歴史

出典：佐々木尚子・高原光「花粉化石と微粒炭からみた近畿地方のさまざまな里山の歴史」(一部省略)

しかし、九〇〇年前に再び火事が起こってスギが減少し、マツ、ナラ、クリ、シイ類が増加する。同時に、イネ科やヨモギ属など明るい場所を好む草本類も増加する。この九〇〇年前ごろからの植生は、火入れをともなう人間の活動が背景にあると推測される。以降、最近までこの地域の植生には大きな変化がなく、一〇〇〇年近く安定した状態が続いた。

さらに、［　Ⅲ　］では、三五〇〇年ほど前から微粒炭が多く検出されており、焼畑などの火を使う人間活動があったものと推測されている。そのころはカシ、ナラ、スギ、ヒノキ類が多かったことがわかっており、一方、二五〇〇年前からは栽培されたイネの痕跡《こんせき》が残っている。しかし植生の変化はとくに見られないことから、もともとあった沼沢《しょうたく》で稲作が開始されたものと考えられている。一二〇〇年前ごろには微粒炭が見られなくなるので、焼畑もそのころ終わったものと推測される。

さらに一〇〇〇年前からは、ニヨウマツ類（アカマツなど）

日本列島には多くの草原があった。

　氷河期が終わると、この植生分布は大きな変化を遂げる。東北から中部にかけてコナラやクリを中心とする暖温帯落葉広葉樹林が優占[注4]すると同時に、西日本ではシイ、カシなどの照葉樹林（常緑広葉樹林）が広がった。照葉樹林は、氷河期にも西日本の太平洋側を中心に一部存在していたが（いわゆる待避地《レフュジア》[注5]）、かろうじて、という感じだった。しかし氷河期が終わり、温暖化する中で、照葉樹林は勢いを取り戻し、日本列島を北上する。三〇〇〇～二三〇〇年前の縄文晩期には、関東地方や秋田県にも照葉樹林帯は達した。

　日本列島の自然そのものが、この一万年くらいで大きく変化した。おおざっぱに言うと、氷河期に優占していた落葉広葉樹や草原と、そのあと進出してきた照葉樹林（カシなど）とのせめぎあいが、この一万年くらいの日本列島の自然の変化の基調にある。

　ところで、本来なら落葉広葉樹や草原は、氷河期が終わって温暖多湿化する中で大幅に縮小してもよかったのに、そうはならなかった。照葉樹林の広がりと同時に、落葉広葉樹や草原も残り、それが日本列島の植生の多様性を守った。

　国際的な環境[注6]ＮＧＯ、コンサベーション・インターナショナルは、世界の生物多様性保全にとって重要な地域（より具体的には、「一五〇〇種以上の固有維管束植物（種子植物、シダ類）が生息しているが、原生の生態系の七割以上が改変された地域」）を「生物多様性ホットスポット」として選定しているが、その三五ヶ所のうちの一つが日本列島である。

　なぜ日本列島は、生物多様性上、重要な場所になりえたのか。

　もちろん日本列島の立地や気候条件があるのだが、同時に、人間の活動の影響が大きいことが近年の研究でわかってきている。佐々木《ささき》尚子《なおこ》・高原《たかはら》光《ひかる》の研究（「花粉化石と微粒《りゅう》炭からみた近畿地方のさまざまな里山の歴史」）は、「花粉化石」や「微粒炭」を使った分析を近畿地方の五ヶ所でおこない、数千年前から現在に至るまでの植生について、推定をしている。[3]この研究は二つの重要なことを明らかにしている。一つは、縄文時代から人間活動の影響が見られること。もう一つは、その人間活動の違いから、時代ごと、そして地域ごとに植生がずいぶん違うことである（図２）。

の草原があったということは、そこに何らかの力、[c]攪乱《かくらん》注2が加わっていたということだ。火山の噴火、あるいは洪水などがそうした力の一つだが、それに加え、人間の活動が大きかった。人間が刈り取ったり、焼いたり、あるいは、家畜を放牧することで草原は維持されてきた。

日本列島では、草地はさまざまな目的で利用されてきた。焼畑利用、放牧地としての利用、家畜の餌としての草の収集、燃料（薪）の収集、刈敷《かりしき》（田畑の肥料としての落ち葉）の収集、あるいはススキの屋根材利用といったいとなみが続き、それが草地を草地として維持してきた（ただし江戸時代には、肥料用の草地利用がゆきすぎて、はげ山となり、それによって土砂災害を引き起こしたことも指摘されている。水本邦彦《みずもとくにひこ》『村　百姓たちの近世』）。

しかし、燃料が化石燃料に変わり、肥料も化学肥料など外部からの肥料に変わると、草地は生活に必要な場所ではなくなってきた。また、とくに第二次大戦後は、「拡大造林」の名のもとで、もともと草地だったところに大量の杉が植えられた。そうして、草地は消滅していった。

1 草地の歴史は、日本列島の自然における人間活動の意義を示してくれる。

ここまで来ると、もう少し長いスパン注3の自然の歴史も考えてみたくなる。

日本列島の過去の自然がどうだったかという研究は、近年、地中に深く眠っている植物の化石を調べるという手法で多くの成果を挙げている。花粉、珪酸《けいさん》（主にイネ科植物の細胞や組織の隙間に残っている化合物）、あるいは炭の化石を調べ、それらが残っていた地層の年代測定と合わせて、いつごろどういう植物がそこにあったのかを探る研究手法である。それらの研究成果からは、古い時代からの日本列島の自然について、およそ次のようなことがわかっている（安田喜憲《やすだよしのり》『環境考古学事始』、養父志《やぶし》乃夫《のぶ》『里地里山文化論』、須賀丈《すがたけし》他『草地と日本人』、辻誠一郎《つじせいいちろう》「縄文時代の植生史」など）。

まず、2 地球最後の氷河期が終わる一万年前より以前と以後とで、大きく違う。

一万年前より以前の日本列島は、北海道が森林ツンドラ・亜寒帯針葉樹林、東北～中部山岳は亜寒帯針葉樹林や冷温帯落葉広葉樹林（ブナなど）、そして関東から九州にかけては冷温帯落葉広葉樹林だった。また、このころの気候は寒冷で小雨だったため、

しかし、今日、日本列島の森の面積は、過去の歴史の中でもたいへん多い時期にあたる。そのかわり減ったものは何か。それは草地である。

現在、日本列島の中で草地が占める面積の割合は一％に満たない。しかし、小椋さんは、絵図・写真、さらには統計データも含めて研究した結果、二〇世紀初頭（明治後期）にはおそらく五〇〇万ヘクタール前後の原野（草地）が日本に存在しただろうとしている（小椋「日本の草地面積の変遷」）。［ b ］、それよりさかのぼって明治の初期にはさらに広い面積の草地があったと推定している。五〇〇万ヘクタールというのは、日本列島のおよそ一三％に当たる面積である（地理学者の氷見山幸夫《ひみやまゆきお》らも、明治期の地図を解析する作業から、「一一％」という、ほぼ同様の推定をしている。氷見山他「明治後期－大正前期の土地利用の復原」）。

今日の草地面積が全体の一％以下に当たる三四万ヘクタールなのに比べると、日本列島は思いのほか、草原の列島だったのである。さらに江戸時代について小椋さんは、肥料や牛馬の餌として草地が必要だったのだから、明治期よりもさらに多くの草地が存在していただろうと推測している。詳しい面積の推定はむずかしいとしながらも、地域によっては山の五割〜七割以上が草地のところも少なくなかったのではないかと推定している。

草地の減少は、私たちにとってどういう意味があるのだろうか。

草原は、高温多湿な日本列島の中で、草原にしか生育しない種々の植物、あるいは草原性の昆虫などをはぐくみ、独自の貴重な生態系を形成していた。

しかし今日、草原は減少し、そうした貴重な生態系が少なくなった。草原性生物の危機である。草原の植物であるオキナグサ（絶滅危惧Ⅱ類＝「絶滅の危惧が増大している種」）やフジバカマ（準絶滅危惧）、キキョウ（絶滅危惧Ⅱ類）、キスミレ（一〇の県で危惧種指定）、ヒゴタイ（絶滅危惧Ⅱ類）などは全国的に減少している。また、草原に依存していたチョウ、たとえばオオルリシジミ（絶滅危惧IA類）やヒメシロチョウ（絶滅危惧IB類）も危うい（高橋佳孝《たかはしよしたか》「草原利用の歴史・文化とその再構築」）。

高温多湿を特徴とする日本列島の自然において、草原は放っておくと森になる可能性が高い。にもかかわらずかつて一割程度

【二】 次の文章を読んで、後の問いに答えなさい。

過去の自然がどういう状態だったのかを探るのは、思いのほかむずかしい。京都《きょうと》精華《せいか》大学の小椋《おぐら》純一《じゅんいち》さんは、それを昔の絵図から分析するというユニークな研究を続けている。たとえば図1は一八〇八年に刊行された「華洛一覧図《からくいちらんず》」からのものである。

図1　京都周辺の山が描かれた「華洛一覧図」(一部)
(1808年．龍谷大学図書館所蔵)

「華洛一覧図」とは、当時の京都各所を描いた絵図であるが、図1をよく見ると、山には木があまりない。これはあくまで絵なのだから、実際にはもっと木があったはずだと思う人もいるかもしれない。[a] 小椋さんの研究によると、この図は実態をかなり正確に反映した描写であるという。このような絵図を分析した結果、当時の京都近郊の山には、かなり低い植生[注1]の部分が多く、また場所によってはまったく植生のないところも広く見られたということがわかった(小椋『絵図から読み解く人と景観の歴史』)。

小椋さんは日本各地で同様の研究をし、その結果、江戸後期や明治期の日本の山の多くが、総じて低木だったり、草地やはげ山だったと結論づけている。小椋さんはもっと古い室町後期の京都近郊についても調べている。その結果、そのころでも、低木、あるいは植生自体がほとんどないようなエリアが少なくなかったという。

多くの人は漠然と、過去のほうが森が豊かで、時代が進むにつれ、森が少なくなってきた、というイメージをもっている。だから減ってきた森を守らなければならない、木を植えなければならない、と考える人も少なくない。

【一】 次の①～⑤の――線部について、カタカナの部分は漢字に直し、漢字の部分はその読みをひらがなで答えなさい。なお、答えはていねいに書くこと。

① 夏祭りに浴衣を着ていく。

② 他国にボウメイする。

③ 楽器をエンソウする。

④ トマトが真っ赤にウれてきた。

⑤ 仏様に花をソナえる。

平成31年度 本郷中学校

第1回 入学試験問題

国語

（五〇分　満点：一〇〇点）

注意

一、指示があるまで問題冊子を開いてはいけません。

二、答えはすべて解答用紙に記入しなさい。

三、字数指定のある問題は、特別の指示がない限り、句読点、記号なども字数に含みます。

四、用具の貸し借りは禁止します。

五、指示があるまで席をはなれてはいけません。

六、質問があれば、だまって手をあげて監督者を呼びなさい。

七、試験が終わったら、解答用紙だけ提出しなさい。問題は持ち帰ってもかまいません。

問七　――線5「夕方になり、家にもどった眞二郎は突然掃除機を持ちだした」とありますが、この時の眞二郎について説明したものとして最も適当なものを次のア～エの中から一つ選び、記号で答えなさい。

ア　眞二郎は、最近始が親の言うことに逆らってビートルズのレコードを聴いてばかりになったことを苦々しく思っていた。そこで始のことだけでなくジロが優勝を逃したことをもいったん忘れて穏やかな気持ちになりたかったので、趣味である渓流釣りの準備に励んだり、家の清掃を入念に行ったりした。

イ　眞二郎は、ジロの飼育の方向性について登代子や歩とは対立していたので、始は男同士で通じ合って自分の味方になってくれることを期待していたが、始も妻や歩に同調していることがわかって腹立たしくなった。そこで始をこらしめようとして、掃除機をかけるふりをして音楽鑑賞の邪魔をした。

ウ　眞二郎は、食事のときの会話にも参加せず部屋にこもってビートルズのレコードを聴いてばかりになってしまった始の将来を不安視していた。そこで以前と同じように始と渓流釣りに出かけて会話を楽しんで触れあいを持つきっかけになることを期待して、始が抵抗感なく掃除を手伝えるようにもちかけた。

エ　眞二郎は、始が自分と距離をおいたり、趣味に没頭してやるべきことを十分にはしていなかったりすると感じていて、その態度が気に入らなかった。そこで日ごろ抱いている始に対するいらだちを示さずにはいられず、家全体に掃除機をかけることを口実に始の近くまで行き、レコードをとめるようにはたらきかけた。

問八　――線6「夜になっても始は降りてこなかった」とありますが、この時の始の心情はどのようであったのでしょうか。問題文の内容をふまえて五十字以上六十五字以内で説明しなさい。

問六　――線4「血統で決まる～葛藤もない」とありますが、これはどのようなことを言おうとしているのでしょうか。その説明として最も適当なものを次のア～エの中から一つ選び、記号で答えなさい。

ア　犬と違って人間の親子には似通うところがある一方で異なるところもあり、親と子が近くにいると子の成長につれて互いの違いが際立ってきて親子が反目するようになってしまうことがあるということ。

イ　犬と違って人間の親子は、触れあいや葛藤を経て親子のきずなが出来上がっていくことでお互いの理解が深まり、家族が認め合いどんな時でも円満に過ごせるようになるということ。

ウ　犬と違って人間の親子の関係は似たもの同士であることもあればまったく似ていないこともあり、親子の間に共通点がどれだけ多くあるかが親子の仲のよしあしに決定的な影響を与えているということ。

エ　犬と違って人間の親子にはやせ我慢によって家族が成り立っているという気持ちがそれぞれに強くあり、どちらかの不満がつのってしまうと衝突してしまうということ。

問五 ――線3「でもそのことには触れなかった」とありますが、それはなぜですか。最も適当なものを次のア～エの中から一つ選び、記号で答えなさい。

ア 歩は始の勉強熱心なところを尊敬していて、ビートルズのことは弟の方が断然くわしいということを知っているので、弟の語るジョンの両親や境遇などの伝記的な事実について反論することができる自信を持っていなかったから。

イ 歩は始のことを男女の違い以上に価値観が合わないと幼い頃より思っていたので、自分もジョンの音楽の源泉については語りたいことは山ほどあるが、それを始に言って分かってもらおうとしても無駄だと思ったから。

ウ 歩は始に愛着を感じつつも理解しきれないと最近思うようになってきたので、ジョンの父親が音楽に携わっていたという事実をわざわざ挙げて始のへそを曲げてしまうよりも、始の考えをそのまま述べさせたいと思ったから。

エ 歩は年齢が上がるにつれて始と疎遠になっていくことが寂しかったので、珍しく訪ねて来てくれたせっかくの機会に始の敬愛するジョンの生い立ちをより深く理解することで始との関係を再び近づけられると思ったから。

問四　――線2「優勝したってしなくたってジロがいちばん、と声にだして言った」とありますが、この時の歩の気持ちはどのようであったでしょうか。その説明として最も適当なものを次のア～エの中から一つ選び、記号で答えなさい。

ア　河原を元気よく散歩するジロの姿を見ながら、父とは別の観点から展覧会でのジロに対する講評の内容にどうしても納得ができずにいて、ジロがやはり最も優れていると思い、展覧会の結果を悔やんだ。

イ　展覧会に参加した後も疲れや動揺を見せずに散歩するジロを見ながら、犬に優劣を決めること自体が無意味だとあらためて思い、母がジロを愛するのと同様に暮らしをともにする存在としてのジロをいとおしく思った。

ウ　散歩の途中でいくらか疲れを見せるジロを見ると、展覧会で父の期待に応えようとジロはがんばっていたということに気づき、家族思いのジロに感謝するとともに、無理をさせた父を恨んだ。

エ　展覧会から帰ったときに母はジロの身を案じていたが、いつもと変わらず散歩するジロを見て、それは取り越し苦労であったと感じ、物事に動じないジロをたくましくて頼もしいと感じた。

b　「躍起になっていた」

ア　普段とは正反対の態度になっていた

イ　あせってむきになっていた

ウ　自信を失っていた

エ　雰囲気にのまれて縮こまっていた

問三　――線１「父の話」とありますが、話をする眞二郎はこの時どのような様子でしたか。それを説明したものとして最も適当なものを次のア～エの中から一つ選び、記号で答えなさい。

ア　展覧会を終えて、我が家の代表として活躍してくれたジロの頑張りをいたわるとともに、これからも家族が愛情を注いでジロを育てていくことによってジロの能力は開花するはずだという手応えを感じて前向きになっている様子。

イ　展覧会を終えて、ジロが優勝を逃したことに落胆して、次に優勝できるためにはどのような芸を身につける必要があるかを思案していきながら、優勝の瞬間を具体的に想像して再び気持ちが高ぶってきている様子。

ウ　展覧会を終えて、ジロが予想以上に大健闘したことを喜びつつも、北海道犬の血統の見地から評価するとジロは決して良いものとは言いがたく、より由緒ある血統の犬を所有したいという欲望がわいてきている様子。

エ　展覧会を終えて、ジロが北海道犬の評価基準を満たした犬であることを確信し、自分の信じる価値観を体現した犬を所有する満足感と展覧会に臨んで生じた緊張感があいまって、興奮している様子。

アルバム。

注2　ビートルズ……ザ・ビートルズのこと。問題文中の「ジョン」、「ポール」はどちらもザ・ビートルズのメンバーで、演奏や歌唱だけではなく作詞と作曲も担っていた。

注3　一惟……工藤一惟。歩が親しくしている男子高校生。

問一　[X] にあてはまる熟語を《語群》の漢字を組み合わせて答えなさい。

《語群》　整　和　平　合　均　正

問二　══線a「抑揚のない」・b「躍起になっていた」の問題文中における意味として最も適当なものを次のア～エの中からそれぞれ一つずつ選び、記号で答えなさい。

a　「抑揚のない」

ア　ほめもけなしもしない

イ　声量が乏しい

ウ　声の調子が平板な

エ　配慮が少ない

5 夕方になり、家にもどった眞二郎は突然掃除機を持ちだした。玄関や廊下に意味なく掃除機をかけ、最後に始のいる居間のドアを開けた。

「おい、ちょっと掃除するから、レコードをとめろ」

始はうるさそうな顔で眞二郎を見あげた。

「日曜日だよ。レコードくらい聞かせてよ」

「だから掃除機をかけるあいだだけだ」

始は聞こえないくらいの声でうるせえなと言った。

眞二郎は顔色を変えた。「いまなんて言った」

「うるせえって言ったんだ」

眞二郎は掃除機のパイプをはずし、ふりあげて始に殴りかかろうとした。ふりあげたものの、そのまま身動きもできず、ふるえるような表情になって、掃除機を蹴りとばした。パイプを床に放りだすと居間から出ていこうとし、ふり返りざまにパイプを拾いあげると、テーブルの上の「アビイ・ロード」のジャケットに思い切りふりおろした。二度、ジャケットにパイプがあたった。ジャケットは破れることも壊れることもなかったが、二か所にへこみができた。

始はステレオをとめ、へこみができたジャケットにレコードをしまい、二階の部屋にあがっていった。6 夜になっても始は降りてこなかった。登代子が用意したおむすびとお茶を歩が部屋に届けた。

眞二郎と始はそれから一か月以上、口をきかなかった。

注1 「アビイ・ロード」……ザ・ビートルズ（The Beatles）が一九六九年に発表したアルバム（楽曲集）。ザ・ビートルズは主に一九六〇年代に活動し欧米圏を中心として世界中で人気を博した四人からなるイギリスのポピュラー音楽のグループ。問題文中の「ホワイト・アルバム」もザ・ビートルズの

「ポールのほうが明るくて図太いんだ。ジョンの詩が深くて、芸術的なのは、ジョンが弱いからだよ」

始は窓の外を眺めながら言った。

「そういうジョンとポールの組み合わせがあったから、ビートルズはあそこまでになったんだ。めぐりあわせだし、組み合わせだし、努力なんだ。人間は絶対、血じゃない」

始が話をしにやってきたのは、北海道犬の血統についての父の主張への異議を伝えたかったからだ。父は間違っている。自分は父のようにはならない。

始のつよい口調を聞きながら、歩はその向こう側に、注3一惟《いちい》を二重写しのように見ていた。一惟の父親に対する抵抗は始のようにはっきりしたものではない。始より四つ年上だし、性格も同じではない。牧師の子としてあからさまな反抗にでることができないのだろう。それでは苦しさが充満するばかりではないか。一惟がバイクで農場学校に通うのは、聖書や教会からいっとき逃れるためもあるような気がした。

4血統で決まるという北海道犬には、生物学的な父子のあいだに触れあいもなければ葛藤もない。父犬には自分に子どもがいるなどという認識すらないだろう。父子をつなぐのは人間のつくった血統書というはかない紙切れだけだ。

父は父でここのところ、始への不満を日に日につのらせ不穏な表情を見せていた。歩は嫌な匂いをかぎつけるように、父の感情の変化と圧力の高まりを感じていた。——ビートルズのレコードばかりかけ、勉強をおろそかにしている。小学校の四、五年まではいっしょに渓流釣りにでかけていたのに、六年生になるとすっかり興味を失ったように渓流に行くこともなくなり、中学生になったいまでは出かけるといえばレコード店ばかりだ。レコードを大音量でかける以外はほとんど二階の自室にこもってしまい、家の手伝いもしない。ろくに口もきかない。

晩春の日曜日の午後、父の眞二郎は渓流釣りのシーズンに備えて、道具類をおさめてある小屋の掃除をした。専用の冷凍庫のなかを点検し、魚をさばく包丁を研ぎ、釣り道具の手入れをしていると、小屋のなかにまで大音量のビートルズの音が聞こえてくる。一度注意されてから、窓を閉めたうえにカーテンを閉め、始なりの工夫はしていたが、どうしたって音は漏れる。

とりたてて相談ごとや頼みごとがあるわけではないようだった。窓枠に腰かけて、ときおり庭を見下ろしながら始はビートルズの話をした。ジョンは実の父からも実の母からも引き離され伯母《おば》夫妻に育てられたこと、実の母はジョンが十七歳のときに交通事故で亡くなったこと、音楽を通じて知り合ったばかりのポールも母を病気で亡くしていること。

「ふたりを結びつけたのは音楽だけじゃなく、母親を亡くした共通の体験があったからなんだ」

始の話はつづく。

「血のつながる母親がいないことが、ふたりを苦しめたんだとおもう。そこから離れるためにもバンド活動に熱中したのかもしれない。でもね、ジョンの父親は商船の乗組員で音楽には縁がない。ポールの父親はジャズを演奏したけど、プロのミュージシャンじゃない。もちろんポールの才能の百分の一もない」

ジョンの祖父はアイルランド人で、アメリカに渡ってプロの歌手になったことを歩は伝記を読んで知っていた。父親も歌が好きだったはずだ。[3]でもそのことには触れなかった。

「演奏、聞いたことあるの？」

「ないよ。レコードになんか、ひとつもなってないからね。影響があるとすれば、ポールの音楽にロックじゃない音楽の要素があることかな。だけどそれは血とかそういうものじゃない。家でくりかえしかけていたレコードをポールが耳で覚えていただけだよ。ポールの才能もジョンの才能も、親の血とはぜんぜん関係ない」

ジョンは、世界一有名なミュージシャンになっても、失われた母から離れられなかった。「ホワイト・アルバム」に入っているギターの弾き語りの「ジュリア」は亡くなった母親の名前で、当時つきあいはじめたばかりのオノ・ヨーコのイメージと重ねあわせている。ビートルズを解散したあとのソロアルバムの一曲目は「母」だった。三十歳のジョンが、「ママ、行かないで！」と叫ぶように歌っている。最後の曲は「母の死」。「苦しい歌ではじまって、絶望的な記憶で終わるレコードなんて、ジョンにしかつくれない」

始はいつからそんなことを考えるようになったのだろう。繰り返し読んでいた評伝に影響されたのか。

出場していた。親の質を引き継いで、笑いたくなるくらいよく似てる。どれだけ努力したって、いい血統の組み合わせでなければ展覧会で優勝するなんてことはできない。ジロは血にめぐまれている。ほんとうにいい犬と出会った。今日も何人かから声がかかったけどね、うちのはまだですからって断った」

始はめずらしく[1]父の話の途中で席を立ち、トイレにむかった。トイレから出て、ドアを閉める乱暴な音がすると、そのまま二階にあがっていく。足音も耳ざわりなほどおおきい。歩は顔をあげ、壁の向こうで階段をのぼる始の動きを目で追った。

母の片づけの手伝いをしたあと、歩はいつもより長い時間をかけてジロの散歩をした。ジロは展覧会のことを覚えているだろうか。湧別川《ゆうべつがわ》ぞいの道にはいると、川の音を聞きながら、[2]優勝したってしなくたってジロがいちばん、と声にだして言った。ジロは吠えもせず、歩を見上げることもなく、ただ歩きなれた湧別川ぞいの道を生真面目な背中を見せながら歩いていく。

始と自分には、父と母の血が流れている。始には誰よりも近い親しさがある。かわいいとおもう。それにもかかわらず、性別だけでなく、なにかが決定的にちがう気がしていた。始が少しずつ大人になるにつれ、自分とのちがいがますますおおきくなってきた。弟と自分は血でつながっていても、どう考えたってちがう人間だとおもう。他人が外から見れば、そっくりなのだとしても。

つい最近までは、弟の考えていることが手にとるようにわかる気がしていたのに、食事のあと部屋にひとりでこもっている始が、ほんとうはなにを考えているのかいまではまるでわからない。始はいつのまにか子どもではなくなっている。口のまわりに薄い髭《ひげ》も生え、アダムズ・アップルというらしい喉仏もできている。背の高さもとうに歩を越え、まもなく父の身長を越えようとしていた。このままいけば一八〇センチ近くなるかもしれない。最近は食卓でのわずかな会話にも加わらず、食べ終わればテレビも見ずに二階にあがってしまう。始の勉強部屋のベッド脇の壁には、横尾忠則《よこおただのり》が描いた「アビイ・ロード」[注1]当時のビートルズ[注2]の大判ポスターが、勉強机の前には「ホワイト・アルバム」に封入された四人のブロマイドが貼られてあった。「部屋に入るときはノックしてくれる?」と言われたのを忘れてドアのノブを回したら、鍵がかかっていたこともある。

ジロの展覧会の数日後、歩の部屋のドアをノックして、「ちょっといい?」と言いながら始が部屋にはいってきた。

【三】 次の文章は松家仁之《まついえまさし》の小説『光《ひかり》の犬《いぬ》』の一節です。一九七〇年代、北海道で暮らす添島《そえじま》家は父の眞二郎《しんじろう》、母の登代子《とよこ》、姉で高校生の歩《あゆみ》、弟で中学生の始《はじめ》からなる四人家族です。歩は、飼い犬のジロが出場する「北海道犬展覧会（審査会）」に眞二郎の付き添いで行きました。ジロは準優勝という結果に終わり、その審査結果の講評を録音しました。問題文は展覧会から帰宅した後の部分です。これを読んで、後の問いに答えなさい。

「a体躯《たいく》の構成に［　X　］がとれ、顔貌《がんぼう》にも優れ、耳よく締まり、切れよく立ち上がり、胸郭《きょうかく》のはり良く……」

抑揚のない呪文のような講評を聞き終えると、母はめずらしく涙ぐんで「ジロちゃん、たいへんだったねえ」と言いながら席を立った。吸い寄せられるように庭におりていき、犬小屋の前にしゃがみこむと、ジロにむかってながながと声をかけ、頭を撫《な》でているようだった。ジャラジャラと鎖《くさり》のこすれる音がした。ジロは吠《ほ》えなかった。父はテープをもう一度巻き戻して再生しながら、母のいるほうを見ることもなく、講評の一字一句を手帖《てちょう》に書きこんでいた。

審査会で犬の綱を引いているのは、若い人から老人まで、ほとんどが男だった。おそらくいつもより厳しく、人によってはいつもより甘い声でなだめすかし、犬の力を最大限発揮させようとb躍起になっていた。そもそも犬の優劣を競って採点するというのも、男の考えそうなことではないかと歩はおもった。もしも女だけの世界があったなら、優勝だの準優勝だのと決着をつけるような競技はやらないだろう。他人に価値を決めてもらうために努力するなんて、ずいぶん遠回りなおかしな手続きではないか。ジロに価値があると決めるのは、誰よりもわたしたち家族だ。そのことには誰も口をさしはさめない。母がジロをおもう気持ちに、誰も勝つことなんてできない。ジロに与えられるトロフィーや賞状があったとして、よろこぶのはそれを欲しがる人間で、ジロにいったいなにがわかるだろう。母の背中を見て歩はそうおもい、だんだんと腹立たしさがつのってきた。

食事を終えてウィスキーを飲みはじめ、酔った父はめずらしく能弁だった。

「北海道犬はひたすら血統なんだ。ほかの犬とはまじわらないで、北海道の人間とここまでやってきた特別な生きものなんだ。だからどんな相手とかけあわせるかで、子どもの素質が決まる。今日あらためて、そうおもった。親犬を知ってる仔犬が何頭も

問八　次のA～Dを読み、問題文についての説明として適当なものには○、適当でないものには×をそれぞれ解答らんに記しなさい。なお、すべて○または×で解答した場合は採点の対象となりません。

A　合成生物学の考え方の源は、実際に何かを作りだすことを本質とする工学にある。

B　今のところ生命操作は細胞や微生物といったごく小さなものまでを対象としている。

C　『わたしを離さないで』について、筆者はキャシーよりもマダムの方に共感を抱いている。

D　現在の合成生物学ではゲノムを解析することから編集することへと研究の中心が移っている。

問六　――線５「カズオ・イシグロの～残す場面がある」とありますが、この場面の引用から、筆者が「科学と社会の関係性」をどのように考えているとわかりますか。その説明として最も適当なものを次のア～エの中から一つ選び、記号で答えなさい。

ア　急速な科学の進歩は、生命の定義の変更を強制し、その結果他人への気遣いや優しさを否定するような温もりのない社会を必然的にもたらすことになる。

イ　急速な科学の進歩は、新しい価値観に適応できない大勢の人々を生み出し、古い価値観を大切にしようとする一部の人々を排除するような厳しい社会をもたらすことになる。

ウ　急速な科学の進歩は、これまで治せなかった病気の治療を可能にする一方、人生の目的意識を失わせ、多くの無感情な人々を生み出し、冷徹な社会に変えてしまう危険性がある。

エ　急速な科学の進歩は、人々の価値観や心の持ちようを思いもよらない方向に変えてしまい、現在では非倫理的だと思われるような冷酷な社会をもたらす可能性がある。

問七　――線６「合成生物学が～しまいかねない」とありますが、筆者はこの「未来」の世界についてどうあるべきだと考えていると思われますか。問題文全体をふまえ、六十字以上七十字以内で説明しなさい。

問五　――線4「彼女が一般向けの講演で～生き生きと語ったとき」とありますが、このリサ・ニップに関するエピソードから読み取れるのはどのようなことですか。その説明として最も適当なものを次のア～エの中から一つ選び、記号で答えなさい。

ア　自らの意思で望み通りの能力を備えた生物へと進化できる新たな技術が開発されつつあるが、まだ一般の人々にはそのことが広く知られていないという現在の状況を問題視し、専門家がより分かりやすい説明を一般に向けて絶えず行わなければならないだろうということ。

イ　人体改造については多くの人が批判的であるのに、今後人間が生存し続けるのに必要になる火星への移住のためとなると人々は肯定的に捉えるようになるので、合成生物学の研究において一つの決まった倫理観にしばられていると、革新的な研究の成果を逃してしまいかねないということ。

ウ　生物の特性を変化させる技術が未熟な現在の状況では、一般の人々は拒否感を抱くかもしれないが、多くの実践がなされていけば、そうした否定的な感情も自然となくなっていくと考えられるので、今は批判を恐れず、生物や人体を改変する技術の向上に集中するべきだということ。

エ　人体改造には拒否感を抱く人が多い中、火星への移住のためであればそれを肯定的に考える人が多くいたことから、非常に革新的な生命操作のアイデアを目の当たりにすると、これまで培われてきた生命に関する倫理的な問題意識が人々の考えから抜け落ちてしまうということ。

問四 ――線3「私は少し心配になるのだ」とありますが、筆者はどのようなことを心配しているのですか。その説明として最も適当なものを次のア～エの中から一つ選び、記号で答えなさい。

ア 合成生物学に携わる研究者たちが、iGEMに出場したような一部の人々ばかりになり、生物学の研究者であっても理解できないレベルでその分野を独占してしまうのではないかということ。

イ 合成生物学に携わる研究者たちが、学生時代を研究ばかりに打ち込んで過ごすことで、身に着けておかなければならない一般教養や倫理観を学ぶことを忘れてしまうのではないかということ。

ウ iGEMに参加するような学生たちが、微生物だけにとどまらず人間までも一種の機械と考えるようになり、一般的な常識から逸脱することで、社会が大混乱に陥るのではないかということ。

エ iGEMに参加するような学生たちが、生命操作に関する倫理観や規制を軽視するようになり、一般的な常識と大きくずれてしまい、社会の理解を得られなくなるのではないかということ。

問一 [A]～[C]に入る言葉として、最も適当なものを次のア～オの中から一つずつ選び、記号で答えなさい。なお、同じ記号を繰り返し用いてはいけません。

ア 確かに　イ たとえば　ウ 結局　エ だが　オ なぜならば

問二 ――線1「しばし見入った」とありますが、それはなぜですか。その説明として最も適当なものを次のア～エの中から一つ選び、記号で答えなさい。

ア まだ人の手が届いていないありのままの自然の光景が、今となっては珍しくなっているから。

イ 現代に生きる人々は、人間によって手が加えられた自然にふれることが当たり前になっているから。

ウ 海獣たちが暮らすようなありのままの自然が、人間の存在によって人工的なものとなっているから。

エ 人工的に作られた自然の中であっても、人間と他の動物たちが平等な関係性を維持しているから。

問三 ――線2「自然の理解と～進んでいく」とありますが、これは合成生物学がどのようになったということですか。その説明として最も適当なものを次のア～エの中から一つ選び、記号で答えなさい。

ア 長い時間をかけてできた自然の仕組みをよく知ることと、自然を操作する方法を編み出すということとが繰り返されて進歩してきたということ。

イ 進化の過程で備わった自然の様々な特徴を知ることと、自然を意のままに操作することとが相互に反発し合いながら発展してきたということ。

ウ 自然に手を加えて変化させることで、人間自身に関するより深い理解へとつなげていくことを反復しながら成果を出してきたということ。

エ 自然を大胆に操作することで、次々と生じてくる様々な問題を解決し続けていくことを積み重ねて進歩してきたということ。

注１　Ｊ・クレイグ・ベンター研究所……アメリカのカリフォルニア州にある生物学研究所。同国の分子生物学者ジョン・クレイグ・ベンターが現会長。

注２　ラホヤ……アメリカのカリフォルニア州にある地名。

注３　ファンタジックな……ここでは、「感動的な」という意味。

注４　ゲノム編集……遺伝情報（ゲノム）を意図的に書き換えること。

注５　利己的な遺伝子……ここでは、片方の親から５０％を上回る高い確率で子供に受け継がれる遺伝子のこと。

注６　フロンティア……ここでは、最先端の研究領域のこと。

注７　キャシー……『わたしを離さないで』の主人公で、臓器提供のために人工的に造られたクローン人間の女性。外の世界（一般社会）と隔絶された施設で育てられており、生まれつき生殖機能を持たないように遺伝子操作されている。この施設の者たちは成長するにつれ臓器提供を重ねて死んでいく。

注８　マダム……キャシーのいる施設を定期的に訪れる女性。キャシーにとっては自分の知らない外の世界に属する人物。

して、効率もいい。古い病気に新しい治療法が見つかる。すばらしい。でも、無慈悲で、残酷な世界でもある。そこにこの少女がいた。目を固く閉じて、胸に古い世界をしっかり抱きかかえている。心の中では消えつつある世界だとわかっているのに、それを抱き締めて、離さないで、離さないでと懇願している。……」

科学の急速な進歩に置き去りにされた、古い世界、消えゆく世界の価値観や心情。二度と戻ってこないそれらを思ってマダムは慟哭《どうこく》していたのだった。心の痛みへの共感という、キャシーのごくささやかな期待さえも省みられないことが、この場面をいっそう痛切なものにしている。生徒の待遇を改善しようと身を粉にして活動していたマダムですら、彼らを最後まで同じ「人間」とはみなしていなかったのである。

クレイグ・ベンターの確信に満ちた二〇年間の研究の歩みを振り返れば、ゲノムを「読む」ことから「書く」ことへと移行する合成生物学の潮流は、人類にとって必然であったと感じざるを得ない。今後もこの流れが止まることはないだろう。

新たな技術をあみだし、それを応用する能力を知性と呼ぶなら、ベンターが言う通り、人類には確かに他の動物にはない圧倒的な知性がある。[C]、その技術や知識を駆使して生命の設計図を改変し、進化の新たな担い手となるときには、また別の種類の知性が必要なのではないだろうか。日進月歩の技術の見通しを探り、その応用が適切な目的かどうかを議論する。社会全体で協力して悪用や誤用を防ぎ、時には立ち止まって考える。そうした知性を併せ持たない限り、6合成生物学がもたらす未来もまた、「無慈悲で、残酷な」世界になってしまいかねない。

気がつけば夕暮れが迫っていた。空を赤く染めながら、太陽がゆっくりと水平線に沈んでいく。あるがままの自然の美しさを心に刻みつつ、私はラホヤの海岸を後にした。

※問題作問の都合上、文章中の小見出し等を省略したところがあります。

人間自体の改造はどうだろうか。もちろん、現在は拒否感を持つ人がほとんどだろう。だが、その目的が臓器提供や能力強化ではなく、「火星への移住」だったら？

　マサチューセッツ工科大学で出会った若い科学者リサ・ニップは、火星のような別の惑星で暮らすためにどんな特性が必要か、合成生物学によって人間がそうした特性を身につけることができるかどうかを検討している。たとえば、強い放射線の降り注ぐ火星の過酷な環境で生き延びるには、放射線に耐性を持たせる遺伝子が不可欠だ。以前、[4]彼女が一般向けの講演で「意思による進化」という自らのアイデアを生き生きと語ったとき、会場からはヒトゲノムを改変することへの疑問の声など出なかった。代わりに人々は、合成生物学が切り開くかもしれない人類の新たなフロンティア[注6]に驚嘆し、盛大な拍手を送った。

　[5]カズオ・イシグロの小説『わたしを離さないで』の終盤に、科学と社会との関係性について深い印象を残す場面がある。

　臓器提供者として生まれた主人公の女性キャシー[注7]が、ともに育った恋人と一緒に、かつて施設をしばしば訪れていた謎の女性“マダム”[注8]の家を訪問する。愛し合っている確信のある者同士は、臓器提供の前に二人だけで過ごせる三年間の「猶予」を与えられる――。施設の出身者の間でささやかれていたうわさにかすかな希望を託し、猶予を願い出るためだった。

　二人の希望は無残にも打ち砕かれるが、キャシーは最後に、長いあいだ気に掛かっていた過去の出来事についてマダムに尋ねる。施設の寮で、まだ少女だったキャシーが音楽をかけながら一人で踊っていたとき、偶然それを目にしたマダムが泣いていたのだ。「わたしを離さないで」というタイトルの曲だった。子供を産めないはずの女性が奇跡的に出産し、嬉しさと、我が子と引き離されてしまうのではないかという一抹の不安から、赤ちゃんをしっかり抱き締め、「ベイビー、ベイビー、わたしを離さないで」と歌っている。キャシーは曲をそう解釈し、生まれつき生殖能力を持たないようにつくられた自らの境遇を女性に重ね合わせて踊っていた。

　あのとき、マダムはわたしの心を読んで、だから悲しい歌だと思ったのではありませんか。キャシーの推測をマダムははっきりと否定し、こう明かす。

「……あなたが踊っているのを見たとき、わたしには別のものが見えたのですよ。新しい世界が足早にやってくる。科学が発達

［Ａ］、合成生物学の国際学生コンテスト「ｉＧＥＭ《アイジェム》」では、参加者が微生物を使ってイメージ通りの「生物マシン」を作れるかどうかを競い合う。ｉＧＥＭは優れた教育システムで、倫理や規制、社会との対話についても学ぶ機会が設けられている。それでもやはり、３私は少し心配になるのだ。プロジェクトに打ち込む間に、学生たちが徐々に、生命を操作すること、機械として扱うことにためらいを抱かなくなり、彼らの生命観はいつしか、一般社会のそれと乖離《かいり》していくのではないだろうか。そもそも一般の人々は、生物に対して「機械（マシン）」という言葉は使わない。将来、ｉＧＥＭの経験者たちが担う、大胆な生命操作が前提となった技術を、社会が快く受け入れるだろうか。

　ｉＧＥＭ財団のランディ・レットバーグ会長にインタビューした際、私がこうした懸念を伝えると、彼は次のように語った。「私たちが生命について語るとき、その対象がどんどん小さくなると、議論は複雑になってしまう。それは、私たちが生命という言葉を、〝魔法の言葉〟として使うからだ。私はすべての自然が豊かで素晴らしいものであってほしいと願っているが、こと細胞や微生物に関して言えば、単なる技術であり、機械なのだ。細胞にはさまざまなことができる。またそういう有用な細胞を作るのは素晴らしいことだ」

［Ｂ］、バイオ燃料や医薬品、新たな素材を生産する微生物ができるのは素晴らしい。だが、細胞をマシンとして自在に操ることができるようになったとき、科学者が操作の対象を細胞や微生物にとどめておく可能性は低い。実際に、マウスを対象とした遺伝子ドライブ、あるいはヒトの臓器を持つ移植医療用のブタを開発する研究がもう始まっているのだ。

　スタンフォード大学のドリュー・エンディとの、こんな会話を思い出す。インタビューが終わり、写真を撮っていると、エンディは突然、自身のＴシャツに描かれた図柄を指さして私に聞いた。「モーと鳴くカメを見たことはあるかい？」。カメのイラストに日本語のモーにあたる「ｍｏｏ」という吹き出しが付いたデザインだった。

「そういうカメを作りたいと思っているのですか」と聞き返すと、エンディは茶目っ気のある表情でこう言った。「『ポケモン』だって作れるかもしれない。子供達みなが好きになるようなものを作ることができたら、すべての倫理的な論争はなくなるかもしれないよ」。

【二】 次の文章は須田桃子『合成生物学の衝撃』のエピローグ（終わりの部分）です。よく読んで、後の問いに答えなさい。

青から緑のグラデーションのうえを、白い波しぶきが舞う。私はＪ・クレイグ・ベンター[注1]研究所からほど近いラホヤ[注2]の海岸にいた。カモメが飛び、浅瀬ではアザラシとアシカが戯れている。そのごく近くには、シュノーケルをつけた海水浴客たちの姿も見える。きらめく陽光の中で、海獣と人間が小さな入江を共有する様子に[1]しばし見入った。どこかファンタジック[注3]な光景だと感じるのは、人間が他の動物と同じようにあるがままの自然を享受することが珍しいからかもしれない。ふとそんな思いが頭をよぎる。

人間は自然を観察し、自然から学び、そうして得た知識や技術で自然を巧みに改造して繁栄してきた。合成生物学もその延長線上にある。

本書で見てきたように、ＤＮＡを合成する過程では、ＤＮＡ断片を増やしたりつなぎ合わせたりするのに、大腸菌や酵母などの微生物の力を借りる。ゲノム編集技術[注4]「ＣＲＩＳＰＲ《クリスパー》－Ｃａｓ９《キャスナイン》」は、細菌が長い歳月をかけて編み出した巧妙な免疫の仕組みから生まれた。このＣＲＩＳＰＲをゲノムに組み込み、生物の集団にある遺伝的特徴を一気に広めるという革新的なアイデア「遺伝子ドライブ」も、自然界に存在する「利己的な遺伝子[注5]」に着想を得ている。

合成生物学によって、生命の仕組みへの理解は確実に進んでいくに違いない。だが、その知識はすぐさま、自然界にいない新たな生物を創り出すことにも使われていくだろう。発想の源泉である工学の本質が〝ものづくり〟であることを踏まえれば当然のことだ。

[2]自然の理解と自然への挑戦が合わせ鏡のようになっていて、互いの像を反射しながら先へ先へと進んでいく。それがこの分野だ。だからこそ私は興味を引きつけられ、同時に不安を抱かずにはいられない。その試みの過程で、生命の設計図であるゲノムを書き換えたり、人工ゲノムを持つ生物を作ることが当たり前になっていけば、やがては「生物」の定義自体も変容していくかもしれない、と思うからだ。

【二】 次の①～⑤の――線部について、カタカナの部分は漢字に直し、漢字の部分はその読みをひらがなで答えなさい。なお、答えはていねいに書くこと。

① まだ名残惜しいが仕方ない。

② 食糧をチョゾウしておく。

③ タンザクに願いを書く。

④ 室外の騒音が耳にサワる。

⑤ 明日の予定に差しツカえるといけないので早く帰る。

平成31年度 本郷中学校
第2回 入学試験問題

国語

（五〇分　満点：一〇〇点）

注意

一、指示があるまで問題冊子を開いてはいけません。

二、答えはすべて解答用紙に記入しなさい。

三、字数指定のある問題は、特別の指示がない限り、句読点、記号なども字数に含みます。

四、用具の貸し借りは禁止します。

五、指示があるまで席をはなれてはいけません。

六、質問があれば、だまって手をあげて監督者を呼びなさい。

七、試験が終わったら、解答用紙だけ提出しなさい。問題は持ち帰ってもかまいません。

問九　問題文中の「雄太」について説明したものとして正しいものを次のア～カの中から二つ選び、記号で答えなさい。

ア　雄太は滝山や他の野球部員たちとは違い、去年から野球への情熱をずっと絶やすことなく保ち続けていた。

イ　雄太は、滝山のことを身勝手な人物だと思っていたが、チームに必要なメンバーであることは認めていた。

ウ　雄太は滝山が打たれることをずっと期待しており、決勝でその機会がやってきたことを内心嬉しく思った。

エ　雄太は滝山と同様に、もしかしたら野球のできる最後の年になるのかもしれないと、何となく考えていた。

オ　雄太は、自分のサインを無視し続ける滝山にいつか後悔をさせるため、サインを出すことはやめなかった。

カ　雄太は、自分のサインで相手を抑えることができたため、初めて滝山に対して優越感を得ることができた。

問七　――線5「指示を出せ」とありますが、この言葉を雄太はどのように受けとめたと考えられますか。その説明として最も適当なものを次のア～エの中から一つ選び、記号で答えなさい。

ア　怪我をしているとはいえ一人で投げ抜いてきたのに、弱気になってしまったことが許せず、信念と反する言葉を発することで、自分を罰しようとしている。

イ　肩を怪我している自分一人の力では佐川中に勝てそうにないと判断し、このまま投げ続ける以上、雄太に協力を切り出して状況を好転させようとしている。

ウ　実は昔から頼りにしていた雄太が、自分の切羽つまった時を見計らって声をかけてくれたため、決勝のこの土壇場で、きちんと本音を伝えようとしている。

エ　追いつめられたピンチの状態の自分に、あえて皮肉を言いに近づいてきた雄太に対して腹が立ち、この後の責任は全て雄太に背負ってもらおうとしている。

問八　――線6「言いしれぬ感動に襲われた」とありますが、この時の雄太の気持ちを六十字以上七十五字以内で説明しなさい。

問五　----線X「唇を嚙みしめていた」・Y「唇を嚙みしめて」とありますが、これらの表現の説明として最も適当なものを次のア～エの中から一つ選び、記号で答えなさい。

ア　Xは、滝山の投球に何とかして対応しようとする橋本の真剣さを表しており、Yは、気を引きしめ直して滝山をしっかりリードしようとする雄太の覚悟を表している。

イ　Xは、滝山の投球に何とかして対応しようとする橋本の真剣さを表しており、Yは、弱気になった滝山を勇気づけられなかった自分に対する雄太の無念さを表している。

ウ　Xは、滝山の投球に対応できない自分に対する橋本の悔しさを表しており、Yは、気を引きしめ直して滝山をしっかりリードしようとする雄太の覚悟を表している。

エ　Xは、滝山の投球に対応できない自分に対する橋本の悔しさを表しており、Yは、弱気になった滝山を勇気づけられなかった自分に対する雄太の無念さを表している。

問六　――線4「明らかに嘘だった」とありますが、これと同じような「嘘」をついている滝山の様子の描写を含む一文をこより前の問題文中から探し出し、初めの三字を抜き出して答えなさい。

問四 ――線3「実のところ全く矛盾していなかった」とありますが、これはどういうことですか。その説明として最も適当なものを次のア～エの中から一つ選び、記号で答えなさい。

ア さしせまった状況のなか、どの相手校も必死に大会へ臨んでおり、地区予選を最後まで勝ち抜くには、全ての試合で気を抜くわけにはいかなかったということ。

イ 林だけでなく全員が、この大会が思いっきり野球をする最後のチャンスかもしれないと考えており、何よりもまずは全員の一致団結が不可欠だったということ。

ウ 余裕のない雰囲気に覆われた部員たち全員を激励するという行為は、試合にリラックスした状態で臨むことへ繋がり、実力以上の結果を期待できるということ。

エ チーム全体の実力を向上させるために、ひと試合ごとに全ての力を出し切ることが重要で、更に強い相手校とも互角に戦うことができるようになるということ。

問三 ――線2「表情は妙に晴れ晴れとしていた」とありますが、これはなぜですか。その説明として最も適当なものを次のア～エの中から一つ選び、記号で答えなさい。

ア 滝山は右肩を怪我してしまったために、今回の大会を全力で投げ抜いたら野球ができなくなるかもしれず、その上もう職業野球で稼ぐことはできないと悟っていたが、投げやりになることでそれら全ての不満を忘れ去っていたから。

イ 滝山はお金が目的で野球に打ち込んでいることに後ろめたさを感じていたが、今までいろいろと面倒を見てくれた監督の恩義に報いることで、苦労している母に余計な心配をかけずに済むと考え、悩みが解消してすっきりしたから。

ウ 滝山は社会人になって野球を続けていくことができないと分かり落ち込んだものの、自らを犠牲にして甲子園に行くことが、チームのためだけではなく母親やお世話になった監督のためになると考え、前向きな気持ちになったから。

エ 滝山は野球で生計を立てていくことが叶わなくなった今、いまだ右肩に不安はあるものの、そのことは考慮せずに、最後の試合になるかもしれない今大会で全力を尽くすことが自分のやるべきことだと、自分自身を納得させたから。

問二　――線１「それは、昨年の夏～全く違うものだった」とありますが、これはどういうことですか。その説明として最も適当なものを次のア～エの中から一つ選び、記号で答えなさい。

ア　部員たちが言葉を発しないのは、全国大会の中止に落胆していた昨年とは違い、今年は実施されるという全く逆の内容を、しかも急に知らされたために混乱してしまい、その吉報をきちんと把握できていない状態だということ。

イ　部員たちが言葉を発しないのは、昨年の全国大会の中止を知って感じたように絶望をしたわけではなく、甲子園へ出場できる可能性が出てきたために、林の言葉をどう受けとめて良いか分からず、あっけにとられている状態だということ。

ウ　部員たちが言葉を発しないのは、全国大会の中止に言葉を失った昨年とは異なり、念願の大会開催という朗報を聞き、これで全国制覇ができる可能性も見えてきたため、湧き上がる喜びを必死でこらえている状態だということ。

エ　部員たちが言葉を発しないのは、昨年全国大会の中止を知り、無念さを味わって絶句した時とは違って、念願の佐川中との対戦がやっと現実味を帯びてきたことで、林の口からその言葉が発せられるのを緊張して待っている状態だということ。

問一 ～～線a～cの問題文中の語句の意味として最も適当なものを次のア～エの中から一つずつ選び、記号で答えなさい。

（a）「眉をひそめた」

ア 疑いと心配で顔をしかめた

イ 不快だと目で合図をした

ウ 信用できず顔をこわばらせた

エ 怒りの形相でにらんだ

（b）「不遜な物言い」

ア 恩着せがましい言葉遣い

イ 相手を見下した口ぐせ

ウ 思い上がった話し方

エ 失礼な異議申し立て

（c）「苦虫を噛み潰したような顔」

ア 苦しくて救いを求める表情

イ 非常に不愉快そうな顔つき

ウ 不機嫌で性格の悪そうな面構え

エ とても不細工な顔立ち

普川商はこの回に一点、そして六回にもう二点を追加し、3対2の一点リードをもぎとった。
一方、四回の失点以降、滝山と雄太のバッテリーは、相手に点を許さなかった。
試合は3対2のまま九回に入り、佐川中が最後の攻撃に入った。

（須賀しのぶ「雲は湧き、光あふれて」『雲は湧き、光あふれて』所収）

注1　朝日……朝日新聞社。
注2　文部省……現在の文部科学省。
注3　大本営発表……太平洋戦争中に実施された、日本軍の最高機関による公式発表。
注4　学制……学校教育に関する制度。改正前までは、当時の中学校には満十三～十七歳までの生徒が通っていた。
注5　ポテンヒット……内野手と外野手の間に落下するヒット。
注6　湯浅……雄太の一学年上の先輩。前主将。

「最後の県大会だから記念にきいてやる。そのかわり、弱気な配球しやがったらてめぇに当てるぞ。おまえ、すぐ外に逃げるからな」

「お、おう」

雄太は何度も頷き、慌《あわ》ててホームに戻った。

信じられなかった。まさか滝山のほうから、あんなことを言うなんて。

（なんだよ、サイン見てねえって言ってたくせに、しっかり見てたんじゃないか）

しかし雄太の胸に湧《わ》いたのは、喜びとはほど遠い感情だった。記念などと言っているが、要するにそれだけぎりぎりの状態ということだ。佐川中相手に、自分一人では投げきれないかもしれないと、はじめて滝山が弱気になった証だった。

雄太はY唇を噛みしめてミットを構え、右手でサインを送った。滝山が、小さく頷く。そして、雄太が指示した通りのコースに、指示した通りのゆるい球を放ってきた。

構えた場所にあやまたずボールがおさまったとき、6雄太は言いしれぬ感動に襲《おそ》われた。

こんなに嬉《うれ》しいものだとは思わなかった。同時に、諦《あきら》めずに毎回サインを出してきてよかったと心から思う。どうせ滝山は言うことを聞かないのだから何を考えても無駄だとは思ったが、注6湯浅《ゆあさ》に言われて、全ての試合で指示は続けた。それを怠っていたら、こんなに落ち着いて指示することはできなかっただろう。

滝山は速球投手によくあるように真っ向勝負で三振を取りたがるが、今はとてもそんな余裕はない。いかに少ない球数で打ち取っていくかが最優先だ。相手も、滝山は三振を狙ってくると思いこんでいるから、騙《だま》しやすい。

滝山は、雄太の指示通りに投げ、次の打者をあっというまにファーストゴロで打ち取った。ここからも、ショートを守る林がぽかんとしているのが見えて、雄太はつい笑ってしまった。しかたがない。林も、自分のチームの投手と捕手が、まともにバッテリーとして機能しているところを見るのはこれがはじめてなのだから。

次の打者も三球目でファウルフライに打ち取り、攻守交代となった。今度は、普川商の打線が佐川中を攻め立てる番だった。

　昨年は初戦であっさり消えた佐川中は、その恨みを晴らすとばかりに猛攻をくわえた。三回までは滝山に完全に封じられていたが、ちょうど打者が一巡した四回に入ると、ぽろぽろと打ち始めた。

　さすがに疲労が隠せなくなった滝山は、一番はサードゴロに打ち取ったものの、二番に死球を与えてこの日はじめての出塁《るい》を許してしまう。しかもその二番が盗塁に成功、三番は[注5]ポテンヒット。

　走者を一、三塁に置いたところで、四番の橋本に打順が回ってきた。彼は、ファウルで粘りに粘ったあげく、ライト線ぎりぎりの強いヒットを放った。長打コースのヒットに走者は二人とも生還、橋本も一気に三塁へ進んだ。

　雄太は、すぐにマウンドに走った。すると、滝山にあからさまに嫌そうな顔をされた。

「なんだよ」

「今年に入って三塁打を打たれたのは初めてだろ？　さぞいい気分だろうと思って」

「……腹立つな」

「おまえに比べりゃかわいいもんさ。肩はどうだ」

「なんともねえよ」

　4明らかに嘘だったが、雄太は「そうか」と答えただけだった。ここで仮に肩が痛いと言われても、自分に言うべき言葉はない。佐川中を相手に他の投手に代えることなどできなかったし、少しは楽な配球にしてやるから俺に従えと言ったところで聞くはずもない。

　グラブで軽く滝山の尻をはたき、ホームに戻ろうとした雄太を、「鈴木」と低い声が呼び止めた。何かと思って振り向くと、滝山がc苦虫を噛み潰《つぶ》したような顔をしていた。

「5指示を出せ」

　雄太は最初、なんと言われたのかわからなかった。一瞬の自失のあと、思わず「え？」と大声を出してしまった。滝山はますます不機嫌そうに顔を歪めた。

昨年の大会ももちろん皆勝つために必死だったが、今年はまた種類が違うように雄太は感じた。

――これが、最後の試合かもしれない。

そこに居合わせた誰の胸にも、その思いがあった。

来年にはもう、今年のような奇跡は起こらない。注3大本営発表は連日のように日本の大勝利を伝えるものの、相変わらず終わりは見えない。

注4学制が改正されて中等学校も五年から四年に短縮されたし、徴兵年齢も引き下げられた。今、最上級生の者たちは十六か十七だったが、卒業すればいつまた徴兵年齢が引き下げられて赤紙が来るかわからない。

好きなだけ野球が出来るのは、こうして歓声を受けて試合が出来るのは、これが最後かもしれない。

そんな切羽つまった空気と、野球が出来るという弾けるような喜びが、独特の熱気となって、球場を包んでいた。

試合が始まる前に、林は言った。

「いいか、明日のことは考えるな。とにかく今日、全力を出し切るんだ!」

それは、必ず甲子園に出場するという誓いとは相反するように見えて、3実のところ全く矛盾《むじゅん》していなかった。どの学校もがむしゃらな気迫に満ち満ちて、全力であたらなければとても勝てそうになかったからだ。

滝山も、昨年のように力を抜くようなことはなかった。ぶっ壊れるまでという言葉通り、気迫のこもったピッチングを見せ続ける。少しでも肩に負担をかけまいとする雄太の配球はやはり完全に無視され、あいかわらず馬鹿正直な直球勝負だった。

そして迎えた七月末、地区予選決勝戦。

相手は、宿敵の佐川中だった。二年前、滝山の速球の前になすすべもなくX唇《くちびる》を噛《か》みしめていた橋本《はしもと》も、今や県内一のスラッガーとして名を轟《とどろ》かせている。

その日は、地獄のような暑さだった。空には雲ひとつなく、風ひとつそよがず、ただ太陽だけが容赦《ようしゃ》なく光と熱を撒《ま》き散らしていた。

だが球を受けている雄太には、はっきりとわかる。球には、以前ほどの力はない。

「なんて顔してやがる」

雄太の頭を、グラブをはめたままの手で滝山がはたく。

「おまえが大好きな甲子園だろ。よかったじゃねえか」

「予選で優勝すればの話だ」

「させてやるよ、ちゃんと」

去年のこの時期と全く変わらない、b不遜《ふそん》な物言い。だが以前ほど腹は立たなかった。

「あいかわらず自信過剰だ」

「俺は甲子園へ行くために連れてこられたからな。大会があるなら、問題なく役割を果たすさ」

「甲子園へ行くため？　そういや、おまえと久保監督は昔から知り合いだったのか？」

「お袋の遠縁の知り合いだ。ほとんど他人だな。お袋は親戚から縁を切られてるし、金には結構苦労していた。甲子園に行けば稼げると聞いたんで、俺がとびついたんだ」

滝山は淡々と語った。全くのひとごとのようだった。

「結局、職業野球で稼ぐのは無理そうだが、恩は返さないとおふくろに叱られる。こっちに来るにあたって、監督にはずいぶん世話になっちまった。どうせもう後がないから、ぶっ壊れるまで投げまくってやるよ」

滝山は笑った。言葉は自棄《やけ》になっているようで気に入らなかったが、2表情は妙に晴れ晴れとしていた。

普川商は大方の予想通り、地区予選から圧倒的な力を見せつけ、大差をつけて勝ち続けた。エース滝山はほとんど全ての試合に先発し圧巻の投球を見せつけた。

彼だけではない。どの選手も、そしてどの学校も、みな必死だった。

「そう。甲子園での、全国大会だ」

林は、厳かな口調で言った。

しん、とあたりが静まりかえる。1それは、昨年の夏、全国大会中止を知った時に訪れた沈黙とは、全く違うものだった。

「たぶんすぐ、地区予選が組まれるはずだ。ボヤボヤしてるヒマはないぞ！　今年は佐川《さがわ》中の配属将校も代わって、野球部も本腰を入れて練習してるっていうからな」

林の言葉に、部員たちは次々と雄叫《おたけ》びをあげた。

「よっしゃあああ！　気合い入った！」

「今年こそ全国制覇だぁぁ！」

「俺ぁ今年こそやるぞ！　見てろかあちゃん！」

顔を紅潮させ、目を擦《こす》りながら、彼らは猛然と走り出した。それまでほとんど惰性《だせい》で続けられていた練習は途端に活気づき、昨年夏の盛り上がりがそのまま戻ってきたかのようだった。

その中で、雄太はなんとなく興奮から取り残されていた。

「聞いたか？」

傍《かたわ》らの長身を見上げると、彼はどうでもよさそうな顔で頷《うなず》いた。

「耳ついてるからな」

「……肩は平気か？」

「甲子園ぐらいまではもつさ」

雄太はa眉《まゆ》をひそめた。

あの怪我《けが》から、まだ一月《ひとつき》も経っていない。教練の一件を聞いた久保《くぼ》監督は、滝山にしばらく投げないよう命じたが、滝山は数日休んだだけで「もう大丈夫」と勝手に投球練習を始めていた。

【三】次の文章を読んで、後の問いに答えなさい。

昭和十六年（一九四一年）の夏、鈴木《すずき》雄太《ゆうた》の所属する普川《ふかわ》商業野球部は、エースピッチャー滝山《たきやま》亨《とおる》の活躍によって地区予選大会で優勝し、全国大会への出場を決めた。しかし、戦争の影響で全国大会が中止となってしまう。また滝山は、新しく配属された軍事教練の指導教官に暴力を振るわれ、大事な右肩《かた》を負傷してしまう。部員たちにとって満足に野球ができない状況のまま、地区予選の優勝から一年が過ぎようとしていた。

その知らせは、梅雨の貴重な晴天のごとく、雄太たちを明るく照らした。

「みんな、甲子園だ！　甲子園に行けるぞ！」

新しく主将となった林《はやし》が、飛び跳ねながらグラウンドに駆け込んでくる。

めいめい練習に励んでいた部員たちはまずあっけにとられ、それから顔を見合わせ、猛然と走り出した。

「甲子園？　ほんとかよ！」「主催の朝日[注1]が、今年は中止って発表したじゃないか」「撤回したのか？」

部員たちは林を取り囲み、次々と質問を浴びせかけた。林は誇らしげに胸をそると、とっておきの内緒話を明かすように言った。

「まあ聞けよ。たしかに、毎年朝日がやってる野球大会は中止だ。でもかわりに、文部省[注2]がやってくれるらしい」

「なんで文部省が。関係ないだろ」

「文部省の外郭団体に、学徒体育振興会ってのがあるんだ。その主催の体育大会の一環として、野球の全国大会も開催するんだそうだ」

「じゃ、主催は違うけどいつもと形態は同じってことか？　地区予選やって勝ち抜いたのが――」

問八　次の(1)～(5)について、問題文の内容と合っているものには○、合っていないものには×を、それぞれ解答らんに記しなさい。ただし、すべてに○または×を記した場合は得点を与えないこととします。

(1)　駅のホームなどで多くの人々が同じようにスマホをのぞきこむ様子を見ていると、「みんなと一緒」であることを良しとする日本人の特質を感じずにはいられない。

(2)　スマホを持ち歩くことは「世界」を持ち歩くことと同じであり、その責任の重さを一人一人がしっかりと自覚することで「歩きスマホ」はなくなっていくはずだ。

(3)　スマホの登場は、旧来のパソコンを不要にするような道具の技術革新であり、デスクトップパソコンが今後姿を消していくことはまちがいないだろう。

(4)　「インスタグラムの女王」と言われたタレントの「自分が好きな写真をあげてきただけ」というコメントは、単純なようでいて実はきわめて巧妙なものである。

(5)　スマホとのつきあい方はあくまでも自分自身の問題であり、ノーハウ本の内容に頼ったり、誰かに教えてもらったりするのではなく、各自で考えていくべきだ。

問四　――線３「何が脅かされているのでしょうか」とありますが、「脅かされている」のは何ですか。問題文中より九字で抜き出して答えなさい。

問五　――線４「「わたし」が不特定多数の匿名の人々にさらされる」とありますが、これはどういうことですか。四十字以上五十字以内でわかりやすく説明しなさい。

問六　［Ａ］・［Ｂ］にあてはまる言葉の組み合わせとして最も適当なものを次のア～カの中から一つ選び、記号で答えなさい。

ア　Ａ窓―Ｂ壁　　イ　Ａ窓―Ｂ境

ウ　Ａ穴―Ｂ膜　　エ　Ａ穴―Ｂ壁

オ　Ａ門―Ｂ膜　　カ　Ａ門―Ｂ境

問七　――線５「私が与り知らないところだ」とありますが、この意味として最も適当なものを次のア～エの中から一つ選び、記号で答えなさい。

ア　私に規制できるようなことではない。

イ　私には想像することさえはばかられる。

ウ　私が関わり合うようなことではない。

エ　私などには計り知れないことである。

問一 〔 1 〕～〔 4 〕にあてはまる最も適当な言葉を次のア～キの中から一つずつ選び、記号で答えなさい。なお、同じ記号を繰り返し用いてはいけません。

ア なぜなら　イ すなわち　ウ では　エ しかも
オ また　カ そのため　キ たとえば

問二 ――線1「スマホに〝飼い慣らされて〟しまっている」とありますが、これはどのような状態のことを言っているのですか。その説明として最も適当なものを次のア～エの中から一つ選び、記号で答えなさい。

ア 自分のいる時間や空間を飛び越えて、あっという間に世界のどこへでもアクセスできるスマホの素晴らしさにすっかり心を奪われてしまっているということ。

イ 人間は多様な存在であるはずなのに、スマホが普及したせいで、暇さえあればみな一様にスマホをいじるようになり、個性を失ってしまったということ。

ウ スマホの登場・普及による私たちの日常生活の変化はあまりに急速で衝撃的であったため、私たちの意識がその変化にまだ追い付いていないということ。

エ スマホの適切な操作方法を誰からも教わらないまま使っているため、コンパクトでありながら多様な機能を持つスマホをうまく扱えないでいるということ。

問三 ――線2「いずれの「処方」にしても」とありますが、「処方」というたとえを用いているのはなぜだと考えられますか。解答らんに合うように問題文中より**三十八字で**抜き出し、最初と最後の六字を答えなさい。

（好井裕明『「今、ここ」から考える社会学』）

※問題作成の都合上、文章を一部省略しています。また、文章中の小見出し等を省略したところがあります。

注１　メディア……ここでは情報を受信・送信するのに用いる機器のことを言う。「端末」も同じ。

注２　ノーハウ本……専門的な技術や知識などについて、わかりやすく解説した書物のこと。

注３　証左……証拠・あかし。

注４　リスク……損害や損失を受ける可能性のこと。

注５　ワード……マイクロソフト社が出しているワードプロセッサ（ワープロ）ソフト。文書を作成するのに用いる。

注６　情報をめぐるリテラシー……情報機器やネットワークを活用して、大量の情報の中から必要な情報やデータを収集、整理して活用する能力のこと。

注７　インスタグラム……スマートフォンなどで撮影した写真などを手軽に投稿《とうこう》できる画像共有サービス。また「（インスタグラムに）あげる」とはそのサービスに写真を投稿すること、「フォロワー」とはその投稿者を支持・応援する人たちのことを言う。

らないところだと。私はこのコメントを聞きながら、いろいろと考えていました。

　もちろんタレントでありテレビなどで仕事をする以上、自分自身が多くの人々にどのように受け入れられ評価されるのかが大切だろう。だから自分の写真に対する批判や否定的な評価へのコメントはしないのだろう。コメント自体がさらなるタレントへの評価の源となることをよく知っている、したたかな姿だなと感じ入っていたのです。

　しかし同時に、プライベートな領域をめぐる捉《とら》え方に驚いてもいたのです。自分の普段の姿を映像にとり、インスタグラムにあげ続けるとき、自分の私秘的な（私的でできれば秘密にしておきたい）世界や領域はどのように保たれているのだろうかと。それは、スマホという「A」から意図的に自分の私的な姿を流出させる営みであり、いわば「A」からプライベートな領域の中身は漏れ続け、外のより広い世界へ際限なく拡散し続ける営みと言えるのです。そうしたとき、自分自身をめぐる情報は、たとえて言えば際限なく膨張《ぼうちょう》し続ける風船のなかにあるようなもので、私秘性を保つ「B」はどんどん薄く、破れやすいものとなり、破れてしまえば、自分自身をめぐる剝《む》き出しの情報が、悪意や嫉妬などさまざまな情緒に満ちた匿名の権力のもとにさらされる危険性が生じてしまうのです。

　もちろん先にあげたタレントにとっての「B」は限りなく薄くなる危険性はあるものの、決して破れることがない丈夫さやしなやかさを備えているのかもしれません。いったい彼女はどのようにして「B」を鍛えあげていったのだろうか。さまざまに「B」を脅かす危険と出会い、向きあうなかで、どのようにして破れないしなやかさが創造されていったのでしょうか。私は、そのことがとても気になります。そしてこれは、スマホと私たちの日常やスマホと私たちという存在との関係性を考えていくうえで、根本的な問いといえるのです。

　おそらく、先にあげたタレントは、その答えを教えてくれることはないでしょう。また仮に「こうすればいい」と教えられるとしても、その答えは私たちすべてにあてはまる一般的で普遍的なものでもないでしょう。結局のところ、スマホが私たち一人一人異なる身体の一部と化してしまっている以上、私たち各々《おのおの》が自分にとっての「スマホのある日常」を、危機感をもって詳細に見直し、それを変革していかざるをえないのです。

も、それだけで絶対「歩きスマホ」はなくならないでしょう。〔 3 〕、そうした規制の声が耳に入らないくらい、圧倒的に私たちは今、「世界」を携帯できる悦楽に魅了されてしまっているからです。「世界」を携帯できる悦楽に驚き、魅了されているかぎり、「歩きスマホ」は思いっきり自然な営みであり続けるでしょう。

〔 4 〕、どうなれば「歩きスマホ」はなくなっていくでしょうか。私は、こう夢想します。「世界」を携帯できること自体、特に驚くべきことでもないし、魅了されることでもない、その意味で陳腐《ちんぷ》で「あたりまえ」だという意識を私たちがもつこと。それができて初めて、「歩きスマホ」が日常生活に様々な支障をきたすということを、本当の意味で私たちは自らの〝腑《ふ》に落とす〟ことができるのではないでしょうか。

（中略）

今一つ、考えるべき重要な問題は、スマホという「[A]」から自分自身のプライベートな領域が際限なく拡散していくことであり、それに伴《ともな》うプライベートな領域が被《こうむ》るリスクや侵害をどう考えるべきかということです。注6情報をめぐるリテラシーが、「[A]」から入ってくる情報と私たちがいかに向き合うかを考える問題でした。これに対して、プライベートな領域の際限なき拡散と領域が被るリスクと侵害は、私たちが「[A]」からどうしようもなく自分の情報が漏《も》れ出していくことをどう考え、どう対処するのか、また自分の情報を外の世界に向けてどのように放出していくのかを考えるという次元の問題といえます。

「私は自分が好きな写真を［注7インスタグラムに］あげてきただけです。それをみなさんが気に入ってくれたことがとてもうれしいし、ありがたいです」

五〇〇万近くのフォロワーをもつインスタグラムの女王とされるタレントが先日テレビでこう語っていました。自分自身を被写体とした「好きな写真」をインスタグラムにあげ続けたと。それを見て楽しむのは、フォロワーの自由であって、私が[5]与《あずか》り知

片手に収まる端末《たんまつ》としてのスマホ。それは画像や動画も撮れるし、鮮明な映像もみることができるし、もちろん電話の機能も備えています。すでにコンピュータの端末以上の機能を持っています。こうした道具を手にしてまさに一日中何らかの形で操作をすることで、私たちは「今、ここ」で、目の前にいるあなたとだけ出会えるのではなく、瞬時のうちに、「今、ここ」を超越し、多様な現実とつながることができます。スマホを使いこなす日常で、私たちはいったい何を手にして、3何が脅《おびや》かされているのでしょうか。それは端的に言って、「世界」を携帯する悦楽であり、その裏返しとして4「わたし」が不特定多数の匿名《とくめい》の人々にさらされるリスク注4だと私は考えています。

コンピュータが開発されインターネット社会が登場してずいぶん時間がたっています。私はノートパソコンでこの原稿を書いていますが、少し前であれば、デスクトップのパソコンを前にしてキーボードを叩《たた》いていたはずです。原稿を書いて少しくたびれれば、ワード注5を閉じて、メールが届いていないか確認したり、ネットを開けてさまざまな情報にアクセスしたりします。ただこうした営みは、まさに「机を前にして」私がやっていることなのです。でも今は、「机を前に」する必要もないし、「ノートパソコンを膝《ひざ》の上に置く」必要もなく、ただ手のひらに収まっているスマホに指を滑らせることで、いつでもどこでも「世界」を自分の前に開くことができるのです。

デスクトップからスマホへ。これは単なる道具の技術革新だけではないのです。「机の前に座ったり」「部屋にこもったり」「何インチかの画面に集中したり」など、まさにネットへ私たちが向きあうためだけに一定の手続きや姿勢の変更、意識の変更が必要だったのが、そうした身体的動作や日常的な意識の変更をせずに、いつでも私たちは「世界」と向きあえるようになりました。このことが、日常生きていくうえで決定的な生活の「革新」をもたらしたと考えます。

なにか特別な手続きや意識の変化など一切不要で、いつでもどこでもネット「世界」を開き、自分自身をそこで遊ばせることができるとすれば、これはこのうえもない刺激や興奮をもたらす、えもいえぬ悦楽ではないでしょうか。こう考えてくれば、「歩きスマホ」は必然であり、当然の結果なのです。

日常的な道徳やエチケットとして、あるいは危険な事故を防ぐために「歩きスマホはやめましょう」と連呼することはできて

【二】 次の文章は、スマートフォン（スマホ）について書かれたものです。これを読んで、後の問いに答えなさい。

毎朝の通勤通学の風景。駅のホームに並び電車を待つ人々。彼らの九割以上がスマホをのぞきこみ、一心に指を滑《すべ》らしています。もう見慣れた、あまりにも「あたりまえ」の日常のワンシーンといえるでしょう。でも私は毎日この情景を見るたび、それぞれ異なった人々がまったく同じ姿勢を保ち、同じ動作をしている画一さ、均質さを感じます。同時にスマホに〝飼い慣らされて〟しまっている私たちの姿であることに気づき、戦慄《せんりつ》[注1]しているのです。

スマホはずいぶん前から日常化し、身体化しているメディアと言えるでしょう。終日、なんらかのかたちでスマホに依存している私たちの日常があるとして、その状態をどのように私たちは考えればいいでしょうか。

〔 1 〕アルコールや薬物と同じように考え、スマホに過剰《かじょう》に支配された姿を依存症と呼び、一つの「病い」と考えることもできるでしょう。「病い」であれば、私たちがその症状から回復するための「治療法」や「処方」が考えられます。スマホを使う時間帯を制限するとか、学校ではスマホの使用を禁止するとか、ある規制をつくりあげ、私たちとスマホの関係を改善していくという方向性です。

〔 2 〕、スマホとの適切なつきあい方を、スマホとより円熟した関係をつくりあげている「先輩」からわかりやすい説明で、伝授してもらうという方向もあるでしょう。巷《ちまた》にスマホとの効果的なつきあい方やスマホの活用法をわかりやすく語るノーハウ[注2]本が氾濫《はんらん》しているのも、こうした発想の表れと言えるでしょう。

でも、いずれの「処方」にしても私たちの大半が用いること自体に抵抗すら感じなくなっているスマホと日常的な関係のありようを「依存」や「病理」という視角から考えること自体、私たちがすでにスマホという魅力ある魔性《ましょう》のメディアに絡《から》めとられていることの証左[注3]ではないでしょうか。

（中略）

【二】 次の①～⑤の――線部について、カタカナの部分は漢字に直し、漢字の部分はその読みをひらがなで答えなさい。なお、答えはていねいに書くこと。

① 終始、和やかな雰囲気で話は進んだ。

② 研究所を都心から郊外にイセツする。

③ 自由とハクアイの精神こそがこの国の根本だ。

④ 新しい企画をテイアンする。

⑤ 自動車産業は、わが国のキカン産業である。

平成30年度　本郷中学校
第1回　入学試験問題

国語

（五〇分　満点：一〇〇点）

注意

一、指示があるまで問題冊子を開いてはいけません。

二、答えはすべて解答用紙に記入しなさい。

三、字数指定のある問題は、特別の指示がない限り、句読点、記号なども字数に含みます。

四、用具の貸し借りは禁止します。

五、指示があるまで席をはなれてはいけません。

六、質問があれば、だまって手をあげて監督者を呼びなさい。

七、試験が終わったら、解答用紙だけ提出しなさい。問題は持ち帰ってもかまいません。

問六　問題文中の「私」について説明したものとして最も適当なものを次のア～エの中から一つ選び、記号で答えなさい。

ア　「私」は放送部が好きで先輩の恩に応えようと努力を惜しまないが、教室には仲の良い友人は誰もいなくて寂しかった。尊敬する先輩をがっかりさせまいと気持ちを奮い立たせているうちに言葉で世界を定義していくことの深遠さと自らの器の小ささに気づいていった。

イ　「私」は放送部に所属し大会を目指して活動していたが、誰も信じられないまま学校生活を送っていた。孤立する中で周囲への不満をつのらせながらその思いを言葉にして書きとどめることが喜びとなり、辛い日常を生き抜くための唯一の救いとなっていった。

ウ　「私」は放送部の活動には積極的であるが、学校という集団生活の中で自分らしさが失われていないか不安を感じてもいた。その不安をかき消すために自分の気持ちとは反対の世界を言葉で描いてみて神様という立場の自由さや寛容さに気づかされた。

エ　「私」は放送部で先輩から気に掛けてもらいながら活動に取り組んでいるが、学校での生活に居心地の悪さを感じることもあった。言葉を意味づけるという行為はそのような気持ちを緩和し、創造的で楽しいものであり、自分を客観視するきっかけにもなった。

問七　＝＝線「私は心の中で辞書を引き、そこにある真実を確かめた」とありますが、これはどういうことですか。六十字以上八十字以内で説明しなさい。

問五　――線４「学校の廊下に立ちすくみ、放送室に足を向けるべきか迷っていた」とありますが、これはどういうことですか。その説明として最も適当なものを次のア～エの中から一つ選び、記号で答えなさい。

ア　「私」が、自分のアナウンスに物足りなさを感じているけれども、伝えるという行為の本質にはたどり着くことができずにいて、大会までに残されたわずかな準備の時間で何をすべきか見当が付かず困惑しているということ。

イ　「私」が、自分のアナウンスに自信を無くして大会で悪い結果になることを想像し、かつてうまくいかなかったときに大学院生が言ったことを思い出すが、伝える相手はもういないことでやる気を失ってしまっているということ。

ウ　「私」が、自分のアナウンスについて先輩に指摘された内容に違和感を抱いていて、先輩を伝える相手として練習しても反発しあうだけで、時間の無駄になって大会は失敗してしまうのではないかということを心配しているということ。

エ　「私」が、自分のアナウンスの欠点を大会の直前になって先輩から指摘されたことにがっかりして、これまでのアナウンスにかけた時間と労力を振り返りながら、伝える相手を必死になって探すことを諦めかけているということ。

問四　――線３「対話」とありますが、この「対話」によって「私」はどのように変わりましたか。それを説明したものとして最も適当なものを次のア～エの中から一つ選び、記号で答えなさい。

ア　大学院生が近くにいるのが気になって、すらすらとアナウンスすることができずにいらだっていたとき、「私」は使い古された辞書を彼から手渡されて、自分の不得意な分野を指摘されたことに驚いた。彼との辞書の役割をめぐる対話で言葉の世界が学問的であることや、自分も言葉の担い手であることに気づいて、アナウンスに用いる言葉の意味に気をつけるようになった。

イ　人前でのアナウンスになかなか慣れずに緊張してばかりだったとき、大学院生から使い古された辞書で言葉の学習を深めるようながされて、「私」は彼に対して強い反発心を抱いた。しかし、彼との対話を重ねるうちに辞書を作る営みが大昔より延々と積み重ねられてきたという事実の壮大さに感動し、意味は辞書から学ぶのが最善だと分かった。

ウ　言葉の音声に気を取られていてアナウンスが上手くいかなかったとき、苦手に思っている大学院生が使い古された辞書を差し出してきたことに「私」は抵抗感を抱いた。しかし、言葉と意味をめぐる彼との対話を通じて、言葉の数だけ世界にはものごととその意味があるという途方もなさに圧倒されるとともに、自分が主体的に言葉に意味を込められるということに気づいて、言葉の意味を意識するようになった。

エ　先輩と同じようにやろうとしても緊張してアナウンスが上手くいかなくて悩んでいたとき、自分に対して特に親しげでもない大学院生が使い古された辞書を手渡してきたので「私」は意図が分からず警戒した。しかし、彼との言葉と意味をめぐる対話によって、言葉に意味を込めるのは使う本人であるという彼の世界観に深く共感して、彼の言うことを実践するようになった。

問三 ――線２「自分の言葉を誰に届けたいか、もう一度考えてみたら？」とありますが、このように先輩が言うのはなぜだと考えられますか。その説明として最も適当なものを次のア～エの中から一つ選び、記号で答えなさい。

ア 「私」のアナウンスは、発音やアクセントに問題があり、以前から指摘されているにもかかわらず自己満足の域を脱せずにいるところがあり、改善されることがないものになっていると思ったから。

イ 「私」のアナウンスは、きれいな声で聞き取りやすくはあるものの、理解力があり寛容な聞き手ばかりを想定した、舌っ足らずなものになっていて、もどかしさを感じるものになっていると思ったから。

ウ 「私」のアナウンスは、良い声でなされているが、昨年度の大会で予選敗退した苦い経験から失敗を恐れてばかりの、先輩や顧問の先生の顔色をうかがうような個性のないものになっていると思ったから。

エ 「私」のアナウンスは、よどみなく聞きづらさは感じないものの、聞き手を具体的に想定していないので、言葉をいたずらに連ねただけの、表面的で訴える力がとぼしいものになっていると思ったから。

問二　――線1「眠たげな～収容された」とありますが、これはどういうことですか。その説明として最も適当なものを次のア～エの中から一つ選び、記号で答えなさい。

ア　「私」が、教室の中にいる同級生の言動を自分の都合の良いように勝手に想像して、同級生よりも自分が優位に立っていると思うことにした、ということ。

イ　「私」が、教室の中にいる人々についてぼんやりと抱いていた思いを自分の言葉で表すことで、表した対象と自分との関わりをはっきりさせた、ということ。

ウ　「私」が、教室についてイメージしていたものを言葉によって脚色してより大げさなものにすることで、面白おかしいものとして理解しようとした、ということ。

エ　「私」が、同級生や先生のつれない態度を言葉にすることで自分の孤独な気持ちをはっきりさせて、彼らと仲良くする方法を探った、ということ。

問一 〰〰線a～cの問題文中の語句の意味として最も適当なものを次のア～エの中から一つずつ選び、記号で答えなさい。

a 「あからさまに」

ア やんわりと

イ ぶっきらぼうに

ウ ついちょっと

エ はっきりと

b 「でたらめに」

ア 目当てがなく適当に

イ わざとまちがえて

ウ ちょうど適切に

エ 面白い結果を求めて

c 「不条理」

ア 道理から外れていること

イ 理屈ばかりできゅうくつなこと

ウ 理想を捨ててなまけること

エ 管理が行き届かないこと

正装の第一ボタンを外すと、首元に涼しい風が通った。いつもの場所へ帰ってきた、と思う。私の生きる日常に、特別な意味はないかもしれない。けれど、辞書は意味をあきらめない。絶えず意味を問いかけ、揺《ゆ》らぎ、「正しさは一つじゃない」と教えてくれる。

私のアナウンスは、あの辞書をくれた大学院生に届いただろうか。隣の駅には、彼の通う大学がある。キャンパスを見学がてら、彼のいる研究室を訪ねてみようか。でも……。

私は心の中で辞書を引き、そこにある真実を確かめた。

おもい‐で【思い出】きれいなままで残しておきたいもの。それ以上、始まることも終わることもない、ただ一つの記憶。

「今この瞬間を――として、いつか懐かしく思い返すだろうことを、私は強く予感していた」

（文月悠光《ふづきゆみ》「制服の神さま」『小辞譚　辞書をめぐる10の掌編小説』所収）

注1　公欠届……「公欠」は部活動の大会に参加するなどの理由で、授業に出席しなくても、学校の判断で出席扱いにすること。その届のこと。

注2　小口……本やノートなどの「背（紙をとじ合わせた側）」を除いた三方の断面。ここでは特にページを開く側。

注3　三白眼……黒目が上方にかたよって、左右と下部の三方に白目のある目。

せい‐ふく【制服】真っ黒なブレザーは、カラスの重い翼のようだ。体育館中が黒に埋め尽くされる全校集会では、群れでさかんに鳴き立てる。自分もこのカラスたちの一部なのだと思うと、少し息苦しい。

しゅっ‐せき‐ばん‐ごう【出席番号】またの名を製品番号。読み上げられる番号に「はい」と返事をしているとき、私は自分が人間ではなく、工業製品であったのかと思う。「――順に一列で並びなさい」

何の予告もなく、唐突に現れる辞書の空白。その「意味」を問うとき、私は自分の位置を確かめ、新しく名づけ直している。

赤ペンを手に、自分なりの「意味」をひねり出しながら、「赤ちゃんの名前を考える親の心境ってこんな感じだろうか」と思う。たくさんの言葉、たくさんの私の子ども。辞書の空白を埋める度、神さまになったように誇らしい心地がした。

かみ‐さま【神様】私は制服を着ている。スカートの丈《たけ》が気になる。そういうことが神様のわらいを誘うのだろう。

私はアナウンスの原稿を手に、放送室へと歩き出した。原稿を読み上げながら、語の一つ一つの意味を、自らの空白に書き記していった。私が辞書に現れる空白を無視できないのは、それが辞書からの、辞書をくれた彼からの「問いかけ」であったため。唇《くちびる》をきゅっと強く結ぶ。私はもう逃《に》げない。伝えたい人を見つけたのだから。

土曜日の夕方、東京での全国大会が終わった。賞状の入った筒を軽く叩《たた》きながら、会場のロビーの窓から外を眺めた。外の芝生で、金賞を受賞した高校が賑やかに集合写真を撮影している。私のアナウンスは銅賞に入賞し、先輩たちはラジオドキュメント部門で銀賞に選ばれた。嬉《うれ》しくて悔しくて、先輩たちともみくちゃになって泣いた。

手の中の辞書が少し重みを増した。心なしか紙が熱を帯び、私のからだと共にトクトクと脈打っているのだ。

「僕《ぼく》たちが生まれる前から、言葉が世界のすべてを見てきた。意味を求めているのなら、辞書を引けばいい。ところが、ほとんどの人は、自分の抱える問題について辞書を引くこともしない。不思議じゃないかい」

辞書のページを一息にめくってみる。辞書を埋め尽くす文字が、まるで宇宙に浮かぶ星々のように果てしないものに感じられた。

「本当の意味は、自分自身の中に見つけるものだから」

私がぽつりと呟《つぶや》くと、彼は注3三白眼《さんぱくがん》の瞳《ひとみ》でまっすぐに私を捉《とら》えた。

「そうだね。僕もそう思う」

しばらくして、彼は東京の大学に戻った。言語学の研究者を目指すためらしい。彼と「意味」をめぐって対話[3]して以来、私のアナウンスは徐々《じょじょ》に上達していった。「言葉は音じゃない。意味だ」と言い聞かせたら、不思議と発音につまずくこともなくなった。これが私と辞書のなれそめだ。

結局、【思い出】を空白にしたまま、私は辞書を閉じた。ありきたりの思い出にしたくなかった。言葉にしてしまうことで、彼と過ごしたあの時間や、交わした会話が色あせてしまう気がした。

火曜日の放課後、学校の廊下に立ちすくみ、放送室に足を向けるべきか迷っていた[4]。先輩のアドバイスを受けてから、私はアナウンスの原稿を手にしていなかった。自分は誰にあの原稿を伝えたいんだろう――。全国大会まであと四日。焦《あせ》りと共に、また辞書を開いた。そこはいつしか、私自身の日記帳と化していた。

どう‐きゅう‐せい【同級生】嫌われても、好かれても面倒な存在。彼らの視線にさらされているとき、私は空気そのものになりたいと願う。全員、私のことを「小野さん」と、さん付けで呼ぶ。

日曜日、私は新たな空白を見つけた。今度は「おもい‐で【思い出】」だ。この辞書における「思い出」というのなら、きっとあのことだろう。私の元にこの辞書がやってきたときのこと……。

入部したばかりだった一年前の春、私はアナウンスにまだ照れがあった。先輩たちの見よう見まねで手探りに原稿を読み上げていたけれど、緊張のあまり言葉に詰《つ》まったり、発音がおかしくなることが度重《たびかさ》なっていた。

同じ頃《ころ》、教育実習中の大学院生が、顧問《こもん》の先生の手伝いで放送室に出入りしていた。長身のせいか、女子には人気があったが、私はその院生が嫌いだった。色が白くて面長《おもなが》な顔は、なめくじのようにつるんとして見えた。

「先生に聞かれていると集中できません」

だから、アナウンスが上手くできない苛立《いらだ》ちを彼にぶつけてしまった。だが、私がどのような嫌味《いやみ》を言っても、彼は傷つく様子もなく放送室に居座《いすわ》っている。回転椅子《いす》によりかかり、男性にしてはなだらかなその肩を時折さすっていた。

梅雨の時期のある日、彼は日に焼けた一冊の辞書を手渡してきた。

「漢字の読みとか、発音とか、調べると面白《おもしろ》いよ」

かっと頬《ほお》が熱くなった。お前の発音はおかしい、と欠点を突きつけられたように感じた。

「いりません」

辞書を突き返す私を、彼は「そうか。辞書なんていらないか」と静かな様子で見下ろした。その落ち着いた眼差《まなざ》しに、思わず手を引っ込めた。

「古くなった辞書を図書室から引き取ったんだ。いらないなら、捨ててもいいよ」

どう応じるべきかわからず、軽く会釈《えしゃく》をして、その辞書を見直した。箱にも入っていない剥《む》き出《だ》しの紙の束。よく指を当てられたせいか、注2小口《こぐち》の紙も柔らかく手に馴染《なじ》む。

「言葉には一つ一つ意味があるだろう。辞書の厚さの分だけ、人は世界を区切って、意味を与えてきたんだ」

きょう‐しつ【教室】授業が行われる場所。同時に、「空気を読む」ことを強いられる場所。勝手気ままに振る舞う少数の権力者に、みんなが従属するc不条理ばかりの空間。

書き終えた後、改めて教室の様子を見渡す。1眠たげな同級生の横顔も、仏頂面《ぶっちょうづら》で教卓に肘《ひじ》をつく先生も、私の辞書に収容された。そう思うと、目の前の光景を整理できたようで、身体の芯《しん》まで楽に呼吸できていた。

公欠の許可を何とか取り付け、放送室に戻《もど》った私を「練習に付き合うよ」と先輩《せんぱい》が迎えてくれた。全国大会が一週間後に迫《せま》っていた。私は昨年予選落ちしたため、アナウンスの個人部門に出場するのは今回が初めてだ。アナウンスの内容は、生物部のカワトンボの研究を取材したもので、部長のインタビューが二行ほど挿入《そうにゅう》される。全体の長さは、およそ一分二十五秒。たったそのひとときのため、春から練習に取り組んできた。

「だいぶ上手くなったけど、伝わってこないんだよね」

私のアナウンスを聴き、先輩が首をかしげた。

「特にインタビューの部分がのっぺりして聞こえる。言葉自体は良いのにもったいないよ」

何度も練習を重ねたせいだろうか。初めて原稿を読み上げたときの新鮮さが薄《うす》れていた。録音済みのテープを再生するように、毎回同じテンポ、同じ抑揚《よくよう》で読む。そんな自分のアナウンスに、私自身退屈《たいくつ》していたのだ。

「目の前のお客さんに伝えよう、って気持ち、ある？」

「……はい」

弱々しく頷《うなず》く私に、先輩は声を和《やわ》らげて2「自分の言葉を誰に届けたいか、もう一度考えてみたら？」と微笑《ほほえ》んだ。

【三】 次の文章を読んで、後の問いに答えなさい。

たん-にん【担任】〝あたり〟と〝はずれ〟が存在し、その差は理不尽《りふじん》なほどに大きい。「二年生から――の先生が変わった。かなり苦手なタイプだ」

〝はずれ〟以外の何ものでもない。私の差し出す公欠届[注1]を見て、担任は[a]あからさまに顔をしかめた。

「来週の金曜日に休むの？」

「土曜に放送部の全国大会があって。金曜の夕方、飛行機で発《た》つんです」

「午前中だけでも出席したら？」

彼女は「アナウンス、ねえ……」とため息を漏《も》らし、私の全身を眺め渡した。

「第一ボタンを締《し》めなさい。大会ではきちんと正装すること！」

のろのろとボタンを留めながら、私は「たんにん【担任】」の項目に加筆すべき言葉を考えていた。「生活指導に厳しい者に当たると厄介《やっかい》」――と。

辞書から意味が逃げ出したのは、二日前のこと。五時間目の現代文の授業中だった。辞書の下に数学の宿題のプリントを忍ばせて、こっそりと解いてしまおう。そう思い、[b]でたらめに辞書を開いた。

空白だった。文字で埋《う》め尽《つ》くされているはずの辞書のページに、空白の穴が空いていた。「きょうしつ【教室】」という語の項目だけが、抜け落ちたように真っ白なのだ。ページごと抜けるのならともかく、特定の語句の解説だけが消えてしまうことなどあるだろうか。

空白を見つめている内に、その白さが目に焼きついた。お前の生きている日常にはどんな意味がある？ 辞書にそう問われている気がした。だから私は赤いボールペンを手にとって、空白に次のように書きつけた。

問七　――線4「私は～わけではない」とありますが、これはどういうことですか。その説明として最も適当なものを次のア～エの中から一つ選び、記号で答えなさい。

ア　高尚な芸術に親しんだり、教養を深めたりすることを重視する人びとは、自らの生まれ育った環境によって、無意識のうちにそのようなことに価値があると思い込んでいるということ。

イ　上流階級の人びとは、下層の階級の人びとが自分たちと同じような振る舞い方を身につけようとはげむのを嫌がり、彼らの努力が報われないように色々と邪魔をしがちだということ。

ウ　上流階級に生まれた人であっても、そこでは自分らしく生きることができないと感じたならば、自らの意思で自分の家柄を捨てて、下層の階級の一員となることもできるということ。

エ　個人は属する社会階級ごとにふさわしい生活の仕方を知ってはいるが、それに完全に縛られることなく、自分のあこがれる階級の振る舞いを身につけようとすることもできるということ。

問八　――線5「人びとの～示唆を与えてくれる」とありますが、ブルデューの議論から、どういうことが分かりますか。問題文全体をふまえて、解答らんに合うように三十字以上四十字以内で説明しなさい。

問六 ――線3「政治活動や～考えたくなる」とありますが、これはどういうことを言おうとしているのですか。それを具体的に説明したものとして最も適当なものを次のア～エの中から一つ選び、記号で答えなさい。

ア どの政党を支持するかということは、個人がその政党の政策に共感するか否かということだけではなく、その個人の家庭環境・経歴・年収などの要因によっても当然大きな影響を受けるということ。

イ 企業がどのような経営戦略をとるべきかについては、これまでは経営陣だけで決定していればよかったが、現在では従業員や株主や世間などの意向にも配慮する必要が生じてきたということ。

ウ 個人が保有する不動産や貯蓄などの資産と、その人の学歴や職業との間には相関関係がほとんど見られないが、個人の選挙での候補者選択と、その人の学歴や職業との間には強い相関関係が見られるということ。

エ 高尚な趣味をもつかそれとも低俗な趣味をもつかは、個人の感性の問題だと従来は思われてきたが、個人の置かれた時々の政治状況や経済状況によって大いに左右されることが判明してきたということ。

問五　――線２「人びとの～面白い事実を指摘している」とありますが、なぜ「面白い」と言えるのですか。その説明として最も適当なものを次のア～エの中から一つ選び、記号で答えなさい。

ア　趣味のような美的判断は普遍的に説明できるというカントの常識的な考え方とくらべて、趣味は自分が上層階級に属していることを他者に示すための道具だというブルデューの考え方が、あまりに奇抜で興味をひかれるから。

イ　社会生活を営むうえで取るに足らない問題だと考えられている趣味の選択が、実は個人の生き方を大きく左右するその人の所属階級を決定しているという思いがけない事態を、ブルデューの議論が鮮やかに証明しているから。

ウ　趣味は個人の好き嫌いによってのみ選択されていると思われているが、趣味の選択には階級による特徴があり、かつそれを人びとが知っているとすると、趣味は社会階級によっても決定されているという意外な事実を指摘しているから。

エ　認識論、道徳論、美学・芸術論を通して、人間というものを理解しようとしてきたこれまでの哲学的実践に対抗して、社会学では身近な個人の趣味を通して、人びとの意識や行動を説明しようとしている点が意欲的だから。

問一　A ～ C にあてはまる言葉として最も適当なものを次のア～カの中から一つずつ選び、記号で答えなさい。
なお、同じ記号を繰り返し用いてはいけません。

ア　ところで　　イ　なぜなら　　ウ　むしろ
エ　また　　オ　たとえば　　カ　しかし

問二　X にあてはまる言葉として最も適当なものを次のア～エの中から一つ選び、記号で答えなさい。

ア　文化　　イ　一般　　ウ　自覚　　エ　社会

問三　Y にあてはまる言葉として最も適当なものを次のア～エの中から一つ選び、記号で答えなさい。

ア　断定　　イ　実証　　ウ　感覚　　エ　理論

問四　――線１「文化資本という概念」とありますが、問題文中でこれを説明している部分を解答らんに合うように四十字以上四十五字以内で抜き出し、最初と最後の五字を答えなさい。

を低くするために日々感性を磨く努力をしている。その一方で、私が洗練されたスタイルを身につけている度合いに関係なく、私が〝洗練されたスタイル〟の習得に向けて努力していることそれ自体が、ある種の人びとにとっては私を〝気取った連中〟の一人としてみなす理由になってしまう。つまり、4私は、振る舞いそのものを決められているわけではない。私が何に向けてどう振る舞うかを判断する仕方（ブルデューはこれをハビィトスと呼んだ）を、社会的に決められているのである。

このようなブルデューの議論はとても興味深いし、5人びとの意識や行動について考えるときにはさまざまな注8示唆《しさ》を与えてくれる。

（数《す》土《ど》直《なお》紀《き》『日本人の階層意識』）

注1　認識論……人間はどのようにして物を知るのかを考える学問。
注2　普遍的に……どんな人にもあてはまるように。
注3　フィットしている……ぴったり合っている。
注4　喝破した……真実を説き明かした。
注5　階級的出自……生まれた家柄。
注6　スタイル……ここでは、ある階級に属する人に共通してみられるライフスタイル（生活様式）のこと。
注7　リスク……危険性。
注8　示唆を与えてくれる……ヒントを与えてくれる。

しかしクラシック音楽をよく聴いていそうだという人をイメージとして思い浮かべたとき、その人がいわゆる上層階級に属していそうな人間だということはありそうである。もしそうだとすれば、私はクラシック音楽を好んで聴くことで〝他人に上層階級に属する人間だと思われる〟ことを予想しているのでなければならず、ブルデューの主張していることが私にもあてはまってしまうことになる。このように趣味判断には階級的な特徴があり、かつ人びとがそのことを知っているとしたら、趣味判断はその人の感性（だけ）によって決まっているのではなく、その人が〝どの社会階級に属しているか〟という社会的な要因によって（も）決まっていることになる。

　その人の趣味や好みといった問題は、まったく私的な問題であり、主としてその人の感性によって説明されると、私たちは何となく思っている。［B］、そのような趣味や好みですら社会的な要因によって決まっているのだとしたら、[3]政治活動や経済活動に関する価値判断はよりいっそう社会的な要因によって決まっているのだと考えたくなる。

　このとき大切なのは、そのようにして社会的に説明される趣味や好みは、単に所属する社会階級によって異なっているだけでなく、階級的地位を継承させるための〝資本〟として機能しているということである。〝正しい〟身なりで、〝正しい〟言葉づかいで、また〝正しい〟マナーで振る舞うことで、上層階級の家庭に生まれ育った人は、その社会における成功のチャンスを高め、そして自身も上層階級に入っていくことになる。いわば、〝正しい〟趣味判断は、その人が社会的に成功するための（文化）資本として利用されているのである。

　趣味判断を〝社会的に成功する〟ための文化資本なのだと喝破《かっぱ》[注4]したブルデューの議論は、高尚な芸術に親しみ、また教養を深めることに努める人びとにとって、あまり心地よいものではないかもしれない。もちろん、ブルデューは人びとの趣味判断がその階級的出自《しゅつじ》[注5]によって完全に決まっていると主張したわけではない。［C］ブルデューは、人びとによって選択される戦略の多様さの方を強調している。

　たとえば、私が、いかにも洗練されたスタイル[注6]を身につけようと日々努力しているとしよう。しかし、それは、周囲の人からちょっとピントが外れたものとして受けとめられるかもしれない。私は、そういったリスク[注7]を覚悟しつつも、そういったリスク

【二】 次の文章を読んで、後の問いに答えなさい。

[1]文化資本という概念を提唱したフランスの社会学者P・ブルデュー（Bourdieu, Pierre, 1930−2002）は、[2]人びとの趣味について面白い事実を指摘している。

ブルデューはその主著『ディスタンクシオン』において人びとの趣味判断と社会階級との関係を分析したのだが、この本の副題は〝社会的判断力批判〟となっている。ちなみに、この副題は、ドイツの有名な哲学者I・カント[注1]の三つの著作、『純粋理性批判』『実践理性批判』『判断力批判』を想起させる。ややおおざっぱに、『純粋理性批判』は認識論を扱い、『実践理性批判』は道徳論を扱い、『判断力批判』は美学・芸術論を扱っていると考えれば、ブルデューは明らかにカントの『判断力批判』の〝批判〟を意識していたといえるだろう。カントは、人びとの認識や、道徳や、そして美的判断を普遍[注2]的に説明できると考えたけれども、これに対してブルデューは、そういったものは X 的に説明しなければならないと考えたのである。

私がどのような絵画を好み、どのような小説を読み、どのような音楽を聴くかということ、あるいはふだん身だしなみにどのように注意しているのかということ、こうした私の趣味や好みに関係することは、一般的には私の感性にしたがって決まっていると考えられている。 A 、私がクラシック音楽を好んで聴くことの理由は、〝私の感性にフィット[注3]している〟からであり、それ以上の理由はないと、私は考えている。かりに他人に「あなたは、なぜクラシックを好んで聴くのですか？」と問われて、「私がクラシック音楽を好んで聴く理由は、私がどの社会階級に属しているかを他人に知ってもらうためです」と答えることなど、おおよそ想像することなどできない。しかしブルデューは、私がそのことを自覚しているかどうかとは関係なく、クラシック音楽を聴く理由は、「他者に対して自分が上層階級に属する人間であることを示そうとしている」からなのだと説明する。

もちろん、ブルデューは何の根拠もなく、そう考えているわけではない。ブルデューは、社会調査によって得られたデータを、学歴や職業にもとづいて分類した上で、いわば Y 的にそう主張しているのである。

〝他人に自分が上層階級に属する人間であることを示したい〟と思ってクラシック音楽を聴いている人はあまりいないだろう。

【一】 次の①～⑤の――線部について、カタカナの部分は漢字に直し、漢字の部分はその読みをひらがなで答えなさい。なお、答えはていねいに書くこと。

① 委員会で法案の疑問点を質した。

② 拾ったサイフを交番に届けた。

③ ここには、学校のエンカクが書かれている。

④ 独自の理論をコウチクする。

⑤ あそこの会社に父がキンムしている。

平成30年度　本郷中学校
第2回　入学試験問題

国語

（五〇分　満点：一〇〇点）

注意

一、指示があるまで問題冊子を開いてはいけません。
二、答えはすべて解答用紙に記入しなさい。
三、字数指定のある問題は、特別の指示がない限り、句読点、記号なども字数に含みます。
四、用具の貸し借りは禁止します。
五、指示があるまで席をはなれてはいけません。
六、質問があれば、だまって手をあげて監督者を呼びなさい。
七、試験が終わったら、解答用紙だけ提出しなさい。問題は持ち帰ってもかまいません。

解答用紙集

○月×日 △曜日　天気(合格日和)

◆ご利用のみなさまへ
＊解答用紙の公表を行っていない学校につきましては、弊社の責任において、解答用紙を制作いたしました。
＊編集上の理由により一部縮小掲載した解答用紙がございます。
＊編集上の理由により一部実物と異なる形式の解答用紙がございます。

人間の最も偉大な力とは、その一番の弱点を克服したところから生まれてくるものである。 ——カール・ヒルティ——

東京学参株式会社

※ 145%に拡大していただくと，解答欄は実物大になります。

令和6年度 本郷中学校
第1回 入学試験問題

算数解答用紙

1	(1)	
	(2)	

2	(1)	時間
	(2)	円
	(3)	
	(4)	分
	(5)	km
	(6)	cm^3

3	(1)	毎分　m
	(2)	毎分　m
	(3)	

4	(1)	
	(2)	
	(3)	

5	(1)	cm^3
	(2)	cm^3
	(3)	cm^3

得点	/100

受験番号	
氏名	

※ 152%に拡大していただくと，解答欄は実物大になります。

令和6年度 本郷中学校
第1回 入学試験問題

理科解答用紙

1

(1)	g	(2)	B	C	(3)		(4)		(5)	
(6)	1	2	3	4						
(7)	1	2	3							

点

2

(1)	1	2	(2)	kg	(3)	電池
(4)	①	②				
(5)		(6)				
(7)	① cm^3	②マグネシウムの重さ g	塩酸の体積 cm^3	③ g		

点

3

(1)	①	②	④	⑩	(2)				
(3)	A	B	C	D	(4)	メダカ	A	B	C	D
(4)	カエル	E	F	G	H	I	J	K	L
(5)	回	(6)		(7)	A	B			

点

4

(1)		(2)		(3)		(4)	
(5)		(6)		(7)	9	10	
(8)	図4は断層面を境に						

点

得点	/75

受験番号	氏　名

※ 152%に拡大していただくと，解答欄は実物大になります。

令和6年度 本郷中学校
第1回 入学試験問題

社会解答用紙

1

問1					問2	問3	問4
ア	イ	ウ	エ	オ			km

問5	問6	問7	問8		
			①	②	③

問8			
④	⑤	⑥	⑦

点

2

問1	問2	問3	問4	問5	問6	問7	問8	問9

問10	問11	問12	問13

問14	問15	問16	問17

点

3

問1	問2	問3	問4	問5	問6	問7

問8	問9	問10	問11	問12

点

点

受験番号	氏　　名

◇国語◇

本郷中学校(第1回) 2024年度

※161%に拡大していただくと、解答欄は実物大になります。

令和6年度 本郷中学校 第1回 入学試験問題

国語解答用紙

【一】 /10 ②×5 ① ② ③ ④ ⑤

【二】
/4 ④×1 問一
/7 ⑦×1 問二
/5 ⑤×1 問三
/6 ⑥×1 問四
/10 ⑩×1 問五 80
/7 ⑦×1 問六
/6 ⑥×1 問七

【三】
/6 ②×3 問一 A B C
/3 ③×1 問二
/24 ⑥×4 問三 問四 問五 問六
/12 ⑫×1 問七 80 100

【一】 /10
【二】 /45
【三】 /45
総点 /100

受験番号

氏名

※ 145％に拡大していただくと，解答欄は実物大になります。

令和６年度 本郷中学校
第２回 入学試験問題

算数解答用紙

1	(1)	
	(2)	

2	(1)	本
	(2)	cm
	(3)	cm^2
	(4)	日
	(5)	
	(6)	cm^2

3	(1)	分後			
	(2)	km			
4	(1)	〈　　，　　〉			
	(2)	〈　　，　　〉			
5	(1)	cm			
	(2)	cm			
6	(1)	ア			
	(2)	イ			
		ウ		エ	
	(3)				

得点	／100

受験番号	
氏名	

※152%に拡大していただくと，解答欄は実物大になります。

令和6年度 本郷中学校
第2回 入学試験問題

理科解答用紙

1

(1)		(2)	秒	(3)	倍	(4)	
(5)							
(6)	① 秒	②					

点

2

(1)			(2)			(3)		
(4)			(5)					
(6)	A	B	C	(7)	A	C		

点

3

(1)		(2)		(3)		(4)	
(5)	① g	②		(6)			

点

4

(1)			(2)		(3)	1	2
(4)		(5)		(6)			
(7)	1	2	3				

点

得点	/75

受験番号	氏　名

本郷中学校(第２回)　2024年度　◇社会◇

※ 152％に拡大していただくと，解答欄は実物大になります。

令和６年度 本郷中学校
第２回 入学試験問題

社会解答用紙

1

問１	問２	問３	問４	問５	問６	問７
			市			

問８	問９	問10	問11	問12		問13	問14	問15
				(１)	(２)			

問16	問17
市	

点

2

問１	問２	問３			問４	問５	問６	問７
		(1)	(2)	(3)				

問８	問９	問10	問11
国			

問12	問13	問14	問15
			県

点

3

問１	問２	問３	問４	問５	問６	問７	問８

問９	問10	問11	問12

点

点

受験番号	氏　　名

◇国語◇

本郷中学校(第2回)　２０２４年度

※１６１%に拡大していただくと，解答欄は実物大になります。

令和6年度 本郷中学校 第2回 入学試験問題

国語解答用紙

【一】 ②×5 …… ① ② ③ ④ ⑤ ／10

【二】

②×3 …… 問一 A B C ／6

⑥×4 …… 問二 問三 問四 問五 ／24

⑩×1 …… 問六 60 80 ／10

⑤×1 …… 問七 ／5

【三】

②×3 …… 問一 a b c ／6

⑤×1 …… 問二 ／5

⑥×2 …… 問三 問四 ／12

⑩×1 …… 問五 55 70 ／10

⑥×2 …… 問六 問七 ／12

【一】 ／10

【二】 ／45

【三】 ／45

総点 ／100

受験番号

氏名

※ 145%に拡大していただくと，解答欄は実物大になります。

令和6年度 本郷中学校
第3回 入学試験問題

算数解答用紙

1	(1)	
	(2)	

2	(1)	円
	(2)	時間
	(3)	cm^3
	(4)	度
	(5)	
	(6)	cm^2
	(7)	cm

3	(1)	毎分　m
	(2)	毎分　m
	(3)	

4	(1)	ア			
	(2)	イ		ウ	

5	(1)	cm^3
	(2)	倍
	(3)	:

得点	/100

受験番号	
氏名	

本郷中学校(第3回)　2024年度　◇理科◇

※ 152%に拡大していただくと，解答欄は実物大になります。

令和6年度 本郷中学校
第3回 入学試験問題

理科解答用紙

1

(1)	1	2		(2)			
(3)		(4)	＋−	重さ	(5)		
(6)							

点

2

(1)		(2)					
(3)		(4)		(5)			
(6)		(7)	㋐	㋑	(8)		

点

3

(1)		(2)		(3)		(4)	
(5)		(6)		(7)			

点

4

(1)	cm	(2)	秒後	(3)	cm	(4)	秒後
(5)		(6)	秒後	(7)	cm	(8)	秒後

点

得点	/75

受験番号	氏　名

※ 152％に拡大していただくと，解答欄は実物大になります。

令和6年度 本郷中学校
第3回 入学試験問題

社 会 解 答 用 紙

1

問1				問2		問3	
①	②	③	④	G	H	あ	い

問4		問5		問6
う	え	お	か	

点

2

問1	問2	問3	問4	問5	問6	問7	問8	問9

問10	問11	問12	問13

問14	問15	問16	問17

点

3

問1	問2	問3	問4	
			(1) 権	(2)

問5		問6	問7	問8
広島 月 日	長崎 月 日			

問9	問10	問11	
		Y	Z

点

点

受験番号	氏名

◇国語◇

本郷中学校(第3回)　２０２４年度

※１６１%に拡大していただくと，解答欄は実物大になります。

令和6年度　本郷中学校
第3回　入学試験問題

国語解答用紙

【一】

/10　②×5　①　②　③　④　⑤

【二】

/4　④×1　問一

/18　⑥×3　問二　問三　問四

/11　⑪×1　問五　70　90

/12　⑥×2　問六　問七

【三】

/9　③×3　問一　a　b　c

/6　⑥×1　問二

/10　⑩×1　問三　80　90

/12　⑥×2　問四　問五

/8　⑧×1　問六

【一】 /10

【二】 /45

【三】 /45

総点 /100

受験番号

氏名

※ 145％に拡大していただくと，解答欄は実物大になります。

令和５年度 本郷中学校
第１回 入学試験問題

算数解答用紙

1	(1)	
	(2)	

2	(1)	cm
	(2)	ページ
	(3)	人
	(4)	cm^2
	(5)	秒間
	(6)	秒後
3	(1)	毎分　m
	(2)	
	(3)	

4	(ア)	1	9			
	(イ)	1	4			
	(ウ)					
	(エ)	5	0			
	(オ)					
5	(1)	cm^3				
	(2)					
	(3)	cm^3				

得点	/100

受験番号	
氏名	

本郷中学校(第１回)　2023年度

◇理科◇

※ 152%に拡大していただくと，解答欄は実物大になります。

令和５年度 本郷中学校
第１回 入学試験問題

理科解答用紙

1

(1)	1		2		3		(2)	

(3)	①		②		③		④		(4)		(5)	
(6)												

点

2

(1)		(2)		(3)	g
(4)	cm^3	(5)	g	(6)	

点

3

(1)	1		2		3
(2)		(3)			
(4)		(5)	〜	(6)	
(7)	→ → → → →	(8)			

点

4

(1)		(2)		(3)	3	4	
(4)		(5)	7		8	(6)	
(7)	①		②		③		
(8)	①		②		③		

点

得点	／75

受験番号	氏　　名

※ 152％に拡大していただくと，解答欄は実物大になります。

令和５年度 本郷中学校
第１回 入学試験問題

社会解答用紙

1

問１				問２
(1)　km²	(2)	(3)	(4)	A　(雲仙)

問２	問３	問４		問５
B		(1)	(2)	(1)

問５	問６	問７	問８	問９	問10
(2)					

点

2

問１	問２	問３	問４	問５	問６	問７	問８	問９

問10	問11	問12	問13

問14	問15	問16	問17

点

3

問１			
1	2	3	4

問２	問３	問４	問５

問６	問７			問８			
	①	②	③	A	B	C	D

点

点

受験番号	氏　　名

本郷中学校(第1回)　2023年度

※161%に拡大していただくと、解答欄は実物大になります。

令和5年度 本郷中学校 第1回 入学試験問題

国語解答用紙

【一】 ②×5 ① ② ③ ④ ⑤ /10

【二】
③×3 問一 A B C /9
⑤×4 問二 問三 問四 問五 /20
⑧×1 問六 (30) (40) /8
④×2 問七 /8

【三】
③×3 問一 a b c /9
④×2 問二 問三 /8
⑤×4 問四 問五 問六 問七 /20
⑧×1 問八 (50) (60) /8

受験番号

氏名

【一】 /10
【二】 /45
【三】 /45
総点 /100

※ 145%に拡大していただくと，解答欄は実物大になります。

令和5年度 本郷中学校
第2回 入学試験問題

算数解答用紙

1	(1)	
	(2)	

2	(1)	cm
	(2)	cm
	(3)	
	(4)	cm^3
	(5)	通り
	(6)	cm
3	(1)	
	(2)	分後
	(3)	毎分　　cm^3

4	(1)	(ア)		(イ)	
		(ウ)		(エ)	
		(オ)		(カ)	
	(2)				
	(3)				
5	(1)	cm^2			
	(2)				
	(3)	①			
		②	倍		

得点	/100

受験番号	
氏名	

本郷中学校(第2回)　2023年度　　◇理科◇

※ 152%に拡大していただくと，解答欄は実物大になります。

令和5年度 本郷中学校
第2回 入学試験問題

理 科 解 答 用 紙

1

(1)		(2)	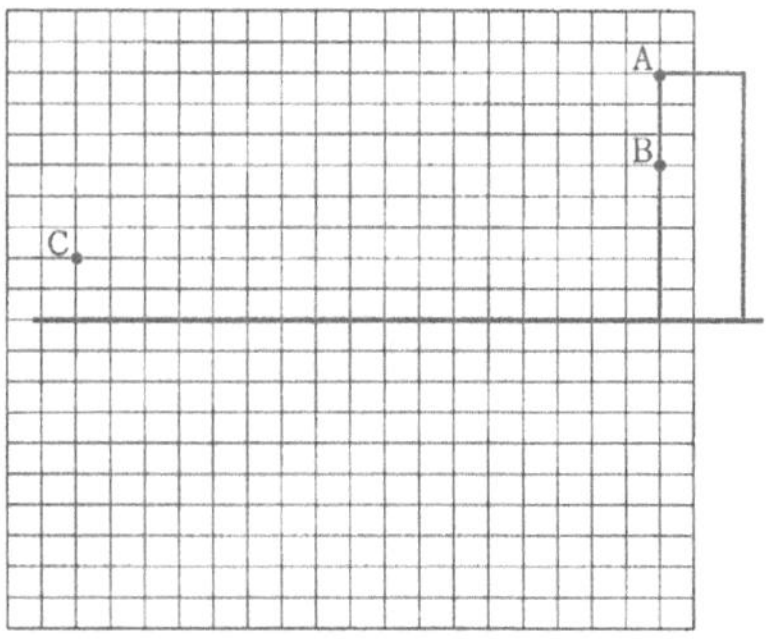
(3)			
(4)			
(5)			
(6)	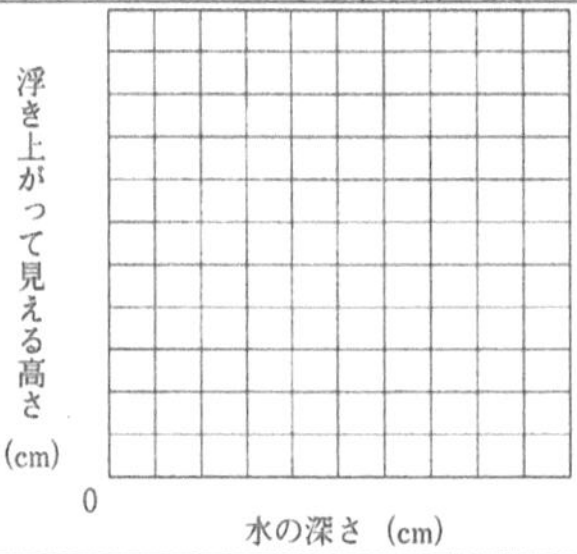	(7)	m
		(8)	

点

2

(1)	実験結果	根拠	(2)		(3)	g
(4)		(5)		(6)		
(7)						

点

3

(1)		(2)		(3)									
(4)	1		2		(5)		(6)		(7)				
(8)													

点

4

(1)		(2)		(3)		(4)		(5)	
(6)		(7)		(8)	m				

点

得点	/75

受験番号	氏　　名

※ 152%に拡大していただくと，解答欄は実物大になります。

令和5年度 本郷中学校
第2回 入学試験問題

社会解答用紙

1

問1		問2	
1	2	(1)D	(1)E

問2		問3	問4	問5
(1)F	(2)			

問6		問7	問8	問9
(1)	(2)			

点

2

問1	問2	問3	問4	問5	問6	問7	問8	問9

問10	問11	問12	問13

問14	問15	問16	問17

点

3

問1			問2	問3	問4
1　名	2　県	3　県			

問5	問6	問7	問8
			歳

問9				問10
A	B	C	D	に備えるため

点

点

受験番号	氏名

◇国語◇　　本郷中学校(第2回)　　２０２３年度

※１６１％に拡大していただくと、解答欄は実物大になります。

令和5年度 本郷中学校 第2回 入学試験問題

国語解答用紙

【一】

配点					
/10　②×5	①	②	③	④	⑤

【二】

配点	問			
/6　②×3	問一	(1)	(2)	(3)
/3　③×1	問二			
/20　⑤×4	問三	問四	問五	問六
/6　⑥×1	問七			
/10　⑩×1	問八（50・60）			

【三】

配点	問			
/9　③×3	問一	a	b	c
/15　⑤×3	問二	問三	問四	
/6　⑥×1	問五			
/10　⑩×1	問六（50・70）から。			
/5　⑤×1	問七			

【一】	【二】	【三】	総点
/10	/45	/45	/100

受験番号

氏名

※ 145%に拡大していただくと，解答欄は実物大になります。

令和5年度 本郷中学校
第3回 入学試験問題

算数解答用紙

1	(1)	
	(2)	

2	(1)	個
	(2)	m^2
	(3)	回
	(4)	m
	(5)	%
	(6)	cm^2
	(7)	cm^2

3	(1)	毎分　m
	(2)	m
	(3)	
4	(1)	
	(2)	
	(3)	
5	(1)	cm^2
	(2)	cm^3

得点	/100

受験番号	
氏名	

※ 154%に拡大していただくと，解答欄は実物大になります。

令和５年度 本郷中学校
第３回 入学試験問題

理科解答用紙

1

(1)		(2)		(3)	
(4)		(5)			

点

2

(1)		(2)	1		2
(3)		(4)	① g		②
(5)					

点

3

(1)	→ → →	(2)	
(3)		(4)	
(5)	①	②	
(6)	→ → →	(7)	
(8)	匹		

点

4

(1)		(2)		(3)	
(4)		(5)	写真２ 地点	写真３ 地点	
(6)		(7)		(8)	

点

得点	/75

受験番号	氏　名

※ 152%に拡大していただくと，解答欄は実物大になります。

令和５年度 本郷中学校
第３回 入学試験問題

社 会 解 答 用 紙

1

問1	問2	問3	問4
諸島		山脈	(北)　→　→　(南)

問5	問6	問7	問8	問9	問10	問11

問12	問13	問14	問15	問16	問17	問18		
						(あ)	(い)	(う)

点

2

問1	問2	問3	問4	問5	問6	問7	問8	問9

問10	問11	問12	問13

問14	問15	問16	問17

点

3

問1				
(1)	(2)	(3)	(4)	(5)

問2	問3	問4	問5	問6	問7	問8

点

点

受験番号	氏　　名

◇国語◇

本郷中学校(第3回)　2023年度

※161%に拡大していただくと、解答欄は実物大になります。

令和5年度 本郷中学校 第3回 入学試験問題

国語解答用紙

【一】 /10 ②×5

① ② ③ ④ ⑤

【二】 /21 ③×7

問一 Ⅰ Ⅱ

問二 A B C

問三 (1) (2)

/12 ④×3

問四

問五 (1) (2)

/8 ⑧×1

問六 60 70

/4 ④×1

問七

【三】 /12 ③×4

問一 A B

問二 X Y

/4 ④×1

問三

/8 ⑧×1

問四 55 65

/15 ⑤×3

問五

問六

問七

/6 ⑥×1

問八

【一】 /10

【二】 /45

【三】 /45

総点 /100

受験番号

氏名

※ 108%に拡大していただくと，解答欄は実物大になります。

令和4年度 本郷中学校
第1回 入学試験問題

算数解答用紙

1	(1)	
	(2)	

2	(1)	個
	(2)	ページ
	(3)	m
	(4)	個
	(5)	cm^2
	(6)	倍

3	(1)	毎分 m
	(2)	m
	(3)	毎分 m

4	(1)	D：	E：
	(2)		
	(3)	通り	

5	(1)	cm^3
	(2)	cm^3
	(3)	cm^3

受験番号	氏名

得点	
	/100

※ 127%に拡大していただくと，解答欄は実物大になります。

令和４年度 本郷中学校
第１回 入学試験問題

理科解答用紙

1

(1)	1		2		3		
(2)	①		②	mL	(3)	X	Y
(4)	g	(5)		(6)		(7)	

点

2

(1)		(2)	①		②	X	Y / Z
(2)	③	Ⅰ / Ⅱ	④	L	(3)	Ⅲ	Ⅳ
(4)							

点

3

(1)	a	動物
	b	動物
(2)		(3) 呼吸器官 / 体の部位
(4)	X / Y / Z	(5)

点

4

(1)	①		②		③		④	⑤	°
(2)		(3)		(4)					

点

受験番号		氏名	

得点	/75

本郷中学校（第１回）　2022年度

◇社会◇

※ 156％に拡大していただくと，解答欄は実物大になります。

令和４年度 本郷中学校
第１回 入学試験問題

社 会 解 答 用 紙

1

問１						問２	
ア	イ	ウ	エ	オ	カ	① m	②

問２		問３	問４	問５	問６
③	④		m		ア

問６			
イ	ウ	エ	オ

点

2

問１	問２	問３	問４	問５	問６	問７	問８	問９

問10	問11	問12	問13

問14	問15	問16	問17

点

3

問１				問２
A	B－２	B－３	C	

問３	問４	問５		
		A－１	A－２	B

問６			問７	
A	B	C	１	２

点

受験番号		氏　名	

点

※164%に拡大していただくと、解答欄は実物大になります。

令和4年度　本郷中学校　第1回入学試験問題

国語解答用紙

【一】

/10　②×5

① ② ③ ④ ⑤

【二】

/12　③×4　問一　問二　B　C　問三

/25　⑤×5　問四　問五　最初　〜最後　問六　問七　問八

/8　⑧×1　問九

【三】

/6　③×2　問一　問二　X　Y

/16　④×4　問三　問四　問五　問六

/15　⑤×3　問七　問八　問九

/8　⑧×1　問十

【一】 /10　【二】 /45　【三】 /45　総点 /100

受験番号

氏名

※ 108%に拡大していただくと，解答欄は実物大になります。

令和４年度 本郷中学校
第２回 入学試験問題

算数解答用紙

1	(1)	
	(2)	

2	(1)	秒
	(2)	才
	(3)	倍
	(4)	
	(5)	
	(6)	cm^2
	(7)	番目

3	(1)	毎分　cm^3
	(2)	cm
	(3)	分後
4	(1)	度
	(2)	
	(3)	度
5	(1)	度
	(2)	cm

受験番号	氏名

得点	
	/100

※ 127%に拡大していただくと，解答欄は実物大になります。

令和４年度 本郷中学校
第２回 入学試験問題

理科解答用紙

1

(1)		(2)		(3)		(4)	
(5)		(6)	倍	(7)	cm		

点

2

(1)	A	B	C	(2)	
(3)					
(4)		(5)			
(6)	① %	② g			

点

3

(1)	①		②		③		
(2)	④		(3)		(4)		
(5)		(6)		(7)			

点

4

(1)		(2)				
(3)	①		②			
	③	→ → →				
(4)		(5)	%			
(6)	1		2		(7)	%

点

受験番号		氏名	

得点	/75

※ 159％に拡大していただくと，解答欄は実物大になります。

令和４年度 本郷中学校
第２回 入学試験問題

社会解答用紙

1

問1			
1 県	2 県	3	4

問2		問3	問4	
A	B		①	②

問5	問6	問7	問8	問9	問10

点

2

問1	問2	問3	問4	問5	問6	問7	問8	問9

問10	問11	問12	問13
遺跡			

問14	問15	問16	問17
	以上		

点

3

問1							
1	2	3	4	5	6	7	8

問1				
9	10	11	12	13

問2	問3			問4		問5	
	A	B	C	D	E	F	G

点

受験番号		氏　名	

点

本郷中学校(第2回)　２０２２年度

※１６４%に拡大していただくと，解答欄は実物大になります。

令和4年度 本郷中学校
第2回 入学試験問題

国語解答用紙

【一】 /10 ②×5 …… ① ② ③ ④ ⑤

【二】
/8 ②×4 …… 問一 A B C D
/12 ④×3 …… 問二　問三　問四
/9 ⑨×1 …… 問五
/4 ④×1 …… 問六
/12 ⑥×2 …… 問七　問八

【三】
/6 ②×3 …… 問一 a b c
/5 ⑤×1 …… 問二
/9 ⑨×1 …… 問三
/5 ⑤×1 …… 問四
/12 ⑥×2 …… 問五　問六
/8 ④×2 …… 問七

【一】 /10
【二】 /45
【三】 /45
総点 /100

受験番号

氏名

※ 108%に拡大していただくと，解答欄は実物大になります。

令和4年度 本郷中学校
第3回 入学試験問題

算数解答用紙

1	(1)	
	(2)	

2	(1)		cm
	(2)	A B	g
	(3)		m
	(4)		倍
	(5)		cm^2
	(6)		倍

3	(1)		cm
	(2)		cm^2
	(3)		秒後

4	(1)		票
	(2)		票
	(3)		票

5	(1)		分間
	(2)	条件A 条件B	点
	(3)	X＝　　　，Y＝	

受験番号	氏　　名

得点	/100

※127%に拡大していただくと，解答欄は実物大になります。

令和4年度 本郷中学校
第3回 入学試験問題

理科解答用紙

1

(1)	種類	(2)	
(3)		(4)	と
(5)		(6)	と

点

2

(1)	g	(2)	g	(3)	cm	(4)	
(5)		(6)		(7)		(8)	g

点

3

(1)	A	B	C		
(2)	A	B	C		
(3)				(4)	
(5)		(6)		(7)	mm^3
(8)	表　mm^3	裏　mm^3		(9)	個

点

4

(1)		(2)		(3)		(4)	
(5)						(6)	
(7)	カルデラで□可能性が高い。なぜなら、						
(8)	D	E					

点

受験番号		氏名	

得点	/75

※ 156％に拡大していただくと，解答欄は実物大になります。

令和４年度 本郷中学校
第３回 入学試験問題

社 会 解 答 用 紙

1

問１				
1	2	3	4	5

問１	問２	問３	問４	問５	問６	問７	問８	問９
6								

問10	問11	問12	問13	問14
				市

点

2

問１	問２	問３	問４	問５	問６	問７	問８	問９

問10	問11	問12	問13

問14	問15	問16	問17

点

3

問１			
1	2	3	4

問２	問３	問４	問５	問６	問７	問８

問９

点

受験番号		氏　名	

点

◇国語◇

本郷中学校(第3回)　2022年度

※164%に拡大していただくと、解答欄は実物大になります。

令和4年度 本郷中学校 第3回 入学試験問題

国語解答用紙

【一】

/10 ②×5 …… ① ② ③ ④ ⑤

【二】

/4 ②×2 …… 問一 A B

/20 ⑤×4 …… 問二　問三　問四　問五

/9 ⑨×1 …… 問六

/12 ⑥×2 …… 問七　問八

【三】

/6 ②×3 …… 問一 A B C

/5 ⑤×1 …… 問二

/6 ⑥×1 …… 問三

/5 ⑤×1 …… 問四

/6 ⑥×1 …… 問五

/12 ⑫×1 …… 問六

/5 ⑤×1 …… 問七

【一】 /10　【二】 /45　【三】 /45　総点 /100

受験番号

氏名

東京学参の
中学校別入試過去問題シリーズ

＊出版校は一部変更することがあります。一覧にない学校はお問い合わせください。

東京ラインナップ

あ　青山学院中等部(L04)
麻布中学(K01)
桜蔭中学(K02)
お茶の水女子大附属中学(K07)
か　海城中学(K09)
開成中学(M01)
学習院中等科(M03)
慶應義塾中等部(K04)
啓明学園中学(N29)
晃華学園中学(N13)
攻玉社中学(L11)
国学院大久我山中学
（一般・CC）(N22)
（ST）(N23)
駒場東邦中学(L01)
さ　芝中学(K16)
芝浦工業大附属中学(M06)
城北中学(M05)
女子学院中学(K03)
巣鴨中学(M02)
成蹊中学(N06)
成城中学(K28)
成城学園中学(L05)
青稜中学(K23)
創価中学(N14)★
た　玉川学園中学部(N17)
中央大附属中学(N08)
筑波大附属中学(K06)
筑波大附属駒場中学(L02)
帝京大中学(N16)
東海大菅生高中等部(N27)
東京学芸大附属竹早中学(K08)
東京都市大付属中学(L13)
桐朋中学(N03)
東洋英和女学院中学部(K15)
豊島岡女子学園中学(M12)
な　日本大第一中学(M14)
日本大第三中学(N19)
日本大第二中学(N10)
は　雙葉中学(K05)
法政大学中学(N11)
本郷中学(M08)
ま　武蔵中学(N01)
明治大付属中野中学(N05)
明治大付属八王子中学(N07)
明治大付属明治中学(K13)
ら　立教池袋中学(M04)
わ　和光中学(N21)
早稲田中学(K10)
早稲田実業学校中等部(K11)
早稲田大高等学院中学部(N12)

神奈川ラインナップ

あ　浅野中学(O04)
栄光学園中学(O06)
か　神奈川大附属中学(O08)
鎌倉女学院中学(O27)
関東学院六浦中学(O31)
慶應義塾湘南藤沢中等部(O07)
慶應義塾普通部(O01)
さ　相模女子大中学部(O32)
サレジオ学院中学(O17)
逗子開成中学(O22)
聖光学院中学(O11)
清泉女学院中学(O20)
洗足学園中学(O18)
捜真女学校中学部(O29)
た　桐蔭学園中等教育学校(O02)
東海大付属相模高中等部(O24)
桐光学園中学(O16)
な　日本大中学(O09)
は　フェリス女学院中学(O03)
法政大第二中学(O19)
や　山手学院中学(O15)
横浜隼人中学(O26)

千・埼・茨・他ラインナップ

あ　市川中学(P01)
浦和明の星女子中学(Q06)
か　海陽中等教育学校
（入試Ⅰ・Ⅱ）(T01)
（特別給費生選抜）(T02)
久留米大附設中学(Y04)
さ　栄東中学(東大・難関大)(Q09)
栄東中学(東大特待)(Q10)
狭山ヶ丘高校付属中学(Q01)
芝浦工業大柏中学(P14)
渋谷教育学園幕張中学(P09)
城北埼玉中学(Q07)
昭和学院秀英中学(P05)
清真学園中学(S01)
西南学院中学(Y02)
西武学園文理中学(Q03)
西武台新座中学(Q02)
専修大松戸中学(P13)
た　筑紫女学園中学(Y03)
千葉日本大第一中学(P07)
千葉明徳中学(P12)
東海大付属浦安高中等部(P06)
東邦大付属東邦中学(P08)
東洋大附属牛久中学(S02)
獨協埼玉中学(Q08)
な　長崎日本大中学(Y01)
成田高校付属中学(P15)
は　函館ラ・サール中学(X01)
日出学園中学(P03)
福岡大附属大濠中学(Y05)
北嶺中学(X03)
細田学園中学(Q04)
や　八千代松陰中学(P10)
ら　ラ・サール中学(Y07)
立命館慶祥中学(X02)
立教新座中学(Q05)
わ　早稲田佐賀中学(Y06)

公立中高一貫校ラインナップ

北海道　市立札幌開成中等教育学校(J22)
宮　城　宮城県仙台二華・古川黎明中学校(J17)
市立仙台青陵中等教育学校(J33)
山　形　県立東桜学館・致道館中学校(J27)
茨　城　茨城県立中学・中等教育学校(J09)
栃　木　県立宇都宮東・佐野・矢板東高校附属中学校(J11)
群　馬　県立中央・市立四ツ葉学園中等教育学校・
市立太田中学校(J10)
埼　玉　市立浦和中学校(J06)
県立伊奈学園中学校(J31)
さいたま市立大宮国際中等教育学校(J32)
川口市立高等学校附属中学校(J35)
千　葉　県立千葉・東葛飾中学校(J07)
市立稲毛国際中等教育学校(J25)
東　京　区立九段中等教育学校(J21)
都立大泉高等学校附属中学校(J28)
都立両国高等学校附属中学校(J01)
都立白鷗高等学校附属中学校(J02)
都立富士高等学校附属中学校(J03)
都立三鷹中等教育学校(J29)
都立南多摩中等教育学校(J30)
都立武蔵高等学校附属中学校(J04)
都立立川国際中等教育学校(J05)
都立小石川中等教育学校(J23)
都立桜修館中等教育学校(J24)
神奈川　川崎市立川崎高等学校附属中学校(J26)
県立平塚・相模原中等教育学校(J08)
横浜市立南高等学校附属中学校(J20)
横浜サイエンスフロンティア高校附属中学校(J34)
広　島　県立広島中学校(J16)
県立三次中学校(J37)
徳　島　県立城ノ内中等教育学校・富岡東・川島中学校(J18)
愛　媛　県立今治東・松山西中等教育学校(J19)
福　岡　福岡県立中学校・中等教育学校(J12)
佐　賀　県立香楠・致遠館・唐津東・武雄青陵中学校(J13)
宮　崎　県立五ヶ瀬中等教育学校・宮崎西・都城泉ヶ丘高校附属中学校(J15)
長　崎　県立長崎東・佐世保北・諫早高校附属中学校(J14)

公立中高一貫校「適性検査対策」問題集シリーズ

総合編　作文問題編　資料問題編　数と図形編　生活と科学編　実力確認テスト編

私立中・高スクールガイド
THE《ザ》私立
私立中学&高校の学校生活がわかる！

東京学参の

高校別入試過去問題シリーズ

＊出版校は一部変更することがあります。一覧にない学校はお問い合わせください。

東京ラインナップ

あ　愛国高校(A59)
青山学院高等部(A16)★
桜美林高校(A37)
お茶の水女子大附属高校(A04)
か　開成高校(A05)★
共立女子第二高校(A40)★
慶應義塾女子高校(A13)
啓明学園高校(A68)★
国学院高校(A30)
国学院大久我山高校(A31)
国際基督教大高校(A06)
小平錦城高校(A61)★
駒澤大高校(A32)
さ　芝浦工業大附属高校(A35)
修徳高校(A52)
城北高校(A21)
専修大附属高校(A28)
創価高校(A66)★
た　拓殖大第一高校(A53)
立川女子高校(A41)
玉川学園高等部(A56)
中央大高校(A19)
中央大杉並高校(A18)★
中央大附属高校(A17)
筑波大附属高校(A01)
筑波大附属駒場高校(A02)
帝京大高校(A60)
東海大菅生高校(A42)
東京学芸大附属高校(A03)
東京農業大第一高校(A39)
桐朋高校(A15)
都立青山高校(A73)★
都立国立高校(A76)★
都立国際高校(A80)★
都立国分寺高校(A78)★
都立新宿高校(A77)★
都立墨田川高校(A81)★
都立立川高校(A75)★
都立戸山高校(A72)★
都立西高校(A71)★
都立八王子東高校(A74)★
都立日比谷高校(A70)★
な　日本大櫻丘高校(A25)
日本大第一高校(A50)
日本大第三高校(A48)
日本大第二高校(A27)
日本大鶴ヶ丘高校(A26)
日本大豊山高校(A23)
は　八王子学園八王子高校(A64)
法政大高校(A29)
ま　明治学院高校(A38)
明治学院東村山高校(A49)
明治大付属中野高校(A33)
明治大付属八王子高校(A67)
明治大付属明治高校(A34)★
明法高校(A63)
わ　早稲田実業学校高等部(A09)
早稲田大高等学院(A07)

神奈川ラインナップ

あ　麻布大附属高校(B04)
アレセイア湘南高校(B24)
か　慶應義塾高校(A11)
神奈川県公立高校特色検査(B00)
さ　相洋高校(B18)
た　立花学園高校(B23)
桐蔭学園高校(B01)
東海大付属相模高校(B03)★
桐光学園高校(B11)
な　日本大高校(B06)
日本大藤沢高校(B07)
は　平塚学園高校(B22)
藤沢翔陵高校(B08)
法政大国際高校(B17)
法政大第二高校(B02)★
や　山手学院高校(B09)
横須賀学院高校(B20)
横浜商科大高校(B05)
横浜市立横浜サイエンスフロンティア高校(B70)
横浜翠陵高校(B14)
横浜清風高校(B10)
横浜創英高校(B21)
横浜隼人高校(B16)
横浜富士見丘学園高校(B25)

千葉ラインナップ

あ　愛国学園大附属四街道高校(C26)
我孫子二階堂高校(C17)
市川高校(C01)★
か　敬愛学園高校(C15)
さ　芝浦工業大柏高校(C09)
渋谷教育学園幕張高校(C16)★
翔凜高校(C34)
昭和学院秀英高校(C23)
専修大松戸高校(C02)
た　千葉英和高校(C18)
千葉敬愛高校(C05)
千葉経済大附属高校(C27)
千葉日本大第一高校(C06)★
千葉明徳高校(C20)
千葉黎明高校(C24)
東海大付属浦安高校(C03)
東京学館高校(C14)
東京学館浦安高校(C31)
な　日本体育大柏高校(C30)
日本大習志野高校(C07)
は　日出学園高校(C08)
や　八千代松陰高校(C12)
ら　流通経済大付属柏高校(C19)★

埼玉ラインナップ

あ　浦和学院高校(D21)
大妻嵐山高校(D04)★
か　開智高校(D08)
開智未来高校(D13)★
春日部共栄高校(D07)
川越東高校(D12)
慶應義塾志木高校(A12)
さ　埼玉栄高校(D09)
栄東高校(D14)
狭山ヶ丘高校(D24)
昌平高校(D23)
西武学園文理高校(D10)
西武台高校(D06)
た　東京農業大第三高校(D18)
は　武南高校(D05)
本庄東高校(D20)
や　山村国際高校(D19)
ら　立教新座高校(A14)
わ　早稲田大本庄高等学院(A10)

北関東・甲信越ラインナップ

あ　愛国学園大附属龍ヶ崎高校(E07)
宇都宮短大附属高校(E24)
か　鹿島学園高校(E08)
霞ヶ浦高校(E03)
共愛学園高校(E31)
甲陵高校(E43)
国立高等専門学校(A00)
さ　作新学院高校
（トップ英進・英進部）(E21)
（情報科学・総合進学部）(E22)
常総学院高校(E04)
た　中越高校(R03)＊
土浦日本大高校(E01)
東洋大附属牛久高校(E02)
な　新潟青陵高校(R02)
新潟明訓高校(R04)
日本文理高校(R01)
は　白鷗大足利高校(E25)
ま　前橋育英高校(E32)
や　山梨学院高校(E41)

中京圏ラインナップ

あ　愛知高校(F02)
愛知啓成高校(F09)
愛知工業大名電高校(F06)
愛知みずほ大瑞穂高校(F25)
暁高校（3年制）(F50)
鶯谷高校(F60)
栄徳高校(F29)
桜花学園高校(F14)
岡崎城西高校(F34)
か　岐阜聖徳学園高校(F62)
岐阜東高校(F61)
享栄高校(F18)
さ　桜丘高校(F36)
至学館高校(F19)
椙山女学園高校(F10)
鈴鹿高校(F53)
星城高校(F27)★
誠信高校(F33)
清林館高校(F16)★
た　大成高校(F28)
大同大大同高校(F30)
高田高校(F51)
滝高校(F03)★
中京高校(F63)
中京大附属中京高校(F11)★
中部大春日丘高校(F26)★
中部大第一高校(F32)
津田学園高校(F54)
東海高校(F04)★
東海学園高校(F20)
東邦高校(F12)
同朋高校(F22)
豊田大谷高校(F35)
な　名古屋高校(F13)
名古屋大谷高校(F23)
名古屋経済大市邨高校(F08)
名古屋経済大高蔵高校(F05)
名古屋女子大高校(F24)
名古屋たちばな高校(F21)
日本福祉大付属高校(F17)
人間環境大附属岡崎高校(F37)
は　光ヶ丘女子高校(F38)
誉高校(F31)
ま　三重高校(F52)
名城大附属高校(F15)

宮城ラインナップ

さ　尚絅学院高校(G02)
聖ウルスラ学院英智高校(G01)★
聖和学園高校(G05)
仙台育英学園高校(G04)
仙台城南高校(G06)
仙台白百合学園高校(G12)
た　東北学院高校(G03)★
東北学院榴ヶ岡高校(G08)
東北高校(G11)
東北生活文化大高校(G10)
常盤木学園高校(G07)
は　古川学園高校(G13)
ま　宮城学院高校(G09)★

北海道ラインナップ

さ　札幌光星高校(H06)
札幌静修高校(H09)
札幌第一高校(H01)
札幌北斗高校(H04)
札幌龍谷学園高校(H08)
は　北海高校(H03)
北海学園札幌高校(H07)
北海道科学大高校(H05)
ら　立命館慶祥高校(H02)

★はリスニング音声データのダウンロード付き。

都道府県別 公立高校入試過去問 シリーズ

- 全国47都道府県別に出版
- 最近数年間の検査問題収録
- リスニングテスト音声対応

公立高校入試対策問題集シリーズ

- 目標得点別・公立入試の数学（基礎編）
- 実戦問題演習・公立入試の数学（実力錬成編）
- 実戦問題演習・公立入試の英語（基礎編・実力錬成編）
- 形式別演習・公立入試の国語
- 実戦問題演習・公立入試の理科
- 実戦問題演習・公立入試の社会

高校入試特訓問題集 シリーズ

- 英語長文難関攻略33選（改訂版）
- 英語長文テーマ別難関攻略30選
- 英文法難関攻略20選
- 英語難関徹底攻略33選
- 古文完全攻略63選（改訂版）
- 国語融合問題完全攻略30選
- 国語長文難関徹底攻略30選
- 国語知識問題完全攻略13選
- 数学の図形と関数・グラフの融合問題完全攻略272選
- 数学難関徹底攻略700選
- 数学の難問80選
- 数学　思考力―規則性とデータの分析と活用―

2404A

〈ダウンロードコンテンツについて〉

本問題集のダウンロードコンテンツ、弊社ホームページで配信しております。現在ご利用いただけるのは「2025年度受験用」に対応したもので、**2025年3月末日**までダウンロード可能です。弊社ホームページにアクセスの上、ご利用ください。
※配信期間が終了いたしますと、ご利用いただけませんのでご了承ください。

中学別入試過去問題シリーズ
本郷中学校　2025年度
ISBN978-4-8141-3167-9

[発行所] 東京学参株式会社
〒153-0043　東京都目黒区東山2-6-4

書籍の内容についてのお問い合わせは右のQRコードから ⇒

※書籍の内容についてのお電話でのお問い合わせ、本書の内容を超えたご質問には対応できませんのでご了承ください。

※本書のコピー、スキャン、デジタル化等の無断複製は著作権法上での例外を除き禁じています。本書を代行業者等の第三者に依頼してスキャンやデジタル化することは、 たとえ個人や家庭内での利用であっても著作権法上認められておりません。

2024年5月13日　初版